上海市教育委員會科研創新重點項目
國家社會科學基金一般項目

張覺述作集

吴越春秋校證注疏

（增訂本）

張 覺◎撰

岳麓書社·長沙

内容提要

本書作者以現存最早的《吴越春秋》刻本——元大德十年（1306）刻明修本爲底本，同時又參校了其他明、清版本，清人校勘記，類書、古注的引文，以及《左傳》《國語》《史記》等典籍异文，在盡最大努力核對找尋正確原文的情況下，廣采前人解説，對《吴越春秋》作了兼具學術性與通俗性的注釋，并以準確、明白、通俗的白話對其原文作了疏解。同時，在每篇之前撰寫了提要，對其内容及特點作了概括述評。此外，在篇中有關章節之後輯録了可補正本書内容的早期史料以及可藉以瞭解《吴越春秋》早期文本情況的引文和校勘記，在書末還附有可靠的研究資料，可供讀者進一步研究之用。

責任編輯：陳文韜　　述作集題簽：張　覺

圖書在版編目（CIP）數據

吴越春秋校證注疏 / 張覺撰 . —增訂本 . —長沙：岳麓書社，2019.12
（張覺述作集）
ISBN 978-7-5538-1168-0

Ⅰ . ①吴…　Ⅱ . ①張…　Ⅲ . ①中國歷史—吴國（？—前 473）②中國歷史—越國（？—前 306）③《吴越春秋》—譯文 ④《吴越春秋》—注釋　Ⅳ . ① K225.04

中國版本圖書館 CIP 數據核字（2019）第 179771 號

張覺述作集
吴越春秋校證注疏（增訂本）
WUYUECHUNQIU JIAOZHENG ZHUSHU
張　覺　撰

出版發行：岳麓書社
直銷電話：0731-88804152　0731-88885616
地　　址：湖南省長沙市愛民路 47 號
郵　　編：410006
版　　次：2019 年 12 月第 1 版第 1 次印刷
承　　印：長沙市宏發印刷有限公司
開　　本：710 mm × 1000 mm　1/16
印　　張：38
字　　數：972 千字
定　　價：168.00 元
ISBN　978-7-5538-1168-0

張覺二〇一四年二月二日於無錫梅村泰伯廟（張淩雲攝）

張覺教授簡介

張覺，1949年3月生於江蘇省太倉縣茜涇鎮（今太倉市瀏家港），1965年考入江蘇省蘇州高級中學，1969年下鄉務農，1977年底考入南京大學中文系漢語言文學專業，畢業後考入復旦大學中文系古代漢語專業師從張世禄、周斌武先生攻讀漢語史，1984年底畢業，獲文學碩士學位。1985年起任空軍政治學院中文教員，1995年轉業至上海財經大學，歷任講師（1995～）、副教授（1996～）、教授（2003～）、碩士研究生導師（2004～）、博士研究生導師（2009～），並於2006年、2010年先後建立了中國古典文獻學專業碩士點和中國語言文學一級學科碩士點，2008年、2011年被上海財經大學連續聘爲國家四級崗教授，2014年退休。

張覺教授主要研究中國古典文獻與傳統文化、漢語言文字學，已由23家出版社出版著作46種，主要有《韓非子導讀》（1990）、《白話搜神記》（1991）、《韓非子全譯》（1992）、《商君書全譯》（1993）、《吴越春秋全譯》（1993）、《〈論語〉〈孟子〉精華譯評》（1993）、《荀子譯注》（1995）、《曾鞏散文精選》（1998）、《潛夫論全譯》（1999）、《常用成語詞典》（2000）、《〈孟子〉句式變換釋例》（2001）、《現代漢語規範指南》（2002）、《〈韓非子〉選評》（2004）、《韓非子譯注》（2007）、《商君書導讀》（2009）、《韓非子：帝王的法術》（2009）、《韓非子校疏》（2010）、《張覺述作集》（已出書目見封底）。其中《韓非子校疏》於2011年榮獲第十四屆華東地區古籍優秀圖書獎一等獎。

此外，已在137種刊物上發文335篇，並完成了國家社會科學基金一般項目“《韓非子》微觀研究”（批准號：04BZX031）和《吴越春秋校證注疏》（批准號：13BZW092）、全國高等院校古籍整理研究工作委員會重點科研項目《韓非子校疏》（批准編號：0314）和《商君書校疏》（批准編號：0863）、教育部人文社會科學研究規劃基金項目《韓非子考論》（批准號：10YJA720041）、上海市教育委員會科研創新重點項目《吴越春秋校證注疏》（批准號：13ZS058）和《潛夫論校箋注疏》（批准號：14ZS079）的研究工作。

現正在從事國家社會科學基金一般項目《〈潛夫論〉彙校集注》（批准号：17BZW014）、國家社會科學基金後期資助項目《韓非子書録考論》（合作，批准號：18FTQ008）的研究工作。

電子郵箱：zj200433@126.com

目　録

述作集自序

人活在世界上，有的地位甚高，身價不菲，但終其一生，其價值仍然可以用單一的經濟尺度去衡量——一輩子賺了多少錢；有些人的人生價值就不是單用金錢所能衡量的，這就是古人所謂的“不朽”。據《左傳·襄公二十四年》記載，范宣子問叔孫豹曰：“古人有言曰：‘死而不朽。’何謂也？”叔孫豹回答説：“魯有先大夫曰臧文仲，既没，其言立。其是之謂乎！豹聞之：‘大上有立德，其次有立功，其次有立言，雖久不廢，此之謂不朽。’若夫保姓受氏，以守宗祊，世不絶祀，無國無之，禄之大者，不可謂不朽。”① 由此看來，人的政治生命與其生理生命同樣脆弱。從政者即使能顯赫一時，但隨著其心臟停止跳動，其政治生命也往往就此結束，不可能不朽。誠然，就是在古人心目中處於領先地位的“立德”“立功”，我看其對後世的作用也有限。據杜預、孔穎達的注疏，所謂“立德”，是指黄帝、堯、舜之類的聖人“創制垂法，博施濟衆，聖德立於上代，惠澤被於無窮”；所謂“立功”，是指禹、稷之類的賢人“拯厄除難，功濟於時”②。這些聖賢，雖然因其功德而名垂青史，但其功德也不過是讓人緬懷而已。由於時代的變遷，他們創制的東西早已不再有什麼實際的效應了。這種情況猶如司馬遷所感嘆的那樣：“天下君王至于賢人衆矣，當時則榮，没則已焉。”③

在我看來，最有不朽效應的應該是“立言”，因爲如果能“立言”於世，則可以永遠使後人在學習中獲益。誠如魏文帝曹丕之《典論·論文》所説：“蓋文章，經國之大業，不朽之盛事。年壽有時而盡，榮樂止乎其身，二者必至之常期，未若文章之無窮。是以古之作者，寄身於翰墨，見意於篇籍，不假良史之辭，不託飛馳之勢，而聲名自傳於後。故西伯幽而演《易》，周旦顯而制《禮》，不以隱約而弗務，不以康樂而加思。夫然則古人賤尺璧而重寸陰，懼乎時之過已。而人多不强力，貧賤則懾於飢寒，富貴則流於逸樂，遂營目前之務，而遺千載之功，日月逝於上，體貌衰於下，忽然與萬物遷化，斯志士之大痛也。”④

的確，人在世上走一回，唯有給社會留下一些不朽之作（視野再開闊一些，應該説給社會留下一些永遠值得後人利用的東西），其生命纔有意義；否則，其存在與否也就無足輕重了。因爲一個人壽命再長也終有盡頭，其生前的工

①② 《左傳·襄公二十四年》，中華書局 1980 年影印本《十三經注疏》，第 1979 頁。

③ 司馬遷：《史記·孔子世家》，世界書局 1935 年影印本《四史》，第 333 頁。

④ 曹丕：《典論·論文》，中華書局 1977 年影印本《文選》，第 720 頁。

作即使十分輝煌並取得了莫大的榮譽，賺的錢、積累的財富即使無與倫比並惠及子孫或他人，到時候也會被歷史滌蕩殆盡，至多衹能讓後人感嘆一聲“浪淘盡、千古風流人物”[①]而已；一個人唯有留下一些能不斷重印的傳世之作，纔能做到老子所說的“死而不亡者壽”[②]。於是我深深地體會到，只有文化、經典之中蘊涵的精神方面的東西纔具有强大的不朽的生命力，而軀體、財富等物質的東西是多麼地微不足道而相形見絀，如果借用以往的學説名稱，這應該是一種科學的“神不滅論”和“靈魂不死論”吧。正是受到這種傳統思想的影響，我纔“賤尺璧而重寸陰”，身處貧賤而仍加務於著述。

但是，曹丕所說的寫文章也好，今人所說的著書立説也好，與“立言”誠然是不能畫等號的。試看今日之世界，文章浩瀚如海，圖書堆積如山，其作者都能算作“立言者”而不朽麼？顯然不能。因爲如今大量的文章與圖書不過是印刷垃圾而已。歷史是最公正無私的評判者。衹有通過歷史的沖刷而流傳不衰反復重印的著作纔是不朽之作，衹有貢獻了傳世之作的人纔能永遠活在人間。正是基於這樣的認識，我纔甘心久坐冷板凳，常泡圖書館，長年累月孜孜矻矻，不遺餘力精益求精，其目的無非是想使拙著贏得讀者的青睞而久傳於世。

據孔穎達的説法，“立言謂言得其要，理足可傳”，“老、莊、荀、孟、管、晏、楊、墨、孫、吴之徒制作子書，屈原、宋玉、賈逵、楊雄、馬遷、班固以後撰集史傳及制作文章，使後世學習，皆是立言者也”。[③]如此，則我雖然努力於著述，卻又離立言者甚遠。因此，我不敢將自己的作品集名爲“文集”，而用了一個前人未曾用過的名稱“述作集”。

孔子曰：“述而不作，信而好古，竊比於我老彭。”[④]我將自己的作品集命名爲“述作集”，即源於此。不同的是，我雖然好古，卻信疑參半，所以於“述”之外又不免有所“作”。换言之，即既欲有所繼承以集前賢之大成，又欲有所發明以成一家之説。竊以爲惟其如此，方能使自己的作品受人青睞而不朽於世。誠如孔子所言：“學而不思則罔，思而不學則殆。”[⑤]治學不能

---

① 蘇軾：《念奴嬌・赤壁懷古》，上海古籍出版社 1962 年版《宋詞選》，第 75 頁。

②《老子・第三十三章》，文物出版社、上海書店、天津古籍出版社 1988 年縮印本《道藏》第 11 册，第 484 頁。

③《左傳・襄公二十四年》“其次有立言”孔穎達疏，中華書局 1980 年影印本《十三經注疏》，第 1979 頁。

④《論語・述而》，中華書局 1980 年影印本《十三經注疏》，第 2481 頁。

⑤《論語・爲政》，中華書局 1980 年影印本《十三經注疏》，第 2462 頁。

不有所思考，有所創新，但思索卻又必須以學習與繼承爲基礎。所以，無“述”則學無根底，無“作”則學無所成。我之追求“述而又作”，即基於這樣的認識。當然，我的這一追求也與自己的才智有關。如今很多能人名流都是天才的創新發明家，所以他們能夠“不述而作”，完成一個又一個重大課題，獲得一個又一個大獎，這是我無法企及的。

出版文集往往是大家的事。現在我出版自己的述作集，其實並不意味著要以大家自居。我出身貧寒，命運坎坷，一生貧賤，出版述作集本是連做夢也没有想到的事。

1949 年 3 月 9 日（農曆二月初十）夜，我誕生於江蘇省太倉縣茜涇鎮東街的倪家，這是當時我家借住的房子。平民百姓無家譜，所以大都不知道自己的老祖宗是誰，我家也一樣。據我父親的記憶，只知道我的曾祖叫張燕亭（1881—1944）。由於我父親外出工作，我的童年是在祖父母的撫育下度過的，因此也受到了叔父的啓蒙教育。正因爲如此，我入學後成績一直名列前茅。但是，我 1965 年考取蘇州高級中學後纔一年，原本穩上大學的前途一下子就被無産階級文化大革命改變了，“一片紅”使我不得不帶病回鄉務農，十年青春就這樣在貧困的掙扎中耗掉了。

1977 年恢復高考，我考入南京大學，接著又考入復旦大學攻讀碩士學位，但由於老家已分田到户，我還得花不少時間回家種地。爲了徹底擺脱務農生涯而潛心於治學，我 1985 年初畢業後放棄了在重點大學任教的機會，到了空軍政治學院任教。哪知好景不長，1989 年學院首長安排我轉業到太倉縣中學教書。爲了利用上海的文獻資料以從事古籍整理與研究，我只好辭不赴命而下崗待業在家。在下崗待業尚未成爲社會普遍現象的當時，作爲一家之長，我所承受的經濟壓力、精神壓力與種種坎坷恐怕是一般人所難以想象與忍受的。

爲此，我窮而發憤，夜以繼日，賣文爲生，在待業的六年中，發表了一百多篇文章，還撰寫出版了《商君書·韓非子》（岳麓書社 1990 年版）、《白話搜神記》（岳麓書社 1991 年版）、《韓非子全譯》（貴州人民出版社 1992 年版）、《商君書全譯》（貴州人民出版社 1993 年版）、《吴越春秋全譯》（貴州人民出版社 1993 年版）、《〈論語〉〈孟子〉精華譯評》（中國旅遊出版社 1993 年版）、《〈韓非子〉精華譯評》（中國旅遊出版社 1993 年版）、《白話商君書》（岳麓書社 1994 年版）、《荀子譯注》（上海古籍出版社 1995 年版）。這些成果，雖然凝結著我身處逆境時的頑强、勤奮與心血，但我更要説的是，它們離不開出版界同仁的熱情幫助與支持。岳麓書社梅季坤先生等滿懷古道熱腸而鼎力相助的動人場景，一直浮現在我的眼前。正是他們的雪中送炭，點燃了我熬過嚴冬的希望，使我身處鐵屋之寂寞而仍然不覺得孤獨，從而支撐著我艱難而順利地度過了那黑暗而冷酷的六年待業時期，同時又奠定了我的學術研究基礎。這不能不令我感慨萬千而要在此深情地寫下這濃重的一筆，以便使他們的恩德能隨着拙著的流傳而永遠被歷史所銘記。

1995 年，在空軍政治學院石柏年政委的幫助下，我終於結束了待業生涯而轉業至上海財經大學基礎教學部任講師，並於 1996 年任副教授。此後雖然忙於教學工作，但寫書之興趣與動力猶存，故丹黄仍不絕於手，於是又有《曾鞏散文精選》（東方出版中心 1998 年版）、《潛夫論全譯》（貴州人民出版社 1999 年版）等新作問世。

人的希望或欲望大概總會隨著適合其發展的條件而不斷發展。在 1986 年，發表一篇文章就已令我高興萬分。1990 年，出版一本書會令我激動好一陣子。在那個時候，哪會萌生出版論文集或著作集的奢望呢？然而，書寫得多了，也就有出版著述集的基礎與願望了。1998 年開始，我將出版《張覺述作集》的計劃寄給了不少出版社，但均未成功。這究竟是什麼原因，我一時也不清楚。直到我歷經磨難於2002年又一次申報教授職稱受挫後，我纔稍微有所了悟——我非常珍視自己的著作，不過是犯了曹丕在《典論·論文》中所説的毛病："夫人善於自見……家有弊帚，享之千金。"[①] 這些古籍譯注之作在很多學者眼中其實算不了什麼學術成果。

聽説當時某評委認爲我不够教授資格，理由主要有三條：一是我的古籍譯注之作根本不能算學術成果，二是我出那麼多書不正常，三是我的論著涉及各個學科而所申報的漢語言文字學方面的成果不突出。

没想到我摒棄一切娱樂生活而夜以繼日地拼搏，祇换到了一個否定。

當然，這種觀念也並非某評委所獨有。

在一些學者眼中，搞古籍譯注根本算不上學術研究，如今的社會科學課題或評獎中大多没有古籍譯注的一席之地，即反映了這一學術觀念。有一位好心的老師曾勸我説："你還是去搞一點學術研究，别把精力浪費在這上面。"由此我深深地感悟到古代將文字訓詁之學稱爲"小學"的道理——這種既够不上"學術"又算不上"研究"的工作，何以不"小"呢？

至於著作多不正常，中國社科院鄧尉先生也説過："深圳有位學界朋友告訴筆者，一個 40 歲的人來求職，如果拿出三本專著來，你就趕緊打發他，肯定是騙子；如果拿出兩本專著來，你要懷疑；如果只拿出一本書，還可以看一看。——當然，他説的專著是有自己心得的研究成果。這話雖然有點極端，

① 曹丕：《典論·論文》，中華書局 1977 年影印本《文選》，第 720 頁。

也不無道理。”[①] 量多者其質必不佳，而無須細看其内容。某評委大概也是以此“學術標準”來評判拙著的，他没有把我當作騙子，已是够幸運的了。

再者，在我們這個學科分類越來越細的“專家”時代，教授應該是某一研究領域的專家，文史哲兼顧祇能被認爲是雜而不專，這也已經是評委們普遍認可的評審準則而不再是笑話了，所以我研究面太廣而受非議也在情理之中。

當然，在職稱評審時，我没有申訴的權利；即使有申訴的權利，也是“道不同，不相爲謀”[②]，有什麼可説的呢！我的大部分著作，從其雅俗共賞的基調中就可以看出，它們本來就是爲廣大讀者寫的，而並不是爲少數學界名流寫的，非要這些“專家”認可幹嗎？誠如王家范先生所説：“一個以科研爲生命樂趣的人，在人文學科中尋求自身價值的人，大可以領悟禪家的態度，不必把這些看得太重。須知，參透了，必要别人承認何爲？”[③]

孔子曰：“邦有道，貧且賤焉，恥也；邦無道，富且貴焉，恥也。”[④] 生活在一個“尊重知識、尊重人才”的時代，我則永遠處於“窮而後工”的寫作逆境之中而始終未“富且貴”，當然要忍受這恥辱而不能全怪罪上司。但是，我還是執“迷”不悟，仍然埋頭於古籍校疏之中而不去逢迎領導以獵取名利，因爲阿諛逢迎趨炎附勢雖然可獲得現時之大利，但從總體上來考量，我還不如保持自己固有的正直品性、寫出一些必傳之作更能實現自己的人生價值。一個人總要爲自己的所愛付出代價，所以我坦然接受種種冷酷而毫無悔意。對於注重精神世界的知識分子來説，最值得告慰的應該是歷史的評判——世界上最無情而又最公正的審判。歷史絶不會向權貴諂媚，它既不會因爲你從社會上得到了什麼就瞻仰你，也不會因爲你失去了什麼而鄙視你，而祇會因爲你給社會貢獻了有價值的東西而尊重你。敝帚自珍也罷，自尊自重也罷，我堅信我的著作絶不會像那些通過錢權交易而發表的“權威成果”那樣曇花一現，它們是有生命力的，它們終究會贏得社會的認可而久傳不衰，除非中國的傳統文化被徹底消滅了。荀子説過：“好士而榮。”[⑤] 反言之，則“不好士者辱”。隨著拙著的流傳，那些否定我學術貢獻的長官們必將永遠被釘在欺壓正直之士的恥辱柱上。

---

① 鄧尉:《怪現象:70 個教師 68 個教授》,載《社會科學報》2001 年 10 月 25 日,第 6 版。

②《論語·衛靈公》，中華書局 1980 年影印本《十三經注疏》，第 2518 頁。

③ 王家范:《專家成見也可無意“殺人”》,載《社會科學報》2001 年 10 月 25 日,第 6 版。

④《論語·泰伯》，中華書局 1980 年影印本《十三經注疏》，第 2487 頁。

⑤《荀子·君道篇》，中華書局 1988 年版《荀子集解》，第 236 頁。

慶幸的是，我的古籍譯注之作也並非没有肯定者，它們也曾受到廣大讀者乃至一些專家的青睞與讚賞，因而往往一版再版。拙著在大陸與臺灣出版後，各地讀者紛紛來信，認爲它們具有很高的學術價值，不同於一般的古籍譯注本，爲研究古代哲學、史學乃至文學者所必讀。南京大學一級教授兼國家古籍整理出版規劃小組顧問程千帆先生曾來信説："譯注雅見功力，可寶也。"[①] 臺灣輔仁大學哲學系丁原植教授也來電作了高度讚揚。挪威科學院院士、奥斯陸大學東歐東亞系教授何莫邪（Christoph Harbsmeier）認爲《韓非子全譯》是所有《韓非子》注譯本中最好的一種，因而將它用作英譯《韓非子》的底本。截至 2018 年 4 月，以古籍譯注爲主的拙著，累計印數已達 506270 册，這充分説明拙著還是有讀者的。

即使從學術的角度來考察，我以爲我的工作也不乏學術價值。由於古今語言與文物典章等方面的差異，因而要使中國古代燦爛輝煌的文化典籍不再死躺在藏書室之中而能"活著"流傳下去，使它成爲當今乃至將來中華文化建設的豐富資源，就必須首先做好其校點譯注工作。古人將文字訓詁之學稱爲"小學"，其雖"小"卻還是一門"學"，而治此"學"者也還有不少被稱爲"大師"的，可見這"小"之"學"中也自有大學問，認爲它不是"學術研究"實爲一種偏見。就是對古籍今譯提出過嚴厲批評的高嚴先生也曾説："古文今譯是一門大學問，非淺識末學者所能勝任。在一定意義上説，它是古籍整理研究的最高形式，衹有當版本、目録、音韻、訓詁、校勘、考訂、語法、斷句、標點的功夫都用到之後，方可談今譯；不僅如此，它還要求譯者有相當好的現代語文水平，如果讀者對象是兒童，還要掌握兒童語言的特點。正是如此，即使飽學之士，在古文今譯任務面前，尚'戰戰兢兢，如履薄冰'。魯迅先生在《且介亭雜文二集·題未定草》曾這樣説過：'我向來總以爲翻譯比創作容易，因爲至少是無須構想。但到真的一譯，就會遇到難關，譬如一個名詞或動詞，寫不出，創作時候可以回避，翻譯上卻不成，也還得想，一直弄到頭昏眼花……'這段話既適用外文翻譯，也適用古文今譯，充分説明，這是一項不好對付的學問，如果學無根底，是不可草率從事的！"[②] 高嚴先生與那些一味鄙視古籍譯注的學界名流相比，其學術眼光恐怕要高明一大截。因爲高先生雖然嚴厲地指責"今譯十弊"，但對今譯工作並無偏見，而能實事求是地肯定它的學術地位。誠然，清代學者杭世駿早就説過："作者不易，箋疏家尤難。何也？作者以才爲主，而輔之以學，興到筆隨，苐抽其平日之腹笥，

① 張覺：《程千帆師書信三劄》，載《中國社會科學報》2010 年 7 月 22 日，第 17 版。

② 高嚴：《今譯十弊》，載《光明日報》1992 年 4 月 26 日，第 3 版。

而縱横曼衍，以極其所至，不必沾沾獺祭也。爲之箋與疏者，必語語核其指歸，而意象乃明；必字字還其根據，而證佐乃確。才不必言，夫必有什倍於作者之卷軸，而後可以從事焉。”①這些言論，實在應該讓那些對古籍譯注不屑一顧的學界名流好好看看。

可惜的是，古籍譯注之作如今在一些學術部門中不算學術成果，於是一些專家教授因其是件吃力不討好的事而不屑爲，而一些“學無根底”的人也不把它當作學術研究來從事，衹是以混稿費的態度去搞古籍譯注，結果也就産生出品質低劣的古籍譯注本而爲衆人所指責。對此，高嚴先生曾指出“今譯十弊”：“出版無統籌，一書有數譯，一弊；版本不求善，率爾而操觚，二弊；考校不用功，將錯而譯錯，三弊；學問不到家，譯錯不知錯，四弊；主編不統稿，前後相矛盾，五弊；選譯無標準，避難而趨易，六弊；文字素養差，生澀又費解，七弊；翻譯不到位，半白夾半文，八弊；風格不統一，忠實原著難，九弊；不求信達雅，外行充内行，十弊。”②這種種弊端，敗壞了古籍譯注的聲譽，使古籍譯注名聲掃地，從而玷污了其中的佳作。這是一件很可悲的事。

另一件可悲的事，則是人們所説的：現在已進入了讀圖時代，青少年喜歡看的是配圖的“文化快餐”。如果真是這樣，則長此以往，中國古代豐富的文化寶藏將被埋没而無人問津，或衹能任憑那些學術騙子信口開河，嘩衆取寵。這種學風實在令人擔憂，但願將來會有所改觀。

出於信念與愛好，我並没有因爲學界對古籍譯注的指責與某些評委對拙著的否定以及青少年學風的轉向而有所動摇，而仍然潛心於我所鍾愛的古籍校疏工作。

張之洞説：“讀書不知要領，勞而無功；知某書宜讀而不得精校精注本，事倍功半。”③綜觀當今流行之典籍，精校之本不多。如陳奇猷的《韓非子集釋》④

① 杭世駿：《道古堂文集》卷八《李太白集輯注序》，上海古籍出版社2002年版《續修四庫全書》1426册，第278頁。

② 高嚴：《今譯十弊》，載《光明日報》1992年4月26日，第3版。

③ 張之洞：《書目答問·略例》，中華書局1963年版《書目答問補正》，第3頁。

④ 該書於1958年由中華書局上海編輯所出版。

與《韓非子新校注》[①]，朱師轍的《商君書解詁》[②]，高亨的《商君書注譯》[③]，均利用第二手乃至第三手材料編著而成，以致以訛傳訛，貽誤無窮。有鑒於此，我立志重振古籍譯注之學術風範，注重學術考校，寫出帶有學術研究味道的、嚴謹而又具有較高質量的古籍校疏本。我想，做到了這一點，就一定能獲得廣大讀者的普遍認可，從而使自己的著作流傳不衰。因此，我一直沒去迎合當代專家評委們根據其癖好所擬定的“課題指南”寫一些不能流傳於世的“專著”以獵取名利，而仍然堅持不懈，決定傾注更大的精力與財力，將以往的著作，特别是古籍譯注之作，作一次全面詳盡的考校修訂，在以往譯注的基礎上進一步彙校善本，以便使拙著成爲兼具資料性、權威性、學術性、通俗性的經典，並彙編爲《述作集》逐漸推出，供認可拙著的讀者使用。

我出版《述作集》的總體目標是：弘揚求真務實的漢學傳統，力求内容形式的博雅完美，打造一絲不苟的文化經典和傳世精品，以便使拙著成爲今後研究《韓非子》《商君書》《吴越春秋》《潛夫論》《老子》《論語》《孟子》《搜神記》等傳統經典及其他相關領域（如語言文字學、文學等）時不可不讀的權威典籍而經久不衰。《周易·繫辭下》曰：“《易》，窮則變，變則通，通則久。”[④]我在單位常不遇可謂之“窮”，轉而致力於著述可謂之“變”，研究時涉獵多個領域可謂之“通”，著述歷經二十多年而流傳之勢不減可謂之“久”，正可謂窮則思變變而通，通則久傳有何窮？拙著既合《易》道，亦當如《易》而久傳，這是我的心願，也是令我頗感欣慰的地方。我堅信，撰寫出版這些校疏之作，對於弘揚中華文化與便利廣大讀者來説，會像《十三經注疏》那樣具有永久性的學術價值。當然，學術乃天下之公器，真正的學術成果要經得起歷史的考驗，真正的學術評判也要經得起歷史的檢驗。拙著的優劣，我學術水平的高下，乃至評審專家與領導們對我學術成就褒貶的是非得失，最終還得由廣大讀者乃至後代子孫説了算。[⑤]

出版《述作集》的夙願已經開始成爲現實，這當然是值得慶倖的。在此，我首先要向此前慷慨解囊而購置拙著的五十餘萬讀者致以衷心的謝意，並希

---

① 該書於 2000 年由上海古籍出版社出版。

② 該書於 1921 年由上海廣益書局刊行。後來作者重加增訂，改名爲《商君書解詁定本》，在 1948 年納入《國立中山大學叢書》由中山大學出版組出版，1956 年古籍出版社又據廣州本重排出版。

③ 該書於 1974 年由中華書局出版。

④《周易·繫辭下》，中華書局 1980 年影印本《十三經注疏》，第 86 頁。

⑤ 張覺：《學術評判標準隨感録》，載《中國社會科學報》2014 年 5 月 7 日，第 A05 版。

望繼續得到更多讀者的青睞與支持。因爲經驗告訴我，我這種没有權勢支撑而處於“學術圈”之外的“草根學者”的學術生命[①]，在過去或現在，主要還是靠廣大讀者維持著，而不可能依靠單位的經濟實力去支撑。在將來，應該也是如此。這《述作集》的出版，如果没有廣大讀者的熱愛支持與慷慨解囊，也將會難以爲繼。

當然，我也永遠不會忘記我祖父張瑞良（1902—1972）、祖母俞秀英（1909—1989）、父親張永泉（1930—）、母親林月娥（1929—）、叔父張永奎（1939—）的養育啓蒙之恩與程千帆（1913—2000）、周斌武（1924—2014）等教授的精心栽培之德，如果没有他們的培養，就没有我的才學與成果。同樣，我也不會忘記章培恒、嚴佐之等教授對我古籍整理工作的熱情支持，不會忘記梅季坤（岳麓書社）、李立樸（貴州人民出版社）、倪臘松（貴州人民出版社）、李大鈞（中國旅遊出版社）、金良年（上海古籍出版社）、褚贛生（東方出版中心）、宋啓發（黄山書社）、徐文堪（漢語大詞典出版社）、吕健（上海古籍出版社）、曾德明（岳麓書社）、鄭明寶（上海古籍出版社）、江宜玲（知識産權出版社）、馬美著（岳麓書社）、劉文（岳麓書社）、吴茵（岳麓書社）、陈文韜（岳麓書社）等出版界同志先後傾注的厚愛之情以及吴格、劉一萍、錢振民、郭立暄、龔潔榮等先生在圖書資料方面的相助之力，如果没有他們的熱情幫助，我也不可能有這麼多逐步積累而内容豐富的著作問世。還有，我也不會忘記我校科研處陳正良、干春暉、劉月波等老師在科研資助和項目申報方面的鼎力支持，不會忘記教育部考試中心陳睿、我校研究生院朱君萍等領導在工作方面的分外照顧以及朋友姜漢椿先生的熱情幫助。

此外，我的同事龔敏，博士研究生黄吉輝，碩士研究生尤婷婷、鄭興蘭、馬静、吕佳、羅婷、吕佳妹、曹柳、何曉芬、劉雪瑩、麻飄飄、張曉曄、付雲鵬等也曾參與過部分工作，特此説明。

總之，我謹將這《述作集》奉獻給一切愛我的讀者、親人、師長、同志、朋友、學生，並借此機會向他們致以由衷的感謝與誠摯的祝福。

但願拙著因品質之有益於讀者而流傳久遠，從而使我的感謝與祝福也與

---

① 羅時進在《去除競争性科研的幻影光圈》一文中説：“當學術權力得到部分回歸後，用學術思維、學術方式、學術標準管理科研的期待並不能完全實現，某些具有學術影響力者以‘熟人社會’的處世行事態度介入各種學術性活動，包括科研立項，經費分配，成果驗收，評獎鑒定，無不施其影響，如此則部分學科和學者資源累進，利益疊加，而弱勢科研群體，即使具有精英素質，其學術表達和發展的空間也被大大壓縮。”（羅文載《社會科學報》2012 年 12 月 6 日第 5 版）我所謂的“草根學者”，恐怕是“弱勢科研群體”中的主要組成部分。

日俱增，使後人能永遠銘記愛我者的恩德，這便是我最大的幸福了。

如果説，我二十九年前下崗待業後賣文爲生是“文化搭臺，經濟唱戲”的話，那麽現在退休後專心著述便可以説是“經濟搭臺，文化唱戲”了。前者的目標是經濟，是利用文化以獲取經濟利益；後者的目標則是文化，是利用已有的經濟基礎打造文化精品。目標不同，結果也往往會不一樣。當時我爲了生計而欲求賣文不已，所以也曾盡力製作精品以便招徠讀者而不斷獲取稿酬，但畢竟没有像現在這樣衣食無憂，以至於不求稿酬而衹求拙著傳世，乃至不惜工本地投入大量的精力、物力而從容著述。在當時，爲了維持經濟生活而寫書雖然也在情理之中，但現在看來，財富等物質的東西與文化相比是多麽地微不足道，衹有打造經典纔能使自己具有不朽的生命力。有鑒於此，我懇切地希望讀者對拙著中的不當謬誤之處多加批評指正，以使拙著不斷完善而成爲學習與研究中國文化者所必備的要籍。

最後，附自題二首[①]，以與同道者共勉。

早年心慕高校潔，豈料身陷淨土黑。自古聖賢盡貧賤，何況我輩孤且直。
貧而無諂常落寞，窮且發憤勤述作。笑看有司皆走肉，傾心拙著寄寥廓。

是爲序。

張覺

1998年5月29日初稿於滬上五角場寓所
2008年6月23日再稿於滬上四平路金軒
2011年9月21日三稿於南翔芳林路院邸
2018年12月5日修改於密雲區溪翁山莊

---

① 我在臺灣古籍出版社1996年出版的《韓非子》之“後記”中説：“憶及魯迅有《自嘲》詩云：‘運交華蓋欲何求，未敢翻身已碰頭。破帽遮顔過鬧市，漏船載酒泛中流。横眉冷對千夫指，俯首甘爲孺子牛。躲進小樓成一統，管它冬夏與春秋。’甚似爲僕爲之。”但仔細一想，並不十分貼切，故於2012年1月15日另作此二首，詩成於松江泖港鎮黄橋村浦江源温泉農莊。

前　言

要研究中國文化，必須閱讀中國古代的重要著作。《吴越春秋》作爲一部流傳近兩千年的名著，當然也是研究中國文化者，特别是研究中國古代歷史和文學的學者所必須閱讀的。

張之洞説過："讀書不知要領，勞而無功；知某書宜讀而不得精校精注本，事倍功半。"①《吴越春秋》固然是研究中國文化者必須閱讀的要籍，但綜觀當今通行的《吴越春秋》，卻尚無精校精注之作。現代受人推崇的校本似乎祇有兩種：

一是江蘇古籍出版社 1986 年出版的苗麓點校本，它受到了周生春教授的重視，因而被周生春作爲參校本來使用。該本以"大德本"爲底本，比以《四部叢刊》本爲底本顯然更有價值，本應是一個較好的校本。但遺憾的是，其在校點排印中有不少疏漏，而這種疏漏又導致了周生春的失誤。

二是周生春的《吴越春秋輯校彙考》（上海古籍出版社 1997 年版）。該書由於其書名具有較强的考校意味，又由權威出版社出版，加之書首所載序言的讚揚，所以一般人都認爲它是一個理想的權威版本。其實，該書有不少錯誤②，讀者如果不加注意，必將以訛傳訛，貽誤無窮。

我一向認爲，要使中國古代燦爛輝煌的文化典籍能"真正活著"流傳下去，使它成爲當今乃至將來中華文化建設的豐富資源，首先應該做好其"存古喻今"的工作，或者説，應該做好這些典籍的校釋評論工作。若無"存古"，則會造成新書出而古籍亡的嚴重後果；若無"喻今"，則古代的典籍衹能是死躺於書櫃之中。祇有這一艱巨而又偉大的基礎工程完成了，我國的古籍才能流布日廣而大放異彩，中華民族的優秀傳統文化纔能傳承不絶而焕發出新的活力。

我所説的存古，與張之洞所説的"精校"相類，是指在印行古籍時要完好地保存古代的珍本文字。其主要的工作就是逐一將每部典籍的現存古本進行一次科學的梳理，辨明其源流，將其中最有價值的善本來一次彙校；然後覈定原文，寫成定本，複製出版以廣其傳；同時將彙校所得的善本異同寫入校勘記隨書印行，以便利更多的研究者取資。顯然，我所説的存古，衹是一

① 張之洞：《書目答問·略例》，見范希曾編《書目答問補正》，中華書局 1963 年版，第 3 頁。

② 參見本書附録七。

個相對的概念。要做到絶對意義上的存古，那就衹能搞《中華再造善本》之類的大工程了，但那樣做，顯然不適合大部分讀者而難廣其傳，而且，讀者也難以從中瞭解不同版本之異同。

我所説的喻今，與張之洞所説的“精注”與“知要領”相類，也就是要幫助今人明白古代典籍的内容。其主要的工作就是在校定原籍文本的基礎上，廣泛吸取古今學者的研究成果，做好實事求是而又準確通俗的注疏工作，使人們正確地理解其原文；同時，還應該對其内容進行概括扼要而又深入精到的剖析與融會貫通且聯繫實際的評論，使人們深刻地領會其内涵，把握其要領，瞭解其精華與糟粕，借鑒其中具有普遍意義與實用價值的人類智慧結晶。

然而，這種既具精校精注之功力又具提綱挈領之功能的宜讀之書實在太少見了。即使是我國古代最基本的要籍，也很少能見到這種既存古又喻今的著作出現。《吴越春秋》也無非如此。

《吴越春秋》的當代校本之所以會出現上述種種很不理想的粗疏現象，可能是因爲當今之學風過於浮躁、治學不求嚴謹、學問不求扎實的緣故吧。所以，我們在具備現代意識的同時，似乎還應該繼續宏揚漢學精神。

誠然，隨著時代的進步，現代的學術研究條件比過去要好得多。即以最基本的古籍校勘而論，舊時之古籍善本往往散落於民間而難以查訪，現在則多集中於各大圖書館而便於尋檢，所以，現在進行善本彙校的條件比古代要好得多。衹要我們不惜工本，這一工作是完全可以做好的。但是，人們在校勘《吴越春秋》時，卻往往滿足於使用《四部叢刊》本，藏於國家圖書館的大德本雖然受到推崇，卻一直未爲《吴越春秋》校勘者認真地使用過。如果説，當代的學風與學術評價標準並不利於善本彙校工作的展開，因爲從事這項工作，不但枯燥乏味而需要有坐冷板凳的能耐，而且需要奔波於南北各大圖書館而投入大量的時間、精力與財力，其成果又因爲缺乏當今所推崇的創新性而不被學術界認可，但無論如何，作爲一個有責任心的學者，是絶對不應該急功近利、馬虎了事的。在我看來，既然古代有《十三經注疏》之類的扛鼎之作不朽於世，那麽，我們生活在條件優越的現代社會，理應拿出超越前人而能體現當代國學水準的古籍校釋評論之作來。惟其如此，我們纔能不愧對創造了光輝燦爛的華夏文明的祖先。

基於這樣的認識，我一直在朝這一方嚮努力。然而，我過去所撰寫的著作，爲了能順利出版，不能不屈從於出版社的體例限制，而根本不能將“存古喻今”的設想付諸實施。即以研究《吴越春秋》而論，過去出版的《吴越春秋全譯》（貴州人民出版社 1993 年第 1 版，2008 年新 1 版）、《吴越春秋校注》（岳麓書社2006年版）也都是如此，它們雖然已經受到了讀者的青睞而印行了4萬多冊，其實未足爲典要。

要使自己的古籍校注之作成爲典要，我想首先應該把善本彙校工作做好。如果其原文校訂有誤，則其注疏必隨之而誤，其評論也往往會不切本義。但是，我這嚮往良久的善本彙校工作一直没有條件付諸實施。2003年，我有幸得到全國高等院校古籍整理研究工作委員會秘書處的指點，申報了古委會直接資助項目《韓非子校疏》，靠了章培恒等先生的大力支持，該項目獲得批准，於是我的善本彙校工作才得以展開。2004年，我申請國家社會科學基金項目“《韓非子》微觀研究”而獲得批准，我對《韓非子》作徹底性的研究就獲得了更爲有力的支持，“存古喻今”的設想纔得以全面付諸實施。

爲了豐富我的“存古喻今”成果，我決定在以往研究的基礎上進一步撰寫本書，力求爲讀者提供一本嚴謹而全面地體現善本面貌並兼具學術性與通俗性的《吴越春秋》校釋本。爲了獲得更好的研究條件，我在2012年申報了2013年度上海市教育委員會科研創新重點項目“吴越春秋校證注疏”而獲得批准。於是，實現我的願望就指日可待了。根據當時《上海市教育委員會科研創新項目驗收實施細則》第十一條規定，如果在該創新項目的研究基礎上争取到國家社會科學基金項目，驗收結論可爲優秀，因而我在2013年1月將此選題申報了國家社會科學基金項目，又有幸獲得批准。於是，以内容更爲豐富的國家級成果來取代上海市教委的課題成果又爲時不遠了。

一般來説，完成了《韓非子校疏》和《商君書校疏》，《吴越春秋校證注疏》的彙校注疏就可以“漢承秦制”地開展了，但由於《吴越春秋》的版本源流甚爲清晰，所以在善本彙校方面就没有必要像《韓非子校疏》和《商君書校疏》那樣將各本的文字差異全部寫入校勘記。不過，其大體做法還是一脈相承的，也就是説，撰寫本書時，仍然利用各種善本進行彙校，並對自己以往的《吴越春秋》研究成果來一次清理、總結與提高——集其精華，删其贅疣，正其謬誤，補其缺漏，以便使本書成爲一部來自第一手材料的精到可靠而兼具權威性、資料性、學術性、通俗性的集大成之作，使之成爲今後通行之善本而不朽於世。

由於《吴越春秋》在中國傳統文化中具有重要的地位，是我們必須重點研究的一流要籍，而無論從哪個角度去研究《吴越春秋》，校正勘定其原文都是首先要做好的最重要的基礎性工作。鑒於當今流行的各種《吴越春秋》校本對其原文的校訂都很不理想，更由於其中還存在著弄虛作假、以訛傳訛的現象，所以我首先在《吴越春秋》原文的彙校方面花了很大的精力。爲了不折不扣地貫徹我的存古原則，我決定將國家圖書館所珍藏的後世所有《吴越春秋》版本之源的元大德刻明修本作爲底本，再依據其他材料進行校正，而校改也採取審慎的態度而儘量保留大德本的風貌。但願本書的原文勘定能給今後的《吴越春秋》研究者提供便利。

要對《吴越春秋》進行細緻入微的研究，除了校正勘定其原文外，還必須做好其注疏工作。如果對其原文都有所不解或誤解，則無論是評析其思想内容，還是利用其文史資料，都會發生錯誤。所以，我又在校訂原文的基礎上，廣泛擇取古今學者的考證詮釋成果，採取以經史子集會考的方法進一步考釋了《吴越春秋》中的疑難之處，力求探明其文之本旨，辨明所記史事之原貌。同時，又在疏解原文時反復推敲文字，以使讀者對其原文有一個準確的理解。

爲了有利於讀者把握每篇要領，我在注解原文的基礎上，爲各篇撰寫了提要，對其内容作了概括述評。

爲了便利讀者的閱讀研究，我還精心設計了輯證一欄及各種附録。其中所收録的研究資料，都用第一手材料進行了認真的校勘，並詳明其出處，以便讀者查考與引用。

當然，本書可以看作我這三年多來所做課題的一個最終成果，但如果没有 1992 年以來的種種研究，僅靠這三年多時間，即使能寫出一本厚書，其内容肯定會遜色得多。所以，本書實際上是我二十多年來研究《吴越春秋》的一個最終成果。

書稿殺青，流行的做法是請名家作序，以此來提升其品位，但我從來不這樣做。這並不是因爲我與當代的名家没有來往，而是因爲有這樣的想法：請名家寫序，無非是要他們爲自己説好話。如果自己的著作的確好，則必“下自成蹊”，再去打擾忙得不可開交的名家，實爲不仁；如果自己的著作不好，卻硬要名家説你好，實爲不義。雖然别人請名家作序並非都是不仁不義之舉，但我則不忍爲此行。《韓非子·解老》云：“夫君子取情而去貌，好質而惡飾。夫恃貌而論情者，其情惡也；須飾而論質者，其質衰也。”我將永遠以此爲座右銘。

由於當今之圖書可通過資助而出版，因此我國很多部門在評價學術成果時衹看重權威期刊的論文與省部級以上課題及所獲大獎。殊不知這樣的評價方法使很多學者無所不用其極，以便在權威期刊上發論文，拿課題，得大獎。我則不屑於那一套，因爲這不但有違於我的爲人之道，而且在我看來，真正的學術成果，應該靠自己的學術品質去取勝。惟其如此，纔能得到廣大專家、讀者的青睞，纔會不受空間與時間的限制而傳之久遠。因此，我還是堅守老老實實做人、踏踏實實治學的原則。我堅信，歷史是不會向權貴諂媚的，它不會瞻仰你從社會上得到了什麽，而衹會欽佩你給社會貢獻了什麽。

我的不屑爲使我的學術研究步入了與摩登學者不同的道路，以至於我獲准課題立項後令我的同事們感到意外。其實，如果以正常的學術眼光來看問題，那麽此事也就不會不可思議了。

儘管如此，在當前的學術背景下，我還是難以抑制自己的感激之情，要向項目評審專家致以衷心的謝意，因爲如果没有他們的支持，我就不可能花費這麽多的精力與財力去從事這項工作，這部以善本彙校爲基礎的集大成之作也就不會誕生了。我想，讀者們在享用拙著的時候，應該永遠銘記評審專家的功德。在此，我要對齊滬揚先生等專家的大力支持表示由衷的感謝。當然，我更要感謝廣大的讀者，因爲如果没有你們對拙著的熱愛，我的研究就不可能獲得如此巨大的發展空間。

學無止境，每一個時代對某一事物的認識與解釋總是有局限的而不可能是窮盡的。我雖然孜孜矻矻，不遺餘力，奮鬥不息，想使拙著佔領該研究領域的制高點，以贏得讀者的青睞而使其成爲傳世之作。然而，我的努力目標是如此，實際上做得怎麽樣，還得由廣大讀者來評判，而書中不當之處恐也在所難免。在此，我懇切地希望海内外有識之士不吝賜教，以便使拙著不斷完善而爲中華傳統文化的研究發揮更大、更好的作用。

張覺

2011 年 1 月 26 日初稿於滬上四平路金軒

2013 年 5 月 30 日修改於南翔芳林路院邸

2015 年 9 月 10 日改定於密雲縣溪翁山莊

凡　例

一、原文部分的校正勘定是研究《吴越春秋》的基礎。由於現在通行的《吴越春秋》校本文多訛誤，故本書校勘注重權威性與資料性，即切實地利用國内圖書館所珍藏的善本進行彙校，以充分顯示《吴越春秋》的善本面貌。國家圖書館所藏元大德十年丙午（1306）紹興路儒學刻明修本（簡稱“大德本”）是現存最早的《吴越春秋》刻本，而大德刻本又是後代所有《吴越春秋》刻本之底本或祖本。在這種刻本源流甚爲清晰的情況下，如果不厭其煩地詳列後世各翻刻本之異同，則徒費篇幅而無甚價值，故本書原文之校勘，不再採取我在《韓非子》《商君書》校勘中所使用的全息彙校之法以詳列各善本異同爲目標，而僅以大德本爲底本，並用其他明、清版本，清人校勘記，各種古注、類書、史籍的引文，以及《左傳》《國語》《吕氏春秋》《史記》等典籍異文進行校勘改正。凡校改訂正之處，均在【校記】中加以説明。對於可能有誤而無版本及古籍異文作爲根據的地方，即使有確鑿的論證，也一律不加改動，而僅在注釋中説明前人或自己的研究成果，以免妄改古書之弊。

二、元大德刻本雖然是後代所有《吴越春秋》刻本之底本或祖本而極其珍貴，但國家圖書館所藏的大德本並非全是元刊舊版，其中有九葉爲後代補刻之版，又有九葉有抄配。這些補版、抄配之校勘價值顯然不如原版，且其是否爲明代人所爲，實也難以考證，國家圖書館題“明修”，恐怕也是揣測之詞。爲了使讀者瞭解這大德本之全貌，今將這些補版、抄配的情況也寫入【校記】。

三、爲便於文字處理與節省篇幅，本書對原文中只有點畫之差而無音義之别的俗字和某些真正的異體字作了處理，這種處理一般不寫入校勘記，而僅在附録二中以舉例的方式説明這些文字的處理方法。同時，在校勘記中對各種版本、清人校勘記還使用了簡稱。讀者欲知其詳情，可參閲本書之附録二。

四、大德本無句讀，除了編年處换行另起外，大都不分段。今爲便於閲讀，並便於在注釋中使用參見法以節約篇幅，故除了加上標點符號外，還將原文重新作了分段，並加了篇、節號。爲了顯示原書之編年與本書分段的關係，今另編《〈吴越春秋〉編年目録》列於附録六以便瀏覽。

五、本書原文以及舊序、目録、卷第、篇題等舊文，今仿照大德本字樣而用楷體，以與本書其他文字相區别。至於本書附録和注釋中引用的各種典籍中的舊文，也酌情使用楷體，以清眉目。

六、大德本首載徐天祐序，書末還有“大德十年歲在丙午三月音註”等七行字，這些文字原非《吴越春秋》所固有，但爲了體現善本風貌，今一仍其舊。

七、各篇之前的【提要】除解釋篇題外，還對該篇内容及特點略作介紹，以便讀者掌握該篇要領。其大旨相同，但寫法不求一格。

八、【注釋】注重資料性與學術性，即全録大德本之音註，廣採前賢之説，同時進行學術研討，案陳拙見，釋難糾謬。

九、古註一向爲人所重，今爲全面地體現善本風貌，故將徐天祜的音註全部收録。徐註原以雙行小字夾註於原文之中（包括《吴越春秋目録》中的註），今一律列入每節後之【注釋】或【校記】中。由於古代句中之註往往不重複標出被註之字，所以現在將它們移入【注釋】或【校記】後會使某些句中之註難以理解，故今一律在原文中上標“•”以表示徐註原來的位置，以便讀者理解與尋檢。

十、本書注釋，儘量吸收前人成果，但於其未當之處，則加按語辨析之。爲了不埋没諸家對《吴越春秋》詮釋所作出的貢獻，並便於讀者查考原著，故引用前人之説時一般都注明作者姓名或文獻簡稱，其詳情見本書附録十二。

十一、對於《吴越春秋》中的疑難之處，以“覺按”引出我的考釋或糾駁，但如果位於注條之首，則不標“覺按”以省篇幅。前人校釋《吴越春秋》者甚少，故該書疑難之處尚多。本書雖難免闕疑，但力求周詳，以期畢校、證、注、疏之功於一役，故對書中之疑難儘量加以考釋疏證，並努力做到信而有徵。但是，很多地方既無前人考證可供參考，又無辭書解釋可供採摭，純粹是我的一家之説，其是非正誤，尚請讀者注意評判。

十二、《吴越春秋》一向被視爲史籍，但有些記載卻與正史相左，而疏漏也不少，所以本書在注釋中儘量注意對其史實、地名等加以考證，辨明其疏誤，以便利史學研究者。

十三、本書【義疏】部分，力求準確、明白、通俗地疏解原文，以便現代的讀者能較爲容易地通讀《吴越春秋》。該部分限於疏通原文而不作闡發引證，故不同於古人之疏；也不限於直譯而時常會根據文意酌情加入一些詞句以充分揭示原文的意藴，故也稍異於今之白話翻譯。對於原書疏誤之處，一般在【注釋】中予以辨明，在【義疏】中則酌情處理而大都姑從原文。從這種意義上來説，【義疏】可當作《吴越春秋》之文學文本來瀏覽，若要將《吴越春秋》當作史籍來研究，則必須閲讀【注釋】。

十四、本書雖在【校記】【注釋】中對《吴越春秋》之疏誤和吴、越史事有所考校，但爲了給讀者提供更多的考證研究資料，故又在相關章節之後另列【輯證】一欄。該欄分别輯録三種可用於補正或佐證《吴越春秋》原文的資料，既具有相對獨立性，又與【校記】【注釋】具有互補性。爲便於讀者進一步查考，其中第一、二種所輯文字皆標明所引文獻及其頁碼，其文獻版本見本書附録十二。

十五、【輯證】之第一種資料爲“史料之證”，用宋體印刷。其文主要輯自東漢趙曄之《吴越春秋》成書之前或其同時代的典籍《尚書》《詩經》《春秋》《左傳》《公羊傳》《穀梁傳》《世本》《竹書紀年》《山海經》《國語》《墨子》《孟子》《莊子》《管子》《荀子》《韓非子》《吕氏春秋》《戰國策》《新書》《韓詩外傳》《淮南子》《史記》《鹽鐵論》《大戴禮記》《列女傳》《新序》《説苑》《論衡》《漢書》《越絶書》。這些資料或可藉以明瞭《吴越春秋》原文之所自出而有溯源之效，或可採以補充《吴越春秋》之内容而有補闕之利，或可用以校正《吴越春秋》原文之錯誤而有勘誤之功，它們不但有助於《吴越春秋》的文本研究，也便於史學研究者更全面地瞭解春秋時期吴、越兩國的歷史以進行拓展研究。爲了節約篇幅，在【注釋】中已有完整輯録之史料則酌情略去，故欲研究吴、越歷史者應兼閲【注釋】。至於東漢以後有關春秋時吴、越兩國史事輿地的著述，因其去古更遠，即使可用於注釋供讀者參考，也不宜用來補正《吴越春秋》之文，故不再煩列。

十六、【輯證】之第二種資料爲“引文之證”，用楷體印刷。其内容爲東漢趙曄之《吴越春秋》問世之後至宋代的各種古注、類書以及其他古籍所引《吴越春秋》之文。具體而言，這些引文出自《文選》薛綜注、《史記集解》、《後漢書志》劉昭注、《世説新語》劉孝標注、《水經注》、《北堂書鈔》、《藝文類聚》、《左傳》孔穎達疏、《羣書治要》、《文選》劉淵林注和李善注、《後漢書》李賢注、《初學記》、《史記索隱》、《史記正義》、《白孔六帖》、《吴地記》、《太平廣記》、《太平御覽》、《太平寰宇記》、《事類賦》注、《册府元龜》、《吴郡圖經續記》、《能改齋漫録》、《吴郡志》、《琴川志》、《會稽志》。此類引文的輯録目的完全是爲了《吴越春秋》的文本研究。因爲宋代以前趙曄原著尚存，而今傳《吴越春秋》之文已非趙曄舊著而經後人删改，所以這些引文對於考察趙著原貌來説，具有較大的參考價值：其中詳於今本者，或爲趙著原有；略於今本者，當爲楊方、皇甫遵或其他引文者所删削。只是由於古人引文不甚嚴謹而常有删改，所以使用這些引文時應當採取謹慎的態度，因而本書僅取其一小部分對《吴越春秋》原文作了補正。至於那些不見於大德本而難以依附於原文的引文，前人輯之爲《吴越春秋》佚文，今按慣例編入本書附録一而不再勉强列於原文各章節之後，故欲研究趙曄原著者應兼閱此類引文與附録一。

十七、【輯證】之第三種資料爲“宋本之證”，用仿宋體和楷體印刷。其内容爲顧廣圻、蔣光煦所校出的《吴越春秋》影宋鈔本異文。南宋嘉定甲申（1224）汪綱所刻的《吴越春秋》是現在所知最早的《吴越春秋》刻本，但早已亡佚。清代顧廣圻、蔣光煦曾經見其影鈔本並作了校勘，他們的校勘記對我們瞭解宋刻本的情況具有珍貴的資料價值，故今也列入【輯證】。顧廣圻校出的宋本文字，是與嘉靖本不同的影宋鈔本異文，原用朱筆隨文注於嘉靖本原文右側，現不易見到，葉昌熾曾轉録過其校勘成果（參見本書附録三），今輯録時首題“顧校”，再以仿宋體列舉本書校定的《吴越春秋》文句或嘉靖本之文句，在有異文之處加括弧用楷體標出葉昌熾轉録的影宋本異文（其中影宋本有而明刻本無的文字標以“多”字，影宋本無而明刻本有的文字標以“無”字，至於其中的校對符號則改爲文字説明，這三種説明文字均使用宋體以便與顧廣圻之校語相區别）。蔣光煦校出的宋本文字，是與《古今逸史》本不同的影宋鈔本異文，今據蔣廷黻清光緒九年（1883）所刊《斠補隅録》中的校勘記轉録，首題“蔣校”，再以仿宋體列舉蔣光煦所引録的文句（其中誤字因無關大局而不作校改），用楷體加括弧轉録蔣光煦有關宋本的校勘記。要説明的是：（一）《吴越春秋目録》中的影宋本異文，今已在本書【校記】【注釋】中説明，故不再重複輯録以節約篇幅；（二）蔣光煦之校勘，乃以《古今逸史》本爲底本，校以影宋本及明翻大德本，今僅輯録其中注明“宋本”的校勘記，其餘則從略以省篇幅；（三）爲了使讀者全面地瞭解宋本與今本之異文，所以凡正文之【校記】【注釋】已涉及的影宋本異文，本欄不避重出。

十八、【附録】旨在爲讀者的閱讀研究提供可靠的參考資料，徹底糾正以往《吴越春秋》校本附録中的訛誤，故都取自第一手材料，並詳明其出處，以便讀者查考與引用。

十九、撰寫本書時，我對《吴越春秋全譯》《吴越春秋校注》以及《吴越春秋校證注疏》第 1 版、第 2 版等舊作中的錯誤作了清理，故本書内容若與我以前的著作有牴牾之處，一律以本書爲準。

吴越春秋校證注疏

吴越春秋序【1】

吴、越，古稱東南僻遠之邦，然當其盛彊，往往抗衡上國。黄池之會，夫差欲尊天子，自去其僣號，稱子以告令諸侯。及越既有吴，勾踐大盟四國，以共輔王室。要其志，皆歸扵尊周，其知所天矣。孔子作《春秋》，雖小國猶録而書之，而况以世言則禹、稷之裔，以地言則會稽、具區，其川其浸，《周·職方氏》列爲九州之首，皆足以望天下，故記可闕而不傳乎?

《吴越春秋》，趙曄所著。《隋》《唐·經籍志》皆云十二卷，今存者十卷，殆非全書。二《志》又云："楊方撰《吴越春秋削繁》(《唐·志》作"煩")五卷，皇甫遵撰《吴越春秋傳》十卷(《隋·志》缺"傳"字)。"此二書今人罕見，獨曄書行扵世。曄《傳》在《儒林》中。觀其所作，乃不類漢文。按邯鄲李氏《圖書十志目》，亦謂楊方甞刊削曄所爲書，至皇甫遵遂合二家考正，爲之傳註。又按：《史記》註有徐廣所引《吴越春秋》語，而《索隱》以爲今無此語者〔1〕。他如《文選》註引季子見遺金事〔2〕，《吴地記》載闔廬時夷亭事〔3〕，及《水經註》甞載越事數條，類皆援據《吴越春秋》。今曄本咸無其文，亦無所謂傳註，豈楊方所已刊削而皇甫所未考正者耶? 曄書最先出，東都時去古未甚遠，曄又山陰人，故綜述視他書所紀二國事爲詳，取節焉可也。其言上稽天時，下測物變，明微推遠，憭若蓍蔡。至扵盛衰成敗之迹，則彼己君臣反覆，上下其論議；種、蠡、諸大夫之謀，迭用則霸；子胥之諫，一不聽則亡；皆鑿鑿然，可以勸戒萬世，豈獨爲是邦二千年故實哉?

曄書，越舊甞鋟梓，歲久不復存，汴梁劉侯來治越，獎厲學校，蒐遺文，修墜典，乃輟義田，廩羡財，重刻于學。不鄙謏聞，属以考訂，且命序其左端。夫越人宜知越之故，則是舉也，扵所闕不爲無補，遂不得辭。厥既刊正疑譌，過不自量，復爲之音註，併考其與傳、記同異者，附見于下而互存之。惜其間文義猶有滯礙不可訓知，不敢盡用臆見更定，又無皇甫本可證，姑從其舊，以俟後之君子考焉。侯名克昌，世大其字云。

郡人前進士徐天祜 受之序

【校記】

【1】吴越春秋序：大德本無此五字，據嘉靖本增補。又，此序大德本不分節，今爲方便閱讀，稍加分節。

【注釋】

〔1〕顧廣圻曰：“按此謂《世本》，非謂《吴越春秋》也。徐天祐誤甚。”其眉批曰：“《史記·吴世家》徐廣曰：‘《世本》曰：“夷昧生光。”《吴越春秋》曰：“王僚，夷昧子。”与《史記》同。’《索隱》云：‘撿《系本》，無此語。’”〇覺按：徐天祐之説不誤。此蓋兩人所據《史記》版本不同，故有異説。徐天祐所見《史記》當爲元大德十年（1306）之前的宋、元刊本。今查北京圖書館出版社2003年影印的宋乾道七年（1171）蔡夢弼東塾刻本《史記》（《中華再造善本·唐宋編·史部》），其《吴太伯世家》第七葉“公子光伐楚”之《集解》文字爲：“徐廣曰：‘《丗本》曰：“夷昧生光。”《吴越春秋》曰：“王僚，夷昧子。”与《史記》同。’”第二葉“次曰季札”之《索隱》文字爲：“下註徐廣引《系本》云：‘夷昧生光。’引《吴越春秋》云：‘王僚，夷昧子。’今檢《系本》、《吴越春秋》，並無此語。”再查北京圖書館出版社2003年影印的宋淳熙三年（1176）張杅桐川郡齋刻、八年（1181）耿秉重修本《史記》（《中華再造善本·唐宋編·史部》），以及北京圖書館出版社2005年影印的元至元二十五年（1288）彭寅翁崇道精舍刻本《史記》（《中華再造善本·金元編·史部》），除了“註”或作“注”、“曰”或作“云”，内容完全一致。其實，即使是世界書局1935年影印的《四史》中的《史記》，第250頁上的《集解》文字和第248頁上的《索隱》文字，也與宋、元本同。顧廣圻蓋據清代所刻的刪改之本，故以徐説爲誤。由此可見，校注時選擇版本是何等重要。

〔2〕“《文選》註”當作“《藝文類聚》”或“《太平御覽》”，見附録一顧觀光所輯《吴越春秋逸文》第26條，徐天祐失考。

〔3〕夷亭：即位於今蘇州市之東、陽澄湖之南的唯亭，至今當地人仍呼“唯亭”爲yítíng（音與“夷亭”同）。今《四庫全書》中的《吴地記》無闔廬時夷亭之文，《吴郡志》卷五十《雜志》所引《吴地記》載有此事，徐天祐蓋據此爲説。今將《吴郡志》之引文録於此以供參考：

闔閭十年，國東有夷人侵逼吴境。吴王大驚，令所司點軍。王乃宴會，親行。平明，出城十里，頓軍憩歇，今憩橋是也。王曰：“進軍！”所司又奏，食時已至，令臨頓。吴軍宴設之處，今臨頓是也。夷人聞王親征，不敢敵，收軍入海，據東洲沙上。吴亦入海逐之，據沙洲上。相守一月，屬時風濤，糧不得度。王焚香禱天，言訖，東風大震，水上見金色逼海而來，遶吴王沙洲百匝，所司撈漉得魚，食之美，三軍踴躍。夷人一魚不獲，遂獻寶物，送降款。吴王亦以禮報之，仍將魚腹腸肚以鹹水淹之，送與夷人，因號逐夷，夷亭之名昉此。吴王回軍，會羣臣，思海中所食魚，問所餘何在，所司奏云：“並曝乾。”吴王索之，其味美，因書“美”下著“魚”，是爲“鮝”字，今從“失”，非也。魚出海中，作金色，不知其名，吴王見腦中有骨如白石，號爲石首魚。（《吴地記》）

吴越春秋目録

吴越春秋目録

【校記】

【1】上：大德本作"丄"，據鄺本改。又，顧廣圻、蔣光煦所見影宋本之目録無"上"、"下"兩字，"卷第×"作"第×卷"。〇顧廣圻曰："影宋本九行十八字。"〇蔣光煦曰："宋本每半葉九行，行十八字，無注。"

【注釋】

〔1〕徐天祜曰:“元本‘太伯傳’作‘吴王太伯傳’。太伯三以天下讓,宜王而不王者也;吴之後君又未嘗追王之。尊之曰‘王’,名不與實稱也。今去‘王’字以從其實。”〇覺按:“吴太伯傳”,顧廣圻、蔣光煦所見影宋本作“吴王太伯傳”。徐天祜所謂“元本”,即“原本”,當指宋本而言,而非指元代刊本。(古代表示原來之意,多用“元”字。至明初,因嫌與元代之“元”混淆,纔改作“原”。參閲顧炎武《日知録》卷三十二。)由此可知,本篇篇題原作“吴王太伯傳”,現在的篇題是徐天祜删定的。

〔2〕徐天祜曰:“元本不曰‘吴王僚傳’而曰‘王僚使公子光傳’,蓋謂使之伐楚耳。光,即闔閭,既自有傳,此云‘使公子光’,贅也。今姑從其舊。”〇覺按:“王僚使公子光”,是取篇首之語作爲篇名,這在古代是較常見的。該篇記述王僚在位時期的史事,但其中記述王僚的事蹟極少,這大概就是不把本篇題爲“吴王僚傳”的原因;而文中所記事情又十分駁雜,難以用一個準確的篇題概括它,所以只得取篇首之語姑且作爲篇名。

〔3〕徐天祜曰:“元本闔閭、夫差傳皆曰‘内傳’,下卷無余、勾踐傳皆曰‘外傳’,内吴而外越,何也?况曄又越人乎!若以吴爲内,則太伯、壽夢、王僚三傳不曰‘内’,而闔閭、夫差二傳獨曰‘内’,又何也?今不敢輙去‘内’‘外’二字,姑存之。”〇覺按:趙曄是越人,爲什麽以越國之傳爲外傳?如果因爲吴國之君是周室宗族而從正統的觀念出發以吴爲“内”,則太伯、壽夢、王僚三傳又爲什麽不題“内”?這題目上的“内”“外”的確會使人産生疑惑。其實,古人編次篇章,往往先内而後外。如《莊子》《晏子春秋》,均先爲“内篇”,後爲“外篇”。《韓非子》中的《儲説》,也是先爲《内儲説》,後爲《外儲説》。根據歷史事實的發展情况,吴國稱霸在前,越國稱霸在後,故本書先敘吴事,後敘越事。吴事編次在前,故以吴爲“内”;越事編次在後,故以越爲“外”。這“内”“外”二字可能與《韓非子》中的《内儲説》《外儲説》之“内”“外”相似,僅用來區别篇次之先後,與“吴”“越”之事根本没有思想意義上的有機聯繫。

〔4〕徐天祜曰:“元本‘越王勾踐入臣’,獨無‘外傳’字。今補其闕,姑從越諸傳,亦作‘外傳’云。”〇覺按:顧廣圻、蔣光煦所見影宋本作“越王勾踐入臣”,徐天祜根據下面幾篇的篇題改成“勾踐入臣外傳”,亦無不可。但從中可以看出,原書對“内”“外”二字的使用較爲隨便,這進一步證明了本書篇名中的“内”“外”二字並没有什麽特别的深意。

〔5〕徐天祜曰:“元本勾踐《入臣》《歸國》《伐吴》諸傳皆書名,獨《陰謀傳》書‘越王’而不名,不知何義。今於《陰謀傳》去‘越王’二字而書‘勾踐’,從諸例也。”〇覺按:“勾踐陰謀外傳”,顧廣圻、蔣光煦所見影宋本作“越王陰謀外傳”,徐天祜將“越王”改成“勾踐”,亦無不可。但從中可以看出,這種雜史之類的典籍,往往亦史亦文,故其文字使用較爲隨便,並不像《春秋》那樣嚴謹。

吴越春秋吴太伯傳第一

後　漢　趙　曄　撰

【提要】

“吴太伯傳”，原作“吴王太伯傳”，現在的篇題是徐天祜刪定的（參見《吴越春秋目録》注〔1〕）。

吴太伯傳（zhuàn 撰），就是吴國太伯的傳記。文章追述了太伯的祖先，敘説了太伯如何從周原出奔荆蠻從而建立吴國的經過，最後記述了太伯的葬地及其後代的世系，直至壽夢爲止，以便與第二篇相銜接。

本文所敘史事時間跨度極大，但作者善於剪裁，使文章詳略相間，既富於跳躍性，又顯得凝練而生動。如追述太伯的祖先，作者對后稷、古公作了詳述，對不窋、公劉作了簡述，對鞠、皇僕、差弗、毀隃、公非、高圉、亞圉、公叔祖類等則略而不述。將此與《史記·周本紀》相比可知，作者所追求的，並不是純粹寫史，這也就是本書富於文學意味的原因所在；而末了對吴國世系的敘述，則又一絲不苟，可見作者也致力於寫出一部較爲詳備的《吴國春秋》，這也就是歷來將本書視爲史書的原因。當然，由於古代有關太伯的事蹟史載不詳，所以本文所述吴太伯的事蹟占全文的比例也不多。作爲《吴太伯傳》來説，這不免有點比例失調，但實爲史料所限，是不能苛求於作者的。

1.1

吴之前君太伯者●〔1〕，后稷之苗裔也〔2〕。后稷，其母台氏之女姜嫄●〔3〕，爲帝嚳元妃〔4〕。年少未孕，出游於野，見大人跡而觀之，中心歡然，喜其形像，因履而踐之，身動，意若爲人所感〔5〕。後妊娠，恐被淫泆之禍〔6〕，遂祭祀以求，謂“無子”。履上帝之跡●〔7〕，天猶令有之〔8〕。姜嫄怪而棄于阨狹之巷〔9〕，牛馬過者折●易而避之●〔10〕；復棄于林中，適會伐木之人多●〔11〕；復置于澤中冰上，衆鳥以羽覆之●〔12〕；后稷遂得不死。姜嫄以爲神，收而養之長，因名“棄”。爲兒時好種樹●禾黍、桑麻、五穀〔13〕。相●五土之宜〔14〕、青赤黄黑、陵●水高下〔15〕，粢稷、黍禾、蕖麥、豆稻〔16〕，各得其理。堯遭洪水〔17〕，人民泛濫，遂●高而居〔18〕。堯聘棄，使教民山居，隨地造區〔19〕，研●營種之術〔20〕。三年餘，行人無飢乏之色，乃拜棄爲農師，封之台，號爲后稷，姓姬氏。后稷就國爲諸侯。卒，子不窋立●〔21〕，遭夏氏世衰〔22〕，失官〔23〕，奔戎、狄之間〔24〕，其孫公劉●〔25〕。

【注釋】

〔1〕徐天祜曰："《論語》作'泰伯'。"○覺按：《論語·泰伯第八》："子曰：'泰伯，其可謂至德也已矣！三以天下讓，民無得而稱焉。'"太伯是周代吴國的始祖，其生活年代約在公元前12世紀，其事蹟詳下文。《史記·吴太伯世家》"吴太伯"《索隱》："《國語》曰：黄池之會，晉定公使謂吴王夫差曰：'夫命圭有命，固曰吴伯，不曰吴王。'是吴本伯爵也。范甯解《論語》曰：'太者，善大之稱；伯者，長也。周太王之元子，故曰太伯。'稱仲雍、季歷，皆以字配名，則伯亦是字，又是爵，但其名史籍先闕耳。"今按下文武王"追謚古公爲大王，追封太伯於吴"（1.6），則"太"字當爲武王給太伯追加的尊號；下文又載太伯之言"吾以伯長居國絶嗣者也"（1.5），則"伯"字當爲排行而非爵位名。至於晉定公使者所言，實爲春秋時的外交辭令，恐無關史實。 吴：古代諸侯國名，姬姓，約建立於公元前12世紀，始都於梅里（在今江蘇省無錫市東南梅村），號"勾吴"。壽夢死後，其子諸樊南徙吴，諸樊之子公子光(闔閭)使伍子胥築城都之，在今蘇州。《史記·吴太伯世家》"吴太伯"《正義》："吴，國號也。太伯居梅里，在常州無錫縣東南六十里，至十九世孫壽夢居之，號句吴。壽夢卒，諸樊南徙吴，至二十一代孫光，使子胥築闔閭城都之，今蘇州也。"吴建國時範圍不大，後來闔閭、夫差時一度强盛，佔有今江蘇省、上海市大部和安徽省、浙江省的一部分。公元前473年爲越國所滅。參見《史記·吴太伯世家》、本書1.5注〔9〕、1.7注〔2〕〔10〕、4.2。

〔2〕后稷：姓姬，名棄，周族的始祖，"后稷"是他受封後的號。"后"是君長的意思，"稷"是穀物名（爲五穀之長），所以"后稷"被用作爲農官之名。傳説帝嚳元妃有邰氏之女姜嫄在野外踩了個巨人的腳印（上帝的腳印）而懷孕，以爲不祥，生下後就將他拋棄在野外，但他始終未死，姜嫄以爲神，於是收養了他，並因此給他取名"棄"，姓"姬"（"姬"字之右旁的古文象腳印之形）。他善於種植農作物，所以在堯、舜之時任農官，封於邰（在今陝西省武功縣西南），號"后稷"。其生活年代約在公元前23世紀末。其事蹟可參見《詩經》的《大雅·生民》和《魯頌·閟宫》、《史記·周本紀》以及本節。一説棄並不是帝嚳之子而是帝嚳的後代，至於姜嫄之夫、棄之父則不詳，見《史記·周本紀》"姜原爲帝嚳元妃"《索隱》。

〔3〕徐天祜曰："《韓詩章句》：'姜，姓；嫄，字。'《説文》：'邰，炎帝之後姜姓封邰國。'《晉語》曰：'黄帝以姬水成，炎帝以姜水成。故黄帝爲姬，炎帝爲姜。'是姜者，炎帝之姓。《史記》'嫄'作'原'，'台'作'邰'。邰國在京兆武功縣，所治斄城，《漢·地理志》作'斄'，與'邰'同。"○覺按："台"通"邰"（tái台），古國名，故址在今陝西省武功縣境。《詩經·大雅·生民》"即有邰家室"毛傳："邰，姜嫄之國也。堯見天因邰而生后稷，故國后稷於邰，命使事天以顯神，順天命耳。"《説文·邑部》："邰，炎帝之後姜姓所封，周棄外家國。从邑，台聲。右扶風斄縣是也。"段玉裁注："見《地理志》。周人作'邰'，漢人作'斄'，古今語小異，故古今字不同。《郡國志》無斄縣，'郿'下曰：'有邰亭。'蓋斄縣併入郿也。邰亭，杜預謂之斄鄉，徐廣謂之斄鄉，今陝西乾州武功縣縣西南二十二里故斄城是。" 姜嫄：一作"姜原"，姓姜，名嫄，炎帝之後代，有邰氏之女，帝嚳元妃，周族始祖后稷棄的母親。傳説她在野外踩了個巨人的腳印（上帝的腳印）而懷孕，結果生下了棄。其事蹟可參見《詩經》的《大雅·生民》和《魯

頌・閟宫》《史記・周本紀》《大戴禮記・帝繫》以及本節。一説姜嫄爲堯時人，並非帝嚳元妃，而是帝嚳後世子孫之妃，見《詩經・大雅・生民》"時維姜嫄"鄭玄箋、孔穎達疏。

〔4〕帝嚳（kù酷）：傳説中的遠古帝王，黄帝的曾孫，姓姬，名夋，字嚳（一作"俈"）。他接替顓頊高陽氏而爲帝，建都於亳（今河南省偃師市西），號高辛氏。相傳他有四妻，所生四子皆有天下：元妃有邰氏之女姜嫄生后稷（棄），是周族的始祖；次妃有娀氏之女簡狄生契，是商族的始祖；次妃陳酆氏之女慶都生帝堯；次妃陬訾氏之女常儀生帝摯（參見《大戴禮記・帝繫》及王聘珍《解詁》、《史記・五帝本紀》"帝嚳娶陳鋒氏女"《正義》所引《帝王紀》）。但是，後世學者對以上這些説法又有異説和懷疑，見《潛夫論・五德志》、《史記・周本紀》"姜原爲帝嚳元妃"《索隱》、《詩經・大雅・生民》"時維姜嫄"孔穎達疏。　元妃：帝王的嫡妻。

〔5〕《詩經・大雅・生民》"履帝武敏歆"鄭玄箋："時則有大神之迹，姜嫄履之，足不能滿，履其拇指之處，心體歆歆然，其左右所止住，如有人道感已者也，於是遂有身，而肅戒不復御。後則生子而養長，名之曰弃。"《説文・心部》："感，動人心也。"此文"感"與"意"相應，當指心神被感動。若依鄭玄之説，則"感"指交媾，也通。古代所謂踩了神仙足迹而懷孕，從科學的觀點看，其實是野合雜交，這種傳説實反映了遠古時代知其母而不知其父的雜交婚情形，不必以爲確有其事。

〔6〕淫泆（yì義）：也作"淫佚"、"淫逸"。《左傳・隱公三年》："驕奢淫泆，所自邪也。"孔穎達疏："淫，謂耆（阮元《校勘記》："宋本'耆'作'嗜'，正字；耆，假借字。"）欲過度；泆，謂放恣無藝。"

〔7〕徐天祜曰："《詩・生民篇》所謂'履帝武'是也。"

〔8〕《詩經・大雅・生民》："上帝不寧，不康禋祀，居然生子。"即此文所本。此指上帝的脚印被她踩了以後心神不安，所以不理會她的祭祀，還是讓她生了兒子。

〔9〕阸（ài愛）：通"隘"，狹隘。

〔10〕徐天祜曰："'折'疑當作'辟'。"又曰："《詩》云：'誕置之隘巷，牛羊腓字之。'"〇覺按：徐説不當，因爲：一、"辟（bì避）易"是退避原處而改變地方的意思，用來解釋此文並不妥當；二、"折"、"辟"兩字形、音相差較大，不易致誤；三、此句已用"避"字，"折"不應該再作"辟"。《荀子・宥坐篇》"其萬折也必東"楊倞注："折，縈曲也。"此文"折"字當是指曲折前行，即繞過。《周禮・冬官考工記・玉人》"以易行"《釋文》："易，以豉反，又音亦，改也。"此文之"易"當指改道而行。又，此句所述，與《詩經・大雅・生民》所叙不同，不可類比。《史記・周本紀》作"馬牛過者皆辟不踐"，與此文相類。

〔11〕徐天祜曰："《詩》云：'誕置之平林，會伐平林。'"

〔12〕徐天祜曰："《詩》云：'誕置之寒冰，鳥覆翼之。'"〇覺按："覆"上宜有"藉"字。《竹書紀年》卷下作"大鳥以一翼藉覆之"。

〔13〕徐天祜曰："樹亦種也。"〇覺按：禾：粟，上古又稱爲"粱"。秦、漢以前，禾皆指粟（即今所謂穀子，去殼後稱小米），後世纔以稻爲禾。　黍：黍子，性黏，籽粒供食用或釀酒，去皮後北方稱黄米子。　五穀：古代説法不一，《周禮・夏官・職方氏》"其穀宜五種"鄭玄注認爲是指"黍、稷、菽、麥、稻"，較爲妥當。此文"五穀"爲各種穀物之統稱，並不確指五種穀物。

〔14〕徐天祜曰："去聲。"〇覺按：相（xiàng向）：審察，仔細看。　五土：山林、川澤、丘陵、水邊平地、低窪地等五種土地。

〔15〕陵：徐天祜曰："陸地。"

〔16〕孫詒讓曰："'蕖'非穀名，疑當作'粱'，形近而誤。"〇孔燕曰："'蕖'當讀爲'秬'。《管子·地員》：'白莖青秀以蔓。'《管子集校》引張佩綸云：'《廣志》："渠禾漫生"，秬秠異名同實，渠禾即秬、秠矣。'考'蕖''秬'兩字，同由'巨'得聲，上古均屬羣母魚部，故'蕖'、'秬'古相通也。清段玉裁《説文解字注》：'《生民》："誕降嘉穀，惟秬惟秠。"毛曰："秬，黑黍也。"……天賜后稷之嘉穀也。是則黑黍名秬。'"〇覺按："蕖"（qú渠）是芋艿老頭。《廣雅·釋草》："蕖，芋也。"王引之《疏證》："芋之大根曰蕖。蕖者，巨也。或謂之芋魁，或謂之莒。"孫説以爲"蕖非穀名"而不應該望文生訓是對的，但認爲是"粱"字之譌誤則不足取。此當從孔説，《詩經·大雅·生民》之文足以證成其説。 粢（zī資）：《爾雅·釋草》："粢，稷。"郭璞注："今江東人呼粟爲粢。"邢昺疏："《曲禮》云'稷曰明粢'是也。郭云'今江東人呼粟爲粢'，然則粢也、稷也、粟也，正是一物。而《本草》稷米在下品，别有粟米在中品，又似二物，故先儒共疑焉。"由此可見，"粢"是稷的别名。"粢"原指祭祀用的穀物，古代祭祀常以稷爲祭品，故稱稷爲"粢"。至於江東人呼粟爲粢，可能也是因爲江東人以粟爲祭品的緣故，並不能説明稷和粟是同一種穀物。稷當是一種比粟種植得更早而更爲粗劣的穀物，所以稷爲下品而粟爲中品。稷：是古代最早種植的一種穀物，所以古代稱爲百穀之長，穀神、農官也都名"稷"，但古代典籍中對稷之形態描述各異。漢以後以粟爲稷，唐以後又以黍爲稷，恐不當。稷當是一種没有黏性的穀物，即"穄（jì稷）子"，跟黍子相似而籽實發黑不黏，也叫"糜（méi梅）子"，是比較粗劣的糧食作物。 蕖：通"秬"（jù巨），《説文·鬯部》作"秬"，其解云："秬：黑黍也。一稃二米以釀也。从鬯矩聲。秬：'秬'或从禾。"由此可知，秬是每一黑色稃殼内生有兩粒小米的釀酒用的穀物。 稻：古代所謂"稻"皆指糯稻，宋以後始兼指粳稻，參見程大中《四書逸箋》卷二"稻"字條。

〔17〕堯：傳説中的聖君，是上古陶唐氏一朝的帝王，姓伊祁（也作"伊"或"祁"），名放勳，其在位時代約在公元前23世紀。他初居於陶丘（在今山東省菏澤市定陶區西南），封於唐（在今河北省唐縣東北），所以又稱"陶唐氏"（見《漢書·高帝紀·贊》"陶唐氏既衰"注），歷史上習稱唐堯。至於其國都，鄭玄《詩經·唐風譜》云："唐者，帝堯舊都之地，今日太原晉陽是。堯始居此，後乃遷河東平陽。"疏："皇甫謐云：'堯始封於唐，今中山唐縣是也。後徙晉陽。及爲天子，都平陽。'"可見，堯最初的封國在唐，在今河北省唐縣東北（見《漢書·地理志下》"中山國·唐縣"注）。後來其封國遷至晉陽，在今山西省太原市西南古晉水之北的古晉陽城，仍稱唐國，其地在周初被周成王封給了叔虞（參見《漢書·地理志上》"太原郡·晉陽"）。至於堯稱帝之後，則建都平陽，在今山西省臨汾市西南（見《漢書·地理志上》"河東郡·平陽"注）。《史記·五帝本紀》將他列爲五帝（黄帝、顓頊、帝嚳、堯、舜）之一。傳説他後來將帝位禪讓給舜；但一説他到晚年因德衰而被舜囚禁，帝位也被舜所篡奪。其事蹟可參見《尚書·堯典》及注疏，《韓非子·説疑》，《史記·五帝本紀》及其注，《潛夫論·五德志》，《初學記》卷九，劉知幾《史通·外篇·疑古》。

〔18〕徐天祜曰："遂，疑當作'逐'。"〇覺按：原文可通，徐説非。

〔19〕區：《漢書·張敞傳》"敞以耳目發起賊主名區處"顔師古注："區謂居止之所也。"《禮記·禮運》："昔者先王，未有宫室，冬則居營窟，夏則居橧巢。"古文"區"像一區域之内有衆多的洞穴。此文之"區"，當指窯洞之類的住處。

〔20〕研：徐天祜曰："窮也。"

〔21〕徐天祜曰："《帝王世紀》：'后稷納姞氏，生不窋。'《括地志》曰：'不窋故城，在慶州弘化縣南三里。'"〇覺按：慶州弘化縣即今甘肅省慶陽市，它是不窋（zhú竹）

奔戎、狄之間以後居住的地方。《史記·周本紀》曰："后稷之興，在陶唐、虞、夏之際，皆有令德。后稷卒，子不窋立。"《索隱》："《帝王世紀》云：'后稷納姞氏，生不窋。'而譙周按《國語》云：'世后稷，以服事虞、夏。'言世稷官，是失其代數也。若以不窋親弃之子，至文王千餘歲，唯十四代，實亦不合事情。"《正義》："《括地志》云：'不窋故城，在慶州弘化縣南三里。'即不窋在戎、狄所居之城也。《毛詩》疏云：'虞及夏、殷，共有千二百歲。每世在位皆八十年，乃可充其數耳。命之短長，古今一也，而使十五世君在位皆八十許載，子必將老始生，不近人情之甚。以理而推，實難據信也。'"這種懷疑很有道理，因爲陶唐（堯）、虞（舜）、夏（禹）之際約當公元前 23 世紀至公元前 22 世紀末，而周文王約生活在公元前 12 世紀末，則后稷棄與周文王的生活年代相差約一千年，其中只有十四代十五君（據《史記·周本紀》，周之世系爲：后稷→子不窋→子鞠→子公劉→子慶節→子皇僕→子差弗→子毀隃→子公非→子高圉→子亞圉→子公叔祖類→子古公亶父→子季歷→子昌即文王），平均每代君王都要在位七八十年，實在不合情理。《史記》説"后稷之興，在陶唐、虞、夏之際，皆有令德"，既然説"皆"，則其所謂"后稷"當非一人；而"后稷卒，子不窋立"之"后稷"，也當指世代爲農官的棄的後人，而不是指棄。因年代久遠，其名失傳，所以司馬遷纔泛稱之爲"后稷"。即以本書所記而論，下文云不窋之孫"公劉避夏桀於戎、狄"，則公劉與夏桀同時，約生活在公元前 17 世紀末；而上文説"堯聘棄"，則棄的生活年代與堯同時而約在公元前 23 世紀末；兩者相差約六百年，則棄至公劉也不應該只有四代（父子之間相差約 200 年實不合情理），即公劉不應該是棄的曾孫。既然公劉是不窋之孫，則不窋不應該是棄之兒子。此文以不窋爲棄的兒子，失當。《漢書·酈陸朱劉叔孫傳第十三·婁敬傳》載婁敬曰："周之先自后稷，堯封之邰。積德絫善十餘世，公劉避桀居豳。"説堯在位時的后稷棄至公劉爲十餘世，而非《史記·周本紀》所説的四世，則平均每一代相隔四五十年，應該是比較符合史實的説法。

〔22〕夏氏：習稱"夏后氏"，即夏王朝，是禹建立的王朝，傳到桀，爲商湯所滅。夏朝的時代約當公元前 21 世紀初至公元前 17 世紀末。

〔23〕《國語·周語上》："及夏之衰也，棄稷不務，我先王不窋用失其官，而自竄于戎、狄之閒。"韋昭注："棄，廢也。衰，謂啓子太康廢稷之官，不復務農。《夏書》序曰：'太康失邦，昆弟五人須於洛汭。'"由此可見，不窋失官，是因爲夏朝帝王太康失去政權以後廢去了農官所致。

〔24〕戎：我國古代對西部民族的統稱。狄：我國古代北部的一個民族，也寫作"翟"，寫作"狄"時帶有污蔑性。

〔25〕徐天祜曰："《周本紀》：'不窋卒，子鞠立。鞠卒，子公劉立。'"〇覺按：公劉：古代周部族的祖先，后稷棄的後代（相傳爲后稷棄的曾孫，誤，見注〔21〕）。他繼承了棄的傳統，領導人民致力於耕作，使百姓富足而受到人民的愛戴，使周部族開始興盛起來。夏桀之時（約在公元前 17 世紀末），他爲了避禍，率領周部族從邰（在今陝西省武功縣西南）遷居到豳（在今陝西省旬邑縣西南）。他爲人仁慈，受到人民的讚頌。其事蹟可參見《詩經·大雅·公劉》、《史記·周本紀》及本書 1.2、8.2。

【義疏】

吴國的先君太伯，是后稷的後代。后稷，他的母親邰氏部落長的女兒姜嫄，是帝嚳的正妻。她年輕還没有懷孕時，一次出遊來到野外，看見一隻巨人的脚印而觀賞它，心中不由得興奮起來，情不自禁地愛上了這脚印的形狀，于是就走上去踩它，頓時身體被撼動了，心神也好像被人觸動了一樣，後來就懷孕了，她怕遭受縱欲放蕩的禍殃，就向上帝祭祀來祈求，禱告説“不要有兒子”。但因爲她是踩了上帝的脚印，上天還是使她生了兒子。姜嫄把這兒子看作怪物而把他抛弃在狹窄的小巷中，但路過的牛、馬都繞道改路而躲避他；姜嫄又把他抛弃在樹林中，恰巧又碰上伐木的人很多；姜嫄又把他放在湖中冰上，但群鳥用羽翼來襯墊覆蓋他；后稷因而能不死。姜嫄認爲他是個神人，就留下了他，並把他撫養成人，因爲當初想抛弃他，所以給他取名叫“弃”。弃還是小孩的時候就喜歡種植小米黄米、桑樹大麻、各種糧食作物。他仔細考察了五種土地的適宜性、土色的青赤黄黑以及陸地水澤的高低，因而穈子穄子、黄米小米、黑黍麥子、豆子糯稻等等，都分别獲得了它們適宜的生長條件。堯統治天下的時候碰上洪水，民衆被淹，就到高地上去居住。堯就聘請弃，讓他教導民衆到山上居住，按照地形來建造住處，研究營造種植的技術。過了三年多，走在路上的人就没有飢餓困乏的面色了，于是堯就任命弃爲農業大臣，把他分封在邰，稱號是后稷，姓姬氏。后稷前往封國當了諸侯。后稷去世了，兒子不窋立爲諸侯，因爲碰上夏朝世道衰微，他失去了農業大臣的官職，于是就逃亡到戎、狄之間，他的孫子就是公劉。

【輯證】

厥初生民，時維姜嫄。生民如何？克禋克祀，以弗無子。履帝武敏歆，攸介攸止。載震載夙，載生載育：時維后稷。　誕彌厥月，先生如達。不拆不副，無菑無害。以赫厥靈，上帝不寧，不康禋祀，居然生子。　誕寘之隘巷，牛羊腓字之。誕寘之平林，會伐平林。誕寘之寒冰，鳥覆翼之。鳥乃去矣，后稷呱矣。實覃實訏，厥聲載路。　誕實匍匐，克岐克嶷。以就口食，蓺之荏菽。荏菽旆旆，禾役穟穟。麻麥幪幪，瓜瓞唪唪。　誕后稷之穡，有相之道。茀厥豐草，種之黄茂。實方實苞，實種實褎。實發實秀，實堅實好。實穎實栗，即有邰家室。　誕降嘉種：維秬維秠，維穈維芑。恒之秬秠，是穫是畝；恒之穈芑，是任是負：以歸肇祀。（《詩經·大雅·生民》P.528）

周后稷，名弃。其母有邰氏女，曰姜原。姜原爲帝嚳元妃。姜原出野，見巨人跡，心忻然説，欲踐之，踐之而身動如孕者。居期而生子，以爲不祥，弃之隘巷，馬牛過者皆辟不踐；徙置之林中，適會山林多人，遷之；而弃渠中冰上，飛鳥以其翼覆薦之。姜原以爲神，遂收養長之。初欲弃之，因名曰弃。弃爲兒時，屹如巨人之志。其游戲，好種樹麻、菽，麻、菽美。及爲成人，遂好耕農，相地之宜，宜穀者稼穡焉，民皆法則之。帝堯聞之，舉弃爲農師，天下得其利，有功。帝舜曰：“弃，黎民始飢，爾后稷播時百穀。”封弃於邰，號曰后稷，别姓姬氏。后稷之興，在陶唐、虞、夏之際，皆有令德。后稷卒，子不窋立。不窋末年，夏后氏政衰，去稷不務，不窋以失其官而犇戎狄之閒。不窋卒，子鞠立。鞠卒，子公劉立。（《史記·周本紀》P.145）

周之先自后稷，堯封之邰。積德絫善十餘世，公劉避桀居豳。大王以狄伐故，去豳，杖馬箠去居岐，國人争歸之。及文王爲西伯，斷虞芮訟，始受命，吕望、伯夷自海濱來歸之。武王伐紂，不期而會孟津上八百諸侯，遂滅殷。（《漢書·酈陸朱劉叔孫傳第十三》P.2119）

顧校：（卷首）吴越春秋吴（下多"王"）太伯傳第一　後（下不空格）漢（下不空格）趙　曄　撰　姸（研）營種之術

蔣校：吴越春秋吴王太伯傳第一（宋本。明本無"王"字）

1.2

公劉慈仁，行不履生草，運車以避葭葦〔1〕。公劉避夏桀於戎、狄〔2〕，變易風俗，民化其政。公劉卒，子慶節立。

【注釋】

〔1〕葭（jiā 加）：初生的蘆葦。

〔2〕桀：名癸，一作履癸，夏朝末代帝王，傳説中的暴君，其在位年代約在公元前17世紀末，後被商湯打敗，流放南巢（在今安徽省巢湖市）而死。其事蹟可參見《左傳》昭公四年、十一年，《國語·魯語上》，《尚書·仲虺之誥》，《史記·夏本紀》。　公劉避夏桀於戎、狄：見8.2注〔10〕。

【義疏】

公劉慈善仁愛，走路時不踩活着的青草，運行車輛避開蘆葦。公劉因爲躲避夏桀而住在戎、狄之人雜居之地，他移風易俗，民衆都被他的政治措施感化了。公劉去世，他的兒子慶節繼位。

【輯證】

公劉雖在戎狄之間，復脩后稷之業，務耕種，行地宜，自漆、沮度渭，取材用，行者有資，居者有畜積，民賴其慶。百姓懷之，多徙而保歸焉。周道之興自此始，故詩人歌樂思其德。公劉卒，子慶節立，國於豳。（《史記·周本紀》P.147）

1.3

其後八世而得古公亶甫●〔1〕，脩公劉、后稷之業〔2〕，積德行義，爲狄人所慕。薰鬻、戎姤而伐之●〔3〕，古公事之以犬馬牛羊〔4〕，其伐不止；事以皮幣金玉重寶〔5〕，而亦伐之不止。古公問："何所欲？"曰："欲其土地〔6〕。"古公曰："君子不以養害。害所養●〔7〕，國所以亡也。而爲身害，吾所不居也〔8〕。"古公乃杖策去邠〔9〕，踰梁山而處岐周●〔10〕，曰："彼君與我何異？"邠人父子兄弟相帥、負老攜幼、揭釜甑而歸古公〔11〕。居三月，成城郭〔12〕，一年成邑，二年成都，而民五倍其初。

【注釋】

〔1〕徐天祐曰："慶節子皇僕；皇僕子差弗；差弗子毀隃，《世本》'隃'作'榆'；

毁隃子公非；公非子高圉；高圉子亞圉，《世本》作‘亞圉雲都’，皇甫謐曰：‘雲都，亞圉字。’亞圉子公叔祖類；公叔祖類子古公亶父，《毛詩》、《史記》‘甫’皆作‘父’，‘甫’、‘父’通。自慶節至是爲八世。”○覺按：《世本·帝王世本》：“后稷生不窋，不窋生鞠陶，鞠陶生公劉，公劉生慶節，慶節生皇僕，皇僕生差弗，差弗生毁揄（《史·索隱》引“僞揄”），毁揄生公非（《史·索隱》引“公非辟方”），公非生高圉（《史·索隱》引“高圉侯侔”），高圉生亞圉（《史·索隱》引“亞圉雲都”），亞圉生組紺，組紺生太王亶父，亶父生季歷，季歷生文王。”

〔2〕修：遵循的意思，與 1.6“遵公劉、古公之術”之“遵”義同。杜預《春秋序》“非聖人孰能脩之”孔穎達疏：“脩者，治舊之名。”《禮記·禮器》“反本脩古”孔穎達疏：“脩古，謂脩習於古。”即此“脩”字之義。

〔3〕徐天祐曰：“薰鬻，《孟子》作‘獯鬻’，《史記》作‘薰育’，《漢·匈奴傳》作‘葷粥’，音同。”○覺按：《詩經·小雅·采薇》作“玁狁”。《史記·五帝本紀》作“葷粥”，司馬貞《索隱》：“匈奴別名也。唐、虞已上曰山戎，亦曰熏粥，夏曰淳維，殷曰鬼方，周曰玁狁，漢曰匈奴。”春秋時也稱爲北狄，它是我國古代北方的一個民族。《史記·周本紀》作“薰育戎狄攻之”，“薰育”即“狄”，文重義複，不如此文爲好。 姤（gòu 構）：《説文·女部·新附》：“姤，偶也。”即成雙結對的意思。

〔4〕事：事奉。這裏指賄賂。

〔5〕《孟子·梁惠王下》：“昔者大王居邠，狄人侵之，事之以皮幣，不得免焉。”趙岐注：‘皮，狐貉之裘；幣，繒帛之貨也。”

〔6〕其：這裏指稱對方，是一種活用。參見王力主編《古代漢語·古漢語通論（十二）》。

〔7〕徐天祐曰：“《孟子》曰：‘君子不以其所以養人者害人。’”○孫詒讓曰：“此文不可通，當作‘君子不以養者害所養’。徐注引《孟子》可證。此‘者’字涉下‘害’字而誤。”○覺按：此文當作：“君子不以養害所養。以養害所養，國所以亡也。”蓋傳抄過程中因抄者疏忽而脱四字。《莊子·讓王》作“不以所用養害所養”，又云“不以養傷身”，皆無“者”字，是其證。

〔8〕《史記·周本紀》載古公之言曰：“民欲以我故戰，殺人父子而君之，予不忍爲。”可明此句之義。

〔9〕杖：通“仗”，執持。 杖策：執鞭，指驅馬而行。 邠（bīn 濱）：古國名，公劉所建，故地在今陝西省旬邑縣西南、彬縣東北（參見注〔10〕），位於不窋所居之地（今甘肅省慶陽市）的南面約二百里，本作“豳”，因其字形類似“幽”，故改爲“邠”。

〔10〕徐天祐曰：“徐廣曰：‘新平漆縣東北有豳亭。’杜預云：‘豳在新平漆縣東北。’《索隱》曰：‘豳，即邠也。’又，徐廣曰：‘岐山在扶風美陽西北，其南有周原。’顔師古曰：‘梁山在夏陽，岐山在美陽，即今岐州岐山縣箭括嶺也。’”○覺按：漆縣治所即今陝西省彬縣，則邠（豳）即在今彬縣東北，參見注〔9〕。 梁山：古代名梁山的有多處，此指邠國之南的梁山，位於今陝西省乾縣西北。古公須越過梁山纔能逃避薰鬻之禍。從邠至岐約二百五十里，梁山在其半途。參見閻若璩《四書釋地續·梁山》。 岐：岐山，在今陝西省岐山縣東北六十里，古又稱箭括嶺，因嶺巔有缺，山有兩岐，故以爲名。參見成蓉鏡《禹貢班義述》卷上。 周：指岐山之南的周原，位於今陝西省岐山縣。《史記·周本紀》“周后稷”《正義》：“因太王所居周原，因號曰周。《地理志》云：‘右扶風美陽縣，岐山在西北。中水鄉，周太王所邑。’《括地志》云：‘故周城，一名美陽城，在雍州武功縣西北二十五里，即太王城也。’”

〔11〕揭：《莊子·胠篋》“則負匱揭篋擔囊而趨”《釋文》：“揭，徐‘其謁反’，

又音桀。《三蒼》云：‘舉也，擔也，負也。’” 釜（fǔ 斧）：一種鍋。甑（zèng 贈）：古代做飯用的一種陶器。

〔12〕城郭：內城與外城。此泛指城邑。

【義疏】

慶節之後八代便是古公亶甫，他繼續從事公劉、后稷的事業，積聚恩德實行道義，被狄族的民衆所仰慕。北狄、西戎聯合起來去攻打他，古公用狗、馬、牛、羊等賄賂他們，他們仍然攻打不停；古公用毛皮、絲織品、黄金、玉器、貴重的珍寶等賄賂他們，他們還是不停地攻打他。古公問：“你們要的是什麼？”他們説：“想要你的土地。”古公説：“有道德的人不因爲養人的土地而戕害了被養的人民。因爲養人的土地而戕害了被養的人民，這是國家滅亡的根源啊。而爲了我自己去傷害人民，這是我所不能安居的。”古公于是就執鞭驅馬離開了邠地，越過梁山而定居在岐山南面的周原，並安慰邠地的民衆説：“他們的君主和我有什麼不同呢？”但邠地的民衆還是父子兄弟互相結伙，他們背着老人攜帶着小孩、扛着鍋子而歸附古公。古公在周原住了三個月，就形成了一個城鎮；住了一年，成了一個小城市；住了兩年，成了一個大都市，而人口發展到那原來的五倍。

【輯證】

昔者大王居邠，狄人侵之。事之以皮幣，不得免焉；事之以犬馬，不得免焉；事之以珠玉，不得免焉。乃屬其耆老而告之曰：“狄人之所欲者，吾土地也。吾聞之也：君子不以其所以養人者害人。二三子何患乎無君？我將去之。”去邠，踰梁山，邑于岐山之下居焉。邠人曰：“仁人也，不可失也。”從之者如歸市。（《孟子·梁惠王下》P.2682）

大王亶父居邠，狄人攻之；事之以皮帛而不受，事之以犬馬而不受，事之以珠玉而不受，狄人之所求者土地也。大王亶父曰：“與人之兄居而殺其弟，與人之父居而殺其子，吾不忍也。子皆勉居矣！爲吾臣與爲狄人臣奚以異！且吾聞之，不以所用養害所養。”因杖筴而去之。民相連而從之，遂成國於岐山之下。夫大王亶父，可謂能尊生矣。能尊生者，雖貴富不以養傷身，雖貧賤不以利累形。（《莊子·雜篇·讓王》P.967）

大王亶父居邠，翟人攻之。事之以皮帛、珠玉而弗受，曰：“翟人之所求者地，無以財物爲也。”大王亶父曰：“與人之兄居而殺其弟，與人之父處而殺其子，吾弗爲。皆勉處矣！爲吾臣，與翟人奚以異？且吾聞之也，不以其所養害其養。”杖策而去，民相連而從之，遂成國於岐山之下。大王亶父可謂能保生矣。雖富貴，不以養傷身；雖貧賤，不以利累形。（《淮南子·道應訓》P.389）

慶節卒，子皇僕立。皇僕卒，子差弗立。差弗卒，子毀隃立。毀隃卒，子公非立。公非卒，子高圉立。高圉卒，子亞圉立。亞圉卒，子公叔祖類立。公叔祖類卒，子古公亶父立。古公亶父復脩后稷、公劉之業，積德行義，國人皆戴之。薰育戎狄攻之，欲得財物，予之。已復攻，欲得地與民。民皆怒，欲戰。古公曰：“有民立君，將以利之。今戎狄所爲攻戰，以吾地與民。民之在我與其在彼，何異？民欲以我故戰，殺人父子而君之，予不忍爲。”乃與私屬遂去豳，度漆、沮，踰梁山，止於岐下。豳人舉國扶老攜弱，盡復歸古公於岐下。

及他旁國聞古公仁，亦多歸之。於是古公乃貶戎狄之俗，而營築城郭室屋，而邑別居之。作五官有司。民皆歌樂之，頌其德。（《史記·周本紀》P.148）

諸侯之義死社稷，太王委國而去，何也？夫聖人不欲强暴侵陵百姓，故使諸侯死國，守其民。太王有至仁之恩，不忍戰百姓，故事勳育、戎氏以犬馬珍幣，而伐不止。問其所欲者，土地也。於是屬其羣臣耆老而告之曰："土地者，所以養人也。不以所以養而害其養也，吾將去之。"遂居岐山之下。邠人負幼扶老從之，如歸父母，三遷而民五倍其初者，皆興仁義趣上之事。君子守國安民，非特鬬兵、罷殺士衆而已。不私其身，惟民，足用保民，蓋所以去國之義也，是謂至公耳。（《説苑·至公》P.345）

故舜一徙成邑，二徙成都，參徙成國。舜非嚴刑罰，重禁令，而民歸之矣，去者必害，從者必利也。（《管子·治國》P.150）（覺按：其語類似，故附於此。）

舜一徙成邑，再徙成都，三徙成國，而堯授之禪位，因人之心也。（《吕氏春秋·貴因》P.925）（覺按：其語類似，故附於此。）

高山，謂岐山也。《書》曰："道岍及岐，至于荆山。"天生此高山，使興雲雨以利萬物。大王自豳遷焉，則能尊大之，廣其德澤。居之一年成邑，二年成都，三年五倍其初。（《詩經·周頌·天作》"天作高山"鄭玄箋P.585）（覺按：其語當本於《吴越春秋》，故附於此。）

1.4

古公三子，長曰太伯，次曰仲雍，雍一名吴仲●〔1〕，少曰季歷●〔2〕。季歷娶妻大任氏●〔3〕，生子昌〔4〕。昌有聖瑞●〔5〕。古公知昌聖，欲傳國以及昌，曰："興王業者，其在昌乎？"因更名曰季歷。太伯、仲雍望風知指〔6〕，曰："歷者，適也〔7〕。"知古公欲以國及昌。古公病，二人託名採藥於衡山●〔8〕，遂之荆蠻〔9〕，斷髮文身〔10〕，爲夷狄之服〔11〕，示不可用。

【注釋】

〔1〕徐天祜曰："《史記》作'虞仲'。"〇覺按：《史記·周本紀》作"虞仲"，《史記·吴太伯世家》作"仲雍""吴仲雍"。"虞""吴"古同音，皆爲疑母魚部平聲字。《史記·吴太伯世家》"太伯弟仲雍"《索隱》："'伯''仲''季'是兄弟次第之字。"

〔2〕徐天祜曰："太姜生少子季歷，即王季也。"〇覺按：下文説"因更名曰季歷"，則王季原來不名"歷"。

〔3〕徐天祜曰："音泰壬。《詩·大明篇》：'摯仲氏任。'毛氏箋：'摯國，任姓；仲，中女也。'《史記》作'太任'。《列女傳》：'太任，摯任氏之中女。'"

〔4〕昌：即周文王，姓姬，名昌，周武王姬發的父親，商紂王時爲西伯（西方各部落的首領），又爲三公之一。參見7.2注〔5〕。

〔5〕徐天祜曰："《尚書緯·帝命驗》曰：'季秋之月，甲子，赤爵（覺按：通"雀"）嗡丹書入于酆，止于昌户，其書云云。'此蓋聖瑞。丹書文多，不載。"〇覺按：《史記·周本紀》"有聖瑞"《正義》所録丹書之文爲："敬勝怠者吉，怠勝敬者滅；義勝欲者從，欲勝義者凶。凡事不强則枉，不敬則不正；枉者廢滅，敬者萬世。以仁得之，以仁守之，其

量百世；以不仁得之，以仁守之，其量十世；以不仁得之，不仁守之，不及其世。”

〔6〕望風：觀察風頭、氣勢。 指：通“旨”，意旨。

〔7〕適（dí 嫡）：通“嫡”，指嫡長子。《論衡·譴告篇》：“太王亶父以王季之可立，故易名爲‘歷’。歷者，適也。”《説文·止部》：“歷，過也。”《廣雅·釋言》：“歷，逢也。”《爾雅·釋詁上》：“適，往也。”《文選·王命論》“以爲適遭暴亂”李善注：“適，猶遇也。”可見古代“歷”、“適”爲同義詞。“適”古音讀若“嫡”，故又通“嫡”。古代正妻所生的兒子稱爲“嫡”，有時也專指正妻所生的長子，這裏即是專指。按古代的封建宗法制度，君位必須傳給嫡長子。季是少子，按理不能繼位。現在古公將他改名爲“歷”，相當於稱他爲“嫡”（嫡長子），這實是在暗示要把君位傳給他。

〔8〕徐天祜曰：“南嶽。”〇盧文弨曰：“此衡山亦當在烏程。”〇覺按：徐説誤，見 2.4 注〔2〕。

〔9〕荆蠻：楚國的卑稱。《戰國策·秦策一》“連荆固齊”鮑彪注：“荆，楚也。始皇諱其父名，故稱曰‘荆’。”楚國的祖先是季連，芈姓，其後代鬻熊的曾孫熊繹被周成王封在楚地荆山（今湖北省沮水、漳水發源處）一帶，所以又稱“荆”。秦始皇的父親秦莊襄王名子楚，由於避諱的緣故，秦以後更常稱楚爲荆。 蠻：我國古代對南部民族的污蔑性稱呼。據《史記·楚世家》，楚建國於周成王時，則太伯奔江南時，江南並不是楚國，此文説“荆蠻”，大概是承襲了《史記·周本紀》的説法。《史記·周本紀》：“乃二人亡如荆蠻，文身斷髮，以讓季歷。”《正義》曰：“太伯奔吴，所居城在蘇州北五十里常州無錫縣界梅里村，其城及冢見存。而云‘亡荆蠻’者，楚滅越，其地屬楚，秦滅楚，其地屬秦，秦諱‘楚’改曰‘荆’，故通號吴越之地爲‘荆’。及北人書史，加云‘蠻’，勢之然也。”

〔10〕斷髮文身：是當時南方民族的一種風俗。中原各國的民俗，無論男女都蓄髮。《史記·吴太伯世家》“文身斷髮”《集解》引應劭曰：“常在水中，故斷其髮；文其身，以象龍子，故不見傷害。”

〔11〕夷：我國古代對東部各民族的統稱。此泛指少數民族。

【義疏】

古公有三個兒子，長子叫太伯，次子叫仲雍，仲雍又叫吴仲，少子叫季歷。季歷娶了妻子太任氏，生了兒子姬昌。姬昌有聖靈的吉兆。古公知道姬昌的聖德，想把國家政權傳到姬昌手中，就説：“建成稱王天下的功業的，大概是在姬昌吧！”于是就把姬昌的父親改名叫季歷。太伯、仲雍看這風頭就知道了古公的意圖，説：“歷，就是嫡啊。”知道古公要把國家的大權傳給姬昌。古公病了，太伯、仲雍二人就借口到横山采藥，于是就到了楚地，並按照當地的習俗剪短了頭髮，在身上刺了花紋，穿着少數民族的服裝，表示自己已不能再被任用繼位了。

【輯證】

古公有長子曰太伯，次曰虞仲。太姜生少子季歷，季歷娶太任，皆賢婦人，生昌，有聖瑞。古公曰：“我世當有興者，其在昌乎？”長子太伯、虞仲知古公欲立季歷以傳昌，乃二人亡如荆蠻，文身斷髮，以讓季歷。（《史記·周本紀》P.149）

吴太伯，太伯弟仲雍，皆周太王之子，而王季歷之兄也。季歷賢，而有聖子昌，太王欲立季歷以及昌，於是太伯、仲雍二人乃犇荆蠻，文身斷髮，示不可用，以避季歷。季歷果立，是爲王季，而昌爲文王。（《史記·吴太伯世家》P.1739）

太王亶父以王季之可立，故易名爲“歷”。歷者，適也。太伯覺悟，之吴、越採藥，以避王季。（《論衡·譴告篇》P.828）

1.5

古公卒，太伯、仲雍歸。赴喪畢，還荆蠻。國民君而事之，自號爲勾吴●〔1〕。吴人或問：“何像●而爲勾吴〔2〕？”太伯曰：“吾以伯長居國絶嗣者也〔3〕，其當有封者吴仲也〔4〕，故自號勾吴，非其方乎〔5〕？”荆蠻義之，從而歸之者千有餘家，共立以爲勾吴。數年之間，民人殷富。遭殷之末〔6〕，世衰，中國侯王數用兵〔7〕，恐及於荆蠻，故太伯起城周三里二百步、外郭三百餘里〔8〕，在西北隅，名曰故吴●〔9〕。人民皆耕田其中。

【注釋】

〔1〕徐天祐曰：“《漢·地理志》：‘太伯奔荆蠻，號曰勾吴。’顔師古註：‘夷俗語發聲，猶越爲干越也。’”〇徐天祐補註曰：“前註已引《漢·地理志》顔師古註。又按《史記》註：‘勾吴，大吴也。’《索隱》亦引師古註，謂當如顔解。但師古云‘勾吴猶越爲干越也’，《索隱》乃以‘干越’爲‘於越’。‘干’與‘於’皆語之發聲耳。《淮南子》註：‘勾吴，吴人語，不正言吴而加以勾。’《世本》註：‘勾吴，太伯始所居地名。’《史記正義》曰：‘十九世壽夢始號勾吴。’與《史記》所載太伯時已號勾吴不同，疑《正義》誤。”〇楊慎曰：“越曰於越，吴曰勾吴，邾曰邾婁，本一字而爲二字，古聲雙疊也。……或以勾吴、於越爲方言夷音，謬矣。”（見《丹鉛餘録》卷十三）〇楊伯峻曰：“吴國自稱爲‘工𫋲’（者減鐘）、‘攻敔’（吴王劍）、‘攻吴’（吴王夫差鑑），亦稱爲干，詳劉寶楠《愈愚録》卷四《干越》、《墨子·兼愛中》孫詒讓《閒詁》及郭沫若《奴隸制時代吴王壽夢之戈》。亦稱禺邗，傳世有禺邗王壺，即哀十三年黄池之會後所作。吴自稱王，彝器如此。”（見《春秋左傳注·宣公八年》）〇王衛平曰：“句、工、攻、干、邗均爲同音異譯，吴、𫋲、敔也是音同相通。由‘句吴’可倒書爲‘吴干’‘禺邗’，又可單稱爲干、邗可知，‘句’决非‘夷俗語之發聲’，而應該是一個實詞。考《管子·小問》篇：‘昔者吴、干戰，未齔不得入軍門，國子擿其齒，遂入，爲干國多。’表明‘句’（干、邗）與吴一樣，是一個部族和國家的名稱。……邗（干、句）地在今揚州一帶，而與揚州隔江相望的鎮江丹徒地區，正是‘句吴’的起源地。這種巧合，恰好説明，‘句吴’的建立是太伯、仲雍所率領的周人武裝對干人進行暴力征服的結果。隨著周人的南來及其武裝征服，干人被迫步步東遷。蘇南的許多地名都帶有‘句’或‘干’字，如茅山附近的句容縣，蘇州境内的干遂、干溪，松江縣干山等，從地名學的角度，這些地名無疑反映了干人生活的遺迹。在遷徙過程中，他們逐漸與居於太湖地區的越人雜處、融合，遂出現了‘干越’的名稱。”（見《由“句吴”説到干國的歷史與族屬》）〇陸振岳曰：“以發現

春秋時吴國青銅器的禮器、兵器而言，不下數十件。其中有銘文可核‘句吴’與‘吴’的達23件（還可能有遺漏），現據17件作統計：吴3見，攻吴1見，攻敔1見，攻敔9見，工𠪚1見，工𠪚2見。例如：吴王夫差矛，1983年11月23日，湖北江陵馬山磚瓦廠五號楚墓出土。銘文爲：‘吴王夫差自乍（作）甬（用）。’（參見《湖北日報》1984年1月8日載《稀世文物“吴王夫差矛”在湖北江陵出土》）攻吴王夫差鑒，光緒《山西通志·金石記》載：‘同治中，代州蒙王村出土。’銘文：‘攻吴王夫差擇乒（厥）吉金，自乍（作）御（御）監（鑒）。’（現藏中國歷史博物館）攻敔王夫差劍，1976年湖北襄陽蔡坡墓出土。銘文：‘攻敔王夫差自乍（作）其元用。’（參見《文物》1976年第11期《襄陽蔡坡12號墓出土吴王夫差劍等文物》）攻敔王光劍，1964年，山西原平峙峪晉墓出土。銘文：‘攻敔王光自乍（作）用鐱（劍）。’（參見《文物》1972年第4期，戴遵德《原平峙峪出土的東周銅器》）工𠪚王劍，1983年1月，山東沂水縣發現。銘文：‘工𠪚王乍（作）元巳（祀）用……’（參見《文物》1983年第12期，沂水縣文物管理站：《山東沂水縣發現工𠪚王青銅劍》）工𠪚太子姑發劍，1959年，安徽淮南市蔡家崗侯産墓出土。銘文有36字，開頭爲‘工𠪚太子姑發……’（參見《考古》1963年第4期，安徽省文化局工作隊：《安徽省淮南市蔡家崗趙家堆戰國墓》）上引數端，躍然紙上的是：‘句’和‘工’‘攻’相同，‘吴’也一樣可作‘敔’‘敔’‘𠪚’‘𠪚’。”（見《“句吴”與“吴”》）〇覺按：今人的研究成果值得重視，“勾吴”之“勾”當同於“干越”之“干”而爲古代的部族名，並非發語詞。今江西省贛江之“贛”，恐怕也是古代干人生活的遺迹。不過，從太伯三讓天下之德以及斷髮文身之行來看，説太伯、仲雍率領周人武裝“對干人進行暴力征服”似乎也有違史實而不可取，《管子·小問》的例子至多只能説明春秋時期吴人曾與干人發生過戰争，而不能證明太伯、仲雍曾經使用武力南征。太伯、仲雍應該是靠德義取得了干人的擁戴，從而建立了吴國，並從尊重干人的角度出發，在“吴”字前冠以“勾（干）”字。如果真是用暴力征服了干人，完全没有必要再入鄉隨俗而斷髮文身了。

〔2〕徐天祜曰：“‘像’疑當作‘據’。”〇盧文弨曰：“何像，何所依倣也。若‘何據’，則時下語耳。”〇覺按：《楚辭·九章·懷沙》“願志之有像”王逸注：“像，法也。”《淮南子·覽冥訓》“驕主而像其意”高誘注：“像，猶隨也。”“法”“隨”即仿效、根據的意思，文通，不煩改字。

〔3〕絶嗣：無子接代。此指季歷生了有聖瑞的兒子昌，自己因爲没有賢能之子而未能繼承君位。

〔4〕俞樾曰：“仲雍所以稱吴仲者，以其後君吴而稱之也。此乃云太伯因仲雍名吴仲而號其國爲吴，漢人之異説有如此！”

〔5〕《國語·周語下》“上得民心以殖義方”韋昭注：“方，道也。”《廣雅·釋詁二》：“方，義也。”

〔6〕殷：朝代名，指商。商族的祖先契（xiè 瀉）原受封於商（今河南省商丘市睢陽區南）；其十三代孫成湯滅夏桀而建立商朝，開始都於南亳（今河南省商丘市睢陽區西南），後遷都西亳（今河南省偃師市西）；其後代又遷都五次，均號“商”。至第十代第十九個君主盤庚之時，把首都從奄（今山東省曲阜市東）遷到殷，所以後來又把商朝稱作“殷”；但並未改去“商”號，所以也稱“殷商”。從盤庚遷殷到紂敗於周武王而亡國，共十二帝（見《史記·三代世表》），二百餘年，一般稱爲殷代，但整個商代，也常常被稱爲殷，如《史記·殷本紀》“封紂子武庚禄父以續殷祀”《集解》引譙周曰：“殷凡三十一世，六百餘年。”商朝的時代約在公元前16世紀初至公元前11世紀。參見《史記·殷本紀》及三家注、《尚

書·盤庚》正疏、《詩經·商頌譜》孔穎達疏。至於盤庚所遷之殷都所在地，當在今河南省安陽縣（《尚書·盤庚上》孔穎達疏引《汲冢古文》云："盤庚自奄遷于殷，殷在鄴南三十里。"）；今人大多認爲在今河南省安陽縣小屯村，但有人認爲小屯村是殷之墓葬區，其都應在小屯村東南之平原上；古代也有人認爲即湯都西亳（見《史記·殷本紀》），那就在今河南省偃師市西。至於商紂王之都，則在朝歌（在今河南省淇縣），即《史記·衛康叔世家》所説的"河、淇間故商墟"，也就是周武王封紂子武庚治殷餘民之國。由於商紂王之都也稱"殷"，所以今安陽縣之殷都，歷史上又稱爲"北殷"（因其地在朝歌之北），見《史記·殷本紀》、《潛夫論·五德志》。

〔7〕中國：古代華夏族建國於黄河流域一帶，以爲居天下之中，故稱中國，此指商王朝統治地區。　數（shuò 朔）：屢次。此句當指周武王會八百諸侯伐紂之事。

〔8〕城、郭：古代内城叫"城"，外城叫"郭"。　三里二百步："步""里"是古代丈量土地時的長度單位。後漢以前六尺爲步，三百步爲里（參見吴承洛《中國度量衡史》第四章第四節《地積之命名》）；周朝至後漢時的 1 尺相當於現在 0.231 米（參見張傳璽主編的《中國古代史教學參考手册》附録 2《中國歷代度量衡變遷表》）。三里二百步合 6600 尺，即 1524.6 米。

〔9〕余天祐曰："太伯所都，謂之吴城，在梅里平墟，今無錫縣境。"〇覺按：隅（yú 愚）：角落，邊。　西北隅：西北角。這是相對於後來的吴國都城（在今蘇州）而説的。故吴城在今江蘇省無錫市東南梅村，位於今蘇州市西北（參見 1.1 注〔1〕），故曰"在西北隅"。

【義疏】

古公死了，太伯、仲雍回家奔喪。奔喪完畢，又回到楚地。楚地的民衆把他們當作國君來侍奉，太伯把自己的住地稱爲勾吴。吴地的民衆中有人問他："憑什麽稱爲勾吴呢？"太伯説："我是一個因爲排行老大而應該住在國内繼承君位却又没有兒子能繼承君位的人，那應該受封的是吴仲，所以我把自己的住地稱爲勾吴。這不是那合乎道義的事麽？"楚地的民衆認爲太伯講究道義，于是服從而歸附他的有一千多家，共同擁戴他而形成了吴國。幾年之間，人們就變得很富裕了。這時正逢商朝的末年，世道衰微，商王朝統治下的中原地區的諸侯王頻頻發動戰争，因爲怕戰禍連累到楚地，所以太伯築起了周長爲三里二百步的内城與周長爲三百餘里的外城，這城築在西北角，名叫舊吴城。民衆都在這城中種地。

【輯證】

太伯之奔荆蠻，自號句吴。荆蠻義之，從而歸之千餘家，立爲吴太伯。（《史記·吴太伯世家》P.1739）

吴，國號也。太伯居梅里，在常州無錫縣東南六十里。至十九世孫壽夢居之，號句吴。（《史記·吴太伯世家》"吴太伯"《正義》P.1740）（覺按：此注有助於瞭解史事，故附於此。）

1.6

古公病[1]，將卒，令季歷讓國於太伯，而三讓不受[2]，故云“太伯三以天下讓”[3]。於是季歷蒞政[4]，修先王之業，守仁義之道。季歷卒，子昌立，號曰西伯●[5]，遵公劉、古公之術，業於養老，天下歸之[6]。西伯致太平，伯夷自海濵而往[7]。西伯卒，太子發立●[8]，任周、召●而伐殷[9]。天下已安，乃稱王，追謚古公爲大王[10]，追封太伯於吴。

【注釋】

〔1〕古代病情輕的叫“疾”，病情重的叫“病”。

〔2〕三讓：《史記·吴太伯世家》“文身斷髮示不可用”《正義》：“江熙云：‘太伯少弟季歷生文王昌，有聖德。太伯知其必有天下，故欲傳國於季歷。以太王病，託採藥於吴越不反，太王薨而季歷立，一讓也；季歷薨而文王立，二讓也；文王薨而武王立，遂有天下，三讓也。’又釋云：‘太王病，託採藥，生不事之以禮，一讓也；太王薨而不反，使季歷主喪，不葬之以禮，二讓也；斷髮文身，示不可用，使歷主祭祀，不祭之以禮，三讓也。’”〇覺按：江熙之説可供參考。但這“三”字可能只是約數，表示多次，而非確數。

〔3〕此引孔子語，所以説“故云”。《論語·泰伯》：“子曰：‘泰伯，其可謂至德也已矣。三以天下讓，民無得而稱焉。’”邢昺疏：“鄭玄注云：‘泰伯，周太王之長子，次子仲雍，次子季歷。太王見季歷賢，又生文王有聖人表，故欲立之，而未有命。太王疾，太伯因適吴越採藥。太王殁而不返，季歷爲喪主，一讓也；季歷赴之，不來奔喪，二讓也；免喪之後，遂斷髮文身，三讓也。三讓之美皆隱蔽不著，故人無得而稱焉。’”天下：指君位。

〔4〕蒞：臨，統治。

〔5〕徐天祜曰：“按《孔叢子》：‘羊容問子思曰：“周自后稷封爲王者之後，至太王、王季、文王，此爲諸侯，奚得爲西伯乎？”子思曰：“吾聞諸子夏曰：‘殷帝乙之時，王季以九命作伯於西，受圭瓚秬鬯之賜，故文王因之得專征伐。’此諸侯爲伯，猶召公分陜謂之召伯也。”’”

〔6〕《孟子·離婁上》：“伯夷辟紂，居北海之濵，聞文王作，興曰：‘盍歸乎來？吾聞西伯善養老者。’太公辟紂，居東海之濵，聞文王作，興曰：‘盍歸乎來？吾聞西伯善養老者。’二老者，天下之大老也，而歸之，是天下之父歸之也。天下之父歸之，其子焉往？”事又見《史記·周本紀》。

〔7〕伯夷：商朝末年孤竹國（今河北省盧龍縣南）國君的長子。開始時，孤竹君讓伯夷的弟弟叔齊做自己的繼承人。孤竹君死後，叔齊把王位讓給長兄伯夷，伯夷不接受。兩人互相讓位，都不肯當君主，就投奔周文王。後來周武王起兵伐紂，他們竭力反對，認爲武王這樣做是不孝不仁。武王滅商，他們認爲這是奇恥大辱，於是就逃避到首陽山（今山西省永濟市西南），堅持道義，不吃周朝之粟，采薇而食，結果餓死在首陽山下。參見《史記·伯夷列傳》。古代都把伯夷、叔齊説成是講求道義、清高廉潔的典範。

〔8〕徐天祜曰：“發，武王名。”〇覺按：周武王姓姬，名發，商朝末年周族的領袖。他繼承其父姬昌（周文王）的遺志，聯合庸、蜀、羌等部族，打敗了商紂王，建立了西周王朝。

〔9〕徐天祜曰：“周公旦，召公奭。”〇覺按：此“周”指周公。周公姓姬，名旦，周武王姬發之弟，因其采邑在周（今陝西省岐山縣東北），故稱周公。他輔助武王滅商，有功而受封於曲阜稱魯，但他未到封地而留佐武王。武王死後，成王年幼，他攝政，其弟管叔、蔡叔等不服，聯合武庚與東方夷族反叛，他出師平叛。成王七年，已年長，周公便還政於成王，所以成爲歷史上有名的賢臣。接着他又率師東伐淮夷、殘奄。其事蹟可參見《史記》的《周本紀》與《魯周公世家》。此“召（shào 邵）”指召公。“召公”又作“邵公”，也稱“召康公”，姓姬，名奭（shì 市），因封地在召（今陝西省岐山縣西南），所以稱“召公”或“召伯”。他曾幫助周武王滅商，有功而被封於燕（今北京市西南），成爲燕國的始祖。周成王時任太保，與周公旦分陝（在今河南省陝縣）而治。周公治理陝以東，召公治理陝以西，甚得民心。其事蹟可參見《史記·燕召公世家》。

〔10〕大：馮本、吴本、四庫本作“太”。“大”“太”乃古今字，不煩改字。謚（shì 視）：古代帝王、貴族、大臣、傑出官員或其他有地位的人死後所加的帶有褒貶意義的稱號。

【義疏】

古公病得很厲害，臨終時，叫季歷把君位讓給太伯，但太伯屢次推讓而不接受，所以孔子説“太伯多次把君位推讓掉”。于是季歷執政，繼續從事前代君王的事業，堅持實行仁義的原則。季歷逝世了，兒子姬昌立爲國君，號稱西伯。他遵循了公劉、古公的統治方法，致力于扶養老人，于是天下的人都歸附他。西伯使國内太平了，伯夷從海邊去投奔他。西伯死了，太子姬發立爲國君，任用周公旦、邵公奭去討伐商王朝。天下已經平定後，就改稱王，給古公追加謚號爲太王，把太伯補封在吴國。

【輯證】

大王亶甫有子曰太伯、仲雍、季歷，歷有子曰昌。太伯知大王賢昌而欲季爲後也，太伯去之吴。大王將死，謂曰：“我死，汝往讓兩兄，彼即不來，汝有義而安。”大王薨，季之吴告伯、仲，伯、仲從季而歸。羣臣欲伯之立季，季又讓。伯謂仲曰：“今羣臣欲我立季，季又讓，何以處之？”仲曰：“刑有所謂矣，要於扶微者。可以立季。”季遂立而養文王，文王果受命而王。（《韓詩外傳》卷十第五章 P.340）

古公卒，季歷立，是爲公季。公季脩古公遺道，篤於行義，諸侯順之。公季卒，子昌立，是爲西伯。西伯曰文王，遵后稷、公劉之業，則古公、公季之法，篤仁，敬老，慈少。禮下賢者，日中不暇食以待士，士以此多歸之。伯夷、叔齊在孤竹，聞西伯善養老，盍往歸之。（《史記·周本紀》P.151）

昔太伯見王季有聖子文王，知太王意欲立之，入吴采藥，斷髮文身，以隨吴俗。太王薨，太伯還，王季辟主。太伯再讓，王季不聽。三讓，曰：“吾之吴、越，吴、越之俗，斷髮文身。吾刑餘之人，不可爲宗廟社稷之主。”王季知不可，權而受之。（《論衡·四諱篇》P.1331）

西伯崩，太子發立，是爲武王。西伯蓋即位五十年。其囚羑里，蓋益《易》之八卦爲六十四卦。詩人道西伯，蓋受命之年稱王而斷虞芮之訟。後十年而崩，謚爲文王。改法度，制正朔矣。追尊古公爲太王，公季爲王季：蓋王瑞自太王興。武王即位，太公望爲師，周公旦爲輔，召公、畢公之徒左右王師，脩文王緒業。（《史記·周本紀》P.153）

武王馳之，紂兵皆崩，畔紂。紂走，反入，登于鹿臺之上，蒙衣其殊玉，自燔于火而死。武王持大白旗以麾諸侯，諸侯畢拜武王，武王乃揖諸侯，諸侯畢從。武王至商國，商國百姓咸待於郊。於是武王使羣臣告語商百姓曰："上天降休！"商人皆再拜稽首，武王亦答拜。遂入，至紂死所。武王自射之，三發而后下車，以輕劍擊之，以黃鉞斬紂頭，縣大白之旗。（《史記·周本紀》P.160）

《吴越春秋》云："古公病，將卒，令季歷歸國於太伯，而三讓不受。"（《吴郡圖經續記》卷下"事志"P.42）

1.7

太伯殂卒【1】〔1〕，葬於梅里平墟●〔2〕。仲雍立〔3〕，是爲吴仲雍〔4〕。仲雍卒〔5〕，子季簡，簡子叔達，達子周章，章子熊，熊子遂，遂子柯相，相子彊鳩夷，夷子餘喬疑吾，吾子柯廬，廬子周繇，繇子屈羽，羽子夷吾，吾子禽處，處子專，專子頗高，高子句畢立●〔6〕。是時，晉獻公滅周北虞〔7〕，虞公以開晉之伐虢氏〔8〕。畢子去齊，齊子壽夢立●〔9〕，而吴益彊，稱王〔10〕。凡從太伯至壽夢之世〔11〕，與中國時通朝會〔12〕，而國斯霸焉〔13〕。

【校記】

【1】殂：大德本作"祖"，據四庫本改。

【注釋】

〔1〕殂（cú 徂）：死亡。

〔2〕徐天祜曰："即太伯故城之地。劉昭云：'無錫縣東皇山有太伯冢，去墓十里有舊宅，其井猶存。'《皇覽》云：'太伯墓在吴縣北梅里聚。'二説不同。此云'平墟'，當以劉説爲正。"〇覺按：梅里：即今無錫市東南 13 公里處的梅村鎮。今鎮中伯瀆河（又名伯瀆港、泰伯瀆）南岸有泰伯廟（又名至德祠，俗稱讓王廟），廟始建於東漢永興二年（公元 154 年），係漢桓帝敕令吴郡太守麋豹督辦建造於泰伯故宅（廟内東側現有"泰伯宅故井"，相傳爲泰伯家門前舊井，井前現有"鼻祖吴泰伯古井亭復元紀念碑"，井後亭柱上有對聯"井邑依然舊山水，荆蠻乃是新天地"）。廟前有照池，池上單孔拱形石橋名香花橋；橋北之花崗岩石牌坊上鐫有"至德名邦"四個大字，上雕龍紋；其後爲欞星門；再後面爲廟門，上有陸定一手書"泰伯廟"牌匾；其後爲至德大殿，上面高懸"至德殿"牌匾，殿内供奉泰伯塑像，殿前香爐鑄有"泰伯廟至德殿"六字；兩側爲廡廊，有歷史人物塑像。現存之主殿、兩廡、欞星門、"至德名邦"石牌坊、香花橋等建成於明弘治十三年（1500），另有三讓堂等爲清代重建，1983 年至 1986 年無錫縣（屬無錫市）又整修過，現至德殿内泰伯坐像即整修時所塑。2009 年梅村鎮人民政府重建梅里古都，又在廟前建造了"梅里古都"石牌坊和"德讓天下"照壁。據説農曆正月初九是太伯生日，當地民衆常至此廟憑弔。　平墟：太伯墓在今無錫市東 18 公里的鴻山西南坡，在梅村鎮境内，也就是在以前的吴縣北而偏西，所以《皇覽》之説並非有誤。鴻山又名古皇山，此墓也稱吴王墩、至德墓、皇墳。古代大丘叫"墟"，鴻山坡度平緩，"平墟"當爲鴻山之别稱；或説勾踐滅吴後，將泰伯城夷爲平地而成廢墟，故名"平墟"，恐非。太伯死後葬於此，漢永興二年（154），桓帝命吴郡太守麋豹整修其墓。後屢遭損毁，又歷經修葺。1999 年、2006 年

又進行了全面整修。現墓園外有"泰伯陵"鼎、泰伯坐像、香花橋和石牌坊。墓園内神道兩旁有石人石獸，兩側還有御碑亭（亭内分别立有2000年所刻明代建文帝祭詞碑和清代乾隆帝祭文碑）；進而爲仰止閣，上面外懸"泰伯陵"牌匾，内懸"三讓高蹤"牌匾；再進而爲宗會堂、懷德堂、月牙池、石牌坊和享堂。享堂之後爲四角攢尖式的四棱碑，其正面刻有陰線雙鉤篆文"泰伯墓"三個大字，周飾雙龍戲珠邊紋；其側有泰伯墓碑記兩塊，爲明代所立。再上面爲墳塚，呈圓臺形（圓柱形而上部略小），直徑三米餘，高兩米有餘，頂部有封土覆蓋，周圍築有青石塊護牆，護牆前部嵌有青石墓碑，碑上刻有陰文楷書"泰伯墓"三個大字。墳塚前有石望柱一對，其頂部雕有護陵蹲獅。墓園四周有磚砌圍牆。泰伯廟和墓，1982年5月1日被江蘇省人民政府立爲江蘇省文物保護單位，2006年5月25日被國務院批准爲全國重點文物保護單位。

〔3〕古代父傳子叫"世"，兄傳弟叫"襲"（或作"及"）。《史記·吴太伯世家》："太伯卒，無子，弟仲雍立。"可見太伯是因爲没有兒子纔傳給弟弟的。

〔4〕仲雍：《左傳·僖公五年》、《史記·周本紀》皆作"虞仲"（見1.4注〔1〕），而他的曾孫被武王封於虞也叫虞仲（見下注〔7〕）。爲了避免兩者混淆，所以這裏强調一下這是吴國的仲雍。

〔5〕仲雍墓在今常熟市虞山鎮北門大街西、虞山東麓。仲雍死後葬於海隅山（即烏目山），吴人爲紀念仲雍，故改名爲海虞山（因仲雍又名虞仲），後又簡稱爲虞山。墓依山建造，前有三道石牌坊，爲清代所建。其第一道石牌坊横額題"勅建先賢仲雍墓門"；第二道石牌坊兩側楹聯爲"道中清權垂百世，行侔曳惠表千秋"，横額題"南國友恭"，背刻"讓國同心"；第三道石牌坊兩側楹聯爲"一時遜國難爲弟，千載名山還屬虞"，横額題"先賢虞仲墓"，背刻"至德齊光"。坊後墓穴有墓碑四塊，其中最早的一塊爲明崇禎時巡按御史路振飛所立，已斷裂，字迹也模糊不清；又一塊爲康熙時常熟知縣仿照路振飛題字重修，上題"商逸民虞仲周公墓"；另外兩塊題"先賢虞仲周公墓"和"先賢虞仲周公之墓"，字迹勁秀清晰。仲雍墓於1956年10月18日列爲江蘇省文物保護單位。

〔6〕徐天祜曰："《史記·世家》'熊子遂'作'熊遂'；'喬'作'橋'；'廬'作'盧'；'專'作'轉'，譙周《古史考》作'柯轉'；'畢'作'卑'。"〇覺按：從"仲雍卒"至"句畢立"，其中都承上省了"卒"，探下省了"立"。《史記·吴太伯世家》所記與此文有所不同，其言云："仲雍卒，子季簡立。季簡卒，子叔達立。叔達卒，子周章立。是時周武王克殷，求太伯、仲雍之後，得周章，周章已君吴，因而封之；乃封周章弟虞仲於周之北故夏虚，是爲虞仲，列爲諸侯。周章卒，子熊遂立。熊遂卒，子柯相立。柯相卒，子彊鳩夷立。彊鳩夷卒，子餘橋疑吾立。餘橋疑吾卒，子柯盧立。柯盧卒，子周繇立。周繇卒，子屈羽立。屈羽卒，子夷吾立。夷吾卒，子禽處立。禽處卒，子轉立。轉卒，子頗高立。頗高卒，子句卑立。"《史記》下文云："大凡從太伯至壽夢十九世。"據此，則此文之"章子熊，熊子遂"當作"章子熊遂"，因爲本書以一主爲一世（參見6.8注〔1〕、10.28注〔1〕），如果將熊和遂分爲兩世，太伯至壽夢就有二十世了。

〔7〕晉獻公：晉武公之子，晉文公之父，名詭諸，春秋時晉國君主，公元前676—公元前651年在位。　周北：古公亶父定居之周，在今陝西省岐山縣，故稱岐周。周文王時遷都於豐（今陝西省西安市西邊渭河支流灃河西岸、户縣東），周武王滅商後建都於鎬（今陝西省西安市長安區西北豐鎬村附近，距豐邑25里），公元前770年，周平王將京都東遷至雒邑（今河南省洛陽市王城公園一帶）。據《史記》（見注〔6〕），此文之"周"當指鎬京，但虞國實在鎬京之東而偏北、雒邑之西而偏北。《史記》說"周之北"，此

文説“周北”，乃約略言之。虞：古國名，周文王時已有此國，位於今山西省平陸縣北。周武王滅商後，將周章之弟仲（吴仲雍的曾孫）封於虞，稱虞仲。虞國國君與吴國有血緣關係，皆爲姬姓之諸侯國，故此文及之。

〔8〕此句當作“以虞公之開晉伐虢氏”。晉：周代諸侯國，侯爵。始封之君是周武王之子叔虞。西周初，周公滅唐，成王封其弟叔虞于唐，地方百里，稱唐叔虞。今《辭源》、《辭海》等認爲叔虞所封之唐在今山西翼城縣西古唐城，此説已爲學術界認可而被普遍引用，其實是錯誤的。翼城縣西之古唐城，當爲晉穆侯以後的晉國國都，見《史記·晉世家》、《詩經·唐風譜》孔穎達疏。叔虞所封之唐，當在今山西省太原市西南古晉水之北的古晉陽城。鄭玄《詩經·唐風譜》云：“唐者，帝堯舊都之地，今日太原晉陽是。……成王封母弟叔虞於堯之故墟，曰唐侯，南有晉水。至子燮，改爲晉侯。”《史記·晉世家》“是爲晉侯”《正義》：“《括地志》云：‘故唐城在并州晉陽縣北二里。’”《水經注·晉水》：“晉水出晉陽縣西懸甕山。縣，故唐國也。……時唐滅，乃封之于唐，縣有晉水，後改名爲晉。”均其證。後來叔虞的兒子燮因唐城南有晉水，改稱爲晉侯。周是姬姓，晉國爲姬氏世襲，所以爲姬氏之國。至晉穆侯，遷都於絳（在今山西省翼城縣東南）。晉文公時稱霸諸侯。晉景公遷都于新田（在今山西省新絳縣東），亦稱新絳。爲春秋時大國之一，有今山西省大部、河北省西南部、河南省北部和陝西省一角。晉景公十二年（前588），開始設置六卿。晉昭公時（前531—前526），六卿逐漸强大。晉頃公十二年（前514），趙氏、韓氏、魏氏、智氏、范氏、中行（háng杭）氏等六卿以國法誅滅晉國的宗族，奪取了姬氏宗族的封地，各任命自己的兒子爲大夫。這樣，晉國的政權完全控制在六卿手中，晉侯已名存實亡。晉定公二十二年（前490），范昭子士吉射、中行文子荀寅敗而奔齊。晉出公十七年（前458），智氏、趙氏、韓氏、魏氏盡分范氏、中行氏之地。晉出公二十二年（前453），趙、韓、魏三家又滅智氏，三分其地。從此，三家分晉之勢成，晉君反而成爲附庸。周威烈王二十三年（前403），周天子命（即承認）魏斯、趙籍、韓虔爲諸侯。周安王二十六年（前376），魏武侯、韓哀侯、趙敬侯滅晉侯而三分其地，晉亡。史稱“三家分晉”。參見《史記》的《晉世家》與《六國年表》。虢（guó國）：古國名，姬姓，古史統稱虢，漢代以後則根據其情況的不同而有東虢、小虢、西虢、南虢、北虢之稱。東虢在今河南省滎陽市東北，是周文王之弟虢叔（一説虢仲，恐非）的封地，公元前767年爲鄭武公所滅。小虢在今陝西省寶雞市東故西虢之西十餘里，也是虢叔的封地，公元前687年爲秦武公所滅。西虢在今陝西省寶雞市東，是周文王之弟虢仲（一説虢叔，恐非）的封地；周平王東遷，西虢遷於上陽（今河南省陝縣東南李家窑），史籍仍稱“虢”，後人别稱爲南虢。北虢在今山西省平陸縣，原來也是虢仲的封地，西虢東遷上陽後，北虢與之合成一片，統稱“虢”。晉獻公十九年（前658），用荀息之計，以良馬與璧向虞國借路去攻打虢國，滅下陽（今山西省平陸縣東北），佔領北虢之地。晉獻公二十二年（前655），再次向虞國借路去攻打虢國，虞國大夫宫之奇用唇亡齒寒的道理勸諫虞公，但虞公貪小利而不聽。此年八月，晉圍上陽（即南虢）。冬，晉攻佔南虢之地，虢國徹底滅亡。晉回師又滅了虞國。參見《左傳》隱公元年至僖公五年，《史記》的《秦本紀》《十二諸侯年表》《晉世家》，《漢書·地理志上》，《詩經·檜風譜》孔穎達疏。此文之“虢”，指南虢與北虢，其國君爲虢仲的後代虢公醜。

〔9〕徐天祜曰：“夢，《左傳》莫公切，《史記正義》同。”〇徐天祜補註曰：“已見前註。又按《史記索隱》云：‘《系本》曰：“吴孰姑徙勾吴。”宋忠曰：“孰姑，壽夢也。”壽、孰，音相近。姑之言諸也，《毛詩》傳：“舊讀月諸爲姑。”是以“姑”爲“諸”。孰姑、壽夢一人耳，又名乘。’”

〔10〕《吴地記》："其後至壽夢，始别築城，爲宫室於平門西北二里。"依此説，則壽夢强大後都城已開始遷移了。此説法與張守節之説有所不同，參見 1.1 注〔1〕。

〔11〕《史記・吴太伯世家》作"大凡從太伯至壽夢十九世"。此文似應作"凡從太伯至壽夢十九世，至壽夢之世"，傳寫誤脱六字。

〔12〕中國：見 1.5 注〔7〕，此指中原諸侯各國（參見下篇《吴王壽夢傳》）。 通：交往。 朝會：古代臣屬朝見君主，春季去朝見叫作"朝"，按規定的時間去朝見叫作"會"。此文則泛指與諸侯各國會見。

〔13〕斯：就。

【義疏】

太伯去世，葬在梅里平墟。仲雍立爲國君，這是吴國的仲雍。仲雍去世，兒子季簡繼位；季簡去世，兒子叔達繼位；叔達去世，兒子周章繼位；周章去世，兒子熊繼位；熊去世，兒子遂繼位；遂去世，兒子柯相繼位；柯相去世，兒子彊鳩夷繼位；彊鳩夷去世，兒子餘喬疑吾繼位；餘喬疑吾去世，兒子柯廬繼位；柯廬去世，兒子周繇繼位；周繇去世，兒子屈羽繼位；屈羽去世，兒子夷吾繼位；夷吾去世，兒子禽處繼位；禽處去世，兒子專繼位；專去世，兒子頗高繼位；頗高去世，兒子句畢繼位。這時晋獻公滅掉了周都北面的虞國，這是因爲虞國的國君打開了國門讓晋國通過自己的國土去攻伐虢國的緣故。句畢去世，兒子去齊繼位；去齊去世，兒子壽夢繼位；從此以後吴國日益强大，自稱爲王。總計從太伯傳到壽夢共十九代。到壽夢這一代，才與中原各國時常來往會見，而吴國也就稱霸一方了。

【輯證】

太伯卒，無子，弟仲雍立，是爲吴仲雍。仲雍卒，子季簡立。季簡卒，子叔達立。叔達卒，子周章立。是時周武王克殷，求太伯、仲雍之後，得周章。周章已君吴，因而封之。乃封周章弟虞仲於周之北故夏虚，是爲虞仲，列爲諸侯。周章卒，子熊遂立。熊遂卒，子柯相立。柯相卒，子彊鳩夷立。彊鳩夷卒，子餘橋疑吾立。餘橋疑吾卒，子柯盧立。柯盧卒，子周繇立。周繇卒，子屈羽立。屈羽卒，子夷吾立。夷吾卒，子禽處立。禽處卒，子轉立。轉卒，子頗高立。頗高卒，子句卑立。是時，晋獻公滅周北虞公，以開晋伐虢也。句卑卒，子去齊立。去齊卒，子壽夢立。壽夢立而吴始益大，稱王。自太伯作吴，五世而武王克殷，封其後爲二：其一虞，在中國；其一吴，在夷蠻。十二世而晋滅中國之虞。中國之虞滅二世，而夷蠻之吴興。大凡從太伯至壽夢十九世。（《史記・吴太伯世家》P.1741）

冬，晋人執虞公。（《春秋・僖公五年》P.1794）

晋侯復假道於虞以伐虢。宫之奇諫曰："虢，虞之表也。虢亡，虞必從之。晋不可啓，寇不可翫。一之謂甚，其可再乎？諺所謂'輔車相依，脣亡齒寒'者，其虞、虢之謂也。"公曰："晋，吾宗也，豈害我哉？"對曰："大伯、虞仲，大王之昭也。大伯不從，是以不嗣。虢仲、虢叔，王季之穆也，爲文王卿士，勳在王室，藏於盟府。將虢是滅，何愛於虞？且虞能親於桓、莊乎？其愛之也。桓、莊之族何罪，而以爲戮，不唯偪乎？親以寵偪，猶尚害之，況以國乎？"公曰："吾享祀豐絜，神必據我。"對曰："臣聞之，鬼神非人實親，惟德是依。故《周書》曰：'皇天無親，惟德是輔。'又曰：'黍稷非馨，明德惟馨。'

又曰：‘民不易物，惟德繄物。’如是，則非德，民不和，神不享矣。神所馮依，將在德矣。若晉取虞而明德以薦馨香，神其吐之乎？”弗聽，許晉使。宫之奇以其族行，曰：“虞不臘矣，在此行也，晉不更舉矣。”八月甲午，晉侯圍上陽。問於卜偃曰：“吾其濟乎？”對曰：“克之。”公曰：“何時？”對曰：“童謡云：‘丙之晨，龍尾伏辰，均服振振，取虢之旂。鶉之賁賁，天策焞焞，火中成軍，虢公其奔。’其九月、十月之交乎？丙子旦，日在尾，月在策，鶉火中，必是時也。”冬十二月丙子，朔，晉滅虢，虢公醜奔京師。師還，館于虞，遂襲虞，滅之，執虞公及其大夫井伯，以媵秦穆姬，而脩虞祀，且歸其職貢於王。（《左傳·僖公五年》P.1795）

（晉獻公）二十二：滅虞、虢。（《史記·十二諸侯年表》P.716）

是歲也，晉復假道於虞以伐虢。虞之大夫宫之奇諫虞君曰：“晉不可假道也，是且滅虞。”虞君曰：“晉我同姓，不宜伐我。”宫之奇曰：“太伯、虞仲，太王之子也。太伯亡去，是以不嗣。虢仲、虢叔，王季之子也，爲文王卿士，其記勳在王室，藏於盟府。將虢是滅，何愛于虞？且虞之親能親於桓、莊之族乎？桓、莊之族何罪，盡滅之。虞之與虢，脣之與齒，脣亡則齒寒。”虞公不聽，遂許晉。宫之奇以其族去虞。其冬，晉滅虢，虢公醜奔周。還，襲滅虞，虜虞公及其大夫井伯百里奚以媵秦穆姬，而修虞祀。（《史記·晉世家》P.1978）

《吴越春秋》云：“太伯卒，葬於梅里平墟。”（《吴郡志》卷三十九“塚墓”P.275）

顧校： 相子疆（彊）鳩夷　高子句畢（卑）立　畢（卑）子去齊　而吴益疆（彊）　（卷末）吴越春秋吴（下多“王”）太伯傳第一

蔣校： 高子句畢（宋本“卑”）立

吴越春秋吴太伯傳第一【1】

【校記】

【1】一：大德本壞缺，據鄺本補。

吴越春秋吴王壽夢傳第二

【提要】

吴王壽夢傳，就是有關吴王壽夢的傳記。不過，文章也同時敘述了壽夢四個兒子的事蹟。

和《春秋》《左傳》《史記》的記載相比較，本篇具有十分鮮明的特色。

其一是突出吴文化與中原文化的不同。吴國雖然在壽夢之世崛起了，但它與中原禮儀之邦的文化顯然不同，所以文章一開始便描寫了壽夢與魯成公相見時的場面。顯然，“陳前王之禮樂”，“詠歌三代之風”的魯成公是華夏文化的代表，而以“椎髻爲俗”的壽夢則是吴文化的代表。文章通過他們那些具有强烈反差的言行對比，形象地揭示了兩種文化的不同色彩；而壽夢之嘆，更渲染了一種對於華夏禮儀不屑一顧的傲氣，十分傳神。這些筆墨，在其他史籍中是没有的。特别值得注意的是，《左傳·襄公二十九年》與《史記·吴太伯世家》都以極大的篇幅詳細地描述了季札在魯國觀賞周樂的情節，由於季札的評論帶有濃厚的華夏文化色彩，所以此文竟隻字不提。這史料的一添一删，很能體現作者的寫作意圖。

其二是突出吴國的讓位傳統。這種傳統始於太伯。在此篇中，作者不但一而再、再而三地以讚賞的口氣大肆鋪陳季札的讓位言行，甚至還無視《春秋》《左傳》等史籍的經典記載，創作出諸樊“輕慢鬼神，仰天求死”的情景來，其創作傾向也是不言而喻的。

其三是突出吴國的崛起，所以對其“與諸侯爲敵”之處也往往大書一筆。

其四是取材敘事疏略而不嚴謹。與其他史籍相比，本文不但略去了許多史事，而且其記年也有錯誤，所以本書雖以“春秋”爲名，其實是不同於史家之實録的。

2.1

壽夢元年●〔1〕，朝周〔2〕，適楚〔3〕，觀諸侯禮樂。魯成公會於鍾離●〔4〕，深問周公禮樂〔5〕，成公悉爲陳前王之禮樂，因爲詠歌三代之風〔6〕。壽夢曰：“孤在夷蠻〔7〕，徒以椎髻爲俗【1】〔8〕，豈有斯之服哉〔9〕？”因歎而去，曰：“於乎哉〔10〕！禮也。”

【校記】

【1】髻：大德本作“髫”，據馮本改。

【注釋】

〔1〕徐天祜曰：“《史記索隱》曰：‘自壽夢已下始有其年。’”〇覺按：吴國從壽夢開始，纔可考知其確切的年代。據《左傳・襄公十二年》及《史記・吴太伯世家》，可知壽夢二十五年死時爲魯襄公十二年，即公元前561年，由此上推，則壽夢元年爲魯成公六年（參見《史記・十二諸侯年表》），即公元前585年。壽夢是號，其名爲乘（參見2.6注〔10〕）。

〔2〕周：當時爲周簡王元年（前585）。

〔3〕楚：古國名，芈姓，祖先是季連，其後代鬻熊的曾孫熊繹被周成王封在楚地荆山（今湖北省沮水、漳水發源處）一帶，所以又稱“荆”。其始都丹陽（今湖北省秭歸縣東南）。到熊渠時，疆域擴大到長江中游。楚文王遷都郢（今湖北省荆州市西北之紀南城）。春秋時兼并周圍小國，楚莊王曾爲霸主，疆域西北至武關（今陝西省丹鳳縣東南），東到昭關（今安徽省含山縣北），北至今河南省南陽市，南至洞庭湖以南。戰國時疆域又有擴大，攻滅越國後，今山東省南部、江蘇、浙江均爲其領土。後來屢敗于秦，公元前223年爲秦所滅。參見《史記・楚世家》。壽夢元年爲楚共（gōng恭）王六年（參見《史記・十二諸侯年表》）。

〔4〕徐天祜曰：“鍾離之會，吴始與中國接，事見《春秋・魯成公十五年》。以《史記・年表》考之，是爲壽夢十五年。此以爲元年，何也？鍾離，古塗山氏之國，漢置鍾離縣，屬九江，今屬濠州。”〇覺按：魯成公：名黑肱，魯宣公之子，公元前590—公元前573年在位。鍾離：春秋時爲鍾離子國，此時恐爲楚國所滅，所以此文説“適楚……會於鍾離”，《春秋・成公十五年》杜預注也説：“鍾離，楚邑，淮南縣。”《史記・伍子胥列傳》：“楚平王以其邊邑鍾離與吴邊邑卑梁氏俱蠶，兩女子爭桑，相攻，乃大怒，至於兩國舉兵相伐。吴使公子光伐楚，拔其鍾離、居巢而歸。”可見鍾離位於吴、楚交界處，後來又爲吴國所奪（參見3 .13）。秦漢時爲鍾離縣，屬九江郡，晉屬淮南郡，唐、宋、元屬濠州。明初因朱元璋生於此地，增設鳳陽縣，改鍾離爲臨淮縣，其地在今安徽省鳳陽縣東北之臨淮關。會於鍾離：《左傳・成公十五年》：“十一月，會吴于鍾離，始通吴也。”《史記・十二諸侯年表》記魯、吴會於鍾離也在魯成公十五年，即吴壽夢十年（前576）。此文將此事繫於壽夢元年，顯屬謬誤。徐天祜認爲在壽夢十五年，也誤。

〔5〕周公：見1.6注〔9〕。相傳周朝的禮樂典章制度是周公旦所作，所以説“周公禮樂”。

〔6〕風：即土風，就是民歌，歌謡。《文心雕龍・樂府》：“匹夫庶婦，謳吟土風。”因爲民歌體現了民間風俗，所以稱爲風。三代流傳至今的土風歌謡只有《詩經》中的周代十五國風。

〔7〕孤：古代王侯的謙稱，謙示自己單獨孤寒。有人認爲指“少德”，不當（參見拙文《古漢語中的謙稱》）。　夷蠻：見1.4注〔9〕、〔11〕。

〔8〕徒：單，只。　椎髻：扎成一把的髮髻，形狀如椎，故名。

〔9〕斯：這。

〔10〕於（wū烏）乎：通“嗚呼”，感嘆詞。

【義疏】

壽夢元年（前585），朝見了周天子，又到了楚國，考察了其他諸侯國的禮制音樂。魯成公在鍾離會見了壽夢，壽夢深入地詢問了周公旦制作的禮制音樂，魯成公便詳盡地給他陳説了先前帝王的禮制音樂，接着還給他吟誦歌唱了夏、商、周三代的土風民謡。壽夢説："我住在少數民族地區，祇把扎一個錐形髮髻作爲習俗，哪有這種服裝呢？"接着他便一邊嘆息一邊走了，説："唉呀呀　這種禮制啊。"

【輯證】

簡王元年，吴壽夢元年。（《史記·十二諸侯年表》P.755）

冬十有一月，叔孫僑如會晉士燮、齊高無咎、宋華元、衛孫林父、鄭公子鰌、邾人會吴于鍾離。（《春秋·成公十五年》P.1914）

十一月，會吴于鍾離，始通吴也。（《左傳·成公十五年》P.1915）

（吴壽夢）十：與魯會鍾離。（《史記·十二諸侯年表》P.759）

（魯成公）十五：始與吴通，會鍾離。（《史記·十二諸侯年表》P.759）

（成公）十五年，始與吴王壽夢會鍾離。（《史記·魯周公世家》P.1850）

顧校：徒以椎髻（髻）爲俗

2.2

二年，楚之亡大夫申公巫臣●適吴〔1〕，以爲行人，教吴射御，導之伐楚●〔2〕。楚莊王怒〔3〕，使子反將●〔4〕，敗吴師，二國從斯結讎。於是吴始通中國，而與諸侯爲敵●〔5〕。

【注釋】

〔1〕徐天祐曰："子靈也。"〇覺按：申公巫臣：巫臣原爲楚國申縣（今河南省南陽市境内）縣尹，楚國國君僭稱王，大夫、縣尹等僭稱公，所以稱申公巫臣。《左傳·成公二年》又稱"屈巫"，可知他姓屈。《左傳·襄公二十六年》復述成公二年之事時又説"子反與子靈争夏姬"，可知他字子靈。魯成公二年（前589），子反想娶夏姬，巫臣勸阻他，而自己卻攜夏姬逃到了晉國（見《左傳·成公二年》），所以稱"楚之亡大夫"。

〔2〕徐天祐曰："見《左傳·成公七年》。按：巫臣怨楚子反而奔晉，自晉請使吴，教吴用兵叛楚，使其子狐庸爲吴行人，非巫臣爲行人也。行人，掌國賓客之禮籍，以待四方之使。"〇覺按：據《左傳·成公七年》，楚國的子重、子反怨恨巫臣而殺了巫臣的同族子閻、子蕩等，巫臣決心報復，於是從晉國出使吴國，教吴車戰，並使之叛楚。結果吴攻楚，"子重、子反於是乎一歲七奔命。蠻夷屬於楚者，吴盡取之。"但據《左傳》，巫臣是讓他的兒子狐庸在吴國當行人，《史記·吴太伯世家》也説"令其子爲吴行人"，故此文"以爲行人"當作"以其子爲行人"。　行人：《史記·吴太伯世家》"令其子爲吴行人"《集解》引服虔曰："行人，掌國賓客之禮籍，以待四方之使。"即接待各國使者的官，相當於現在外交部禮賓司之職。

〔3〕楚莊王：芈姓，熊氏，名旅（一作吕、侣），春秋時楚國君主，公元前613—公元前591年在位。傳説他即位三年，不發佈政令，左手抱鄭姬，右手抱越女，日夜放縱作樂。大臣勸諫後，他纔停止淫樂，治理朝政。後與秦、巴滅庸國（今湖北省竹山縣西南），國勢大盛。後在邲邑（今河南省滎陽市東北）大敗晉軍，又使魯、宋等國歸附，成爲霸主。

參見《左傳》文公十四年至宣公十八年、《史記·楚世家》。壽夢時楚莊王已死，此當作楚共（gōng 恭）王。楚共王又作"荆恭王"，亦即下文之"楚恭王"，熊氏，名審，春秋時楚國君主，公元前 590—公元前 560 年在位。

〔4〕徐天祜曰："去聲。"〇覺按：子反：楚國公子，名側，字子反，楚莊王時已爲重臣，楚共王時任楚國司馬（楚國掌管軍政的官）。將（jiàng 醬）：帶兵。

〔5〕徐天祜曰："蠻夷屬楚者，吴盡取之，始大通吴於上國。"

【義疏】

壽夢二年（前 584），楚國的外逃大夫申公巫臣到吳國，讓他的兒子當了接待國賓的外交大臣，還教吳國人射箭駕車，並勸導他們攻打楚國。楚恭王生氣了，派子反帶兵回擊，打敗了吳國的軍隊，吳、楚兩國從此結怨。從這個時候起吳國才開始和中原各國交往，並和諸侯爲敵。

【輯證】

莊王既以夏氏之室賜申公巫臣，則又畀之子反，卒於襄老。襄老死于邲，二子争之，未有成。恭王使巫臣聘於齊，以夏姬行，遂奔晉。晉人用之，寔通吴、晉。使其子狐庸爲行人於吴，而教之射御，導之伐楚。至于今爲患，則申公巫臣之爲也。（《國語·楚語上》P.539）

（吴壽夢）二：巫臣來，謀伐楚。（《史記·十二諸侯年表》P.756）

王壽夢二年，楚之亡大夫申公巫臣怨楚將子反而犇晉，自晉使吴，教吴用兵乘車，令其子爲吴行人，吴於是始通於中國。吴伐楚。（《史記·吴太伯世家》P.1743）

（晉景公）十六：以巫臣始通於吴而謀楚。（《史記·十二諸侯年表》P.756）

（晉景公）十六年，楚將子反怨巫臣，滅其族。巫臣怒，遺子反書曰："必令子罷於奔命！"乃請使吴，令其子爲吴行人，教吴乘車用兵。吴、晉始通，約伐楚。（《史記·晉世家》P.2012）

2.3

五年，伐楚，敗子反。

【義疏】

壽夢五年（前 581），討伐楚國，打敗了子反。

2.4

十六年，楚恭●王怨吴爲巫臣伐之也〔1〕，乃舉兵伐吴，至衡山而還●〔2〕。

【注釋】

〔1〕徐天祜曰："《左傳》作'共'。"〇覺按：參見 2.2 注〔3〕。之：這裏指代自己。

〔2〕徐天祜曰："見《左傳·襄公三年》，楚'克鳩兹，至于衡山'，杜預曰：'衡山在吴興烏程縣南。'楚歸三日，'吴人伐楚，取駕'。此不書。"〇覺按：《左傳·襄公三年》："三年春，楚子重伐吴，爲簡之師，克鳩兹，至于衡山。"杜預注："鳩兹，

吴邑，在丹陽蕪湖縣東，今皋夷也。衡山，在吴興烏程縣南。”烏程縣即今浙江省湖州市南下菰城。高士奇《春秋地名攷畧》卷十一則認爲：古以“横”爲“衡”，所以衡山即横山；烏程縣南 18 里雖有横山，但太遠；此衡山應指當塗縣東北 60 里之横山。依高説，那就在今安徽省馬鞍山市東南、石臼湖北。杜、高兩説均通，但此文似以高説爲勝。據《左傳·襄公三年》記載，子重攻克了吴國的鳩兹（今安徽省蕪湖市東）而進兵衡山後，又派鄧廖進攻吴都。吴軍攔腰截擊，俘獲鄧廖，又攻取了楚邑駕（今安徽省無爲縣境）。這次戰争，子重所獲不如所亡，楚人因此責怪他，他憂鬱而死。吴國强大後，晉國也想和吴國增進友好關係。這些内容此文都從略了。

【義疏】

壽夢十六年（前 570），楚恭王怨恨吴國爲巫臣攻打自己，于是就起兵討伐吴國，一直打到衡山才返回。

【輯證】

三年春，楚公子嬰齊帥師伐吴。（《春秋·襄公三年》P.1929）

三年春，楚子重伐吴，爲簡之師，克鳩兹，至于衡山。使鄧廖帥組甲三百、被練三千以侵吴。吴人要而擊之，獲鄧廖。其能免者，組甲八十、被練三百而已。子重歸，既飲至，三日，吴人伐楚，取駕。駕，良邑也。鄧廖，亦楚之良也。君子謂‘子重於是役也，所獲不如所亡’。楚人以是咎子重。子重病之，遂遇心病而卒。……晉爲鄭服故，且欲脩吴好，將合諸侯。……六月，公會單頃公及諸侯。己未，同盟于雞澤。晉侯使荀會逆吴子于淮上，吴子不至。（《左傳·襄公三年》P.1930）

（楚共王）二十一：使子重伐吴，至衡山。（《史記·十二諸侯年表》P.762）

（吴壽夢）十六：楚伐我。（《史記·十二諸侯年表》P.762）

（壽夢）十六年，楚共王伐吴，至衡山。（《史記·吴太伯世家》P.1743）

2.5

十七年，壽夢以巫臣子狐庸爲相，任以國政。

【義疏】

十七年（前 569），壽夢把巫臣的兒子狐庸提拔爲宰相，將國家的政事交給他處理。

2.6

二十五年，壽夢病將卒。有子四人，長曰諸樊〔1〕，次曰餘祭●〔2〕，次曰餘昧●〔3〕，次曰季札。季札賢，壽夢欲立之，季札讓曰：“禮有舊制，奈何廢前王之禮而行父子之私乎？”

壽夢乃命諸樊曰：“我欲傳國及札，爾無忘寡人之言〔4〕。”諸樊曰：“周之太王知西伯之聖〔5〕，廢長立少，王之道興。今欲授國

於札，臣誠耕於野。”王曰：“昔周行之德加於四海〔6〕，今汝於區區之國、荆蠻之鄉〔7〕，奚能成天子之業乎？且今子不忘前人之言〔8〕，必授國以次及于季札〔9〕。”諸樊曰：“敢不如命？”

壽夢卒●〔10〕，諸樊以適●長攝行事〔11〕，當國政〔12〕。

【注釋】

〔1〕《史記·吴太伯世家》“長曰諸樊”《索隱》：“《春秋經》書‘吴子遏’，《左傳》稱‘諸樊’。蓋遏是其名，諸樊是其號。《公羊傳》‘遏’作‘謁’。”參見2.7注〔1〕。

〔2〕徐天祜曰：“祭，側界切。”〇覺按：《史記·吴太伯世家》“次曰餘祭”《正義》：“祭，側界反。”這是説，“祭”當讀zhài（債）。馬王堆出土的帛書《春秋事語》“餘祭”作“餘蔡”。

〔3〕徐天祜曰：“昧，莫葛切。”〇覺按：《史記·吴太伯世家》“次曰餘眛”《正義》：“眛，莫葛反。”由此可見，“昧”當作“眛”而讀mò（末）。《公羊傳·襄公二十九年》“餘眛”作“夷眛”，也誤。《春秋·昭公十五年》作“夷末”，是。

〔4〕無：通“毋”。

〔5〕太王：即古公亶甫，參見1.4，1.6。

〔6〕古代以爲中國四周皆有海，故稱中國爲海内，稱外國爲海外。 四海：表示整個天下。

〔7〕區區：形容小。 荆蠻：見1.4注〔9〕。

〔8〕且：猶“若”，如果。參見《經傳釋詞》卷八。 前人：前一代人，這裏是壽夢指自己。

〔9〕《公羊傳·莊公三十二年》“一生一及”何休注：“兄死弟繼曰及。”古代實行世襲制，父傳子叫“世”，兄傳弟叫“及”。

〔10〕徐天祜曰：“見《春秋·襄公十二年》，‘秋九月，吴子乘卒。’《左傳》書‘壽夢卒’。杜預曰：‘壽夢，吴子之號。’”

〔11〕徐天祜曰：“適，通作‘嫡’，正出也。”〇覺按：古代稱正妻、正妻所生的兒子爲“嫡”。“嫡長”即正妻所生的長子。依古代的宗法制，嫡長子纔有繼位權。 攝：《左傳·隱公元年》：“春，王周正月，不書即位，攝也。”杜預注：“假攝君政，不脩即位之禮，故史不書於策。”本文之“攝”也是代理的意思，指諸樊遵奉父命，欲傳於季札，因而不修即位之禮，而只是代理國君處理國政。

〔12〕《左傳·襄公二年》“於是子罕當國”杜預注：“攝君事。”此文“當國政”與“攝行事”義近，是負責主持國事、執政的意思。

【義疏】

二十五年（前561），壽夢病重將死。他有兒子四個，大兒子叫諸樊，二兒子叫餘祭，三兒子叫餘昧，四兒子叫季札。季札有德才，壽夢想讓他繼位。季札推讓説：“禮制有成規，怎麽能廢弃從前帝王的禮制而根據父子之間的私情來辦事呢？”

壽夢就命令諸樊説：“我想把國家傳給季札，你不要忘了我的話。”諸樊説：“周國的太王古公亶甫知道西伯昌的聖德，便廢弃了大兒子而讓小兒子繼位，于是周王朝的治國之道得以興盛。現在您想把國家交給季札，我一定心甘情願地在野外種地。”壽夢説：“過去周王施行的恩德加給了普天下的民衆，現在你住在一個小小的國家裏，處在少數民族的區域中，哪能成就統一天下的大業呢？如果你不忘記父親的話，就一定要把國家的政權依照兄弟的次序傳給季札。”諸樊説：“我敢不服從您的命令麼？”

壽夢去世，諸樊便以嫡長子的身份代理操辦國事，秉持國家的政權。

【輯證】

秋九月，吴子乘卒。（《春秋・襄公十二年》P.1951）

秋，吴子壽夢卒，臨於周廟，禮也。凡諸侯之喪，異姓臨於外，同姓於宗廟，同宗於祖廟，同族於禰廟。（《左傳・襄公十二年》P.1951）

（吴壽夢）二十五：壽夢卒。（《史記・十二諸侯年表》P.767）

（壽夢）二十五年，王壽夢卒。壽夢有子四人，長曰諸樊，次曰餘祭，次曰餘昧，次曰季札。季札賢，而壽夢欲立之，季札讓不可，於是乃立長子諸樊，攝行事當國。（《史記・吴太伯世家》P.1743）

顧校： 次曰季札（扎）季札（扎）賢　　必授國以次及于季札（扎）

蔣校： 次曰季札（宋本“扎”，下同）

2.7

吴王諸樊元年●〔1〕，已除喪，讓季札，曰：“昔前王未薨之時〔2〕，嘗晨昧不安〔3〕，吾望其色也，意在於季札。又復三朝悲吟〔4〕，而命我曰：‘吾知公子札之賢〔5〕。’欲廢長立少，重發言於口〔6〕。雖然，我心已許之，然前王不忍行其私計，以國付我，我敢不從命乎？今國者，子之國也，吾願達前王之義〔7〕。”

季札謝曰：“夫適●長當國〔8〕，非前王之私，乃宗廟社稷之制〔9〕，豈可變乎？”

諸樊曰：“苟可施於國，何先王之命有●〔10〕？太王改爲季歷，二伯來入荆蠻，遂城爲國，周道就成。前人誦之，不絶於口，而子之所習也〔11〕。”

札復謝曰：“昔曹公卒●〔12〕，庶存適亡●〔13〕，諸侯與曹人不義而立於國〔14〕。子臧●聞之〔15〕，行吟而歸。曹君懼。將立子臧，子臧去之，以成曹之道●〔16〕。札雖不才，願附子臧之義〔17〕。吾誠避之。”

吴人固立季札，季札不受而耕於野，吴人舍●之〔18〕。諸樊驕恣，輕慢鬼神，仰天求死〔19〕。將死，命弟餘祭曰："必以國及季札。"乃封季札於延陵，號曰"延陵季子"●〔20〕。

【注釋】

〔1〕徐天祜曰："《史記·年表》，吴諸樊元年爲魯襄公十三年；諸樊在位十三年卒，是爲襄公二十五年。此書止載元年事，餘皆不書。"〇覺按：其他史書所載諸樊在位時期的吴國史事有：《春秋》：襄公十四年（前559），"春，王正月，季孫宿、叔老會晉士匄、齊人、宋人、衛人、鄭公孫蠆、曹人、莒人、邾人、滕人、薛人、杞人、小邾人，會吴于向。……秋，楚公子貞帥師伐吴"。二十四年（前549），"夏，楚子伐吴。"二十五年（前548）："十有二月，吴子遏伐楚，門于巢，卒。"《左傳》：襄公十三年（前560），"秋，楚共王卒。……吴侵楚，養由基奔命，子庚以師繼之。養叔曰：'吴乘我喪，謂我不能師也，必易我而不戒。子爲三覆以待我，我請誘之。'子庚從之。戰于庸浦，大敗吴師，獲公子黨。君子以吴爲不弔"。"十四年春，吴告敗于晉。會于向，爲吴謀楚故也。范宣子數吴之不德也，以退吴人。……吴子諸樊既除喪，將立季札。季札辭曰：'曹宣公之卒也，諸侯與曹人不義曹君，將立子臧。子臧去之，遂弗爲也，以成曹君。君子曰："能守節。"君，義嗣也，誰敢奸君？有國，非吾節也。札雖不才，願附於子臧，以無失節。'固立之，棄其室而耕，乃舍之。……秋，楚子爲庸浦之役故，子囊師于棠以伐吴，吴不出而還。子囊殿，以吴爲不能而弗儆。吴人自皐舟之隘要而擊之，楚人不能相救。吴人敗之，獲楚公子宜穀。"二十三年（前550），"晉將嫁女于吴"。二十四年，"夏，楚子爲舟師以伐吴，不爲軍政，無功而還"。冬，"吴人爲楚舟師之役故，召舒鳩人。舒鳩人叛楚"。二十五年，"十二月，吴子諸樊伐楚，以報舟師之役。門于巢。巢牛臣曰：'吴王勇而輕，若啓之，將親門。我獲射之，必殪。是君也死，彊（阮元《校勘記》："宋本……'彊'作'疆'。"）其少安。'從之。吴子門焉，牛臣隱於短牆以射之，卒"。《史記·十二諸侯年表》："吴諸樊元年，楚敗我。二年，季子讓位。楚伐我。十三年，諸樊伐楚，迫巢門，傷射以薨。"據《左傳》及此《年表》，季札讓位事當在諸樊二年（前559）。此文記於元年（前560），乃誤從《史記·吴太伯世家》之"王諸樊元年，諸樊已除喪，讓位季札"。《史記》之《世家》與《年表》所記不一，可見古史記事之淆亂。若以古禮而言，則此事記於諸樊二年或元年均誤。《史記·五帝本紀》載："堯崩，三年之喪畢，舜讓辟丹朱於南河之南。"又云："三年喪畢，讓丹朱，天下歸舜。"又云："三年喪畢，禹亦乃讓舜子，如舜讓堯子。"《史記·夏本紀》載："三年喪畢，禹辭辟舜之子商均於陽城。"又云："三年之喪畢，益讓帝禹之子啓，而辟居箕山之陽。"《史記·趙世家》載："定公三十七年卒，而簡子除三年之喪，期而已。"《史記·仲尼弟子列傳》載："子曰：'予之不仁也！子生三年然後免於父母之懷。夫三年之喪，天下之通義也。'"由此可知，古代喪期通常爲三年。史未載吴除三年之喪，《左傳》與《史記·吴太伯世家》既然説諸樊已除喪，則其讓位季札之事就不當在諸樊元年或二年，而應該在諸樊三年（前558）秋。

〔2〕薨（hōng 轟）：古代諸侯死叫作"薨"。《禮記·曲禮下》："天子死曰崩，諸侯曰薨，大夫曰卒，士曰不禄，庶人曰死。"

〔3〕昧：昏暗。此指黄昏。

〔4〕古代天子、諸侯處理政事的地方有三朝。外朝有一，是詢衆庶之朝。内朝有二：一名治朝，是每天處理政事的地方；一名燕朝，是處理政事完畢後休息之處，也是與同宗之人商量私事之處。參見《尚書·召誥》"越五日甲寅"孔穎達疏。此文之"三朝"，當

指内朝而言。

〔5〕公子：古代除嫡長子外，凡正妻生的小兒子及小妾生的兒子，都稱爲“公子”。

〔6〕重：《史記·貨殖列傳》“重爲邪”《索隱》：“重者，難也。”

〔7〕義：通“議”，意見，主張。

〔8〕徐天祜曰：“嫡。”

〔9〕宗廟：天子、諸侯祭祀祖先的處所。由於封建帝王把天下占爲一家所有，所以把宗廟作爲王室、國家的代稱。　社稷：社是土地神，稷是穀神。古代帝王立國秉政都要祭祀社稷，所以社稷成了國家與政權的代稱。

〔10〕徐天祜曰：“句。”〇覺按：“何先王之命有”即“有何先王之命”。

〔11〕習：《戰國策·秦策五》“不習於誦”高誘注：“習，曉。”即通曉，熟悉。

〔12〕徐天祜曰：“宣公。”〇覺按：曹：西周封置的諸侯國，都陶丘（今山東省菏澤市定陶區西北），公元前487年爲宋所滅。　曹宣公，名廬，公元前594—公元前578年在位。公元前578年夏五月，晉與齊、魯、宋、衛、鄭、曹等國聯合攻秦，曹宣公死於軍中。見《春秋·成公十三年》。

〔13〕徐天祜曰：“適亡者，公子負芻殺太子而自立，是爲成公。”〇覺按：庶：指庶子，即公子，見注〔5〕。這裏指公子負芻。　適：通“嫡”，這裏特指嫡長子。　庶存適亡：曹宣公死後，曹國派公子負芻守國，派公子欣時（字子臧）去運回宣公屍體。這年秋天，負芻殺死了太子而自立，即曹成公。見《左傳·成公十三年》。

〔14〕義：意動用法，以爲……合乎道義。依古代的宗法制，嫡長子纔有繼位權，庶子殺嫡自立是不合道義的。　而：猶“其”（參見《古書虛字集釋》卷七），此指代公子負芻。據《左傳·成公十三年》，公元前578年負芻自立後，諸侯要求討伐他，晉厲公因爲曹國對秦作戰有功，決定以後再説。

〔15〕徐天祜曰：“公子欣時也，與負芻皆宣公庶子。”〇覺按：《史記·吴太伯世家》“將立子臧”《集解》引服虔曰：“子臧，負芻庶兄。”

〔16〕徐天祜曰：“見《左傳·魯成公十五年》，諸侯將見子臧於王而立之，遂逃奔宋。明年，反自宋，盡致其邑與卿而不出。”〇覺按：據《春秋》及《左傳》，魯成公十五年（前576）三月，晉厲公與衛、鄭、曹、齊等諸侯會盟，聲討曹成公，晉厲公將曹成公劫持到京師（周天子所在地），諸侯要把子臧（公子欣時）引見給周天子而擁立他爲曹君，子臧逃奔宋。成公十六年（前575），子臧回曹後，晉國纔讓周天子放曹成公回國，於是子臧交出了自己的封邑與卿位，不再出仕。

〔17〕附：《廣雅·釋詁四》：“附，依也。”《小爾雅·廣詁》：“附，因也。”即依從、遵循的意思。

〔18〕徐天祜曰：“上聲。”

〔19〕此文與《春秋》、《左傳》不合，不足信，見注〔1〕。《公羊傳·襄公二十九年》：“其讓國奈何？謁也，餘祭也，夷昧也，與季子同母者四。季子弱而才，兄弟皆愛之，同欲立之以爲君。謁曰：‘今若是迮而與季子國，季子猶不受也。請無與子而與弟，弟兄迭爲君，而致國乎季子。’皆曰：‘諾。’故諸爲君者皆輕死爲勇，飲食必祝曰：‘天苟有吴國，尚速有悔於予身。’故謁也死，餘祭也立。餘祭也死，夷昧也立。夷昧也死，則國宜之季子者也。”此文可能即根據這種説法敷衍而成。

〔20〕徐天祜曰：“延陵，季札之采邑也。漢改延陵爲毗陵縣，晉爲毗陵郡，又爲晉陵郡，今常州也。”

【義疏】

吴王諸樊元年（前560），已經卸除喪服後，便把君位讓給季札，説："過去父王還没有去世的時候，曾經從早到晚坐立不安，我觀察他的臉色，知道他的希望全在于季札。接着他又在内朝悲哀地嘆息，並且告訴我説：'我知道公子季札的賢能。'他想廢弃大兒子而讓小兒子繼位，衹是難以把這話説出口。即使這樣，我心裹也早已默默地許諾他了，但父王不忍心按他個人的打算來辦事，仍然把國家托付給我，我敢不服從命令麽？現在這個國家，實是您的國家，我希望能實現父王的主張。"

季札推辭説："嫡長子主持國政，並不是父王的私意，而是國家的制度，怎麽能改變呢？"

諸樊説："如果可以在國家的政事中實行的話，又有什麽古代帝王的成命呢？太王把繼承人改成了季歷，兩位兄長便來到這楚地，築起城墻建立了國家，周王朝的治國之道取得了成就。前人稱頌他，讚不絶口，這也是您所熟悉的啊！"

季札又推辭説："從前曹宣公死後，公子負芻自立爲國君，嫡長子却被殺死，諸侯和曹國人民都認爲負芻在國中立爲國君是不合乎道義的。子臧聽説了這件事，一邊走一邊嘆息地回到曹國。曹成公也害怕了。諸侯要擁立子臧爲曹君，子臧逃離了曹國，以此來成全曹國的治國之道。我季札雖然不成器，却願意奉行子臧的爲人之道。我真的要避讓君位。"

吴國的人民堅决要擁立季札當國君，季札不接受而到野外去種地，吴國人這纔不去强求他了。于是諸樊恣肆放縱，怠慢鬼神，抬頭仰求老天給他一死。臨死時，他命令弟弟餘祭説："一定要把國家傳給季札。"于是就把季札封在延陵，稱他爲"延陵季子"。

【輯證】

（吴諸樊）二：季子讓位。楚伐我。（《史記·十二諸侯年表》P.768）

王諸樊元年，諸樊已除喪，讓位季札。季札謝曰："曹宣公之卒也，諸侯與曹人不義曹君，將立子臧，子臧去之，以成曹君，君子曰'能守節矣'。君義嗣，誰敢干君！有國，非吾節也。札雖不材，願附於子臧之義。"吴人固立季札，季札弃其室而耕，乃舍之。秋，吴伐楚，楚敗我師。四年，晉平公初立。十三年，王諸樊卒。有命授弟餘祭，欲傳以次，必致國於季札而止，以稱先王壽夢之意，且嘉季札之義，兄弟皆欲致國，令以漸至焉。季札封於延陵，故號曰"延陵季子"。（《史記·吴太伯世家》P.1745）

其讓國奈何？謁也，餘祭也，夷昧也，與季子同母者四。季子弱而才，兄弟皆愛之，同欲立之以爲君。謁曰："今若是迮而與季子國，季子猶不受也。請無與子而與弟，弟兄迭爲君，而致國乎季子。"皆曰："諾。"故諸爲君者皆輕死爲勇，飲食必祝曰："天苟有吴國，尚速有悔於予身。"故謁也死，餘祭也立。餘祭也死，夷昧也立。夷昧也死，則國宜之季子者也。季子使而亡焉。僚者，長庶也，即之。季子使而反，至，而君之爾。闔廬曰："先君之所以不與子國而與弟者，凡爲季子故也。將從先君之命與，則國宜之季子者也；如不從先君之命與，則我宜立者也。僚惡得爲君乎？"於是使專諸刺僚，而致國乎季子。季子不受，曰："爾弑吾君，吾受爾國，是吾與爾爲篡也。爾殺吾兄，吾又殺爾，是父子兄弟相殺，終身無已也。"去之延陵，終身不入吴國。故君子以其不受爲義，以其不殺爲仁。（《公羊傳·襄公二十九年》P.2313）

吴王壽夢有四子，長曰謁，次曰餘祭，次曰夷昧，次曰季札，號曰延陵季子，最賢，三兄皆知之。於是王壽夢薨，謁以位讓季子，季子終不肯當，謁乃爲約曰："季子賢，使國及季子，則吴可以興。"乃兄弟相繼，飲食必祝曰："使吾早死，令國及季子。"謁死，餘祭立；餘祭死，夷昧立；夷昧死，次及季子。季子時使行不在，庶兄僚曰："我亦兄也。"乃自立爲吴王。季子使還，復事如故。謁子光曰："以吾父之意，則國當歸季子；以繼嗣之法，則我適也，當代之君。僚何爲也？"於是乃使專諸刺僚，殺之，以位讓季子，季子曰："爾殺吾君，吾受爾國，則吾與爾爲共篡也。爾殺吾兄，吾又殺汝，則是昆弟父子相殺無已時也。"卒去之延陵，終身不入吴。夫不以國私身，捐千乘而不恨，棄尊位而無忿，可以庶幾矣。(《説苑·至公》P.344)

顧校： 意在於季札（扎）　季札（扎）謝曰　札（扎）復謝曰　札（扎）雖不才　吴人固立季札（扎）季札（扎）不受而耕於野　乃封季札（扎）於延陵

2.8

餘祭十二年〔1〕，楚靈王會諸侯伐吴〔2〕，圍朱方〔3〕，誅慶封〔4〕。慶封數爲吴伺祭●〔5〕，故晉、楚伐之也〔6〕。吴王餘祭怒曰："慶封窮來奔吴，封之朱方●〔7〕，以効不恨士也〔8〕。"即舉兵伐楚，取二邑而去〔9〕。

【注釋】

〔1〕此年前，其他史籍記載的吴國史事有：餘祭元年（前547），"楚子、秦人侵吴，及雩婁，聞吴有備而還"（見《左傳·襄公二十六年》）。餘祭三年（前545）冬，齊國慶封奔魯，繼而奔吴，吴予慶封朱方，以女妻之（見《春秋·襄公二十八年》、《左傳·襄公二十八年》、《史記·吴太伯世家》）。餘祭四年（前544），季札出使諸侯各國（見《左傳·襄公二十九年》《史記·吴太伯世家》）。又，《春秋·襄公二十九年》《左傳·襄公二十九年》以及《史記·十二諸侯年表》都記餘祭在該年爲楚俘所殺，則餘祭在位僅四年，餘昧在位十七年。此文則與《史記·吴太伯世家》一致，認爲餘祭在位十七年而餘昧在位四年。兩者必有一誤，前人取捨也有不同，其史實當以《春秋》《左傳》所記爲是。公元前542年，"吴子使屈狐庸聘于晉"（見《左傳·襄公三十一年》）。公元前538年秋，楚靈王聯合諸侯伐吴朱方，執齊慶封，殺之；冬，吴伐楚，取三邑（見《春秋》《左傳·昭公四年》《史記·吴太伯世家》）。公元前537年冬，楚與諸侯及東夷伐吴，吴敗諸鵲岸。吴子使蹶由犒師，吴早有備，楚無功而回（見《春秋》《左傳·昭公五年》）。

〔2〕楚靈王：又稱荆靈王，春秋時楚共王之子，楚康王之弟，郟敖的叔父，熊氏，名圍。其即位前稱王子圍、公子圍，于郟敖三年（前542）任楚國令尹，主管楚國軍事。公元前

541年，他殺死楚王郟敖自立爲王，公元前540—公元前529年在位。後來棄疾作亂自立爲王，他自殺而死。傳説楚靈王喜歡細腰，他的臣子爲了使腰變細，都只吃一頓飯，結果朝廷上的大臣多面黄肌瘦，要扶着牆壁纔能走路。其事蹟可參見《史記·楚世家》、《墨子·兼愛》、《韓非子》之《十過》及《姦刧弑臣》。　會諸侯伐吴：據《春秋·昭公四年》，伐吴在公元前538年秋七月，楚靈王聯合的諸侯有蔡侯、陳侯、許男、頓子、胡子、沈子以及淮夷。

〔3〕朱方：位於今鎮江市東丹徒鎮南。這是餘祭三年（前545）慶封逃奔吴國後吴國給慶封的封邑。

〔4〕慶封：春秋時人，字子家，又字季，故又稱慶季。原爲齊國大夫，齊莊公六年（前548），崔杼殺莊公而擁立景公，景公以崔杼爲右相、慶封爲左相。齊景公二年（前546），他滅掉崔氏而執政。次年，他讓兒子慶舍當政，自己則與盧蒲嫳互換妻子喝酒作樂。於是欒子雅、高子尾、陳須無、鮑國等攻慶氏。慶封奔魯，接着又奔吴。公元前538年，楚靈王伐吴，他被擒滅族。其事蹟可參見《左傳》成公十八年至昭公四年。

〔5〕徐天祜曰："祭，當作'察'。"○覺按：數（shuò 朔）：屢次。　伺（sì 寺）：偵察。　祭：古與"察"字音近義通。本文的"餘祭"，馬王堆三號漢墓出土的帛書《春秋事語》作"餘蔡"，與此類似。

〔6〕據《春秋·昭公四年》《左傳·昭公四年》《史記》，晉並未參加伐朱方之役，此文恐誤。

〔7〕徐天祜曰："《左傳·襄公二十八年》：'慶封奔吴，吴句餘予之朱方。'杜預云：'句餘，吴子夷昧也。'《索隱》曰：'餘祭以二十九年卒，則二十八年賜慶封邑，不得是夷昧，但句餘或别是一人。'今按《春秋》於明年書'閽弑吴子餘祭'；又《年表》：餘祭四年，'守閽殺餘祭'，則句餘非别爲一人矣。《世家》、《年表》皆在餘祭三年，即襄公二十八年也。《年表》既云餘祭四年卒，此乃書'十二年'，何也？'十二''十三年'皆當删'十'字，'十七年'亦改從'四年'可也。朱方，吴邑，秦改丹徒，今屬鎮江。"○覺按：據《春秋》、《左傳》，本文所述伐吴而誅慶封之事發生在魯昭公四年（前538），爲吴夷末六年；據《史記》的《吴太伯世家》及《十二諸侯年表》，此事發生於魯昭公四年，而爲吴餘祭十年。無論如何，本書繫之於餘祭十二年，必誤。本文記年與《史記》同（即以爲餘祭在位十七年，見注〔1〕），故此文當作"十年"，"二"字當删。徐天祜認爲當删"十"字，誤，因爲慶封奔吴在餘祭三年，誅慶封不可能在餘祭二年。

〔8〕《荀子·正論篇》"由此效之也"楊倞注："效，明也。"

〔9〕《左傳·昭公四年》："冬，吴伐楚，入棘（覺按：今河南省永城市南）、櫟（覺按：今河南省新蔡縣北）、麻（覺按：今安徽省碭山縣東北），以報朱方之役。"《史記·吴太伯世家》也説"取三邑"。與此不同。

【義疏】

餘祭十二年（前536），楚靈王會合諸侯進攻吴國，包圍了朱方，誅殺了慶封。慶封屢次爲吴國偵察敵情，所以晋、楚等國纔要討伐他。吴王餘祭憤怒地説："慶封走投無路了纔來投奔吴國，把他封在朱方，衹是爲了表明我們不仇視有才之士啊。"于是他起兵討伐楚國，奪取了兩個城邑才回師。

【輯證】

秋七月，楚子、蔡侯、陳侯、許男、頓子、胡子、沈子、淮夷伐吴，執齊慶封，殺之。（《春秋·昭公四年》P.2032）

秋七月，楚子以諸侯伐吴。宋大子、鄭伯先歸，宋華費遂、鄭大夫從。使屈申圍朱方，八月甲申，克之，執齊慶封而盡滅其族。將戮慶封。椒舉曰："臣聞無瑕者可以戮人。慶封惟逆命，是以在此，其肯從於戮乎？播於諸侯，焉用之？"王弗聽，負之斧鉞，以徇於諸侯，使言曰："無或如齊慶封，弑其君，弱其孤，以盟其大夫。"慶封曰："無或如楚共王之庶子圍，弑其君——兄之子麇——而代之，以盟諸侯！"王使速殺之。……冬，吴伐楚，入棘、櫟、麻，以報朱方之役。（《左傳·昭公四年》P.2035）

靈王使人以慶封令於軍中曰："有若齊慶封弑其君者乎？"慶封曰："子一息，我亦且一言。曰：有若楚公子圍弑其兄之子而代之爲君者乎？"軍人粲然皆笑。（《穀梁傳·昭公四年》P.2434）

（吴餘祭）十：楚誅慶封。（《史記·十二諸侯年表》P.780）（覺按：《史記》紀年誤。）

王餘祭三年，齊相慶封有罪，自齊來奔吴。吴予慶封朱方之縣，以爲奉邑，以女妻之，富於在齊。……十年，楚靈王會諸侯而以伐吴之朱方，以誅齊慶封。吴亦攻楚，取三邑而去。（《史記·吴太伯世家》P.1746）（覺按：《史記》紀年誤。）

（楚靈王）三：夏，合諸侯宋地，盟。伐吴朱方，誅慶封。冬，報我，取三城。（《史記·十二諸侯年表》P.780）

（靈王三年）七月，楚以諸侯兵伐吴，圍朱方。八月，克之，囚慶封，滅其族。以封徇，曰："無效齊慶封弑其君而弱其孤，以盟諸大夫！"封反曰："莫如楚共王庶子圍弑其君——兄之子員——而代之立！"於是靈王使疾殺之。（《史記·楚世家》P.2044）

顧校：以効（效）不恨士也

2.9

十三年〔1〕，楚怨吴爲慶封故伐之，心恨不解，伐吴，至乾谿●〔2〕。吴擊之，楚師敗走。

【注釋】

〔1〕《左傳·昭公六年》："令尹子蕩帥師伐吴，師于豫章，而次于乾谿。吴人敗其師於房鍾。"《史記》的《十二諸侯年表》《吴太伯世家》均將此役繫於餘祭十二年，也即魯昭公六年（前536）。本文"十三年"當作"十二年"，徐天祜認爲當删"十"字（見2.8注〔7〕），不當。

〔2〕徐天祜曰："在譙國城父縣南，楚東境。"○覺按：乾谿：楚國邑名，位於今安徽省亳（bó 博）州市東南七十里。

【義疏】

餘祭十三年（前535），楚國怨恨吴國爲了慶封的緣故來討伐自己，心中的憤恨不能消除，于是攻打吴國，進兵到乾谿。吴軍攻擊他們，楚軍失敗逃跑了。

【輯證】

秋九月，大雩。楚薳罷帥師伐吴。（《春秋·昭公六年》P.2043）

秋九月，大雩，旱也。徐儀楚聘于楚。楚子執之，逃歸。懼其叛也，使薳洩伐徐。吴人救之。令尹子蕩帥師伐吴，師于豫章，而次于乾谿。吴人敗其師於房鍾，獲宫廄尹棄疾。子蕩歸罪於薳洩而殺之。（《左傳·昭公六年》P.2045）

（楚靈王）五：伐吳，次乾谿。（《史記·十二諸侯年表》P.781）

（吳餘祭）十二：楚伐我，次乾谿。（《史記·十二諸侯年表》P.781）（覺按：《史記》紀年誤。）

（餘祭）十一年，楚伐吳，至雩婁。十二年，楚復來伐，次於乾谿，楚師敗走。（《史記·吳太伯世家》P.1755）（覺按：《史記》紀年誤。）

顧校： 伐吴至乾谿（溪）

蔣校： 伐吴至乾谿（宋本作“溪”）

2.10

十七年，餘祭卒[1]，餘昧立。四年[2]，卒，欲授位季札，季札讓，逃去，曰：“吾不受位，明矣。昔前君有命，已附子臧之義，潔身清行，仰高履尚，惟仁是處[3]，富貴之於我，如秋風之過耳。”遂逃歸延陵。吴人立餘昧子州于，號爲吴王僚也[4]。

【注釋】

〔1〕此紀年與《史記》同而與《左傳》不同（見2.8注〔1〕）。《左傳·襄公二十九年》：“吳人伐楚，獲俘焉，以爲閽（覺按：守門人），使守舟。吳子餘祭觀舟，閽以刀弑之。”1973年長沙馬王堆三號漢墓出土的帛書《春秋事語》對此事的記載更詳細，甚可貴，今録於此以供參考：“吳伐□，復（覺按：赦免也）亓（其）民以歸，弗復□□（覺按：此闕文當爲被刑者的名字），刑之，使守布周（舟）。紀讀曰：‘刑不㚖（覺按：當作“昚”，“慎”的古體字），使守布周（舟），遊亓（其）禍也。刑人佴（覺按：通“恧”）刑而念不辜，□惌（怨）以司（伺）間，千萬必有幸矣。’吳子餘蔡觀周（舟），閩（閽）人殺之。”

〔2〕據《春秋·昭公十三年》，公元前529年冬，吳滅楚邑州來。此文略而不書。

〔3〕惟仁是處：與“惟利是圖”結構相同，即“惟處仁”。“是”是結構助詞。處：居，處於。引申指遵守、奉行。

〔4〕《史記·吳太伯世家》：“季札讓，逃去。於是吳人曰：‘先王有命，兄卒，弟代立，必致季子。季子今逃位，則王餘昧後立，今卒，其子當代。’乃立王餘眛之子僚爲王。”《史記·刺客列傳》所記與此一致。本文與《史記》同。《公羊傳·襄公二十九年》則認爲吳王僚是壽夢最大的庶子、季札的庶兄，其文曰：“季子使而亡焉。僚者，長庶也，即之。季子使而反，至，而君之爾。闔廬曰：‘先君之所以不與子國而與弟者，凡爲季子故也。將從先君之命與，則國宜之季子者也；如不從先君之命與，則我宜立者也。僚惡得爲君乎？’於是使專諸刺僚，而致國乎季子。季子不受，曰：‘爾弑吾君，吾受爾國，是吾與爾爲篡也。爾殺吾兄，吾又殺爾，是父子兄弟相殺，終身無已也。’去之延陵，終身不入吳國。”兩説未知孰是，參見3.1注〔1〕。

【義疏】

十七年（前531），餘祭去世，餘昧繼位。餘昧四年（公元前527年），去世，想把君位傳給季札，季札推讓，因而逃走了，説：“我不肯接受君位，已經很明白了。過去諸樊曾有吩咐，我已决心奉行子臧的爲人之道，潔身自好，清廉爲人，景仰高風亮節，從事崇高的事業，衹遵行那仁義的原則，榮華富貴對于我來説，就像秋風吹過罷了。”于是他逃回延陵。吴國人就擁立餘眛的兒子州于，號稱爲吴王僚。

【輯證】

十有五年春，王正月，吴子夷末卒。（《春秋·昭公十五年》P.2077）

（餘祭）十七年，王餘祭卒，弟餘眛立。王餘眛二年，楚公子弃疾弑其君靈王代立焉。四年，王餘眛卒，欲授弟季札。季札讓，逃去。於是吴人曰：“先王有命，兄卒弟代立，必致季子。季子今逃位，則王餘眛後立。今卒，其子當代。”乃立王餘眛之子僚爲王。（《史記·吴太伯世家》P.1756）（覺按：《史記》紀年誤。）

《吴越春秋》曰：“王僚，夷眛子。”（《史記·吴太伯世家》“乃立王餘眛之子僚爲王”《集解》P.1757）

顧校： 惟（唯）仁是處

蔣校： 惟（宋本“唯”，下同）仁是處

吴越春秋吴王壽夢傳第二

吴越春秋王僚使公子光傳第三

【提要】

“王僚使公子光”幾字是取篇首之語作爲篇名（參見《吴越春秋目録》注〔2〕），它顯然不能概括本篇的内容。

本篇所敘王僚各年之事，詳略懸殊。從中可以看出，作者並不衹是爲了敘述王僚時代的吴國史事，而主要是在寫兩個方面：一、伍子胥的身世及其活動；二、王僚被刺的方方面面。凡與此兩方面有關的，作者便濃墨重彩加以鋪陳描繪，否則就一筆帶過甚至略而不提。所以，像王僚二年使公子光伐楚之事，《左傳》有較詳的記載，此文就很簡略；但在這極爲簡略的一段文字中卻寫進了《左傳》《史記》所没有的公子光因謀殺王僚而暗中求賢的事。在敘述王僚五年的史事時，甚至連伍子胥祖父、父親的事都不厭其煩地大肆渲染；而敘述伍子胥之事時，凡與之相關的人物、言行更是詳加描繪。王僚八年、九年、十二年（當爲“十一年”）的史事雖寫得很簡省，但於子胥之事仍是滴水不漏。王僚十三年（當爲“十二年”）被刺之事，又寫得較詳贍；但其中季札之言，又較《左傳》《史記》爲略。凡此種種，作者的匠心也就不難揣測了。

從本篇的敘事中，我們可以明顯地體會到本書的特點。我們讀“二年”“八年”“九年”等章節，会有明顯的讀史感觉；而讀到“五年”時，則完全似在讀小説了，我們能從中充分地品味到作者的藝術才華與本書的文學色彩。像其中使者之詐、漁父之歌、擊綿女之言、子胥之貌、專諸之鬭等等，史所不載，可能只是當時的傳聞異説，它們雖然不一定合乎史實，讀來卻很傳神。此外，狡詐而乏味的使者、清逸而俠義的漁父、善良而篤信禮教的擊綿女、奇偉而令人刮目的伍子胥、勇猛而明智的專諸等人物形象也如現眼前。當然，這種文學色彩較濃的地方，其史料價值可能不是很大。不過，篇中雖然對史實或年代的記載時有舛誤，卻也不能完全抹殺其史料價值。如“八年”所記公子光迎太子建母於鄭，《左傳·昭公二十三年》則説成吴太子諸樊入郹取楚夫人，《史記·吴太伯世家》則説公子光迎太子建母於居巢。三説不同，而本書所記很可能最合乎史實（參見3.12注〔2〕）。

3.1

二年，王僚使公子光伐楚●〔1〕，以報前來誅慶封也。吴師敗而亡舟●〔2〕，光懼，因捨，復得王舟而還●〔3〕。光欲謀殺王僚，未有所與合議，陰求賢，乃命善相者爲吴市吏〔4〕。

【注釋】

〔1〕徐天祜曰："見《左傳·昭公十七年》。光，諸樊子闔廬也。"○覺按：闔廬（見3.15注〔13〕）是公子光立爲吴王以後的號，所以此文只稱公子光。《史記·吴太伯世家》："公子光者，王諸樊之子也。"但一説以爲公子光是餘昧之子，如《世本·諸侯世本》曰："夷昧生光。"對此，後人取捨不同。《左傳·昭公二十七年》"吴公子光曰……我王嗣也"杜預注："光，吴王諸樊子也，故曰'我王嗣'。"孔穎達疏："《世本》云：'夷昧及僚，夷昧生光。'服虔云：'夷昧生光而廢之。僚者，夷昧之庶兄。夷昧卒，僚代立，故光曰：我王嗣也。'是用《公羊》爲説也。杜言：'光，吴王諸樊子。'用《史記》爲説也。班固云：'司馬遷采《世本》爲《史記》。'而今之《世本》與遷言不同。《世本》多誤，不足依凴，故杜以《史記》爲正也。光言'王嗣'者，言己是世適之長孫也。"《公羊》之説，見2.10注〔4〕。孔穎達雖以爲《世本》、服虔之説誤，但惠棟《春秋左傳補註》卷六卻曰："服氏之説是也。《襄公卅一年傳》吴屈狐庸曰：'若天所啟，其在今嗣君乎！有吴國者，必此君之子孫實終之。'注云：'嗣君謂夷昧。'則光，夷昧之子審矣。"終吴國者，是闔閭之子夫差，那麼闔閭似乎肯定是餘昧之子了。但是，屈狐庸之言並不是對史實的敍述，而是對前途的推斷，他的話可能只是奉承當時吴王夷昧之言，不一定合乎史實，所以楊伯峻《春秋左傳注》從其説，也未必正確。總之，《史記》《世本》兩説均講得通，但究竟哪一説合乎史實，尚難斷定，今俱録之以供參考。

〔2〕徐天祜曰："舟名餘皇，爲楚所獲，亦曰'艅艎'。"○覺按：此爲水戰，故"亡舟"。

〔3〕徐天祜曰："'捨'字不通，疑當作'揜'。蓋揜其不備，取之以歸。"○俞樾曰："'捨'乃'舍'字之叚借，軍行一宿爲舍，吴師時已奔北，因公子光欲復得王舟，故又止一宿而以計取舟也。"○覺按：兩説都通，但徐説爲優。"揜"同"掩"，是埋伏而襲取的意思。《左傳·昭公十七年》："吴伐楚……戰于長岸，子魚先死，楚師繼之，大敗吴師，獲其乘舟餘皇。使隨人與後至者守之，環而塹之，及泉，盈其隧炭，陳以待命。吴公子光請於其衆，曰：'喪先王之乘舟，豈唯光之罪，衆亦有焉。請藉取之以救死。'衆許之。使長鬣者三人潛伏於舟側，曰：'我呼皇，則對，師夜從之。'三呼，皆迭對。楚人從而殺之。楚師亂，吴人大敗之，取餘皇以歸。"《史記·吴太伯世家》："公子光伐楚，敗而亡王舟，光懼，襲楚，復得王舟而還。"《淮南子·氾論訓》"懼揜其氣也"高誘注："揜，奪也。"《廣雅·釋詁一》："掩，取也。"皆可證成徐説。《太平御覽》卷七百六十九無"捨"字，蓋不知其義而妄刪，不可從。又，此舟爲"先王之乘舟"，所以稱"王舟"。

〔4〕相：相面，觀察人的相貌來推測其命運吉凶。

【義疏】

吴王僚二年（前525），僚派公子光攻打楚國，以此來報復上次楚國前來誅殺慶封的行動。吴軍戰敗而丢了船，公子光害怕了，便布置了伏兵去襲取，又得到了這條先王傳下來的船，然後纔回去。公子光想謀殺王僚，但還没有得到能和自己一起合謀的人，爲了能在暗中求得賢人，就任命一個善于相面的人當了吴國管理市場的官吏。

【輯證】

冬，有星孛于大辰。楚人及吴戰于長岸。（《春秋·昭公十七年》P.2082）

冬……吴伐楚。陽匄爲令尹，卜戰，不吉。司馬子魚曰："我得上流，何故不吉？且楚故，司馬令龜，我請改卜。"令曰："魴也，以其屬死之，楚師繼之，尚大克之。"吉。戰于長岸，子魚先死，楚師繼之，大敗吴師，獲其乘舟餘皇。使隨人與後至者守之，環而塹之，及泉，盈其隧炭，陳以待命。吴公子光請於其衆，曰："喪先王之乘舟，豈唯光之罪，衆亦有焉。請藉取之以救死。"衆許之。使長鬣者三人潛伏於舟側，曰："我呼皇，則對，師夜從之。"三呼，皆迭對。楚人從而殺之。楚師亂，吴人大敗之，取餘皇以歸。（《左傳·昭公十七年》P.2084）

（楚平王）四：與吴戰。（《史記·十二諸侯年表》P.787）

（吴僚）二：與楚戰。（《史記·十二諸侯年表》P.787）

王僚二年，公子光伐楚，敗而亡王舟。光懼，襲楚，復得王舟而還。（《史記·吴太伯世家》P.1757）

《吴越春秋》曰："吴王僚二年，使公子光伐楚，以　報前來誅慶封也。吴師敗而亡舟，光懼，因復得王舟之而還。"（《太平御覽》卷第七百六十九 P.3411）

3.2

五年，楚之亡臣伍子胥來奔吴●〔1〕。伍子胥者，楚人也，名員●〔2〕。員父奢，兄尚。其前名曰伍舉●〔3〕，以直諫事楚莊王。

王即位三年，不聽國政，沉湎於酒，淫於聲色，左手擁秦姬，右手抱越女，身坐鍾鼓之間，而令曰："有敢諫者，死。"於是伍舉進諫曰〔4〕："有一大鳥，集楚國之庭〔5〕，三年不飛，亦不鳴，此何鳥也？"於是莊王曰："此鳥不飛，飛則冲天；不鳴，鳴則驚人。"伍舉曰："不飛不鳴，將爲射者所圖，絃矢卒●發〔6〕，豈得冲天而驚人乎？"於是莊王棄其秦姬、越女，罷鍾鼓之樂；用孫叔敖〔7〕，任以國政●〔8〕，遂霸天下，威伏諸侯。

莊王卒，靈王立〔9〕，建章華之臺●〔10〕，與登焉〔11〕。王曰："臺美！"伍舉曰："臣聞國君服寵以爲美〔12〕，安民以爲樂，克聽以爲聰〔13〕，致遠以爲明；不聞以土木之崇高、蟲鏤之刻畫〔14〕、金石之清音、絲竹之凄唳以之爲美〔15〕。前莊王爲抱居之臺〔16〕，高不過望國氛●〔17〕，大不過容宴豆〔18〕，木不妨守備●〔19〕，用不煩官府〔20〕，民不敗時務〔21〕，官不易朝常。今君爲此臺七年〔22〕，國人怨焉，財用盡焉，年穀敗焉，百姓煩焉〔23〕，諸侯忿怨〔24〕，卿士訕謗〔25〕，豈前王之所盛〔26〕、人君之所美者耶【1】？臣誠愚，不知所謂也。"

靈王即除工去飾，不遊於臺。由是伍氏三世爲楚忠臣[27]。

【校記】

【1】大德本“美”字上無“所”字，據《太平御覽》卷一百七十七引文補。

【注釋】

〔1〕徐天祐曰：“見《左傳·昭公二十年》。”○覺按：伍子胥：名員，字子胥，春秋時楚國大夫伍奢次子。楚平王七年（前522）伍奢被殺，他出逃，歷經宋、鄭等國入吴。後爲吴國大夫，幫助吴王闔閭攻破楚國，以功封於申，故又稱申胥。吴王夫差時，他曾勸吴王拒絶越國求和。公元前484年，夫差伐齊，他又以越爲心腹之患，勸勿攻齊。夫差怒，賜劍（劍名屬鏤）逼他自殺，因死。參見《左傳·昭公二十年》《史記·伍子胥列傳》。

〔2〕徐天祐曰：“音云。”

〔3〕徐天祐曰：“‘前名’當作‘前人’。舉即奢之父、員之祖。”○俞樾曰：“‘其前’猶云‘其先’，言伍員之先世名曰伍舉也。下文‘胥乃解百金之劍，以與漁者：此吾前君之劍’，又專諸及公子光稱‘前王餘昧（覺按“昧”當作“眛”）’、‘前君壽夢’，是此書‘前’字皆作‘先’字用。”○覺按：“名”字不誤，俞説是，徐説非。《史記·伍子胥列傳》作：“伍子胥者，楚人也，名員。員父曰伍奢，員兄曰伍尚。其先曰伍舉，以直諫事楚莊王。”即其證。然“以直諫事楚莊王”之“伍舉”當作“伍參”，《史記》有誤，徐、俞皆未得。下面諫説楚莊王之言又見於《韓非子·喻老》與《史記·楚世家》，《韓非子·喻老》作“右司馬御座而與王隱曰”而未稱其名，《史記·楚世家》則將下面的諫辭記爲伍舉之言，此文所記依從《史記》，實誤。因爲：一、楚莊王即位三年，即公元前611年；而楚靈王建成章華臺，在公元前535年（參見注〔22〕），兩者相距76年。如果伍舉進諫楚莊王時爲25歲，則下文所載進諫楚靈王時已過百歲，其壽命如此之長，恐怕不合事實。二、《左傳》載伍舉之事，見於魯襄公二十六年（楚康王十三年，前547）至魯昭公九年（楚靈王八年，前533），而不在楚莊王之時（前613—前591年在位）。所以，此文進諫楚莊王者不應該是伍舉。今考《左傳·宣公十二年》載“嬖人伍參欲戰”，楚莊王從之，於是大敗晉師於邲。杜預注：“參，伍奢之祖父。”也就是伍舉之父、伍子胥之曾祖。其“欲戰”，與《韓非子·喻老》之“右司馬”（楚國掌管軍政的副官）之身份相合；其爲“嬖人”，與此文設隱語以進諫之情境也相合；而魯宣公十二年，爲楚莊王十七年（前597），也與此文之進諫楚莊王的年代相合。由此可見，此文之“伍舉”當爲“伍參”無疑。《史記·楚世家》作“伍舉”，乃太史公失考而誤記，不可盲從。

〔4〕此文中兩“伍舉”當爲“伍參”（見注〔3〕）。《韓非子·喻老》：“楚莊王莅政三年，無令發，無政爲也。右司馬御座而與王隱曰：‘有鳥止南方之阜，三年不翅，不飛不鳴，嘿然無聲，此爲何名？’王曰：‘三年不翅，將以長羽翼；不飛不鳴，將以觀民則。雖無飛，飛必冲天；雖無鳴，鳴必驚人。子釋之，不穀知之矣。’處半年，乃自聽政。所廢者十，所起者九，誅大臣五，舉處士六，而邦大治。舉兵誅齊，敗之徐州；勝晉於河雍，合諸侯於宋，遂霸天下。”

〔5〕“集”是個象形字，像鳥停於木上，引申爲停留。庭：通“廷”，朝廷，宫廷。

〔6〕徐天祐曰：“音猝，忽遽貌，倉卒也。”○覺按：卒（cù促）：同“猝”，突然，急速。

〔7〕關於孫叔敖，古書有異説。《左傳·宣公十一年》“令尹蔿艾獵城沂”杜預注：“艾獵，孫叔敖也。”《左傳·宣公十二年》既稱“令尹孫叔敖”“孫叔”，又有“蔿敖爲宰”

之文，杜預注："宰，令尹。蔿敖，孫叔敖。"《左傳·僖公二十七年》"蔿賈尚幼"杜預注："蔿賈伯嬴，孫叔敖之父。"《吕氏春秋·情欲》"皆以孫叔敖之遇荆莊王爲幸"高誘注："孫叔敖，楚令尹，薳賈之子也。"據此，則孫叔敖爲蔿賈之子（"薳""蔿"音同字通）、蔿章之孫、楚蚡冒熊眴之曾孫，當爲楚國之公族，原爲蔿氏，别爲孫氏（蔿章是蚡冒次子，因食邑於蔿，故爲蔿氏；叔敖爲蔿章之孫，故别爲孫氏），字叔，名敖，又名艾獵（一説孫叔敖爲艾獵之弟，也有可能），而非期思（今河南省淮濱縣東南）之處士。他曾爲楚莊王令尹，輔佐莊王在邲大敗晉軍。但是，《孟子·告子下》稱"孫叔敖舉於海"；《荀子·非相篇》説"楚之孫叔敖，期思之鄙人也，突秃長左"。《吕氏春秋·贊能》云："孫叔敖、沈尹莖相與友。叔敖遊於郢三年，聲問不知，修行不聞。……沈尹莖遊於郢五年，荆王欲以爲令尹，沈尹莖辭曰：'期思之鄙人有孫叔敖者，聖人也。王必用之，臣不若也。'荆王於是使人以王輿迎叔敖，以爲令尹，十二年而莊王霸。"《史記·循吏列傳》："孫叔敖者，楚之處士也。虞丘相進之於楚莊王以自代也。三月，爲楚相，施教導民，上下和合，世俗盛美，政緩禁止，吏無姦邪，盜賊不起。……故三得相而不喜，知其材自得之也；三去相而不悔，知非己之罪也。"因此，毛奇齡《經問》卷九及《四書索解》卷三也曾力辯之，認爲孫叔敖乃期思之處士，而非楚國之公族蔿氏，並認爲孫叔敖、蔿敖、蔿艾獵爲三人。但是，從資料的可靠程度着眼，當以時代較早的史書《左傳》爲正。其他古書所載，大多爲戰國以後之諸子説議，而《史記》所記也只是採摭舊説而成，故不足以否定《左傳》所記。至於所謂"期思之鄙人"，很可能是因爲孫叔敖之後代居住在封地寢丘（《吕氏春秋·異寶》稱孫叔敖之子受封"楚、越之間"的"寢之丘"，《淮南子·人間訓》稱"受沙石之間"的"寢之丘"，《水經注·潁水》云："又東逕固始縣故城北。《地理志》：縣，故寖也。寖丘在南，故藉丘名縣矣。王莽更名之曰閏治。孫叔敖以土浸薄，取而爲封，故能綿嗣，城北猶有叔敖碑。建武二年，司空李通又慕叔敖受邑，故光武以嘉之，更名固始。"據此，則寢丘在今安徽省臨泉縣南，即古代期思之北）而不再爲官，後世因附會而成其説。

〔8〕徐天祜曰："《史記》曰：'任伍舉、蘇從以政，國人大説。'"○覺按：徐説見《史記·楚世家》，但《史記》作"任伍舉"則誤，見注〔3〕。

〔9〕據《史記·楚世家》，楚莊王死後，子共王審立；共王三十一年（前560）卒，子康王招立；康王十五年（前545）卒，子郟敖立；郟敖四年（前541），圍弒郟敖而立，即靈王。此文有所省略。

〔10〕徐天祜曰："杜預曰：'南郡華容縣有臺，在城内。'"○覺按：章華臺在今湖北監利縣北。《水經注》卷二十八："水東入離湖，湖在縣（覺按：華容縣）東七十五里……湖側有章華臺，臺高十丈，基廣十五丈。"

〔11〕"與"下省了賓語。《太平御覽》卷一百七十七所引《吴越春秋》之文"與"下有"羣臣"二字，《國語·楚語上》作"與伍舉升焉"，均通。據《史記》的《十二諸侯年表》和《楚世家》，楚靈王七年（前534）"就章華臺"。

〔12〕服：順從。這裏是使動用法。 寵：指受寵之人。 服寵：與"安民"對文，當解爲"使受寵之人順從"，《國語·楚語上》韋昭注解爲"以賢受寵服"，恐誤。《韓非子·愛臣》："愛臣太親，必危其身。"又《八姦》："明君之於内也，娱其色而不行其謁，不使私請。其於左右也，使其身必責其言，不使益辭。"即此文"服寵"之義。《韓非子·外儲説右上》載楚莊王稱讚維護法令的廷理而訓斥太子，太子避舍請罪，即此所謂"服寵"之例。 服寵以爲美：即"以服寵爲美"。下幾句語法結構與此相同。

〔13〕克：能夠。

〔14〕蟲：古代對動物（包括人）的泛稱。古代以獸類爲毛蟲，飛禽爲羽蟲，有甲殼

者爲介蟲，有鱗片者爲鱗蟲，無毛羽甲殼鱗片的人類爲倮蟲。《大戴禮記·曾子天圓》：“毛蟲之精者曰麟，羽蟲之精者曰鳳，介蟲之精者曰龜，鱗蟲之精者曰龍，倮蟲之精者曰聖人。”此文用來指古建築梁、柱上的各種動物圖案。《國語·楚語上》“蟲”作“彤”，兩字音近，或有一誤。 鏤：指梁、柱、椽上的圖案雕刻。

〔15〕絲：指絃樂器，如琴、瑟之類。 竹：指管樂器，如管、簫之類。 唳（lì 立）：鶴叫。古代常用“風聲鶴唳”形容聲音的悽慘。

〔16〕抱居：《國語·楚語上》作“匏居”，韋昭注：“匏居，臺名。”

〔17〕徐天祐曰：“祲氣也。”〇覺按：徐天祐之説即《國語·楚語上》之韋昭注，下一注同。 氛：雲氣。這裏指預示災禍的不祥之氣。《國語·楚語上》“臺不過望氛祥”韋昭注：“凶氣爲氛，吉氣爲祥。”古代有登上高臺觀察雲氣來預測吉凶的習慣。《左傳·昭公二十年》“梓慎望氛”杜預注：“氛，氣也。時魯侯不行登臺之禮，使梓慎望氣。”

〔18〕豆：古代一種盛食物的木製器皿，形似高腳盤。

〔19〕徐天祐曰：“不妨城郭守備之材。”〇覺按：徐注即《國語·楚語上》韋昭注。

〔20〕《國語·楚語上》“用不煩官府”韋昭注：“材用不出府藏。”《戰國策·魏策四》“吾用多”姚宏注：“用，資也。”

〔21〕時務：農時之勞務，即農事。陶淵明《癸卯歲始春懷古田舍》第二首：“秉耒歡時務，解顔勸農人。”

〔22〕七年：《國語·楚語上》作“數年”。《左傳·昭公元年》：“冬……楚靈王即位。”《左傳·昭公七年》：“春……楚子成章華之臺。”則此臺建成於魯昭公七年，即楚靈王六年（前 535）。大概楚靈王即位後即開始建臺，前後共有七個年頭，所以此文説“七年”，其實只有五年多。

〔23〕百姓：指百官。《國語·楚語上》作“百官”。《詩經·小雅·天保》“羣黎百姓”毛傳：“百姓，百官族姓也。”

〔24〕《國語·楚語上》：“願得諸侯與始升焉，諸侯皆距，無有至者。”由此可見“諸侯忿怨”的情景。

〔25〕訕（shàn 善）：誹謗，詆毀。

〔26〕盛：《文選·東京賦》“盛夏后之致美”薛綜注：“盛，猶嘉也。”即誇獎、稱頌的意思。

〔27〕伍氏三世：當指伍參、伍舉、伍奢祖孫三代。

【義疏】

吴王僚五年（前 522），楚國逃亡在外的臣子伍子胥前來投奔吴國。伍子胥，是楚國人，名員。伍員的父親是伍奢，哥哥是伍尚。他的祖父名叫伍舉，曾以直言諫諍侍奉楚莊王。

楚莊王登上君位後三年，不處理國家的政事，沉湎于酒宴之間，縱情于音樂美女之中，左手摟着秦國嫁過來的姬妾，右手抱着越國獻來的少女，身坐鐘、鼓之間，還下令説：“如果有人敢來勸諫，就處死。”在這個時候，伍舉進言規勸説：“有一隻大鳥，停留在楚國的朝廷上，三年不飛，也不叫，這是什麽鳥呀？”于是莊王説：“這隻鳥不飛便罷，如果飛起來，就會衝上雲霄；不叫便罷，如果叫起來，就會使人吃驚。”伍舉説：“這隻鳥不飛不叫，就會被射鳥的人所謀取，弓弦上的箭很快就要射出來了，哪能衝上雲霄而令人吃驚呢？”于是楚莊王抛開了那秦國的姬妾、越國的少女，除去了鐘、鼓的音樂，任用孫叔敖，把國家的政事交給他負責，于是就稱霸天下，其威勢降伏了各國諸侯。

楚莊王去世後，楚靈王立爲國君，築起了章華臺，和伍舉一起登上那高臺。靈王説：“臺真美啊！”伍舉説：“我聽説國君把制服受寵之人當作爲美事，把安定民衆當作爲樂事，把能够聽取意見當作爲聽力好，把能够獲得遠方的情况當作爲視力好；却没有聽説過把土木工程的巍峨高大、畫棟雕梁的刻鏤描畫、金鐘石磬奏出的清越悠揚的樂章、琴瑟簫管奏出的凄凉似鶴鳴的聲音當作爲美。從前莊王築抱居臺，高度衹够用來瞭望預示國家灾禍的凶氣，大小衹够用來放置宴飲時的器皿，所用的木材也不妨害修築防守設備，所花費的錢財也不去打擾官府，民衆不因此而破壞了農事，官吏不因此而改變朝廷的正常工作。現在大王造這個高臺花了七年，國内的人民因此而怨聲載道，財物資金因此而花光了，年成因此而被毁壞了，百官因此而煩勞奔忙，諸侯各國憤怒怨恨，貴卿士大夫詆毁誹謗，這哪裏是從前莊王所稱頌、國君所贊美的事呢？我真是愚昧得很，不知道您所説的意思啊。”靈王于是立即辭去了工匠、放弃了裝飾，不再到臺上游覽了。從此伍家三代都成了楚國的忠臣。

【輯證】

（吴僚）五：伍員來奔。（《史記 · 十二諸侯年表》P.788）

（王僚）五年，楚之亡臣伍子胥來犇，公子光客之。（《史記 · 吴太伯世家》P.1757）

伍子胥者，楚人也，名員。員父曰伍奢。員兄曰伍尚。其先曰伍舉，以直諫事楚莊王有顯，故其後世有名於楚。（《史記 · 伍子胥列傳》P.2627）

楚莊王莅政三年，無令發，無政爲也。右司馬御座而與王隱曰：“有鳥止南方之阜，三年不翅，不飛不鳴，嘿然無聲，此爲何名？”王曰：“三年不翅，將以長羽翼；不飛不鳴，將以觀民則。雖無飛，飛必冲天；雖無鳴，鳴必驚人。子釋之，不穀知之矣。”處半年，乃自聽政。所廢者十，所起者九，誅大臣五，舉處士六，而邦大治。舉兵誅齊，敗之徐州；勝晉於河雍，合諸侯於宋，遂霸天下。（《韓非子 · 喻老》P.400）

荆莊王立三年，不聽而好讔。成公賈入諫。王曰：“不穀禁諫者，今子諫，何故？”對曰：“臣非敢諫也，願與君王讔也。”王曰：“胡不設不穀矣。”對曰：“有鳥止於南方之阜，三年不動不飛不鳴，是何鳥也？”王射之曰：“有鳥止於南方之阜，其三年不動，將以定志意也；其不飛，將以長羽翼也；其不鳴，將以覽民則也。是鳥雖無飛，飛將冲天；雖無鳴，鳴將駭人。賈出矣，不穀知之矣。”明日朝，所進者五人，所退者十人。羣臣大説，荆國之衆相賀也。（《吕氏春秋 · 重言》P.1156）

莊王即位，三年不出號令，日夜爲樂，令國中曰：“有敢諫者死，無赦！”伍舉入諫。莊王左抱鄭姬，右抱越女，坐鍾鼓之閒。伍舉曰：“願有進。”隱曰：“有鳥在於阜，三年不蜚不鳴，是何鳥也？”莊王曰：“三年不蜚，蜚將冲天；三年不鳴，鳴將驚人。舉退矣，吾知之矣。”居數月，淫益甚。大夫蘇從乃入諫。王曰：“若不聞令乎？”對曰：“殺身以明君，臣之願也。”於是乃罷淫樂，聽政，所誅者數百人，所進者數百人，任伍舉、蘇從以政，國人大説。（《史記・楚世家》P.2039）

楚莊王涖政三年，不治而好隱戲。社稷危，國將亡，士慶問左右群臣曰：“王涖政三年，不治而好隱戲，社稷危，國將亡，胡不入諫？”左右曰：“子其入矣。”士慶入，再拜而進曰：“隱：有大鳥來止南山之陽，三年不蜚不鳴，不審其故何也？”王曰：“子其去矣，寡人知之矣。”士慶曰：“臣言亦死，不言亦死，願聞其説。”王曰：“此鳥不蜚，以長羽翼；不鳴，以觀群臣之慝。是鳥雖不蜚，蜚必冲天；雖不鳴，鳴必驚人。”士慶稽首曰：“所願聞已。”王大悦士慶之問，而拜之以爲令尹，授之相印。（《新序・雜事二》P.12）

靈王爲章華之臺，與伍舉升焉，曰：“臺美夫！”對曰：“臣聞國君服寵以爲美，安民以爲樂，聽德以爲聰，致遠以爲明。不聞其以土木之崇高、彤鏤爲美，而以金石匏竹之昌大、囂庶爲樂；不聞其以觀大、視侈、淫色以爲明，而以察清濁爲聰。先君莊王爲匏居之臺，高不過望國氛，大不過容宴豆，木不妨守備，用不煩官府，民不廢時務，官不易朝常。問誰宴焉，則宋公、鄭伯；問誰相禮，則華元、駟騑；問誰贊事，則陳侯、蔡侯、許男、頓子，其大夫侍之。先君以是除亂克敵，而無惡於諸侯。今君爲此臺也，國民罷焉，財用盡焉，年穀敗焉，百官煩焉，舉國留之，數年乃成。願得諸侯與始升焉，諸侯皆距無有至者。而後使太宰啓疆請於魯侯，懼之以蜀之役，而僅得以來。使富都那豎贊焉，而使長鬣之士相焉，臣不知其美也。夫美也者，上下、内外、小大、遠近皆無害焉，故曰美。若於目觀則美，縮於財用則匱，是聚民利以自封而瘠民也，胡美之爲？夫君國者，將民之與處；民實瘠矣，君安得肥？且夫私欲弘侈，則德義鮮少；德義不行，則邇者騷離而遠者距違。天子之貴也，唯其以公侯爲官正，而以伯子男爲師旅。其有美名也，唯其施令德於遠近，而小大安之也。若斂民利以成其私欲，使民蒿焉忘其安樂，而有遠心，其爲惡也甚矣，安用目觀？故先王之爲臺榭也，榭不過講軍實，臺不過望氛祥。故榭度於大卒之居，臺度於臨觀之高。其所不奪穡地，其爲不匱財用，其事不煩官業，其日不廢時務。瘠磽之地，於是乎爲之；城守之木，於是乎用之；官僚之暇，於是乎臨之；四時之隙，於是乎成之。故《周詩》曰：‘經始靈臺，經之營之。庶民攻之，不日成之。經始勿亟，庶民子來。王在靈囿，麀鹿攸伏。’夫爲臺榭，將以教民利也，不知其以匱之也。若君謂此臺美而爲之正，楚其殆矣！”（《國語・楚語上》P.541）

（靈王）七年，就章華臺，下令内亡人實之。（《史記・楚世家》P.2045）

《吴越春秋》曰：“楚靈王立，建章華之臺，與羣臣登焉。王曰：‘臺美乎？’伍舉曰：‘臣聞國君服寵以爲美，安民以爲樂，克聽以爲聰，致遠以爲明；不聞土水之崇高、蟲鏤之刻畫、金石之清音、絲竹之悽唳以之爲美。昔先莊王爲匏居之臺，高不過望國氛，大不過容宴豆，士不妨守備，用不煩官府，民不敗時務，官不易朝市。今君爲此臺七年，國人怨焉，財用盡焉，年穀敗焉，百姓煩焉，諸侯忿怨，卿士訕譏，豈前王之所盛、人君之所美者乎？臣之誠愚，不知所謂也。’靈王納之，即除工去飾，不遊於臺。”（《太平御覽》卷第一百七十七 P.864）

顧校：王即位三（二）年　　臣（下多“之”）誠愚不知所謂也

蔣校：王即位三（宋本“二”。案下言“三年不飛”，則作“三”是）年　　臣（宋本“臣”下有“之”字）誠愚不知所謂也

3.3

楚平王有太子名建〔1〕，平王以伍奢爲太子太傅〔2〕，費無忌●爲

少傅〔3〕。平王使無忌爲太子娶於秦〔4〕。秦女美容，無忌報平王曰："秦女天下無雙，王可自取〔5〕。"王遂納秦女爲夫人，而幸愛之〔6〕，生子珍；而更爲太子娶齊女。無忌因去太子而事平王，深念平王一旦卒而太子立，當害己也，乃復讒太子建。建母蔡氏無寵，乃使太子守城父●〔7〕，備邊兵。

【注釋】

〔1〕楚平王：熊氏，名棄疾，即位後改名熊居，前528—前516年在位。 太子建：棄疾爲楚大夫時到蔡國訪問，蔡國郹（jú局）陽（今河南省新蔡縣）封人之女私奔他而生了建，事見《左傳·昭公十九年》。

〔2〕太子太傅：是輔導太子的主官，但漢代始稱此官爲"太子太傅"，所以《左傳·昭公十九年》只説"使伍奢爲之師"。《史記·楚世家》："是時伍奢爲太子太傅，無忌爲少傅。"此文承襲《史記·楚世家》而用漢代之稱。

〔3〕徐天祜曰："《左傳》作'無極'，《史記》亦作'無忌'。"○覺按：費無忌：《左傳》作"費無極"，是楚平王的寵臣。《韓非子·内儲説下》："費無極，荆令尹之近者也。"可見他又是令尹子常的親信。 少傅：輔導太子的副官。春秋時齊國已有設置，漢代稱爲"太子少傅"，但春秋時楚國並不稱爲"少傅"，而稱爲"少師"，所以《左傳·昭公十九年》説"費無極爲少師"。此文乃承襲《史記·楚世家》，用漢代之稱。

〔4〕這是楚平王二年（前527）的事，見《史記·楚世家》。 秦：周代諸侯國名，嬴姓，開國君主是秦襄公，因其護送周平王東遷有功而被周平王封爲諸侯。春秋時建都於雍（今陝西省鳳翔縣東南），佔有今陝西省中部和甘肅省東南部。秦穆公曾攻滅西戎十二國而稱霸西方。戰國初國力衰弱。秦孝公任用商鞅變法，因而國富兵强，並遷都咸陽（今陝西省咸陽市東北），成爲戰國七雄之一。秦惠王時攻滅巴蜀，奪取楚之漢中，領土擴大到今四川省。秦昭王時不斷奪得韓、魏、趙、楚等國土地，又滅掉了周王朝。公元前221年秦王政（秦始皇）統一中國而建立秦朝。參見《史記·秦本紀》。

〔5〕取：通"娶"。

〔6〕幸：寵愛。 之：指秦女。參見本書附録一顧觀光所輯《吴越春秋逸文》第27條。

〔7〕徐天祜曰："服虔曰：'城父，楚北境邑。'杜預曰：'襄城城父縣。'"○覺按：此事發生在楚平王六年（前523），見《左傳·昭公十九年》《史記·楚世家》。 城父（fǔ甫）：春秋時名城父的有兩處，此指楚國北面的邊邑（見《左傳·昭公十九年》），地在今河南省寶豐縣東40里。

【義疏】

楚平王有個太子名叫建，平王讓伍奢做太子太傅，讓費無忌做少傅。平王派費無忌爲太子建到秦國娶妻。那秦國姑娘容貌很美，無忌報告平王説："那秦國的女子天下無雙，大王可以自己娶了。"平王就娶了這秦國的女子作爲夫人，而且十分寵愛她，生了兒子熊珍，而另外給太子娶了個齊國的女子。無忌便離開了太子而侍奉平王，他遥想到平王有朝一日去世後太子建將立爲國君，就會害及自己，于是又在平王面前讒毁太子建。太子建的母親蔡氏失寵後，平王就派太子建去守衛城父，防備邊境上的敵寇。

【輯證】

楚平王有太子名曰建，使伍奢爲太傅，費無忌爲少傅。無忌不忠於太子建。平王使無忌爲太子取婦於秦，秦女好，無忌馳歸報平王曰："秦女絶美，王可自取，而更爲太子取婦。"平王遂自取秦女而絶愛幸之，生子軫。更爲太子取婦。無忌既以秦女自媚於平王，因去太子而事平王。恐一旦平王卒而太子立，殺己，乃因讒太子建。建母，蔡女也，無寵於平王。平王稍益疏建，使建守城父，備邊兵。（《史記·伍子胥列傳》P.2627）

平王二年，使費無忌如秦爲太子建取婦。婦好，來，未至，無忌先歸，説平王曰："秦女好，可自娶，爲太子更求。"平王聽之，卒自娶秦女，生熊珍。更爲太子娶。是時伍奢爲太子太傅，無忌爲少傅。無忌無寵於太子，常讒惡太子建。建時年十五矣，其母蔡女也，無寵於王，王稍益疏外建也。六年，使太子建居城父，守邊。（《史記·楚世家》P.2053）

（哀公）十年，楚平王來求秦女爲太子建妻。至國，女好而自娶之。（《史記·秦本紀》P.248）

3.4

頃之〔1〕，無忌日夜言太子之短，曰："太子以秦女之故，不能無怨望之心〔2〕，願王自備。太子居城父將兵〔3〕，外交諸侯，將入爲亂。"平王乃召伍奢而按問之〔4〕。奢知無忌之讒，因諫之曰："王獨奈何以讒賊小臣而疎骨肉乎？"無忌承宴〔5〕，復言曰："王今不制，其事成矣，王且見擒。"平王大怒，因囚伍奢，而使城父司馬奮揚往殺太子〔6〕。奮揚使人前告太子："急去！不然，將誅。"三月〔7〕，太子奔宋〔8〕。

【注釋】

〔1〕頃之：不久。以下之事發生在楚平王七年（前 522），所以説"頃之"。

〔2〕望：怨恨，責怪。

〔3〕將（jiàng 醬）：率領，統帥。

〔4〕按問：亦作"案問"，審問，查問。

〔5〕承：通"乘"，趁著。宴：安逸，安閒。此指休息。參見 4.6 注〔1〕。

〔6〕司馬：楚國掌管軍政的官。《周禮·夏官司馬》："都司馬每都上士二人，中士四人，下士八人，府二人，史八人，胥八人，徒八十人。……都司馬掌都之士庶子及其衆庶車馬兵甲之戒令，以國灋掌其政學，以聽國司馬。"鄭玄注："都，王子弟所封及三公采地也。司馬主其軍賦。"可見周代只有君王子弟及三公纔設置司馬，他們受國家一級的大司馬領導。城父爲太子所居，所以設置司馬。城父司馬即都司馬一級的官，所以受國君差遣。

〔7〕三月：指楚平王七年（前 522）三月，見《左傳·昭公二十年》。

〔8〕此時爲宋元公十年（前 522）。宋：周代諸侯國，子姓。開國君主是商紂王的庶兄微子啓。西周時周公旦攻滅武庚後，讓他統率殷民而封於宋，有今河南省東部和山東、江蘇、安徽之間的地區，都商丘（今河南省商丘市睢陽區城南），作爲殷王室的後裔負責

祭祀祖先。公元前370年，宋桓侯被大臣司城子罕（戴氏，名皇喜）所殺，政權爲戴氏所奪。公元前286年戴氏之宋爲齊所滅。參見《韓非子·二柄》《史記·宋微子世家》和本書5.21注〔1〕。

【義疏】

過了不久，無忌又日日夜夜在平王面前説太子的壞話，他説："太子因爲那秦國女子的緣故，不可能没有怨恨之心，希望大王自己有所戒備。太子住在城父統帥軍隊，在外和諸侯勾結，恐怕要打進來造反作亂了。"平王就召見伍奢而查問他。伍奢知道這是無忌的讒毁，便勸諫平王説："大王怎麽偏要因爲那讒毁陷害别人的小人而疏遠骨肉至親呢？"無忌趁平王休息時，又提議説："大王現在如果不加以制裁，他們的事情就要成功了，大王將要被活捉。"平王大怒，于是就囚禁了伍奢，然後派城父司馬奮揚去殺太子。奮揚派人先去告訴太子："快走！否則就要被殺。"三月，太子建逃亡到宋國。

【輯證】

費無極言於楚子曰："建與伍奢將以方城之外叛，自以爲猶宋、鄭也，齊、晋又交輔之，將以害楚，其事集矣。"王信之，問伍奢。伍奢對曰："君一過多矣，何信於讒？"王執伍奢，使城父司馬奮揚殺大子。未至，而使遣之。三月，大子建奔宋。王召奮揚，奮揚使城父人執己以至。王曰："言出於余口，入於爾耳，誰告建也？"對曰："臣告之。君王命臣曰：'事建如事余。'臣不佞，不能苟貳。奉初以還，不忍後命，故遣之。既而悔之，亦無及已。"王曰："而敢來，何也？"對曰："使而失命，召而不來，是再奸也。逃無所入。"王曰："歸。"從政如他日。（《左傳·昭公二十年》P.2090）

（秦哀公）十五年，楚平王欲誅建，建亡；伍子胥奔吴。（《史記·秦本紀》P.248）

（楚平王）七：誅伍奢、尚，太子建奔宋，伍胥奔吴。（《史記·十二諸侯年表》P.788）

無忌又日夜讒太子建於王曰："自無忌入秦女，太子怨，亦不能無望於王，王少自備焉。且太子居城父，擅兵，外交諸侯，且欲入矣。"平王召其傅伍奢責之。伍奢知無忌讒，乃曰："王柰何以小臣疏骨肉？"無忌曰："今不制，後悔也。"於是王遂囚伍奢。乃令司馬奮揚召太子建，欲誅之。太子聞之，亡奔宋。（《史記·楚世家》P.2053）

頃之，無忌又日夜言太子短於王曰："太子以秦女之故，不能無怨望，願王少自備也。自太子居城父，將兵，外交諸侯，且欲入爲亂矣。"平王乃召其太傅伍奢考問之。伍奢知無忌讒太子於平王，因曰："王獨柰何以讒賊小臣疏骨肉之親乎？"無忌曰："王今不制，其事成矣。王且見禽。"於是平王怒，囚伍奢，而使城父司馬奮揚往殺太子。行未至，奮揚使人先告太子："太子急去，不然將誅。"太子建亡奔宋。（《史記·伍子胥列傳》P.2628）

3.5

無忌復言平王曰："伍奢有二子，皆賢，不誅，且爲楚憂。可以其父爲質而召之。"

王使使謂奢曰："能致二子，則生；不然，則死。"

伍奢曰："臣有二子，長曰尚，少曰胥。尚爲人慈温仁信，若聞臣召，輒來。胥爲人，少好於文，長習於武；文治邦國，武定天下；執綱守戾[1]，蒙垢受恥[2]，雖寃不争，能成大事，此前知之士，安可致耶？"

平王謂伍奢："之譽二子[3]！"即遣使者駕駟馬[4]，封函印綬[5]，往詐召子尚、子胥，令曰[6]："賀二子。父奢以忠信慈仁去難就免[7]，平王内慙囚繫忠臣，外愧諸侯之恥，反遇奢爲國相[8]，封二子爲侯，尚賜鴻都侯[9]，胥賜蓋侯[10]，相去不遠，三百餘里。奢久囚繫，憂思二子，故遣臣來奉進印綬。"

尚曰："父繫三年[11]，中心忉怛【1】[12]，食不甘味[13]，嘗苦飢渴，晝夜感思，憂父不活。惟父獲免，何敢貪印綬哉？"

使者曰："父囚三年，王今幸赦，無以賞賜，封二子爲侯。一言當至，何所陳哉？"

尚乃入報子胥曰："父幸免死，二子爲侯。使者在門，兼封印綬，汝可見使。"

子胥曰："尚且安坐，爲兄卦之。今日甲子[14]，時加於巳[15]，支傷日下[16]，氣不相受。君欺其臣，父欺其子。今往方死，何侯之有？"

尚曰："豈貪於侯？思見父耳。一面而别，雖死而生[17]。"

子胥曰："尚且無往。父當我活，楚畏我勇，勢不敢殺。兄若誤往，必死不脱。"

尚曰："父子之愛，恩從中出。徼倖相見[18]，以自濟達[19]。"

於是子胥歎曰："與父俱誅，何明於世？寃讎不除，恥辱日大。尚從是往，我從是决●[20]。"

尚泣曰："吾之生也，爲世所笑；終老地上[21]，而亦何之[22]？不能報仇，畢爲廢物。汝懷文武，勇於策謀。父兄之讎，汝可復也。吾如得返，是天祐之；其遂沉埋[23]，亦吾所喜。"

胥曰："尚且行矣，吾去不顧。勿使臨難，雖悔何追？"

旋泣辭行[24]，與使俱往。楚得子尚，執而囚之，復遣追捕子胥。胥乃貫●弓執矢去楚[25]。楚追之，見其妻，曰："胥亡矣，去三百里。"使者追及無人之野，胥乃張弓布矢，欲害使者，使者俯伏而走。

胥曰："報汝平王●[26]，欲國不滅，釋吾父兄；若不爾者，楚爲墟矣。"使返報平王，王聞之，即發大軍追子胥，至江，失其所在，不獲而返。

子胥行至大江，仰天行哭林澤之中，言："楚王無道，殺吾父兄，願吾因於諸侯以報讎矣。"聞太子建在宋，胥欲往之。

伍奢初聞子胥之亡，曰："楚之君臣，且苦兵矣。"

尚至楚就父[27]，俱戮於市。

【校記】

【1】忉：大德本作"切"，據馮本改。

【注釋】

〔1〕守：保住，引申指抑制。 戾（lì立）：兇暴，引申指怒火。

〔2〕蒙：受。 垢（gòu構）：恥辱。

〔3〕之：此，這樣。

〔4〕駟（sì四）：同駕一輛車的四匹馬。

〔5〕函：匣子。這裏用作動詞，指用匣子裝。 印綬：官印及繫於印紐的絲帶。古代常用不同顏色的絲帶繫在官印上來標識官吏的身份和等級。

〔6〕《爾雅·釋詁上》："令，告也。"

〔7〕去難：離開災難。指不再依附太子建。 免：免除災難。 就免：走向平安。指歸附平王。

〔8〕遇：《漢書·公孫弘傳》"躬率以正而遇民信也"顔師古注："遇謂處待之而已。"

〔9〕鴻都：東漢宮門及皇家藏書之所有名鴻都的，至於地名，則無鴻都。此當爲作者杜撰之詞，無關史實。

〔10〕蓋（Gě舸）：齊國地名，在今山東沂源縣東南，並非楚地。這也是作者杜撰之詞。

〔11〕據《左傳·昭公二十年》，伍奢被囚禁，平王召尚、胥，奢、尚被殺，子胥奔吴，均在楚平王七年。此言"父繫三年"，不但與《左傳》不合，也與上文不合，恐爲作者誇誕之詞。

〔12〕忉怛（dāodá刀達）：憂傷，痛苦。

〔13〕甘：甜，味美。這裏是意動用法。

〔14〕甲子：古人用干支記日，"甲子"表示甲子日。此指吴王僚五年三月（見3.4注〔7〕）以後的甲子日，即該年四月初七。

〔15〕巳（sì肆）：古人用十二地支來表示十二時辰。巳時等於現在的上午九時至十一時。趙翼《陔餘叢考》卷三十四認爲一日分爲十二時始於漢代太初改正朔之後。據此，則此文也是作者杜撰，非春秋時實事。

〔16〕支：地支的簡稱，這裏指上句表示時辰的"巳"。 支傷日下：此句含義雙關。"巳"在五行配"火"，而這裏表示日期的"甲子"的地支"子"在五行配"水"（參見5.12注〔16〕），根據五行相勝之道，水勝火（參見5.27注〔15〕），所以這表示地支的"巳"傷於甲子日之下，這是其字面意義。另外，表時辰的"支"象徵在下位的臣，"日"象徵在上位的平王，"支傷日下"預示著伍奢父子將被害於楚王，所以下文説"今往方死"。

〔17〕盧文弨曰："'而'同'如'。"
〔18〕相：指代性副詞。這裏偏指其父。
〔19〕齊：成。達：指表示自己的情義。
〔20〕徐天祜曰："决，当作'訣'，别也。"〇覺按："决"通"訣"，告别。
〔21〕終老：到老，終壽。
〔22〕之：到。
〔23〕沉：没於水中。埋：没於土中。沉埋：指死。
〔24〕旋：隨即。
〔25〕徐天祜曰："烏還切。"〇覺按：貫（wān 彎）：通"彎"。貫弓：彎弓，張滿弓。此文《太平御覽》卷三百九十三引作："子胥以夜半時卧覺，忽而仰天悲歎，言曰：'父兄俱死，當誰歸乎？'泣下交流，恐爲楚所得，乃貫弓執矢，步出東郭。"本文已被删改。
〔26〕徐天祜曰："'平'字當去，王在，安得先稱其謚？不則當作'君王'。下文'平王'則後人追書也。"〇盧文弨曰："古人行文，不屑屑檢點，注非是。"
〔27〕《廣雅·釋詁二》："就，歸也。"

【義疏】

無忌又對平王説："伍奢有兩個兒子，都很賢能，如果不殺掉，將成爲楚國的憂患。可以將他們的父親作爲人質而把他們召來。"

平王就派使者對伍奢説："你如果能够把兩個兒子召來，就可以活命；否則，就處死。"

伍奢説："我有兩個兒子，大兒子叫尚，小兒子叫胥。尚爲人慈善温和仁愛誠實，如果聽到我召見，馬上就會來的。胥的爲人，年輕時學習文獻經典很出色，長大後練習武藝很精通；他將用文獻經典來治理國家，用武力去平定天下；他又能够把握要領而抑制自己的怒火，能够容忍污穢忍受耻辱，即使冤枉也不争辯，以便能成就大事。他是個有預見的賢士，哪能召得來呢？"

平王對伍奢説："你竟然這樣來贊譽兩個兒子！"就派使者駕了四匹馬拉的車，把官印和繫印的絲帶封在匣子裏，前去欺騙子尚、子胥，告訴他們説："祝賀你們二位。你們的父親伍奢因爲忠誠老實、慈善仁愛而去禍就福，平王對内因爲囚禁忠臣而感到羞慚，對外因爲諸侯的耻笑而感到愧怍，所以反而安排伍奢做國家的宰相，封你們二位爲王侯。伍尚賜封鴻都侯，伍胥賜封蓋侯，兩地相距不遠，衹有三百多里。伍奢被囚禁已很久了，挂念二位，所以派我來送上這官印和繫印的絲帶。"

伍尚説："父親被囚禁三年了，我内心憂傷，吃東西不覺得味道甜美，嘗到的都是苦味，常常忍受飢渴，日日夜夜想念他，擔心父親活不了。衹要父親能獲得釋放，哪敢奢望當官呢？"

使者説："你們父親被囚禁了三年，大王現在憐憫赦免了他，但没有什麽東西可以拿來賞賜，所以封你們二位爲王侯。你們當然有一番話應該説出來，但你所説的又是些什麼話呢？”

伍尚便進去告訴子胥説：“父親幸運地免于一死，兩個兒子又被封爲王侯。使者就在大門口，同時還拿來了封好的官印和繫印的絲帶，你可以去接見使者。”

子胥説：“尚兄暫且安心坐一下，我給兄長爲此事算個卦。今天是甲子日，現在時辰正當巳時，表示時辰的地支傷于表示日期的干支之下，各自的元氣不能互相容納。這象徵着國君欺騙他的臣子，父親欺騙他的兒子。現在如果前去，將被殺死，哪有什麼封侯的事？”

伍尚説：“我哪裏是貪圖封侯呢？我衹是想看看父親罷了。和父親見上一面再分别，即使是死了，也像活着一樣。”

子胥説：“尚兄暫且不要前去，父親該由我來救活。楚國害怕我的勇武，勢必不敢殺害父親。兄長如果錯誤地前去，一定被殺而不能逃脱。”

伍尚説：“父子之間這樣親愛，情義也就從這相親相愛中産生出來了。我想僥幸地去見父親一面，以此來表示自己對父親的深情厚意。”

于是子胥嘆息着説：“和父親一起被殺掉，拿什麼來昭示天下？冤仇不能除去，耻辱就會與日俱增。尚兄從這裏出發前往，我在這裏與你訣别吧。”

伍尚哭泣着説：“我出生的時候，就被世人所譏笑；而在世上養老終壽，又能達到什麼地步呢？不能報仇，終究是個廢物。你胸懷文韜武略，敢于出謀劃策。父兄的冤仇，你是有能力報復的。我如果能返回，那是老天保佑我；如果我就此而死，也是我心甘情願的。”

子胥説：“尚兄就要走了，我也將離開這裏而不能再照顧你了。但願别讓你遭殃，否則的話，即使後悔，又哪能補救呢？”

伍尚隨即哭泣着和子胥告别而上了路，和使者一起走了。楚平王得到子尚後，就拘捕囚禁了他，又派人追捕子胥。子胥便拉開了弓、拿着箭離開了楚國。楚國人追趕他，見到他的妻子，他妻子説：“子胥逃跑了，走了有三百里了。”受楚王委派的人直到荒無人烟的野地裏才追上子胥，子胥便拉滿了弓，安上了箭，要殺害使者，使者低着頭、彎着腰逃跑了。子胥説：“回去報告你的平王，要想國家不滅亡，就放了我的父親兄長；如果不這樣做，楚國就將成爲廢墟了。”使者回去報告了平王，平王聽了這番話，馬上派出大批軍隊追趕子胥，來到江邊，没找到他所在的地方，所以没抓獲他就回去了。

子胥走到大江邊，在樹林沼澤之中抬頭望着天空邊走邊哭，説：“楚王昏庸無道，殺了我的父親兄長，但願我能依靠諸侯來報仇了。”聽説太子建在宋國，子胥就想到宋國去。

伍奢當初聽説子胥逃跑的消息後説：“楚國的君臣，將要被戰爭搞得困苦不堪了。”

伍尚到了楚國國都，回到父親身邊，一起被殺死在街市中。

【輯證】

無極曰：“奢之子材，若在吴，必憂楚國，盍以免其父召之？彼仁，必來。不然，將爲患。”王使召之，曰：“來，吾免而父。”棠君尚謂其弟員曰：“爾適吴，我將歸死。吾知不逮，我能死，爾能報。聞免父之命，不可以莫之奔也；親戚爲戮，不可以莫之報也。奔死免父，孝也；度功而行，仁也；擇任而往，知也；知死不辟，勇也。父不可弃，名不可廢，爾其勉之！相從爲愈。”伍尚歸。奢聞員不來，曰：“楚君、大夫其旰食乎！”楚人皆殺之。（《左傳·昭公二十年》P.2090）

無忌言於平王曰：“伍奢有二子，皆賢，不誅，且爲楚憂。可以其父質而召之，不然，且爲楚患。”王使使謂伍奢曰：“能致汝二子則生，不能則死。”伍奢曰：“尚爲人仁，呼必來。員爲人剛戾忍訽，能成大事，彼見來之并禽，其勢必不來。”王不聽，使人召二子曰：“來，吾生汝父；不來，今殺奢也。”伍尚欲往，員曰：“楚之召我兄弟，非欲以生我父也，恐有脱者後生患，故以父爲質，詐召二子。二子到，則父子俱死。何益父之死？往而令讎不得報耳。不如奔他國，借力以雪父之恥，俱滅，無爲也。”伍尚曰：“我知往終不能全父命。然恨父召我以求生而不往，後不能雪恥，終爲天下笑耳。”謂員：“可去矣！汝能報殺父之讎，我將歸死。”尚既就執，使者捕伍胥。伍胥貫弓執矢嚮使者，使者不敢進，伍胥遂亡。聞太子建之在宋，往從之。奢聞子胥之亡也，曰：“楚國君臣且苦兵矣。”伍尚至楚，楚并殺奢與尚也。（《史記·伍子胥列傳》P.2628）

無忌曰：“伍奢有二子，不殺者爲楚國患。盍以免其父召之，必至。”於是王使使謂奢：“能致二子則生，不能將死。”奢曰：“尚至，胥不至。”王曰：“何也？”奢曰：“尚之爲人，廉，死節，慈孝而仁，聞召而免父，必至，不顧其死。胥之爲人，智而好謀，勇而矜功，知來必死，必不來。然爲楚國憂者必此子。”於是王使人召之，曰：“來，吾免爾父。”伍尚謂伍胥曰：“聞父免而莫奔，不孝也；父戮莫報，無謀也；度能任事，知也。子其行矣，我其歸死。”伍尚遂歸。伍胥彎弓屬矢，出見使者，曰：“父有罪，何以召其子爲？”將射，使者還走，遂出奔吴。伍奢聞之，曰：“胥亡，楚國危哉！”楚人遂殺伍奢及尚。（《史記·楚世家》P.2054）

昔者，荆平王有臣伍子奢。奢得罪於王，且殺之，其二子出走，伍子尚奔吴，伍子胥奔鄭。王召奢而問之，曰：“若召子，孰來也？”子奢對曰：“王問臣，對而畏死，不對不知子之心者。尚爲人也，仁且智，來之必入，胥爲人也，勇且智，來必不入。胥且奔吴邦，君王必早閉而晏開，胥將使邊境有大憂。”於是王即使使者召子尚於吴，曰：“子父有罪，子入則免之，不入則殺之。”子胥聞之，使人告子尚於吴：“吾聞荆平王召子，子必毋入。胥聞之，入者窮，出者報仇。入者皆死，是不智也。死而不報父之仇，是非勇也。”子尚對曰：“入則免父之死，不入則不仁。愛身之死，絶父之望，賢士不爲也。意不同，謀不合，子其居，尚請入。”荆平王復使使者召子胥於鄭，曰：“子入，則免父死；不入，則殺之。”子胥介胄彀弓，出見使者，謝曰：“介胄之士，固不拜矣。請有道於使者：王以奢爲無罪，赦而蓄之，其子又何適乎？”使者還報荆平王，王知子胥不入也，殺子奢而并殺子尚。（《越絶書·荆平王内傳》P.12）

顧校：安可致（置）耶　往許（詐）召子尚子胥　中心切（忉）怛　黴徫（俸）相見　胥乃貫（注文“烏還切”爲宋本原有）弓執矢

蔣校：安可致（宋本“置”）耶　往許（宋本“詐”）召子尚子胥　中心切（宋

本“怮”）怛　胥乃貫（“烏還切”，三字宋本原注）弓執矢

3.6

伍員奔宋，道遇申包胥[1]，謂曰：“楚王殺吾兄父，爲之奈何？”申包胥曰：“於乎[2]！吾欲教子報楚，則爲不忠；教子不報，則爲無親友也。子其行矣[3]，吾不容言。”子胥曰：“吾聞：‘父母之讎，不與戴天履地[4]；兄弟之讎，不與同域接壤；朋友之讎，不與鄰鄉共里[5]。’今吾將復楚辜[6]，以雪父兄之恥。”申包胥曰：“子能亡之，吾能存之；子能危之，吾能安之。”胥遂奔宋。

【注釋】

〔1〕申包胥：春秋時楚國大夫，姓公孫，名包胥，因封於申而以申爲氏，故稱申包胥。古籍中或作“申鮑胥”（“包”“鮑”音同），或稱“王孫包胥”（蓋楚國王族），《戰國策·楚策一》作“棼冒勃蘇”（“棼冒”即“蚡冒”，爲楚武王之兄，可見其爲蚡冒之後代；“勃蘇”即“包胥”之音訛）。他原與伍子胥爲友，子胥從楚國逃亡時謂包胥曰：“我必覆楚。”包胥曰：“我必存之。”楚昭王十年（前506）子胥以吴兵攻楚入郢，申包胥奔走至秦求救，哭於秦廷七日七夜。秦哀公憐之，發兵救楚，敗吴兵。次年楚昭王入郢，賞申包胥而申包胥逃賞。其事蹟可參見《左傳》定公四年、五年，《國語·吴語》，《戰國策·楚策一》，《史記》的《楚世家》、《伍子胥列傳》，《淮南子·脩務訓》。

〔2〕於（wū烏）乎：通“嗚呼”，感嘆詞。

〔3〕其：表示命令、勸告的語氣副詞。

〔4〕不與戴天履地：與“不共戴天”義同，表示和仇敵不能並存於天下，要進行你死我活的報復。

〔5〕鄉：古代一種居民區，12 500户爲一鄉。里：古代一種居民區，大小因時而異，春秋以前以25户爲一里，後有以50户、80户、100户爲里的。

〔6〕辜：罪過。

【義疏】

伍員逃奔宋國，在路上碰到申包胥，對他説：“楚王殺了我的父兄，對此該怎麽辦？”申包胥説：“唉呀！我要是叫您報復楚國，那就是不忠；如果叫您不要報復，那就是心目中没有您這個親密的朋友。您還是走了吧，我不能插嘴啊。”子胥説：“我聽説：‘對于父母的仇人，不和他共頂着這天空、同踩着這大地；對于兄弟的仇人，不和他生活在同一區域内或土地相連的區域内；對于朋友的仇人，不和他住在毗鄰的鄉中或同一個里巷中。’現在我將要報復楚國犯下的罪惡行爲，來洗刷父兄所受的耻辱。”申包胥説：“您能滅掉楚國，我能保存楚國；您能使它危急，我能使它平安。”伍子胥就逃亡到宋國去了。

【輯證】

始伍員與申包胥爲交，員之亡也，謂包胥曰："我必覆楚。"包胥曰："我必存之。"（《史記·伍子胥列傳》P.2633）

子胥將之吴，辭其友申包胥曰："後三年，楚不亡，吾不見子矣。"申包胥曰："子其勉之！吾未可以助子，助子是伐宗廟也；止子是無以爲友。雖然，子亡之，我存之，於是乎觀楚一存一亡也。"後三年，吴師伐楚，昭王出走，申包胥不受命，西見秦伯曰："吴無道，兵强人衆，將征天下，始於楚，寡君出走，居雲夢，使下臣告急。"哀公曰："諾！固將圖之。"申包胥不罷朝，立於秦庭，晝夜哭，七日七夜不絶聲。哀公曰："有臣如此，可不救乎？"興師救楚，吴人聞之，引兵而還。昭王反復，欲封申包胥，申包胥辭曰："救亡，非爲名也。功成受賜，是賣勇也。"辭不受，遂退隱，終身不見。（《説苑·至公》P.352）

顧校：楚（平）王殺吾父兄

蔣校：楚（宋本"平"）王殺吾父兄

3.7

宋元公無信於國〔1〕，國人惡之。大夫華氏謀殺元公，國人與華氏，因作大亂●〔2〕。子胥乃與太子建俱奔鄭〔3〕，鄭人甚禮之。太子建又適晉。晉頃公曰〔4〕："太子既在鄭，鄭信太子矣。太子能爲内應而滅鄭，即以鄭封太子。"太子還鄭，事未成，會欲私殺其從者【1】〔5〕，從者知其謀，乃告之於鄭。鄭定公與子産誅殺太子建〔6〕。

【校記】

【1】大德本"其從者"上無"殺"字，據《史記·伍子胥列傳》補。

【注釋】

〔1〕宋元公：宋平公的兒子，名佐，公元前531—公元前517年在位。子胥奔宋在宋元公十年（前522）。

〔2〕徐天祜曰："華氏，華亥、華定也。見《左傳·昭公二十年》。"

〔3〕鄭：諸侯國名，姬姓，伯爵，始封之君是鄭桓公，地在今陝西省渭南市華州區東。鄭桓公被殺後，鄭武公即位，先後攻滅鄶和東虢，建都新鄭（今河南省新鄭市），佔有今河南省中部一帶，成爲春秋初期的强國之一。後漸漸衰弱，公元前375年爲韓所滅。

〔4〕晉頃公：名去疾，公元前525—公元前512年在位。此時爲晉頃公四年（前522）。

〔5〕會：恰巧。下文"適會"與此同義。

〔6〕鄭定公：名寧，公元前529—公元前514年在位。鄭殺太子建當在鄭定公八年（前522），《史記·鄭世家》記於鄭定公十年（前520），《史記·十二諸侯年表》記於鄭定公十一年（前519），恐誤，因爲《左傳·昭公二十年》載子産卒，則子産卒於鄭定公八年，不可能在鄭定公十年共殺太子建。 子産：春秋時鄭國政治家，名僑，字子産，又字子美，謚成子。鄭穆公之孫，子國之子。公子之子稱公孫，故又稱公孫僑、公孫成子。以父字爲氏，故又稱國僑。他於鄭簡公十二年（前554）任鄭國的卿，二十三年（前543）執政，實行改革，整頓田地疆界和溝洫，重新制定賦税政策，發展了農業生産。前536年，他把"刑書"鑄

在鼎上公佈，推行法治，爲法家先驅。鄭定公八年（前522）卒（此卒年據《左傳·昭公二十年》；《史記》的《鄭世家》與《十二諸侯年表》都説子產卒於鄭聲公五年，即前496年，歷相簡公、定公、獻公、聲公四朝，與《左傳》異，恐誤）。

【義疏】

宋元公在國内不講信用，國内的人民怨恨他。大夫華氏謀殺元公，國内的人支持華氏，因而搞得國内大亂。子胥就和太子建一起逃亡到鄭國，鄭國人非常尊重他們。太子建又到晋國。晋頃公説："太子既然在鄭國，而鄭國又已信任太子了。太子如果能做内應而幫助我滅掉鄭國，我就拿鄭國封給太子。"太子返回鄭國，事情還没有成功，恰巧想私下殺掉自己的隨從。隨從知道太子的計謀，就把它告訴給了鄭國，鄭定公與子產便殺了太子建。

【輯證】

（宋元公）十：公毋信。詐殺諸公子。楚太子建來奔，見亂，之鄭。（《史記·十二諸侯年表》P.788）

（鄭定公）八：楚太子建從宋來奔。（《史記·十二諸侯年表》P.788）

（鄭定公）八年，楚太子建來奔。十年，太子建與晋謀襲鄭。鄭殺建，建子勝奔吴。（《史記·鄭世家》P.2128）

伍胥既至宋，宋有華氏之亂，乃與太子建俱奔於鄭。鄭人甚善之。太子建又適晋，晋頃公曰："太子既善鄭，鄭信太子。太子能爲我内應，而我攻其外，滅鄭必矣。滅鄭而封太子。"太子乃還鄭。事未會，會自私欲殺其從者，從者知其謀，乃告之於鄭。鄭定公與子產誅殺太子建。（《史記·伍子胥列傳》P.2629）

3.8

建有子名勝，伍員與勝奔吴。到昭關〔1〕，關吏欲執之，伍員因詐曰："上所以索我者，以我有美珠也【1】。今我已亡矣。將告子取呑之【2】。"關吏因舍●之〔2〕。

與勝行去，追者在後，幾不得脱。至江〔3〕，江中有漁父乘船從下方泝水而上〔4〕。子胥呼之，謂曰："漁父，渡我！"如是者再，漁父欲渡之，適會旁有人窺之，因而歌曰：

日月昭昭乎寖已馳【3】〔5〕，
與子期乎蘆之漪〔6〕。

子胥即止蘆之漪。漁父又歌曰：

日已夕兮予心憂悲，
月已馳兮何不渡爲〔7〕？
事寖急兮當奈何？

子胥入船，漁父知其意也，乃渡之千潯●之津〔8〕。

子胥既渡，漁父乃視之，有其飢色，乃謂曰："子俟我此樹下〔9〕，爲子取餉。"漁父去後，子胥疑之，乃潛身於深葦之中。有頃，父來，持麥飯、鮑魚羹、盎漿〔10〕，求之樹下，不見，因歌而呼之，曰："蘆中人，蘆中人，豈非窮士乎？"如是至再，子胥乃出蘆中而應。漁父曰："吾見子有飢色，爲子取餉，子何嫌哉？"子胥曰："性命屬天，今屬丈人〔11〕，豈敢有嫌哉？"

二人飲食畢，欲去，胥乃解百金之劒〔12〕，以與漁者："此吾前君之劒，上有七星北斗【4】，價直百金〔13〕，以此相答。"漁父曰："吾聞楚王之命【5】：'得伍胥者，賜粟五萬石，爵執圭〔14〕。'豈圖取百金之劒乎？"遂辭不受，謂子胥曰："子急去，勿留！且爲楚所得？"子胥曰："請丈人姓字。"漁父曰："今日凶凶〔15〕，兩賊相逢〔16〕，吾所謂渡楚賊也。兩賊相得，得形於默，何用姓字爲？子爲蘆中人，吾爲漁丈人。富貴莫相忘也。"子胥曰："諾。"既去，誡漁父曰："掩子之盎漿，無令其露。"漁父諾。子胥行數步，顧視漁者，已覆船自沉於江水之中矣。

【校記】

【1】大德本"美珠"上無"以我有"三字，據《初學記》卷七引文補。

【2】將告子取吞之：大德本作"將去取之"，據《初學記》卷七引文改。其"去"字乃"告"字之形訛。此句《藝文類聚》卷六引作"我將告子欲取之"，《太平御覽》卷八百三引作"將言爾取之"，各不相同，當以《初學記》所引爲是。因爲此文不見於《史記·伍子胥列傳》，當取材於《韓非子·説林上》，其文爲："上索我者，以我有美珠也。今我已亡之矣。我且曰：'子取吞之。'"

【3】寖：大德本作"侵"，據四庫本改。

【4】上有七星北斗：大德本作"中有七星"，據《北堂書鈔》卷一百二十二引文改。

【5】楚王之命：大德本作"楚之法令"，據《北堂書鈔》卷一百二十二引文改。

【注釋】

〔1〕《藝文類聚》卷六引作"夜行晝伏，出到昭關"，文義更爲豐富。昭關：春秋時吴、楚之界，有兩山對峙，因以爲關，爲兩國往來要衝。在今安徽省含山縣北。

〔2〕徐天祜曰："上聲。"

〔3〕江：指長江。漁父渡子胥處，當在昭關之東的江面上，在今安徽省和縣。有人認爲此"江"是指溧水（見《辭源》"溧水"條），恐誤。今浙江建德縣東北七里瀧西岸有"子胥渡"，相傳爲子胥避楚平王之謀害而逃奔吴國時所渡之處；今江蘇儀徵縣西部有胥浦河，相傳也是伍子胥在蒲田渡口過長江而得名。此兩處恐怕都是後世人的附會。

〔4〕父（fǔ甫）：對老人的尊稱。　泝：同“溯”。

〔5〕寖（qīn親）：逐漸。　漁父之歌爲韻文，此“馳”字與下“漪”“爲”“何”押韻，在上古同屬歌部。

〔6〕漪（yī衣）：岸邊。

〔7〕何不渡爲：即“不渡爲何”，不上船擺渡幹什麼。

〔8〕徐天祜曰：“‘潯’當作‘尋’。四尺曰仞，倍仞曰尋。”〇覺按：古以八尺爲一尋，“千尋”乃約數，形容極遠。至於古代之“仞”，恐不止四尺，徐説非。吴承洛《中國度量衡史》第四章第三節《長度之命名》曰：“仞，爲度深實用之單位，蓋人以兩手一伸，上下以度，即爲一仞。當時仞度與尺度並無關聯，故其比數不能確定，僅《孔叢子》有‘四尺謂之仞’之文。而《周書》云‘爲山九仞’，孔安國注云：‘八尺曰仞。’鄭玄注云：‘七尺曰仞。’《論語》‘夫子之牆數仞’，朱子註云：‘七尺曰仞。’《孟子》‘掘井九仞’，朱子又註云：‘八尺曰仞。’其餘或註爲‘七尺’，或註爲‘八尺’。考《周禮》‘溝’、‘洫’、‘澮’：廣四尺、深四尺謂之‘溝’，廣八尺、深八尺謂之‘洫’，廣二尋、深二仞謂之‘澮’。依其比例爲加倍之義，尋爲八尺，仞亦八尺。（度廣云‘尋’，度深云‘仞’，此即仞度爲尺度以外，專以度深之另一種度法名之證。）再考尋與仞皆人伸兩手之全度，惟普通之度法，所謂度廣曰‘尋’，則兩手左右平伸，盡其全度；度深，則兩手上下直伸，不能盡其全度，則仞度小，尋爲八尺，而仞祇有七尺。然仞與尺之比數，既不能定，吾人亦不必求之。‘仞’在當時似爲尺度以外之制，然其標準取則人體，吾人祇能認爲度制中之另一實用單位可也。”

〔9〕俟（sì寺）：等待。

〔10〕鮑魚：醃魚。《周禮·天官·籩人》“鮑魚”鄭玄注：“鮑者，於楅室中糗乾之，出於江淮也。”現在江南一帶稱剛醃不久叫鮑醃。　羹：帶汁的食物。　盎：一種大腹斂口的容器。《急就篇》卷三“甀缶盆盎甕罃壺”顔師古注：“缶、盆、盎，一類耳。缶即盎也，大腹而斂口，盆則斂底而寬上。”　漿：飲料。

〔11〕丈人：對年長者的尊稱。

〔12〕金：貨幣單位，先秦以黄金二十兩或二十四兩爲一鎰（yì益），一鎰又稱一金。

〔13〕直：通“值”。

〔14〕圭：是玉製的禮器，上尖下方。　執圭：也作“執珪”，或稱“上執珪”，是春秋時楚國設置的爵位名，它是楚國的最高爵位。《周禮·春官·大宗伯》：“以玉作六瑞，以等邦國。王執鎮圭，公執桓圭，侯執信圭，伯執躬圭，子執穀璧，男執蒲璧。”可見王、公、侯、伯等擁有較高爵位者方可執圭，“執圭”之名蓋源於此，謂以玉圭賜給功臣，使其執持玉圭以參加禮儀活動。

〔15〕凶凶：恐懼的樣子。《國語·晉語一》“敵入而凶”韋昭注：“凶，猶凶凶，恐懼也。”

〔16〕賊：造反者，叛逆者。　兩賊：指子胥與漁翁。子胥爲楚賊，漁翁渡楚賊，則也爲賊。

【義疏】

太子建有個兒子名勝，伍員便與勝逃奔吴國。他們來到昭關，守關的官吏想要拘捕他們。伍員便欺騙他説：“國君之所以要搜捕我，是因爲我有顆美麗的寶珠。現在我已經丢了。如果您要抓我，我將告發説您已把它取去吞了。”守關的官吏怕國君剖腹取珠，因而放了他們。

伍員與勝步行逃走，追兵在後，差一點兒不能脱身。到了江邊，江中有一個漁翁坐在船上從下方逆水而上。子胥喊他，對他説：“漁翁，渡我過江！”像這樣喊了兩次，漁翁正要渡他們過江，恰好碰上旁邊有人在窺視他，漁翁便唱道：

日月明亮啊漸漸地已奔前，

和您相約啊在蘆葦的岸邊。

子胥就停留在蘆葦的岸邊。漁翁又唱道：

太陽已經下山啦我的心憂傷悲哀，

月亮已經上來啦爲什麽不上船來？

事情越加危急啦該怎麽辦才無害？

子胥進入船艙，漁翁早已知道他的心意了，于是就把他渡到極遠的渡口上。

子胥已經渡過了江，漁翁這才仔細地觀察他，見他面有飢色，就對他説：“您在這棵樹下等我，我給您去拿一點吃的來。”漁翁走了以後，子胥對他産生了懷疑，就藏身于深深的蘆葦之中。過了一會兒，漁翁回來了，拿來了麥子煮的飯、腌魚做的羹、一壺水，到樹下找他，却不見人影，于是便唱着呼喚他，説：“蘆葦中的人啊蘆葦中的人，您難道不是個走投無路的賢士嗎？”像這樣唱到第二遍，子胥才從蘆葦叢中走出來回答。漁翁説：“我看到您面有飢色，所以給您去拿吃的，您爲什麽要猜疑呢？”子胥説：“性命隸屬于老天，但我今天的性命全在您老人家手裏，哪裏敢有什麽猜疑呢？”

兩人吃喝完畢，要分手了，子胥便解下價值二千兩黄金的寶劍，把它送給漁翁，説：“這是我先父的寶劍，上面鑄有北斗七星，價值二千兩黄金，我拿這個來報答您。”漁父説：“我聽説楚王的命令：‘對于抓獲伍子胥的人，賞賜糧食五萬石，賞賜的爵位是執圭。’我難道是想取得這價值二千兩黄金的寶劍嗎？”于是就推辭而不接受，並對子胥説：“您趕快走，不要停留！否則就要被楚國人抓獲了。”子胥説：“請問老人家尊姓大名。”漁翁説：“今天驚恐，兩個强盜相逢，我就是以後人們所説的把楚國的强盜渡過江的人。兩個强盜互相投合，這種投合表現在默契，爲什麽要用姓名呢？您就是蘆葦中的人，我就是老漁翁。您富貴了别忘了我。”子胥説：“行。”他即將離開時告誡漁翁説：“藏起您的那壺水，不要讓它暴露了踪迹。”漁翁答應了。子胥走了幾步，回過頭來看那漁翁，衹見他已經把船弄翻而使自己沉溺在江水之中了。

【輯證】

子胥出走，邊候得之。子胥曰："上索我者，以我有美珠也。今我已亡之矣。我且曰：'子取吞之。'"候因釋之。（《韓非子·説林上》P.411）

五員亡，荆急求之，登太行而望鄭曰："蓋是國也，地險而民多知，其主俗主也，不足與舉。"去鄭而之許，見許公而問所之。許公不應，東南嚮而唾。五員載拜受賜曰："知所之矣。"因如吴。過於荆，至江上，欲涉，見一丈人，刺小船，方將漁，從而請焉。丈人度之，絶江，問其名族，則不肯告，解其劍以予丈人，曰："此千金之劍也，願獻之丈人。"丈人不肯受，曰："荆國之法：得五員者，爵執圭，禄萬檐，金千鎰。昔者子胥過，吾猶不取，今我何以子之千金劍爲乎？"五員過於吴，使人求之江上則不能得也，每食必祭之，祝曰："江上之丈人！天地至大矣，至衆矣，將奚不有爲也？而無以爲。爲矣而無以爲之。名不可得而聞，身不可得而見，其惟江上之丈人乎？"（《吕氏春秋·異寶》P.551）

建有子名勝。伍胥懼，乃與勝俱奔吴。到昭關，昭關欲執之。伍胥遂與勝獨身步走，幾不得脱。追者在後。至江，江上有一漁父乘船，知伍胥之急，乃渡伍胥。伍胥既渡，解其劍曰："此劍直百金，以與父。"父曰："楚國之法，得伍胥者賜粟五萬石，爵執珪，豈徒百金劍邪！"不受。（《史記·伍子胥列傳》P.2629）

子胥聞之，即從横嶺上大山，北望齊、晉，謂其舍人曰："去，此邦堂堂，被山帶河，其民重移。"於是乃南奔吴。至江上，見漁者，曰："來，渡我。"漁者知其非常人也，欲往渡之，恐人知之，歌而往過之，曰："日昭昭，侵以施，與子期甫蘆之埼。"子胥即從漁者之蘆埼。日入，漁者復歌往，曰："心中目施，子可渡河，何爲不出？"船到即載，入船而伏。半江，而仰謂漁者曰："子之姓爲誰？還，得報子之厚德。"漁者曰："縱荆邦之賊者，我也；報荆邦之仇者，子也。兩而不仁，何相問姓名爲？"子胥即解其劍，以與漁者，曰："吾先人之劍，直百金，請以與子也。"漁者曰："吾聞荆平王有令曰：'得伍子胥者，購之千金。'今吾不欲得荆平王之千金，何以百金之劍爲？"漁者渡於于斧之津，乃發其簞飯，清其壺漿而食，曰："亟食而去，毋令追者及子也。"子胥曰："諾。"子胥食已而去，顧謂漁者曰："掩爾壺漿，無令之露。"漁者曰："諾。"子胥行，即覆船，挾匕首自刎而死江水之中，明無泄也。（《越絶書·荆平王内傳》P.15）

《吴越春秋》曰："伍子胥與太子建子勝俱奔吴，夜行晝伏，出到昭關，關吏欲執之，胥因詐曰：'上之所以索我者，以我有美珠也。今我已亡之矣。我將告子欲取之。'關吏因舍焉。"（《藝文類聚》卷第六 P.103）

《吴越春秋》曰："伍子胥奔吴，到昭關，關吏欲執之，伍子胥曰：'上之所索者，以我有美珠。今我已亡之矣。將告子取吞之。'關吏因舍焉。"（《初學記》卷第七 P.160）

《吴越春秋》……又曰："伍員奔吴，至昭關，關吏欲執之，伍員曰：'上所以索我者，以我有美珠也。今執我，將言爾取之。'關吏因捨焉。"（《太平御覽》卷第八百三 P.3567）

《吴越春秋》曰："伍員奔吴，至昭關，關吏欲執之，伍員曰：'王所以索我者，以我有美珠也。今執我，我將言爾取之。'關吏因捨焉。"（《事類賦》卷九"珠"注 P.886）

《吴越春秋》曰："伍子胥至大江，江中有漁父。子胥請渡，時旁多人，漁父歌，令止蘆中。至夕，渡之于滏之之津，見其有飢色，歸取麥飯、鮑魚之羹。子胥疑，没蘆中。漁父呼蘆中，子胥應，與食，渡之。"（《太平御覽》卷第一千 P.4426）

《吴越春秋》云："伍子胥過江，解百百金之劍以與漁父曰：'此吾先君之劍，上有七星北斗，其直百金。'漁父曰：'吾聞楚王之命，得伍員者，賜粟五萬石，爵執圭。豈徒百金之劍乎？'遂不受。"（《北堂書鈔》卷第一百二十二 V.1212-P.558）

《吴越春秋》曰："伍子胥過江，解其劍與漁父曰：'此劍中有七星北斗，其直百金。'"（《藝文類聚》卷第六十 P.1081）

《吴越春秋》……又曰："伍子胥過江，解劒與漁父曰：'此劒中有七星北斗文，其直千金。'"（《太平御覽》卷第三百四十三 P.1575）

《吴越春秋》曰："伍子胥過江，解劍與漁父曰：'此劍中有七星北斗文，其直百金。'"（《事類賦》卷十三"劍"注 P.926）

3.9

子胥默然，遂行至吴，疾於中道，乞食溧陽●〔1〕。適會女子擊綿於瀨水之上〔2〕，筥中有飯〔3〕。子胥遇之，謂曰："夫人〔4〕，可得一餐乎？"女子曰："妾獨與母居，三十未嫁，飯不可得。"子胥曰："夫人賑窮途，少飯，亦何嫌哉？"女子知非恒人，言曰："妾豈可逆人情乎？"即發其簞筥【1】〔5〕，飯其盎漿〔6〕，長跪而與之〔7〕。子胥再餐而止。女子曰："君有遠逝之行〔8〕，何不飽而餐之？"子胥已餐而去，又謂女子曰："掩夫人之壺漿，無令其露。"女子歎曰："嗟乎！妾獨與母居三十年，自守貞明，不願從適〔9〕，何宜饋飯而與丈夫？越虧禮儀，妾不忍也。子行矣！"子胥行五步【2】，反顧女子，已自投於瀨水矣。

於乎！貞明執操，其丈夫女哉！

【校記】

【1】言曰妾豈可逆人情乎即：大德本作"遂許之"，據《太平御覽》卷四百四十引文改。

【2】大德本"行"字下無"五步"，據《太平御覽》卷五十九引文補。

【注釋】

〔1〕徐天祜曰："今建康屬邑。"○覺按：溧陽：縣名，故治在今江蘇溧陽西北四十五里，因在溧水之陽，故名。秦置，漢、晉沿置。此當爲作者追述之語，並非春秋時已置溧陽。

〔2〕綿：本字作"緜"，絲綿。擊綿：等於説"搗絲"，是把廢絲、碎絲搗爛，然後可紡成絲、織成絲織品。這種絲織品稱爲綿綢、綿紬。瀨：同"瀨"。瀨水：即溧水，在今江蘇省溧陽縣中部，今名南河。

〔3〕筥（jǔ 矩）：圓形的竹筐。

〔4〕夫人：諸侯之妻稱爲夫人，因而用作婦女的尊稱。

〔5〕簞（dān 單）：古代盛飯的圓形竹器。

〔6〕飯：給……吃，喂。

〔7〕長跪：直身而跪。古人席地而坐，坐時兩膝着地而將臀部放在脚跟上。跪則伸直腰與大腿，稱爲長跪，以示莊重。

〔8〕逝：跑。行：走。

〔9〕從適：嫁人。古時女子跟人叫“從”，出嫁叫“適”。

【義疏】

子胥沉默不言，于是就步行到吴國去，但又在半路上生了病，在溧陽討飯。正巧有一個女子在溧水的岸邊擣絲，圓籃中有飯。子胥碰上了她，對她説：“夫人，可以給我弄到一頓飯食嗎？”那女子説：“我獨身和母親住在一起，三十歲了還没嫁人，您的飯食我不可能弄得到。”子胥説：“夫人救濟我這走投無路的人，就算飯少一點，我又有什麽不滿意的呢？”女子知道他不是個平常的人，便自言自語地説：“我哪能違背人情呢？”于是立即打開她的圓籃，拿出她壺中的水給子胥喝，跪着遞給子胥。子胥吃了兩口就停了。女子説：“您有很遠的行程，爲什麽不飽飽地吃它一頓？”子胥吃完後要走了，又對女子説：“藏起夫人的那壺水吧，不要讓它暴露了踪迹。”女子嘆息説：“唉呀！我獨身和母親住了三十年，自己保持貞潔，不願意嫁人，怎麽適合送飯給男人吃呢？逾越損害了禮儀，這是我不能容忍的啊！您走吧！”子胥走了才五步遠，再回頭看那女子，已經自投于溧水中了。

唉呀！貞節賢明堅持操行，那真是個大丈夫式的女子啊！

【輯證】

伍子胥橐載而出昭關，夜行而晝伏，至於蔆水，無以餌其口，坐行蒲服，乞食於吴市，卒興吴國，闔廬爲霸。（《戰國策·秦策三》P.286）

伍子胥橐載而出昭關，夜行晝伏，至於陵水，無以餬其口，厀行蒲伏，稽首肉袒，鼓腹吹篪，乞食於吴市，卒興吴國，闔閭爲伯。（《史記·范雎蔡澤列傳》P.2907）

伍胥未至吴而疾，止中道，乞食。（《史記·伍子胥列傳》P.2629）

子胥遂行。至溧陽界中，見一女子擊絮於瀨水之中，子胥曰：“豈可得託食乎？”女子曰：“諾。”即發簞飯，清其壺漿而食之。子胥食已而去，謂女子曰：“掩爾壺漿，毋令之露。”女子曰：“諾。”子胥行五步，還顧女子，自縱於瀨水之中而死。（《越絶書·荆平王内傳》P.18）

《吴越春秋》云：“伍子胥過江，適會女子擊絮瀨水之上，筥中有飯。子胥曰：‘可得食乎？’女子發其簞筥，飯清其壺漿。”（《北堂書鈔》卷第一百四十四 V.1213-P.47）

趙曄《吴越春秋》曰：“子胥至吴，乞食至於溧陽。溧陽有女子澣紗瀨水之上，筥中有少飯。子胥遇見，長跪而請之曰：‘夫人，豈可乞一飡乎？’女子曰：‘妾獨與母居，年三十不嫁，飯不可得也。’子胥曰：‘夫人，賑窮者，少飯，有何嫌乎？’女知非恒人，言曰：‘妾豈可逆人情乎？’即發其簞飯，清其壺漿，長跪而與子胥。子胥去，顧見女子自沉。”（《太平御覽》卷第四百四十 P.2024）

《吴越春秋》曰：“伍子胥奔吴，至溧陽。溧陽女子擊縹瀨水之上。子胥過，跪而乞飡，女子簞飯壺漿而食之。子胥飡而去，謂女子曰：‘掩子壺漿，勿令其露。’女子曰：‘行矣。’子胥行五步，還顧女子，已自投瀨中。後子胥伐楚，師還，過溧陽瀨上，欲報以百金，不知其家，乃投金瀨水而去。後有嫗行哭而來，曰：‘吾女年三十不嫁。擊縹於此，遇窮人，飯之。恐事泄，投水而死。’乃取金歸。”（《太平御覽》卷第五十九 P.283）

《吴越春秋》云：“伍子胥奔吴，至溧陽。女子擊縹瀨水之上。子胥過而乞一餐。女子發簞飯壺漿而食之。子胥餐而去，謂女子曰：‘掩子壺漿，勿令其露。’女子曰：‘行矣。’子胥行五步　還顧女子，已自投瀨江而死。子胥伐楚，師還，過溧陽瀨上，欲報以百金，不知其家，乃投金瀨水而去。後有嫗行哭而來，曰：‘吾女三十不嫁，擊縹于此。遇窮人，飯之。恐事洩，投水而死。’乃取金歸之。”（《太平寰宇記》卷九十 V.470-P.19）

顧校：自守貞（貞）明　　貞（貞）明執操

蔣校：自守貞（宋本“貞”，下同）明

3.10

子胥之吴，乃被髮佯狂〔1〕，跣足塗面，行乞於市。市人觀，罔有識者〔2〕。翌日●〔3〕，吴市吏善相者見之〔4〕，曰：“吾之相人多矣，未嘗見斯人也〔5〕。非異國之亡臣乎？”乃白吴王僚，具陳其狀：“王宜召之。”王僚曰：“與之俱入。”

公子光聞之，私喜曰：“吾聞楚殺忠臣伍奢，其子子胥勇而且智。彼必復父之讎來入於吴。”陰欲養之。

市吏於是與子胥俱入見王，王僚怪其狀偉——身長一丈，腰十圍〔6〕，眉間一尺〔7〕。王僚與語三日，辭無復者。王曰：“賢人也。”子胥知王好之，每入語，語遂有勇壯之氣，稍道其讎，而有切切之色。王僚知之欲爲興師復讎〔8〕。

公子謀殺王僚，恐子胥前親於王而害其謀，因讒伍胥之諫●〔9〕：“伐楚者，非爲吴也，但欲自復私讎耳。王無用之。”

子胥知公子光欲害王僚，乃曰：“彼光有内志，未可説●以外事〔10〕。”入見王僚，曰：“臣聞諸侯不爲匹夫興師用兵於比國〔11〕。”王僚曰：“何以言之？”子胥曰：“諸侯專爲政，非以意，救急後興師。今大王踐國制威，爲匹夫興兵，其義非也。臣固不敢如王之命〔12〕。”吴王乃止。

【注釋】

〔1〕被：通“披”。
〔2〕罔：無。古代“罔”與“無”一聲之轉。
〔3〕徐天祜曰：“翌，明也，明日。”
〔4〕吴市吏善相者：見3.1注〔4〕。
〔5〕斯：此，這。
〔6〕圍：兩手大拇指與食指合攏的長度。“腰十圍”是誇飾之詞。
〔7〕尺：見1.5注〔8〕。“眉間一尺”也是誇飾之詞。

〔8〕之：猶“其”也。

〔9〕徐天祐曰：“‘諫’當作‘謀’。”〇覺按：《史記·伍子胥列傳》：“伍子胥説吴王僚曰：‘楚可破也，願復遣公子光。’”即此所謂“伍胥之謀”。

〔10〕徐天祐曰：“音税。”〇覺按：説（shuì税）：遊説。事：《禮記·樂記》“恐不逮事也”鄭玄注：“事，戎事也。”即戰事。外事：即《史記·伍子胥列傳》所載的“楚可破也，願復遣公子光”。

〔11〕匹夫：平民。這裏是子胥自指。比國：鄰國。指楚國。

〔12〕《左傳·宣公十二年》“有律以如己也”杜預注：“如，從也。”

【義疏】

子胥到了吴國，便披着頭髮假裝發瘋，光着脚，用爛泥塗在臉上，在街市中乞討。市場上的人都去看，但没有認識他的人。第二天，吴國那個善于相面的管理市場的官吏看見了他，説：“我給人看相够多了，還從來没有見到過這種人。這不是别國的亡命之臣麽？”于是就報告了吴王僚，詳細陳説了他的情况，並説：“大王應該召見他。”王僚説：“和他一起進來吧。”

公子光聽説了這件事，暗自高興地説：“我聽説楚國殺掉了忠臣伍奢，他的兒子子胥勇敢而且足智多謀。他一定是爲了報父親的仇而來投奔吴國的。”于是公子光暗地裏想收養他。

那管理市場的官吏在此時和子胥一起進宫拜見吴王，王僚驚訝他的身材魁梧——他身高一丈，腰粗十圍，兩眉之間相距一尺。王僚和他談了三天，他的話没有一句重複的。吴王説：“是個賢能的人啊！”子胥知道吴王喜歡自己，所以每次進宫交談，一談起來就有英勇豪壯的氣概，稍稍言及自己的仇恨，便有咬牙切齒的神色。王僚因而知道他想要吴國爲他起兵報仇。

公子光要謀殺王僚，他怕子胥事先和王僚親近而妨害了自己的計謀，于是就詆毁伍子胥的計謀，説：“子胥要攻打楚國，並不是爲了吴國啊，不過是想自己報私仇罷了。大王别采用他的計謀。”

子胥知道公子光想殺害王僚，便思忖道：“那公子光心中另有主意，還不可用對外作戰去遊説。”于是進見王僚，説：“我聽説諸侯不爲平民百姓興師動衆而與鄰國作戰。”王僚説：“爲什麽説這種話？”子胥説：“諸侯王獨自處理政事，並不是衹憑願望來辦事，而是爲了援救危急的情况，然後才起兵。現在大王處在君位上而控制了權勢，爲平民百姓起兵，那道理實在説不過去。我本來就不敢順從大王的命令。”吴王也就罷休了。

【輯證】

員如吴，言伐楚之利於州于。公子光曰：“是宗爲戮而欲反其讎，不可從也。”員曰：“彼將有他志，余姑爲之求士，而鄙以待之。”乃見鱄設諸焉，而耕於鄙。（《左傳·昭公二十年》P.2091）

伍子胥父誅乎楚，挾弓而去楚，以干闔廬。闔廬曰："士之甚，勇之甚！"將爲之興師而復讎于楚。伍子胥復曰："諸侯不爲匹夫興師。且臣聞之，事君猶事父也。虧君之義，復父之讎，臣不爲也。"於是止。（《公羊傳·定公四年》P.2337）

伍子胥之初犇吴，説吴王僚以伐楚之利。公子光曰："胥之父兄爲僇於楚，欲自報其仇耳。未見其利。"於是伍員知光有他志，乃求勇士專諸，見之光。光喜，乃客伍子胥。子胥退而耕於野，以待專諸之事。（《史記·吴太伯世家》P.1758）

至於吴，吴王僚方用事，公子光爲將。伍胥乃因公子光以求見吴王。（《史記·伍子胥列傳》P.2629）

伍子胥説吴王僚曰："楚可破也。願復遣公子光。"公子光謂吴王曰："彼伍胥父兄爲戮於楚，而勸王伐楚者，欲以自報其讎耳。伐楚未可破也。"伍胥知公子光有内志，欲殺王而自立，未可説以外事，乃進專諸於公子光，退而與太子建之子勝耕於野。（《史記·伍子胥列傳》P.2630）

吴王闔廬爲伍子胥興師復讐於楚。子胥諫曰："諸侯不爲匹夫興師。且事君猶事父也，虧君之義，復父之讐，臣不爲也。"於是止。其後因事而後復其父讐也，如子胥可謂不以公事趨私矣。（《説苑·至公》P.361）

子胥遂行至吴，徒跣被髮，乞於吴市。三日，市正疑之，而道於闔廬曰："市中有非常人，徒跣被髮，乞於吴市三日矣。"闔廬曰："吾聞荆平王殺其臣伍子奢而非其罪，其子子胥勇且智，彼必經諸侯之邦可以報其父仇者。"王即使召子胥。入，吴王下階迎而唁數之，曰："吾知子非恒人也，何素窮如此？"子胥跪而垂泣曰："胥父無罪而平王殺之，而并其子尚。子胥遯逃出走，唯大王可以歸骸骨者，惟大王哀之。"吴王曰："諾。"上殿與語，三日三夜，語無復者。王乃號令邦中："無貴賤長少，有不聽子胥之教者，猶不聽寡人也，罪至死，不赦。"子胥居吴三年，大得吴衆。闔廬將爲之報仇，子胥曰："不可。臣聞諸侯不爲匹夫興師。"於是止。（《越絶書·荆平王内傳》P.19）

《吴越春秋》曰："伍子胥長一丈，眉間一尺。"（《初學記》卷第十九 P.460）

《吴越春秋》曰："伍子胥眉間廣一尺。"（《太平御覽》卷第三百六十五 P.1682）

《吴越春秋》曰："伍子胥見吴王僚。僚望其顔色甚可畏，長一丈，大十圍，眉間一尺。王僚與語三日，辭無復者。胥知王好之，每入言，倍有勇壯之氣。"（《太平御覽》卷第三百七十七 P.1741）

《吴越春秋》……又曰："伍子胥見吴王僚。王僚望其顔色甚可畏，長一丈，大十六圍，眉間一尺。僚與語三日，辭無復者，賢人也。子胥知王好之，每入言語，侃侃有勇壯之氣也。"（《太平御覽》卷第四百三十六 P.2008）

吴公子光欲謀殺王僚，未有可與議者，乃命善相者爲吴市吏。伍子胥至吴，被髮佯狂，跣足塗面，行乞於市。市人罔有識者，市吏見之曰："吾相人多矣，未嘗見斯人也，非異國之亡臣乎？"遂與俱見王僚。（《吴越春秋》）（《吴郡志》卷四十三"方技"P.292）

顧校：但欲自復私讐耳（取）

蔣校：但欲自復私讐耳（宋本"取"）

3.11

子胥退耕於野〔1〕，求勇士，薦之公子光，欲以自媚，乃得勇士專諸●〔2〕。

專諸者，堂邑●人也[3]。伍胥之亡楚如吴時，遇之於途。專諸方與人鬭，將就敵，其怒有萬人之氣，甚不可當。其妻一呼，即還。子胥怪而問其狀："何夫子之怒盛也[4]，聞一女子之聲而折道[5]，寧有説乎？"專諸曰："子視吾之儀，寧類愚者也？何言之鄙也？夫屈一人之下，必伸萬人之上。"子胥因相其貌，碓顙而深目[6]，虎膺而熊背，戾於從難[7]，知其勇士，陰而結之，欲以爲用。遭公子光之有謀也，而進之公子光。

光既得專諸，而禮待之。公子光曰："天以夫子輔孤之失根也[8]。"專諸曰："前王餘昧卒，僚立，自其分也。公子何因而欲害之乎？"光曰："前君壽夢有子四人，長曰諸樊●[9]——則光之父也，次曰餘祭，次曰餘昧●[10]，次曰季札。札之賢也[11]，將卒，傳付適長[12]，以及季札。念季札爲使●[13]，亡在諸侯未還[14]，餘昧卒，國空。有立者，適長也。適長之後，即光之身也。今僚何以當代立乎？吾力弱，無助於掌事之間，非用有力徒，能安吾志[15]？吾雖代立，季子東還，不吾廢也。"專諸曰："何不使近臣從容言於王側、陳前王之命以諷其意[16]、令知國之所歸？何須私備劍士以捐先王之德？"光曰："僚素貪而恃力，知進之利，不覩退讓。吾故求同憂之士，欲與之并力。惟夫子詮●斯義也[17]。"專諸曰："君言甚露乎[18]？於公子何意也[19]？"光曰："不也[20]。此社稷之言也，小人不能奉行。惟委命矣[21]。"專諸曰："願公子命之。"公子光曰："時未可也。"專諸曰："凡欲殺人君，必前求其所好。吴王何好？"光曰："好味。"專諸曰："何味所甘[22]？"光曰："好嗜魚之炙也。"專諸乃去，從太湖學炙魚[23]，三月，得其味，安坐待公子命之[24]。

【注釋】

〔1〕退：《楚辭·離騷》"退將復脩吾初服"王逸注："退，去也。"指離開朝廷。

〔2〕徐天祜曰："《左傳》作'鱄設諸'。"〇覺按：專諸：《左傳·昭公二十七年》作"鱄設諸"，春秋時吴國堂邑（今江蘇省南京市六合區西北）人。吴公子光（即闔閭）欲殺吴王僚自立，伍子胥把他推薦給公子光。吴王僚十二年（前515），公子光宴請僚，他藏匕首在魚腹中進獻，刺殺僚，自己也當場被殺。參見《史記·刺客列傳》。此文説伍子胥"退耕於野""乃得勇士專諸"，與下文所述及《史記·刺客列傳》所載均不同，誤。

〔3〕徐天祐曰："吴地。《漢·地理志》爲臨淮郡堂邑縣。"◯覺按：堂邑：本名棠，爲春秋時楚地（見《左傳·襄公十四年》）。後屬吴，稱堂邑。故城在今江蘇省南京市六合區西北。

〔4〕夫子：對人的尊稱。

〔5〕折：折斷，引申指反轉，改變方嚮。 折道：指半路返回。

〔6〕碓（duì 對）：舂米的器具。桓譚《新論》："宓犧之制杵舂，萬民以濟，及後人加功（覺按：《太平御覽》卷七六二引文作"巧"），因延力借身重以踐碓，而利十倍。"今碓已少見，但尚有存留。其主體爲一厚木。木之一端凸出，其下爲舂米柱，其上綁縛石塊。木之中部設軸而置於支架上。舂米時人在木之另一端一踩一放，舂米柱借助石塊的勢能舂入石臼。 顙（sǎng 桑上聲）：額。 碓顙：凸額頭。其眉額突出，像舂米的碓，所以叫"碓顙"。

〔7〕戾（lì 粒）：强勁，兇猛。 從難：從事危難之事，冒險。

〔8〕孤：見 2.1 注〔7〕。 根：《左傳·昭公二十七年》："吴公子光曰：'……我，王嗣也。'"《史記·刺客列傳》："公子光曰：'使以兄弟次邪，季子當立。必以子乎，則光真適嗣，當立。'"此文所謂"根"，當即"王嗣""嫡嗣"之意，指可以繼承王位的嫡長子。此文稱"根"，蓋漢代之語，漢《相府小史夏堪碑》："夏堪……零陵太守之根嗣也。"（《隸釋》卷十二）不稱"嫡嗣"而稱"根嗣"，可證漢代"根"與"嫡"同義。

〔9〕徐天祐曰："名遏。《史記索隱》曰：'遏是其名，諸樊是其號。'"◯覺按：見 2.6 注〔1〕。

〔10〕徐天祐曰："《春秋》作'夷末'。"◯覺按：見 2.6 注〔3〕。

〔11〕札之賢也：指壽夢想廢長立少以傳位給季札而季札推辭的事，見 2.6。

〔12〕付：給予。 適：通"嫡"。 傳付適長：指傳給諸樊，見 2.6。此文所述與《史記·刺客列傳》不同。

〔13〕徐天祐曰："去聲。"

〔14〕亡：外出，與《論語·陽貨》"孔子時其亡也"之"亡"義同。季札出使諸侯的事詳見《左傳·襄公二十九年》《史記·吴太伯世家》。

〔15〕安吾志：安我心，指立自己爲國君。

〔16〕諷：不正面直説而用含蓄的話委婉地勸説。

〔17〕徐天祐曰："擇言。"◯覺按：詮：闡明，解釋。 詮斯義：闡明這裏面的事理。指明白上述這幾句話中的道理，從而爲自己去刺殺王僚。

〔18〕這句的言外之意是：無須我"詮斯義"了。

〔19〕於：在。 於公子：在公子看來。"於……"是本書一種詢問對方意見時慣用的語法結構。又如 4.10"於二子何如"，5.17"於衆大夫如何"，7.9"於子柰何"，8.6"於子何如"。

〔20〕不（fǒu 否）：同"否"。

〔21〕委命：託付性命。《史記·刺客列傳》："公子光頓首曰：'光之身，子之身也。'"即此"委命"之義。

〔22〕何味所甘：即"所甘何味"。 甘：甜美，味道好。這裏用作意動詞。 所甘：認爲是甜美的東西。

〔23〕學炙魚：今江蘇省蘇州市吴中區太湖東岸胥口鎮西南約 4 公里處孫武路側有炙魚橋，相傳即專諸學炙魚處。

〔24〕坐：《左傳·桓公十二年》"楚人坐其北門"杜預注："坐，猶守也。"引申

爲常駐，不離開。

【義疏】

子胥離開朝廷而到田野中耕種，並尋覓勇士，準備把他推薦給公子光，想靠這種辦法來討好公子光，于是找到了勇士專諸。

專諸，是堂邑人。伍子胥從楚國出逃前往吴國時，在路上碰到了他。當時專諸剛好要和人搏鬥，將要逼近對手時，他的憤怒有壓倒上萬人的氣勢，厲害得不可抵擋。但他的妻子一喊，他就回去了。子胥覺得奇怪而詢問他的情况："爲什麽您的憤怒那樣强烈，但聽見一個女人的聲音就半路返回了，難道有什麽講究嗎？"專諸説："您看我的儀表，難道像個愚蠢的人嗎？爲什麽您的話這樣鄙陋呢？那屈服于一人之下的人，一定能舒展于萬人之上。"子胥因而端詳他的相貌，衹見他眉額凸出而眼眶深陷，有老虎似的胸膛和熊一樣的脊背，凶猛得敢于冒險，知道他是個勇士，就暗中和他結交，打算到時候讓他出力賣命。正好碰上公子光有謀劃，就把他推薦給了公子光。

公子光已經得到了專諸，便禮貌地款待他。公子光説："老天讓您來輔助我這個没有能繼承君位的嫡長子啊。"專諸説："上一代吴王餘昧去世後，僚繼位，這本來就是他的職分。公子爲什麽要殺害他呢？"公子光説："先君壽夢有兒子四個，大兒子叫諸樊——就是我光的父親，其次是餘祭，其次是餘昧，其次是季札。因爲季札賢能，壽夢將去世時，把君位傳給了嫡長子，再依照兄弟的次序傳給季札。想當時季札作爲使者而外出到諸侯各國還没有回來，而餘昧去世了，國君的位子就空缺無人了。有資格繼位的人，是嫡長子。而嫡長子的後代，就是我光。現在僚憑什麽該替代我而繼承君位呢？我勢力薄弱，在掌管國家大事的大臣之中得不到輔助，如果不是使用有力的黨徒，能安我的心嗎？我即使替代王僚而立爲國君，季札向東回到國内，也不會廢黜我的。"專諸説："爲什麽不派親近的大臣從容不迫地在王僚身邊建議、陳述先君的命令來委婉地打動他的心、使他知道國家應該歸誰所有？何必要私下準備刺客而抛弃先王的道德呢？"公子光説："僚一向貪婪而倚仗强力，知道進取的好處，就不理睬退讓了。所以我要尋覓患難與共的勇士，想和他齊心合力對付僚。但衹有您能明白這種道理啊！"專諸説："您的話太露骨了吧？公子究竟是什麽意圖呢？"公子光説："我剛纔的話並不露骨。這是有關國家命運的謀劃啊，但敝人還没有能力履行。現在衹有把我的性命委托給您了。"專諸説："請公子命令我吧。"公子光説："時機還没有成熟。"專諸説："凡是要殺君主，必須先覓得他所喜歡的東西。吴王喜歡什麽呢？"公子光説："喜歡美味佳肴。"專諸説："他所喜歡的是什麽美味佳肴？"

公子光説："他喜歡吃烤魚。"專諸便走了，到太湖學烤魚，三個月過去了，會做吴王喜歡吃的食物了，就安心等待公子光命令他。

【輯證】

伍子胥欲見吴王而不得。客有言之於王子光者，見之而惡其貌，不聽其説而辭之。客請之王子光，王子光曰："其貌適吾所甚惡也。"客以聞伍子胥，伍子胥曰："此易故也。願令王子居於堂上，重帷而見其衣若手，請因説之。"王子許。伍子胥説之半，王子光舉帷，搏其手而與之坐。説畢，王子光大説。伍子胥以爲有吴國者必王子光也，退而耕於野七年。王子光代吴王僚爲王，任子胥。子胥乃修法制，下賢良，選練士，習戰鬭；六年，然後大勝楚於柏舉，九戰九勝，追北千里，昭王出奔隨，遂有郢，親射王宫，鞭荆平之墳三百。鄉之耕，非忘其父之讎也，待時也。（《吕氏春秋·首時》P.767）

專諸者，吴堂邑人也。伍子胥之亡楚而如吴也，知專諸之能。伍子胥既見吴王僚，説以伐楚之利。吴公子光曰："彼伍員父兄皆死於楚而員言伐楚，欲自爲報私讎也，非能爲吴。"吴王乃止。伍子胥知公子光之欲殺吴王僚，乃曰："彼光將有内志，未可説以外事。"乃進專諸於公子光。光之父曰吴王諸樊。諸樊弟三人：次曰餘祭，次曰夷眛，次曰季子札。諸樊知季子札賢而不立太子，以次傳三弟，欲卒致國于季子札。諸樊既死，傳餘祭。餘祭死，傳夷眛。夷眛死，當傳季子札；季子札逃不肯立，吴人乃立夷眛之子僚爲王。公子光曰："使以兄弟次邪，季子當立；必以子乎，則光真適嗣，當立。"故嘗陰養謀臣以求立。光既得專諸，善客待之。（《史記·刺客列傳》P.3038）

公子光者，王諸樊之子也，常以爲"吾父兄弟四人，當傳至季子。季子即不受國，光父先立。即不傳季子，光當立"。陰納賢士，欲以襲王僚。（《史記·吴太伯世家》P.1757）

《吴越春秋》云："專諸從太湖學炙魚。"（《北堂書鈔》卷第一百四十五 V.1213-P.54）

《吴越春秋》云："專諸，豐邑人。伍子胥初亡楚如吴時，遇之於途。專諸方與人鬭，甚不可當。其妻呼，還。子胥怪而問其狀。專諸曰：'夫屈一人之下，必申萬人之上。'胥因而相之，雄貌，深目，侈口，熊背，知其勇士。"（《史記·吴太伯世家》"乃求勇士專諸"《正義》P.1759）

《吴越春秋》曰："專諸，豐邑人。伍子胥初去楚如吴時，遇之於塗。專諸方與人鬭，其怒有萬人之氣，甚不可當。其妻一呼，即還。子胥恠而問其壯：'何夫子怒之盛，聞一女子之聲而即折道，寧有説乎？'專諸曰：'子視吾之儀，寧類愚者耶？何言之鄙也？夫屈一人之下，必申萬人之上。'子胥因相决之，推顙深目，虎口鷹背，戾於從難，知其勇士也。"（《太平御覽》卷第四百三十六 P.2008）

《吴越春秋》曰："伍子胥始吴時，遇專諸於途。專諸方與人鬭，將就之適，其怒有萬人之氣。其妻一呼，即還。子胥怪而問其狀，專諸曰：'夫屈一人之下，必伸萬人之上。'"（《太平御覽》卷第四百九十六 P.2270）

3.12

八年〔1〕，僚遣公子伐楚，大敗楚師，因迎故太子建母於鄭。鄭君送建母珠玉簪珥，欲以解殺建之過●〔2〕。

【注釋】

〔1〕此年之事可參見《左傳・昭公二十三年》及《史記・吴太伯世家》，其所記較此文爲詳，但不盡相同。如吴伐州來，與楚所率各諸侯戰於雞父，敗陳、蔡之師等等，此書均略。

〔2〕徐天祜曰："《左傳・昭公二十三年》：'楚太子建故母在郹，吴太子諸樊入郹，取楚夫人與其寶器以歸。'杜預解：'諸樊，吴王僚之太子。'按《春秋・襄公二十五年》：'吴子遏伐楚，門于巢，卒。'杜預解：'遏，諸樊也。'《傳》亦書：'吴子諸樊卒。'諸樊之死於是三十年矣。此書云'僚遣公子'，當是公子光，非光之父諸樊也。諸樊於僚爲世父，亦不得云'王僚太子'也。豈《傳》與杜解俱誤耶？"〇俞樾曰："按昭二十三年《左傳》：'楚大子建之母在郹，召吴人而啟之。冬十月甲申，吴大子諸樊入郹，取楚夫人與其寶器以歸。'杜注曰：'郹，郹陽也。平王娶秦女，廢太子建，故母歸其家。'又曰：'諸樊，吴王僚之太子。'《正義》曰：'吴子諸樊，吴王僚之伯父也。僚子又名諸樊，乃與伯祖同名。吴人雖是東夷，理亦不應然也。此久遠之書，又字經篆隸，或誤耳。'然則《左傳》'諸樊'二字顯有錯誤，今以此書證之，似'郹'字亦誤也。杜解'郹'爲郹陽，《正義》以爲蔡地。夫太子建母雖蔡女，然既歸母家，自應居蔡國都，不應居郹陽也。《史記・世家》云：'吴使公子光伐楚，敗楚師，迎楚故太子建母於居巢以歸。'則又以爲在居巢而不在郹。夫楚太子建母何緣得在居巢亦未詳也。此書以爲在鄭，疑得其實。蓋太子建之出奔，實奉其母以行，先奔宋，後奔鄭，及建見殺而其母仍在鄭。至是，建之子勝與伍員俱奔吴，故吴迎其母於鄭以歸，使依其孫也。'鄭'字隸書或作'郥'，故《左傳》誤爲'郹'，殆與'諸樊'同爲字誤也。"〇覺按：《禮記・禮運》"著有過"孔穎達疏："過，罪也。"

【義疏】

八年（公元前519年），王僚派遣公子光進攻楚國，大敗楚軍，接着又從鄭國接來了原太子建的母親。鄭定公送給太子建的母親珍珠、寶玉、髮簪、玉耳飾，想以此來消解殺害太子建的罪過。

【輯證】

秋七月，莒子庚輿來奔。戊辰，吴敗頓、胡、沈、蔡、陳、許之師于雞父，胡子髡、沈子逞滅，獲陳夏齧。（《春秋・昭公二十三年》P.2101）

秋七月……吴人伐州來，楚薳越帥師及諸侯之師奔命救州來。吴人禦諸鍾離。子瑕卒，楚師熸。吴公子光曰："諸侯從於楚者衆，而皆小國也。畏楚而不獲已，是以來。吾聞之曰：'作事威克其愛，雖小必濟。'胡、沈之君幼而狂，陳大夫齧壯而頑，頓與許、蔡疾楚政。楚令尹死，其師熸。帥賤、多寵，政令不壹。七國同役而不同心，帥賤而不能整，無大威命，楚可敗也。若分師先以犯胡、沈與陳，必先奔。三國敗，諸侯之師乃搖心矣。諸侯乖亂，楚必大奔。請先者去備薄威，後者敦陳整旅。"吴子從之。戊辰晦，戰于雞父。吴子以罪人三千先犯胡、沈與陳，三國爭之。吴爲三軍以繫於後，中軍從王，光帥右，掩餘帥左。吴之罪人或奔或止，三國亂。吴師擊之，三國敗，獲胡、沈之君及陳大夫。舍胡、沈之囚，使奔許與蔡、頓，曰："吾君死矣！"師譟而從之，三國奔，楚師大奔。書曰："胡子髡、沈子逞滅，獲陳夏齧。"君臣之辭也。不言戰，楚未陳也。……楚大子建之母在郹，召吴人而啓之。冬十月甲申，吴大子諸樊入郹，取楚夫人與其寶器以歸。楚司馬薳越追之，不及，將死。衆曰："請遂伐吴以徼之。"薳越曰："再敗君師，死且有罪。亡君夫人，不可以莫之死也。"乃縊於薳澨。（《左傳・昭公二十三年》P.2102）

（吴僚）八：公子光敗楚。（《史記·十二諸侯年表》P.790）

（王僚）八年，吴使公子光伐楚，敗楚師，迎楚故太子建母於居巢以歸。因北伐，敗陳、蔡之師。（《史記·吴太伯世家》P.1758）

（楚平王）十：吴伐敗我。（《史記·十二諸侯年表》P.790）

（平王）十年，楚太子建母在居巢，開吴。吴使公子光伐楚，遂敗陳、蔡，取太子建母而去。楚恐，城郢。（《史記·楚世家》P.2054）

（陳惠公）十五：吴敗我兵，取胡、沈。（《史記·十二諸侯年表》P.790）

（陳惠公）十五年，吴王僚使公子光伐陳，取胡、沈而去。（《史記·陳杞世家》P.1903）

3.13

九年〔1〕，吴使光伐楚，拔居巢、鍾離●〔2〕。吴所以相攻者，初，楚之邊邑脾梁●之女與吴邊邑處女蠶【1】〔3〕，争界上之桑●〔4〕，二家相攻，吴國不勝，遂更相伐〔5〕，滅吴之邊邑。吴怒，故伐楚，取二邑而去〔6〕。

【校記】

【1】脾：大德本作“胛”，據嘉靖本改。

【注釋】

〔1〕本段承襲《史記·吴太伯世家》之文，《左傳·昭公二十四年》與此文不盡相同。

〔2〕徐天祜曰：“《左傳·昭公二十四年》：‘吴遂滅巢及鍾離而還。’《世家》所記與此合。巢，今無爲巢縣。”〇覺按：居巢：《春秋》《左傳》均作“巢”。巢原爲殷商舊國，湯流放桀於南巢，即此。春秋時爲巢國。據《史記》及此文，可知其先爲楚地，後又爲吴國所滅。秦爲居巢縣，漢沿置，所以《史記》及本書稱“居巢”。故城在今安徽省巢湖市西南。鍾離：見2.1注〔4〕。

〔3〕徐天祜曰：“《史記》作‘卑梁’。”〇覺按：《史記·吴太伯世家》作“初，楚邊邑卑梁氏之處女與吴邊邑之女争桑”，與本文同。但《史記·伍子胥列傳》作“楚平王以其邊邑鍾離與吴邊邑卑梁氏俱蠶，兩女子争桑”，《史記·楚世家》作“初，吴之邊邑卑梁與楚邊邑鍾離小童争桑”，《正義》：“卑梁邑，近鍾離也。”相較而論，當以後者爲是，即卑梁爲吴國邊邑，相鄰的楚國邊邑爲鍾離，本文誤。

〔4〕徐天祜曰：“《史記》曰：‘小童争桑。’《伍子胥傳》：‘兩女子争桑。’”

〔5〕更：交替，輪番。

〔6〕《史記·楚世家》：“兩家交怒相攻，滅卑梁人。卑梁大夫怒，發邑兵攻鍾離。楚王聞之，怒，發國兵滅卑梁。吴王聞之，大怒，亦發兵使公子光因建母家攻楚，遂滅鍾離、居巢。”於此事敘述最爲詳備，可作爲這幾句的注釋。

【義疏】

九年（前518），吴王派公子光進攻楚國，攻克了居巢、鍾離。吴國攻打楚國的原因是：當初，楚國的邊城脾梁的女子和吴國邊城中的少女都養蠶，她們争奪邊界上的桑葉，兩家互相攻打，吴國那一家没有取勝，于是吴、楚雙方交替相攻，結果楚國滅掉了吴國的邊城。吴王爲此大怒，所以攻打楚國，奪取了居巢、鍾離兩座城邑才離去。

【輯證】

冬，吴滅巢。（《春秋·昭公二十四年》P.2105）

冬……楚子爲舟師以略吴疆。沈尹戌曰："此行也，楚必亡邑。不撫民而勞之，吴不動而速之，吴踵楚，而疆埸無備，邑能無亡乎？"越大夫胥犴勞王於豫章之汭。越公子倉歸王乘舟，倉及壽夢帥師從王，王及圉陽而還。吴人踵楚，而邊人不備，遂滅巢及鍾離而還。沈尹戌曰："亡郢之始，於此在矣。王壹動而亡二姓之帥，幾如是而不及郢？《詩》曰：'誰生厲階？至今爲梗。'其王之謂乎？"（《左傳·昭公二十四年》P.2106）

楚之邊邑曰卑梁，其處女與吴之邊邑處女桑於境上，戲而傷卑梁之處女。卑梁人操其傷子以讓吴人，吴人應之不恭，怒殺而去之。吴人往報之，盡屠其家。卑梁公怒，曰："吴人焉敢攻吾邑？"舉兵反攻之，老弱盡殺之矣。吴王夷昧聞之怒，使人舉兵侵楚之邊邑，克夷而後去之。吴、楚以此大隆。吴公子光又率師與楚人戰於雞父，大敗楚人，獲其帥潘子臣、小惟子、陳夏齧，又反伐郢，得荆平王之夫人以歸，實爲雞父之戰。（《吕氏春秋·察微》P.1003）

（王僚）九年，公子光伐楚，拔居巢、鍾離。初，楚邊邑卑梁氏之處女與吴邊邑之女争桑，二女家怒相滅，兩國邊邑長聞之，怒而相攻，滅吴之邊邑。吴王怒，故遂伐楚，取兩都而去。（《史記·吴太伯世家》P.1758）

（楚平王）十一：吴卑梁人争桑，伐取我鍾離。（《史記·十二諸侯年表》P.790）

初，吴之邊邑卑梁與楚邊邑鍾離小童争桑，兩家交怒相攻，滅卑梁人。卑梁大夫怒，發邑兵攻鍾離。楚王聞之怒，發國兵滅卑梁。吴王聞之大怒，亦發兵，使公子光因建母家攻楚，遂滅鍾離、居巢。（《史記·楚世家》P.2054）

久之，楚平王以其邊邑鍾離與吴邊邑卑梁氏俱蠶，兩女子争桑相攻，乃大怒，至於兩國舉兵相伐。吴使公子光伐楚，拔其鍾離、居巢而歸。（《史記·伍子胥列傳》P.2630）

3.14

十二年冬，楚平王卒●〔1〕。伍子胥謂白公勝●曰〔2〕："平王卒，吾志不悉矣。然楚國存【1】，吾何憂矣〔3〕？"白公默然不對，伍子胥坐泣於室。

【校記】

【1】存：大德本作"有"，據四庫本改。

【注釋】

〔1〕徐天祜曰："《左傳·昭公二十六年》：'九月，楚平王卒。'《索隱》曰：'按《年表》及《左傳》，合在僚十一年。'此書作'十二年'，又以秋爲冬，皆誤。"〇覺按：此當作"十一年"。此乃承《史記·吴太伯世家》之誤。

〔2〕徐天祜曰："即太子建之子。其後惠王召勝歸楚，使居邊邑。服虔曰：'白，楚邑名。大夫皆稱公。'杜預曰：'汝陰褒信縣西南有白亭。'勝奔吴事見前。"〇覺按：白公勝：

即楚平王之太子建的兒子，名勝，又稱王孫勝。其父建逃亡到鄭國，因與晉國合謀襲鄭而被殺，他爲避難而與伍子胥一起逃到吳國（參見3.8）。楚惠王二年（前487），令尹子西將他召回，讓他住在白邑（楚國邊境上的縣城，在今河南省息縣東七十餘里），故號白公（楚國國君僭稱“王”，大夫、縣令僭稱“公”）。他一直想伐鄭報仇，子西答應了而一直未發兵。楚惠王八年（前481），晉國伐鄭，鄭國告急于楚，楚國派子西救鄭，子西受鄭國之賂而與之盟。白公勝便把子西等當作仇人。楚惠王十年（前479），他造反作亂，殺死令尹子西、司馬子期，劫持了楚惠王，控制了楚國國都。後葉公子高起兵攻打他，他失敗後自縊死。事見《左傳·哀公十六年》《史記·楚世家》。

〔3〕然楚國存，吾何憂矣：這是説，楚國尚存，還可報仇，不必擔憂。

【義疏】

王僚十二年（前515）冬，楚平王去世。伍子胥對白公勝説：“平王去世了，我們報仇的心願不能完全實現了。但楚國還存在，我們擔心什麽呢？”白公勝沉默而不回答，伍子胥在房間裏坐着哭泣。

【輯證】

（王僚）十二年冬，楚平王卒。（《史記·吳太伯世家》P.1759）

（平王）十三年，平王卒。（《史記·楚世家》P.2055）

3.15

十三年●春〔1〕，吳欲因楚葬而伐之●〔2〕，使公子蓋餘、燭傭●以兵圍楚〔3〕，使季札於晉以觀諸侯之變。楚發兵絶吳後，吳兵不得還。於是公子光心動。伍胥知光之見機也，乃説光，曰：“今吳王伐楚，二弟將兵未知吉凶。專諸之事，於斯急矣。時不再來，不可失也。”於是公子見專諸曰：“今二弟伐楚，季子未還。當此之時，不求何獲？時不可失。且光，真王嗣也。”專諸曰：“僚可殺也。母老子弱，弟伐楚，楚絶其後。方今吳外困於楚，内無骨鯁之臣，是無如我何也。”

四月，公子光伏甲士於窋室中●〔4〕，具酒而請王僚。僚白其母曰：“公子光爲我具酒，來請期〔5〕，無變悉乎〔6〕？”母曰：“光心氣怏怏，常有愧恨之色，不可不慎。”王僚乃被棠銕之甲三重〔7〕，使兵衛陳於道，自宫門至於光家之門，階席左右皆王僚之親戚，使夾立侍皆操長戟交軹【1】〔8〕。酒酣，公子光佯爲足疾入窋室裹足，使專諸置魚腸劍炙魚中進之〔9〕。既至王僚前，專諸乃擘炙魚，因推匕首，立戟交軹倚專諸胷●〔10〕，胷斷臆開〔11〕，匕首如故，以刺王僚，貫甲達背，王僚立死【2】，左右共殺專諸。衆士擾動。公子光伏其甲士以攻僚衆[12]，盡滅之，遂自立，是爲吴王闔閭也[13]。乃封專諸之子，拜爲客卿[14]。

季札使還至吴，闔閭以位讓。季札曰："苟前君無廢[15]，社稷以奉[16]，君也，吾誰怨乎？哀死待生[17]，以俟天命。非我所亂，立者從之，是前人之道[18]。"命哭僚墓[19]，復位而待。

公子蓋餘、燭傭二人，將兵遇圍於楚者，聞公子光殺王僚自立，乃以兵降楚，楚封之於舒●[20]。

【校記】

【1】夾：大德本作"坐"，據《史記·刺客列傳》改。

【2】立：大德本作"既"，據《太平御覽》卷三百五十六引文改。

【注釋】

〔1〕徐天祜曰："《索隱》曰：'據《表》及《左氏》，僚止合有十二年事。'今《史記·世家》乃書云'十三年'，此書似承《世家》之誤。"○覺按：此當作"十二年"。《史記·十二諸侯年表》也云："（吴僚）十二：公子光使專諸殺王僚自立。"此文乃承《史記·吴太伯世家》之誤，與上文"十二年"同。

〔2〕徐天祜曰："《左傳》：'吴子欲因楚喪而伐之。'《世家》同，'喪'作'噐'字。此書'葬'字恐是'喪'字之誤。"

〔3〕徐天祜曰："《左傳》'蓋'作'掩'，'傭'作'庸'，皆王僚母弟。"○覺按："蓋餘""燭傭"《左傳·昭公二十七年》作"掩餘""燭庸"。《史記·吴太伯世家》"使公子蓋餘、燭庸"《索隱》："《春秋》作'掩餘'，《史記》並作'蓋餘'，義同而字異。或者謂太史公被腐刑，不欲言'掩'也。賈逵及杜預及《刺客傳》皆云二公子王僚母弟。而昭二十三年《左傳》曰'光帥右，掩餘帥左'，杜注彼則云：'掩餘，吴王壽夢子。'又《系族譜》亦云：'二公子，並壽夢子。'若依《公羊》，僚爲壽夢子，則與《系族譜》合也。" 圍楚：《左傳·昭公二十七年》作"圍潛"。潛，楚地，在今安徽省霍山縣東北。

〔4〕徐天祜曰："《左傳》作'堀室'，《史記》作'窟室'。"○覺按：窋（kū 枯）：同"窟"，洞穴。 窋室：地下室。

〔5〕《廣雅·釋詁四》："期，會也。"

〔6〕變：事變，突發的事故。 悉：當作"患"，形近而誤。馮本作"意"，恐爲臆改。

〔7〕被（pī 披）：通"披"，穿在身上。 棠：疑指棠谿，春秋時楚國地名，故址在今河南省遂平縣西北，以鑄劍戟而聞名。《戰國策·韓策一》："韓卒之劍戟，皆出於冥山、棠谿、墨陽……" 銕：同"鐵"。 棠銕：指棠谿出産的好鐵。或作"唐夷"，字通，參見 10.22 注〔8〕。

〔8〕俞樾曰："此'軹'字當讀爲'枝'，古字通用。'枝'從支聲，'軹'從只聲，兩聲相近，'肞'或作'肢'，即其證也。戟者，有枝之兵。交軹，即交枝，言戟枝相交也。下文'立戟交軹'義同。"○覺按：古代常使衛兵執戟交錯來防衛，如《史記·項羽本紀》："噲即帶劍擁盾入軍門，交戟之衛士欲止不內。"所以要"使夾立侍皆操長戟交軹（zhǐ 指）"。夾：在兩旁。 戟：頭部有兩個横刃（如樹枝）的一種長柄兵器。

〔9〕魚腸劍：匕首名。《史記》的《吴太伯世家》《刺客列傳》均作“匕首”。《淮南子·脩務訓》“夫純鈎魚腸之始下型”高誘注：“魚腸，文理屈辟若魚腸者，良劍也。”可見魚腸是因劍之紋理而得名。此劍相傳爲越國歐冶子所造，參見4.15注〔13〕。

〔10〕徐天祜曰：“戟，有枝兵也。《周禮》：‘戟長丈六尺。’《增韻》：‘雙枝爲戟，單枝爲戈。’軹，《説文》：‘車輪小穿。’《周禮》‘大馭祭兩軹’註：‘軹謂兩轊。’《詩詁》曰：‘車軸之耑貫轂者爲轊，轂末之小穿容轊者爲軹。’此言‘立戟交軹’，謂戟之立如軹之交，倚專諸之胷也。”〇覺按：此“軹”字當讀爲“枝”（見注〔8〕），徐説非。《禮記·曲禮下》“主佩倚”鄭玄注：“倚，謂附於身。”即此文“倚”字之義。

〔11〕此文當作“臆斷胸開”。臆：《説文·肉部》作“肊”，云：“胷骨也。”

〔12〕此句《史記·刺客列傳》作“公子光出其伏甲以攻王僚之徒”，較此文爲勝。

〔13〕闔閭：一作闔廬（hélǘ河驢，古代“廬”“閭”同音），是公子光立爲吴王以後的號，公元前514—公元前496年在位。

〔14〕客卿：原爲秦官名。請別國之人在本國做官，其位爲卿，而以客禮待之，故稱客卿。《史記·范雎蔡澤列傳》：“（秦昭王）乃拜范雎爲客卿，謀兵事。”雎本爲魏國人，故稱客卿。專諸之子爲堂邑人，當時大概堂邑仍屬楚國，所以説“拜爲客卿”。

〔15〕此季札之言取自《史記·吴太伯世家》，又見於《左傳·昭公二十七年》，但爲了湊成其四音步，頗多刪省，致使文義不明。這“廢”字下《左傳》《史記》都有“祀”字，文義較足。

〔16〕社稷以奉：裴學海曰：“‘以’猶‘有’也。……《史記·吴世家》作‘社稷有奉’。”〇覺按：此“以”字，《左傳》《史記》均作“有”。

〔17〕死：死者。指王僚。 待：當作“侍”。《莊子·田子方》“孔子便而待之”《釋文》：“待，或作‘侍’。”與此同例。《左傳》《史記》均作“事”，是其證。 生：生者，指闔閭。

〔18〕《左傳·昭公二十七年》“先人之道也”杜預注：“吴自諸樊以下兄弟相傳而不立適，是亂由先人起也。季子自知力不能討光，故云爾。”

〔19〕《左傳》《史記》“命”上均有“復”字，文義爲足。杜預注：“復使命於僚墓。”

〔20〕徐天祜曰：“按《左傳》：‘掩餘奔徐，燭庸奔鍾吾；吴使徐人執掩餘、鍾吾人執燭庸，二公子奔楚。’此言‘以兵降楚’，與《傳》不合。《史記》亦云奔楚，《世家》與《伍子胥傳》皆云降楚。舒，春秋時舒國，爲楚所滅，漢屬廬江郡，今廬州有舒城縣。”〇覺按：二公子奔徐、鍾吾，見《左傳·昭公二十七年》；二公子奔楚，見《左傳·昭公三十年》。可見二公子奔楚應在闔閭三年（前512）。《史記》的《十二諸侯年表》《楚世家》所記其奔楚時間與《左傳》合。此文與《史記》的《吴太伯世家》《伍子胥列傳》所記同，誤。 舒：在今安徽省舒城縣。

【義疏】

王僚十三年（前514）春，吴國想趁楚國葬平王的機會去攻打它，所以派遣公子蓋餘、燭傭帶兵去包圍楚國，派季札到晋國去觀察諸侯的反應。楚國出兵截斷了吴軍的後路，吴軍回不來了。在這個時候公子光就心動了。伍子胥知道公子光看到了機會，就勸説公子光，説：“現在吴王攻打楚國，兩個弟弟帶兵在外還不知吉凶如何。專諸的事情，在這個時候要趕快做了。時機不可能再次來到，機會不可以錯過啊！”于是公子光會見專諸説：“現在吴王兩個弟弟攻打楚國去了，季札還没有回來。在這個時候不去争取，那什麽時候才能獲得王位呢？這時機可不能丢了。况且我光，是真正的王位繼承人啊。”專諸説：“王僚是可以殺死的。他母親老了，孩子還小，弟弟又去攻打楚國，楚國截斷了他們的退路。當今吴王在外被楚國所困，在内又没有忠誠正直的大臣，在這種情况下他是不能把我們怎麽樣的。”

四月，公子光把身披鎧甲的武士埋伏在地下室裏，備辦了酒宴去邀請王僚。王僚稟告他的母親説：“公子光爲我準備了酒席，前來邀請我聚會，該没有什麽變亂禍患吧？”母親説：“公子光的情緒怏怏不樂，常常有因羞愧而怨恨的臉色，不能不小心謹慎。”王僚于是穿了用棠谿的優質鐵片製成的鎧甲三層，派手執武器的衛兵排列在路旁，從王宫的大門一直排到公子光家的大門，臺階座席身旁都是王僚的親戚，使兩旁站着的侍衛都手握長戟，並把戟的横刃互相交錯着來防衛。酒喝到痛快之時，公子光假裝因爲脚痛而到地下室包脚，就派專諸把魚腸劍放置在烤魚中進獻給王僚。已經到了王僚跟前，專諸便用手擘開烤魚，接着就拿匕首向前刺去，站着的侍衛手中那交錯着横刃的長戟也就刺到了專諸的胸膛上，專諸的胸骨斷了，胸膛刺開了，但匕首却還是像原來那樣刺向王僚，穿透了王僚的鎧甲而直刺到他的背上，王僚立刻身亡，他身旁的侍衛便一起殺死了專諸。王僚手下的人亂成一團。公子光埋伏了身披鎧甲的士兵來攻打王僚的黨徒，把他們全部殲滅了，于是就自立爲國君，這就是吴王闔閭。于是闔閭就授予專諸的兒子封地，任命他爲客卿。

季札出使回到吴國，闔閭把君位讓給季札。季札説：“如果從前的國君不被廢絶祭祀，國家的土地神穀神得到供奉，那就是我的國君，我還怪怨誰呢？我也祇有哀悼死者而侍奉生者，來等待天神和命運的安排。這不是我造成的禍亂，誰即位爲君我就服從誰，這是前人的原則啊！”于是他就到王僚的墓前匯報了執行使命的情况，並向着王僚墓痛哭了一場，然後又回到原來的職位上等候闔閭的命令。

公子蓋餘、燭傭二人，本來就率兵而被包圍在楚國，聽説公子光殺了王僚而自立爲君，就率領軍隊投降了楚國，楚國把他們封在舒邑。

【輯證】

夏四月，吴弒其君僚。（《春秋·昭公二十七年》P.2115）

二十七年春，公如齊。公至自齊，處于鄆，言在外也。吴子欲因楚喪而伐之，使公子掩餘、公子燭庸帥師圍潛。使延州來季子聘于上國，遂聘于晉，以觀諸侯。楚莠尹然、工尹麇帥師救潛。左司馬沈尹戌帥都君子與王馬之屬以濟師，與吴師遇于窮。令尹子常以舟師及沙汭而還。左尹郤宛、工尹壽帥師至于潛，吴師不能退。吴公子光曰：“此時也，弗可失也。”告鱄設諸曰：“上國有言曰：‘不索何獲？’我，王嗣也，吾欲求之。事若克，季子雖至，不吾廢也。”鱄設諸曰：“王可弑也。母老子弱，是無若我何！”光曰：“我，爾身也。”夏四月，光伏甲於堀室而享王。王使甲坐於道及其門。門、階、户、席，皆王親也，夾之以鈹。羞者獻體改服於門外，執羞者坐行而入，執鈹者夾承之，及體以相授也。光僞足疾，入于堀室。鱄設諸寘劍於魚中以進，抽劍刺王，鈹交於胷，遂弑王。闔廬以其子爲卿。季子至，曰：“苟先君廢無祀，民人無廢主，社稷有奉，國家無傾，乃吾君也。吾誰敢怨？哀死事生，以待天命。非我生亂，立者從之，先人之道也。”復命哭墓，復位而待。吴公子掩餘奔徐，公子燭庸奔鍾吾。楚師聞吴亂而還。（《左傳·昭公二十七年》P.2115）

九年而楚平王死。春，吴王僚欲因楚喪，使其二弟公子蓋餘、屬庸將兵圍楚之灊，使延陵季子於晉以觀諸侯之變。楚發兵絶吴將蓋餘、屬庸路，吴兵不得還。於是公子光謂專諸曰：“此時不可失，不求何獲？且光真王嗣，當立，季子雖來，不吾廢也。”專諸曰：“王僚可殺也。母老子弱，而兩弟將兵伐楚，楚絶其後。方今吴外困於楚，而内空無骨鯁之臣，是無如我何。”公子光頓首曰：“光之身，子之身也。”四月丙子，光伏甲士於窟室中，而具酒請王僚。王僚使兵陳自宫至光之家，門户階陛左右皆王僚之親戚也。夾立侍，皆持長鈹。酒既酣，公子光詳爲足疾，入窟室中，使專諸置匕首魚炙之腹中而進之。既至王前，專諸擘魚，因以匕首刺王僚，王僚立死。左右亦殺專諸，王人擾亂。公子光出其伏甲以攻王僚之徒，盡滅之，遂自立爲王，是爲闔閭。闔閭乃封專諸之子以爲上卿。（《史記·刺客列傳》P.3039）

（吴僚）十二：公子光使專諸殺王僚自立。（《史記·十二諸侯年表》P.790）

（王僚）十三年春，吴欲因楚喪而伐之，使公子蓋餘、燭庸以兵圍楚之六、灊。使季札於晉，以觀諸侯之變。楚發兵絶吴兵後，吴兵不得還。於是吴公子光曰：“此時不可失也。”告專諸曰：“不索何獲？我真王嗣，當立，吾欲求之。季子雖至，不吾廢也。”專諸曰：“王僚可殺也。母老子弱，而兩公子將兵攻楚，楚絶其路。方今吴外困於楚，而内空無骨鯁之臣，是無柰我何。”光曰：“我身，子之身也。”四月丙子，光伏甲士於窟室，而謁王僚飲。王僚使兵陳於道，自王宫至光之家，門階户席，皆王僚之親也，人夾持鈹。公子光詳爲足疾，入于窟室，使專諸置匕首於炙魚之中以進食。手匕首刺王僚，鈹交於匈，遂弑王僚。公子光竟代立爲王，是爲吴王闔廬。闔廬乃以專諸子爲卿。季子至，曰：“苟先君無廢祀，民人無廢主，社稷有奉，乃吾君也。吾敢誰怨乎？哀死事生，以待天命。非我生亂，立者從之，先人之道也。”復命，哭僚墓，復位而待。吴公子燭庸、蓋餘二人將兵遇圍於楚者，聞公子光弑王僚自立，乃以其兵降楚，楚封之於舒。（《史記·吴太伯世家》P.1759）

吴王僚因楚喪，使二公子將兵往襲楚。楚發兵絶吴兵之後，不得歸。吴國内空，而公子光乃令專諸襲刺吴王僚而自立，是爲吴王闔廬。（《史記·伍子胥列傳》P.2630）

（昭王）四年，吴三公子奔楚，楚封之以扞吴。（《史記·楚世家》P.2055）

《吴越春秋》云：“專諸乃從太湖出，學炙魚，置劍炙魚間進之。”（《北堂書鈔》卷第一百四十五 V.1213-P.54）

《吴越春秋》云：“公子光具酒請王僚，王僚乃被棠夷之甲三重。”（《北堂書鈔》卷第一百二十一 V.1212-P.552）

《吴越春秋》曰：“公子光伏甲士於私室，具酒而請王僚。王僚乃被棠夷之甲三重，使兵衛至光家之門，夾陛帶甲，左右皆王僚之親戚也。”（《初學記》卷第二十二 P.536）

《吴越春秋》曰：“公子光伏甲於私室中，具酒。而王僚乃被棠夷之甲三重，使兵衛陳於道。專諸置魚腹而進之，刺王僚，貫脾達背，王僚立死。”（《太平御覽》卷第三百二 P.1392）

《吴越春秋》……又曰：“公子光伏甲士於私室，具酒而請王僚。王僚乃被棠夷之甲三重，使兵衛至光家之門，夾陛帶甲，左右皆王僚之親戚也。專諸置魚腸劍炙魚腹中而進之，

刺王僚，貫達背，王僚立死。”（《太平御覽》卷第三百五十六 P.1635）

《吴越春秋》曰：“專諸刺王僚，貫胛達背。”（《太平御覽》卷第三百六十九 P.1700）

公子光伏甲士於窟室中，具酒請王僚。僚白其母曰：“公子光爲我具酒，期，無變乎？”母曰：“光心氣怏怏，常有愧恨之色，不可不防。”王僚乃被棠銕之甲三重，使兵衛陣於道，自宫門至於光之門，階席左右皆王僚親戚，使坐立侍皆操長戟交軹。酒酣，光佯爲足疾入窟室，使專諸置魚腸劒炙魚中進之。既至王僚前，專諸擘炙魚，因推匕首，立戟交軹倚專諸，胸斷臆開，匕首如故，以刺王僚，貫甲達背。王僚既死，左右共殺專諸。衆士擾動。光伏甲士，攻僚衆，盡滅之，遂自立，是爲吴王闔閭。以位遜季札。季札曰：“苟先君無廢祀，社稷有奉，乃吾君也，吾誰怨乎？哀死事生，以俟天命。非我生亂，立者從之，是前人之道。”復命哭僚墓，復位。而公子蓋餘、燭庸二人，將兵遇圍於楚者，聞光殺王僚自立，乃以兵降楚，楚封之於舒。（《吴越春秋》）（《吴郡志》卷五十“雜志” P.327）

顧校：季札（扎）使還至吴

吴越春秋王僚使公子光傳第三

吴越春秋闔閭内傳第四

【提要】

闔閭内傳，就是吴王闔閭的傳記（關於“内”字，可參見《吴越春秋目録》注〔3〕）。它記載了闔閭立爲吴王後十一年間的事蹟，寫出了闔閭在伍子胥的輔佐下如何從建城築郭開始，直至破楚威齊、稱霸一方的全過程。

本篇記載的主要事蹟有：伍子胥築城，干將鑄劍，吴人殺子作鉤，白喜奔吴，要離刺慶忌，孫武試兵法，孫子攻楚，楚誅無忌，吴王葬女，風湖子説劍，唐、蔡怨楚，吴軍入郢，楚王出奔，子胥復仇，漁者退兵，申包胥乞師，夫槩奔楚，吴軍回師，扈子作曲，子胥償金，吴王作鱠，齊女思齊，夫差立爲太子，闔閭治宫室，楚王遷都。其中很多内容都是《左傳》《史記》等史家著作中所見不到的，類似後世的佚事小説，有些内容還與《左傳》等所記不相一致。如此文所寫的要離刺慶忌，與《左傳·哀公二十年》所載的吴人殺慶忌完全不同。這一事蹟，當是采自戰國以來的傳聞，如《吕氏春秋·忠廉篇》所記與此文類同，《戰國策·魏四》所記唐且之言也説：“要離之刺慶忌也，倉鷹擊於殿上。”《史記·魯仲連鄒陽列傳》所載鄒陽的上書中也有“要離之燒妻子”的話。這種不拘於古史所記而廣采傳聞異説的做法，雖然不一定能增强本書的史料價值，卻大大地增强了本書的文學色彩，爲後世提供了豐富的文學素材。

值得指出的是，本篇所具有的濃厚的文學色彩不僅僅體現在選材上，還體現在具體的行文之中。就是在《史記》等史籍中有記載的事件，本書也刻意寫得更周詳生動。如子胥報復之事，《史記》記作“子胥、伯嚭鞭平王之尸以報父讎”（《吴太伯世家》），“辱平王之墓，以伍子胥故也”（《楚世家》），“乃掘楚平王墓，出其尸，鞭之三百，然後已”（《伍子胥列傳》）。將這種種記述與本篇的“乃掘平王之墓……以辱楚之君臣也”相比，其疏密之分不言而喻。同時，作者在寫作中也充分施展了各種藝術技巧。如用莫耶的獻身來渲染干將鑄劍的神聖，用金鉤的聽話來宣揚靈魂的永存，用敢於與水神搏鬬的壯士椒丘訢以及“萬人莫當”的慶忌來反襯身材瘦小的要離之勇，用湛盧劍“水行如楚”來貶斥殘暴等，都帶有傳奇色彩，使人久久難以忘懷。還有，作者非常注意與他篇的呼應。如寫子胥鞭平王屍、見漁者之子而退兵、投金瀨水等復仇報恩之事，使上一篇中所寫的子胥遭害受德之事有了着落；而篇中所記被離告子胥之言、闔閭論夫差之語，又爲下篇子胥受讒於白喜、遭害於夫差以及夫差之亡國絶嗣埋下了伏筆。凡此種種，明顯地體現了本書的演義性特點，值得重視。

4.1

闔閭●元年[1]，始任賢使能，施恩行惠，以仁義聞於諸侯。

【注釋】

[1] 徐天祜曰：“《左傳》作‘闔廬’，《史·世家》同。”〇覺按：參見3.1注[1]。

【義疏】

闔閭元年（前514），吴國開始任用賢能的人，施行恩惠，因爲講究仁愛道義而聞名于諸侯各國。

4.2

仁未施、恩未行，恐國人不就、諸侯不信，乃舉伍子胥爲行人[1]，以客禮事之，而與謀國政。闔閭謂子胥曰：“寡人欲彊國霸王[2]，何由而可？”伍子胥膝進●[3]，垂淚頓首，曰：“臣，楚國之亡虜也。父兄棄捐，骸骨不葬，魂不血食[4]。蒙罪受辱，來歸命於大王。幸不加戮，何敢與政事焉[5]？”闔閭曰：“非夫子，寡人不免於縶禦之使[6]。今幸奉一言之教，乃至於斯。何爲中道生進退耶？”子胥曰：“臣聞謀議之臣，何足處於危亡之地？然憂除事定，必不爲君主所親。”闔閭曰：“不然。寡人非子無所盡議，何得讓乎？吾國僻遠，顧在東南之地，險阻潤濕，又有江海之害。君無守禦，民無所依，倉庫不設，田疇不墾。爲之奈何？”子胥良久對曰：“臣聞治國之道【1】，安君理民，是其上者。”闔閭曰：“安君治民，其術奈何？”子胥曰：“凡欲安君治民、興霸成王、從近制遠者，必先立城郭，設守備，實倉廩，治兵庫。斯則其術也。”闔閭曰：“善！夫築城郭，立倉庫，因地制宜，豈有天氣之數以威鄰國者乎[7]？”子胥曰：“有。”闔閭曰：“寡人委計於子。”

子胥乃使相土嘗水[8]，象天法地，造築大城[9]，周廻四十七里[10]，陸門八以象天八風[11]，水門八以法地八聰●【2】[12]。築小城[13]，周十里，陸門三【3】，不開東面者，欲以絶越明也。立閶門者[14]，以象天門，通閶闔風也●[15]。立蛇門者，以象地户也●[16]。

闔閭欲西破楚，楚在西北，故立閶門以通天氣〔17〕，因復名之破楚門。欲東并大越，越在東南，故立蛇門以制敵國〔18〕。吴在辰〔19〕，其位龍也，故小城南門上反羽爲兩鯢鱙以象龍角〔20〕。越在巳地，其位蛇也，故南大門上有木蛇，北向首内，示越屬於吴也。

【校記】

【1】治：大德本壞缺爲“冶”，據鄺本改。

【2】牕：大德本作“聰”，據《太平御覽》卷一百九十三引文改。

【3】陸：大德本作“陵”，據四庫本改。

【注釋】

〔1〕行人：見2.2注〔2〕。

〔2〕王（wàng旺）：稱王，統治天下。

〔3〕徐天祜曰：“膝行而進，出《莊子》。”

〔4〕血食：指祭祀。古代殺牲取血而祭，所以把祭祀稱爲血食。

〔5〕與（yù愈）：參與。

〔6〕縶（zhí執）：用繩索拴縛馬足。《楚辭·九歌·國殤》：“霾兩輪兮縶四馬。”禦：抵禦。縶禦之使：拴縛馬足、抵禦敵人的差使。指奉命出外征戰殺敵。參見上篇。

〔7〕據下文，此所謂“天氣”，包括天地，所以這“天氣”當指自然界的元氣，氣數。

〔8〕《小爾雅·廣言》：“嘗，試也。”

〔9〕大城：位於今蘇州市，當時闔閭用作都城。

〔10〕里：見1.5注〔8〕。

〔11〕陸門八：《吴郡志》卷三：“東面婁、匠二門，西面閶、胥二門，南面盤、蛇二門，北面齊、平二門。唐時八門悉啟。劉夢得詩云：‘二八城門開道路。’許渾詩云：‘共醉八門回畫舸。’今惟啟五門。八門，《吴地記》所紀而不載葑門，《續經》載葑門而謂平門一名巫門與赤門，二門皆不在八門之數。盖考之於今者如此。”八風：八方之風，即東北風、東風、東南風、南風、西南風、西風、西北風、北風。這八風古代有專稱，如《淮南子·墬形訓》：“何謂八風？東北曰炎風，東方曰條風，東南曰景風，南方曰巨風，西南曰涼風，西方曰飂風，西北曰麗風，北方曰寒風。”《説文·風部》：“風，八風也。東方曰明庶風，東南曰清明風，南方曰景風，西南曰涼風，西方曰閶闔風，西北曰不周風，北方曰廣莫風，東北曰融風。”

〔12〕徐天祜補註曰：“《吴郡志》引此書，以爲‘陸門八，以象天八風；水門八，以法地八卦’。《吴郡圖經續記》‘八聰’亦作‘八卦’爲是。《吴都賦》：‘郛郭周帀，重城結隅。通門二公（覺按：“公”當作“八”），水道陸衢。’”〇覺按：大德本之“聰”當爲“牕”之形訛，“牕”即“窗”字（古也寫作“牎”、“窻”），《藝文類聚》卷六十三引文即作“窗”，故此文不當作“八卦”。《周禮·冬官考工記·匠人》“四旁兩夾牎”鄭玄注：“牎，助户爲明。每室四户八牎。”《釋名·釋宫室》：“窻，聰也，於内窺外爲聰明也。”水門用來幫助陸門的交通，所以用窗來比擬。至於地之八窗，或即指地之八門。《淮南子·墬形訓》：“八紘之外，乃有八極：自東北方曰方土之山，曰蒼門；東方曰東極之山，曰開明之門；東南方曰波母之山，曰陽門；南方曰南極之山，曰暑門；西南

方曰編駒之山，曰白門；西方曰西極之山，曰閶闔之門；西北方曰不周之山，曰幽都之門；北方曰北極之山，曰寒門。”

〔13〕小城：《越絶書·外傳記吴地傳》：“闔廬之時，大霸，築吴越城，城中有小城二。”據此，則“小城”在“大城”中。但是，根據現代的考古發現，本文所説的“小城”不在“大城”中，其所指與《越絶書》所謂的“小城”不同。本文所謂“大城”，是指位於今蘇州市的都城。本文所謂“小城”，實相當於《越絶書》中的“吴越城”，它並非都城的一部分，而是另外用來屯兵防楚的軍用城堡，即位於今太湖北岸無錫市濱湖區胡埭鎮與常州市武進區雪堰鎮境内的“闔閭城”。今存闔閭城遺址東距無錫市區 20 公里，北距常州市區 34 公里，城址呈長方形，東西長約 1300 米，南北寬約 800 米。城（今又稱“闔閭大城”，即《越絶書》所謂的“吴越城”）中西北部有東、西兩座方形小城，尚有殘存城牆相隔：西城較大，大部分在武進境内；東城較小，在無錫境内。現存殘垣東西長約 910 米，南北長約 600 米，城基寬 15 ～ 20 米，殘垣高 2 ～ 4 米不等。城的斷面未發現磚石之類，説明此城純用土築。城周環河，總長約 4000 米，南護城河尚清晰可見。東南開閭江、南江、茆湖三口，爲出入内湖的水道。内湖古稱梅梁湖，相傳係伍子胥練水軍處。遺址附近出土有西周到春秋的曲折紋、回紋、席紋等印紋陶器及青銅兵器。闔閭城遺址原爲江蘇省文物保護單位，2013 年被國務院列爲全國第七批重點文物保護單位，2014 年 2 月無錫市在此建成了吴都闔閭城遺址博物館。

〔14〕今蘇州市仍有閶門，在城西北。

〔15〕徐天祜曰：“《史記·律書》：‘閶闔風居西方。閶者，倡也；闔者，藏也。’”〇覺按：閶闔風即西風，見注〔11〕。

〔16〕徐天祜曰：“巳爲地户。”〇覺按：蛇對應地支中的“巳”（見注〔18〕），所以徐氏云“巳”。 户：古代一個門框内有雙扇的叫“門”，只有單扇的叫“户”。這裏“户”泛指門。

〔17〕楚國在吴國的西北，閶門也在西北，從大自然的角度來看，其方位相同，所以説“通天氣”。

〔18〕古代陰陽五行家把十二地支和十二種動物（十二生肖）及四面八方相配。其相配關係如下表：

子	丑	寅	卯	辰	巳	午	未	申	酉	戌	亥
鼠	牛	虎	兔	龍	蛇	馬	羊	猴	雞	狗	豬
北	北偏東	東偏北	東	東偏南	南偏東	南	南偏西	西偏南	西	西偏北	北偏西

《論衡·言毒》：“辰爲龍，巳爲蛇，辰、巳之位在東南。”《魏書·靈徵志上》：“莊帝永安三年六月甲子申時，辰地有青氣。”都是這樣的例子。由於越國在南方偏東，對應巳、蛇，所以吴立蛇門以制之。 越：又作“於越”，夏代至戰國時期南方的一個諸侯國，範圍包括今浙江省大部和江蘇、江西省部分地區，原都于秦望山（今浙江省紹興市南之秦望山）南麓，越王勾踐建都會稽（在今浙江省紹興市），公元前 473 年攻滅吴國後遷都瑯琊（在今山東省青島市黄島區琅琊臺西北），後爲楚所滅。楊伯峻曰：“越，越器者汈鐘自稱作‘戉’。《周禮·考工記》《楚世家》《漢書·天文志》並作‘粵’，《越世家》《索隱》引《紀年》作‘於粵’，定五年、十四年《傳》及《公羊》作‘於越’。於，發聲詞。《越世家》稱‘其先禹之苗裔而夏后帝少康之庶子也’云云，梁玉繩《史記志疑》卷二十二辨其不然，但范

文瀾《中國通史簡編》云：‘甲骨文有戉國，疑即越國。《吴越春秋·越王無余外傳》載無余始受封及子孫興衰等事，似有所據。’”（見《春秋左傳注·宣公八年》）

〔19〕辰：指東偏南的方位。吴國的國都“大城”相對於“小城”（見注〔13〕）來説，在東偏南，所以“在辰”，並配“龍”。

〔20〕孫詒讓曰：“‘反羽’即‘反宇’。《釋名·釋宫室》云：‘宇，羽也，如鳥羽翼自覆蔽也。’《論衡·骨相篇》云：‘孔子反羽。’《講瑞篇》作‘反宇’。此謂吴小城南門門臺甍宇反起爲美觀也。‘鯢鱙’當作‘蟉繞’，下又捝‘棟’字。《太平御覽》七十六（覺按：當爲卷一百七十六）引《句踐歸國外傳》説越王作飛翼之樓云：‘爲兩蟉繞棟以象龍角。’（今本無此文）制正與此同，可據以校此文之誤。”〇覺按：“反羽”即“反宇”，但此文“反羽”的含義似有所轉移，孫氏解爲“甍宇反起”似嫌籠統。古代屋脊叫“甍”（méng 蒙），《説文·瓦部》云：“甍，屋棟也。”“棟”即正樑。古代屋簷叫“宇”。此文説“爲兩鯢鱙以象龍角”，《御覽》説“爲兩蟉繞棟以象龍角”，則此“反羽”當專指屋脊兩端翹起的飾物，即江南營造法中所謂的“龍吻”之類（參見《營造法原》圖版三十九），而並非兼指發戧之類（房屋轉角處使屋角翹起的結構，參見《營造法原》附録《檢字及辭解》及圖版四十）。鯢：當作“蟉”（qiú 虯），通“虯”，《説文·虫部》：“虯，龍子有角者。” 鱙：當作“繞”，盤繞。

【義疏】

當仁愛之道還没有實施、恩惠之事還没有實行的時候，闔閭怕國民不靠攏自己、諸侯不相信自己，于是就提拔伍子胥當接待國賓的外交大臣，用對待外賓的禮儀來對待他，並和他商討國家的政務。闔閭對子胥説：“敝人想使吴國强盛起來從而稱霸稱王，遵循什麽道路才可以達到目的？”伍子胥跪着用膝蓋向前走近闔閭，挂着眼泪向闔閭磕頭，説：“我是楚國的逃犯啊！父親兄長被抛弃，尸骨不得埋葬，靈魂得不到活殺牲口的祭祀。我帶着罪名忍受耻辱，前來歸順大王。衹希望大王不施加殺戮，怎麽敢參與謀劃國家大事呢？”闔閭説：“如果没有先生，敝人免不了去幹些征戰殺敵的差事。現在我希望領受您一番教導，您竟然説到這種地步。爲什麽中途會産生這種變化呢？”子胥説：“我聽説出謀劃策的大臣，哪裏值得置身于危險滅亡的境地呢？如果將自己置于危險滅亡的境地，那麽等到憂患解除、事態平定以後，就一定不會再被君主所親近。”闔閭説：“您説得不對。我如果没有您，就不再有什麽人能够一起暢所欲言了，哪會責怪您呢？我的國家地處邊遠，衹是在東南地區，而地勢艱險阻塞，空氣潮濕，還有長江、大海的危害。國君没有防守的設施，民衆没有什麽依靠，倉庫也没有建立起來，田地又没有被開墾。對這種情况該怎麽辦呢？”子胥過了很久纔回答説：“我聽説治國的原則，使國君安定，使民衆有秩序，這是那上策。”闔閭説：“要使國君安定，使民衆有秩序，那辦法是什麽呢？”子胥説：“凡是要使國君安定，使民衆有秩序，建立霸業，成就王業，既使近處的人服從，又能制伏遠方的人，那就一定得先築起内城外城，設置防守的器具，充實糧倉米倉，整治好軍用倉庫。這就是那辦法啊。”闔閭説：“好！那修築内城外城，建造糧倉兵庫，得根據各地的具體情況而制定適宜的辦法，是否還有利用自然界元氣的手段來威懾鄰國的呢？”子胥説：“有。”闔閭説：“我把城市設計的事委托給您了。”

子胥于是就派人觀察土地、探測水文，仿照上天、效法大地，建造大城，城墻周長四十七里，陸地上的八個城門用來象徵天空中八個方向來的風，水路上的八個城門用來模仿大地邊緣八個方向的門窗。又建築小城，周長十里，陸地上的城門衹有三個，不開啓東面的城門，是想以此來堵塞越國的明智。設置閶門的原因，是要用它來象徵上天的門，使閶闔風能通過。設置蛇門，是要用它來象徵大地的門。闔閭想向西攻破楚國，楚國位于西北，所以設立了閶門來和自然界的元氣互相貫通，而且因此又把閶門命名爲破楚門。他想向東吞并越國，越國在東南方，所以他設立了蛇門來鎮服這與自己相匹敵的國家。吴國在東偏南的辰方，它的位置對應龍，所以小城南門城樓上的龍吻做成兩條小龍盤繞着，用它們來象徵龍角。越國在南方偏東的巳地，它的位置對應蛇，所以南大門上雕有木蛇，蛇身方嚮朝北，蛇頭嚮着城内，表示越國歸附于吴國。

【輯證】

王闔廬元年，舉伍子胥爲行人而與謀國事。（《史記·吴太伯世家》P.1762）

闔廬既立，得志，乃召伍員以爲行人，而與謀國事。（《史記·伍子胥列傳》P.2631）

吴大城，周四十七里二百一十步二尺。陸門八，其二有樓。水門八。南面十里四十二步五尺，西面七里百一十二步三尺，北面八里二百二十六步三尺，東面十一里七十九步一尺。闔廬所造也。吴郭周六十八里六十步。 吴小城，周十二里。其下廣二丈七尺，高四丈七尺。門三，皆有樓；其二增水門二，其一有樓，一增柴路。 東宫周一里二百七十步。路西宫在長秋，周一里二十六步。秦始皇帝十一年，守宫者照燕失火，燒之。 伍子胥城，周九里二百七十步。小城東西從武里，面從小城北。 邑中徑從閶門到婁門，九里七十二步，陸道廣二十三步；平門到蛇門，十里七十五步，陸道廣三十三步。水道廣二十八步。（《越絶書·外傳記吴地傳》P.28）

《吴越春秋》曰：“子胥爲吴造大城。陵門八，象天八風；水門八，法地八窗。”（《藝文類聚》卷第六十三 P.1129）

《吴越春秋》曰：“大城立昌門者，象天通閶闔風，亦名破楚門也。”（《文選》卷第二十八《吴趨行》“請從昌門起”李善注 P.399）

《吴越春秋》……又曰：“子胥爲吴造大城。陸門八，象天之八風；水門八，法地之八聽。立閶門者，象天門，通閶闔風也。立虵門，以象地户。亦名破楚門。亦名虵門者，吴位辰，屬龍，故小城南門作龍，以厭虵氣也。”（《太平御覽》卷第一百八十三 P.888）

《吴越春秋》……又曰：“伍子胥爲吴相土甞水，象天法地，造築大城，周廻四十七里。陸門八以象天之八風，水門八以象地之八牎。築小城十里，陸門三。東面者，欲以絶越明矣。立閶門者，以象天門，通閶闔風。立地門者，以象地户也。闔閭欲西破彊强楚，楚在西北，

故立閶門以通天氣也，因復名破楚門。”（《太平御覽》卷第一百九十三 P.933）

《吴越春秋》曰：“城立昌門者，象天通閶闔風也。”（《吴郡志》卷三“城郭” P.14）

《吴越春秋》又曰：“昌門亦名破楚門。”（《吴郡志》卷三“城郭” P.14）

顧校： 通閶闔風也（無“也”）立蛇（虵）門者　故立蛇（虵）門以制敵國　其位蛇（虵）也故南大門上有木蛇（虵）

蔣校： 立蛇（宋本“虵”，下同）門者

4.3

城郭以成〔1〕，倉庫以具，闔閭復使子胥屈蓋餘、燭傭〔2〕，習術——戰騎射御之巧，未有所用，請干將鑄作名劍二枚。

干將者，吴人也，與歐冶子同師〔3〕，俱能爲劍。越前來獻三枚，闔閭得而寶之，以故使劍匠作爲二枚，一曰干將，二曰莫耶。莫耶，干將之妻也〔4〕。

干將作劍，采五山之鐵精、六合之金英〔5〕，候天伺地，陰陽同光〔6〕，百神臨觀，天氣下降，而金鐵之精不銷淪流〔7〕。於是干將不知其由〔8〕。莫耶曰：“子以善爲劍聞於王，使子作劍。三月不成，其有意乎〔9〕？”干將曰：“吾不知其理也。”莫耶曰：“夫神物之化，須人而成。今夫子作劍，得無得其人而後成乎〔10〕？”干將曰：“昔吾師作冶，金鐵之類不銷，夫妻俱入冶爐中，然後成物。至今後世，即山作冶，麻絰葌服〔11〕，然後敢鑄金於山。今吾作劍，不變化者，其若斯耶？”莫耶曰：“先師親爍身以成物【1】〔12〕，吾何難哉？”於是干將妻乃斷髮剪爪投於爐中，使童女童男三百人鼓橐裝炭〔13〕，金鐵乃濡〔14〕，遂以成劍：陽曰干將，陰曰莫耶；陽作龜文，陰作漫理。

干將匿其陽，出其陰而獻之，闔閭甚重。既得寶劍，適會魯使季孫聘於吴〔15〕，闔閭使掌劍大夫以莫耶獻之。季孫拔視【2】，劍之鍔中缺者大如黍米〔16〕，歎曰：“美哉！劍也。雖上國之師〔17〕，何能加之〔18〕？夫劍之成也，吴霸；有缺，則亡矣。我雖好之，其可受乎？”不受而去。

【校記】

【1】先師親：大德本作“師知”，據《文選》卷三十五張景陽《七命》“神器化成”李善注引文改。

【2】大德本無“視”，據《北堂書鈔》卷一百二十二引文補。

【注釋】

〔1〕以：通“已”。下句同。

〔2〕俞樾曰：“按上傳，蓋餘、燭庸已降楚矣，此傳錯也。”○覺按：此傳未錯。屈：使動用法，使……屈服，即制服。

〔3〕歐冶子：又作“區（ōu 歐）冶”，《淮南子·覽冥訓》“區冶生而淳鉤之劍成”高誘注：“區，越人，善冶劍工也。淳鉤，古大鋭劍也。”

〔4〕《廣雅·釋器》：“干將、鏌釾，劒也。”王念孫《疏證》：“《齊策》云：‘今雖干將、莫邪，非得人力，則不能割劌矣。’‘莫邪’與‘鏌釾’同，《莊子·大宗師篇》作‘鏌鋣’。《吴越春秋·闔閭内傳》云：‘干將者，吴人也。莫邪，干將之妻也。干將作劒，金鐵之精不銷，莫邪乃斷髪翦爪投於鑪中，金鐵乃濡，遂以成劒：陽曰干將，陰曰莫邪。’《越絶·外傳記寶劒篇》云：‘吴有干將，越有歐冶子。’應劭注《漢書·賈誼傳》云：‘莫邪，吴大夫也，作寶劒，因以冠名。’又注《司馬相如傳》云：‘干將，吴善冶者。’案：干將、莫邪，皆連語，以狀其鋒刃之利，非人名也。王褒《九懷》云：‘舒余佩兮綝纚，竦余劒兮干將。’是干將爲利刃之貌。莫邪，疊韻字，義亦與干將同。干將、莫邪皆利刃之貌，故又爲劒戟之通稱。《史記·商君傳》云：‘屈盧之勁矛，干將之雄戟。’司馬相如《子虛賦》云：‘建干將之雄戟。’戟與戈同類，故魏文帝《浮淮賦》云：‘建干將之銛戈。’《説文》：‘鏌釾，大戟也。’《漢書·揚雄傳》：‘杖鏌邪而羅者以萬計。’注亦以爲大戟。干將、莫邪爲劒戟之通稱，則非人名可知，故自西漢以前未有以干將、莫邪爲人名者。自《吴越春秋》始以干將爲吴人，莫邪爲干將之妻。其他説雖不同，而同以爲人名，總由誤以‘干’‘莫’二字爲姓，遂致紛紛之説。又，《吴越春秋》、《越絶書》所説龍淵、太阿、魚腸、純鈞、鉅闕之狀，皆非事實，故槩無取焉。”○覺按：《荀子·性惡篇》云：“闔閭之干將、莫邪、鉅闕、辟閭，此皆古之良劒也。”可見干將、莫邪爲春秋時吴國利劍之名，因而後人用來泛稱利劍。至於東漢以後以干將、莫邪爲人名而有夫婦鑄劍的故事，純爲小説家言，無關史實，不必深究。今浙江省西北部有莫干山，據説也是因爲干將、莫邪曾在山上煉劍而得名。

〔5〕五山：古代所指不一。據《列子·湯問篇》，則渤海之東，岱輿、員嶠、方壺、瀛洲、蓬萊稱五山；據《史記·孝武本紀》，則華山、首山、太室、泰山、東萊也稱五山；據《後漢書·馮衍傳》“經營五山”李賢注，則五山即五岳。此文爲誇飾之詞，恐非確指。六合：天地四方。

〔6〕陰陽：古代思想家認爲萬事萬物都由一對正反矛盾的基本因素構成，這正反矛盾的基本因素就是所謂的陰陽。凡天地、日月、晝夜、男女乃至腑臟、氣血皆分屬陰陽。此文之陰陽指日月。古代日稱爲太陽，月稱爲太陰。 光：照耀。 陰陽同光：當指十五月圓之時。

〔7〕銷：熔化。 淪：《爾雅·釋水》：“小波爲淪。”此指金屬熔化後形成淪漪。

〔8〕由：緣由，原因。

〔9〕其：猶“豈”，是否。

〔10〕得無：恐怕，是否，莫非。

〔11〕絰（dié 迭）：古代喪期繫在腰間或頭上的麻帶。 葌（jiān 奸）服：茅草衣。這裏用作動詞。

〔12〕爍（shuò 朔）：通“鑠”，熔化。

〔13〕橐（tuó 跎）：用牛皮製成的兩頭相通的袋狀鼓風設備，它的作用類似後代的風箱。

〔14〕濡（rú 儒）：濕潤，柔軟。此指熔化。

〔15〕季孫：春秋時魯桓公少子季友的後裔爲季氏，從季友之孫季文子（字行父，公元前 609—公元前 568 年在位）起又稱季孫氏，爲魯國三桓之一，世爲大夫，是春秋後期掌握魯國正權的貴族。季文子之後，季武子（文子之子，名宿，公元前 568—公元前 535 年在位）、季平子（武子之孫，名意如，公元前 535—公元前 505 年在位）、季桓子（平子之子，名斯，公元前 505—公元前 492 年在位）、季康子（桓子庶子，名肥，公元前 492—公元前 468 年在位）等相繼執政，掌握魯國權力。此文之季孫指當時掌國政的季平子。公元前 517 年，魯昭公伐季平子，叔孫氏、孟孫氏救季平子，昭公兵敗而逃奔國外。聘：《禮記·曲禮下》："諸侯使大夫問於諸侯曰聘。"

〔16〕鍔（è 厄）：刀劍之刃。

〔17〕上國：上游之國。春秋時吳、楚等國稱中原各諸侯國爲上國。《左傳·昭公二十七年》"使延州來季子聘于上國"孔穎達疏引服虔曰："上國，中國也。蓋以吳辟在東南，地勢卑下，中國在其上流，故謂中國爲上國也。"4.25 的"上國"與此義同。另外，越國對吳國也稱"上國"，見 5.7 注〔6〕。

〔18〕加：《吕氏春秋·離俗》"有可以加乎"高誘注："加，上也。"

【義疏】

城墻已經築成，倉庫已經完備，闔閭又派伍子胥去征服蓋餘、燭傭，于是便練習武藝——戰鬥、騎馬、射箭、駕車等技巧，但没有配用的武器，于是請干將鑄造了著名的寶劍兩把。

干將，是吴國人，和歐冶子同一師傅，他們都善于造劍。越國過去前來進獻過三把寶劍，闔閭得到後覺得它們很珍貴，因爲這個緣故，他就又派鑄劍的工匠干將再造兩把，一把叫作干將，一把叫作莫耶。莫耶，是干將的妻子。

干將造劍，采集了五山上鐵中的精華以及天下金屬中的優質材料，等到了天時，候上了地利，在那日月同照之時，群神俯視觀看，大自然的元氣也降下來了，而這金屬鋼鐵的精粹仍然不熔化成液體流動。在這個時候，干將真不知道其中的緣由了。莫耶説："您因爲善于造劍而名聲傳到了吴王那裏，所以吴王讓您造劍。現在您鑄造了三個月也没有成功，是否有什麽意圖呢？"干將説："我不明白其中的道理啊！"莫耶説："那神奇的東西發生變化，必須有人的加入纔能成功。現在夫君造劍，是否也要得到那人的幫助以後纔能成功呢？"干將説："從前我師傅進行冶煉的時候，金屬鋼鐵之類不熔化，夫妻倆就一起跳進冶煉爐中，然後才煉成了寶物。直到今天，人們到那山中進行冶煉，还總是繫着麻製的喪帶，穿着那茅草衣，然後纔敢在山中鑄造金屬。現在我造劍，那金屬不發生變化，難道也像這樣嗎？"莫耶説："先師親自熔化了自己的身體來鑄成寶物，我又有什麽畏難的呢？"于是干將的妻子就剪斷了頭髮、剪光了指甲而投身于爐中，讓三百個童女童男鼓風裝炭，那金屬鋼鐵才熔化了，于是就用它鑄成了寶劍：陽劍叫作干將，陰劍叫作莫耶；陽劍刻上了龜背的紋理，陰劍刻上了無規則的紋理。

干將藏起了陽劍，拿出陰劍把它獻給了闔閭，闔閭十分器重它。闔閭已經得到了寶劍，正巧碰上魯國派季孫意如到吴國訪問，闔閭派掌管寶劍的大夫把莫耶劍獻給他。季孫意如拔出劍來仔細觀察，劍的刃口中有一個像黄米子般大小的缺口，季孫意如嘆息説：“這把劍真美啊！即使是中原各國的師傅造出的劍，又怎能超過它呢？這把劍鑄成了，吴國要稱霸了；但有缺口，那也就要滅亡了。我雖然愛它，難道可以接受嗎？”于是没有接受寶劍就走了。

【輯證】

闔閭之干將、莫邪、鉅闕、辟閭，此皆古之良劒也，然而不加砥厲則不能利，不得人力則不能斷。（《荀子·性惡篇》P.448）

《吴越春秋》曰：“干將者，吴人，造劒二枚：一曰干將，二曰莫耶。”（《文選》卷第三《東京賦》“要干將”薛綜注 P.57、卷第四十七《聖主得賢臣頌》“鑄干將之璞”李善注 P.659）

《吴越春秋》曰：“吴王闔閭請干將作劍。干將者，吴人，其妻曰莫邪。干將採五山之精、六金之英，候天地，伺陰陽，百神臨視，而金鐵之精未流。夫妻乃剪髮及爪而投之鑪中，金鐵乃濡，遂成二劍：陽曰干將，而作龜文；陰曰莫邪，而作漫理。干將匿其陽，出其陰以獻闔閭，闔閭甚寶重之。”（《世説新語》卷中《賞譽》“則世之干將”劉孝標注 P.227）

《吴越春秋》云：“干將與歐冶子作劍，采五山之精，合六金之英，而爲此劍也。”（《北堂書鈔》卷第一百二十二 V.1212-P.554）

《吴越春秋》云：“干將與歐冶子作劍，采五山之精，合六金之英，候天伺地，陰陽同光，百神臨觀，而爲此劍也。”（《北堂書鈔》卷第一百二十二 V.1212-P.554）

《吴越春秋》云：“干將造劍，采五山之精，合六金之英，候天伺地，陰陽同光，百神臨觀，天精下降。歐冶子因天地之功，悉其伎巧，造爲此劍。”（《北堂書鈔》卷第一百二十二 V.1212-P.554）

《吴越春秋》云：“干將造劍，陽曰干將，而作龜文。”（《北堂書鈔》卷第一百二十二 V.1212-P.555）

《吴越春秋》云：“干將造劍，陰曰莫耶而作漫理，陽曰干將而作龜文。”（《北堂書鈔》卷第一百二十二 V.1212-P.558）

《吴越春秋》云：“吴子使干將造劍二枚，一曰干將，一曰莫耶。莫耶者，干將之妻名。陽曰干將，陰曰莫耶。干將匿其陽，出其陰而獻之，吴王甚重之。”（《北堂書鈔》卷第一百二十二 V.1212-P.558）

又云：“干將造劍，陽曰干將，陰曰莫耶。干將匿其陽，出其陰，進之闔閭，闔閭甚重之。適會魯使季孫聘於吴，闔閭以莫耶進之季孫，季孫拔視，其鍔中缺者大如粱米，歎曰：‘美哉！斯劍也。夫劍之成也，吴覇；有缺，則亡矣。’”（《北堂書鈔》卷第一百二十二 V.1212-P.560）

《吴越春秋》曰：“干將者，與歐冶同師，俱作劒。闔閭得而寶之，以故使干將造劒二枚，一曰干將，二曰莫邪。莫邪，干將妻之名也。”（《文選》卷第六十《弔屈原文》“莫邪爲鈍兮”李善注 P.832）

《吴越春秋》曰：“干將者，吴人，造劒二枚：一曰干將，二曰莫邪。”（《文選》

卷第四十《荅東阿王牋》“秉青蓱干將之器”李善注 P.565)

《吴越春秋》曰：“干將者，吴人，造劒二枚：一曰干將，二曰莫耶。莫耶者，干將之妻名也。干將曰：‘吾師之作冶也，金鐵之類不銷，夫妻俱入冶爐之中。’莫耶曰：‘先師親爍身以成物，妾何難也？’於是干將夫妻乃斷髮揃爪，投之爐中，使童女三百鼓橐裝炭，金鐵乃濡，遂以成劒：陽曰干將，而作龜文；陰曰莫耶，而漫理。干將匿其陽，出其陰而獻之闔閭，闔閭甚重之。”（《文選》卷第三十五《七命》“陽文陰縵”李善注 P.495)

《吴越春秋》曰：“干將，吴人也，造二劒，一曰干將，二曰莫邪。莫邪者，干將之妻名也。干將作劒，采五山之精，合六金之英，百神臨觀，遂以成劒。”（《後漢書》卷五十二《崔駰列傳》“求鏌鎁於明智”李賢注 P.1710)

《吴越春秋》曰：“干將，吴人，與歐冶子同師。闔閭使造劍二枚，一曰干將，二曰鏌耶。鏌耶者，干將之妻名。干將作劍，金鐵之精未肯流。干將夫妻乃斷髮剪指，投之鑪中，金鐵乃濡，遂以成劍：陽曰干將，而作龜文；陰曰鏌耶，而作漫理。干將匿其陽，而出其陰獻之闔閭。”（《初學記》卷第二十二 P.526)

《吴越春秋》曰：“干將者，吴人，與歐冶同師，俱作劍。越前來獻劍三枚，闔閭得而寶之，故使干將造劍二枚。干將曰：‘昔吾師之作冶也，金鐵之穎不銷，夫妻俱入冶鑪之中。’”（《初學記》卷第二十二 P.527)

《吴越春秋》曰：“吴使干將造劍二，陽曰干將，而作龜文。”（《初學記》卷第二十二 P.527)

趙曄《吴越春秋》曰：“吴使干將造劍二枚，一曰干將，二曰鏌耶。鏌耶者，干將之妻名。干將造劍，采五山之精，合六金之英，候天伺地，陰陽同光。”（《初學記》卷第二十二 P.527)

《吴越春秋》：“干將曰：‘昔吾師之作冶也，金鐵之穎不銷。夫妻乃斷髮剪指，投之鑪中，使童子二百鼓橐壯炭，金鐵乃濡。’”（《初學記》卷第二十二 P.528)

《吴越春秋》曰：“吴王使干將造劍二枚，一曰干將，二曰莫邪。”（《史記·屈原賈生列傳》“莫邪爲頓兮”《索隱》P.3007)

《吴越春秋》……又曰：“干將者，吴人，與歐冶同師，俱作劒。前獻劒壹枚，闔閭得而寶之，以故使干將造劒二枚，一曰干將，二曰莫耶。莫耶者，干將之妻名也。干將作劒，採五山之精、合六合之英，候天伺地，陰陽同光，百神臨觀，天氣下降，而金鐵之精未流。莫耶曰：‘子以慉爲劒聞於王，王使子作劒，三年不成者，其有意乎？’干將曰：‘吾不知其理。’莫耶曰：‘夫神物之化，須人而成。今夫子作劒，得無當得人而後成？’干將曰：‘昔吾師之作冶也，金鐵之穎不消。夫妻俱入冶鑪之中。’莫耶曰：‘先師親爍身以成物，妾何難也？’於是干將夫妻乃断髮揃（音剪）指，投之鑪中，使僮女（一作子）三百鼓橐裝炭，金鐵乃濡，遂以成劒：陽曰干將，而作龜文；陰曰莫耶，而作漫理。干將匿其陽，出其陰而獻之闔閭，闔閭甚惜之。”（《太平御覽》卷第三百四十三 P.1575)

《吴越春秋》曰：“干將作劍，採五山之精，合六合之英，候天伺地，陰陽同光。”（《事類賦》卷十三“劍”注 P.925)

《吴越春秋》曰：“干將作劍未成，乃曰：‘昔吾師之作冶也，金鐵之穎不消，夫妻俱入冶爐之中。’莫耶曰：‘先師親爍身以成物，妾何難也？’於是干將夫妻斷髮剪指，投之爐中，使童女三百鼓橐裝炭，金鐵乃濡，遂以成劍：陽曰干將，而作龜文；陰曰莫耶，而作縵理。干將匿其陽，出其陰而獻之闔閭。”（《事類賦》卷十三“劍”注 P.928)

干將，吴人，與歐冶子同師。莫耶，干將之妻。干將作劍，采五山之鐵精、六合之金英，候天伺地，陰陽同光，百神臨觀，天氣下降，而金鐵之精不銷。干將不知其由。莫耶曰：“子以善爲劍聞於王，王使作劍，三月不成，其有意乎？”干將曰：“吾不知其理也。”莫耶曰：

“夫神物之化，須人而成。今夫子作劍，得無待其人而後成乎？”干將曰：“昔吾師作冶，金鐵之類不銷，夫妻俱入冶爐中，然後成物。後世即山作冶，麻絰𦵔服，然後敢鑄金於山。今吾作劍不變化者，其若斯耶？”莫耶曰：“師知爍身以成物，吾何難哉？”於是干將妻乃斷髮翦爪，投於爐中，使童男童女三百人鼓橐裝炭，金鐵乃濡，遂以成劍：陽曰干將，陰曰莫耶；陽作龜文，陰作漫理。干將匿其陽，獻其陰，闔閭甚重之。會魯使季孫來，闔閭使掌劍大夫以莫耶獻之。季孫拔，劍之鍔中缺者大如黍米，歎曰：“美哉！劍也。雖上國之師，何能加之？夫劍之成也，吴霸；有缺，則亡矣。我雖好之，其可受乎？”不受而去。（《吴越春秋》）（《吴郡志》卷二十九“土物”P.214）

顧校：俱能爲劒（下多“也”）　而金鐵之精不銷淪流（沵）　子以善爲劒聞於王（下多“王”）使子作劒　莫（無“莫”）耶曰夫神物之化須人而成（下多“之”）　有缺（闕）則亡矣

蔣校：俱能爲劍（宋本下有“也”字）　而金鐵之精不銷淪流（宋本“沵”）　子以善爲劍聞於王（“王”下宋本有“王”字）使子作劒　莫（宋本“莫”字無）耶曰夫神物之化須人而成（“成”下宋本有“之”字）

4.4

闔閭既寶莫耶，復命於國中作金鈎，令曰：“能爲善鈎者，賞之百金〔1〕。”吴作鈎者甚衆，而有人貪王之重賞也，殺其二子，以血釁●金〔2〕，遂成二鈎，獻於闔閭，詣宮門而求賞。王曰：“爲鈎者衆，而子獨求賞。何以異於衆夫人之鈎乎【1】〔3〕？”作鈎者曰：“吾之作鈎也，貪王之賞而殺二子【2】，釁成二鈎。”王乃舉衆鈎以示之：“何者是也？”王鈎甚多，形體相類，不知其所在，於是鈎師向鈎而呼二子之名：“吴鴻、扈稽，我在於此，王不知汝之神也。”聲絶於口，兩鈎俱飛，着父之胷。吴王大驚，曰：“嗟乎！寡人誠負於子。”乃賞百金，遂服而不離身。

【校記】

【1】人：大德本作“子”，據《北堂書鈔》卷一百廿四引文改。

【2】大德本無“王之賞”三字，據《太平御覽》卷三百五十四引文補。

【注釋】

〔1〕金：見3.8注〔12〕。

〔2〕徐天祜曰：“通作‘釁’。”〇覺按：“亹”（xìn 衅）同“釁”。古代用牲畜的血塗器物的縫隙叫“釁”，引申爲塗抹。

〔3〕夫（fú 扶）人：《左傳·襄公八年》“夫人愁痛”杜預注：“夫人，猶人人也。”

【義疏】

闔閭已經把莫耶劍當作寶貝後，又命令國内的人造金鈎，下令説：“能够造出好鉤的，就獎賞他二千兩黄金。”吴國造鉤的人很多，而有人貪圖吴王的重賞，就殺掉了自己的兩個兒子，用他們的血來塗在金上，造成了兩隻鉤，獻給了闔閭，並到宫門口來求取獎賞。吴王説：“造鉤的人很多，而就您一個人來求賞。您造的鉤和衆人的鉤用什麽來區别呢？”這造鉤的人説：“我造鉤的時候，貪圖大王的獎賞而殺掉了兩個兒子，把他們的血塗在金上而造成了這兩隻鉤。”吴王就拿出所有的鉤給他看：“哪兩隻是您的呢？”吴王的鉤很多，形狀相似，不知道那兩隻鉤在什麽地方，于是這造鉤師傅就對着鉤呼唤兩個兒子的名字：“吴鴻、扈稽，我在這裏，大王不知道你們的精靈啊！”這造鉤的人口中話音剛落，兩隻鉤便都飛來了，附着在父親的胸膛上。吴王十分驚奇，説：“啊呀！我真辜負您了。”于是獎賞了他二千兩黄金，便佩帶了這兩隻鉤而永不離身。

【輯證】

闔廬既重莫邪，乃復命國中作金鉤。有人貪王賞之重，殺其兩兒，以血衅鉤，遂成二鉤，獻之闔廬，詣宫求賞。王曰：“爲鉤者衆多，而子獨求賞，何以異於衆人之鉤乎？”曰：“我之作鉤也，殺二子成兩鉤。”王曰：“舉鉤以示之，何者是也？”於是鉤師向鉤而哭，呼其兩子之名吴鴻、扈稽，曰：“我在此，王不知汝之神也。”聲未絶於口，兩鉤俱飛，著於父之背。吴王大驚，曰：“嗟乎！寡人誠負子。”乃賞之百金，遂服其鉤。（《文選·吴都賦》注）（《越絶書·佚文》P.309）

《吴越春秋》云：“闔閭作金鉤，令曰：‘有善爲鉤者，賞之百金。’有人煞其兩子以血釁金，遂成二鉤，而詣宫門求賞。王曰：‘何以異於衆夫人之鉤？’鉤師向鉤而哭，呼其兩子之名曰：‘吴鴻、扈稽！我在此，王不知女之神也。’聲未絶於口，而兩鉤俱飛着於父之胷。吴王大驚，乃賞之曰百金也。”（《北堂書鈔》卷第一百二十四 V.1212-P.568）

《吴越春秋》曰：“闔閭作金鉤，令曰：‘能爲善鉤者，賞之百金。’而有人貪賞之重，殺其兩子，以血釁金，遂成二鉤，獻之闔閭，而詣宫門求賞。王曰：‘爲鉤者多，而子獨求賞，何以異於衆人之鉤乎？’作者曰：‘吾之作鉤者，貪王之賞，殺吾二子，以成兩鉤。’以示之，曰：‘何者是也？’時王鉤甚衆，形體相類，不知所在，於是鉤師向鉤而哭，呼其兩子名曰：‘吴鴻、泥稽，我在此，王不知汝之神也。’聲未絶於口，兩鉤俱飛，着於父之胷。吴王大驚，乃賞之百金。”（《太平御覽》卷第三百五十四 P.1629）

闔閭既得干將、莫耶，復命國中作金鉤，令曰：“能爲善鉤者，賞百金。”吴作鉤者甚衆，有人貪王重賞，殺其二子，以血釁金，遂成二鉤以獻，詣宫門求賞。王曰：“爲鉤者衆，子獨求賞，何以異於衆夫子之鉤乎？”作鉤者曰：“吾之作鉤也，貪而殺二子，釁成二鉤。”王舉衆鉤示之，曰：“何者是也？”鉤甚多，形相類，不知其所在，鉤師向鉤呼二子之名曰：“吴鴻、扈稽，我在此，王不知汝之神也。”兩鉤俱飛，著父胸。吴王大驚，賞百金，遂服鉤而不離身。（《吴越春秋》）（《吴郡志》卷二十九“土物”P.214）

顧校：王乃（以）舉衆鉤以示之

蔣校：王乃（宋本“以”）舉衆鉤以示之

4.5

六月，欲用兵，會楚之白喜來奔[1]。吴王問子胥曰：“白喜何如人也？”子胥曰：“白喜者，楚白州犁之孫[2]。平王誅州犁[3]，喜因出奔，聞臣在吴而來也。”闔閭曰：“州犁何罪？”子胥曰：“白州犁，楚之左尹[4]，號曰郄宛[5]，事平王[6]。平王幸之，常與盡日而語，襲朝而食[7]。費無忌望而妬之，因謂平王曰：‘王愛幸宛，一國所知。何不爲酒一至宛家以示羣臣於宛之厚？’平王曰：‘善。’乃具酒於郄宛之舍。無忌教宛曰：‘平王甚毅猛而好兵，子必前陳兵堂下門庭[8]。’宛信其言，因而爲之。及平王往，而大驚，曰：‘宛何等也？’無忌曰：‘殆且有篡殺之憂，王急去之，事未可知。’平王大怒，遂誅郄宛。諸侯聞之，莫不歎息。喜聞臣在吴，故來。請見之。”

闔閭見白喜而問曰：“寡人國僻遠，東濵海[9]。側聞子前人爲楚荆之暴怒[10]、費無忌之讒口。不遠吾國而來於斯，將何以教寡人？”喜曰：“楚國之失虜，前人無罪，横被暴誅[11]。臣聞大王收伍子胥之窮厄，不遠千里，故來歸命[12]。惟大王賜其死。”闔閭傷之，以爲大夫，與謀國事。

【注釋】

〔1〕徐天祜曰：“《史記》作‘伯嚭’，披美切。”〇蔣光煦曰：“宋本有注云：‘上音伯，下音嚭。下文同。’”〇覺按：白喜：又作帛喜、伯嚭，字子餘，春秋時楚國大夫伯州犁之孫，出亡奔吴，以功任爲太宰，故又稱太宰嚭。他善於逢迎，深得吴王夫差寵信。吴國破越，他受越國賄賂，許越媾和，並屢進讒言，譖殺伍子胥。公元前473年，吴國滅亡，他被越王所殺，一説他降越爲臣。其事蹟可參見《左傳》定公四年至哀公二十四年、《史記》的《吴太伯世家》與《伍子胥列傳》。

〔2〕徐天祜曰：“《左傳》、《史記》‘白’俱作‘伯’。”

〔3〕州犁爲公子圍所誅（見《左傳·昭公元年》），此文誤。

〔4〕左尹：春秋時楚國官名。左尹、右尹都在令尹之下。據《左傳·昭公元年》，伯州犁爲大宰。據《左傳·昭公二十七年》，郤宛爲左尹。此文誤將伯州犁與郤宛混爲一人，所以認爲白州犁是左尹，實誤。

〔5〕徐天祜曰：“‘郄’當作‘郤’。詳此書，似以伯州犁、郤宛爲一人。按《左傳·昭公元年》，楚公子圍‘殺大宰伯州犁于郟’。《春秋·昭公二十七年》：‘楚殺其大夫郤宛。’自是二人。又按徐廣曰：‘州犁之子曰郤宛，郤宛之子曰伯嚭。宛亦姓伯，又别氏郤。’《吴世家》曰：‘楚誅伯州犁，其孫伯嚭奔吴。’此云伯州犁號郤宛，非也。”〇覺按：徐天祜之説是，但“郄”乃“郤”之俗字，非誤字；而其所引徐廣之説，則未必合乎史實。郄（xì

隙）宛：字子惡，爲楚國左尹（官名，楚國最高長官令尹的輔佐）。他爲人正直而温和，受到國人的喜愛。公元前515年，費無極因嫉妒他而設圈套陷害他，他被迫自殺，並被滅族。事見《左傳·昭公二十七年》。至於郤宛與伯州犂、伯嚭的關係，最早將他們聯繫起來的是《史記·楚世家》所説的"宛之宗姓伯氏子嚭"，但只是把伯嚭看作郤宛的同族人伯氏的兒子。《左傳·定公四年》"伯氏之族出"杜預注："郤宛黨。"則認爲伯氏是郤宛之同黨，並非同族，當然更不存在什麼父子關係。所以，把郤宛説成"州犂之子"，把伯嚭説成"郤宛之子"恐爲誤説，故爲清代考據學家所懷疑。梁玉繩《人表考》卷八"楚郤宛"條云："案《史·伍子胥傳》徐廣注本《潛夫·志氏姓》，以郤宛爲伯州犁之子。《吴越春秋·闔閭内傳》言郤宛即伯州犁，皆不可信。州犁是晉伯宗之子，爲楚靈王所殺，在昭元年。郤宛之難在昭廿七年。州犁之子無考。定四年《傳》曰：'楚殺郤宛，伯氏之族出。'則伯氏乃郤氏之黨，不但非父子，并非同族。徐廣謂宛亦姓伯，别氏郤，恐不然也。"

〔6〕伯州犂被公子圍（後爲楚靈王，見2.8注〔2〕）殺死於魯昭公元年（公元前541年，見《左傳·昭公元年》），不可能侍奉平王。此下所述，全是郤宛之事，與伯州犂實無關。又，《韓非子·内儲説下》："郤宛新事令尹，令尹甚愛之。"則郤宛乃事令尹子常，而非平王。此文作"平王"，誤。據《左傳·昭公二十七年》及《韓非子》，此下之"平王"皆當作"令尹"。平王已於魯昭公二十六年（前516）九月庚申死（見《春秋·昭公二十六年》），不可能在魯昭公二十七年（前515）誅郤宛。

〔7〕徐天祜曰："陟遥切，旦也。"〇覺按：襲：重複，重疊。朝（zhāo招）：早晨。

〔8〕前：先，參見3.2注〔3〕。4.7"前拔子劒"的"前"與此同義。門庭：門前的空地。

〔9〕濵：通"瀕"，靠近，接近。

〔10〕側聞：從旁聞知。《文選·報任少卿書》"亦嘗側聞長者之遺風矣"李善注："側聞，謙詞也。"爲：猶"被"也，"受"也。參見《古書虚字集釋》卷二。

〔11〕横（hèng横去聲）：出乎意料地。

〔12〕故：特地。《助字辨略》卷四："'故'字猶云特也，言特地。"歸命：歸順。

【義疏】

六月，闔閭想發動戰争，正巧碰上楚國的白喜前來投奔。吴王問子胥説："白喜是個什麽樣的人？"子胥説："白喜，是楚國白州犁的孫子。楚平王殺了白州犁，白喜因而出境逃亡，聽説我在吴國後才來的。"闔閭説："白州犁犯了什麽罪？"子胥説："白州犁，是楚國的左尹，號稱郤宛，侍奉平王。平王非常寵愛他，常常和他整天交談，連着幾個早晨一起進餐。費無忌看見後十分嫉妒他，就對平王説：'大王寵愛郤宛，是全國的人都知道的。爲什麽不到郤宛家去搞一次酒宴來嚮大臣們表示大王對郤宛的器重呢？'平王説：'好。'于是就到郤宛的家裏置備酒宴。無忌教郤宛説：'平王非常剛毅勇猛而愛好兵器，您一定要事先把兵器陳列在廳堂下面和大門前的空地上。'郤宛相信了他的話，就這樣做了。等到平王前往，便大吃一驚，説：'郤宛怎麽啦？'無忌説：'大概要有篡位殺君的禍患了，大王趕快離開這裏吧，事情還不能預料啊。'平王大怒，就殺了郤宛。諸侯聽説了這件事，没有誰不嘆息。白喜聽説我在吴國，所以前來投奔。請您見一下他吧。"

闔閭接見了白喜而問道：“我的國家偏僻邊遠，東面靠近大海。聽説您先人被楚王的暴虐發怒、費無忌那張詆毁人的嘴巴所殺害。現在您不認爲我國遥遠，前來投奔這裏，將拿什麽來教導我呢？”白喜説：“我是楚國的逃犯，先人没有罪，但出乎意料地被殘酷殺害了。我聽説大王收攬了窮困的伍子胥，所以不遠千里，特地前來歸順。請大王賜我一死。”闔閭對他的遭遇深感悲傷，就讓他當了大夫，和他一起謀劃國家的大事。

【輯證】

郤宛直而和，國人説之。鄢將師爲右領，與費無極比而惡之。令尹子常賄而信讒，無極譖郤宛焉，謂子常曰：“子惡欲飲子酒。”又謂子惡：“令尹欲飲酒於子氏。”子惡曰：“我，賤人也，不足以辱令尹。令尹將必來辱，爲惠已甚，吾無以酬之，若何？”無極曰：“令尹好甲兵，子出之，吾擇焉。”取五甲五兵，曰：“寘諸門，令尹至，必觀之，而從以酬之。”及饗日，帷諸門左。無極謂令尹曰：“吾幾禍子。子惡將爲子不利，甲在門矣。子必無往！且此役也，吴可以得志，子惡取賂焉而還，又誤羣帥，使退其師，曰：‘乘亂不祥。’吴乘我喪，我乘其亂，不亦可乎？”令尹使視郤氏，則有甲焉。不往，召鄢將師而告之。將師退，遂令攻郤氏，且爇之。子惡聞之，遂自殺也。（《左傳·昭公二十七年》P.2116）

楚誅伯州犁，其孫伯嚭亡奔吴，吴以爲大夫。（《史記·吴太伯世家》P.1762）

楚誅其大臣郤宛、伯州犂，伯州犂之孫伯嚭亡奔吴，吴亦以嚭爲大夫。（《史記·伍子胥列傳》P.2631）

《吴越春秋》曰：“帛否來奔於吴王。闔廬問伍子胥：‘帛否何如人也？’伍子胥對：‘帛否者，楚州犁孫。楚平王誅州犁，否因懼出奔，聞臣在吴而來。’吴王因子胥請帛否以爲大夫，與之謀於國事。”（《文選》卷第五十五《廣絶交論》“是以伍員濯溉於宰嚭”李善注 P.758）

顧校：會楚之白喜（注文“上音伯，下音嚭。下文同”爲宋本原有）來奔　平王誅州犂（黎）　州犂（黎）何罪子胥曰白州犂（黎）　側聞子前人（下多“君”）爲楚荆之暴怒

蔣校：會楚之白喜（宋本有注云：“上音伯，下音嚭。下文同。”）來奔　楚白州犂（宋本“黎”，下同）之孫　側聞予前人（宋本“人”下有“君”字）

4.6

吴大夫被離承宴問子胥曰[1]：“何見而信喜？”子胥曰：“吾之怨與喜同。子不聞《河上歌》乎[2]？‘同病相憐，同憂相救。驚翔之鳥，相隨而集；瀨下之水[3]，回復俱流【1】。’胡馬望北風而立[4]，越鷰向日而熙[5]。誰不愛其所近、悲其所思者乎？”被離曰：“君之言外也，豈有内意以決疑乎？”子胥曰：“吾不見也。”被離曰：“吾觀喜之爲人，鷹視虎步，專功擅殺之性，不可親也。”子胥不然其言，與之俱事吴王。

【校記】

【1】回：大德本作“因”，據《文選》卷五十五劉孝標《廣絶交論》“同病相憐”李善注引文改。

【注釋】

〔1〕盧文弨曰：“承宴，疑即乘燕閒之時也。”〇覺按：參見3.4注〔5〕。

〔2〕《河上歌》：歌名。此歌大概是流傳於河邊的山歌，故名。 河上：河邊。

〔3〕瀨（lài賴）：同“瀨”，激於石間的湍急之水。《楚辭·九歌·湘君》“石瀨兮淺淺”王逸注：“瀨，湍也。”《漢書·武帝紀》“甲爲下瀨將軍”臣瓚注：“瀨，湍也，吴、越謂之瀨，中國謂之磧。”

〔4〕胡：我國古代泛稱西北部的民族，秦漢時多指匈奴。 風：當爲衍文。《潛夫論·實邊》：“代馬望北，狐死首丘。”無“風”字可證。《後漢書·班超傳》載班超上疏云：“狐死首丘，代馬依風。”《文選·古詩十九首·行行重行行》：“胡馬依北風，越鳥巢南枝。”李善注：“《韓詩外傳》曰：‘詩曰：“代馬依北風，飛鳥棲故巢。”皆不忘本之謂也。’”本文之“風”字蓋涉此類諺語而衍。

〔5〕熙：通“嬉”，玩樂。

【義疏】

吴國大夫被離趁閑暇的時候問子胥説：“爲什麽您一見面就信任白喜？”子胥説：“因爲我的怨恨與白喜相同。您没聽見過《河上歌》嗎？‘患了同樣的疾病啊互相憐憫，有了同樣的憂患啊互相搭救。受驚而飛翔的鳥啊互相追隨而會聚，石下那湍急的水啊旋轉往復而同流。’産于北胡的馬遠望北方而站立，越國的燕子嚮着太陽而玩樂。誰不疼愛自己所親近的人、哀憐自己所思念的人呢？”被離説：“您所説的衹着眼于外部的因素，您是否還有根據其内在的思想來决斷疑難的呢？”子胥説：“我没看到。”被離説：“我觀察白喜的生性，他像老鷹似地看人，像老虎般地走路，有着那一心追求功利而任憑己意殺人的本性，不可以和他親近啊！”子胥並不認爲被離的話是對的，還是和白喜一起侍奉吴王。

【輯證】

太宰者，官號；嚭者，名也，伯州之孫。伯州爲楚臣，以過誅，嚭以困奔於吴。是時吴王闔廬伐楚，悉召楚仇而近之。嚭爲人覽聞辯見，目達耳通，諸事無所不知。因其時自納於吴，言伐楚之利。闔廬用之伐楚，令子胥、孫武與嚭將師入郢，有大功。還，吴王以嚭爲太宰，位高權盛，專邦之枋。未久，闔廬卒，嚭見夫差内無柱石之堅，外無斷割之勢，諛心自納，操獨斷之利，夫差終以從焉。而忠臣籥口，不得一言。嚭知往而不知來，夫差至死，悔不早誅。傳曰：“見清知濁，見曲知直；人君選士，各象其德。”夫差淺短，以是與嚭專權，伍胥爲之惑，是之謂也。（《越絶書·外傳紀策考》P.134）

《吴越春秋》曰：“伯嚭來奔於吴。子胥請以爲大夫。吴大夫被離承宴問子胥曰：‘何見而信伯嚭乎？’子胥曰：‘吾之怨與嚭同。子聞河上之歌者乎？同病相憐，同憂相救。驚翔之鳥，相隨而集。瀨下之水，回復俱流。誰不愛其所近、悲其所思者乎？’”（《文選》

卷第五十五《廣絶交論》"同病相憐"李善注 P.757)

顧校：子胥（下多"曰"）不然其言

蔣校：子胥（宋本"胥"下有"曰"字）不然其言

4.7

二年，吴王前既殺王僚，又憂慶忌之在鄰國[1]，恐合諸侯來伐，問子胥曰："昔專諸之事，於寡人厚矣。今聞公子慶忌有計於諸侯，吾食不甘味，臥不安席，以付於子。"

子胥曰："臣不忠無行，而與大王圖王僚於私室之中，今復欲討其子，恐非皇天之意。"

闔閭曰："昔武王討紂而後殺武庚[2]，周人無怨色。今若斯議[3]，何乃天乎[4]？"

子胥曰："臣事君王，將遂吴統[5]，又何懼焉？臣之所厚其人者，細人也，願從於謀。"

吴王曰："吾之憂也，其敵有萬人之力，豈細人之所能謀乎？"

子胥曰："其細人之謀事而有萬人之力也。"

王曰："其爲何誰？子以言之。"

子胥曰："姓要●[6]，名離。臣昔嘗見曾折辱壯士椒丘訢也。"

王曰："辱之奈何？"

子胥曰："椒丘訢者，東海上人也。爲齊王使於吴，過淮津，欲飲馬於津。津吏曰：'水中有神，見馬即出，以害其馬。君勿飲也。'訢曰：'壯士所當[7]，何神敢干？'乃使從者飲馬於津，水神果取其馬。馬没，椒丘訢大怒，袒裼持劍[8]，入水求神决戰，連日乃出，眇其一目。遂之吴，會於友人之喪，訢恃其與水●戰之勇也[9]，於友人之喪席而輕傲於士大夫，言辭不遜，有陵人之氣。要離與之對坐，合坐不忍其溢於力也[10]。時要離乃挫訢曰：'吾聞勇士之鬭也，與日戰不移表[11]，與神鬼戰者不旋踵，與人戰者不達聲，生往死還，不受其辱。今子與神鬭於水，亡馬失御，又受眇目之病。形殘名勇，勇士所恥。不即喪命於敵而戀其生，猶傲色於我哉[12]？'於是椒丘訢卒於●詰責[13]，恨怒並發，暝即往攻要離。於是要離席闌至舍[14]，誡其妻曰：'我辱勇士椒丘訢於大家之喪，餘恨蔚●恚[15]，瞑必來也。慎無閉吾門。’至夜，椒丘訢果往，見其門不閉；登其堂，不關；入其室，不守，放髮僵臥無所懼。訢乃手劍而捽要離曰：‘子有當死之過者三，子知之乎？’離曰：‘不知。’訢曰：‘子辱我於大家之衆，一死也；歸不關閉[1]，二死也；臥不守御，三死也。子有三死之過，欲無得怨。’要離曰：‘吾無三死之過，子有三不肖之愧。子知之乎？’訢曰：‘不知。’要離曰：‘吾辱子於千人之衆，子無敢報，一不肖也；入門不咳，登堂無聲，二不肖也；前拔子劍，手挫捽吾頭，乃敢大言，三不肖也。子有三不肖而威於我，豈不鄙哉？’於是椒丘訢投劍而歎曰：‘吾之勇也，人莫敢眥占者●〔16〕，離乃加吾之上，此天下壯士也。’臣聞要離若斯，誠以聞矣。”

吴王曰：“願承宴而待焉。”

【校記】

【1】關閉：大德本字迹模糊不清，似作“閔閉”，今據嘉靖本改。

【注釋】

〔1〕慶忌：吴王僚之子，事蹟詳下。《左傳·哀公二十年》也載慶忌事，但發生在吴王夫差二十一年（前475），與此文所述完全不同，其言云：“吴公子慶忌驟諫吴子，曰：‘不改，必亡。’弗聽。出居于艾，遂適楚。聞越將伐吴，冬，請歸平越，遂歸。欲除不忠者以説于越，吴人殺之。”《左傳》所載，可能出於較早的古史傳説。本文所載，可能是戰國後的傳説，參見本篇提要。

〔2〕紂：一作“受”，也稱“帝辛”“商辛”，商朝末代帝王，被周武王在牧野（今河南省淇縣西南）打敗後自焚而死。古人都認爲他是典型的暴君。 武庚：商紂王之子，字禄父。周武王滅商後，封他於殷（據《史記·衛康叔世家》，故商墟在河、淇間，即今河南省淇縣）治殷之餘民，以續殷祀。同時，爲了加强防範，又使其弟管叔居殷都以東之衛國（在今河南省滑縣）、蔡叔居殷都以西之鄘國（在今河南省新鄉市西北）、霍叔居殷都以北之邶國（今河南省湯陰縣東南）監督殷民，叫作三監。武王去世後，繼位的成王年幼，由周公旦攝政，三監不服，聯合武庚與淮夷反叛。於是周公旦東征平叛，殺了武庚、管叔，放逐了蔡叔並把他囚禁起來，貶霍叔爲庶人。參見《尚書·蔡仲之命》，《史記》的《周本紀》、《管蔡世家》。此文説武庚被武王所殺，是古人引史不經意處，不可視爲史實。

〔3〕若斯：如此，這様。

〔4〕孫詒讓曰：“此當作‘何反天乎’，此因上子胥對曰‘恐非皇天之意’而詰之也。”

〔5〕將：猶“必”也，參見《古書虚字集釋》卷八。 統：世代相繼的系統。 遂吴統：指維護闔閭父子相繼的國統。

〔6〕徐天祜曰：“平聲。”

〔7〕當：《荀子·正名篇》“然而徵知必將待天官之當簿其類然後可也”楊倞注：“當，

主也。”即主持、掌管的意思。所當：等於説“所有”。

〔8〕袒裼（tǎnxī 坦息）：脱去上衣露出上身。

〔9〕徐天祜曰：“‘水’字下當有‘神’字。”

〔10〕溢：水漫出來叫“溢”。此指過分地讚美。

〔11〕表：古代測量日影以計時的標杆。

〔12〕猶：可也。參見《古書虚字集釋》卷一。

〔13〕徐天祜曰：“‘卒’音‘猝’。‘於’字疑當作‘被’。”

〔14〕闌：盡。

〔15〕徐天祜曰：“‘蔚’當作‘鬱’。”〇覺按：餘：遺留。蔚（yù 喻）：通“鬱”，憂鬱愁悶。《越絶書·佚文》作“忿”，義近。恚（huì 惠）：怒。

〔16〕徐天祜曰：“‘占’疑當作‘覘’。”〇覺按：眥（zì 自）：眼角。占：通“覘”（chān 攙），窺視，偷看。眥占：用眼角斜視，表示看不起。

【義疏】

闔閭二年（前 513），吴王先前已經殺了王僚，又因爲慶忌在鄰國而擔憂，怕他聯合諸侯前來攻打，因而問子胥説：“從前專諸的事情，您對我的情意够深的了。現在聽説公子慶忌和諸侯們出謀劃策，因而我吃東西也不覺得味道甜美，躺着也不能安心于席。我把這件事托付給您了。”

子胥説：“我不忠于君主而没有德行，因而和大王在私房之中圖謀王僚，現在又想要討伐他的兒子，恐怕不是上天的意思吧。”

闔閭説：“從前周武王討伐商紂王以後又殺了武庚，周朝的人民没有怨恨的臉色。現在這樣計議，怎麽會違反天意呢？”

子胥説：“我侍奉大王，肯定要成全吴國的國統，還會害怕什麽呢？衹是我所看重的那個人，是個身材瘦小的人。希望您跟他謀劃。”

吴王説：“我所擔憂的那個對手，有上萬人的力量，哪裏是身材瘦小的人所能圖謀的呢？”

子胥説：“那身材瘦小的人圖謀起大事來倒有上萬人的力量。”

吴王説：“那是誰呢？您把他説出來聽聽。”

子胥説：“姓要，名離。我從前曾經看見他侮辱過壯士椒丘訢。”

吴王説：“怎樣侮辱椒丘訢？”

子胥説：“椒丘訢，是東海邊上的人。他爲齊王出使到吴國，經過淮河渡口的時候，想讓馬在渡口喝水。管理渡口的官吏説：‘河中有神，看到馬就會出來殺害那馬。您不要在這裏讓馬喝水啊。’椒丘訢説：‘壯士所掌有的馬，什麽神敢冒犯？’于是就派隨從到渡口讓馬喝水，水神果然奪取了他的馬。馬沉到水中去了，椒丘訢十分憤怒，便脱去了上衣，手握寶劍，跳入水中找水神决戰，接連過了幾天纔出來，瞎了一隻眼睛。于是他到了吴國，正好碰上朋友的喪事，椒丘訢仗着自己敢與水神决戰的勇氣，在朋友喪事的筵席上對士大夫們輕視傲慢，説話一點兒也不謙虚，有欺侮别人的氣色。要離和他對面坐着，因爲和他同坐實在不能忍受他吹嘘自己的力量。當時要離就折辱椒丘訢説：‘我聽説勇士的戰鬥，和時間競争時不去移動標杆做手脚，和神鬼戰鬥時不轉過脚跟往後退，和人作戰時不發出聲音而多嚷嚷，就是活着前去而死了回來，也不會忍受他們的侮辱。現在您和水神在水中戰鬥，丢了馬，損失了車夫，又遭受瞎眼的創傷。形體殘廢而號稱勇敢，這是勇士所感到耻辱的事。不是和敵人拼死而留戀自己的生命，還能對我露出驕傲的神色嗎？’在這個時候椒丘訢突然被責問，憎恨和憤怒同時發作，準備天黑就去攻打要離。于是要離在宴席結束後回到家中，告誡他的妻子説：‘我在豪富之家的喪事中侮辱了勇士椒丘訢，給他留下了滿腔的怨恨、愁悶和憤怒，到天黑他一定會來。您千萬别關上我們的門。’到了夜晚，椒丘訢果然去了，看見要離的家門没關上；登上他的廳堂，門也没上閂；走進他的卧室，也未加防守，而是散開了頭髮朝天躺着毫無畏懼。椒丘訢就手拿利劍揪住要離説：‘您有三個該死的過錯，您知道嗎？’要離説：‘不知道。’椒丘訢説：‘您在豪富之家的衆人面前侮辱我，這是第一個該死的過錯；回到家裏不關門，這是第二個該死的過錯；睡覺也不加防備，這是第三個該死的過錯。您有三個該死的過錯，心裏不能再有什麽怨恨的了。’要離説：‘我並没有三個該死的過錯，而您却有三種没有德才的慚愧，您知道嗎？’椒丘訢説：‘不知道。’要離説：‘我在上千人的大庭廣衆之下侮辱您，您不敢當場報復，這是第一種無能的表現；進門不敢吭聲，登堂毫無聲響，這是第二種無能的表現；事先拔出了您的劍，用手揪歪了我的頭，纔敢大聲説話，這是第三種無能的表現。您有了這三種無能的行爲，却還要在我面前逞威風，豈不是太鄙陋了嗎？’于是椒丘訢扔掉劍而嘆息説：‘我勇敢，没有人敢小看我，要離竟凌駕在我的頭上，這是天下的壯士啊。’我聽説要離如此，現在真誠地把他的情况都報告給您了。”

吴王説：“希望能趁我空閑的時候接待他。”

【輯證】

東海有勇士，曰菑丘訢，以勇猛聞於天下。過神淵，曰：“飲馬。”其僕曰：“飲馬於此者，馬必死。”曰：“以訢之言飲之。”其馬果沈。菑丘訢去朝服，拔劍而入，三日三夜，殺三蛟一龍而出。雷神隨而擊之十日十夜，眇其左目。要離聞之，往見之，曰：“訢在乎？”曰：“送有喪者。”往見訢於墓，曰：“聞雷神擊子十日十夜，眇子左目。夫天怨不全日，人怨不旋踵。至今弗報，何也？”叱而去，墓上振憤者不可勝數。要離歸，謂門人曰：“菑丘訢，天下勇士也。今日我辱之人中，是其必來攻我。暮無閉門，寢無閉户。”菑丘訢果夜來，拔劍拄要離頸，曰："子有死罪三。辱我以人中，死罪一也。暮無閉門，死罪二也。寢不閉户，死罪三也。"要離曰："子待我一言。來謁，不肖一也。拔劍不刺，不肖二也。刃先辭後，不肖三也。能殺我者，是毒藥之死耳。"菑丘訢引劍而去曰："嘻！所不若者，天下惟此子爾！"（《韓詩外傳》卷十第七章 P.342）

闔閭惡王子慶忌，問於伍子胥。子胥曰："臣有所厚於國，其人細小也，曰要離。臣嘗見其辱壯士。菑邱訢，東海上人也，爲齊王使於吴，過淮津，欲飲馬，水神出取。菑邱訢大怒，徧袒操劍，入水與戰，殺兩蛟一龍，連日乃出，眇其左目。遂之吴，會於友人之座，訢恃其神戰之勇，輕士大夫。要離與之對坐，即謂之曰：'吾聞勇士之戰也，與日戰者不移表，與鬼戰者不旋踵，與人戰者不達聲，生往死還，不受其辱。今子與神戰於泉水之中，亡馬失御，又受眇目之病。形殘名辱，勇士所恥。自驕於友人之旁，何其忍負也？'於是菑邱訢卒於結恨勢怒，未及有言，座衆分解。菑邱訢宿怒遺恨，夜往攻要離。要離戒其妻曰：'曩者吾辱壯士菑邱訢於大衆之座，有受不還報答之怒，餘恨忿恚，冥必來矣。慎毋閉門。'菑邱訢果往，入門，不閉；登堂，不關；入室，不守，放髮僵卧。訢乃手拔劍而捽要離曰：'子有三當死之過，子知之乎？'要離曰：'吾不知也。'菑邱訢曰：'子辱吾於大座之衆，一死也；歸不閉門，二死也；卧不守衛，三死也。子有三死之過，雖欲勿怒，其得乎哉？'要離曰：'吾無三死之過，子有三不肖之愧。子知之乎？'菑邱訢曰：'吾不知。'要離曰：'吾辱子於千人之衆，子不報答，是一不肖也；入門不咳，登堂無聲，是二不肖也；先拔劍，手持頭，乃敢有言，是三不肖也。子有三不肖之愧，而欲威我，豈不鄙哉？'於是菑邱訢仰天嘆曰：'吾之勇也，人莫敢有訾吾我。若斯要離，乃加吾之上，此天下壯士也。'"（《御覽》四百三十七）（《越絶書·佚文》P.308）

《吴越春秋》曰："吴王僚子慶忌。"（《史記·范雎蔡澤列傳》"王慶忌"《集解》P.2908）

《吴越春秋》曰："吴王獠子慶忌。"（《册府元龜》卷之八百九十 P.10528）

顧校：以付於子（下多"胥"）　　我辱壯（勇）士椒丘訢於大家之喪

蔣校：以付於子（宋本"子"下有"胥"字）

4.8

子胥乃見要離，曰："吴王聞子高義，惟一臨之〔1〕。"乃與子胥見吴王。

王曰："子何爲者？"要離曰："臣，國東千里之人。臣細小無力，迎風則僵，負風則仆【1】。大王有命，臣敢不盡力？"吴王心非子胥進此人，良久默然不言。要離即進曰："大王患慶忌乎？臣能殺之。"王曰："慶忌之勇，世所聞也。筋骨果勁，萬人莫當。走追奔獸，手接飛鳥，骨騰肉飛〔2〕，拊膝數百里。吾嘗追之於江，駟馬馳不及，射之闇，接矢不可中。今子之力不如也。"要離曰："王有意焉〔3〕，臣能殺之。"王曰："慶忌，明智之人。歸窮於諸侯，不下諸侯之士。"要離曰："臣聞：'安其妻子之樂〔4〕，不盡事君之義，非忠也；懷家室之愛而不除君之患者，非義也。'臣詐以負罪出奔，願王戮臣妻子，焚之吴市，飛揚其灰，購臣千金與百里之邑【2】〔5〕，慶忌必信臣矣。”王曰：“諾。”

要離乃詐得罪出奔，吴王乃取其妻子，焚棄於市〔6〕。

【校記】

【1】仆：大德本作“伏”，據《太平御覽》卷三百八十六引文改。

【2】焚之吴市，飛揚其灰，購臣千金與百里之邑：大德本作“斷臣右手”，據《太平御覽》卷四百九十四引文改。要説明的是：其中的“揚”，該處引文作“楊”，但下一處引文作“揚”（見注〔6〕），據改。○顧觀光曰：“按斷手事不見下文，且要離方欲刺慶忌，而先斷右手，計亦左矣。《吕氏春秋》亦但云‘執其妻子，焚之而揚其灰’。”○覺按：“焚之吴市，飛揚其灰，購臣千金與百里之邑”，更能造成影響；而且，下文説“焚棄於市”，也與《太平御覽》引文合，故當以《太平御覽》之引文爲是。

【注釋】

〔1〕臨：俯視。

〔2〕骨騰肉飛：形容其雄健踴躍。骨、肉：指軀體。

〔3〕有意焉：有意於之，有願望於我。

〔4〕《淮南子·氾論訓》“而百姓安之”高誘注：“安，樂也。”

〔5〕購：用重賞來收買。 金：見3.8注〔12〕。

〔6〕棄：暴屍街頭。這兩句《太平御覽》卷四百九十四引作：“王殺其妻子，焚之吴市，飛揚其灰，購之千金與百里之邑。”

【義疏】

子胥于是去見要離，説：“吴王聽説您行爲高尚合乎正義，希望見您一面。”要離就和子胥去見吴王。

吴王説：“您是幹什麽的？”要離説：“我是國都東面千里以外的人。我瘦小無力，面對着風就會向後倒下，背着風就會向前倒下。但大王若有命令，我敢不盡心竭力嗎？”吴王心裏認爲子胥推薦這個人很不得當，所以沉默了很久不説話。要離便走上前去説：“大王擔心慶忌嗎？我能殺死他。”吴王説：“慶忌的勇力，是世人都知道的。他筋骨剛勁，上萬個人也不能抵擋。他跑起來能追上飛奔的野獸，手能抓住飛翔的鳥，身體能跳躍騰飛，一拍腿就能跑上幾百里。我曾經追他追到江邊，連四匹馬拉了車飛快地奔馳也没追上。在暗中射他，他把箭接住了而不能射傷他。現在您的力量不及他啊！”要離説：“大王如果想用我，我就能殺死他。”吴王説：“慶忌，是個明智的人。他雖然因爲困厄而投奔了諸侯，但並不謙卑地去奉承諸侯各國的賢士。”要離説：“我聽説：‘沉溺于和自己妻子兒女的歡樂，而不能盡到侍奉君主的道義，是不忠；懷念妻室的愛戀而不去除掉君主的禍患，是不義。’我假裝負罪出國逃亡，請大王殺掉我的妻子兒女，在吴國的街市上把他們燒掉，再播撒他們的骨灰，拿出二萬兩黄金和方圓百里的城邑作爲賞金來搜捕我，慶忌一定會相信我了。”吴王説：“行。”

要離便假裝獲罪出逃，吴王就抓來了他的妻子兒女，在鬧市把他們燒死，並將他們的尸體暴露在街頭示衆。

【輯證】

王子慶忌足躡麋鹿，手搏兕虎。（《淮南子·説林訓》P.566）

吴王欲殺王子慶忌而莫之能殺，吴王患之。要離曰：“臣能之。”吴王曰：“汝惡能乎？吾嘗以六馬逐之江上矣，而不能及；射之矢，左右滿把，而不能中。今汝拔劍則不能舉臂，上車則不能登軾，汝惡能？”要離曰：“士患不勇耳，奚患於不能？王誠能助，臣請必能。”吴王曰：“諾。”明旦加要離罪焉，摯執妻子，焚之而揚其灰。（《吕氏春秋·忠廉》P.587）

《吴越春秋》稱要離謂吴王夫差曰：“臣迎風則偃，背風則仆。”（《左傳·定公八年》“偃且射子鉏”孔穎達疏 P.2142）

《吴越春秋》曰：“子胥與要離見於吴王，要離對曰：‘臣，吴國之東阡陌人，細微無力，迎風則偃，背風則仆。大王有命，臣不敢盡死？’”（《太平御覽》卷第三百八十六 P.1786）

《吴越春秋》曰：“吴公子慶忌，吴王僚子也。勇捷爲人所聞，筋力果勁，万人之敵也。”（《太平御覽》卷第二百七十九 P.1299）

《吴越春秋》曰：“慶忌，僚子也。勇爲人所聞，走及奔馬。”（《太平御覽》卷第三百九十四 P.1822）

《吴越春秋》曰：“要離爲王殺慶忌，曰：‘請以罪出走，殺臣之妻子，焚之吴市，飛楊其灰，購臣千金與百里之邑，詐往，慶忌必信臣也。’王曰：‘諾。’要離以罪出走，王殺其妻子，焚之吴市，飛揚其灰，購之千金與百里之邑。”（《太平御覽》卷第四百九十四 P.2261）

《吴越春秋》曰：“吴王欲殺王子慶忌而莫之能。要離謂吴王曰：‘臣請殺之。’乃僞加罪焉，執其妻，焚而惕其灰。”（《太平御覽》卷第八百七十一 P.3862）

4.9

要離乃奔諸侯而行怨言，以無罪聞於天下。遂如衛[1]，求見慶忌。見曰：“闔閭無道，王子所知[2]。今戮吾妻子，焚之於市，無罪見誅。吴國之事，吾知其情，願因王子之勇，闔閭可得也。何不與我東之於吴？”慶忌信其謀。

後三月，揀練士卒[3]，遂之吴。將渡江於中流，要離力微，坐與●上風[4]，因風勢以矛鉤其冠，順風而刺慶忌。慶忌顧而揮之，三捽其頭於水中，乃加於膝上：“嘻嘻哉！天下之勇士也，乃敢加兵刃於我！”左右欲殺之，慶忌止之，曰：“此是天下勇士，豈可一日而殺天下勇士二人哉？”乃誡左右曰：“可令還吴，以旌其忠。”

於是慶忌死。

要離渡至江陵[5]，愍然不行[6]。從者曰："君何不行？"要離曰："殺吾妻子，以事吾君，非仁也；爲新君而殺故君之子，非義也；重其死，不貴無義，今吾貪生棄行，非義也。夫人有三惡以立於世，吾何面目以視天下之士？"言訖，遂投身於江。未絶，從者出之。要離曰："吾寧能不死乎？"從者曰："君且勿死，以俟爵禄。"要離乃自斷手足，伏劍而死。

【注釋】

〔1〕徐乃昌曰："按《左傳·哀公二十年》，慶忌適楚，此及《吕覽》十一並云奔衛。"○覺按：《左傳》所記公子慶忌被殺於魯哀公二十年，即夫差二十一年（前475），與此年代不同，事蹟也不同。依情理而言，《左傳》所記，當爲春秋末年的傳聞，較爲確實。《吕氏春秋·忠廉篇》所記，當爲戰國末年的異聞；而本書所記，則又經鋪張渲染，恐不合史實。衛：是周代諸侯國，姬姓，侯爵，始封之君爲周武王之弟康叔，名封。公元前11世紀周公旦平定武庚後，把原來商都（在今河南省淇縣）周圍地區和殷民七族封給康叔，成爲當時的大國，建都朝歌（在今河南省淇縣）。前660年被翟擊敗，衛之遺民渡河者僅七百三十人，靠了齊、宋的援助，得以立戴公于曹邑（又作漕邑，今河南省滑縣舊縣城東），連別邑之民，共五千人，從此成爲小國。後又遷都楚丘（今河南省滑縣東）、帝丘（今河南省濮陽市西南），一直依附于魏國。衛懷君三十一年（前253），背離魏國而和秦國連横，被魏國擊敗。懷君朝魏，被魏所殺。魏立衛嗣君之弟衛元君，從此衛便成了魏國的附庸，實際上已滅亡了。公元前241年，秦攻取朝歌後又把衛元君遷到野王（在今河南省沁陽市），作爲秦國的附庸。公元前209年爲秦所廢。參見《左傳·閔公二年》、《史記》的《衛康叔世家》與《六國年表》。

〔2〕王子：慶忌是吴王僚之子，故稱"王子"。

〔3〕揀練：亦作"簡練"，精選訓練。《漢書·息夫躬傳》："簡練戎士，繕修干戈。"

〔4〕徐天祜曰："'與'當作'於'。"○楊樹達《詞詮》卷九釋此例曰："與，介詞，用同'於'。"○覺按：《吴郡志》卷二十"與"作"慶忌"，蓋不明"與"字用法而改。

〔5〕江陵：春秋時爲楚國的國都，稱"郢"（yǐng影），又稱紀郢、南郢，即今湖北省荆州市西北之紀南城。《史記·十二諸侯年表》載：楚文王貲元年（前689），"始都郢"。秦以郢爲江陽縣，到漢代纔置江陵縣，爲南郡治所。此文説"江陵"，乃作者誤用漢代地名，並非春秋時已有江陵。而且，自衛入吴，也不必經過江陵，此文甚荒誕。

〔6〕愍（mǐn皿）：憂傷。

【義疏】

要離于是逃亡到諸侯各國，散播怨言，因而以無罪被害聞名于天下。于是他到了衛國，求見慶忌。他見到慶忌後説："闔閭暴虐無道，是王子您所知道的。現在他殺了我的妻子兒女，在街市上焚燒他們，他們實是無罪被殺。吴國的事情，我知道它的内情，我希望依靠王子的勇力，這樣，闔閭就可以擒獲了。爲什麽不和我朝東到吴國去呢？”慶忌相信了他的計謀。

三個月後，慶忌挑選訓練了士兵，就到吴國去。將要渡過長江而到達江中的時候，要離因爲力氣小，便坐在慶忌的上風，靠風力用矛鈎掉了慶忌的帽子，順着風嚮直刺慶忌。慶忌回過頭來甩掉矛，揪住了要離的頭多次按進水中，然後把他放在膝蓋上，説：“唉呀呀！真是天下的勇士啊，竟敢把兵器的鋒刃加到我的頭上！”慶忌身邊的侍從想殺掉要離，慶忌阻止了他們，説：“這是天下的勇士，怎麽能在一天之内殺掉兩個天下的勇士呢？”又告誡侍從説：“可以讓他返回吴國，以此來表彰他的忠誠。”于是慶忌就死了。

要離渡過長江而到了江陵，憂傷地不走了。隨從説：“您爲什麽不走？”要離説：“殺了我的妻子兒女來侍奉我的君主，不合乎仁；爲了新的君主而殺害原來君主的兒子，不合乎義；人們看重捨生就死，但不尊崇不合乎道義的行爲，現在我貪生怕死而抛弃了德行，也就不合乎道義了。人有了這三種醜惡的行爲還活在世上，我有什麽臉面去見天下的賢士呢？”説完，就縱身跳入江中。要離還没有斷氣，隨從就把他救上來了。要離説：“我難道能不死麽？”隨從説：“您暫且不要死，以便等候吴王賞給您爵位俸禄。”要離便自己斬斷了手脚，用劍自殺而死。

【輯證】

要離走，往見王子慶忌於衛。王子慶忌喜曰：“吴王之無道也，子之所見也，諸侯之所知也，今子得免而去之亦善矣。”要離與王子慶忌居有間，謂王子慶忌曰：“吴之無道也愈甚，請與王子往奪之國。”王子慶忌曰：“善。”乃與要離俱涉於江。中江，拔劍以刺王子慶忌，王子慶忌捽之，投之於江，浮則又取而投之，如此者三。其卒曰：“汝天下之國士也，幸汝以成而名。”要離得不死，歸於吴。吴王大説，請與分國。要離曰：“不可。臣請必死。”吴王止之。要離曰：“夫殺妻子焚之而揚其灰，以便事也，臣以爲不仁。夫爲故主殺新主，臣以爲不義。夫捽而浮乎江，三入三出，特王子慶忌爲之賜而不殺耳，臣已爲辱矣。夫不仁不義，又且已辱，不可以生。”吴王不能止，果伏劍而死。（《吕氏春秋·忠廉》P.587）

4.10

三年，吴將欲伐楚[1]，未行。伍子胥、白喜相謂曰：“吾等爲王養士，畫其策謀，有利於國，而王故伐楚[2]，出其令，託而無興師之意，奈何？”有頃，吴王問子胥、白喜曰：“寡人欲出兵，於二子何如？”子胥、白喜對曰：“臣願用命。”吴王内計，二子皆怨楚，深恐以兵往，破滅而已[3]。登臺向南風而嘯，有頃而歎，羣臣莫有曉王意者，子胥深知王之不定，乃薦孫子於王。

【注釋】

〔1〕三年，吴將欲伐楚：4.3說："闔閭復使子胥屈蓋餘、燭傭"，《左傳·昭公三十年》記載"吴子使徐人執掩餘，使鍾吾人執燭庸，二公子奔楚"，楚君受而封之。結果，吴王怒，冬十二月，執鍾吾子，滅徐，徐子章羽奔楚。於是吴王問伍員如何去伐楚。此文於滅徐之事略而不提，但此所謂"將欲伐楚"，或指吴王問伍員伐楚之事。

〔2〕《爾雅·釋詁下》："故，今也。"

〔3〕已：止。

【義疏】

闔閭三年（前512），吴國將要攻打楚國，還遲遲没有出兵。伍子胥、白喜互相商量説："我們給吴王收養了賢能之士，謀劃了那些計策，對吴國很有利，但吴王現在攻打楚國，頒布了命令，却又藉故推諉而没有起兵的意思，怎麽辦呢？"過了不久，吴王問子胥、白喜説："我想出兵，你們二位看怎麽樣？"子胥、白喜回答説："我們願意服從命令。"吴王心中盤算，這兩個人都怨恨楚國，所以很怕他們帶兵去了以後，要把楚國消滅了才罷休。于是登上高臺，對着南風長嘯，過了一會兒又是嘆息，群臣之中没有誰能知道吴王的心意，衹有伍子胥深切地明瞭吴王這種猶豫不定的心思，于是就把孫子推薦給了吴王。

【輯證】

《吴越春秋》曰："吴王闔閭將欲伐楚，登臺向南風而嘯，有頃而歎。羣臣莫有曉王意者。伍子胥深知王憂，乃薦孫武，善爲兵法，人莫知其能。"（《藝文類聚》卷第十九 P.353）

《吴越春秋》……又曰："吴王闔閭將伐楚，登臺向風而嘯，有頃而歎。羣臣莫有曉王意者。子胥乃薦孫子。孫子者，吴人也，名武，善爲兵法，僻隱幽居，世人莫知其能。"（《太平御覽》卷第三百五 P.1403）

《吴越春秋》……又曰："吴王闔閭將欲伐楚，登臺南向而嘯，有頃而歎。羣臣莫有曉王意者。子胥乃薦孫子。孫子者，吴人，名武，善爲兵法，僻隱幽居，世人莫知其能。"（《太平御覽》卷第三百九十二 P.1813）

4.11

孫子者〔1〕，名武，吴人也，善爲兵法，僻隱深居【1】，世人莫知其能。胥乃明於鑒辨〔2〕，知孫子可以折衝銷敵〔3〕，乃一旦與吴王論兵，七薦孫子。吴王曰："子胥託言進士，欲以自納。"

而召孫子，問以兵法。每陳一篇，王不知口之稱善〔4〕。其意大悦，問曰："兵法寧可以小試耶？"孫子曰："可，可以小試於後宫之女。"王曰："諾。"孫子曰："得大王寵姬二人，以爲軍隊長，各將一隊。"令三百人皆被甲兜鍪〔5〕，操劍盾●而立〔6〕，告以軍法，隨鼓進退、左右、廻旋，使知其禁。乃令曰：“一鼓皆振，二鼓操進[7]，三鼓爲戰形。”於是宫女皆掩口而笑。孫子乃親自操枹擊鼓，三令五申，其笑如故。孫子顧視，諸女連笑不止。孫子大怒，兩目忽張，聲如駭虎，髪上衝冠，項旁絶纓，顧謂執法曰：“取鈇鑕●[8]。”孫子曰：“約束不明，申令不信，將之罪也。既以約束三令五申，卒不却行，士之過也[9]。軍法如何？”執法曰：“斬！”武乃令斬隊長二人，即吴王之寵姬也。吴王登臺觀望，正見斬二愛姬，馳使●下之令曰[10]：“寡人已知將軍用兵矣。寡人非此二姬，食不甘味。宜勿斬之。”孫子曰：“臣既已受命爲將，將法在軍，君雖有令，臣不受之。”孫子復撝[11]，鼓之，當左右、進退、廻旋，規矩[12]，不敢瞬目。二隊寂然，無敢顧者。於是乃報吴王曰：“兵已整齊，願王觀之。惟所欲用[13]，使赴水火猶無難矣，而可以定天下。”吴王忽然不悦[14]，曰：“寡人知子善用兵，雖可以霸，然而無所施也。將軍罷兵就舍，寡人不願[15]。”孫子曰：“王徒好其言而不用其實[16]。”

【校記】

【1】僻：大德本作“辟”，據《太平御覽》卷三百五引文改。

【注釋】

〔1〕孫子：名武，也稱孫武子，春秋時齊國人（見《史記·孫子吴起列傳》，此文説“吴人”，恐誤），我國古代最傑出、最著名的軍事家。他曾以兵法十三篇謁見吴王闔閭，被任爲將，率吴軍西破强楚，北威齊、晉。《漢書·藝文志·兵書略》著録《吴孫子兵法》八十二篇，今傳《孫子兵法》僅十三篇，爲我國現存最早、最傑出的兵書。1972年山東省臨沂銀雀山漢墓出土《孫子兵法》竹簡兩百餘枚，其中除今本文字外，還有《吴問》《四變》等佚文殘簡。其事蹟可參見《史記·孫子吴起列傳》。

〔2〕乃：猶“固”也，本然之詞。參見《古書虚字集釋》卷六。 辨：辨别。 鑒辨：鑒别。

〔3〕衝：衝撞敵城的戰車。 折衝：使敵人的戰車受挫後撤，即擊退敵軍。 銷：通“消”，消滅。

〔4〕知：《藝文類聚》卷五十三引文作“覺”，兩字同義。

〔5〕三百人：當爲約數，非確數（參見汪中《述學·釋三九》）。《史記·孫子吴起列傳》作“百八十人”。 被（pī 批）：通“披”。 兜鍪（móu 謀）：戰盔。

〔6〕徐天祜曰：“豎尹切，兵器，所以蔽身。”

〔7〕操：孫詒讓曰：“‘操’當爲‘譟’。《詩·大雅·大明》孔疏引今文《書·太誓》云：‘師乃鼓譟。’《周禮·大司馬》鄭注云：‘譟，讙也。’‘譟’、‘操’形聲相近而誤。”

〔8〕徐天祐曰："鈇，斧也。鑕，鐵椹。"
〔9〕《老子·六十八章》"善爲士者不武"王弼注："士，卒之帥也。"《説苑·指武》："士者，軍之枝體也。"
〔10〕徐天祐曰："去聲。"
〔11〕撝（huī 灰）：通"揮"，指揮。
〔12〕"規矩"上宜有"皆中"二字。《史記·孫子吴起列傳》作："於是復鼓之，婦人左右、前後、跪起，皆中規矩繩墨。"
〔13〕惟所欲用：《史記·孫子吴起列傳》作"唯王所欲用之"。
〔14〕忽然：猶"忽忽"，惆悵失意的樣子。
〔15〕《史記·孫子吴起列傳》作"寡人不願下觀"，文意更明確。
〔16〕其：我。好其言：喜歡我的言論。指上文"每陳一篇，王不知口之稱善。其意大悦"。不用其實：不用我的實際才能。指不能在實戰中發揮自己的軍事才能。

【義疏】

孫子，名武，吴國人，善于策劃用兵的方法，但他在偏僻幽深的地方隱居，所以世人没有誰知道他的才能。子胥本來就能明智地鑒别人才，他知道孫子可以擊退敵軍、消滅敵人，便在某天和吴王討論用兵的時候，多次推薦孫子。吴王尋思道："子胥衹是藉口推薦賢士，實是想靠這種辦法來使他自己得到進用。"

于是吴王便召見孫子，問他用兵的方法。孫子每陳述一篇，吴王便不知不覺地在嘴里連連稱好。吴王心中十分高興，問道："用兵的方法是否可以稍微試驗一下呢？"孫子説："可以。可以在後宫的宫女中稍微試驗一下。"吴王説："行。"孫子説："請給我大王寵愛的妃子二人，讓她們當軍隊的隊長，使她倆各自帶領一隊。"于是孫子讓幾百個宫女都披上鎧甲，戴上頭盔，拿着劍和盾站着，把軍隊的法規告訴她們，叫她們隨着鼓聲或前進或後退，或向左或向右，或旋轉打圈，讓她們明瞭操練時的禁例。接着就命令説："第一次敲鼓時大家都振作起來，第二次敲鼓時大家都呼喊着前進，第三次敲鼓時大家都排成作戰時的陣勢。"于是宫女們都捂着嘴笑。孫子便親自拿着鼓槌敲鼓，再三命令、反復告誡，宫女們的笑聲還是像原來那樣。孫子轉頭環視一周，宫女們接連地笑個不停。孫子十分憤怒，雙眼忽然瞪大了，聲音就像受驚的老虎一樣，頭髮向上頂起了帽子，脖子旁邊的帽帶都綳斷了，回頭對執法官説："拿斧頭和鐵砧板來。"孫子説："規定禁約不明確，下了命令不守信用，是將官的罪過。已經把規定禁約三令五申，士兵仍不能按照命令後退前進，便是隊長的罪過了。按軍法該怎麽辦？"執法官説："斬首。"孫武就命令殺掉兩個隊長，即吴王所寵愛的妃子。吴王登上閲兵臺觀看，正好看見要殺那兩個愛妃，馬上讓使者奔馳而去，嚮孫子下達命令説："我已經知道將軍能用兵了。我如果没有這兩個妃子，那麽吃東西就不覺得味道甜美。最好不要殺她們。”孫子説：“我既然已經被任命爲將官，將官在軍隊中執法，君主即使有命令，我也不接受它。”孫子又重新指揮，敲起戰鼓，應當向左或向右，前進或後退，或轉身打圈的時候，宫女們都合乎規矩，不敢眨一下眼睛。兩隊宫女肅静無聲，没有敢轉頭的。于是孫子就去匯報吴王説：“軍隊已經操練整齊，請大王去檢閲她們。衹管憑大王的想法去使用她們好了。就是要她們赴湯蹈火也不會有什麽困難了，甚至可以用她們去平定天下。”吴王悶悶不樂，説：“我知道您善于用兵了，雖然可以靠它來稱霸，但是没有地方來用它啊。將軍解散隊伍回客舍去吧，我不想再檢閲她們了。”孫子説：“吴王衹是喜歡我的理論罷了，而並不想讓我付諸實施。”

【輯證】

孫子武者，齊人也。以兵法見於吴王闔廬。闔廬曰：“子之十三篇，吾盡觀之矣，可以小試勒兵乎？”對曰：“可。”闔廬曰：“可試以婦人乎？”曰：“可。”於是許之，出宫中美女，得百八十人。孫子分爲二隊，以王之寵姬二人各爲隊長，皆令持戟。令之曰：“汝知而心與左右手背乎？”婦人曰：“知之。”孫子曰：“前，則視心；左，視左手；右，視右手；後，即視背。”婦人曰：“諾。”約束既布，乃設鈇鉞，即三令五申之。於是鼓之右，婦人大笑。孫子曰：“約束不明，申令不熟，將之罪也。”復三令五申而鼓之左，婦人復大笑。孫子曰：“約束不明，申令不熟，將之罪也；既已明而不如法者，吏士之罪也。”乃欲斬左古隊長。吴王從臺上觀，見且斬愛姬，大駭。趣使使下令曰：“寡人已知將軍能用兵矣。寡人非此二姬，食不甘味，願勿斬也。”孫子曰：“臣既已受命爲將，將在軍，君命有所不受。”遂斬隊長二人以徇。用其次爲隊長，於是復鼓之。婦人左右前後跪起皆中規矩繩墨，無敢出聲。於是孫子使使報王曰：“兵既整齊，王可試下觀之，唯王所欲用之，雖赴水火猶可也。”吴王曰：“將軍罷休就舍，寡人不願下觀。”孫子曰：“王徒好其言，不能用其實。”於是闔廬知孫子能用兵，卒以爲將。西破彊楚，入郢，北威齊晉，顯名諸侯，孫子與有力焉。（《史記·孫子吴起列傳》P.2617）

《吴越春秋》云：“孫子者，吴人也。善爲兵法，隱幽，世人莫能知。子胥明識人，知孫子可以折衝，乃七薦孫子。”（《北堂書鈔》卷第三十三 V.1212-P.157）

《吴越春秋》曰：“孫子者，吴人，名武，善爲兵法，僻隱幽居，世人莫知其能。子胥明於識人，乃薦孫子。吴王問以兵法，每陳一篇，王不覺口之稱善。”（《藝文類聚》卷第五十三 P.957）

顧校：操劍盾（楯）而立

蔣校：操劍盾（宋本“楯”，下同）而立

4.12

子胥諫曰：“臣聞[1]：‘兵者，凶事，不可空試。’故爲兵者，誅伐不行，兵道不明[2]。今大王虔心思士，欲興兵戈以誅暴楚，以霸天下而威諸侯，非孫武之將，而誰能涉淮、踰泗、越千里而戰者

乎[3]？"於是吴王大悦，因鳴鼓會軍，集而攻楚。孫子爲將，拔舒，殺吴亡將二公子蓋餘、燭傭[4]。謀欲入郢[5]。孫武曰："民勞，未可，恃也[6]。"

【注釋】

〔1〕《老子·三十一章》："兵者，不祥之器。"此文所謂"臣聞"，蓋源於《老子》。《國語·越語下》："范蠡進諫曰：'夫勇者，逆德也；兵者，凶器也。'"也類此。

〔2〕兵道不明：針對上文"兵法""小試"而言，指兵法不能公開試驗。

〔3〕泗：泗水，即泗河，發源於今山東泗水縣陪尾山。因其四源合爲一水，故名。古時泗水流經今山東省曲阜市、魚臺縣及江蘇省徐州市，至洪澤湖畔龍集附近入淮。

〔4〕參見3.15注〔20〕。

〔5〕徐天祜曰："楚都。楚文王始自丹陽徙都郢，即江陵之紀南城也。"〇覺按：參見4.9注〔5〕。

〔6〕恃也：當作"待之"。《史記·吴太伯世家》作："光謀欲入郢，將軍孫武曰：'民勞，未可，待之。'"《史記·伍子胥列傳》作："因欲至郢，將軍孫武曰：'民勞，未可，且待之。'"此文作"恃"，如果解爲"依靠"而與"未可"連讀，似也可通，但與"未"字的語氣不甚合，故當從《史記》。

【義疏】

子胥勸諫吴王説："我聽説：'用兵打仗，是不吉祥的事，不可以毫無結果地來試驗它。'所以用兵打仗的人，如果聲討攻打的事情不準備付諸實施，那麽用兵之道就不應該暴露出來。現在大王恭敬虔誠地思慕賢士，想發動戰争去懲罰暴虐的楚國，從而稱霸天下而威服諸侯，如果不讓孫武帥兵打仗，那還有誰能跨過淮河、越過泗水、馳騁千里去作戰呢？"于是吴王十分高興，就敲響戰鼓會合軍隊，集中起來去攻打楚國。孫子當將軍，攻克了舒，殺掉了吴國逃亡在外的將軍——兩個公子蓋餘、燭傭。吴王又和大臣謀劃，想打進郢都，孫武説："民衆已經很勞苦了，現在還不可以去攻打郢都，等以後再説吧。"

【輯證】

冬十有二月，吴滅徐，徐子章羽奔楚。（《春秋·昭公三十年》P.2125）

吴子使徐人執掩餘，使鍾吾人執燭庸，二公子奔楚。楚子大封而定其徙，使監馬尹大心逆吴公子，使居養，莠尹然、左司馬沈尹戌城之，取於城父與胡田以與之，將以害吴也。子西諫曰："吴光新得國而親其民，視民如子，辛苦同之，將用之也。若好吴邊疆，使柔服焉，猶懼其至。吾又疆其讎以重怒之，無乃不可乎？吴，周之胄裔也，而弃在海濱，不與姬通，今而始大，比于諸華。光又甚文，將自同於先王。不知天將以爲虐乎，使翦喪吴國而封大異姓乎？其抑亦將卒以祚吴乎？其終不遠矣。我盍姑億吾鬼神，而寧吾族姓，以待其歸，將焉用自播揚焉？"王弗聽。吴子怒。冬十二月，吴子執鍾吴子，遂伐徐，防山以水之。己卯，滅徐。徐子章禹斷其髮，攜其夫人，以逆吴子。吴子唁而送之，使其邇臣從之，遂奔楚。楚沈尹戌帥師救徐，弗及，遂城夷，使徐子處之。吴子問於伍員曰："初而言伐楚，余知其可也，而恐其使余往也，又惡人之有余之功也。今余將自有之矣。伐楚何如？"對曰："楚執政衆而乖，莫適任患。若爲三師以肄焉，一師至，彼必皆出。彼出則歸，彼歸則出，楚必道敝。亟肄以罷之，多方以誤之。既罷而後以三軍繼之，必大克之。"闔廬從之，楚於是乎始病。（《左傳·昭公三十年》P.2125）

（吴闔閭）三：三公子奔楚。（《史記·十二諸侯年表》P.794）（覺按：他處皆只記有掩餘、燭庸二公子，此作"三公子"，誤。）

（闔廬）三年，吴王闔廬與子胥、伯嚭將兵伐楚，拔舒，殺吴亡將二公子。光謀欲入郢，將軍孫武曰："民勞，未可，待之。"（《史記·吴太伯世家》P.1762）

（楚昭王）四年，吴三公子奔楚，楚封之以扞吴。（《史記·楚世家》P.2055）（覺按：他處皆只記有掩餘、燭庸二公子，此作"三公子"，誤。）

前王僚所遣二公子將兵伐楚者，道絶不得歸。後聞闔廬弑王僚自立，遂以其兵降楚，楚封之於舒。闔廬立三年，乃興師與伍胥、伯嚭伐楚，拔舒，遂禽故吴反二將軍。因欲至郢，將軍孫武曰："民勞，未可，且待之。"乃歸。（《史記·伍子胥列傳》P.2631）

4.13

楚聞吴使孫子、伍子胥、白喜爲將，楚國苦之，羣臣皆怨，咸言費無忌讒殺伍奢、白州犂〔1〕，而吴侵境，不絶於寇，楚國羣臣有一朝之患。於是司馬成乃謂子常曰〔2〕："太傅伍奢、左尹白州犂，邦人莫知其罪，君與王謀誅之，流謗於國〔3〕，至于今日，其言不絶。誠惑之〔4〕。蓋聞仁者殺人以掩謗者，猶弗爲也。今子殺人以興謗於國，不亦異乎？夫費無忌，楚之讒口，民莫不知其過【1】。今無辜殺三賢士●〔5〕，以結怨於吴，内傷忠臣之心，外爲鄰國所笑。且郄●、伍之家〔6〕，出奔於吴。吴新有伍員、白喜，秉威鋭志結讎於楚〔7〕，故彊敵之兵日駭。楚國有事，子即危矣。夫智者除讒以自安，愚者受佞以自亡。今子受讒〔8〕，國以危矣。"子常曰："是囊之罪也【2】，敢不圖之？"九月，子常與昭王共誅費無忌，遂滅其族〔9〕，國人乃謗止〔10〕。

【校記】

【1】大德本"莫"下無"不"字，據《左傳·昭公二十七年》補。

【2】囊：大德本作"曩"，據馮本改。《左傳·昭公二十七年》作"瓦"。

【注釋】

〔1〕參見3.4與4.5。《左傳·昭公二十七年》《史記·楚世家》把楚人怨費無忌而子常殺之之事記於楚昭王元年，即吴王僚十二年（前515），此文記於闔閭三年（前512），誤。其誤蓋受《史記》影響所致。《史記·楚世家》説"嚭及子胥皆奔吴"，而

伯嚭奔吴在闔閭元年，所以本文便將此事記於闔閭三年。殊不知《左傳·昭公二十七年》明言“吴新有君”，即指該年夏闔閭殺僚自立之事，然後子常於該年九月殺費無極，伯嚭奔吴則在明年。

〔2〕司馬：掌管軍政的官。 司馬成：當作“左司馬戌”，《左傳·昭公二十七年》作“沈尹戌言於子常曰”可證。《左傳·昭公二十七年》又載“左司馬沈尹戌”，可知楚昭王時他爲左司馬。《左傳·昭公十九年》“沈尹戌曰”杜預注：“戌，莊王曾孫，葉公諸梁父也。”王符《潛夫論·志氏姓》：“左司馬戌者，莊王之曾孫也；葉公諸梁者，戌之第三弟也。”《吕氏春秋·慎行》“沈尹戌謂令尹曰”高誘注：“沈尹戌，莊王之孫，沈諸梁葉公子高之父也。”三説不同，當以杜説爲是。 子常：名囊瓦，字子常，子囊之孫，楚平王十年（前519）起任楚國令尹（相當於他國的相國），見《左傳·昭公二十三年》。

〔3〕流：流行，傳播。這裏是使動用法。 謗：公開指責别人的過失。 流謗於國：使意見流行於國内。

〔4〕誠：真，的確。又，《左傳·昭公二十七年》作“戌也惑之”。此文之“誠”或爲“戌”字之誤。蓋“戌”訛爲“成”，又誤爲“誠”。

〔5〕徐天祜曰：“伍奢、伯州犂與郤宛而三。”〇盧文弨曰：“上以白州犁、郤宛爲一人，此當以伍尚當其一。”〇覺按：伯州犂非死於費無忌之讒，而爲公子圍所殺（見4.5注〔3〕），徐説顯屬謬誤。《左傳·昭公二十七年》作：“今又殺三不辜，以興大謗。”杜預注：“三不辜，郤氏、陳氏、晉陳氏。”阮元《校勘記》：“宋本……‘陳氏’作‘陽氏’是也。”依此，則當指郤宛、陽令終（陽匄之子）、晉陳。此文雖采自《左傳》，但有所變化（不説“以興大謗”，而説“以結怨於吴”），故當以盧説爲是。

〔6〕徐天祜曰：“郤。”

〔7〕鋭志：志向堅決，如鋒刃之鋭利向前。

〔8〕《左傳·昭公二十七年》“受”作“愛”，義勝。

〔9〕遂滅其族：《左傳·昭公二十七年》作“盡滅其族”，此文“遂”字與“盡”字義同。《詩經·商頌·長發》“遂視既發”鄭玄箋：“遂，猶徧也。”

〔10〕國人乃謗止：《左傳·昭公二十七年》作“謗言乃止”，可證此文當作“國人謗乃止”。

【義疏】

楚國聽説吴國派孫子、伍子胥、白喜爲將軍，都爲此叫苦不迭，群臣都怨恨萬分，都説是費無忌説壞話而殺害了伍奢、白州犁，因而吴國纔侵犯楚國邊境，不斷地來騷擾，楚國的大臣們纔有這一時的禍患。于是司馬成便對子常説：“太傅伍奢、左尹白州犁，國民都不知道他們有什麽罪，您和國君謀劃而殺害了他們，使得國内議論紛紛，直到今天，人們的意見仍然不斷。我對此實在感到疑惑不解。我聽説講究仁愛的人殺了人來堵住人們的非議，也還是不幹。現在您却殺了人在國内挑起人們的非議，不也是太奇怪了麽？那費無忌，是楚國的讒佞，民衆無不知道他的罪過。現在别人没有罪過，却殺了這三個賢德之士，以致和吴國結下了怨仇，在國内傷害了忠臣的心，在國外被鄰國所耻笑。而且郄宛、伍奢的家族，出境逃到了吴國。吴國新添了伍員、白喜，掌握了威勢而又一心一意和楚國作對，所以這强大的敵人所發動的戰爭一天比一天可怕。楚國如果發生戰事，您就危險了。聰明的人除掉中傷賢良者來使自己安全無恙，愚蠢的人收留巧言諂媚者以致使自己滅亡。現在您收攬了中傷賢良的人，國家因此而危險了。”子常説：“這是我囊瓦的罪過啊，敢不圖謀他嗎？”九月，子常和楚昭王一起殺掉了費無忌，誅滅了他的整個家族，國内民衆的非議才算止息了。

【輯證】

楚郤宛之難，國言未已，進胙者莫不謗令尹。沈尹戌言於子常曰：“夫左尹與中廄尹，莫知其罪，而子殺之，以興謗讟，至于今不已。戌也惑之。仁者殺人以掩謗，猶弗爲也。今吾子殺人以興謗，而弗圖，不亦異乎！夫無極，楚之讒人也，民莫不知。去朝吴，出蔡侯宋，喪大子建，殺連尹奢，屏王之耳目，使不聰明。不然，平王之温惠共儉，有過成、莊，無不及焉。所以不獲諸侯，邇無及也。今又殺三不辜，以興大謗，幾及子矣。子而不圖，將焉用之？夫鄢將師矯子之命，以滅三族——國之良也，而不愆位。吴新有君，疆埸日駭，楚國若有大事，子其危哉！知者除讒以自安也。今子愛讒以自危也，甚矣其惑也！”子常曰：“是瓦之罪，敢不良圖。”九月己未，子常殺費無極與鄢將師，盡滅其族，以説于國。謗言乃止。（《左傳·昭公二十七年》P.2117）

昭王元年，楚衆不説費無忌，以其讒亡太子建，殺伍奢子父與郤宛。宛之宗姓伯氏子嚭及子胥皆奔吴，吴兵數侵楚，楚人怨無忌甚。楚令尹子常誅無忌以説衆，衆乃喜。（《史記·楚世家》P.2055）（覺按：伯嚭奔吴在闔閭元年，即楚昭王二年，此記於楚昭王元年，誤。）

顧校：咸言費無忌讒殺伍奢白州犂（黎）　　太傅伍奢左尹白州犂（黎）

4.14

吴王有女滕玉。因謀伐楚，與夫人及女會，食蒸魚【1】，王前嘗半而與女〔1〕。女怨曰【2】：“王食我殘魚辱我【3】〔2〕，我不忍久生【4】。”乃自殺。闔閭痛之甚【5】，葬於國西閶門外〔3〕。鑿地爲池，積土爲山【6】，文石爲椁〔4〕，題湊爲中●〔5〕，金鼎、玉杯、銀樽、珠襦之寶〔6〕，皆以送女。乃舞白鶴於吴市中，令萬民隨而觀之，遂使男女與鶴俱入羡門【7】〔7〕，因發機以掩之〔8〕，殺生以送死，國人非之。

【校記】

【1】大德本無“食”字，據《北堂書鈔》卷一百四十五引文補。

【2】怨：大德本作“怒”，據《事類賦注》卷十八引文改。

【3】大德本“食”下無“我殘”，據《事類賦注》卷十八引文補。

【4】大德本不重“我”字，據《事類賦注》卷十八引文補。忍：大德本作“忘”，據四庫本改。

【5】大德本無“甚”，據《太平御覽》卷五百五十六引文補。

【6】鑿地爲池，積土爲山：大德本作“鑿池積土”，據《藝文類聚》卷七十三引文改。

【7】遂：大德本作“還”，據《文選》卷十四鮑明遠《舞鶴賦》“出吴都而傾市”李善注引文改。

【注釋】

〔1〕前：先。參見4.5注〔8〕。

〔2〕食（sì寺）：通“飼”，喂，給……吃。

〔3〕《越絶書·外傳記吴地傳》：“闔閭子女冢在閶門外道北，下方池廣四十八步，水深二丈五尺；池廣六十步，水深丈五寸。隧出廟路以南，通姑胥門，并周六里。”

〔4〕椁（guǒ果）：古代貴族死了，棺材常有幾層，最裏一層稱“棺”，棺外各層均稱“椁”。《莊子·天下》：“天子棺椁七重，諸侯五重，大夫三重，士再重。”

〔5〕徐天祜曰：“題湊，棺木内向也。”〇覺按：題湊：古代貴族死後，放棺椁的墓室裏用大木累積，大木之頭皆内向湊集，稱爲“題湊”。爲：猶“於”也，參見《古書虚字集釋》卷二。

〔6〕鼎：古代烹煮用的器物。一般做成圓形而三足兩耳，也有方形四足的。

〔7〕羨（yán延）：通“埏”，墓道。羨門：墓門。《文選·舞鶴賦》“出吴都而傾市”李善注引文作“墓門”。

〔8〕掩：《廣雅·釋詁一》：“掩，取也。”《史記·司馬相如列傳》“揜羣雅”《索隱》：“揜，捕也。”“掩”是乘其不備而襲取的意思。參見3.1注〔3〕、10.3注〔3〕。

【義疏】

吴王有個女兒叫滕玉。因爲商量討伐楚國的事，吴王與夫人及女兒一起會餐，吃蒸魚的時候，吴王先吃掉了一半，然後再給女兒吃。女兒怨恨地説：“父王給我吃那剩下來的魚來侮辱我，我不能再忍氣吞聲地長期活下去。”于是就自殺了。闔閭爲此悲痛得很，就把她葬在國都西面閶門之外。挖掘土地做成池塘，堆積泥土壘成山岡，用有紋理的石頭做成外椁，在墓室中用大木頭鋪墊成向心形，黄金做成的鼎、寶玉做成的杯子、白銀製成的酒器、珍珠鑲飾的短襖之類寶物，都用來送給女兒。于是又在吴國國都的街市中舞弄白鶴，使成千上萬的民衆跟隨着觀看它們，結果讓男男女女和白鶴一起進入墓門，接着便打開機關來襲取他們，殺死了這些活人來殉葬，國内的民衆都非議這件事。

【輯諸】

闔廬子女冢，在閶門外道北。下方池廣四十八步，水深二丈五尺。池廣六十步，水深丈五寸。隧出廟路以南，通姑胥門。并周六里。舞鶴吴市，殺生以送死。（《越絶書·外傳記吴地傳》P.36）

《吴越春秋》云：“吴王與夫人及女會，食蒸魚，王嘗半，女怨曰：‘王食魚辱我。’”（《北堂書鈔》卷第一百四十五 V.1213-P.56）

又云：“吴王與夫人及女會，食蒸魚，王嘗半，女怨曰：‘王食魚辱我，不久生。’乃自煞也。”（《北堂書鈔》卷第一百四十五 V.1213-P.56）

《吴越春秋》：“吴王闔閭有女子玉，葬于昌門外，乃舞白鶴于吴市，令萬民隨觀，

還使男女與鶴俱入羨門，因墓之，殺生送死，邦人悲之。”（《北堂書鈔》卷第九十二 V.1212-P.435）

《吴越春秋》云：“闔閭葬女以珠襦之寶。”（《北堂書鈔》卷第一百二十九 V.1212-P.597）

趙曄《吴越春秋》云：“闔閭有女，哀怨王先食蒸魚，乃自殺。王痛之，厚葬於閶門外。其女化爲白鶴，舞於吴市，千萬人隨觀之。後陷成湖，今號女墳湖。”（《吴地記》P.61）

《吴越春秋》曰：“吴王闔閭葬女於郭西昌門外。鑿地爲池，積土爲山，文石爲椁，金鼎、玉杯、銀樽、珠襦之寶皆以送之。”（《藝文類聚》卷第七十三 P.1253）

《吴越春秋》曰：“吴王闔廬有女。王伐楚，與夫人及女會，食蒸魚，王嘗半。女怨曰：‘王食我殘魚辱我，不忍久生。’乃自殺。闔廬痛之，葬於郡西昌門外。鑿地爲女墳，積土爲山，文石爲椁，金鼎、玉盃、銀樽、珠襦之寶皆以送女。乃舞白鶴於吴市，令萬民隨觀之，遂使與鵠俱入墓門，因塞之以送死。”（《藝文類聚》卷第九十 P.1564）

《吴越春秋》曰：“吴王闔閭有小女。王與夫人、女會，食蒸魚，王嘗半。女怨曰：‘王食魚辱我，不忍久生。’乃自殺。闔閭痛之，葬於邦西閶門外。鑿池，積土爲山，石爲槨，金鼎、玉盃、銀樽、珠襦之寶以送女。乃舞白鶴於吴市中，萬人隨觀，遂使男女與鶴俱入墓門，因塞之以送死。”（《文選》卷第十四《舞鶴賦》“出吴都而傾市”李善注 P.208）

趙曄《吴越春秋》曰：“吴王闔廬有女自殺。闔廬痛之甚，葬於邦西昌門外。鑿地爲池，積土爲山，文石爲棺椁。”（《初學記》卷第十四 P.360）

趙曄《吴越春秋》曰：“吴王闔廬有女，怨王先食蒸魚，乃自殺。闔廬痛之，葬於邦西昌門外。乃舞白鶴於吴市，令萬人隨觀。”（《初學記》卷第二十四 P.592）

《吴越春秋》……又曰：“吴王闔閭有子女怨王，乃自殺。闔閭痛之甚，葬於昌門外。鑿地爲池，積土爲山，文石爲椁，金鼎、銀鐏、珠玉之寶皆以送女。乃舞白鵠於吴市中，令萬民隨觀，還使男女與鵠俱入門，因塞之。”（《太平御覽》卷第五百五十六 P.2514）

《吴越春秋》……又曰：“吴王闔閭葬女以珠襦之寶。”（《太平御覽》卷第六百九十五 P.3101）

《吴越春秋》曰：“闔閭女自殺，以玉杯送之。”（《太平御覽》卷第七百五十九 P.3370）

《吴越春秋》曰：“闔閭女自殺，以銀樽送之。”（《太平御覽》卷第七百六十一 P.3379）

《吴越春秋》曰：“吴王闔閭有女。王伐楚，與夫人及女會，食蒸魚，王甞半以與女。女怨曰：‘王食我殘魚辱我，不忍久生。’乃自殺。闔閭痛之，葬於邦西昌門。鑿地爲女墳，積土爲山，文石爲郭，金鼎、玉柸、銀樽、株襦之寶皆以送女。乃儛白鶴於吴市中，令萬民隨觀之，遂使與鶴俱入羨門，因塞之以送死。”（《太平御覽》卷第九百一十六 P.4061）

《吴越春秋》曰：“吴王闔閭與夫人及女食蒸魚，王嘗半以與女。女怨曰：‘王食我殘魚辱我，我不忍久生。’乃自殺。闔閭痛之，葬於邦西。金鼎、玉杯、銀樽、珠襦之寶皆以送女。舞白鶴於吴市中，令萬民隨觀之，遂使與鶴俱入羨門，因塞之以送死。”（《事類賦》卷十八“鶴”注 P.965）

女墳湖，在吴縣西北六里，《吴越春秋》以謂“吴王小女因王食蒸魚辱之，不忍久生，乃自殺”。（《吴郡圖經續記》卷下“冢墓”P.39）

顧校：吴王有女滕（膝）玉

蔣校：吴王有女滕（宋本“膝”）玉

4.15

湛盧之劒[1]，惡闔閭之無道也，乃去而出，水行如楚。

楚昭王臥而寤[2]，得吴王湛盧之劍於牀。昭王不知其故，乃召風湖子●而問曰[3]：“寡人臥覺而得寶劍，不知其名，是何劍也？”風湖子曰：“此謂湛盧之劍。”昭王曰：“何以言之？”風湖子曰：“臣聞吴王得越所獻寶劍三枚，一曰魚腸[4]，二曰磐郢，三曰湛盧。魚腸之劍已用殺吴王僚也，磐郢以送其死女[5]，今湛盧入楚也。”昭王曰：“湛盧所以去者何也？”風湖子曰：“臣聞越王允常●使歐冶子造劍五枚【1】[6]，以示薛燭[7]。燭對曰：‘魚腸劍逆理不順，不可服也。臣以殺君，子以殺父。’故闔閭以殺王僚。一名磐郢，亦曰豪曹，不法之物，無益於人，故以送死。一名湛盧，‘五金之英[8]，太陽之精[9]，寄氣託靈[10]，出之有神[11]，服之有威，可以折衝拒敵[12]，然人君有逆理之謀，其劍即出’，故去無道以就有道[13]。今吴王無道，殺君謀楚，故湛盧入楚。”昭王曰：“其直幾何[14]？”風湖子曰：“臣聞此劍在越之時，客有酬其直者，有市之鄉三十、駿馬千匹、萬户之都二，是其一也。薛燭對曰[15]：‘赤堇之山已合●無雲【2】，若耶之溪深而莫測●[16]，羣神上天【3】[17]，歐冶死矣。雖傾城量金，珠玉盈河，猶不能得此寶，而況有市之鄉、駿馬千匹、萬户之都，何足言也？’”昭王大悦，遂以爲寶。

【校記】

【1】允：大德本作“元”，據《太平御覽》卷三百四十三引文改。〇徐天祜曰：“《左傳》《史記》俱作‘允常’。”〇周生春曰：“允，北圖本、弘治本、《古今逸史》本均作‘元’，係避宋英宗父允讓諱。”〇覺按：“元常”當作“允常”。下文之“元常”，例改爲“允常”，以保持全書統一。周生春之説貌似有據，其實甚誤。因爲宋英宗之父濮安懿王趙允讓爲允字輩，趙允讓之父趙元份與宋真宗皆爲宋太宗趙光義之子而爲元字輩。宋真宗趙恒初名德昌，改名元休，又改元侃，爲避其諱，乾德四年（966）進士畢士元（938—1005）改名畢士安，端拱二年（989）進士楊侃（964—1032）改名楊大雅，咸平二年（999）進士李宗元改名李瓊。宋英宗（1063—1067年在位）離宋真宗（997—1022年在位）不遠，如果大德本所據底本爲北宋所刊，其刊刻時絶不會爲了避宋英宗父允讓的諱將“允”改爲“元”而犯了宋真宗的諱。再説，如果本書避允讓之諱，則不但要避“允”字，而且要避“讓”字。陳垣《史諱舉例》卷八“宋諱例”在“濮安懿王允讓”條下没有舉避“允”之例，而只是説：“讓改爲遜，或爲避。”其所附《紹熙重修文書令》也説：“諸犯濮安懿王諱（讓）者，改避。”但是，本書根本不避“讓”字，如1.6、2.6、2.7、2.10、3.11、3.15、4.2、5.15、5.16、6.6、7.2、8.2均有“讓”字，由此也可證本書根本不避“允讓”之諱。本書改“允”爲“元”，對其原因的合理解釋應該是：大德本所據底本爲南宋嘉定十七年（1224）宋理宗即位以後的刊本，其中的“允”改作“元”，乃避宋理宗趙昀（yún匀）諱而改。參見本書

附録三第一節、第二節。

【2】合：大德本作“令”，據《太平御覽》卷三百四十三引文改。○徐天祜曰：“‘令’字當作‘合’。”

【3】神：大德本作“臣”，據《太平御覽》卷三百四十三引文改。

【注釋】

〔1〕湛盧：劍名，相傳爲春秋時歐冶子所造。事詳下文，又可參見《越絶書·外傳記寶劍》。

〔2〕楚昭王：熊氏，名珍，一作“軫”，楚平王與秦女所生之子（見3.3），公元前515—公元前489年在位。

〔3〕徐天祜曰：“《越絶》‘湖’皆作‘胡’。”○覺按：《越絶書·外傳記寶劍》作“風胡子”，春秋時人，善識劍。

〔4〕魚腸：見3.15注〔9〕。

〔5〕以：通“已”。

〔6〕允常：見6.10及注。

〔7〕薛燭：春秋時秦國人，善於鑒别寶劍。參見注〔13〕。

〔8〕五金：《漢書·食貨志上》“金、刀、龜、貝”顔師古注：“金謂五色之金也，黄者曰金，白者曰銀，赤者曰銅，青者曰鉛，黑者曰鐵。”後來“五金”指金、銀、銅、鐵、錫五種金屬，此文似泛指金屬而言。

〔9〕陽：陽氣（參見4.3注〔6〕）。 太陽：旺盛的陽氣。《風俗通義·三皇》：“遂人以火紀。火，太陽也。”本文的“太陽之精”，當指該劍在冶煉時達到了爐火純青的境地。《周禮·冬官考工記·桌氏》：“凡鑄金之狀：金與錫，黑濁之氣竭，黄白次之；黄白之氣竭，青白次之；青白之氣竭，青氣次之；然後可鑄也。”

〔10〕氣：我國古代哲學概念，指構成宇宙萬物的物質元素。《周易·繫辭上》：“精氣爲物。”孔穎達疏：“精氣爲物者，謂陰陽精靈之氣，氤氲積聚而爲萬物也。”《論衡·自然》：“天地合氣，萬物自生。” 靈：《大戴禮記·曾子天圓》：“陽之精氣曰神，陰之精氣曰靈。”託靈：與“寄氣”同義。

〔11〕薛燭曰：“夫寶劍，五色並見。今豪曹，五色黯然無華，已殞其光、亡其神。”（見注〔13〕）可見劍之“神”是指“光”“華”等精神。此句類書所引作“有遊出之神”（見注〔13〕），與此不同。

〔12〕折衝：見4.11注〔3〕。

〔13〕從“臣聞”至此一百十七字，趙著《吴越春秋》之文原非如此，顧觀光對此有校正，今録於下以供參考。括弧内的文字爲顧氏原注，我另加的注冠以“覺按”。

臣聞越王允常（“允”原誤“元”，依《御覽》三百四十三、又八百三改，與《史記》合。○覺按：大德本“允”作“元”，蓋其所據底本避宋理宗趙昀諱而改，並非形近而誤）聘歐冶子作名劍五枚，三大二小。一曰純鈎，二曰湛盧，三曰豪曹，或曰磐郢，四曰魚腸，五曰鉅闕。秦客薛燭善相劍，王取豪曹示之。薛燭曰：“非寶劍也。夫寶劍，五色竝見。今豪曹，五色黯然無華，已殞其光、亾其神，此劍不登斬而辱，則墮於飲中矣。”王曰：“寡人置劍竹盧之上，過而墮之，斷金獸之頸，飲濡其刃，吾以爲利也。”而服不捨。王復取鉅闕示之。薛燭曰：“非寶劍也。夫寶劍，金錫和同，氣如雲煙。今其光也離矣。”王復取魚腸示之。

薛燭曰：“夫寶劍者，金精從理（《書鈔》“從”作“順”），至本不逆，鍔中生光，從文不起。今魚腸倒本從末，逆理之劍也。服此者臣弑其君、子弑其父。”王取純鈎示之。薛燭矍然而望之，曰：“光乎如湖陽之華（《初學記》《書鈔》《事類賦注》“湖”竝作“屈”），沈沈如芙蓉始生於湖（《御覽》作“湘”）。觀其文，如列星之行（《御覽》作“芒”）；觀其光，如水之溢於塘；觀其斷割，嚴如鑠石之芒；觀其色，涣如冰將釋見日之光。此純鈎也者（二字應倒，“也”即“耶”字）？”王曰：“是也。客有買此劍者，有市之鄉三十，駿馬千疋，萬户之都二（“萬户”，《事類賦注》作“千户”。○覺按：《藝文類聚》卷六十也作“千户”），其可與乎？”薛燭曰：“不可。臣聞王之初造此劍，赤堇之山破而出錫，若耶之溪涸而出銅。吉日良時，雨師灑道，雷公鼓橐（《白帖》作“擊橐”，《藝文》、《御覽》竝作“發鼓”），蛟龍捧鑪，天帝壯炭（《事類賦注》作“裝炭”），太一下觀，天精下降。於是歐冶子因天地之精，悉其伎巧，造爲此劍。吉者宜王，凶者可以遺人。凶者尚直萬金，况純鈎者耶？”取湛盧示之。薛燭曰：“善者！銜金鐵之英，吐銀錫之精，寄氣託靈（《藝文》“寄”作“行”，《御覽》作“奇”。○覺按：《藝文類聚》卷六十作“奇”），有遊出之神。服此劍者，可以折衝伐敵。人君有逆謀，則去之他國。”允常乃以魚腸、湛盧、豪曹獻吴王僚。（自“臣聞越王允常”至此，今本僅有百十七字，文亦迥異，蓋妄人删改，今以《初學記》廿二、《藝文》六十、《書鈔》百廿二、《白帖》九十五、《御覽》三百四十三、《事類賦注》十三所引參定，其與今本不同處，文繁不具論。○覺按：今本乃皇甫遵删定之書，故與各書所引不同，參見本書附録五《〈吴越春秋全譯〉前言》。）

〔14〕直：通“值”。

〔15〕顧觀光删此上三十七字，其説云：“諸書竝云‘昭王寤而得之，召風胡子問之：此劍直幾何？對曰’云云，亦約舉前文也。今本此下有‘臣聞此劍在越之時，客有酬其直者，有市之鄉三十、駿馬千匹、萬户之都二，是其一也。薛燭對曰’三十七字，據諸書所引，竝在前文。蓋妄人既删去越王問薛燭語，則下文無根，故以前文移置於此。然删去薛燭對越王語，則‘赤堇’、‘若耶’數語仍無根也。觀下文云‘歐冶死矣’，又云‘昭王大悦’，其非薛燭語甚明，今删去。”顧説可資參考。

〔16〕徐天祐曰：“若邪溪在會稽縣南二十五里，溪傍即赤堇山，一名鑄浦山，歐冶子鑄劍之所。《戰國策》曰：‘涸若邪而取銅，破堇山而取錫。’張景陽《七命》曰：‘邪溪之鋌，赤山之精。’皆謂此也。”○覺按：赤堇山，又名鄞城山、鑄浦山，在今浙江省奉化市東。山有草曰赤堇，故名，而其縣也因名爲鄞縣。徐氏説它在若耶溪旁，恐誤。若耶溪：一作若邪溪，又名五雲溪，今曰平水江，在今浙江省紹興市東南，源出若耶山。此文説赤堇山已合，表示已不能取到好錫；説若耶溪深，表示已無法取到好銅（參見注〔13〕）。古代在鐵器發明之前，大量使用的是青銅（銅錫合金）器。所鑄刀劍也往往用青銅，今出土的吴、越兵器即如此（參見4.2注〔13〕、5.2注〔2〕）。《周禮·冬官考工記·輈人》：“金有六齊（覺按：六劑，六種配方）：六分其金（覺按：指銅）而錫居一，

謂之鍾鼎之齊；五分其金而錫居一，謂之斧斤之齊；四分其金而錫居一，謂之戈戟之齊；參分其金而錫居一，謂之大刃之齊。五分其金而錫居二，謂之削、殺矢之齊；金錫半，謂之鑒燧之齊。”又《㮚氏》：“凡鑄金之狀：金與錫，黑濁之氣竭，黄白次之；黄白之氣竭，青白次之；青白之氣竭，青氣次之；然後可鑄也。”

〔17〕相傳歐冶子鑄純鈎之劍，羣神都參與其事（見注〔13〕），此説“羣神上天”，表示已不能依靠天神鑄出如此好劍了。

【義疏】

那把名爲湛盧的寶劍，憎恶闔閭的暴虐無道，就離開闔閭而逃出了吴國國都，在水中漂游到了楚國。

楚昭王一覺醒來，便在床上得到了吴王的湛盧寶劍。昭王不知這其中的緣故，就把風湖子召來而問他説：“我睡覺醒來便得到這把寶劍，不知道它的名稱，這是什麽劍啊？”風湖子説：“這叫湛盧寶劍。”昭王説：“您憑什麽來論斷它的呢？”風湖子説：“我聽説吴王得到越國所獻的寶劍三把，第一把叫魚腸，第二把叫磐郢，第三把叫湛盧。魚腸那把寶劍已經用于刺殺吴王僚，磐郢已經送給了他那死去的女兒。現在湛盧寶劍來到了楚國。”昭王説：“湛盧寶劍離開吴王的原因是什麽呢？”風湖子説：“我聽説越王允常讓歐冶子造了五把劍，將它們拿給薛燭看。薛燭回答説：‘魚腸劍紋理逆反而不順，不可以佩帶啊。臣子將用它來殺害君主，兒子將用它來殺害父親。’所以闔閭用它來殺了王僚。還有一把劍稱爲磐郢，也叫豪曹，是件不合規範的東西，對人没有什麽好處，所以用它來送葬。還有一把名叫湛盧，薛燭説它‘含有各種金屬的精華，藴蓄了盛陽的結晶，寄寓着靈异的精氣，把它拔出來便有爍爍神光，把它佩帶在身上就有威勢，可以擊退敵軍、抵抗敵人，但如果君主有違背天理的陰謀，那把寶劍就會外出’，所以它要離開暴虐無道之人而歸附有德有義之君。現在吴王暴虐無道，殺害國君圖謀楚國，所以湛盧劍就到了楚國。”昭王説：“湛盧劍的價值是多少？”風湖子説：“我聽説這把劍在越國的時候，外商中有人對它的報價是，含有市鎮的鄉里三十個、駿馬一千匹、擁有上萬户人家的大城市兩個，這是其中的一種價錢。當時薛燭回答説：‘赤堇山已經合攏而没有了雲氣，若耶溪已經深得不能測量，群神都已上了天，歐冶已經死了。即使是用整個城纔能度量的黄金，多得塞滿了河道的珍珠寶玉，也不能换得這樣的寶劍，更何况是那含有市鎮的鄉里、駿馬一千匹、擁有上萬户人家的大城市，哪裏值得您説出口呢？’”楚昭王聽了十分高興，就把這湛盧劍當作寶貝。

【輯證】

昔者，越王勾踐有寶劍五，聞於天下。客有能相劍者，名薛燭。王召而問之，曰：“吾有寶劍五，請以示之。”薛燭對曰：“愚理不足以言，大王請，不得已。”乃召掌者，王使取毫曹。薛燭對曰：“毫曹，非寶劍也。夫寶劍，五色並見，莫能相勝。毫曹已擅名矣，非寶劍也。”王曰：“取巨闕。”薛燭曰：“非寶劍也。寶劍者，金錫和銅而不離。今巨闕已離矣，非寶劍也。”王曰：“然巨闕初成之時，吾坐於露壇之上，宫人有四駕白鹿而過者，車奔鹿驚，吾引劍而指之，四駕上飛揚，不知其絶也。穿銅釜，絶鐵鑩，胥中决如粢米，故曰巨闕。”王取純鈞，薛燭聞之，忽如敗。有頃，懼如悟，下階而深惟，簡衣而坐望之。手振拂揚，其華捽如芙蓉始出。觀其釽，爛如列星之行；觀其光，渾渾如水之溢於溏；觀其斷，巖巖如瑣石；觀其才，焕焕如冰釋。“此所謂純鈞耶？”王曰：“是也。客有直之者，有市之鄉二、駿馬千疋、千户之都二，可乎？”薛燭對曰：“不可。當造此劍之時，赤堇之山，破而出錫；若耶之溪，涸而出銅；雨師掃灑，雷公擊橐；蛟龍捧鑪，天帝裝炭；太一下觀，天精下之。歐冶乃因天之精神，悉其伎巧，造爲大刑三、小刑二：一曰湛盧，二曰純鈞，三曰勝邪，四曰魚腸，五曰巨闕。吴王闔廬之時，得其勝邪、魚腸、湛盧。闔廬無道，子女死，殺生以送之，湛盧之劍去之如水，行秦過楚，楚王卧而寤，得吴王湛盧之劍，將首魁漂而存焉。秦王聞而求之，不得，興師擊楚，曰：‘與我湛盧之劍，還師去汝。’楚王不與。時闔廬又以魚腸之劍刺吴王僚，使披腸夷之甲三事。闔廬使專諸爲奏炙魚者，引劍而刺之，遂弑王僚。此其小試於敵邦，未見其大用於天下也。今赤堇之山已合，若耶溪深而不測。羣神不下，歐冶子即死。雖復傾城量金，珠玉竭河，猶不能得此一物，有市之鄉二、駿馬千疋、千户之都二，何足言哉！”楚王召風胡子而問之曰：“寡人聞吴有干將，越有歐冶子，此二人甲世而生，天下未嘗有。精誠上通天，下爲烈士。寡人願齎邦之重寶，皆以奉子，因吴王請此二人作鐵劍，可乎？”風胡子曰：“善。”於是乃令風胡子之吴，見歐冶子、干將，使人作鐵劍。歐冶子、干將鑿茨山，洩其溪，取鐵英，作爲鐵劍三枚：一曰龍淵，二曰泰阿，三曰工布。畢成，風胡子奏之楚王。楚王見此三劍之精神，大悦風胡子，問之曰：“此三劍何物所象？其名爲何？”風胡子對曰：“一曰龍淵，二曰泰阿，三曰工布。”楚王曰：“何謂龍淵、泰阿、工布？”風胡子對曰：“欲知龍淵，觀其狀，如登高山，臨深淵；欲知泰阿，觀其釽，巍巍翼翼，如流水之波；欲知工布，釽從文起，至脊而止，如珠不可衽，文若流水不絶。”（《越絶書·外傳記寶劍》P.219）

東帶若邪溪，《吴越春秋》所謂“歐冶涸而出銅，以成五劍”。（《水經注》卷四十 P.754）

《吴越春秋》：“越王允常以湛盧示秦客薛蜀，曰：‘善哉！銜金鐵之英，吐銀錫之精，寄氣託靈，有遊出之神。服此劍者，可以折衝伐敵。君有逆謀，則去之他國。’”（《北堂書鈔》卷第一百二十二 V.1212-P.554）

《吴越春秋》云：“秦客薛蜀見純鈞之劍，曰：‘臣聞王之初造此劍，赤堇之山破而出錫，莫耶之溪涸而出銅，時雨師灑道，雷公鼓橐，蛟龍捧鑪，天帝壯炭，太一下觀，天精下降。於是歐冶子因天地之精，悉其伎巧，造爲此劍。’”（《北堂書鈔》卷第一百二十二 V.1212-P.554）

《吴越春秋》云：“薛蜀見鈍鈎，曰：‘臣聞王之初造此劍，天精下降，太一下觀。’”（《北堂書鈔》卷第一百二十二 V.1212-P.554）

《吴越春秋》云：“薛蜀曰：‘初造此劍，雷公鼓橐，蛟龍捧鑪。’”（《北堂書鈔》卷第一百二十二 V.1212-P.554）

《吴越春秋》云：“薛蜀見純鈎，曰：‘初造此劍，雷公鼓橐，蛟龍捧鑪。’”（《北堂書鈔》卷第一百二十二 V.1212-P.555）

《吴越春秋》云：“越王允常鑄劍，秦客薛蜀善相劍，越王示純鈎，薛蜀望之，曰：‘光乎屈楊之華，沈沈如芙蓉始生湖。觀其文，如列星；觀其光，如水之溢塘；觀其斷割，嚴如鑠石之芒；觀其文色，涣涣若冰將釋見日之光。此純鈎也？’王曰：‘是也。’”（《北

堂書鈔》卷第一百二十二[V.1212-P.555])

又云："越王以魚腸示薛蜀，蜀曰：'夫寶劍者，金精順理，至本不逆，鍔中生光，從文不起。今魚腸，倒本、順末、逆理之劍也。服是者，臣弑其君，子弑其父也。'"（《北堂書鈔》卷第一百二十二[V.1212-P.555]）

《吴越春秋》云："昔越王取鉅闕示乎薛蜀，曰：'非寶劍也。夫寶劍，金錫和同，一精同光，氣如雲煙。今其光已離矣。'"（《北堂書鈔》卷第一百二十二[V.1212-P.556]）

又云："越王允常聘歐冶子作名劍五枚，三大二小。一曰純鈎，二曰湛盧，三曰豪曹，或曰盤郢，四曰魚腸，五曰巨闕。"（《北堂書鈔》卷第一百二十二[V.1212-P.557]）

《吴越春秋》云："越王允常聘歐冶子作劍五枚，秦客薛蜀善相劍，王取豪曹示之。薛蜀曰：'非寶劍也。此劍雖於飲中矣。'王曰：'寡人劍過竹盧之上，過而隨之，上過而隨之，斷唐之頭，飲於其刃。吾以爲利也，而服不捨。'"（《北堂書鈔》卷第一百二十二[V.1212-P.559]）

《吴越春秋》云："越王允常鑄劍，秦客薛蜀善相劍。王取豪曹示之，薛蜀曰：'非寶劍也。夫寶劍，五色。今黯然無華，殞其光，亡其神。'"（《北堂書鈔》卷第一百二十二[V.1212-P.560]）

《吴越春秋》曰："越王允常聘歐冶子作名劍五枚：一曰純鈎；二曰湛盧；三曰豪曹，或曰盤郢；四曰魚腸；五曰巨闕。秦客薛燭善相劍，王取純鈎示之，薛燭矍然望之，曰：'沉沉如芙蓉始生於湖。觀其文，如列星之行；觀其光，如水之溢塘；觀其文色，涣涣如冰將釋見日之光。'王曰：'客有賣此劍者，有市之鄉三十、駿馬千疋、千户之都二，其可與乎？'薛燭曰：'不可。臣聞王之造此劍，赤堇之山破而出錫，若耶之溪涸而出銅。吉日良時，雨師洒道，雷公發鼓，蛟龍捧鑪，天帝壯炭，太一下觀。於是區冶子因天地之精，造爲此劍。'取湛盧視之，薛燭曰：'善哉！銜金鐵之英，奇氣託靈。服此劍者，可以折衝伐敵。人君有逆謀，則去之。'允常以魚腸、湛盧、豪曹獻吴王僚。後闔閭爲一女殺生以送死，湛盧之劍惡其無道，乃去如楚。昭王寐而得之，召風胡子問之：'此劍直幾何？'對曰：'赤堇之山已合，若耶之溪深而不測，羣神一天，區冶子已死。雖有傾城量金珠玉，猶不可與，況駿馬、萬户之都乎？'"（《藝文類聚》卷第六十[P.1078]）

《吴越春秋》又曰："越王允常聘歐冶子作名劍五枚：一曰純鈎，二曰湛盧，三曰豪曹，四曰魚腸，五曰巨闕。秦客薛燭善相劍，越王取豪曹、巨闕、魚腸等示之，薛燭皆曰：'非寶劍也。'取純鈎示，薛燭曰：'光乎如屈陽之華，沉沉如芙蓉始生於湖。觀其文，如列星之行；觀其光，如水溢於塘。此純鈎也。'取湛盧示之，薛燭曰：'善哉！銜金鐵之英，吐銀錫之精，寄氣託靈，有遊出之神。服此劍可以折衝伐敵。人君有逆謀，則去之他國。'允常乃以湛盧獻吴。吴公子光弑吴王僚，湛盧去如楚。"（《初學記》卷第二十二[P.526]）

《吴越春秋》曰："秦客薛燭善相劍，楚王取湛盧示之，燭曰：'善哉！銜金鐵之英，吐銀錫之精。'"（《初學記》卷第二十二[P.527]）

趙曄《吴越春秋》曰："越王允常聘歐冶子作劍五枚，三大二小，三曰豪曹。秦客薛燭善相劍，王取豪曹示之，薛燭曰：'實非寶劍也。今豪曹，五色黯然無華，已殞其光、亡其神，此劍不登斬而辱，則墮於飲中矣。'王曰：'寡人置劍竹盧上，過而墜之，斷金獸之頸，飲濡其刃，以爲利也。'"（《初學記》卷第二十二[P.528]）

趙曄《吴越春秋》曰："王允常聘歐冶子作劍。赤堇之山破而出錫，若耶之溪涸而出銅，雷公擊橐，蛟龍捧鑪，天帝裝炭，太一下觀。"（《初學記》卷第三十[P.739]）

《吴越春秋》曰："歐冶子作劒，赤墐山破而出錫，若邪之溪涸而出錮，雷公擊橐，蛟龍捧鑪，天帝、太一下觀之。"（《白孔六帖》卷九十五"龍"[V892-P.552]）

《吴越春秋》曰："越王允常聘歐冶子作名劒五枚，三大二小：一曰純鈞；二曰湛盧；三曰豪曹，或曰盤郢；四曰魚腸，五曰鉅闕。秦客薛燭善相劒，王取豪曹示之，薛燭曰：'非寶劒也。夫寶劒，五色並見。今豪曹，五色黯然無華，殞其光、亡其神矣。'王復取鉅闕示之，薛燭曰：'非寶劒也。夫寶劒，金錫和同，氣如雲煙。今其光已離矣。'王復取魚腸示之，薛燭曰：'夫寶劒者，金精從理，至本不逆。今魚腸倒本從末，逆理之劒也。服此者，臣弑其君，子弑其父。'王取純鈞示之，薛燭矍然而望之，曰：'光乎如屈陽之華，沈沈如芙蓉始生於湘。觀其文，如列星之芒；觀其光，如水之溢塘；觀其色，涣如冰將釋見日之光。此純鈞者也？'王曰：'是也。客有買此劒者，市之鄉三十、駿馬千疋、千户之都二，其可與乎？'薛燭曰：'不可。臣聞王之初造此劒，赤堇之山破而出錫，若耶之溪涸而出銅，雨師灑道，雷公發鼓，蛟龍捧爐，天帝壯炭，太一下觀。於是歐冶子曰天地之精，悉其伎巧，造爲此劒。吉者宜王，凶者可以遺人。凶者尚直萬金，况純鈞者耶？'取湛盧，薛燭曰：'善哉，銜金鐵之英，吐銀錫之精，奇氣託靈，有遊出之神。服此劒者，可以折衝伐敵。人君有逆謀，則去之他國。'允常乃以湛盧獻吴。吴公子光殺吴王僚，湛盧去如楚。昭王寤而得之，召風胡子問之：'此劒直幾何？'對曰：'赤堇之山已合，若耶之溪深而不測，群神上天，歐冶已死。雖有傾城量金珠玉，不可與，况駿馬、萬户之都乎？'"（《太平御覽》卷第三百四十三 P.1575）

《吴越春秋》曰："越王允常聘歐冶子造五劒。秦客薛燭善相劒，示之，燭曰：'雖傾城量珠玉，猶未可與也。'"（《太平御覽》卷第八百三 P.3566）

《吴越春秋》曰："越王允常聘歐冶子造五劍。秦客薛燭善相劍，示之，燭曰：'雖傾城量珠玉，猶未可與也。'"（《事類賦》卷九"珠"注 P.887）

《吴越春秋》曰："越王允常聘歐冶子作名劍五枚，三大二小：一曰純鈞；二曰湛盧；三曰豪曹，或曰磐郢；四曰魚腸；五曰巨闕。"（《事類賦》卷十三"劍"注 P.925）

《吴越春秋》曰："越王允常聘歐冶子作名劍五枚，以豪曹示薛燭，燭曰：'夫寶劍，五色。今見豪曹，黯然無華，殞其光芒，其神亡矣。'示之巨闕，薛燭曰：'非寶劍也。夫寶劍，金錫和同，氣如雲烟。今其光已離矣。'示之魚腸，燭曰：'金精從理，至本不逆。今魚腸倒本從末，逆理之劍也。'示之純鈞，燭矍然，曰：'恍乎如屈陽之華，沈沈如芙蓉始生於湖。其文如列星之行，其光如水之溢塘。此純鈞也。'王曰：'客有以鄉三十、駿馬千匹、千户之都二貫此劍，可乎？'薛燭曰：'不可！臣聞初造此劍，赤堇之山破而出錫，若耶之谿涸而出銅，雨師灑道，雷公發鼓，天帝裝炭，太一下觀。'示之湛盧，燭曰：'善哉！銜金鐵之英，此銀錫之精，可以折衝伐敵。人君有逆謀，則去之他國。'允常以湛盧獻吴。吴公子光弑吴王僚，湛盧去如楚。昭王寤而得之，召風胡子問之：'此劍值幾何？'對曰：'赤堇之山已合，若耶之谿深而不測，羣神上天，歐冶已死，雖傾城量金，珠玉滿河，不借一觀。况駿馬、萬户之都乎？'"（《事類賦》卷十三"劍"注 P.925）

《吴越春秋》云："闔廬失道，湛盧去，而水行以如楚。楚昭王卧而寤，得劒扵牀。召風湖子問焉。風湖子曰：'此謂湛盧之劒。吴王得越所獻三寶劒：一曰魚腸，二曰磐郢，三曰湛盧。魚腸已用殺吴王僚，磐郢以送其死女，今湛盧則入楚也。昔越王元常使歐冶子造劒五枚，以示薛燭，燭曰："魚腸劒逆理不順，不可服。"故闔廬以殺王僚。磐郢，亦豪曹，不法之物，無益於人，故以送死。湛盧，"五金之英，太陽之精，寄氣託靈，出之有神，伏之有威，可以折衝。然人君有逆理之謀，其劒則出"，故去無道以就有道也。'"（《吴郡志》卷四十七"異聞" P.307）

《吴越春秋》："薛燭曰：'赤堇之山已合無雲。'"（《會稽志》卷第九"山" V.9-P.11）

《吴越春秋》云："赤堇之山已合無雲，若邪之溪深而莫測。"（《會稽志》卷第十"若

邪溪”V.10-P.3)

4.16

闔閭聞楚得湛盧之劍，因斯發怒，遂使孫武、伍胥、白喜伐楚。子胥陰令宣言於楚曰〔1〕：“楚用子期爲將〔2〕，吾即得而殺之；子常用兵，吾即去之。”楚聞之，因用子常，退子期。吴拔六與潛二邑●〔3〕。

【注釋】

〔1〕此事又見《韓非子·内儲説下》。

〔2〕《國語·楚語上》“司馬子期欲以妾爲内子”韋昭注：“子期，楚平王之子、子西之弟公子結也，爲大司馬。”子期是楚國富有政治和戰争經驗的大臣，其任司馬（掌管軍政的官）在楚昭王、楚惠王時。公元前479年白公勝作亂時被殺。其事蹟可參見《左傳》定公四年至哀公十六年、《國語·楚語》。

〔3〕徐天祜曰：“《左傳·昭公三十一年》：‘吴人侵楚，伐夷，侵潛、六，始用子胥之謀。’是爲闔廬四年，《子胥傳》亦合。今此書以爲三年，何也？六，古國，皋陶之後所封，今安豐六安縣是其地。潛，在六西南，今屬安慶，有潛山、潛水。《史記》‘潛’作‘灊’。”〇覺按：六：在今安徽省六安市北。潛：在今安徽省霍山縣東北。吴拔六、潛當在闔閭四年（前511）秋，見《左傳·昭公三十一年》及《史記》的《十二諸侯年表》《吴太伯世家》《楚世家》《伍子胥列傳》。此文連書於“三年”之下，誤。此節上當補“四年”二字。

【義疏】

闔閭聽説楚國得到了湛盧寶劍，因此發怒了，就派孫武、伍子胥、白喜攻打楚國。伍子胥便在暗中派人到楚國揚言説：“楚國如果任用子期當將軍，我們就將擒獲他而把他殺了；如果子常指揮軍隊作戰，我們就將離開楚國。”楚國聽説了這些話，就任用子常，而不用子期。結果吴國攻克了六和潛兩個城邑。

【輯證】

秋，吴人侵楚，伐夷，侵潛、六。楚沈尹戌帥師救潛，吴師還。楚師遷潛於南岡而還。吴師圍弦。左司馬戌、右司馬稽帥師救弦，及豫章。吴師還。始用子胥之謀也。（《左傳·昭公三十一年》P.2126）

吴政荆，子胥使人宣言於荆曰：“子期用，將擊之；子常用，將去之。”荆人聞之，因用子常而退子期也。吳人擊之，遂勝之。（《韓非子·内儲説下》P.634）

（吴闔閭）四：伐楚六、潛。（《史記·十二諸侯年表》P.795）

（闔廬）四年，伐楚，取六與灊。（《史記·吴太伯世家》P.1762）

（吴闔閭）四年，吴伐楚，取六與灊。（《史記·伍子胥列傳》P.2631）

（楚昭王）五：吴伐我六、潛。（《史記·十二諸侯年表》P.795）

（昭王）五年，吴伐取楚之六、灊。（《史記·楚世家》P.2055）

4.17

五年，吴王以越不從伐楚，南伐越。越王允常曰【1】：“吴不信前日之盟，棄貢賜之國而滅其交親。”闔閭不然其言，遂伐，破檇里●【2】〔1〕。

【校記】

【1】允：大德本作“元”，今以例改，參見4.15校記【1】。

【2】檇：大德本作“㰎”，據馮本改。

【注釋】

〔1〕徐天祜曰：“《左傳·昭公三十二年》：‘吴伐越。’始用師於越也，是爲闔廬五年。杜預解：‘自此之前，雖彊事小争，未嘗用大兵。’㰎里，《左傳》《史記》俱作‘檇李’。‘檇’音醉。杜預曰：‘吴郡嘉興縣南有醉李城。’”〇覺按：“㰎”乃“檇”之俗字。檇（zuì醉）里：即檇李（見5.25、8.6），又作醉李、就李，地名。據《越絶書·外傳記地傳》，就李，即語兒鄉，在今浙江嘉興市西南；據《吴地記》，則在今浙江嘉興市北三十里。今一般都從前説。

【義疏】

闔閭五年（前510），吴王因爲越國不跟隨自己去攻打楚國，所以向南討伐越國。越王允常説：“是吴國不信守從前的盟約，抛弃進獻地方物産的臣服之國而使我們相互之間的親密關係毁于一旦。”闔閭不把他的話當作一回事，就發起進攻，攻破了檇李。

【輯證】

夏，吴伐越。（《春秋·昭公三十二年》P.2127）

夏，吴伐越，始用師於越也。史墨曰：“不及四十年，越其有吴乎！越得歲而吴伐之，必受其凶。”（《左傳·昭公三十二年》P.2127）

（闔廬）五年，伐越，敗之。（《史記·吴太伯世家》P.1762）

（吴闔閭）五年，伐越，敗之。（《史記·伍子胥列傳》P.2631）

4.18

六年，楚昭王使公子囊瓦●伐吴〔1〕，報潜、六之役。吴使伍胥、孫武擊之，圍於豫章●〔2〕。吴王曰：“吾欲乘危入楚都而破其郢。不得入郢，二子何功？”於是圍楚師於豫章，大破之。遂圍巢〔3〕，克之，獲楚公子繁●以歸〔4〕，爲質●〔5〕。

【注釋】

〔1〕徐天祜曰："按《左傳》，楚公子貞字子囊，其孫名瓦，字子常。此當言'公孫'，不得云'公子'也。"〇覺按：《史記·伍子胥列傳》也作"公子囊瓦"，此文蓋承其説。

〔2〕徐天祜曰："豫章，地名也，在江夏之間。杜預曰：'豫章，漢東、江北地名。'孔穎達曰：'《漢書·地理志》："豫章，郡名，在江南。"此則在北者，土地之名。'按宋武帝討劉毅，遣王鎮惡先襲至豫章口，豫章口去江陵城二十里，乃知春秋之豫章，非今隆興郡名之豫章也。"〇覺按：據杜、徐之説，可知春秋時之豫章在漢水之東、長江之北，漢代以後屬江夏郡，位於今武漢市以北。而漢代又移其名於江南，漢代以後所置豫章郡治所在今江西省南昌市，與此不同。徐氏所引杜、孔之説，見《左傳·定公四年》。豫章古又稱"章""越章"，見9.12注〔19〕。

〔3〕巢：見3.13注〔2〕。此時大概爲楚國佔據。

〔4〕徐天祜曰："守巢大夫。"〇覺按：徐説乃《左傳·定公二年》杜預注。

〔5〕徐天祜曰："見《左傳·定公二年》。《索隱》曰：'當爲闔廬七年。'《史·年表》《世家》皆書之六年，此書似亦因以爲據。"

【義疏】

闔閭六年（前509），楚昭王派子常進攻吴國，以報復潛、六的那一仗。吴國派伍子胥、孫武還擊楚軍，把他們包圍在豫章。吴王説："我想趁楚國危難之際攻進楚國國都而摧毁他們的郢城。如果不能打進郢都，二位又有什麽功勞呢？"于是伍子胥、孫武把楚軍包圍在豫章後，大規模地殲滅他們。接着又包圍了巢，攻克了它，俘虜了楚國的公子繁才回師，把他帶回作爲人質。

【輯證】

秋，楚人伐吴。（《春秋·定公二年》P.2132）

二年夏四月辛酉，鞏氏之羣子弟賊簡公。桐叛楚。吴子使舒鳩氏誘楚人，曰："以師臨我，我伐桐，爲我使之無忌。"秋，楚囊瓦伐吴，師于豫章。吴人見舟于豫章，而潛師于巢。冬十月，吴軍楚師于豫章，敗之。遂圍巢，克之，獲楚公子繁。（《左傳·定公二年》P.2132）

（楚昭王）七：囊瓦伐吴，敗我豫章。（《史記·十二諸侯年表》P.795）（覺按：據《春秋》和《左傳》，此事當發生在楚昭王八年，《史記》有誤。）

（楚昭王）七年，楚使子常伐吴，吴大敗楚於豫章。（《史記·楚世家》P.2055）（覺按：據《春秋》和《左傳》，此事當發生在楚昭王八年，《史記》有誤。）

（吴闔閭）六：楚伐我，迎擊，敗之，取楚之居巢。（《史記·十二諸侯年表》P.795）（覺按：據《春秋》和《左傳》，此事當發生在闔閭七年，《史記》有誤。）

（闔廬）六年，楚使子常囊瓦伐吴。迎而擊之，大敗楚軍於豫章，取楚之居巢而還。（《史記·吴太伯世家》P.1762）（覺按：據《春秋》和《左傳》，此事當發生在闔閭七年，《史記》有誤。）

（吴闔閭）六年，楚昭王使公子囊瓦將兵伐吴。吴使伍員迎擊，大破楚軍於豫章，取楚之居巢。（《史記·伍子胥列傳》P.2631）（覺按：據《春秋》和《左傳》，此事當發生在闔閭七年，《史記》有誤。）

4.19

九年，吴王謂子胥、孫武曰："始子言郢不可入，今果何如？"二將曰："夫戰，借勝以成其威，非常勝之道。"吴王曰："何謂也？"二將曰："楚之爲兵，天下彊敵也。今臣與之争鋒，十亡一存。而王入郢者，天也。臣不敢必。"

吴王曰："吾欲復擊楚，奈何而有功？"伍胥、孫武曰："囊瓦者，貪而多過於諸侯，而唐、蔡怨之[1]。王必伐，得唐、蔡。""何怨？"二將曰："昔蔡昭公朝於楚[2]，有美裘二枚、善珮二枚，各以一枚獻之昭王。王服之以臨朝。昭公自服一枚，子常欲之，昭公不與，子常三年留之[3]，不使歸國。唐成公朝楚，有二文馬●[4]，子常欲之，公不與，亦三年止之。唐人●相與謀【1】，從成公從者請馬以贖成公[5]，飲從者酒[6]，醉之，竊馬而獻子常，常乃遣成公歸國。羣臣誹謗曰：'君以一馬之故，三年自囚。願賞竊馬之功。'於是成公常思報楚，君臣未嘗絶口。蔡人聞之，固請獻裘、珮於子常。蔡侯得歸，如晋告訴，以子元與大夫之子質●【2】，而請伐楚。故曰'得唐、蔡而可伐楚'。"

【校記】

【1】人：大德本作"成"，據《左傳·定公三年》改。○徐天祐曰："'成'當作'人'。"

【2】大夫之子：大德本作"太子"，據《左傳·定公三年》改。○徐天祐曰："《左傳》云'以其子元與大夫之子爲質'者是。"

【注釋】

〔1〕唐：周代姬姓諸侯國，在今湖北省隨州市西北唐縣鎮。公元前505年滅於楚，見《左傳·定公五年》。　蔡：周代姬姓諸侯國。周武王滅商紂後，封其弟姬叔度於蔡，位於今河南省上蔡縣西南。後因叔度（史稱蔡叔）與武庚反叛而被周公放逐，周改封其子姬胡（史稱蔡仲）於蔡。春秋時由於受楚國的逼迫，多次遷都。蔡平侯遷新蔡（今屬河南省），蔡昭侯遷州來（位於今安徽省鳳臺縣）而稱爲下蔡。公元前447年爲楚所滅。參見《史記·管蔡世家》。

〔2〕蔡昭公：即蔡昭侯，名申，蔡悼侯之弟，公元前518—公元前491年在位。

〔3〕《穀梁傳·定公四年》作："囊瓦求之，昭公不與，爲是拘昭公於南郢，數年然後得歸。"范甯注："南郢，楚郡。"阮元《校勘記》："閔、監、毛本同，余本'郡'作'都'。"

〔4〕徐天祐曰："二馬名肅爽，駿馬也。'爽'音霜，亦曰驌驦。"○覺按：《左傳·定公三年》作："唐成公如楚，有兩肅爽馬。"杜預注："成公，唐惠侯之後。肅爽，駿馬名。"文馬：《左傳·宣公二年》："宋人以兵車百乘、文馬百駟以贖華元于鄭。"杜預注："畫馬爲文四百匹。"五代丘光庭《兼明書·春秋·文馬》："杜説非也。文馬者，馬之毛色

自有文彩，重其難得；若畫爲文，乃是常馬，何足貴乎？”此文指身有花紋的駿馬驌驦。

〔5〕唐人相與謀，從成公從者請馬以贖成公：《左傳·定公三年》作“唐人或相與謀，請代先從者，許之”。與此文不同。

〔6〕飲（yìn印）：給……喝。

【義疏】

闔閭九年（前506），吴王對子胥、孫武説：“當初你們説郢都不可能攻進去，現在究竟怎麽樣？”兩名將軍説：“打仗嘛，憑藉着勝利來成就自己的威勢，並不是永遠能取勝的辦法。”吴王説：“你們的話是什麽意思？”兩名將軍説：“楚國從軍事力量上來説，是天下一個强大的敵人。現在我們和他們决一勝負，十成會滅亡而衹有一成存活的希望。因而大王要攻入郢都，就得靠上天了。我們不敢肯定。”

吴王説：“我想再去攻打楚國，怎樣才有功效？”伍子胥、孫武説：“囊瓦這個人，貪婪而多次得罪于諸侯，因而唐、蔡兩國怨恨他。大王如果一定要去攻打楚國，就應該得到唐、蔡兩國的援助。”吴王問：“什麽怨恨呢？”兩名將軍説：“從前蔡昭侯去朝見楚王，有兩件美麗的裘皮大衣和兩塊精巧的珮玉，他拿其中一件裘皮大衣和一塊珮玉獻給了楚昭王。楚昭王穿着裘皮大衣、佩帶着珮玉去上朝聽政。蔡昭侯自己也穿了一件裘皮大衣、佩帶着一塊珮玉，子常想得到它們，蔡昭侯不給，子常就把他扣留了三年，不讓他回國。唐成公朝見楚王，有兩匹身有花紋的驌驦馬，子常想得到它們，唐成公不給，子常也把他扣留了三年。唐國的一些人互相謀劃，準備從成公的侍從那裏求得這兩匹馬來贖成公，于是就給成公的侍從喝酒，把他們灌醉了，偷了馬去獻給了子常，子常才讓成公回國。大臣們都非議説：‘國君因爲一匹馬的緣故，使自己被囚禁了三年。希望國君對偷馬的功勞加以獎賞。’從此，成公經常想報復楚國，報仇的呼聲在君臣的口中從未間斷過。蔡國人聽説了唐成公被贖的事，就堅决請求國君把裘皮大衣和珮玉獻給子常。蔡昭侯因而得以回國，于是到晋國訴説怨苦，把兒子元以及大夫的兒子作爲人質，以此來請求晋國討伐楚國。所以我們説‘得到了唐國、蔡國的援助就可以討伐楚國了’。”

【輯證】

（蔡）昭侯十年，朝楚昭王，持美裘二，獻其一於昭王而自衣其一。楚相子常欲之，不與。子常讒蔡侯，留之楚三年。蔡侯知之，乃獻其裘於子常；子常受之，乃言歸蔡侯。蔡侯歸而之晉，請與晉伐楚。（《史記·管蔡世家》P.1887）

（闔廬）九年，吴王闔廬謂伍子胥、孫武曰：“始子之言郢未可入，今果如何？”二子對曰：“楚將子常貪，而唐、蔡皆怨之。王必欲大伐，必得唐、蔡乃可。”（《史記·吴太伯世家》P.1763）

（闔閭）九年，吴王闔廬謂子胥、孫武曰：“始子言郢未可入，今果何如？”二子對

曰："楚將囊瓦貪，而唐、蔡皆怨之。王必欲大伐之，必先得唐、蔡乃可。"（《史記·伍子胥列傳》P.2632）

蔡昭公朝乎楚，有美裘焉。囊瓦求之，昭公不與，爲是拘昭公於南郢，數年然後歸之。於其歸焉，用事乎河，曰："天下諸侯苟有能伐楚者，寡人請爲之前列。"楚人聞之，怒，爲是興師，使囊瓦將而伐蔡。蔡請救于吴，伍子胥復曰："蔡非有罪也，楚人爲無道，君如有憂中國之心，則若時可矣。"於是興師而救蔡。（《公羊傳·定公四年》P.2337）

蔡昭公南朝楚，被羔裘，囊瓦求之，昭公不與。即拘昭公南郢，三年然後歸之。昭公去，至河，用事，曰："天下誰能伐楚乎？寡人願爲前列！"楚聞之，使囊瓦興師伐蔡。昭公聞子胥在吴，請救蔡。子胥於是報闔廬曰："蔡公南朝，被羔裘，囊瓦求之，蔡公不與，拘蔡公三年，然後歸之。蔡公至河，曰：'天下誰能伐楚者乎？寡人願爲前列。'楚聞之，使囊瓦興師伐蔡。蔡非有罪，楚爲無道。君若有憂中國之事意者，時可矣。"闔廬於是使子胥興師，救蔡而伐楚。（《越絶書·吴内傳》P.74）

顧校：昭公自服一枚（下多"其"）子常欲之　亦三（二）年止之　請（謂）馬以贖成公（下多"從者許之乃"）飲從者酒

蔣校：善珮二（宋本"一"）枚　昭公自服一枚（宋本"枚"下有"其"字）子常欲之　亦三（宋本"二"）年止之　請（宋本"謂"）馬以贖成公（宋本下有"從者許之乃"五字）飲從者酒

4.20

吴王於是使使謂唐、蔡曰："楚爲無道，虐殺忠良，侵食諸侯，困辱二君。寡人欲舉兵伐楚，願二君有謀。"蔡侯●使其子乾爲質於吴【1】。三國合謀伐楚，舍兵●於淮汭〔1〕，自豫章與楚夾漢水爲陣●〔2〕。子常遂濟漢而陣，自小别山至於大别山●〔3〕，三不利〔4〕，自知不可進，欲奔亡。史皇曰："今子常無故與王共殺忠臣三人〔5〕，天禍來下，王之所致。"子常不應。

【校記】

【1】蔡侯：大德本作"唐侯"，據《左傳·定公四年》改。〇徐天祜曰："《左傳》作'蔡侯'。"

【注釋】

〔1〕徐天祜曰："'兵'當作'舟'。吴乘舟從淮來，過蔡而舍之。"〇覺按：本文"兵"字可通，不煩改字。徐氏乃據《左傳》爲説耳。《左傳·定公四年》作"舍舟于淮汭"，杜預注："吴乘舟從淮來，過蔡而舍之。"汭：河流的北岸叫汭。《尚書·禹貢》"涇屬渭汭"孔穎達疏："鄭云：'汭之言内也。'蓋以人皆南面望水，則北爲汭也。"蔡國當時的國都在今安徽省鳳臺縣，即淮河北岸，所以三國的水軍駐紮在淮汭。

〔2〕徐天祜曰："漢水源出武都沮縣，經襄陽至江夏陽安縣入江。今漢陽，古江夏也。"

〔3〕徐天祜曰："杜預曰：'二别在江夏界。'《元和郡縣志》：'小别山在漢陽縣。'《禹貢》：'至于大别。'今漢陽縣北有大别山。《地志》《水經》云'在安豐'者非。"〇覺按：《漢

書·地理志上》“至于大别”顔師古注所謂安豐，在今安徽省霍邱縣西南，今猶有大别山。楊伯峻注《左傳·定公四年》“自小别至于大别”時，仍從洪亮吉之説而認爲此文之大别山即今安徽省霍邱縣西南之大别山，並認爲小别山在今河南省光山縣與湖北省黄岡市之間，與徐天祜之説不同。據上文“自豫章與楚夾漢水爲陣，子常遂濟漢而陣”來看，則小别山、大别山自當在漢水附近，徐説是。《尚書·禹貢》“内方至於大别”孔安國傳及孔穎達疏、《左傳·定公四年》“自小别至于大别”孔穎達疏、《史記·夏本紀》“内方至于大别”《正義》等與徐天祜説同，可參見。此大别山，古又名魯山、翼際山，在今武漢市西南鸚鵡洲之北。此小别山，古又名甑山，在今湖北省漢川市南。參見高士奇《春秋地名攷畧》卷九。

〔4〕三不利：《左傳·定公四年》作“三戰”。

〔5〕今：依文意當在“人”字下，屬下句。常：通“嘗”。三人：見4.13注〔5〕。

【義疏】

吴王于是派使者對唐、蔡兩國國君説：“楚國幹暴虐無道的事，殘酷地殺害忠誠善良的人，侵略别國，拘禁侮辱兩位君主。我想起兵討伐楚國，希望兩位國君一起來出謀劃策。”蔡昭侯讓他的兒子乾到吴國做人質。吴、蔡、唐三國合謀攻打楚國，先將軍隊駐扎在淮河的北岸，接着在豫章和楚國夾着漢水排好戰陣。子常就渡過漢水而排好戰陣，從小别山到大别山，三次失利，自知不能挺進了，就想逃跑。史皇對子常説：“您曾經無緣無故和楚王一起殺死了三個忠臣，現在天灾降臨，實是楚王招致的。”子常並没有回答。

【輯證】

秋，楚爲沈故，圍蔡。伍員爲吴行人以謀楚。楚之殺郤宛也，伯氏之族出。伯州犁之孫嚭爲吴大宰以謀楚。楚自昭王即位，無歲不有吴師。蔡侯因之，以其子乾與其大夫之子爲質於吴。冬，蔡侯、吴子、唐侯伐楚，舍舟于淮汭，自豫章與楚夾漢。左司馬戌謂子常曰：“子沿漢而與之上下，我悉方城外以毁其舟，還塞大隧、直轅、冥阨，子濟漢而伐之，我自後擊之，必大敗之。”既謀而行。武城黑謂子常曰：“吴用木也，我用革也，不可久也。不如速戰。”史皇謂子常：“楚人惡子而好司馬，若司馬毁吴舟于淮，塞城口而入，是獨克吴也。子必速戰，不然不免。”乃濟漢而陳，自小别至于大别。三戰，子常知不可，欲奔。史皇曰：“安求其事，難而逃之，將何所入？子必死之，初罪必盡説。”（《左傳·定公四年》P.2136）

闔廬從之，悉興師，與唐、蔡西伐楚，至於漢水。楚亦發兵拒吴，夾水陳。（《史記·吴太伯世家》P.1763）

闔廬聽之，悉興師與唐、蔡伐楚，與楚夾漢水而陳。（《史記·伍子胥列傳》P.2632）

（蔡昭侯十三年）夏，爲晉滅沈，楚怒，攻蔡。蔡昭侯使其子爲質於吴，以共伐楚。冬，與吴王闔閭遂破楚入郢。蔡怨子常，子常恐，奔鄭。（《史記·管蔡世家》P.1887）

4.21

十月〔1〕，楚二師陣於柏舉●〔2〕。闔閭之弟夫槩晨起請於闔閭曰：“子常不仁，貪而少恩，其臣下莫有死志，追之，必破矣。”闔閭不許。夫槩曰：“所謂‘臣行其志不待命’者，其謂此也。”遂以其部五千人擊子常。大敗，走奔鄭，楚師大亂，吴師乘之，遂破楚衆。楚人未濟漢，會楚人食，吴因奔而擊，破之雍滯●〔3〕。五戰，徑至於郢。

【注釋】

〔1〕十月：《左傳·定公四年》作“十一月庚午”（即十一月十八日）。此文恐誤，或置閏不同所致。

〔2〕徐天祜曰：“柏舉，楚地。”〇覺按：“楚”字當衍，《左傳·定公四年》無“楚”字可證。杜預注：“二師，吴、楚師。” 柏舉：楚地，在今湖北省麻城市東。

〔3〕徐天祜曰：“《左傳》作‘雍澨’。”〇覺按：當依《左傳·定公四年》作“雍澨（shì示）”，“滯”當爲“澨”之音誤。楊伯峻曰：“據《彙纂》，今湖北京山縣西南有三澨水，春秋之雍澨其一也。洪亮吉云：‘今澨水在京山縣西南，南流入天門縣爲汊水。’疑雍澨即入天門河之支流。”

【義疏】

十月，雙方的軍隊在柏舉排好戰陣。闔閭的弟弟夫槩早晨起床後向闔閭請求説：“子常暴虐，貪婪而缺少恩愛之情，他的臣下没有一個抱有爲他殉身的志嚮，如果追擊他們，他們一定會全綫崩潰了。”闔閭不同意。夫槩説：“人們所説的‘臣子按照自己的意志去行動而不去等待君主的命令’，大概就是説的現在這種情况吧。”于是他就用自己的部屬五千人去攻擊子常。子常大敗，逃跑到鄭國，楚國的軍隊大亂，吴國的軍隊追擊他們，于是就攻破了楚軍。楚軍還没有渡過漢水，又正好楚國的士兵在吃飯，吴軍便趁楚軍逃跑的機會去攻擊他們，在雍澨把楚軍打垮了。吴軍打了五仗，便直達郢都。

【輯證】

冬十有一月庚午，蔡侯以吴子及楚人戰于柏舉，楚師敗績。楚囊瓦出奔鄭。庚辰，吴入郢。（《春秋·定公四年》P.2133）

十一月庚午，二師陳于柏舉。闔廬之弟夫槩王，晨請於闔廬曰：“楚瓦不仁，其臣莫有死志，先伐之，其卒必奔，而後大師繼之，必克。”弗許。夫槩王曰：“所謂‘臣義而行，不待命’者，其此之謂也。今日我死，楚可入也。”以其屬五千先擊子常之卒。子常之卒奔，楚師亂，吴師大敗之。子常奔鄭。史皇以其乘廣死。吴從楚師，及清發，將擊之。夫槩王曰：“困獸猶鬬，況人乎？若知不免而致死，必敗我。若使先濟者知免，後者慕之，蔑有鬬心矣。半濟而後可擊也。”從之，又敗之。楚人爲食，吴人及之，奔。食而從之，敗諸雍澨。五戰及郢。（《左傳·定公四年》P.2136）

（吴闔閭）九：與蔡伐楚，入郢。（《史記·十二諸侯年表》P.797）

（蔡昭侯）十三：楚侵我，吴與我伐楚，入郢。（《史記·十二諸侯年表》P.797）

闔廬攻郢，戰三勝，問子胥曰：“可以退乎？”子胥對曰：“溺人者，一飲而止，則無溺者，以其不休也。不如乘之以沉之。”（《韓非子·説林下》P.472）

吴王闔廬與荆人戰於柏舉，大勝之，至於郢郊，五敗荆人。闔廬之臣五人進諫曰：“夫深入遠報，非王之利也，王其返乎？”五將鍥頭，闔廬未之應，五人之頭墜於馬前。闔廬懼，召伍子胥而問焉。子胥曰：“五臣者懼也。夫五敗之人者，其懼甚矣，王姑少進。”遂入郢，南至江，北至方城，方三千里，皆服於吴矣。（《説苑·指武》P.379）

吴王闔廬弟夫槩欲戰，闔廬弗許。夫槩曰：“王已屬臣兵，兵以利爲上，尚何待焉？”遂以其部五千人襲冒楚，楚兵大敗，走。於是吴王遂縱兵追之。比至郢，五戰，楚五敗。（《史記·吴太伯世家》P.1763）

吴王之弟夫概將兵請從，王不聽，遂以其屬五千人擊楚將子常。子常敗走，奔鄭。於是吴乘勝而前，五戰，遂至郢。己卯，楚昭王出奔。庚辰，吴王入郢。（《史記·伍子胥列傳》P.2632）

（昭王）十年冬，吴王闔閭、伍子胥、伯嚭與唐、蔡俱伐楚，楚大敗，吴兵遂入郢，辱平王之墓，以伍子胥故也。吴兵之來，楚使子常以兵迎之，夾漢水陣。吴伐敗子常，子常亡奔鄭。楚兵走，吴乘勝逐之，五戰及郢。己卯，昭王出奔。庚辰，吴人入郢。（《史記·楚世家》P.2056）

4.22

王追●於吴寇〔1〕，出，固將亡〔2〕，與妹季芊●出河、濉●之間【1】〔3〕。楚大夫尹固與王同舟而去〔4〕。

吴師遂入郢，求昭王。

王涉濉，濟江，入于雲中●〔5〕。暮宿，羣盗攻之，以戈擊王頭。大夫尹固●隱王〔6〕，以背受之，中肩。王懼，奔鄖●〔7〕。大夫鍾建負季芊以從【2】。

鄖公辛得昭王〔8〕，大喜，欲還之。其弟懷怒曰：“昭王是我讎也！”欲殺之，謂其兄辛曰：“昔平王殺我父，吾殺其子，不亦可乎？”辛曰：“君討其臣，敢讎之者？夫乘人之禍，非仁也；滅宗廢祀〔9〕，非孝也；動無令名，非智也。”懷怒不解，辛陰與其季弟巢以王奔隨〔10〕。

吴兵逐之，謂隨君曰：“周之子孫在漢水上者，楚滅之〔11〕。謂天報其禍〔12〕，加罰於楚，君何寶之●〔13〕？周室何罪？而隱其賊。能出昭王，即重惠也〔14〕。”隨君卜昭王與吴王，不吉，乃辭吴王曰：“今隨之僻小，密近於楚，楚實存我。有盟，至今未改。若今有難●而棄之〔15〕，何以事君【3】？今且安静，楚敢不聽命？”吴師多其辭，乃退。

是時，大夫子期雖與昭王俱亡，陰與吴師爲市，欲出昭王。王聞之，得免，即割子期心以與隨君盟而去〔16〕。

【校記】

【1】芊：大德本作“芉”，據徐本改。

【2】芊：大德本作“芉”，據徐本改。

【3】大德本無“何以事君”，據《左傳・定公四年》補。

【注釋】

〔1〕徐天祜曰：“‘追’當作‘迫’。”○覺按：“追”用作被動詞，原文不誤。

〔2〕固：盧文弨曰：“‘固’疑‘國’。”○覺按：盧説可供參考，依其説，則“國”字從上讀。不過，此文不改也通。“固”通“姑”，姑且。將：且，姑且。參見《古書虛字集釋》卷八。固將：猶“姑且”。

〔3〕徐天祜曰：“綿婢切，楚姓，平王女也。”又曰：“河水出崑崙。‘濉’與‘睢’同。杜預曰：‘睢水出新城昌魏縣東南，至枝江縣入江。是楚王西走也。’按《水經》：‘睢水出梁郡鄢縣。’酈道元註：‘睢水出陳留縣西蒗蕩渠。’三説各不同。”○覺按：“芊”同“芈”，是楚国宗族之姓。季芊（mǐ 彌）：季是伯仲叔季之“季”，表示排行最小。據《左傳・定公四年》，季芊名畀我。河：即黄河。濉：大德本下一字作“濉”（jū 居），可證此“濉”字爲“濉”字之形譌，“濉”同“沮”（jū 居），即今沮水，源出今湖北省保康縣西南，東南流經遠安縣、當陽市、荆州市西入長江。沮水在郢都（今荆州市西北之紀南城）之西，所以杜預説“楚王西走”。至於《水經注》卷二十四所説，乃指睢（suī 雖）水，其水出今河南省睢縣，東南流經今安徽省宿州市、泗縣等地，不可用來解此文。本文之“濉”，《左傳・定公四年》作“睢”（jū 居），“睢”與“濉”、“沮”通。徐氏註文中之“濉”也當作“濉”，其中前兩個之“睢”字當作“睢”。

〔4〕尹固：《左傳・定公四年》作“鍼尹固”，《左傳・哀公十六年》作“箴尹固”。《吕氏春秋・勿躬》“請置以爲大諫臣”高誘注：“楚有箴尹之官，亦諫臣。”可見此文之“尹固”當爲楚昭王之諫臣，其官職爲箴尹，名固。至於此文將“箴尹固”省稱爲“尹固”，猶“太宰嚭”省稱爲“宰嚭”（見 5.20、5.27、9.8、9.9）。

〔5〕徐天祜曰：“楚有雲夢澤。《左傳》載令尹子文之生，‘邙夫人棄諸夢中’，言‘夢’而不及‘雲’。今此‘雲中’，言‘雲’而不及‘夢’，是二澤明矣。《漢陽圖經》：‘雲在江之北，夢在江之南。’”○覺按：古代的雲夢澤歷來説法不一，徐説爲其中之一；一説雲夢澤實爲一澤，跨越長江南北，可單言“雲”或“夢”，是楚王遊獵的地區。此文既説“涉濉，濟江，入于雲中”，則昭王從郢都西逃過沮水後，大概又在今湖北省枝江市一帶渡過長江，然後纔至此雲澤中，那麼這雲澤當在江南，即在今湖北省松滋市北。徐説與此文不合，此當從另一説。

〔6〕徐天祜曰：“《左傳》作王孫由于。”○覺按：此文爲了簡省人物，便將王孫由于之事移於尹固，可見其行文之不嚴謹。

〔7〕徐天祜曰：“音云。江陵有鄖城，楚昭王時鄖公所築，今松滋也。”○覺按，松滋即今湖北省松滋市，在雲澤附近，徐説似乎可從，然恐未當。《史記・楚世家》“王走鄖”《正義》：“《括地志》云：‘安州安陸縣城，本春秋時鄖國城也。’”據下文，當以此説爲是，即該鄖城在今湖北省安陸市。蓋昭王逃離雲中後，又復渡江北上而奔鄖。

〔8〕鄖公辛：即鬭成然（亦作蔓成然、曼成然，字子旗，曾爲楚國令尹）之子鬭辛。楚平王元年（前 528）九月，平王殺鬭成然，使鬭辛居鄖。見《左傳・昭公十四年》。

〔9〕《左傳・定公四年》“滅宗廢祀”杜預注：“弒君罪應滅宗。”

〔10〕隨：西周初分封的諸侯國，姬姓，故城在今湖北省隨州市南，春秋後期成爲楚

國的附庸。

〔11〕楚滅之：據《史記·楚世家》，楚武王三十五年（前706）伐隨；三十七年（前704），始開濮地而有之；五十一年（前690），又伐隨。至楚文王六年（前684），伐蔡，楚强，陵江、漢間小國，小國皆畏之。《左傳·僖公二十八年》載欒貞子（欒枝）之言曰："漢陽諸姬，楚實盡之。"（意爲：漢水之北各個與周天子同姓的姬姓之國，楚國把它們都滅掉了。）此文説"楚滅之"，當指此而言。吴國與隨國皆爲周之後裔，姬姓。吴作此語，是想利用宗法觀念使隨君放出楚昭王。

〔12〕謂：通"爲"，因爲。參見《古書虚字集釋》卷二。

〔13〕徐天祜曰："'寳'當作'保'。"〇覺按：此"寳"字爲意動用法，表示以……爲寳，指把昭王當作寳貝藏起來。徐説也通。

〔14〕重惠：雙重的恩惠。指對天、對周王室都有恩德。

〔15〕徐天祜曰："去聲。"

〔16〕《左傳·定公四年》也説："王割子期之心以與隨人盟。"杜預注："當心前割取血以盟，示其至心。"古代往往以歃血爲盟（即所謂"歃"），或殺牲取血，或破人皮取血。如《左傳·莊公三十二年》所載孟任"割臂盟公"，即其例。《淮南子·齊俗訓》"越人契臂"高誘注："刻臂出血。"所謂"割"，與"契""刻"同義，並非指割斷，而是指劃破皮膚。割心，指劃破心口的皮膚取血。作者不明其意，而將"割心"誤解成了挖出心臟，所以附會出"是時大夫子期……欲出昭王。王聞之，得免"等事蹟來（《左傳》無這些話），純屬虚妄。據《左傳·定公四年》記載，子期甚忠，他生得與昭王相似，所以穿上了昭王之衣，請求把自己交給吴王，以使昭王逃脱。據《左傳·哀公十六年》，子期是公元前479年白公勝發動政變時被殺的，此時尚未死。下面4.29又提及"子期"，也可證此文爲誤。

【義疏】

楚昭王被吴國侵略軍追逐，逃出國都，姑且外出逃亡，和妹妹季芈出逃在黄河、沮水之間。楚國的大夫尹固和昭王同船離去。

吴國的軍隊便進入郢都，搜索昭王。

昭王渡過沮水，又渡過長江，進入雲夢澤中。夜晚住宿時，强盗們打劫他，用戈砍擊昭王的頭。大夫尹固掩護昭王，用自己的背來擋住戈，結果戈擊中了肩膀。昭王十分恐懼，逃亡到鄖城。大夫鍾建背着季芈跟隨着昭王。

鄖公鬬辛得到了昭王，十分高興，想保護他回國。他的弟弟鬬懷則憤怒地説："昭王是我們的仇人啊。"鬬懷想殺掉昭王，對他的哥哥鬬辛説："從前平王殺了我們的父親，我們殺掉他的兒子，不也是可以的麽？"鬬辛説："君主討伐他的臣子，臣子敢和他作對嗎？再説，趁别人遭殃時去殺害他，並不是仁；殺死了君主而使自己的宗族被誅滅、祭祀被廢除，並不是孝；幹了事而没有好名聲，並不是智。"鬬懷的怒氣并没有消除，鬬辛便暗中和他的小弟鬬巢伴隨昭王一起逃奔隨國。

吴軍追擊他們，對隨國的國君説："周天子的子孫被封在漢水一帶的，楚國把他們滅掉了。因爲上天要報復它的禍害，所以對楚國施加懲罰，您爲什麽要把昭王當作寶貝呢？周王室有什麽罪過？而您却窩藏他的敵人。如果您能交出昭王，那就有雙重的恩惠了。”隨國的國君爲把昭王送交吴王的事占了個卜，占卜的結果是不吉利，于是就拒絶吴王説：“現在隨國這樣偏僻狹小，緊靠着楚國，楚國實在是保存了我們。我們和楚國訂有盟約，直到今天也没有改變。如果現在楚國有了灾難就抛弃他們，那憑什麽來侍奉您呢？現在您姑且讓楚國安定下來，楚國敢不聽您的命令嗎？”吴軍贊賞他的這番話，就退兵了。

這時楚國大夫子期雖然和昭王一起逃亡，却暗地裏與吴軍搞交易，想獻出昭王。昭王事先聽説了這件事，方得免遭禍害，于是就割了子期的心和隨國國君締結了盟約，然後就離開了隨國。

【輯證】

己卯，楚子取其妹季芊畀我以出，涉雎。鍼尹固與王同舟，王使執燧象以奔吴師。庚辰，吴入郢，以班處宫。子山處令尹之宫，夫槩王欲攻之，懼而去之，夫槩王入之。左司馬戌及息而還，敗吴師于雍澨，傷。初，司馬臣闔廬，故恥爲禽焉。謂其臣曰：“誰能免吾首？”吴句卑曰：“臣賤，可乎？”司馬曰：“我實失子，可哉！”三戰皆傷，曰：“吾不用也已。”句卑布裳，剄而裹之，藏其身而以其首免。楚子涉雎，濟江，入于雲中。王寢，盜攻之，以戈擊王。王孫由于以背受之，中肩。王奔鄖。鍾建負季芊以從，由于徐蘇而從。鄖公辛之弟懷將弑王，曰：“平王殺吾父，我殺其子，不亦可乎？”辛曰：“君討臣，誰敢讎之？君命，天也，若死天命，將誰讎？《詩》曰：‘柔亦不茹，剛亦不吐，不侮矜寡，不畏彊禦。’唯仁者能之。違彊陵弱，非勇也；乘人之約，非仁也；滅宗廢祀，非孝也；動無令名，非知也。必犯是，余將殺女。”鬬辛與其弟巢以王奔隨。吴人從之，謂隨人曰：“周之子孫在漢川者，楚實盡之。天誘其衷，致罰於楚，而君又竄之。周室何罪？君若顧報周室，施及寡人，以獎天衷，君之惠也。漢陽之田，君實有之。”楚子在公宫之北，吴人在其南。子期似王，逃王，而己爲王，曰：“以我與之，王必免。”隨人卜與之，不吉。乃辭吴曰：“以隨之辟小而密邇於楚，楚實存之，世有盟誓，至于今未改。若難而棄之，何以事君？執事之患，不唯一人。若鳩楚竟，敢不聽命？”吴人乃退。鑪金初官於子期氏，實與隨人要言。王使見，辭，曰：“不敢以約爲利。”王割子期之心，以與隨人盟。（《左傳·定公四年》P.2136）

吴人入楚，昭王奔鄖，鄖公之弟懷將弑王，鄖公辛止之。懷曰：“平王殺吾父，在國則君，在外則讎也。見讎弗殺，非人也。”鄖公曰：“夫事君者，不爲外内行，不爲豐約舉，苟君之，尊卑一也。且夫自敵以下則有讎，非是不讎。下虐上爲弑，上虐下爲討，而況君乎！君而討臣，何讎之爲？若皆讎君，則何上下之有乎？吾先人以善事君，成名於諸侯，自鬬伯比以來，未之失也。今爾以是殃之，不可。”懷弗聽，曰：“吾思父，不能顧矣。”鄖公以王奔隨。（《國語·楚語下》P.577）

楚昭王亡出郢，奔鄖。鄖公弟欲弑昭王，昭王與鄖公犇隨。（《史記·吴太伯世家》P.1763）

昭王亡也，至雲夢。雲夢不知其王也，射傷王。王走鄖。鄖公之弟懷曰：“平王殺吾父，今我殺其子，不亦可乎？”鄖公止之，然恐其弑昭王，乃與王出奔隨。吴王聞昭王往，即進擊隨，謂隨人曰：“周之子孫封於江漢之閒者，楚盡滅之。”欲殺昭王。王從臣子綦乃深匿王，自以爲王，謂隨人曰："以我予吴。"隨人卜予吴，不吉，乃謝吴王曰："昭王亡，不在隨。"吴請入自索之，隨不聽，吴亦罷去。昭王之出郢也，使申鮑胥請救於秦。（《史記·楚世家》P.2056）

昭王出亡，入雲夢；盜擊王，王走鄖。鄖公弟懷曰："平王殺我父，我殺其子，不亦可乎！"鄖公恐其弟殺王，與王奔隨。吴兵圍隨，謂隨人曰："周之子孫在漢川者，楚盡滅之。"隨人欲殺王，王子綦匿王，己自爲王以當之。隨人卜與王於吴，不吉，乃謝吴不與王。（《史記·伍子胥列傳》P.2632）

4.23

吴王入郢，止留。伍胥以不得昭王，乃掘平王之墓，出其屍，鞭之三百，左足踐其腹【1】，右手抉其目，誚之曰〔1〕："誰使汝用讒諛之口殺我父兄？豈不冤哉？"即令闔閭妻昭王夫人〔2〕，伍胥、孫武、白喜亦妻子常、司馬成之妻，以辱楚之君臣也。

【校記】

【1】大德本"腹"上無"其"，據《太平御覽》卷三百七十一引文補。

【注釋】

〔1〕誚（qiào 俏）：責備，譴責。

〔2〕妻：這裏用作動詞，當然不是指把她娶爲正妻，而等於下文所説的"奸"（見4.31注〔2〕）。

【義疏】

吴王進入郢都，便滯留在那裏。伍子胥因爲没有擒獲昭王，就掘開了平王的墳墓，挖出平王的屍體，把他鞭打了三百下，用左脚踩他的腹部，用右手挖出他的眼睛，譴責他説："誰讓你聽從那詆毁奉承的話而殺死了我的父兄？難道不冤枉嗎？"于是就叫闔閭奸淫昭王的夫人，伍子胥、孫武、白喜也奸淫子常、司馬成的妻子，以此來侮辱楚國的君臣。

【輯證】

庚辰，吴入楚。日入，易無楚也。易無楚者，壞宗廟，徙陳器，撻平王之墓。……何以謂之吴也？狄之也。何謂狄之也？君居其君之寢而妻其君之妻，大夫居其大夫之寢而妻其大夫之妻。蓋有欲妻楚王之母者，不正。乘敗人之績，而深爲利，居人之國，故反其狄道也。（《穀梁傳·定公四年》P.2444）

庚辰，吴入楚。吴何以不稱子？反夷狄也。其反夷狄奈何？君舍于君室，大夫舍于大夫室，蓋妻楚王之母也。（《公羊傳·定公四年》P.2337）

故昔者，楚平王有臣曰伍子胥，王殺其父而無罪，奔走而之吴，曰："父死而不死，則非父之子也；死而非補，則過計也；與吾死而不一明，不若舉天地以成名。"於是紆身而乃適闔閭，治味以求親。闔閭見而安之，説其謀，果其舉，反其聽，用而任吴國之政也。民保命而不失，歲時熟而不凶，五官公而不私，上下調而無尤，天下服而無御，四境静而無虞。

然後，忿心發怒，出凶言，陰必死。提邦以伐楚，五戰而五勝，伏尸數十萬。入郢之門，執高兵，傷五藏之實，毀十龍之鐘，撻平王之墓。昭王失國而奔，妻生虜而入吴。故楚平王懷陰賊，殺無罪，殃既至乎此矣。（《新書·耳痺》P.268）

闔閭伐楚，五戰入郢，燒高府之粟，破九龍之鐘，鞭荆平王之墓，舍昭王之宫。（《淮南子·泰族訓》P.687）

（楚昭王）十：吴、蔡伐我，入郢，昭王亡。伍子胥鞭平王墓。（《史記·十二諸侯年表》P.797）

而吴兵遂入郢。子胥、伯嚭鞭平王之尸以報父讎。（《史記·吴太伯世家》P.1763）

及吴兵入郢，伍子胥求昭王。既不得，乃掘楚平王墓，出其尸，鞭之三百，然後已。（《史記·伍子胥列傳》P.2633）

其後荆將伐蔡，子胥言之闔廬，即使子胥救蔡而伐荆。十五戰，十五勝。荆平王已死，子胥將卒六千，操鞭捶笞平王之墓而數之曰："昔者吾先人無罪而子殺之，今此報子也。"（《越絶書·荆平王内傳》P.20）

楚王已死，子胥將卒六千人，操鞭笞平王之墳，曰："昔者吾先君無罪而子殺之，今此以報子也！"君舍君室，大夫舍大夫室，蓋有妻楚王母者。（《越絶書·吴内傳》P.74）

《吴越春秋》曰："子胥鞭平王尸三百，右手决其目，左手踐其腹。"（《太平御覽》卷第三百七十一 P.1710）

4.24

遂引軍擊鄭。鄭定公前殺太子建而困迫子胥〔1〕，故怨鄭。兵將入境【1】，鄭定公大懼●〔2〕，乃令國中曰："有能還吴軍者，吾與分國而治。"漁者之子應募，曰："臣能還之。不用尺兵斗糧，得一橈●〔3〕，而行歌道中，即還矣。"公乃與漁者之子一橈【2】。子胥軍將至，當道扣橈而歌曰："蘆中人！"如是再。子胥聞之，愕然大驚〔4〕，曰："何等人者【3】？"即請與語【4】："公爲何誰矣？"曰："漁父者子。吾國君懼怖，令於國：'有能還吴軍者，與之分國而治。'臣念前人與君相逢於途，今從君乞鄭之國。"子胥歎曰："悲哉！吾蒙子前人之恩，自致於此。上天蒼蒼，豈敢忘也？"於是乃釋鄭國，還軍守楚，求昭王所在日急。

【校記】

【1】故怨鄭兵將入境：大德本作"自此"，據《太平御覽》卷四百七十九引文改。

【2】大德本無"一"，據《太平御覽》卷四百七十九引文補。

【3】大德本無"人者"，據《太平御覽》卷四百七十九引文補。

【4】即請：大德本作"謂"，據《太平御覽》卷四百七十九引文改。

【注釋】

〔1〕事見3.7。

〔2〕徐天祜曰："按太子建之死乃定公時，吴師入郢則獻公時，此亦云'定公'，誤。"

○徐天祐補註曰："前註已正其誤。按《史·年表》，鄭定公十一年書：'楚建作亂，殺之。'是爲楚平王十年。其後吴破楚入郢，乃昭王十年，蓋鄭獻公八年，非定公時也。"○覺按：此"鄭定公"乃涉上而誤。鄭獻公：定公之子，名蠆，公元前513—公元前501年在位。

〔3〕徐天祐曰："音饒，小楫。"

〔4〕愕（è厄）然：吃驚的樣子。

【義疏】

接着伍子胥又帶領軍隊攻打鄭國。鄭定公從前殺了楚太子建而使伍子胥艱難窘迫，所以子胥怨恨鄭國。吴軍將進入鄭國國境，鄭獻公十分恐懼，就嚮國内發布命令説："有誰能够退去吴軍，我就和他平分鄭國而一起統治。"漁翁的兒子接受招募，説："我能使他們回去。我連尺把長的短小兵器和斗把多的軍糧都不必使用，衹要得到一支小槳而在路上邊走邊唱，吴軍就會回去了。"鄭獻公就給了這漁翁的兒子一支船槳。子胥的軍隊將要到了，漁翁的兒子便攔住道路敲着船槳而唱道："蘆葦中的人啊！"像這樣唱了兩遍。子胥聽到這聲音，吃驚得直發愣，説："是什麽人啊？"便請來和他交談，問他説："您是什麽人啊？"那人説："我是那漁翁的兒子。我的國君十分恐懼，嚮國内發布命令説：'有誰能退去吴軍，就和他平分鄭國而一起統治。'我想到先父與您曾在路上有一面之交，所以現在嚮您乞求保全鄭國。"子胥感嘆地説："可悲啊！我受到您父親的恩惠，使自己弄到這種尷尬的地步。上天蒼蒼，我難道敢忘恩負義麽？"于是就放弃鄭國，回師守衛楚國，搜尋楚昭王的住地一天比一天猛。

【輯證】

吴使子胥救蔡，誅彊楚，笞平王墓，久而不去，意欲報楚。楚乃購之千金，衆人莫能止之。有野人謂子胥曰："止！吾是于斧掩壺漿之子、發簞飯於船中者。"子胥乃知是漁者也，引兵而還。故無往不復，何德不報？漁者一言，千金歸焉，因是還去。（《越絶書·外傳紀策考》P.128）

《吴越春秋》曰："吴師入郢，引軍擊鄭。定公前既殺楚太子建而困子胥，故怨鄭。兵將入境，定公大懼，乃令於鄭邦中曰：'有能還吴軍者，吾與之分邦而治。'漁者子聞而進之，曰：'臣能還之。不用兵戈外粮，得一橈行歌道中，即還矣。'定公大悦，乃與一橈。子胥軍將至，漁者子當路叩橈行歌，辭曰：'蘆中人！蘆中人！'子胥聞之，大驚，曰：'何等人者？'即請與語。曰：'吾是漁者子。吾國君怖懼，令於國中：有能還吴軍，吾與之分國而治。臣念先人與君相遭於途，今從君乞鄭之罪也。'子胥曰：'吾蒙子先人之恩，自致於此。上天蒼蒼，豈敢忘子之功乎？'於是乃釋鄭不伐。"（《太平御覽》卷第四百七十九 P.2195）

《吴越春秋》曰："子胥伐楚，因引軍襲鄭治。漁者之子在鄭，乃還。"（《太平御覽》卷第七百七十一 P.3417）

顧校：即還矣（下多"定"）公乃與（下多"之"）漁者之子橈子胥（下多"見"）軍將至

蔣校：即還矣（宋本下有“定”字）公乃與（宋本下有“之”字）漁者之子橈子胥（宋本下有“見”字）軍將至

4.25

申包胥亡在山中●〔1〕，聞之，乃使人謂子胥曰：“子之報讎，其以甚乎〔2〕！子，故平王之臣，北面事之〔3〕。今於僇屍之辱【1】〔4〕，豈道之極乎〔5〕？”子胥曰：“爲我謝申包胥曰：‘日暮路遠，倒行而逆施之於道也〔6〕。’”

申包胥知不可，乃之於秦，求救楚。晝馳夜趨，足踵蹠●劈〔7〕，裂裳裹膝，鶴倚哭於秦庭〔8〕，七日七夜，口不絶聲。秦桓公●素沉湎〔9〕，不恤國事。申包胥哭已歌曰〔10〕：“吴爲無道，封●豕長蛇〔11〕，以食上國〔12〕，欲有天下。政從楚起〔13〕，寡君出〔14〕，在草澤〔15〕，使來告急〔16〕。”如此七日，桓公●大驚〔17〕：“楚有賢臣如是，吴猶欲滅之。寡人無臣若斯者，其亡無日矣。”爲賦《無衣》之詩〔18〕，曰：

豈曰無衣？與子同袍。

王于興師，與子同仇。

包胥曰：“臣聞戾德●無厭〔19〕。王不憂鄰國〔20〕，壃埸之患〔21〕。逮吴之未定，王其取分●焉〔22〕。若楚遂亡，於秦何利？則亦亡君之土也。願王以神靈存之【2】，世以事王。”秦伯使辭焉〔23〕，曰：“寡人聞命矣。子且就館，將圖而告。”包胥曰：“寡君今在草野，未獲所伏。臣何敢即安？”復立於庭，倚牆而哭，日夜不絶聲，水不入口〔24〕。秦伯爲之垂涕，即出師而送之。

【校記】

【1】“之辱”至4.26之“興”字，爲大德本四十一葉，係補刻之版。

【2】願：大德本補刻之版作“頋”，據鄺本改。

【注釋】

〔1〕徐天祜補註曰：“《史·楚世家》亦作‘申鮑胥’，註：‘服虔曰：“楚大夫王孫包胥。”’劉伯莊曰：‘包字亦作鮑。’《史記正義》：‘包胥姓公孫，封於申，故曰申包胥。’《戰國策》以爲棼冒勃蘇。”〇覺按：參見3.6注〔1〕。

〔2〕以：通“已”，太。

〔3〕北面：朝北。古代君主朝南而坐，臣子向北朝拜，所以“北面”表示在臣位上。

〔4〕僇（lù 路）：施刑侮辱。《禮記·大學》“辟則爲天下僇矣”孔穎達疏：“僇，謂刑僇也。”此文指鞭打平王之屍。

〔5〕這兩句《史記·伍子胥列傳》作：“今至於僇死人，此豈其無天道之極乎？”意爲：“現在竟至於刑僇死人，這難道不是傷天害理到了極點麽？”此文脱胎於《史記》，但有所不同。《史記》之文文義較明瞭，可資參證。

〔6〕《史記·伍子胥列傳》“吾故倒行而逆施之”《索隱》：“子胥言志在復讎，常恐且死，不遂本心，今幸而報，豈論理乎？譬如人行，前途尚遠，而日勢已莫，其在顛倒疾行，逆理施事，何得責吾順理乎？”

〔7〕徐天祜曰：“踵，足後。蹠，之石切，足下也。”〇覺按：踵（zhǒng 種）：脚後跟。 蹠（zhí 直）：脚掌。

〔8〕鶴倚：當作“鶴跱倚牆”。《淮南子·脩務訓》述此事作：“申包胥竭筋力以赴嚴敵，伏尸流血，不過一卒之才，不如約身卑辭，求救於諸侯。於是乃贏糧跣走，跋涉谷行，上峭山，赴深谿，游川水，犯津關，躐蒙籠，蹷沙石，蹠達膝曾繭重胝，七日七夜，至於秦庭，鶴跱而不食，晝吟宵哭。”而本節下文又説：“復立於庭，倚牆而哭。”是其證。 鶴跱（zhì 置）：等於説“鶴立”，像鶴一樣企足而立，含有企望之意。

〔9〕徐天祜曰：“按申包胥求救乃秦哀公時，此云‘桓公’，誤。”〇徐天祜補註曰：“前註已正其誤。按《史·年表》，秦哀公三十一年書‘楚包胥請救’，是爲楚昭王十年。楚十一年書‘秦救至’，即哀公三十二年也。據此，則請救在三十一年，秦師至楚乃三十二年，非桓公時也。”〇覺按：秦桓公於公元前 603—公元前 577 年在位。此當作秦哀公。秦哀公於公元前 536—公元前 501 年在位。 沉湎：沉溺於酒。《尚書·泰誓上》“沈湎冒色”孔安國傳：“沈湎，嗜酒。”

〔10〕已：通“以”，而也。 歌：吟唱。此指長歌當哭之類，現今有些地方哭喪時猶有邊哭邊吟唱其詞以訴苦陳事的習俗。

〔11〕徐天祜曰：“大也。”〇覺按：封豕長蛇：大豬與長蛇。《淮南子·本經訓》：“封豨、脩蛇皆爲民害。”即用其本義。此文則用來比喻貪暴的元兇首惡。《淮南子·脩務訓》“吴爲封豨脩蛇”高誘注：“封、脩，皆大也。豨、蛇，喻貪也。”

〔12〕上國：見 4.3 注〔17〕。此句《淮南子·脩務訓》作“蠶食上國”，義長。

〔13〕政：通“征”，征伐。

〔14〕寡君：人臣對别國謙稱自己的國君爲“寡君”，意爲孤寡之君。

〔15〕草澤：《左傳·定公四年》作“草莽”，義同，泛指荒野。

〔16〕告急：告訴危急之事。即遇上危難而嚮人求救。

〔17〕徐天祜曰：“‘桓’當作‘哀’。”〇覺按：《史記·伍子胥列傳》作“秦哀公”。

〔18〕賦：朗誦（詩）。春秋時代，爲了使外交辭令顯得典雅，往往斷章取義地朗誦《詩經》中的某些詩句來表達自己的意見。秦哀公朗誦《無衣》詩，表示自己決心與楚國同仇敵愾，出兵援救楚國。《無衣》：見《詩經·秦風》。詩中“袍”“仇”押韻，在上古同屬幽部。

〔19〕徐天祜曰：“《左傳》、《國語》皆作‘夷德’。”〇覺按：戾（lì 立）：兇暴。厭：滿足。

〔20〕鄰國：秦之鄰國。此指楚國。秦王若不爲楚國分憂解愁，楚一旦被吴所滅，則封豕長蛇般的吴國就與秦相鄰了，秦也就有邊患了，所以下句説“壃埸之患”。《左傳·定公四年》作：“若鄰於君，疆埸之患也。”文義更爲顯豁。

〔21〕壃：同“疆”。 壃埸（yì 易）：邊境，邊界。

〔22〕徐天祜曰：“扶問切。”〇覺按：其：表示勸告的語氣詞。 分：《左傳·定公四年》

“君其取分焉”杜預注：“與吴共分其地。”《釋文》：“分，扶問反。”所謂“扶問反”，即讀爲 fèn（奮）。“分”作“取”的賓語，當爲名詞，可解爲全數的一部分，即指楚國的一部分。

〔23〕秦伯：秦國初封時爲伯爵，所以秦國的君主稱秦伯。

〔24〕水不入口：這是以絶食的方式來表示自己爲國殉身、不達目的絶不罷休的意思。

【義疏】

申包胥逃亡在山中，聽説了這種情況，便派人對子胥説：“您的報仇，或許太過分了吧！您過去是平王的臣子，處在臣位上侍奉他。如今施刑于其屍體給他造成這樣的耻辱，難道是道義的最高境界嗎？”子胥説：“您替我辭謝申包胥説：‘我復仇的時間怕不多了，就像太陽已下山而路途還遥遠一樣，所以我就對此倒行逆施而不顧情理了。’”

申包胥知道勸説子胥行不通，就到了秦國，懇求秦國援救楚國。他日夜奔走，脚跟、脚底都破裂開來了，還撕下衣裳包住了膝部，像鶴一樣站在秦國的朝廷上，靠着墻啼哭，七天七夜，嘴里哭聲從未斷過。秦哀公一向沉溺于花天酒地之中而不關心國家的政事。申包胥一邊哭一邊吟唱道：“吴國暴虐無道啊，就像大猪和長蛇；來蠶食中原各國啊，想要占有整個天下。征伐從楚國開始啦，我的君主逃到國外，流落于荒野啊，派我來告急。”像這樣哭吟了七天，秦哀公十分吃驚：“楚國有這樣的賢德之臣，吴國尚且要滅掉它。我没有這樣的臣子，那麽我的滅亡也就要不了幾天了。”他便給申包胥朗誦了《無衣》這首詩，吟道：

難道能説没衣裳？和您一同穿軍裝。
大王發動去打仗，和您仇敵一個樣。

申包胥説：“我聽説暴行是没有止境的。大王如果不爲鄰國擔憂，那就會有邊境被侵擾的禍患。趁現在吴國還没有把楚國完全平定，大王還是去奪取一部分吧。如果楚國因爲吴國的攻伐就滅亡了，這對秦國有什麽好處呢？那樣的話，還會使您的國土淪喪啊。請大王憑藉您的神通威靈保存楚國，讓楚國世世代代來侍奉大王。”秦哀公派人去打發他，説：“我聽到您的話了。您暫且到賓館去，我將在謀劃以後來告訴您。”申包胥説：“我的君主現在流落在荒野，還没有得到栖身之地。我哪裏敢去安心休息呢？”就又站在秦國的朝廷上，靠着墻痛哭，哭聲日夜不斷，連水也不喝。秦哀公被他感動得掉下了眼泪，就派出軍隊送他回楚國。

【輯證】

初，伍員與申包胥友。其亡也，謂申包胥曰：“我必復楚國。”申包胥曰：“勉之！

子能復之，我必能興之。”及昭王在隨，申包胥如秦乞師，曰：“吳爲封豕、長蛇，以荐食上國，虐始於楚。寡君失守社稷，越在草莽，使下臣告急，曰：‘夷德無厭，若鄰於君，疆埸之患也。逮吳之未定，君其取分焉。若楚之遂亡，君之土也。若以君靈撫之，世以事君。’”秦伯使辭焉，曰：“寡人聞命矣。子姑就館，將圖而告。”對曰：“寡君越在草莽，未獲所伏。下臣何敢即安？”立，依於庭牆而哭，日夜不絶聲，勺飲不入口七日。秦哀公爲之賦《無衣》，九頓首而坐，秦師乃出。（《左傳·定公四年》P.2137）

（秦哀公）三十一：楚包胥請救。（《史記·十二諸侯年表》P.795）

申包胥亡於山中，使人謂子胥曰：“子之報讎，其以甚乎！吾聞之，人衆者勝天，天定亦能破人。今子故平王之臣，親北面而事之，今至於僇死人，此豈其無天道之極乎！”伍子胥曰：“爲我謝申包胥曰：‘吾日莫途遠，吾故倒行而逆施之。’”於是申包胥走秦告急，求救於秦。秦不許。包胥立於秦廷，晝夜哭，七日七夜不絶其聲。秦哀公憐之，曰：“楚雖無道，有臣若是，可無存乎？”乃遣車五百乘救楚擊吳。（《史記·伍子胥列傳》P.2633）

（哀公）三十一年，吳王闔閭與伍子胥伐楚，楚王亡奔隨，吳遂入郢。楚大夫申包胥來告急，七日不食，日夜哭泣。於是秦乃發五百乘救楚，敗吳師。吳師歸，楚昭王乃得復入郢。（《史記·秦本紀》P.248）

昔吳與楚戰於柏舉，三戰入郢。寡君身出，大夫悉屬，百姓離散。棼冒勃蘇曰：“吾被堅執鋭，赴强敵而死，此猶一卒也，不若奔諸侯。”於是贏糧潛行，上峥山，逾深谿，蹠穿膝暴，七日而薄秦王之朝。雀立不轉，晝吟宵哭，七日不得告，水漿無入口，瘨而殫悶，旄不知人。秦王聞而走之，冠帶不相及，左奉其首，右濡其口，勃蘇乃蘇。秦王身問之：“子孰誰也？”棼冒勃蘇對曰：“臣非異，楚使棼冒勃蘇。吳新造盭，與楚人戰於柏舉，三戰入郢，寡君身出，大夫悉屬，百姓離散。使下臣來告亡，且求救。”秦王顧令不起：“寡人聞之，萬乘之君，得罪一士，社稷其危，今此之謂也。”遂出革車千乘，卒萬人，屬之子滿與子虎，下塞以東，與吳人戰於濁水而大敗之，亦聞於遂浦。故勞其身，愁其思，以憂社稷者，棼冒勃蘇是也。（《戰國策·楚策一》P.769）

申包胥竭筋力以赴嚴敵，伏尸流血，不過一卒之才，不如約身卑辭，求救於諸侯。於是乃贏糧跣走，跋涉谷行，上峭山，赴深谿，游川水，犯津關，躐蒙籠，蹷沙石，蹠達膝曾繭重胝，七日七夜，至於秦庭。鶴跱而不食，晝吟宵哭，面若死灰，顔色黴黑，涕液交集，以見秦王。曰：“吳爲封豨脩蛇，蠶食上國，虐始於楚。寡君失社稷，越在草茅，百姓離散，夫婦男女不遑啟處，使下臣告急。”秦王乃發車千乘，步卒七萬，屬之子虎，踰塞而東，擊吳濁水之上，果大破之，以存楚國。（《淮南子·脩務訓》P.651）

《吳越春秋》乃云：“日夕途遠，吾故倒行逆旅之于道也。”（《能改齋漫録》卷三“辨誤”P.51）

顧校：封（執）豕長蛇（虵）　　逮（建）吳之未定

4.26

十年，秦師未出。越王允常恨闔閭破之檇里【1】，興兵伐吳。吳在楚，越盗掩襲之●〔1〕。

【校記】

【1】允：大德本作“元”，今以例改，參見4.15校記【1】。檇：大德本作“㰎”，

據馮本改。

【注釋】

〔1〕徐天祜曰："《左傳·定公五年》：'越入吴，吴在楚也。'"○覺按：《禮記·月令》"處必掩身"鄭玄注："掩，猶隱翳也。"

【義疏】

闔閭十年（前505），秦國的軍隊還没有出動。越王允常怨闔閭攻破了他的檇李，就起兵攻打吴國。當時吴軍在楚國，越國就像盗賊似地偷偷襲擊了吴國。

【輯證】

夏，歸粟于蔡。於越入吴。（《春秋·定公五年》P.2139）

夏，歸粟於蔡，以周亟，矜無資。越入吴，吴在楚也。（《左傳·定公五年》P.2139）

（闔廬）十年春，越聞吴王之在郢，國空，乃伐吴。吴使别兵擊越。（《史記·吴太伯世家》P.1764）

4.27

六月，申包胥以秦師至〔1〕。秦使公子子蒲、子虎率車五百乘救楚擊吴〔2〕。二子曰："吾未知吴道〔3〕。"使楚師前與吴戰〔4〕，而即會之，大敗夫槩●〔5〕。

【注釋】

〔1〕以：與。參見《古書虚字集釋》卷一。

〔2〕乘（shèng 剩）：量詞，春秋時戰車一輛稱一乘，每乘配備四匹馬、三個甲士、七十二個步兵。《左傳·定公五年》"秦子蒲子虎帥車五百乘以救楚"杜預注："五百乘，三萬七千五百人。"

〔3〕《左傳·定公五年》"吾未知吴道"杜預注："道，猶法術。"

〔4〕前：見4.5注〔8〕。《左傳·定公五年》作"先"。

〔5〕徐天祜曰："即會之，《左傳》作'自稷會之'。稷，楚地也。《史記》亦云：'敗吴於稷。'"○覺按：《左傳·定公五年》作："而自稷（覺按：楚地，在今河南省桐柏縣境）會之，大敗夫槩王于沂（覺按：楚地，在今河南省正陽縣境）。"較此文爲詳。

【義疏】

六月，申包胥和秦國的軍隊到了。秦國派公子子蒲、子虎率領戰車五百輛來援救楚國而攻打吴國。兩名公子説："我們還不瞭解吴國的戰術。"就讓楚軍先和吴軍交鋒，然後馬上和楚軍會合，把夫槩打得大敗。

【輯證】

六月……申包胥以秦師至，秦子蒲、子虎帥車五百乘以救楚。子蒲曰："吾未知吴道。"使楚人先與吴人戰，而自稷會之，大敗夫槩王于沂。吴人獲薳射於柏舉，其子帥奔徒以從

子西，敗吴師于軍祥。（《左傳·定公五年》P.2139）

楚告急秦，秦遣兵救楚擊吴，吴師敗。（《史記·吴太伯世家》P.1764）

昭王之出郢也，使申鮑胥請救於秦。秦以車五百乘救楚，楚亦收餘散兵，與秦擊吴。十一年六月，敗吴於稷。（《史記·楚世家》P.2057）

於是秦乃發五百乘救楚，敗吴師。吴師歸，楚昭王乃得復入郢。（《史記·秦本紀》P.248）

六月，敗吴兵於稷。（《史記·伍子胥列傳》P.2633）

蔣校：秦使公子子蒲（宋本“蒱”，下同）子虎

4.28

七月，楚司馬子成、秦公子子蒲與吴王相守，私以間兵伐唐[1]，滅之●[2]。子胥久留楚，求昭王，不去。

【注釋】

〔1〕間（jiàn 見）：秘密。

〔2〕徐天祜曰：“唐從吴伐楚故。”

【義疏】

七月，楚國的司馬成、秦國的公子子蒲在和吴王互相對峙防守時，又偷偷地用秘密部隊去攻打唐國，把它消滅了。子胥長期留在楚國，搜索楚昭王，不離開楚國。

【輯證】

秋七月，子期、子蒲滅唐。（《左傳·定公五年》P.2139）

顧校：楚司馬子成秦公子子蒲（蒱）與吴王相守

4.29

夫槩師敗，却退。九月，潛歸，自立爲吴王。闔閭聞之，乃釋楚師，欲殺夫槩。奔楚，昭王封夫槩於棠溪●[1]。闔閭遂歸。

【注釋】

〔1〕徐天祜曰：“《左傳》、《史記》‘棠’俱作‘堂’。司馬彪曰：‘汝南有堂谿亭。’應劭曰：‘堂谿，本房子國。’”〇覺按：《左傳·定公五年》“棠溪”作“堂谿”，字通。其地春秋時屬楚，戰國時屬韓，故址在今河南省遂平縣西北。

【義疏】

夫槩的部隊被打敗後，就退却了。九月，他偷偷地回到吴國，擅自立爲吴王。闔閭聽説了這件事，就放開楚軍，想去攻殺夫槩。夫槩逃奔楚國，楚昭王把夫槩封在棠溪。闔閭就回到了吴國。

【輯證】

九月，夫槩王歸，自立也。以與王戰而敗，奔楚，爲堂谿氏。（《左傳·定公五年》P.2139）

闔廬弟夫槩見秦越交敗吴，吴王留楚不去，夫槩亡歸吴而自立爲吴王。闔廬聞之，乃引兵歸，攻夫槩。夫槩敗，奔楚。楚昭王乃得以九月復入郢，而封夫槩於堂谿，爲堂谿氏。（《史記·吴太伯世家》P.1764）（覺按：據《左傳》，楚昭王回郢當在十月，《史記》誤。）

會吴王弟夫概見吴王兵傷敗，乃亡歸，自立爲王。闔閭聞之，引兵去楚，歸擊夫概。夫概敗，奔楚，楚封之堂谿，號爲堂谿氏。（《史記·楚世家》P.2057）

會吴王久留楚求昭王，而闔廬弟夫概乃亡歸，自立爲王。闔廬聞之，乃釋楚而歸，擊其弟夫概。夫概敗走，遂奔楚。楚昭王見吴有内亂，乃復入郢。封夫概於堂谿，爲堂谿氏。楚復與吴戰，敗吴，吴王乃歸。（《史記·伍子胥列傳》P.2633）

4.30

子胥、孫武、白喜留，敗楚師於雍澨【1】。秦師又敗吴師。楚子期將焚吴軍，子西曰〔1〕：“吾國父兄身戰暴骨草野焉〔2〕，不收，又焚之，其可乎〔3〕？”子期曰：“亡國失衆，存没所在，又何殺生以愛死〔4〕？死如有知，必將乘煙起而助我；如其無知，何惜草中之骨而亡吴國〔5〕？”遂焚而戰，吴師大敗。

子胥等相謂曰：“彼楚雖敗我餘兵〔6〕，未有所損我者。”孫武曰：“吾以吴干戈〔7〕，西破楚，逐昭王而屠荆平王墓，割戮其屍，亦已足矣。”子胥曰：“自霸王已來〔8〕，未有人臣報讎如此者也。行去矣！”

【校記】

【1】敗：大德本作“與”，據《左傳·定公五年》改。雍：大德本作“淮”，據《左傳·定公五年》改。

【注釋】

〔1〕子西：據《左傳·昭公二十六年》及杜預注、《國語·楚語下》韋昭注、《荀子·非相篇》楊倞注，子西爲楚平王長庶子、昭王之庶兄公子申（《史記·楚世家》説他是平王之庶弟，誤），他在楚昭王、楚惠王時任令尹。公元前479年白公勝作亂時被殺（見《左傳·哀公十六年》）。

〔2〕暴（pù 鋪）骨：暴露屍骨。指死於野外。《左傳·定公五年》：“吴師居麇，子期將焚之，子西曰：‘父兄親暴骨焉，不能收，又焚之，不可。’”杜預注：“前年楚人與吴戰，多死麇中，言不可并焚。”可見其父兄實暴骨於吴師駐地麇，所以子西纔有這些話。此文删《左傳》之“麇”，而加“草野”二字，反使文義不明瞭。

〔3〕其：猶“豈”。

〔4〕殺生：指不焚吴軍而致使楚軍被吴軍攻擊屠殺。

〔5〕“亡吴國”也是“何惜”的賓語。

〔6〕餘兵：多餘的軍隊。這是自我掩飾之詞。
〔7〕干：盾。戈：戟。干戈爲古代常用的兵器。此當指戰争工具，包括戰士和兵器。
〔8〕已：通“以”。

【義疏】

子胥、孫武、白喜留在楚國，在雍滋打敗了楚軍。秦軍又打敗了吴軍。楚國的子期準備火燒吴軍，子西説：“我國父兄親自出戰而尸骨拋散在荒野，不但不收斂埋葬，還要焚燒他們，怎麽可以呢？”子期説：“國家滅亡而喪失民衆，這是我們生死存亡的要害所在，又爲什麽要用葬送生者的辦法去愛惜死者呢？再説，死者如果有知覺的話，一定會憑藉火烟起來幫助我們；如果他們没有知覺的話，那又爲什麽要愛惜荒野中的尸骨而捨不得滅掉吴國呢？”于是就用火燒的辦法和吴軍作戰，吴軍大敗。

子胥等人互相議論説：“那楚國雖然打敗了我們的餘部，但並没有給我們造成什麽損害啊。”孫武説：“我們用吴國的軍隊，向西攻破了楚國，追擊了昭王而在楚平王墳墓上進行了屠殺，斬割了他的尸體，這也已經足够了。”子胥説：“自從有了霸主帝王以來，還没有臣子像這樣來報仇的。我們可以走啦！”

【輯證】

吴師敗楚師于雍澨，秦師又敗吴師。吴師居麇，子期將焚之，子西曰：“父兄親暴骨焉，不能收，又焚之，不可。”子期曰：“國亡矣，死者若有知也，可以歆舊祀，豈憚焚之？”焚之，而又戰，吴師敗。又戰于公壻之谿，吴師大敗，吴子乃歸。囚闉輿罷，闉輿罷請先，遂逃歸。葉公諸梁之弟后臧從其母於吴，不待而歸。葉公終不正視。（《左傳·定公五年》P.2139）

4.31

吴軍去後，昭王反國●〔1〕。樂師扈子非荆王信讒佞殺伍奢、白州犂而寇不絶於境，至乃掘平王墓、戮屍奸喜以辱楚君臣〔2〕，又傷昭王困迫，幾爲天下大鄙，然已愧矣。乃援琴爲楚作《窮刧●之曲》〔3〕，以暢●君之迫厄〔4〕，之暢達●也〔5〕。其詞曰〔6〕：

王耶王耶何乖烈●〔7〕，不顧宗廟聽讒孽〔8〕。
任用無忌多所殺，誅夷白氏族幾滅〔9〕。
二子東奔適吴越〔10〕，吴王哀痛助忉怛〔11〕。
垂涕舉兵將西伐，伍胥白喜孫武决〔12〕。
三戰破郢王奔發，留兵縱騎虜荆闕〔13〕。
楚荆骸骨遭發掘，鞭辱腐屍恥難雪〔14〕。

幾危宗廟社稷滅〔15〕，嚴王何罪國幾絶●〔16〕。
卿士悽愴民惻悷●〔17〕，吴軍雖去怖不歇〔18〕。
願王更隱撫忠節〔19〕，勿爲讒口能謗褻〔20〕。

昭王垂涕，深知琴曲之情。扈子遂不復鼓矣。

【注釋】

〔1〕徐天祐曰："楚何其多亡臣也。析公、雍子、子靈、賁皇奔晉，迭爲謀主，楚是以有繞角、靡角、巢、鄢陵之敗。伍舉之奔鄭也，將遂奔晉，賴聲子有言，益其爵禄而反之，子孫復仕於楚，由是世爲忠臣。其後伍奢、伍尚卒困讒口，無罪而父子就戮，此子胥之出亡，所以報楚入郢，讎其舊君而甘心焉。是舉也，隨與鄭亦與有憂，而唐卒受禍。微申包胥以秦師至，楚何以能國？《詩》云：'讒人罔極，交亂四國。'其是之謂歟！聽言者可以監矣。"〇覺按："反"通"返"。至於徐説及引詩，見《左傳·襄公二十六年》《詩經·小雅·青蠅》。

〔2〕盧文弨曰："當作'戮屍姦妻'。"〇覺按：參見4.23注〔2〕。

〔3〕徐天祐曰："'刼'疑當作'卹'。"〇覺按：窮：困厄。刼：《淮南子·精神訓》"則不可刼以死生"高誘注："刼，迫。" 窮刼：與上面"困迫"、下句"迫厄"同義。徐説似未可從。

〔4〕徐天祐曰："'暢'當作'傷'。"

〔5〕徐天祐曰："'之暢達'當作'而暢達之'。"

〔6〕俞樾曰："昔人謂《招魂》《大招》去其'些''只'即是七言詩。今觀此曲，則更在前，可爲七言詩之祖矣。"〇覺按：俞樾將此文所敘視爲春秋時的史實，所以認爲此曲産生於《招魂》《大招》之前。此説恐誤，因爲此詩很可能是漢代人附會其事而作（參見注〔16〕）。不過，俞氏説它是"七言詩之祖"，恐怕是能成立的，參見本書附録五《〈吴越春秋全譯〉前言》。此詩句句押韻，其韻脚除了"掘"在上古屬物部、"節"在上古屬質部外，"烈""孽""殺""滅""越""怛""伐""决""發""闕""雪""滅""絶""悷""歇""褻"在上古均屬月部，月質物旁轉合韻。

〔7〕徐天祐曰："'烈'疑當作'劣'。"〇孫詒讓曰："'烈'當讀爲'剌'，'烈''剌'聲近字通，古金文'烈'字竝作'剌'。（薛尚功《鐘鼎款識·晉姜鼎銘》'妥揚乃光剌'，'剌'釋文讀爲'烈'，是其證。）乖烈，猶言'乖剌'也。"〇覺按：徐説非，孫説是。"烈""剌""戾"古代均屬來母月部。"乖烈""乖剌""乖戾"音近義同，實爲一個詞的不同寫法，都是違背情理的意思。

〔8〕宗廟：天子、諸侯祭祀祖先的廟宇。封建帝王把天下據爲一家所有，世代相傳，故以宗廟作爲王室、國家的代稱。 讒孽：説别人壞話的壞人。此指費無忌。

〔9〕誅：殺死。 夷：滅族。 族：家族。 幾：幾乎，差一點。 這幾句之事見3.5與4.5。

〔10〕二子：指伍子胥與白喜。 吴越：指吴國。"越"爲連類而及之詞，在這裏衹是湊一個音節。這種辭例古代甚多，參見拙著《韓非子校疏析論》49.4注〔1〕，本書8.2注〔3〕，9.12注〔6〕、〔10〕、〔36〕，10.10注〔4〕。

〔11〕忉怛：見3.5注〔12〕。這裏指伍子胥、白喜的心情。 助忉怛：指幫助伍子胥、白喜報仇。

〔12〕决：决策。

〔13〕留兵：指吴軍留守楚國郢都。 縱騎：放縱馳騁。 虜：虜掠。 荆闕：楚國的王宫。
〔14〕雪：洗刷。
〔15〕社稷：土地神和穀神，是古代國家政權的象徵。
〔16〕徐天祜補註曰："'嚴'字義不通，今詳當是'莊王'，謂前王何罪幾至絶國。按'嚴'本出芈姓，其先即楚莊王支孫，以謚爲莊姓者也。如前漢莊忌、忌子助，後漢莊光，皆避明帝諱改姓嚴。此以'莊'爲'嚴'，亦避諱追改也。"○曹林娣曰："此雖屬孤證不可盡據，然據此推測本書成於明帝時（公元58年至75年），卻正與作者趙曄的行事相合。時作者年齡在四十三歲至六十歲之間，正年富力强，也正是他離開杜撫回歸鄉里的時間。"○覺按：2.2、3.2有"楚莊王"，10.24的詩中又有"楚莊"，可見本書並不避"莊"字，據此孤證而推測本書成於明帝之時的論斷實難成立。此詩用"嚴"字代"莊"字，可能只是該詩産生於漢明帝之時，趙曄收録時未加改動罷了。從本書不避"莊"字的現象來看，本書不應該成於明帝之時，而至早應該成於和帝之時（公元89年至105年），或更在其後，其時明帝過世至少已經十幾年，東漢王朝也開始日益衰落，而作者又已六十歲左右或更年邁（參見本書附録五），所以不再有所顧忌，因而也就不避明帝之諱了。 絶：指斷絶國統。
〔17〕徐天祜曰："音戾，懔悷，悲貌。"○覺按：惻悷（cèlì 測立）：悲傷。
〔18〕怖：恐懼。 歇：停息，完結。
〔19〕更：改變，更正。 隱：《尚書·盤庚下》"尚皆隱哉"孔安國傳："言當庶幾相隱括共爲善政。""隱"，等於説"隱括"，其本字作"檃栝"，本義是"矯正竹木的工具"，引申爲矯正的意思。 撫：安撫，撫慰。 忠節：忠誠而有節操之士。
〔20〕爲：猶"使"也，參見《古書虚字集釋》卷二。 褻（xiè 泄）：褻瀆，輕慢。

【義疏】

吴國的軍隊離去以後，楚昭王返回了國都。樂師扈子責怪楚王聽信能説會道説人壞話的奸臣而殺害伍奢、白州犁以致使外國的侵擾在邊境上不斷發生，甚至于竟然掘開平王的墳墓、宰割平王的尸體、肆意奸淫昭王等的妻子來侮辱楚國的君臣，又傷心昭王困厄窘迫，差一點兒成爲天下最鄙陋卑賤的人，就是這樣，也已經够慚愧的了。于是便拿過琴來給楚王作了一首《困厄窘迫之曲》，用它來悲歌國君的窘迫困厄，以便盡情地表達這一段往事。他的歌詞是：

王啊王啊多乖戾，不顧國家聽讒孽。
任用無忌殺人多，殘殺白家族近滅。
兩人東逃到吴國，吴王哀痛助傷悲。
垂泪興兵將西伐，伍胥白喜孫武謀。
三戰破郢王逃走，駐軍横行搶宫闈。
楚王尸骨被挖掘，鞭辱腐尸耻難退。
國家危險幾乎滅，莊王何罪國近廢。
官吏悲痛民憂傷，吴軍雖走心尚畏。
願王改正愛忠臣，别讓讒佞能詆毁。

昭王流下了眼泪，深切地知道這首琴曲所要表達的實情。扈子也就不再彈奏了。

【輯證】

冬十月丁亥，殺公何藐。己丑，盟桓子于稷門之內。庚寅，大詛，逐公父歜及秦遄，皆奔齊。楚子入于郢。初，鬭辛聞吴人之争宫也，曰：“吾聞之：‘不讓則不和，不和不可以遠征。’吴争於楚，必有亂；有亂，則必歸。焉能定楚？”（《左傳·定公五年》P.2139）

（楚昭王）十一：秦救至，吴去，昭王復入。（《史記·十二諸侯年表》P.797）

楚昭王滅唐。九月，歸入郢。（《史記·楚世家》P.2057）（覺按：據《左傳》，楚昭王回郢當在十月，《史記》誤。）

（蔡昭侯）十四年，吴去而楚昭王復國。（《史記·管蔡世家》P.1887）

《吴越春秋》云：“楚昭王敗，楚國之君臣傷王困迫，乃援琴作《窮劫之曲》。”（《北堂書鈔》卷第一百六 V.1212-P.494）

顧校： 樂師扈子非荆王信讒佞殺伍奢白州犂（黎）　　然已愧（媿）矣

4.32

子胥等過溧陽瀨水之上[1]，乃長太息曰：“吾嘗飢於此，乞食於一女子。女子飼我，遂投水而亡。”將欲報以百金而不知其家[2]，乃投金水中而去。

有頃，一老嫗行哭而來。人問曰：“何哭之悲？”嫗曰：“吾有女子，守居三十不嫁。往年擊綿於此，遇一窮途君子，而輒飯之。而恐事泄，自投於瀨水。今聞伍君來，不得其償。自傷虛死，是故悲耳。”人曰：“子胥欲報百金，不知其家，投金水中而去矣。”嫗遂取金而歸。

【注釋】

〔1〕此節可參見3.9及注。

〔2〕金　見3.8注〔12〕。

【義疏】

子胥等經過溧陽溧水的岸邊，子胥便長長地嘆息着説：“我曾經在這裏餓了，向一個女子討飯。那女子給我飯吃，接着又跳河自殺了。”子胥想拿二千兩黄金報答她，却又不知道她的家在哪裏，于是把黄金投入溧水中便走了。

過了一會兒，一個老太太邊走邊哭而來，有人問她説：“爲什麽哭得這樣悲哀？”老太太説：“我有個女兒，守節獨居三十年不嫁。前些年她在這兒搗絲，碰上一個身陷困境的先生，就立即給他吃飯。又怕事情泄露，便自己跳進溧水自殺了。現在聽説伍先生來，却不能得到他的酬報。我傷心她白死了，所以才很悲哀啊。”那人説：“子胥想用二千兩黄金報答她，因爲不知道她的家在哪裏，所以把黄金投入溧水中就走了。”老太就取了這些黄金回家了。

【輯證】

《吴越春秋》曰："伍子胥伐楚還，過溧陽瀨水之上，長歎息曰：'吾常飢於此，乞食而殺一婦人。'將欲報之百金，不知其家，遂投金瀨水之中而去。"（《藝文類聚》卷第三十三 P.583）

《吴越春秋》曰："伍子胥伐楚，還溧陽瀨水上，欲報自殺婦人百金，不知其家，投金瀨水中而去。須臾，有一姥哭而來，自言是女母，取金而去。"（《太平御覽》卷第八百十一 P.3605）

《吴越春秋》……又曰："伍子胥伐楚，還溧陽瀨水之上，長嘆曰：'吾嘗飢於此，乞食而殺一婦人。'將欲報之金，不知其家，遂投金瀨水之中而去。有頃，一嫗行哭而來。問曰：'嫗何哭之悲也？'嫗曰：'吾有女守吾，年三十不嫁。往年擊漂於此，遇人窮，飯之。而恐泄事，自投於瀨水中而死。今聞伍君來，不得其家。自傷空而無爲報者，故行哭之悲也。'人曰：'子胥欲報嫗以百金，不知嫗所在，投金水中而去。'嫗乃取金以歸也。"（《太平御覽》卷第四百七十九 P.2195）（覺按：又可參見3.9【輯證】）

《吴越春秋》曰："伍子胥伐楚，還溧陽瀨水上，欲報自殺婦人百金，不知其家，投金瀨水中而去。須臾，一姥哭而來，自言是女母，取金而去。"（《事類賦》卷九"金"注 P.879）

4.33

子胥歸吴。吴王聞三帥將至【1】〔1〕，治魚爲鱠〔2〕。將到之日，過時不至，魚臭。須臾，子胥至。闔閭出鱠而食〔3〕，不知其臭。王復重爲之，其味如故。吴人作鱠者，自闔閭之造也〔4〕。

【校記】

【1】帥：大德本作"師"，據四庫本改。

【注釋】

〔1〕三帥：指伍子胥、白喜、孫武。

〔2〕鱠（kuài 快）：切細的魚肉。

〔3〕食（sì 寺）：通"飼"，給……吃。

〔4〕《廣雅·釋詁一》："造，始也。"

【義疏】

子胥班師回吴。吴王聽説三名將帥即將到來，便殺魚做魚末子。預計他們會來到的那一天，却過了時間還没有到，所以魚末子發臭了。一會兒，子胥到了。闔閭就端出魚末子來給他吃，子胥却不覺得魚末子臭。吴王又重新做了些魚末子，它的味道還是像原來那樣。吴國人做魚末子，就是從闔閭開始的。

【輯證】

《吴越春秋》云："伍子胥伐楚，還，將至，闔閭治魚作膾。"（《北堂書鈔》卷第一百四十五 V.1213-P.55）

《吴越春秋》曰："伍子胥伐楚，未還。闔閭治魚作膾。作膾過時不至，魚臭，猶湏子胥之至也。三師到，闔閭膾而食之，不知其晁（覺按：當作"臭"）。後王重作之，其味如故。人作魚湏膾者，闔閭之時造也。"（《太平御覽》卷第八百六十二 P.3830）

吴王聞三師將至，治魚爲鱠。將到之日，過時不至，魚臭。須臾，子胥至。闔閭出鱠而食，不知其臭。復重爲之。吴人作鱠，自闔閭始也。（《吴越春秋》）（《吴郡志》卷二十九"土物" P.220）

4.34

諸將既從還楚〔1〕，因更名閶門曰破楚門。復謀伐齊，齊子使女爲質於吴〔2〕，吴王因爲太子波聘齊女●〔3〕。女少，思齊，日夜號泣〔4〕，因乃爲病。闔閭乃起北門，名曰望齊門〔5〕，令女往遊其上。女思不止，病日益甚，乃至殂落〔6〕。女曰："令死者有知，必葬我於虞山之巔●〔7〕，以望齊國。"闔閭傷之甚【1】，如其言，乃葬虞山之巔。

【校記】

【1】甚：大德本作"正"，據《太平御覽》卷五百五十六引文改。

【注釋】

〔1〕"從還楚"當作"從楚還"。

〔2〕齊：周代諸侯國。西周初，周武王把齊國封給姜太公吕尚，以後爲吕尚後代世襲，故爲吕氏之國，地處今山東省北部、東部和河北省東南部，建都營丘，後稱臨淄（在今山東省淄博市臨淄區北）。春秋初齊桓公曾爲霸主。春秋末年君權漸爲田氏所奪。齊簡公四年（前481），田常殺死了齊簡公吕壬而擁立齊平公，自己任相國，於是齊國的政權完全爲田氏控制。到齊康公十九年（前386），田常的曾孫田和被周安王立爲諸侯，就把齊康公吕貸遷往海邊，吕氏從此斷絕了君位繼承權，吕氏之齊就此滅亡，齊國爲田氏所有，史稱田齊。田齊爲戰國七雄之一，公元前221年爲秦所滅。參見《史記》的《齊太公世家》與《田敬仲完世家》。　齊子：當作"齊侯"，指齊景公。齊景公：春秋時齊國君主，齊莊公的異母弟，姓姬，名杵臼，前547—前490年在位。闔閭十年（前505）相當於齊景公四十三年。《春秋・昭公二十九年》《春秋・定公七年》等均稱齊景公爲齊侯，可知齊當爲侯爵，而非子爵。

〔3〕徐天祐曰："齊景公女，《孟子》所謂'涕出而女於吴'，即此也。"〇覺按：見《孟子・離婁上》。　波：據《左傳・定公六年》，吴王太子名終纍而非名波。　聘：送禮訂婚。

〔4〕號：大聲哭。　泣：小聲哭。

〔5〕望齊門：今蘇州稱"齊門"。

〔6〕殂（cú 徂）落：死亡。

〔7〕徐天祐曰："《寰宇記》：'常熟虞山有齊女冢。'"〇覺按："虞山"見 1.7

注〔5〕。

【義疏】

各位將領已經從楚國回來後，便把閶門改稱爲破楚門。接着又謀劃攻打齊國，齊景公讓女兒到吴國做人質，吴王便替太子波聘齊景公的女兒爲妻。這女兒年紀還小，所以老是思念齊國，日日夜夜痛哭抽泣，因此就患了病。闔閭便築起了北門，名叫望齊門，讓她到這城門上面去遊玩。但她還是思念個没完，以致病情一天比一天加重，竟至于喪了命。她曾説："如果死人有知覺的話，那就一定要把我埋葬在虞山的山頂上，讓我眺望齊國。"闔閭爲此很傷心，就按照她的話，把她葬在虞山的山頂上。

【輯證】

齊景公曰："既不能令，又不受命，是絶物也。"涕出而女於吴。（《孟子·離婁上》P.2719）

齊景公以其子妻闔廬，送諸郊。泣曰："余死不汝見矣。"高夢子曰："齊負海而縣山，縱不能全收天下，誰干我君？愛則勿行！"公曰："余有齊國之固，不能以令諸侯，又不能聽，是生亂也。寡人聞之，不能令則莫若從。且夫吴，若蜂蠆然，不棄毒於人則不静，余恐棄毒於我也。"遂遣之。（《説苑·權謀》P.334）

齊門，闔廬伐齊，大克，取齊王女爲質子，爲造齊門，置於水海虚。其臺在車道左、水海右，去縣七十里。齊女思其國死，葬虞西山。（《越絶書·外傳記吴地傳》P.41）

《吴越春秋》曰："吴王闔閭爲太子聘齊女。齊女思於齊，日夜號泣，因而爲疾。闔閭乃爲起北門，名曰望齊門。作樓，令女往登遊其上。"（《太平御覽》卷第一百八十三 P.888）

《吴越春秋》……又曰："吴謀伐齊，齊景公使子女爲質於吴，吴王因爲太子聘齊女。齊女少，思齊，日夜哭泣，發病。闔閭乃起北門，名曰齊門，令女往遊其上。女思不止，病日益甚，至且死。女曰：'令死有知，必葬海虞山之顛，以望齊國。'闔閭傷之甚，用其言，葬於虞山之嶺，以瞻望齊國。是時，太子亦病而死。"（《太平御覽》卷第五百五十六 P.2514）

《吴越春秋》云："吴謀伐齊，齊使女質吴，吴因爲太子聘之。女少，思齊，因病。闔閭乃起北門，名曰望齊門，令女往遊其上。女思不止，病益甚。女曰：'死必葬我虞山之巔，以望齊國。'闔閭傷之，如其言。"（《太平寰宇記》卷九十一 V.470-P.25）

吴太子娶齊女。女思齊而病，將死，曰："令死者有知，必葬我於虞山之巔，以望齊國。"闔閭傷之，如其言，葬虞山之巔。（《吴越春秋》）（《吴郡志》卷三十九"塚墓"P.275）

《吴越春秋》載："吴太子娶齊女，病而死，曰：'必葬我虞山之巔，以望齊國。'"（《琴川志》卷第四"山"P.314）

《吴越春秋》云："吴太子娶齊女。女思齊而病，將死，曰：'必葬我於虞山之巔，以望齊國。'闔閭傷之，如其言，葬虞山之巔。"（《琴川志》卷第十"冢墓"P.347）

4.35

是時，太子亦病而死。闔閭謀擇諸公子可立者〔1〕，未有定計。波太子●夫差日夜告於伍胥曰〔2〕："王欲立太子，非我而誰當立？

此計在君耳。”伍子胥曰：“太子未有定，我入則决矣。”

闔閭有頃召子胥，謀立太子。子胥曰：“臣聞：‘祀廢於絶後，興於有嗣。’今太子不禄[3]，早失侍御。今王欲立太子者，莫大乎波秦●之子夫差[4]。”闔閭曰：“夫●愚而不仁[5]，恐不能奉統於吴國[6]。”子胥曰：“夫差信以愛人，端於守節，敦於禮義。父死子代，經之明文。”闔閭曰：“寡人從子。”

立夫差爲太子，使太子屯兵守楚，留止自治宫室。立射臺於安平里【1】[7]，華池在平昌，南城宫在長樂里●【2】[8]。闔閭出入游臥，秋冬治於城中，春夏治於城外，治姑蘇之臺●[9]。旦食䱋山●[10]，晝游蘇臺，射於鷗陂[11]，馳於游臺[12]，興樂石城●[13]，走犬長洲●[14]。斯止闔閭之霸時。

【校記】

【1】大德本無“平”字，據《吴郡志》卷八引文補。

【2】大德本無“里”字，據《吴郡志》卷八引文補。

【注釋】

〔1〕公子：除嫡長子外，凡正妻生的小兒子以及小妾生的兒子均稱公子。

〔2〕徐天祐曰：“詳下文，則夫差爲太子波之子，此‘太子’下當又有‘子’字。”〇俞樾曰：“徐氏以夫差爲太子波之子，則闔閭之孫也。而《左傳》載夫差使人謂己曰：‘夫差！而忘越王之殺而父乎？’《史記·世家》作闔廬之言曰：‘爾而忘句踐殺汝父乎？’兩文不同，然皆足徵夫差是闔閭子，非孫也。徐注非是。此云‘波太子夫差’，下云‘波泰之子夫差’，蓋衍‘之’子（覺按：“子”當作“字”），‘波泰子’即‘波太子’也。惟是時聘齊女之太子波已卒，而此復言‘波太子’，殊不可曉。疑‘波’字乃‘次’字之誤。蓋夫差是太子波之弟，故謂之次太子，實即次子耳。曰‘次太子’，乃吴俗尊之之稱也。”〇覺按：前句明説“擇諸公子可立者”，則夫差應爲闔閭之子。俞説是。據《左傳》，闔閭有子三人：太子終纍（見《左傳·定公六年》）、夫差（見《左傳·定公十四年》）、子山（見《左傳·定公四年》）。《左傳·定公六年》“吴大子終纍敗楚舟師”杜預注：“終纍，闔廬子，夫差兄。”可見夫差爲次子，故本文又稱“公子”。

〔3〕不禄：死的委婉語。原意爲不再享受俸禄，此指夭折。《禮記·曲禮下》：“壽考曰卒，短折曰不禄。”

〔4〕徐天祐曰：“‘秦’字疑衍。”〇覺按：依俞樾之説（見注〔2〕），“波秦之子”當作“次泰子”，即“次太子”。

〔5〕徐天祐曰：“‘夫’下當有‘差’字。”〇覺按：徐説可通，但“夫”也可解爲“彼”。《經傳釋詞》卷十：“夫，猶‘彼’也。”此“夫”指夫差而言，原文恐不誤。

〔6〕統：世代相繼的系統。此指吴王世代相傳的國統。

〔7〕射臺：是舉行射禮的地方。《吴地記》：“射臺在吴縣横山安平里。”可知它位於今蘇州市西南十公里處的横山附近。

〔8〕徐天祜曰："《越絶》曰：'射臺二：一在華池昌里，一在安陽里。南宫在長樂里。'按：華池、南城宫，舊傳皆在長洲縣境。"〇覺按：長洲縣，唐置，明清時爲蘇州府治，故城在今蘇州市。《吴地記》："華池在長洲縣大雲鄉安昌里。""南宫城在長洲縣干將鄉長樂里。"

〔9〕徐天祜曰："在吴縣西南三十里，有姑蘇山，亦名姑胥。"〇覺按：《吴郡志》卷八："姑蘇臺在姑蘇山……《史記正義》云：'在吴縣西南三十里、横山西北麓姑蘇山上。'……《吴地記》云：'闔廬十一年起臺於姑蘇山，因山爲名，西南去國三十五里。夫差復高而飾之。越伐吴，焚之。'又云：'闔廬十年築，經五年始成，高三百丈，望見三百里，造曲路以登臨。吴王春夏遊姑蘇臺，秋冬遊館娃宫。'……太史公云：'余登姑蘇，望五湖。'案五湖去此臺尚二十餘里。"《吴郡志》卷十五："姑蘇山，一名姑胥，一名姑餘，連横山之北，古臺在其上。"可見姑蘇臺爲吴王娱樂之臺，在姑蘇山上。姑蘇山在今蘇州市西南十公里處的横山（即七子山，又名距湖山、薦福山、五塢山）西北。又，《吴郡圖經續記》卷中："姑蘇山，在吴縣西三十五里，連横山之北……或曰：姑蘇山，一名胥山。"《越絶書·外傳記吴地傳》也説闔廬"徒治胥山"，與此文相校，可知姑蘇山亦名胥山（參見5.26注〔5〕）。其名姑胥山，見10.12注〔2〕。

〔10〕徐天祜曰："《越絶》作'組山'。"

〔11〕陂（bēi卑）：江河之岸叫陂。鷗陂：當爲射鷗的堤岸，故取名鷗陂。

〔12〕游臺：當爲遊玩的場所，故名遊臺。

〔13〕徐天祜曰："在吴縣東北，吴之離宫，越王獻西子於此。"〇覺按：徐説誤。石城當在今蘇州市西南十五公里處之靈巖山。《吴郡志》卷八："《吴地記》云：'石城，吴王離宫，越王獻西施於此城。'"又卷十五："靈巖山，即古石鼓山，又名硯石山。董監《吴地記》：'案《郡國志》曰：吴王離宫在石鼓山，越王獻西施於此山。……'《越絶書》云：'吴人於硯石山作館娃宫。'劉逵注《吴都賦》引楊雄《方言》云：'吴有館娃宫，吴人呼美女爲娃。……'又云：'硯石山有石城，去姑蘇山十里，闔閭養越美人於此。上有兩湖，湖中有蓴充貢。'按此即今靈巖山。"

〔14〕徐天祜曰："有走狗塘，田獵之地也。"〇覺按："走"爲使動用法，表示使……奔跑。 長洲：此指長洲之苑。《吴郡志》卷八："長洲，在姑蘇南、太湖北岍，闔閭所遊獵處也。……長洲苑，《舊經》云：'在縣西南七十里。'"《吴郡圖經續記》卷下："走狗塘者，田獵之地也，皆吴王舊迹，並在郡界。"

【義疏】

這時，太子也患上重病而死。闔閭和大臣們商量，準備挑選衆公子中可以立爲太子的人，還没有决策。次子夫差日日夜夜對伍子胥説："父王想立太子，除了我還有誰該立？此事的謀劃就全在您了。"伍子胥説："太子還没有確定，我一進宫就决定了。"

闔閭過了不久召見子胥，商量立太子的事，子胥説："我聽説：'祭祀因爲斷絶了後代而被廢除，因爲有了繼承人而興盛。'現在太子夭折，過早地離開了侍從。今天大王想立太子，没有誰能勝過次子夫差了。"闔閭説："他這個人愚蠢而殘暴，恐怕不能在吴國奉守國統啊。"子胥説："夫差講究信用而愛護民衆，在堅守節操方面非常端正，在遵行禮義方面非常敦厚。而且，父親死了由兒子替代，是經典上的明文規定。”闔閭説：“我聽從您。”

于是闔閭立夫差爲太子，派太子駐扎軍隊防禦楚國，自己留下來治理宫殿房屋。在安平里建立了射臺，華池在平昌，南城宫在長樂里。闔閭出外游覽、進宫睡卧，秋冬兩季在城中料理政事，春夏兩季在城外料理政事，即在姑蘇臺料理政事。早晨在組山吃早飯，白天在姑蘇臺游玩，在鷗陂射獵，在游臺騎馬馳騁，在石城尋歡作樂，在長洲之苑驅狗奔走。這種情况僅僅存在于闔閭稱霸之時。

【輯證】

闔廬宫在高平里。射臺二：一在華池昌里，一在安陽里。南越宫，在長樂里，東到春申君府。秋冬治城中，春夏治姑胥之臺。旦食於紐山，晝遊於胥母，射於軀陂，馳於遊臺，興樂越，走犬長洲。吴王大霸，楚昭王、孔子時也。（《越絶書·外傳記吴地傳》P.26）

闔廬冢，在閶門外，名虎丘。下池廣六十步，水深丈五尺。銅槨三重，墳池六尺，玉鳧之流，扁諸之劍三千，方圓之口三千，時耗、魚腸之劍在焉。十萬人築治之，取土臨湖口。築三日而白虎居上，故號爲虎丘。（《越絶書·外傳記吴地傳》P.35）

《吴越春秋》……又曰：“吴王闔閭治宫室，立射臺於安里，華池在平昌，南城宫在長樂。闔閭出遊卧，秋冬治於城中，春夏治於姑胥之臺。旦食組山，晝遊胥臺，射於鷗陂，馳於遊臺，興樂石城。”（《太平御覽》卷第一百七十七 P.864）

《吴越春秋》云：“闔廬既立夫差爲太子，使將兵屯守，而自治宫室。立射臺於安平里，華池在平昌，南城宫在長樂里。闔廬出入游卧，秋冬治於城中，春夏治於城外姑蘇之臺。旦食組山，晝游蘇臺，射於鷗陂，馳於游臺，興樂石城，走犬長洲焉。”（《吴郡志》卷八“古蹟”P.51）

顧校：敦（spaced）於禮義

蔣校：敦（宋本“𦤎”）於禮義

4.36

於是太子定，因伐楚。破師，拔番●〔1〕。楚懼吴兵復至【1】，乃去郢，徙于蔿若●〔2〕。當此之時，吴以子胥、白喜、孫武之謀，西破彊楚，北威齊、晉，南伐於越●〔3〕。

【校記】

【1】至：大德本作“往”，據四庫本改。《史記·伍子胥列傳》作“大來”。

【注釋】

〔1〕徐天祐曰：“音婆，秦爲鄱陽縣，屬九江郡，今饒州也。徐天祐曰：吴、楚世爲仇敵，吴自伐巢以至取番，大小二十餘戰，楚子重、子反一歲七奔命，而昭王即位，無歲不有吴師，則亡臣伍員、伯嚭爲之也。其間蟄、胑、棘、櫟、麻五邑之役，與庸浦、皐舟、鵲岸、房鍾、州來、雞父（覺按：“父”原作“艾”，據四庫本改）之戰，此書皆畧而不載云。”○覺按：徐氏所舉諸戰並非都是楚昭王即位之後伍員、伯嚭所爲，參見2.8注〔1〕、〔9〕，

2.9注〔1〕，2.10注〔2〕，3.12注〔1〕。 番（pó婆）：通“鄱”。《史記·楚世家》“取番”《正義》：“《括地志》云：‘饒州鄱陽縣，春秋時爲楚東境，秦爲番縣，屬九江郡，漢爲鄱陽縣也。’”即今江西省鄱陽縣。據《史記·吴太伯世家》等記載，此事發生在闔閭十一年，此文連書於“十年”之下，不當。本節“於是”二字宜改作“十一年”。

〔2〕徐天祜曰：“蔿若，字誤，當作‘鄀’。按《左傳·定公六年》：‘吴太子終纍敗楚舟師，楚子期又以陵師敗于繁陽，於是乎遷郢於鄀。’《史·世家》：‘闔廬十一年，吴太子夫差伐楚，取番，楚恐而去郢徙鄀。’十一年即定公六年。杜預曰：‘終纍，闔廬子，夫差兄。’《史》以爲夫差，《索隱》謂‘名異而一人耳’。此書又以爲太子定伐楚拔番，而不著其年，未詳孰是。鄀，音若。服虔曰：‘楚邑，今襄陽也。’”○徐乃昌曰：“按‘定’非太子名，言太子之位定也。此注誤。”○覺按：《左傳》中先後出現終纍和夫差之名（參見4.35注〔2〕），不當爲一人異名，故應從杜預之説。《史記·吴太伯世家》作“十一年，吴王使太子夫差伐楚，取番”，《史記·伍子胥列傳》作“後二歲，闔廬使太子夫差將兵伐楚，取番”，實誤；《索隱》謂“名異而一人”乃調停之説，不可取。本文誤從《史記》，爲了能自圓其説，所以又在此伐楚之前杜撰出立夫差爲太子之事。其實，此伐楚取番乃終纍之事，此事與楚去郢徙鄀均應置於4.35一節之前纔符合史實。 蔿:《左傳·僖公二十七年》“子玉復治兵於蔿”杜預注：“蔿，楚邑。” 若：通“鄀”。據古器銘文，鄀有上鄀、下鄀之分（參見郭沫若《兩周金文辭大系圖録考釋》“鄀公敄人𣪘”考釋）。下鄀即《左傳·僖公二十五年》“秦、晉伐鄀”之“鄀”，乃秦、楚邊界上之小國，在今河南省内鄉縣西南。魯文公五年（前623），秦人攻入下鄀，鄀君遷於今湖北省宜城市東南，即上鄀，成爲楚國的附庸。此文所説，即指上鄀而言，此時已爲楚國所滅。《水經注》卷二十八：“沔水又逕鄀縣故城南，古鄀子之國也，秦、楚之間，自商密遷此爲楚附庸，楚滅之以爲邑。”這上鄀大概在蔿附近，此文爲了將它與下鄀區别，故稱爲“蔿若”。《左傳·定公六年》《史記·吴太伯世家》等都作“鄀”而無“蔿”字，所以徐天祜認爲“蔿若”爲“鄀”字之誤，可備一説。

〔3〕徐天祜曰：“《左傳·定公十四年》：‘吴伐越，勾踐大敗之，闔廬傷將指，還，卒於陘。’《史·世家》《年表》皆記之闔廬十九年，與《傳》合。此書但云‘南伐於越’而畧其事，何也？”○覺按:本文略去闔閭戰死之事，可能别有用心。觀《吴王壽夢傳》，《左傳》《史記》所記吴國“不弔”“不德”以及戰敗之事，本書也多略而不載；而其中餘祭被楚俘所殺之事，該篇也略而不書。這些地方很可能是皇甫遵有意諱言吴國之禍而將原著删改所致。又，相傳闔閭死後葬於今蘇州城西北之海湧山，葬後三天，曾有白虎在山上出現，因將此山改名爲虎丘。闔閭墓即在虎丘劍池下。他書所引《吴越春秋》之文尚有關於虎丘的記述（見本書附録一），也可證明此下已被皇甫遵删削了。 於越:即越國。“於”是助詞，只湊一個音節，參見1.5注〔1〕。

【義疏】

在這個時候吴國的太子已經確定了，就派他去攻打楚國。夫差打敗了楚軍，攻克了番邑。楚王怕吴軍再來，就離開了郢都，移居于蔿若。在這個時候，吴國用了伍子胥、白喜、孫武的謀略，西面攻破了强大的楚國，北面威脅到齊國、晉國，南面進攻越國。

【輯證】

四月己丑，吴大子終纍敗楚舟師，獲潘子臣、小惟子及大夫七人。楚國大惕，懼亡。

子期又以陵師敗于繁揚。令尹子西喜曰："乃今可爲矣。"於是乎遷郢於都，而改紀其政，以定楚國。（《左傳·定公六年》P.2140）

（吴闔閭）十一：伐楚，取番。（《史記·十二諸侯年表》P.798）

（闔廬）十一年，吴王使太子夫差伐楚，取番。楚恐而去郢徙鄀。十五年，孔子相魯。十九年夏，吴伐越，越王句踐迎擊之檇李。越使死士挑戰，三行造吴師，呼，自剄。吴師觀之，越因伐吴，敗之姑蘇，傷吴王闔廬指，軍卻七里。吴王病傷而死。闔廬使立太子夫差，謂曰："爾而忘句踐殺汝父乎？"對曰："不敢！"三年，乃報越。（《史記·吴太伯世家》P.1764）（覺按：據《左傳》，此太子爲終纍，非夫差；夫差爲吴王次子，當時爲公子而非太子，《史記》誤。）

（楚昭王）十二：吴伐我番，楚恐，徙鄀。（《史記·十二諸侯年表》P.798）

（昭王）十二年，吴復伐楚，取番。楚恐，去郢，北徙都鄀。（《史記·楚世家》P.2057）

後二歲，闔廬使太子夫差將兵伐楚，取番。楚懼吴復大來，乃去郢，徙於鄀。當是時，吴以伍子胥、孫武之謀，西破彊楚，北威齊、晉，南服越人。（《史記·伍子胥列傳》P.2634）（覺按：據《左傳》，此太子爲終纍，非夫差；夫差爲吴王次子，當時爲公子而非太子，《史記》誤。）

顧校：徙于蔿（爲）若

蔣校：徙于蔿（宋本"爲"）若

吴越春秋闔閭内傳第四

吴越春秋夫差内傳第五

【提要】

夫差内傳，就是吴王夫差的傳記（關於“内”字，可參見《吴越春秋目録》注〔3〕）。它記載了夫差十一年（前485）到二十三年（前476）間的事蹟，具體地描繪了夫差北伐齊國、誅殺子胥、與晉争强以致國力大傷從而被越國擊敗乃至國滅身死的歷史過程，充分展現了吴、越相争史上一些可歌可泣的動人場景。

本篇的記述也不拘於正史所載。作者略去了許多正史上記載的事蹟，而儘量抓住那些具體的動人場面及其事蹟進行鋪敍和渲染，成功地塑造了一系列鮮明的人物形象，充分地體現了濃厚的歷史演義色彩。例如，作者通過伍子胥的幾次進諫與仰頭呼怨，深刻地寫出了他忠而不讓、直而不佞的品性。而從大相徑庭的占夢對比中，又鮮明地寫出了太宰嚭的善諛與愚妄以及公孫聖的忠貞與正直。再如描寫夫差敗逃山中時“目視茫茫，行步猖狂”等，也是形神兼備之筆。而寫夫差自殺前的忍辱無恥、吞吞吐吐、悔恨莫及的神情，表面上似乎只用了“不自殺”“仍未肯自殺”等平凡無聲之詞，實際上卻是用越王的瞋目之怒、侮辱之言加以反襯，故將此情此景寫得入木三分，頗具一唱三嘆之妙。如果我們將它與《左傳·哀公二十二年》、《國語》之《吴語》和《越語上》、《史記·吴太伯世家》的描寫相比，其韻味簡直有天壤之别。當然，本篇的取材有時也嫌繁雜。如子貢的出使，雖對存魯、亂齊、破吴、霸越作用重大，但所占篇幅過大，讀來不免有比例失調之感。

5.1

十一年〔1〕，夫差●北伐齊〔2〕。齊使大夫高氏●謝吴師曰〔3〕：“齊孤立於國，倉庫空虚，民人離散。齊以吴爲彊輔，今未往告急而吴見伐〔4〕。請伏國人於郊〔5〕，不敢陳戰争之辭，惟吴哀齊之不濫也〔6〕。”吴師即還●〔7〕。

【注釋】

〔1〕據《春秋》《左傳》《史記》等記載，魯定公十四年（前496）闔閭戰死後至此，吴國的大事尚有：夫差元年（前495），以大夫伯嚭爲太宰。夫差二年（前494），夫差敗越於夫椒，遂入越，越王以甲盾五千保於會稽，並派大夫文種因太宰嚭以求和，夫差不

聽子胥之諫而許之。八月，吴侵陳。夫差三年（前 493），吴洩庸至蔡國納聘，吴軍救蔡（因楚昭王伐蔡而蔡告急於吴），遷蔡于州來。夫差七年（前 489）春，吴伐陳。夏，叔還會吴於柤。（《史記》還記載吴在此年伐齊，敗齊於艾陵；《春秋》、《左傳》則將艾陵之戰記於魯哀公十一年，即夫差十二年。《史記》恐誤。）夫差八年（前 488）夏，魯哀公會吴於鄫。夫差九年（前 487）三月，吴伐魯，與魯盟而還。吴王使太宰嚭討邾，囚邾子。夫差十年（前 486）春，齊悼公使公孟綽辭師於吴。秋，吴築邗城，開挖運河邗溝以通長江、淮河（邗溝在今江蘇省，自今揚州市南長江北岸至今淮安市淮河南岸，相當於今之淮揚運河）。冬，吴王派人與魯謀伐齊。

〔2〕徐天祜曰："《檀弓》註：'夫，音扶。差，初皆切。'《穀梁》註同。"○覺按：這是説"夫"古讀濁音。如果用普通話讀，則"夫差"當讀成 fúchāi（扶釵），但現在一般都讀成 fūchāi。

〔3〕徐天祜曰："當是高無丕（覺按："丕"原作"平"，據四庫本改），時將上軍。"○覺按：高無丕：見《左傳·哀公十一年》，是齊國貴族高偃的孫子、高張的兒子。"丕"同"丕"。

〔4〕告急：見 4.25 注〔16〕。 見：指代性副詞，偏指自己。參見 5.18 注〔2〕。

〔5〕此句是表示屈服求饒。

〔6〕濫：《逸周書·程典解》"不濫其度"孔晁注："濫，過也。" 不濫：不過度，不放肆。指守規矩。

〔7〕徐天祜曰："《左傳·哀公九年》：'吴子使來儆師伐齊。'十年：'吴子使來復儆師。'是爲夫差十年、十一年也。此二年方謀伐齊，而此書於十一年云：'夫差北伐齊。'十二年云：'夫差復北伐齊。'是二年間吴再伐齊也，與《傳》不合。豈十一年吴嘗伐齊，齊謝吴師不敢戰，至明年復伐，乃有艾陵之戰耶？"○覺按：徐説不當。《春秋·哀公十年》："公會吴伐齊。"《左傳·哀公十年》："十年春……公會吴子、邾子、郯子伐齊南鄙，師于鄎。齊人弒悼公，赴于師。吴子三日哭于軍門之外，徐承帥舟師將自海入齊，齊人敗之，吴師乃還。……秋，吴子使來復儆師。"可見夫差十一年（即魯哀公十年）並非"方謀伐齊"，而是在去年冬季與魯國謀伐齊的基礎上，在此年春季聯合了魯國等正式攻打了齊國。只是由於齊悼公被殺，同時也因爲吴大夫徐承率領的水軍被齊軍擊敗，所以纔回師的。由於這次出兵未達到目的，所以秋季又與魯國謀伐齊。於是有明年吴、齊艾陵之戰。此文所記具體事蹟與《左傳》不同，但"伐齊"之事還是與《左傳》相合的。

【義疏】

十一年（前 485），夫差到北方討伐齊國。齊國派大夫高無丕辭謝吴軍説："齊國國君在國内孤立無援，糧倉兵庫空空蕩蕩，民衆都離心離德。齊國把吴國當作自己强大的輔助力量，現在我們還没有前來告急求救而吴國却來攻打我們。請讓我們的國人都趴在郊外，我們不敢説有關交戰的話。希望吴國可憐齊國的循規蹈矩吧。"吴軍便回去了。

【輯證】

十年春，王二月，邾子益來奔。公會吴伐齊。（《春秋·哀公十年》P.2165）

十年春，邾隱公來奔；齊甥也，故遂奔齊。公會吴子、邾子、郯子伐齊南鄙，師于鄎。齊人弒悼公，赴于師。吴子三日哭于軍門之外。徐承帥舟師將自海入齊，齊人敗之，吴師乃還。

（《左傳·哀公十年》P.2165）

（魯哀公）十：與吴伐齊。（《史記·十二諸侯年表》P.808）

（魯哀公）十年，伐齊南邊。（《史記·魯周公世家》P.1858）

（夫差）十一：與魯伐齊，救陳。誅伍員。（《史記·十二諸侯年表》P.808）（覺按：誅伍員在明年，此文誤。）

（夫差十一年）齊鮑氏弑齊悼公。吴王聞之，哭於軍門外三日，乃從海上攻齊。齊人敗吴，吴王乃引兵歸。（《史記·吴太伯世家》P.1769）

（齊悼公）四：吴、魯伐我。（《史記·十二諸侯年表》P.808）

鮑子與悼公有郤，不善。四年，吴、魯伐齊南方。鮑子弑悼公，赴于吴。吴王夫差哭於軍門外三日，將從海入討齊。齊人敗之，吴師乃去。（《史記·齊太公世家》P.1815）

（秦悼公）六年，吴敗齊師。齊人弑悼公，立其子簡公。（《史記·秦本紀》P.249）

吴以伍子胥、孫武之謀，西破强楚，北威齊、晉，南伐越。越王勾踐迎擊之，敗吴於姑蘇，傷闔廬指，軍卻，闔廬謂太子夫差曰："爾忘勾踐殺而父乎？"夫差對曰："不敢。"是夕，闔廬死。夫差既立爲王，以伯嚭爲太宰，習戰射，三年，伐越，敗越於夫湫，越王勾踐乃以兵五千人棲於會稽山上，使大夫種厚幣遺吴太宰嚭以請和，委國爲臣妾，吴王將許之，伍子胥諫曰："越王爲人能辛苦，今王不滅，後必悔之。"吴王不聽，用太宰嚭計，與越平。其後五年，吴王聞齊景公死而大臣争寵，新君弱，乃興師北伐齊。子胥諫曰："不可。勾踐食不重味，弔死問疾，且能用人，此人不死，必爲吴患；今越，腹心之疾，齊猶疥癬耳，而王不先越，乃務伐齊，不亦謬乎？"吴王不聽，伐齊，大敗齊師於艾陵，遂與鄒、魯之君會以歸，益疎子胥之言。其後四年，吴將復北伐齊，越王勾踐用子貢之謀，乃率其衆以助吴，而重寶以獻遺太宰嚭。太宰嚭既數受越賂，其愛信越殊甚，日夜爲言於吴王，王信用嚭之計，伍子胥諫曰："夫越，腹心之疾，今信其游辭僞詐而貪齊，破齊，譬猶石田，無所用之，《盤庚》曰：'古人有顛越不恭，劓殄滅之，俾無遺育，無使易種於兹邑。'是商所以興也。願王釋齊而先越，不然，將悔之無及也已。"吴王不聽，使子胥於齊。子胥謂其子曰："吾諫王，王不我用，吾今見吴之滅矣，女與吴俱亡，無爲也。"乃屬其子於齊鮑氏，而歸報吴王。太宰嚭既與子胥有隙，因讒曰："子胥爲人，剛暴少恩，其怨望猜賊，爲禍也深。前日，王欲伐齊，子胥以爲不可。王卒伐之而有大功，子胥計謀不用，乃反怨望。今王又復伐齊，子胥專愎强諫，沮毁用事，徼幸吴之敗，以自勝其計謀耳。今王自行，悉國中武力以伐齊，而子胥諫不用，因輟佯病不行，王不可不備，此起禍不難。且臣使人微伺之，其使齊也，乃屬其子於鮑氏。夫人臣内不得意，外交諸侯，自以先王謀臣，今不用，常怏怏，願王早圖之。"吴王曰："微子之言，吾亦疑之。"乃使使賜子胥屬鏤之劍，曰："子以此死。"子胥曰："嗟乎！讒臣宰嚭爲亂，王顧反誅我，我令若父霸，又若立時，諸子弟争立，我以死争之於先王，幾不得立，若既立，欲分吴國與我，我顧不敢當，然若之何聽讒臣殺長者！"乃告舍人曰："必樹吾墓上以梓，令可以爲器，而抉吾眼著之吴東門，以觀越寇之滅吴也。"乃自刺殺。吴王聞之，大怒，乃取子胥尸盛以鴟夷革，浮之江中。吴人憐之，乃爲立祠於江上，因名曰胥山。後十餘年，越襲吴。吴王還與戰，不勝；使大夫行成於越，不許。吴王將死，曰："吾以不用子胥之言至於此；令死者無知則已，死者有知，吾何面目以見子胥也？"遂蒙絮覆面而自刎。（《説苑·正諫》P.227）（覺按：這段文字可謂本篇之梗概，故録於此。）

5.2

十二年，夫差復北伐齊●〔1〕。越王聞之〔2〕，率衆以朝於吴，而以重寶厚獻太宰嚭〔3〕。嚭喜受越之賂〔4〕，愛信越殊甚，日夜爲言於吴王。王信用嚭之計，伍胥大懼，曰："是棄吴也【1】〔5〕。"乃進諫曰："越在，心腹之病〔6〕，不前除其疾。今信浮辭僞詐而貪齊〔7〕。破齊，譬由磐石之田〔8〕，無立其苗也。願王釋齊而前越，不然，悔之無及。"吴王不聽，使子胥使於齊，通期戰之會。子胥謂其子曰："我數諫王〔9〕，王不我用。今見吴之亡矣。汝與吾俱亡，亡無爲也〔10〕。"乃屬其子於齊鮑氏而還●〔11〕。

太宰嚭既與子胥有隙，因讒之曰〔12〕："子胥爲强暴力諫，願王少厚焉。"王曰："寡人知之〔13〕。"

未興師，會魯使子貢聘於吴〔14〕。

【校記】

【1】吴　大德本作"吾"，據《史記·吴太伯世家》改。

【注釋】

〔1〕徐天祐曰："《左傳·哀公十一年》：'公會吴子伐齊。'是爲夫差十二年，與此書合。《史·世家》乃書之夫差十一年，誤也。"〇覺按：《春秋·哀公十一年》："五月，公（覺按：魯哀公）會吴伐齊。甲戌（覺按：二十七日），齊國書（覺按：國夏之子，時將中軍）帥師及吴戰于艾陵（覺按：在今山東省萊蕪市東），齊師敗績，獲齊國書。"《左傳·哀公十一年》記吴、齊之戰更詳，可參見。本文在此略而不書，而將艾陵之戰記於明年（見5.15），誤。

〔2〕越王：指勾踐，春秋末期越國君主，公元前496—公元前465年在位。他曾一度被吴打敗而前往吴國當吴王夫差的奴僕，後來歸國，卧薪嚐膽，富國强兵，最終滅掉了吴國。其事蹟可參見本書《勾踐入臣外傳》以下各篇和《史記·越王句踐世家》。1965年在湖北省江陵縣楚墓中曾發現越王鳩淺自作用劍，以青銅製，鳥篆文。"鳩淺"即"勾踐"。

〔3〕太宰：又作"大宰"，古代官名。宋國、吴國、鄭國的太宰權位甚重，相當於後世的宰相，是輔佐君主治理國家的高官。楚國的太宰（如《國語·楚語上》有"太宰啓疆"）則在令尹（相當於宰相）之下而衹相當於卿。　嚭：即上篇之白喜，見4.5注〔1〕。

〔4〕賂：財物。

〔5〕《韓非子·喻老》："越王入宦於吴，而勸之伐齊以弊吴。吴兵既勝齊人於艾陵，張之於江、濟，强之於黄池，故可制於五湖。故曰：'將欲翕之，必固張之；將欲弱之，必固强之。'"即此"棄吴"之義。

〔6〕此句有誤，"在"字下當有"我"或"吴"；或當衍"在"字。《左傳·哀公十一年》作："越在我，心腹之疾也。"《國語·吴語》作："越之在吴，猶人之有腹心之疾也。"《史記·伍子胥列傳》作："夫越，腹心之病。"　心腹之病：指體内致命的疾病。用來喻指嚴重的隱患。

〔7〕浮：虚浮，不切實際。僞：虚假，不真實。

〔8〕由：通“猶”，好像。

〔9〕數（shuò 朔）：屢次。

〔10〕“吾”當作“吴”，“亡”字當衍其一。《史記·伍子胥列傳》作“汝與吴俱亡，無益也”，是其證。無爲：無用，没有意義。

〔11〕徐天祜曰：“鮑氏，鮑牧也。屬其子改姓爲王孫氏，欲以避吴禍。”〇覺按：《史記·伍子胥列傳》作“乃屬其子於齊鮑牧”，徐説蓋本於此。但據《左傳·哀公八年》，鮑牧已在哀公八年（前 487）被悼公所殺，所以《左傳·哀公十一年》記此事則作：“屬其子於鮑氏，爲王孫氏。”《史記》《左傳》所記不同，未知孰是。《史記·田敬仲完世家》又説鮑牧弑悼公，更與《左傳》相左。本書多從《史記》之説，故此不妨亦從《史記》而不從《左傳》爲説。《左傳·哀公六年》“陳乞鮑牧”杜預注：“牧，鮑國孫。”《史記·吴太伯世家》“子胥屬其子於齊鮑氏”《集解》：“服虔曰：‘鮑氏，齊大夫。’”

〔12〕《史記·伍子胥列傳》作：“吴太宰嚭既與子胥有隙，因讒曰：‘子胥爲人，剛暴少恩，猜賊。其怨望，恐爲深禍也。前日王欲伐齊，子胥以爲不可，王卒伐之而有大功。子胥恥其計謀不用，乃反怨望。而今王又復伐齊，子胥專愎彊諫，沮毁用事，徒幸吴之敗，以自勝其計謀耳。今王自行，悉國中武力以伐齊，而子胥諫不用，因輟謝詳病不行，王不可不備，此起禍不難。且嚭使人微伺之，其使於齊也，乃屬其子於齊之鮑氏。夫爲人臣，内不得意，外倚諸侯，自以爲先王之謀臣，今不見用，常鞅鞅怨望。願王早圖之。’”可見太宰嚭的讒言，原來既詳盡又露骨。此文大加删改，顯得簡略而含蓄，衹有“諷”的意味，與“讒”的意蕴反而不相合了，殊爲無當。

〔13〕《史記·伍子胥列傳》作：“吴王曰：‘微子之言，吾亦疑之。’”可見夫差早已對子胥有怨恨之心。又，《左傳·哀公十一年》記載子胥被誅於魯哀公十一年，即夫差十二年（前 484），《史記》的《十二諸侯年表》《吴太伯世家》《伍子胥列傳》等記載子胥被誅於夫差十一年，本書則記於下一年，當以《左傳》爲是。參見 5.6 注〔24〕與 5.19 注〔4〕。

〔14〕子貢（前 520—？）：姓端木，名賜，字子貢，也作子贛，春秋時衛國人，孔子的學生，曾仕魯、相衛。他能言善辯，“子貢一出，存魯，亂齊，破吴，彊晉而霸越。子貢一使，使勢相破，十年之中，五國各有變”。又善於經商，“家累千金”。其言行事蹟可參見《論語》以及《史記》的《仲尼弟子列傳》、《貨殖列傳》。

【義疏】

十二年（前 484），夫差又向北進攻齊國。越王勾踐聽説了這件事，率領部屬來朝見吴王，而拿貴重的珍寶大量地進獻給太宰伯嚭。伯嚭高興地接受了越國的財物，因而也就特别喜愛、信任越國，日夜替越王向吴王進説。吴王聽信而采用了伯嚭的計策，伍子胥非常恐懼，説：“越國鼓勵我們攻打齊國，這是在毁掉我們吴國啊！”他就進宫勸諫吴王説：“越國對于我們吴國來説，實在是個致命的病根，但大王却不首先除去這個隱患。現在竟然聽信他們那些不切實際的空話與虚假的謊言而去圖謀齊國。就是攻破了齊國，打個比方來説，也好像是得了一塊大石頭的地，没有什麽地方可以種植那禾苗啊。希望大王放弃齊國而先攻打越國。否則，就將後悔莫及。”吴王不聽從子胥的話，派子胥出使到齊國去，通知約定交戰的日期。子胥對自己的兒子説："我屢次勸諫國王，國王不聽我。現在我已預見到吴國的滅亡了。你和吴國一起滅亡，是毫無意義的。"于是就把自己的兒子托付給齊國的鮑牧，然後回到了吴國。

太宰嚭已經和子胥有了裂痕，就毁謗子胥説："子胥就是幹那種强硬粗暴竭力勸諫的事，希望大王對他少一些厚道。"吴王説："我知道了。"

吴國還没有起兵，正好碰上魯國派子貢到吴國來訪問。

【輯證】

越王入宧於吴，而勸之伐齊以弊吴。吴兵既勝齊人於艾陵，張之於江、濟，强之於黄池，故可制於五湖。（《韓非子·喻老》P.392）

吴王夫差既許越成，乃大戒師徒，將以伐齊。申胥進諫曰："昔天以越賜吴，而王弗受。夫天命有反，今越王句踐恐懼而改其謀，舍其愆令，輕其征賦，施民所善，去民所惡，身自約也，裕其衆庶，其民殷衆，以多甲兵。越之在吴，猶人之有腹心之疾也。夫越王之不忘敗吴，於其心也侙然，服士以伺吾閒。今王非越是圖，而齊、魯以爲憂。夫齊、魯譬諸疾，疥癬也，豈能涉江、淮而與我争此地哉？將必越實有吴土。王其盍亦鑑於人，無鑑於水。昔楚靈王不君，其臣箴諫以不入。乃築臺於章華之上，闕爲石郭，陂漢，以象帝舜。罷弊楚國，以閒陳、蔡。不修方城之内，踰諸夏而圖東國，三歲於沮、汾以服吴、越。其民不忍饑勞之殃，三軍叛王於乾谿。王親獨行，屏營仿偟於山林之中，三日乃見其涓人疇。王呼之曰：'余不食三日矣。'疇趨而進，王枕其股以寢於地。王寐，疇枕王以墣而去之。王覺而無見也，乃匍匐將入於棘闈，棘闈不納，乃入芋尹申亥氏焉。王縊，申亥負王以歸，而土埋之其室。此志也，豈遽忘於諸侯之耳乎？今王既變鯀、禹之功，而高高下下以罷民於姑蘇。天奪吾食，都鄙荐饑。今王將很天而伐齊。夫吴民離矣，體有所傾，譬如羣獸然，一个負矢，將百羣皆奔，王其無方收也。越人必來襲我，王雖悔之，其猶有及乎？"王弗聽。（《國語·吴語》P.597）

（夫差）十一年，復北伐齊。越王句踐率其衆以朝吴，厚獻遺之，吴王喜。唯子胥懼，曰："是弃吴也。"諫曰："越在腹心，今得志於齊，猶石田，無所用。且《盤庚之誥》有'顛越''勿遺'，商之以興。"吴王不聽，使子胥於齊，子胥屬其子於齊鮑氏，還報吴王。（《史記·吴太伯世家》P.1769）（覺按：《左傳》記此事於夫差十二年，此文所記年份誤，參見5.15【輯證】。）

其後四年，吴王將北伐齊，越王句踐用子貢之謀，乃率其衆以助吴，而重寶以獻遺太宰嚭。太宰嚭既數受越賂，其愛信越殊甚，日夜爲言於吴王。吴王信用嚭之計。伍子胥諫曰："夫越，腹心之病，今信其浮辭詐僞而貪齊。破齊，譬猶石田，無所用之。且《盤庚之誥》曰：'有顛越不恭，劓殄滅之，俾無遺育，無使易種于兹邑。'此商之所以興。願王釋齊而先越；若不然，後將悔之無及。"而吴王不聽，使子胥於齊。子胥臨行，謂其子曰："吾數諫王，王不用，吾今見吴之亡矣。汝與吴俱亡，無益也。"乃屬其子於齊鮑牧，而還報吴。吴太宰嚭既與子胥有隙，因讒曰："子胥爲人剛暴，少恩，猜賊，其怨望恐爲深禍也。前日王欲伐齊，子胥以爲不可，王卒伐之而有大功。子胥恥其計謀不用，乃反怨望。而今王又復伐齊，子胥專愎彊諫，沮毁用事，徒幸吴之敗以自勝其計謀耳。今王自行，悉國中武力以伐齊，而子胥諫不用，因輟謝，詳病不行。王不可不備，此起禍不難。且嚭使人微伺之，其使於齊也，乃屬其子於齊之鮑氏。夫爲人臣，内不得意，外倚諸侯，自以爲先王之謀臣，今不見用，常鞅鞅怨望。願王早圖之。”吴王曰：“微子之言，吾亦疑之。”（《史記·伍子胥列傳》P.2635）

顧校：厚獻太宰嚭（䫏）嚭（䫏）喜受越之賂　太宰嚭（䫏）既與子胥有隙

蔣校：厚獻太宰嚭（宋本“䫏”，下同）

5.3

十三年[1]，齊大夫陳成恒欲弑簡公[2]，陰憚高、國、鮑、晏●[3]，故前興兵伐魯。魯君憂之[4]。孔子患之[5]，召門人而謂之曰：“諸侯有相伐者，丘常恥之。夫魯，父母之國也[6]，丘墓在焉。今齊將伐之，子無意一出耶？”子路辭出[7]，孔子止之。子張、子石請行[8]，孔子弗許。子貢辭出，孔子遣之。

【注釋】

〔1〕十三年：當刪。因爲 5.3 ~ 5.20 所記之事發生於夫差十二年（參見 5.15 注〔1〕），所以應該承接 5.2 之“十二年”言之。

〔2〕陳成恒：即田常，也即田成子，春秋時齊國的大臣，又作田成常、田成恒、田成、田恒、田子、陳恒、陳成子，“成”是他的謚號。他的祖先陳公子陳完因内亂而逃到齊國，從此將陳氏改爲田氏。田完的後代逐漸强盛。到齊悼公時，陳釐子田乞已控制了齊國大權。田乞死後，他的兒子田常代立，繼續推行他父親争取民衆的辦法，用大斗出貸，用小斗收取。齊簡公四年（前 481），田常殺死簡公，擁立齊平公，任相國。從此，齊國的政權完全由田氏控制。其事蹟可參見《韓非子》及《史記·田敬仲完世家》。　簡公：春秋時齊悼公的兒子，吕氏，名壬。公元前 485 年，悼公被殺，他被立爲齊國國君。公元前 481 年，他不聽大夫田鞅的勸諫，結果被田常所殺。其事蹟可參見《左傳·哀公十四年》、《史記》的《齊太公世家》和《田敬仲完世家》。

〔3〕徐天祜曰：“鮑叔牙，晏嬰。”〇覺按：徐説非。此時鮑叔牙早已去世，此文本自《史記·仲尼弟子列傳》，當以《史記》爲説，故此“鮑”當指鮑牧，見 5.2 注〔11〕。晏嬰也於齊景公四十八年（前 500）卒（見《史記·齊太公世家》），故此“晏”當指晏嬰之子晏圉（見《左傳·哀公六年》及杜預注）。　陰：《戰國策·西周策》“君不如令弊邑陰合於秦”高誘注：“陰，私也。”《禮記·檀弓下》“不亦善乎”鄭玄注“何伴若善之”孔穎達疏：“内心爲陰。”　高：高氏，當爲齊桓公時的上卿高傒（見《春秋·莊公二十二年》）的後代。此當指高昭子高張的兒子高無丕，見 5.1 注〔3〕。　國：國氏，當爲齊桓公時上卿國懿仲（見《左傳·僖公十二年》“有天子之二守國高在”杜預注）的後代，此當指國惠子國夏的兒子國書（見《左傳·哀公十一年》）。

〔4〕魯君：指魯哀公，春秋戰國之際的魯國君主，定公之子，名蔣，前 494 至前 467 年在位。

〔5〕孔子：名丘，字仲尼，生於公元前 551 年，卒於公元前 479 年，魯國陬（zōu 鄒）邑（在今山東省曲阜市）人，春秋末期著名的思想家和教育家，儒家學派的創始人。他在魯國做過司寇（掌管刑獄的最高長官），不很得志，後來周遊列國，宣傳自己的政治主張，也没

有得到賞識和重用。晚年回到魯國從事著述和講學，廣收弟子，從而形成了影響極大的儒家學派。其事蹟可參見《史記·孔子世家》。他的言行，主要記載在他的弟子或再傳弟子所編纂的《論語》一書中。他信而好古，崇尚堯、舜，主張恢復周禮。他的思想體系的核心是"仁"。這個"仁"主要體現在孝、悌、忠、信的道德禮教以及"君君、臣臣、父父、子子"的等級秩序上。他的學説被後世的封建統治者改造利用，成爲封建社會的統治思想。

〔6〕父母之國：父母居住的國家，即自己出生的國家，等於現在説祖國。

〔7〕子路（前542—前480）：《史記·仲尼弟子列傳》："仲由，字子路，卞（覺按：在今山東省泗水縣東南）人也。少孔子九歲。子路性鄙，好勇力，志伉直，冠雄雞，佩豭豚，陵暴孔子。孔子設禮稍誘子路，子路後儒服委質，因門人請爲弟子。"

〔8〕子張：春秋時陳國人，孔丘的弟子，姓顓（zhuān專）孫，名師，子張是他的字。《論語》《荀子·非十二子篇》《史記·仲尼弟子列傳》等都記有他的言行。 子石：孔子的學生。《史記·仲尼弟子列傳》："公孫龍，字子石，少孔子五十三歲。"

【義疏】

夫差十三年（前483），齊大夫陳成恒想要殺掉齊簡公，但心裏又害怕高氏、國氏、鮑氏、晏氏，所以先起兵攻打魯國。魯哀公爲此憂心忡忡。孔子也爲此擔憂，就召見弟子並對他們説："諸侯中有了互相攻戰的，我孔丘常常把它當作耻辱。魯國，是我的祖國，我家的墳墓都在這裏。現在齊國將要攻打魯國，你們也不想出國一次盡點力嗎？"子路立刻告辭要出國去，孔子阻止了他。子張、子石請求成行，孔子没同意。子貢要求出國去，孔子就派遣了他。

【輯證】

昔者，陳成恒相齊簡公，欲爲亂，憚齊邦鮑、晏，故徙其兵而伐魯。魯君憂也。孔子患之，乃召門人弟子而謂之曰："諸侯有相伐者，尚恥之。今魯，父母之邦也，丘墓存焉，今齊將伐之，可無一出乎？"顔淵辭出，孔子止之。子路辭出，孔子止之。子貢辭出，孔子遣之。（《越絶書·内傳陳成恒》P.144）

5.4

子貢北之齊，見成恒●〔1〕，因謂曰："夫魯者，難伐之國，而君伐，過矣。"

成恒曰："魯何難伐也？"

子貢曰："其城薄以卑〔2〕，其池狹以淺，其君愚而不仁，大臣無用，士惡甲兵，不可與戰。君不若伐吴。夫吴，城厚而崇，池廣以深，甲堅、士選、器飽、弩勁〔3〕，又使明大夫守之，此易邦也〔4〕。"

成恒忿然作色，曰："子之所難，人之所易；子之所易，人之所難。而以教恒，何也？"

子貢曰："臣聞君三封而三不成者，大臣有所不聽者也〔5〕。今君又欲破魯以廣齊、隳魯以自尊〔6〕，而君功不與焉〔7〕。是君上驕●主心【1】，下恣羣臣【2】，而求以成大事，難矣。且夫上驕則犯●〔8〕，臣驕則争，此君上於王有遽●〔9〕，而下與大臣交争。如此，則君立於齊危於累卵，故曰：‘不如伐吴。’且吴王剛猛而毅，能行其令；百姓習於戰守，明於法禁。齊遇爲擒，必矣。今君悉四境之甲【3】，出大臣以環之〔10〕，人民外死，大臣内空。是君上無彊敵之臣，下無黔首之士。孤主制齊者，君也。”

陳恒曰：“善！雖然，吾兵已在魯之城下矣。吾去之吴，大臣將有疑我之心。爲之奈何？”

子貢曰：“君按兵無伐，請爲君南見吴王，請之救魯而伐齊，君因以兵迎之。”

陳恒許諾。

【校記】

【1】大德本“驕”下無“主心”，據《史記·仲尼弟子列傳》補。〇徐天祜曰：“《越絶》‘驕’字下有‘主心’二字爲是。《子貢傳》同。”

【2】上句“君上”至5.5之“苦身”爲大德本之四十九葉，5.5之“勞力”至5.6之“唯魚鼈”爲大德本之五十葉，此兩葉原版下部壞缺而爲抄補之文（即這三十六行的每一行上部爲元版，下部爲抄補的文字）。

【3】甲：此處大德本爲壞版，其抄補之文作“中”，鄺本、馮本、吴本也作“中”，據四庫本改。

【注釋】

〔1〕徐天祜曰：“《史記·子貢傳》作‘田常’。”

〔2〕以：猶“而”。

〔3〕孫詒讓曰：“‘器’不可以言‘飽’，‘飽’當爲‘飭’，形近而誤。”〇覺按：四庫本作“甲堅、器選、士飽、弩勁”，也可供參考。但是，古代才能出衆而受推薦的士人稱爲“選士”，《禮記·王制》云：“命鄉論秀士，升之司徒，曰選士。”據此，則本書原文自當作“士選”而不當作“器選”。這句《史記·仲尼弟子列傳》作：“甲堅以新，士選以飽，重器精兵，盡在其中。”蓋即此文所本。“重器”即寶器，故此文之“飽”當爲“寶”之音誤。

〔4〕這句當作“此易伐之邦也”。《史記·仲尼弟子列傳》作“此易伐也”。

〔5〕此句《史記·仲尼弟子列傳》無“所”字。

〔6〕隳魯以自尊：《史記·仲尼弟子列傳》作“戰勝以驕主，破國以尊臣”，與下文“上驕”“下恣”文意貫通。此文改爲“隳魯以自尊”，實不當。

〔7〕與（yù 預）：《吕氏春秋·察微》“羊斟不與焉”高誘注：“與，及也。”

〔8〕徐天祜曰：“《子貢傳》‘犯’作‘恣’者是。”〇覺按：作“犯”也通，《越絶書·内

傳陳成恒》也作“犯”。《國語·周語下》“晉郤錡見其語犯”韋昭注：“犯，陵犯人也。”

〔9〕徐天祜曰：“《越絶》及《子貢傳》皆‘王’作‘主’，‘遽’作‘郤’，‘郤’與‘隙’同。”〇覺按：遽（jù巨）：《文選·羽獵賦》“虎豹之凌遽”李善注引《說文》曰：“遽，窘也。”作“遽”可通，不煩改字。

〔10〕孫詒讓曰：“‘環’當爲‘擐’之借字。成二年《左傳》云：‘擐甲執兵。’杜注云：‘擐，貫也。’”〇覺按：擐（huàn患）：穿。

【義疏】

子貢向北到了齊國，拜見了陳成恒，就對他說：“那魯國，是很難攻打的國家。您要去攻打它，那就錯了。”

成恒說：“魯國爲什麽難以攻打呢？”

子貢說：“因爲它的城墻又薄又低，它的護城河又狹又淺，它的國君愚昧而不仁慈，大臣不中用，士兵厭惡戰争，所以您不可以和他們交戰。您還不如去攻打吴國。那吴國，城墻又厚又高，護城河又寬又深，鎧甲堅固、士兵精良、器物珍貴、弓弩强勁，又派了英明的大夫來守衛它。這是容易攻打的國家啊！”

成恒憤怒地變了臉色，說：“您認爲困難的事，是人家認爲容易的；您認爲容易的事，是人家認爲困難的。您用這些話來教導我，是什麽意思呢？”

子貢說：“我聽説您三次受封而三次没有成功，這是因爲大臣有不聽從您的。現在您又想攻下魯國來擴展齊國的領土、摧毁魯國來使自己尊貴，實際上您的功勞却不在這裏面。因爲如果是這樣，那麽您對上就使君主的欲望更爲驕縱，對下就使群臣更爲恣肆，再想去成就一番大事業，那就難了。再説，那君主驕縱了就會凌辱人，臣子驕縱了就會與人争奪。這樣，您對上就在齊王那裏有了窘迫的處境，而在下就會和大臣們互相争奪了。像這樣，那麽您在齊國立足就會比叠起來的蛋還危險，所以我說：‘您不如去攻打吴國。’再説，吴王剛强勇猛而果斷，能够使他的命令貫徹執行；他的民衆熟悉攻戰防守，明白法律禁令。齊軍和他們一交戰，就會被他們擒獲，那是必定無疑的了。現在您如果全部拿出國内的鎧甲，派出大臣去穿着它們，那麽民衆就在國外戰死，大臣就會帶兵出征而使朝廷空虚。這樣，您上面没有强有力的與您作對的臣子，下面又没有身爲平民的賢士和您抗争。孤立君主而控制齊國的，就祇有您了。”

陳恒說：“好！但儘管這樣，我的軍隊已在魯國的城墻之下了。如果我離開魯國而開往吴國，大臣就會有懷疑我的心思。對此該怎麽辦呢？”

子貢說：“您祇要按兵不動，請讓我替您到南方去拜見吴王，請他援救魯國而攻打齊國，您就趁機用齊軍去迎擊吴軍。”

陳恒就同意了。

【輯證】

田常欲作亂於齊，憚高、國、鮑、晏，故移其兵欲以伐魯。孔子聞之，謂門弟子曰："夫魯，墳墓所處，父母之國，國危如此，二三子何爲莫出？"子路請出，孔子止之。子張、子石請行，孔子弗許。子貢請行，孔子許之。遂行，至齊，説田常曰："君之伐魯過矣。夫魯，難伐之國，其城薄以卑，其地狹以泄，其君愚而不仁，大臣僞而無用，其士民又惡甲兵之事，此不可與戰。君不如伐吴。夫吴，城高以厚，地廣以深，甲堅以新，士選以飽，重器精兵盡在其中，又使明大夫守之，此易伐也。"田常忿然作色曰："子之所難，人之所易；子之所易，人之所難。而以教常，何也？"子貢曰："臣聞之，憂在内者攻彊，憂在外者攻弱。今君憂在内。吾聞君三封而三不成者，大臣有不聽者也。今君破魯以廣齊，戰勝以驕主，破國以尊臣，而君之功不與焉，則交日疏於主。是君上驕主心，下恣羣臣，求以成大事，難矣。夫上驕則恣，臣驕則争，是君上與主有郤，下與大臣交争也。如此，則君之立於齊危矣。故曰'不如伐吴'。伐吴不勝，民人外死，大臣内空，是君上無彊臣之敵，下無民人之過，孤主制齊者唯君也。"田常曰："善。雖然，吾兵業已加魯矣，去而之吴，大臣疑我，柰何？"子貢曰："君按兵無伐，臣請往使吴王，令之救魯而伐齊，君因以兵迎之。"田常許之，使子貢南見吴王。（《史記·仲尼弟子列傳》P.2656）

子貢行之齊，見陳成恒，曰："夫魯，難伐之邦，而伐之，過矣。"陳成恒曰："魯之難伐，何也？"子貢曰："其城薄以卑，池狹而淺，其君愚而不仁，其大臣僞而無用，其士民有惡聞甲兵之心，此不可與戰。君不如伐吴。吴城高以厚，池廣以深，甲堅以新，士選以飽，重器精弩在其中，又使明大夫守，此邦易也。君不如伐吴。"成恒忿然作色，曰："子之所難，人之所易也；子之所易，人之所難也。而以教恒，何也？"子貢對曰："臣聞憂在内者攻彊，憂在外者攻弱。今君憂内。臣聞君三封而三不成者，大臣有不聽者也。今君破魯以廣齊，墮魯以尊臣，而君之功不與焉。是君上驕主心，下恣羣臣，而求成大事，難矣。且夫上驕則犯，臣驕則争，是君上於主有郤，下與大臣交争也。如此，則君立於齊，危於重卵矣。臣故曰'不如伐吴'。且夫吴明猛以毅而行其令，百姓習於戰守，將明於法，齊之愚，爲禽必矣。今君悉擇四疆之中，出大臣以環之，黔首外死，大臣内空，是君上無彊臣之敵，下無黔首之士，孤立制齊者，君也。"陳恒曰："善。雖然，吾兵已在魯之城下，若去而之吴，大臣將有疑我之心，爲之奈何？"子貢曰："君按兵無伐，臣請見吴王，使之救魯而伐齊，君因以兵迎之。"陳成恒許諾，乃行。（《越絶書·内傳陳成恒》P.145）

顧校：君按（案）兵無伐

蔣校：君按（宋本"案"）兵無伐

5.5

子貢南見吴王，謂吴王曰："臣聞之：'王者不絶世〔1〕，而霸者無彊敵。千鈞之重，加銖而移〔2〕。'今萬乘之齊而私千乘之魯，而與吴争彊，臣竊爲君恐焉。且夫救魯，顯名也；伐齊，大利也。義存亡魯●〔3〕，害暴齊而威强晉，則王不疑也。"

吴王曰："善。雖然，吾嘗與越戰，棲之會稽〔4〕，入臣於吴〔5〕，不即誅之，三年使歸。夫越君，賢主，苦身勞力，夜以接日，内飾其政[1]〔6〕，外事諸侯，必將有報我之心。子待我伐越而聽子。”

子貢曰：“不可。夫越之彊不過於魯，吴之彊不過於齊。王以伐越而不聽臣[2]，齊亦已私魯矣。且畏小越而惡彊齊〔7〕，不勇也；見小利而忘大害，不智也。臣聞：‘仁人不因居●〔8〕，以廣其德；智者不棄時，以舉其功；王者不絶世，以立其義。’且夫畏越如此，臣請東見越王[3]，使出師以從下吏〔9〕。”

吴王大悦。

【校記】

【1】其：此處大德本爲壞版，其抄補之文作“兵”，據鄭本改。

【2】王：此處大德本爲壞版，其抄補之文作“主”，鄭本、馮本、吴本、四庫本也作“主”，據顧校改。

【3】請：此處大德本爲壞版，其抄補之文作“誠”，鄭本、馮本、吴本、四庫本也作“誠”，今據《史記·仲尼弟子列傳》改。

【注釋】

〔1〕王（wàng 旺）：稱王天下。 世：《吕氏春秋·圜道》“皆欲世勿失矣”高誘注：“父死子繼曰世。”

〔2〕鈞：古代重量單位，《説文·金部》：“鈞，三十斤也。” 千鈞：形容重量之大。 銖（zhū 株）：古代重量單位，二十四銖爲一兩，所以“銖”常用來形容重量之小。 千鈞之重，加銖而移：喻指勢均力敵的雙方，雖然同樣强大，但一方只要再稍稍加强，就會改變原有的平衡狀態。這裏與“霸者無彊敵”一樣，是用來勸説吴王不要讓齊國吞併魯國而增强實力，以與吴國抗衡。

〔3〕徐天祐曰：“《越絶》‘義’字下有‘在’字、‘害’字上有‘勇在’二字爲是。”〇覺按：《史記·仲尼弟子列傳》作“名存亡魯”，此當以《史記》爲説。

〔4〕 棲：鳥類歇宿樹上叫“棲”，此指被迫上山居住。《國語·越語上》“越王句踐棲於會稽之上”韋昭注：“山處曰棲。”這裏是使動用法。 會（kuài 快）稽：指會稽山，又名茅山、苗山、防山，在今浙江省紹興市南。棲之會稽：事詳 5.1 注〔1〕。會稽山甚大，越王所棲之處，相傳在今浙江省諸暨市城關鎮南約十七公里處的勾嵊山（屬會稽山），該山面積約十平方公里，主峰海拔六百六十米。相傳勾踐避居此山而脱險，遂封這一帶高山爲越山，並命其主峰爲勾嵊山。

〔5〕臣：奴僕。這裏用作動詞。《尚書·費誓》“臣妾逋逃”孔安國傳：“役人賤者，男曰臣，女曰妾。”《禮記·禮運》：“仕於公曰臣，仕於家曰僕。”入臣於吴：詳見《勾踐入臣外傳》。

〔6〕飾：盧文弨曰：“‘飾’同‘飭’。”

〔7〕《史記·仲尼弟子列傳》作“夫伐小越而畏彊齊”。又“且王必惡越”《索隱》：“惡，猶畏惡也。”

〔8〕徐天祐曰：“《越絶》‘因居’作‘困厄’。”〇覺按：“因居”可通，可各從

其文，不煩改字。“因”即因循、沿襲的意思。因居：指安土重遷，老住在一個地方。

〔9〕下吏：原意是下屬官吏，如《左傳·哀公十五年》：“弔君之下吏。”本書5.11：“遣下吏太宰嚭、王孫駱。”這裹用作對對方的尊稱，等於説“左右”“執事”“下執事”（見《國語》中的《吴語》《越語》及5.24注〔12〕），可以解爲“您”。它表示不敢直接指稱尊貴的對方，含有敬畏之意。5.7“臣以下吏之言告於越王”，《史記·仲尼弟子列傳》作“臣敬以大王之言告越王”，更可明此“下吏”之用法。

【義疏】

子貢到南方去拜見吴王，對吴王説：“我聽説這樣的話：‘稱王天下的人不會斷絶繼承人，而稱霸天下的人没有强大的對手。就是上千鈞的重量，衹要再加上一銖，就會改變原有的格局。’現在擁有萬輛兵車的齊國要把擁有千輛兵車的魯國占爲己有，以此來和吴國争雄，我私下裹在替您擔驚受怕哩。再説，援救魯國，有美好顯赫的名聲；討伐齊國，有極大的好處。名義上是保存了快要滅亡的魯國，實際上是損害了强暴的齊國而威懾了强大的晋國，那麽大王就不該再疑慮不决了。”

吴王説：“好。儘管如此，我曾經和越國交戰，使越王躲在會稽山上，並到吴國來當奴僕，可我没有立即把他殺了，過了三年，我還讓他回去了。那越王是位賢能的君主，他刻苦耐勞，夜以繼日，在國内整治政務，在國外侍奉諸侯，他一定會有報復我的念頭。您等我打下了越國，然後我再照您的話去做吧。”

子貢説：“不行。那越國的强大不如魯國，吴國的强大也不能超過齊國。大王按自己的想法去攻打越國而不聽從我，那麽到時候齊國也早就把魯國占爲己有了。况且害怕小小的越國而不敢和强大的齊國作戰，是不勇敢的表現；看見了小小的好處而忘記了重大的危害，是不明智的表現。我聽説：‘仁慈的人不會老住在一個地方，以便擴大他的德行；明智的人不會放弃時機，以便建立他的功勞；稱王天下的人不會斷絶繼承人，以便確立他的道德準則。’再説，如果您真是這樣害怕越國的話，請讓我到東邊去見越王，讓他派軍隊跟隨您。”

吴王十分高興。

【輯證】

説曰：“臣聞之：‘王者不絶世，霸者無彊敵。千鈞之重，加銖兩而移。’今以萬乘之齊而私千乘之魯，與吴争彊，竊爲王危之。且夫救魯，顯名也；伐齊，大利也。以撫泗上諸侯，誅暴齊以服彊晉，利莫大焉。名存亡魯，實困彊齊。智者不疑也。”吴王曰：“善。雖然，吾嘗與越戰，棲之會稽。越王苦身養士，有報我心。子待我伐越而聽子。”子貢曰：“越之勁不過魯，吴之彊不過齊，王置齊而伐越，則齊已平魯矣。且王方以存亡繼絶爲名，夫伐小越而畏彊齊，非勇也。夫勇者不避難，仁者不窮約，智者不失時，王者不絶世，以立其義。今存越示諸侯以仁，救魯伐齊，威加晉國，諸侯必相率而朝吴，霸業成矣。且王必惡越，臣請東見越王，令出兵以從，此實空越，名從諸侯以伐也。”吴王大説，乃使子貢之越。（《史記·仲尼弟子列傳》P.2657）

齊攻魯，子貢見哀公，請求救於吴。公曰：“奚先君寶之用？”子貢曰：“使吴責寶而與我師，是不可恃也。”於是以楊幹麻筋之弓六往。子貢謂吴王曰：“齊爲無道，欲使周公之後不血食。且魯賦五百，邾賦三百，不識以此益齊，吴之利與？非與？”吴王懼，乃興師救魯。諸侯曰：“齊伐周公之後，而吴救之。”遂朝於吴。（《説苑·奉使》P.296）

子貢南見吴王，謂吴王曰：“臣聞之：‘王者不絶世，而霸者不彊敵。千鈞之重，加銖而移。’今萬乘之齊，私千乘之魯，而與吴争彊，臣切爲君恐。且夫救魯，顯名也；而伐齊，大利也。義在存亡魯，勇在害彊齊而威申晉邦者，則王者不疑也。”吴王曰：“雖然，我常與越戰，棲之會稽。夫越君，賢主也。苦身勞力，以夜接日，内飾其政，外事諸侯，必將有報我之心。子待吾伐越而還。”子貢曰：“不可。夫越之彊不下魯，而吴之彊不過齊。君以伐越而還，即齊也亦私魯矣。且夫伐小越而畏彊齊者，不勇；見小利而忘大害者，不智。兩者，臣無爲君取焉。且臣聞之：‘仁人不困厄，以廣其德，智者不棄時，以舉其功；王者不絶世，以立其義。’今君存越勿毁，親四鄰以仁；救暴困齊，威申晉邦以武；救魯，毋絶周室，明諸侯以義。如此，則臣之所見，溢乎負海，必率九夷而朝，即王業成矣。且大吴畏小越如此，臣請東見越王，使之出鋭師以從下吏，是君實空越，而名從諸侯以伐也。”吴王大悦，乃行子貢。（《越絶書·内傳陳成恒》P.147）

顧校：義存亡魯（下多“也”）　夫越君賢（賢）主　主（王）以伐越而不聽臣

蔣校：義存亡魯（宋本下有“也”字）　主（宋本“王”）以伐越而不聽臣

5.6

子貢東見越王，王聞之，除道郊迎，身御至舍，問曰：“此僻狹之國，蠻夷之民〔1〕，大夫何索然若不辱乃至於此？”

子貢曰：“君處，故來●〔2〕。”

越王勾踐再拜稽首曰〔3〕：“孤聞：‘禍與福爲鄰。’今大夫之弔，孤之福矣。孤敢不問其説〔4〕？”

子貢曰：“臣今者見吴王，告以救魯而伐齊，其心畏越。且夫無報人之志而使人疑之，拙也；有報人之意而使人知之，殆也；事未發而聞之●者〔5〕，危也。三者，舉事之大忌也。”

越王再拜，曰：“孤少失前人，内不自量，與吴人戰，軍敗身辱遁逃，上棲會稽，下守海濱，唯魚鱉見矣●〔6〕。今大夫辱弔而身見之，又發玉聲以教孤〔7〕。孤賴天之賜也，敢不承教？”

子貢曰：“臣聞：‘明主任人，不失其能；直士舉賢，不容於世。’故臨財分利，則使仁；涉患犯難，則使勇；用智圖國，則使賢；正天下，定諸侯，則使聖。兵强而不能行其威，勢在上位而不能施其政令於下者，其君幾乎難矣。臣竊自擇可與成功而至王者，惟幾乎●〔8〕！今吴王有伐齊、晉之志，君無愛重器以喜其心，無惡卑辭以盡其禮〔9〕。而伐齊，齊必戰〔10〕。不勝，君之福也。彼戰而勝，必以其兵臨晉。騎士鋭兵弊乎齊，重寶、車騎、羽毛盡乎晉〔11〕，則君制其餘矣。”

越王再拜，曰：“昔者吴王分其民之衆以殘吾國，殺敗吾民，鄙吾百姓〔12〕，夷吾宗廟，國爲墟棘，身爲魚鼈●〔13〕。孤之怨吴，深於骨髓〔14〕；而孤之事吴，如子之畏父、弟之敬兄。此孤之死言也。今大夫有賜，故孤敢以報情●〔15〕。孤身不安重席〔16〕，口不嘗厚味，目不視美色，耳不聽雅音，既已三年矣。焦脣乾舌、苦身勞力，上事羣臣，下養百姓，願一與吴交戰於天下平原之野，正身臂●而奮吴、越之士〔17〕，繼踵連死、肝腦塗地者〔18〕，孤之願也。思之三年，不可得也。今内量吾國，不足以傷吴；外事諸侯，而不能害也【1】。願空國、棄羣臣、變容貌、易姓名、執箕帚、養牛馬以事之，以與吴王争一旦之死【2】。孤雖知要領不屬〔19〕，手足異處，四支布陳〔20〕，爲鄉邑笑，孤之意出焉。今大夫有賜，存亡國，舉●死人〔21〕，孤賴天賜，敢不待令乎？”

子貢曰：“夫吴王爲人，貪功名而不知利害。”

越王慥然避位〔22〕。

子貢曰：“臣觀吴王，爲數戰伐，士卒不息●【3】，大臣内引〔23〕，讒人益衆。夫子胥爲人，精誠中廉，外明而知時，不以身死隱君之過，正言以忠君，直行以爲國，其身死而不聽〔24〕。太宰嚭爲人，智而愚〔25〕，彊而弱〔26〕，巧言利辭以内其身，善爲詭詐以事其君，知其前而不知其後，順君之過以安其私，是殘國傷君之佞臣也。”

越王大悦。子貢去，越王送之金百鎰、寶劍一、良馬●二〔27〕，子貢不受。

【校記】

【1】大德本無“害”字，據《吕氏春秋·順民》補。

【2】大德本無“以與吴王争一旦之死”，據《吕氏春秋·順民》補。

【3】息：大德本作“恩”，據顧校改。〇徐天祜曰：“《國語》‘恩’作‘息’。”〇覺按：今本《國語》無此文，《越絶書·内傳陳成恒》、《史記·仲尼弟子列傳》作“忍”。

【注釋】

〔1〕蠻夷：見 1.4 注〔9〕、〔11〕。

〔2〕徐天祜曰："'處'字不通，《越絶》作'弔君故來'，與下文'弔'字相應。"〇薛正興曰："朱駿聲《説文通訓定聲》豫部：'鼠〔轉注〕《詩·雨無正》："鼠思泣血。"鄭箋："憂也。"按鼠晝伏夜動，多畏者也。《正月》："癙憂以癢。"《爾雅·釋詁》："病也。"《中山經》："脱扈之山有草焉，名曰植楮，可以已癙。"字亦作癙。'又，'處〔假借〕爲癙，實爲鼠。《吕覽·愛士》："陽城胥渠處。"注："處，病也。"'"〇覺按：薛説可從，但其引文中的"癢"當作"痒"。此"處"字爲"癙"之借字，指憂鬱之病，猶言"憂患"，與下文"禍"字相應。

〔3〕據《周禮·春官·大祝》，古代有"九拜"的禮節：一爲"稽（qǐ 起）首"，即頭叩至地後再停留一會兒，"稽"即停留的意思，這是最隆重虔敬的禮節。二爲"頓首"，即頭叩一下地。三爲"空首"，即頭不着地，僅拜至手。四爲"振動"，即兩手相擊。五爲"吉拜"，即拜而後稽顙（前額着地）。六爲"凶拜"，即稽顙而後拜。七爲"奇拜"，即拜一次。八爲"褒拜"，即此文之"再拜"，連拜兩次。九爲"肅拜"，即作揖，低頭拱手行禮。

〔4〕其：指代對方，是一種活用。

〔5〕徐天祜曰："《子貢傳》'聞之'作'先聞'者是。"〇覺按："聞之"亦通，不煩改字。 發：《吕氏春秋·音律》"無發大事"高誘注："發，起。"

〔6〕徐天祜曰："《國語》作'是見'。"〇覺按：《國語》無此文，徐注之"《國語》"當作"《越絶》"，文見《越絶書·内傳陳成恒》。

〔7〕玉聲：對别人言論的尊稱，表示其言之貴重。

〔8〕徐天祜曰："惟幾乎，《越絶》作'其惟臣幾乎'。"

〔9〕無：通"毋"。 惡（wù 務）：厭惡。 盡其禮：《史記·仲尼弟子列傳》作"尊其禮"。

〔10〕而：猶"其"，參見《古書虚字集釋》卷七。 而伐齊，齊必戰：《史記·仲尼弟子列傳》作"其伐齊必也"，於義爲優。

〔11〕羽毛：通"羽旄"，用羽毛做成的旌旗。一般插於君王的游車之上，所以爲人所重。《左傳·襄公十四年》："范宣子假羽毛於齊而弗歸，齊人始貳。"杜預注："析羽爲旌，王者游車之所建，齊私有之，因謂之羽毛。"

〔12〕百姓：百官。參見 3.2 注〔23〕。

〔13〕徐天祜曰："《國語》'鼈'下有'餌'字。"〇覺按：《國語》無此文，徐注之"《國語》"當作"《越絶》"。《越絶書·内傳陳成恒》作"身爲魚鼈餌"，義稍不同。 身爲魚鼈：自己成了魚鼈，意爲與魚鼈爲伍，即上文所説的"下守海濱，唯魚鼈見矣"。

〔14〕骨髓：是人身上最難深入的地方，所以常用來形容怨恨或疼痛的程度之深。

〔15〕徐天祜曰："《越絶》作'以疑請'者是。"〇盧文弨曰："報情，告以情也。此書是。"〇覺按：盧説是，原文甚通，不煩改字。

〔16〕席：指座席，《韓非子·外儲説左下》説孟獻伯"食不二味，坐不重席"可證。 重（chóng 蟲）席：重疊的席子。古時席地而坐，以座席層數多少來區别尊卑。《禮記·禮器》："天子之席五重，諸侯之席三重，大夫再重。"

〔17〕徐天祜曰："《越絶》作'整襟交臂'。"

〔18〕踵（zhǒng 腫）：脚後跟。 繼踵：接踵。表示緊跟著。這幾句《史記·仲尼弟

子列傳》作：“日夜焦脣乾舌，徒欲與吴王接踵而死。”

〔19〕要（yāo 妖）：“腰”之古字。屬（zhǔ 囑）：連接。要領不屬：指腰斬、斬首。

〔20〕支：通“肢”。

〔21〕徐天祜曰：“《國語》‘舉’作‘興’。”〇覺按：《國語》無此文，徐注之“《國語》”當作“《越絶》”，文見《越絶書·内傳陳成恒》。此“舉”與“起死回生”之“起”同義。《國語·晉語五》“舉而從之”韋昭注：“舉，起也。”

〔22〕盧文弨曰：“‘慥然’與‘造然’同，當音蹵。”〇覺按：慥（zào 造）然、造然、慼（cù 促）然、蹴（cù 促）然，古代音近義通，都用來表示驚恐不安的樣子。《辭源》將“慥”解爲“猝然”，將“造”解爲“愁貌”，將“慼”解爲“不悦貌”，將“蹵”解爲“恭敬貌”，未能會其通，不當。

〔23〕引：《禮記·玉藻》“則必引而去君之黨”鄭玄注：“引，卻也。”即引退的意思。《史記·仲尼弟子列傳》此句作“大臣内變”。

〔24〕從“夫子胥爲人”至此，《史記·仲尼弟子列傳》僅作“子胥以諫死”五字，《索隱》曰：“王劭按：《家語》、《越絶》並無此五字，是時子胥未死。”如果依《左傳》、《史記》的記載，則此年子胥已死（見 5.2 注〔13〕），此文不誤。但依本書記載，子胥此時未死，此句當衍。

〔25〕智而愚：指處理小事很精明，處理大事很糊塗。

〔26〕彊而弱：指外强中乾。

〔27〕徐天祜曰：“《子貢傳》‘馬’作‘矛’。”〇覺按：鎰：見 3.8 注〔12〕。

【義疏】

子貢到東邊去見越王，越王聽説此事，就清掃好道路在城外迎接，並親自陪同子貢到旅館下榻，問子貢説：“我們這偏僻狹小的國家，都是些南蠻東夷族之類文化落後的人，大夫爲什麽如此乏味却還像未受耻辱而到了這種地步？”

子貢説：“您有憂患，所以我來了。”

越王勾踐拜了兩次後磕頭伏地説：“我聽説：‘灾禍和幸福是相鄰的。’現在大夫前來慰問，是我的福氣了。我敢不請教一下您的高見麽？”

子貢説：“我這次去見吴王，勸他援救魯國而攻打齊國，他心裏很害怕越國。再説，如果没有報復别人的念頭而使别人懷疑自己，是一種笨拙；有了報復别人的心思而讓别人知道自己的心意，就不安全了；事情還没有幹起來就被人聽説了，也就危險了。這三種情況，是辦事時最大的忌諱。”

越王又拜了兩次，説：“我小時候就失去了父親，心裏也没有衡量一下自己的力量，就和吴國人作戰了，結果軍隊戰敗，自己受辱逃跑，向上栖息在會稽山，在下守衛在大海邊，衹能與魚鱉相見了。現在大夫屈辱了自己前來慰問而親自會見我，又説出金玉良言來教導我。我真是依靠了上天的恩賜啊，敢不接受您的教導嗎？”

子貢説：“我聽説：‘英明的君主任用人才，不會錯失他們的才能；正直的人士推薦賢能，不會被社會容忍。’所以面對財物、分配利益，就使用仁慈的人；碰到禍患、遭受災難，就使用勇敢的人；要用智慧來謀劃國事，就使用賢能的人；匡正天下，平定諸侯，就使用聖明的人。軍隊强大却不能施展自己的威力，權勢處在君主的地位上却不能使自己的政策法令在下面得到貫徹執行，那樣的君主也就臨近于災難了。我私下裏自己挑選了一下可以和您成就功業而達到稱王天下境地的，那就祇有我還差不多吧！現在吴王有攻打齊國、晋國的意嚮，請您不要吝惜貴重的寶器，而要把它們送給吴王來討他的歡心；不要不願説卑躬屈膝的話，而要用它來盡到對吴王的禮儀。他去攻打齊國，齊國一定會應戰。如果他打不羸，就是您的福氣。如果他作戰獲勝了，就一定會用他的軍隊進逼晋國。這樣，他的騎兵和精鋭部隊將在齊國被搞得支憊不堪，貴重的寶物、車輛馬匹、羽毛之旗將會全部喪失在晋國，那麽您就可以制伏他的殘餘勢力了。”

越王又拜了兩次，説：“從前吴王分出了他所擁有的人口中的一部分人來殘害我國，殺害摧殘我的民衆，鄙視侮辱我的群臣百官，鏟平我祖宗的廟宇，我國都成了一片廢墟荆棘，我自己也祇能混迹于魚鱉之中。我怨恨吴國，深入骨髓；而我侍奉吴國，就像兒子害怕父親、弟弟尊敬兄長一樣。這些都是我冒死説的話啊。現在大夫有所賜教，所以我敢告訴您真情。我身體不安坐在重叠的席子上，嘴巴不吃美味佳肴，眼睛不看美麗的女色，耳朵不聽高雅的音樂，已經三年了。我使自己嘴唇枯焦、舌頭乾燥、身體辛苦、力量使盡，上面侍奉群臣百官，下面養育平民百姓，希望有朝一日和吴國在天下那廣闊平坦的原野上交戰，端正了身體進行指揮而使吴國、越國的戰士奮起作戰，就是緊跟在吴王之後一起死去、肝腦塗地，也是我心甘情願的啊。但想此想了三年，也不能實現啊！現在我對内衡量了一下我的國力，還不够用來損傷吴國；對外侍奉諸侯，却又不能損害吴國。我願意掏盡國内的一切、抛弃群臣百官、毁壞自己的容貌、改變自己的姓名、手拿畚箕掃帚、飼養牛馬來侍奉吴王，用這樣的方法在某一天和吴王拼個你死我活。我雖然知道這樣做會使自己腰頸不連，手脚被肢解在不同的地方，四肢被抛散四處，被鄉村城鎮的人所耻笑，但我的志嚮實現了。現在大夫有所恩賜，保存我這滅亡之國，救活我這將死之人，我實在是靠了上天的恩賜啊，敢不俯首待命嗎？”

子貢説：“吴王的爲人，祇貪圖功業名聲而不懂得利弊得失。”

越王驚恐不安地離開座位。

子貢説：“我看那吴王，進行多次戰争，士兵不得休息，大臣在國内引退，説人壞話的人越來越多。那伍子胥的爲人，極端真誠而内心正直，對身外之事一目瞭然而又懂得時務，不因爲自己要被殺死就掩蓋君主的過錯，用正直的言論來效忠君主，用正直的行動來爲國效勞，但他死了以後他的忠言也没有被吴王聽從。太宰伯嚭的爲人，處理小事很聰明而處理大事很愚蠢，看上去剛强而實際上脆弱，用花言巧語來使他自己得到進用，用精心編造的欺詐之言來侍奉他的君主，衹知道那以前的事情而不知道那以後的事情，附和君主的錯誤來保全自己的私利，這是個殘害國家、傷害君主的諂諛之臣。”

越王十分高興。子貢離開越國，越王送給他黄金百鎰、寶劍一把、好馬兩匹，子貢没有接受。

【輯證】

越王苦會稽之恥，欲深得民心，以致必死於吴。身不安枕席，口不甘厚味，目不視靡曼，耳不聽鐘鼓。三年苦身勞力，焦脣乾肺。内親羣臣，下養百姓，以來其心。有甘脆不足分，弗敢食；有酒流之江，與民同之。身親耕而食，妻親織而衣。味禁珍，衣禁襲，色禁二。時出行路，從車載食，以視孤寡老弱之漬病困窮顔色愁悴不贍者，必身自食之。於是屬諸大夫而告之，曰：“願一與吴徼天下之衷。今吴、越之國，相與俱殘，士大夫履肝肺，同日而死，孤與吴王接頸交臂而僨，此孤之大願也。若此而不可得也，内量吾國不足以傷吴，外事之諸侯不能害之，則孤將棄國家，釋羣臣，服劍臂刃，變容貌，易名姓，執箕帚而臣事之，以與吴王争一旦之死。孤雖知要領不屬，首足異處，四枝布裂，爲天下戮，孤之志必將出焉。”於是異日果與吴戰於五湖，吴師大敗，遂大圍王宫，城門不守，禽夫差，戮吴相，殘吴二年而霸，此先順民心也。（《吕氏春秋·順民》P.479）

越王除道郊迎，身御至舍而問曰：“此蠻夷之國，大夫何以儼然辱而臨之？”子貢曰：“今者吾説吴王以救魯伐齊，其志欲之而畏越，曰‘待我伐越乃可’。如此，破越必矣。且夫無報人之志而令人疑之，拙也；有報人之志，使人知之，殆也；事未發而先聞，危也。三者舉事之大患。”句踐頓首再拜曰：“孤嘗不料力，乃與吴戰，困於會稽，痛入於骨髓，日夜焦脣乾舌，徒欲與吴王接踵而死，孤之願也。”遂問子貢。子貢曰：“吴王爲人猛暴，羣臣不堪；國家敝以數戰，士卒弗忍；百姓怨上，大臣内變；子胥以諫死；太宰嚭用事，順君之過以安其私：是殘國之治也。今王誠發士卒佐之徼其志，重寶以説其心，卑辭以尊其禮，其伐齊必也。彼戰不勝，王之福矣。戰勝，必以兵臨晉，臣請北見晉君，令共攻之，弱吴必矣。其鋭兵盡於齊，重甲困於晉，而王制其敝，此滅吴必矣。”越王大説，許諾。送子貢金百鎰，劍一，良矛二。子貢不受，遂行。（《史記·仲尼弟子列傳》P.2658）

子貢東見越王，越王聞之，除道郊迎至縣，身御子貢至舍，而問曰：“此乃僻陋之邦，蠻夷之民也。大夫何索，居然而辱，乃至於此？”子貢曰：“弔君，故來。”越王勾踐稽首再拜，曰：“孤聞之：‘禍與福爲鄰。’今大夫弔孤，孤之福也。敢遂聞其説。”子貢曰：“臣今見吴王，告以救魯而伐齊。其心申，其志畏越，曰：‘嘗與越戰，棲於會稽山上。夫越君，賢主也，苦身勞力，以夜接日，内飾其政，外事諸侯，必將有報我之心。子待我伐越而聽子。’且夫無報人之心而使人疑之者，拙也；有報人之心而使人知之者，殆也；事未發而聞者，危也。三者，舉事之大忌。”越王勾踐稽首再拜，曰：“昔者，孤不幸少失先人，内不自量，與吴人戰，軍敗身辱，遺先人恥，遯逃出走，上棲會稽山，下守溟海，唯魚鱉是見。今大夫不辱而身見之，又出玉聲以教孤，孤賴先人之賜，敢不奉教乎？”子貢曰：“臣聞之：‘明主任人，不失其能；直士舉賢，不容於世。’故臨財分利則使仁，涉危拒難則使勇，用衆治民則使賢，正天下、定諸侯則使聖人。臣竊練下吏之心，兵疆而不并弱，勢在其上位而行惡令其下者，其君幾乎？臣竊自練可以成功至王者，其唯臣幾乎？今夫吴王有伐齊之志，君無惜重器以喜其心，毋惡卑辭以尊其禮，則伐齊必矣。彼戰而不勝，則君之福也。彼戰而勝，必以其餘兵臨晉。臣請北見晉君，令共攻之，弱吴必矣。其騎士、鋭兵弊乎齊，重器、羽旄盡乎晉，則君制其敝，此滅吴必矣。”越王勾踐稽首再拜，曰：“昔者吴王分其人民之衆以殘伐吾邦，殺敗吾民，屠吾百姓，夷吾宗廟，邦爲空棘，身爲魚鱉餌。今孤之怨吴王，深於骨髓。而孤之事吴王，如子之畏父，弟之敬兄，此孤之外言也。大夫有賜，故孤敢以疑？請遂言之：孤身不安牀席，口不甘厚味，目不視好色，耳不聽鐘鼓者，已三年矣。焦唇乾嗌，苦心勞力，上事羣臣，下養百姓，願一與吴交天下之兵於中原之野，與吴王整襟交臂而奮吴越之士，繼蹟連死，士民流離，肝腦塗地，此孤之大願也。如此不可得也。今内自量吾國不足以傷吴，外事諸侯不能也。孤欲空邦家、措策力、變容貌、易名姓、執箕帚、養牛馬以臣事之。孤雖要領不屬，手足異處，四支布陳，爲鄉邑笑，孤之意出焉。大夫有賜，是存亡邦而興死人也，孤賴先人之賜，敢不待命乎？”子貢曰：“夫吴王之爲人也，貪功名而不知利害。”越王慥然避位，曰：“在子。”子貢曰：“賜爲君觀夫吴王之爲人，賢疆以恣下，下不能逆；數戰伐，士卒不能忍。太宰嚭爲人，智而愚，疆而弱，巧言利辭以内其身，善爲僞詐以事其君，知前而不知後，順君之過以安其私，是殘國之吏、滅君之臣也。”越王大悦。子貢去而行，越王送之金百鎰、寶劍一、良馬二，子貢不受，遂行。（《越絶書·内傳陳成恒》P.150）

顧校：且（曰）夫無報人之志而使人疑之　今大夫辱弔（弔辱）而身見之　以教孤孤（無下“孤”）賴天之賜也　直士舉（與）賢　兵强（彊）而不能行其威　執箕帚（箒）　士卒不恩（息）　太宰嚭（嚭）爲人

蔣校：其心畏越（宋本下有“曰”字）　今大夫辱弔（宋本“弔辱”）而身見之　以教孤孤（宋本無下“孤”字）賴天之賜也　直士舉（宋本“與”）賢　兵强（宋本“彊”）　執箕帚（宋本“箒”）　士卒不恩（宋本“息”）

5.7

至吴，謂吴王曰：“臣以下吏之言告於越王，越王大恐曰：‘昔者孤身不幸，少失前人。内不自量，抵罪於吴，軍敗身辱，逋逃出走[1]，棲于會稽，國爲墟莽，身爲魚鼈●[2]。賴大王之賜，使得奉俎豆、修祭祀[3]。大王賜【1】，死且不敢忘，何謀之敢？’其志甚恐，將使使者來謝於王。”

子貢館五日，越使果來，曰：“東海役臣勾踐之使者臣種[4]，敢修下吏少聞於左右[5]：昔孤不幸，少失前人，内不自量，抵罪上國[6]，軍敗身辱，逋逃會稽。賴王賜，得奉祭祀，死且不忘。今竊聞大王興大義[7]，誅彊救弱，困暴齊而撫周室[8]，故使賤臣以奉前王所藏甲二十領、屈盧之矛、步光之劍[9]，以賀軍吏。若將遂大義，弊邑雖小[10]，請悉四方之内士卒三千人以從下吏，請躬被堅執鋭以前受矢石〔11〕，君臣死無所恨矣。”

吴王大悦，乃召子貢曰：“越使果來，請出士卒三千，其君從之，與寡人伐齊，可乎？”

子貢曰：“不可。夫空人之國，悉人之衆，又從其君，不仁也。受幣，許其師，辭其君，即可。”

吴王許諾。

【校記】

【1】大德本無“大王賜”三字，據顧校補。

【注釋】

〔1〕逋（bū 哺）：逃亡。走：逃跑。

〔2〕徐天祜曰：“《越絶》‘鼈’下有‘餌’字。”

〔3〕俎（zǔ 阻）：古代祭祀時盛牛羊等祭品的禮器。 豆：古代一種盛食物的器皿，形似高脚盤，後多用作祭祀時盛肉醬等祭品的禮器。 修：《國語·晉語五》“而不修天罰”韋昭注：“修，行也。”

〔4〕臣：見5.5注〔5〕。 役臣：供人役使的奴僕。這是一種謙稱，即上文所謂“卑辭”。種：即文種，春秋末年越國大夫，姓文，名種，字少禽（一作子禽），楚國人，曾輔助勾踐滅吴，後來勾踐聽信讒言，他被賜劍自殺。其事蹟可參見《國語·越語》、《史記·越王句踐世家》以及本書下文。

〔5〕修：當作“循”（參見《故訓匯纂》第120頁）。古書中的“循”往往形訛爲“脩”，而“脩”又被後人改爲“修”。 敢修下吏：與9.6“敢因下吏”同義。 少：稍微。表示不敢多説，含有敬意。 聞：使……聽見，報告。 左右：原意是指左右兩旁的侍臣，故又與“下吏”、“執事”一樣用作爲對對方的尊稱，表示不敢直接指稱對方，含有敬畏之意。

〔6〕上國：指吴國。越國靠海，地勢低卑，以吴國爲上流，所以稱吴國爲上國。參見4.3注〔17〕。

〔7〕大義：合乎正義的大道理。此指春秋時人們公認的重要的道德準則。

〔8〕周室：周王之家，周朝王室。封建帝王以天下爲自己一家所有，故朝廷乃至國家被稱爲王室。

〔9〕屈盧：原爲古代造矛的良匠之名，《史記·商君列傳》“持矛而操闟戟者”《索隱》：“屈盧、干將，並古良匠造矛戟者名。”此用作良矛的代稱。《史記·仲尼弟子列傳》“屈盧之矛”《索隱》：“屈盧，矛名。” 步光：良劍名。

〔10〕弊邑：對本國的謙稱。

〔11〕被（pī 批）：通“披”。 前：先。 矢石：箭與石塊。古代作戰，常發箭拋石來打擊敵人。

【義疏】

子貢回到吴國，對吴王説：“我把您的話告訴了越王，越王非常恐懼地説：‘過去我很不幸，小時候就失去了父親，心裏又没有掂量一下自己的力量，得罪了吴國，結果軍隊戰敗，自身受辱，逃亡在外奔走，栖宿在會稽山，國都成了一片廢墟草叢，自己衹能混迹于魚鱉之中。靠了大王的恩賜，纔使我能捧着禮器進行祭祀。大王的恩賜，我就是死了也不敢忘記，哪裏還敢有什麽圖謀呢？'他的心情非常恐懼，將要派遣使者前來向大王道謝。"

子貢在賓館住了五天，越國的使者果然來了，説："東海邊上的奴僕勾踐的使者下臣文種，冒昧地通過您的下屬官吏稍微向您報告一下：從前勾踐不幸，小時候就失去了父親，又不自量力，得罪了貴國，以致軍隊戰敗，自己受辱，逃亡到會稽山。靠了大王的恩賜，纔能奉享祭祀，這種恩德就是死了也不會忘記。現在勾踐私下裏聽説大王將要弘揚大義，討伐强暴，援救弱小，制伏暴虐的齊國而安撫周朝王室，所以派下臣來奉獻前代國王所珍藏的鎧甲二十件、屈盧良矛、步光利劍，以此來祝賀將士們。如果將要成就大義，敝國雖小，請讓我們悉數調動四境之内的士兵三千人來跟隨您，勾踐願意親自穿上堅固的鎧甲、手握鋒利的兵器來爲大王打先鋒，君臣就是身死疆場也没有什麽遺憾的了。"

吴王十分高興，就召見子貢説："越國的使者果然來了，請求派出士兵三千人，他們的君主也要跟隨我，和我一起去攻打齊國，這樣行麽？"

子貢説："不行。掏空了别人的國家，帶光了别人的士兵，又使他們的國君跟隨自己，這是不仁的。您還是接受他的禮物，答應收下他的軍隊，辭退他的國君，那就可以了。"

吴王就答應了。

【輯證】

報吴王曰："臣敬以大王之言告越王，越王大恐，曰：'孤不幸，少失先人，内不自量，抵罪於吴，軍敗身辱，棲于會稽，國爲虚莽，賴大王之賜，使得奉俎豆而修祭祀，死不敢忘，何謀之敢慮！'"後五日，越使大夫種頓首言於吴王曰："東海役臣孤句踐使者臣種，敢修下吏問於左右：今竊聞大王將興大義，誅彊救弱，困暴齊而撫周室，請悉起境内士卒三千人，孤請自被堅執鋭，以先受矢石。因越賤臣種奉先人藏器，甲二十領，鈇屈盧之矛，步光之劍，以賀軍吏。"吴王大説，以告子貢曰："越王欲身從寡人伐齊，可乎？"子貢曰："不可。夫空人之國，悉人之衆，又從其君，不義。君受其幣，許其師，而辭其君。"吴王許諾，乃謝越王。於是吴王乃遂發九郡兵伐齊。（《史記·仲尼弟子列傳》P.2659）

至吴，報吴王曰："敬以下吏之言告越王，越王大恐，乃懼曰：'昔孤不幸，少失先人。内不自量，抵罪於縣，軍敗身辱，遯逃出走，棲於會稽，邦爲空棘，身爲魚鱉餌。賴大王之賜，使得奉俎豆而修祭祀。大王之賜，死且不忘，何謀敢慮？'其志甚恐，似將使使者來。"子貢至五日，越使果至，曰："東海役臣孤勾踐使使臣種，敢修下吏問於左右：昔孤不幸，少失先人，内不自量，抵罪於縣，軍敗身辱，遯逃出走，棲於會稽，邦爲空棘，身爲魚鱉餌。賴大王之賜，使得奉俎豆而修祭祀。大王之賜，死且不忘。今竊聞大王將興大義，誅彊救弱，困暴齊而撫周室，故使越賤臣種以先人之藏器甲二十領、屈盧之矛、步光之劍，以賀軍吏。大王將遂大義，則弊邑雖小，悉擇四疆之中，出卒三千，以從下吏，孤請自被堅執鋭以受矢石。”吴王大悦，乃召子貢而告之曰：“越使果來，請出卒三千，其君又從之，與寡人伐齊，可乎？”子貢曰：“不可。夫空人之邦，悉人之衆，又從其君，不仁也。君受其幣，許其師，而辭其君。”吴王許諾。（《越絶書·内傳陳成恒》P.155）

《吴越春秋》曰：“越王用屈盧之矛、步光之劍獻之吴王。”（《北堂書鈔》卷第一百二十三 V.1212-P.565）

《吴越春秋》曰：“勾踐使大夫文種於吴，曰：‘竊聞大王興大義，誅强救弱。越使賤臣種以先人藏器及甲二十領以賀君。’”（《初學記》卷第二十二 P.536）

《吴越春秋》曰：“越屈盧之矛、步光之劒獻吴王。”（《太平御覽》卷第三百五十三 P.1625）

《吴越春秋》曰：“勾踐使大夫種於吴，曰：‘竊聞大王興大義，誅彊救弱。越使賤臣種以先人藏器及甲二十領以賀君。’”（《太平御覽》卷第三百五十六 P.1635）

顧校：修祭祀（下多“大王賜”）死且不敢忘　　以賀君吏（軍士）

蔣校：修祭祀（宋本下有“大王賜”三字）死且不敢忘　　以賀君吏（宋本“士”）

5.8

子貢去晉，見定公曰〔1〕：“臣聞：‘慮不預定，不可以應卒〔2〕；兵不預辦，不可以勝敵。’今吴、齊將戰，戰而不勝，越亂之必矣；與戰而勝，必以其兵臨晉。君爲之奈何？”定公曰：“何以待之？”子貢曰：“修兵伏卒●以待之〔3〕。”晉君許之。子貢返魯。

【注釋】

〔1〕定公：晉定公，名午，公元前511—公元前475年在位。

〔2〕卒（cù促）：同“猝”，突然，出乎意外。這裏用作名詞。

〔3〕徐天祐曰：“《子貢傳》‘伏’作‘休’。”〇覺按：“伏”當作“休”，形近而誤。岳飛《五嶽祠盟題記》：“故且養兵休卒，畜鋭待敵。”也可明此文之義。

【義疏】

子貢又到了晉國，見了晉定公説：“我聽説：‘主意不預先打定，就不可以應付意外；軍隊不事先整治好，就不可能戰勝敵人。’現在吴國和齊國將要開戰，吴國如果打不赢，越國去擾亂它是必定的了；吴國和齊國打仗如果打赢了，一定會用它的軍隊進逼晉國。您對這種情况該怎麽辦呢？”定公説：“用什麽辦法來對付它呢？”子貢説：“您修理好兵器、休整好戰士來對付它就行了。”晉定公答應了他。子貢就返回了魯國。

【輯證】

子貢因去之晉，謂晉君曰：“臣聞之，慮不先定不可以應卒，兵不先辨不可以勝敵。今夫齊與吴將戰，彼戰而不勝，越亂之必矣；與齊戰而勝，必以其兵臨晉。”晉君大恐，曰：“爲之柰何？”子貢曰：“修兵休卒以待之。”晉君許諾。子貢去而之魯。（《史記·仲尼弟子列傳》P.2660）

子貢去之晉，謂晉君曰：“臣聞之：‘慮不先定，不可以應卒；兵不先辨，不可以勝敵。’

今齊、吴將戰，勝則必以其兵臨晉。”晉大恐，曰：“爲之奈何？”子貢曰：“修兵休卒以待吴，彼戰而不勝，越亂之必矣。”晉君許諾。子貢去而之魯。（《越絶書·内傳陳成恒》P.157）

顧校：戰而不勝越（無“越”）亂之必矣與戰（勝）而勝　君爲之柰（無“柰”）何

蔣校：戰而不勝越（宋本無“越”字）亂之必矣與戰（宋本“勝”）而勝　君爲之柰（宋本無“柰”字）何

5.9

吴王果興九郡之兵，將與齊戰。道出胥門〔1〕，因過姑胥之臺〔2〕。忽晝假寐於姑胥之臺而得夢〔3〕，及寤而起，其心恬然悵焉〔4〕。乃命太宰嚭，告曰：“寡人晝臥有夢，覺而恬然悵焉。請占之〔5〕，得無所憂哉？夢入章明宫，見兩鑑●蒸而不炊〔6〕，兩黑犬嗥以南、嗥以北，兩鋘●殖吾宫牆〔7〕，流水湯湯●越吾宫堂〔8〕，後房鼓震篋篋有鍛工〔9〕，前園横生梧桐。子爲寡人占之。”

太宰嚭曰：“美哉！王之興師伐齊也。臣聞：章者，德鏘鏘也〔10〕。明者，破敵聲聞功朗明也〔11〕。兩鑑蒸而不炊者，大王聖德氣有餘也。兩黑犬嗥以南、嗥以北者，四夷已服朝諸侯也〔12〕。兩鋘殖宫牆者，農夫就成田夫耕也〔13〕。湯湯越宫堂者，鄰國貢獻財有餘也。後房篋篋鼓震有鍛工者，宫女悦樂琴瑟和也。前園横生梧桐者，樂府鼓聲也〔14〕。”

吴王大悦，而其心不已〔15〕，復召王孫駱【1】〔16〕，問曰：“寡人忽晝夢，爲予陳之。”

王孫駱曰：“臣鄙淺於道，不能博大〔17〕。今王所夢，臣不能占。其有所知者，東掖門亭長長城公弟●公孫聖〔18〕。聖爲人，少而好游，長而好學，多見博觀，知鬼神之情狀。願王問之。”

【校記】

【1】大德本無“復”字，據顧校補。

【注釋】

〔1〕胥門：吴都城西之門有二，靠北的爲閶門，靠南的爲胥門，參見4.2注〔11〕、〔17〕。相傳胥門因伍子胥住宅近之而得名，參見《吴地記》、《吴郡志》卷三。今蘇州城西猶有胥門之稱。

〔2〕姑胥之臺：即姑蘇臺，見4.35注〔9〕。

〔3〕假寐：《左傳·宣公二年》“坐而假寐”杜預注：“不解衣冠而睡。”

〔4〕恬（tián田）然：安閒的樣子。　悵焉：即“悵然”，失意的樣子。

〔5〕占：此指占夢，即圓夢，就是根據夢中所見來附會預測人事的吉凶。

〔6〕徐天祜曰："音歷，鬲屬。"〇覺按：鑩（lì 立）：同"鬲"，古代烹飪器，樣子像鼎，三足中空。

〔7〕徐天祜曰："音吴，刀名。錕鋘山出金作刀，可切玉。"〇盧文弨曰："觀下太宰嚭、公孫聖兩解，則鋘非刀也，乃臿耳，可以起土者。《方言》：'殖，立也。'"〇覺按：今《辭源》取徐説，誤。此當從盧説。鋘：同"鏵"而讀 huá（滑），兩字古代皆爲魚部字而音相近。《越絶書·外傳記吴王占夢》作"鏵"是其證。"鋘""鏵"是兩刃臿，即挖土的鍬。《後漢書·戴就傳》"又燒鋘斧"李賢注："何承天《纂文》曰：'臿，今之鋘也。'"《方言》卷五："臿，燕之東北、朝鮮洌水之間謂之斛，宋魏之間謂之鏵，或謂之鍏，江淮南楚之間謂之臿。"錢繹《箋疏》："《吴越春秋夫差内傳》云'寡人夢兩鋘殖吾宫牆'，'茉''釫''鋘'並與'鏵'同。"《史記·秦始皇本紀》"身自持築臿"《正義》："臿，鍬也。《爾雅》云：'鍬謂之臿。'"《釋名·釋用器》："鍤，插也，插地起土也。"

〔8〕徐天祜曰："音商，流貌。"〇覺按：湯湯（shāngshāng 傷傷）：水大的樣子。

〔9〕震：當作"橐"，形近而誤。《淮南子·本經訓》："鼓橐吹埵，以銷銅鐵。"本書 4.3："鼓橐裝炭，金鐵乃濡。"均爲"鼓橐"連言之證。此文誤爲"鼓震"，不但與"篋篋"不合，而且也與"鍛工"脱節了。橐：見 4.3 注〔13〕。篋篋（qièqiè 竊竊）：象聲詞，形容鼓風的聲音細小。

〔10〕章：《説文·音部》："樂竟爲一章，从音从十。""章"與音樂有關，所以伯嚭如此解釋。鏘鏘（qiāngqiāng 羌羌）：象聲詞，形容音樂聲。

〔11〕聲聞：名聲。

〔12〕四夷：東夷、西戎、南蠻、北狄舊時統稱"四夷"，它是古人對華夏族以外各族的蔑稱。朝：使動用法，使……來朝見。朝諸侯：指稱霸諸侯。

〔13〕成：《左傳·哀公元年》"有田一成"杜預注："方十里爲成。"此文泛指農田。

〔14〕樂府：主管音樂的官署。1977 年在西安市驪山秦始皇陵墓附近出土的秦代編鐘上有秦篆"樂府"二字，但秦代的樂府情況史籍無載，不得而知。據《漢書·禮樂志》，漢惠帝時已有樂府令，漢武帝時立樂府，規模始大。此文説"樂府"，當是作者以漢制來杜撰古事，並不能證明春秋時已設樂府。漢代樂府歌曲中有横吹曲（軍中之樂），所以此文以樂府鼓聲來附會"横生梧桐"。

〔15〕已：止。

〔16〕《國語·越語下》"使王孫雒行成於越"韋昭注："駱，吴大夫；王孫，姓也。"

〔17〕《荀子·修身篇》："多聞曰博，少聞曰淺。"

〔18〕徐天祜曰："《越絶》'長城公弟'作'越公弟子'。"〇覺按：掖門：邊門。《漢書·高后紀》"入未央宫掖門"顔師古注："非正門而在兩旁，若人之臂掖也。"東掖門：當是吴國都城東面邊門的名稱。亭長：秦漢時城内和城厢的"都亭"以及城門的"門亭"都設置亭長，掌管治安、訴訟等事。長城公弟：當依《越絶書·外傳記吴王占夢》作"越公弟子"，"長"字涉上"長"字而衍，"城"乃"越"之形訛，"弟"下又脱"子"字。"越"是姓，"公"是對人的尊稱。公孫：複姓。

【義疏】

吴王果然發動了九郡的軍隊，要和齊國作戰。他從胥門出發，因而經過姑胥臺。忽然白天在姑胥臺打瞌睡的時候做了一個夢，等到醒了起床，他心裏若無其事又若有所失。于是他叫來太宰伯嚭，告訴他説：“我白天睡覺有個夢，醒來感到若無其事又若有所失。請您預測一下這夢的吉凶，該不會有什麽憂患吧？我夢見自己進入章明宫，看見兩口鍋中熱氣上升却不燒火，兩條黑狗向南叫、向北叫，兩把鐵鍬豎直插在我的宫墻上，流水浩浩蕩蕩越過我宫内的大堂，後房拉風箱拉得切切作響而有打鐵的工匠，前面的園子裏横長着梧桐樹。您爲我解説一下這夢的吉凶吧。”

太宰嚭説：“大王起兵攻打齊國太好啦！我聽説：章，就是有德的音樂玱玱響。明，是攻破敵人的名聲功績響亮卓著。兩口鍋中熱氣上升却不燒火，是大王聖明的德行元氣有餘。兩條黑狗向南叫、向北叫，是四方各族已被征服而各國諸侯都來朝見。兩把鐵鍬豎直插在宫墻上，是農民下地、種田人翻土。流水浩浩蕩蕩越過宫内的大堂，是鄰國貢獻的財物多得放不下。後房切切地拉風箱而有打鐵的工匠，是宫女喜歡音樂而琴瑟在合奏應和。前面的園子裏横長着梧桐樹，是音樂官署中的鼓聲啊。”

吴王聽了十分高興，但他心裏却不能就此作罷，就又召見王孫駱，問道：“我忽然在白天做了個夢，請您給我把它解説一下。”

王孫駱説：“我對于方術孤陋寡聞，未能見多識廣。現在大王所夢見的，我不能解説它的吉凶。我略有所知的，是東掖門亭長越公的學生公孫聖。公孫聖這個人，小時候喜歡旅行，長大了愛好學習，見多識廣，知道鬼神的情况。請大王去問問他。”

【輯證】

吴王果興九郡之兵，而與齊大戰於艾陵，大敗齊師，獲七將，陳兵不歸。果與晉人相遇黄池之上，吴、晉争彊，晉人擊之，大敗吴師。越王聞之，涉江襲吴，去邦七里而軍陣。吴王聞之，去晉從越。越王迎之，戰於五湖。三戰不勝，城門不守。遂圍王宫，殺夫差而僇其相。伐吴三年，東鄉而霸。故曰：子貢一出，存魯、亂齊、破吴、彊晉、霸越是也。（《越絶書·内傳陳成恒》P.158）

昔者，吴王夫差之時，其民殷衆，禾稼登熟，兵革堅利，其民習於鬬戰，闔廬□剬子胥之教，行有日，發有時。道於姑胥之門，晝卧姑胥之臺。覺寤而起，其心惆悵，如有所悔。即召太宰而占之，曰：“向者晝卧，夢入章明之宫。入門，見兩鑩炊而不蒸，見兩黑犬嘷以北、嘷以南，見兩鏵倚吾宫堂，見流水湯湯越吾宫牆，見前園横索生樹桐，見後房鍛者扶挾鼓小震。子爲寡人精占之，吉則言吉，凶則言凶，無諛寡人之心所從。”太宰嚭對曰：“善哉！大王興師伐齊。夫章明者，伐齊克，天下顯明也。見兩鑩炊而不蒸者，大王聖氣有餘也。見兩黑犬嘷以北、嘷以南，四夷已服，朝諸侯也。兩鏵倚吾宫堂，夾田夫也。見流水湯湯越吾宫牆，獻物已至，則有餘也。見前園横索生樹桐，樂府吹巧也。見後房鍛者扶挾鼓小震者，宫女鼓樂也。”吴王大悦，而賜太宰嚭雜繒四十疋。王心不已，召王孫駱而告之。對曰：“臣智淺能薄，無方術之事，不能占大王夢。臣知有東掖門亭長越公弟子公孫聖，爲人幼而好學，長而憙游，博聞彊識，通於方來之事，可占大王所夢。臣請召之。”吴王曰：

“諾。”（《越絶書·外傳記吴王占夢》P.208）

吴王夫差興九郡之兵，将與齊戰。道出胥門，假寐於姑胥之臺。夢入章明宫，見兩鑑蒸而不炊，兩黑犬嗥以南、嗥以北，兩鋘殖宫牆，流水湯湯越其宫堂，後房鼓震篋篋有鍜工，前園横生梧桐。謂太宰嚭曰：“子爲寡人占之。”嚭曰：“美哉！王之伐齊也。章者，德鏘鏘也。明者，破敵聲聞昭明也。兩鑑蒸而不炊者，大王聖德氣有餘也。兩黑犬嗥以南、嗥以北者，四夷朝、服諸侯也。兩鋘殖宫牆者，農夫就成田夫耕也。流水湯湯越宫堂者，鄰國貢獻財有餘也。後房篋篋鼓震有鍜工者，宫女悦樂琴瑟和也。前園横生梧桐者，樂府鼓聲也。”吴王大悦，而其心不已，復召王孫駱問之。駱曰：“臣鄙淺，不能占王夢。東掖門亭長長城公弟公孫聖，多見博觀，知鬼神之情狀。願王問之。”王乃遣駱往，請公孫聖急詣姑胥之臺。聖伏地而泣。其妻謂聖：“子何性鄙！人主急召，乃涕泣如雨乎？”聖曰：“悲哉！非子所知。今日壬午，時加南方；命屬上天，不得逃亡。非但自哀，誠傷吴王。吾受道十年，隱身辟害，欲紹壽命。不意率約急召，中世自棄，故悲。與子相離耳。”遂詣姑胥臺。吴王曰：“寡人将北伐齊、魯，道出胥門，過姑胥之臺，忽然晝夢。子爲占之。”聖曰：“臣不言，身名全；言之，必死百段於王前。臣聞：章者，戰不勝敗走傽偟也。明者，去昭就寞寞也。入門見鑑蒸而不炊者，不得火食也。兩黑犬嗥以南、嗥以北者，黑者陰也，北者匿也。兩鋘殖宫牆者，越軍入吴國、伐宗廟、掘社稷也。流水湯湯越宫堂者，宫室墟也。後房鼓震篋篋者，坐太息也。前園横生梧桐者，梧桐心空，不爲用器，但爲盲僮與死人俱葬也。願大王按兵修德，遣下吏太宰嚭、王孫駱，解冠，肉袒徒跣，稽首謝勾踐，國可安存，身可不死。”吴王怒曰：“吾天之所生，神之所使。”顧力士石番以鐵鎚擊殺之。（《吴越春秋》）（《吴郡志》卷四十三“方技”P.292）

顧校： 乃命太宰嚭（嚭）　　而其心不已（下多“復”）召王孫駱

蔣校： 而其心不已（宋本下有“復”字）召王孫駱

5.10

王乃遣王孫駱往請公孫聖，曰：“吴王晝臥姑胥之臺，忽然感夢，覺而悵然，使子占之。急詣姑胥之臺。”

公孫聖伏地而泣，有頃而起【1】。其妻從旁謂聖曰：“子何性鄙！希睹人主，卒得急召〔1〕，涕泣如雨。”

公孫聖仰天歎曰：“悲哉！非子所知也。今日壬午〔2〕，時加南方〔3〕；命屬上天，不得逃亡〔4〕。非但自哀，誠傷吴王。”

妻曰：“子以道自達於主。有道當行，上以諫王，下以約身。今聞急召，憂惑潰亂，非賢人所宜。”

公孫聖曰：“愚哉！女子之言也。吾受道十年，隱身避害，欲紹壽命。不意卒得急召，中世自棄，故悲。與子相離耳。”遂去，詣姑胥臺。

【校記】

【1】頃：大德本作“項”，據嘉靖本改。

【注釋】

〔1〕卒（cù促）：同“猝”，突然。

〔2〕壬午：古代用干支記日。“壬午”表示壬午日，參見3.5注〔14〕。

〔3〕南方：古代陰陽家把十二地支與四面八方相配，南方配午，參見4.2注〔18〕。時加南方：指當時爲午時，相當於現在的中午十一點至下午一點。參見3.5注〔15〕。

〔4〕《淮南子·天文訓》：“午爲定，未爲執，主陷。”（古代習慣上在午時處決犯人，可能也基於此。）當時不但是壬午日，而且又當午時，則陷於死地已成定局，所以公孫聖斷言曰：“命屬上天，不得逃亡。”“命”兼指公孫聖與吴王而言。

【義疏】

吴王就派王孫駱去請公孫聖，説：“吴王白天睡在姑胥臺，忽然做了個夢，醒來後十分惆悵，讓您給他圓夢。請您趕快到姑胥臺去。”

公孫聖趴在地上泣不成聲，過了一會兒纔起來，他的妻子在旁邊對他説：“您怎麽性情這樣鄙陋不開化！一直希望能看到君主，現在突然得到了緊急召見，您就哭得眼泪像下雨一樣。”

公孫聖抬頭望着蒼天歎息説：“可悲啊！這不是您所瞭解的啊！今天是壬午日，時辰正當午時；我和吴王的性命已屬于上天，逃也逃不了了。我不但爲自己感到悲哀，實在也是爲吴王傷心啊。”

妻子説：“您應該帶着您的道術主動到吴王那裏去。有了道術應當實施，對上用它來勸諫吴王，在下用它來約束自己。現在您聽到緊急召見，就憂心忡忡、猶豫疑惑、精神崩潰、思緒混亂，這不是賢能的人所應有的表現啊。”

公孫聖説：“這女人的話，太愚蠢啦！我學道術已十年，隱蔽自己、逃避禍害，祇想延年益壽。想不到突然得到緊急召見，活了半世自己就被毁了，所以很悲哀。祇好與您永别了。”于是就離開了家，到了姑胥臺。

【輯證】

王孫駱移記，曰：“今日壬午，左校司馬王孫駱，受教告東掖門亭長公孫聖：吴王晝卧，覺寤而心中惆悵也，如有悔。記到，車馳詣姑胥之臺。”聖得記，發而讀之，伏地而泣，有頃不起。其妻大君從旁接而起之，曰：“何若子性之大也！希見人主，卒得急記，流涕不止。”公孫聖仰天嘆曰：“嗚呼，悲哉！此固非子之所能知也。今日壬午，時加南方；命屬蒼天，不可逃亡。伏地而泣者，不能自惜。但吴王諛心而言，師道不明；正言直諫，身死無功。”大君曰：“汝彊食自愛，慎勿相忘。”伏地而書，既成篇，即與妻把臂而決，涕泣如雨。上車不顧，遂至姑胥之臺，謁見吴王。（《越絶書·外傳記吴王占夢》P.210）

顧校：憂惑（或）潰亂

蔣校：憂惑（宋本“或”）潰亂

5.11

吴王曰:“寡人將北伐齊救魯【1】,道出胥門,過姑胥之臺,忽然晝夢。子爲占之,其言吉凶〔1〕。”

公孫聖曰:“臣不言,身名全;言之,必死百段於王前。然忠臣不顧其軀。”乃仰天歎曰:“臣聞:‘好船者必溺,好戰者必亡。’臣好直言,不顧於命,願王圖之。臣聞:章者,戰不勝敗走傽偟也〔2〕。明者,去昭昭就冥冥也。入門見鑩蒸而不炊者,大王不得火食也。兩黑犬嗥以南、嗥以北者,黑者陰也,北者匿也〔3〕。兩鋘殖宫牆者,越軍入吴國、伐宗廟、掘社稷也。流水湯湯越宫堂者,宫空虚也。後房鼓震篋篋者,坐太息也。前園横生梧桐者,梧桐心空,不爲用器,但爲盲僮●與死人俱葬也〔4〕。願大王按兵修德,無伐於齊,則可銷也。遣下吏太宰嚭、王孫駱,解冠幘〔5〕,肉袒徒跣〔6〕,稽首謝於勾踐,國可安存也,身可不死矣。”

吴王聞之,索然作怒,乃曰:“吾天之所生,神之所使。”顧力士石番以鐵鎚擊殺之〔7〕。聖乃仰頭向天而言曰:“吁嗟!天知吾之寃乎?忠而獲罪,身死無辜。以葬我,以爲直者不如相隨?爲柱,提我至深山,後世相屬爲聲響〔8〕。”於是吴王乃使門人提之蒸丘●〔9〕:“犲狼食汝肉,野火燒汝骨,東風數至,飛揚汝骸,骨肉糜爛〔10〕,何能爲聲響哉?”太宰嚭趨進曰:“賀大王喜,災已滅矣。因舉行觴〔11〕,兵可以行。”

【校記】

【1】大德本無“救”字,據四庫本補。

【注釋】

〔1〕盧文弨曰:“當作‘具’,或‘其言’字倒。”〇覺按:此“其”乃表示命令口氣的語氣詞,原文可通。盧説僅供參考。

〔2〕傽偟(zhānghuáng 章皇):又作“傽遑”“章皇”,驚慌失措的樣子。此句以“傽偟”解釋“章”,下句以“冥冥”解釋“明”,都是一種聲訓,即用語音相同或相近的詞語來解釋其含義。

〔3〕《白虎通·五行》:“北方者,伏方也,萬物伏藏也。”所以此文把“北”解爲“匿”。“陰”“匿”象徵夫差死而“掩明”(見 5.27)。

〔4〕徐天祜曰:“《越絶》‘盲’作‘甬’、‘僮’作‘當’者是。”〇覺按:此文“盲”字當爲“甬”之形訛,“甬”通“俑”,即殉葬用的木偶。“僮”可通,不煩改字。

但：僅，只。

〔5〕幘（zé 責）：頭巾。 解冠幘：表示恭敬。

〔6〕肉袒：脱去上衣，裸露肢體。古人在謝罪或祭祀時，常脱衣露體，表示虔敬和惶懼。參見10.11注〔22〕。 徒跣（xiǎn 顯）：赤脚。其用意與"肉袒"同。《戰國策·齊策六》："田單免冠、徒跣、肉袒而進，退而請死罪。"

〔7〕顧：通"雇"。《太平御覽》卷四百八十三之引文"使顧"作"助使"，於文更爲暢達；而此句下尚有"身絶爲五"一句。

〔8〕屬（zhǔ 嘱）：《孟子·梁惠王下》"乃屬其耆老而告之"趙岐注："屬，會也。"

〔9〕徐天祜曰："一（覺按：大德本無"一"，據鄺本補）名蒸山，又名陽山，在吴縣西北三十里。"〇覺按：陽山，即今蘇州市西北15公里處之南陽山，俗名陽山，亦名萬安山，又稱"秦餘杭山"，《越絶書·外傳記吴地傳》説它"去縣五十里"（見5.26注〔3〕）。《越絶書·外傳記吴地傳》又云："蒸山南面夏駕大冢者，越王不審名冢，去縣三十五里。"兩者距離不同，可見蒸山與陽山（秦餘杭山）非一山。5.26説"吾戮公孫聖，投胥山之巔"，其所謂"胥山"即姑胥山（見5.26注〔5〕），離吴縣的距離與《越絶書》所説的蒸山去縣三十五里相符（參見4.35注〔9〕），所以此"蒸丘"當即"胥山之巔"，是姑胥山的一座山峰。《越絶書·外傳記吴王占夢》作"使人提於秦餘杭之山"，徐氏大概據此爲説。但是，兩書所言不同，似不能混爲一談。或者這是作者誤將蒸丘、胥山與秦餘杭山混同了（參見5.26注〔5〕），所以此文纔將《越絶書》的"秦餘杭山"説成了"蒸丘"。

〔10〕縻：通"糜"。

〔11〕行觴：傳杯行酒，依次敬酒。

【義疏】

吴王説："我將要到北方去攻打齊國援救魯國，從胥門出發，經過姑胥臺，忽然在白天做了個夢。您給我預測一下，説説吉凶。"

公孫聖説："我如果不説，身體和名聲都能保全；如果説了，一定會死在大王面前而被碎尸百段。然而忠臣是不顧惜自己身軀的。"于是就抬頭朝天嘆息説："我聽説：'喜歡撑船的一定會溺死，喜歡打仗的一定會滅亡。'我喜歡直説，對自己的生命也就不顧了，希望大王好好考慮我的話吧。我聽説：章，是打仗打不赢而倉皇地敗退逃跑。明，是離開了明智而靠近昏庸愚昧。進門看見鍋中熱氣蒸騰而不燒火，是大王不能吃到熟食。兩條黑狗向南叫、向北叫，黑色象徵陰，北表示隱藏。兩把鐵鍬竪直插在宫墻上，是越國的軍隊打進吴國、鏟除宗廟、掘掉土地神穀神神像。流水浩浩蕩蕩越過宫内的大堂，是王宫被掠奪得空空蕩蕩。後房拉風箱拉得切切作響，是坐着長長地嘆息。前園横長着梧桐樹，梧桐樹樹心空疏，不能做實用的器物，衹能做殉葬用的小木偶和死人一起埋葬。希望大王按兵不動、推行德政，不要攻打齊國，那麼這灾禍就可以消除了。再派遣您的下屬官吏太宰嚭、王孫駱，脱掉帽子，解開頭巾，袒胸露臂、光着脚板，向勾踐磕頭謝罪，那麼國家就可以安全地存在下去，您自己也可以不死了。”

吴王聽了這番話，很不是滋味，一下子發怒了，便說：“我是上天所生的，是神仙派來的。”于是雇用大力士石番用鐵錘打死他。公孫聖抬頭朝天而説道：“唉呀！蒼天知道我的冤枉嗎？赤膽忠心却受到了懲處，没有罪過却被殺死。因此而埋葬我，難道認爲正直地勸諫不如互相附和？給我立個木柱，把我帶到深山，等到以後相會時我會發出聲響的。”于是吴王就派守門人把他的尸體帶到蒸丘，並説：“豺狼吃你的肉，野火燒你的骨，東風屢次刮來，吹散你的殘骸，你的骨肉腐爛，怎麽能發出聲響呢？”太宰嚭禮貌地小步奔走進宫説：“祝賀大王的喜事，灾禍已經消除了。請馬上舉行傳杯敬酒的儀式，軍隊可以出發了。”

【輯證】

吴王勞曰：“越弟子公孫聖也，寡人晝卧姑胥之臺，夢入章明之宫。入門，見兩鑩炊而不蒸，見兩黑犬嘷以北、嘷以南，見兩鏵倚吾宫堂，見流水湯湯越吾宫牆，見前園橫索生樹桐，見後房鍛者扶挾鼓小震。子爲寡人精占之，吉則言吉，凶則言凶，無諛寡人心所從。”公孫聖伏地，有頃而起，仰天嘆曰：“悲哉！夫好船者溺，好騎者墮，君子各以所好爲禍。諛讒申者，師道不明；正言切諫，身死無功。伏地而泣者，非自惜，因悲大王。夫章者，戰不勝，走偉偉；明者，去昭昭，就冥冥。見兩鑩炊而不蒸者，王且不得火食。見兩黑犬嘷以北、嘷以南者，大王身死，魂魄惑也。見兩鏵倚吾宫堂者，越人入吴邦，伐宗廟，掘社稷也。見流水湯湯越吾宫牆者，大王宫堂虚也。前園橫索生樹桐者，桐不爲器用，但爲甬，當與人俱葬。後房鍛者鼓小震者，大息也。王毋自行，使臣下可矣。”太宰嚭、王孫駱惶怖，解冠幘，肉袒而謝。吴王忿聖言不祥，乃使其身自受其殃。王乃使力士石番，以鐵杖擊聖，中斷之爲兩頭。聖仰天嘆曰：“蒼天知冤乎！直言正諫，身死無功。令吾家無葬我，提我山中，後世爲聲響。”吴王使人提於秦餘杭之山：“虎狼食其肉，野火燒其骨，東風至，飛揚汝灰，汝更能爲聲哉？”太宰嚭前再拜，曰：“逆言已滅，讒諛已亡，因酌行觴，時可以行矣。”吴王曰：“諾。”（《越絶書·外傳記吴王占夢》P.212）

《吴越春秋》曰：“夫差使王孫聖占夢。聖曰：‘占之，不吉。’王怒，使力士石蕃以鐵椎椎殺聖。”（《文選》卷第三十五《七命》“賁石逞技”李善注 P.494）

《吴越春秋》曰：“吴王伐齊，請公孫聖告之。聖諫：‘願大王勿伐齊。’王大怒，曰：‘吾天之所生，神之所助。’使力士石番擊以鐵槌，身絶爲五。”（《太平御覽》卷第四百八十三 P.2213）

《吴越春秋》曰：“夫差使力士石番以鐵椎椎殺王孫聖。”（《太平御覽》卷第七百六十三 P.3388）

顧校：遣下吏太宰嚭（䛒）王孫駱解冠幘（下多“結”）　太宰嚭（䛒）趨進曰

蔣校：解冠幘（宋本下有“結”字）

5.12

吴王乃使太宰嚭爲右校〔1〕，司馬王孫駱爲左校〔2〕，乃從勾踐之師伐齊【1】〔3〕。

伍子胥聞之，諫曰："臣聞興十萬之衆奉師千里〔4〕，百姓之費，國家之出，日數千金〔5〕。不念士民之死，而争一日之勝，臣以爲危國亡身之甚。且與賊居，不知其禍，外復求怨，徼幸他國，猶治救瘑疥而棄心腹之疾〔6〕，發當死矣。瘑疥，皮膚之疾，不足患也。今齊陵遲千里之外〔7〕，更歷楚、趙之界〔8〕，齊爲疾，其疥耳。越之爲病，乃心腹也；不發則傷，動則有死。願大王定越而後圖齊，臣之言決矣。敢不盡忠？臣今年老，耳目不聰，以狂惑之心，無能益國。竊觀《金匱》第八〔9〕，其可傷也。"

吴王曰："何謂也？"

子胥曰："今年七月辛亥平旦〔10〕，大王以首事〔11〕。辛，歲位也〔12〕；亥，陰前之辰也〔13〕。合壬子，歲前合也〔14〕，利以行武，武決勝矣。然德在合，斗擊丑〔15〕。丑，辛之本也〔16〕，大吉，爲白虎而臨〔17〕。辛，功曹，爲太常所臨〔18〕。亥，大吉〔19〕，得辛爲九醜〔20〕，又與白虎并重。有人若以此首事，前雖小勝〔21〕，後必大敗。天地行殃，禍不久矣。"

【校記】

【1】乃：大德本作"及"，據吴本改。

【注釋】

〔1〕右校：軍官名。"校"本來表示軍營，後又用來指軍隊的一部，該部之首長即稱"校"。

〔2〕司馬：見4.13注〔2〕。

〔3〕從：使動用法，使……跟從，帶領。

〔4〕奉：供給，供養。

〔5〕金：見3.8注〔12〕。

〔6〕徐天祜曰："古禾切，疽瘡也。"

〔7〕陵遲：衰落。當時吕氏之齊完全爲田氏所控制（參見5.3注〔2〕），所以説"陵遲"。

〔8〕趙：當作"魯"。周威烈王二十三年（前403），周天子始命（即承認）魏斯、趙籍、韓虔爲諸侯，可見當時趙國尚未正式立爲諸侯，晉國尚未被三家瓜分，故此不得言"趙"。魯在齊、吴之間，故此當言"魯"。此蓋作者之疏漏，與8.8言"六國"相似。

〔9〕《金匱》：《漢書·藝文志·數術略·五行家》著録"《堪輿金匱》十四卷"，是根據五行的原理以及曆法中的干支觀天相地、推測吉凶的書；《隋書·經籍志·子部·五行》著録《八會堪餘》一卷；《通志·藝文畧第六·五行類·六壬》著録《金匱經》三卷；今傳《道藏》中有《黄帝金匱玉衡經》一卷，其中《金匱章》共載十條"經"。《顔氏家

訓·雜藝》云："吾嘗學《六壬式》，亦值世閒好匠，聚得《龍首》《金匱》《玉軨變》《玉歷》十許種書，討求無驗，尋亦悔罷。"本文之《金匱》，就是與此同類的書。以下所述占術，可能是漢代所流行的"八會"（見《周禮·春官·占夢》"以日月星辰占六夢之吉凶"鄭玄注）、"六壬"（也是一種用陰陽五行、干支時辰的搭配來占卜吉凶的方法）之類，作者依當時的習俗而將它附托於子胥等人，其實並不是春秋時期的占法。

〔10〕今年七月：依本書，即爲夫差十三年（見5.3）七月；但説"首事"，則與《左傳》所記不合（見5.2注〔1〕）。依《左傳》，此當爲夫差十一年七月，即魯哀公十年八月（參見下面錢塘之説）。 辛亥：依錢塘之説，夫差十一年七月辛亥，即魯哀公十年八月初一；但據方詩銘等《對照表》，辛亥日爲魯哀公十年七月二十九日（《對照表》所引汪曰禎《歷代長術輯要》也以辛亥爲八月初一）。兩説差一天，今兩存之以備參考。至於夫差十三年七月辛亥，則爲七月十一日。 平旦：早上太陽在地平線上的時刻。此指卯時，參見7.9注〔6〕。 以下所述占術，難以詳明，前人也多闕疑，錢塘《淮南天文訓補注》卷下有所涉及，雖不詳備，也未必準確，但在别無他説的情況下，還是值得我們參考。由於他的解説不便拆開以散入本書各有關章節的注釋，故今將該條注文全部録於此。其言云：

"《吴越春秋》子胥曰：'今年七月辛亥平旦，大王以首事。辛，歲位也；亥，陰前之辰也。合壬子，歲前合也，利以行武，武決勝矣。'此策吴王伐齊戰艾陵事，在哀公十一年。又范蠡曰：'今年十二月戊寅之日，時加日出。戊，囚日也；寅，陰後之辰也。合庚辰，歲後會也。夫以戊寅日聞喜，不以其罪罰日也。'此策吴王欲釋句踐不果事。又子胥曰：'今年三月甲戌，時加雞鳴。甲戌，歲位之會將也，青龍在酉，德在土，刑在金，是日賊其德也。'此諫吴王釋句踐事。俱在哀公六年。以《統厤》推之，哀公十一年，太歲在甲寅，太陰在壬辰。八月辛亥朔，在其前年，則首事之日也。《左氏十年傳》：'秋，吴子使來復請師。'注：'伐齊未得志故。'然則首事者，得請而爲之備也。《厤》八月，吴之七月矣，置閏不同故也。是年太陰在辛卯，故辛爲歲位，亥爲陰前，壬子爲歲前合。句踐以哀公三年入臣于吴，至六年，夫差欲釋之，以伍胥諫而止。其年正月戊寅朔，越以爲年前十二月，亦置閏不同之故。（覺按：一般曆書在魯哀公五年置閏六月，越則於魯哀公六年置閏三月，參見7.14注〔8〕。）十二月水王，故戊囚。此時太陰在丙戌，故寅爲陰後辰。庚辰，其月三日也，爲歲後會。後三月，夫差終釋句踐，伍胥諫不納。三月甲戌者，哀公六年四月二十九日也，太陰在丁亥，故爲歲後會將。云'位'，或誤。青龍，謂大歲，在己酉，故德土、刑金。甲乘己爲日賊其德。甲戌，即三月合日，占之爲宜。壬子，五月合日，而七月占之。庚辰，九月合日，而十二月占之。此則《鄭志》所言'若有變異（覺按：皮錫瑞《鄭志疏證》卷四"異"作"易"）之時，十二月皆有建厭對配之義也'。《吴越春秋》所謂歲前者，太陰未至之辰；所謂歲後者，太陰已歷之辰，其限則半旬周也。所以者過半周則前轉爲後、後轉爲前矣。此所云以歲前合爲吉、歲後合爲凶，《淮南》則反之，前後可以互稱，義得通也。"

爲了便於理解錢説及下文的解釋，今再列六十甲子表於下：

1. 甲子	2. 乙丑	3. 丙寅	4. 丁卯	5. 戊辰	6. 己巳	7. 庚午	8. 辛未	9. 壬申	10. 癸酉
11. 甲戌	12. 乙亥	13. 丙子	14. 丁丑	15. 戊寅	16. 己卯	17. 庚辰	18. 辛巳	19. 壬午	20. 癸未
21. 甲申	22. 乙酉	23. 丙戌	24. 丁亥	25. 戊子	26. 己丑	27. 庚寅	28. 辛卯	29. 壬辰	30. 癸巳
31. 甲午	32. 乙未	33. 丙申	34. 丁酉	35. 戊戌	36. 己亥	37. 庚子	38. 辛丑	39. 壬寅	40. 癸卯

41. 甲辰	42. 乙巳	43. 丙午	44. 丁未	45. 戊申	46. 己酉	47. 庚戌	48. 辛亥	49. 壬子	50. 癸丑
51. 甲寅	52. 乙卯	53. 丙辰	54. 丁巳	55. 戊午	56. 己未	57. 庚申	58. 辛酉	59. 壬戌	60. 癸亥

據《史記·十二諸侯年表》，哀公十一年爲丁巳年（前484），與錢塘據《三統曆》所推算出來的太歲干支甲寅差三年，與其推定的太陰干支壬辰差二十五年。古代曆法自有參差，今從錢塘之說。據錢說，則子胥既然説"今年"，那麼這段占辭應記於夫差十一年而不應該載於此（參見5.1注〔7〕與5.2注〔1〕）。

〔11〕以：在。"以"下承上省去了賓語。

〔12〕據錢塘之説，該年太陰在辛卯，即辛卯年，所以說"辛"爲"歲位"。值得補充的是：《史記》的《吴太伯世家》及《伍子胥列傳》將吴、齊艾陵之戰記於夫差七年（前489）。依《史記》，該年爲壬子年，那麼其首事之前一年爲夫差六年，即辛亥年。它雖與此文"亥，陰前之辰"不合，卻與此文"辛，歲位也"的說法相合，則此事或許發生在夫差六年。

〔13〕陰：據錢塘之説，指太陰。太陰，是古代天文占星家設想出來的與歲星（木星）背道而行的虛假之星，其效用是和十二辰相配以便於紀年。清代學者對太陰有兩種說法：王引之認爲太陰即太歲之别名而不同意錢大昕之説（見《經義述聞·太歲考下·弟十一·論張晏、孟康〈漢書〉注誤釋太陰》）。錢塘則採用錢大昕之説而認爲太陰與太歲是兩種紀年法，太歲在太陰後兩辰（實差22位）。如太陰在"51. 甲寅"，則太歲在"13. 丙子"；太陰在"21. 甲申"，則太歲在"43. 丙午"。所以，錢塘說哀公十一年太陰在壬辰，太歲在甲寅（見注〔10〕）。今人一般都取王引之之説。但是，本書所述，與王說不合而與錢說相合，所以現從錢說以作解。　辰：十二地支的統稱。　陰前之辰：據錢說，是指太陰尚未到達的地支。辛亥在辛卯（太陰所次）之後20位，所以說"亥"是"陰前之辰"。

〔14〕合：合日。　壬子：是五月合日。古代有所謂八合之說。《淮南子·天文訓》："數從甲子始，子（覺按：即下文之"辰"，指十二支）母（覺按：即下文之"日"，指十干）相求，所合之處爲合。十日十二辰，周六十日，凡八合。"錢塘《淮南天文訓補注》："八合者，陰建所對之日，合于陽建所對之辰也。堪輿之方二十四，日八而辰十二，故有四辰無合也。十一月陽建子，陰建亦在子，子對午，午近丙，故丙午爲一合。二月陽建卯，陰建酉，酉對卯，卯對酉，卯近乙，故乙酉爲二合。三月陽建辰，陰建申，辰對戌，申對寅，寅近甲，故甲戌爲三合。四月陽建巳，陰建未，巳對亥，未對丑，丑近癸，故癸亥爲四合。五月陽建午，陰建亦在午，午對子，子近壬，故壬子爲五合。八月陽建酉，陰建卯，卯對酉，酉對卯，酉近辛，故辛卯爲六合。九月陽建戌，陰建寅，戌對辰，寅對申，申近庚，故庚辰爲七合。十月陽建亥，陰建丑，亥對巳，丑對未，未近丁，故丁巳爲八合。"爲了便於理解，錢塘所謂陰建、陽建可列表如下：

陽建	子	丑	寅	卯	辰	巳	午	未	申	酉	戌	亥
陰建	子	亥	戌	酉	申	未	午	巳	辰	卯	寅	丑
所配之月	11月	12月	1月	2月	3月	4月	5月	6月	7月	8月	9月	10月

其所謂相對、相近而爲八合，錢氏繪有八合之圖，今附於下（圖中兩處“四月”原無，據其説當有，今以我意補上）。

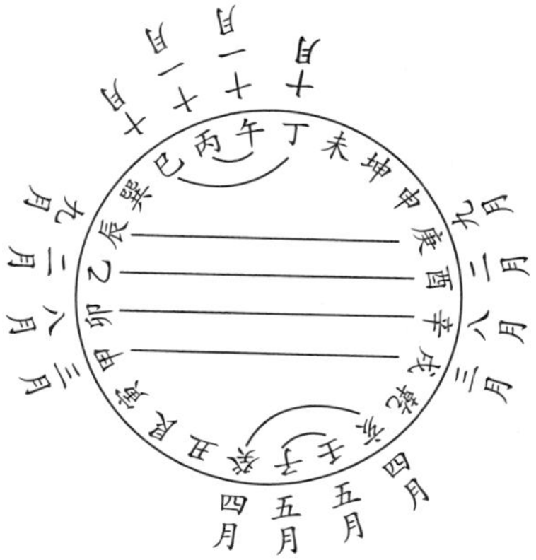

古代所謂“八會”的占術，大概就是用這八合相附，看它是歲前合還是歲後合來推斷吉凶。歲前：據錢説（見注〔10〕），是指“太陰未至之辰”，“其限則半旬周”，“過半周則前轉爲後、後轉爲前”。壬子在辛卯（太陰所次）後 21 位而不到 30 位（見注〔10〕所列六十甲子表），所以説“歲前”。《吴越春秋》“以歲前合爲吉”，所以説“利以行武，武決勝矣”。

〔15〕錢塘曰：“艾陵之役，以太陰辛卯歲七月辛亥平旦首事，故子胥曰：‘德在合，斗擊丑。’辛爲德，辛卯爲合，是德在合。六壬法七月將太乙時加寅，則天罡在丑，是斗擊丑。越，南斗也，吴雖勝齊，其患在越，此其兆矣。《易林》亦云：‘魁罡所當，初爲敗殃。’”〇覺按：五行之説稱天干爲“德”（參見 7.13 注〔19〕）。“合”即合日。辛卯是八月合日。辛亥日之“德”爲“辛”，與合日辛卯的天干相同，所以説“德在合”。斗：斗宿，即南斗六星。此象徵越國（參見 5.27 注〔8〕）。天罡：星名，即北斗七星的斗柄。此文所謂“斗擊丑”當借自六壬法而變通指南斗擊丑，暗應越擊吴。擊：此指涉及，進入。丑：於十二次中配星紀，此暗指吴。這也得稍作説明。古人將十二辰與十二次相配，又將十二次與列國相配，其搭配關係如下：

十二辰	丑	子	亥	戌	酉	申	未	午	巳	辰	卯	寅
十二次	星紀	玄枵	諏訾	降婁	大梁	實沈	鶉首	鶉火	鶉尾	壽星	大火	析木
列國	吴越	齊	衛	魯	趙	晉	秦	周	楚	鄭	宋	燕

〔16〕《淮南子·天文訓》：“甲、乙、寅、卯，木也。丙、丁、巳、午，火也。戊、己、四季（覺按：“四季”即丑、辰、未、戌），土也。庚、辛、申、酉，金也。壬、癸、亥、子，水也。水生木，木生火，火生土，土生金，金生水。”“丑”在五行配“土”，“辛”在五行配“金”，土生金，所以説：“丑，辛之本也。”

〔17〕白虎：星宿名，占術中用作神名。它原是西方七宿的合稱，即奎、婁、胃、昴、畢、觜、參。《淮南子·天文訓》：“星部地名：……奎、婁，魯；胃、昴、畢，魏；觜、嶲、參，趙。”可見白虎七宿的分野是魯國和晉國。《黄帝金匱玉衡經》：“白虎傷害，審其吉凶。”可見白虎之神的傷害是理智的。這句説“丑”“爲白虎而臨”，象徵吴國將受到魯國、晉國的逼迫，暗應子貢之事及與晉爭長之事。

〔18〕功曹：官名，是漢代州郡中的副官，掌管考查記録功勞。太常：漢代官名，爲九卿之一，掌管禮樂郊廟社稷事宜。此文“功曹”與“太常”均爲占術中之神名，參見《黄帝金匱玉衡經》。

〔19〕《淮南子·天文訓》：“亥爲收，主大德。”所以説：“亥，大吉。”

〔20〕九醜：《黄帝金匱玉衡經·金匱章》：“第八經曰：大吉殺。乙、戊、己、辛、壬之日（覺按：“日”即天干）以配子、午、卯、酉之辰（覺按：“辰”即地支），是謂天地之道，歸殃九醜。九醜者，謂五干四辰合爲九也。大吉，常天之大殺，居其上，行其殺，

故曰醜。謂四仲之日時加四仲，大吉。臨日辰以舉百事，大凶。大吉加日，害長；加辰，害少。”由此可知，醜是惡、不利的意思，主大殺。乙、戊、己、辛、壬與子、午、卯、酉相配則合天地之道，現在辛與亥相配，則不合天地之道，所以爲九醜。

〔21〕《黄帝金匱玉衡經·金匱章·第三經》：“假令正月辛亥日，時日出卯，勝先加辛，小吉；加亥，此兩上剋下，小吉。與辛比，有辛未，無辛丑，小吉，當爲用。”所説與此文類似，可供參考。

【義疏】

吴王就讓太宰伯嚭當右校，司馬王孫駱任左校，便帶領了勾踐的軍隊去攻打齊國。

伍子胥聽説了這件事，勸諫説：“我聽説發動上十萬民衆去供奉軍隊于千里之外，百姓的費用、國家的支出，每天要幾萬兩黄金。不顧念戰士們的死亡，却去争奪一時的勝利，我以爲這是一種使國家危險、自己滅亡的極端做法。况且和强盗住在一起却不知道他會造成的禍患，又在外招致怨恨，到其他的國家去碰運氣，這就好像治病時衹救治疥瘡而不顧心腹部的致命之病，等病情發作就一定會死去。疥瘡，是皮膚上的小毛病，不值得擔憂。現在齊國衰落于千里之外，還要經過楚國、魯國的邊界纔能到達我國，所以齊國如果成爲我們的病患，那也不過是疥瘡罷了。越國如果成爲我們的病患，纔是心腹部的不治之症啊；它就是不發作，我們也會受到傷害；如果一發作，那是要死亡的啊！希望大王先平定越國，然後再謀取齊國，我的主張是堅定不移的了。我敢不竭盡忠誠麼？我現在年紀已老，耳朵眼睛也不靈了，憑我這昏亂的腦子，也不能使國家再受益了。我私下裏看了一下《金匱》第八章，您會受到傷害的。”

吴王説：“怎麽個説法呢？”

子胥説：“今年七月辛亥日日出時分，大王在這時開始起事。辛，是今年年歲的位次；亥，是太陰尚未到達的地支。合日是壬子，這是一個太陰還没有到達的合日，這日子是有利于發動戰争的，所以這次戰争一定能打贏了。但是這日子的天干雖然在合日之中，斗宿却進入了丑。丑，是産生辛的本源，十分吉利，但又被白虎所緊逼。辛，是功曹，被太常所緊逼。亥，十分吉利，但再加上辛就成了九醜，又和白虎並重。有人如果在這個日子起事，那麽開頭雖然會取得一些小的勝利，但最後一定會大敗。天地降下灾難，禍殃就在眼前了。”

【輯證】

吴王夫差將伐齊，子胥曰：“不可。夫齊之與吴也，習俗不同，言語不通，我得其地不能處，得其民不得使。夫吴之與越也，接土鄰境，壤交通屬，習俗同，言語通，我得其地能處之，得其民能使之。越於我亦然。夫吴、越之勢不兩立。越之於吴也，譬若心腹之疾也，雖無作，其傷深而在内也。夫齊之於吴也，疥癬之病也，不苦其已也，且其無傷也。今釋越而伐齊，譬之猶懼虎而刺猏，雖勝之，其後患未央。”太宰嚭曰：“不可。君王之令所以不行於上國者，齊、晉也。君王若伐齊而勝之，徙其兵以臨晉，晉必聽命矣，是君王一舉而服兩國也，君王之令必行於上國。”夫差以爲然，不聽子胥之言，而用太宰嚭之謀。子胥曰：“天將亡吴矣，則使君王戰而勝；天將不亡吴矣，則使君王戰而不勝。”夫差不聽。子胥兩袪高蹶而出於廷，曰：“嗟乎！吴朝必生荆棘矣。”夫差興師伐齊，戰於艾陵，大敗齊師，反而誅子胥。子胥將死曰：“與！吾安得一目以視越人之入吴也？”乃自殺。夫差乃取其身而流之江，抉其目，著之東門，曰：“女胡視越人之入我也？”居數年，越報吴，殘其國，絶其世，滅其社稷，夷其宗廟，夫差身爲擒。夫差將死，曰：“死者如有知也，吾何面以見子胥於地下？”乃爲幎以冒面死。夫患未至，則不可告也；患既至，雖知之無及矣。故夫差之知慙於子胥也，不若勿知。（《吕氏春秋·知化》P.1552）

居二年，吴王將伐齊。子胥諫曰：“未可。臣聞句踐食不重味，與百姓同苦樂。此人不死，必爲國患。吴有越，腹心之疾，齊與吴，疥瘲也。願王釋齊先越。”吴王弗聽，遂伐齊，敗之艾陵，虜齊高、國以歸。（《史記·越王句踐世家》P.2091）

顧校：吴王乃使太宰嚭（噽）爲右校

5.13

吴王不聽，遂九月使太宰嚭伐齊。軍臨北郊，吴王謂嚭曰：“行矣！無忘有功，無赦有罪。愛民養士，視如赤子。與智者謀，與仁者友。”太宰嚭受命，遂行。

【義疏】

吴王不聽伍子胥的勸告，于是就在九月派太宰嚭攻打齊國。吴軍來到北郊，吴王對伯嚭説：“走吧！别忘記獎賞有功的人，别赦免有罪的人。要愛護民衆、將養戰士，要像愛護嬰兒那樣去對待他們。要和聰明的人謀劃，和仁慈的人交朋友。”太宰嚭接受了命令，就走了。

【輯證】

顧校：遂九月使太宰嚭（噽）伐齊軍臨北郊吴王謂嚭（噽）曰

5.14

吴王召大夫被離，問曰：“汝常與子胥同心合志，并慮一謀。寡人興師伐齊，子胥獨何言焉？”被離曰：“子胥欲盡誠於前王，自謂老狂，耳目不聰，不知當世之所行，無益吴國。”

【義疏】

吴王召見大夫被離，問道：“你常常和子胥同心同德，一起出謀劃策。

我起兵攻打齊國，子胥獨自一個人時説些什麽呢？”被離説：“子胥想對先王闔閭竭盡忠誠，自己説自己老得糊塗了，耳朵眼睛不靈了，不瞭解當代所實行的一切，所以對吴國也就没有什麽裨益了。”

【輯證】

顧校：吴三（王）召大夫被離

5.15

王遂伐齊，齊與吴戰於艾陵●之上〔1〕，齊師敗績〔2〕。吴王既勝，乃使行人成好於齊〔3〕，曰：“吴王聞齊有没水之慮，帥軍來觀，而齊興師蒲草，吴不知所安集，設陣爲備，不意頗傷齊師。願結和親而去。”齊王曰〔4〕：“寡人處此北邊，無出境之謀。今吴乃濟江、淮，踰千里而來我壤土，戮我衆庶。賴上帝哀存，國猶不至顛隕。王今讓以和親，敢不如命？”吴、齊遂盟而去。

【注釋】

〔1〕徐天祜曰:“齊地。”○覺按:艾陵:春秋時齊國邑名,在今山東省萊蕪市東北。《史記·伍子胥列傳》“大敗齊師於艾陵”《正義》：“《括地志》云：‘艾山，在兖州博城縣南百六十里，本齊博邑。”據《春秋》《左傳》《史記·十二諸侯年表》，吴、齊艾陵之戰發生在魯哀公十一年五月，即夫差十二年。本書記於夫差十三年，誤（參見5.2注〔1〕）。《史記》的《吴太伯世家》及《伍子胥列傳》記於夫差七年，恐怕另有所本（參見5.12注〔12〕）。

〔2〕《尚書·湯誓》“夏師敗績”孔安國傳：“大崩曰敗績。”

〔3〕行人:《左傳·襄公四年》“韓獻子使行人子員問之”杜預注:“行人,通使之官。”即使者。據《國語·吴語》，行人是吴大夫奚斯。

〔4〕齊王：指齊簡公，見5.3注〔2〕。

【義疏】

吴王就去攻打齊國，齊國和吴國在艾陵附近交戰，齊軍大敗。吴王已經獲勝，就派使者奚斯到齊國講和，説：“吴王聽説齊國有被水淹没的憂慮，所以率領了軍隊來看望，但齊國却在菖蒲草叢之中起兵，吴國不知所措，衹好排了戰陣作爲防備，没想到使齊軍受到了不小的損傷。我們希望和你們締結了和睦友好的盟約後再離去。”齊王説：“我住在這北邊，又没有出境侵略的謀劃。現在吴國纔渡過了長江、淮河，走了上千里的路來到我的國土上，殺戮我的民衆。靠了上帝的憐愛撫恤，國家還不至于滅亡。大王現在謙讓地要和我們和睦友好，我們敢不從命麽？”于是吴國、齊國就訂立了盟約，然後吴軍就離開了。

【輯證】

五月，公會吴伐齊。甲戌，齊國書帥師及吴戰于艾陵，齊師敗績，獲齊國書。（《春秋·哀公十一年》P.2165）

爲郊戰故，公會吴子伐齊。五月，克博。壬申，至于嬴。中軍從王，胥門巢將上軍，王子姑曹將下軍，展如將右軍。齊國書將中軍，高無丕將上軍，宗樓將下軍。陳僖子謂其弟書："爾死，我必得志。"宗子陽與閭丘明相厲也。桑掩胥御國子，公孫夏曰："二子必死。"將戰，公孫夏命其徒歌《虞殯》。陳子行命其徒具含玉。公孫揮命其徒曰："人尋約，吴髮短。"東郭書曰："三戰必死，於此三矣。"使問弦多以琴，曰："吾不復見子矣。"陳書曰："此行也，吾聞鼓而已，不聞金矣。"甲戌，戰于艾陵，展如敗高子，國子敗胥門巢。王卒助之，大敗齊師，獲國書、公孫夏、閭丘明、陳書、東郭書，革車八百乘，甲首三千，以獻于公。將戰，吴子呼叔孫，曰："而事何也？"對曰："從司馬。"王賜之甲、劍、鈹，曰："奉爾君事，敬無廢命。"叔孫未能對，衛賜進，曰："州仇奉甲從君。"而拜。公使大史固歸國子之元，寘之新篋，褽之以玄纁，加組帶焉。寘書于其上，曰："天若不識不衷，何以使下國？"吴將伐齊，越子率其衆以朝焉，王及列士皆有饋賂。吴人皆喜，唯子胥懼，曰："是豢吴也夫！"諫曰："越在我，心腹之疾也。壤地同，而有欲於我。夫其柔服，求濟其欲也，不如早從事焉。得志於齊，猶獲石田也，無所用之。越不爲沼，吴其泯矣。使醫除疾，而曰'必遺類焉'者，未之有也。《盤庚之誥》曰：'其有顛越不共，則劓殄無遺育，無俾易種于茲邑。'是商所以興也。今君易之，將以求大，不亦難乎？"弗聽，使於齊，屬其子於鮑氏，爲王孫氏。反役，王聞之，使賜之屬鏤以死。將死，曰："樹吾墓檟，檟可材也。吴其亡乎！三年，其始弱矣。盈必毁，天之道也。"（《左傳·哀公十一年》P.2166）

艾陵之戰也，夫差曰："夷聲陽，句吴其庶乎！"（《淮南子·繆稱訓》P.329）

齊簡公元年：魯與吴敗我。（《史記·十二諸侯年表》P.809）

（夫差）十二：與魯敗齊。（《史記·十二諸侯年表》P.809）

十二年，遂伐齊。齊人與戰於艾陵，齊師敗績，吴人有功。吴王夫差既勝齊人於艾陵，乃使行人奚斯釋言於齊，曰："寡人帥不腆吴國之役，遵汶之上，不敢左右，唯好之故。今大夫國子興其衆庶，以犯獵吴國之師徒，天若不知有罪，則何以使下國勝？"（《國語·吴語》P.600）

（夫差）七年，吴王夫差聞齊景公死而大臣争寵，新君弱，乃興師北伐齊。子胥諫曰："越王句踐食不重味，衣不重采，弔死問疾，且欲有所用其衆。此人不死，必爲吴患。今越在腹心疾，而王不先，而務齊，不亦謬乎！"吴王不聽，遂北伐齊，敗齊師於艾陵。（《史記·吴太伯世家》P.1768）（覺按：據《春秋》《左傳》，艾陵之戰在夫差十二年，此文記於夫差七年，恐誤。）

其後五年，而吴王聞齊景公死而大臣争寵，新君弱，乃興師北伐齊。伍子胥諫曰："句踐食不重味，弔死問疾，且欲有所用之也。此人不死，必爲吴患。今吴之有越，猶人之有腹心疾也。而王不先越而乃務齊，不亦謬乎！"吴王不聽，伐齊，大敗齊師於艾陵，遂威鄒、魯之君以歸。益疏子胥之謀。（《史記·伍子胥列傳》P.2635）（覺按：此文也將艾陵之戰記於夫差七年，與上同，恐誤。）

5.16

吴王還，乃讓子胥曰："吾前王履德明，達於上帝，垂功用力，爲子西結彊讎於楚。今前王〔1〕，譬若農夫之艾●殺四方蓬蒿〔2〕，以立名于荆蠻〔3〕，斯亦大夫之力。今大夫昏耄而不自安〔4〕，生變起詐，怨惡而出。出則罪吾士衆，亂吾法度，欲以妖孽挫衄吾師〔5〕。賴天降衷【1】〔6〕，齊師受服。寡人豈敢自歸其功？乃前王之遺德、神靈之祐福也。若子於吴，則何力焉？”

伍子胥攘臂大怒，釋劍而對曰：“昔吾前王有不庭之臣〔7〕，以能遂疑計惡【2】〔8〕，不陷於大難。今王播棄〔9〕，所患外不憂〔10〕，此孤僮之謀〔11〕，非霸王之事。天之所棄【3】，必趨其小喜〔12〕，而近其大憂。王若覺寤，吴國世世存焉；若不覺寤，吴國之命斯促矣。員不忍稱疾辟易〔13〕，乃見王之爲擒。員誠前死，掛●吾目於門以觀吴國之喪〔14〕。”

吴王不聽，坐於殿上，獨見四人向庭相背而倚。王怪而視之，羣臣問曰：“王何所見？”王曰：“吾見四人相背而倚，聞人言則四分走矣。”子胥曰：“如王言，將失衆矣。”吴王怒曰：“子言不祥。”子胥曰：“非惟不祥，王亦亡矣。”

後五日，吴王復坐殿上，望見兩人相對，北向人殺南向人。王問羣臣：“見乎？”曰：“無所見。”子胥曰：“王何見？”王曰：“前日所見四人。今日又見二人相對，北向人殺南向人。”子胥曰：“臣聞四人走，叛也。北向殺南向，臣殺君也。”王不應。

【校記】

【1】衷：大德本作“哀”，據《國語·吴語》改。

【2】大德本無“惡”字，據《國語·吴語》補。

【3】天之所棄：大德本作“天所未棄”，據《國語·吴語》改。

【注釋】

〔1〕今：猶“夫”也，提示之詞。參見《古書虚字集釋》卷五。

〔2〕徐天祜曰：“與‘刈’同。《漢書·項羽傳》‘斬將艾旗’，賈誼《策》‘若艾草（覺按：大德本“草”作“革”，據賈誼《新書·保傅》改）菅’，並音刈。”〇覺按：艾（yì義）：通“刈”，割。《國語·吴語》作“刈”。

〔3〕荆蠻：見1.4注〔9〕。

〔4〕耄（mào冒）：原義表示老，引申爲昏亂、糊塗。

〔5〕妖孽：怪異反常的事物。此指5.12所説的“辛亥”之類。衄（nǜ女去聲）：失敗，挫傷。

〔6〕降衷：是古代常語。《尚書·湯誥》：“惟皇上帝，降衷于下民。”孔安國傳：

“衷，善也。”参見5.24注〔6〕、10.5注〔5〕。

〔7〕不庭：《國語·周語中》“以待不庭不虞之患”韋昭注：“庭，直也。虞，度也。不直，猶不道也。不度，不意度而至之患也。”此文“不庭”當指在朝廷上持反對意見，極力諫諍。《韓非子·内儲説上》載惠子之言曰：“凡謀者，疑也。疑也者，誠疑，以爲可者半，以爲不可者半。今一國盡以爲可，是王亡半也。刼主者固亡其半者也。”英明的君主一定有持反對意見的大臣。這樣，君主纔能根據臣子的争論來明辨是非，解決疑難，所以此文説：“有不庭之臣，以能遂疑計。”《國語·吴語》此句作“昔吾先王世有輔弼之臣”，與此不同。

〔8〕《國語·吴語》“以能遂疑計惡”韋昭注：“遂，決也。計，慮也。”

〔9〕“播棄”下承上省“不庭之臣”。《國語·吴語》這句作“今王播棄黎老”，韋昭注：“播，放也。”

〔10〕《淮南子·俶真訓》“達則嗜欲之心外矣”高誘注：“外，棄也。”

〔11〕伍子胥年老，所以輕蔑地將伯嚭等人的計謀稱爲“孤僮之謀”。

〔12〕趨：使動用法，表示“使……馬上來到”的意思。

〔13〕辟（bì避）易：退避而改變地方。此文指退隱。

〔14〕徐天祜曰：“《子胥傳》作‘抉’。”

【義疏】

吴王回國後，就責備子胥説：“我先父闔閭王行德明智，通于上天，傳下了功業出了力，爲了您在西面和楚國結了個强大的仇敵。先父闔閭王，打個比方來説，就像農民割掉四處的蓬蒿一樣打敗楚國而在江南樹立了名望，這倒是您大夫的力量啊！現在您老糊塗了却還不能安分守己，反而惹是生非，製造謡言，心懷怨恨地出來游説。出來了就怪罪我的戰士民衆，擾亂我的法令制度，想用怪异反常的事物來挫敗我的軍隊。幸賴上天降下鴻福，齊軍被制伏了。我哪裏敢把這戰功歸于自己？這是先王遺留下來的德行、神靈的保佑造成的啊。至于像您這種人，對于吴國，那又出了什麽力呢？”

伍子胥挽袖捋臂十分憤怒，放下寶劍回答説：“從前我們的先王有諫諍的大臣，因而能够解决疑難考慮弊端，從而不陷入到大灾大難之中。現在大王却抛弃了諫諍大臣，對于值得擔憂的灾難却置之度外而不加擔憂，這衹是孤兒小孩的計謀，絶不能成就稱霸稱王的事業。上天所抛弃的人，一定使他馬上碰到小小的喜事，而又使他靠近嚴重的禍患。大王如果能够覺悟，吴國就能世世代代存在下去；如果不覺悟，吴國的壽命就短促了。我伍員不忍心藉口有病而退避隱居，却竟然要看到大王被人活捉。我如果先死的話，請把我的眼睛挂在城門上來觀看吴國的滅亡。”

吴王不聽子胥的話，坐在大殿上，獨自看見有四個人面向庭院互相背對背地靠着。吴王奇怪地看着他們，大臣們問他説：“大王看見了什麽？”吴王説：“我看見四個人背對背地靠着，聽見人聲就四散逃跑了。”子胥説：“照大王這麽説，那就要失去民衆了。”吴王憤怒地説：“您説話太不吉利了。”子胥説：“不衹是不吉利，大王還要滅亡哩。”

過了五天，吴王又坐在大殿上，望見有兩個人面對面，朝北的人殺了朝南的人。吴王問大臣們：“你們看見了嗎？”大臣們説：“没看見什麽。”子胥説：“大王看見了什麽？”吴王説：“前幾天看見的是四個人。今天又看見兩個人面對面，朝北的人殺了朝南的人。”子胥説：“我聽説那四個人逃跑，象徵着背叛。朝北的人殺了朝南的人，象徵着臣子殺死君主啊。”吴王没有回應。

【輯證】

吴王還自伐齊，乃訊申胥曰：“昔吾先王體德明聖，達於上帝，譬如農夫作耦，以刈殺四方之蓬蒿，以立名於荆，此則大夫之力也。今大夫老，而又不自安恬逸，而處以念惡，出則罪吾衆，撓亂百度，以妖孽吴國。今天降衷於吴，齊師受服。孤豈敢自多，先王之鍾鼓，寔式靈之。敢告於大夫。”申胥釋劍而對曰：“昔吾先王世有輔弼之臣，以能遂疑計惡，以不陷於大難。今王播棄黎老，而孩童焉比謀，曰‘余令而不違’。夫不違，乃違也。夫不違，亡之階也。夫天之所棄，必驟近其小喜，而遠其大憂。王若不得志於齊，而以覺寤王心，而吴國猶世。吾先君得之也，必有以取之；其亡之也，亦有以棄之。用能援持盈以没，而驟救傾以時。今王無以取之，而天禄亟至，是吴命之短也。員不忍稱疾辟易，以見王之親爲越之擒也。員請先死。”遂自殺。將死，曰：“以懸吾目於東門，以見越之入，吴國之亡也。”王愠曰：“孤不使大夫得有見也。”乃使取申胥之尸，盛以鴟鶇，而投之於江。（《國語・吴語》P.601）

吴王聞之，大怒，賜子胥屬鏤之劍以死。將死，曰：“樹吾墓上以梓，令可爲器。抉吾眼置之吴東門，以觀越之滅吴也。”（《史記・吴太伯世家》P.1769）

吴王夫差坐殿上，獨見四人向庭相背而倚。王怪，問羣臣：“吾見四人相背而倚，聞人言則四分走矣。”伍子胥曰：“如王言，將失衆矣。”吴王怒曰：“言不祥。”子胥曰：“非惟不祥，王亦亡矣。”後五日，王復坐殿上，望見兩人相對，北向人殺南向人。王問羣臣：“見乎？”曰：“無。”後見子胥曰：“四人走，叛也。北向殺南向，臣殺君也。”王不應。（《吴越春秋》）（《吴郡志》卷四十七“異聞”P.308）

顧校：吴國之命（命之）

蔣校：吴國之命（宋本作“命之”）

5.17

吴王置酒文臺之上，羣臣悉在。太宰嚭執政，越王侍坐，子胥在焉。王曰：“寡人聞之：‘君不賤有功之臣，父不憎有力之子。’今太宰嚭爲寡人有功，吾將爵之上賞。越王慈仁忠信，以孝事於寡人，吾將復增其國，以還助伐之功。於衆大夫如何？”

羣臣賀曰：

大王躬行至德，虚心養士。
羣臣並進，見難争死[1]。
名號顯著，威震四海。
有功蒙賞，亡國復存。
霸功王事，咸被羣臣。

於是子胥據地垂涕曰[2]：

於乎哀哉[3]！遭此默默。
忠臣掩口，讒夫在側。
政敗道壞，諂諛無極！
邪説僞辭，以曲爲直。
舍讒攻忠，將滅吴國。
宗廟既夷，社稷不食。
城郭丘墟，殿生荆棘[4]。

吴王大怒曰："老臣多詐，爲吴妖孽，乃欲專權擅威，獨傾吾國。寡人以前王之故，未忍行法。今退自計，無沮吴謀。"

子胥曰："今臣不忠不信[5]，不得爲前王之臣。臣不敢愛身，恐吴國之亡矣。昔者桀殺關龍逢[6]，紂殺王子比干[7]。今大王誅臣，參於桀、紂[8]。大王勉之，臣請辭矣。"

【注釋】

〔1〕羣臣賀詞爲韻文，其韻腳當爲"士""死""海"和"存""臣"。其中"存"古屬文部，"臣"古屬真部，真文旁轉合韻。"士""海"古屬之部，"死"古屬脂部，之、脂兩部在東漢時可能語音差别已不大，所以相押（參見8.6注〔24〕）。

〔2〕據：通"踞"，蹲或坐。

〔3〕於（wū烏）乎：通"嗚呼"，嘆詞。

〔4〕子胥之言爲韻文。韻腳是：默、側、極、直、國、食、棘，上古均爲職部字。

〔5〕今：猶"夫"。參見5.16注〔1〕。

〔6〕關龍逢（páng龐）：又寫作"關龍逄""豢龍逄"，音近相通。傳説是夏朝的賢臣。夏桀無道，爲酒池糟丘。關龍逢竭力勸諫，桀囚而殺之。見《韓詩外傳》卷四第二章。

〔7〕王子比干：商朝的賢臣。傳説紂淫亂，比干强諫，紂怒曰："吾聞聖人心有七竅。"剖比干而觀其心，因死。參見《史記·殷本紀》。比干是紂王的叔父，商王文丁（太丁）的兒子，所以常稱爲"王子比干"。

〔8〕參（sān三）：同"叁"，配合成三。

【義疏】

吴王在文臺的上面設置了酒宴，大臣們都在。太宰嚭主持政務，越王勾踐在旁陪坐，子胥也在那裏。吴王説："我聽説過這樣的話：'君主不鄙視有功的臣子，父親不憎恨得力的兒子。'現在太宰嚭爲我立了功，我將用上等的獎賞給他封爵。越王慈愛仁厚、忠誠老實，用孝道來侍奉我，我將再增大他的封國，以此來報答他幫助我攻戰的功勞。大夫們認爲怎麼樣？"群臣恭賀説：

大王親行最高德恩，虛心供養戰士成群。
群臣百姓齊頭並進，看見危難勇于犧牲。
大王名聲無人不聞，威懾天下四海震驚。
有了功勞受賞有份，滅亡之國又能生存。
稱王業績稱霸功勛，群臣都受其利萬分。

在這個時候子胥却坐在地上流着眼泪説：

唉呀唉呀可悲可憐！碰到這種沉默無言。
忠貞之臣把口擋掩，讒毀之人在王身邊。
政事敗壞道德蜕變，阿諛奉承如此無限！
壞話連篇虛僞詐騙，竟把邪曲説成正廉。
放了讒佞攻擊忠賢，將要滅掉吴國政權。
祖宗廟宇已被鏟遍，土神穀神不再祭奠。
内城外城廢墟一片，荆棘野草長滿宫殿。

吴王大怒説："你這老臣多搞欺詐，成了吴國的妖怪，竟想專權獨斷擅自耀武揚威，一個人來顛覆我的國家。我因爲先王的緣故，所以纔不忍心對你施行刑法。現在你回家去自己好好考慮考慮吧，不要來阻擾吴國的謀略。"

子胥説："我如果不忠貞不誠信，就不能做先王的臣子了。我不敢愛惜自己的身體，而是怕我們的國家要滅亡啊。從前夏桀殺死了關龍逢，商紂殺死了王子比干。現在大王殺死我，就和桀、紂合成了三個。大王努力去做這種事情吧，我請求告辭了。"

【輯證】

顧校： 太宰嚭（噽）執政　　今太宰嚭（噽）爲寡人有功　　咸被（被）羣臣

5.18

子胥歸，謂被離曰："吾貫弓接矢於鄭、楚之界【1】[1]，越渡江、淮，自致於斯。前王聽從吾計，破楚——見凌之讎[2]。欲報前王之恩，而至於此。吾非自惜，禍將及汝。”被離曰：“未諫不聽〔3〕，自殺何益？何如亡乎？”子胥曰：“亡，臣安往？”

【校記】

【1】“吾貫弓”至5.19“鴟夷之器”以及徐注之“子胥傳盛以鴟”六字，爲大德本六十一葉，係補刻之版。

【注釋】

〔1〕貫：見3.5注〔25〕。

〔2〕見：指代性副詞。“見凌”等於説“凌我”。參見拙文《副詞“相”、“見”的指代作用》。

〔3〕《荀子·正論篇》“且徵其未也”楊倞注：“未，謂將來。”《廣雅·釋詁二》：“未，續也。”

【義疏】

子胥回到家中，對被離説：“我曾在鄭國、楚國的邊界上拉弓接箭，横渡淮河、長江，自己來到這裏。先王闔閭聽從了我的計策，攻破了楚國——這個凌辱過我的仇敵。我想報答先王的恩德，却落到這種地步。我倒不是憐惜自己，而是這灾禍將波及你。”被離説：“將來繼續勸諫雖然還是不會被聽從，但自殺又有什麽益處呢？自殺怎麽及得上逃亡呢？”子胥説：“如果逃亡的話，我到哪裏去呢？”

【輯證】

子胥賜劍將自殺，嘆曰：“嗟乎！衆曲矯直，一人固不能獨立。吾挾弓矢以逸鄭楚之間，自以爲可復吾見凌之仇，乃先王之功，想得報焉，自致於此。吾先得榮，後僇者，非智衰也——先遇明，後遭險，君之易移也已矣。坐不遇時，復何言哉。此吾命也，亡將安之？莫如早死，從吾先王於地下，蓋吾之志也。”吴王將殺子胥，使馮同徵之。胥見馮同，知爲吴王來也。洩言曰：“王不親輔弼之臣而親衆豕之言，是吾命短也。高置吾頭，必見越人入吴也，我王親爲禽哉！捐我深江，則亦已矣！”胥死之後，吴王聞，以爲妖言，甚咎子胥。王使人捐於大江口。勇士執之，乃有遺響，發憤馳騰，氣若奔馬，威凌萬物，歸神大海。仿佛之間，音兆常在。後世稱述，蓋子胥水僊也。（《越絶書·德序外傳記》P.271）

顧校：吾貫（慣）弓接矢

蔣校：吾貫（宋本“慣”）弓接矢

5.19

吴王聞子胥之怨恨也，乃使人賜屬鏤之劍●〔1〕。子胥受劍，徒跣褰裳，下堂中庭，仰天呼怨，曰：“吾始爲汝父忠臣，立吴〔2〕，設謀破楚，南服勁越，威加諸侯，有霸王之功。今汝不用吾言，反賜我劍。吾今日死，吴宫爲墟，庭生蔓草，越人掘汝社稷，安忘我乎？

昔前王不欲立汝，我以死争之，卒得汝之願，公子多怨於我。我徒有功於吴。今乃忘我定國之恩，反賜我死，豈不謬哉？”吴王聞之，大怒曰：“汝不忠信，爲寡人使齊，託汝子於齊鮑氏，有我外之心〔3〕。”急令自殺：“孤不使汝得有所見。”子胥把劍【1】，仰天歎曰：“自我死後，後世必以我爲忠，上配夏、殷之世，亦得與龍逢、比干爲友。”遂伏劍而死●〔4〕。

吴王乃取子胥屍，盛以鴟夷之器●〔5〕，投之於江中，言曰：“胥，汝一死之後，何能有知？”——即斷其頭，置高樓上，謂之曰：“日月炙汝肉，飄風飄汝眼〔6〕，炎光燒汝骨〔7〕，魚鼈食汝肉。汝骨變形灰，有何所見？”乃棄其軀，投之江中〔8〕。子胥因隨流揚波，依潮來往，蕩激崩岸。

於是吴王謂被離曰：“汝嘗與子胥論寡人之短〔9〕。”乃髡被離而刑之〔10〕。

【校記】

【1】把：此處大德本爲補刻之版，其文作“杷”，據鄺本改。

【注釋】

〔1〕徐天祐曰：“屬鏤，劍名。鏤，力俱切，又力侯切。”○覺按：屬（zhǔ 囑）鏤：劍名。本書10.21作“屬盧”，《廣雅·釋器》作“屬鹿”，《古文苑》第四卷所載揚雄《太玄賦》作“蜀婁”，《荀子·成相篇》作“獨鹿”，皆一聲之轉，故得通用。“屬”古屬章（照三）母屋部而爲舌音，“獨”古屬定母屋部，兩字皆從“蜀”得聲，音相近。“鏤”“婁”古屬來母侯部，“鹿”古屬來母屋部，“盧”古屬來母魚部，侯屋對轉，侯魚旁轉，音也相近。又，本文所謂賜劍，是令其自殺。

〔2〕立吴：建立吴國。此當指子胥新建吴城，見4.2。

〔3〕我外：即“外我”“棄我”。參見5.16注〔10〕。

〔4〕徐天祐曰：“《左傳·哀公十一年》：‘吴王賜子胥屬鏤以死。’是爲夫差十二年。此書載其事於十三年，或者子胥十二年使齊，十三年反役，左氏連書之耳。”○覺按：參見5.2注〔13〕。

〔5〕徐天祐曰：“《子胥傳》‘盛以鴟夷革’，應劭曰：‘取馬革爲鴟夷。鴟夷，榼形。’”○覺按：《國語·吴語》作“盛以鴟鴺”，韋昭注：“鴟鴺，革囊。”

〔6〕《詩經·大雅·卷阿》“飄風自南”毛傳：“飄風，迴風也。”即旋風。

〔7〕炎（yàn 豔）：通“焰”，火光。

〔8〕“即斷其頭……投之江中”與上文“吴王乃取子胥屍……何能有知”文義不相屬。後者或是前者的補充説明，或是前者的異聞而作者並收附之。江：指松江（見5.21注〔23〕）。子胥死後，吴人在江邊給他立了廟，後來廟址又有所遷徙（參見《吴郡志》卷四十八）。今江蘇省蘇州市吴中區西南太湖東岸胥口鎮西伍相國祠内有伍子胥墓。墓前

碑書爲“吴相國伍公之墓”。

〔9〕嘗：通“常”。5.14 説“汝常與子胥同心合志”可證。

〔10〕髡（kūn 坤）：剃去頭髮的刑罰。

【義疏】

吴王聽説子胥心懷怨恨，就派人賜給他屬鏤劍叫他自殺。子胥接受了寶劍，赤着脚撩起下衣，走下廳堂來到院子中，抬頭朝天喊冤，説：“我開始是你父親的忠臣，建起了吴國都城，設計了謀略而攻破了楚國，向南制伏了强勁的越國，威勢壓倒了諸侯各國，立有稱霸稱王的功勞。現在你不但不聽我的話，反而賜給我寶劍叫我自殺。我今天死了，吴國的王宫將成爲廢墟，庭院裏將長滿蔓生的雜草，越國人將掘掉你的土地神、穀神神像，到時候哪能忘記我呢？從前先王不想立你爲太子，我拼命爲你争取，終于實現了你的願望，結果公子們多半怨恨我。我真是白白地有功于吴國。現在你竟然忘了我安國安邦的恩德，反而賜我一死，難道不荒謬嗎？”吴王聽見了這些話，十分憤怒地説：“你不忠誠老實，爲我出使齊國時，把你的兒子托付給齊國的鮑牧，有抛弃我的心思。”吴王緊急傳令叫他自殺，説：“我不讓你能再看見什麽。”子胥握劍，抬頭朝天嘆息説：“從我死了以後，後代人一定會認爲我是忠貞的。向上和夏朝、商朝的時代相比，我也能和關龍逄、比干成爲朋友了。”于是就用劍自殺了。

吴王于是取來子胥的尸體，用皮袋子這種器具裝了，準備把他抛到江中，説道：“子胥，你一死之後，怎麽能有知覺呢？”——同時割下了他的頭，放在高樓上，對他説：“日月烤你的肉，旋風吹你的眼，火光燒你的骨，魚鱉吃你的肉。你骨頭變了，形體成了灰，還有什麽能看得見呢？”于是就抛弃了他的軀體，把他扔進江中。子胥便隨着流水興起波浪，跟着潮汐來去往返，動蕩沖擊使江岸崩塌。

于是吴王又對被離説：“你常常和子胥議論我的短處。”于是就剃去了被離的頭髮而判刑懲罰了他。

【輯證】

王始不從，乃使子胥於齊，聞其託子於鮑氏，王乃大怒，曰：“伍員果欺寡人，欲反！”使人賜子胥屬鏤劍以自殺。子胥大笑曰：“我令而父霸，我又立若，若初欲分吴國半予我，我不受，已，今若反以讒誅我。嗟乎，嗟乎，一人固不能獨立！”報使者曰：“必取吾眼置吴東門，以觀越兵入也！”於是吴任嚭政。（《史記·越王句踐世家》P.2092）

乃使使賜伍子胥屬鏤之劍，曰：“子以此死。”伍子胥仰天歎曰：“嗟乎！讒臣嚭爲亂矣，王乃反誅我。我令若父霸。自若未立時，諸公子争立，我以死争之於先王，幾不得立。若既得立，欲分吴國予我，我顧不敢望也。然今若聽諛臣言以殺長者。”乃告其舍人曰：“必樹吾墓上以梓，令可以爲器；而抉吾眼縣吴東門之上，以觀越寇之入滅吴也。”乃自剄死。吴王聞之大怒，乃取子胥尸盛以鴟夷革，浮之江中。吴人憐之，爲立祠於江上，因命曰胥山。

（《史記 · 伍子胥列傳》P.2635）

太宰嚭之交逢同謂太宰嚭曰："子難人申胥，請爲卜焉。"因往見申胥，胥方與被離坐。申胥謂逢同曰："子事太宰嚭，又不圖邦權而惑吾君王，君王之不省也，而聽衆彘之言。君王忘邦，嚭之罪也。亡日不久也。"逢同出，造太宰嚭曰："今日爲子卜於申胥，胥誹謗其君不用胥則無後，而君王覺而遇矣。"謂太宰嚭曰："子勉事後矣。吴王之情在子乎？"太宰嚭曰："智之所生，不在貴賤長少，此相與之道。"逢同出，見吴王，慚然有憂色。逢同垂泣不對。吴王曰："夫嚭，我之忠臣，子爲寡人遊目長耳，將誰怨乎？"逢同對曰："臣有患也。臣言而君行之，則無後憂。若君王弗行，臣言而死矣！"王曰："子言，寡人聽之。"逢同曰：'今日往見申胥，申胥與被離坐，其謀慚然，類欲有害我君王。今申胥進諫類忠，然中情至惡，内其身而心野狼。君王親之不親？逐之不逐？親之乎，彼聖人也，將更然有怨心不已。逐之乎，彼賢人也，知能害我君王。殺之爲乎？可殺之，亦必有以也。"吴王曰："今圖申胥，將何以？"逢同對曰："君王興兵伐齊，申胥必諫曰不可，王無聽而伐齊，必大克，乃可圖之。"於是吴王欲伐齊，召申胥，對曰："臣老矣，耳無聞，目無見，不可與謀。"吴王召太宰嚭而謀，嚭曰："善哉，王興師伐齊也。越在我猶疥癬，是無能爲也。"吴王復召申胥而謀，申胥曰："臣老矣，不可與謀。"吴王請申胥謀者三，對曰："臣聞愚夫之言，聖主擇焉。胥聞越王勾踐罷吴之年，宫有五竈，食不重味；省妻妾，不别所愛；妻操斗，身操概，自量而食，適飢不費，是人不死，必爲國害！越王勾踐食不殺而饜，衣服純素，不袀不玄，帶劍以布，是人不死，必爲大故。越王勾踐寢不安席，食不求飽，而善貴有道，是人不死，必爲邦寶。越王勾踐衣弊而不衣新，行慶賞，不刑戮，是人不死，必成其名。越在我，猶心腹有積聚，不發則無傷，動作者有死亡。欲釋齊，以越爲憂。"吴王不聽，果興師伐齊，大克。還，以申胥爲不忠，賜劍殺申胥，髡被離。申胥且死，曰："昔者桀殺關龍逢，紂殺王子比干。今吴殺臣，參桀紂而顯吴邦之亡也。"（《越絶書 · 請糴内傳》P.117）

傳書言：吴王夫差殺伍子胥，煮之於鑊，乃以鴟夷橐投之於江。子胥恚恨，驅水爲濤，以溺殺人。今時會稽丹徒大江，錢唐浙江，皆立子胥之廟。蓋欲慰其恨心，止其猛濤也。夫言吴王殺子胥，投之於江，實也；言其恨恚驅水爲濤者，虚也。（《論衡 · 書虚篇》P.245）

《吴越春秋》曰："吴王賜子胥劍，遂伏劍而死。吴王乃取子胥之尸，盛以鴟夷之器，投之江海。子胥因隨流揚波，成濤激岸，隨潮來往。"（《藝文類聚》卷第九 P.164）

《吴越春秋》曰："吴賜子胥劍而死，乃投之江中。子胥因揚波成濤，隨潮往來。"（《太平御覽》卷第六十八 P.324）

《吴越春秋》曰："子胥諫吴王。王怒，賜以屬鏤之劍，盛以鴟夷之器，投之于江。"（《太平御覽》卷第四百八十三 P.2213）

《吴越春秋》曰："子胥諫，吴王怒。子胥伏劍而死。王乃取子胥尸，盛以鴟夷，投之于江。断其頭，置高尺之上，謂曰：'日月炙汝肉，熛風飄汝眼，炎火燒汝骨，盡成灰土，何有所見？'"（《太平御覽》卷第四百九十二 P.2253）

顧校：託汝子於齊鮑氏（晏）

蔣校：託汝子於齊鮑氏（宋本"晏"）

5.20

王孫駱聞之，不朝。王召而問曰："子何非寡人而不朝乎[1]？"駱曰："臣恐耳。"曰："子以我殺子胥爲重乎？"駱曰："大王氣高，子胥位下，王誅之。臣命何異於子胥？臣以是恐也。”王曰：“非聽宰嚭以殺子胥，胥圖寡人也。”駱曰：“臣聞：‘人君者必有敢諫之臣，在上位者必有敢言之交。’夫子胥，先王之老臣也。不忠不信，不得爲前王臣。”吴王中心悷然〔2〕，悔殺子胥：“豈非宰嚭之讒子胥〔3〕？”而欲殺之。駱曰：“不可。王若殺嚭，此爲二子胥也。”於是不誅〔4〕。

【注釋】

〔1〕非：《説文·非部》：“非，違也。”即相背、避開的意思。

〔2〕悷（lì立）：悲傷。

〔3〕上文吴王説“非聽宰嚭以殺子胥”，説明他本來就怨恨子胥（參見5.2注〔13〕），但子胥被殺，與伯嚭的讒毁也有關。《史記》的《越王句踐世家》與《伍子胥列傳》均載有伯嚭之讒言，後者見5.2注〔12〕，前者所載伯嚭的讒言是：“伍員貌忠，而實忍人。其父兄不顧，安能顧王？王前欲伐齊，員彊諫，已而有功，用是反怨王。王不備伍員，員必爲亂。”

〔4〕《春秋》《左傳》以及《史記》的《十二諸侯年表》《吴太伯世家》《伍子胥列傳》等都在本年（魯哀公十二年，夫差十三年，前483）記載了吴國和魯哀公在槖皋（吴地，即今安徽省巢湖市西北六十里的拓皋鎮）會晤的事。《左傳》還記載了太宰嚭在鄖（見4.22注〔7〕）包圍衛出公之事。此書均略去了。

【義疏】

王孫駱聽説了這些事，就不上朝了。吴王召見他而問他説：“您爲什麽要避開我而不上朝呢？”王孫駱説：“我祗是因爲恐懼而已。”吴王説：“您認爲我殺子胥是太苛刻了麽？”王孫駱説：“大王氣勢高揚，子胥位居臣下，所以大王殺了他。我的性命和子胥有什麽不同呢？我因此而恐懼啊。”吴王説：“我並不是因爲聽信了太宰嚭的話才殺掉子胥的，而是因爲子胥算計我啊。”王孫駱説：“我聽説：‘當君主的一定要有敢于諫諍的臣子，處在上位的一定要有敢于説話的知交。’那子胥，是先王闔閭的老臣。如果他不忠誠不老實，那就不可能成爲先王的臣子。”吴王心裏很悲傷，後悔殺了子胥，説：“難道不是因爲太宰嚭詆毁了子胥麽？”因而想要殺掉伯嚭。王孫駱説：“不行。大王如果殺了伯嚭，這就成了第二個子胥了。”于是吴王就没殺伯嚭。

【輯證】

王孫駱聞之，旦即不朝。王召駱而問之：“子何非寡人而旦不朝？”王孫駱對曰：“臣不敢有非，臣恐矣。”吴王曰：“子何恐？以吾殺胥爲重乎？”王孫駱對曰：“君王氣高，胥之下位而殺之，不與羣臣謀之，臣是以恐矣。”王曰：“我非聽子而殺胥，胥乃圖謀寡人。”王孫駱曰：“臣聞：‘君人者，必有敢言之臣；在上位者，必有敢言之士。’如是，即慮日益進而智益生矣。胥，先王之老臣，不忠不信，不得爲先王臣矣。”王意欲殺太宰嚭，王孫駱對曰：“不可。王若殺之，是殺二胥矣。”吴王近駱如故。（《越絶書·請糴内傳》P.122）

顧校：非聽宰嚭（噽）以殺子胥　豈非宰嚭（噽）之讒子胥　王若殺嚭（噽）

5.21

十四年，夫差既殺子胥，連年不熟，民多怨恨。吴王復伐齊，闕●爲闌溝於商、魯之間〔1〕，北屬沂●【1】〔2〕，西屬濟〔3〕，欲與魯、晉合攻於黄池之上〔4〕。恐羣臣復諫，乃令國中曰：“寡人伐齊，有敢諫者，死。”太子友知子胥忠而不用，太宰嚭佞而專政，欲切言之〔5〕，恐罹尤也〔6〕，乃以諷諫激於王。清旦，懷丸持彈，從後園而來，衣洽●履濡【2】〔7〕，王怪而問之曰：“子何爲洽衣濡履、體如斯也【3】？”太子友曰：“適游後園〔8〕，聞秋蜩之聲〔9〕，往而觀之。夫秋蟬，登高樹，飲清露，隨風撝撓〔10〕，長吟悲鳴，自以爲安，不知螳蜋超枝緣條，曳腰聳距〔11〕，欲援其形【4】。夫螳蜋，翕心而進〔12〕，志在有利，不知黄雀緣茂林【5】〔13〕，徘徊枝陰〔14〕，踙蹴微進〔15〕，欲啄螳蜋。夫黄雀，但知伺螳蜋之有味，不知臣挾彈危擲〔16〕，蹭蹬飛丸而集其背〔17〕。今臣但虚心〔18〕，志在黄雀，不知空埳其旁，闇忽埳中，陷於深井〔19〕。臣故袷體濡履，幾爲大王取笑。”王曰：“天下之愚莫過於斯。但貪前利，不覩後患。”太子曰：“天下之愚，復有甚者。魯承周公之末〔20〕，有孔子之教，守仁抱德，無欲於鄰國，而齊舉兵伐之，不愛民命，惟有所獲。夫齊，徒知舉兵而伐魯【6】〔21〕，不知吴悉境内之士，盡府庫之財，暴師千里而攻之〔22〕。夫吴，徒知踰境征伐非吾之國，不知越王將選死士出三江之口●〔23〕，入五湖之中●〔24〕，屠我吴國，滅我吴宫。天下之危，莫過於斯也。”吴王不聽太子之諫，遂北伐齊。

【校記】

【1】沂：大德本作“蘄”，據《羣書治要》卷十二引文改。〇徐天祐曰：“《國語》作‘沂’者是。”〇覺按：蘄（qí 齊）水在今湖北省蘄春縣。此“蘄”字當爲“沂”（yí 遺）之音訛，《國語·吴語》作“沂”可證。

【2】洽：大德本作“袷”，據《羣書治要》卷十二引文改。〇徐天祐曰：“‘袷’當作‘洽’，沾也。”

【3】洽：大德本作“袷”，今據上一字例改以保持上下文統一。此句《羣書治要》

卷十二引作“何爲如此也”，乃删削之文。

【4】欲援：大德本作“而稷”，據《太平御覽》卷三百五引文改。

【5】緣茂：大德本作“盈緑”，據《太平御覽》卷三百五引文改。

【6】知舉兵：大德本作“舉”，據《羣書治要》卷十二引文補“知”字和“兵”字。

【注釋】

〔1〕徐大祐曰：“闕，義與‘掘’同。《左傳》‘闕地及泉’是也。《國語解》：‘闕，穿也。’”○覺按：“闕”（jué 掘）通“掘”。 闌溝：古稱運河爲“溝”，“闌溝”當是運河之名。它可能是邗溝（見5.1注〔1〕）向北方的延伸部分，類似於現在江蘇省淮安市淮河北岸至山東省濟寧市之間的運河。《國語·吴語》、《初學記》卷六引此文均作“深溝”，乃泛指之詞，與此不同。 商：即宋國。周滅商後，把商的舊都亳（在今河南省商丘市睢陽區西南）之周圍地區分封給商王紂的庶兄微子啓以奉商祀，稱宋國（參見3.4注〔8〕）。宋國的君主是商王朝王族的後代，宋都商丘（在今河南省商丘市睢陽區南）又是商的舊都，因而後世稱宋爲“商”。 魯：周代諸侯國，姬姓，公爵，始封之君是周文王之子、武王之弟叔旦，即周公旦，因他留佐武王、成王，故使其子伯禽至魯爲君治國。其地在今山東省西南部和河南省、江蘇省部分地區，國都在今山東省曲阜市。公元前249年（楚考烈王十四年）爲楚所滅。參見《史記》的《魯周公世家》與《六國年表》。沈起煒將楚滅魯記於公元前256年（楚考烈王七年），蓋據《史記·魯周公世家》推算而來，恐未當。

〔2〕屬（zhǔ 囑）：連接。 沂：沂水源出山東省曲阜市東南的尼丘，西流經曲阜市、兖州市合於泗水。

〔3〕濟（jǐ 擠）：濟水，發源於今河南省濟源市西王屋山，東南流過黄河，東流至今山東省濟寧市、濟南市北、濟陽縣南而入渤海。現在黄河下游的河道即原來濟水下游的河道。古代黄河下游的河道在今山東省平原縣、河北省滄州市北，與濟水並行入海。

〔4〕黄池：宋國地名，位於今河南省封丘縣西南，濟水故道南岸。

〔5〕切（qiè 竊）言：貼近問題直言勸説。

〔6〕罹（lí 離）：遭。

〔7〕洽：與“濡”對文同義。《太平御覽》卷三百五引作“沾”、卷九百四十六引作“浹”，義同。

〔8〕適：剛纔。

〔9〕秋蜩（tiáo 條）：秋蟬，又名鳴蜩，是蟬之一種。秋間鳴於日暮，其聲相續甚長，無高低相間的節奏。

〔10〕撝（huī 灰）：通“揮”。

〔11〕曳（yè 業）：拖。 距：雞爪叫“距”。此指螳螂前部呈鐮刀狀的前腿。 聳距：《太平御覽》卷三百五引作“舉刃”，義同。

〔12〕翕（xī 息）：《方言》卷三：“翕，聚也。”

〔13〕黄雀：鳥名，也稱蘆花黄雀。雄者上體淺黄帶緑，雌者上體微黄而有褐色條紋。

〔14〕陰：通“蔭”。

〔15〕蹣跚：同“躡跋”（nièyuè 聶越），是輕輕地提腳挪腿的意思。楊慎《俗言》卷一：“字書及《説文》無‘蹣跚’字，《玉篇》有‘躡跋’字。躡，細行，兩足不相過；跋，急行而輕也，於義亦合。當音聶越。” 微：隱微，暗中。

〔16〕危：高。 擲：投擲，扔。此指發射。

〔17〕蹭蹬（cèngdèng 層去聲鄧）：《文選·海賦》“或乃蹭蹬窮波”李善注：“蹭蹬，

失勢之貌。”此文指彈弓已拉足彈丸即將離開彈弓的樣子。

〔18〕今：猶“夫”。虛：空。這裏用作使動詞，表示“使……空”。虛心：指排除心中一切其他的意念而專心致志。參見9.3注〔7〕。

〔19〕井：通“阱”，陷阱。

〔20〕周公：魯國原封給周公旦，周公留佐武王、成王，其子伯禽便至魯爲魯公，魯國之君爲周公的後代，所以説“魯承周公之末”。

〔21〕徒：單，只。

〔22〕暴（pù曝）師：使軍隊在外蒙受風霜雨露。

〔23〕徐天祜曰：“三江：一説松江、錢塘、浦陽江也。《吴都賦》註：‘松江下七十里分流，東北入海者爲婁江，東南流者爲東江，併松江爲三江。’今其地亦名三江口，即范蠡乘舟所出之地。”〇覺按：“三江”即三條江，具體所指因文而異，古人亦多異説。徐氏所引一説見《國語·越語上》“三江環之”韋昭注。此文云“三江之口”，不應從韋説。《史記·夏本紀》“震澤致定”《正義》：“澤在蘇州西南四十五里。三江者，在蘇州東南三十里，名三江口。一江西南上七十里至太湖，名曰松江，古笠澤江；一江東南上七十里至白蜆湖，名曰上江，亦曰東江；一江東北下三百餘里入海，名曰下江，亦曰婁江。於其分處，號曰三江口。顧夷《吴地記》云‘松江東北行七十里得三江口，東北入海爲婁江，東南入海爲東江，并松江爲三江’是也。”據此，則三江口在今蘇州市東南三十里處，大約在今勝浦鎮之南，西南與太湖相距（水道之長）七十里。而古代所謂“松江”（又名笠澤、吴江、松陵江），當爲今吴淞江（源自太湖，東北流經江蘇省蘇州市吴江區、昆山市等區域入上海市，改名蘇州河，會合黄浦江入長江）之上游七十里。《辭源》認爲古之松江即今流入黄浦江之吴淞江，恐不夠準確。今吴淞江下游，現稱蘇州河，古稱滬瀆，恐怕不是古代“松江”的組成部分。《吴郡圖經續記》卷中：“《圖經》云：‘松江東瀉海曰滬瀆，亦曰滬海。’”是其證。至於古之“東江”，今已湮廢，其故道大抵自今蘇州東南三十里之古三江口，東南流經今澄湖、白蜆湖等，在今浙江省海鹽縣南入海（參見胡渭《禹貢錐指·禹貢圖·三江異派圖第三十五》；《水經注》卷二十九、《吴郡圖經續記》卷中名之爲“谷水”，考之甚詳，也可參見）。至於“婁江”，大抵與今瀏河相當，即自古三江口東北流，經今江蘇省昆山市、太倉市入長江。今瀏河在昆山市青陽港處西接昆山塘。昆山塘西起蘇州婁門，東至昆山市青陽港，今也名婁江，但並不是古代的婁江。

〔24〕徐天祜曰：“五湖，一説貢湖、遊湖、胥湖、梅梁湖、金鼎湖也。韋昭曰：‘胥湖、蠡湖、洮湖、滆湖，就太湖而五。’虞翻云：‘太湖之水通五道，謂之五湖。’”〇徐天祜補註曰：“已詳見前註。又按張勃《吴録》云：‘五湖者，太湖之别名。以其周行五百里，故以五湖爲名。’又楊泉《五湖賦》止爲太湖而作。陸龜蒙云：‘太湖上禀咸池五車之氣，故一水五名。’今併存之。”〇覺按：古人對五湖異説很多，徐引各説似多未當。“五湖”原來可能指太湖東側的五個小湖，後便用來指稱太湖。《史記·夏本紀》“震澤致定”《正義》：“五湖者，菱湖、游湖、莫湖、貢湖、胥湖，皆太湖東岸五灣，爲五湖。蓋古時應别，今並相連。菱湖在莫釐山東，周迴三十餘里，西口闊二里，其口南則莫釐山，北則徐侯山，西與莫湖連。莫湖在莫釐山西及北，北與胥湖連；胥湖在胥山西，南與莫湖連：各周迴五六十里，西連太湖。游湖在北二十里，在長山東，湖西口闊二里，其口東南岸樹里山，西北岸長山，湖周迴五六十里；貢湖在長山西，其口闊四五里，口東南長山，山南即山陽村，西北連常州無錫縣老岸，湖周迴一百九十里已上，湖身向東北長七十餘里：兩湖西亦連太湖。”《國語·越語下》“戰於五湖”韋昭注：“五湖，今太湖。”

【義疏】

十四年（前 482），夫差殺了子胥後，莊稼連年歉收，民衆多半怨恨他。吴王又準備攻打齊國，在宋國、魯國之間挖成運河闌溝，向北連接沂水，向西連接濟水，想和魯國、晋國在黄池附近會戰。他怕大臣們再來勸阻，就命令國内説："我要去攻打齊國，有誰敢來勸阻，就處死。"太子友知道子胥忠心耿耿却不被重用，太宰嚭能説會道而專權獨斷，他原想直言勸阻這件事，又怕遭罪，于是就打算用委婉含蓄的勸告去打動吴王。清晨，他帶了彈丸、手握彈弓，從後花園而來，衣服沾濕了，鞋子弄潮了，吴王奇怪地問他説："您幹了什麽而把衣服鞋子搞得濕淋淋的、身上弄成了這個樣子？"太子友説："剛才在後花園游玩，聽見秋蟬的鳴叫聲，就去觀望它。那秋蟬，登上了高高的樹梢，喝着清澈的露水，隨着風兒舞動，拖長了聲音啼鳴，凄切地叫着，自以爲很安全，不知道螳螂越過樹枝沿着枝條，拖着細腰、高舉脚爪，要抓住它的身體。那螳螂，聚精會神地向前爬，心思衹放在取得利益上，不知道黄雀憑藉着茂密的樹林，徘徊在樹蔭中，輕輕地提脚挪腿，暗暗地向前邁進，想啄螳螂。那黄雀，衹知道窺視那美味的螳螂，不知道我手握彈弓要向高處發射，彈弓拉盡即將飛出彈丸而射中它的背脊。而我，衹是排除心中一切雜念，把心思都放在黄雀身上，却不知道坑穴就在那旁邊，在陰暗中忽然掉進了坑穴裏，陷入了深深的陷阱中。我就是因爲這個緣故弄得身上都濕了、鞋子都潮了，差一點兒被大王取笑。"吴王説："天下的愚蠢没有比這更厲害的了。衹貪圖眼前的利益，看不到後面的禍患。"太子説："天下的愚蠢，還有比這更厲害的。魯國，繼承了周公旦的餘緒，又有孔子的教化，牢守仁義，堅持德教，對鄰國没有貪欲，但齊國却起兵攻打它，不愛惜民衆的性命，衹希望有所獲得。那齊國，衹知道起兵攻打魯國，不知道吴國全數動用了國内的將士，用盡了國庫中的資財，出師千里之外去攻打它。那吴國，衹知道越過國境去攻打不屬于自己的國家，不知道越王將挑選拼死作戰的勇士從三江口出來，進入太湖之中，屠殺我們吴國的民衆，滅掉我們吴國的王宫。天下的危亡，没有什麽能超過這個了。"吴王不聽從太子的勸告，就向北攻打齊國去了。

【輯證】

吴王夫差既殺申胥，不稔於歲，乃起師北征。闕爲深溝，通於商、魯之閒，北屬之沂，西屬之濟，以會晉公午於黄池。（《國語 · 吴語》P.604）

（夫差）十四年春，吴王北會諸侯於黄池，欲霸中國以全周室。（《史記 · 吴太伯世家》P.1771）

楚莊王將興師伐晉，告士大夫曰："有敢諫者，死無赦。"孫叔敖曰："臣聞：'畏鞭箠之嚴而不敢諫其父，非孝子也；懼斧鉞之誅而不敢諫其君，非忠臣也。'"於是遂進諫曰："臣園中有榆，其上有蟬。蟬方奮翼悲鳴，欲飲清露，不知螳蜋之在後，曲其頸，欲攫而食之也。螳蜋方欲食蟬，而不知黄雀在後，舉其頸，欲啄而食之也。黄雀方欲食螳蜋，不知童子挾彈丸在楡下，迎而欲彈之。童子方欲彈黄雀，不知前有深坑，後有掘株也。此皆貪前之利，而不顧後害者也。非獨昆蟲衆庶若此也，人主亦然。君今知貪彼之土而樂其士卒。”楚國不殆而晉以寧，孫叔敖之力也。（《韓詩外傳》卷十第二十一章 P.360）（覺按：其事類似。）

吴王欲伐荆，告其左右曰：“敢有諫者，死！”舍人有少孺子者，欲諫不敢，則懷丸操彈，遊於後園，露沾其衣，如是者三旦。吴王曰：“子來，何苦沾衣如此？”對曰：“園中有樹，其上有蟬，蟬高居悲鳴飲露，不知螳螂在其後也；螳螂委身曲附欲取蟬，而不知黄雀在其傍也；黄雀延頸欲啄螳螂，而不知彈丸在其下也。此三者，皆務欲得其前利而不顧其後之有患也。”吴王曰：“善哉！”乃罷其兵。（《説苑·正諫》P.212）（覺按：其事類似。）

《吴越春秋》：“吴王夫差興兵伐齊，堀爲漁溝，通於商、魯之間，北屬之沂，西屬之濟，欲以會晉。恐羣臣之諫也，乃令於邦中曰：‘寡人伐齊，敢有諫者，死。’太子友乃風諫以發激吴王之心。以清朝時，懷丸挾彈，從後園而來，衣洽履濡，吴王怪而問之曰：‘何爲如此也？’友曰：‘遊於後園，聞秋蟬之鳴，往而觀之。夫秋蟬，登高樹，飲清露，其鳴悲吟，自以爲安，不知蟷蜋超枝緣條，申要舉刃，纆（“纆”作“搏”）其形也。夫蟷蜋，愈心財進（“愈心財進”作“翕心而進”），志在利蟬，不知黄雀徘徊枝葉，欲啄之也。夫黄雀，但知伺蟷蜋，不知臣飛丸之集其背也。但臣知虚心，念在黄雀，不知穽埳在於前，掩忽陷墜於深井也。’王曰：‘天下之愚，莫過於斯。知貪前之利，不睹其後之患也。’對曰：‘天下之愚，非但直於是也，復有甚者。’王曰：‘豈復有甚於是者乎？’友曰：‘夫魯，守文抱德，無欲於隣國，而齊伐之。齊徒知舉兵伐魯，不知吴悉境内之士，盡府庫之財，暴師千里而攻之也。吴徒知踰境貪敵往伐齊，不知越王將選其死士出三江之口，入五湖之中，屠滅吴國（舊無“吴國”之“吴”字，補之。下“吴國”同）也。臣竊觀禍之端，天下之危，莫過於斯也。’王喟然而歎，默無所言，遂往伐齊，不用太子之諫。越王勾踐聞吴王北伐，乃帥軍泝江以襲吴，遂入吴國，焚其姑蘇之臺。”（《羣書治要》卷十二 P.168）

趙曄《吴越春秋》曰：“吴王夫差興兵伐齊，掘爲深溝，通於商、魯之間，北屬之濟。”（《初學記》卷第六 P.131）

《吴越春秋》曰：“吴將伐齊，自廣陵掘溝通江、淮。”（《太平御覽》卷第一百六十九 P.821）

《吴越春秋》云：“吴將伐齊，自高陵掘江通淮。”（《太平寰宇記》卷一百二十四 V.470-P.229）

《吴越春秋》云：“吴將伐齊，北霸中國，自廣陵掘江通淮，運糧之水路也。”（《太平寰宇記》卷一百二十四 V.470-P.231）

《吴越春秋》曰：“夫差令於邦中曰：‘寡人欲伐齊，敢有諫者，死。’太子友請朝，時懷丸挾彈，從後園而來，衣沾履濡，吴王夫差怪而問之。太子友對曰：‘臣遊後園，聞秋蟬之鳴，往而觀之。秋蟬登高樹，飲清露，悲吟以爲安，不知螳蜋超枝緣條，曳胥舉刃，欲援其形也。螳蜋貪心時進，志在有利，不知黄雀緣茂林，徘徊枝葉，欲啄螳蜋也。夫黄雀，知伺螳蜋之有味，不知臣躊躇引彈，蜚丸之集其背也。’”（《太平御覽》卷第三百五 P.1403）

《吴越春秋》曰：“吴王夫差令於邦中曰：‘寡人欲伐齊，敢有諫者，死。’太子友因諷諫以激於王。以清且懷丸挾彈，從後園而來，衣浹履濡，吴王夫差怪而問之。太子對曰：‘臣遊後園，聞秋蟬之鳴，往而觀之。秋蟬登高樹，自以爲安，不知螳蜋超枝緣條，曳要舉刃，欲哺其形也。螳蜋貪心務進，志在有利，不知黄雀盛緣茂林，徘徊枝葉，欲啄螳蜋也。’”（《太平御覽》卷第九百四十六 P.4201）

顧校：太宰嚭（噽）佞而專政　　乃以諷諫（下多“以”）激於王　　而稷（禝）其形　　挾彈危擲（躑）　　惟（唯）有所獲

蔣校：乃以諷諫（宋本下有“以”字）激於王　而稷（宋本“禝”）其形　挾彈危擲（宋本“躑”）蹭蹬

5.22

越王聞吴王伐齊，使范蠡、洩庸率師屯海、通江〔1〕，以絶吴路。敗太子友於始熊夷●〔2〕，通江淮〔3〕，轉襲吴，遂入吴國，燒姑胥臺，徙其大舟●〔4〕。

【注釋】

〔1〕范蠡（lǐ 禮）：字少伯，春秋末楚國宛（在今河南省南陽市）人，後爲越國大夫。越爲吴所敗時曾與越王勾踐一起赴吴爲僕三年，回越後輔助勾踐刻苦圖强，終於滅掉吴國。他認爲勾踐此人可與共患難而不可同安樂，於是就出走到齊國，改名鴟夷子皮。後又至陶（在今山東省菏澤市定陶區西北），稱陶朱公，以經商致富。其事蹟可參見《國語·越語下》，《史記》的《越王句踐世家》《貨殖列傳》及本書以下各篇。洩庸：越國大夫，姓洩，名庸，又作“曳庸”（見7.3），《國語·吴語》作“舌庸”。《左傳·哀公二十六年》作“后庸”，阮元《校勘記》：“石經、宋本‘后’作‘舌’……段玉裁云：‘當依《國語》作舌。’”

〔2〕徐天祜曰：“‘始’當作‘姑’，《國語》：‘敗王子友於姑熊夷。’韋昭解：‘姑熊夷，吴郊也。’”〇覺按：《左傳·哀公十三年》記此戰甚詳，可參見。據《左傳》，則姑熊夷當在今蘇州市西南横山附近。

〔3〕通江淮：“淮”字當衍，或爲連類而及之辭（參見4.31注〔10〕）。《國語·吴語》作“越王句踐乃率中軍泝江”，韋昭注：“江，吴江。或有‘淮’字者，誤。”吴江：見5.21注〔23〕。

〔4〕徐天祜曰：“即餘皇舟也。”〇覺按：參見3.1注〔2〕。

【義疏】

越王勾踐聽説吴王去攻打齊國，就派范蠡、洩庸率領了軍隊駐扎在東海邊，打通長江沿綫，以此來截斷吴軍的退路。越王把吴國太子打敗在姑熊夷，又打通了松江，轉而襲擊吴國，于是就進入了吴國國都，焚燒了姑胥臺，取走了吴國的大船。

【輯證】

夏，許男成卒。公會晉侯及吴子于黄池。楚公子申帥師伐陳。於越入吴。（《春秋·哀公十三年》P.2171）

夏，公會單平公、晉定公、吴夫差于黄池。六月丙子，越子伐吴，爲二隧。疇無餘、謳陽自南方，先及郊。吴大子友、王子地、王孫彌庸、壽於姚自泓上觀之。彌庸見姑蔑之旗，曰：“吾父之旗也。不可以見讎而弗殺也。”大子曰：“戰而不克，將亡國，請待之。”彌庸不可，屬徒五千，王子地助之。乙酉，戰，彌庸獲疇無餘，地獲謳陽。越子至，王子地守。丙戌，復戰，大敗吴師。獲大子友、王孫彌庸、壽於姚。丁亥，入吴。（《左傳·哀公十三年》P.2171）

於是越王句踐乃命范蠡、舌庸，率師沿海泝淮以絶吴路。敗王子友於姑熊夷。越王句踐乃率中軍泝江以襲吴，入其郛，焚其姑蘇，徙其大舟。（《國語·吴語》P.604）

六月丙子，越王句踐伐吴。乙酉，越五千人與吴戰。丙戌，虜吴太子友。丁亥，入吴。（《史記·吴太伯世家》P.1771）

其明年，因北大會諸侯於黄池，以令周室。越王句踐襲殺吴太子，破吴兵。吴王聞之，乃歸，使使厚幣與越平。（《史記·伍子胥列傳》P.2638）

5.23

吴敗齊師於艾陵之上，還師臨晋，與定公争長〔1〕，未合〔2〕，邊候乃至【1】〔3〕，以越亂告【2】。吴王夫差大懼，合諸臣謀曰【3】：“吾道遼遠，無會、前進〔4〕，孰利？”王孫駱曰：“不如前進，則執諸侯之柄以求其志。請王屬士，以明其令，勸之以高位，辱之以不從，令各盡其死。”

夫差昏秣馬食●士〔5〕，服兵被甲〔6〕，勒馬銜枚〔7〕，出火於造〔8〕，闇行而進。吴師皆文犀長盾、扁諸之劍●〔9〕，方陣而行。中校之軍皆白裳、白髦、素甲、素羽之矰●〔10〕，望之若荼●〔11〕。王親秉鉞【4】，戴旗以陣而立〔12〕。左軍皆赤裳、赤髦、丹甲、朱羽之矰，望之若火。右軍皆玄裳、玄輿、黑甲、烏羽之矰，望之如墨。帶甲三萬六千，雞鳴而定陣，去晋軍一里。天尚未明，王乃親鳴金鼓〔13〕，三軍譁吟以振其旅，其聲動天徙地。

晋大驚，不出，反距堅壘〔14〕，乃令童褐請軍●〔15〕，曰：“兩軍偃●兵接好【5】〔16〕，日中爲期【6】〔17〕。今大國越次而造弊邑之軍壘〔18〕，敢請亂故●【7】〔19〕？”吴王親對曰：“天子有命，周室卑弱，約諸侯貢獻，莫入王府，上帝鬼神而不可以告〔20〕。無姬姓之所振〔21〕，懼，遣使來告，冠蓋不絶於道〔22〕。始周依負於晋【8】，故忽於夷狄〔23〕。會晋今反叛如斯，吾是以蒲服就君●〔24〕。不肯長弟，徒以争彊〔25〕。孤進，不敢；去，君不命長，爲諸侯笑〔26〕。孤之事君，决●在今日〔27〕；不得事君，命●在今日矣〔28〕。敢煩使者往來，孤躬親聽命於藩籬之外〔29〕。”童褐將還，吴王躡左足，與褐决矣〔30〕。

及報，與諸侯、大夫列坐於晋定公前。既以通命〔31〕，乃告趙鞅曰〔32〕：“臣觀吴王之色，類有大憂〔33〕。小則嬖妾、嫡子死，否則吴國有難；大則越人入，不得還也。其意有愁毒之憂〔34〕，進退輕難，不可與戰。主君宜許之以前期〔35〕，無以争行而危國也〔36〕。

然不可徒許，必明其信。”趙鞅許諾，入謁定公曰〔37〕：“姬姓於周，吴爲先老〔38〕，可長，以盡國禮。”定公許諾，命童褐復命〔39〕。

於是吴王愧晉之義，乃退幕而會。二國君臣並在，吴王稱公〔40〕，前●歃【9】〔41〕，晉侯次之，羣臣畢盟。

【校記】

【1】大德本無“乃至”，據《國語·吴語》補。

【2】大德本無“以越亂告”，據《國語·吴語》補。

【3】臣：大德本作“侯”，據四庫本改。

【4】徐注之“欲其荼白也註韋革遠眂之當如茅莠之色詩有女如荼箋荼英荼也孔氏曰荼是茅草秀出之穗英是白貌”以及“王親秉鉞”四字，爲大德本六十四葉末行，原版壞缺，係抄補之文。

【5】偃：大德本作“邊”，據《國語·吴語》改。〇徐天祜曰：“《國語》作‘偃’。”

【6】爲：大德本作“無”，據《國語·吴語》改。

【7】亂：大德本作“辭”，據《國語·吴語》改。

【8】“始”字大德本壞缺，據鄺本改。

【9】大德本無“歃”，據《國語·吴語》補。

【注釋】

〔1〕《國語·吴語》“吴晉争長未成”韋昭注：“長，先也。”《左傳·哀公十三年》作“秋七月辛丑盟，吴、晉争先。”杜預注：“争歃血先後。”争長：即争先，争第一，指争搶先歃（shà 煞）血。在會盟時，盟主先歃（飲）血。所以，争長即指争當盟主，争取高人一等的地位。

〔2〕合：《國語·魯語下》“詩所以合意”韋昭注：“合，成也。”《國語·吴語》作“吴晉争長未成”，韋昭注：“成，定也。”

〔3〕邊候：在邊界關卡負責偵察敵情的官吏。

〔4〕前：先（參見 4.5 注〔8〕）。 進：當爲“晉”之音訛，《國語·吴語》作：“無會而歸，與會而先晉，孰利？”是其證。

〔5〕徐天祜曰：“音飼。”〇覺按：《國語·吴語》“秣”上有“令”字，義長。 食（sì 飼）：通“飼”，給……吃。

〔6〕服：《國語·吴語》“乃令服兵擐甲”韋昭注：“服，執也。” 被（pī 披）：通“披”。

〔7〕勒：有嚼口的馬絡頭。這裏用作動詞。 銜：同“銜”，四庫本作“銜”。 枚：古代行軍時讓士兵銜在口中以防喧嘩的木片，狀如筷子。

〔8〕造：當爲“竈”之音訛。《國語·吴語》作“出火竈”，是其證。

〔9〕徐天祜曰：“闔廬既鑄成干將、莫耶二劍，餘鑄得三千，並號扁諸之劍。”〇覺按：《國語·吴語》“奉文犀之渠”韋昭注：“文犀，犀之有文理者。”

〔10〕徐天祜曰：“短矢。韋昭曰：‘矢名。’”〇覺按：《漢書·衛青傳》“常護軍傳校獲王”顔師古注：“校者，營壘之稱，故謂軍之一部爲一校。” 中校之軍：中央營壘中的軍隊，即“中軍”。古代行軍作戰分左、中、右（或上、中、下）三軍，由主將所處的中軍發號施令。 髦：通“旄”，竿頂用旄牛尾做裝飾的一種旗幟。 矰（zēng 增）：短箭。

〔11〕徐天祜曰："《周禮》：'望而眡之，欲其荼白也。'註：'韋革遠眡之，當如茅莠之色。'《詩》'有女如荼'箋：'荼，英荼也。'孔氏曰：'荼是茅草秀出之穗，英是白貌。'"○覺按：荼（tú 途）：菅茅的花穗，白色。

〔12〕戴：《國語·吳語》作"載"。《釋名·釋姿容》："戴，載也，載之於頭也。"此指吳王站在旗幟下，旗幟在他頭頂上飄動。以：猶"於"，參見《古書虛字集釋》卷一。

〔13〕金鼓：等於説"鉦鼓"，鑼與鼓。《詩經·小雅·采芑》"鉦人伐鼓"毛傳："鉦以静之，鼓以動之。"成語有"一鼓作氣""鳴鑼開道"，可見擊鼓是使人前進的信號，敲鑼是使人後退的信號。

〔14〕距：通"拒"，抵禦。反距：反抗。堅：使動用法，使……堅固。壘：防護軍營的牆壁或建築物。

〔15〕徐天祜曰："《國語》作'董褐請事'。董褐，晋大夫司馬演也。請，問也。"○覺按：《國語·吳語》作"董褐"，韋昭注："董褐，晉大夫司馬寅。"《左傳·哀公十三年》作"司馬寅"，司馬是官名。

〔16〕《國語·吳語》"兩君偃兵接好"韋昭注："偃，匿也。接，合也。"偃兵：藏起兵器，即休戰。

〔17〕《廣雅·釋詁四》："期，會也。"

〔18〕次：順序。這裏指時間而言。造：到。弊邑：對本國的謙稱。

〔19〕徐天祜曰："《國語》'辭'作'亂'，謂先期亂次之故。"○覺按：《國語·吳語》"敢請亂故"韋昭注："敢問先期亂次之故。"敢：謙詞，表示大膽，冒昧。

〔20〕《國語·吳語》"上帝鬼神而不可以告"韋昭注："無以告祭於天神人鬼。"指財物緊缺，以致没有東西來祭祀鬼神。

〔21〕姬姓：指周王朝。周王朝姬姓，參見1.4注〔4〕。振：後作"賑"，救濟。

〔22〕冠蓋：禮帽和車蓋，這裏指代使者及其車子。冠蓋不絶於道：指使者連續不斷，形容情況十分緊急。

〔23〕夷狄：見1.4注〔11〕、1.1注〔24〕。此文泛指中原以外的異族。

〔24〕徐天祜曰："《史記·范睢傳》：'膝行蒲服。'《詩》：'匍匐救之。'《檀弓》作'扶服'。其義皆同，言盡力也。"○覺按：《國語·吳語》作"匍匐就君"。徐氏解爲"盡力"雖似可通，實則不當。"蒲服"與"匍匐"爲同一個詞的不同寫法，這裏用作爲謙詞，謙稱自己無能，只能匍匐而來，所以宜解爲伏地而行。

〔25〕這兩句《國語·吳語》作："將不長弟，以力征一二兄弟之國。"韋昭注："弟，猶幼也。言晉不帥長幼之節，而征伐同姓。兄弟之國，謂魯、衛之屬。"所謂"長幼之節"，又可參見注〔38〕。

〔26〕"孤進"五句《國語·吳語》作："孤欲守吾先君之班爵（韋昭注："爵次當爲盟主。"），進則不敢（韋昭注："不敢過先君。"），退則不可（韋昭注："亦不可不及也。"）。今會日薄矣（韋昭注："薄，迫也。"），恐事之不集（韋昭注："集，成也。"），以爲諸侯笑。"文意較此文爲顯豁。

〔27〕徐天祜曰："'决'字疑衍。"○覺按：原文可通，不煩删改。《國語·吳語》作："孤之事君在今日，不得事君亦在今日。"韋昭注："言欲戰以决之也。不勝，則服事君；若勝之，則爲盟主。"

〔28〕徐天祜曰："'命'字當作'亦'。"○覺按：徐氏本《國語》立説（見注〔27〕），雖通，但漢代人多迷信，作者用"命"字來表達取勝之意，實與5.16所謂"神靈之祐福"相類，它很可能是作者别具匠心之處，故原文可通，不宜據《國語》改字。

〔29〕藩籬：籬笆。此指軍營的圍牆。

〔30〕决：通“訣”，辭别。

〔31〕通：《漢書·夏侯勝傳》“先生通正言”顔師古注：“通謂陳道之也。”即陳述的意思。 通命：《國語·吴語》作“致命”，與 3.15 注〔19〕的“復命”意思相同，指奉命出使回來後嚮君主彙報執行使命的情况。

〔32〕趙鞅：即趙簡子，趙襄子之父，晉頃公、晉定公時爲晉國正卿，時當春秋戰國之際。據《史記·趙世家》，他死於晉出公十七年（公元前 458 年），則其在位時間爲公元前 517—公元前 458 年。但據《左傳·哀公二十年》杜預注，簡子死於公元前 475 年。

〔33〕《國語·吴語》“類有大憂”韋昭注：“類，似也。”

〔34〕《國語·吴語》“將毒”韋昭注：“毒，猶暴也。言若猛獸被毒悖暴。”

〔35〕主君：指趙鞅。古代諸侯稱“君”或“主”，卿大夫也稱“主”（因其亦爲封邑之主），因而趙簡子又稱趙簡主，故此文稱之爲“主君”。

〔36〕行（háng 航）：《詩經·周南·卷耳》“寘彼周行”毛傳：“行，列也。思君子，官賢人，置周之列位。”此“行”字即指在行列中的位置。 争行：争位。指争奪盟主之位。

〔37〕“入”字當衍。上文説“列坐於晉定公前”，故不必再“入”。

〔38〕吴國的始祖太伯是古公亶父的長子、季歷的長兄、文王的大伯父，所以説：“姬姓於周，吴爲先老。”

〔39〕童褐復命之辭詳見《國語·吴語》。

〔40〕據《國語·吴語》，童褐復命時曾説：“夫命圭有命，固曰吴伯，不曰吴王，諸侯是以敢辭。夫諸侯無二君，而周無二王，君若無卑天子以干其不祥，而曰吴公，孤敢不順從君命長弟？”認爲吴國始封時爲伯爵（此乃外交辭令，無關史實，參見 1.1 注〔1〕），不能僭稱“吴王”，至多只能稱“吴公”（“公”是公、侯、伯、子、男五等爵中最高的一等）。夫差愧晉之義，同意了晉國的要求，所以稱“公”。

〔41〕徐天祐曰：“《國語》‘前’字下有‘歃’字。”〇覺按：歃（shà 煞）：飲，指歃血。古代舉行盟會時，殺牲飲血，以表示信誓。參見 10.24 注〔1〕。又，《史記》的《晉世家》、《趙世家》都作“長吴”，與此文同。《左傳·哀公十三年》作“先晉人”，《史記·吴太伯世家》也作“長晉定公”，説法與此不同。

【義疏】

吴王在艾陵附近打敗了齊軍以後，把軍隊調過來進逼晉國，和晉定公争當盟主，還没有成功，邊界上偵察敵情的官吏就來了，把越國擾亂吴國的事情作了匯報。吴王夫差非常恐懼，就召集了各位大臣商量説：“我們離國内路途遥遠，不參加會盟而趕回去和争當盟主而在晉國之前先飲血，兩者哪一個有利？”王孫駱説：“不如在晉國之前先飲血而當個盟主，當了盟主就可以掌握諸侯的權柄而争取實現自己的願望。請大王集合將士，向他們申明自己的法令，用高官厚禄來激勵他們，對不服從的就使他們受到刑辱，從而使每個人都能拼命。”

于是夫差在黄昏時命令將士們喂好馬，讓將士吃飽飯，帶上兵器，披好鎧甲，套好馬絡頭，讓士兵口銜行枚，把火種從竈裏倒出來滅掉，在黑暗中行軍挺進。吴國的戰士都手持帶有花紋的犀牛皮做成的長形盾牌和扁諸劍，排成了方形的隊列前進。中央營壘中的將士都穿着白色的衣裳、手拿白色的旗幟、身披白色的鎧甲、使用白色羽毛做箭尾的短箭，望上去好像是茅草的花。吴王親自手執大斧，頭頂着戰旗，在隊列中站着。左翼部隊都穿着紅色的衣裳、手拿紅色的旗幟、身披紅色的鎧甲、使用大紅色羽毛做箭尾的短箭，望上去好像是火。右翼部隊都穿着黑色的衣裳、駕着黑色的戰車、身披黑色的鎧甲、使用黑色羽毛做箭尾的短箭，望上去好像是墨。身披鎧甲的將士有三萬六千人，在公鷄啼鳴的時候已經排定陣勢，距離晋軍衹有一里路。天還没有亮，吴王便親自敲響鑼鼓，左、中、右三軍都大聲呼喊來振作自己的部隊，那聲音震天動地。

晋國人大爲驚駭，不敢出來，衹能防禦抵抗而加固營壘，于是就叫童褐拜見吴軍，説："雙方的軍隊休戰和好，約好中午進行會晤。現在貴國提前來到敝國的軍營，我大膽地來請問這擾亂時間順序的緣故。"吴王親自回答説："天子早已有了命令，但由于周朝王室卑微衰弱，所以雖然約定諸侯各國進貢奉獻，却没有誰把貢品交納到周天子的府庫中去，因而連上帝鬼神也不能再用什麽東西去向他們報告了。周天子因爲没有救濟姬姓王族的東西了，所以十分恐懼，派使者來告急，使者及其車子在路上連續不斷。開始時周王朝依賴晋國，所以忽視中原之外的异族。碰上晋國現在竟像這樣背叛了周王朝，我因此才爬着來到你們國君跟前。你們國君對我們同姓之國不肯顧及長輩晚輩的區别，衹是憑自己的力量來争强弱。我逾越先君的爵位等級，實在不敢；但如果就這樣離去，你們國君不稱我爲盟主，那我就要被諸侯耻笑了。我侍奉你們國君，得取决于今天這一仗；我不能侍奉你們國君，那命運也在于今天這一仗了。我大膽地勞駕使者您來回奔波傳達，我將親自在你們軍營的圍墻之外聽從你們國君的命令。"童褐將要回去的時候，吴王踩了一下童褐的左脚，就和童褐告别了。

等到童褐匯報的時候，與諸侯、大夫依次坐在晋定公的前面。童褐已經向定公匯報了執行使命的情况後，便告訴趙鞅説："我觀察吴王的臉色，好像有非常傷心的事。小一點的話，就是他寵愛的姬妾或者王后生的兒子死了，要不就是吴國有了内亂；大一點的話，就是越國人打進了吴國，他不能再回去了。他心頭有了愁苦强烈的憂慮，進退就不考慮禍患了，所以不能和他交戰。您應該答應他在會盟的時候先飲血，不要因爲争奪盟主的位子而使國家陷于危險的境地。但是，也不可以白白地答應他，而一定要表明自己的信用。"趙鞅答應了，告訴定公説："姓姬的在當初的周國來説，吴太伯是在先的老大，可以讓吴王先飲血，以此來盡到國家的禮儀。”定公答應了，命令童褐向吴王回報其執行使命的情况。

于是吴王因爲晋國的禮儀而感到慚愧，就退讓地到帳篷中去與晋國會盟。兩國君臣都在場，吴王改稱爲吴公，先飲血，晋定公在他之後飲血，群臣也都立誓而締結了盟約。

【輯證】

（夫差）十四：與晉會黄池。（《史記·十二諸侯年表》P.811）

（魯哀公）十三：與吴會黄池。（《史記·十二諸侯年表》P.811）

（晉定公）三十：與吴會黄池，争長。（《史記·十二諸侯年表》P.811）

吴人告敗于王，王惡其聞也，自剄七人於幕下。秋七月辛丑盟，吴、晉争先。吴人曰：“於周室，我爲長。”晉人曰：“於姬姓，我爲伯。”趙鞅呼司馬寅曰：“日旰矣，大事未成，二臣之罪也。建鼓整列，二臣死之，長幼必可知也。”對曰：“請姑視之。”反，曰：“肉食者無墨。今吴王有墨，國勝乎？大子死乎？且夷德輕，不忍久，請少待之。”乃先晉人。吴人將以公見晉侯，子服景伯對使者曰：“王合諸侯，則伯帥侯牧以見於王；伯合諸侯，則侯帥子、男以見於伯。自王以下，朝聘玉帛不同，故敝邑之職貢於吴，有豐於晉，無不及焉，以爲伯也。今諸侯會，而君將以寡君見晉君，則晉成爲伯矣，敝邑將改職貢。魯賦於吴八百乘，若爲子、男，則將半邾以屬於吴，而如邾以事晉。且執事以伯召諸侯，而以侯終之，何利之有焉？”吴人乃止。既而悔之，將囚景伯。景伯曰：“何也立後於魯矣，將以二乘與六人從，遲速唯命。”遂囚以還。及户牖，謂太宰曰：“魯將以十月上辛有事於上帝、先王，季辛而畢。何世有職焉，自襄以來，未之改也。若不會，祝宗將曰：‘吴實然。’且謂魯不共，而執其賤者七人，何損焉？”大宰嚭言於王曰：“無損於魯，而祇爲名，不如歸之。”乃歸景伯。吴申叔儀乞糧於公孫有山氏，曰：“佩玉繠兮，余無所繫之；旨酒一盛兮，余與褐之父睨之。”對曰：“粱則無矣，麤則有之。若登首山以呼曰：‘庚癸乎！’則諾。”王欲伐宋，殺其丈夫而囚其婦人。大宰嚭曰：“可勝也，而弗能居也。”乃歸。冬，吴及越平。（《左傳·哀公十三年》P.2171）

吴、晉争長未成，邊遽乃至，以越亂告。吴王懼，乃合大夫而謀曰：“越爲不道，背其齊盟。今吾道路修遠，無會而歸，與會而先晉，孰利？”王孫雒曰：“夫危事不齒，雒敢先對。二者莫利。無會而歸，越聞章矣，民懼而走，遠無正就。齊、宋、徐、夷曰：‘吴既敗矣！’將夾溝而㢊我，我無生命矣。會而先晉，晉既執諸侯之柄以臨我，將成其志以見天子。吾須之不能，去之不忍。若越聞愈章，吾民恐叛。必會而先之。”王乃步就王孫雒曰：“先之，圖之將若何？”王孫雒曰：“王其無疑，吾道路悠遠，必無有二命焉，可以濟事。”王孫雒進，顧揖諸大夫曰：“危事不可以爲安，死事不可以爲生，則無爲貴智矣。民之惡死而欲貴富以長没也，與我同。雖然，彼近其國，有遷；我絶慮，無遷。彼豈能與我行此危事也哉？事君勇謀，於此用之。今夕必挑戰，以廣民心。請王勵士，以奮其朋勢。勸之以高位重畜，備刑戮以辱其不勵者，令各輕其死。彼將不戰而先我，我既執諸侯之柄，以歲之不穫也，無有誅焉，而先罷之，諸侯必説。既而皆入其地，王安挺志，一日惕，一日留，以安步王志。必設以此民也，封於江、淮之閒，乃能至於吴。”吴王許諾。吴王昏乃戒，令秣馬食士。夜中，乃令服兵擐甲，係馬舌，出火竈，陳士卒百人，以爲徹行百行。行頭皆官師，擁鐸拱稽，建肥胡，奉文犀之渠。十行一嬖大夫，建旌提鼓，挾經秉枹。十旌一將軍，載常建鼓，挾經秉枹。萬人以爲方陣，皆白裳、白旍、素甲、白羽之矰，望之如荼。王親秉鉞，載白旗以中陳而立。左軍亦如之，皆赤裳、赤旟、丹甲、朱羽之矰，望之如火。右軍亦如之，皆玄裳、玄旗、黑甲、烏羽之矰，望之如墨。爲帶甲三萬，以勢攻，雞鳴乃定。既陳，去晉軍一里。昧明，王乃秉枹，親就鳴鐘鼓、丁寧、錞于振鐸，勇怯盡應，三軍皆譁釦以振旅，其聲動天地。晉師大駭不出，周軍飭壘，乃令董褐請事，曰："兩君偃兵接好，日中爲期。今大國越録，而造於弊邑之軍壘，敢請亂故。"吴王親對之曰："天子有命，周室卑約，貢獻莫入，上帝鬼神而不可以告。無姬姓之振也，徒遽來告。孤日夜相繼，匍匐就君。君今非王室不平安是憂，億負晉衆庶，不式諸戎、狄、楚、秦；將不長弟，以力征一二兄弟之國。孤欲守吾先君之班爵，進則不敢，退則不可。今會日薄矣，恐事之不集，以爲諸侯笑。孤之事君在今日，不得事君亦在今日。爲使者之無遠也，孤用親聽命於藩籬之外。"董褐將還，王稱左畸曰："攝少司馬兹與王士五人，坐於王前。"乃皆進，自剄於客前以酬客。董褐既致命，乃告趙鞅曰："臣觀吴王之色，類有大憂，小則嬖妾、嫡子死，不則國有大難；大則越入吴。將毒，不可與戰。主其許之先，無以待危，然而不可徒許也。"趙鞅許諾。晉乃令董褐復命曰："寡君未敢觀兵身見，使褐復命曰：'曩君之言，周室既卑，諸侯失禮於天子，請貞於陽卜，收文、武之諸侯。孤以下密邇於天子，無所逃罪，訊讓日至，曰：昔吴伯父不失，春秋必率諸侯以顧在余一人。今伯父有蠻、荆之虞，禮世不續，用命孤禮佐周公，以見我一二兄弟之國，以休君憂。今君掩王東海，以淫名聞於天子，君有短垣，而自踰之，況蠻、荆則何有於周室？夫命圭有命，固曰吴伯，不曰吴王。諸侯是以敢辭。夫諸侯無二君，而周無二王，君若無卑天子，以干其不祥，而曰吴公，孤敢不順從君命長弟！'許諾。"吴王許諾，乃退就幕而會。吴公先歃，晉侯亞之。吴王既會，越聞愈章，恐齊、宋之爲己害也，乃命王孫雒先與勇獲帥徒師，以爲過賓於宋，以焚其北郭焉而過之。（《國語·吴語》P.605）

吴人告敗於王夫差，夫差惡其聞也。或泄其語，吴王怒，斬七人於幕下。七月辛丑，吴王與晉定公争長。吴王曰："於周室我爲長。"晉定公曰："於姬姓我爲伯。"趙鞅怒，將伐吴，乃長晉定公。（《史記·吴太伯世家》P.1771）

（定公）三十年，定公與吴王夫差會黄池，争長，趙鞅時從，卒長吴。（《史記·晉世家》P.2019）

晉定公三十年，定公與吴王夫差争長於黄池，趙簡子從晉定公，卒長吴。（《史記·趙世家》P.2149）

（悼公）九年，晉定公與吴王夫差盟，争長於黄池，卒先吴。吴彊，陵中國。（《史記·秦本紀》P.249）

顧校：吴師皆文犀長盾（楯）　望之如墨（黑）　於藩（蕃）籬之外　於是吴王愧（媿）晉之義　晉侯（公）次之

蔣校：望之如墨（宋本"黑"）　始周攸（宋本"衣"）負於晉　於藩（宋本"蕃"）籬之外　晉侯（宋本"公"）次之

5.24

吴既長晉而還，未踰於黄池。

越聞吴王久留未歸，乃悉士衆將踰章山●〔1〕，濟三江，而欲伐之。

吴又恐齊、宋之爲害，乃命王孫駱告勞于周〔2〕，曰："昔楚不承供貢，辟遠兄弟之國〔3〕。吾前君闔閭不忍其惡，帶劍挺鈹●〔4〕，與楚昭王相逐於中原[5]。天舍其忠●[6]，楚師敗績。今齊不賢●於楚[7]，又不恭王命，以遠辟兄弟之國。夫差不忍其惡，被甲帶劍[8]，徑至艾陵。天福於吴，齊師還鋒而退。夫差豈敢自多其功？是文、武之德所祐助[9]。時歸吴，不熟於歲[10]，遂緣江泝淮●[11]，開溝深水，出於商、魯之間而歸。告於天子執事[12]。"

周王答曰[13]："伯父令子來乎[14]？盟國，一人則依矣[15]。余實嘉之[16]。伯父若能輔余一人，則兼受永福[17]，周室何憂焉？"乃賜弓弩、王阼[18]，以增號謚●[19]。

吴王還歸自池●[20]，息民散兵[21]。

【注釋】

〔1〕徐天祐曰："章山，即《禹貢》所謂'内方'，在江夏郡竟陵縣東北，今荆門長林縣。"〇覺按：《漢書·地理志上·江夏郡·竟陵》："章山在東北，古文以爲内方山。"《尚書·禹貢》"内方至于大别"孔安國傳："内方、大别，二山名，在荆州，漢所經。"據此，則章山在今湖北省鍾祥市漢水邊上，時爲楚地，越王不可能踰此章山而濟三江。此"章山"恐爲"長山"之音誤，長山是太湖東岸的山名（參見5.21注〔24〕所引張守節《正義》），在三江附近，所以説"踰章山，濟三江"。5.21説"出三江之口，入五湖之中"，地理位置與此相類，也可爲證。

〔2〕《國語·吴語》"乃使王孫茍告勞于周"韋昭注："勞，功也。"

〔3〕辟：通"僻"。兄弟之國：指姬姓各國。《國語·吴語》"以徹於兄弟之國"韋昭注："兄弟，諸姬。"

〔4〕徐天祐補註曰："'鈹'字或作'鈚'。《方言》：'錟謂之鈹。'或曰劒如刀裝者。《前漢·功臣表》：'周竈以長鈹（覺按：當作"鈚"）擊項籍。'顔師古註：'長刃兵，爲刀而劒形。《史記》作長鈹。鈹、鈚同。'"〇覺按：《國語·吴語》"挺鈹搢鐸"韋昭注："挺，拔也。"鈹（pī 披）：兵器，劍屬，較長，形如刀而兩邊有刃。《史記·高祖功臣侯年表》：隆慮侯"以長鈹都尉擊項羽有功"，《索隱》："《説文》云：'鈹者，劍刀裝也。'鈹，音敷皮反。《漢·表》作'鈚'，音丕也。"

〔5〕《國語·吴語》"以與楚昭王毒逐於中原柏舉"韋昭注："中原，原中也。"

〔6〕徐天祐曰："《國語》作'衷'。"〇覺按：《國語·吴語》作"衷"，韋昭注："衷，善也。言天舍善於吴。"本文之"忠"通"衷"。參見5.16注〔6〕。

〔7〕徐天祐曰："《國語》作'鑒'。"

〔8〕被（pī 批）：通"披"。

〔9〕文、武：文王、武王，見1.4注〔4〕、1.6注〔8〕。

〔10〕《國語·吴語》"歸不稔於歲"韋昭注："言伐齊之明年，不至於穀熟而復出師。"參見5.21。

〔11〕徐天祐曰："'緣'當作'沿'，順流而下。泝，逆流而上。"

〔12〕執事：原義爲從事勞役的人。這裏用作爲對對方的尊稱，表示不敢直指尊敬的對方，而只敢指稱對方所役使的人。參見5.5注〔9〕。

〔13〕周王：指周敬王，名丐，公元前519—公元前476年在位（此依《左傳·哀公十九年》。《史記·十二諸侯年表》載敬王四十三年崩，比《左傳》早一年；《史記·周本紀》載敬王四十二年崩，比《左傳》早兩年）。

〔14〕周天子稱同姓諸侯爲伯父或叔父。《儀禮·覲禮》："同姓大國則曰伯父，其異姓則曰伯舅。"此説並不盡然，如晉國，從唐叔以至文公、景公皆稱叔父，於平公、定公反稱伯父。吴爲荆蠻之國，並非大國。大概它當時甚强，而周室則衰微，所以周敬王尊稱吴王爲伯父。

〔15〕一人：天子自稱。《尚書·太甲下》"一人元良"孔安國傳："一人，天子。"

〔16〕實：句中語氣詞，用以加强語氣。

〔17〕既可依靠吴國所結盟的國家，又可依靠吴國，所以説"兼"。

〔18〕阼（zuò作）：通"胙"（zuò作），宗廟祭祀用的肉。生的叫脤，熟的叫膰。賜王胙，即賜給祭祀先王的肉。考之《春秋》《左傳》，周天子祭祀祖先後，常賜同姓諸侯以胙，以密切其關係，故《周禮·春官·大宗伯》曰："以脤膰之禮，親兄弟之國。"而對有功者，也常常賜胙以表示尊重（參見10.13注〔2〕）。此文誤爲"阼"，文義全失。

〔19〕徐天祜曰："已上所記與《國語》大同小異，惟太子友之諫，《國語》不載。"

〔20〕徐天祜曰："'池'字上當有'黄'字。"〇覺按：《國語·吴語》作"吴王夫差還自黄池"。

〔21〕散兵：《國語·吴語》作"不戒"，含義相似。據《左傳·哀公十三年》《史記·吴太伯世家》記載，夫差十三年冬，吴與越講和。本書對此略而不書，則上文越"濟三江，而欲伐之"便無着落了。

【義疏】

吴王勝過了晉定公而當上盟主之後，就班師回國，没有再越過黄池。

越王聽説吴王長久留在外地而没有回國，就調動全部的將士準備越過長山，渡過三江，想攻打吴國。

吴王又怕齊國、宋國給自己造成危害，于是就叫王孫駱去向周敬王報功，説："從前楚國不承擔供給貢品的職責，疏遠我們同姓的兄弟之邦。我們的先君闔閭不能容忍他們的罪惡，佩帶着寶劍，拔出了長刀，與楚昭王在原野中互相追擊。上天降給我們先君鴻福，楚軍大敗。現在齊國還不如楚國，又不恭敬地聽從大王的命令，疏遠我們同姓的兄弟之邦。夫差不能容忍他們的罪惡，所以身披鎧甲、帶着寶劍，直到艾陵。上天保佑吴國，齊軍掉轉矛頭敗退了。夫差哪敢自誇這功勞？這是文王、武王的德行所保佑輔助的結果啊。當時打敗齊國後回到吴國，年成不豐收，于是就沿着長江順流而下，又由淮河逆流而上，開掘運河、挖深河道，從宋國和魯國之間出兵後準備回國了。現謹向天子報告。"

周敬王回答説："是伯父叫您來的嗎？你們和别的諸侯國締結了盟約，我就可以依靠他們了。我非常贊賞這種行爲。伯父如果能輔助我，那麽我就能同時受到長久的福佑了，周朝王室還憂慮什麽呢？"于是就賜給了弓弩以及祭祀先王用的肉，並且贈給了名稱謚號。

吴王從黄池班師回國，讓民衆休養生息，放下了兵器而不再戒備。

【輯證】

吴王夫差既退于黄池，乃使王孫苟告勞于周，曰："昔者楚人爲不道，不承共王事，以遠我一二兄弟之國。吾先君闔廬不貰不忍，被甲帶劍，挺鈹搢鐸，以與楚昭王毒逐於中原柏舉。天舍其衷，楚師敗績，王去其國，遂至于郢。王總其百執事，以奉其社稷之祭。其父子、昆弟不相能，夫概王作亂，是以復歸於吴。今齊侯壬不鑒於楚，又不承共王命，以遠我一二兄弟之國。夫差不貰不忍，被甲帶劍，挺鈹搢鐸，遵汶伐博，簦笠相望於艾陵。天舍其衷，齊師還。夫差豈敢自多，文、武寔舍其衷。歸不稔於歲，余沿江泝淮，闕溝深水，出於商、魯之閒，以徹於兄弟之國。夫差克有成事，敢使苟告於下執事。"周王答曰："苟，伯父令女來，明紹享余一人，若余嘉之。昔周室逢天之降禍，遭民之不祥，余心豈忘憂恤，不唯下土之不康靖。今伯父曰：'勠力同德。'伯父若能然，余一人兼受而介福。伯父多歷年以没元身，伯父秉德已侈大哉！"吴王夫差還自黄池，息民不戒。（《國語·吴語》P.615）

吴王已盟，與晉别，欲伐宋。太宰嚭曰："可勝而不能居也。"乃引兵歸國。國亡太子，内空，王居外久，士皆罷敝，於是乃使厚幣以與越平。（《史記·吴太伯世家》P.1771）

顧校：今齊不賢（賢）於楚

蔣校：遂緣江（宋本無"江"字）泝淮

5.25

二十年〔1〕，越王興師伐吴，吴與越戰於檇李【1】。吴師大敗，軍散，死者不可勝計〔2〕。越追，破吴。吴王困急，使王孫駱稽首請成，如越之來也。越王對曰："昔天以越賜吴，吴不受也。今天以吴賜越，其可逆乎〔3〕？吾請獻勾甬東之地●〔4〕，吾與君爲二君乎！"吴王曰："吾之在周，禮前王一飯〔5〕。如越王不忘周室之義，而使爲附邑，亦寡人之願也。行人請成列國之義〔6〕，惟君王有意焉。"大夫種曰："吴爲無道，今幸擒之〔7〕。願王制其命〔8〕。"越王曰："吾將殘汝社稷，夷汝宗廟〔9〕。"吴王默然。請成七反〔10〕，越王不聽。

【校記】

【1】檇：大德本作"檇"，據馮本改。

【注釋】

〔1〕據《左傳》記載，此年前吴國的大事尚有：夫差十六年（前480）夏，楚伐吴。夫差十七年（前479），吴伐慎。夫差十八年（前478）三月，越伐吴，戰於笠澤，吴敗。又，本節越王、吴王的對話，《國語·越語上》記於"郊敗之"（韋昭以爲是魯哀公二十年即夫差二十一年十一月越圍吴之戰）之後，此文記於二十年，誤。《史記·吴太伯世家》載："（夫差）二十年，越王句踐復伐吴。"《索隱》曰："哀十九年《左傳》曰：'越人侵楚，

以誤吴也。’杜預曰：‘誤吴，使不爲備也。’無伐吴事。”《索隱》之説甚是，《史記》實誤，其文當作“越王句踐伐楚以誤吴”。本節文字蓋誤從《史記·吴太伯世家》之文而敷衍之，不可從。

〔2〕勝：盡。

〔3〕其：猶“豈”。

〔4〕徐天祐曰：“勾，句章。甬，甬江。東，東境也。杜預曰：‘甬東，會稽句章縣東海中洲也。’今鄞縣境。句，音勾，又九具切。”〇覺按：這是説“句章”之“句”讀 gōu（ㄍㄡ）或 jù（具）。 句章縣，在今浙江省餘姚市東南。 甬江：即今甬江，上流出四明山，經浙江省寧波市及鎮海區入海。 勾甬東之地：句章甬江之東的地方，指今浙江省舟山島。《國語》之《吴語》《越語上》作“甬句東”，本書 8.6 作“勾甬”，可證“東”爲方位詞。《辭源》將“甬東”視爲地名，誤。

〔5〕禮前王一飯：《國語·越語上》作“寡人禮先壹飯矣”，韋昭注：“言已年長於越王，覺差一飯之間，欲以少長求免也。”韋注可備一説，但恐未當。此恐怕非指年齡長幼，而指在周王朝的盟會上自己的位次在越王之前，與 5.23 所記吴王先歃、晉侯次之的情況類似。《左傳·襄公七年》“公登亦登”杜預注：“禮：登階，臣後君一等。”臣子登階要比君主後登一級，也與此類似。夫差未必年長於勾踐，但他爲太伯後裔，與周同姓（姬姓）；勾踐則爲夏禹之後，與周異姓（禹，姒姓）。因此，在周王朝的朝廷上，他比勾踐要高貴些。

〔6〕行人：見 5.15 注〔3〕。 列國：古稱諸侯國爲列國。

〔7〕前文僅説“困急”，則此時尚未擒獲，此“擒之”乃誇飾之詞，意思實是説吴王已成掌中之物，無可逃脱了。

〔8〕制：《禮記·月令》“祭先肺”鄭玄注“制肺及心肝爲俎”孔穎達疏：“制謂截割。” 制其命：等於説“斬其首”。

〔9〕“社稷”“宗廟”都是國家政權的象徵，所以越王的話等於説：“我將滅汝國。”

〔10〕反：通“返”。

【義疏】

夫差二十年（前 476），越王起兵攻打吴國，吴國與越國在檇李交戰。吴軍大敗，軍隊潰散，死亡的人不計其數。越軍繼續追擊，攻破了吴國。吴王困窘危急，派王孫駱去磕頭求和，就像當初越國來求和那樣。越王回答説：“過去上天把越國賜給吴國，吴國不接受。現在上天把吴國賜給越國，我難道可以違背天意嗎？請讓我獻上句章甬江東面的地方，我和您還算是兩個君主吧！”吴王説：“我在周王朝朝廷上，按照禮儀要比您先吃一口飯。如果越王能不忘記周朝王室的禮義，而使吴國成爲越國的附屬國，也是我的心願啊。使者前來請求您成全我們保持諸侯國的名義，希望大王對此有所考慮啊。”大夫文種説：“吴王暴虐無道，現在幸運地逮住了他。希望大王置之死地。”越王傳話對吴王説：“我將摧毁你的土地神和穀神神像，鏟平你的祖宗廟宇。”吴王沉默了。使者去求和往返了七次，越王還是没同意。

【輯證】

夫差行成，曰：“寡人之師徒，不足以辱君矣。請以金玉、子女賂君之辱。”句踐對曰：“昔天以越予吴，而吴不受命；今天以吴予越，越可以無聽天之命而聽君之令乎？吾請達王甬句東，吾與君爲二君乎！”夫差對曰：“寡人禮先壹飯矣，君若不忘周室，而爲弊邑宸宇，亦寡人之願也。君若曰：‘吾將殘汝社稷，滅汝宗廟。’寡人請死，余何面目以視於天下乎！”越君其次也，遂滅吴。（《國語·越語上》P.638）

（夫差）二十年，越王句踐復伐吴。二十一年，遂圍吴。（《史記·吴太伯世家》P.1773）

5.26

二十三年十月〔1〕，越王復伐吴●〔2〕。吴國困，不戰，士卒分散，城門不守，遂屠吴。

吴王率羣臣遁去，晝馳夜走，三日三夕，達於秦餘杭山●〔3〕。胷中愁憂，目視茫茫，行步猖狂，腹餒口飢，顧得生稻而食之〔4〕，伏地而飲水，顧左右曰：“此何名也？”對曰：“是生稻也。”吴王曰：“是公孫聖所言‘不得火食’‘走傽偟’也。”王孫駱曰：“飽食而去，前有胥山●〔5〕，西坂中可以匿止〔6〕。”

王行有頃，因得自生之瓜【1】，已熟，吴王掇而食之，謂左右曰：“何冬而生瓜？近道而人不食【2】，何也？”左右曰：“謂糞種之物，人不食也。”吴王曰：“何謂糞種？”左右曰：“盛夏之時，人食生瓜，起居道傍〔7〕，子復生，秋霜惡之〔8〕，故不食。”吴王歎曰：“子胥所謂且食者也【3】。”

謂太宰嚭曰：“吾戮公孫聖，投胥山之巔〔9〕。吾以畏責天下之慚，吾足不能進，心不能往。”太宰嚭曰：“死與生，敗與成，故有避乎〔10〕？”王曰：“然。曾無所知乎〔11〕？子試前呼之，聖在，當即有應。”吴王止秦餘杭山。呼曰：“公孫聖！”三反呼聖〔12〕，從山中應曰：“公孫聖。”三呼三應。吴王仰天呼曰：“寡人豈可返乎？寡人世世得聖也●〔13〕。”

【校記】

【1】自生之瓜：大德本作“生瓜”，據《太平御覽》卷九百七十八引文改。

【2】大德本“人”上無“而”字，據《太平御覽》卷九百七十八引文補。

【3】且：大德本作“旦”，據吴本改。

【注釋】

〔1〕據《左傳·哀公二十年》記載，夫差二十一年，公子慶忌諫吴王而最終被殺；十一月越圍吴。本書於前者略而不書，於後者則記於10.11。

〔2〕徐天祜曰："魯哀公十三年、十七年越一再伐吴，二十年越圍吴，皆夫差十四年、十八年、二十一年事，此書皆不載。《史》於夫差二十年書'越復伐吴'，乃哀公十九年也。《傳》止云'侵楚誤吴'，杜預解：'誤吴，使不爲備。'初無伐吴事。此云'越復伐吴'，即哀公二十二年《傳》書'越滅吴'之歲也。"

〔3〕徐天祜曰："即陽山别名。"〇覺按：《吴郡志》卷八："秦餘杭山即今陽山。"陽山也稱"萬安山"，見 5.11 注〔9〕。《越絶書・外傳記吴地傳》："秦餘杭山者，越王棲吴夫差山也。去縣五十里，山有湖水，近太湖。"《吴郡志》卷三十九："吴王夫差墓在陽山。……《史記正義》：'夫差棲於姑蘇山，轉戰西北，敗於干遂。在蘇州西北四十里萬安山有遂山。'"《史記・春申君列傳》"而不知干隧之敗"《正義》："干隧，吴地名也，出萬安山，西南一里太湖，即吴王夫差自剄處，在蘇州西北四十里。"

〔4〕《荀子・禮論篇》"飯以生稻"楊倞注："生稻，米也。"

〔5〕徐天祜曰："在吴縣西四十里。《子胥傳》云：'吴王取子胥尸，浮之江中。吴人憐之，爲立祠於江上，因命曰胥山。'《寰宇記》亦同。"〇覺按：徐氏所云，即今蘇州市吴中區西南太湖東岸胥口鎮東南的胥山。《吴郡志》卷四十八亦云："胥山在太湖口，上有伍子胥廟。舟行自此入太湖，故名胥口。或曰：吴王既殺子胥，盛以鴟夷，投諸江。《史記》謂吴人爲立祠於江上，號曰胥山。今自吴故城至胥山四十里。"但此文之胥山，並非指此，而是指姑胥山（見 10.12 注〔2〕）；據《越絶書》所載，闔閭時此姑胥山已名胥山（見 4.35 注〔9〕），則其得名與伍子胥之死也不相干。又，吴王當先到姑胥山，後至秦餘杭山被迫自剄（見注〔3〕），此文所述之事的次序當倒。將此文與 10.12"棲吴王於姑胥之山……遂伏劍自殺"相對照，則作者似乎將秦餘杭山與姑胥山混同了，所以此文纔將胥山與秦餘杭山混在一起。

〔6〕坂（bǎn 板）：山坡。

〔7〕起居：這裏指拉屎。　傍（páng 旁）：通"旁"。

〔8〕惡（wù 務）：《荀子・富國篇》"故使或美或惡"楊倞注："惡，謂刑戮。"此文指摧殘損害。

〔9〕參見 5.11 注〔9〕。

〔10〕故：通"固"。　有：猶"能"，參見《古書虚字集釋》卷二。

〔11〕曾（zēng 增）：何也，參見《古書虚字集釋》卷八。

〔12〕反：通"返"。

〔13〕徐天祜曰："'得'字下當有'事'字。《越絶》云：'今寡人得邦，誠世世相事。'"〇覺按："得"當作"侍"，形近而誤。

【義疏】

夫差二十三年（前 473）十月，越王又攻打吴國。吴國人困倦了，不應戰，士兵四下逃跑，城門無人把守，于是越軍就進入吴國國都進行屠殺。

吴王率領大臣們逃跑，日夜奔馳，三天三夜，到達了秦餘杭山。吴王心中愁苦憂慮，眼睛看東西迷迷糊糊，走起路來到處亂闖，肚子餓、嘴巴饞，看見那未煮熟的米就把它拿來吃了，又趴在地上喝水，接着回過頭來望着身旁的侍從説："這東西叫什麼？"侍從回答説："這叫生米。"吴王説："這就是公孫聖所説的'不能吃到熟食'而'倉皇地逃跑'啊。"王孫駱説："飽飽地吃一頓就走吧。前面有胥山，那西山坡的中間可以藏起來歇歇脚。”

吴王走了一會兒，便發現無人栽培而自己長出來的瓜，已經熟了，吴王就拾起來把它吃了，並對身邊的侍從説：“爲什麽冬天還生出瓜來？靠近路邊而人們没吃掉，爲什麽呢？”侍從説：“這叫作用大糞種下的東西，所以人們不吃啊。”吴王説：“什麽叫作用大糞種下？”侍從説：“夏天最熱的時候，人們吃了生瓜後，在路邊大便，瓜子就又長出來了，秋霜摧殘了它，所以人們不吃。”吴王嘆息着説：“這就是子胥所説的姑且之食吧。”

吴王又對太宰嚭説：“我殺了公孫聖，把他扔在胥山的山頂上。我因爲心懷害怕被天下人責備的那種慚愧，所以我的脚不能向前挪動，心裏也不願到胥山去。”太宰嚭説：“死亡和生存，失敗和成功，本來就能回避的嗎？”吴王説：“是的。我怎麽這樣無知呢？您試着先去喊喊他，公孫聖如果在的話，該馬上會有回應的。”吴王便留在秦餘杭山。太宰嚭前去喊道：“公孫聖！”一共來回了三次去喊公孫聖，從山中傳來回應之聲説：“公孫聖。”喊了三次他回答了三次。吴王抬頭朝天喊道：“我是否還能回去呢？如果還能回到國都，我就世世代代侍奉公孫聖。”

【輯證】

王孫駱爲左校司馬，太宰嚭爲右校司馬，王從騎三千，旌旗羽蓋，自處中軍。伐齊，大克。師兵三月不去，過伐晉。晉知其兵革之罷倦，糧食盡索，興師擊之，大敗吴師。涉江，流血浮尸者不可勝數。吴王不忍，率其餘兵，相將至秦餘杭之山。飢餓，足行乏糧，視瞻不明。據地飲水，持籠稻而飡之，顧謂左右曰：“此何名？”羣臣對曰：“是籠稻也。”吴王曰：“悲哉！此公孫聖所言‘王且不得火食’。”太宰嚭曰：“秦餘杭山西坂閒燕，可以休息，大王亟飡而去，尚有十數里耳。”吴王曰：“吾嘗戮公孫聖於斯山，子試爲寡人前呼之，即尚在耶，當有聲響。”太宰嚭即上山三呼，聖三應。吴王大怖，足行屬腐，面如死灰色，曰：“公孫聖令寡人得邦，誠世世相事。”（《越絶書·外傳記吴王占夢》P.215）

《吴越春秋》曰：“越王勾踐復興師伐吴。吴王敗，晝夜馳走，三日，飢，顧見生稻而取食之。”（《太平御覽》卷第八百三十九 P.3750）

越破吴，夫差遁去，晝馳夜走，三日三夕，達於秦餘杭山。餒甚，顧得生稻而食之，伏地而飲水焉。（《吴越春秋》）（《吴郡志》卷八“古蹟”P.52）

《吴越春秋》曰：“吴王夫差爲越所敗，遁而去，得自生之瓜，食之也。”（《藝文類聚》卷第八十七 P.1502）

《吴越春秋》曰：“吴夫差爲越所敗，遁而去，得自生之瓜，其實已熟，掇而食之，問左右曰：‘是乃冬，有瓜，近道而人不食，何也？’左右曰：‘盛夏之時，人食生瓜，起居道傍，瓜子復生，故人惡食。’”（《太平御覽》卷第九百七十八 P.4335）

《吴越春秋》曰：“吴夫差爲越所敗，遁而去，得自生之瓜，撰而食之，問左右曰：‘是乃冬，有瓜，近道而人不取，何也？’左右曰：‘盛夏之時，人食生瓜，起居道傍，瓜子復生，故人惡食之。’”（《事類賦》卷二十七“瓜”注 P.1033）

顧校：子胥所謂旦（且）食者也　　吴王仰天呼曰（無“曰”）

蔣校： 子胥所謂且（明本"旦"，宋本"且"）食者也　吴王仰天呼曰（宋本無"曰"字）

5.27

須臾，越兵至，三圍吴。范蠡在中行[1]，左手提鼓，右手操枹而鼓之。

吴王書其矢而射種、蠡之軍，辭曰："吾聞：'狡兔以死[2]，良犬就烹；敵國如滅，謀臣必亡。'今吴病矣，大夫何慮乎？"

大夫種、相國蠡急而攻。大夫種書矢射之，曰："上天蒼蒼，若存若亡[3]。越君勾踐下臣種敢言之：昔天以越賜吴，吴不肯受，是天所反。勾踐敬天而功[4]，既得返國。今上天報越之功，敬而受之，不敢忘也。且吴有大過六，以至于亡，王知之乎？有忠臣伍子胥忠諫而身死，大過一也。公孫聖直説而無功，大過二也。太宰嚭愚而佞言，輕而讒諛，妄語恣口，聽而用之，大過三也。夫齊、晉無返逆行[5]，無僭侈之過[6]，而吴伐二國，辱君臣，毁社稷，大過四也。且吴與越同音共律[7]，上合星宿[8]，下共一理[9]，而吴侵伐，大過五也。昔越親戕吴之前王[10]，罪莫大焉，而幸伐之不從天命而棄其仇[11]，後爲大患，大過六也●[12]。越王謹上刻青天[13]，敢不如命？"

大夫種謂越君曰："中冬氣定[14]，天將殺戮。不行天殺，反受其殃。"越王敬拜，曰："諾。今圖吴王，將爲何如？"大夫種曰："君被五勝之衣[15]，帶步光之劒，仗屈盧之矛[16]，瞋目大言以執之[17]。"越王曰："諾。"乃如大夫種辭吴王曰："誠以今日聞命[18]。"言有頃，吴王不自殺。越王復使謂曰："何王之忍辱厚恥也？世無萬歲之君，死生一也。今子尚有遺榮，何必使吾師衆加刃於王？"吴王仍未肯自殺。勾踐謂種、蠡曰："二子何不誅之？"種、蠡曰："臣，人臣之位，不敢加誅於人主。願主急而命之：'天誅當行，不可久留。'"越王復瞋目怒曰："死者，人之所惡。惡者，無罪於天，不負於人。今君抱六過之罪，不知愧辱而欲求生，豈不鄙哉？"吴王乃太息，四顧而望，言曰："諾。"乃引劒而伏之死。越王謂太宰嚭曰："子爲臣，不忠無信，亡國滅君。"

乃誅嚭并妻子●〔19〕。

吴王臨欲伏劍，顧謂左右曰："吾生既慙，死亦愧矣。使死者有知，吾羞前君地下，不忍覩忠臣伍子胥及公孫聖；使其無知，吾負於生。死必連繄●組以罩吾目〔20〕，恐其不蔽，願復重羅繡三幅以爲掩明，生不昭我，死勿見我形。吾何可哉？"

越王乃葬吴王以禮於秦餘杭山卑猶●〔21〕。越王使軍士集于我戎之功人一隰●土以葬之〔22〕。宰嚭亦葬卑猶之旁●〔23〕。

【注釋】

〔1〕中行（háng 杭）：即"行中"，行列中。

〔2〕以：通"已"。

〔3〕若：猶"或"，參見《經傳釋詞》卷七。

〔4〕功：《説文·力部》："功，以勞定國也。"

〔5〕返：通"反"。"行"上宜有"之"字。

〔6〕僭（jiàn 見）：同"僭"，超越本分，過分。 侈：放縱。

〔7〕音、律：五音、六律。《後漢書·桓譚傳》"因好音律"李賢注："宫、商、角、徵、羽，謂之五聲。聲成文謂之音。律謂六律：黄鐘、太族、姑洗、蕤賓、無射、夷則。"宫、商、角、徵、羽，相當於現在音樂簡譜上的1、2、3、5、6。黄鐘、太族（或作"簇"）、姑洗（xiǎn 顯）、蕤（ruí 鋭陽平）賓、夷則、無射（yì 義）相當於現在西樂中的C、D、E、#F、#G、#A。此文之"音"、"律"似偏指"音"而言。古代陰陽五行家把五音與方位相配，如：宫——中，商——西，角——東，徵——南，羽——北。吴與越同處東南地帶，對應的音相同，所以説"同音共律"。

〔8〕星宿：五星二十八宿。《淮南子·天文訓》"五星、八風、二十八宿"高誘注："五星：歲星（覺按：即木星）、熒惑（覺按：即火星）、鎮星（覺按：又作填星，即土星）、太白（覺按：即金星）、辰星（覺按：即水星）也。二十八宿：東方角、亢、氐、房、心、尾、箕，北方斗、牛、女、虚、危、室、壁，西方奎、婁、胃、昴、畢、觜、參，南方井、鬼、柳、星、張、翼、軫也。"又可參見9.7注〔13〕。此文"星宿"似偏指"宿"而言。古人將天上的二十八宿分别與地上的列國相配。《淮南子·天文訓》："星部地名：角、亢，鄭；氐、房、心，宋；尾、箕，燕；斗、牽牛，越；須女，吴。"王引之曰："諸書無言斗但主越、須女但主吴者。'斗、牽牛，越；須女，吴'當作'斗、牽牛、須女，吴、越'。……《晉書·天文志》引費直説《周易》、蔡邕《月令章句》曰：'起斗至須女，吴、越之分野。'又引陳卓、范蠡、鬼谷先生、張良、諸葛亮、譙周、京房、張衡，竝曰'斗、牽牛、須女，吴、越'，足證今本之謬。"（見《讀書雜志·淮南内篇第三·天文》）依我看，古代自有二説。統言之，則吴、越同配斗、牛、女三宿而不加分别，所以此文説"上合星宿"；析言之，則越國爲斗、牛二宿的分野，吴國爲女宿的分野，所以《淮南子》分列之，本書5.12以"斗"象徵越國也可爲證，參見5.12注〔15〕。

〔9〕理：地。《周易·繫辭上》"俯以察於地理"孔穎達疏："地有山川、原隰，各有條理，故稱理也。"此文指分野而言。吴、越與天上的斗、牛、女三宿相配，屬同一分野，所以説"下共一理"。

〔10〕《左傳·定公十四年》載：公元前496年，“吴伐越，越子勾踐禦之，陳于檇李。……越子因而伐之，大敗之。靈姑浮（覺按：越大夫）以戈擊闔廬，闔廬傷將指（覺按：足大指），取其一屨。還，卒於陘，去檇李七里。”

〔11〕此指吴王夫差在公元前494年（吴夫差二年、越勾踐三年）打敗越國，越王勾踐困守於會稽山，派大夫文種向吴求和而成（參見《左傳·哀公元年》），接著勾踐於公元前492年（夫差四年、勾踐五年）到吴國給夫差當奴僕，結果又被夫差放回之事（參見下面第七、八篇）。

〔12〕徐天祜曰：“夫差惑於宰嚭之言，忘父之讎，釋越不誅，爲不孝。然在越，則幸矣。越欲責吴，若曰：‘囚辱吾君與君夫人，使莝芻養馬、給水除糞。’猶爲有辭。今而曰‘越之罪莫大焉’，而以吴赦越爲大過。種也無乃失辭乎！”

〔13〕刻：嚴格。上刻青天：指對上嚴格尊奉天意。

〔14〕中（zhòng衆）：通“仲”。中冬：冬季的第二個月，即農曆十一月。定：《爾雅·釋詁下》：“定，止也。”

〔15〕被（pī披）：通“披”。五勝：五行相勝。水勝火，火勝金，金勝木，木勝土，土勝水，稱爲“五勝”。五勝之衣：綴有五行相勝圖的衣服。

〔16〕步光、屈盧：見5.7注〔9〕。仗：執。

〔17〕瞋（chēn琛）：發怒時睜大眼睛。

〔18〕以：在。

〔19〕徐天祜曰：“《吴世家》曰：‘越王滅吴，誅太宰嚭。’《越世家》亦曰：‘越王乃葬吴王而誅太宰嚭。’此書又云‘并誅其妻子’，則吴王之自殺也，嚭亦同時就誅矣。徐天祜曰：愚按越滅吴之後二年，是爲哀公二十四年，‘公如越，將妻公而多與之地。季孫懼，使因太宰嚭而納賂焉，乃止。’然則吴之亡也，嚭遂臣越，夫固無恙也。《史·世家》及此書所載，何其與左氏相戾也？且嚭貪而佞，至於亡國喪君，死有餘戮，越人既生之，又從而信任之，豈以其實嘗私越而不以其不忠爲罪耶？漢丁公之戮，可以教天下之爲人臣者，越於是乎失刑矣。”〇覺按：《左傳·哀公二十四年》記及太宰嚭爲越國之臣，乃先秦的説法。至於太宰嚭與夫差同時被殺，應該是漢代以後的説法。

〔20〕徐天祜曰：“《國語》‘組’字上有‘結’字。”〇覺按：紕（pī劈）組：絲帶。

〔21〕徐天祜曰：“《越絶》曰：‘夫差冢在猶亭西卑猶位，近太湖，去縣十七里。’《索隱》曰：‘猶亭，亭名。卑猶位三字共爲地名。《吴地記》曰：“徐杭山，一名卑猶山。”是也。’”〇覺按：徐氏所引《越絶》之文見《越絶書·外傳記吴地傳》，“十七里”當作“五十七里”，參見注〔22〕所引《史記集解》之文及5.26注〔3〕。

〔22〕徐天祜曰：“《越絶》‘隰’作‘累’。”〇薛正興曰：“‘我戎’連文同義。我，殺也；戎，伐也。”〇覺按：集：成就。《尚書·泰誓上》“大勳未集”孔安國傳：“功業未成。”此文的“集功”與《尚書》的“集勳”，語義結構相似。隰：《史記·吴太伯世家》“遂自剄死”《集解》：“《越絶書》曰：‘夫差冢在猶亭西卑猶位，越王使干戈人一累土以葬之，近太湖，去縣五十七里。’”《索隱》曰：“累，音路禾反，小竹籠，以盛土。”由此可知，此文之“隰”當爲“累”之形訛，“累”即土筐。

〔23〕徐天祜曰：“《越絶》言宰嚭之死者五：曰擒夫差殺太宰嚭，曰殺太宰嚭、逢同與其妻子，曰殺夫差而戮其相，曰殺太宰嚭戮其妻子，曰禽夫差而戮太宰嚭與其妻子。又曰：‘三臺者，嚭妻子死所也。’常疑《越絶書》非子貢作，特後人托名耳。何以知其非子貢作？《越絶内傳》於説陳成恒之事，終之曰：‘子貢一出，存魯、亂齊、破吴、彊晉、霸越是也。’斯言也，乃後之人多其功，是非子貢之言也。且他文亦不類，或者所載未必盡實。

宰嚭得保首領以没，蓋幸而免，前既備論之矣。此書謂‘亦葬卑猶之旁’，豈其後嚭死於越而返葬於吴耶？然吴時諸冢墓如巫臣、要離、干將之類，皆具載圖志，獨不及宰嚭冢，何也？”

【義疏】

一會兒，越軍趕到，把吴王圍了三層。范蠡在隊伍中，左手提着戰鼓，右手握着鼓槌而敲鼓令士兵進擊。

吴王把信綁在他的箭上射給文種、范蠡的部隊，信上的文辭是：“我聽説：‘狡猾的兔子已經死光，優良的獵狗將被煮湯；敵對的國家如果滅亡，謀議的大臣一定遭殃。’現在吴國精疲力竭了，大夫還圖個什麽呢？”

大夫文種、相國范蠡仍加緊進攻。大夫文種也把信綁在箭上射給吴王，説：“上天蒼蒼，或存或亡。越王勾踐的賤臣文種大膽地説這樣的話：從前上天把越國賜給吴國，吴國不肯接受，這是違背天意的行爲。勾踐尊重上天而盡心竭力，當時才能返回祖國。現在上天報答越王的功德，就該恭敬地接受吴國，不敢有所疏忽啊。况且吴國有了六個重大的過錯，因此才落到滅亡的地步，大王知道嗎？有忠臣伍子胥忠誠地勸諫却被殺死，這是第一個重大的過錯。公孫聖正直地解説却没有功勞，這是第二個重大的過錯。太宰嚭愚昧而能説會道，輕浮而説人壞話、討好君主，胡言亂語從口中放肆地説出來，你却聽信而任用他，這是第三個重大的過錯。那齊國、晋國没有反叛的行爲，没有超越本分、恣肆放縱的過錯，而吴國却攻打這兩個國家，侮辱他們的君臣，毁壞他們的土地神和穀神神像，這是第四個重大的過錯。再説吴國和越國對應相同的音律，在天上共配一樣的星宿，在地上同屬一個分野，但吴國却侵略越國，這是第五個重大的過錯。從前越國親手殺害了吴國的先王闔閭，罪過没有比這個更大的了，而僥幸的是吴國攻打了越國却不順從天命而放了自己的仇人，使他在後來成爲自己的大禍患，這是第六個重大的過錯。越王對上謹慎嚴格地尊奉天意，敢不服從天命嗎？”

大夫文種對越王説：“仲冬生氣止息，上天將行殺戮。如果不奉行上天的意志去殺戮，那就會反過來遭到它的禍害。”越王恭敬地向文種行了禮，説：“是的。現在圖謀吴王，該采取什麽辦法呢？”大夫文種説：“請您穿上綴有五行相勝圖的衣服，佩帶步光寶劍，手執屈盧矛，瞪着眼睛大聲喝叱去拘捕他。”越王説：“好。”于是就按照大夫文種所説的那樣派人去告訴吴王説：“實在想在今天聽到您裁决的消息。”説罷過了一會兒，吴王没自殺。越王又派了使者去對吴王説：“爲什麽大王這樣容忍羞辱、厚顔無耻呢？世界上没有萬年在世的君主，死和生是一樣的啊。現在您還有一點殘留的體面，爲什麽一定要讓我軍的士兵把刀砍到大王的脖子上呢？”吴王仍然不肯自殺。勾踐對文種、范蠡説：“二位爲什麽不殺了他？”文種、范蠡説：“我們處在臣子的位子上，不敢對君主施加殺戮。請大王急切地命令他説：‘上天的懲罰應該施行，不能再長久地拖下去了。’”越王又瞪着眼睛憤怒地説：“死亡，是人所厭惡的。厭惡死亡，就該不得罪上天，不虧欠别人。現在您犯了六條極其錯誤的大罪，却還不知道慚愧羞辱而想求得一命，難道不鄙陋嗎？”吴王于是長長地嘆息，向四方回頭眺望，説道：“行。”于是就拿過劍來自刎而死。越王對太宰嚭説：“您當臣子，不忠誠，不老實，以致使國家滅亡，使君主覆没。”于是就殺了伯嚭及其妻子兒女。

吴王將要用劍自殺時，回頭對身邊的人説：“我活着也慚愧，死了也慚愧啊。假如死人有知覺的話，我没有臉在地下見先父，没有能耐去見忠臣伍子胥及公孫聖；假如死人没有知覺的話，我也對不起這一生啊！我死了，你們一定要連結絲帶來罩住我的眼睛，我怕那絲帶不能完全蒙住我的眼睛，請你們再重叠三幅輕軟的絲織刺綉品來遮蓋我的視綫，使活着的人不顯現在我的眼前，死了的人也見不到我的形狀。我還能怎麽樣呢？”

越王就按照禮節把吴王埋葬在秦餘杭山的卑猶。越王讓那些在這次戰争中立功的將士每人挖一籮筐土來埋葬吴王。太宰嚭也葬在卑猶的旁邊。

【輯證】

越王攻吴王，吴王謝而告服，越王欲許之。范蠡、大夫種曰：“不可。昔天以越與吴，吴不受，今天反夫差，亦天禍也。以吴予越，再拜受之，不可許也。”太宰嚭遺大夫種書，曰：“狡兔盡則良犬烹，敵國滅則謀臣亡。大夫何不釋吴而患越乎？”大夫種受書讀之，太息而歎曰：“殺之越，與吴同命。”（《韓非子·内儲説下六微》P.607）

子胥發鬱冒忿，輔闔閭而行大虐。還十五年，闔閭没而夫差即位，乃與越人戰江上，棲之會稽。越王之窮至乎吃山草，飲腑水，易子而食。於是，履甓戴璧，號唫告毋罪，呼皇天，使大夫種行成於吴王。吴王將許，子胥曰：“不可！越國之俗，勤勞而不慍，好亂勝而無禮，谿徼而輕絶，俗好詛而倍盟。放此類者，鳥獸之儕徒，狐狸之醜類也，生之爲患，殺之無咎，請無與成。”大夫種拊心嗥啼，沫泣而言信，割白馬而爲牲，指九天而爲證，請婦人爲妾，丈夫爲臣，百世名寶因閒官爲積，孤身爲關内諸侯，世爲忠臣。吴王不忍，縮師與成，還謀而伐齊。子胥進争不聽，忠言不用。越既得成，稱善累德以求民心。於是上帝降禍，絶吴命乎直江。君臣乖而不調，置社稷而分裂，容臺榭而掩敗，犬羣嗥而入淵，彘銜菹而適奥，燕雀剖而虮虵生，食蘫菹而蛭口，浴清水而遇蠆。伍子胥見事之不可爲也，何籠而自投水，目抉而望東門，身鴟夷而浮江。懷賊行虐，深報而殃不辜，禍至乎身矣！（《新書·耳痺》P.270）

魏武侯問於李克曰：“吴之所以亡者，何也？”李克對曰：“數戰而數勝。”武侯曰：“數戰數勝，國之福。其獨以亡，何故也？”對曰：“數戰則民罷，數勝則主憍。以憍主使罷民，而國不亡者，天下鮮矣。憍則恣，恣則極物；罷則怨，怨則極慮。上下俱極，吴之亡猶晚矣！夫差之所以自剄於干遂也。”（《淮南子·道應訓》P.388）

吴王夫差地方二千里，帶甲七十萬，南與越戰，棲之會稽；北與齊戰，破之艾陵；西遇晉公，擒之黄池：此用民氣之實也。其後驕溢縱欲，拒諫喜諛，憢悍遂過，不可正喻，大臣怨懟，百姓不附，越王選卒三千人，禽之干隧，因制其虚也。夫氣之有虚實也，若明之必晦也。故勝兵者非常實也，敗兵者非常虚也。善者能實其民氣以待人之虚也，不能者虚其民氣以待人之實也。（《淮南子·兵略訓》P.517）

（夫差）二十三年十一月丁卯，越敗吴。越王句踐欲遷吴王夫差於甬東，予百家居之。吴王曰："孤老矣，不能事君王也。吾悔不用子胥之言，自令陷此。"遂自剄死。越王滅吴，誅太宰嚭，以爲不忠，而歸。（《史記·吴太伯世家》P.1773）

後九年，越王句踐遂滅吴，殺王夫差；而誅太宰嚭，以不忠於其君，而外受重賂，與己比周也。（《史記·伍子胥列傳》P.2638）

居三年，越興師伐吴，至五湖。太宰嚭率徒謂之曰"謝戰者"五父，越王不忍，而欲許之。范蠡曰："君王圖之廊廟，失之中野，可乎？謀之七年，須臾棄之？王勿許，吴易兼也。"越王曰："諾。"居軍三月，吴自罷。太宰嚭遂亡，吴王率其有禄與賢良遯而去。越追之，至餘杭山，禽夫差，殺太宰嚭。越王謂范蠡："殺吴王。"蠡曰："臣不敢殺主。"王曰："刑之。"范蠡曰："臣不敢刑主。"越王親謂吴王曰："昔者上蒼以越賜吴，吴不受也。夫申胥無罪，殺之。進讒諛容身之徒，殺忠信之士。大過者三，以至滅亡，子知之乎？"吴王曰："知之。"越王與之劍，使自圖之。吴王乃旬日而自殺也。越王葬於卑猶之山，殺太宰嚭、逢同與其妻子。（《越絶書·請糴内傳》P.124）

言未畢，越王追至。兵三圍吴，大夫種處中。范蠡數吴王曰："王有過者五，寧知之乎？殺忠臣伍子胥、公孫聖。胥爲人先知、忠信，中斷之入江；聖正言直諫，身死無功。此非大過者二乎？夫齊無罪，空復伐之，使鬼神不血食，社稷廢蕪，父子離散，兄弟異居。此非大過者三乎？夫越王勾踐，雖東僻，亦得繫於天皇之位，無罪，而王恒使其芻莖秩馬，比於奴虜。此非大過者四乎？太宰嚭讒諛佞諂，斷絶王世，聽而用之。此非大過者五乎？"吴王曰："今日聞命矣。"越王撫步光之劍，杖屈盧之弓，瞠目謂范蠡曰："子何不早圖之乎？"范蠡曰："臣不敢殺主。臣存主若亡，今日遜敬，天報微功。"越王謂吴王曰："世無千歲之人，死一耳。"范蠡左手持鼓，右手操枹而鼓之，曰："上天蒼蒼，若存若亡。何須軍士斷子之頸、挫子之骸，不亦繆乎？"吴王曰："聞命矣。以三寸之帛冥吾兩目：使死者有知，吾慚見伍子胥、公孫聖；以爲無知，吾恥生。"越王則解綬以冥幎其目，遂伏劍而死。越王殺太宰嚭，戮其妻子，以其不忠信，斷絶吴之世。（《越絶書·外傳記吴王占夢》P.215）

越乃興師伐吴，大敗之於秦餘杭山。滅吴，禽夫差，而戮太宰嚭與其妻子。（《越絶書·内經九術》P.233）

夫差冢，在猶高西卑猶位。越王候干戈人一累土以葬之。近太湖，去縣十七里。三臺者，太宰嚭、逢同妻子死所在也，去縣十七里。（《越絶書·外傳記吴地傳》P.55）

《吴越春秋》曰："越伐吴，吴王率其賢良投於胥山。越兵大至，圍吴三重。大夫文種相拜，范蠡左手提鼓，右手操桴而鼓之。於是吴王書其弓矢而射種、蠡之軍，其辭曰：'臣聞："狡兔已死，良犬烹；敵國已滅，謀臣亡。"今吴已病也，子大夫何不虞之？'"（《太平御覽》卷第四百八十六 P.2224）

《吴越春秋》曰："吴王死，辭曰：'不忍見伍子胥。吾死必結璧連組以幕吾目，恐其不蔽，即復重羅繡三幨以爲奄明，生不昭我，身死不見我形。吾何言哉？'"（《太平御覽》卷第八百一十五 P.3626）

《吴越春秋》曰："吴王將死，曰：'吾以不用子胥言，以至於此。死者無知則已，死者有知，何面目見子胥也？'遂蒙絮覆面而自刎。"（《太平御覽》卷第八百一十九 P.3643）

陽山，在吴縣西北三十里，一名秦餘杭山，一名四飛山……《吴越春秋》云："越王葬夫差於秦餘杭山卑猶。"蓋即此山也。（《吴郡圖經續記》卷中"山"P.26）

《吴越春秋》云："夫差既伏劍，越王以禮葬之秦餘杭山卑猶。宰嚭亦葬其傍。"（《吴郡志》卷三十九"塚墓"P.276）

顧校：吴不肯受（下多"絶滅越而聽其成"）　太宰嚭（噽）愚而佞言　越王謂太宰嚭（噽）曰　乃誅嚭（噽）并妻子　死亦愧（媿）矣

蔣校：吴不肯受（宋本下有"絶滅而聽其成"六字）　何王之忍辱厚（宋本無"厚"字）恥也

吴越春秋夫差内傳第五

吴越春秋越王無余外傳第六

後　漢　趙　曄　撰

【提要】

越王無余外傳，顧名思義，就是越王無余的傳記（關於“外”字，可參見《吴越春秋目録》注〔3〕）。但是，篇中文字大部分是在記述他的祖先夏禹的事蹟，記述無余的不足百字。所以，從篇幅上來説，題爲“夏禹傳”似乎更與本篇内容切合。可能是因爲作者敘事的重心在越國，夏禹不過是越國始祖的祖先纔得以介紹，文章的主旨還是在記述越國的始祖無余，所以纔題爲“越王無余外傳”。雖然篇中記述無余的事蹟極少，以致顯得比例失調，但這也是爲史料所限而無可奈何的事。

本篇以極大的篇幅敘寫了禹的事蹟，與《史記·夏本紀》一比較就可以體會到本書的特點。《史記》寫禹，大量襲用《尚書》之文，如《禹貢》《臯陶謨》等，所以顯得較爲平實而古板。本篇寫禹，則廣採異聞傳説，對某些對話及細節作了詳盡傳神的描繪，而對《禹貢》的内容則作了高度的概括，僅以寥寥數語述之，所以本篇讀上去全無《史記·夏本紀》那種古板感，而具有很强的故事性與濃厚的傳奇色彩。它的記述，雖然不可能完全合乎史實，但對於那遥遠的傳説時代來説，無疑極大地豐富了關於夏禹的故事。至於無余以下的越史，本篇雖然語焉不詳，但也足以彌補正史記載的不足。

6.1

越之前君無余者●〔1〕，夏禹之末封也〔2〕。禹父鯀者，帝顓頊之後●〔3〕。鯀娶於有莘氏之女〔4〕，名曰女嬉，年壯未孳〔5〕，嬉於砥山〔6〕，得薏苡而吞之〔7〕，意若爲人所感〔8〕，因而妊孕，剖脅而産高密●〔9〕。家于西羌〔10〕，地曰石紐。石紐在蜀西川也●〔11〕。

【注釋】

〔1〕徐天祐曰：“無余，禹之六世孫，少康之庶子也，初受封於越。《越舊經》作‘無餘’。”〇覺按：南宋羅泌所撰《路史·國名紀四》云：“越，季抒國，姒姓㝬也，一曰於越。處埤中，號無餘；今會稽越州治，謂之句踐城。與南越異。”《路史·國名紀三》云：“越，芉姓，古南越。《盟會圖》疏云：‘南越，廣州。’按南海、桂林、象郡皆是，非姒姓之越。東南二越，諸儒皆一之，踈矣。”由此可見，其所謂“南越”，是指西漢初年的南越國，即芈姓之越國，該國包括南海郡（秦置，治所在番禺縣，即今廣州市）、桂林

郡（秦置，治所在今廣西桂平市西南古城）、象郡（秦置，治所在臨塵縣，即今廣西崇左市）一帶。南越國於元鼎六年（前111）被滅後復爲南海郡，唐武德四年（621）改爲廣州。羅泌把姒姓的越國（於越）和芈姓的越國（南越）嚴格區分開來，又説句踐城即會稽越州治（今紹興市），均是；但説無餘處埤中則誤。《水經注·漸江水》所引《吴越春秋》明言"越王都埤中"，而無餘爲越國之君時未稱王，所以埤中當爲越王允常之都城而非無餘之所居（參見6.10注〔3〕）。無餘之都城，當在今浙江省嵊州市西南會稽山南麓（參見8.2注〔6〕）。

〔2〕夏禹：傳説中夏朝的帝王，姒姓，也稱禹、大禹、伯禹、戎禹，名文命，鯀之子。傳説他奉舜的命令治理洪水，採取疏通河道的辦法，開掘了濟水、漯（tà 榻）水、汝水、漢水、淮河、泗水等，導其水流入江、海，獲得成功，因此被舜選爲繼承人。舜死後他稱帝天下，建立了夏王朝，以夏后爲號，都陽翟（在今河南省禹州市），其在位時代約在公元前21世紀初。一説他奪了帝位，把舜流放到蒼梧。後來他東巡死於會稽。從他開始，實際上結束了帝位禪讓制，實行了傳子不傳賢的世襲制。其事蹟可參見《史記·夏本紀》。

〔3〕徐天祜曰："《帝王世紀》曰：'鯀，帝顓頊之子，字熙。'《連山易》曰：'鯀封於崇。'故《國語》謂之'崇伯鯀'。《史記》曰：'鯀之父，帝顓頊。'《世本》亦以鯀爲顓頊子。《漢·律歷志》則曰：'顓頊五世而生鯀。'《通鑑外紀》從之。《古史》曰：'太史公以鯀爲顓頊之子，其世太迫。班固以爲五世孫，近得之。'此書以爲顓頊之後，曰'後'者，可以通子孫言之也。"〇覺按：據《尚書》的《堯典》與《舜典》、《國語·晉語八》、《史記·夏本紀》和本篇的記載，鯀（gǔn 滚）是上古顓頊帝的後裔，夏禹的父親，原居於石紐（在今四川省汶川縣），後封於崇（在今河南省嵩縣境），號崇伯。相傳他曾由四岳推舉，遵奉堯的命令治理洪水。他採取築堤防水的方法，治了九年也没有成功，因而被舜流放到羽山。他投水而死，傳説變成了黄熊（三足鱉），成了羽淵之神。顓頊（zhuānxū 專須）：傳説中的遠古帝王。姬姓，號高陽氏，以水德王，故又稱"黑精之君""黑帝""玄帝"。十歲時已輔佐少昊帝，故即位後又稱"孺帝"。相傳他生於若水，居於帝丘（今河南省濮陽縣東南）。《史記·五帝本紀》説他是黄帝之孫、昌意之子，接替黄帝而爲帝，是五帝之一。《禮記·月令》"其帝顓頊"孔穎達疏引《帝王世紀》云："生十年而佐少皞，十二年而冠，二十年而登帝位，在位七十八年而崩，以水承金也。"

〔4〕有莘：古國名，也作有辛、有侁、有嫳。姒姓。故址在今陝西省合陽縣東南。參閲《太平寰宇記·關西道四·同州·郃陽縣》。

〔5〕盧文弨曰："'孳'與'字'同。"〇覺按：壯：古人三十歲以上爲壯年。孳（zī 滋）：生育，生子。

〔6〕砥山：或即有莘附近的砥柱山，亦名三門山，原在今河南省三門峽市東北黄河中。今因修了三門峽水庫，山已炸毁。

〔7〕薏苡：原爲植物名（參閲《本草綱目·穀之二·薏苡》），此爲神珠名。《史記·夏本紀》"名曰文命"《正義》："《帝王紀》云：'父鯀，妻脩己，見流星貫昴，夢接意感，又吞神珠薏苡，胸坼而生禹，名文命，字密，身九尺二寸長，本西夷人也。'"

〔8〕感：參見1.1注〔5〕。

〔9〕徐天祜曰："《世本》曰：'鯀娶有辛氏女，謂之女志，是生高密。'宋忠曰：'高密，禹所封國。'《世紀》曰：'鯀妻脩己，見流星貫昴，夢接意感，又吞神珠薏苡而生禹，名文命，字密。'《史記》以文命爲禹之名，孔安國謂禹爲名，張晏謂禹爲字，今並存之。"〇覺按：脅：胸部的兩側。剖脅：即《帝王世紀》所説的"胸坼"（見注〔7〕）。高密：高密作爲地名，在今山東省。但據此文，高密當爲禹的字而非地名。宋忠之説不足取。《初

學記》卷九引《帝王世紀》作“名文命，字高密”，也可用來佐證本文。

〔10〕羌：我國古代西部民族之一。 西羌：指我國西部羌族聚居之地。

〔11〕徐天祜曰：“在茂州石泉縣，其地有禹廟，郡人相傳禹以六月六日生。《元和郡縣志》：‘禹，汶山廣柔人，生於石紐村。’《水經註》：‘縣有石紐鄉，禹所生也。’廣柔即今石泉軍。”〇覺按：徐注之“茂州”，原爲漢武帝時所置之汶川郡，漢宣帝時併入蜀郡，三國蜀、西晉復置汶山郡，唐改爲茂州，在今四川省北川羌族自治縣、茂縣、汶川縣一帶。徐注之“石泉縣”，唐置，即今四川省北川縣。徐氏謂廣柔即石泉，誤。《史記·夏本記》“名曰文命”《正義》：“楊雄《蜀王本紀》云：‘禹本汶山郡廣柔縣人也，生於石紐。’《括地志》云：‘茂州汶川縣石紐山，在縣西七十三里。’《華陽國志》云：‘今夷人共營其地，方百里，不敢居牧，至今猶不敢放六畜。’按廣柔，隋改曰汶川。”據此，則石紐在唐宋時應屬茂州汶川縣，即今四川省汶川縣，非屬石泉軍。 蜀：爲作者所處之東漢時的郡名，屬益州（見《後漢書志·郡國五》），其轄境包有今四川省成都市及其周圍大部分縣境。 西川：當作“汶川”，即晉代以後之汶川縣。《舊唐書·地理志四》：“成都府：隋蜀郡。武德元年，改爲益州……天寶元年，改益州爲蜀郡……十五載，玄宗幸蜀，駐蹕成都。至德二年十月，駕迴西京，改蜀郡爲成都府，長史爲尹；又分爲劍南東川、西川，各置節度使。廣德元年，黄門侍郎嚴武爲成都尹，復併東、西川爲一節度。自崔寧鎮蜀後，分爲西川，自後不改。……汶川：漢綿虒縣地，屬蜀郡。晉置汶川縣……石紐山亦在縣界。”由此可見，“西川”是唐至德二年（757）以後設置的相當於蜀郡一級而小於蜀郡的行政區，它不應該在此與“蜀”並列，更不可能爲東漢時的趙曄或隋朝之前的皇甫遵所稱述，所以“西川”二字必誤。至於“汶川”，爲晉所置縣名，可能爲皇甫遵所加。

【義疏】

越國的先君無余，是被分封於越地的夏禹的後代。禹的父親鯀，是帝王顓頊的後代。鯀娶了有莘部落的女兒，名叫女嬉，到了壯年還没生育，當她在砥山游玩的時候，發現一顆薏苡珠就把它吞了，心神好像被人觸動了一樣，因而就懷孕了，結果剖開胸膛而生了高密。鯀落户在西部羌族聚居之地，地名叫石紐。石紐在蜀郡汶川縣。

【輯證】

顓頊産鯀，鯀産文命，是爲禹。……鯀娶于有莘氏之子，謂之女志氏，産文命。（《大戴禮記·帝繫》P.126）

鯀爲顓頊子。鯀娶有辛氏，謂之女志，是生高密。（《世本·帝王世本》P.10）

夏禹，名曰文命。禹之父曰鯀，鯀之父曰帝顓頊，顓頊之父曰昌意，昌意之父曰黄帝。禹者，黄帝之玄孫而帝顓頊之孫也。禹之曾大父昌意及父鯀皆不得在帝位，爲人臣。（《史記·夏本紀》P.63）

伯禹 《帝系》曰：“顓頊五世而生鯀，鯀生禹，虞舜嬗以天下。”土生金，故爲金德。天下號曰夏后氏。繼世十七王，四百三十二歲。（《漢書·律曆志第一下》P.1013）

禹母吞薏苡而生禹，故夏姓曰姒。（《論衡·奇怪篇》P.217）

顧校：（卷首）後（下不空格）漢（下不空格）趙 曄 撰　　因而姙（妊）孕

蔣校：因而姙（宋本“妊”）孕

6.2

帝堯之時，遭洪水滔滔，天下沉漬[1]，九州閼塞[2]，四瀆壅閉[3]。帝乃憂中國之不康，悼黎元之罹咎[4]，乃命四嶽[5]，乃舉賢良，將任治水。自中國至于條方[6]，莫薦人，帝靡所任[7]，四嶽乃舉鯀而薦之於堯。帝曰："鯀，負命毀族，不可●[8]。"四嶽曰："等之羣臣[9]，未有如鯀者。"堯用治水，受命九載【1】，功不成。帝怒曰："朕知不能也。"乃更求之，得舜[10]，使攝行天子之政[11]。巡狩[12]，觀鯀之治水無有形狀，乃殛鯀于羽山●[13]。鯀投于水，化爲黄能●[14]，因爲羽淵之神●[15]。

【校記】

【1】"載"至6.3"故倚歌覆"爲大德本七十三葉，係補刻之版。其文多用俗字而與大德原刻不同（參見6.3校記）。

【注釋】

〔1〕漬（zì字）：浸，泡。

〔2〕九州：中國古代設置的九個州，夏禹劃分的九州是：冀州、兖州、青州、徐州、揚州、荆州、豫州、梁州、雍州，參見《尚書·禹貢》。 閼（è厄）：阻隔，堵塞。

〔3〕四瀆：《爾雅·釋水》："江、河、淮、濟爲四瀆。四瀆者，發源注海者也。"

〔4〕黎元：即"黔首"，或作"黎民"，民衆，百姓。 罹（lí離）：遭遇。 咎：災禍。

〔5〕嶽：高大之山。 四嶽：原指四處大山，即東嶽泰山（在今山東省泰安市北），西嶽華山（在今陜西省華陰市南），南嶽衡山（在今湖南省衡山縣西北），北嶽恒山（在今河北省曲陽縣西北與山西省接壤處，唐宋以後又名大茂山，清順治中移祀北嶽於山西省渾源縣東南之恒山後，通稱此爲大茂山）。此文之"四嶽"指四個人。《尚書·堯典》"咨四岳"孔安國傳："四岳即上羲、和之四子，分掌四岳之諸侯，故稱焉。"皇甫謐《帝王世紀》："帝堯置欲諫之鼓，命羲、和四子羲仲、羲叔、和仲、和叔分掌四時方嶽之職。"羲仲、羲叔、和仲、和叔分掌春、夏、秋、冬四時，同時又主管巡狩四方之嶽，所以稱爲"四嶽"。《尚書·周官》云："王乃時巡，考制度于四岳，諸侯各朝于方岳，大明黜陟。"可見古代天子巡狩至某一方嶽，則某方諸侯即朝會於此，天子根據諸侯的功績任免他們，而這工作由四嶽掌管，所以堯命四嶽推薦人才。又，宋孔平仲、明楊慎都以四嶽爲一人（見《升菴經説》卷三《四岳爲一人》），可備一説。

〔6〕中國：指京師。 條：《禮記·樂記》"感條暢之氣"孔穎達疏："條，遠也。"條方：指四方邊遠地區。

〔7〕靡（mǐ米）：無。

〔8〕徐天祜曰："《尚書·堯典》作'方命圮族'。《史記·堯本紀》作'負命毀族'。《正義》曰：'負，音佩，違也。鯀性很戾，違負教命，毀敗善類，不可用也。'"

〔9〕等：比較。

〔10〕舜：傳説中的聖君，是上古有虞氏一朝的帝王，姚姓，名重華，字都君，因其初居於虞之嬀汭（在今山西省永濟市西蒲州鎮），故稱帝後以有虞氏爲號，居虞城（在今

山西省平陸縣北），史稱虞舜。傳説他受堯的禪讓繼位，在位48年，其在位時代約在公元前22世紀。傳説他曾命禹治水，並把帝位禪讓給禹，後來南巡而死於蒼梧之野，葬於九疑。一説他被禹放逐，死於蒼梧。參見《尚書・堯典》《韓非子・説疑》《史記・五帝本紀》《漢書・律曆志下》《潛夫論・五德志》《初學記》卷九。

〔11〕攝：見2.6注〔11〕。

〔12〕巡狩：亦作“巡守”。《孟子・梁惠王下》：“天子適諸侯曰巡狩。巡狩者，巡所守也。”即天子巡視四方諸侯的職守。

〔13〕徐天祜曰：“《地志》：‘在東海郡祝其縣南。’今海州朐山縣。”〇覺按：漢代祝其縣在今江蘇省贛榆縣境，唐、宋之朐山縣在今江蘇省連雲港市，羽山當在今贛榆縣西南、連雲港市西北。 殛（jí及）：《尚書・舜典》：“流共工于幽洲，放驩兜于崇山，竄三苗于三危，殛鯀于羽山。”孔安國傳：“殛、竄、放、流，皆誅也。”孔穎達疏：“流者移其居處……放者使之自活，竄者投棄之名，殛者誅責之稱，俱是流徙。……四者之次，蓋以罪重者先，……《祭法》以鯀障洪水故列諸祀典，功雖不就，爲罪最輕，故後言之。”

〔14〕徐天祜曰：“或作‘熊’。”〇蔣光煦曰：“宋本有注云：‘囊來切，鼈三足。’”

〔15〕徐天祜曰：“《左傳・昭公七年》：晉侯有疾，夢黄熊入於寢門。子産曰：‘昔堯殛鯀於羽山，其神化爲黄熊，以入于羽淵。’杜預解：‘熊，音雄，獸名。亦作能，如字，一音奴來切，三足鼈也。按《説文》及《字林》皆云：“能，熊屬，足似鹿。”然則能既熊屬，又爲鼈類。作“能”者勝也。東海人祭禹廟不用熊白及鼈爲膳，豈鯀化爲二物乎？’”〇覺按：徐引“杜預解”當作“陸德明解”。《左傳・昭公七年》“昔堯殛鯀于羽山”《釋文》云：“黄熊，音雄，獸名。亦作能，如字，一音奴來反，三足鼈也。解者云：獸非入水之物，故是鼈也。一曰：既爲神，何妨是獸？案《説文》及《字林》皆云：‘能，熊屬，足似鹿。’然則‘能’既熊屬，入爲鼈類。今本作‘能’者勝也。東海人祭禹廟不用熊白及鼈爲膳，斯豈鯀化爲二物乎？”“能”只是傳説中的一種怪物，難以考實，但恐非二物。《史記・夏本紀》“乃殛鯀於羽山以死”《正義》：“鯀之羽山，化爲黄熊，入于羽淵。熊，音乃來反，下三點，爲三足也。束晢《發蒙紀》云：‘鼈三足曰熊。’”據此，“能”當讀nái（乃陽平），爲三足鼈，字或作“熊”，作“熊”者實誤，以爲熊屬之獸也是誤説。羽淵：池潭名。舊海州朐山縣境有羽潭（參閲《太平寰宇記・河南道二十二・海州・朐山縣》），當即羽山（見注〔13〕）之流水匯合而成，故名。

【義疏】

帝王堯統治的時候，遇上大水彌漫，天下都沉没浸泡在水中，九州之間阻塞隔絶，長江、淮河、黄河、濟水四條大河淤塞不通。于是帝堯便擔憂中國不得安樂，哀憐百姓遭受禍殃，就命令四方諸侯之長，讓他們推薦賢能的人，將任用他來治理洪水。從首都直到四方邊遠地區，没有誰推薦人才，帝堯没有可任用的人，四方諸侯之長就推舉鯀，把他引薦給了堯。帝堯説：“鯀這個人，違抗命令，殘害善類，不可任用。”四方諸侯之長説：“把他和大臣們相比，還没有誰及得上鯀。”堯便任用鯀治理洪水，鯀接受任命後九年，治水的工作仍然没有成效。帝堯憤怒地説：“我早就知道他没有能力治水啊！”于是就另外訪求人才，得到了舜，就讓他代理天子的政務。舜到各地視察臣屬的工作，看到鯀的治水没有成效，就譴責鯀而把他流放到羽山。鯀跳到水中自殺，變成了黄色的三脚鱉，因而成爲羽淵的神。

【輯證】

帝曰："咨！四岳，湯湯洪水方割，蕩蕩懷山襄陵，浩浩滔天。下民其咨，有能俾乂？"僉曰："於，鯀哉！"帝曰："吁，咈哉！方命圮族。"岳曰："异哉！試可乃已。"帝曰："往，欽哉！"九載，績用弗成。（《尚書·堯典》P.122）

洪水滔天。鯀竊帝之息壤以堙洪水，不待帝命。帝令祝融殺鯀於羽郊。鯀復生禹。帝乃命禹卒布土以定九州。（《山海經·海内經》P.336）

當帝堯之時，鴻水滔天，浩浩懷山襄陵，下民其憂。堯求能治水者，羣臣四嶽皆曰鯀可。堯曰："鯀爲人負命毁族，不可。"四嶽曰："等之未有賢於鯀者，願帝試之。"於是堯聽四嶽，用鯀治水。九年而水不息，功用不成。於是帝堯乃求人，更得舜。舜登用，攝行天子之政，巡狩。行視鯀之治水無狀，乃殛鯀於羽山以死。天下皆以舜之誅爲是。於是舜舉鯀子禹，而使續鯀之業。（《史記·夏本紀》P.64）

堯遭帝嚳之後亂，洪水滔天，堯使鯀治之，九年弗能治。堯七十年而得舜，舜明知人情，審於地形，知鯀不能治，數諫不去，堯殛之羽山。（《越絶書·吴内傳》P.86）

顧校：化爲黄能（宋本有注"囊來切，鼈三足"）

蔣校：化爲黄能（宋本有注云："囊來切，鼈三足。"）

6.3

舜與四嶽舉鯀之子高密。四嶽謂禹曰："舜以治水無功〔1〕，舉爾嗣〔2〕，考之勳。"禹曰："俞〔3〕！小子敢悉考績〔4〕，以統天意，惟委●而已〔5〕。"

禹傷父功不成，循江，泝河，盡濟，甄●淮〔6〕，乃勞身焦思以行〔7〕，七年〔8〕，聞樂不聽，過門不入，冠挂不顧〔9〕，履遺不躡〔10〕，功未及成。愁然沉思【1】，乃案《黄帝中經曆》【2】〔11〕——蓋聖人所記〔12〕，曰："在于九山東南天柱〔13〕，號曰宛委●〔14〕，赤帝在闕〔15〕。其巖之巔，承以文玉【3】，覆以磐石，其書金簡〔16〕，青玉爲字，編以白銀〔17〕，皆瑑其文【4】〔18〕。"

禹乃東巡，登衡山【5】〔19〕，血白馬以祭【6】，不幸所求〔20〕。禹乃登山，仰天而嘯，忽然而臥【7】，因夢見赤繡衣男子【8】，自稱："玄夷蒼水使者〔21〕，聞帝使文命于斯〔22〕，故來候之。非厥歲月【9】，將告以期。無爲戲吟，故倚歌覆釜之山●〔23〕。"東顧謂禹曰："欲得我山神書者，齋於黄帝巖嶽之下〔24〕，三月庚子，登山發石，金簡之書存矣。"禹退又齋，三月庚子，登宛委山，發金簡之書，案金簡玉字，得通水之理●〔25〕。

復返歸嶽〔26〕，乘四載●以行川〔27〕，始於霍山●〔28〕，徊集五嶽〔29〕。《詩》云〔30〕：“信彼南山〔31〕，惟禹甸之〔32〕。”

遂巡行四瀆，與益、夔共謀〔33〕。行到名山大澤〔34〕，召其神而問之山川脉理、金玉所有、鳥獸昆蟲之類及八方之民俗、殊國異域土地里數，使益疏而記之，故名之曰《山海經》〔35〕。

【校記】

【1】沉：此處大德本爲補刻之版，其文作“況”，據鄺本改。

【2】曆：此處大德本爲補刻之版，其文作“暦”，但大德本他處皆用“曆”而不用“暦”，今據鄺本改。

【3】文：此處大德本爲補刻之版，其文作“丈”，據鄺本改。

【4】瑑：此處大德本爲補刻之版，其文作“琢”，據鄺本改。

【5】山：此處大德本爲補刻之版，其文作“嶽”，鄺本、馮本、吴本、四庫本也作“嶽”，據《太平御覽》卷三十九引文改。

【6】祭：此處大德本爲補刻之版，其文作“祭”，但大德本他處皆用“祭”而不用“祭”，今據鄺本改。

【7】此處大德本爲補刻之版，其文無“忽然而臥”，據《初學記》卷五引文補。

【8】繡：此處大德本爲補刻之版，其文作“綉”，但大德本他處用“繡”而不用“綉”，今據鄺本改。

【9】歲：此處大德本爲補刻之版，其文作“嵗”，但大德本他處皆用“歲”而不用“嵗”，今據鄺本改。

【注釋】

〔1〕“以”下當有“鯀”字。

〔2〕嗣：接續，继承。

〔3〕俞：嘆詞，表示同意或贊許。

〔4〕小子：自稱的謙詞。

〔5〕徐天祜曰：“‘委’字下當有‘任’字。”〇覺按：《左傳·文公六年》“委之常秩”杜預注：“委，任也。”“委”表示委任，不必更有“任”字，徐説非。

〔6〕徐天祜曰：“‘甄’字不通，疑‘暨’字之誤。”〇覺按：“甄”（zhēn 貞）表示鑒別。此指考察查明。其文本通，用“暨”字反而不通，徐説非。

〔7〕勞身：使身體勞苦。焦思：使心情焦急憂慮。

〔8〕七年：《孟子·滕文公上》説“禹八年於外”，《史記·夏本紀》作“居外十三年”。傳説各異，所以所記不同。

〔9〕挂：通“絓”，阻礙，絆住。此指帽子被樹枝荊棘等掛住了。

〔10〕躡：踩。不躡：指不踩履，即不穿鞋。

〔11〕案：考察，查考。

〔12〕“蓋聖人所記”五字爲自注之辭，《初學記》卷五、《北堂書鈔》卷一百六十引文在“蓋”字下有一“見”字，《藝文類聚》卷十一、《太平御覽》卷五十一、《事類賦注》卷七引文“蓋”作“見”，似爲臆增臆改。

〔13〕九山：戰國秦漢之時本指以會稽山爲首的九大名山。《吕氏春秋·有始》："何謂九山？會稽、太山、王屋、首山、太華、岐山、太行、羊腸、孟門。"《淮南子·墬形訓》："何謂九山？會稽、泰山、王屋、首山、太華、岐山、太行、羊腸、孟門。"此文則特指會稽山。天柱：古代名爲天柱的山有幾處。此指浙江省的天柱山，即宛委山，見注〔14〕。

〔14〕徐天祜曰："在會稽縣東南十五里，一名玉笥山。"〇覺按：《史記·太史公自序》"探禹穴"《正義》："《括地志》云：'石箐山，一名玉笥山，又名宛委山，即會稽山一峯也，在會稽縣東南十八里。'《吴越春秋》云：'禹案《黄帝中經》："九山東南天柱，號曰宛委，赤帝左闕之填，承以文玉，覆以盤石，其書金簡，青玉爲字，編以白銀，皆瑑其文。"禹乃東巡，登衡山，血白馬以祭。禹乃登山，仰天而笑，忽然而卧，夢見繡衣男子，自稱玄夷倉水使者，卻倚覆釜之山，東顧謂禹曰："欲得我山神書者，齊於黄帝之岳，岩嶽之下，三月季庚，登山發石。"禹乃登宛委之山，發石，乃得金簡玉字，以水泉之脈。山中又有一穴，深不見底，謂之禹穴。'史遷云'上会稽，探禹穴'，即此穴也。"會稽縣，今爲浙江省紹興市。

〔15〕赤帝：五天帝之一，南方之神。《史記·天官書》"赤帝行德"《正義》："赤帝，南方赤熛怒之帝也。"

〔16〕簡：古代没有紙，把竹子削成狹長的薄片用作書寫材料，叫作簡。此文之簡不用竹製，而用金製，極言其珍貴。

〔17〕編：古代將竹簡編連成書的繩子叫"編"，將竹簡用繩子編連起來也叫"編"。

〔18〕瑑（zhuàn 撰）：在玉器上雕飾凸紋。此文指青玉之字都鑲嵌在金簡上而呈凸出之狀。

〔19〕衡山：《史記·封禪書》"禹封泰山、禪會稽"《正義》："《括地志》云：'會稽山，一名衡山，在越州會稽縣東南一十二里也。'"此文既説"禹乃東巡"，又在此山"夢見赤繡衣男子""倚歌覆釜之山"，則此"衡山"當即指會稽山。但是，皇甫遵將此"衡山"誤解成了南嶽衡山，所以此文被改爲"衡嶽"（見校記【5】），下文又説"復返歸嶽，乘四載以行川，始於霍山"（參見注〔26〕〔28〕）。這一誤解可能始於酈道元之《水經注》，《水經注》卷四十云："衡山在長沙湘南縣南。禹治洪水，血馬祭衡山，于是得金簡玉字之書，按省玉字，得通水理也。"其所謂"衡山"，即今湖南省衡山縣西北之南嶽衡山也。

〔20〕幸：《華嚴經音義》卷上"慶幸"條引《公羊傳》劉兆注："幸，遇也。"

〔21〕玄夷蒼水：山神之名。

〔22〕文命：禹之名。

〔23〕徐天祜曰："《輿地志》：'會稽山有石，狀如覆鬴，謂之覆鬴山，一名釜山。''鬴'亦作'釜'。《史·黄帝本紀》曰：'合符釜山。'《索隱》以爲'合諸侯符契圭璋而朝之於釜山'，'在嬀州懷戎縣北三里'，非此之釜山也。"〇覺按："故"通"固"。

〔24〕齋：齋戒，整潔身心。　黄帝：傳説中的遠古帝王；姓公孫，居軒轅之丘，故號軒轅氏；又居姬水，因改姓姬；國于有熊，故亦稱有熊氏。傳説他曾打敗姜姓部落首領炎帝以及九黎族首領蚩尤，從而被各部落推爲部落聯盟首領，因有土德之瑞，故號黄帝。他在位時代約在公元前26世紀初。法家説他"内行刀鋸（刑罰），外用甲兵"（《商君書·畫策》），是一位實行法治的帝王。戰國漢初道家中的黄老學派把他與老子説成是本學派的創始人。《漢書·古今人表》將"黄帝軒轅氏"列爲我國第三位聖人（第一爲"太昊帝宓羲氏"，第二爲"炎帝神農氏"）。其事蹟可參見《史記·五帝本紀》《潛夫論·五德志》。巖嶽：高峻的大山。　黄帝巖嶽：當爲會稽山中一峰，其地今已不可考見。

〔25〕徐天祜曰："禹未嘗兩至越，其至越，在會計之時，非治水時也。《禹貢》記

南方山川多與今不合，禹治水時未嘗親至南方故也。《孟子》曰：‘禹八年于外。’而《禹貢》云：‘作十有三載，乃同。’或者以爲此禹治水之年通鯀九載言之也。馬融曰：‘禹治水三年而八州平。’是十二年而八州平，十三年而兖州平。兖州平在舜受終之年，然則禹之成功不過三四年間耳。此書謂勞身焦思七年，功未及成，乃東巡，登宛委，發金簡之書，得通水之理。使禹之治水七年而後得神書，始知通水之理，不已晚乎？諸若此類，蓋傳疑尚矣。”〇覺按：古史事蹟憑口耳相傳，所以每多異説，儘可並存其説。

〔26〕皇甫遵將傳説中禹所登的衡山誤解爲南嶽衡山，所以上文作“衡嶽”（見校記【5】、注〔19〕），此又説“復返歸嶽”，下文又説“始於霍山”。誠然，禹“東巡”所登衡山既然在“東”，又是求取金簡之書的地方，則應該是會稽山。所以此文不當説“復返歸嶽”，而應該説“復返衡山”。或者，此“嶽”字即指上文之衡山。

〔27〕徐天祜曰：“陸行乘車，水行乘船，泥行乘橇，山行乘樺。橇，音蕝。樺，丘遥切。”〇覺按：“樺”（jú 局）爲有錐之屐。 行：巡視。

〔28〕徐天祜曰：“南嶽衡山，又名霍山。泰與岱，衡與霍，皆一山二名。”〇覺按：《爾雅·釋山》“江南，衡”郭璞注：“衡山，南岳。”又“霍山爲南嶽”郭璞注：“即天柱山，潛水所出。”邢昺疏：“案《詩》傳言四嶽之名，東嶽岱，南嶽衡。此及諸經傳多云‘泰山爲東嶽，霍山爲南嶽’者，皆山有二名也。……上云‘江南衡’，《地理志》云：‘衡山在長沙湘南縣。’張揖《廣雅》云：‘天柱謂之霍山。’《地理志》云：‘天柱在廬江灊縣。’則在江北矣。而云衡、霍一山二名者，本衡山一名霍山，漢武帝移嶽神於天柱，又名天柱亦爲霍，故漢以來衡、霍别耳。”徐説蓋本於此。然此文之“霍山”究竟指哪一座山，尚待考證。古代名霍山的有多處，所謂廬江灊縣之南嶽霍山，即今安徽省潛山縣西北之天柱山，恐非此文所説的“霍山”。此文作者既將禹所登之衡山誤解爲今湖南省衡山縣西北之南嶽衡山（見注〔19〕），又緊接“復返歸嶽”而説“始於霍山”，則此文之“霍山”當指今湖南省衡山縣西北之南嶽衡山。當然，傳説中禹所登的衡山應該是會稽山（見注〔19〕〔26〕），如果從地理位置而言，則此文之“霍山”，當指位於今浙江省杭州市寶石山之東、西湖之北、少年宫之後的霍山。

〔29〕徊：旋轉，打圈，相當於6.5所説的“周行”。 集：停留。 五嶽：即東嶽泰山、西嶽華山、南嶽衡山、北嶽恒山（以上見6.2注〔5〕）和中嶽嵩山（在今河南省登封市北）。先秦古籍只稱四嶽，無中嶽，至《周禮·春官·大宗伯》纔有“五嶽”之名。禹時不應有中嶽，此文實爲作者誤筆。漢代以後，南嶽之祭祀又移至今安徽省潛山縣西北之天柱山（見注〔28〕），故此後於“五嶽”又有異説。《爾雅·釋山》：“泰山爲東嶽，華山爲西嶽，霍山爲南嶽（郭璞注：“即天柱山，潛水所出。”），恒山爲北嶽（郭璞注：“常山。”），嵩高爲中嶽（郭璞注：“大室山也。”）。”

〔30〕《詩》：我國現存最早的一部詩歌總集，漢代尊爲經典，故後代又稱爲《詩經》。以下所引詩句見《詩經·小雅·信南山》。

〔31〕信（shēn 伸）：通“伸”，舒展延伸的樣子。 南山：古代終南山（在今陝西省西安市南）稱“南山”，但此詩之“南山”泛指住地南面的山。

〔32〕《詩經·小雅·信南山》“維禹甸之”毛傳：“甸，治也。”

〔33〕益：一作“翳”，即“伯益”，又作“伯翳”“柏翳”“柏益”（見《國語·鄭語》《史記·秦本紀》《漢書·古今人表》）。相傳爲皋陶之子（見《詩經·秦風譜》《潛夫論·志氏姓》）。舜封之於費（bì 臂，在今山東省費縣），賜姓嬴氏，所以也稱“大費”“費侯”，爲古代嬴姓各族的祖先。相傳他善於畜牧和狩獵，被舜任爲虞（掌管山澤的官，見《尚書·舜典》《孟子·滕文公上》）；並助禹治水有功，被選爲繼承人。禹去世後，他即繼王位，

禹的兒子啓及其黨羽攻之而從他手中奪取了帝位（見《韓非子·外儲説右下》），他於夏啓二年逃到其封地費國，死於夏啓六年（見《竹書紀年》卷上）。一説禹去世後，他避居箕山之北，夏禹的兒子啓被擁戴繼位（見《孟子·萬章上》）。 夔（kuí 魁）：堯、舜時的樂官，見《史記·五帝本紀》。

〔34〕《淮南子·墬形訓》“禹乃以息土填洪水以爲名山”高誘注：“名山，大山也。”

〔35〕《山海經》:《漢書·藝文志》列入《數術略·形法》，十三篇。最初見於《史記·大宛列傳》“太史公曰”，但未言誰作。今本十八篇，卷首有漢劉秀（即劉歆）校書後所寫的《上〈山海經〉表》，稱該書爲夏禹、伯益所作，實不可信從。此文蓋誤從劉説。該書約成於戰國之時，秦、漢又有所增删。書中記述各地山川、道里、部族、物産、祭祀、醫巫、風俗，往往參雜怪異，較多地保存了遠古的神話傳説和史地材料。

【義疏】

舜和四方諸侯之長推舉鯀的兒子高密來治水。四方諸侯之長對禹説：“舜因爲鯀治水没有成績，所以提拔你繼承先父的事業，將要考核你的功績。”禹説：“行！小子敢于完全徹底地讓你們考核業績，並以此來統貫天意，祇管委任我就是了。”

禹傷心父親的工作没有成功，于是沿着長江順流而下，又在黄河中逆流而上，走遍濟水，考察淮河，像這樣竭盡全力、嘔心瀝血地在外奔波，七年之間，聽見音樂也不去欣賞，經過家門也不進去，帽子被樹枝等挂住了也不回頭看一下，鞋子掉了也不穿上，但治水的工作還是未見成效。他憂愁地深深思索着，于是就查考《黄帝中經曆》——這大概是聖人所記録的，那書上説：“在九大名山之首的會稽山東南的天柱山，號稱宛委山，赤帝就居住在這山上的宫殿裏。在那山崖的頂上有一本書，用有花紋的寶玉托着，用厚厚的大石頭蓋着，這本書用的是黄金製的簡札，簡上是青色的寶玉連綴成的文字，用白銀製成的繩子編連起來，那書上的文字都凸出在簡片上。”

禹于是就到東方巡視，登上了衡山，殺了白馬而用它的血來祭祀山神，仍没有見到他所尋覓的神書。禹于是登上山峰，抬頭朝天長聲吼叫，恍惚之間睡着了，因而夢見一個身穿紅色綉花衣的男子，自稱：“我是玄夷蒼水的使者，聽説皇帝派文命到這裏，所以來等候你。現在還不是那看神書的時候，我將告訴你這日期。不要認爲我是在開玩笑地吟唱，我本來就常在覆釜山依着曲子來歌唱。”這男子向東掉過頭對禹説：“想要得到我山神的書，必須在黄帝峰下齋戒，三月庚子日，再登上山頂揭開石頭，那黄金簡札的書就在那裏了。”禹退下山去，又整潔身心，在三月庚子日，登上宛委山，拿出了黄金簡札的書，查閲了黄金簡札上的玉字，瞭解了疏通河道的原理。

于是禹又回到了衡山，憑藉四種交通工具去巡視河流，從霍山出發，輪流到五岳停留。《詩》云：“逶迤而去那南山，大禹曾經治其間。”

于是禹巡視了長江、黄河、濟水、淮河四條入海的河流，與益、夔一起謀劃。他巡視到大山大湖，就召見那裏的神仙而向他們詢問山河的脉絡條理、金銀寶玉所藴藏的地方、該處鳥獸昆蟲的種類，以及各地的民間習俗、不同國家不同地區所擁有的土地里數，讓益分别記録下來，所以把這些記載取名叫《山海經》。

【輯證】

禹感洪水，身親其勞，澤行路宿，過門不入。當此之時，簪墮不掇，冠挂不顧。（《鹽鐵論·相刺》P.253）

堯崩，帝舜問四嶽曰："有能成美堯之事者使居官？"皆曰："伯禹爲司空，可成美堯之功。"舜曰："嗟，然！"命禹："女平水土，維是勉之。"禹拜稽首，讓於契、后稷、皋陶。舜曰："女其往視爾事矣。"禹爲人敏給克勤；其悳不違，其仁可親，其言可信；聲爲律，身爲度，稱以出；亹亹穆穆，爲綱爲紀。禹乃遂與益、后稷奉帝命，命諸侯百姓興人徒以傅土，行山表木，定高山大川。禹傷先人父鯀功之不成受誅，乃勞身焦思，居外十三年，過家門不敢入。薄衣食，致孝于鬼神。卑宫室，致費於溝減。陸行乘車，水行乘船，泥行乘橇，山行乘檋。左準繩，右規矩，載四時，以開九州，通九道，陂九澤，度九山。令益予衆庶稻，可種卑溼。命后稷予衆庶難得之食。食少，調有餘相給，以均諸侯。禹乃行相地宜所有以貢，及山川之便利。（《史記·夏本紀》P.65）

禹、益並治洪水，禹主治水，益主記異物，海外山表，無遠不至，以所聞見作《山海經》。（《論衡·别通篇》P.766）

《吴越春秋》稱："覆釜山之中有金簡玉字之書，黄帝之遺讖也。"（《水經注》卷四十 P.753）

趙曄《吴越春秋》曰："禹繼鯀治水，傷父功不成，乃案《黄帝中經》，蓋見聖人所記，曰：'在於九疑上東南天柱，號曰宛委，承以文玉，覆以盤石，其書金簡，青玉爲字，編以白銀，皆瑑其文。'禹乃退齊三月，以庚子之日登宛委山，發石取書，案金簡玉字，得通水之理。"（《北堂書鈔》卷第一百六十 V.1213-P.147）

《吴越春秋》曰："禹案《黄帝中經》，見聖人所記，曰：'在九疑山東南天柱，號曰宛委，承以文玉，覆以盤石，其書金簡，青玉爲字，編以白銀，皆瑑其文。'禹乃東巡，登衡山求之。赤繡文衣男子自稱玄夷倉水使者，來候禹，令齋，三月更求之。禹乃三日齋，登宛委山，取得書，得通水之理。遂周行天下，使益疏記之，名《山海經》也。"（《藝文類聚》卷第十一 P.218）

《吴越春秋》曰："禹案《黄帝中經》，見聖人所記，曰：'在乎九疑上東南，號曰宛委，承以文玉，覆以磐石，其書金簡玉字。'禹乃退，齋三日，發石取書。"（《初學記》卷第五 P.109）

趙曄《吴越春秋》曰："禹傷父功不成，乃案《黄帝中經曆》，蓋見聖人所記，曰：'在于九疑山東南天柱，號曰宛委山，赤帝左闕。其岩之巔，承以文玉，覆以磐石，其書金簡，青玉爲字，編以白銀，皆琢其文。'禹乃東巡，登衡山，血白馬以祭之，仰天而嘯，忽然而臥，夢見赤繡文衣男子，稱玄夷蒼水使者，顧謂禹曰：'欲得我山神書者，清齋於黄帝之岳，嵓嵓之下。'禹乃退，齋，三月以季之日，登宛委山，發石取書。"（《初學記》卷第五 P.97）

《吴越春秋》云："禹案《黄帝中經》：'九山東南天柱，號曰宛委，赤帝左闕之填，承以文玉，覆以盤石，其書金簡，青玉爲字，編以白銀，皆瑑其文。'禹乃東巡，登衡山，血白馬以祭。禹乃登山，仰天而笑，忽然而卧，夢見繡衣男子，自稱玄夷倉水使者，卻倚覆釜之山，東顧謂禹曰：‘欲得我山神書者，齊於黄帝之岳，岩嶽之下，三月季庚，登山發石。’禹乃登宛委之山，發石，乃得金簡玉字，以水泉之脈。”（《史記·太史公自序》“探禹穴”《正義》P.3971）

《吴越春秋》曰:“禹傷父功不成,登衡山,血白馬以祭之,忽然而卧,夢赤繡文衣男子,稱玄夷蒼水使者，謂禹曰：‘欲得我山書者，齋於黄帝之嶽。’禹乃退，齋三日，登宛委，發石，得金簡玉字之書，得治水之要也。”（《太平御覽》卷第三十九 P.189）

《吴越春秋》曰：“禹案《黄帝中經》，見聖人所記，曰：‘在乎九疑上東南，號曰宛委，承以文玉，覆以盤石，其書金簡玉字。’禹乃退，齋三日，發石取書。”（《太平御覽》卷第五十一 P.250）

《吴越春秋》曰：“禹案《黄帝中經》，見聖人所記，曰：‘在九疑山東南天柱，號曰宛委，承以文玉，覆以盤石，其書簡青玉爲字，編以白銀。’禹乃東巡狩，登衡山求之，卧見赤繡衣男子，自稱玄夷倉水使者，來候禹。令禹齋，三月更求之。禹乃齋，三月，登宛委山，取得書，通水經。遂周行天下，使益疏記之，名曰《山海經》。”（《太平御覽》卷第八十二 P.381）

《吴越春秋》曰：“禹登委山，得五金簡，青玉爲字，編以白銀。”（《太平御覽》卷第八百一十二 P.3609）

《吴越春秋》云：“在于九山東南天柱，號曰宛委山。其岩之巔，承以文玉，覆以磐石，其書金簡，青玉爲字，編以白銀，皆篆其文。禹乃東巡，登衡嶽，血祭白馬。因夢見赤繡衣男子，自稱元夷倉水使者，謂禹曰：‘欲得我山神書者，齋于黄帝之嶽岩之下。’禹乃齋，三月，登宛委山，發金簡之書，得通水之理。遂巡行四瀆，行到名山大澤，召其神問之，使益疏而記，名之曰《山海經》。”（《太平寰宇記》卷九十六 V.470-P.66）

《吴越春秋》曰：“禹按《黄帝中經》，見聖人所記，曰：‘在乎九疑上東南，號曰宛委，承以文玉，覆以磐石，其書金簡玉字。’禹乃退，齋三日，發石取書。”（《事類賦》卷七“石”注 P.867）

《吴越春秋》曰：“禹傷父功不成，登衡山，血白馬而祭之。夢赤繡文衣男子，稱玄夷蒼水使者，謂禹曰：‘欲得我山書者，齋于黄帝之嶽。’禹乃退，齋三日，登宛委，發石，得金簡玉字之書，言治水之要。”（《事類賦》卷七“山”注 P.858）

《吴越春秋》稱：“山覆釜盎，盎中有金簡玉書，黄帝之遺緘也。”人云金簡玉字之書，夏禹發之，得百川之理。（《事類賦》卷七“山”注 P.859）

《吴越春秋》引《黄帝中經》云：“東南天柱曰宛委，赤帝在闕。其巖之巔，承以文玉，覆以磐石，其書金簡玉字，編以白銀，皆瑑其文。”及禹巡衡岳，血白馬而祭之，夢見赤繡衣男子，自稱玄夷使者，聞帝使文命於斯，故來候之。倚歌覆鬴之山，顧謂禹曰：“欲得我神書者，齋於黄帝皇岳之下。”三月庚子，登宛委山，發金簡之書，案金簡玉字，得通治水之理。（《會稽志》卷第九“委宛山”V.9-P.9）

顧校：齋於黄帝（下多“之”）巖嶽（嶽巖）之下　　復返歸嶽（下多“從王子”）乘四載

蔣校：齋於黄帝（宋本有“之”字，下作“嶽巖”）巖嶽之下　　復返歸嶽（宋本下有“從三子”三字）乘四載

6.4

禹三十未娶，行到塗山●〔1〕，恐時之暮，失其度制，乃辭云：“吾娶也，必有應矣〔2〕。”乃有白狐九尾造於禹。禹曰：“白者，吾之服也；其九尾者，王之證也。塗山之歌曰：

綏綏白狐〔3〕，九尾痝痝【1】〔4〕。
我家嘉夷〔5〕，來賓爲王。
成家成室〔6〕，我造彼昌。
天人之際，於兹則行〔7〕。

明矣哉！”禹因娶塗山女【2】，謂之女嬌。取辛、壬、癸、甲●〔8〕，禹行。十月，女嬌生子啓。啓生不見父，晝夕呱呱啼泣〔9〕。

【校記】

【1】痝痝：大德本作“瘥瘥”，據四庫本改。

【2】大德本“山”下無“女”字，據《初學記》卷二十九引文補。

【注釋】

〔1〕徐天祜曰：“《會稽志》：‘塗山在山陰縣西北四十五里。’蘇鶚《演義》：‘塗山有四：一、會稽，二、渝州巴南舊江州，三、濠州，四、當塗縣。’按《左氏昭公四年傳》：‘穆有塗山之會。’《哀公七年傳》：‘禹合諸侯于塗山。’杜預解並云：‘在壽春東北。’説者曰：‘今濠州也。’柳宗元《塗山銘序》曰：‘周穆遐追遺法，復會于是山。’然則禹與穆王皆嘗會諸侯於塗山矣，然非必皆壽春也。若禹之所娶，則未詳何地。《水經註》：‘江州縣水北岸有塗山，南有夏禹廟、塗君祠。廟銘存焉。’常璩、庾仲雍並言禹娶於此。《越絶》等書乃云禹娶于（覺按：大德本“云禹娶于”作“公禹娶一”，據四庫本改）會稽塗山。應劭曰：‘在永興北。’永興，今蕭山縣也，又與郡志所載不同。蓋會稽實禹會侯計功之地，非所娶之國。下文兼載白狐九尾之異，尤爲可疑。”〇覺按：禹所娶之塗山古代主要有二説，一爲會稽之塗山，在今浙江省紹興市西北，《越絶書・外傳記地傳》：“塗山者，禹所取妻之山也，去縣五十里。”二爲江州之塗山，在今重慶市巴南區，常璩《華陽國志・巴志》：“禹娶於塗山……今江州塗山是也。”禹生於石紐，卒於會稽，此二説恐怕即由其卒地與生地附會而來。據《竹書紀年》卷上，禹巡狩於塗山以及下文遇黄龍負舟之事，都在禹即天子之位後五年，與此文所記時代不同。

〔2〕應：《素問・六元正紀大論》“有怫之應而後報也”王冰注：“應爲先兆。”

〔3〕綏綏（suísuí 隨隨）：《詩經・衛風・有狐》“有狐綏綏”朱熹《詩集傳》：“獨行求匹之貌。”此句起興，象徵禹前來求婚。

〔4〕痝痝（mángmáng 芒芒）：大而蓬鬆的樣子。

〔5〕嘉：吉慶，幸福。夷：愉快。《詩經・鄭風・風雨》“云胡不夷”毛傳：“夷，説也。”《釋文》：“説，音悦。”

〔6〕家、室：都表示家庭。

〔7〕此歌詞押韻，其中韻脚“痝”屬東部，“王”“昌”“行”屬陽部，東陽旁轉合韻。

〔8〕徐天祜曰："《吕氏春秋》曰：'禹娶塗山氏女，不以私害公，自辛至甲四日，復往治水。'"〇覺按："取"通"娶"。古代用干支記日，辛、壬、癸、甲是相連的四個天干，所以用來表示連續的四天。

〔9〕呱呱（gūgū 孤孤）：形容小孩哭聲。

【義疏】

禹三十歲了還没有娶妻，巡視到塗山，怕娶妻的時間太晚而違背了婚姻制度，于是就托辭説："我娶妻，一定得有先兆。"于是有一隻九條尾巴的白色狐狸來到禹的跟前。禹説："白色，就是我衣服的顔色；那九條尾巴，是稱王九州的證驗。塗山的歌謡唱道：

獨行求偶白狐狸，九條尾巴大又長。
我家幸福又歡樂，所來客人是帝王。
組成家庭結成雙，我去以後他興旺。
上天與人彼此間，遵循此言就通暢。

這徵兆已經很明白了！"禹于是娶了塗山的女子，把她叫作女嬌。娶女嬌之後，衹過了辛、壬、癸、甲四天，禹又外出巡視了。十個月後，女嬌生了兒子啓。啓生下來不見父親，日日夜夜哇哇地啼哭。

【輯證】

禹娶于塗山氏之子，謂之女憍氏，産啟。（《大戴禮記·帝繫》P.130）

夏后帝啓，禹之子，其母塗山氏之女也。（《史記·夏本紀》P.103）

予創若時，娶于塗山，辛、壬、癸、甲，啓呱呱而泣，予弗子，惟荒度土功。（《尚書·益稷》P.143）

啓母者，塗山氏長女也。夏禹娶以爲妃。既生啓，辛、壬、癸、甲，啓呱呱泣，禹去而治水，惟荒度土功，三過其家，不入其門。塗山獨明教訓，而致其化焉。及啟長，化其德而從其教，卒致令名。禹爲天子，而啟爲嗣，持禹之功而不殞。君子謂塗山彊於教誨。（《列女傳·母儀傳·啟母塗山》P.11）

禹曰："予娶若時，辛、壬、癸、甲，開呱呱而泣，予弗子。"（《論衡·問孔篇》P.524）

塗山者，禹所取妻之山也，去縣五十里。（《越絶書·外傳記地傳》P.189）

趙曄《吴越春秋》曰："禹年三十未娶，行塗山，恐時暮失嗣，曰：'吾之娶也，必有應矣。'乃有白狐九尾而造於禹。禹曰：'白者，吾服也；九尾者，其證也。'於是塗山人歌曰：'綏綏白狐，九尾龐龐。成于家室，我都攸昌。'于是娶塗山女。"（《初學記》卷第二十九 P.718）

趙曄《吴越春秋》曰："禹年三十未娶，行塗山，恐時暮失，辭曰：'吾之娶也，必有應已矣。'乃有白狐九尾而造於禹。禹曰：'白者，吾服也；九尾者，王證也。'於是塗山人歌曰：'綏綏白狐，九尾龐龐。成子家室，我都彼昌。'禹乃娶塗山女。"（《太平御覽》卷第九百九 P.4030）

6.5

禹行，使大章步東西、竪亥度南北●[1]，暢八極之廣[2]，旋天地之數[3]。

禹濟江南省水理，黄龍負舟，舟中人怖駭，禹乃啞●然而笑[4]，曰："我受命於天，竭力以勞萬民。生，性也；死，命也。爾何爲者？"顔色不變，謂舟人曰："此天所以爲我用。"龍曳尾舍舟而去。

南到計於蒼梧●[5]，而見縛人，禹拊其背而哭[6]。益曰："斯人犯法，自合如此。哭之何也？"禹曰："天下有道，民不罹辜；天下無道，罪及善人。吾聞：'一男不耕，有受其飢；一女不桑，有受其寒。'吾爲帝統治水土，調民安居，使得其所。今乃罹法如斯！此吾德薄不能化民證也，故哭之悲耳。"

於是，周行寓内[7]，東造絶迹，西延積石●[8]，南踰赤岸●[9]，北過寒谷●[10]，徊崑崙●[11]，察六扈[12]，脉地理[13]，名金石[14]。寫流沙於西隅●[15]，决弱水於北漢●[16]；青泉、赤淵分入洞穴，通江東流至於碣石●[17]，疏九河於涽淵[18]，開五水於東北[19]；鑿龍門●[20]，闢伊闕●[21]；平易相土[22]，觀地分州；殊方各進，有所納貢[23]；民去崎嶇，歸於中國。

堯曰："俞！以固冀於此[24]！"乃號禹曰伯禹[25]，官曰司空[26]，賜姓姒氏，領統州伯[27]，以巡十二部[28]。

【注釋】

〔1〕徐天祜曰："《淮南子》：'禹使太章步自東極至于西垂，竪亥步自南極盡於北垂。'許慎曰：'太章、竪亥，善行人，皆禹臣。'"〇覺按：大（tài 太）：同"太"。"大""太"爲古今字。 步：用作名詞時是丈量土地的長度單位（參見 1.5 注〔8〕），此文用作動詞，表示測量土地的長度。據《淮南子·墬形訓》，太章測得東極到西極的距離以及竪亥測得北極至南極的距離均爲"二億三萬三千五百里七十五步"。

〔2〕八極：八方極遠的地方。《淮南子·墬形訓》："九州之大，純方千里。九州之外，乃有八殥，亦方千里……八殥之外，而有八紘，亦方千里……八紘之外，乃有八極。"

〔3〕旋：旋轉。引申指普遍。

〔4〕徐天祜曰："烏格切，笑聲。《易·震卦》：'笑言啞啞。'音同。"〇覺按：啞（è 厄）：形容笑聲。

〔5〕徐天祜曰："《檀弓》：'舜葬于蒼梧之野。'《史記》：'舜死於蒼梧之野，葬於九疑。'今九疑山，在道州寧遠縣南六十里，亦名蒼梧山。"〇覺按：計：考核官吏。蒼梧：山名，即九疑山，也作"九嶷山"，在今湖南省寧遠縣南。

〔6〕揂（fǔ 俯）：同“拊”、“撫”，撫摩。

〔7〕寓（yǔ 宇）：“宇”之古字。《淮南子·齊俗訓》：“往古來今謂之宙，四方上下謂之宇。”《左傳·昭公四年》“失其守宇”杜預注：“於國則四垂爲宇。”即指四周邊境。

〔8〕徐天祜曰：“《地志》：‘在金城郡河關縣西南。’今鄯州龍支縣界。”〇覺按：積石：山名，在今甘肅省臨夏市西北。此爲小積石山，黄河流經該處，今有積石峡。另有大積石山，在今青海省南部，位於黄河更上游，土名阿尼瑪卿山（或作阿木柰瑪勒占木遜山）。《史記·夏本紀》既説“浮于積石，至于龍門西河”，又説“道河積石，至于龍門”，都指小積石而言，《辭源》以爲禹導河處爲大積石，恐誤。

〔9〕徐天祜曰：“《水經》：‘新安縣南白石山名廣陽山，水曰赤岸水。’”〇覺按：徐氏引文見《水經注·澗水》。新安縣即今河南省新安縣。赤岸水，又名石子澗，即澗水，是洛河的支流。但此文“積石”“寒谷”“崑崙”皆爲山名，此“赤岸”不當指水，而應爲山名；而且，若指澗水而言，也不很“南”。《水經注·卷二·河水》：“大河又東逕赤岸北，即河夾岸也。”雖名“赤岸”，但在黄河上游，與積石相近，所以也非此文所指。《文選》卷三十七曹子建《求自試表》：“臣昔從先武皇帝，南極赤岸，東臨滄海，西望玉門，北出玄塞。”李善注：“《徐州記》曰：‘京江，《禹貢》北江，有大濤，濤至乘北，激赤岸，尤更迅猛。’”《文選》卷十二郭景純《江賦》：“鼓洪濤於赤岸。”李善注：“或曰：赤岸，在廣陵興縣。”《輿地紀勝》卷三十八《淮南東路·真州》：“赤岸，其山巖與江岸數里，土色皆赤。”此文之“赤岸”，當指此赤岸山，在今江蘇省南京市六合區東南四十里。

〔10〕徐天祜曰：“劉向《别録》：‘燕有黍谷，地美而寒，不生五穀，鄒子居之，吹律而温氣至。’左思賦：‘寒谷豐黍，吹律以煖之。’”〇覺按：寒谷爲山名，又名燕谷山、黍谷山，在今北京市密雲區西南。

〔11〕徐天祜曰：“《崑崙説》曰：‘崑崙之山三級：下曰樊桐，一名板松；中曰玄圃，一名閬風；上曰層城，一名天庭。’《地理志》：‘在臨羌西，即河源所出。’”〇覺按：崑崙山在今新疆、西藏之間，東延入青海省，爲黄河發源地。

〔12〕孫詒讓曰：“‘六’疑當作‘玄’。《山海經·中山經》云：‘陽虚之山臨于玄扈之水。’郭注引《河圖》云：‘蒼頡爲帝，南巡狩，登楊虚之山，臨于玄扈、洛汭，靈龜負書，丹甲青文以授之。’玄，俗書或作‘𤣥’，捝其半，遂成‘六’字耳。”〇覺按：“六”當爲“玄”之壞誤。玄扈水，在今陝西省洛南縣西，源出玄扈山，逕至陽虚山下。但此文之玄扈，或指玄扈山，山在今洛南縣西，與陽虚山相對。傳説黄帝在此山石室拜受鳳凰銜來之圖，見《初學記》卷三十引《春秋合誠圖》。

〔13〕脉：摸清，調查清楚。查清地理狀況，好像醫生切脉，所以説“脉”。

〔14〕名：通“銘”，銘刻文字。金石：金指鐘鼎之類，石指山崖碑碣之類。古人記功，多銘刻文字於金石。此文當偏指刻石。相傳夏禹受命治水時曾經登衡山（傳統以爲是今湖南省的衡山，實誤，見6.3注〔19〕），血白馬以祭，因而夢見玄夷蒼水使者，得到指點後獲金簡之書，得通水之理（見6.3），於是治水獲得成功。成功後大禹書繆篆七十七字，記述其治水情景，刻成石碑立於衡山岣嶁峰以酬神，故稱“岣嶁碑”，也稱“禹碑”。一説碑在湖南省衡山縣雲密峰，早佚。此碑文實出後人僞造，因爲鐘鼎始於三代，石刻則創於秦。如今各地存有一些摹刻。由於其文字古怪，故釋讀困難。今浙江省紹興市東南六公里“大禹陵”碑亭右側禹廟内有明嘉靖二十年（1541）紹興知府張明道據嶽麓書院本翻刻的衡山岣嶁碑，其碑文下一一標注明代楊慎釋文：“承帝曰咨，翼輔佐卿。洲渚與登，鳥

獸之門。参身洪流，而明發爾輿。久旅忘家，宿岳麓庭。智營形析，心罔弗辰。往求平定，華嶽泰衡。宗疏事裒，勞餘伸禋。鬱塞昏徙，南瀆衍亨。衣制食備，萬國其寧，竄舞永奔。”

〔15〕徐天祐曰：“《地理志》：‘流沙在居延西北。’杜佑曰：‘在沙州西八十里，其沙隨風流行，故曰流沙。’”○覺按：《漢書・地理志下・張掖郡》所謂居延，在今内蒙古自治區額濟納旗西北。杜佑所謂沙州，轄今甘肅省安西縣西至新疆維吾爾自治區吐魯番市一帶。“流沙”實指我國西北一帶的沙漠，故所指有所不同。 寫：《管子・白心》“卧名利者寫生危”注：“寫，猶除也。”即除去的意思，俗作“瀉”。《廣雅・釋詁三》：“寫，除也。”王念孫《疏證》：“寫之言瀉也。”朱駿聲《説文通訓定聲・豫部弟九》：“俗字亦作瀉。” 隅：靠邊的地方。

〔16〕徐天祐曰：“《地理志》：‘弱水在張掖郡刪丹縣。’柳宗元曰：‘水散涣無力，不能負芥，投之則委靡墊没，及底而後止，故曰弱。’”○覺按：漢之刪丹縣，即今甘肅省山丹縣。此弱水即今甘肅省之黑河，發源於祁連山下，經張掖市向西北流，一直流入内蒙古自治區蘇泊淖爾湖（又作“索果諾爾湖”）和嘎順淖爾湖（又作“嘎順諾爾湖”，即古代的居延海）。 决：排除阻塞物。 漢：各本皆作“漢”，實當作“漠”，形近而誤。《楚辭》王逸《九思・疾世》：“踰隴堆兮渡漠，過桂車兮合黎。”後學注：“隴堆，山名。漠，沙漠也。一云漢，漢水也。桂車、合黎，皆西方山之名。”王逸所説的合黎山即在弱水邊，所渡之“漠”，即此文之“北漠”，但一本也誤爲“漢”。這些都可證明此文當作“漠”。此“漠”即指弱水附近的沙漠。《尚書・禹貢》：“導弱水，至於合黎，餘波入于流沙。”即此文所謂“决弱水於北漠”。

〔17〕徐天祐曰：“《地志》：‘在北平郡驪戎縣西南。’今平州之南。”○覺按：江：泛指我國北部的江河。《尚書・禹貢》：“大（覺按：同“太”）行、恒山，至于碣石，入于海。”孔安國傳：“此二山連延東北，接碣石而入滄海，百川經此衆山，禹皆治之，不可勝名，故以山言之。”此文以“江”言之，與《禹貢》所指同。 碣石：山名，在今河北省昌黎縣西北。

〔18〕九河：《尚書・禹貢》：“導河積石，至於龍門……又東至于孟津，東過洛汭，至于大伾；北過降水，至于大陸；又北播爲九河，同爲逆河，入于海。”孔安國傳：“北分爲九河以殺其溢，在兗州界。”《尚書・禹貢》：“濟、河惟兗州。九河既導。”孔安國傳：“河水分爲九道，在此州界，平原以北是。”《釋文》：“九河：徒駭一，太史二，馬頰三，覆釜四，胡蘇五，簡六，絜七，鉤盤八，鬲津九。出《爾雅》。”古代黄河從大陸澤（在今河北省任縣東北，今已湮没）向北分爲九道，稱九河，然後再合爲一大河入海。九河古道，也早已湮没，不能盡考，其地約在今山東省平原縣以北、天津市以南一帶。 溷（hùn混）：混濁的水。 淵：打漩的水。

〔19〕五水：指長江北岸的支流巴水、蘄水、希水（今作“浠水”）、西歸水（今“倒水”）、赤亭水（今“舉水”），在今武漢市以東。參見《水經注・蘄水》《南史・夷貊傳下》。

〔20〕徐天祐曰：“《地志》：‘在馮翊夏陽縣。’今河中府龍門縣。”○覺按：龍門：山名，在今山西省河津市西北。今龍門處有禹門口，蓋因禹鑿龍門而得名。

〔21〕徐天祐曰：“在洛陽西南五十里，禹疏以通水，兩山相對，望之若闕，伊水歷其間北流，故曰伊闕。”○覺按：徐説見《水經注・伊水》。

〔22〕平易：指地勢平坦，這裏用作使動詞。 相土：考察土質。九州土質的不同，可參見《尚書・禹貢》。

〔23〕此處是指九州貢品的不同，《尚書・禹貢》有較詳的記述，可參見。

〔24〕以：猶“乃”，參見《古書虛字集釋》卷一。冀：《淮南子·墜形訓》：“正中冀州曰中土。”《孔子家語·正論解》“在此冀方”王肅注：“中國爲冀。”冀州位於中國的中心，所以用來指代中國。

〔25〕《周禮·春官·大祝》“辨六號”鄭玄注：“號，謂尊其名，更爲美稱焉。”就是説，“號”是一種美化姓名的稱號，它用作動詞時，表示賜給尊貴的名號。據此文，“伯”字是堯加給禹的尊號。一説禹的父親鯀爲崇伯，故稱伯禹。

〔26〕司空：主管水土及營建工程的官。禹任司空之事見《尚書·舜典》。

〔27〕伯：長。

〔28〕十二部：相傳禹治水後，分中國爲九州（見6.2注〔2〕），舜又從冀州分出幽州、并州，從青州分出營州（參見《尚書·舜典》“肇十有二州”孔安國傳與《釋文》）。此“十二部”即指十二州。

【義疏】

禹出外巡視，派太章測量東西的長度、豎亥測量南北的長度，充分地測量了八方盡頭的廣度，普遍地掌握了有關天文地理的各種數據。

禹渡過長江到江南視察河道的時候，有條黄龍用背馱起他的船，船裏的人非常恐懼，禹却嘿嘿地笑起來，説：“我從上天那裏接受了命令，竭盡全力來爲億萬民衆操勞。活着，是一種天性；死去，是一種命運。你們爲什麽要這樣害怕呢？”他臉色一點兒也没變，對船上的人説：“這條龍是上天拿來給我使用的工具啊。”那條龍就拖着尾巴、丢下了船隻游走了。

禹向南來到蒼梧山考核官吏，却見到被捆綁的人，禹撫摩着他的背哭了。益説：“這人犯了法，本來就該這樣。您爲他哭泣，爲什麽呢？”禹説：“社會政治清明，民衆就不會犯罪；社會政治黑暗，懲處罪過就會涉及良民。我聽説：‘有一個男子不耕種，就有人因此而挨餓；有一個女子不采桑養蠶，就有人因此而受凍。’我爲皇帝治理水土，調理民衆安頓生活，以使他們各得其所。現在他們却像這樣犯了法！這是我德行不厚因而不能感化民衆的證驗啊，所以我纔爲他哭得很悲傷。”

打這以後，禹便跑遍了國界内的所有地方，向東到了無人涉足的地方，向西延伸到積石山，向南越過了赤岸，向北翻過了寒谷山，來回于昆侖山脉，考察了玄扈山水，摸清了地形地勢，在山石上刻下了各種文字。他在西部邊遠地區排除流沙，在北邊沙漠地帶疏通弱水；青色的地下水、紅色的深水潭分别被引入洞穴，疏通江河使它們向東流到碣石山入海；在混濁的漩渦中疏通黄河下游的九條分水道，向東北開通了五條河；鑿通了龍門山，打開了伊闕山；平整土地又審察土質，視察地形來劃分州域；不同的地方根據各自的不同物産分别進獻，都有一定的上交給朝廷的貢品；所以民衆離開了崎嶇艱險的山區，投奔到中國來。

堯説："行啊！竟把中國鞏固得像這樣！"于是就賜封名號，稱禹爲伯禹，委任的官職是司空，賜給他的姓氏是姒氏，讓他領導各方州長，並負責巡視全國十二州。

【輯證】

帝命豎亥步自東極至于西極，五億十選九千八百步。豎亥右手把算，左手指青丘北。一曰禹令豎亥。一曰五億十萬九千八百步。（《山海經·海外東經》P.226）

禹乃使太章步自東極，至于西極，二億三萬三千五百里七十五步；使豎亥步自北極，至于南極，二億三萬三千五百里七十五步。凡鴻水淵藪，自三百仞以上，二億三萬三千五百五十里，有九淵。禹乃以息土填洪水以爲名山，掘昆侖虚以下地，中有增城九重，其高萬一千里百一十四步二尺六寸。……疏圃之池，浸之黄水，黄水三周復其原，是謂丹水，飲之不死。河水出昆侖東北陬，貫渤海，入禹所導積石山，赤水出其東南陬，西南注南海丹澤之東。赤水之東，弱水出自窮石，至于合黎，餘波入于流沙，絶流沙南至南海。洋水出其西北陬，入于南海羽民之南。（《淮南子·墬形訓》P.132）

禹南省，方濟乎江，黄龍負舟。舟中之人，五色無主。禹仰視天而歎曰："吾受命於天，竭力以養人。生，性也；死，命也。余何憂於龍焉？"龍俛耳低尾而逝。（《吕氏春秋·知分》P.1346）

禹南省方，濟于江，黄龍負舟，舟中之人五色無主，禹乃熙笑而稱曰："我受命于天，竭力而勞萬民。生，寄也；死，歸也。何足以滑和？"視龍猶蝘蜓，顔色不變，龍乃弭耳掉尾而逃。（《淮南子·精神訓》P.233）

禹出見罪人，下車問而泣之。左右曰："夫罪人不順道，故使然焉，君王何爲痛之至於此也？"禹曰："堯、舜之人，皆以堯、舜之心爲心；今寡人爲君也，百姓各自以其心爲心，是以痛之也。"（《説苑·君道》P.8）

東漸于海，西被于流沙，朔、南暨：聲教訖于四海。於是帝錫禹玄圭，以告成功于天下。天下於是大平治。（《史記·夏本紀》P.96）

6.6

堯崩〔1〕，禹服三年之喪〔2〕，如喪考妣〔3〕，晝哭夜泣，氣不屬聲〔4〕。

堯禪位于舜，舜薦大禹，改官司徒〔5〕，内輔虞位〔6〕，外行九伯。

舜崩，禪位命禹。禹服喪三年【1】，形體枯槁，面目黎黑〔7〕，讓位商均〔8〕，退處陽山之南●〔9〕，陰阿之北〔10〕。萬民不附商均，追就禹之所，狀若驚鳥揚天、駭魚入淵；晝歌夜吟，登高號呼，曰："禹棄我，如何所戴？"禹三年服畢，哀民不得已〔11〕，即天子之位。

三載考功〔12〕，五年政定。周行天下，歸還大越。登茅山●〔13〕，以朝四方羣臣〔14〕，觀示中州諸侯〔15〕。防風後至〔16〕，斬以示衆，示天下悉屬禹也。乃大會計治國之道〔17〕，内美釜山州鎮●之功【2】〔18〕，外演聖德以應天心，遂更名茅山曰會稽之山。因傳國政，休養萬民，國號曰夏后。封有功，爵有德；惡無細而不誅，功無微而不賞。天下喁喁〔19〕，若兒思母、子歸父。而留越，恐羣臣不從，言曰："吾聞：'食其實者，不傷其枝；飲其水者，不濁其流。'吾獲覆釜之書，得以除天下之災，令民歸於里閭。其德彰彰若斯，豈可忘乎？"乃納言聽諫，安民治室；居靡山〔20〕，伐木爲邑；畫作印，橫木爲門；調權衡〔21〕，平斗斛〔22〕，造井示民〔23〕，以爲法度。鳳凰棲於樹〔24〕，鸞鳥巢於側〔25〕，麒麟步於庭〔26〕，百鳥佃於澤〔27〕。

遂已耆艾將老〔28〕，歎曰："吾晏歲年暮〔29〕，壽將盡矣，止絕斯矣〔30〕。"命羣臣曰："吾百世之後〔31〕，葬我會稽之山；葦槨桐棺●〔32〕；穿壙七尺，下無及泉；墳高三尺，土階三等。葬之後，田無改畝【3】〔33〕，以爲居之者樂，爲之者苦。"

禹崩之後〔34〕，衆瑞並去〔35〕。天美禹德而勞其功，使百鳥還爲民田〔36〕，大小有差，進退有行，一盛一衰，往來有常。

【校記】

【1】大德本無"喪"，據《太平御覽》卷八十二引文補。

【2】鎮：大德本作"慎"，據《會稽志》卷九引文改。〇徐天祐曰："'慎'當作'鎮'。"

【3】田：大德本作"曰"，據顧校改。

【注釋】

〔1〕天子死叫"崩"，參見2.7注〔2〕。

〔2〕服喪：守喪，即遵照禮俗，在一定的時期内戴孝，哀悼死者。古代守喪三年是最重的喪禮，一般用於子女對父母。此"喪"字讀陰平聲，下句"喪"字讀去聲。

〔3〕考妣：父母。父稱考，母稱妣，古爲生前之通稱，今人則稱死去的父母爲考妣。

〔4〕氣：氣息。屬（zhǔ 囑）：連。氣不屬聲：呼出來的氣息不能使聲音連續發出。形容哭得死去活來，噎氣欲絶，以致使哭聲斷斷續續。

〔5〕司徒：主管教化的官。

〔6〕虞：即有虞氏，傳説中的遠古部落名，居於蒲坂（在今山西省永濟市西蒲州鎮）。此指舜，因爲舜是有虞氏的部落首領，稱帝後以有虞氏爲號（參見6.2注〔10〕）。

〔7〕黎：通"黧"，黑色。面目黎黑：臉色黑，形容其因悲哀少食、在野外守喪以致黑瘦，猶今言"面黄肌瘦"。

〔8〕商均：舜的兒子，女英（舜之妻，堯之次女）所生，名均，因封於商（在今河南省商丘市睢陽區城南），故稱商均。舜知其不肖，於是就把政權交給了禹。參見《國語·楚語上》及韋昭注，《史記·五帝本紀》"舜子商均亦不肖，舜乃豫薦禹於天"《集解》。

〔9〕徐天祐曰："《史記》註：'劉熙曰："今潁川陽城是也。"'"〇覺按："陽山"當指陽城山，又名車嶺山、馬嶺山，爲洧水所出，在今河南省登封市北三十八里。陽山之南：

當指陽城，《史記·夏本紀》作“陽城”，《集解》：“劉熙曰：‘今潁川陽城是也。’”故城在今登封市東南三十五里，今爲告成鎮。

〔10〕阿：大的丘陵。陰阿：陰丘，當在陽城之南。

〔11〕已：止。

〔12〕《尚書·舜典》“三載考績”孔安國傳：“三年有成，故以考功。”

〔13〕徐天祐曰：“《史記》註：‘禹到大越，上苗山。’《十道志》：‘會稽山，本名茅山，一名苗山。’”〇覺按：參見5.5注〔4〕。

〔14〕朝：使動用法，使……來朝見。

〔15〕觀示：給……看，使動用法，表示“使……給人看”，與上句“朝”字義近。中州：《漢書·司馬相如傳下·大人賦》“在乎中州”顏師古注：“中州，中國也。”

〔16〕防風：《國語·魯語下》：“客曰：‘防風何守也？’仲尼曰：‘汪芒氏之君也，守封、嵎之山者也，爲漆姓。在虞、夏、商爲汪芒氏，於周爲長狄，今爲大人。’”韋昭注：“防風，汪芒氏之君名也。……汪芒，長狄之國名也。封，封山；嵎，嵎山；今在吴郡永安縣也。……周世其國北遷，爲長狄也。”由此可知，防風是古代汪芒部落的酋長之名，漆姓，夏代汪芒部落的所在地爲三國時吴國的永安縣，即今浙江省德清縣武康一帶。

〔17〕會計：《史記·夏本紀》：“或言禹會諸侯江南，計功而崩，因葬焉，命曰會稽。會稽者，會計也。”據此，則“會”爲會合之意，“計”爲考核之意。但本文的“會計”似爲一詞，是合計、匯總、考核的意思。

〔18〕釜山：見6.3注〔23〕，此指代釜山之神。鎮：安定。

〔19〕喁喁（yóngyóng 顒顒）：河水混濁後魚口向上露出水面叫“喁”。“喁喁”比喻衆人景仰歸向，就像羣魚之口向上一樣。

〔20〕靡：《荀子·榮辱篇》“靡之儇之”楊倞注：“靡，順從也。”

〔21〕權：秤錘。衡：秤桿。權衡：秤。

〔22〕平：正。斛（hú 胡）：古代量器，大十斗。

〔23〕薛正興曰：“《廣雅·釋詁》：‘井，法也。’王念孫疏證：‘井者，《説文》：“刑，罰罪也。从刀井。《易》曰：井，法也。”“刱，造法刱業也。从井，刃聲。”《越絶書·記地傳》：“井者，法也。”井訓爲法，故作事有法謂之井井，《荀子·儒效篇》“井井兮其有理”是也。’”〇覺按：薛説可從，但其引文改字不少，尤其是“刃聲”，當依《廣雅疏證》作“刅聲”。

〔24〕鳳凰：傳説中的鳥名，雄的叫鳳，雌的叫凰。鳳凰來棲，是吉祥的徵兆。此下四句旨在説明禹統治下的社會是一派吉祥和樂的景象。

〔25〕鸞鳥：即鸞，一種神鳥。《説文·鳥部》：“鸞，亦神靈之精也。赤色，五采，雞形。鳴中五音。”

〔26〕麒麟：傳説中的仁獸名。《史記·司馬相如列傳》“獸則麒麟角端”《索隱》：“張揖曰：‘雄曰麒，雌曰麟。其狀：麇身，牛尾，狼蹄，一角。’郭璞云：‘麒似麟而無角。’《毛詩》疏云：‘麟黄色，角端有肉。’”

〔27〕佃（dián 田）：耕作。參見注〔36〕。

〔28〕耆（qí 齊）艾：年老。六十歲叫耆，五十歲叫艾。

〔29〕晏：晚。暮：日落的時候叫“暮”，此比喻身體將隕落之時。“年暮”與“晏歲”同義。

〔30〕止絶：停息斷絶，指死。

〔31〕百世：百代，是“死”的委婉説法。今吴語中仍有用“千年”“老千年”等來婉稱死的。

〔32〕徐天祜曰：“《墨子》曰：‘禹葬會稽，衣衾三領，桐棺三寸。’”○覺按：這是一種極其節儉的薄葬，梧桐木質地疏鬆，容易腐爛，不能用以蓋房與製造木器，用來做棺材，則可以節約有用之材。墨子主張節葬，即以夏禹爲榜樣。 椁：見 4.14 注〔4〕。

〔33〕畝：田埂。

〔34〕《竹書紀年》卷上：“八年春，會諸侯于會稽，殺防風氏。夏六月，雨金于夏邑。秋八月，帝陟于會稽。禹立四十五年。”王國維於“帝陟于會稽”疏證云：“《史記·夏本紀》：‘十年，帝東巡狩，至于會稽而崩。’”又於“禹立四十五年”疏證云：“《御覽》八十二引《古本紀年》如此，今本既云‘八年帝陟’，又云‘禹立四十五年’，足見雜綜諸書，未加修正。”“陟”即升天，是死的婉辭。傳説禹崩之後葬於會稽山。今浙江省紹興市東南六公里有禹陵，相傳即夏禹的陵墓。陵背負會稽山，面對亭山，前臨禹池。今甬道盡頭有 1979 年重建的大禹陵碑亭一座，内立明朝紹興知府南大吉書“大禹陵”三字巨碑一塊。亭南有禹穴辨碑和禹穴碑，係前人考辨夏禹墓穴所在而立。碑亭右側有禹廟（參見 6.7 注〔6〕），以祀夏禹。1996 年，大禹陵立爲全國重點文物保護單位。2000 年，會稽山旅遊度假區管理委員會在景區石帆山頂立大禹像，像高二十米，面向中原。2007—2008 年，紹興市人民政府又在石帆山下重建了大禹陵享殿。

〔35〕瑞：吉祥之兆。衆瑞：指上文“鳳凰棲於樹，鸞鳥巢於側，麒麟步於庭，百鳥佃於澤”。

〔36〕田：耕種。《水經注·漸江水》：“昔大禹即位，十年，東巡狩，崩于會稽，因而葬之，有鳥來爲之耘，春拔艸根，秋啄其穢。”所謂“天”“使百鳥還爲民田”乃流傳於當時的附會之説，與趙曄同時代的王充曾予以駁斥。《論衡·偶會篇》云：“鴈鵠集於會稽，去避碣石之寒，來遭民田之畢，蹈履民田，啄食草糧。糧盡食索，春雨適作，避熱北去，復之碣石。象耕靈陵，亦如此焉。傳曰：‘舜葬蒼梧，象爲之耕；禹葬會稽，鳥爲之佃。’失事之實，虚妄之言也。”《論衡·書虚篇》云：“傳書言：‘舜葬於蒼梧，象爲之耕；禹葬會稽，鳥爲之田。’蓋以聖德所致，天使鳥獸報祐之也。世莫不然。考實之，殆虚言也。夫舜、禹之德不能過堯。堯葬於冀州，或言葬於崇山。冀州鳥獸不耕，而鳥獸獨爲舜、禹耕，何天恩之偏駁也？或曰：‘舜、禹治水，不得寧處，故舜死於蒼梧，禹死於會稽。勤苦有功，故天報之；遠離中國，故天痛之。’夫天報舜、禹，使鳥田象耕，何益舜、禹？天欲報舜、禹，宜使蒼梧、會稽常祭祀之。使鳥獸田耕，不能使人祭。祭加舜、禹之墓，田施人民之家，天之報祐聖人，何其拙也？且無益哉！由此言之，鳥田象耕，報祐舜、禹，非其實也。實者，蒼梧多象之地，會稽衆鳥所居。禹貢曰：‘彭蠡既瀦，陽鳥攸居。’天地之情，鳥獸之行也。象自蹈土，鳥自食草。土蹶草盡，若耕田狀，壤靡泥易，人隨種之，世俗則謂爲舜、禹田。海陵麋田，若象耕狀，何嘗帝王葬海陵者耶？”

【義疏】

堯死了，禹守了三年的喪，就像死了父母，日夜痛哭，泣不成聲。

在堯把帝位讓給舜以後，舜推薦大禹，使他改任司徒，在朝廷上輔助舜的統治，在外巡視考察九州的州長。

舜死了，禪讓帝位的時候命令禹繼承他。禹守喪三年，身體憔悴，臉色黑瘦，把帝位讓給商均，退避而住在陽山的南面，陰丘的北面。百姓不依附商均，投奔禹的住處，那情况就像受驚的鳥飛上天空、被嚇的魚潛入深淵；他們白天歌唱夜晚吟誦，登上高處喊叫，説：“禹抛弃我們，對我們所愛戴的人該怎麼辦呢？”禹三年服喪完畢，哀憐民衆擁戴自己不肯罷休，就登上了天子的位子。

三年考核功績，五年政局就安定了。禹走遍了天下，又回到大越，登上了茅山，使四面八方的大臣們前來朝見，讓中國的諸侯前來會晤。防風遲到了，禹就殺了他來示衆，表示天下已全部屬于禹管轄了。于是就大規模地匯總考核治國的辦法，對内贊美釜山之神給自己神書從而使天下各州被安定的功績，對外弘揚聖明的道德來報答天帝的心意，于是就把茅山改名爲會稽山。接着又頒布了國家的政令，使民衆休養生息，國號叫夏后。對有功勞的人封給土地，對有德行的人授予爵位；邪惡没有因爲輕微而不受到處罰的，功勞再小也受到奬賞。天下的人都景仰嚮慕，像小孩想念母親、兒子歸順父親一樣。但要留在越地，又怕群臣不歸順，于是禹就揚言説：“我聽説：‘吃那樹上果子的，不會去損傷它的樹枝；喝那河中流水的，不會去搞渾它的源流。’我獲得了覆釜山的神書，纔能够除掉天下的灾難，使民衆回到鄉里。那恩德明顯得像這樣，難道可以忘了嗎？”于是就采納大臣的建議，聽從大臣的勸説；安頓民衆，營造房屋；隨山而居，砍伐樹木修成城邑；在木料上畫上記號作爲進出城邑的印信，設置攔路的横木當作城門；又調整了衡器，校正了斗、斛等量器，制定了刑法給民衆看，拿這些作爲民衆遵循的法度。于是鳳凰來到樹上栖息，鸞鳥在旁邊做窩，麒麟在庭院中走動，群鳥在窪地耕耘。

轉眼之間，禹終于已經五六十歲老得快死了，他嘆息説：“我已到了晚年，壽命將要完結了，將要死在這兒了。”他命令群臣説：“等我千年之後，把我葬在會稽山；使用蘆葦做的外棺和桐木做的内棺；挖墓穴挖七尺深，下面不要挖到地下水；墳的高度爲三尺，泥土的臺階爲三級；埋葬以後，田地不要更改田埂，不要爲了讓住在這裏的死者安樂而使耕種此田的生者勞苦。”

禹死了以後，各種吉祥的徵兆都消失了。天帝贊美禹的德行而慰勞他的功績，就讓群鳥回來給民衆耕耘，這些鳥的大小有一定的差别，進退有一定的行列，一會兒興盛一會兒蕭條，來去也有一定的常規。

【輯證】

帝舜薦禹於天，爲嗣。十七年而帝舜崩。三年喪畢，禹辭辟舜之子商均於陽城。天下諸侯皆去商均而朝禹。禹於是遂即天子位，南面朝天下，國號曰夏后，姓姒氏。（《史記·夏本紀》P.102）

或言禹會諸侯江南，計功而崩，因葬焉，命曰會稽。會稽者，會計也。（《史記·夏本紀》P.110）

吴伐越，墮會稽，獲骨焉，節專車。吴子使來好聘，且問之仲尼，曰：“無以吾命。”

賓發幣於大夫，及仲尼，仲尼爵之。既徹俎而宴，客執骨而問曰："敢問骨何爲大？"仲尼曰："丘聞之：昔禹致羣神於會稽之山，防風氏後至，禹殺而戮之，其骨節專車。此爲大矣。"客曰："敢問誰守爲神？"仲尼曰："山川之靈，足以紀綱天下者，其守爲神；社稷之守者，爲公侯，皆屬於王者。"客曰："防風何守也？"仲尼曰："汪芒氏之君也，守封、嵎之山者也，爲漆姓。在虞、夏、商爲汪芒氏，於周爲長狄，今爲大人。"客曰："人長之極幾何？"仲尼曰："僬僥氏長三尺，短之至也。長者不過十之，數之極也。"（《國語·魯語下》P.213）

吴伐越，隳會稽，得骨專車，使使問孔子曰："骨何者最大？"孔子曰："禹致羣臣會稽山，防風氏後至，禹殺而戮之，其骨節專車，此爲大矣。"使者曰："誰爲神？"孔子曰："山川之靈，足以紀綱天下者，其守爲神；社稷爲公侯，山川之祀爲諸侯，皆屬於王者。"曰："防風氏何守？"孔子曰："汪芒氏之君守封、嵎之山者也，其神爲釐姓，在虞、夏爲防風氏，商爲汪芒氏，於周爲長狄氏，今謂之大人。"使者曰："人長幾何？"孔子曰："僬僥氏三尺，短之至也；長者不過十，數之極也。"使者曰："善哉！聖人也。"（《説苑·辨物》P.461）

禹東教乎九夷，道死，葬會稽之山，衣衾三領，桐棺三寸，葛以緘之，絞之不合，通之不埳，土地之深，下毋及泉，上毋通臭。既葬，收餘壤其上，壟若参耕之畝，則止矣。（《墨子·節葬下》P.167）

禹葬會稽之山，農不易其畝。明乎生死之分，通乎侈儉之適者也。……禹之時，天下大雨，禹令民聚土積薪，擇丘陵而處之。武王伐紂，載尸而行，海内未定，故不爲三年之喪始。禹遭洪水之患，陂塘之事，故朝死而暮葬。此皆聖人之所以應時耦變，見形而施宜者也。（《淮南子·齊俗訓》P.357）

昔者，越之先君無餘，乃禹之世，别封於越，以守禹冢。問天地之道，萬物之紀，莫失其本。神農嘗百草、水土甘苦，黄帝造衣裳，后稷産穡，制器械，人事備矣。疇糞桑麻，播種五穀，必以手足。大越海濱之民，獨以鳥田，小大有差，進退有行，莫將自使，其故何也？曰：禹始也，憂民救水，到大越，上茅山，大會計，爵有德，封有功，更名茅山曰會稽。及其王也，巡狩大越，見耆老，納詩書，審銓衡，平斗斛。因病亡死，葬會稽。葦椁桐棺，穿壙七尺，上無漏泄，下無即水。壇高三尺，土階三等，延袤一畝。尚以爲居之者樂，爲之者苦，無以報民功，教民鳥田，一盛一衰。當禹之時，舜死蒼梧，象爲民田也。禹至此者，亦有因矣，亦覆釜也。覆釜者，州土也，填德也。禹美而告至焉。禹知時晏歲暮，年加申酉，求書其下，祠白馬。禹井，井者法也。以爲禹葬以法度，不煩人衆。（《越絶書·外傳記地傳》P.160）

《吴越春秋》……又曰："舜崩，禹服喪三年，朝夕號泣，形體枯槁，面目黎黑。"（《太平御覽》卷第八十二 P.381）

《吴越春秋》曰："禹登茅山，大會計理國之道，故更名其山曰會稽也。"（《後漢書》卷五十九《張衡列傳》"從伯禹於稽山"李賢注 P.1921）

《吴越春秋》云："禹巡天下，登茅山，以朝羣臣，乃大會計，更名茅山爲會稽。"（《史記·封禪書》"禪會稽"《索隱》P.1631）

《吴越春秋》曰："禹廵天下，歸還越，會稽脩國之道，以會計名山。"又曰："禹廵行天下，歸還大越，登茅山，以朝四方群臣，觀中州諸侯。防風後至，斬以徇衆，示天下悉以臣屬也。乃大會計治國之道，更名茅山曰會稽。"（《太平御覽》卷第四十一 P.194）

《吴越春秋》曰："禹巡行天下，歸還大越，會計脩國之道，以會計名山，仍爲地號也。"（《太平御覽》卷第一百七十一 P.832）

《吴越春秋》云:“禹廵行天下,還歸會稽,大會脩方國之道,以會計名山,仍爲地道。”(《太平寰宇記》卷九十六 V.470—P.65)

《吴越春秋》曰:“禹巡越,大會計治國之道,更名茅山曰會計。”(《事類賦》卷七“山”注 P.858)

《吴越春秋》:“禹還大越,登茅山,以朝四方羣臣。乃大會計治國之道,内美釜山別鎮之功,外演聖德以應天心,遂更名茅山曰會稽之山。”(《會稽志》卷第九“會稽山”V.9-P.6)

《吴越春秋》:“禹老,嘆曰:‘吾年壽將盡,止死斯乎?’乃命羣臣:‘葬我於會稽之山。’”(《文選》卷第五《吴都賦》“精靈留其山阿”劉淵林注 P.94)

顧校: 葬之後曰(田)無改畝

蔣校: 葬之後曰(宋本“田”)無改畝

6.7

禹崩,傳位與益。益服三年,思禹未嘗不言。喪畢,益避禹之子啓於箕山之陽●〔1〕。諸侯去益而朝啓〔2〕,曰:“吾君,帝禹子也。”啓遂即天子之位,治國於夏。遵《禹貢》之美〔3〕,悉九州之土以種五穀〔4〕,累歲不絶。啓使使以歲時春秋而祭禹於越〔5〕,立宗廟於南山之上〔6〕。

【注釋】

〔1〕徐天祜曰:“《史記》註:‘劉熙曰:“嵩高之北。”’”〇覺按:箕山:古有多處,此文之箕山,在今河南省登封市東南。箕山之陽:《孟子·萬章上》作“箕山之陰”。《史記·夏本紀》“而辟居箕山之陽”《正義》:“按:‘陰’即陽城也。《括地志》云:‘陽城縣在箕山北十三里。’”張守節的説法與《孟子》合,可備一説。

〔2〕去:離開。諸侯去益而朝啓:這種説法與《孟子·萬章上》《史記·夏本紀》相同。《韓非子·外儲説右下》則載潘壽之言曰:“古者禹死,將傳天下於益,啓之人因相與攻益而立啓。今王信愛子之,將傳國子之,太子之人盡懷印,爲子之之人無一人在朝廷者。王不幸弃羣臣,則子之亦益也。”可見益並非是德行不厚,而是在朝大臣全是啓的黨羽,因而啓得以立爲帝。

〔3〕《禹貢》:《尚書》中的一篇,大約成書於周、秦之際,本書作者大概以爲是大禹親手所著,所以説啓“遵《禹貢》之美”。《禹貢》把上古的中國劃分爲九州(見 6.2 注〔2〕),它較爲詳盡地記述了禹治水的經過以及各區域的山川分佈、土質狀況、物産與貢賦情況、運輸路線等等。美:疑當作“筴”,形近而誤。“筴”同“策”,策略。

〔4〕五穀:見 1.1 注〔13〕。

〔5〕歲時:一年中的季節,指每一年中祭祀的節日,如仲春二月祭祀土地神(稱爲“社”)、季冬十二月祭祀百神(稱爲“臘”)等節日。《周禮·春官·肆師》“歲時之祭祀亦如之”鄭玄注:“《月令》:‘仲春命民社。’此其一隅。”歲時祭祖是爲了加强宗族觀念,《禮記·哀公問》:“歲時以敬祭祀,以序宗族。”春秋:指代四季。

〔6〕今浙江省紹興市東南六公里“大禹陵”碑亭(參見 6.6 注〔34〕)右側有禹廟,但非啓時所建。今存之廟始建於南朝梁大同十一年(545),後屢毁屢建,宋徽宗時還曾經改爲道觀——告成觀,至宋高宗紹興三年(1133)重修後又使禹廟恢復原貌。現存大殿

爲1933—1934年重建，係磚石混凝土結構，其他部分大都爲明清時期的古建築。中軸線上有午門、拜廳、大殿三進。大殿高二十四米，内有大禹立像。午門前有岣嶁碑亭，内有明嘉靖二十年（1541）翻刻的衡山岣嶁碑（參見6.5注〔14〕）。

【義疏】

禹死了，把帝位傳給益。益守喪三年，思念禹的話一直挂在嘴邊。守喪完畢，益到箕山之南避讓禹的兒子啓。諸侯不去益那裏而去朝拜啓，説："我們的君主，是帝禹的兒子啊。"啓就登上了天子的位子，在夏王朝治理國政。他遵循《禹貢》所制定的計劃，開墾了九州的全部土地來種植五穀，連年不斷。啓派遣了使者按照每年的祭祀節日一年四季都到越地去祭禹，在南面的會稽山上建造了祭祀祖宗的廟宇。

【輯證】

十年，帝禹東巡狩，至于會稽而崩。以天下授益。三年之喪畢，益讓帝禹之子啓，而辟居箕山之陽。禹子啓賢，天下屬意焉。及禹崩，雖授益，益之佐禹日淺，天下未洽，故諸侯皆去益而朝啓，曰："吾君，帝禹之子也。"於是啓遂即天子之位，是爲夏后帝啓。（《史記·夏本紀》P.103）

《吴越春秋》云："啓使歲時祭禹於越，立宗廟南山之上。封少康庶子無餘於越，使嗣禹。至句踐遷都山陰，立禹廟爲始祖廟。越亡遂廢也。"（《史記·太史公自序》"少康之子"《正義》P.3988）

6.8

禹以下六世而得帝少康〔1〕。少康恐禹祭之絶祀，乃封其庶子於越，號曰無余。余始受封，人民山居，雖有鳥田之利●〔2〕，租貢纔給宗廟祭祀之費〔3〕。乃復隨陵陸而耕種，或逐禽鹿而給食。無余質朴，不設宫室之飾，從民所居。春秋祠禹墓於會稽●〔4〕。

【注釋】

〔1〕六世：據《史記·夏本紀》，則爲六帝，而不滿"六世"（古以父子相繼爲一世）。其世系爲：禹→啓（禹之子）→太康（啓之子）→中康（太康之弟）→相（中康之子）→少康（相之子）。此蓋以一主爲一世，所以説"六世"。

〔2〕徐天祜曰："《地理志》：'山上有禹井、禹祠，相傳下有羣鳥耘田也。'《水經註》：'鳥爲之耘，春拔草根，秋啄其穢。'"

〔3〕夏代的租賦制度稱"貢"。《孟子·滕文公上》："夏后氏五十而貢，殷人七十而助，周人百畝而徹，其實皆什一也。……貢者，挍數歲之中以爲常。"即每户耕地五十畝，税率是十分抽一，並比較若干年的收成取一個平均數作爲税收的標準。此文的"貢"指賦税。

〔4〕徐天祜曰："《皇覽》曰：'禹冢在會稽山上。'"○覺按：參見6.6注〔34〕。祠（cí詞）：祭祀。

【義疏】

禹以下六代傳到少康帝。少康怕對禹的祭祀斷了香火，就把自己的庶出兒子封在越國，號稱無余。無余最初被分封在這裏的時候，民衆都在山上居住，雖然有群鳥耕耘的有利條件，但國家的税收衹够供給宗廟祭祀的費用。于是他就又讓民衆利用土山陸地來耕種，或者追擊禽獸野鹿來滿足食用。無余質樸，不搞宫殿房屋的裝飾，而是依從民俗，住與老百姓同樣的房子。無余一年四季都按時在會稽山上祭祀禹的墳墓。

【輯證】

越王句踐，其先禹之苗裔，而夏后帝少康之庶子也，封於會稽，以奉守禹之祀，文身斷髮，披草萊而邑焉。後二十餘世，至於允常。（《史記·越王句踐世家》P.2087）（覺按：自夏帝少康之少子無余至允常當爲三十餘世而不止二十餘世。）

《吴越春秋》云："禹周行天下，還歸大越。登茅山，以朝四方羣臣，封有功，爵有德。崩而葬焉。至少康，恐禹迹宗廟祭祀之絶，乃封其庶子於越，號曰無餘。"（《史記·越王句踐世家》"其先禹之苗裔"《正義》P.2087）

6.9

無余傳世十餘，末君微劣，不能自立，轉從衆庶爲編户之民，禹祀斷絶〔1〕。十有餘歲〔2〕，有人生而言語，其語曰："鳥禽呼嚥喋嚥喋。"指天向禹墓曰："我是無余君之苗末。我方修前君祭祀——復我禹墓之祀，爲民請福於天，以通鬼神之道。"衆民悦喜，皆助奉禹祭，四時致貢，因共封立以承越君之後。復夏王之祭，安集鳥田之瑞〔3〕，以爲百姓請命。自後稍有君臣之義〔4〕，號曰無壬。

【注釋】

〔1〕此文所記恐誤。《竹書紀年》卷下載："（周成王）二十四年，於越來賓。"自夏帝少康之子無余至周成王二十四年約九百餘年，恐怕傳世已不止十餘，而云"來賓"，則越君當存，未必爲編户之民，禹祀似也未嘗斷絶。

〔2〕有（yòu 又）：用在十位數與個位數之間，通"又"。

〔3〕安集：通"安輯"，安定。

〔4〕稍：逐漸。

【義疏】

無余傳了十多代，那最後的君主能力微弱，不能依靠自己的力量有所建樹，反而跟隨百姓當了個編入户口簿的平民，禹的祭祀因此就斷絶了。過了十多年，有個人一生下來就會説話，他出生時的話説："鳥在喊俺的俺的。"長大後又手指上天嚮着禹的墳墓説："我是無余國君的後代。我將要重整先君的祭祀——恢復我們對禹墓的祭祀，爲民衆嚮上天求福，以暢通通嚮鬼神的道路。”廣大的民衆很高興，都幫助他供奉對禹的祭祀，一年四季都交納貢品，又一起擁立他來接續越君的後代。他恢復對夏王禹的祭祀，穩定群鳥來耕耘的吉祥徵兆，並爲老百姓祈求上天保全生命。從此以後，越國纔漸漸有了君臣之間的道義，他號稱無壬。

6.10

壬生無曎〔1〕，曎專心守國，不失上天之命〔2〕。無曎卒，或爲夫譚。夫譚生允常●【1】〔3〕。常立，當吴王壽夢、諸樊、闔閭之時。越之興霸自允常矣●【2】〔4〕。

【校記】

【1】允：大德本作“元”，今以例改，參見4.15校記【1】。〇徐天祜曰：“‘元’當作‘允’。”

【2】允：大德本作“元”，今以例改，參見4.15校記【1】。

【注釋】

〔1〕無曎：據10.28，當作“無皡”，形近而誤。

〔2〕不失上天之命：指享盡天年、壽終正寢。

〔3〕《史記·越王句踐世家》“至於允常”《正義》：“《輿地志》云：‘越侯傳國三十餘葉，歷殷至周敬王時，有越侯夫譚，子曰允常，拓土始大，稱王。《春秋》貶爲子，號爲於越。’杜注云：‘於，語發聲也。’”《水經注·漸江水》：“《吴越春秋》所謂‘越王都埤中’，在諸暨北界。”《元和郡縣志·江南道二·越州》：“諸暨縣，秦舊縣也，界有暨浦、諸山，因以爲名。越王允常所居。”《舊唐書·地理志三》：“諸暨，漢縣，屬會稽郡。越王允常所都。”由此可見，允常之都城在“埤中”，約位於今浙江省諸暨市北浦陽鎮一帶。

〔4〕徐天祜曰：“《越世家》：‘二十餘世至於允常。’高氏《越史》曰：‘夏自少康至桀凡十二世。’按少康元年壬午至周敬王元年壬午，凡一千五百六十一年。吴之伐越，見《春秋·昭公三十二年》，敬王十年也，至是一千五百七十年矣。越之傳國至於允常，何止二十餘世耶？”〇覺按：徐説是，自夏帝少康之少子無余至允常當爲三十餘世。史載允常時事甚少，據《春秋》、《左傳》及《史記》，僅魯昭公四年（吴夷昧六年，前538）夏，楚靈王會諸侯於申，辱越大夫常壽過；昭公五年（吴夷昧七年，前537）冬，楚靈王伐吴，越大夫常壽過帥師隨楚伐吴；昭公八年（吴夷昧十年，前534）冬，楚師滅陳，執陳公子招，放之於越。昭公二十四年（吴王僚九年，前518）冬，楚平王以舟師窺吴境，越大夫胥犴慰勞周敬王於豫章之汭，越公子倉饋周敬王乘舟，並與大夫壽夢帥師從周敬王；昭公三十二年（吴闔閭五年，前510）夏，吴伐越（見本書4.17）；定公五年（吴闔閭十年，前505）夏，越入吴（見本書4.26）。

【義疏】

無壬生了無曎，無曎一心一意保住自己的國家，没有錯失上天賦予的壽命。無曎死，大概是夫譚。夫譚生了允常。允常立爲越君，相當于吴王壽夢、諸樊、闔閭在位的時期。越國的興起與稱霸就從允常開始了。

【輯證】

允常之時，與吴王闔廬戰而相怨伐。允常卒，子句踐立，是爲越王。（《史記·越王句踐世家》P.2087）

吴越春秋越王無余外傳第六

吴越春秋勾踐入臣外傳第七

【提要】

“勾踐入臣外傳”，原作“越王勾踐入臣”，是徐天祜根據下面幾篇的篇題將它改成了“勾踐入臣外傳”（參見《吴越春秋目録》注〔4〕）。

勾踐入臣外傳，就是勾踐到吴國做奴僕的傳記（關於“外”字，可參見《吴越春秋目録》注〔3〕）。它記述了勾踐戰敗後背井離鄉、告别臣民，從而到吴國服勞役以及最後返回祖國的事蹟。本篇所載事蹟，今本《左傳》不載，《國語》所記甚略，而《史記》所記又不同，所以它在保存吴、越史料方面，具有非常重要的價值。

文章從越國羣臣爲勾踐餞行寫起，那君臣之間的一番對答，既反映了越國君臣間的親密情誼，又鮮明地刻畫出了越國羣臣的忠誠與擅長。接著寫越王赴吴途中，其夫人一曲悲歌，給文章增添了無限韻味。然後，文章纔寫越王在吴爲臣之事，但作者寫越王服役養馬之事極略，而把主要的筆墨花在是殺越王還是不殺越王、是放越王還是不放越王的鬬争上。范蠡想方設法，越王忍辱負重，力求獲釋；而伍子胥則從其政治經驗出發，主張殺而不放；太宰嚭由於過去曾受越王賄賂，所以時時爲越王説情；吴王夫差則遲疑不決，通過一番思想鬬争，終於赦免了越王。正是由於作者抓住了這一富於戲劇衝突的核心内容來寫，因而使文章頗具波瀾，而且也因此將這幾個主要人物的性格特徵具體生動地展示在讀者的面前：范蠡忠信守節而深於謀算，勾踐老成持重而善於屈伸，伍子胥赤膽忠心而精於政治，太宰嚭善諛巧佞而暗於時務，夫差優柔寡斷而惑於仁義。

7.1

越王勾踐五年五月〔1〕，將與大夫種、范蠡●入臣於吴【1】〔2〕。羣臣皆送至浙江之上〔3〕，臨水祖道●〔4〕，軍陣固陵●〔5〕。大夫文種前爲祝，其詞曰：

皇天祐助〔6〕，前沉後揚〔7〕。
禍爲德根〔8〕，憂爲福堂。
威人者滅，服從者昌。
王雖牽致〔9〕，其後無殃。

君臣生離，感動上皇。

衆夫哀悲，莫不感傷。

臣請薦脯，行酒二觴〔10〕。

越王仰天太息，舉杯垂涕，默無所言。種復前祝曰：

大王德壽，無疆無極。

乾坤受靈〔11〕，神祇輔翼〔12〕。

我王厚之〔13〕，祉祐在側〔14〕。

德銷百殃，利受其福。

去彼吴庭〔15〕，來歸越國。

觴酒既升，請稱萬歲〔16〕。

【校記】

【1】大德本無“將”字，據《太平御覽》卷七百三十六引文補。

【注釋】

〔1〕據《春秋》、《左傳》及《史記·越王句踐世家》，此年前本文所略去的勾踐之事有：勾踐元年（前496），吴王闔閭聞允常死，乃興師伐越，越王勾踐敗吴於檇李，闔閭傷足而死。勾踐三年（前494）春伐吴，吴王夫差敗越於夫椒，吴軍入越，越王勾踐以餘兵五千保棲於會稽山，使大夫文種通過太宰嚭向吴王求和，表示勾踐夫妻願爲吴王奴婢，三月，吴與越和。此文即承其後，寫勾踐離越入吴爲臣僕之事。

〔2〕徐天祜曰：“《吕氏春秋》高誘解：‘范蠡，楚三户人也，字少伯。大夫種，姓文氏，字會，楚之鄒人。’按鄒本邾子之國，此云‘楚之鄒人’，蓋鄒爲楚所并爾。又太史公《素王妙論》曰：‘范蠡本南陽人。’《列仙傳》云：‘徐人。’《索隱》曰：‘大夫，官；種，名也。一云：大夫，姓，猶司馬、司空之比。’今按：大夫，官名，如以爲姓也，則大夫逄同、大夫臯如等，豈皆其姓耶？”〇覺按：徐天祐所引高誘解見《吕氏春秋·當染》“越王句踐染於范蠡、大夫種”注，今本《吕氏春秋》“字會”作“字禽”，大德本之“字會”蓋刊刻時疏忽所致，當據以訂正。　又，《國語·越語下》説勾踐“令大夫種守於國，與范蠡入宦於吴”，與此不同，當以《國語》爲是。參見7.3臯如、曳庸之言。　臣：奴僕。這裏用作動詞。參見5.5注〔5〕。　入臣於吴：此蓋本於《國語》。《史記·越王句踐世家》則説勾踐自會稽山返國耕作，將國政委託於大夫種，使范蠡與柘稽爲質於吴，並無越王入臣於吴之事。

〔3〕浙江：古漸水，又名之江，以其多曲折，故稱浙江。上游爲新安江與蘭溪二水，東北合流而漸次稱爲桐江、富春江、錢塘江。

〔4〕徐天祐曰：“祖，餞行也。”〇覺按：古人於出行前祭祀路神稱“祖道”，後因稱餞行爲“祖道”。

〔5〕徐天祐曰：“范蠡教兵城也。《水經註》：‘浙江又逕固陵城北，昔范蠡築城於浙江之濱，言可以固守，謂之固陵。今之西陵也。’即今西興。”〇覺按：春秋時稱固陵，六朝時爲西陵戍，五代吴越改名西興，在今浙江省杭州市蕭山區西。

〔6〕皇天：許慎《五經異義》引《尚書説》："天有五號，各用所宜稱之。尊而君之，則曰皇天；元氣廣大，則稱昊天；仁覆慜下，則稱旻天；自上監下，則稱上天；據遠視之蒼蒼然，則稱蒼天。"

〔7〕前沉：指兵敗夫椒，棲於會稽。 後揚：是祝願日後興旺强盛。

〔8〕德：《禮記・哀公問》："百姓之德也"鄭玄注："德，猶福也。"

〔9〕牽：牽制，受制約。 致：被招引，到。

〔10〕行酒：巡行酌酒勸飲。 觴：杯。 文種的祝詞爲韵文，其韻脚是"揚""堂""昌""殃""皇""傷""觴"，古代均屬陽部。

〔11〕乾坤：天地。 受：同"授"，"受""授"爲古今字。 靈：福。 又，這句也可理解爲"從天地那裏禀受了靈氣"。

〔12〕神：天神。 祇（qí 其）：地神。 翼：輔佐，扶助。

〔13〕厚之：等於説"厚德"，"之"指下文之"德"。《國語・晉語六》："唯厚德者能受多福。"所以此文説："我王厚之，祉祐在側。"

〔14〕祉（zhǐ 止）：福。 祐：福祐，指神明的佑助。

〔15〕庭：通"廷"。

〔16〕文種的祝詞爲韵文，其韻脚是"極""翼""側""福""國"，在古代均屬職部。

【義疏】

越王勾踐五年（公元前 492 年）五月，將和大夫文種、范蠡到吴國去做奴僕。大臣們都送到浙江的邊上，面對江水設宴餞行，軍隊排列在固陵。大夫文種走上前爲越王祝願，那祝詞説：

玉皇天帝保佑幫忙，從前下沉以後上揚。
灾禍就是福氣之根，憂患便是幸福之堂。
强暴待人的將滅亡，順服依從的必興旺。
大王雖然被迫前往，從那以後必無禍殃。
君臣之間活活拆散，深深感動上天玉皇。
廣大民衆哀愁悲痛，無不感到悽惻憂傷。
請讓臣下獻上肉乾，巡行酌酒勸飲兩趟。

越王抬頭向天長長地嘆息，舉起酒杯流下了眼泪，默默地没有一句話。文種又走上前祝願説：

大王所享福氣壽命，没有邊際没有極限。
上天大地賜給洪福，天神地祇輔佐支援。
我的大王德行深厚，福祚神助常在身邊。
道德消除各種禍殃，利于受到它的恩惠。
前往那個吴國宫廷，必將回到越國家内。
一杯祝酒已經舉起，請讓我們高呼萬歲。

【輯證】

越王勾踐恃大朋之鼂與吴戰而不勝，身臣入宦于吴；反國弃鼂，明法親民以報吴，則夫差爲擒。（《韓非子·飾邪》P.295）

欲使范蠡治國政，蠡對曰："兵甲之事，種不如蠡；填撫國家，親附百姓，蠡不如種。"於是舉國政屬大夫種，而使范蠡與大夫柘稽行成，爲質於吴。二歲而吴歸蠡。（《史記·越王句踐世家》P.2090）

浙江南路西城者，范蠡敦兵城也。其陵固可守，故謂之固陵。所以然者，以其大船軍所置也。（《越絶書·外傳記地傳》P.191）

《吴越春秋》以爲種姓文。（《史記·吴太伯世家》"使大夫種"《索隱》P.1767）

趙曄《吴越春秋》曰："勾踐入臣於吴，群臣送至浙江上，臨水祖送。"（《初學記》卷第十八 P.449）

《吴越春秋》……又曰："羣臣送勾踐至於江上，臨水祖道。大夫種爲祝，勾踐舉杯垂涕。"（《藝文類聚》卷第二十九 P.510）

《吴越春秋》曰："勾踐五年夏五月，將與大夫種、范蠡入臣於吴。群臣皆送，臨水祖道。大夫種前爲祝，其辭曰：'皇天祐助，先沉後揚。禍爲德根，憂爲福嘗。威人者滅，服從者昌。王雖牽致，其後無殃。君臣生離，感動上皇。衆夫哀悲，莫不感傷。臣謹再拜，伏稱萬歲，上酒三觴。'勾踐仰天大息，舉杯垂涕，嘿無所言。"（《太平御覽》卷第七百三十六 P.3263）

《吴越春秋》曰："越王勾踐伐吴，將與大夫范蠡入臣於吴。群臣皆送浙江。大夫文種前爲祝，其辭曰：'皇天祐助，先沉後揚。禍爲德根，憂爲福堂。'"（《太平御覽》卷第四百八十九 P.2238）

《吴越春秋》云："勾踐五年，入臣於吴。羣臣祖道，至浙江上。"（《吴郡圖經續記》卷上"封域"P.4）

顧校：（卷首）吴越春秋（下多"越王"）勾踐入臣外傳第七

蔣校：大（宋本"天"）王德壽

7.2

越王曰："孤承前王餘德，守國於邊。幸蒙諸大夫之謀，遂保前王丘墓。今遭辱恥，爲天下笑，將孤之罪耶〔1〕？諸大夫之責也？吾不知其咎，願二三子論其意。"

大夫扶同●曰〔2〕："何言之鄙也？昔湯繫於夏臺●〔3〕，伊尹不離其側〔4〕；文王囚於石室●〔5〕，太公不棄其國〔6〕。興衰在天，存亡繫於人。湯改儀而媚於桀〔7〕，文王服從而幸於紂〔8〕。夏、殷恃力而虐二聖〔9〕，兩君屈己以得天道。故湯王不以窮自傷，周文不以困爲病〔10〕。"

越王曰："昔堯任舜、禹而天下治，雖有洪水之害，不爲人灾。變異不及於民〔11〕，豈況於人君乎？"

大夫苦成曰："不如君王之言。天有曆數〔12〕，德有薄厚。黄帝不讓，堯傳天子；三王臣弑其君〔13〕，五霸子弑其父〔14〕。德有廣狹，氣有高下。今之世猶人之市，置貨以設詐，抱謀以待敵。不幸陷厄，求伸而已〔15〕。大王不覽於斯，而懷喜怒。”

越王曰：“任人者不辱身〔16〕，自用者危其國。大夫皆前圖未然之端、傾敵破讎、坐招泰山之福〔17〕。今寡人守窮若斯，而云湯、文困厄後必霸，何言之違禮儀？夫君子爭寸陰而棄珠玉〔18〕。今寡人冀得免於軍旅之憂，而復反係獲●敵人之手〔19〕，身爲傭隸，妻爲僕妾，往而不返，客死敵國。若魂魄有●〔20〕，愧於前君；其無知，體骨棄捐。何大夫之言不合於寡人之意【1】？”

於是大夫種、范蠡曰：“聞古人曰：‘居不幽，志不廣；形不愁，思不遠。’聖王賢主皆遇困厄之難【2】，蒙不赦之恥【3】；身拘而名尊，軀辱而聲榮；處卑而不以爲惡，居危而不以爲薄。五帝德厚〔21〕，而●窮厄之恨〔22〕，然尚有泛濫之憂●〔23〕。三守暴困之辱【4】〔24〕，不離三獄之囚〔25〕；泣涕而受冤，行哭而爲隸；演《易》作卦●〔26〕，天道祐之〔27〕；時過於期，否終則泰〔28〕；諸侯並救，王命見符〔29〕；朱鬣玄狐●【5】〔30〕，輔臣結髮〔31〕，拆獄破械，反國修德〔32〕，遂討其讎；擢假海内〔33〕，若覆手背；天下宗之，功垂萬世【6】。大王屈厄，臣誠盡謀【7】。夫截骨之劍【8】，無削剟之利〔34〕；臽鐵之矛〔35〕，無分髮之便；建策之士【9】，無暴興之説〔36〕。今臣遂天文〔37〕，案墜籍【10】〔38〕，二氣共萌，存亡異處。彼興，則我辱；我霸，則彼亡。二國爭道〔39〕，未知所就【11】〔40〕。大王之危【12】，天道之數〔41〕，何必自傷哉？夫吉者，凶之門〔42〕；福者，禍之根〔43〕。今大王雖在危困之際，孰知其非暢達之兆哉〔44〕？”

大夫計硯●曰〔45〕：“今君王國於會稽，窮於入吴，言悲辭苦，羣臣泣之。雖則恨悷之心〔46〕，莫不感動。而君王何爲謾辭譁説用而相欺〔47〕？臣誠不取。”

【校記】

【1】“夫之言”至“孰知其非”爲大德本八十二葉，係抄補之文。
【2】王：此處大德本爲壞版，其抄補之文作“曰”，據鄺本改。
【3】赦：此處大德本爲壞版，其抄補之文作“救”，據鄺本改。
【4】困：此處大德本爲壞版，其抄補之文作“因”，據鄺本改。

【5】狐：此處大德本爲壞版，其抄補之文作“孤”，據鄺本改。

【6】垂：此處大德本爲壞版，其抄補之文作“番”，但大德本他處皆用“垂”而不用“番”，今據鄺本改。

【7】盡：此處大德本爲壞版，其抄補之文作“盡”，但大德本他處皆用“盡”而不用“盡”，今據嘉靖本改。

【8】劍：此處大德本爲壞版，其抄補之文作“劍”，但大德本他處皆用“劒”而不用“劍”，今據鄺本改。

【9】建：此處大德本爲壞版，其抄補之文作“建”，但大德本他處皆用“建”而不用“建”，今據鄺本改。

【10】隧：此處大德本爲壞版，其抄補之文作“墜”，據四庫本、顧校改。

【11】所：此處大德本爲壞版，其抄補之文作“所”，但大德本他處皆用“所”而不用“所”，今據鄺本改。

【12】大：此處大德本爲壞版，其抄補之文作“君”，鄺本、馮本、吴本也作“君”，據四庫本改。

【注釋】

〔1〕將：選擇連詞，表示對下面兩個並列的疑問句要進行選擇。這種“將”字一般用於下一分句之前。此文是一種較爲罕見的用法。

〔2〕徐天祜曰：“《史記》作‘逄同’。”

〔3〕徐天祜曰：“《史·夏紀》：‘桀曰：吾悔不遂殺湯於夏臺。’《索隱》：‘夏臺，獄名，夏曰均臺。皇甫謐云：地在陽翟。’”〇覺按：“陽翟”見 6.1 注〔2〕。《竹書紀年》卷上：“帝癸，一名桀。……二十二年，商侯履（覺按：即湯）來朝，命囚履于夏臺。二十三年，釋商侯履，諸侯遂賓于商。” 湯：姓子，名履，又名天乙，號湯，又稱武湯、成湯，原爲商族領袖，後來任用伊尹爲相，滅掉夏桀，建立了商朝。見《史記·殷本紀》。

〔4〕伊尹：一名伊摯，商湯的相。據《史記·殷本紀》和《墨子·尚賢下》記載，伊尹想求得湯的任用而没有什麼途徑。湯娶有莘氏的女兒，他就作爲有莘氏女兒的陪嫁之臣，當廚師來接近湯。湯發現他有才能，就任用他爲相。後來他幫助湯攻滅了夏桀。

〔5〕徐天祜曰：“《地理志》：‘河内湯陰有羑里城，西伯所拘處。’此云石室，疑即所囚之室也。羑，音酉。”〇覺按：文王：周文王，姓姬，名昌，周武王姬發的父親，商紂王時爲西伯（西方各部落的首領），又爲三公之一，因爲對商紂王殺害翼侯、鬼侯不滿而被囚禁於羑（yǒu 友）里邑（一作牖里，在今河南省湯陰縣北）的石窟中。《史記·殷本紀》：“百姓怨望而諸侯有畔者，於是紂乃重刑辟，有炮格之法。以西伯昌、九侯、鄂侯爲三公。九侯有好女，入之紂。九侯女不憙淫，紂怒，殺之，而醢九侯。鄂侯争之彊，辨之疾，并脯鄂侯。西伯昌聞之，竊嘆。崇侯虎知之，以告紂，紂囚西伯羑里。”《史記·周本紀》：“崇侯虎譖西伯於殷紂曰：‘西伯積善累德，諸侯皆嚮之，將不利於帝。’帝紂乃囚西伯於羑里。”《竹書紀年》卷上：“帝辛，名受（覺按：即紂）。……二十三年，囚西伯于羑里。二十九年，釋西伯，諸侯逆（覺按：迎也）西伯，歸于程。”

〔6〕太公：即吕尚，姜姓，吕氏，名尚，字子牙，號太公望，俗稱姜太公。相傳他七十歲時在渭水邊釣魚，周文王按占卜的預示出獵而訪得了他，於是尊他爲師。後來他輔佐周武王滅商而使周王朝一統天下，因有功而封於齊。參見《史記·齊太公世家》。 不棄其國：見注〔30〕。

〔7〕改儀：改變儀表，指裝出笑臉阿諛奉承。 媚：諂媚，討好。

〔8〕文王服從而幸於紂:《左傳·襄公三十一年》載北宮文子之言曰:“紂囚文王七年,諸侯皆從之囚,紂於是乎懼而歸之,可謂愛之。”《韓非子·外儲說左下》:“費仲說紂曰:‘西伯昌賢,百姓悦之,諸侯附焉,不可不誅;不誅,必爲殷禍。’紂曰:‘子言,義主,何可誅?’費仲曰:‘冠雖穿弊,必戴於頭;履雖五采,必踐之於地。今西伯昌,人臣也,修義而人向之。卒爲天下患,其必昌乎!人人不以其賢爲其主,非可不誅也。且主而誅臣,焉有過?’紂曰:‘夫仁義者,上所以勸下也,今昌好仁義,誅之不可。’三説不用,故亡。”由此均可見到紂對文王的寵幸。

〔9〕殷:即“商”(見 1.5 注〔6〕),此指商紂王。

〔10〕病:《儀禮·士冠禮》“以病吾子”鄭玄注:“病,猶辱也。”《韓非子·喻老》:“勾踐入宦於吴,身執干戈爲吴王洗馬,故能殺夫差於姑蘇。文王見詈於王門,顔色不變,而武王擒紂於牧野。故曰:‘守柔曰强。’越王之霸也不病宦,武王之王也不病詈。”可藉以明此文之義。

〔11〕變異:精變怪異之事,即自然界的各種反常現象,如彗星、地震、妖魔鬼怪之類。

〔12〕曆數:天數,天道,支配人類命運的天神意志,指上天對王朝統治年代的安排。《尚書·大禹謨》:“天之歷數在汝躬”孔安國傳:“歷數,謂天道。”孔穎達疏:“歷數,謂天歷運之數。帝王易姓而興,故言歷數謂天道。”

〔13〕三王:三代開國之王,即夏代禹,商代湯,周代文王、武王。 三王臣弑其君:相傳禹流放舜(見 6.2 注〔10〕);商湯流放夏桀(見 1.2 注〔2〕);周武王打敗商紂王,割下其首級而懸之白旗(見《史記·殷本紀》)。

〔14〕五霸:春秋時期五個先後稱霸的人,具體所指在古代有異説。據《墨子·所染》、《荀子》的《王霸篇》和《議兵篇》、《吕氏春秋·當染》等所言,戰國時人所謂五霸,指齊桓公(前 685—前 643 年在位)、晉文公(前 636—前 628 年在位)、楚莊王(前 613—前 591 年在位)、吴王闔廬(前 514—前 496 年在位)、越王勾踐(前 496—前 465 年在位)。據東漢趙岐《孟子·告子下》注與班固的《白虎通·號》,漢代人所謂五霸,指齊桓公、晉文公、秦穆公(前 659—前 621 年在位)、宋襄公(前 650—前 637 年在位)、楚莊王。趙曄生活在東漢時代,故此文當從後一説。此外,《白虎通·號》把夏代的昆吾氏、商代的大彭氏和豕韋氏、周代的齊桓公和晉文公當作五霸,這乃是春秋後期以及漢代崇古者的説法。《白虎通·號》還列有異説,把齊桓公、晉文公、秦穆公、楚莊王、吴王闔廬當作五霸,這也是漢代人的説法。當然,若究其實,則春秋五霸當爲齊桓公、晉文公、楚莊王、吴王夫差、越王勾踐。因爲據史載,闔廬未霸中原而會合諸侯,衹有夫差纔會諸侯於黄池,取得了霸主的地位(參見《左傳·哀公十三年》、《史記·吴太伯世家》及本書)。至於秦穆公與宋襄公,實未成爲霸主(見《史記》的《秦本紀》、《宋微子世家》、《楚世家》),故漢代人的説法實不足取。 五霸子弑其父:未聞。此當爲誇飾之詞,無關史實。

〔15〕伸:伸直,舒展。

〔16〕任人者不辱身:任用别人辦事,有了過失則歸咎於辦事者,所以不會使自己受辱。《韓非子·主道》:“明君之道:使智者盡其慮,而君因以斷事,故君不窮於智;賢者勑其材,君因而任之,故君不窮於能;有功則君有其賢,有過則臣任其罪,故君不窮於名。”即此文之意。

〔17〕這句“未然之端”、“傾敵破讎”、“坐招泰山之福”是“圖”的並列賓語。 然:《廣雅·釋詁三》:“然,成也。” 泰山:又作“太山”,即今山東省中部之泰山,其山勢挺拔高峻,爲五嶽中之東嶽,古代帝王常在此舉行封禪大典。 泰山之福:指登上泰山封禪之福,等於説“稱帝稱王之福”;或指大如泰山之福。

〔18〕寸陰：一寸光陰，即極短暫的時間。古代立“表”（標杆）測“陰”（光陰，日影）以計時，所以用長度單位“寸”來計量時間。 争寸陰而棄珠玉：人的壽命有限，故寸陰必“争”；珠玉是身外之物，故君子“棄”之。

〔19〕徐天祜曰：“‘獲’當作‘於’。”〇覺按：“獲”指被俘獲，原文可通，不煩改字，徐説非。

〔20〕徐天祜曰：“此下當有‘知’字。”〇覺按：徐説是。魂魄：析言之，古代所謂“魂”，是指“靈魂”，即可以遊離於軀體而存在的精神氣質，人依靠它來想象思慮，所以人的軀體死了，魂即離於軀體而繼續存在；所謂“魄”，是指“體魄”，即依附於軀體而存在的精神氣質，人依靠它來感知萬物，即視覺、聽覺、味覺、觸覺之類，所以人的軀體死了，魄也就不存在了。但是，“魂魄”連言，則往往泛指靈魂而言。

〔21〕五帝：古代説法不一，最爲流行的説法是指黄帝、顓頊（Zhuānxū 專虚）、帝嚳（Kù 酷）、堯、舜，參見《史記·五帝本紀》。此文“五帝”乃泛指之詞，其實只是指堯、舜而言，所以下面説“有泛濫之憂”（參見 6.2、6.3）。

〔22〕徐天祜曰：“‘而’當作‘無’。”

〔23〕徐天祜曰：“此下疑有闕文。”〇覺按：徐説誤。“憂”當爲“𢚧”“文”二字之誤。古書直行書寫，抄書者不慎將“𢚧”“文”訛爲“𢚧”“夂”，又誤合爲“憂”。“𢚧”即表示憂愁義的本字，《説文·心部》：“𢚧，愁也。”“文”字應屬下讀。

〔24〕“三”當爲“王”之誤，“王”上當有“文”字（見注〔23〕）。蓋“文”字誤合於上“𢚧”字，抄書或刻書的人見原文難通，而下句又云“不離三獄之囚”，遂將“王”字臆改爲“三”。上文説“周文不以困爲病”，下文又説“演《易》作卦”，可證此文必作“文王”無疑。 暴：欺淩，損害。

〔25〕三：是約數而非確數。三獄：等於説多處牢獄。

〔26〕徐天祜曰：“司馬遷《書》：‘西伯拘而演《周易》。’”〇覺按：《文選》所載曹丕《典論·論文》云“故西伯幽而演《易》”，李善注：“司馬遷《書》曰：‘西伯拘而演《周易》。’”徐注蓋本於此。《文選》所載司馬遷《報任少卿書》作“盖文王拘而演《周易》”，李善注：“《史記·本紀》曰：‘崇侯譖西伯於殷紂曰：“西伯積善累德，諸侯皆向之，將有不利於帝。”紂乃囚西伯於羑里。西伯演《易》之八卦爲六十四。’《地理志》曰：‘河内湯陰有羑里城，西伯所拘。’韋昭曰：‘羑，音酉。’《蒼頡篇》曰：‘演，引之也。’”演：推演，發揮。《易》：古代占卦之書，有《連山》《歸藏》《周易》三種（見《周禮·春官·大卜》）。今僅存《周易》，也稱《易經》，是儒家的重要經典。“易”是變易的意思。其内容主要是通過象徵天、地、風、雷、水、火、山、澤八種自然現象的八卦來推測自然和人事的變化，它以陰陽二氣的交感作用爲產生萬物的本源。卦：是《易》書中具有象徵意義的符號，相傳伏羲作八卦（見《説文解字·弟十五上》），即☰（乾卦，象徵天）、☳（震卦，象徵雷）、☱（兑卦，象徵澤）、☲（離卦，象徵火）、☴（巽卦，象徵風）、☵（坎卦，象徵水）、☶（艮卦，象徵山）、☷（坤卦，象徵地）。這些符號最初是人們用來記事的，後來纔用於卜筮。相傳周文王囚於羑里時，以兩卦相疊而將八卦演爲六十四卦，以象徵自然現象和社會現象的發展變化，遂成《周易》。

〔27〕天道：見注〔12〕。

〔28〕否（pǐ 匹）：閉塞，不通達，窮厄。 泰：通達。否終則泰：即平常所説的物極必反、否極泰來。參見 10.15 注〔4〕。

〔29〕見（xiàn 現）：同“現”。 符：《史記·孝武本紀》“以風符應合于天地”《集解》：“晉灼曰：‘符，瑞也。’”《史記·蘇秦列傳》“焚秦符曰”《正義》：“符，徵兆也。”

即吉祥的徵兆。

〔30〕徐天祜曰："《太公六韜》曰：'商王拘周伯昌於羑里，太公與散宜生以金千鎰求天下珍物，以免君之罪。於是得犬戎氏文馬，豪毛朱鬣，目如黄金，名雞斯之乘。'又《淮南子》曰：'散宜生以千金得騶虞之乘，玄玉百穀，大貝百朋，玄豹、黄熊、青犴、白虎文皮二合，獻紂以免西伯羑里之囚。'此云'玄狐'，當作'玄豹'。"〇覺按：古代傳説各異，作"狐"也通，不煩改字。又，此處大德本爲壞版，其抄補的徐注之文"商"作"啇"，"羑"作"姜"，"犬"作"夫"，"目"下脱"如"字，"狐"作"孤"，據吴本、四庫本改。鬣（liè 列）：某些獸類（如馬、獅子等）頸上的長毛。

〔31〕結髮：原指夫妻成婚之夕男左女右共髻束髮，因而又指稱妻子。輔臣結髮：等於説"輔臣似妻子"，指太公、散宜生等侍奉文王就像妻子侍奉丈夫一樣。

〔32〕反：通"返"。

〔33〕擢（zhuó 濁）：《淮南子·俶真訓》"擢德攓性"高誘注："擢，取也。"假：憑藉。引申指陵駕、統治。《淮南子·齊俗訓》"其不能乘雲升假亦明矣"高誘注："假，上也。"

〔34〕剟（duō 多）：削。利：便利。

〔35〕臽（xiàn 陷）：同"陷"，小陷阱。引申指陷入、刺進。

〔36〕暴：突然，一下子，快速。

〔37〕遂：《漢書·藝文志》"遂知來物"顔師古注："遂，猶究也。"天文：古人不但指日月星辰等在宇宙間分佈與運行的現象，而且包括風、雲、雨、露、霜、雪等地文現象。《周易·賁》："觀乎天文，以察時變。"此文"遂天文"的用意也如此。

〔38〕墜：古"地"字。

〔39〕道：指天道，下言"天道之數"可證。争道：指争奪天神意志的支持（參見注〔27〕〔12〕）。

〔40〕就：靠近，趨向。所就：指天道所就，天神意志所靠近的對象。

〔41〕數：定數，必然的趨勢。

〔42〕門：《荀子·賦篇》"莫知其門"楊倞注："門，謂所出者也。"即出口，發源地。與下文"根"字同義。

〔43〕"福者"二句：《老子·五十八章》："禍兮，福之所倚；福兮，禍之所伏。"即此文所本。據下句，此句宜作："禍者，福之根。"

〔44〕這句等於説：它可能是暢達之兆。

〔45〕徐天祜曰："《越絶》'硯'作'倪'。《史·貨殖傳》：'越王勾踐困於會稽之上，乃用范蠡、計然。'註：'徐廣曰："計然者，范蠡之師也，名研，故諺曰'研、桑心筭'。"裴駰案：范子曰："計然者，葵丘濮上人，姓辛氏，字文子。其先，晉國亡公子也。南游於越，范蠡師事之。"'蔡謨曰"蠡所著書名計然"，蓋非也。《漢書·古今人表》計然列在第四，"倪"與"研"聲相近而相亂耳。'"〇覺按：徐氏所録注文有所删節，今爲便於理解，重録如下。《史記·貨殖列傳》"乃用范蠡、計然"《集解》："徐廣曰：'計然者，范蠡之師也，名研，故諺曰'研、桑心筭'。'駰案：范子曰：'計然者，葵丘濮上人，姓辛氏，字文子。其先，晉國亡公子也。嘗南游於越，范蠡師事之。'"《索隱》："計然，韋昭云范蠡師也。蔡謨云蠡所著書名'計然'，蓋非也。徐廣亦以爲范蠡之師，名研，所謂'研、桑心計'也。范子曰：'計然者，葵丘濮上人，姓辛氏，字文。其先，晉之公子。南遊越，范蠡事之。'《吴越春秋》謂之'計倪'，《漢書·古今人表》計然列在第四，則'倪'之與'研'是一人，聲相近而相亂耳。"

〔46〕恨悷：通“狠戾”，狠毒殘暴。
〔47〕謾：通“漫”（四庫本作“漫”），浮誇，不切實，不着邊際。譁：虛誇，浮誇。“譁説”與“謾辭”義同。

【義疏】

越王説：“我秉承了先王遺留下來的功德，在邊疆守衛國家。幸運地得到了各位大夫的出謀劃策，纔保住了先王的墳墓。今天遭受恥辱，被天下人取笑，這是我的罪過呢？還是各位大夫的責任？我不知道該責怪誰，希望諸位評論一下我的意見。”

大夫扶同説：“您爲什麽説得這樣鄙俗呢？從前商湯囚禁在夏臺，伊尹不離開他的身邊；周文王關押在石室，太公不拋弃他的國家。是興盛還是衰微在于上天，是生存還是滅亡却和人相關。商湯改變了自己的儀態去向夏桀獻殷勤，文王俯首從命而受到了商紂王的寵愛。夏桀、商紂王依靠暴力而虐待商湯、周文王這兩位聖人，商湯、周文王這兩位國君却委屈了自己從而得到了天道。所以商湯並不因爲困厄而自我憂傷，周文王也不把窘迫當作耻辱。大王何必以此爲耻辱呢？”

越王説：“從前堯任用了舜、禹而天下得到了治理，即使有了洪水的危害，也没有給人們造成灾難。精變怪异連平民百姓都不碰一下，更何况是君主呢？”

大夫苦成説：“事實並不像大王所説的那樣。上天有天道，德行有厚薄。黄帝不禪讓，而堯把天子的位子傳給了舜；三代之王幹的是臣子殺掉自己君主的事，五霸幹的是兒子殺掉自己父親的事。道德有寬厚狹窄之分，氣質有高尚卑下之别。現在的社會就好像人們的集市一樣，擺出了貨物來搞欺詐，胸懷各種計謀來對付敵人。不幸陷入困境，那麽尋求解脱就是了。大王看不到這一點，却心懷喜怒之情。”

越王説：“任用别人的人不會使自己受到耻辱，剛愎自用的人就會使自己的國家危在旦夕。大夫們都是在事先謀劃那還没有形成的事業的開端，幻想顛覆敵寇、打敗仇人而不費氣力地坐着招來在泰山上封禪那樣大的福氣。現在我身處困境像這個樣子，而你們却還説什麽商湯、周文王身陷困厄以後一定會稱霸，怎麽把話説得這樣違背禮義法度呢？君子分秒必争而捨弃珍珠寶玉。現在我衹盼能逃避戰争的禍患，却又反被敵人所俘獲，自己淪爲奴僕，妻子成爲婢女，去而不歸，旅居他鄉而死在敵國。如果人的靈魂有知覺的話，那就愧對先君；即使靈魂没有知覺，那麽身體尸骨也已被拋弃在外。爲什麽大夫的話不合乎我的心意呢？”

在這個時候，大夫文種、范蠡説：“聽説古代的人講過：‘處境如果不困厄，那麽志嚮就不會遠大；身體如果不陷入愁苦，那麽考慮就不會深遠。’聖明的帝王、賢能的君主都遭遇過困厄的災難，蒙受過不能免除的恥辱；身體被拘禁而名望却很崇高，軀體受屈辱而聲譽却很榮耀；處在卑下的地位而不把它當作環境惡劣，處在危險的時刻而不把它當作情况緊迫。五帝德行深厚，因此没有困厄的遺憾，但還是有洪水泛濫的憂患。周文王身受欺凌困厄的屈辱，不能逃避多處監獄的囚禁；痛哭流涕而受到委屈，邊走邊哭而當了奴隸；推演古代《易》書而制作了六十四卦，天神的意志保佑了他；時間經過了一定的期限，困厄到了極點就轉向了通達；諸侯都來援救文王，文王的命運顯現出吉祥的徵兆；長有大紅色鬣毛的馬匹和黑色的狐狸皮被搞來了，文王的輔佐大臣就像結髮的賢妻一樣，拆除監獄打破枷鎖，使文王返回封國而施行德政，終于起兵去討伐自己的仇人；奪取而統治天下，就像把手背翻過來一樣容易；天下的人都尊奉他，他的功德將流傳千秋萬代。大王現在遭到委屈與困厄，我們做臣子的的確都在出謀劃策。那能够斬斷骨頭的寶劍，却不利于刮削；能刺穿鐵甲的長矛，却不利于剖開頭髮；建言策劃的謀士，不會有使國家一下子就興盛的建議。現在我們推究天文氣象，考查地理典籍，看到天地兩種元氣一起萌發，所以存在和滅亡處在不同的地方。他們興盛，那麽我們就受屈辱；我們稱霸，那麽他們就滅亡。吴、越兩國争奪天道，現在還不知道那天神的意志支持哪一方。大王的危難，也是天神意志的定數，何必自我憂傷呢？那吉利的事情，是不幸的源頭；幸福的事情，是災禍的根源。現在大王雖然處在危難困厄之間，但誰能知道它就一定不是通達得志的徵兆呢？”

大夫計硯説：“現在大王在會稽山建立了國家，走投無路而到吴國去，説出的言辭悲哀痛苦，群臣都爲此而哭泣。即使是生有凶狠暴虐的心腸，也没有不感動的。大王爲什麽盡説一些不切實際的空話用來自欺欺人呢？我實在不敢苟同。”

【輯證】

句踐説於國人曰：“寡人不知其力之不足也，而又與大國執讎，以暴露百姓之骨於中原，此則寡人之罪也。寡人請更。”於是葬死者，問傷者，養生者，弔有憂，賀有喜，送往者，迎來者，去民之所惡，補民之不足。然後卑事夫差，宦士三百人於吴，其身親爲夫差前馬。（《國語·越語上》P.634）

句踐之困會稽也，喟然嘆曰：“吾終於此乎？”種曰：“湯繫夏臺，文王囚羑里，晉重耳犇翟，齊小白犇莒，其卒王霸。由是觀之，何遽不爲福乎？”（《史記·越王句踐世家》P.2090）

《吴越春秋》云：“截骨之劍，無削掇之利。”（《北堂書鈔》卷第一百二十二 V.1212—P.557）

顧校：原三（二）三子論其意　夏殷（殷）恃力　三王臣弑（殺）其君五霸子弑（殺）其父　愧（媿）於前君　案墜（隆）籍

蔣校：夏殷（宋本“殷”）恃力　三王臣弑（宋本“殺”，下同）其君　案墜（宋

本“墜”）籍

7.3

越王曰：“寡人將去入吴，以國累諸大夫【1】〔1〕。願各自述，吾將屬焉〔2〕。”

大夫皐如曰：“臣聞大夫種忠而善慮，民親其知〔3〕，士樂爲用。今委國一人，其道必守。何順心佛命羣臣●〔4〕？”

大夫曳庸●曰〔5〕：“大夫文種者，國之梁棟，君之爪牙。夫驥不可與匹馳〔6〕，日月不可並照。君王委國於種，則萬綱千紀無不舉者〔7〕。”

越王曰：“夫國者，前王之國。孤力弱勢劣〔8〕，不能遵守社稷、奉承宗廟。吾聞：‘父死子代，君亡臣親。’今事棄諸大夫，客官於吴〔9〕，委國歸民以付二三子〔10〕，吾之由也〔11〕，亦子之憂也。君臣同道〔12〕，父子共氣，天性自然。豈得以在者盡忠、亡者爲不信乎？何諸大夫論事一合一離令孤懷心不定也？夫推國任賢、度功績成者〔13〕，君之命也〔14〕；奉教順理、不失分●者〔15〕，臣之職也。吾顧諸大夫以其所能而云‘委質’而已〔16〕。於乎〔17〕！悲哉！”

計硯曰：“君王所陳者，固其理也。昔湯入夏，付國於文祀〔18〕；西伯之殷，委國於二老〔19〕。今懷夏將遷【2】〔20〕，志在於還。夫適市之妻，教嗣糞除〔21〕；出亡之君，勑臣守禦〔22〕。子問以事，臣謀以能。今君王欲士之所志，各陳其情，舉其能者，議其宜也。”

越王曰：“大夫之論是也。吾將逝矣，願●諸君之風〔23〕。”

【校記】

【1】大德本“諸”下有“侯”字，據四庫本删。

【2】遷：大德本作“滯”，據顧校改。

【注釋】

〔1〕累：拖累，煩勞，是表示託付的禮貌用語。以國累諸大夫：等於説“把國家託付給諸大夫”。

〔2〕屬（zhǔ 囑）：委託。

〔3〕知：通“智”。

〔4〕徐天祜曰：“佛，符勿切，大也。《詩》：‘佛時仔肩。’音弼，註亦作‘大’。言一人足矣，何必從心所欲、大命羣臣也。”○覺按：“佛”（fú 弗）通“奔”（fú 弗），

所以表示大。《説文·大部》："奔，大也。"段玉裁注："此謂矯拂之大。《周頌》'佛時仔肩'，傳曰：'佛，大也。'此謂'佛'即'奔'之叚借也。""佛"又通"咈"，表示違逆之意，所以段氏認爲"奔"是指"矯拂之大"。

〔5〕徐天祜曰："《左傳》作'后庸'，《國語》作'舌庸'。"○覺按：參見5.22注〔1〕。

〔6〕匹：配對，並比，雙。

〔7〕綱、紀：《墨子·尚同中》："譬之若絲縷之有紀，而罔罟之有綱也。"提網的總繩叫"綱"，絲縷的頭緒叫"紀"，引申而指法度準則。

〔8〕勢劣：與"力弱"義同。

〔9〕官：當作"宦"，形近而誤。《國語·越語下》："與范蠡入宦於吴。"是其證。韋昭注："宦，爲臣隸也。"

〔10〕委國：把國事委託（給二三子）。歸民：使民衆歸向（二三子）。付：交給。

〔11〕《廣雅·釋詁一》："由，行也。"

〔12〕同道：共同的原則，指把國家治理好。

〔13〕度（duó 奪）：衡量。績：通"積"。績成：等於説"積功"。《真誥》卷五《甄命授第一》："積功滿千，雖有過故得仙。"

〔14〕《詩經·周頌·維天之命》"維天之命"鄭玄箋："命，猶道也。"

〔15〕徐天祜曰："去聲。"○覺按：分（fèn 奮）：職分。

〔16〕顧：《説文·頁部》："顧，還視也。"即回望的意思。委質：《左傳·僖公二十三年》"策名委質"孔穎達疏："質，形體也……拜則屈膝而委身體於地以明敬奉之也。"依此，"委質"即委身於地，是指人臣拜見君主時屈膝下跪、五體投地，來表示俯首從命。《史記·仲尼弟子列傳》"子路後儒服委質"《索隱》："服虔注《左氏》云：'古者始仕，必先書其名於策，委死之質於君，然後爲臣，示必死節於其君也。'"依此，"委質"即把身體託付給君主，表示願意爲君主效死。服虔之説是。

〔17〕於（wū 烏）乎：通"嗚呼"。

〔18〕文祀：湯之大臣。

〔19〕二老：恐指散宜生、閎夭（參見《史記》之《周本紀》《齊太公世家》），或指太公、散宜生（見7.2注〔6〕〔30〕）。

〔20〕盧文弨曰："夏，疑'憂'。"○孫詒讓曰："《説文·辵部》云：'遰，去也。'《大戴禮·夏小正》傳云：'遰，往也。''懷夏'疑當作'遝夏'。'懷'古作'褱'，與'遝'同从'眔'，因而致誤。《説文·辵部》云：'遝，迨也。'《方言》云：'迨、遝，及也。東齊曰迨，關之東西曰遝，或曰及。'《爾雅·釋言》云：'逮，遝也。''遝''逮'字通。（《禮記·中庸》'所以逮賤也'，《釋文》'逮'作'遝'。《公羊·哀十四年傳》'祖之所逮聞也'，漢石經'逮'作'遝'。）上文云越王句踐五年與大夫種、范蠡入臣于吴此云'遝夏將遰'，謂句踐許吴以入臣，至夏將往也。故云'志在於還'。盧氏不知'懷'字之誤而轉改'夏'爲'憂'以就之，傎矣。"○覺按：盧、孫之説均通。

〔21〕嗣：後代。此"嗣"字即指下文"子問以事"之"子"。糞除：掃除。古代婦女在家主管打掃衛生，所以離家前囑咐後代糞除。

〔22〕勑（chì 敕）：同"敕"，告誡，帝王命令。

〔23〕徐天祜曰："'願'下當有'聞'字。"○覺按：徐説可通，但原文未必就脱"聞"字。此"願"字的用法與"今君王欲士之所志"之"欲"相同。這種能願動詞之下不用動

詞而直接跟名詞的做法，可能是作者的一種特殊用法（又可參見8.2注〔12〕），故不必補“聞”字。

【義疏】

越王説：“我將離開祖國到吴國去，拿國家來煩勞各位大夫。請各位自己陳説一下自己的情况吧，我將根據情况把國事委托給你們。”

大夫皋如説：“我聽説大夫文種忠誠而善于謀劃，民衆信任他的智慧，賢士樂于被他使用。現在把國家委托給他一人，從那道理上來説，國家是一定能保住的。大王爲什麽還要隨心所欲違背情理大動干戈來任命群臣呢？”

大夫曳庸説：“大夫文種，是國家的棟梁，是君主的得力助手。那駿馬，是不可以和它並駕齊驅的；太陽月亮，是不可以同時照耀天下的。大王把國家托付給文種，那麽各種各樣的法度準則就没有不實行的了。”

越王説：“這國家，是先王的國家，我力量弱小，不能繼續保住象徵國家政權的土地神穀神、供奉祭祀祖宗的廟宇。我聽説：‘父親死了，兒子就起來頂替；君主出外了，臣子就親近團結。’現在的事情是我抛弃了各位大夫，外出到吴國當奴僕，把國家、民衆都托付給諸位，這是我要遵行的，也是你們所憂慮的。君主和臣子有着共同的原則，父親和兒子有着相同的氣質，這是一種天生的本性，是自然而然的。哪能因爲君主在國内就竭盡忠誠、君主一出外就幹不老實的事呢？爲什麽各位大夫議論事情時一會兒意見相同一會兒意見分歧以致使我心神不定呢？推讓國政、任用賢人、衡量功勞而積累成果，是君主的使命；奉行教令、服從原則而不失職，是臣子的職事。我還是希望各位大夫根據自己的能力而説聲‘獻身于君’就是了。唉呀！真可悲啊！”

計硯説：“國君所説的，當然是合乎道理的。從前商湯到夏王朝去，把國家托付給文祀；西伯昌到商王朝去，把國家托付給二老。現在已到夏天，國君將要前往吴國，但心願仍在于返回祖國。那到市場上趕集的妻子，出門時總會教家中的後代打掃衛生；出外亡命的國君，總會命令國内的臣子守衛好國家。子女應該詢問需要做的家務，臣子應該根據自己的能力出謀劃策。現在大王想要瞭解各人的志嚮，讓各人陳説一下自己的情况，表白一下自己的才能，大家議論一下那也是合適的啊。”

越王説：“計硯大夫的説法很對。我將要走了，希望能瞭解一下各位的風範。”

【輯證】

顧校： 西伯之殷（舩）　　今懷夏將滯（遰）

蔣校： 今懷夏將滯（宋本“遰”）

7.4

大夫種曰："夫内修封疆之役，外修耕戰之備；荒無遺土，百姓親附：臣之事也。"

大夫范蠡曰："輔危主，存亡國；不恥屈厄之難，安守被辱之地；往而必反〔1〕，與君復讎者：臣之事也。"

大夫苦成曰："發君之令，明君之德；窮與俱厄，進與俱霸；統煩理亂，使民知分●〔2〕：臣之事也。"

大夫曳庸曰："奉令受使，結和諸侯；通命達旨，賂往遺來〔3〕；解憂釋患，使無所疑；出不忘命，入不被尤：臣之事也。"

大夫皓進曰〔4〕："一心齊志，上與等之；下不違令，動從君命；修德履義，守信温故；臨非决疑，君誤臣諫；直心不撓〔5〕，舉過列平〔6〕；不阿親戚，不私於外；推身致君，終始一分〔7〕：臣之事也。"

大夫諸稽郢曰〔8〕："望敵設陣，飛矢揚兵；履腹涉屍，血流滂滂〔9〕；貪進不退，二師相當；破敵攻衆，威凌百邦：臣之事也。"

大夫皋如曰："修德行惠，撫慰百姓；身臨憂勞，動輒躬親；弔死存疾，救活民命；蓄陳儲新，食不二味〔10〕；國富民實，爲君養器〔11〕：臣之事也。"

大夫計硯曰："候天察地，紀歷陰陽〔12〕；觀變參災〔13〕，分别妖祥〔14〕；日月含色，五精錯行〔15〕；福見知吉〔16〕，妖出知凶：臣之事也。"

越王曰："孤雖入於北國，爲吴窮虜，有諸大夫懷德抱術，各守一分以保社稷，孤何憂焉？"遂别於浙江之上，羣臣垂泣，莫不感哀【1】。越王仰天歎曰："死者，人之所畏。若孤之聞死，其於心匈中曾無怵惕【2】？"遂登船徑去，終不返顧。

【校記】

【1】感　大德本作"咸"，據四庫本改。

【2】惕　大德本作"愓"，據嘉靖本改。

【注釋】

〔1〕反　通"返"。

〔2〕徐天祜曰："去聲。"

〔3〕賂：贈送財物。　遺（wèi衛）：贈送。

〔4〕大夫皓：8.8 作“大夫浩”。

〔5〕撓：通“橈”，屈從。《荀子·榮辱篇》：“重死、持義而不橈，是士君子之勇也。”

〔6〕列：《廣雅·釋詁三》：“列，治也。”

〔7〕分（fèn 奮）：《文選》曹子建《贈白馬王彪》詩“在遠分日親”李善注：“分，猶志也。”《文選》盧子諒《贈劉琨》詩“分隨昵加”李善注：“分，猶節也。”一分：等於説專心致志，忠貞守節。

〔8〕諸稽郢：姓諸稽，名郢，越國大夫，越國兵敗夫椒時他曾到吴國求和，見《國語·吴語》。《史記·越王句踐世家》作“柘稽”。

〔9〕滂滂：大水湧流。此形容流血之多。

〔10〕食不二味：表示節儉（參見 8.6 注〔4〕）。

〔11〕器：才能。

〔12〕紀：法度準則，此指天文歷數方面的法度準則。《尚書·洪範》：“五紀：一曰歲，二曰月，三曰日，四曰星辰，五曰厤數。”紀歷：等於説“曆法”。陰陽：見 4.3 注〔6〕。

〔13〕參：《淮南子·説山訓》：“越人學遠射，參天而發”高誘注：“參，猶望也。”參災：指觀望天上那些預示災禍的徵兆。參見 3.2 注〔17〕。

〔14〕妖祥：凶兆爲“妖”，吉兆爲“祥”。

〔15〕五精：金、木、水、火、土五星。

〔16〕見（xiàn 現）：同“現”。

【義疏】

大夫文種説：“在内整治守衛邊疆的兵役，對外搞好耕戰的準備；使荒地上不再有被遺弃的土地，使百姓愛戴歸附國君：這是我力所能及的事。”

大夫范蠡説：“輔佐身處危難的君主，保存危亡的國家；不把屈辱困厄的灾難當作羞耻，安心地處于被侮辱的境地；到了吴國一定能設法回國，和國君一起報仇：這是我力所能及的事。”

大夫苦成説：“發布國君的命令，彰明國君的德行；國君走投無路時我和國君一同經受困厄，國君進取時我和國君一起成就霸業；總管煩雜的政務、處理紛亂的事情，使民衆知道自己的職分：這是我力所能及的事。”

大夫曳庸説：“接受了命令被委派出使，與諸侯各國結交而建立和睦友好關係；通知國君的命令、傳達國君的旨意，來來往往贈送財物；解除憂患，使國君不再有什麽疑慮；出國不忘記國君的命令，回到國内不被怪罪：這是我力所能及的事。”

大夫皓走上前説：“同心同德，在上和國君保持一致；在下不違背法令，行動都依從君主的命令；修養德行、履行道義，堅守信用、温習舊業；面對錯誤而决斷疑慮，國君失誤而我爲臣勸諫；心地正直不屈不撓，檢舉過錯治理公正；不偏袒親戚，不偏私外人；把自身拿出來交給國君，自始至終專心一致：這是我力所能及的事。”

大夫諸稽郢説："瞭望敵情布置陣勢，飛射利箭揮動刀槍；踩着胸腹跨過尸體，殺得敵人血流成江；貪圖進取決不後退，兩支軍隊互相對抗；打破敵國進攻敵軍，威勢壓垮各國鄰邦：這是我力所能及的事。"

大夫皋如説："修養德行給人恩惠，體恤安慰平民百姓；親身來到憂苦之處，做事總是身體力行；悼念死者看望病人，盡力救活民衆生命；囤積陳米儲藏新穀，吃飯不吃兩種食物；國家富裕民衆充實，爲我國君培養人才：這是我力所能及的事。"

大夫計硯説："瞭望天文觀察地理，推演曆法掐算陰陽；觀察變异瞭望災氣，分清辨别凶險吉祥；判斷日月是否帶有异色，確定五星是否運行失常；福氣出現知道吉利，怪异出現知道凶喪：這是我力所能及的事。"

越王説："我雖然到了北方的吴國，成爲吴王手中走投無路的奴隸，但有各位大夫胸懷道德，又掌握了各種各樣的手段，各人都管好自己的一份工作來保住國家，我還擔憂什麽呢？"于是就在浙江邊上和群臣分别，群臣都痛哭流涕，没有不感傷的。越王抬頭向天嘆息説："死，是人所害怕的。而我聽説要死，在心裏竟然没有一點害怕。"于是就上船徑直走了，始終没有回頭看一下。

【輯證】

王曰："蠡爲我守於國。"對曰："四封之内，百姓之事，蠡不如種也。四封之外，敵國之制，立斷之事，種亦不如蠡也。"王曰："諾。"令大夫種守於國，與范蠡入宧於吴。（《國語·越語下》P.644）

顧校：觀變參災（灾）　　其於心胷中會（曾）無怵惕

7.5

越王夫人乃據船而哭【1】，顧見烏鵲啄江渚之蝦【2】〔1〕，飛去復來，因哭而歌之，曰：

仰飛鳥兮烏鳶〔2〕，凌玄虚號●翩翩〔3〕。
集洲渚兮優恣〔4〕，啄蝦矯翮兮雲間〔5〕。
任厥●兮往還〔6〕。
妾無罪兮負地〔7〕，有何辜兮譴天〔8〕？
颿颿●獨兮西往〔9〕，孰知返兮何年？
心惙惙●兮若割〔10〕，淚泫泫●兮雙懸【3】〔11〕。

又哀吟曰【4】：

彼飛鳥兮鳶烏[12]，已廻翔兮翕蘇【5】[13]。
心在專兮素蝦，何居食兮江湖？
徊復翔兮游颺[14]，去復返兮於乎[15]！
始事君兮去家，終我命兮君都。
終來遇兮何辜【6】[16]？離我國兮入吴【7】。
妻衣褐兮爲婢，夫去冕兮爲奴。
歲遥遥兮難極，寃悲痛兮心惻[17]。
腸千結兮服膺[18]，於乎哀兮忘食。
願我身兮如鳥，身翱翔兮矯翼。
去我國兮心摇，情憤惋兮誰識[19]？”

越王聞夫人怨歌，心中内慟[20]，乃曰：“孤何憂？吾之六翮備矣[21]。”

【校記】

【1】大德本“哭”上無“而”字，據《太平御覽》卷五百七十一引文補。

【2】大德本“顧”下無“見”字，據《北堂書鈔》卷一百六引文補。

【3】淚泫：在大德本八十六葉右下角，原文壞缺，其抄補之文作“淚泫”，據鄺本改。

【4】吟：大德本作“今”，據馮本改。

【5】已廻：在大德本八十六葉右下角，原文壞缺，其抄補之文作“已迴”，但大德本他處皆用“廻”而不用“迴”，今據鄺本改。

【6】辜：大德本作“幸”，據《太平御覽》卷五百七十一引文改。〇徐天祐曰：“‘幸’當作‘辜’。”

【7】入：大德本作“去”，據《太平御覽》卷五百七十一引文改。

【注釋】

〔1〕烏鵲：指烏鴉，是一種貪食兇猛的鳥。 蝦：下文又作“素蝦”，即白蝦。今長江口内仍可捕撈到，蝦體很小，色白，煮後仍呈白色。

〔2〕鳶（yuān 淵）：俗稱老鷹，形狀像鷹，唯嘴較短，尾較長，常開。耳羽黑褐色，故又名黑耳鳶。 烏鳶：烏鴉與老鷹，均貪食而兇猛。

〔3〕徐天祐曰：“‘號’當作‘兮’。”〇覺按：徐説是，“兮”蓋訛爲“号”，又傳寫爲“號”。 玄：天青色。 玄虚：天空。 凌玄虚：等於説“凌空”。 翩翩：輕快地飛舞的樣子。

〔4〕優：悠閒自得。 恣：放縱，無拘束。

〔5〕矯：舉起，抬起來。 翮（hé 河）：羽毛中間的硬管。泛指鳥的翅膀。

〔6〕徐天祐曰：“此闕一字。”〇覺按：“厥”下當脱七字。觀下一首歌詞之前四句與此首前四句意義相似，則“任厥兮往還”當與下一首之五六句意義相似，其文當作“任厥颺兮復翔，徘徊遊兮往還”。

〔7〕“無”直貫“負地”。

〔8〕譴：貶謫。這裏用作被動詞。

〔9〕徐天祐曰：“凡、梵兩音，馬疾步。”〇覺按：這是説，“颿”或讀 fán（凡），或讀 fàn（梵），是馬快跑的意思。

〔10〕徐天祐曰：“憂也。《诗》：‘憂心惙惙。’”〇覺按：“惙”音 chuò（綽）。

〔11〕徐天祐曰：“胡犬切。淚流貌。”〇覺按：泫泫（xuànxuàn 眩眩）：流貌。此歌押韻，其中韻脚“鳶”“間”“還”“懸”古屬元部，“翩”“天”“年”古屬真部，元真旁轉合韻。

〔12〕鳶烏：即上文之“烏鳶”，爲求押韻而倒置。

〔13〕翕（xī 息）：收斂。此指收翼停飛。《文選》卷三十四載枚乘《七發》：“飛鳥聞之，翕翼而不能去。” 蘇：歇息，困頓後獲得休息。

〔14〕颺：飛揚，翻騰。

〔15〕於乎：見 7.3 注〔17〕。這裏是觸景生情，聯想到自己返越無期而感嘆烏鳶的來去自如。

〔16〕遇：遇合，投合。指受到君主的恩寵。

〔17〕宛（yuàn 怨）：通“怨”。

〔18〕腸千結：腸子有上千個結，形容憂愁鬱結的心腸無法解脱。服（bì 必）：通“愊”，鬱結。 膺：胸。 服膺：等於説“服臆”“愊臆”，指胸中鬱結，形容悲痛的樣子。

〔19〕此歌押韻，其中前半首韻脚“烏”“蘇”“蝦”“湖”“乎”“家”“都”“辜”“吴”“奴”在古代均屬魚部，還有“颺”屬陽部，魚陽對轉，也可以認爲是韻脚。後半首韻脚“極”“惻”“食”“翼”“識”在古代均屬職部，還有“膺”屬蒸部，職蒸對轉，也可以認爲是韻脚。

〔20〕慟（tòng 痛）：極度悲哀。

〔21〕翮：見注〔5〕。 六翮：指衆多健壯的翅羽。此喻指衆多得力的輔佐大臣。

【義疏】

越王夫人却靠着船哭了，她回頭看見烏鴉在啄食江中小洲上的蝦，一會兒飛走了，一會兒又回來了，因而哭着吟唱這種情景，她唱道：

抬頭看見飛鳥啊是那烏鳶，高飛在空中啊輕快地迴旋。
停留在小洲上啊恣肆悠閑，啄食小蝦展翅啊直衝雲間。
任憑它向上飛啊來回翱翔，回復盤旋遨游啊來去往返。
賤妾没罪過啊没辜負大地，又有什麽罪過啊被天所貶？
又迅速又孤獨啊駛向西邊，有誰知道回國啊要在哪年？
心中凄凄慘慘啊像用刀割，眼泪汪汪直淌啊挂在雙眼。

接着她又悲哀地吟誦説：

那飛翔的鳥兒啊是些鳶烏，迴旋飛翔以後啊收翅停住。
心思專門放在啊白蝦一物，爲何住的吃的啊都在江湖？
迴旋往來翱翔啊遨游飛舞，去後再次返回啊唉呀嗚呼！
當初侍奉君主啊離開娘家，想過完我一生啊在君國都。

終于過來得寵啊有何罪過？突然離開我國啊前往勾吴。
妻子穿粗布衣啊成爲婢女，夫君摘去皇冠啊當了奴僕。
歲月悠悠無盡啊難以了結，怨恨悲哀痛苦啊心裏凄切。
愁腸千纏萬繞啊胸中鬱結，唉呀嗚呼悲哀啊忘了飲食。
希望我的身體啊像那鳥兒，身體凌空翱翔啊奮展雙翼。
離開我的祖國啊心神不安，心情憤懣惋惜啊又有誰知？

越王聽了夫人這幽怨的歌吟，心中十分内疚悲痛，于是自我排解説："我擔憂什麽呢？我那健壯的翅膀已經具備了。"

【輯證】

《吴越春秋》云："越王入吴，與諸大夫别於浙江之上。越王夫人據舡，顧見烏巢啄蝦，即承之以歌，其辭曰：'兩烏飛兮鳶烏，哭迴鄉兮翕蘇。何居食兮江湖？水中蟲兮白蝦，去復還兮嗚呼！'"（《北堂書鈔》卷第一百六 V.1212-P.494）

《吴越春秋》……又曰："越王入吴，與諸大夫别於浙江。遂登舡徑去，終不反顧。越王夫人乃援舡而哭，復見啄江涯之蝦，飛去者復來。哭訖，即承之以歌。其辭曰：'兩飛烏兮截作載，何居食兮江湖？水中虫子曰蝦，去復反兮嗚呼！始事君兮去家，終我命兮君都。中年過兮何辜？離我國兮入吴，妻爲婢兮夫爲奴。歲昭昭兮難極，寃痛悲兮心惻，嗚呼哀兮不食。'"（《太平御覽》卷第五百七十一 P.2580）

7.6

於是入吴，見夫差，稽首再拜稱臣〔1〕，曰："東海賤臣勾踐，上愧皇天〔2〕，下負后土〔3〕；不裁功力〔4〕，污辱王之軍士，抵罪邊境〔5〕。大王赦其深辜，裁加役臣，使執箕箒。誠蒙厚恩，得保須臾之命，不勝仰感俯愧〔6〕。臣勾踐叩頭頓首。"吴王夫差曰："寡人於子亦過矣〔7〕。子不念先君之讎乎？"越王曰："臣死則死矣。惟大王原之。"伍胥在旁，目若熛火〔8〕，聲如雷霆，乃進曰："夫飛鳥在青雲之上，尚欲繳●微矢以射之〔9〕，豈况近臥於華池、集於庭廡乎〔10〕？今越王放於南山之中，游於不可存之地〔11〕，幸來涉我壤土，入吾梐梱〔12〕。此乃廚宰之成事食也，豈可失之乎？"吴王曰："吾聞：'誅降殺服，禍及三世。'吾非愛越而不殺也，畏皇天之咎，教而赦之。"太宰嚭諫曰："子胥明於一時之計，不通安國之道。願大王遂其所執〔13〕，無拘羣小之口〔14〕。"夫差遂不誅越王，令駕車養馬，祕於石室之中【1】〔15〕。

【校記】

【1】石：大德本作“宫”，據四庫本改。

【注釋】

〔1〕稽首再拜：見5.6注〔3〕。

〔2〕皇天：見7.1注〔6〕。

〔3〕后：帝王。后土：土神，地神。

〔4〕裁：裁斷，度量。不裁功力：即5.6、5.7所説的“内不自量”。

〔5〕抵罪：得罪，犯罪。《廣雅·釋言》：“抵，觸也。”

〔6〕勝：盡。

〔7〕據《史紀·吴太伯世家》，闔閭敗於越而戰死時曾對夫差説：“爾而忘句踐殺汝父乎？”現在夫差不殺勾踐，是忘了父仇，所以實是犯了錯誤。

〔8〕熛（biāo標）：《説文·火部》：“熛，火飛也。”《一切經音義》卷十四“飈火”注引《三蒼》云：“迸火也。”即迸飛的火星。

〔9〕徐天祜曰：“音灼，生絲縷也。”〇覺按：繳（zhuó琢）：繫在箭上的生絲線，依靠它可把射中的鳥收回。

〔10〕華池：見4.35。

〔11〕存：《爾雅·釋詁下》：“存，察也。” 南山之中、不可存之地：指會稽山南部的勾嵊山一帶，參見5.5注〔4〕。

〔12〕梐梱（bìkǔn蔽閫）：也作“梐枑”，又叫“行馬”，是用木條交叉製成的柵欄，置於官署前以攔截人馬。

〔13〕遂：《禮記·月令》“百事乃遂”鄭玄注：“遂，猶成也。”即辦成，成功。

〔14〕羣小：《詩經·邶風·柏舟》“愠於羣小”鄭玄箋：“羣小，衆小人在君側者。”

〔15〕石室：大德本作“宫室”，下文説“越王、范蠡趨入石室”，可證此不當作“宫室”。《吴郡圖經續記》卷中：“研石山……下有石室，今存，俗傳吴王囚范蠡之地。”則此石室當在今靈巖山（見4.35注〔13〕）。

【義疏】

于是越王到了吴國，拜見夫差，磕頭拜了兩次而自稱臣下，説：“東海邊上的卑賤之臣勾踐，向上愧對天帝，在下對不起地神；不衡量一下自己的力量，污辱了大王的戰士，在邊境上犯了罪。大王赦免了我的嚴重罪行，判决加給我勞役，讓我拿着畚箕掃帚來做家務。我實在是蒙受到大王優厚的恩惠，纔得以保住短暫的生命，抬頭説不盡對您的感激，低頭道不盡自己的慚愧。臣下勾踐謹向大王叩頭再叩頭。”吴王夫差説：“我對您的處理也錯了。您就没想到我先君的仇恨嗎？”越王説：“我如果該死那也就衹好死了，衹希望大王能原諒我。”伍子胥在旁邊，眼睛就像迸出的火星，聲音就像雷霆，立即走上前説：“那飛翔的鳥在青雲之上，尚且想要用拴有生絲綫的小箭去射它，更何况是極近地栖息在華池、停留在堂前空地與堂下走廊的呢？越王被放縱在南面的山野之中，活動于不能發現的地方，現在幸好來到我們的國土上，進了我們的木栅欄。這正是厨師辦成事情而大吃一頓的時候，怎麽能失掉他呢？”吴王説：“我聽説：‘誅殺投降歸服的人，灾禍將延及三代。’我並不是可憐越王纔不殺他的，而是怕天帝的責怪，所以對他采取教育的方法而把他赦免了。”太宰嚭勸諫説：“子胥衹明白暫時的權宜之計，而不精通安國定邦的策略。希望大王實施您所拿定的主意，不要囿于小人們的胡言亂語。”夫差也就没殺越王，叫他駕車養馬，秘密地住在石洞之中。

【輯證】

顧校：不勝仰感俯愧（媿）

7.7

三月，吴王召越王入見。越王伏於前，范蠡立於後。吴王謂范蠡曰：“寡人聞：‘貞婦不嫁破亡之家，仁賢不官絶滅之國。’今越王無道，國已將亡，社稷壞崩，身死世絶，爲天下笑。而子及主俱爲奴僕，來歸於吴，豈不鄙乎？吾欲赦子之罪，子能改心自新、棄越歸吴乎【1】？”范蠡對曰：“臣聞：‘亡國之臣不敢語政，敗軍之將不敢語勇。’臣在越，不忠不信，今越王不奉大王命號〔1〕，用兵與大王相持，至今獲罪〔2〕，君臣俱降。蒙大王鴻恩，得君臣相保。願得入備掃除〔3〕，出給趨走〔4〕，臣之願也。”此時越王伏地流涕，自謂遂失范蠡矣〔5〕。吴王知范蠡不可得爲臣，謂曰：“子既不移其志，吾復置子於石室之中。”范蠡曰：“臣請如命。”吴王起，入宫中。越王、范蠡趨入石室。

【校記】

【1】“越”字大德本壞缺，據鄺本改。

【注釋】

〔1〕今：當作“令”，形近而誤。
〔2〕盧文弨曰：“今，疑‘令’。”
〔3〕備：備用。這是一種謙詞。
〔4〕給：供。趨走：奔跑。給趨走：供驅使而奔跑效勞，指當奴僕。
〔5〕謂：通“爲”。遂：《説文·辵部》：“遂，亾也。”

【義疏】

過了三個月，吴王叫越王進宫拜見。越王趴在吴王跟前，范蠡站在越王後邊。吴王對范蠡説：“我聽説：‘有操守的女子不嫁給破落的家庭，仁人賢士不在滅亡的國家做官。'現在越王暴虐無道，國家已將滅亡，土地神和穀神神像毁壞崩塌，他自己死後世系就斷絶了，被天下人所譏笑。而您和主子都做了奴僕，前來歸順吴國，難道不感到卑賤嗎？我想赦免對您的處罰，您能改變思想、悔過自新、拋弃越國而投奔吴國嗎？"范蠡回答説："我聽説：'亡國的臣子不敢侈談政治，敗退的將軍不敢侈談勇敢。'我在越國的時候，不忠貞不誠信，使越王不接受大王的命令，用兵和大王相對抗，以致使我們得到了懲處，君臣都投降了。承蒙大王的大恩，我們君臣才得以保全。我希望能在您回家時用我來打掃衛生，在您外出時供您驅使而爲您奔走，這纔是我的願望啊！"這時越王趴在地上流泪，自以爲要失去范蠡了。吴王知道范蠡不可能做自己的臣子，就對他説："您既然不改變自己的志嚮，我就再把您安置在石洞之中。"范蠡説："臣請求服從命令。"吴王起身，到宫内去了。越王、范蠡有禮貌地小步快走進入石洞中。

7.8

越王服犢鼻〔1〕，着樵頭〔2〕。夫人衣無緣之裳〔3〕，施左關之襦〔4〕。夫斫剉養馬〔5〕，妻給水、除糞、灑掃。三年〔6〕，不愠怒，面無恨色。吴王登遠臺，望見越王及夫人、范蠡坐於馬糞之旁，君臣之禮存，夫婦之儀具。王顧謂太宰嚭曰："彼越王者，一節之人；范蠡，一介之士〔7〕。雖在窮厄之地，不失君臣之禮。寡人傷之。"太宰嚭曰："願大王以聖人之心，哀窮孤之士。"吴王曰："爲子赦之。"

【注釋】

〔1〕犢鼻：《史記·司馬相如列傳》又作"犢鼻褌"，"褌"是褲子，所以《辭源》把它解爲"短褲"，實誤。因爲勞作者穿短褲，甚不合情理。《方言》卷四："無祠袴謂之襣。"郭璞注："袴無踦者，即今犢鼻褌也。"可見，它是一種没有褲裥（褲脚管）的"褲子"，王先謙《漢書補注》解爲"圍裙"，近之，但恐怕還不很準確。《史記·司馬相如列傳》"相如身自著犢鼻褌"《集解》："韋昭曰：'今三尺布作，形如犢鼻矣。'"則所謂"犢鼻"，當是類似於今江南農村幹活時穿在衣褲外的"作裙"與"繫身"之類的下衣，其形制如下圖：

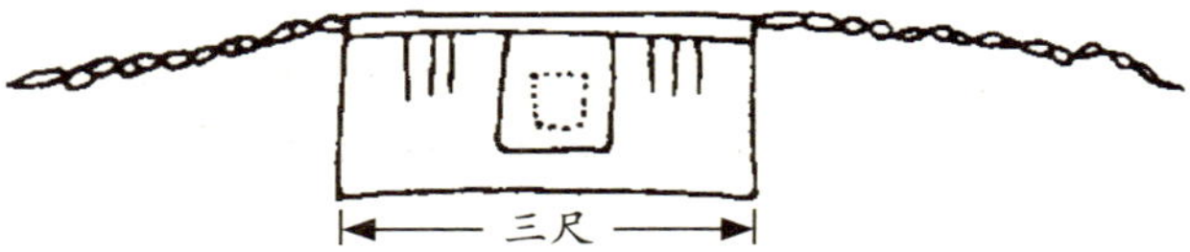

即以三尺左右長的一幅布（今之"繫身"僅擋住身體前面，故長度僅尺餘，"作裙"則圍住腰身四周），在布之一邊做上褶子、縫上腰與帶子，中間另加一塊蓋布（今之"繫身"

均有此蓋布），既用來遮擋裏面的口袋（虛線所示），更是爲了有利於勞作時對勞動者的保護。穿時由前向後，兩帶子在身後交錯後回到身前扎住。穿好後中間的蓋布形如犢鼻（小牛之鼻），恐即因此而得名。

〔2〕孫詒讓曰："案：椎頭即幧頭也。《釋名·釋首飾》云：'綃頭，綃紗也，鈔髮使上從也。'（《後漢書·向栩傳》云：'好被髮著絳綃頭。'）《方言》云：'絡頭，自河以北，趙、魏之閒曰幧頭。'（《廣雅·釋器》亦作'幧頭'。）《儀禮·士喪禮》、《喪服》鄭注竝云'著幓頭'。'椎'、'幧'、'綃'、'幓'皆一聲之轉。（《御覽》六百八十八引作'王衣獨鼻幓頭'，字與《儀禮》注同。）"○覺按：着（zhuó 酌）：穿戴。椎頭："椎"（qiáo 喬）古屬從母宵部，"幧"（qiāo 敲）古屬清母宵部，"綃"（xiāo 宵）古屬心母宵部，"幓"（shēn 深）古屬生母侵部，所以"幓"與"椎"、"幧"、"綃"非一聲之轉。"椎頭"當爲"幧頭"的假借字，古又寫作"帩（qiào 峭）頭"，《宋書·樂志三·古詞·豔歌羅敷行》："少年見羅敷，脱帽著帩頭。"它是一種頭巾，用來包住頭髮，以便戴帽。

〔3〕衣（yì 義）穿。 縁：古時衣服的邊飾，一般採用與衣服不同的質料做成。 裳：下衣，類似今之"作裙"（參見注〔1〕）。

〔4〕施：《禮記·祭統》"勤大命施于烝彝鼎"鄭玄注："施，猶著也。" 左關：等於説"左衽"，指衣襟向左開闔。這是古代少數民族的服裝式樣。《論語·憲問》："微管仲，吾其被髮左衽矣。"邢昺疏："衽謂衣衿。衣衿向左謂之左衽。夷狄之人被髮左衽。"古代中原地帶的服裝是向右開闔，衹有死者的葬服纔做成左衽，《禮記·喪大記》："小斂大斂，祭服不倒，皆左衽。"鄭玄注："左衽，衽鄉左，反生時也。"

〔5〕斫：斬。指鍘斷草料。 剉（cuò 挫）：通"莝"。《説文·艸部》："莝，斬芻。"即斬細的草料。這裏用作動詞，表示鍘斷草料。

〔6〕三年：《國語·越語下》："與范蠡入宦於吳，三年，而吳人遣之。"韋昭注："句踐以魯哀元年棲會稽，吳與之平而去之。句踐改修國政，然後卑事夫差，在吳三年而吳人遣之，此則魯哀五年也。"魯哀公五年即勾踐七年（前 490）。本書 7.1 載勾踐五年入吳，若依韋説，則本文所謂"三年"，衹是指第三個年頭。

〔7〕介：《爾雅·釋詁上》："介，善也。"《楚辭·九章·悲回風》"介眇志之所惑兮"王逸注："介，節也。"即高潔有節操的意思。

【義疏】

越王束着犢鼻，扎着頭巾。夫人下穿没有鑲邊的作裙，上着衣襟向左開合的短襖。丈夫鍘草養馬，妻子供給飲水、清除馬糞、灑水掃地。像這樣三年了，他們也毫不怨恨生氣，臉上没有一點兒不滿的神色。吳王登上了遠處的高臺，望見越王及夫人、范蠡坐在馬糞的旁邊，那君臣之間的禮節仍保持着，夫婦之間的禮儀仍很完備。吳王回頭對太宰嚭説："那越王啊，是一個有節氣的人；范蠡，是一個有操守的賢士。他們雖然處在困厄的境地，仍不丢掉君臣之間的禮節。我真爲他們感到悲傷。"太宰嚭説："希望大王以聖人的心腸，憐憫這幾個困厄孤苦的人。"吳王説："我就爲您赦免他們吧。"

【輯證】

勾踐入宦於吴，身執干戈爲吳王洗馬，故能殺夫差於姑蘇。（《韓非子·喻老》P.392）

越王句踐與吴戰而不勝，國破身亡，困於會稽，忿心張膽，氣如涌泉，選練甲卒，赴火若滅。然而請身爲臣，妻爲妾，親執戈爲吴兵先馬走，果禽之於干遂。（《淮南子·道應訓》P.393）

昔越王句踐卑下吴王夫差，請身爲臣，妻爲妾，奉四時之祭祀，而入春秋之貢職，委社稷，效民力，隱居爲蔽，而戰爲鋒行。禮甚卑，辭其服，其離叛之心遠矣。然而甲卒三千人以禽夫差於姑胥。（《淮南子·人間訓》P.627）

《吴越春秋》曰："勾踐與妻入臣吴。王衣獨鼻幓頭，夫人衣無緣之裳、左開之襦，以養馬。"（《太平御覽》卷第六百八十八 P.3072）

《吴越春秋》曰："勾踐與妻入臣吴。夫人衣無緣之裳、左開之襦，筌以養馬。"（《太平御覽》卷第六百九十五 P.3101）

顧校：王顧謂太宰嚭（噽）曰　　太宰嚭（噽）曰

7.9

後三月，乃擇吉日而欲赦之，召太宰嚭謀曰："越之與吴，同土連域。勾踐愚黠〔1〕，親欲爲賊。寡人承天之神靈、前王之遺德，誅討越寇，囚之石室。寡人心不忍見，而欲赦之，於子柰何？"太宰嚭曰："臣聞：'無德不復。'大王垂仁恩加越，越豈敢不報哉？願大王卒意●〔2〕。"

越王聞之，召范蠡告之曰："孤聞於外，心獨喜之，又恐其不卒也。"范蠡曰："大王安心，事將有意〔3〕，在《玉門》第一〔4〕。今年十二月戊寅之日〔5〕，時加日出〔6〕。戊，囚日也〔7〕；寅，陰後之辰也〔8〕。合庚辰，歲後會也〔9〕。夫以戊寅日聞喜，不以其罪罰日也〔10〕。時加卯而賊戊〔11〕，功曹爲騰蛇而臨戊〔12〕，謀利事在青龍〔13〕。青龍在勝先而臨酉，死氣也〔14〕，而剋寅〔15〕。是時剋其日〔16〕，用又助之〔17〕，所求之事，上下有憂〔18〕。此豈非天網四張、萬物盡傷者乎？王何喜焉？"

果子胥諫吴王曰："昔桀囚湯而不誅，紂囚文王而不殺，天道還反，禍轉成福，故夏爲湯所誅，殷爲周所滅。今大王既囚越君而不行誅，臣謂大王惑之深也，得無夏、殷之患乎？"

吴王遂召越王，久之不見。范蠡、文種憂而占之，曰："吴王見擒也〔19〕。"有頃，太宰嚭出，見大夫種、范蠡，而言越王復拘於石室。

伍子胥復諫吴王曰："臣聞王者攻敵國，克之則加以誅，故後無報復之憂，遂免子孫之患。今越王已入石室，宜早圖之，後必爲吴之患。"太宰嚭曰："昔者，齊桓割燕所至之地以貺燕公●[20]，而齊君獲其美名；宋襄濟河而戰●[21]，《春秋》以多其義[22]。功立而名稱，軍敗而德存。今大王誠赦越王，則功冠於五霸，名越於前古。"吴王曰："待吾疾愈，方爲太宰赦之。"

【注釋】

〔1〕黠：聰慧，狡猾。此指耍小聰明。　愚黠：與5.6所説的"智而愚"義同，參見5.6注〔25〕。馮本作"愚黯"，則當通"愚暗"，表示愚昧無知，也通。

〔2〕徐天祐曰："終其意也。"

〔3〕意：《漢書・文三王傳》"於是天子意梁"顔師古注："意，疑也。"

〔4〕《玉門》：當是一種書或一種占吉凶的法式，與《金匱》（見5.12注〔9〕）類似。據孫詒讓的推測，"玉門"與"金匱"語法結構相同，字義相對，當是一種六壬式書名（見10.14注〔4〕）。錢大昕則曰："八會之占，驗于吴、楚；玉門之策，習于種、蠡。雖小道，有可觀，而夫子焉不學？詎如後之學者未窺六甲，便衍先天；不辨五行，迺汩《洪範》；握算昧正負之目，出門迷鈎繩之方也哉？"（見《淮南天文訓補注・序》）依錢説，它便是一種與八會（見5.12注〔9〕、〔14〕）類似的占術。《黄帝金匱玉衡經》有"金匱玉房"一語，又有《玉衡章》載有十條"經"，《玉門》恐怕也是此類之書。

〔5〕今年：指越王入吴後第三個年頭，即勾踐七年（魯哀公五年，前490），參見7.8注〔6〕。　十二月：錢塘認爲，勾踐入吴在魯哀公三年，吴王釋放勾踐在魯哀公六年（前489），而魯哀公六年的戊寅日在正月初一（方詩銘等《對照表》同），越國置閏不同，所以在前一年的十二月（見5.12注〔10〕）。此説可從。　戊寅：是越王聽到好消息的日子（見下文），所以作爲推測吉凶的根據。

〔6〕日出：太陽出來，指卯時，即早晨五點到七點。

〔7〕戊，囚日也：錢塘認爲："十二月水王，故戊囚。"（見5.12注〔10〕）用其所處的月份來解釋，恐不當，因爲此文言"日"而並非言"月"。《説文・戊部》："戊，中宫也，象六甲五龍相拘絞也。戊承丁，象人脅。"《説文》解釋干支，每多陰陽之論。此文説戊是囚日，或爲此義。

〔8〕陰、辰：見5.12注〔13〕。　陰後之辰：據錢塘之説（見5.12注〔10〕），是指太陰已經過的地支。據錢説，此時太陰在丙戌。戊寅在丙戌前八位，所以説寅是"陰後之辰"。

〔9〕合、會：指合日，參見5.12注〔14〕。　庚辰：即此月初三，見5.12注〔10〕所引錢塘之説。　歲後：據錢説，是指"太陰已厤之辰"。庚辰在丙戌前六位，所以説"歲後"。"歲後會"是一種凶兆，參見5.12注〔10〕。

〔10〕其罪：戊是囚日，所以有罪。　日：天干。古代"十干"又稱"十日"（見5.12注〔14〕）。

〔11〕時加卯：即上文"時加日出"。　賊戊：據《淮南子》（見5.12注〔16〕），卯在五行配"木"，戊在五行配"土"，而根據五行相勝之道（見5.27注〔15〕），木勝

土，所以言“卯”“賊戊”。

〔12〕俞樾曰：“‘戊’字誤，當作‘巳’。功曹者，寅也。范蠡占此爲十二月戊寅日卯時，以日辰起貴神，則寅爲塍蛇而臨地盤巳位。”〇覺按：功曹：見5.12注〔18〕。塍蛇：也作“螣蛇”，本指一種能飛行的神蛇，占術中用爲神名，主殺伐。《黄帝金匱玉衡經》：“塍蛇誅斬，金鉞鏘鏘。” 至於俞説，備考，今再將其所作地盤圖附於此。

寅塍	卯朱	辰六	巳句
醜貴			午青
子后			未空
亥陰	戌元	酉常	申白

〔13〕青龍：指太歲，見5.12注〔10〕。

〔14〕孫詒讓曰：“《五行大義》第二十《論諸神篇》云：‘午勝先者，陽氣大威，陰氣時動，惟陽在先爲勝也。’《黄帝龍首經》亦云：‘午爲勝先。’蓋古六壬式皆如此作。”〇覺按：據《黄帝金匱玉衡經》，“勝先”爲一占卜術語。據孫説，則此文“青龍在勝先”等於説“太歲在午”。據錢塘之説，此時太陰在丙戌（見5.12注〔10〕），則太歲當在戊申（參見5.12注〔13〕），已過“午”而臨“酉”。此文説“在勝先”，似爲約略之辭，實指“過勝先”。太歲與十二辰運行順序一致，所以從“午”前行，將經過“未”“申”而臨近“酉”。《淮南子·天文訓》：“午爲定，未爲執，主陷；申爲破，主衡；酉爲危，主杓。”可見太歲在午而前行，直至酉，均不吉利，所以此文説“青龍在勝先而臨酉”是“死氣”。

〔15〕此時太歲在申而臨酉，申、酉在五行配“金”，寅在五行配“木”（參見5.12注〔16〕），根據五行相勝之道（見5.27注〔15〕），金勝木，所以此文説“剋寅”。

〔16〕時剋其日：指上文“時加卯而賊戊”。時辰剋日是一種小剋大的逆剋，是不吉利的。

〔17〕用：《方言》卷六：“用，行也。”此指上文“青龍在勝先而臨酉”等等。

〔18〕上下：此指天干地支。因爲戊被賊而寅被剋，所以這戊寅日所聞之事尚有意外。

〔19〕見：指代性副詞，偏指我。參見5.18注〔2〕。

〔20〕徐天祜曰：“齊桓公救燕，北伐山戎而還，燕君送桓公出境，桓公因割燕所至地予燕。”〇覺按：齊桓：齊桓公，春秋時齊國國君，齊襄公弟，姜姓，吕氏，名小白，公元前685至公元前643年在位。齊襄公十二年（前686），齊將亂，他出奔莒國（在今山東省莒縣）。這一年齊襄公被殺後，他於次年回國即位，之後任用管仲爲相，實行政治改革，使齊國國力大振。他幫助燕國打敗山戎，營救衛、邢，多次會合諸侯訂立盟約，尊崇周室，故史稱“九合諸侯，一匡天下”，成爲春秋五霸中的第一個霸主。但管仲死後，他卻重用了投其所好的竪刁、易牙、開方等人。公元前643年，他因竪刁等人作亂而餓死。其事蹟可參見《左傳》《史記·齊太公世家》。 燕（yān 煙）：本作“匽”“郾”，周代諸侯國，姬姓，開國君主是召公奭（參見1.6注〔9〕），爲了與姞姓之燕國（西周所封，開國君主是伯儵，位於今河南省延津縣北，參見《潛夫論·志氏姓》）相區别，歷史上又稱“北燕”，地處今河北省北部，建都薊（位于今北京市南大興區），戰國時成爲七雄之一。公元前222年爲秦所滅。參見《史記》的《燕召公世家》與《匈奴列傳》。 貺（kuàng 況）：賜。 燕公：指燕莊公，春秋時燕國君主，前690—前658年在位。據《史記·齊太公世家》，齊桓公二十三年（公元前663年），“山戎伐燕，燕告急於齊。齊桓公救燕，遂伐山戎，至于孤竹而還。燕莊公遂送桓公入齊境。桓公曰：‘非天子，諸侯相送不出境，吾不可以無禮於燕。’於是分溝，割燕君所至與燕，命燕君復修召公之政，納貢于周，如成、康之時。諸侯聞之，皆從齊”。

〔21〕徐天祐曰："宋襄公與楚成王戰于泓，目夷曰：'及其未濟，擊之。'公不聽。已濟，陳成。宋人擊之，宋師大敗。公曰：'君子不困人於阨，不鼓不成列。'"〇覺按：宋襄：宋襄公，春秋時宋國君主，子姓，名兹甫（一作兹父），宋桓公之子，公元前650—公元前637年在位。齊桓公死後，他曾率曹、衛、邾之兵攻齊而打敗齊兵，稱霸一時。後與楚争霸，曾一度爲楚所拘。公元前638年，他與楚成王戰于泓水。他講究仁義，要等楚軍渡河列陣後再戰，結果大敗受傷，次年因傷重而死。其事蹟可參見《春秋》《左傳》《史記·宋微子世家》。 河：指泓水，是古渙水支流，故道在今河南省柘城縣西北。 濟河而戰：此事發生於宋襄公十三年（前638），《左傳·僖公二十二年》載："冬十一月己巳朔，宋公及楚人戰于泓。宋人既成列，楚人未既濟。司馬曰：'彼衆我寡，及其未既濟也，請擊之。'公曰：'不可。'既濟而未成列，又以告。公曰：'未可。'既陳而後擊之，宋師敗績。公傷股。門官殲焉。國人皆咎公。公曰：'君子不重傷，不禽二毛。古之爲軍也，不以阻隘也。寡人雖亡國之餘，不鼓不成列。'"

〔22〕《春秋》：是春秋時魯國史官記載當時史事的一部編年體史書，現存的《春秋》相傳爲孔子據魯史修訂而成。其敘事極其簡略嚴謹，往往通過隱微精深的語言來隱喻對人事的褒貶（即所謂的"《春秋》筆法"、"微言大義"）。古代對《春秋》進行闡明、解釋的著作主要有左氏、公羊、穀梁三家。戰國、秦、漢時，人們引述《左傳》《公羊傳》《穀梁傳》中的話，往往也統稱爲《春秋》。如《韓非子·姦刧弑臣》説"《春秋》記之曰"，《潛夫論·浮飾》説"《春秋》以爲非君"、"《春秋》以爲不臣"，均指《左傳》而言；《荀子·大略篇》説"《春秋》善胥命"，《鹽鐵論·晁錯》説"《春秋》之法"，《潛夫論·斷訟》説"《春秋》之義"，均指《公羊傳》所言。此文之《春秋》，也指《公羊傳》而言。多其義：指《公羊傳·僖公二十二年》所説的："君子大其不鼓不成列，臨大事而不忘大禮，有君而無臣，以爲雖文王之戰，亦不過此也。"

【義疏】

三個月以後，吴王就選擇吉日想赦免他們，叫來太宰嚭商量説："越國和吴國，在同一塊土地上而疆域相連。勾踐愚昧而狡猾，還想親自來傷害我。我禀受了上天的神明以及先王遺留下來的恩德，譴責討伐越寇，終于把他囚禁在岩洞之中。我不忍心看到他像這樣困窘，因而想赦免他，您看怎樣？"太宰嚭説："我聽説：'没有什麽德行不受到報答。'大王賜下仁愛恩惠而施加給越王，越王難道敢不報答嗎？希望大王兑現您的想法。"

越王聽説了這件事，叫來范蠡告訴他説："我在外面聽説了這件事，心裏暗自高興，但又怕他不兑現啊！"范蠡説："大王别激動，這事情還有點可疑，因爲它對應《玉門》第一類。大王聽到這消息，是在今年十二月戊寅日，時辰是太陽出來之際的卯時。戊，是個被囚禁的日子；寅，是太陰經過以後的地支。合日是庚辰，這是一個太陰已經經過的合日。大王在戊寅日聽到喜訊，可見上天並不因爲戊的罪過而處罰天干。但時辰正當卯時就傷害了戊，而功曹又是騰蛇並且逼近戊，這樣，謀取有利的事就取决于太歲了。而現在太歲已經過午並且臨近酉，這是一股死氣，而且在五行上它又剋過寅。這樣看來，不但時辰勝過了這戊寅的天干，而且太歲的運行又輔助了它，所以大王渴求的事情，從天干與地支來看都有值得擔憂的事。這難道不是上天的羅網四下張開、一切事物都要被傷害的時刻嗎？大王高興什麼呢？”

結果伍子胥果然勸諫吴王説：“從前夏桀囚禁了商湯而不殺掉，商紂王囚禁了周文王而不殺掉，天神的意志再反過來，結果災禍就轉變成了福氣，所以夏桀被商湯所懲處，商朝被周國所消滅。現在大王已經囚禁了越君却不加以殺戮，我以爲大王迷惑得也太深了，能没有夏桀、商紂那樣的禍患嗎？”

吴王于是就召見越王，但過了很久也不出來接見。范蠡、文種十分擔憂而爲此占了個卜，那占卜的結果説：“吴王捉住了我們。”過了一會兒，太宰嚭出來，見了大夫文種、范蠡，通知越王還會被關押在石洞中。

伍子胥又勸告吴王説：“我聽説稱王天下的人攻打敵國，如果戰勝了他們，就加以殺戮，所以到後來就没有被報復的憂慮，也最終免除了子孫的禍患。現在越王已經到了石洞中，應該及早設法搞掉他；如果不趁早把他殺了，他以後一定會成爲吴國的禍水。”太宰嚭説：“從前，齊桓公割讓了燕莊公送他時所走到的地方把它賜給了燕莊公，而齊桓公便獲得了那美好的名聲；宋襄公等楚軍過了河再和他們交戰，《春秋》因而贊揚他的道義。齊桓公功業已建立而名聲被稱頌，宋襄公作戰雖失敗而德行被傳揚。現在大王如果真是赦免了越王，那麼功德就在五霸之上，名聲就超過了以前的一切人。”吴王説：“等我的病痊愈，就爲太宰赦免他。”

【輯證】

顧校：召太宰嚭（噽）謀曰　夫（天）以戊寅日聞喜　殷（殷）爲周所滅　得無夏殷（殷）之患乎　有頃太宰嚭（噽）出　太宰嚭（噽）曰

蔣校：夫（宋本“天”）以戊寅日聞喜

7.10

後一月，越王出●石室〔1〕，召范蠡，曰：“吴王疾，三月不愈。吾聞人臣之道，主疾臣憂，且吴王遇孤，恩甚厚矣。恐疾之無瘳【1】〔2〕，惟公卜焉。”范蠡曰：“今日日辰陰陽〔3〕，上下和親，無相入者。法曰：‘天一救，且何憂【2】？’吴王不死明矣。到己巳日〔4〕，當瘳。惟大王留意。”越王曰：“孤所以窮而不死者，賴公之策耳。中復猶豫〔5〕，豈孤之志哉？可與不可，惟公圖之。”范蠡曰：“臣竊見吴王真非人也〔6〕。數●言成湯之義而不行之〔7〕。願大王請求問疾，得見，因求其糞而嘗之，觀其顏色，當拜賀焉。言其不死，以瘳起日期之〔8〕。既言信後，則大王何憂？”

【校記】

【1】大德本無“恐”，據《太平御覽》卷七百三十八引文補。

【2】大德本無“今日日辰陰陽上下和親無相入者法曰天一救且何憂”二十二字，據《太平御覽》卷七百三十八引文補。要説明的是：其中的“陰”，《太平御覽》引文作“陰”，今據大德本用字之例改。

【注釋】

〔1〕徐天祜曰：“‘出’當作‘坐’。”〇覺按：此指越王走出自己所居的石室而召范蠡，若作“坐”，反成贅辭，故不必改字。

〔2〕瘳（chōu 抽）：疾病好轉。

〔3〕日辰：干支（參見5.12注〔14〕）。日辰陰陽：是陰陽五行家用來推斷吉凶的依據。《黄帝金匱玉衡經·金匱章·第一經》：“何謂日辰？假令今日甲子，甲爲日，子爲辰。陰陽者，日，上神，爲陽神；辰，下神，爲陰神。”

〔4〕己巳日：即魯哀公六年（前489）四月廿三日，越國置閏不同，此當在三月（參見7.9注〔5〕、7.11注〔4〕）。

〔5〕猶豫：遲疑不决。指范蠡説的話遲疑不定，没有個决策，祇是讓越王留意。

〔6〕見：看。引申而表示“持有看法”“認爲”。

〔7〕徐天祜曰：“色角切。”〇覺按：數（shuò 朔）：屢次。成湯：即湯，見7.2注〔3〕。成湯之義：當指商湯的慈善之心。據《史記·殷本紀》載，湯有一次到野外，見人圍獵，張網四面而禱告説：“天下四方，都入我網。”湯説：“這樣不是要一網打盡了。”就要他撤去三面，禱告説：“想向左的就向左跑，想向右的就向右跑。不聽我命令的就鑽進我的羅網。”諸侯聽到了這件事，説：“湯的德行高極了，連禽獸也照顧到了。”

〔8〕期：約定日期。

【義疏】

一個月以後，越王走出石洞，召見范蠡，説：“吴王生了病，已經三個月了還没有痊愈。我聽説做臣子的原則是，君主生病臣子擔憂。况且吴王對待我，恩情已非常深厚了。我怕他的病一直不好，希望您爲他占個卜。”范蠡説：“今天的干支陰陽，上下和順相親，没有互相侵犯的。占卜的法書上説：‘上天一救，還有何憂？’吴王不會死是很明顯的了。到己巳日，病情將會好轉。希望大王注意。”越王説：“我之所以陷入困境而仍然没死，完全是靠了您的計策罷了。您現在話説了一半又遲疑不定而没有個决策，這難道是我所希望的嗎？事情無論是可行還是不可行，希望您想想辦法。”范蠡説：“我個人認爲吴王真不是個人。他屢次稱説商湯的道義却不能付諸實施。希望大王前去請求問候他的疾病，如果能見到他，就求取他的糞便而嘗嘗它，再看他的臉色，該向他行禮祝賀。説他不會死，並預言他病情好轉而起床的日子。

等到您的話已經被證實以後，那麼大王還擔憂什麼呢？”

【輯證】

趙曄《吴越春秋》曰：“越王出石室，召范蠡，謂之曰：‘吴王疾病，三月不愈。孤聞人臣之道，主疾臣憂。且吴王遇孤，恩澤甚厚。恐疾之無瘳也，唯先生卜焉。’范蠡曰：‘今日日辰陰陽，上下和親，無相入者。法曰：“天一救，且何憂？”吴王不死，明矣。到己巳，當有瘳也。’”（《太平御覽》卷第七百三十八 P.3275）

7.11

越王明日謂太宰嚭曰：“囚臣欲一見問疾。”太宰嚭即入言於吴王。王召而見之，適遇吴王之便●〔1〕，太宰嚭奉溲、惡以出●〔2〕，逢户中〔3〕。越王因拜：“請嘗大王之溲以决吉凶。”即以手取其便與惡而嘗之，因入曰：“下囚臣勾踐賀於大王。王之疾至己巳日有瘳，至三月壬申病愈〔4〕。”吴王曰：“何以知之？”越王曰：“下臣嘗事師聞糞者〔5〕，順穀味、逆時氣者〔6〕，死；順時氣者，生。今者臣竊嘗大王之糞，其惡味苦且楚酸〔7〕。是味也，應春、夏之氣。臣以是知之。”吴王大悦，曰：“仁人也。”乃赦越王，得離其石室，去就其宫室，執牧養之事如故。越王從嘗糞惡之後，遂病口臭。范蠡乃令左右皆食岑草以亂其氣●〔8〕。

【注釋】

〔1〕徐天祐曰：“平聲。下同。”

〔2〕徐天祐曰：“溲，所九切。惡，遏各切。下同。溲，即便也。惡，大溲也。大小溲，亦曰前後溲，見《史·倉公傳》。”〇覺按：溲（sōu 搜）：大小便，又特指小便。惡（è 厄）：大便。今吴語讀爲 wú（毋）。

〔3〕户：單扇的門（參見 4.2 注〔16〕）。此當指卧室之門。

〔4〕三月壬申：即魯哀公六年（前 489）四月廿六，越國置閏不同，所以在三月。參見 7.9 注〔5〕、7.10 注〔4〕。

〔5〕事：侍奉，古代從師學藝稱“事”或“服役”。師：用作動詞，以……爲老師。事師：指從師學習。

〔6〕順穀味：因循穀物的味道。指所吃的飯食没消化。

〔7〕楚：《釋名·釋州國》：“楚，辛也。”楚酸：等於説“辛酸”，辣味與酸味。

〔8〕徐天祐曰：“《會稽賦》註：‘岑草，蕺也，菜名，擷之小有臭氣。凶年民斸其根食之。’《會稽志》：‘蕺山在府西北六里，越王嘗採蕺于此。’”〇覺按：蕺菜俗稱“魚腥草”，爲多年生草本植物，莖上有節，葉互生而呈心臟形，莖和葉有腥味，全草入中藥。蕺山在今紹興市東北隅，周圍約 2 公里，高 52 米。晉王羲之之宅在山麓，故又名王家山。

【義疏】

第二天越王對太宰嚭説："囚犯我想看一下吴王，問候他的疾病。"太宰嚭就進去報告了吴王。吴王叫他進去準備接見他，正好碰上吴王大小便，太宰嚭捧着吴王的尿糞出來，在門口遇上了。越王便作揖行禮，説："請讓我嘗一下大王的糞便來判斷大王的病情是吉是凶。"便用手抓了一些吴王的小便和大便嘗了一下，接着就進去説："在下的囚犯奴僕勾踐向大王祝賀。大王的疾病到己巳日會有好轉，至三月壬申日疾病就痊愈了。"吴王説："憑什麼知道我的病到三月壬申日會痊愈？"越王説："下臣曾經向聞糞的人學習過，那糞便因循穀物的味道而違背時令元氣的人，就會死；那糞便順應了時令元氣的人，就能活。現在我私下嘗了一下大王的糞便，那大便的味道又苦又辣又酸。這種味道，對應了春、夏之間的元氣。我因此知道大王的病在三月壬申日會痊愈。"吴王十分高興，説："真是個仁慈的人。"于是就赦免越王，使他能離開那個石洞，來到自己的王宫，還是像原來那樣掌管養馬的事。越王自從嘗了糞便之後，就患了口臭病。范蠡就命令身邊的侍從都吃岑草來擾亂他的臭氣。

【輯證】

《吴越春秋》曰："吴王拘越王勾踐與大夫范蠡於石室。吴王疾，越王謂太宰嚭曰：'囚臣請一見問疾。'太宰入言，吴王乃見越王也。"（《初學記》卷第二十 P.492）

《吴越春秋》曰："吴王拘越王勾踐與大夫范蠡於石室。吴王疾，越王謂太宰嚭曰：'囚臣請一見問疾。'太宰入言，吴王乃見越王也。"（《太平御覽》卷第六百四十二 P.2875）

《吴越春秋》曰："越王勾踐入臣於吴。吴王病，大便，太宰嚭奉溲、惡以出。勾踐嘗之，後病口皃（覺按：當作"臭"）。范蠡令左右食芩草以亂其氣。"（《太平御覽》卷第三百六十七 P.1693）

顧校：越王明日謂太宰嚭（嚭）曰　　太宰嚭（嚭）奉溲惡以出

7.12

其後，吴王如越王期日疾愈，心念其忠，臨政之後，大縱酒於文臺。吴王出令曰："今日爲越王陳北面之坐[1]，羣臣以客禮事之。"伍子胥趨出，到舍上，不御坐。酒酣，太宰嚭曰："異乎！今日坐者，各有其詞。不仁者逃，其仁者留。臣聞：'同聲相和，同心相求。'今國相[2]，剛勇之人，意者内慙至仁之存也[3]，而不御坐，其亦是乎？"吴王曰："然。"於是范蠡與越王俱起，爲吴王壽，其辭曰："下臣勾踐、從小臣范蠡，奉觴上千歲之壽。"辭曰：

皇在上令[4]，昭下四時；
并心察慈[5]，仁者大王。
躬親鴻恩，立義行仁。
九德四塞[6]，威服羣臣。
於乎休哉[7]！傳德無極。
上感太陽，降瑞翼翼[8]。
大王延壽萬歲，長保吴國。
四海咸承，諸侯賓服[9]。
觴酒既升，永受萬福[10]。

於是吴王大悦。

【注釋】

〔1〕北面之坐：面向北的座位，指臣位。古代君主朝南而坐，羣臣朝北而拜。

〔2〕國相：盧文弨曰："'國相'當作'相國'。"〇覺按：作"國相"也可，3.5 説"反遇奢爲國相"，是其證。 今：猶"夫"，提示之詞也，參見《古書虚字集釋》卷五。

〔3〕至仁：具有最高的仁德的人。这裹指勾踐。

〔4〕令：指"今日爲越王陳北面之坐，羣臣以客禮事之"之令。

〔5〕并：《禮記·檀弓下》"行并植於晉國"鄭玄注："并，猶專也。" 察慈：明察仁慈，指 7.11 吴王説越王是"仁人"。 又，此句當與下句倒乙，即此文應作："仁者大王，并心察慈。"此"慈"字與上"時"字押韻。現一誤倒，就失韻了。參見注〔10〕。

〔6〕九德：九種品德。各書所載之内容不盡相同。《尚書·皐陶謨》所載九德是："寬而栗，柔而立，愿而恭，亂而敬，擾而毅，直而温，簡而廉，剛而塞，彊而義。"《逸周書·常訓解》："九德：忠、信、敬、剛、柔、和、固、貞、順。"《左傳·昭公二十八年》："心能制義曰度，德正應和曰莫，照臨四方曰明，勤施無私曰類，教誨不倦曰長，賞慶刑威曰君，慈和徧服曰順，擇善而從之曰比，經緯天地曰文。九德不愆，作事無悔，故襲天禄，子孫賴之。"此文之"九德"，泛指吴王品德之博大。 四塞：佈滿，充塞。

〔7〕於（wū 烏）乎：通"嗚呼"。 休：美善，喜慶。

〔8〕翼翼：《詩經·小雅·楚茨》"我稷翼翼"鄭玄箋："稷翼翼，蕃廡貌。"孔穎達疏："《釋詁》云：'廡，茂豐也。'"即衆多的樣子。

〔9〕賓服：臣服，歸順。

〔10〕此祝壽辭爲韻文，其中"時""慈"相押，古代均屬之部；"仁""臣"相押，古代均屬真部；"極""翼""國""服""福"相押，古代均屬職部。

【義疏】

之後，吴王到了越王所預定的日期而疾病痊愈了，心裏惦念他的忠誠，所以到朝聽政以後，就在文臺大肆狂飲。吴王發布命令説："今天給越王安排一個朝北的座位，群臣用對待貴賓的禮節來侍奉他。"伍子胥小步快跑出門，回到家裏，不爲吴王陪坐。酒喝得暢快的時候，太宰嚭説：“多麽奇怪啊！今天在座的，各人都有自己要説的話。没有仁德的人纔逃跑，有仁德的人都會留下。我聽説：‘聲音相同就會互相應和，思想一致就會互相追求。’那相國，是個剛毅勇猛的人，料想他内心因爲極爲仁慈的人在場而感到慚愧，因而不陪坐，應該是這樣的吧？”吴王説：“説得對。”于是范蠡和越王一同站起來，爲吴王祝壽，他們説道：“下臣勾踐、隨從小臣范蠡，捧起酒杯敬祝大王有千歲的壽數。”又吟誦祝詞道：

皇帝在上發布命令，光明下照四季如春；
一心明察慈愛之情，仁德之人大王聖明。
大王親自布賜大恩，樹立道義實行仁政。
道德無量充滿四境，威勢懾服諸位大臣。
哎呀美啊值得喜慶！傳下道德無邊無垠。
在上感動太陽之神，降下吉祥繁多豐盛。
延年益壽大王萬歲，永遠保住吴國江山。
四海之内都來奉承，諸侯各國臣服歸順。
一杯壽酒已經舉起，永遠享受無限福運。

在這個時候，吴王十分高興。

【輯證】

顧校：到舍上（下多“勝”）不御坐
蔣校：到舍上（宋本下有“勝”字）不御坐

7.13

明日，伍子胥入諫曰：“昨日大王何見乎？臣聞：‘内懷虎狼之心，外執美詞之説，但爲外情以存其身。豺，不可謂廉[1]；狼，不可親。’今大王好聽須臾之説，不慮萬歲之患；放棄忠直之言，聽用讒夫之語。不滅瀝血之仇[2]，不絶懷毒之怨[3]，猶縱毛爐炭之上幸其●焦[4]，投卵千鈞之下望必全[5]，豈不殆哉？臣聞：‘桀登高自知危，然不知所以自安也；前據白刃自知死[6]，而不知所以自存也。惑者知返，迷道不遠。’願大王察之。”

吴王曰：“寡人有疾三月，曾不聞相國一言，是相國之不慈也；又不進口之所嗜，心不相思[7]，是相國之不仁也。夫爲人臣不仁不慈，焉●能知其忠信者乎[8]？越王迷惑，棄守邊之事，親將其臣民來歸寡人，是其義也；躬親爲虜，妻親爲妾，不慍寡人，寡人有疾，親嘗寡人之溲，是其慈也；虚其府庫，盡其寶幣，不念舊故，是其忠信也。三者既立，以養寡人，寡人曾聽相國而誅之〔9〕，是寡人之不智也，而爲相國快私意耶〔10〕！豈不負皇天乎？”

子胥曰：“何大王之言反也？夫虎之卑勢，將以有擊也；狸之卑身，將求所取也。雉以眩移拘於網〔11〕，魚以有悦死於餌。且大王初臨政，負《玉門》之第九〔12〕，誡事之敗【1】，無咎矣〔13〕。今年三月甲戌〔14〕，時加雞鳴〔15〕。甲戌，歲位之會〔16〕，將也〔17〕。青龍在酉〔18〕，德在土，刑在金〔19〕，是日賊其德也〔20〕。知父將有不順之子，君有逆節之臣。大王以越王歸吴爲義，以飲溲食惡爲慈，以虚府庫爲仁。是故爲無愛於人〔21〕，其不可親〔22〕；面聽貌觀以存其身〔23〕。今越王入臣於吴〔24〕，是其謀深也；虚其府庫不見恨色〔25〕，是欺我王也；下飲王之溲者，是上食王之心也；下嘗王之惡者，是上食王之肝也。大哉！越王之崇吴。吴將爲所擒也。惟大王留意察之。臣不敢逃死以負前王。一旦社稷丘墟，宗廟荆棘，其悔可追乎？”

吴王曰：“相國置之，勿復言矣。寡人不忍復聞。”

【校記】

【1】誡：大德本作“誠”，據吴本改。

【注釋】

〔1〕豺：俗名豺狗，形似犬而殘猛如狼。謂：以爲。

〔2〕瀝血：滴血。指滴血爲誓，表示誓不兩立。

〔3〕毒：《廣雅·釋言》：“毒，憎也。”怨：怨恨。這裏用作名詞。

〔4〕徐天祜曰：“‘其’當作‘不’。”

〔5〕鈞：古代重量單位，三十斤爲一鈞。千鈞：形容極大的重量。

〔6〕據：《文選·東京賦》“據其府庫”薛綜注：“據，就也。”即靠近的意思。

〔7〕相：指代性副詞。此文偏指“我”。

〔8〕徐天祜曰：“於虔切，何也。”

〔9〕曾：用作“誠”，如果。

〔10〕快：使動用法。快私意：使個人的心意痛快。耶：猶“也”，參見《經傳釋詞》卷四。

〔11〕《廣雅·釋詁四》：“移，轉也。”眩移：眼昏發花而暈頭轉嚮。

〔12〕《玉門》：見7.9注〔4〕。

〔13〕無：通“毋”。

〔14〕今年：指勾踐八年（魯哀公六年，公元前489年），參見7.9注〔5〕與8.1注〔1〕。三月甲戌：即魯哀公六年四月廿八（此據方詩銘等《對照表》，錢塘説爲四月廿九，見5.12注〔10〕），越國置閏不同，所以在三月，參見7.9注〔5〕。吴王於己巳（三月廿三）病情好轉，于壬申（三月廿六）病癒（見7.11注〔4〕），甲戌日當是他這次“初臨政”之日，所以作爲推測吉凶的根據。

〔15〕雞鳴：雞啼之時，當指寅時（清晨三點到五點）。

〔16〕位：當作“後”。“歲後”指太陰已歷之辰。該年太陰在丁亥，在甲戌之後十三位，所以説“歲後”（參見5.12注〔10〕所引錢塘之説）。 會：合，指合日。甲戌是三月的合日（參見5.12注〔14〕）。 歲後之會：這是一種凶兆，見5.12注〔10〕。

〔17〕將：率領。引申指牽制。錢塘把“歲後會將”連讀（見5.12注〔10〕），恐不當。

〔18〕青龍：見7.9注〔13〕。該年太陰在丁亥，所以太歲在己酉。參見5.12注〔10〕、〔13〕。

〔19〕德、刑：五行之説稱天干爲“德”，稱地支爲“刑”。《淮南子·天文訓》：“太陰所居，日德，辰爲刑。”此年太歲在己酉，所以“德”爲“己”、“刑”爲“酉”。己，在五行配“土”；酉，在五行配“金”（參見5.12注〔16〕）；所以説“德在土，刑在金”。

〔20〕日：指甲戌日。“甲”在五行配“木”（參見5.12注〔16〕）。根據五行相勝之道，“木”勝“土”（見5.27注〔15〕），這也就是“甲”（木）勝“己”（土），所以説“日賊其德”。這甲戌日的干支勝過了太歲己酉的干支，是日勝年，這是一種逆勝，象徵著下勝上，所以下文説：“知父將有不順之子，君有逆節之臣。”

〔21〕人：實指吴王。

〔22〕其：指越王。

〔23〕此句指吴王對越王的態度。

〔24〕今：猶“夫”，提示之詞。參見《古書虚字集釋》卷五。

〔25〕見（xiàn現）：同“現”。

【義疏】

第二天，伍子胥進宫勸諫説：“昨天大王看見什麽啦？我聽説：‘胸内包藏着虎狼般的狠心，在外使用好話連篇的説辭，這不過是僞裝他外表的情感用來保存他的生命罷了。對于豺，絶不可認爲它廉潔；對于狼，絶不可親近。’現在大王喜歡聽那快活一時的説辭，却不考慮有關千秋萬代大業的禍患；抛弃了忠誠正直的建議，而采用讒毀之人的花言巧語。不消滅誓不兩立的仇敵，不根除心懷仇恨的冤家，這就好像是把毛髮放在爐子裏的炭火之上而指望它不燒焦，把禽蛋扔到上千鈞的重物之下而指望它完好無損，難道不危險嗎？我聽説：‘夏桀登上高處而知道自己很危險，却不知道使自己安全的辦法；向前靠近雪白的刀口而知道自己會死，却不知道保存自己的辦法。迷惑的人如果知道走回頭路，那麽迷失的路途不會太遠。’希望大王明察。”

吴王説：“我患病三個月，竟聽不到相國一句話，這是相國不慈愛啊；又不進獻我嘴裏所愛吃的東西，心裏又不惦念我，這是相國不仁愛啊。做臣子的不仁不慈，怎麽能知道他是忠貞誠信的呢？越王迷惑昏亂，抛弃了守衛邊疆的大事，親自率領了他的臣民來歸順我，這是他有道義啊；他本人親自當奴僕，妻子親自當婢女，心中也不怨恨我，我有了疾病，他親口嘗我的糞便，這是他的慈愛啊；掏空了他的金庫，拿出他所有的珍寶禮物，不念念不忘過去的恩怨，這是他忠貞誠信啊！這三種品德已經有了，並且用它們來奉養我，我如果聽從相國而把他殺了，這就是我的不明智了，而祇是給相國逞個人的痛快了。這難道不是辜負了天帝麽？”

子胥説：“爲什麽大王的話説反了？那老虎壓低了姿勢，是將要有所攻擊；那野猫壓低了身子，是將要求得它要獵取的東西。野鷄因爲眼昏發花暈頭轉嚮而被罩在羅網中，魚因爲祇圖一時的痛快而死在誘餌上。再説大王這次開始到朝聽政的時候，正背着《玉門》第九類，這實在是事情本身注定要失敗，所以也不要再怪罪了。大王這次到朝聽政，是在今年三月甲戌日，時辰是鷄啼時的寅時。甲戌，是一個太陰已經經過的不吉利的合日，但它却牽制了大王。今年太歲又在己酉，則天干配土，地支配金，這樣看來，這甲戌日就傷害了太歲的天干。因此，我知道父親將會有不孝順的兒子，君主會有背叛節義的臣子。大王認爲越王歸順吴國是出于道義，認爲他喝尿吃糞是出于慈愛，認爲他掏空金庫是出于仁德。其實他是故意裝作對别人毫不吝嗇，這種人不可親近；但你却聽了表面的話、看了他的外貌就保全了他的生命。那越王到吴國來做奴僕，這是他謀劃深遠啊；掏空了他的金庫而不暴露出怨恨的臉色，這是在欺騙我的大王啊；在下喝大王的小便，這是在向上吃大王的心啊；在下嘗大王的大便，這是在向上吃大王的肝啊！越王這樣來尊重大王，可見其意圖多麽遠大啊！大王一定會被他擒獲了。希望大王注意觀察他。我不敢因爲逃避死亡而辜負了先王。一旦國家成了荒山廢墟，宗廟長滿了荆棘，那後悔還來得及嗎？”

吴王説：“相國把這些事放在一邊吧，别再説了。我没有耐心再聽這樣的話了。”

7.14

於是遂赦越王歸國，送於蛇門之外[1]，羣臣祖道[2]。吴王曰：“寡人赦君，使其返國，必念終始，王其勉之[3]。”越王稽首曰：“今大王哀臣孤窮，使得生全還國。與種、蠡之徒，願死於轂下[4]。上天蒼蒼，臣不敢負。”吴王曰：“於乎！吾聞：‘君子一言不再[5]。’

今已行矣，王勉之。”越王再拜跪伏，吴王乃引越王登車，范蠡執御，遂去。

至三津之上〔6〕，仰天而歎，淚下沾襟【1】，曰：“嗟乎！孤之屯厄〔7〕，誰念復生渡此津也！”謂范蠡曰：“今三月甲辰〔8〕，時加日昳●〔9〕。孤蒙上天之命〔10〕，還歸故鄉。得無後患乎！”范蠡曰：“大王勿疑！直眎道行〔11〕。越將有福，吴當有憂。”至浙江之上，望見大越，山川重秀，天地再清。王與夫人歎曰：“吾已絶望，永辭萬民。豈料再還，重復鄉國。”言竟掩面，涕泣闌干●〔12〕。此時萬姓咸歡，羣臣畢賀。

【校記】

【1】仰天而歎，淚下沾襟：大德本作“仰天歎”，據《太平御覽》卷七十一引文增補。

【注釋】

〔1〕蛇門：吴國國都的南面靠東側的城門，見 4.2。

〔2〕祖道：見 7.1 注〔4〕。

〔3〕其：表示勸告、命令的語氣副詞。 之：泛指代詞。它既可指報恩，又可指報仇。吴王以此來表達一種不可直言的意思，即“你可不要報仇啊”。但是，如果説成“王勿復仇”，就大煞風景了。現説成“王其勉之”，表面上可理解爲勸越王好好治國，報答吴王之恩，但内中又含有一層諷喻之意，即：你將努力來報仇嗎？越王聽出了這一層意思，所以有下面的回答。

〔4〕轂（gǔ 穀）下：尊稱，與“閣下”“麾下”之類相似。

〔5〕再：第二次。 不再：指不説第二次，不再反悔。

〔6〕三津：即三江口的渡口，參見 5.21 注〔23〕。

〔7〕屯（zhūn 諄）：艱難。

〔8〕三月：當爲閏三月。7.11 説“三月壬申”，7.13 説“三月甲戌”，甲辰在甲戌後 30 天，在壬申後 32 天，所以這三個日子不可能都在同一個“三月”。據方詩銘等《對照表》，“甲辰”爲魯哀公六年（前 489）五月廿九，該年無閏月，魯哀公五年（前 490）則置閏六月。此文云“三月”而指閏三月，是因爲越國置閏不同的緣故（參見 5.12 注〔10〕所引錢塘之説）。《淮南子·天文訓》：“辰爲滿，巳爲平，主生。”可見“甲辰”是個吉利的日子，所以下文范蠡説“越將有福”。

〔9〕徐天祜曰：“徒結切，日昃也。梁元帝《纂要》：‘日在未曰昳。’”〇覺按：昳（dié 迭）：日昃，即午後日偏斜之時。未時，即今下午一時至三時。

〔10〕上天之命：等於説“天道”，參見 7.2 注〔27〕。

〔11〕眎（shì 視）：古“視”字。 直眎：目光注視前方。此指不要瞻前顧後而徘徊不前。

〔12〕徐天祜曰：“《文選》註：‘闌干，多貌。’”

【義疏】

于是，吴王就釋放越王回國，在蛇門之外送别，群臣設宴餞行。吴王説：

“我赦免您，讓您返回祖國，您一定要想想前因後果，您就努力吧。”越王磕頭伏地説：“今天大王哀憐我孤苦困厄，使我能保全了生命返回祖國。我與文種、范蠡之輩，願意爲您效死。蒼天在上，我不敢忘恩負義。”吴王説：“呵！我聽説：‘君子一言爲定。’現在您已經要走啦，您努力吧。”越王又拜了兩次跪下趴在地上，吴王就拉着越王上車，范蠡手握繮繩駕車，就走了。

來到三江口的渡口邊上，越王抬頭向天嘆了口氣，眼泪直往下淌，沾濕了衣襟，説道：“哎呀！我時運艱難困厄，誰想到又活着渡過這個渡口啊！”又對范蠡説：“今天是閏三月甲辰日，時辰是太陽偏西的未時。我禀承天神的意志，返回故鄉。該不會有後患吧！”范蠡説：“大王不要疑惑！盯着前方沿着道路一直往前走就是了。越國將有福氣，吴國會有憂患。”來到浙江邊上，遠遠望見越國，山河重新呈現出秀麗的景色，天地再次顯得清爽明净。越王和夫人嘆息説：“我們早已經絶望了，所以上次和民衆訣别。哪裏想到還能回來，重新回到了故鄉祖國。”説完便遮住了臉，哭得泪流滿面。這時老百姓都歡天喜地，大臣們都來慶賀。

【輯證】

《吴越春秋》……又曰：“吴赦越王，使歸國，送之虵門之外，大縱酒，群臣祖道。”（《太平御覽》卷第一百八十三 P.888）

《吴越春秋》曰：“句踐入吴，吴王遣之。越王伏，不敢起。吴王遂引上車，范蠡爲執御。至三津之上，仰天而歎，淚下沾襟，曰：‘嗟乎！孤厄也，不意復生渡此津。’”（《太平御覽》卷第七十一 P.335）

顧校： 送於蛇（虵）門之外　　吾已絶望（下多“宫闕”）　　（卷末）吴越春秋（下多“越王”）勾踐入臣外傳第七

蔣校： 吾已絶望（宋本下有“宫闕”二字）

吴越春秋勾踐入臣外傳第七

吴越春秋勾踐歸國外傳第八

【提要】

勾踐歸國外傳，就是勾踐剛從吴國回到越國時的傳記（關於“外”字，可參見《吴越春秋目録》注〔3〕）。它記述了勾踐回到越國之後二三年間的事蹟。這些事蹟，今本《左傳》《國語》《史記》等均略，所以它具有較爲重要的史料價值。

文章從百姓歡迎越王歸國入筆，生動地寫出了民衆與越王之間的深情厚誼。民衆説越王歸國是霸王大業的開始，這就一下子將文章納入了越國稱霸的主旋律之中；而且，這民衆的擁護與支持，也正是越王後來戰勝吴國、稱霸諸侯的決定性因素。所以這開頭寥寥數語，不但提綱挈領地亮出了此後兩篇文章的主線，而且也是後兩篇的重要伏筆。接著，文章交代了吴國封給越國的百里之地，以及范蠡築城立郭的事蹟，這些筆墨，也是圍繞著破吴稱霸的主線來記述的。當然，越國的破吴稱霸，除了百姓的擁護與范蠡的策劃之外，還得力於越王及其他大臣的努力與謀劃，所以文章接著又記述了越王在内嘗膽苦身、修德行道而在外盡力討好吴王的事蹟，以及衆大夫出謀劃策的經過。所有這一切，都不外乎是爲了滅吴稱霸。正因爲全文緊緊圍繞著這一中心來寫，所以文章顯得十分緊湊；而其中的某些謀敵克吴的策略，也足爲後世政治家與軍事家所借鑒。

8.1

越王勾踐臣吴，至歸越，勾踐七年也●〔1〕。百姓拜之於道，曰：“君王獨無苦矣〔2〕。今王受天之福，復於越國，霸王之迹自斯而起。”王曰：“寡人不慎天教，無德於民。今勞萬姓擁於岐路，將何德化以報國人？”顧謂范蠡曰：“今十有二月己巳之日〔3〕，時加禺中●〔4〕，孤欲以此到國，何如？”蠡曰：“大王且留，以臣卜日。”於是范蠡進曰：“異哉，大王之擇日也〔5〕！王當疾趨〔6〕，車馳人走。”越王策馬飛輿〔7〕，遂復宫闕。吴封地百里於越，東至炭瀆●〔8〕，西止周宗〔9〕，南造於山〔10〕，北薄於海〔11〕。

【注釋】

〔1〕徐天祜曰：“《國語》：‘勾踐與范蠡入宦於吴，三年，而吴人遣之。’當魯哀公五年，是爲勾踐七年，正與此合。此書於勾踐五年書入吴事，至是歸國，首尾三年也。”〇覺按：此文恐誤，“七年”似當作“八年”。7.1 説“勾踐五年”“入臣於吴”，7.8 説“三年”，即使是首尾三年（三個年頭），則至少已經是勾踐七年了。7.9 説該年“十二月”“戊寅日聞喜”，則 7.10 所記“後一月”越王與范蠡互相謀事，當已是勾踐八年了。7.11 説吴王“三月壬申病愈”，7.13 説吴王“三月甲戌”“臨政”，7.14 説越王“三月甲辰”“還歸故鄉”，都應是勾踐八年之事。錢塘説越王在魯哀公三年（勾踐五年）入臣於吴，至六年（勾踐八年）獲釋（見 5.12 注〔10〕），似可從。

〔2〕獨：猶“乃”，參見《古書虛字集釋》卷六。

〔3〕有：通“又”。今十有二月己巳之日：即魯哀公六年（勾踐八年，公元前 489 年，見注〔1〕）十二月廿七日。參見 8.4 注〔1〕。

〔4〕徐天祜曰：“禺，音隅。禺中，時加巳也。《淮南子》曰：‘臻于衡陽，是謂禺中。對于昆吾，是謂正中。’”〇覺按：巳時，等於現在上午九時至十一時。

〔5〕《淮南子·天文訓》：“辰爲滿，巳爲平，主生。”所以范蠡極力稱讚越王所選擇的己巳日巳時是個吉日良辰。

〔6〕疾：快。

〔7〕策：鞭打。飛：使動用法，使……飛。

〔8〕徐天祜曰：“《越舊經》：‘炭瀆在會稽縣東六十里。’《越絶》曰：‘勾踐稱炭聚，載從炭瀆至鍊塘。’《會稽志》作‘炭浦’。”〇覺按：炭瀆在今浙江省紹興市東。《越絶書·外傳記地傳》：“練塘者，勾踐時采錫山爲炭，稱炭聚。載從炭瀆至練塘，各因事名之。去縣五十里。”

〔9〕周宗：又作“朱室”。《水經注·漸江水》：“許慎、晉灼竝言：‘江水至山陰爲浙江，江之西岸有朱室塢。’句踐百里之封西至朱室謂此也。浙江又東北逕重山西，大夫文種之所葬也。”由此可知“周宗”“朱室”即在今紹興市西邊古代漸江的西岸。

〔10〕造：到。山：當即今浙江省諸暨市城關鎮南約十七公里處的勾嵊山。《國語·越語上》：“南至於句無。”即指此山。

〔11〕薄：迫。海：指東海（7.6 勾踐自稱“東海賤臣”可證），其實是指今之杭州灣。今江蘇省太倉市東部沿江地區仍稱其東之長江爲“海”，與此相同。

【義疏】

越王勾踐在吴國當奴僕，到他返回越國時已是勾踐七年（前 490）了。百姓在路上向他跪拜，説：“大王應該没有痛苦了。現在大王蒙受上天的福佑，回到越國，稱霸稱王的步伐就從此開始了。”越王説：“我不能謹慎地對待上天的教令，對于民衆也没有什麽恩德。今天勞累了廣大民衆圍在岔道上，我將用什麽德行來報答國内的廣大民衆呢？”越王又回過頭對范蠡説：“今年十二月己巳日，時辰是巳時，我想在這個時刻回到國都，您看怎麽樣？”范蠡説：“大王暫且留步，由我來預測一下這個日子是吉還是凶。”在這日子測好以後，范蠡便走上前去説：“大王選擇這日子，多麽奇特啊！大王應當快速行進，車馬快速地奔馳，隨行人員快速地奔跑。”越王便快馬加鞭使車子飛速前進，于是就回到了宫中。吴國劃了方圓上百里的土地封給越國，東面到炭瀆，西面到周宗爲止，南面到勾嵊山，北面靠近東海。

【輯證】

三年，而吴人遣之。（《國語·越語下》P.644）（覺按：韋昭注："句踐以魯哀元年棲會稽，吴與之平而去之。句踐改修國政，然後卑事夫差，在吴三年，而吴人遣之，此則魯哀五年也。"韋説爲推測之詞，未必正確。7.1 載勾踐五年入臣於吴，在吴三年，當爲勾踐八年。）

吴王夫差伐越，有其邦，勾踐服爲臣。三年，吴王復還封勾踐於越，東西百里，北鄉臣事吴，東爲右，西爲左。大越故界，浙江至就李，南姑末、寫干。覲鄉北有武原。武原，今海鹽。姑末，今大末。寫干，今屬豫章。（《越絶書·外傳記地傳》P.192）

山北湖下有練塘里。《吴越春秋》云"句踐練冶銅錫之處"。采炭于南山，故其間有炭瀆。"句踐臣吴，吴王封句踐於越百里之地，東至炭瀆"是也。（《水經注》卷四十 P.755）

8.2

越王謂范蠡曰："孤獲辱連年，勢足以死，得相國之策，再返南鄉。今欲定國立城，人民不足，其功不可以興，爲之柰何？"范蠡對曰："唐、虞卜地〔1〕，夏、殷封國〔2〕，古公營城周、雒〔3〕，威折萬里，德致八極〔4〕，豈直欲破彊敵、收鄰國乎〔5〕？"越王曰："先君無餘，國在南山之陽〔6〕，社稷宗廟在湖之南【1】。孤不能承前君之制、修德自守，亡衆破軍【2】，棲於會稽之山〔7〕，請命乞恩，受辱被恥〔8〕，囚結吴宫。幸來歸國〔9〕，追以百里之封。將遵前君之意，復於會稽之上，而宜釋吴之地。"范蠡曰："昔公劉去邰而德彰於夏〔10〕，亶父讓地而名發於岐〔11〕。今大王欲●國樹都〔12〕、并敵國之境〔13〕，不處平易●之都【3】〔14〕、據四達之地，將焉●立霸王之業〔15〕？"越王曰："寡人之計未有决定。欲築城立郭，分設里閭。欲委屬於相國。"

【校記】

【1】大德本無"先君無餘國在南山之陽社稷宗廟在湖之南"十八字，據《水經注·卷四十·漸江水》引文補。

【2】大德本無"破軍"二字，據顧校補。

【3】易：大德本作"昜"，據鄺本改。

【注釋】

〔1〕唐：即陶唐氏，傳説中的遠古部落名。此指唐堯，因爲堯初居於陶丘（在今山東省菏澤市定陶區西南），封於唐（在今河北省唐縣東北），成爲陶唐氏的部落首領，稱帝後以陶唐氏爲號（參見 1.1 注〔17〕）。虞：見 6.6 注〔6〕。

〔2〕夏：即夏后氏，朝代名。此指夏禹，見6.1注〔2〕。　殷：見1.5注〔6〕，此當指商湯，見7.2注〔3〕。　封：《周禮·夏官·大司馬》“制畿封國”鄭玄注：“封謂立封於疆爲界。”即在邊疆上堆起土作爲界限。

〔3〕古公：即古公亶父，其事蹟見1.3。　營城：《史記·周本紀》：“於是古公乃貶戎狄之俗，而營築城郭室屋，而邑別居之。”　周：見1.3注〔10〕。　雒：洛陽。漢光武帝建都洛陽，自以漢爲火德忌水，所以改洛陽爲雒陽。據史載，古公亶父僅僅築城於周而未築城於雒（見1.3）。雒邑相傳爲周公所築，《史記·周本紀》“營周居于雒邑而後去”《正義》：“《括地志》云：‘故王城，一名河南城，本郟鄏，周公新築，在洛州河南縣北九里苑内東北隅，自平王以下十二王，皆都此城。至敬王乃遷都成周，至赧王又居王城也。’”此文説“古公營城周、雒”，“雒”衹是連類而及之辭，這是一種常見的古文辭例，參見4.31注〔10〕。

〔4〕八極：見6.5注〔2〕。

〔5〕直：衹。

〔6〕《水經注·漸江水》云：“浙江又東北得長湖口……湖南有覆斗山……又有秦望山……山南有嶕峴，峴裏有大城，越王無餘之舊都也……又有會稽之山。”此文所謂“南山”即指秦望山。今浙江省海鹽縣武原鎮南約九公里處有秦望山，不是《水經注》所説的秦望山。此秦望山爲今會稽山的一個山峰。《越絶書·外傳記地傳》：“無餘初封大越，都秦餘望南，千有餘歲而至勾踐。勾踐徙治山北，引屬東海。”《史記·越王句踐世家》“而夏后帝少康之庶子也”《正義》：“《越絶記》云：‘無餘都會稽山南，故越城是也。’”其説皆與此文“國在南山之陽”相合，此文又説“社稷宗廟在湖之南”，則無餘之都，當在今浙江省嵊州市西南會稽山南麓。

〔7〕見5.5注〔4〕。

〔8〕被：受。

〔9〕來歸：回歸。《周易·雜卦》“萃聚而升不來也”韓康伯注：“來，還也。”

〔10〕公劉去邰：《詩經·大雅·公劉》“篤公劉”毛傳：“公劉居於邰而遭夏人亂，迫逐公劉，公劉乃辟中國之難，遂平西戎而遷其民、邑於豳焉。”參見1.1注〔25〕。

〔11〕事詳本書1.3。

〔12〕徐天祜曰：“‘欲’字下當有‘立’字。”〇覺按：徐説可通。但“欲”字下不用動詞而緊跟名詞，可能是作者的一種習慣用法（參見7.3注〔23〕），未必脱“立”字。而且，上文説“欲定國立城”，則此“欲”字下所隱含的可能是“定”字而非“立”字。

〔13〕并：通“屏”“摒”，排除。　并敵國之境：即上文所説的“釋吴之地”。

〔14〕徐天祜曰：“以豉切。”

〔15〕徐天祜曰：“於虔切。”

【義疏】

越王對范蠡説：“我一連幾年受到屈辱，那情勢也足够使我死了，幸虧得到了相國的計策，纔又返回到南方的故鄉。現在我想選定國都築起城墻，但人手不够，那功業就不能建立起來，對此該怎麽辦呢？”范蠡回答説：“唐堯、虞舜用占卜的方法來選擇建都之地，夏禹、商湯在國都的邊上壘土爲界，古公亶父在周原營造城郭，他們的威勢折服了萬里以外的人，他們的德化傳布到了八方極遠之地，難道衹是想攻破强大的敵人、奪取鄰國嗎？”越王説：

“先君無餘，把國都建立在秦望山之南，把土地神穀神神像及祖宗的廟宇建在長湖的南面。我不能繼承先君的制度，不能修養德行而保住自己，反而使民衆逃亡，使軍隊被攻破，自己躲在會稽山上，祈求別人保全生命，乞討別人開恩幫助，蒙受奇耻大辱，被囚禁在吴國的房舍之中。現在僥幸地回到了祖國，吴王還補給我上百里見方的封地。我將遵循先君的意志，再回到會稽山上，所以應該放弃吴國的土地。”范蠡説：“從前公劉離開了邰國而他的品德在夏朝更加顯揚，古公亶父讓掉了土地而名聲從岐山脚下擴散開來。現在大王想要確定與建立國都而拋弃敵國的區域，但不住在平坦開闊進出方便的都市之中而占據四通八達的地方，將怎麽來建立稱霸稱王的事業呢？”越王説：“我的計劃還没有確定。我衹是想築起内城，建起外城，分别設置里巷。我想把這件事委托給相國。”

【輯證】

無餘初封大越，都秦餘望南，千有餘歲而至勾踐。勾踐徙治山北，引屬東海，内、外越別封削焉。（《越絶書·外傳記地傳》P.163）

《吴越春秋》云：“越王無餘，國在南山之陽。”（《會稽志》卷第九“山”V.9-P.8）

顧校：夏殷（舩）封國　　修德自守亡衆（下多“破軍”）

蔣校：豈直欲破彊（宋本“疆”）敵　　修德自守亡衆（宋本下有“破軍”二字）

8.3

於是范蠡乃觀天文，擬法於紫宫〔1〕，築作小城，周千一百二十二步〔2〕，一圓三方。西北立飛翼之樓【1】〔3〕，以象天門；爲兩蠓繞棟〔4〕，以象龍角【2】。東南伏漏石竇〔5〕，以象地户〔6〕。陵門四達，以象八風〔7〕。外郭築城而缺西北〔8〕，示服事吴也，不敢壅塞；内以取吴〔9〕，故缺西北，而吴不知也。北向稱臣，委命吴國，左右易處●〔10〕，不得其位，明臣屬也。

城既成，而怪山自至【3】〔11〕。怪山者【4】，琅琊東武海中山也〔12〕。一夕自來，百姓怪之【5】，故名怪山●〔13〕；形似龜體，故謂龜山【6】。范蠡曰：“臣之築城也，其應天矣，崑崙之象存焉。”越王曰：“寡人聞崑崙之山乃天地之鎮柱也【7】〔14〕。上承皇天〔15〕，氣吐宇内〔16〕；下處后土〔17〕，禀受無外〔18〕。滋聖生神，嘔養帝會〔19〕，故●五帝處其陽陸【8】〔20〕，三王居其正地〔21〕。吾之國也，扁●天地之壤〔22〕，乘東南之維〔23〕，斗去極北〔24〕，非糞土之城？何能與王者比隆盛哉？”范蠡曰：“君徒見外，未見於内。臣乃承天門制城，合氣於后土，嶽象已設，崑崙故出，越之霸也。”越王曰：“苟如相國之言，孤之命也。”范蠡曰：“天地卒號以著其實。”名東武〔25〕，起游臺其上，東南爲司馬門〔26〕，立增樓●〔27〕，冠其山巔以爲靈臺●〔28〕。起離宫於淮陽●〔29〕，中宿臺在於高平●〔30〕，駕臺在於成丘●〔31〕，立苑於樂野●〔32〕，燕臺在於石室●〔33〕，齋臺在於襟山●〔34〕。勾踐之出游也，休息石臺【9】〔35〕，食於冰廚●【10】〔36〕。

【校記】

【1】大德本“飛”上有“龍”字，蓋形近而誤衍，今據《藝文類聚》卷六十三引文删。

【2】大德本無“爲兩蟉繞棟以象龍角”九字，據《太平御覽》卷一百七十六引文補。

【3】至：大德本作“生”，據《藝文類聚》卷八引文改。

【4】大德本“者”上無“怪山”二字，據《太平御覽》卷四十七引文補。

【5】大德本無“百姓怪之”四字，據《藝文類聚》卷八引文補。

【6】大德本無“形似龜體故謂龜山”八字，據《太平御覽》卷四十七引文補。

【7】天地之鎮柱也：大德本作“地之柱”，據《文選》卷二十二顔延年《應詔觀北湖田收》“陽陸團精氣”李善注引文改。

【8】大德本無“五”，據《文選》卷二十二顔延年《應詔觀北湖田收》“陽陸團精氣”李善注引文補。〇徐天祐曰：“‘帝’字上當有‘五’字。”

【9】大德本無“石臺”二字，據《太平御覽》卷一百七十七引文補。

【10】大德本“食”下有“室”字，據《太平御覽》卷一百七十七引文删。

【注釋】

〔1〕紫宫：即“中宫”，星座名，古人以爲是天帝所居之處。《史記·天官書》：“中宫天極星，其一明者，太一常居也；旁三星三公，或曰子屬；後句四星，末大星正妃，餘三星後宫之屬也；環之匡衛十二星，藩臣：皆曰紫宫。”《正義》：“泰一，天帝之别名也。劉伯莊云：‘泰一，天神之最尊貴者也。’”《後漢書·霍諝傳》“呼嗟紫宫之門”李賢注：“天有紫微宫，是上帝之所居也。王者立宫，象而爲之。”范蠡“擬法於紫宫”，也是這個道理。

〔2〕步：見1.5注〔8〕。《越絶書·外傳記地傳》：“勾踐小城，山陰城也。周二里二百二十三步。”與本文不同。疑該文當作“三里二百二十二步”，“三”“二”誤倒，可據本文訂正。

〔3〕飛翼：指兩端水戧（翼角之屋脊，參見《營造法原》附録《檢字及辭解》及圖版四十）翹起，如飛鳥之雙翼。范蠡所建飛翼之樓，唐以後改名爲望海亭，在今紹興市區府山（見10.21注〔5〕）山頂。飛翼樓屢塌屢建，現在的飛翼樓爲1998年重建，樓高二十一米，共五層，五樓室内陳列越王勾踐青銅劍（仿製品）一把。勾踐劍1965年出土於湖北省江陵望山，劍身長47.2釐米，劍把長8.4釐米，劍格寬5釐米，劍身近格處有兩行八字鳥篆文“戉王鳩淺自乍用鐱”（越王句踐自作用劍）。據鑒定，勾踐劍各部位金屬元素成分含量不同，劍刃硬脆而鋒利無比，劍身柔韌而不易折斷。由此可見，越國當時有鑄劍大師歐冶子的説法應該是事實。今府山已辟爲公園，東南山麓有1980年重建的越王殿、

越王臺等古迹。

〔4〕蟉：見4.2注〔20〕。

〔5〕《水經注·滱水》："簡王尊貴，壯麗有加，始築兩宫，開四門，穿北城，累石爲竇，通池流于城中。"此文所謂"伏漏石竇"，當與此相似。伏：埋伏，指砌於城下。漏：洩漏，排泄。

〔6〕地户：見4.2注〔16〕。

〔7〕孫詒讓曰："案《越絶書·外傳記越地傳》云：'陸門四，水門一。'則'陵'當爲'陸'之誤。前《闔閭内傳》記吴城制云：'陸門八，以象天八風；水門八，以象地八聰。'亦其證也。"〇徐乃昌曰："按'陵'即訓'陸'，《左傳》'陵師'與'舟師'對舉，是其證。"〇覺按：兩説均通。八風：見4.2注〔11〕。

〔8〕《越絶書·外傳記地傳》："山陰大城者，范蠡所築治也。今傳謂之蠡城，陸門三，水門三，決西北，亦有事。到始建國時，蠡城盡。"

〔9〕《禮記·禮器》"無節於内者"孔穎達疏："内，猶心也。"

〔10〕徐天祜曰："易，音亦。處，上聲。"

〔11〕怪山自至：《搜神記》卷六："故會稽山陰瑯邪中有怪山，世傳本瑯邪東武海中山也。時天夜，風雨晦冥，旦而見武山在焉。百姓怪之，因名曰怪山。時東武縣山，亦一夕自亡去。識其形者，乃知其移來。今怪山下見有東武里，蓋記山所自來，以爲名也。"

〔12〕琅琊：郡名，秦置，地在今山東省青島市黄島區至諸城市一帶。東武：漢代縣名，隋開皇十八年（598）改爲諸城縣，並將漢代的諸縣、姑幕縣等併入，地在今山東省諸城市。海：即今黄海。

〔13〕徐天祜曰："即龜山也，在府東南二里，一名飛來，一名寶林，一名怪山。《越絶》曰：'龜山，勾踐所起游臺也。'《寰宇記》：'龜山即琅琊東武山，一夕移於此。'"〇覺按：怪山：今又名塔山，在今浙江省紹興市區南，海拔三十米。此山遠望似龜，故又名龜山。山頂原有寶林寺（始建於晉末，重修於宋代），寺旁有塔（唐代改名應天塔，今存之應天塔六角七層，係明代重建，1984年重修，爲紹興市文物保護單位），故又稱寶林山、塔山。范蠡曾於此築三層游臺以觀天象，見注〔25〕。

〔14〕鎮：一方的主山稱鎮。《尚書·舜典》"封十有二山"孔安國傳："每川之名山殊大者，以爲其州之鎮。"

〔15〕皇天：見7.1注〔6〕。

〔16〕宇：空間。宇内：即天下。

〔17〕后土：見7.6注〔3〕。

〔18〕無外：指範圍極大，没有什麽東西在其範圍之外。

〔19〕嘔（xū 虚）：通"煦"，撫育。

〔20〕五帝：見7.2注〔21〕。

〔21〕三王：見7.2注〔13〕。

〔22〕徐天祜曰："'扁'疑當作'偏'。"

〔23〕維：《素問·氣交變大論》"土不及四維"王冰注："維，隅也。"即角落，靠邊的地方。

〔24〕斗：北斗七星。去：離開。極：北極星，古又稱爲北辰。古人認爲北斗、北極居於天之中央而統率著衆星，如《論語·爲政》："爲政以德，譬如北辰，居其所而衆星共（覺按：同"拱"）之。"《史記·天官書》："北斗七星，所謂'旋、璣、玉衡，

以齊七政（覺按：七政指日月五星）’。”此文則用它們來喻指中央的統治地位。“斗去極北”的言外之意是：自己的地理位置遠離政治中心而不具有統治地位。

〔25〕東武：《太平御覽》卷一百七十七引作“東武山”，則“東武”爲山名。《搜神記》卷六云：“今怪山下見有東武里，蓋記山所自來，以爲名也。”則“東武”爲里名。《越絶書·外傳記地傳》：“今東武里，一曰怪山。”則東武里當在怪山山間，故前面兩種説法實不矛盾。此下《初學記》卷二十四引作：“范蠡起游臺於怪山，以爲靈臺，仰觀天文，候日月之變怪。”也可證此“東武”與“怪山”名雖異而所指實同。

〔26〕司馬門：王宫的外門。《史記·項羽本紀》“留司馬門三日”《集解》：“凡言司馬門者，宫垣之内，兵衛所在，四面皆有司馬主武事。總言之，外門爲司馬門也。”

〔27〕徐天祐曰：“‘增’與‘層’同。”〇覺按：“層”是重疊的意思，“層樓”等於現在説“樓房”。

〔28〕徐天祐曰：“《水經註》：‘怪山者，越起靈臺於山上，又作三層樓以望雲物。’”〇覺按：西周時建有靈臺，是一種高臺。《詩經·大雅·靈臺》“經始靈臺”毛傳：“神之精明者稱靈，四方而高曰臺。”鄭玄箋：“觀臺而曰靈者，文王化行似神之精明，故以名焉。”又《靈臺》詩序鄭玄箋：“天子有靈臺者，所以觀祲象、察氣之妖祥也。”此文之靈臺，也是觀測天象靈氣的地方（見注〔25〕），與漢代長安西北的靈臺（見《三輔黄圖·臺榭》）作用相同，它或許是漢代人的杜撰。又，此所謂“靈臺”，是一種建在山頂上的“增樓”，可見此文所謂“臺”，兼指建於高地上的房屋。下文“中宿臺”“駕臺”“燕臺”“齋臺”之“臺”，都兼指建於高地上的房屋，而不是衹指一種土築的高臺。

〔29〕徐天祐曰：“《越絶》曰：‘離臺，周五百六十步，在淮陽里丘。’《越舊經》：‘淮陽宫在會稽縣東南三里。’”〇覺按：離宫，是古代帝王在正式的宫殿之外建造於别處以便隨時游居的宫室，因爲它與正式的宫殿分離，所以稱爲離宫。

〔30〕徐天祐曰：“《越絶》‘宿’作‘指’，云：‘中指臺馬丘，周六百步，在高平里。’《越舊經》：‘中宿在會稽縣東七里。’”〇覺按：中宿臺，當是中途歇宿的地方，故名。《越絶書》“宿”作‘指’，乃形近而訛。據《紹興越國史迹調查資料簡輯》，中宿臺即越營山，在皋平畈。皋平畈即本文的之“高平”、《越絶書》之“高平里”，亦即今浙江省紹興市皋埠區皋北鄉豐光村，其地在今紹興市區東約九公里。越營山遺址原係土丘，後墾作農田，東西長250米左右，寬120米左右，土質細膩，當即中宿臺臺基，二十世紀七十年代被夷平，泥土送瓦窯製磚，曾出土過戰國初期的原始瓷杯。

〔31〕徐天祐曰：“《越絶》‘駕臺馳於離丘。’”〇覺按：駕臺，當爲越王停放車駕的地方。《越絶書·外傳記地傳》：“駕臺周六百步，今安城里。”

〔32〕徐天祐曰：“《越絶》曰：‘越王弋獵之處大樂，故謂樂野。其山上石室，越王所休謀也。’《十道志》：‘樂野，勾踐以此野爲苑，今有樂瀆村。’”〇覺按：苑，是養禽獸植樹木以供帝王遊樂打獵的場所。《越絶書·外傳記地傳》：“樂野者……去縣七里。”據《紹興越國史迹調查資料簡輯》，樂野即《乾隆府志》所謂的“鹿墅山”，又作“鹿池山”，今作“六寺山”，地處今禹陵鄉陵江村，在紹興市區東南約四公里，山形呈圓錐狀，海拔33.5米。

〔33〕徐天祐曰：“《越舊經》：‘宴臺，在州東南十里。’”〇覺按：“燕”通“宴”。燕臺，當是越王宴飲的地方。

〔34〕徐天祐曰：“按越境無襟山。《越絶》曰：‘稷山者，勾踐齋戒臺也。’既曰齋臺，則‘襟’當作‘稷’。稷山，在會稽縣東五十三里。”〇覺按：齋臺，是越王齋戒的地方。

〔35〕石臺：石室之燕臺。

〔36〕徐天祜曰："一曰'冰室'，所以備膳羞也。"○覺按：冰廚當爲燕臺内部較爲深邃的山洞，故又名"冰室"；因其中温度很低，故以"冰"名之。由於低温便於儲藏食物，所以勾踐常在此飲食。《越絶書·外傳記地傳》："東郭外南小城者，勾踐冰室，去縣三里。"

【義疏】

于是范蠡就觀察天文，模擬仿效紫微星座，築成小城，周長一千一百二十二步，一個城角呈圓形，三個城角呈方形。在城的西北角建起了一座兩端水戧翹起如鳥兒展翅的城樓，用它來象徵天上的門；並做了兩條小龍盤繞在屋脊兩端，用它們來象徵龍角。在城的東南角下面砌了一個排水的石洞，用它來象徵大地的門。陸地上的城門四面暢通，用它們來象徵八個方嚮來的風。外城築起了城墻而空下了西北角，表示臣服侍奉吴國，而不敢堵住通道；實際上是想憑藉它來攻取吴國，所以纔空下了這西北角，但吴國並不知道這個用意。越王朝北自稱臣屬，把自己的生命都交給吴國來支配，所以城内的布局都改變了通常的安排，將左邊的改置于右邊，將右邊的改置于左邊，使它們不在那正常的位置，以此來表明自己是臣屬。

城郭已經築成後，那怪山便自己來了。怪山，原是琅琊郡東武縣領海中的山，有一個晚上它自己飛來了，百姓都覺得它很奇怪，所以稱之爲怪山；它的形狀像烏龜的身體，所以又叫作龜山。范蠡説："我建造城郭，大概是順應天意了，所以昆侖山的景象也在這裏了。"越王説："我聽説昆侖山是天地之間的主柱。它向上承應天帝，把雲氣吐向天下；下面居住着土地神，所稟受的東西無所不包。它培植聖人、産生神仙，是培育撫養帝王的都會，所以五帝居住在它南面的陸地上，三王居住在它正面的大地上。現在我的國都，偏僻地占有天地之間的一塊土地，衹憑藉着東南方這個邊遠的角落，北斗星、北極星遠離在北方，這不是個卑賤的都城麽？又怎麽能和帝王居住的都會比試昌盛呢？"范蠡説："您衹是看到了外表，還没有看到那内在的實質。我是順應了天門來建造城郭，又迎合了土地神的元氣，崇山峻嶺的景象已經設置好了，所以昆侖山的景象才會出現，看來越國要稱霸了。"越王説："如果像相國所説的這樣，也是我的命運了。"范蠡説："天地之間的東西終究要給個稱號來表明它的實際内容。"于是就把怪山命名爲東武，在它的上面壘起了游觀的高臺，在它的東南造了司馬門，又在它的山頂上建起了樓房作爲觀測天象的靈臺。在淮陽造起了離宫，在高平造了中宿臺，在成丘造了駕臺，在樂野建立了射獵游樂場，在岩洞中建立了燕臺，在稷山建造了齋臺。勾踐去游玩的時候，在岩洞中的燕臺休息，在冰凉的山洞中吃東西。

【輯證】

勾踐小城，山陰城也。周二里二百二十三步，陸門四，水門一。今倉庫是其宫臺處也，周六百二一步，柱長三丈五尺三寸，霤高丈六尺。宫有百户，高丈二尺五寸。大城周二十里七十二步，不築北面，而滅吴，徙治姑胥臺。山陰大城者，范蠡所築治也，今傳謂之蠡城。陸門三，水門三，决西北，亦有事。到始建國時，蠡城盡。稷山者，勾踐齋戒臺也。龜山者，勾踐起怪游臺也，東南司馬門，因以炤龜。又仰望天氣，觀天怪也。高四十六丈五尺二寸，周五百三十二步，今東武里。一曰怪山。怪山者，往古一夜自來，民怪之，故謂怪山。駕臺，周六百步，今安城里。離臺，周五百六十步，今淮陽里丘。美人宫，周五百九十步，陸門二，水門一，今北壇利里丘土城，勾踐所習教美女西施、鄭旦宫臺也。女出於苧蘿山，欲獻於吴，自謂東垂僻陋，恐女樸鄙，故近大道居。去縣五里。樂野者，越之弋獵處，大樂，故謂樂野。其山上石室，勾踐所休謀也。去縣七里。中指臺馬丘，周六百步，今高平里丘。東郭外南小城者，勾踐冰室，去縣三里。勾踐之出入也，齊於稷山，往從田里，去從北郭門。炤龜龜山，更駕臺，馳於離丘，遊於美人宫，興樂中宿，過歷馬丘，射於樂野之衢，走犬若耶，休謀石室，食於冰廚。領功銓土，已作昌土臺。藏其形，隱其情。一曰：冰室者，所以備膳羞也。（《越絶書·外傳記地傳》P.167）

《吴越春秋》曰："吴封地百里於越，東至炭瀆，西止周宗，南造於山，北薄於海。越王曰：'寡人欲築城立郭，分設里閭，欲委屬於相國。'於是范蠡乃觀天文，擬法於紫宫，築作小城，周千一百二十步，一圓三方。西北立爲飛翼之樓，以象天門。東南伏漏石竇，以象地户。陵門四達，以象四（一作"八"）風。外郭築城而缺西北，示服事吴也。"（《會稽志》卷第一"古城"V.1-P.30）

《吴越春秋》曰："范蠡爲句踐立飛翼樓，以象天門。"（《藝文類聚》卷第六十三 P.1130）

《吴越春秋》曰："勾踐立飛翼樓。"（《初學記》卷第二十四 P.572）

《吴越春秋》曰："范蠡爲勾踐立飛翼樓，以象天門；爲兩蟉繞棟，以象龍角。"（《太平御覽》卷第一百七十六 P.859）

《吴越春秋》……又曰："范蠡觀天文，法於紫宫，築作小城，周千一百二十二步，一員三方。西北立飛翼之樓，以象天門。東南服漏石竇，以象地户。陵門四達，以象八風。外郭築城而缺西北，示服事吴也，不敢壅塞；内以取吴，故缺西北，而吴不知也。"（《太平御覽》卷第一百九十三 P.933）

《吴越春秋》云："小城周千一百二十步，一圓三方。西北飛翼樓，以象天門。東南伏漏石竇，以象地户。陵門四達，以象八風。"（《會稽志》卷第一"子城"V.1-P.20）

《吴越春秋》稱："怪山者，東武海中山也，一名自來山，百姓怪之，號曰怪山。"（《水經注》卷四十 P.755）

《吴越春秋》曰："句踐築城已成，怪山自至。怪山者，琅耶海中山也。一夕自來，故名怪山。"（《後漢書志·第二十二·郡國四》"山陰"劉昭注 P.3488）

《吴越春秋》曰："范蠡作城訖，怪山自至。怪山者，琅耶東武海中山也。一夕自來，百姓怪之，故曰怪山。"（《藝文類聚》卷第八 P.145）

《吴越春秋》曰："怪山者，琅邪東武海中山也。一夕自來，百姓怪之，故曰怪山；形似龜體，故謂龜山。"（《太平御覽》卷第四十七 P.226）

《吴越春秋》又云："勾踐築城邑已成，恠山自至。恠山者，瑯琊東武縣山，海中一宿自來，故曰在山。山形似龜，故亦呼爲龜山。"（《太平寰宇記》卷九十六 V.470-P.64）

《吴越春秋》云："城既成，琅邪東武海中山一夕自來，故名怪山。"（《會稽志》

卷第九“龜山”V.9-P.3）

《吴越春秋》：“越王曰：‘崐崘乃天地之鎮柱也。五帝處其陽陸。’”（《文選》卷第二十二《應詔觀北湖田收》“陽陸團精氣”李善注 P.316）

趙曄《吴越春秋》曰：“范蠡起游臺於怪山，以爲靈臺，仰觀天文，候日月之變怪。”（《初學記》卷第二十四 P.574）

《吴越春秋》……又曰：“范蠡於東武山起遊臺其上，東南爲司馬門，立增樓，冠其山巔以爲靈臺。起離宫於淮陽，中宿臺在於高平，駕臺在於成丘，立苑於樂野，燕臺在於石室，齊臺在於襟山。勾踐之出遊也，休息石臺，食於冰厨。”（《太平御覽》卷第一百七十七 P.864）

《吴越春秋》：“勾踐立苑于樂野。”（《太平寰宇記》卷九十六 V.470-P.65）

顧校：一圓（員）三方　　齋（齊）臺在於襟山

蔣校：一圓（宋本“員”）三方　　齋（宋本“齊”）臺在於襟山

8.4

越王乃召相國范蠡、大夫種、大夫郢〔1〕，問曰：“孤欲以今日上明堂〔2〕，臨國政，布恩致令【1】，以撫百姓。何日可矣？惟三聖●紀綱維持〔3〕。”范蠡曰：“今日，丙午日也。丙，陽將也〔4〕。是日吉矣，又因良時，臣愚以爲可。無始有終〔5〕，得天下之中〔6〕。”大夫種曰：“前車已覆，後車必戒。願王深察！”范蠡曰：“夫子故不一二見也〔7〕。吾王今以丙午復初臨政，解救其本〔8〕，是一宜〔9〕；夫金制始而火救其終〔10〕，是二宜；蓄金之憂，轉而及水〔11〕，是三宜；君臣有差，不失其理，是四宜；王相●俱起〔12〕，天下立矣，是五宜。臣願急升明堂臨政。”越王是日立政〔13〕，翼翼小心，出不敢奢，入不敢侈。

【校記】

【1】布：大德本作“專”，據《太平御覽》卷五百三十三引文改。

【注釋】

〔1〕上文所説的“十有二月己巳之日”已是勾踐八年的十二月廿七日（見8.1注〔1〕、〔3〕），此文范蠡説“今日丙午”，即在己巳日之後37天，則當爲勾踐九年的二月初五日。此文一概記於勾踐七年，恐誤。而8.8又説“九年正月”，其時序也當與此顛倒。當然，僅以本篇而論，則尚能自圓其説。因爲8.1所説的勾踐七年十二月己巳爲廿一日，此文丙午日也就在勾踐八年正月廿九日，8.8再説勾踐九年正月的事也就順理成章了。今俱考於此，供讀者擇用。

〔2〕明堂：古代帝王宣明政教的地方，此文則指君主聽政之處。

〔3〕徐天祜曰：“謂聖臣也，指上三（覺按：“三”字大德本壞缺爲“二”，據鄺本改）人而言。子胥曰：‘越有聖臣范蠡。’”

〔4〕“丙”與“丁”在五行配“火”（見5.12注〔16〕），丙爲陽火，丁爲陰火，所以“丙”是“陽將”。《廣雅·釋言》：“將，帥也。”

〔5〕始：始日。指地支首位子日。終：終日。指地支末位亥日。無始有終：“午”爲地支第七位，已過子日而未過亥日，所以説“無始有終”。

〔6〕“午”在十二地支中處於第七位，即位於地支中部，所以説“得天下之中”。

〔7〕故：本來。不一二見：即“不見一二”。

〔8〕本：《素問·六微旨大論》“所謂本也”王冰注：“本，謂元氣也。”

〔9〕丙爲陽將，《淮南子·天文訓》：“午爲定。”而“丙午”又在五行配“火”（見5.12注〔16〕），《漢書·五行志上》：“火，南方，揚光煇爲明者也。其於王者，南面鄉（覺按：通“嚮”）明而治。”所以，丙午日復臨政爲宜。

〔10〕“始”指子日，在丙午之前的子日是庚子，“庚”在五行配“金”（見5.12注〔16〕），所以説“金制始”。“終”指亥日，在丙午之後的亥日是辛亥，“辛”在五行配“金”，“金”主刑殺（《漢書·五行志上》：“金，西方，萬物既成，殺氣之始也。”），不吉利。而丙午在五行配“火”，火能克金（見5.27注〔15〕），所以説“火救其終”。

〔11〕“始”（庚子）與“終”（辛亥）在五行均配“金”，“金”主刑殺，故有“蓄金之憂”。但是，終日“辛亥”之下是“壬子”，壬子在五行配“水”（見5.12注〔16〕），所以説“轉而及水”。“水”主收穫（《漢書·五行志上》：“水，北方，終臧（覺按：同“藏”）萬物者也。”），所以“轉而及水”爲宜。

〔12〕徐天祜曰：“去聲。”

〔13〕立：通“莅”。《史記·范雎蔡澤列傳》“臣聞明主立政”《索隱》：“《戰國策》‘立’作‘莅’也。”是“立”、“莅”通假之證。立政：即莅政、臨政。

【義疏】

越王于是召見相國范蠡、大夫文種、大夫諸稽郢，問道：“我想在今天登上明堂，治理國家政事，布施恩惠，頒發命令，以此來安撫百姓。到底什麽日子適宜呢？還望三位聖人統管把握。”范蠡説：“今天，是丙午日。丙，是陽氣的主帥。這個日子很吉利，又加上美好的時辰，愚以爲這日子是適宜的。它没有開始之日而有終了之日，得到了天下的正中位置。”大夫文種説：“前面的車子已經翻了，後面的車子一定要戒備。希望大王深入地加以考察！”范蠡説：“文先生本來就没有看到一點頭緒啊！我們的大王今天在丙午日重新開始治理政事，來解救他的元氣，這是第一個適宜的地方；那金德造成了它的開始之日庚子，而現在用這火德的丙午來挽救它的終了之日辛亥，這是第二個適宜的地方；積累了金德的憂慮，又轉變到水德，這是第三個適宜的地方；君臣之間有一定的等級差别，現在不喪失這一原則，這是第四個適宜的地方；君主和相國一同振作起來，天下的統治秩序就能建立了，這是第五個適宜的地方。我希望大王趕快登上明堂治理政事。”越王就在這一天登堂治理政事，小心翼翼，出去不敢奢侈，入内不敢放縱。

【輯證】

《吴越春秋》曰：“越王召范蠡而問：‘孤竊自欲以今日一登上明堂，布恩致令，以撫百姓也。’”（《藝文類聚》卷第三十八 P.689）

趙曄《吴越春秋》曰：“越王召范蠡，問：‘孤竊自志，欲以今日一登上明堂，布恩致令，以撫百姓。’”（《初學記》卷第十三 P.328）

趙曄《吴越春秋》曰：“越王召范蠡，問曰：‘孤竊自志，欲以今日一登上明堂，布恩致令，以撫百姓。’”（《太平御覽》卷第五百三十三 P.2421）

8.5

越王念復吴讎非一旦也。苦身勞心〔1〕，夜以接日。目臥，則攻之以蓼〔2〕；足寒，則漬之以水。冬常抱冰，夏還握火〔3〕。愁心苦志，懸膽於户，出入嘗之不絶於口。中夜潛泣，泣而復嘯。於是羣臣咸曰：“君王何愁心之甚？夫復讎謀敵，非君王之憂，自臣下急務也【1】。”

【校記】

【1】大德本無“於是羣臣咸曰君王何愁心之甚夫復讎謀敵非君王之憂自臣下急務也”二十九字，據《太平御覽》卷三百五引文補。

【注釋】

〔1〕苦：使……苦。 勞：使……勞累。

〔2〕蓼（liǎo 瞭）：《説文·艸部》：“蓼，辛菜，薔虞也。”即一種帶有辣味的菜。

〔3〕這二句《説郛》引作：“冬寒則抱冰，夏熱則握火。”冬抱冰、夏握火，與下文嘗膽一樣，是爲了使自己不沉溺於安樂之中而忘了復仇。

【義疏】

越王想報吴國之仇已不是一朝一夕的事了。他常常熬苦了自己、操碎了心，夜以繼日地工作。眼睛打瞌睡了，就用辣草來刺激它；脚冷了，就用水來泡它。冬天常常抱着冰，夏天反而握着火。整天使自己心裏發愁，刻苦磨練自己的意志，還把苦膽挂在房門上，進出房門時就不斷地用嘴去舔它。半夜裏常常暗中哭泣，哭罷又長聲呼叫。于是大臣們都説：“大王爲什麽要憂心忡忡到如此厲害的地步？那報仇雪恨、設法對付敵國，並不是國君應該擔憂的事，這本是臣下的當務之急啊。”

【輯證】

吴既赦越，越王句踐反國，乃苦身焦思，置膽於坐，坐卧即仰膽，飲食亦嘗膽也，曰：“女忘會稽之恥邪？”身自耕作，夫人自織，食不加肉，衣不重采，折節下賢人，厚遇賓客，振貧弔死，與百姓同其勞。（《史記·越王句踐世家》P.2090）

《吴越春秋》曰：“越王念吴欲復怨非一旦也。苦思勞心，夜以接日。冬寒則抱冰，夏熱則握火。愁心苦志，懸膽於户，出入嘗之不絶於口。”（《藝文類聚》卷第九 P.180）

《吴越春秋》曰："越王欲報怨，懸膽於户，出入嘗之。"（《藝文類聚》卷第十七 P.323）

《吴越春秋》曰："越王念吴欲復讎，愁心苦志，中夜抱柱而哭，承之以嘯。羣臣聞之，曰：'君王何愁心之甚也？夫復讎謀敵，非君王之憂，是臣下之急務也。'"（《藝文類聚》卷第三十三 P.618）

《吴越春秋》曰："越王思報吴。冬則抱冰，夏則握火。"（《藝文類聚》卷第八十 P.1365）

《吴越春秋》曰："越王念吴欲復怨非一旦也。苦思勞心，夜以接日。臥，則切之以蓼。"（《藝文類聚》卷第八十二 P.1419）

《吴越春秋》曰："越王念吴欲復之。中夜抱柱而哭。羣臣曰：'君何愁之甚？復讎，臣下之急也。'"（《白孔六帖》卷十"屋室"附"柱" V891-P.168）

《吴越春秋》曰："越王念吴之復，夏則握火。"（《太平御覽》卷第二十一 P.103）

《吴越春秋》曰："越王念復吴怨非一旦也。苦身勞心，夜以接日。卧，則切之以蓼；足，漬之以水；冬，則抱冰。"（《太平御覽》卷第二十六 P.124）

《吴越春秋》曰："越王念復吴怨非一旦也。苦思勞心，夜以接日。冬寒則抱氷，夏熱則握火。"（《太平御覽》卷第六十八 P.323）

《吴越春秋》……又曰："越王念吴欲復承之，乃中夜抱柱而哭；訖，復承之以嘯。於是羣臣咸曰：'君王何愁心之甚？夫復讎謀敵，非君王之憂，自臣下急務也。'"（《太平御覽》卷第三百五 P.1403）

《吴越春秋》曰："越王念吴欲復怨非一旦也。苦思勞心，夜以接日。足清，則漬之以水。冬寒則抱冰，夏熱則握火。愁心苦志，縣膽於户，出入嘗之不絶於口。"（《太平御覽》卷第三百七十二 P.1717）

《吴越春秋》曰："越王念吴欲復之，乃中夜抱柱而哭。哭訖，承之以嘯。於是羣臣咸曰：'君王何愁心之甚也？夫復讎誅敵，非君王之憂，自是臣下之急務。'"（《太平御覽》卷第三百九十二 P.1813）

《吴越春秋》曰："越王欲復怨於吴。冬寒則抱氷，夏熱則握火。憂苦其志，懸膽於户，出入嘗之不絶於口。"（《太平御覽》卷第四百六十八 P.2154）

趙曄《吴越春秋》曰："越王念吴欲復怨非一旦也。冬寒則抱氷，夏熱則握火。愁心苦思，懸膽於户，出入嘗之不絶於口。乃中夜抱柱而哭；哭訖，復承之以嘯。於是群臣聞之，咸曰：'夫復讎謀敵，非君王之憂，自臣下之急務也。'二十一年，興師滅吴。"（《太平御覽》卷第四百八一二 P.2207）

《吴越春秋》曰："越王思報吴，冬則抱氷，夏則握火。"（《太平御覽》卷第八百六十八 P.3849）

《吴越春秋》曰："越王欲復怨非一旦也。苦思勤心，夜以接日。卧，則以蓼。"（《太平御覽》卷第九百七十九 P.4338）

8.6

越王曰："吴王好服之離體[1]，吾欲采葛●[2]，使女工織細布獻之，以求吴王之心，於子何如？"羣臣曰："善！"乃使國中男女入山采葛●[3]，以作黄絲之布，欲獻之。

未及遣使，吴王聞越王盡心自守，食不重味[4]，衣不重綵[5]，雖有五臺之游，未嘗一日登翫。“吾欲因而賜之以書，增之以封。東至於勾甬，西至於檇李【1】，南至於姑末●〔6〕，北至於平原●〔7〕，縱横八百餘里〔8〕。”

越王乃使大夫種賫葛布十萬【2】、甘蜜九欓●【3】〔9〕、文笥七枚、狐皮五雙、晉竹十度●〔10〕，以復封禮〔11〕。

吴王得之，曰：“以越僻狄●之國無珍〔12〕，今舉其貢貨而以復禮。此越小心念功、不忘吴之效也。夫越，本興國千里，吾雖封之，未盡其國。”子胥聞之，退臥於舍，謂侍者曰：“吾君失其石室之囚，縱於南林之中。今但因虎、豹之野而與荒外之草〔13〕，於吾之心，其無損也〔14〕。”

吴王得葛布之獻，乃復增越之封，賜羽毛之飾、机杖、諸侯之服〔15〕。越國大悦。

采葛之婦傷越王用心之苦，乃作《苦之詩》●〔16〕，曰：

葛不連蔓棻台台●〔17〕，我君心苦命更之。
嘗膽不苦甘如飴●〔18〕，令我采葛以作絲●〔19〕。
飢不遑食四體疲【4】，女工織兮不敢遲。
弱於羅兮輕霏霏〔20〕，號絺素兮將獻之〔21〕。
越王悦兮忘罪除〔22〕？吴王歡兮飛尺書。
增封益地賜羽奇，机杖茵褥諸侯儀〔23〕。
羣臣拜舞天顏舒，我王何憂能不移〔24〕？

【校記】

【1】檇：大德本作“槜”，據馮本改。

【2】賫：大德本作“索”，據《太平御覽》卷九百六十三引文改。

【3】欓：大德本作“党”，據《太平御覽》卷七百五十九引文改。

【4】大德本無“飢不遑食四體疲”七字，據《文選》卷二十曹子建《應詔詩》“飢不遑食”李善注引文補。

【注釋】

〔1〕之：猶“其”。 離（chī 吃）：通“螭”，傳説中一種没有角的龍。此喻指吴王。

〔2〕徐天祜曰：“《詩》毛氏箋：‘葛，所以爲絺綌。’”〇覺按：葛是一種多年生的草本植物，莖蔓生，莖皮可製葛布，花紫紅色，通稱葛麻。

〔3〕徐天祜曰：“會稽縣東十里有葛山。《越絶》曰：‘勾踐種葛，使越女治葛布獻吴王。’”〇覺按：《越絶書·外傳記地傳》：“葛山者……去縣七里。”據《紹興越

國史迹調査資料簡輯》，葛山即今浙江省紹興市區東南約五公里處的葛山頭（屬市郊禹陵鄉龍舌嘴村），其地南瀕若耶溪（今作平水江），山有兩峰，主峰海拔22米，其山巔平坦，山坡平緩，地表除種植農作物外，還生長著一種藤科植物，俗稱"毛葛藤"。

〔4〕重（chóng 蟲）味：兩種以上的食物。食不重味：即衹吃一種食物，表示其節儉刻苦。

〔5〕重綵：兩種以上的彩色絲織品。《後漢書·安帝紀》："食不兼味，衣無二綵。"義與此同。

〔6〕徐天祜曰："即春秋越姑蔑之地。姑蔑，地名，有二：魯國卞縣南有姑蔑城；越之姑蔑，至秦屬會稽，爲太末縣，今衢州。"○覺按：春秋時魯國之姑蔑見於《左傳·定公十二年》，越國之姑蔑見於《左傳·哀公十三年》。姑末故城在今浙江省衢州市東北龍游縣北。

〔7〕徐天祜曰："《越絶》作'武原'，今海鹽縣。"○覺按：武原即今浙江省海鹽縣縣城。《國語·越語上》："句踐之地，南至於句無（韋昭注："今諸暨有句無亭是也。"○覺按：在今浙江省諸暨市東南），北至於禦兒（韋昭注："今嘉興禦兒鄉是也。"○覺按：在今浙江省桐鄉市西南），東至於鄞（韋昭注："今鄞縣是也。"○覺按：即今浙江省奉化市東北白社），西至於姑蔑（韋昭注："姑蔑，今太湖是也。"○覺按：韋說恐非，見注〔6〕），廣運百里。"與此文所述不盡相同，似當以此文爲準。

〔8〕縱横：南北方嚮叫"縱"，東西方嚮叫"横"。

〔9〕徐天祜曰："《韻會》引《吴越春秋》：'越以甘蜜丸欓報吴增封之禮。'謂欓爲越椒。今此書無'丸欓'二字，詳下文文笥之類皆以數計，則'甘蜜'當作'丸甞'。《玉篇》：'甞，丁盎切，盆也。'此'党'字誤。"○覺按：大德本之徐注文字有模糊不清者，今據鄺本補足。徐氏認爲"甘蜜"當作"丸甞"，非。此"党"字當爲"欓"之音誤，故今據《太平御覽》引文改正。"欓"是木桶，這裏用作量詞。

〔10〕徐天祜曰："'庾'當作'搜'。《漢·溝洫志》：'漕船五百搜。'今文作'艘'，音騷，船總名也。或作'椶'。"○俞樾曰："依《說文》，則以作'椶'爲正。又，徐氏未釋'晉'字。'晉'當讀爲'箭'。晉竹，即箭竹，所謂會稽之竹箭是也。《周官·職方氏》'其利金錫竹箭'，注曰：'故書"箭"爲"晉"。杜子春曰："晉當爲箭。"'"○覺按："搜"讀sāo（騷），"艘"今讀爲sōu（搜）。本文之"庾"當通"艘"，這裏用作量詞。晉：通"箭"。《儀禮·大射》"綴諸箭蓋"鄭玄注："古文'箭'作'晉'。"《周禮·夏官·職方氏》："東南曰揚州，其山鎮曰會稽，其澤藪曰具區，其川三江，其浸五湖，其利金錫竹箭。"鄭玄注："鎮，名山安地德者也。會稽在山陰……故書'箭'爲'晉'。杜子春曰：'晉，當爲箭，書亦或爲箭。'" 晉竹：即"箭竹"，是竹的一個品種，晉戴凱之《竹譜》："箭竹，高者不過一丈，節間三尺，堅勁中矢，江南諸山皆有之，會稽所生最精好。故《爾雅》云：'東南之美者，有會稽之竹箭焉。'"

〔11〕《太平御覽》卷一百九十八引作"以報增封之禮"，義更顯豁。

〔12〕徐天祜曰："'狄'當作'狹'。"○盧文弨曰："'狄'當與'逖'同。"○覺按：兩說均通，徐說爲優。因爲"逖"（tì 涕）表示遠，而4.2、4.5也有"僻遠"一詞，但本書不用"僻逖"。至於"僻狹之國"，則見於5.6，且爲越王之言，故此"狄"字當爲"狹"之形訛。

〔13〕今：猶"若"，參見《經傳釋詞》卷五。但：單，祇。荒：邊遠，遠方。荒外：指極其荒遠的地區。

〔14〕這句的言外之意是：越王如果不是祇“因虎、豹之野而與荒外之草”，我還是認爲他是個禍根。

〔15〕羽毛：指羽旗，是一種帝王游車上的裝飾品（參見5.6注〔11〕）。 机：通“几”，几案，小桌子，用於陳放東西或倚靠休息。 机杖：几案與手杖，這是供老年人在家倚靠休息和出外走路時用的，所以古代以賜几杖爲敬老之禮。《禮記·曲禮上》：“大夫七十而致事，若不得謝，則必賜之几杖。”

〔16〕徐天祜曰：“《事類賦》引《吴越春秋》曰：‘乃作若何之歌。’《會稽賦》註亦引此書曰：‘乃作何苦之詩。’”

〔17〕徐天祜曰：“音貽。”〇覺按：不（fū 膚）：“柎”之古字，花萼（“不”之古文作“𠀚”，形如花萼）。花萼與其莖蔓相連，所以説“葛不連蔓”。 棻：通“紛”，茂盛的樣子。《太平御覽》卷九百九十五引此文作“菓”，也可從。 台台（yíyí 怡怡）：通“翼翼”，茂盛衆多的樣子。《詩經·小雅·楚茨》：“我黍與與，我稷翼翼”鄭玄箋：“黍與與、稷翼翼，蕃廡貌。”孔穎達疏：“與與、翼翼，黍稷之狀，故言蕃廡貌。《釋詁》云：‘廡，茂豐也。’”即其例。

〔18〕徐天祜曰：“《事類賦》及《越舊經》所引皆作‘味若飴’。”〇覺按：作“甘”也通。

〔19〕徐天祜曰：“《文選》註引采葛婦詩，有‘飢不遑食四體疲’一句，此書無之，闕文也。”〇顧觀光曰：“今按：此句見《文選·應詔詩》注，云出《吴越紀》，不云《吴越春秋》，未知在此歌中否。”〇覺按：據《隋書》《唐書》等著録，古有《吴越記》一書，但遍考《文選》注引文，他處均未引過《吴越記》；而且，此句與本詩密合，故當引自《吴越春秋》。《文選》卷二十曹子建《應詔詩》“飢不遑食”李善注當讀爲：“《吴越》記采葛婦人詩曰：‘飢不遑食四體疲。’”所謂《吴越》，當即指《吴越春秋》。 遑（huáng 皇）：閒暇，空閒。

〔20〕弱：指軟。 羅：稀疏而輕軟的絲織品。 霏霏（fēifēi 非非）：飄飄，原指雲、雪紛飛的樣子，此形容葛布輕得可飄揚起來。

〔21〕絺（chī 吃）：精細的葛布。《詩經·周南·葛覃》“爲絺爲綌”毛傳：“精曰絺，麤曰綌。” 素：白色生絹。此指如白色生絹似的葛布。

〔22〕罪：指罪惡之人吴王。罪除：即“除罪”。作者爲了使這句與下句押韻，所以纔把“除罪”倒置了。

〔23〕茵：車上的墊子。 儀：儀表。此指穿在身上的服裝。即上文所説的“諸侯之服”。此文爲了押韻，所以用“儀”字。

〔24〕本詩之韻脚：台、之、飴、絲、之，之部；遲，脂部；之、脂兩部在東漢時可能語音差别已不大，所以相押（參見5.17注〔1〕）。除、書，魚部。奇、儀、移，歌部。

【義疏】

越王説：“吴王喜歡穿戴他的龍體，我想采收葛麻，讓女工織成精細的布獻給他，以此來求得吴王的歡心，你們看怎樣？”大臣們説：“好！”于是就讓國内的男男女女到山中采收葛麻，用它織成黄色纖維的布，想把它們獻給吴王。

還没有來得及派遣使者，吴王就聽説越王心無旁騖地安分守己，吃東西不吃兩種以上的食物，穿衣服不穿兩種以上的織物，雖然有了靈臺、中宿臺、駕臺、燕臺、齋臺這五臺可以游覽，也從没有登上去玩過一天。因此，吴王就派人送來書札，説："我想因此而送給您這封信，給您增加封地，東邊到勾章甬江，西邊到檇李，南邊到姑末，北邊到平原，南北、東西八百多里。"

越王就派大夫文種送去葛布十萬匹、甜美的蜂蜜九桶、有花紋的方形竹器七個、狐狸皮五雙、箭竹十船，以此作爲報答吴王增加封地的禮物。

吴王得到了這些禮物，説："一直以爲越國是偏僻狹小的國家而没有什麽珍寶，現在竟拿出他們的進貢物品而將它們作爲報答的禮物。這是越王小心謹慎地思念我的功德、不忘記吴國的驗證啊！那越國，本來建國的時候方圓上千里　我雖然又封給了他們一些土地，但還没有完全恢復他們的國家。"子胥聽説了這些話，便退出朝廷躺在家裏，對服侍的人説："我們的國君失去了那石洞中的囚犯，把他放到了南面的山林之中。如果他衹是憑藉着那虎、豹横行的山野以及邊遠地區的野草，在我的心目中，他倒也不會有什麽損害了。"

吴王得到了葛布的進獻後，就又增加了越國的封地，還賜給越王羽毛旗這種帝王游車上的裝飾品、几案與手杖、諸侯的服裝。越國人十分高興。

采收葛麻的婦女傷心越王用心良苦，就作了一首《苦心之詩》，詩云：

葛麻花萼與蔓連，枝葉紛披又芊綿；
我們國君用心苦，命運把他來改變。
口嘗苦膽不覺苦，竟像飴糖甘又甜；
命令我們采葛麻，用它紡成絲和綫。
餓了無暇去吃飯，四肢乏力受熬煎；
紡織女工織啊織，不敢怠慢不拖延。
織成葛布比綢軟，輕飄飄啊如雲烟；
把它稱作絺和素，將向吴王去進獻。
越王心裏樂呵呵，難道忘了把敵殲？
吴王心裏喜洋洋，一封書信飛速傳。
增加封地一大片，賜贈羽旗真奇艷；
几案手杖加坐墊，諸侯服裝都送全。
群臣朝拜舞翩躚，越王展眉露笑臉；
我王還有哪種愁，能不因此而改變？

【輯證】

葛山者，勾踐罷吴，種葛，使越女織治葛布，獻於吴王夫差。去縣七里。（《越絶書·外傳記地傳》P.179）

《吴越春秋》曰:“越王允常使民男女入山採葛,作黄絲布,獻之吴王。”(《藝文類聚》卷第八十五 P.1463)

勾踐七年,既釋囚返國,厚獻吴王夫差。夫差悦之,於是賜書增之以封。東至句甬,西至檇李,南至姑末,北至平原,縱横八百餘里。子胥諫之,不聽。(事具《吴越春秋》)(《吴郡圖經續記》卷上“封城”P.4)

《吴越春秋》曰:“以文笥七枚獻于吴王。”(《北堂書鈔》卷第一百三十五 V.1212-P.637)

《吴越春秋》云:“越以甘蜜九黨報吴增封之禮。”(《北堂書鈔》卷第一百四十七 V.1213-P.64)

《吴越春秋》曰:“吴王聞勾踐盡心自守,增之以封。越王乃使大夫種賫葛布十萬、甘蜜九欓、文笥七枚、狐皮五雙,以報增封之禮。”(《太平御覽》卷第一百九十八 P.953)

《吴越春秋》曰:“越以文笥七枚獻吴王。”(《太平御覽》卷第七百一十一 P.3168)

《吴越春秋》曰:“越以甘蜜九欓報吴增封之禮。”(《太平御覽》卷第七百五十九 P.3371)

《吴越春秋》曰:“吴王聞越王盡心自守,賜之以書,增之以封。越王乃使大夫賫葛布十萬、狐皮五雙、晉竹十廋,以答封禮。”(《太平御覽》卷第九百六十三 P.4275)

《吴越春秋》云:“越採葛之婦傷越王用心之苦,乃作《苦何之歌》。”(《北堂書鈔》卷第一百六 V.1212-P.494)

《吴越春秋》曰:“採葛,越之婦人傷越王用心,乃作《若何之歌》,辭曰:‘甞膽不苦味若飴,今我採葛以作絲。’”(《太平御覽》卷第五百七十一 P.2580)

《吴越春秋》曰:“採葛之婦人傷越王用心之苦也,作《苦何之歌》,其辭曰:‘葛不連蔓葉台台,甞膽不苦味苦飴,令我採葛以作絲。’”(《太平御覽》卷第九百九十五 P.4404)

《吴越春秋》曰:“采葛,越之婦人傷越王用心,乃作《若何之歌》曰:‘嘗膽不苦味若飴,令我采葛以作絲。’”(《事類賦》卷十一“歌”注 P.896)

《吴越春秋》云:“句踐種葛於此。採葛人歌曰:‘嘗膽不苦味若飴,令我採葛以作絲。’”(《會稽志》卷第九“葛山”V.9-P.13)

顧校:我君心苦(下多“受”)命更之

蔣校:我君心苦(宋本下有“受”字)命更之

8.7

於是越王内修其德,外布其道。君不名教〔1〕,臣不名謀,民不名使,官不名事。國中蕩蕩,無有政令。越王内實府庫,墾其田疇,民富國彊,衆安道泰〔2〕。越王遂師八臣與其四友〔3〕,時問政焉。大夫種曰:“愛民而已。”越王曰:“柰何?”種曰:“利之無害,成之無敗,生之無殺,與之無奪。”越王曰:“願聞。”種曰:“無奪民所好,則利之;民不失其時,則成之;省刑去罰,則生之;薄其賦斂,則與之;無多臺游,則樂之;静而無苛,則喜之。民失所好,則害之;農失其時,則敗之;有罪不赦,則殺之;重賦厚斂,則奪之;多作臺游以罷●民〔4〕,則苦之;勞擾民力,則怒之●〔5〕。臣聞善爲國者,遇民如父母之愛其子、如兄之愛其弟,聞其飢寒爲之哀【1】,

見其勞苦爲之悲。”越王乃緩刑薄罰，省其賦歛。於是人民殷富，皆有帶甲之勇。

【校記】

【1】其：大德本作“有”，據顧校改。

【注釋】

〔1〕《説文·口部》：“名，自命也。”

〔2〕道：《荀子·正名篇》：“道也者，治之經理也。” 泰：《廣雅·釋詁一》：“泰，通也。”《漢書·劉向傳》：“泰者，通而治也。”

〔3〕八臣：參見 7.2 ~ 7.4 及 10.6。

〔4〕徐天祜曰：“音疲。”〇覺按：罷（pí 皮）：通“疲”。

〔5〕徐天祜曰：“詳文意，上文‘與之無奪’以下當有‘樂之無苦，喜之無怒’二句。”

【義疏】

從此越王在朝廷内修養自己的德行，在朝廷外施行自己的教化。君主不把自己的工作説成是推行政教，臣子不把自己的工作説成是出謀劃策，民衆不把自己的工作説成是被役使，官吏不把自己的工作説成是侍奉君主。國内空空蕩蕩，没有政策法令。越王在國内充實金庫兵庫，開墾國内的田地，百姓富足，國家强盛，民衆安樂，正確的政治原則得到了貫徹。越王于是就把八位大臣和他們的朋友當作老師，時常向他們請教治國的措施。大夫文種説：“治國的措施不過是愛護民衆罷了。”越王説：“愛護民衆該怎樣？”文種説：“使他們得利而不要損害他們，使他們成功而不要敗壞他們，使他們生存而不要殺死他們，賜予他們而不要掠奪他們。”越王説：“我願意聽一下具體内容。”文種説：“不奪取民衆喜歡的東西，那就是使他們得利；使民衆不錯過農時，那就是使他們成功；減少刑法免去懲罰，那就是使他們生存；減輕對他們的税收，那就是賜予他們；不要多造高臺别墅去游玩，那就是使他們快樂；安静無爲而不苛刻，那就是使他們喜悦。使民衆喪失他們喜歡的東西，那就是損害他們；使農夫錯過了農時，那就是敗壞他們；有了罪刑又不赦免，那就是殺死他們；加重賦税從重徵收，那就是掠奪他們；大量建造高臺别墅去游玩以致民衆疲勞不堪，那就是使他們痛苦；勞累侵掠民間的人力物力，那就是使他們發怒。我聽説善于治國的人，對待民衆就像父母愛護自己的子女、就像兄長愛護自己的弟弟，聽説他們飢寒交迫就爲他們感到哀痛，看到他們疲勞困苦就爲他們感到悲傷。”越王于是就放鬆了刑法，減輕了處罰，減少了對民衆的税收。于是人民十分富足，都有了身穿鎧甲上陣殺敵的勇氣。

【輯證】

歸及至於國，王問於范蠡曰："節事奈何？"對曰："節事者與地。唯地能包萬物以爲一，其事不失。生萬物，容畜禽獸，然後受其名而兼其利。美惡皆成，以養其生。時不至，不可彊生；事不究，不可彊成。自若以處，以度天下，待其來者而正之，因時之所宜而定之。同男女之功，除民之害，以避天殃。田野開闢，府倉實，民衆殷。無曠其衆，以爲亂梯。時將有反，事將有閒，必有以知天地之恆制，乃可以有天下之成利。事無閒，時無反，則撫民保教以須之。"王曰："不穀之國家，蠡之國家也。蠡其圖之！"對曰："四封之內，百姓之事，時節三樂，不亂民功，不逆天時，五穀睦熟，民乃蕃滋，君臣上下交得其志，蠡不如種也。四封之外，敵國之制，立斷之事，因陰陽之恆，順天地之常，柔而不屈，彊而不剛，德虐之行，因以爲常；死生因天地之刑，天因人，聖人因天；人自生之，天地形之，聖人因而成之。是故戰勝而不報，取地而不反，兵勝於外，福生於內，用力甚少而名聲章明，種亦不如蠡也。"王曰："諾。"令大夫種爲之。（《國語·越語下》P.644）

顧校：聞有（其）飢寒爲之哀

蔣校：聞有（宋本"其"）飢寒爲之哀

8.8

九年正月，越王召五大夫而告之曰："昔者越國遁棄宗廟，身爲窮虜，恥聞天下，辱流諸侯。今寡人念吴，猶躃者不忘走〔1〕、盲者不忘視。孤未知策謀，惟大夫誨之。"

扶同曰："昔者亡國流民，天下莫不聞知。今欲有計，不宜前露其辭。臣聞：'擊鳥之動，故前俯伏●〔2〕。猛獸將擊，必餌●毛帖伏〔3〕。鷙鳥將搏，必卑飛戢翼〔4〕。聖人將動，必順辭和衆。'聖人之謀，不可見其象，不可知其情。臨事而伐，故前無剽過之兵〔5〕，後無伏襲之患。今大王臨敵破吴，宜損少辭，無令泄也。臣聞吴王兵彊於齊、晉〔6〕，而怨結於楚。大王宜親於齊，深結於晉，陰固於楚，而厚事於吴。夫吴之志，猛驕而自矜，必輕諸侯而凌鄰國。三國決權，還爲敵國，必角勢交争〔7〕。越承其弊〔8〕，因而伐之，可克也。雖五帝之兵，無以過此。"

范蠡曰："臣聞：'謀國破敵，動觀其符〔9〕。'孟津之會〔10〕，諸侯曰可，武王辭之〔11〕。方今吴、楚結讎，構怨不解；齊雖不親，外爲其救；晉雖不附，猶效其義。夫内臣謀而决讎其策〔12〕，鄰國通而不絶其援，斯正吴之興霸、諸侯之上尊。臣聞：'峻高者隤●〔13〕，葉茂者摧。日中則移，月滿則虧。四時不並盛，五行不俱馳。陰陽更唱●〔14〕，氣有盛衰〔15〕。故溢堤之水〔16〕，不掩其量【1】〔17〕；熻乾之火[18]，不復其熾。水靜則無漚瀴之怒[19]，火消則無熹毛之熱[20]。’今吴乘諸侯之威，以號令於天下，不知德薄而恩淺、道狹而怨廣、權懸而智衰、力竭而威折、兵挫而軍退、士散而衆解。臣請按師整兵，待其壞敗，隨而襲之。兵不血刃，士不旋踵，吴之君臣爲虜矣。臣願大王匿聲，無見其動[21]，以觀其靜[22]。”

大夫苦成曰：“夫水能浮草木，亦能沉之；地能生萬物，亦能殺之；江海能下谿谷，亦能朝之[23]；聖人能從衆，亦能使之。今吴承闔閭之軍制、子胥之典教，政平未虧，戰勝未敗。大夫嚭者，狂佞之人，達於策慮，輕於朝事。子胥力於戰伐，死於諫議。二人權，必有壞敗。願王虚心自匿[24]，無示謀計，則吴可滅矣。”

大夫浩曰：“今吴，君驕臣奢，民飽軍勇，外有侵境之敵，内有争臣之震[25]，其可攻也。”

大夫句如●曰[26]：“天有四時，人有五勝●[27]。昔湯、武乘四時之利而制夏、殷[28]，桓、繆據五勝之便而列六國[29]。此乘其時而勝者也。”

王曰：“未有四時之利、五勝之便，願各就職也。”

【校記】

【1】掩：大德本作“淹”，據四庫本改。

【注釋】

〔1〕躄（bì 避）：跛，兩腿癱，足不能行。

〔2〕徐天祐曰：“此上八字文衍。”〇覺按：“擊”或當作“摯”，形近而訛。“摯”通“鷙”，兇猛。

〔3〕徐天祐曰：“‘餌’當作‘弭’。”〇覺按：弭，收斂。帖（tiē 貼）：服帖，馴順的樣子。

〔4〕戢（jí 輯）：收斂。

〔5〕剽：《一切經音義》卷十“剽掠”注引《倉頡篇》：“剽，截也。”《説文·刀部》：“一曰：剽，劫人也。”過：《吕氏春秋·論威》“治亂安危過勝之所在也”高誘注：“過，猶取也。”剽過：與《一切經音義》所釋之“剽掠”同義，即截取、攔腰襲擊而奪取的意思。

〔6〕吴王夫差出兵和齊、晉争强是魯哀公十年（夫差十一年，勾踐十二年，公元前485年）以後的事（參見5.1注〔7〕及5.8、5.23），現在作者把這話記於勾踐九年正月，乃誤據《史記·越王句踐世家》所致。

〔7〕《淮南子·脩務訓》“各有其自然之勢”高誘注：“勢，力也。”此文之“勢”指武力。

〔8〕承：通“乘”，趁著，憑藉。

〔9〕符：吉祥的徵兆。

〔10〕孟津：渡口名，在今河南省孟州市西南。相傳周武王伐紂時與八百諸侯會盟於此，故又名盟津。

〔11〕《史記·周本紀》：武王九年，“東觀兵，至于盟津……既渡，有火自上復于下，至于王屋，流爲烏，其色赤，其聲魄云。是時諸侯不期而會盟津者，八百諸侯。諸侯皆曰：‘紂可伐矣。’武王曰：‘女未知天命，未可也。’乃還師歸”。此文引用此事，是要説明“動觀其符”。

〔12〕讎：《詩經·大雅·抑》“無言不讎，無德不報”孔穎達疏：“相對謂之讎。”即應對、回報的意思。

〔13〕徐天祜曰：“亦作‘頹’，下墜也。”〇覺按：隤（tuí 頹）：墜落，倒塌。

〔14〕徐天祜曰：“‘唱’當作‘倡’。”〇覺按：陰陽：古代思想家認爲萬事萬物都是由一對正反矛盾的基本因素構成的，這一對正反矛盾的基本因素就是所謂的陰陽。凡天地、日月、晝夜、男女等皆分屬陰陽。他們認爲，陰陽雙方是相待而變的，陰盛則陽衰，陽盛則陰衰，如此盈虛消長而循環不已，所以此文説“陰陽更唱”。唱：通“倡”，帶頭，指佔據主導地位。

〔15〕氣：是古代思想家的一個哲學概念，它是指構成宇宙萬物的一種基因，而陰陽便是“氣”中的一對基本因素。

〔16〕故：猶“夫”，提示之詞也，參見《古書虚字集釋》卷五。

〔17〕掩：《方言》卷十二：“掩，止也。”即遏止、不放縱的意思。

〔18〕熻（xī 吸）：《廣雅·釋詁二》：“熻，爇也。”即燒的意思。乾：枯竭。

〔19〕漚：浸泡。瀴（yǐng 穎）：柳宗元《柳州東亭記》“嶚闊瀴灣”童宗説等注：“瀴，音嬰，水絶遠貌。”

〔20〕熹：同“熺”。《廣雅·釋詁三》：“熺，熾也。”即燒的意思。

〔21〕見（xiàn 現）：同“現”。

〔22〕觀：《爾雅·釋言》：“觀，示也。”即“使人觀”、“給人看”的意思。

〔23〕朝：原義爲朝見，引申指流入。《尚書·禹貢》：“荊及衡陽惟荆州，江、漢朝宗于海。”孔安國傳：“二水經此州而入海，有似於朝。”此文“朝”用作使動詞。

〔24〕虚心：使内心虚無空蕩，即不要老是把復仇的事掛在心頭。因爲“不虚心”而老想著復仇，就很難做到“自匿”。

〔25〕震：《國語·晉語四》“車有震”韋昭注：“震，威也。”

〔26〕徐天祜曰：“《左傳》、《國語》皆作‘臯如’。”〇覺按：7.3、7.4、10.6、10.18 也作“臯如”，古代“句”屬見母侯部，“臯”屬見母幽部，兩字音近，所謂旁轉而通。

〔27〕徐天祜曰：“五德迭相勝也。《史·歷書》：‘秦滅六國，頗推五勝，而自以爲獲水德之瑞。’《前漢·律歷志》同。”〇覺按：五勝：見 5.27 注〔15〕。秦、漢時代的方士常以金、木、水、火、土五行相勝的道理來附會王朝的興衰存亡，即所謂“五德迭相勝”。如秦始皇以爲周得火德，秦得水德，故勝周（見《史記·秦始皇本紀》）。但也有逆反之説，如漢以秦得水德，而漢得火德，故漢勝秦。由此可見，此實爲虚妄之説。

〔28〕夏：朝代名，此文指夏桀，見 1.2 注〔2〕。殷：見 1.5 注〔6〕，此文指商紂，見 4.7 注〔2〕。

〔29〕桓：指齊桓公，見 7.9 注〔20〕。繆（mù 穆）：通“穆”，指秦穆公，名任好，春秋時秦國君主，公元前 659—公元前 621 年在位。他任用百里奚、蹇叔等人，曾稱霸西戎，

故漢朝人將他列爲春秋五霸之一。 列：《荀子·王霸篇》"相者論列百官之長"楊倞注："列，置於列位也。"即安排位次。齊桓公、秦穆公稱霸諸侯，使各國諸侯會盟而排列各國諸侯的位次，所以説"列"。 六國：古代稱"六國"，往往是指戰國時的齊、楚、燕、韓、魏、趙，加秦而稱爲七國。漢代人常稱及"六國""七國"，但此文作者誤用了"六國"一詞，他可能以爲齊、秦各除掉自己不算，其餘便是"六國"。其實，在齊桓公、秦穆公之時，較有地位的諸侯國有晉、齊、魯、燕、衛、蔡、鄭、曹、陳、宋、秦、楚等等，並未形成七國争雄的政治局面。這種疏忽，與 5.12 説齊國"歷楚、趙之界"相似。

【義疏】

勾踐九年（前 488）正月，越王召見了五位大夫而告訴他們説："從前越國人敗逃而丢弃了祖宗的廟宇，我自己淪爲囚犯，我的羞耻天下人都聽説了，我的屈辱傳遍了諸侯各國。今天我念念不忘報復吴國，就像瘸子念念不忘要奔跑、瞎子念念不忘要看東西一樣。不過，我現在還不清楚對付吴國的計策謀略，希望大夫們教教我。"

扶同説："從前越國國家滅亡、民衆漂泊，天下没有誰不知道。現在想要有所算計，不宜事先泄露這方面的言論。我聽説：'搏擊的鳥兒要行動，所以先低頭趴着。凶猛的野獸將出擊，一定先收起毛馴服地趴在地上。凶猛的禽鳥將要搏擊，一定先飛得很低而收起翅膀。聖人將采取行動，一定先説話和順而與衆人關係融洽。'聖人的謀劃，别人不能見到它的迹象，不能知道它的内情。等到戰事發生了纔按照預先的謀劃去攻戰，所以事先没有攔腰襲取他們的敵軍，以後也没有被伏擊的禍患。現在大王面臨仇敵而要攻破吴國，應該減少言論，不要讓這種話泄露出去。我聽説吴王的兵力在和齊國、晉國争强，而他又早和楚國結下了怨仇。大王最好親近齊國，深深地結交晉國，偷偷地和楚國加强關係，而優厚地侍奉吴國。那吴王的性情，凶猛驕横而自高自大，他一定會輕視諸侯各國而欺負鄰國。齊、晉、楚三國判斷衡量一下，反而都成了吴國的敵國，他們就一定會和吴國較量武力而互相競争强弱。越國趁吴國疲憊不堪的時候去攻打它，就可以攻克了。即使是五帝用兵，也無法超過這種謀略了。"

范蠡説："我聽説：'圖謀他國攻破仇敵，行動時得觀察那吉祥的徵兆。'所以，孟津會盟的時候，諸侯都説可以了，武王却拒絶了他們。當今吴國和楚國結成仇敵，其間造成的怨恨不能和解；然而，齊國雖然不親近吴國，在表面上却還是給吴國提供救援；晉國雖然不依附吴國，但還是履行他們的道義。那吴國國内的大臣進行謀劃而决定應對敵國的計策，鄰國和吴國來往而不斷絶他們的援助，這正是吴國在建立霸業、諸侯各國在推崇吴王啊！我聽説：'峻峭高聳的山會崩塌，枝葉茂盛的樹會折斷。太陽到了中午就會下移，月亮圓滿了就會減損。春夏秋冬這四季不可能同時旺盛，金木水火土這五大行星不可能一起運行。陰陽雙方輪流處于主導地位，自然界的元氣有時旺盛有時衰微。漫過堤防的水，不遏止它的流量；燒盡的火炭，不能恢復它的熾烈。水波安靜了就不會有淹没遠方的怒濤，火勢消滅了就不會有燒掉毛髮的熱量。’現在吴王憑藉着諸侯的威勢，因而在天下發號施令，却不知道自己功德不深而恩情淺薄、可以走的路狹窄而怨恨他的人面廣量大、權勢雖然高高在握而智能却已衰退、力量已經用盡而威勢已經減損、軍隊受到挫折而敗退、士兵已經四散奔逃而瓦解。請讓我去巡視一下我們的軍隊而整頓好士兵，等到吴國衰敗，就趁機去襲擊它。這樣的話，兵器還没有讓鮮血染紅刀口，士兵還没有轉過脚跟，而吴國的君臣就已經被俘獲了。我希望大王不要聲張，不要暴露自己的動作，而衹讓别人看見自己的安静無爲。”

大夫苦成説：“水能够使草木浮在水面上，但也能够使它們沉下去；大地能够使萬物生長，但也能够殺死它們；江海能够處在山谷之下，却也能使山谷中的水流向自己；聖人能够順從民衆，却也能够使用他們。現在吴國繼承了闔閭的軍隊制度與伍子胥的法則教化；政治穩定，還没有衰微；作戰獲勝，還没有失敗。大夫伯嚭，是個狂妄謟媚的人，通曉謀略，但輕視朝廷上的政事。伍子胥則致力于戰争，又豁出命去勸諫議論。這兩個人一起權衡事情，一定會有破敗的時候。請大王丢掉心事而把自己隱藏起來，不要暴露計謀，那麽吴國就可以消滅了。”

大夫浩説：“現在的吴國，國君驕横，臣子奢侈；民衆飽食終日，將士膽大妄爲；外面有侵擾邊境的敵人，國内有争權奪利的臣子耀武揚威，應該可以去攻打了吧。”

大夫皋如説：“自然界有四季的交替，人類社會有五德相勝的更迭。從前商湯、周武王憑藉了四季交替的有利條件而制伏了夏桀、商紂王，齊桓公、秦穆公憑藉了五德相勝的有利條件而能安排各諸侯國的位次。這是憑藉了那時機纔取勝的啊。”

越王説：“現在我們還没有得到四季交替的有利條件與五德相勝的有利時運，請各位還是回到自己的工作崗位上去吧。”

【輯證】

句踐自會稽歸七年，拊循其士民，欲用以報吴。大夫逢同諫曰：“國新流亡，今乃復殷給，繕飾備利，吴必懼，懼則難必至。且鷙鳥之擊也，必匿其形。今夫吴兵加齊、晉，怨深於楚、越，名高天下，實害周室，德少而功多，必淫自矜。爲越計，莫若結齊，親楚，附晉，以厚吴。吴之志廣，必輕戰。是我連其權，三國伐之，越承其弊，可克也。”句踐曰：“善。”（《史記·越王句踐世家》P.2091）

顧校： 昔之（者）亡國流民　　故前無剽（㵱）過之兵　　越承其弊（弊）　　昔湯武乘四時之利而制夏殷（舟殳）桓（栢）繆據五勝之便而列六國　　（卷末）第八卷終（無嘉靖本之"第八卷終"而多"吴越春秋勾踐歸國外傳第八"）

蔣校： 故前無剽（宋本"㵱"）過之兵

吴越春秋勾踐歸國外傳第八

吴越春秋勾踐陰謀外傳第九

【提要】

“勾踐陰謀外傳”，原作“越王陰謀外傳”，是徐天祜將“越王”改成了“勾踐”，以便與上下文一致（參見《吴越春秋目録》注〔5〕）。

勾踐陰謀外傳，就是勾踐秘密謀劃對吴用兵的傳記（關於“外”字，可參見《吴越春秋目録》注〔3〕）。其文緊承上一篇，圍繞越王謀吴稱霸的主題漸次展開。要達到謀吴稱霸的目的，則既要走富國强兵之路，又要行貧吴弱敵之計，此文圍繞文種所説的“君王閉口無傳”的陰謀九術落筆，其實不外乎這兩個方面。文章先寫越國“已富”，後又寫越王“尊天事鬼”而使“國不被災”，依從計硯之計而充實糧倉，這便是富國之術；請越女傳授劍術，讓陳音講解射法，這是强兵之道。送給吴王神木而促成其大興土木，獻給吴王美女而使其惑亂，借粟還粟而使吴種無收，都是貧吴弱敵之計。凡此種種，就爲越王破吴稱霸奠定了堅實的基礎。於是，“陰謀”便可轉爲陽攻了，從而引出了下篇的伐吴。

本篇所記勾踐十年至十三年之間的這些事蹟，《左傳》《國語》《史記》等均略，所以它具有較爲重要的史料價值。特别像其中的彈歌，一向被人們視爲原始歌謡的典型，成爲探究文學藝術起源的重要史料。還有對弩矢、射法的記述，本篇也遠比他書爲詳，它無疑是研究我國古代科技史與軍事史的寶貴資料，衹是未引起後人的注意罷了。當然，此文在剪裁方面也頗具匠心，如《左傳·哀公十一年》所記吴將伐齊時勾踐率其衆朝吴之事，本書便安排在《夫差内傳》中敍述，而本篇則從略了，以免重複。

9.1

越王勾踐十年二月，越王深念遠思侵辱於吴，蒙天祉福，得越國〔1〕。羣臣教誨，各畫一策，辭合意同，勾踐敬從，其國已富。

【注釋】

〔1〕徐天祜曰：“‘得’下當有‘返’字。”

【義疏】

越王勾踐十年（前487）二月，越王陷入了對過去的回憶之中，遥想那被吴國侵入侮辱的情景，幸好蒙受上天福佑，纔得以返回越國。群臣又循循善誘，各人都謀劃了一條計策，言論一致、意見相同，勾踐慎重地聽從了這些意見，他的國家就已經富足了。

【輯證】

顧校：（卷首）吴越春秋勾踐（越王）陰謀外傳第九

9.2

反越五年〔1〕，未聞敢死之友〔2〕。或謂諸大夫愛其身、惜其軀者，乃登漸臺〔3〕，望觀其羣臣有憂與否。相國范蠡、大夫種、句如之屬儼然列坐〔4〕，雖懷憂患，不形顏色。

越王即鳴鍾驚檄●而召羣臣〔5〕，與之盟，曰："寡人獲辱受恥，上愧周王〔6〕，下慙晉、楚。幸蒙諸大夫之策，得返國修政，富民養士。而五年未聞敢死之士、雪仇之臣，柰何而有功乎？"羣臣默然，莫對者。越王仰天歎曰："孤聞：'主憂臣辱，主辱臣死。'今孤親被奴虜之厄，受囚破之恥，不能自輔，須賢任仁〔7〕，然後討吴。重負諸臣，大夫何易見而難使也〔8〕？"

於是計碗年少官卑，列坐於後，乃舉手而趨，蹈席而前進曰："謬哉，君王之言也！非大夫易見而難使，君王之不能使也。"

越王曰："何謂？"

計碗曰："夫官位、財幣、金賞者，君之所輕也；操鋒履刃、艾●命投死者〔9〕，士之所重也。今王易●財之所輕【1】〔10〕，而責士之所重，何其殆哉〔11〕？"

【校記】

【1】易：大德本作"昜"，據鄺本改。

【注釋】

〔1〕反：通"返"。 五年：當爲虛數，其實不足五年。古代"三""五""七""九"往往表虛數，參見《中國古代語法·稱代篇》第六章。

〔2〕《説文·又部》："同志爲友。"

〔3〕漸（jiān肩）臺：古代關於漸臺的記載不少，如《列女傳·楚昭貞姜》載楚昭王出遊，留夫人漸臺之上，江水大至，臺崩，夫人流而死。另外，齊宣王也建過漸臺五重，見《列女傳·齊鍾離春》《新序·雜事二》。漢武帝作建章宫，太液池中有漸臺，高二十餘丈，因臺址在水中，故名漸臺，參見《漢書·郊祀志下》《漢書·王莽傳下》《三輔黄圖·臺榭》。由此可見，"漸"就是浸的意思，"漸臺"就是築於水中之臺。水中之臺較爲險峻，所以勾踐與君臣一起登臺，以考驗他們是"敢死"，還是"愛其身、惜其軀"。

〔4〕列：位次（參見8.8注〔29〕），這裏用作狀語。

〔5〕徐天祜曰："'驚'疑當作'警'。"〇覺按："驚"通"警"。《詩經·小雅·車攻》"徒御不驚"孔穎達疏："言以相警戒也。"《周易·震》"震驚百里"鄭玄注："驚之言警戒也。"（見《鄭氏周易注》）皆其證。古代報告危急的信息稱爲警。檄（xí習）：古代用來徵召、聲討的文書。驚檄：指發佈使人警戒的徵召文書。

〔6〕周王：指周敬王，見5.24注〔13〕。

〔7〕須：求。

〔8〕盧文弨曰："古'得'字與'見'相似，故譌耳。《國策》管燕曰：'士何其易得而難用也。'其田需所對亦與此計硯之言略同。《史記·趙世家》'踰年歷歲未得一城'，《趙策》'得'作'見'可證。下同。"〇俞樾曰："'見'當作'得'。此傳所載越王及計倪（覺按："倪"當作"硯"）之言與《國策·齊策》管燕、田需之言相似，彼作'士何其易得而難用也'。《韓詩外傳》'管燕'作'宋燕'、'田需'作'陳饒'，亦曰'何士大夫易得而難用也'。二書皆是'得'字，故知此傳'見'字之誤。'得'古作'㝵'，見《説文》，故往往誤作'見'。《史記·趙世家》'踰年歷歲未得一城'，《趙策》'得'誤作'見'，即其例也。"

〔9〕徐天祜曰："音刈。"〇覺按："艾"（yì義）通"刈"，斬。

〔10〕徐天祜曰："'易'（覺按：大德本"易"作"昜"，據鄺本改）字不通，疑'吝'字之誤，'吝''吝'同。"〇覺按：徐説可通，但未必正確，因爲"吝"與"易"形音相差頗大，不易致誤。《國語·晉語一》"雖獲沃田而勤易之"韋昭注："易，治也。"易財：治財，管理財物。此指在財物的獎賞施捨方面斤斤計較。

〔11〕殆：殙，昏亂，糊塗。王引之《經義述聞·通説上·殆》："何休注襄四年（覺按：當作"襄五年"）《公羊傳》曰：'殆，疑也。'《論語·爲政篇》：'學而不思則罔，思而不學則殆。'謂思而不學，則事無徵驗，疑不能定也。何注讀'殆'爲'怠'，以爲'精神疲殆'，失之。又曰：'多聞闕疑，多見闕殆。'殆，猶疑也，謂所見之事若可疑，則闕而不敢行也。范注（覺按：當作"包注"）訓'殆'爲'危'，失之。《史記·倉公傳（覺按：當作"扁鵲傳"）》：'良工取之，拙者疑殆。''殆'亦'疑'也，古人自有複語耳。《吕氏春秋·去尤篇》'以黄金投者殆'，《莊子·達生篇》作'以金（覺按：當作"以黄金"）注者殙'，殆也、殙也，皆迷惑也。"

【義疏】

勾踐回到越國好幾年了，還没聽説過有爲自己賣命的人。有人説他的各位大夫都是愛惜自己身軀的人。于是勾踐就和群臣一起登上水中的高臺，以觀察他的大臣們是否有擔憂害怕的神情。相國范蠡、大夫文種、皋如之類都莊重地按照次序坐着，雖然心裏有點擔憂害怕，也不表現在臉色上。

越王立即敲響警鐘、發布使人警戒的徵召文書而召見群臣，和他們立誓締約，説："我遭受耻辱，向上愧對周王，向下愧對晋國、楚國。幸虧受到各位大夫的指點，纔得以返回祖國重理朝政，使民衆富足，又培養了賢士。但好幾年了也没有聽説過有爲我拼死的勇士和爲我報仇雪耻的臣子，我怎樣纔能有所成就呢？"群臣鴉雀無聲，没有誰回答。越王抬頭朝天嘆息説："我聽説：'君主有了憂患，臣子就爲君主忍受耻辱；君主忍受耻辱，臣子就爲君主殉身拼死。’現在我親身遭到當奴僕的困厄，受到被囚禁以及國家被攻破的耻辱，但我不能靠自己輔佐自己，所以尋求賢能的人、任用有仁德的人，然後再去討伐吴國。我深深地依賴各位大臣，但大夫們爲什麽容易被我得到却難以被我使用呢？”

在這個時候計硯年紀還輕、官位還低，依次坐在後面，他竟然舉着手小步快跑起來，踩着座席而走到前面説：“大王的話多荒謬啊！並不是大夫們容易被您得到而難以被您使用，而是大王没有能力使用他們啊！”

越王説：“你的話是什麽意思？”

計硯説：“那官位、財物以及黄金的獎賞，是君主所看輕的東西；手握鋒利的兵器、脚踩鋭利的刀口、殺身效死，是士人所看重的事情。現在大王老是在盤算財物這種應該看輕的東西，却要求士人去幹那些他們所看重的事情，爲什麽那麽糊塗呢？”

【輯證】

昔者，越王勾踐近侵於疆吴，遠媿於諸侯，兵革散空，國且滅亡，乃脅諸臣而與之盟：“吾欲伐吴，奈何有功？”羣臣默然而無對。王曰：“夫主憂臣辱，主辱臣死，何大夫易見而難使也？”計倪官卑年少，其居在後，舉首而起，曰：“殆哉！非大夫易見難使，是大王不能使臣也。”王曰：“何謂也？”計倪對曰：“夫官位財幣，王之所輕；死者，是士之所重也。王愛所輕，責士所重，豈不艱哉？”（《越絶書·外傳計倪》P.198）

顧校：上愧（媿）周王　　非大夫易見而（之）難使

9.3

於是越王默然不悦，面有愧色，即辭羣臣，進計硯而問曰：“孤之所得士心者何等？”

計硯對曰：“夫君人尊其仁義者，治之門也。士民者，君之根也。開門固根，莫如正身。正身之道，謹左右。左右者，君之所以盛衰者也。願王明選左右，得賢而已。昔太公，九聲而足●〔1〕，磻溪之餓人也〔2〕，西伯任之而王。管仲〔3〕，魯之亡囚，有貪分之毁●〔4〕，齊桓得之而霸。故傳曰〔5〕：‘失士者亡，得士者昌。’願王審於左右，何患羣臣之不使也？”

越王曰：“吾使賢任能，各殊其事〔6〕。孤虚心高望〔7〕，冀聞報復之謀。今咸匿聲隱形，不聞其語，厥咎安在？”

計硯曰：“選賢實士〔8〕，各有一等。遠使以難●〔9〕，以效其誠〔10〕；内告以匿，以知其信；與之論事，以觀其智；飲之以酒，以視其亂●〔11〕；指之以使●〔12〕，以察其能；示之以色，以别其態。五色以設〔13〕，士盡其實，人竭其智。知其智，盡實〔14〕，則君臣何憂〔15〕？”

越王曰：“吾以謀士效實、人盡其智，而士有未盡進辭有益寡人也。”

計硯曰：“范蠡明而知内，文種遠以見外。願王請大夫種與深議，則霸王之術在矣。”

【注釋】

〔1〕徐天祜曰：“其義未詳，或恐字誤。”〇覺按：若依字面來理解，“九聲而足”即“九種音調都精通”。古代樂律中有所謂“五音”“四清”，合稱爲“九聲”。“五音”即宫、商、角、徵（zhǐ 旨）、羽，相當於現在簡譜中的1、2、3、5、6。“四清”即宫清、商清、角清、徵清四個高聲，相當於現在簡譜中的$\dot{1}$、$\dot{2}$、$\dot{3}$、$\dot{5}$。“足”就是無缺失，指都精通。但是，其他典籍並無太公精通音樂的記載，所以此文恐誤。考《越絶書·外傳計倪》，這句作“九十而不伐”，指其九十歲仍無功，可從。《説苑·雜言》：“吕望行年五十，賣食於棘津；行年七十，屠牛朝歌；行年九十，爲天子師，則其遇文王也。管夷吾束縛膠目，居檻車中，自車中起爲仲父，則其遇齊桓公也。”《韓詩外傳》卷七第六章也載此事。由此可知，太公到九十歲仍没有什麽成就，這是漢代盛行的一種傳説。他九十歲得遇文王以後，纔功業卓著。此文述説太公、管仲之事，與《説苑》《韓詩外傳》相類，而此句又與“磻溪之餓人”、“魯之亡囚，有貪分之毁”等並列，也當指其缺陷而言。所以，“九聲而足”應從《越絶書》作“九十而不伐”。

〔2〕磻（pán 蟠）溪：一名潢河，在今陝西省寶雞市東南，源出南山，北流入於渭河。傳説太公望未遇周文王時曾在這裏垂釣，參見《水經注·渭水》。 餓：嚴重的飢餓。指没有飯吃而受到死亡的威脅，並不是指一般的飢餓。

〔3〕管仲：姓管，名夷吾，字仲，是春秋初期具有法家思想的政治家。齊襄公十二年（前686），齊將亂，爲了避難，管仲、召忽奉公子糾出奔魯國，鮑叔牙奉公子小白出奔莒國（在今山東省莒縣）。這一年，齊襄公被殺後，小白於次年先入齊國立爲桓公，大敗魯軍，魯國被迫按桓公的要求殺了公子糾，把管仲囚禁了交還齊國。管仲回齊後，由鮑叔牙推薦，被齊桓公任命爲相。他在齊國進行政治改革，劃分行政區，任命官吏逐級管理，並設有選拔人才的制度，士經三次審選，可選爲“上卿之贊（輔助）”。他推行富國强兵的政策，使齊國國力大振，齊桓公因此而成就了霸業。桓公尊他爲“仲父”（“父”通“甫”，是古代對男子的美稱），死後賜給他謚號“敬”，所以又稱管敬仲。其事蹟可參見《史記》的《齊太公世家》與《管晏列傳》。

〔4〕徐天祜曰：“管仲曰：‘吾始困時，嘗與鮑叔賈，分財利多自與，鮑叔不以我爲貪，知我貧也。’”〇覺按：徐氏引文見《史記·管晏列傳》。

〔5〕傳（zhuàn 篆）：書傳，古書的記載。

〔6〕殊：不同。這裏是使動用法。

〔7〕虚心：見5.21注〔18〕。

〔8〕實：這裏用作動詞。指瞭解實情。

〔9〕徐天祜曰："平聲。試以難事。"

〔10〕《廣雅·釋言》："效，考也。""效，驗也。"

〔11〕徐天祜曰："酒能亂性。《論語》：'唯酒無量，不及亂。'"

〔12〕徐天祜曰："《曲禮》：'耆，指使。'註：'指事使人也。'"〇覺按：此文與《曲禮》似乎不能類比，因爲從上下文可知，此"之"字指代人而不指代事。所以，此文之"指"當解爲指定；"使"與"酒""色"等相對，當用作名詞，並當解爲"事"（古代"事""使"義通）。

〔13〕五色：《周禮·天官·疾醫》"以五氣五聲五色眡其死生"鄭玄注："五色，面貌青赤黄白黑也。"此文指各種臉色。以：通"已"。

〔14〕盧文弨曰："如上文，'實'上當有'其'字。"

〔15〕君臣：當作"君王"。

【義疏】

于是越王沉默無言，悶悶不樂，臉上露出了慚愧的容色，就辭退了群臣，讓計硯來到自己跟前而問他説："我得人心的程度怎樣？"

計硯回答説："統治人民時崇尚那仁愛道義，這是治國的關鍵方法。賢士民衆，是君主立身的根本。要打開治國的竅門、鞏固君主的立身之本，没有什麽比得上端正君主本身。端正本身的辦法，在于謹慎地挑選身邊的近臣。君主身邊的近臣，是君主興盛或衰亡的根源。希望大王英明地選擇身邊的近臣，任用有德才的人就是了。從前太公，九十歲了也還没有什麽成就，是個磻溪邊上的餓鬼，但西伯任用了他，就成就了王業。管仲，是個逃亡到魯國的囚犯，雖然有貪婪地多分財物的壞名聲，但齊桓公得到了他，就成就了霸業。所以古書的記載説：'喪失賢能之士的就衰亡，得到了賢能之士的就興旺。'希望大王對您身邊的近臣詳加審察，幹嘛要去擔憂群臣不能被您使用呢？"

越王説："我使用有德才的人，任用有能力的人，使他們的職事各不相同。我一心一意地企望，希望能聽到報復吴國的謀略。但現在他們却都銷聲匿迹，聽不到他們的話，那過失在什麽地方呢？"

計硯説："選擇賢能的人，瞭解謀士的實情，對于不同的考察目的各有一種相應的辦法。拿困難的事情讓他們到遠方去做，以此來考驗他們的忠誠；在朝内把保密的事告訴他們，以此來瞭解他們的守信；和他們討論政事，以此來觀察他們的智慧；拿酒讓他們喝，以此來審視他們的昏亂；拿某種職事指定他們去做，以此來考察他們的才能；拿自己的臉色給他們看，以此來辨别他們的態度。君主的各種臉色都已經擺出來了，那麽謀士就會獻出自己全部的真心實意，能人就會竭盡自己的智慧謀慮。知道了能人的智謀，完全瞭解了謀士的真心實意，那麽大王還擔憂什麽呢？"

越王説："我依靠謀士獻出他們的真心實意、能人竭盡他們的智謀，但謀士中有些人却還没有盡心獻上有益于我的意見啊！”

計硯説：“范蠡明智聰慧而能瞭解國内的情況，文種遠見卓識而能看到國外的情況。希望大王把大夫文種請來和他深入地討論一番，那麽稱霸稱王的辦法就有了。”

【輯證】

王自揖，進計倪而問焉。計倪對曰：“夫仁義者，治之門，士民者，君之根本也。闓門固根，莫如正身。正身之道，謹選左右。左右選，則孔主日益上；不選，則孔主日益下。二者貴質浸之漸也。願君王公選於衆，精鍊左右，非君子至誠之士，無與居家。使邪僻之氣無漸以生，仁義之行有階，人知其能，官知其治。爵賞刑罰，一由君出，則臣下不敢毁譽以言，無功者不敢干治。故明主用人，不由所從，不問其先，説取一焉。是故周文、齊桓，躬於任賢；太公、管仲，明於知人。今則不然，臣故曰殆哉。”越王勃然曰：“孤聞齊威淫泆，九合諸侯，一匡天下，蓋管仲之力也。寡人雖愚，唯在大夫。”計倪對曰：“齊威除管仲罪，大責任之，至易。此故南陽蒼句。太公九十而不伐，磻溪之餓人也。聖主不計其辱，以爲賢者。一乎仲，二乎仲，斯可致王，但霸何足道！桓稱仲父，文稱太公，計此二人，曾無跬步之勞、大呼之功，乃忘弓矢之怨，授以上卿。傳曰：‘直能三公。’今置臣而不尊，使賢而不用，譬如門户像設，倚而相欺，蓋智士所恥，賢者所羞。君王察之。”越王曰：“誠者不能匿其辭，大夫既在，何須言哉！”計倪對曰：“臣聞：‘智者不妄言，以成其勞；賢者始於難動，終於有成。’傳曰：‘《易》之謙，遜對過問，抑威權勢，利器不可示人。’言賞罰由君，此之謂也。故賢君用臣，略責於絶，施之職而成其功；遠使，以效其誠；内告以匿，以知其信；與之講事，以觀其智；飲之以酒，以觀其態。選士以備，不肖者無所置。”越王大媿，乃壞池填塹，開倉穀，貸貧乏；乃使羣臣身問疾病，躬視死喪；不厄窮僻，尊有德；與民同苦樂，激河泉井，示不獨食。行之六年，士民一心，不謀同辭，不呼自來，皆欲伐吴，遂有大功而霸諸侯。（《越絶書·外傳計倪》P.199）

顧校：面有愧（媿）色　　齊桓（桓）得之而霸　　以效（効）其誠　　示之以色以别其態（態）　　吾以謀士效（効）實

9.4

越王乃請大夫種而問曰：“吾昔日受夫子之言，自免於窮厄之地。今欲奉不羈之計〔1〕，以雪吾之宿讎，何行而功乎？”

大夫種曰：“臣聞：‘高飛之鳥，死於美食；深川之魚【1】，死於芳餌。’今欲伐吴，必前求其所好，參其所願，然後能得其實〔2〕。”

越王曰：“人之所好，雖其願，何以定而制之死乎？”

大夫種曰：“夫欲報怨復讎、破吴滅敵者，有九術●〔3〕，君王察焉？”

越王曰：“寡人被辱懷憂，内慙朝臣，外愧諸侯，中心迷惑，精神空虚，雖有九術，安能知之？”

大夫種曰：“夫九術者，湯、文得之以王〔4〕，桓、穆得之以霸〔5〕。其攻城取邑，易於脱屣。願大王覽之。”種曰：“一曰尊天事鬼●以求其福〔6〕；二曰重財幣以遺●其君〔7〕，多貨賄以喜其臣；三曰貴糴粟槀以虛其國，利所欲以疲其民；四曰遺美女以惑其心而亂其謀；五曰遺之巧工良材，使之起宫室以盡其財；六曰遺之諛臣，使之易伐；七曰彊其諫臣，使之自殺；八曰君王國富而備利器；九曰利甲兵以承其弊〔8〕。凡此九術，君王閉口無傳，守之以神，取天下不難，而况於吳乎？”

越王曰：“善。”

【校記】

【1】川：大德本作“泉”，據《文選》卷二十五傅長虞《贈何劭王濟》“臨川靡芳餌”李善注引文改。

【注釋】

〔1〕不羈（jī 機）：《史記·魯仲連鄒陽列傳》“使不羈之士與牛驥同皁”《索隱》：“言駿足不可羈絆，以比逸才之人。”此指不拘泥而才華横溢。

〔2〕實：《文選·吳都賦》“數軍實乎桂林之苑”劉淵林注引鄭氏曰：“軍所以討獲曰實。”《淮南子·原道訓》“獸蹠實而走”高誘注：“實，地也。”《國語·晉語八》“吾有卿之名而無其實”韋昭注：“實，財也。”此文之“實”指戰果，包括土地、財物等等。

〔3〕徐天祜曰：“《史記》作‘七術’。”

〔4〕文：指周文王，見 1.4 注〔4〕。

〔5〕桓、穆：齊桓公、秦穆公，見 7.9 注〔20〕、8.8 注〔29〕。

〔6〕徐天祜曰：“‘鬼’下當有‘神’字，下文亦兼鬼神言之。”

〔7〕徐天祜曰：“去聲，贈也。下同。”〇覺按：“遺”讀 wèi（衛），贈送，給予。

〔8〕承：通“乘”，趁著，憑藉。

【義疏】

越王就請來大夫文種而問他説：“我過去接受了先生的意見，纔使自己没有陷入困厄的境地。現在我再想恭敬地接受您那才華横溢的計策，用它來消除我的宿仇舊恨，怎樣幹纔能成功呢？”

大夫文種説：“我聽説：‘高高地飛翔着的鳥，死在甜美的食物上；深深的河流中的魚，死在芳香的誘餌上。’現在要攻打吳國，一定得先找到吳王喜歡的東西，投合他的願望，然後纔能得到他的土地財物。”

越王説：“人的嗜好，即使是他的願望，爲什麼肯定能用它來把人置于死地呢？”

大夫文種説：“想要報仇雪恨、攻破吳國消滅敵人，有九種辦法，大王清楚嗎？”

越王説：“我遭受耻辱，心懷憂愁，在内愧對朝廷上的大臣，在外愧對各國諸侯，内心迷惑，精神空虚。即使有九種辦法，哪能去瞭解它們呢？”

大夫文種説：“那九種辦法，商湯、周文王得到了它們從而成就了王業，齊桓公、秦穆公得到了它們從而成就了霸業。他們攻占大城奪取小鎮，比脱掉鞋子還容易。請大王還是看看它們吧！”文種接着説：“第一種辦法是尊敬上天、侍奉鬼神來求得他們的福佑；第二是加重財物禮品的分量去送給它的國君，增多貨物錢財去討好它的臣子；第三是以昂貴的價格買入糧草來挖空他的國家，滿足他的欲望從而使他的民衆疲勞不堪；第四是贈送美女來迷惑他的思想而擾亂他的計謀；第五是送給他能工巧匠和優質木材，讓他建造宫殿房舍來耗盡他的財産；第六是送給他阿諛奉承的奸臣，使他輕易地去攻戰；第七是使他的勸諫之臣剛强不屈，從而使諫臣自殺；第八是大王國家富足而準備好鋒利的兵器；第九是鍛煉好自己的軍隊，趁他們疲憊困乏的時候去攻打。所有這九種辦法，大王緊閉嘴巴不要傳出去，用自己的心靈去把握它，那麽奪取天下也没有什麽困難，更何况是一個吴國呢？”

越王説：“好。”

【輯證】

昔者，越王勾踐問大夫種曰：“吾欲伐吴，奈何能有功乎？”大夫種對曰：“伐吴有九術。”王曰：“何謂九術？”對曰：“一曰尊天地，事鬼神；二曰重財幣以遺其君；三曰貴糴粟槁以空其邦；四曰遺之好美，以爲勞其志；五曰遺之巧匠，使起宫室高臺，盡其財，疲其力；六曰遺其諛臣，使之易伐；七曰疆其諫臣，使之自殺；八曰邦家富而備器；九曰堅厲甲兵，以承其弊。故曰九者勿患，戒口勿傳，以取天下不難，况於吴乎？”越王曰：“善。”（《越絶書·内經九術》P.228）

《吴越春秋》：“大夫種曰：‘深川之魚，死於芳餌。’”（《文選》卷第二十五《贈何劭王濟》“臨川靡芳餌”李善注P.353，卷第三十四《七啓》“芳餌沈水”李善注P.487）

顧校：外愧（媿）諸侯　　桓（桓）穆得之以霸

9.5

乃行第一術，立東郊以祭陽，名曰東皇公〔1〕。立西郊以祭陰，名曰西王母〔2〕。祭陵山於會稽●〔3〕，祀水澤於江州●〔4〕。事鬼神二年，國不被災。越王曰：“善哉，大夫之術！願論其餘。”

【注釋】

〔1〕蔣光煦曰：“宋本下有‘祠’字。”〇俞樾曰：“《竹書》《穆天子傳》並載西王母，其名古矣。至東王公之名，則始見於此。”〇覺按：“東皇公”或作“東王公”，神話傳説中的男神，姓木，名倪，字君明（參見吕撫輯《廿四史通俗衍義》第十回）。《真

誥》卷五《甄命授第一》："所謂金母者，西王母也；木公者，東王公也。"此神可能是後世根據"西王母"之名反推而塑造出來的，這裏的記述不一定符合越國的史實。

〔2〕西王母：神話傳説中的女神，姓楊，名回，字婉妗（參見吕撫輯《廿四史通俗衍義》第十回）。《穆天子傳》卷三"天子賓于西王母"郭璞注："西王母如人，虎齒，蓬髮，戴勝（覺按："勝"即婦女首飾），善嘯。"《山海經·西山經》："又西三百五十里，曰玉山，是西王母所居也。西王母其狀如人，豹尾虎齒而善嘯，蓬髮戴勝（郭璞注："蓬頭亂髮；勝，玉勝也。"），是司天之厲及五殘（郭璞注："主知災厲及五刑殘殺之氣也。"）。"《山海經·海内北經》："西王母梯（郭璞注："梯謂憑也。"）几而戴勝杖，其南有三青鳥，爲西王母取食（郭璞注："又有三足烏主給使。"）。在昆侖虚北。"《山海經·大荒西經》："西海之南，流沙之濱，赤水之後，黑水之前，有大山，名曰昆侖之丘。有神——人面虎身，有文有尾，皆白——處之。其下有弱水之淵環之，其外有炎火之山，投物輒然（覺按："然"是"燃"之古字）。有人，戴勝，虎齒，有豹尾，穴處，名曰西王母。此山萬物盡有。"後世小説戲曲則多以西王母爲美貌之女神。

〔3〕徐天祜曰："陵山，禹陵之山。先秦古書帝王冢皆不稱陵，陵之名自漢始。"〇覺按：禹陵可參見6.6注〔34〕，但此文"陵山"與"水澤"對文，恐怕非指禹陵，而是泛指山陵。

〔4〕徐天祜曰："今之江州，春秋時爲吴西境，楚東境，越不得祀水澤於其地。兼晉以前，亦未有江州之名。蜀之巴郡，古有江州縣，又去越遼遠，亦非當時祀水澤之地。'州'字義當作'洲'。按《説文》：'州，渚也。'字本作'州'，水中可居者。'州'今作'洲'，蓋後人加水以别州縣之字。"〇覺按：江州，當指浙江（見7.1注〔3〕）中的沙洲。

【義疏】

于是越王就先實施第一種辦法，在東郊建起了祠廟來祭祀主陽氣的神，名叫東皇公祠。在西郊建起了祠廟來祭祀主陰氣的神，名叫西王母祠。在會稽山上祭祀山陵之神，在浙江中的沙洲上祭祀江河湖泊之神。越王侍奉鬼神纔一年，國家就不再遭受什麽災害了。越王説："大夫的辦法真好啊！請您再説一下其他的辦法。"

【輯證】

顧校：名曰東皇公（下多"祠"）

蔣校：名曰東皇公（宋本下有"祠"字）

9.6

種曰："吴王好起宫室，用工不輟。王選名山神材〔1〕，奉而獻之。"

越王乃使木工三千餘人入山伐木。一年，師無所幸〔2〕。作士●思歸〔3〕，皆有怨望之心，而歌《木客之吟》●〔4〕。一夜，天生神木一雙，大二十圍，長五十尋〔5〕，陽爲文梓〔6〕，陰爲楩枏〔7〕。巧工施校，制以規繩[8]，雕治圓轉，刻削磨礱，分以丹青[9]，错畫文章[10]，嬰以白璧[11]，鏤以黄金，狀類龍蛇，文彩生光。

乃使大夫種獻之於吴王，曰："東海役臣——臣孤勾踐使臣種，敢因下吏聞於左右：賴大王之力，竊爲小殿，有餘材，謹再拜獻之。"

吴王大悦●[12]。

子胥諫曰："王勿受也。昔者桀起靈臺[13]，紂起鹿臺[14]，陰陽不和[15]，寒暑不時，五穀不熟[16]，天與其災，民虚國變，遂取滅亡。大王受之，必爲越王所戮。"

吴王不聽，遂受而起姑蘇之臺[17]。三年聚材，五年乃成，高見二百里●[18]。行路之人，道死巷哭，不絶嗟嘻之聲，民疲士苦，人不聊生。

越王曰："善哉，第二術也！"

【注釋】

〔1〕名山：見6.3注〔34〕。 神材：即"神木"，指松柏之類四季常青、壽命極長、質地優良的木材。

〔2〕師：《左傳·哀公五年》"師乎師乎"杜預注："師，衆也。"此指伐木工人。 幸：寵愛。蔡邕《獨斷》卷上："親愛者皆曰幸。" 所幸：寵愛的人，指妻室。

〔3〕徐天祜曰："工作之士。"

〔4〕徐天祜曰："《水經註》：'勾踐使工人伐榮楯，欲以獻吴。久不得歸，工人憂思，作《木客吟》。'"

〔5〕尋：古代長度單位，八尺爲一尋。

〔6〕文梓：有斑紋的梓木，是優質之木。

〔7〕楩柟（piánnán駢南）：《漢書·司馬相如傳上·子虚賦》"楩柟豫章"顔師古注："楩……即今黄楩木也。柟，音南，今所謂楠木。"據《漢書》注，楩柟爲兩種樹（"柟"同"楠"），但此文則指一種樹。此文之"楩柟"或爲偏義複詞，或是其中之一爲連類而及之辭（參見8.2注〔3〕）。

〔8〕制：《禮記·月令》"祭先肺"鄭玄注"制肺及心肝爲俎"孔穎達疏："制謂截割。"此文指砍削。

〔9〕丹青：朱砂和青雘，原是兩種可製顔料的礦石，後泛指繪畫用的顔料。

〔10〕錯：塗飾。 文章：錯雜的色彩或花紋。古代以青與赤相配合爲"文"，赤與白相配合爲"章"。

〔11〕嬰：纏繞。

〔12〕徐天祜曰："徐天祜曰：天生神木，不假日夜之所息，一夕而大二十圍，長五十尋，有是哉？使兹事而信，越嘗以其木致於吴，而行人之辭乃曰：'東海役臣，獻爲殿之餘材。'甚非所以禮吴而示有先也。且越有五臺，未嘗敢上，吴王以爲畏法服威。夫既天之産材若是其異，人之致飾若是其都，而名之曰'餘材'，則越之爲殿亦已忲矣。而特以其遺餘奉吴，

何越之失言而吴之易悦耶？”

〔13〕靈臺：見 8.3 注〔28〕。桀起靈臺：未詳，或許當時有此傳説。

〔14〕鹿臺：故址在今河南省淇縣南。《新序·刺奢》：“紂爲鹿臺，七年而成，其大三里，高千尺，臨望雲雨。”

〔15〕陰陽：見 8.8 注〔14〕。

〔16〕五穀：見 1.1 注〔13〕。

〔17〕姑蘇之臺：見 4.35 注〔9〕。

〔18〕徐天祐曰：“臺始基於闔廬，而新作於夫差。《吴地記》曰：‘高三百丈，廣八十四丈。’”

【義疏】

文種説：“吴王喜歡建造宫殿房屋，役使工匠從未中斷。請大王挑選一些大山上的優良木材，恭敬地拿去獻給他。”

越王就派木工三千多人進山砍伐樹木。一年了，工匠們一直没有自己親愛的人陪伴。做工的人想回家，都有怨恨的心情，因而唱起那《伐木游子之歌》。就在這一個晚上，出乎意料地從地上生出兩棵神奇優質的樹木，大二十圍，高四十丈，那嚮陽的一棵是有斑紋的梓樹，背陰的一棵是楩楠。技術高超的工匠進行校正，用圓規墨綫進行彈畫而砍削它們，雕刻得滚圓，又進一步刻削打磨，用朱砂、青雘等顔料畫上各種綫條，再塗飾畫上錯雜的花紋，用白色的玉璧繫在上面，用黄燦燦的金子鑲嵌在表面，那形狀類似龍和蛇，花紋和色彩閃閃發光。

于是越王就派大夫文種把它們獻給吴王，對吴王説：“東海邊上的奴僕——臣子我勾踐派遣使者臣子文種，冒昧地通過您的下屬官吏向您報告：依靠了大王的力量，我得以私下營建小小的宫殿，現在還有一些多餘的木材，謹向大王行個再拜禮而把它們奉獻給大王。”

吴王十分高興。

子胥勸諫説：“大王不要接受。從前夏桀建造靈臺，商紂建造鹿臺，以致陰陽不調和，寒冬與炎暑不按時到來，五穀不成熟，上天給他們降下灾禍，民衆貧乏，國家發生事變，于是他們就自取滅亡了。大王如果接受了這木材，一定會被越王殺死。”

吴王不聽子胥的話，就接受了這些木材而建造姑蘇臺。花了三年時間收集材料，造了五年纔落成，高得能望見遠在二百里處的東西。走在路上的人，面對在路上死去的勞工和在里巷中痛哭流涕的家屬，不斷地發出唉唉唉的嘆息聲，百姓疲憊，士人勞苦，人民没法生活。

越王説：“這第二種辦法真好啊！”

【輯證】

於是作爲策楯，嬰以白璧，鏤以黄金，類龍蛇而行者。乃使大夫種獻之於吴，曰："東海役臣孤勾踐，使者臣種，敢修下吏問於左右：賴有天下之力，竊爲小殿，有餘材，再拜獻之大王。"吴王大悦。申胥諫曰："不可，王勿受。昔桀起靈門，紂起鹿臺，陰陽不和，五穀不時，天與之災，邦國空虚，遂以之亡。大王受之，是後必有災。"吴王不聽，遂受之而起姑胥臺。三年聚材，五年乃成，高見二百里。行路之人，道死屍哭。（《越絶書·内經九術》P.230）

《吴越春秋》……又曰："越得神木一雙，大二十圍，長五十尋，陽爲文梓，陰爲楩柟。巧工施校，制以規繩，雕治圓轉，刻削磨礱，分以丹青，錯畫文章，嬰以白璧，鏤以黄金，狀類龍虵，文彩生光。乃使大夫種獻之於吴王，曰：'東海役臣——臣孤勾踐使臣種，敢因下吏聞於左右：賴大王之力，竊爲小殿，有餘材，再拜獻之。'吴王大悦。子胥諫曰：'王勿受。昔者桀爲靈臺，紂起鹿臺，陰陽不和，寒暑不時，五穀不熟，自取其灾，民虚國變，遂取滅亡。大王受之，後必爲越所戮。'吴王不聽，遂受而起姑胥之臺。三年聚材，五年乃成，高見二百里。行步之人，道死巷哭，不輟嗟嘻之聲，民疲士苦，人不聊生。"（《太平御覽》卷第一百七十七 P.864）

9.7

十一年，越王深念永思，惟欲伐吴，乃請計硯，問曰："吾欲伐吴，恐不能破，早欲興師，惟問於子。"

計硯對曰："夫興師舉兵，必且内蓄五穀，實其金銀，滿其府庫，勵其甲兵〔1〕。凡此四者，必察天地之氣，原於陰陽，明於孤虚●〔2〕，審於存亡，乃可量敵。"

越王曰："'天地''存亡'，其要柰何？"

計硯曰："天地之氣，物有死生。原陰陽者，物貴賤也。明孤虚者，知會際也。審存亡者，别真僞也。"

越王曰："何謂'死生''真僞'乎？"

計硯曰："春種八穀〔3〕，夏長而養，秋成而聚，冬畜而藏〔4〕。夫天時有生●而不敷種【1】〔5〕，是一死也。夏長無苗，二死也。秋成無聚，三死也。冬藏無畜，四死也。雖有堯、舜之德，無如之何。夫天時有生，勸者老，作者少〔6〕，反氣應數〔7〕，不失厥理〔8〕，一生也。留意省察，謹除苗穢，穢除苗盛，二生也。前時設備，物至則收，國無逋税，民無失穗，三生也。倉已封塗，除陳入新，君樂臣歡，男女及信〔9〕，四生也。夫陰陽者，太陰所居之歲〔10〕，留息三年，貴賤見矣〔11〕。夫孤虚者，謂天門地户也。存亡者，君之道德也。"

越王曰："何子之年少於物之長也？"

計硯曰："有美之士不拘長少[12]。"

越王曰："善哉，子之道也！"乃仰觀天文，集察緯宿●[13]，曆象四時[14]。以下者上，虚設八倉[15]，從陰收著●[16]，望陽出糶，筴●其極計[17]，三年五倍，越國熾富。勾踐歎曰："吾之霸矣。善，計硯之謀也[18]！"

【校記】

【1】數：大德本作"救"，據四庫本改。

【注釋】

〔1〕勵：通"礪"，磨。甲兵：鎧甲與兵器，此文偏指兵器。勵其甲兵：即磨快其兵器，此文泛指整治武器裝備。

〔2〕徐天祜曰："《史·龜策傳》：'日辰不全，故有孤虚。'《六甲孤虚法》：'甲子旬中無戌、亥，戌、亥即爲孤，辰、巳即爲虚。'蓋旬空爲孤，對衝爲虚，餘五旬可以類推。劉歆《七略》有《風候孤虚》二十卷。"○覺按：孤虚是古時占卜的一種方法，日即天干，辰即地支，日辰不全就有孤虚，又稱空亡。占卜時得孤虚，主事不成。今《漢書·藝文志·數術略·五行家》著録《風后孤虚》二十卷，"后"通"候"。

〔3〕八穀：八種穀物，即黍、稷、稻、粱、禾、麻、菽、麥（見《本草綱目·穀之二·稷》引陶弘景曰），或以稻、黍、大麥、小麥、大豆、小豆、粟、麻爲八穀（見《續古文苑》所載李播《天文大象賦》"薦秋成於八穀"苗爲注）。此文泛指穀物。

〔4〕畜：四庫本作"蓄"，字通。下同。

〔5〕徐天祜曰："以四時言，則'有生'當作'春生'。"○覺按：天時有生：指萬物萌生的春季。 敷：散佈。

〔6〕勸者老，作者少（shào 哨）：勸勉的人是老年人，勞動的人是年輕人。《詩經·豳風·七月》："同我婦子，饁彼南畝。"即古代"勸者老"之例。

〔7〕反：對。 數：道，自然界的普遍規律。

〔8〕失：錯失。引申指違背，與《商君書·畫策》"失法離令"之"失"義同。 厥：其，指代八穀。 理：與"道"相對，指各種事物的具體規律。

〔9〕及：與。"及"字下省去了賓語。男女及信：等於説"男女與男女信"。

〔10〕太陰：見5.12注〔13〕，此文當指太歲而言。依古代的方術，太歲所在爲凶方，忌興土木建築等。

〔11〕見（xiàn 現）：同"現"，顯露。

〔12〕美：指才德優秀、學識淵博。《孟子·盡心下》："充實之謂美。" 不拘長少：不限於長幼。

〔13〕徐天祜曰："天象定者爲經，動者爲緯，故五星亦曰五緯。宿，音秀，列星也。"○覺按：集：聚集，指組織人員。 緯宿（xiù 秀）：等於説"星宿"，指五星二十八宿（參見5.27注〔8〕）。古代稱行星爲"緯"，五緯，即金星、木星、水星、火星、土星五大行星。《史記·天官書》："水、火、金、木、填星，此五星者，天之五佐，爲緯。"古代稱列星爲"宿"。所謂列星，即指在天空中有固定的排列位置的恒星。古代天文學家把黄道（太

陽所經天區）附近的恒星分成二十八個星座，稱爲二十八宿，四方各有七宿，見5.27注〔8〕。

〔14〕曆象：推算曆法觀測天象。　曆象四時：與《尚書·堯典》“厤象日月星辰，敬授人時”的意思相似。

〔15〕虚設八倉：空空地設置了八方之倉。

〔16〕徐天祜曰：“陟畧切，置也。”〇盧文弨曰：“‘著’當爲廢著之‘著’，與‘貯’同。”〇覺按：從陰：與“望陽”互文。　著：通“貯”。

〔17〕徐天祜曰：“‘筞’通作‘策’。”

〔18〕《國語·越語下》載勾踐歸國後四年召范蠡謀吴，其事當在本年，此文則略而不載。

【義疏】

勾踐十一年（前486），越王深深地考慮而長期地思量，一心想要攻打吴國，于是就請來計硯，問他説：“我想攻打吴國，怕不能攻破它，早就想起兵了，還是想先問您一下。”

計硯回答説：“發動軍隊進行戰争，一定要在國内積蓄糧食，使金銀財寶富足起來，裝滿自己的金庫兵庫，加强自己的武器裝備。大凡有了這四種條件，還一定要明察天地的節氣，推究事物的陰陽，明白日辰孤虚，審察存亡的條件，纔可以與敵人去較量。”

越王説：“您説的‘天地的節氣’、‘存亡的條件’等，它們的要義怎樣？”

計硯説：“所謂天地的節氣，是指物體有死有生。所謂推究事物的陰陽，是指物體有貴有賤。所謂明白日辰孤虚，是指知道機會際遇。所謂審察存亡的條件，是指辨别真僞。”

越王説：“您説的‘死生’‘真僞’等是指什麽？”

計硯説：“在春天播種各種穀物，到夏天長起來了就加以保養，在秋天成熟了就進行收集，在冬天有了積蓄就加以貯藏。在那自然界的時令具備了生長條件的時候却不去播種，這是第一種死亡之道。夏天莊稼要生長了却没有秧苗，這是第二種死亡之道。秋天莊稼成熟了却不去收集，這是第三種死亡之道。冬天穀物要貯藏了却没有積蓄，這是第四種死亡之道。像這樣的話，即使有了堯、舜那樣的賢德，對它也没有什麽辦法。在那自然界的時令具備了生長條件的時候，老年人進行勸勉，年輕人勤奮耕作，對照節氣順應自然規律，不違背各種穀物的具體生長規律而及時播種，這是第一種生存之道。留心檢查照看，嚴格地清除禾苗中的雜草，雜草除去了，禾苗就茂盛了，這是第二種生存之道。在收成時節到來之前就做好準備，穀物交上來了就及時收藏，國内没有逃税的人，民衆都把成熟的莊稼收起來了，這是第三種生存之道。糧倉已經用泥土封高塗好，清除陳米舊糧而裝入新穀，君主快樂，臣民歡喜，男男女女相互信任，這是第四種生存之道。至于陰陽，就是在太歲所停留的那一年起，留在國内停止活動三年，這樣，高貴和卑賤就彰明了。至于孤虚，是指天上的門道和地上的門路。至于存亡的條件，就是君主的道德。”

越王説：“爲什麽您年紀輕輕而對于事物的瞭解却像長者一樣？”

計硯説：“有優秀德才的人並不受年齡大小的限制。”

越王説：“您的一番道理真好啊！”于是就抬頭觀察天文，組織人員觀察五星二十八宿，推算曆法、觀測天體運行的現象、確定四季交替的時刻，拿地上的東西來和天上的相比附，在四面八方設置了寬敞的倉庫，根據陰陽的變化來收藏糧食，觀察陰陽的變化來賣出糧食，制訂了那最好的計劃，三年之間糧食的儲藏量增加了五倍，越國于是繁榮昌盛、十分富足。勾踐頗有感慨地説：“我要稱霸了。計硯的謀略真好啊！”

【輯證】

昔者，越王勾踐既得反國，欲陰圖吴，乃召計倪而問焉，曰：“吾欲伐吴，恐弗能取。山林幽冥，不知利害所在。西則迫江，東則薄海，水屬蒼天，下不知所止。交錯相過，波濤浚流，沈而復起，因復相還。浩浩之水，朝夕既有時，動作若驚駭，聲音若雷霆。波濤援而起，船失不能救，未知命之所維；念樓船之苦，涕泣不可止。非不欲爲也，時返不知所在，謀不成而息，恐爲天下咎。以敵攻敵，未知誰負。大邦既已備，小邑既已保，五穀既已收，野無積庾，廪糧則不屬，無所安取？恐津梁之不通，勞軍紆吾糧道。吾聞先生明於時交，察於道理，恐動而無功，故問其道。”計倪對曰：“是固不可。興師者必先蓄積食、錢、布、帛。不先蓄積，士卒數飢；飢則易傷，重遲不可戰；戰則耳目不聰明；耳不能聽，視不能見，什部之不能使，退之不能解，進之不能行。饑饉不可以動，神氣去而萬里，伏弩而乳，郅頭而皇皇，彊弩不彀，發不能當。旁軍見弱，走之如犬逐羊。靡從部分，伏地而死，前頓後僵。與人同時而戰，獨受天之殃。未必天之罪也，亦在其將。王興師以年數，恐一旦而亡。失邦無明，筋骨爲野。”越王曰：“善。請問其方。吾聞先生明於治歲，萬物盡長。欲聞其治術，可以爲教常。子明以告我，寡人弗敢忘。”計倪對曰：“人之生無幾，必先憂積蓄，以備妖祥。凡人生或老或弱，或彊或怯，不早備生，不能相葬。王其審之，必先省賦斂，勸農桑，饑饉在問，或水或塘，因熟積以備四方。師出無時，未知所當；應變而動，隨物常羊；卒然有師，彼日以弱，我日以彊。得世之和，擅世之陽，王無忽忘。慎無如會稽之饑，不可再更，王其審之。嘗言息貨，王不聽，臣故退而不言，處於吴、楚、越之間，以魚三邦之利，乃知天下之易反也。臣聞君自耕，夫人自織，此竭於庸力，而不斷時與智也。時斷則循，智斷則備，知此二者，形於體萬物之情，短長逆順，可觀而已。臣聞炎帝有天下，以傳黄帝。黄帝於是上事天，下治地。故少昊治西方，蚩尤佐之，使主金；玄冥治北方，白辨佐之，使主水；太皞治東方，袁何佐之，使主木；祝融治南方，僕程佐之，使主火；后土治中央，后稷佐之，使主土。並有五方，以爲綱紀。是以易地而輔，萬物之常。王審用臣之議，大則可以王，小則可以霸，於何有哉？”越王曰：“請問其要。”計倪對曰：“太陰三歲處金則穰，三歲處水則毁，三歲處木則康，三歲處火則旱。故散有時積，糴有時領，則決萬物不過三歲而發矣。以智論之，以決斷之，以道佐之。斷長續短，一歲再倍，其次一倍，其次而反。水則資車，旱則資舟，物之理也。天下六歲一穰，六歲一康，凡十二歲一饑，是以民相離也。故聖人早知天地之反，爲之預備。故湯之時，比七年旱而民不飢；

禹之時，比九年水而民不流。其主能通習源流，以任賢使能，則轉轂乎千里外，貨可來也；不習，則百里之内，不可致也。人主所求，其價十倍；其所擇者，則無價矣。夫人主利源流，非必身爲之也。視民所不足，及其有餘，爲之命以利之，而來諸侯，守法度，任賢使能，償其成事，傳其驗而已。如此，則邦富兵强而不衰矣。羣臣無空恭之禮、淫佚之行，務有於道術。不習源流，又不任賢使能，諫者則誅，則邦貧兵弱；刑繁，則羣臣多空恭之禮、淫佚之行矣。夫諛者反有德，忠者反有刑，去刑就德，人之情也；邦貧兵弱致亂，雖有聖臣，亦不諫也，務在諛主而已矣。今夫萬民有明父母，亦如邦有明主。父母利源流，明其法術，以任賢子，徼成其事而已，則家富而不衰矣。不能利源流，又不任賢子，賢子有諫者憎之，如此者，不習於道術也。愈信其意而行其言，後雖有敗，不自過也。夫父子之爲親也，非得不諫；諫而不聽，家貧致亂，雖有聖子，亦不治也，務在於諛之而已。父子不和，兄弟不調，雖欲富也，必貧而日衰。”越王曰：“善。子何年少，於物之長也？”計倪對曰：“人固不同。惠種生聖，癡種生狂。桂實生桂，桐實生桐。先生者未必能知，後生者未必不能明。是故聖主置臣不以少長，有道者進，無道者退。愚者日以退，聖者日以長，人主無私，賞者有功。”越王曰：“善。論事若是其審也。物有妖祥乎？”計倪對曰：“有。陰陽萬物，各有紀綱。日月、星辰、刑德，變爲吉凶；金木水火土更勝，月朔更建，莫主其常。順之有德，逆之有殃。是故聖人能明其刑而處其鄉，從其德而避其衡。凡舉百事，必順天地四時，参以陰陽。用之不審，舉事有殃。人生不如卧之頃也，欲變天地之常，數發無道，故貧而命不長。是聖人并苞而陰行之，以感愚夫。衆人容容，盡欲富貴，莫知其鄉。”越王曰：“善，請問其方。”計倪對曰：“從寅至未，陽也。太陰在陽，歲德在陰，歲美在是。聖人動而應之，制其收發，常以太陰在陰而發，陰且盡之歲亟賣六畜貨財，以益收五穀，以應陽之至也；陽且盡之歲亟發糴，以收田宅、牛馬、積斂貨財，聚棺木，以應陰之至也。此皆十倍者也。其次五倍。天有時而散，是故聖人反其刑，順其衡，收聚而不散。”越王曰：“善。今歲比熟，尚有貧乞者，何也？”計倪對曰：“是故不等，猶同母之人、異父之子，動作不同術，貧富故不等。如此者，積負於人，不能救其前後。志意侵下，作務日給，非有道術，又無上賜，貧乞故長久。”越王曰：“善。大夫佚同、若成，嘗與孤議於會稽石室，孤非其言也。今大夫言獨與孤比，請遂受教焉。”計倪曰：“糴石二十則傷農，九十則病末。農傷則草木不辟，末病則貨不出。故糴高不過八十，下不過三十，農末俱利矣。故古之治邦者本之，貨物官市開而至。”越王曰：“善。”計倪乃傳其教而圖之，曰：“審金木水火，别陰陽之明，用此不患無功。”越王曰：“善。從今以來，傳之後世以爲教。”乃著其法，治牧江南，七年而禽吴也。（《越絶書·計倪内經》P.92）

顧校：望陽出糶（粜）

蔣校：望陽出糶（宋本“粜”）

9.8

十二年，越王謂大夫種曰：“孤聞吴王淫而好色，惑亂沉湎〔1〕，不領政事。因此而謀，可乎？”

種曰：“可破。夫吴王淫而好色，宰嚭佞以曳心〔2〕，往獻美女，其必受之。惟王選擇美女二人而進之。”

越王曰：“善。”乃使相工索國中【1】，得苧蘿山鬻薪之女，曰西施、鄭旦●〔3〕。飾以羅縠〔4〕，教以容步，習於土城●〔5〕，臨於都巷〔6〕。三年學服〔7〕，而獻於吴。

乃使相國范蠡進曰："越王勾踐竊有二遺女〔8〕。越國洿下困迫，不敢稽留，謹使臣蠡獻之大王。不以鄙陋寢容●〔9〕，願納以供箕箒之用〔10〕。"

吴王大悦，曰："越貢二女，乃勾踐之盡忠於吴之證也。"

子胥諫曰："不可！王勿受也。臣聞：'五色令人目盲〔11〕，五音令人耳聾〔12〕。'昔桀易湯而滅，紂易文王而亡。大王受之，後必有殃。臣聞越王朝書不倦，晦誦竟夜〔13〕，且聚敢死之士數萬，是人不死，必得其願。越王服誠行仁〔14〕，聽諫進賢，是人不死，必成其名。越王夏被毛裘〔15〕，冬御絺綌〔16〕，是人不死，必爲對隙〔17〕。臣聞：'賢士，國之寶；美女，國之咎。'夏亡以妹喜，殷亡以妲己，周亡以襃姒●〔18〕。"

吴王不聽，遂受其女。

越王曰："善哉，第三術也〔19〕！"

【校記】

【1】相工索：大德本作"相者"，據《太平御覽》卷三百五引文改。

【注釋】

〔1〕沉湎：指沉溺於酒。《尚書·泰誓上》"沈湎冒色"孔安國傳："沈湎，嗜酒。""沈"同"沉"。

〔2〕曳：引，拖。曳心：拖住其心，牽制其思想。

〔3〕徐天祐曰："《會稽志》：'苧蘿山在諸暨縣南五里。'《輿地志》：'諸暨縣苧蘿山，西施、鄭旦所居。'《十道志》：'勾踐索美女以獻吴王，得之諸暨苧蘿山，賣薪女也。西施山下有浣沙石。'"〇覺按：西施：我國古代四大美女之一，一作"先施"，又稱"西子"，名夷光，春秋末年越國苧蘿山（在今浙江省諸暨市南）人。苧蘿山下有施姓兩村，夷光居西村，故稱西施。今浙江省諸暨市南浣紗溪畔、苧蘿山下有浣紗石，相傳爲西施浣紗處。石高 2 米許，上刻"浣紗"兩字，每字高 0.99 米，寬 0.48 米，世傳爲王羲之所書。石上方有浣紗亭一座，内有碑碣記其事。傳説越王勾踐戰敗後，求得西施，進獻給吴王夫差，吴王受之，事又見《越絶書·内經九術》。《墨子·親士》云："比干之殪，其抗也；孟賁之殺，其勇也；西施之沈，其美也；吴起之裂，其事也。"孫詒讓《閒詁》引蘇時學之説云："案《吴越春秋》逸篇云：'吴亡後，越浮西施於江，令隨鴟夷以終。'其言與此合，是吴亡西施亦死也。《墨子》書記當時事必有據，後世乃有五湖隨范蠡之説，誣矣。"《吴越春秋》佚文所謂"浮"，就是漂，相當於《墨子》之"沈"（沉）；所謂"隨鴟夷以終"，當指盛西施於皮囊（"鴟夷"在《吴越春秋》中僅見於 5.19 而指皮囊）而任

其漂流。後世蓋因范蠡化名鴟夷子皮（參見10.16注〔16〕、〔17〕），故附會出西施隨范蠡入太湖之事。《吴地記》云："（嘉興）縣南一百里有語兒亭，勾踐令范蠡取西施以獻夫差，西施於路與范蠡潛通，三年始達於吴，遂生一子。至此亭，其子一歲，能言，因名語兒亭。《越絶書》曰：'西施亡吴國後，復歸范蠡，同泛五湖而去。'"此類故事，均出於後世附會，非事實（參見10.17注〔9〕）。

〔4〕羅：見8.6注〔20〕。 縠（hú胡）：有縐紋的紗。

〔5〕徐天祜曰："《越舊經》：'土城在會稽縣東六里。'"〇覺按：土城：用土堆積爲城牆的城。《越絶書·外傳記地傳》稱爲"美人宫"，其言云："美人宫，周五百九十步，陸門二，水門一，今北壇利里丘土城，勾踐所習教美女西施、鄭旦宫臺也。女出於苧蘿山，欲獻於吴，自謂東垂僻陋，恐女樸鄙，故近大道居。去縣五里。"今紹興市區東五雲門外有西施山遺址，即勾踐作土城以棲西施之處。山原爲一小岩丘，高約20米，呈狹長形，長處約60余米，寬約20米，上有臺，臺東有亭，亭前有脂粉塘。1959年該山被炸平，丘上建置煉鋼高爐，即紹興鋼鐵廠錳鐵二廠之一號、二號高爐。當時在山西南開鑿河道，發現大批青銅質生産工具（如削、斧、鑿）及少許兵器，還有灰陶器殘片、印紋陶片等。參見《紹興越國史迹調查資料簡輯》。

〔6〕臨：《爾雅·釋詁下》："臨，視也。"《方言》卷十三："臨，照也。"引申爲參觀仿效、對照學習的意思，猶畫畫時的臨摹。

〔7〕服：《楚辭·九章·橘頌》"橘徠服兮"王逸注："服，習也。"即習慣、適應的意思。

〔8〕遺（wèi衛）女：《越絶書·内經九術》作："昔者越王勾踐竊有天之遺西施、鄭旦。"可知"遺女"即"天所遺之女"。

〔9〕徐天祜曰："貌不揚曰寑，通作'寢'。《廣韻》：'寢，陋，又貌醜。'或作'侵'。《史·魏其傳》：'武安貌侵。'短小，謂醜惡也。"〇覺按：鄙陋：醜陋。

〔10〕供箕箒之用：派灑掃的用處。古代妻妾在家主管灑掃，所以此實指給吴王作妻妾之用。

〔11〕這兩句見《老子·十二章》。 五色：青、黄、赤、白、黑。此泛指各種色彩。

〔12〕五音：宫、商、角、徵、羽。此泛指各種音樂。

〔13〕竟：終。 竟夜：終夜，通宵。

〔14〕服：《管子·幼官》"服忠用信則王"注："服，行。"

〔15〕被（pī披）：通"披"。

〔16〕御：《文選·景福殿賦》"輕裘斯御"李善注引蔡邕《月令章句》曰："凡衣服加於身曰御。"絺綌（chīxì吃細）：細葛布與粗葛布（參見8.6注〔21〕），此指夏季穿的葛布衣。越王"夏被毛裘，冬御絺綌"的用意與"冬常抱冰，夏還握火"同，參見8.5注〔3〕。

〔17〕對隙：仇敵。

〔18〕徐天祜曰："桀伐有施，有施氏以妺喜女焉，有寵而亡夏。紂伐有蘇，有蘇氏以妲己女焉，有寵而亡殷。幽王伐有褒，有褒人以褒姒女焉，有寵，生伯服，逐太子宜臼，太子奔申，申人與繒、西戎攻幽王，周於是乎亡。妺，音末。喜，音嬉。"〇覺按：妺喜：他書又作"妺嬉"、"末嬉"、"末喜"，均讀爲mòxī（末西）。姓喜，名妺，有施氏（喜姓之國）之女，夏桀之妃。相傳夏桀伐有施國，有施人把妺喜進獻給夏桀，她深受夏桀寵愛。後來夏桀又伐岷山（國名，見《竹書紀年》卷上，《楚辭·天問》作"蒙山"，《韓非子·難四》

作"嵋山"），岷山人把琬、琰二女獻給他，他愛二女而棄元妃妹喜於洛，妹喜便與伊尹（見7.2注〔4〕）勾結，致使夏桀滅亡。參見《國語·晉語一》、《竹書紀年》卷上、《吕氏春秋·慎大》。妲（dá 達）己：姓己，名妲，有蘇氏（己姓之國）之女，商紂王之妃。《國語·晉語一》："殷辛（覺按：即商紂）伐有蘇，有蘇氏以妲己女焉，妲己有寵，於是乎與膠鬲（覺按：原爲商王朝的賢臣，後來至周，輔佐周武王滅商）比而亡殷。" 周：指周幽王，西周天子，姬姓，名宫涅（一作宫湦），宣王之子，公元前781—公元前771年在位。 褒姒：西周時褒國女子，姓姒。周幽王伐褒國，褒人進獻褒姒，幽王寵倖之。褒姒不愛笑，幽王施以千方百計也不得其笑，乃舉烽火以召諸侯，諸侯急至，而無外敵入侵，褒姒大笑。幽王遂數舉烽火戲諸侯以博得褒姒之笑。後褒姒生伯服，於是與虢石甫勾結，逐太子宜臼（即後來的周平王）而立伯服。太子逃奔母家申國，申侯（太子宜臼的外祖父）聯合鄫國、西戎以伐周，幽王舉烽火，諸侯不信，救兵不至。西戎等破鎬京，殺幽王，虜褒姒而去，西周遂亡。參見《國語·晉語一》、《史記·周本紀》。 此文所述，與《國語·晉語一》一脈相承，均將紅顔視爲禍水，此乃諫説之辭，故不免偏執一端。若以歷史事實而論，則司馬遷的説法較爲公允，《史記·外戚世家》云："夏之興也以塗山（覺按：指塗山之女，見6.4），而桀之放也以末喜；殷之興也以有娀（覺按：殷之始祖契爲有娀之女簡狄所生），紂之殺也嬖妲己；周之興也以姜原及大任（見1.1與1.4），而幽王之禽也淫於褒姒。"

〔19〕《國語·越語下》載勾踐在此年召范蠡謀吴，此文則略，可參見。

【義疏】

勾踐十二年（前485），越王對大夫文種説："我聽説吴王縱欲放蕩而喜愛女色，糊塗昏亂而沉溺于酒，不治理政務。憑藉這一點去謀取吴國，可以麼？"

文種説："可以利用這一點去攻破吴國。那吴王縱欲放蕩而喜愛女色，太宰嚭巧言諂媚而控制了吴王的思想，所以去進獻美女，他們一定會接受的。希望大王挑選兩個美女去獻給他們。"

越王説："好！"于是就派相面的人到國内尋覓，得到了苧蘿山上的賣柴女，名叫西施、鄭旦。接着就用綾羅縐紗打扮她們，教給她們美容的方法與走路的姿勢，讓她們在土城練習，到國都的里巷去參觀學習。三年學下來她們已經能適應了，就將她們獻給吴王。

于是就派相國范蠡前去進獻説："越王勾踐私下有兩個上天恩賜的女子。越國地勢低下、君臣困厄，不敢讓她們居留，所以慎重地派我范蠡把她們獻給大王。如果大王不覺得她們長得醜陋難看，請大王收留下來給您作妻妾吧。"

吴王十分高興，説："越國進獻兩個女子，這就是勾踐盡忠于吴國的明證啊。"

伍子胥勸諫説："不行！大王别接受。我聽説：'各種色彩會使人眼瞎，各種音樂會使人耳聾。'從前夏桀輕視了商湯便滅亡了，商紂王輕視了周文王也滅亡了。大王如果接受這兩個美女，以後一定會有禍殃。我聽説越王白天辦公書寫不知疲倦，夜晚誦讀典籍常常通宵，而且還聚集了不怕死的勇士幾萬名，這個人如果不死，就一定能實現他的願望。越王奉行誠信實施仁政，聽從勸告進用賢人，這個人如果不死，就一定能成就他的名聲。越王夏天披着毛皮大衣，冬天穿着葛布衣，這個人如果不死，一定會成爲我們的仇敵。我聽説：‘賢士，是國家的寶物；美女，是國家的灾禍。’夏朝因爲妹喜而滅亡了，商朝因爲妲己而滅亡了，西周因爲褒姒而滅亡了。”

吴王不聽子胥的話，還是接受了越國的美女。

越王説：“這第三種辦法真好啊！”

【輯證】

越乃飾美女西施、鄭旦，使大夫種獻之於吴王，曰：“昔者，越王勾踐竊有天之遺西施、鄭旦，越邦洿下貧窮，不敢當，使下臣種再拜獻之大王。”吴王大悦。申胥諫曰：“不可，王勿受。臣聞：‘五色令人目不明，五音令人耳不聰。’桀易湯而滅，紂易周文而亡。大王受之，後必有殃。胥聞越王勾踐晝書不倦，晦誦竟旦，聚死臣數萬，是人不死，必得其願。胥聞越王勾踐服誠行仁，聽諫，進賢士，是人不死，必得其名。胥聞越王勾踐冬披毛裘，夏披絺綌，是人不死，必爲利害。胥聞賢士，邦之寶也；美女，邦之咎也。夏亡於末喜，殷亡於妲己，周亡於褒姒。”吴王不聽，遂受其女，以申胥爲不忠而殺之。（《越絶書·內經九術》P.231）

《吴越春秋》……又曰：“越王勾踐請大夫種曰：‘孤聞吴王淫而好色，因此而壞其謀，可也？’大夫種曰：‘可。唯君王選擇美女二人而進之。’於是越王曰：‘善哉！’乃使相工索國中，得苧羅山賣薪之女，名西施、鄭旦，而獻於吴。”（《太平御覽》卷第三百五 P.1403）

《吴越春秋》：“越王使相者求美女於國中，得之苧羅山鬻薪之女西施、鄭旦，飾以羅穀，教以行步，習於土城，教於都巷。三年學服，而獻吴王。”（《會稽志》卷第九“土城山”V.9—P.14）

顧校：其必（必其）受之　　必成其名（下多“臣聞”）　　夏亡以妹喜（嬉）

蔣校：其必（宋本作“必其”）受之　　必成其名（宋本下有“臣聞”二字）越王　　夏亡以妹喜（宋本“嬉”）

9.9

十三年，越王謂大夫種曰：“孤蒙子之術，所圖者吉，未嘗有不合也。今欲復謀吴，柰何？”種曰：“君王自陳：‘越國微鄙，年穀不登，願王請糴，以入其意〔1〕。’天若棄吴，必許王矣。”

越乃使•大夫種使•吴〔2〕，因宰嚭求見吴王，辭曰：“越國洿下，水旱不調，年穀不登，人民飢乏，道荐飢餒〔3〕，願從大王請糴，來歲即復太倉〔4〕。惟大王救其窮窘。”

吴王曰：“越王信誠守道，不懷二心〔5〕，今窮歸愬，吾豈愛惜財寶、奪其所願[6]？”

子胥諫曰：“不可！非吴有越，越必有吴。吉往則凶來。是養生寇而破國家者也。與之不爲親，不與未成冤[7]。且越有聖臣范蠡，勇以善謀，將有修飾攻戰，以伺吾間●[8]。觀越王之使使來請糴者，非國貧民困而請糴也，以入吾國伺吾王間也。”

吴王曰：“寡人卑服越王而有其衆，懷其社稷以愧勾踐。勾踐氣服[9]，爲駕車[10]，却行馬前[11]，諸侯莫不聞知。今吾使之歸國奉其宗廟、復其社稷，豈敢有反吾之心乎？”

子胥曰：“臣聞：‘士窮非難抑心下人，其後有激人之色[12]。’臣聞越王飢餓，民之困窮，可因而破也。今不用天之道、順地之理[13]，而反輸之食，固君之命，狐、雉之相戲也。夫狐卑體，而雉信之，故狐得其志而雉必死。可不慎哉？”

吴王曰：“勾踐國憂，而寡人給之以粟。恩往義來，其德昭昭，亦何憂乎？”

子胥曰：“臣聞：‘狼子有野心，仇讎之人不可親。’夫虎不可餧以食[14]，蝮●蛇不恣其意[15]。今大王捐國家之福以饒無益之讎，棄忠臣之言而順敵人之欲。臣必見越之破吴，豸●、鹿游於姑胥之臺[16]，荆、榛蔓於宫闕[17]。願王覽武王伐紂之事也[18]。”

太宰嚭從旁對曰：“武王非紂王臣也？率諸侯以伐其君，雖勝殷，謂義乎？”

子胥曰：“武王即成其名矣。”

太宰嚭曰：“親戮主以爲名，吾不忍也。”

子胥曰：“盗國者封侯，盗金者誅。令使武王失其理，則周何爲三家之表●[19]？”

太宰嚭曰：“子胥爲人臣，徒欲干君之好、咈君之心以自稱●滿[20]，君何不知過乎？”

子胥曰：“太宰嚭固欲以求其親，前縱石室之囚[21]，受其寶女之遺●[22]，外交敵國，内惑於君[23]。大王察之，無爲羣小所侮。今大王譬若浴嬰兒，雖啼，無聽宰嚭之言。”

吴王曰：“宰嚭是。子無乃聞寡人言[24]，非忠臣之道，類於佞諛之人？”

太宰嚭曰：“臣聞：‘鄰國有急，千里馳救。’是乃王者封亡國之後、五霸輔絶滅之末者也〔25〕。”

吴王乃與越粟萬石而令之曰：“寡人逆羣臣之議而輸於越，年豐而歸寡人。”

大夫種曰：“臣奉使返越，歲登誠還吴貸。”

大夫種歸越，越國羣臣皆稱“萬歲”。即以粟賞賜羣臣，及於萬民〔26〕。

【注釋】

〔1〕《廣雅·釋詁三》：“入，得也。” 入其意：等於説“得其意”，就是“使其得意”，讓其如願以償而感到滿意。

〔2〕徐天祜於上“使”字下注曰：“上聲。”於下“使”字下注曰：“去聲。”

〔3〕《左傳·襄公四年》“戎狄荐居”杜預注：“荐，聚也。”

〔4〕太倉：京城儲糧的大倉。

〔5〕二心：兩條心，有異心。 不懷二心：指一心一意、忠貞不渝。

〔6〕奪：使……喪失。

〔7〕寃（yuàn 怨）：通“怨”，怨恨，仇恨。

〔8〕徐天祜曰：“去聲。下同。”〇覺按：間（jiàn 見）：間隙，空子。

〔9〕氣服：服氣，由衷地屈服。

〔10〕駕：把車套在馬身上。

〔11〕却行：倒退著走，表示極其恭敬。《戰國策·燕策三》：“太子跪而逢迎，却行爲道。”即其義。 却行馬前：據説勾踐曾爲夫差的馬前卒。《國語·越語上》：“勾踐……然後卑事夫差，宦士三百人於吴，其身親爲夫差前馬。”韋昭注：“前馬，前驅在馬前也。”

〔12〕激：阻遏水勢，此指阻遏（别人的）氣勢。

〔13〕用：《方言》卷六：“用，行也。” 天之道：見 7.2 注〔27〕。

〔14〕餧（wèi 喂）：同“喂”。

〔15〕徐天祜曰：“蟲名，一曰虺，善螫人。”〇覺按：“蝮”即蝮蛇，是一種毒蛇，體色灰褐，有斑紋，頭部略呈三角形。

〔16〕徐天祜曰：“蟲無足曰豸。疑當作‘豕’。”〇覺按：“豕”爲家畜，此“豸”字不當作“豕”。古代所謂“蟲”，是對動物（包括人）的泛稱（參見 3.2 注〔14〕）。《爾雅·釋蟲》所謂“無足謂之豸”，是指無足的動物，即蛇、蚯蚓之類，用此義來解釋此文可通，故不煩改字。《説文·豸部》云：“豸，獸長脊行豸豸然，欲有所司殺形，凡豸之屬皆从豸。”从“豸”之字有“豹”“貙”“貚”“豺”“貂”“貉”“貛”等，由此可見“豸”原來泛指野獸而言，以此義來解釋此文，更爲切合。

〔17〕荆：灌木名。 榛（zhēn 貞）：木名，灌木或小喬木，其果實叫榛子。

〔18〕武王伐紂：《史記·殷本紀》：“周武王於是遂率諸侯伐紂。紂亦發兵，距之牧野。甲子日，紂兵敗，紂走入，登鹿臺，衣其寶玉衣，赴火而死。周武王遂斬紂頭，縣之大白旗。

殺妲己，釋箕子之囚，封比干之墓，表商容之閭，封紂子武庚禄父以續殷祀。”

〔19〕徐天祜曰：“意謂釋箕子之囚，封比干之墓，表商容之閭也。”〇覺按：“三家之表”即“表三家”。

〔20〕徐天祜曰：“去聲。”〇覺按：徒：只。干：冒犯，抵觸。咈（fú弗）：違背。

〔21〕石室之囚：指勾踐、范蠡等，見7.6、7.7。

〔22〕徐天祜曰：“去聲。”〇覺按：遺（wèi衛）：贈送。這裏用作名詞，指贈送之物。據《國語·越語上》，越國曾“飾美女八人納之太宰嚭”。

〔23〕惑於君：即“惑君”。“於”是動賓結構中的助詞，參見拙著《韓非子校疏析論》36.1.2注〔3〕。

〔24〕子：指太宰嚭。無乃：不就。

〔25〕王者封亡國之後：如商湯封夏之後（見《史記·夏本紀》），周武王封商紂王之子禄父於殷（見《史記·周本紀》）。五霸：見7.2注〔14〕。絶滅之末：與“亡國之後”義同。

〔26〕《國語·越語下》載勾踐在此年召范蠡謀吴，此文不載，可參見。

【義疏】

勾踐十三年（前484），越王對大夫文種説：“我接受了您的策略，所圖謀的事情都吉利，還從來没有不圓滿的。現在想再次謀取吴國，該怎麽辦？”

文種説：“大王可以主動地向吴王訴説：‘越國微小鄙陋，莊稼不成熟，希望大王讓我買些糧食，以此來滿足我的心願。’上天如果捨弃吴國，吴王就一定會答應大王的。”

越王就派大夫文種出使吴國，通過太宰嚭求見吴王，説道：“越國地勢低下，雨水和乾旱不協調，莊稼不成熟，人民飢餓困乏，路上聚集着飢餓的人，希望能向大王請求買些糧食，明年立即還給貴國國庫。希望大王對我們的困厄進行援救。”

吴王説：“越王真誠老實，堅守道義，對我不懷异心，現在陷于困境而來訴説他的苦衷，我難道能吝惜財物而使他的願望落空？”

子胥勸諫説：“不行！不是吴國去占有越國，越國就一定會占有吴國。吉利跑到了越國，那麽不幸就會來到吴國。這賣糧的事是養活敵寇而使自己國家破亡的事啊！把糧食給他們也不能算是親近，不給他們也不會造成怨恨。再説，越國有聖明的臣子范蠡，勇敢而且善于謀劃，他將對他們的進攻有所掩飾，因此用買糧作爲藉口來偵察我們的漏洞。我看越王派使者前來請求買糧，並非是因爲國家貧窮人民困厄而來懇求買糧，而是以此爲藉口進入我國來探測我們大王的失誤啊！”

吴王説：“我使越王低頭屈服而占有了他的人民，擁有了他的國家從而使勾踐慚愧萬分。勾踐由衷地屈服了，給我準備車馬，在我馬前倒退着走給我開路，各國諸侯没有不知道的。現在我讓他回國供奉他的祖宗廟宇、恢復他的土地神穀神，他怎麽敢有背叛我的念頭呢？”

子胥説：“我聽説：‘士人走投無路了就不難做到抑制自己的思想感情而向别人低三下四，到那後來就會有盛氣凌人的臉色。’我聽説越王挨餓，民衆窮困，那就可以趁此機會攻破他。現在不遵行天神的意志，不順從地祇的法則，却反而給他們輸送糧食，固執于您的命令，就會像狐狸與野鷄互相戲耍一樣啊！那狐狸壓低了自己的身體，因而野鷄相信了它，所以狐狸實現了自己的願望而野鷄必然被狐狸咬死。這樣的事能不小心嗎？”

吴王説：“現在勾踐國内有憂患，因而我供給他糧食。恩惠送過去了，義氣就會隨之而來，我的德行光明卓著，還擔憂什麽呢？”

子胥説：“我聽説：‘狼崽子有着野獸凶殘的本性，敵對的人不可以親近。’那老虎不可以用食物去喂養，蝮蛇不能讓它任意活動。現在大王抛弃了國家的福分，去讓對自己毫無好處的仇敵富足起來；抛弃了忠臣的意見，而去順從敵人的欲望。我一定會看見越國攻破吴國，蛇、鹿等動物在姑蘇臺上活動，荆棘、榛樹在王宫中叢生蔓延。希望大王看看周武王攻打商紂王的事情吧。”

太宰嚭在旁邊接嘴説：“周武王不是商紂王的臣子嗎？他竟然率領了諸侯去討伐自己的君主，雖然戰勝了商紂王，能説他合乎道義嗎？”

子胥説：“但周武王就此成就了他的名聲啦。”

太宰嚭説：“他憑藉親手斬殺君主的手段來成名，我是不能容忍他的。”

子胥説：“竊取國家政權的人就會被封爲諸侯，竊取金銀財寶的人纔會被懲處。假如武王不懂道義，那麽周王朝爲什麽要表彰箕子、比干、商容這三個人呢？”

太宰嚭説：“子胥做臣子，衹是想抵制國君的愛好、違背國君的心意而使自己稱心如意，國君怎麽不知去責備他呢？”

子胥説：“太宰嚭本來就想借此機會求得越王的親愛，他過去放掉了石洞中的囚犯，接受了越國贈送的財寶美女，對外和敵國結交，在内迷惑君主。請大王明察這些情况，不要被您身邊的小人玩弄了。現在大王好比給嬰兒洗澡一樣，那小孩就是啼哭叫喊，您也不要聽信太宰嚭這種小人的話。”

吴王對太宰嚭説：“太宰嚭是對的。您不就是聽我的話嘛，這不是忠臣的德行而類似于巧言諂諛的人麽？”

太宰嚭説：“我聽説：‘鄰國有了緊急的事，即使相距千里也要趕去解救。’這就是稱王天下的人要分封亡國者的後代、五霸要輔助被消滅者的後裔的原因啊！”

吴王于是就給了越國上萬石的穀子而命令文種説：“我頂住了群臣的議

論而把糧食輸送給了越國，年成豐收了就得還給我。”

大夫文種説：“我接受使命而回到越國，年成如果豐收了，肯定馬上歸還吴國借出的糧食。”

大夫文種回到越國，越國群臣都高呼“萬歲”。于是就把穀子賞給群臣，還分發到百姓手中。

【輯證】

越國大饑，王恐，召范蠡而謀。范蠡曰：“王何患焉？今之饑，此越之福而吴之禍也。夫吴國甚富而財有餘，其王年少，智寡材輕，好須臾之名，不思後患。王若重幣卑辭以請糴於吴，則食可得也。食得，其卒越必有吴，而王何患焉？”越王曰：“善。”乃使人請食於吴，吴王將與之。伍子胥進諫曰：“不可與也。夫吴之與越，接土鄰境，道易人通，仇讎敵戰之國也，非吴喪越，越必喪吴。若燕、秦、齊、晉，山處陸居，豈能踰五湖九江、越十七阸以有吴哉？故曰‘非吴喪越，越必喪吴’。今將輸之粟，與之食，是長吾讎而養吾仇也。財匱而民恐，悔無及也。不若勿與而攻之，固其數也，此昔吾先王之所以霸。且夫饑，代事也，猶淵之與阪，誰國無有？”吴王曰：“不然。吾聞之：‘義兵不攻服，仁者食饑餓。’今服而攻之，非義兵也；饑而不食，非仁體也。不仁不義，雖得十越，吾不爲也。”遂與之食。不出三年而吴亦饑，使人請食於越，越王弗與，乃攻之，夫差爲禽。（《吕氏春秋·長攻》P.791）

越饑，句踐懼。四水進諫曰：“夫饑，越之福也，而吴之禍也。夫吴國甚富而財有餘，其君好名而不思後患。若我卑辭重幣以請糴於吴，吴必與我。與我，則吴可取也。”越王從之。吴將與之，子胥諫曰：“不可。夫吴、越接地鄰境，道易通，仇讐敵戰之國也。非吴有越，越必有吴矣。夫齊、晉不能越三江五湖以亡吴。不如因而攻之，是吾先王闔廬之所以霸也。且夫饑，何也？亦猶淵也。敗伐之事，誰國無有？君若不攻而輸之糴，則利去而凶至，財匱而民怨，悔無及也。”吴王曰：“吾聞義兵不攻服，仁者食饑餓。今服而攻之，雖得十越，吾不爲也。”遂與糴。三年，吴亦饑，請糴於越，越王不與而攻之，遂破吴。（《説苑·權謀》P.332）

越大夫種曰：“臣觀吴王政驕矣，請試嘗之貸粟，以卜其事。”請貸，吴王欲與，子胥諫勿與，王遂與之，越乃私喜。子胥言曰：“王不聽諫，後三年吴其墟乎！”太宰嚭聞之，乃數與子胥爭越議，因讒子胥曰：“伍員貌忠而實忍人，其父兄不顧，安能顧王？王前欲伐齊，員彊諫，已而有功，用是反怨王。王不備伍員，員必爲亂。”與逢同共謀，讒之王。（《史記·越王句踐世家》P.2092）

昔者，越王勾踐與吴王夫差戰，大敗，保棲於會稽山上，乃使大夫種求行成於吴，吴許之。越王去會稽，入官於吴。三年，吴王歸之。大夫種始謀曰：“昔者吴夫差不顧義而媿吾王。種觀夫吴甚富而財有餘，其刑繁法逆；民習於戰守，莫不知也；其大臣好相傷，莫能信也；其德衰而民好負善。且夫吴王又喜安佚而不聽諫，細誣而寡智，信讒諛而遠士，數傷人而亟亡之，少明而不信人，希須臾之名而不顧後患。君王盍少求卜焉？”越王曰：“善。卜之道何若？”大夫種對曰：“君王卑身重禮，以素忠爲信，以請糴於吴，天若棄之，吴必許諾。”於是乃卑身重禮，以素忠爲信，以請於吴。將與，申胥進諫曰：“不可。夫王與越也，接地鄰境，道徑通達，仇讎敵戰之邦，三江環之，其民無所移，非吴有越，越必有吴。且夫君王兼利而弗取，輸之粟與財，財去而凶來，凶來而民怨其上，是養寇而貧邦家也。與之不爲德，不若止。且越王有智臣曰范蠡，勇而善謀，將修士卒，飾戰具，以伺吾間也。

胥聞之，夫越王之謀，非有忠素。請糴也，將以此試我，以此卜要君王，以求益親，安君王之志。我君王不知省也而救之，是越之福也。”吴王曰：“我卑服越，有其社稷。勾踐既服爲臣，爲我駕舍，却行馬前，諸侯莫不聞知。今以越之饑，吾與之食，我知勾踐必不敢。”申胥曰：“越無罪，吾君王急之，不遂絶其命，又聽其言，此天之所反也。忠諫者逆，而諛諫者反親。今狐雉之戲也，狐體卑而雉懼之。夫獸蟲尚以詐相就，而況於人乎？”吴王曰：“越王勾踐有急，而寡人與之，其德章而未靡，勾踐其敢與諸侯反我乎？”申胥曰：“臣聞聖人有急，則不羞爲人臣僕，而志氣見人。今越王爲吾浦伏約辭，服爲臣下，其執禮過，吾君不知省也而已，故勝威之。臣聞：‘狼子野心，仇讎之人不可親也。’夫鼠忘壁，壁不忘鼠，今越人不忘吴矣！胥聞之：‘拂勝，則社稷固；諛勝，則社稷危。’胥，先王之老臣，不忠不信，則不得爲先王之老臣。君王胡不覽觀夫武王之伐紂也？今不出數年，鹿豕游於姑胥之臺矣。”太宰嚭從旁對曰：“武王非紂臣耶？率諸侯以殺其君，雖勝，可謂義乎？”申胥曰：“武王則已成名矣。”太宰嚭曰：“親僇主成名，弗忍行。”申胥曰：“美惡相入，或甚美以亡，或甚惡以昌，故在前世矣。嚭何惑吾君王也？”太宰嚭曰：“申胥爲人臣也，辨其君何必翽翽乎？”申胥曰：“太宰嚭面諛以求親，乘吾君王，幣帛以求，威諸侯以成富焉。今我以忠辨吾君王，譬浴嬰兒，雖啼勿聽，彼將有厚利。嚭無乃諛吾君王之欲，而不顧後患乎？”吴王曰：“嚭止。子無乃向寡人之欲乎？此非忠臣之道？”大宰嚭曰：“臣聞春日將至，百草從時。君王動大事，羣臣竭力以佐謀。”因遜遯之舍，使人微告申胥於吴王曰：“申胥進諫，外貌類親，中情甚疏，類有外心。君王常親覩其言也，胥則無父子之親、君臣之施矣。”吴王曰：“夫申胥，先王之忠臣，天下之健士也。胥殆不然乎哉！子毋以事相差，毋以私相傷，以動寡人，此非子所能行也。”太宰嚭對曰：“臣聞父子之親，張户别居，贈臣妾、馬牛，其志加親；若不與一錢，其志斯疏。父子之親猶然，而況於士乎？且有知不竭，是不忠；竭而顧難，是不勇；下而令上，是無法。”吴王乃聽太宰嚭之言，果與粟。申胥遜遯之舍，嘆曰：“於乎嗟！君王不圖社稷之危，而聽一日之説。弗對，以斥傷大臣，而王用之。不聽輔弼之臣，而信讒諛容身之徒，是命短矣！以爲不信，胥願廓目於邦門，以觀吴邦之大敗也。越人之入，我王親爲禽哉！”（《越絶書·請糴内傳》P.108）

顧校：人民饑（飢）乏道荐饑（飢）餒　　以愧（媿）勾踐勾踐（無下“勾踐”）氣服　　臣聞越王饑（飢）餓

蔣校：以愧勾踐勾踐（宋本無下“勾踐”）氣服

9.10

二年，越王粟稔〔1〕，揀擇精粟而蒸，還於吴，復還斗斛之數〔2〕，亦使大夫種歸之吴王。王得越粟，長太息，謂太宰嚭曰：“越地肥沃，其種甚嘉，可留使吾民植之。”於是吴種越粟，粟種殺而無生者，吴民大飢。越王曰：“彼以窮居〔3〕，其可攻也。”大夫種曰【1】：“未可。國始貧耳，忠臣尚在〔4〕，天氣未見〔5〕，須俟其時【2】。”

【校記】

【1】“種曰”至9.11“道有門户亦”爲大德本一百十四葉，係補刻之版。

【2】俟：此處大德本爲補刻之版，其文作“侯”，據鄺本改。

【注釋】

〔1〕稔（rěn 忍）：莊稼成熟。

〔2〕斛（hú 胡）：古代容量單位，十斗爲一斛。

〔3〕以：通“已”。

〔4〕忠臣：指子胥（參見10.1）。據《左傳·哀公十一年》及《國語·越語下》，此年（勾踐十四年）子胥已死，與此不同。本書5.19記子胥死於夫差十三年，尚可與此文圓通。

〔5〕天氣：見4.2注〔7〕。見（xiàn 現）：同“現”。

【義疏】

第二年（前483），越國穀子豐收，于是就挑選了上等的穀子把它們蒸熟，然後纔去還給吴國，也還給同樣的斗數，同樣派大夫文種去把它們還給吴王。吴王得到越國的穀子，長長地嘆了口氣，對太宰嚭説：“越國的土地肥沃，他們的品種很好，可以留下來讓我們的人民去種植它們。”于是吴國就種植越國的穀子，穀子種下去全都爛死了，没有一顆發芽的，吴國人因而大鬧饑荒。越王説：“他們已經處于困境，該可以進攻了吧。”大夫文種説：“還不行。他們的國家不過是剛剛開始貧困而已，忠臣還健在，天地的氣數還没有露出苗頭，還需要等待那時機。”

9.11

越王又問相國范蠡曰：“孤有報復之謀，水戰則乘舟，陸行則乘輿。輿、舟之利，頓於兵弩〔1〕。今子爲寡人謀事，莫不謬者乎？”范蠡對曰：“臣聞古之聖君莫不習戰用兵，然行陣、隊伍、軍鼓之事〔2〕，吉凶决在其工〔3〕。今聞越有處女出於南林●〔4〕，國人稱善。願王請之，立可見。”越王乃使使聘之，問以劍戟之術。

處女將北見於王，道逢一翁，自稱曰袁公，問於處女：“吾聞子善劍，願一見之。”女曰：“妾不敢有所隱，惟公試之。”於是袁公即拔箖箊竹●【1】〔5〕。竹枝上枯槁【2】，末折墮地【3】，女即捷末●〔6〕。袁公操其本而刺處女。處女應即入之〔7〕，三入，因舉杖擊袁公【4】〔8〕。袁公即飛上樹【5】，變爲白猿。遂别去，見越王。

越王問曰：“夫劍之道則如之何？”女曰：“妾生深林之中，長於無人之野，無道不習〔9〕，不達諸侯。竊好擊之道，誦之不休。妾非受於人也，而忽自有之。”越王曰：“其道如何？”女曰：“其道甚微而易，其意甚幽而深。道有門户〔10〕，亦有陰陽〔11〕。開門閉户，陰衰陽興。凡手戰之道：内實精神，外示安儀；見之似好婦，奪之似懼虎；布形候氣〔12〕，與神俱往；杳之若日，偏如滕●兎〔13〕；追形逐影，光若彿彷；呼吸往來，不及法禁；縱横逆順，直復不聞。斯道者，一人當百，百人當萬。王欲試之，其驗即見〔14〕。”越王大悦【6】，即加女號，號曰“越女”。乃命五校之隊長、高才習之以教軍士●【7】〔15〕。當此之時皆●稱越女之劒【8】。

【校記】

【1】拔：此處大德本爲補刻之版，其文作“杖”，據《北堂書鈔》卷一百二十二引文改。

【2】枯槁：此處大德本爲補刻之版，其文作“頡橋”，據《藝文類聚》卷九十五引文改。

【3】末：此處大德本爲補刻之版，其文作“未”，據四庫本改。折：此處大德本爲補刻之版，其文無“折”字，據《藝文類聚》卷九十五引文補。

【4】此處大德本爲補刻之版，其文無“袁公操其本而刺處女，處女應即入之三入因舉杖擊袁公”二十三字，據《藝文類聚》卷九十五引文補。

【5】即：此處大德本爲補刻之版，其文作“則”，據《太平御覽》卷三百四十三引文改。

【6】大德本無“大悦”二字，據《太平御覽》卷三百四十三引文補。

【7】五校之隊長、高才習之以教：大德本作“五板之墮長高習之教”，據《太平御覽》卷三百四十三引文改。〇徐天祜曰：“《詩》註：‘一丈爲版，五版爲堵。’《左傳》：‘五版爲堵，五堵爲雉。’‘版’亦作‘板’。此‘墮’字疑當作‘隊’，‘長’疑是上聲，‘高’或人名也。”〇覺按：徐氏據誤文爲説，不當。原文之“板”乃“校”字之誤。

【8】當此之時皆稱：大德本作“當世勝”，據《太平御覽》卷三百四十三引文改。〇徐天祜曰：“‘勝’字上疑當有‘莫能’二字。”〇覺按：“勝”當爲“稱”之音誤。

【注釋】

〔1〕頓：通“鈍”，不鋒利。此指不便利。

〔2〕行（háng 杭）陣：軍隊的行列隊形。隊伍：軍隊的組織編制。《淮南子·道應訓》“襄子疏隊而擊之”高誘注：“隊，軍二百人爲一隊。”《周禮·夏官司馬》：“五人爲伍。”

〔3〕工：《儀禮·燕禮》“席工于西階上”鄭玄注：“凡執技藝者稱工。”此文指具有一技之長的人才。

〔4〕徐天祜曰：“《越舊經》：‘南林，在山陰縣南。’”〇覺按：處女：未出嫁的女子。

〔5〕徐天祜曰：“箖箊，竹名。箖，直尋切。箊，央魚切。《吴都賦》：‘其竹則篔簹箖箊。’”〇覺按：箖箊（línyū 林迂）：《文選·吴都賦》“其竹則篔簹箖箊”劉淵林注：“箖箊，是袁公所與越女試劒竹者也。”

〔6〕徐天祜曰：“《藝文類聚》引《吴越春秋》處女善劒事與此小異，曰：‘袁公即挽林内之竹，似枯槁，末折墮地，女接取其末。’按：此書‘未’字當作‘末’。‘捷’通作‘接’。《易》：‘晝日三接。’《禮記》：‘太子生接以太牢。’《左傳》：‘子同生接以太牢。’註並音‘捷’。”〇覺按：《淮南子·兵略訓》“百族之子捷捽招杼船”高誘注：“捷，疾取也。”

〔7〕即：通“節”。“應節”就是應合節奏，即趁勢的意思。入：納。

〔8〕杖：棍狀物叫“杖”，此指處女手中的竹梢。

〔9〕道：術，指經人總結的擊劍術。

〔10〕門户：見4.2注〔16〕。此文“門”指大道，即正確重要的途徑；“户”指小道，即歪門邪道。

〔11〕陰陽：見8.8注〔14〕。

〔12〕候：視，觀測。候氣：是指看體氣的情況而定。

〔13〕徐天祜曰：“‘滕’當作‘騰’。”〇覺按：“偏”通“媥”，與“翩”同源。《説文·女部》：“媥，輕皃。”

〔14〕見（xiàn現）：同“現”。

〔15〕校：軍營，又指軍隊之一部。五校：泛指各支軍隊。隊：見注〔2〕。

【義疏】

越王又問相國范蠡説：“我有報復吴國的謀略，如果是水戰，就乘船；如果是在陸地上行軍，就乘車。但車、船的便利，比不上兵器弓弩。現在您給我策劃戰事，没有不謬誤的嗎？”范蠡回答説：“我聽説古代的聖明君主都熟悉攻戰、善于用兵，但是軍隊的行列隊形、軍隊的組織編制、軍隊中的戰鼓等具體的事情，吉利與不吉利取决于那具有特長的人才。現在我聽説越國有個處女出生于南林，國内的人都稱道她武藝高超。希望大王能請教她，如果大王請她，就立刻可以讓她來見您。”越王就派使者去聘請她，向她請教使用劍戟的方法。

處女將到北面朝見越王，在路上碰到一個老頭，自言名叫袁公，他問處女説：“我聽説您善于舞劍，希望能看一下。”處女説：“小女不敢有所隱瞞，請老公公試一試吧。”于是袁公就拔起一根箖箊竹。那竹枝的上部乾枯了，所以竹梢斷了掉到地上，處女便立即拾起那竹梢。袁公手握那竹竿來刺擊處女。處女趁勢裹袁公前來刺擊，讓他刺了三下，便舉起竹梢去刺擊袁公。袁公立即飛躍上樹，變成了一隻白色的猿。處女就告别白猿走了，拜見了越王。

越王問道：“那擊劍之術到底是個什麼樣子？”處女説：“小女出生在深山密林之中，成長于荒無人烟的野外，没有現成的擊劍術因而没有學習過，也不與諸侯交往。我衹是私下喜歡擊劍之術，所以一直不停地念誦它。這擊劍之術我並不是從别人那裏學來的，而是突然之間自己領悟的。”越王説：“那擊劍的方法怎樣？”處女説：“那方法非常微妙但很容易，那旨意則非常隱晦深奥。方法有大道小道之分，也包含着陰陽兩個方面。打開那正確的門徑而堵塞那歪門邪道，陰氣就衰微而陽氣就興盛。大凡親身參加作戰的原則是：在體内要使精神飽滿，在外表要顯示出安穩莊重的儀表；看上去好像是個温順的美女，但争奪時要像受驚的猛虎一般；安排自己的身體時要根據體氣，要和精神同步向前；要像太陽一樣高遠莫測，像飛奔跳躍的兔子一樣輕快敏捷；追擊别人時形來影去，要使那劍光若有若無；吐氣吸氣來來往往，不觸犯法則禁忌；横衝直撞反攻正攻，無論是徑直向前還是再次回擊都不被人聽見。這種劍術，可以使一個人擋住一百個人，一百個人擋住一萬個人。大王如果想要試一下，我可以馬上驗證給您看。”越王十分高興，立即賜給處女名號，稱爲“越女”。于是就命令各支部隊的隊長以及能力較强的人向越女學習劍術，然後把它教給戰士。在這一時期人們都稱道越女的劍術。

【輯證】

《吴越春秋》云：“越王問范蠡用兵行陣軍鼓之事。對曰：‘越有處子，出于南林之中，願君王問以守戰之道，立可見也。’處子將見，道逢老人，自謂袁公。公問曰：‘吾聞子善爲劍，願一觀之。’女曰：‘唯公試之。’袁公即跪拔林之竹，處子即摝其末。公操其本而刺處女，因舉杖擊之。道誦之不休，越王軍人，當此之時皆稱越女之劍。”（《北堂書鈔》卷第一百二十二 V.1212—P.557）

《吴越春秋》曰：“越有處女出於南林之中。越王使使聘，問以劍戟之事。處女將北見於越王，道逢老翁，自稱素袁公，問處女：‘吾聞子善爲劍術，願一觀之。’女曰：‘妾不敢有所隱，唯公試之。’於是，袁公即跳於林竹，槁折墮地，處女即接末。袁公操本以刺處女。女應節入，三入，因舉枝擊之。袁公即飛上樹，化爲白猿，遂引去。”（《文選》卷第五《吴都賦》“其上則猨父哀吟”劉淵林注 P.85）

《吴越春秋》曰：“越王問范蠡用兵，對曰：‘越有處女，願君王問之。’處女北行見王，道逢老人，自稱袁公，跪拔林於竹，末折墮地，處女即捷其末。公操其本而刺處女。處女舉技擊之。公飛上樹，變爲白猿。”（《藝文類聚》卷第八十九 P.1551）

《吴越春秋》曰：“越王問范蠡手戰之術，范蠡曰：‘臣聞越有處女，國人稱之。願王請問手戰之道。’於是王乃請女。女將北見王，道逢老人，自稱袁公。袁公問女：‘聞子善爲劍，願得一觀之。’處女曰：‘妾不敢有所隱也，唯公所試。’公即挽林内之竹，似枯槁，末折墮地，女接取其末。袁公操其本而刺處女。處女應即入之，三入，因舉杖擊袁公。袁公則飛上樹，化爲白猨。”（《藝文類聚》卷第九十五 P.1652）

越王問范蠡手戰之術。范蠡答曰：“臣聞越有處女，國人稱之。願王請問手戰之道也。”於是王乃請女。女將北見王，道逢老人，自稱袁公，問女曰：“聞子善爲劍，得一觀之乎？”處女曰：“妾不敢有所隱也，唯公所試。”公即挽林杪之竹，似桔槁，末折墮地，女接取其末。袁公操其本而刺處女。處女應節入之，三，女因舉杖擊之。袁公飛上樹，化爲白猿。（出《吴越春秋》）（《太平廣記》卷第四百四十四 P.3628）

《吴越春秋》……又曰：“越王問范蠡用兵行陣，對曰：‘越有處女出於南林之中。願君王問以手戰之道，立可見也。’處女將見，道逢老人，自稱袁公。袁公曰：‘聞子善爲劍，願一觀之。’女曰：‘妾不敢有隱。’袁公即跪拔林之竹。處女即捷其末。公操其本而刺處女。處女因舉杖擊之。袁公即飛上樹，變爲白猿。女别去，見越王。越王大悦，乃命五校之隊長、高才習之以教軍人。當此之時皆稱越女劍。”（《太平御覽》卷第三百四十三 P.1575）

《呉越春秋》曰：“趙王問范蠡手戰之術，范蠡荅曰：‘臣聞趙有處女，國人稱之。願王請問之手戰之道也。’於是王乃請女。女將北見王，道逢老人，自稱袁公。袁公問女曰：‘聞子善爲劍，願得一觀之。’處女曰：‘妾不敢有所隱也，惟公所試。’公即挽林抄之竹，似桔槔，末折墮地，女接取其末。袁公操其本而刺，處女應節入之，三入，女因舉杖擊之。袁公則飛上樹，化爲白猨。”（《太平御覽》卷第九百十 P.4032）

《吴越春秋》曰：“越王問范蠡用兵，對曰：‘越有處女，願君王問之。’處女北見於王，道逢老人，自稱袁公，跪拔林杪竹，末折墮地，處女即捷其末。公操其本而刺處女。處女舉杖擊之。飛上樹，變爲白猿。”（《太平御覽》卷第九百六十二 P.4270）

《吴越春秋》：“范蠡云：‘越之處女出于南林。’”（《太平寰宇記》卷九十六 V.470—P.65）

《吴越春秋》曰：“范蠡謂越王曰：‘越有處女出於南林之中。願君問以手戰之道。’女將見，道逢老人，自稱袁公，曰：‘聞子善爲劍，願一觀之。’因拔竹林。女即捷其末。公操其本，而女因舉杖擊之。袁公飛上樹，變爲白猿。女去，見越王。王命五校之高才習之。當此之時皆稱越女劍。”（《事類賦》卷十三“劍”注 P.926）

顧校　女即捷末（下多“袁公操其本而刺處女女應即入之三入處女因舉杖擊之”）　夫劒之道則（其）如之何

蔣校：女即捷末（宋本下有“袁公操其本而刺處女女應即入之三入處女因舉杖擊之”二十三字）　則（宋本“其”）如之何

9.12

於是范蠡復進善射者陳音。音，楚人也。越王請音而問曰：“孤聞子善射，道何所生？”

音曰：“臣，楚之鄙人〔1〕，嘗步於射術〔2〕，未能悉知其道。”

越王曰：“然，願子一二其辭。”

音曰：“臣聞弩生於弓〔3〕，弓生於彈〔4〕，彈起古之孝子。”

越王曰：“孝子彈者柰何〔5〕？”

音曰：“古者人民朴質，飢食鳥獸，渴飲霧露〔6〕，死則裹以白茅〔7〕，投於中野。孝子不忍見父母爲禽獸所食，故作彈以守之，絶鳥獸之害。故古人歌曰【1】：‘斷竹屬木【2】〔8〕，飛土逐肉【3】〔9〕。’遂令死者不犯鳥、狐之殘也【4】。於是神農、黄帝●弦木爲弧【5】〔10〕，剡木爲矢●〔11〕，弧矢之利以威四方。黄帝之後，楚有弧父〔12〕。弧父者，生於楚之荆山〔13〕，生不見父母。爲兒之時，習用弓矢，所射無脱。以其道傳於羿〔14〕，羿傳逢蒙〔15〕，逢蒙傳於楚琴氏。琴氏以爲弓矢不足以威天下。當是之時，諸侯相伐，兵刃交錯，弓矢之威不能制服。琴氏乃横弓着臂〔16〕，施機設郭●【6】〔17〕，加之以力，然後諸侯可服。琴氏傳之魏〔18〕，大魏傳楚三侯●【7】——所謂句亶、鄂、章，人號麋侯、翼侯、魏侯也●〔19〕。自楚之三侯傳至靈王，自稱之楚累世蓋以桃弓棘矢而備鄰國也●〔20〕。自靈王之後，射道分流，百家能人用，莫得其正。臣前人受之於楚，五世於臣矣。臣雖不明其道，惟王試之。”

越王曰：“弩之狀何法焉？”

陳音曰："郭爲方城[21]，守臣子也[22]。敖爲人君【8】[23]，命所起也。牙爲執法[24]，守吏卒也[25]。牛爲中將[26]，主内裹也。關爲守禦[27]，檢去止也[28]。錡爲侍從[29]，聽人主也[30]。臂爲道路，通所使也[31]。弓爲將軍，主重負也。弦爲軍師，禦戰士也[32]。矢爲飛客，主教使也[33]。金爲穿敵【9】[34]，往不止也。衛爲副使[35]，正道里也[36]。又爲受教[37]，知可否也。縹爲都尉[38]，執左右也。敵爲百死[39]，不得駭也[40]。鳥不及飛，獸不暇走，弩之所向，無不死也。臣之愚劣，道悉如此。"

越王曰："願聞正射之道。"

音曰："臣聞正射之道，道衆而微。古之聖人，射弩未發而前名其所中●[41]。臣未能如古之聖人，請悉其要。夫射之道：身若戴板，頭若激卵[42]；左足縱【10】，右足横●[43]；左手若附枝[44]，右手若抱兒；舉弩望敵，翕心咽煙[45]；與氣俱發，得其和平；神定思去，去止分離；右手發機，左手不知[46]；一身異教，豈況雄雌[47]！此正射持弩之道也。"

"願聞望敵儀表[48]、投分●飛矢之道[49]。"

音曰："夫射之道：從分望敵，合以參連●[50]；弩有斗石[51]，矢有輕重，石取一兩[52]，其數乃平；遠近高下，求之銖分[53]。道要在斯，無有遺言。"

越王曰："善！盡子之道。願子悉以教吾國人。"

音曰："道出於天，事在於人。人之所習，無有不神。"

於是乃使陳音教士習射於北郊之外。三月，軍士皆能用弓弩之巧。

陳音死，越王傷之，葬於國西山上【11】，號其葬所曰陳音山●【12】[54]。

【校記】

【1】大德本無"古人"二字，據《北堂書鈔》卷一百二十四引文補。

【2】屬木：大德本作"續竹"，據《藝文類聚》卷六十引文改。

【3】肉：大德本作"害"，據《太平御覽》卷七百五十五引文改。

【4】遂令死者不犯鳥、狐之殘：大德本作"之謂"，據《太平御覽》卷三百五十引文改。

【5】黄：大德本作"皇"，據《文選》卷三十四曹子建《七啓》"魏氏發機"李善注引文改。○徐天祐曰："'皇'當作'黄'。"

【6】郭：大德本作“樞”，據《太平御覽》卷三百四十八引文改。

【7】琴氏傳大魏，大魏傳楚三侯：大德本作“琴氏傳之楚三侯”，據《文選》卷三十四曹子建《七啓》“魏氏發機”李善注引文改。〇徐天祜曰：“《文選》註所引與此略同，但云：‘琴氏傳大魏，大魏傳楚三侯。’稍異耳。”

【8】敖：大德本作“教”，據《太平御覽》卷三百四十八引文改。

【9】穿：大德本作“實”，據《太平御覽》卷三百四十八引文改。〇覺按：大德本之“實”或爲“貫”字之誤，所以《太平御覽》作“穿”。

【10】足縱：大德本作“蹉”，據《太平御覽》卷三百四十八引文改。

【11】大德本無“山上”二字，據《水經注·卷四十·漸江水》引文補。

【12】“葬所曰”至“吴越春秋勾踐陰謀外傳第九”爲大德本一百十八葉，係抄補之文。

【注釋】

〔1〕《荀子·非相篇》“期思之鄙人也”楊倞注：“鄙人，郊野之人也。”

〔2〕章炳麟曰：“步者，習也。《廣韻》‘騡’下云：‘騡馬，習馬。’”（《膏蘭室札記》卷二）〇覺按：步：行走。引申指研究。

〔3〕弩：一種利用機械力量發射箭的弓。《説文·弓部》：“弩，弓有臂者。”參見注〔16〕。弓：發射箭的武器。

〔4〕彈：彈弓，發射彈丸的弓。

〔5〕“彈”上當有“作”字。柰：通“奈”。

〔6〕霧：當爲連類而及之辭，參見 4.31 注〔10〕。

〔7〕白茅：也叫茅，多年生草本植物，其地下莖白軟有節，味甜可食，入藥。

〔8〕屬（zhǔ 嘱）：連接。木：與“肉”押韻，古韻均屬屋部。

〔9〕逐肉：驅逐禽獸。

〔10〕《世本·作篇》：“揮（覺按：黄帝之臣）作弓。夷牟（覺按：黄帝之臣，一作牟夷）作矢。”《周易·繫辭下》：“神農氏没，黄帝、堯、舜氏作……弦木爲弧，剡木爲矢，弧矢之利以威天下。”可見弓箭非創於神農之世，而始創於黄帝之時。此文連言“神農”，恐誤。或者，此“神農”爲連類而及之辭（參見注〔6〕）。神農：傳説中的古代帝王。原出於烈山（在今湖北省隨州市北），所以又稱烈山氏、厲山氏。因長於姜水邊，故以姜爲姓。相傳他創製耒、耜，教民農業生産，又曾嘗百草，發現了藥材，教人治病，故稱神農。由此可知，他是我國從原始的狩獵時代過渡到農業時代後生産經濟初期的領袖。他以火德而王，故稱王後號炎帝，也稱赤帝魁隗氏。《漢書·古今人表》把“炎帝神農氏”列爲我國第二聖人。其事蹟可參見司馬貞《史記索隱》所補《三皇本紀》、《史記·五帝本紀》“神農氏世衰”《正義》、《潛夫論·五德志》。弦：弓弦，此文用作動詞，指繃上弓弦。弧：木弓。

〔11〕徐天祜曰：“《世本》：‘黄帝臣牟夷作矢。’”〇覺按：剡（yǎn 掩）：削。矢：木製的箭。《急就篇》卷三“弓弩箭矢鎧兜鉾”顔師古注：“以竹曰箭，以木曰矢。”

〔12〕父（fǔ 府）：通“甫”，古代在男子名字下加的美稱。

〔13〕荆山：楚國山名，在今湖北省南漳縣西。

〔14〕羿（yì 益）：羿原是帝嚳時的射正（射官名），此指襲用祖先之號的後裔，即夏代東夷族有窮氏部落的首領，故又稱“夷羿”“窮后”“后羿”（“后”是君王的意思），是古代著名的射箭能手。他原居於鉏（在今河南省滑縣東），後遷居窮石（即窮谷，位於今河南省孟州市西）。相傳太康昏庸，到洛水邊打獵不歸，人民不堪忍受，他便順應民意

在黄河北岸抵禦太康，使太康不得返回國都。他依靠夏后之民而代夏后執政。不久因不理民事，沉溺於打獵而被家臣逄蒙所殺。其事蹟可參見《左傳・襄公四年》《尚書・五子之歌》《論語・憲問》《孟子・離婁下》。

〔15〕逄（páng 龎）蒙：又作"蠭門""逢蒙"。《荀子・王霸篇》云："羿、蠭門者，善服射者也。"楊倞注："蠭門，即蠭蒙，學射於羿。羿、蠭蒙善射，故射者服之。"《漢書・藝文志・兵書略・兵技巧家》著録《逢門射法》二篇。

〔16〕着：附着。 臂：弩的柄。 横弓着臂，見下圖：

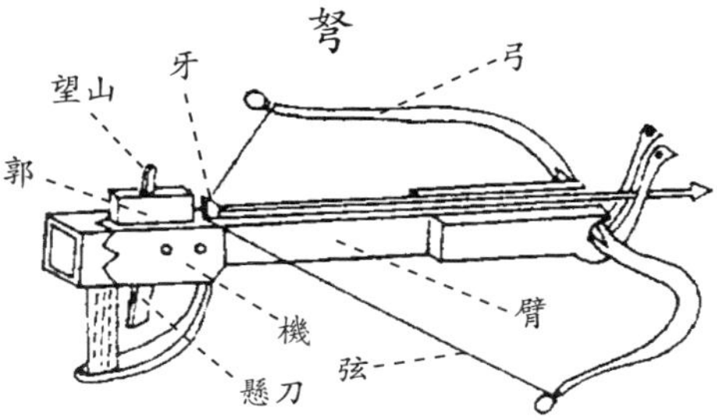

〔17〕徐天祜曰："《釋名》：'弩柄曰臂，鈎弦曰牙，牙外曰郭，郭下有懸刀，合而名之曰機，言機巧也，亦言如門戶之樞機，開闔有節。'"〇覺按：機：弩機，弩上發箭的裝置，青銅製，裝在弩的木臂後部（見上圖）。 郭：是弩機的組成部分，在弩牙之後，上有望山作爲瞄準器（見上圖）。

〔18〕大魏：不詳。《韓詩外傳》卷六第二十四章："昔者楚熊渠子夜行，見寢石以爲伏虎，彎弓而射之，没金飲羽。"由此可見熊渠之善射。此大魏不知是否是熊渠之號。

〔19〕徐天祜曰："熊渠三子，長子康爲句亶王，紅爲鄂王，少子執疵爲越章王。三侯者，未僭王號時所稱也。"〇覺按："三侯"並不是"未僭王號時所稱"，而是後來去掉王號時所稱。據《史記・楚世家》，周夷王時，王室衰微，熊渠强大而立三子爲王。到周厲王時，厲王暴虐，熊渠怕他伐楚，就去掉了這些王號，所以此文稱爲"侯"。 句亶：《史記・楚世家》"乃立其長子康爲句亶王"《集解》："張瑩曰：'今江陵也。'"即今湖北省荆州市荆州區，參見4.9注〔5〕。鄂：秦爲鄂縣，隋唐以後入武昌縣，即今湖北省鄂州市。章：《史記・楚世家》作"越章"，並説句亶、鄂、越章"皆在江上楚蠻之地"，則"越章"當爲"豫章"，在今漢水之東、漢口之北一帶（參見4.18注〔2〕）。

〔20〕徐天祜曰："楚右尹子革曰：'唯是桃弧棘矢以共禦王事。'"〇盧文弨曰："'之楚'疑倒。"〇覺按：徐氏所引子革之言見《左傳・昭公十二年》，其言是在楚靈王十一年（前530）時説的，但他並没有説楚國歷代以弓矢備鄰國，而只是説熊繹（楚國始封之君，當周成王時）以桃弧棘矢共禦工事。此文所述，恐怕是誤解了子革之言所致，並不符合史實。 累世：歷代。從三侯至靈王共三百餘年，熊渠死後，在位者依次爲：熊紅（渠之中子）、熊延（紅之弟）、熊勇（延之子）、熊嚴（勇之弟）、熊霜（嚴之子）、熊徇（霜之弟）、熊咢（徇之子）、若敖熊儀（咢之子）、霄敖熊坎（儀之子）、蚡冒熊眴（坎之子）、武王熊通（眴之弟）、文王熊貲（通之子）、杜敖熊囏（貲之子）、成王熊惲（囏之弟）、穆王商臣（惲之子）、莊王侣（商臣之子）、共王審（侣之子）、康王招（審之子）、郟敖員（招之子）、靈王圍（招之弟）。 蓋：句中語助詞，參見《古書虛字集釋》卷五。

〔21〕郭：見注〔17〕。郭的形制像方形的外城，所以説“郭爲方城”。

〔22〕守臣子：弩郭圍在弩牙之後，弩牙是執法之臣（見下），所以説郭“守臣子”。

〔23〕敖：通“螯”，螃蟹等節肢動物變形的第一對腳，形狀像鉗子。此當喻指“懸刀”，即扳機，是弩郭下用來鉤動弩牙的發箭機件。只要懸刀一扳動，弩牙就下縮放弦，箭就射出，所以説它是“人君”，是“命所起也”。

〔24〕牙：弩牙，弩上鉤住弓弦的機件。它受制於懸刀，所以説它是“執法”。

〔25〕守：掌管。 吏：官，此指下文之“軍師”。 卒：戰士。 下文説：“弦爲軍師，禦戰士也。”而弩牙是控制弦的，所以説它“守吏卒”。

〔26〕牛：指牛筋。製弓時將其附着於弓内以增强韌性。

〔27〕關：古代的器械往往同時設置“機”和“關”，“機”用來發射，“關”用來關閉。此“關”字當指弩機上的制動裝置，是卡住弩牙的部件。 守禦：抵擋、阻止。

〔28〕檢：約束，限制。 去止：離開與停止。指箭的發射與不發射。

〔29〕錡（yǐ 倚）：放置弩的架子。《文選・西京賦》：“武庫禁兵，設在蘭錡。”薛綜注：“錡，架也。”李善注：“劉逵《魏都賦》注曰：‘受他兵曰蘭，受弩曰錡，音蟻。’”錡是承托弩的，所以説它是侍從。

〔30〕人主：喻指弩。

〔31〕所使：被驅使的東西，指箭。弩臂實是安放箭的軌道（見上圖），所以説它是“道路”，是“通所使也。”

〔32〕禦：通“御”，駕馭，控制。東漢時的“軍師”即監軍，權任極大，掌監統軍隊及其刑法之事（參見《通典・職官十一・監軍》），所以説他“禦戰士”。 戰士：比喻箭。

〔33〕教：即上文“命所起”之“命”。《文選・教》李善注引蔡邕《獨斷》曰：“諸侯言曰教。”《淮南子・主術訓》“而行不言之教”高誘注：“教，令也。”此喻指“人君”似的懸刀所發出的“命”。 使：即上文“通所使”之“使”。此“教”、“使”都用作被動詞。

〔34〕金：金屬之器。此指金屬製的箭頭，即鏃。

〔35〕衛：箭尾部的羽毛。《釋名・釋兵》：“矢……其旁曰羽，如鳥羽也。鳥須羽而飛，矢須羽而前也。齊人曰衛，所以導衛矢也。” 副使：使臣中正使的助手屬官爲副使。“衛”是箭的附屬部分，幫助箭向前飛行，所以説是“副使”。

〔36〕里：鄉里。此文“道里”連言，“里”當爲連類而及之詞（參見注〔10〕）。 道里：僅表示“道”，即道路，指箭前行的軌道。

〔37〕又：盧文弨改爲“叉”，曰：“栝旁曰叉，皆見《釋名》。”〇覺按：“又”當作“叉”，形近而誤。“叉”即箭末尾的叉狀物，用來防止箭尾滑脱於弦。《釋名・釋兵》：“矢……其末曰栝（覺按：“栝”爲箭末端扣弦之處）。栝，會也，與弦會也。栝旁曰叉，形似叉也。”畢沅曰：“栝之有叉，所以築弦也。”上文説箭“主教使”，所以這箭尾也“受教”。

〔38〕縹：當作“弣”（fǔ 府），音近而誤（“弣”古屬滂母、侯部、上聲，“縹”古屬滂母、宵部、上聲）。“弣”即弓把的中部，所以説它“執左右”。 都尉：官名，戰國時將軍的屬官稱都尉，亦稱軍尉，輔佐武事。

〔39〕敵：當作“鏑”，音近而誤。“鏑”即箭頭。《釋名・釋兵》：“鏑，敵也，言可以禦敵也。”

〔40〕駭：《戰國策・宋策》“而國人大駭”高誘注：“駭，亂憂也。”《吕氏春秋・審應》“去駭從不駭”高誘注：“駭，擾也。”即擾亂的意思。

〔41〕徐天祜曰：“射命中也。”

〔42〕舛：馮本作“卯”，吴本、四庫本作“卯”，皆當作“卬”，形近而誤。《漢書·王章傳》“不自激卬”，《漢書·揚雄傳下·解謿》“激卬萬乘之主”，皆“激卬”連用之證。“激卬”即“激昂”，激動昂揚的樣子。

〔43〕徐天祜曰：“句。”

〔44〕附：依附。指握著。

〔45〕翕（xī 希）：《方言》卷三：“翕，聚也。” 咽（yàn 晏）：通“嚥”，吞。煙：積聚的氣體。 咽煙：吞氣，指不呼氣，屏氣。

〔46〕這是形容握弩的左手十分穩定。

〔47〕豈況：何況。 雄雌：雄性與雌性。指不是同一身。

〔48〕儀表：外貌動態，舉止動靜。

〔49〕徐天祜曰：“平聲。”○覺按：徐説非。“分”當讀 fèn（奮）。《文選·金谷集作詩》“投分寄石友”李善注：“阮瑀爲魏武與劉備書曰：‘披懷解帶，投分託意。’分，猶志也。”即志向。 投分：投合志嚮。此文指根據自己的目的意向。

〔50〕徐天祜曰：“《周禮》‘五射’，二曰‘參連’，前放一矢，後三矢連續而去也。”○覺按：參（sān 三）連：古代五種射法之一。《周禮·地官·保氏》“三曰五射”鄭玄注：“五射：白矢、參連、剡注、襄尺、井儀也。”孔穎達疏：“云參連者，前放一矢，後三矢連續而去也。”徐説本於此。

〔51〕斗石：古時用來計算弓弩拉力的單位。《宋史·兵志四》：“凡募弓箭手……不以等樣，第募有保任、年十七已上、弓射七斗、任負帶者。”《商君書·外内》：“以此遇敵，是以百石之弩射飄葉也。”即其例。至於其具體數量則不詳。《吴郡志》卷二：“吴俗以斗數魚，今以二斤半爲一斗。”與《宋史》所述之事不合，不可用來解釋此文。此文之“斗”似當爲 12 斤或 15 斤，“石”當爲 120 斤。此文之“斗”指弓弱，“石”指弓强。

〔52〕兩：重量單位。古代十六兩爲一斤。

〔53〕銖（zhū 珠）分：古代重量單位。《淮南子·天文訓》：“十二粟而當一分，十二分而當一銖，十二銖而當半兩。”可見古代銖爲 1/24 兩，分爲 1/12 銖。

〔54〕徐天祜曰：“在山陰縣西南四里。《寰宇記》曰：‘屬上虞縣。’非也。”○覺按：《越絶書·外傳記地傳》説陳音山去縣五里。

【義疏】

在這個時候范蠡又推薦了善于射箭的人陳音。陳音，是楚國人。越王請來了陳音，問他説：“我聽説您善于射箭，您的知識是從什麽地方來的？”

陳音説：“我是楚國的鄉下人，曾經鑽研過射箭的技術，但還没有能全部瞭解它的知識。”

越王説：“即使這樣，我還是希望您稍微説幾句。”

陳音説：“我聽説弩是從弓衍生而來的，弓是從彈弓衍生而來的，彈弓是古代的孝子創造的。”

越王説：“孝子製作彈弓的原因是什麽？”

陳音説：“古時候人民樸實，飢餓了就吃禽鳥野獸，乾渴了就喝露水，死了就用白茅包起來，抛在田野中。孝子不忍心看到父母的尸體被禽獸吃掉，所以製造了彈弓去守護父母的尸體，以杜絶飛鳥野獸的侵害。所以古代的人唱道：‘截斷竹子接上木，飛射土丸趕鳥狐。’這樣，就使死人不再遭到飛鳥、狐狸的殘害了。在這以後，黄帝把弓弦綳在木材上製成木弓，又砍削木材製成箭，憑藉着木弓和箭的便利而使天下的人都感到害怕。黄帝之後，楚國出了個弧父。弧父這個人，出生于楚國的荆山，生下來就没有見到父母。他還是小孩的時候，就能熟練地使用弓箭，他要射的禽獸没有能逃脱的。他把自己的射箭技術傳授給了羿，羿傳授給了逄蒙，逄蒙傳授給了楚國的琴氏。琴氏認爲弓箭還不能够用來威懾天下的人。在這個時候，諸侯各國互相攻打，兵器的鋒刃交接錯雜，弓箭的威力已不能制服對方。琴氏就把弓横過來附在木臂上，加上了發箭的機關，設置了望山來瞄準，給原有的弓增加了發射的力量，然後諸侯纔能制服。琴氏把這射術傳給了大魏，大魏又傳給了楚國的三個王侯，就是所謂的句亶王、鄂王、章王，後來人們稱之爲麇侯、翼侯、魏侯。從楚國的三個王侯傳到楚靈王，自稱楚國歷代都用桃木做成的弓、棘樹做成的箭來防備鄰國。從楚靈王之後，射箭的技術分成了各個流派，各派有才能的人都使用弓箭，但没有誰能掌握它的正確原則。我的祖先在楚國學習這種技術，到我已經五代了。我雖然不明白那弓弩的一番道理，還是希望大王來考我一下。”

越王説：“弩的形狀效法什麽呢？”

陳音説：“弩郭好像是方形的外城，是用來守衛臣子的。扳機好像是君主，是命令産生的地方。弩牙好像是執行法令的，是掌管官吏士兵的。牛筋好像是中將，主管弓杆内的包扎。關是制動的裝置，控制箭的去留。錡架好像是侍從，是聽從君主的。弩臂是道路，是被驅使的箭通過的地方。弩弓好像是將軍，主持那沉重的負荷。弓弦好像是軍師，用來掌馭戰士般的箭。箭好比是飛奔向前的俠客，主管接受命令而被驅使。箭鏃是用來穿透敵人的，它勇往直前而不停止。箭尾的羽毛好像是幫助箭出使的副官，它端正箭嚮前飛行的軌道。箭尾的丫叉是用來接受命令的，它知道箭是否可以發射。弓把好像是都尉，它控制着弓的左右兩邊。箭頭是百發百中的，不可能被擾亂。禽鳥來不及飛掉，野獸來不及逃跑，弩瞄準的東西，没有不死的。我愚笨低能，把懂得的道理全部説出來就是這樣。”

越王説：“希望再聽聽正確地射箭的方法。”

陳音説：“我聽説過正確地射箭的方法，那技術好多而且微妙。古代的聖人，在那弓弩還没有發射的時候就能預言他要射中的東西。我還不能像古代的聖人那樣，請讓我先把那射法的要領全都説一下吧。那射箭的方法是：身體要像穿上了木板一樣挺直，頭要像激動昂揚的樣子；左脚竪直向前，右脚横着在後；左手伸直就像握着樹枝，右手彎曲就像抱着嬰兒；舉起弓弩瞄準敵人，聚精會神屏住呼吸；箭要和自己的氣息一起發出去，使箭得到那氣息的温和平静；精神要穩定，雜念要除去，箭的去留要分清；右手撥動扳機的時候，左手一點兒也不知道；一個人身體上的各個部位都奉行不同的使令，更何况是兩個人以上！這就是正確地發射以及操持弩弓的方法啊。”

越王説：“希望再聽聽瞭望敵人的動静、根據自己的目的意向來射箭的方法。”

陳音説：“那射箭的方法是：根據自己的目的意向來瞭望偵察敵情，兩軍交鋒時使用連發三箭之法；弩有弱有强，箭有輕有重，拉力達一百二十斤的弓采用重一兩的箭，它們的比例纔適當；至于要射的目標有遠近高低之别，那就再尋找衹相差幾銖幾分的箭來加以調節。射法的要領都在這裏了，我没有保留一句話。”

越王説：“您毫無保留地介紹了您的知識，真棒！希望您把它們全部教給我國的人民。”

陳音説：“知識産生于客觀事物之中，事情的成敗取决于人的努力。人反復練出來的技術，没有不神奇的。”

于是越王就派陳音在北郊之外教士兵練習射箭。三個月後，戰士都掌握了使用弓弩的技巧。

陳音死了，越王哀悼他，把他安葬在國都西邊的山上，並把他埋葬的地方題名叫陳音山。

【輯證】

射浦者，勾踐教習兵處也。今射浦去縣五里。射卒陳音死，葬民西，故曰陳音山。（《越絶書·外傳記地傳》P.185）

《吴越春秋》云：“陳音對越王曰：‘臣聞弩生於弓，弓生於彈，彈生於古之孝子。古者質樸，死則投野，孝子不忍父母爲禽獸所食，作彈以守之，故古人歌曰“斷竹屬木，飛土逐肉”也。’”（《北堂書鈔》卷第一百二十四 V.1212—P.569）

《吴越春秋》云：“陳音對越王曰：‘弩生於弓，弓生於彈。’”（《北堂書鈔》卷第一百二十五 V.1212-P.572）

《吴越春秋》曰：“陳音對越王云：‘弩生於弓，弓生於彈，彈生於古之孝子。古者人民質朴，死，裹以白茅，投之中野。孝子不忍父母爲禽獸所食，則作彈以守之。故古人歌之：“斷竹屬木，飛土逐害。”’”（《藝文類聚》卷第六十 P.1091）

《吴越春秋》：“陳音對越王云：‘弩生於弓，弓生於彈，彈生於古之孝子。古者人民質朴，死，裹以白茅，投之中野。孝子不忍父母爲禽獸所傷，則作彈以守之。故古人歌之曰：“斷竹屬木，飛土逐肉。”’”（《白孔六帖》卷十四“彈”V891—P.239）

《吴越春秋》曰：“陳音對越王云：‘弩生於弓，弓生於彈，彈生於古之孝子。古者人民質朴，死則裹以白茅，投之中野。孝子不忍父母爲禽獸所食，則作彈以守之。故古人

歌之曰："斷竹屬木，飛土逐肉。"遂令死者不犯鳥、狐之殘也。'"（《太平御覽》卷第三百五十 P.1612）

《吴越春秋》曰："陳音對越王曰：'弩生於弓，弓生於彈，彈生於古之孝子。古者，人死投之中野。孝子不忍父母爲禽獸所食，則作彈以守之。故古人歌之曰："斷竹屬木，飛土逐肉。"'"（《太平御覽》卷第七百五十五 P.3352）

《吴越春秋》曰："越王欲伐吴，范蠡進善射者陳音。越王問其射所起焉，音曰：'黄帝作弓，以備四方。後有楚狐父，以其道傳羿，羿傳逢蒙，蒙傳楚琴氏，琴氏傳大魏，大魏傳楚三侯——麋侯、翼侯、魏侯也。'"（《文選》卷第三十四《七啓》"魏氏發機"李善注 P.487）

《吴越春秋》曰："黄帝作弓。後有楚狐父以其道傳羿，羿傳逢蒙。"（《文選》卷第八《羽獵賦》"逢蒙列眥"李善注 P.133）

《吴越春秋》："陳音曰：'黄帝作弓。後有楚狐父，以道傳羿，羿傳逢蒙。'"（《文選》卷第三十九《上書諫獵》"雖有烏獲逢蒙之伎"李善注 P.550）

《吴越春秋》："陳章曰：'黄帝作弓。後有楚狐父，以其道傳羿，羿傳逢蒙。'"（《文選》卷第四十五《荅賓戲》"逢蒙絶技於弧矢"李善注 P.636）

《吴越春秋》："陳音曰：'黄帝作弓。後有楚狐父，以其道傳羿，羿傳蓬蒙。'"（《文選》卷第四十七《聖主得賢臣頌》"蓬門子彎烏號"李善注 P.660）

《吴越春秋》曰："羿傳射於逢蒙。"（《史記·司馬相如列傳》"雖有烏獲、逢蒙之伎"《集解》P.3676）

《吴越春秋》云："'弩之狀皆何法？'陳音曰：'臂爲道路，通所使也。牙爲執法，守吏卒也。'"（《北堂書鈔》卷第一百二十五 V.1212—P.573）

又云："越王曰：'弩之狀皆何法？'陳音曰：'弦爲軍師，禦戰士也。關爲守禦，檢去止也。'"（《北堂書鈔》卷第一百二十五 V.1212—P.573）

《吴越春秋》云："越王曰：'弩之狀皆何法？'陳音曰：'弩之所向，無不恐者。臣之愚劣，道術於此。'越王曰：'善哉！子之説弩。'"（《北堂書鈔》卷第一百二十五 V.1212—P.574）

《吴越春秋》云："陳音對越王曰：'舉弩望敵，翕心咽煙，與氣俱發，右手發機，左手不知。一身異教，豈但雄雌！此正由射持弩之道也。'"（《北堂書鈔》卷第一百二十五 V.1212—P.574）

《吴越春秋》曰："陳音對越王曰：'弩生於弓，弓生於彈，彈生於古之孝子。臣聞楚琴氏以弓矢之勢不足以威天下，遂乃横弓着臂，施機設郭，加之以力。郭爲方城，守臣子也。敖爲人君，命所起也。關爲守禦，撿去止也。錡爲侍從，聽人主也。辟爲道路，通所使也。弓爲將軍，主重負也。弦爲軍師，禦戰士也。矢爲飛容，主教使也。金爲穿敵，往不止也。衛爲副使，正道里也。驟爲都尉，執左右也。鳥不得飛，獸不得走。弩之所向，無不恐者。'王曰：'善！子之説弩也。願復聞正射之道。'陳音對曰：'臣聞射之道：左足縱，右足横；左手若附枝，右手若抱兒；右手發，右手不知。此正射持弩之道也。'"（《太平御覽》卷第三百四十八 P.1604）

《吴越春秋》云："范蠡進善射者陳音，楚人也。王曰：'善！子之道。願子悉以教吾國人。'音曰：'道出於天，事在於人。人之所習，無有不神。'於是乃使音教士習射於北郊之外。三月，軍士皆能用弓弩之巧。音死，王傷之，葬於國西，號其葬所曰陳音之山。"（《會稽志》卷第九"陳音山"V.9-P.19）

按《吴越春秋》："音死，葬于國西山上。"（《水經注》卷四十 P.755）

顧校：請悉其要（下多“音曰”）　　陳音（下多“之”）山
蔣校：請悉其要（宋本下有“音曰”二字）　　陳音（宋本下有“之”字）山

吴越春秋勾踐陰謀外傳第九

吴越春秋勾踐伐吴外傳第十

【提要】

勾踐伐吴外傳，就是勾踐攻打吴國的傳記（關於“外”字，可參見《吴越春秋目録》注〔3〕）。它主要記述了勾踐十五年以後出兵滅吴的事蹟，同時也記載了勾踐滅吴以後的事，直至越國滅亡爲止。當然，由於本書的主題是“吴越春秋”，所以本篇仍側重於寫春秋時期越國争强的史事。對於勾踐死後的事情或與吴、越關係不大的事情，本篇就寫得極爲簡略。如果我們將本篇與《史記·越王句踐世家》一對照，這一點尤爲明顯。如《史記》以大量筆墨去敍述戰國時越王無彊與中國争强以及范蠡出走以後的種種事蹟，本篇均略而不書。而本篇對勾踐時的事蹟記載，則遠比《史記》豐富，它不僅搜羅了《左傳》、《國語》中的材料，還補充了不少傳聞異説。雖然本書記載不很謹嚴，年代、史實多有舛誤，但它描述得具體詳盡，所以還是具有一定的史料價值。

本篇從“謀伐吴”入筆，先交代了勾踐以往所作的戰争準備，如繁殖人口、争取民心等，接著便寫勾踐進行戰争動員以及初戰告捷的情況，然後再詳寫勾踐諮詢申包胥及八大夫，告誡國人、夫人、大夫，向軍士三令五申以嚴明法令等事蹟，具體地揭示了勾踐所作的充分準備，這實際上也就是在向讀者揭示勾踐克敵勝吴的戰争經驗。所以，這些筆墨雖多，有些地方甚至給人以重複感，但實際上並非敗筆。接著寫勝敵滅吴，與《夫差内傳》互有詳略，頗具匠心。至於滅吴以後的慶功作樂、范蠡退隱、文種被誅等，也寫得有聲有色，完全是一種文學的筆調了。至於文中子胥顯靈、孔子獻樂、遷葬允常等，更非史家之實録，而純爲小説家之言了。另外，文中保存的詩歌也頗具特色。如“離别相去之詞”既悲又壯，頗具楚辭韻味。《河梁之詩》雖偶帶“兮”字，但句句押韻而整練暢達，也充分體現了楚辭向七言詩過渡時期的風貌，在文學史上值得大書一筆。

10.1

勾踐十五年【1】，謀伐吴●〔1〕，謂大夫種曰：“孤用夫子之策，免於天虐之誅〔2〕，還歸於國。吾誠已説●於國人〔3〕，國人喜悦。而子昔日云：‘有天氣即來陳之〔4〕。’今豈有應乎？”

種曰："吴之所以彊者，爲有子胥。今伍子胥忠諫而死，是天氣前見亡國之證也[5]。願君悉心盡意以説國人。"

越王曰："聽孤説國人之辭：'寡人不知其力之不足以大國報讎[6]，以暴露百姓之骨於中原[7]，此則寡人之罪也。寡人誠更其術。'於是乃葬死問傷，弔有憂，賀有喜，送往迎來，除民所害。然後卑事夫差，往宦士三百人於吴[8]。吴封孤數百里之地[9]，因約其父母昆弟而誓之曰【2】[10]：'寡人聞古之賢君，四方之民歸之若水[11]。寡人不能爲政，將率二三子夫婦以蕃【3】[12]。'令壯者無娶老妻，老者無娶壯婦。女子十七未嫁，其父母有罪；丈夫二十不娶，其父母有罪[13]。將免者●以告於孤[14]，令醫守之。生男二，貺之以壺酒、一犬【4】[15]；生女二，賜以壺酒、一豚●[16]。生子三人[17]，孤以乳母[18]；生子二人，孤與一養[19]。長子死，三年釋吾政【5】[20]；季子死，三月釋吾政【6】；必哭泣葬埋之，如吾子也。令孤子、寡婦、疾疹、貧病者[21]，納官其子。欲仕，量●其居[22]，好●其衣[23]，飽其食，而簡鋭之義【7】[24]。四方之士來者，必朝而禮之。載飯與羹以游國中[25]，國中僮子遊而遇孤【8】，孤餔而啜之[26]，施以愛，問其名[27]。非孤飯不食，非夫人事不衣[28]。七年不收[29]，國民家有三年之畜[30]。男即歌樂，女即會笑。今國之父兄日請於孤曰：'昔夫差辱吾君王於諸侯，長爲天下所恥。今越國富饒，君王節儉，請可報恥。'孤辭之曰：'昔者我辱也，非二三子之罪也。如寡人者，何敢勞吾國之人以塞吾之宿讎[31]？'父兄又復請曰：'越四封之内【9】，盡吾君子。子報父仇，臣復君隙，豈敢有不盡力者乎？臣請復戰，以除君王之宿讎。'孤悦而許之。"

大夫種曰："臣觀吴王得志於齊、晉，謂當遂涉吾地，以兵臨境。今疲師休卒[32]，一年而不試，以忘於我[33]。我不可以怠。臣當卜之於天[34]。吴民既疲於軍、困於戰鬪，市無赤米之積[35]，國廩空虚，其民必有移徙之心，寒就蒲嬴●於東海之濵【10】[36]。夫占兆[37]，人事又見於卜筮[38]。王若起師，以可會之利[39]，犯吴之邊鄙，未可往也[40]。吴王雖無伐我之心，亦難動之以怒[41]，不如詮其間●以知其意[42]。"

越王曰[11]：“孤不欲有征伐之心，國人請戰者三年矣，吾不得不從民人之欲。今聞大夫種諫難●〔43〕。”

越父兄又諫曰：“吴可伐。勝則滅其國，不勝則困其兵。吴國有成〔44〕，王與之盟。功名聞於諸侯。”

王曰：“善。”於是乃大會羣臣而令之曰：“有敢諫伐吴者，罪不赦。”

蠡、種相謂曰：“吾諫已不合矣，然猶聽君王之令。”

【校記】

【1】從篇題“吴越春秋勾踐伐吴外傳第十”至“生男二”爲大德本一百十九葉，係補刻之版。

【2】其父母：此處大德本爲補刻之版，其文作“吴國父兄”，據《國語・越語上》改。

【3】蕃：此處大德本爲補刻之版，其文作“爲藩輔”，據《國語・越語上》改。

【4】“貺之以壺酒”至“臣當”爲大德本一百二十葉，係抄補之文。

【5】釋：此處大德本爲壞版，其抄補之文作“釋”，但大德本他處皆用“釋”而不用“釋”，今據鄺本改。

【6】釋：此處大德本爲壞版，其抄補之文作“釋”，但大德本他處皆用“釋”而不用“釋”，今據鄺本改。

【7】義：此處大德本爲壞版，其抄補之文作“凡”，據顧校改。《國語・越語上》此句作“而摩厲之於義”。

【8】遊：此處大德本爲壞版，其抄補之文作“戲”，據《國語・越語上》改。作者大概把《國語》之“遊”字誤解爲遊戲，所以改爲“戲”。誠然，這《國語》之“遊”是指無家可歸的遊子之流浪而言；改作“戲”，就與下文“施其愛，問其名”之文義不切合了。

【9】越：此處大德本爲壞版，其抄補之文作“誠”，據《國語・越語上》改。

【10】嬴：大德本作“羸”，據《國語・吴語》改。〇徐天祜曰：“羸，當作‘嬴’。”

【11】曰：大德本壞作“囗”，據鄺本改。

【注釋】

〔1〕徐天祜曰：“按：勾踐七年歸自吴，既反國，四年即與范蠡謀伐吴，自玆四年間必謀之，蠡皆以爲未可。《國語》記之稍詳，至是始伐吴。《左傳》見於哀公十三年，正勾踐十五年也。”〇覺按：徐説可參見《國語・越語下》，但《國語》韋昭所注年份或有誤，據本書，勾踐歸國當在八年（參見8.1注〔1〕）。據《左傳》，魯哀公十三年（勾踐十五年）六月越伐吴，本書10.4之文與《左傳》同，則10.3所記勾踐召范蠡謀伐吴，范蠡曰“須明年之春，然後可耳”云云，當發生在前一年，即勾踐十四年。《史記・越王句踐世家》亦云：“居三年，句踐召范蠡曰：‘吴已殺子胥，導諛者衆，可乎？’對曰：‘未可。’至明年春，吴王北會諸侯於黄池，吴國精兵從王，惟獨老弱與太子留守。句踐復問范蠡，蠡曰：‘可矣。’乃發習流二千人，教士四萬人，君子六千人，諸御千人，伐吴。吴師敗，遂殺吴太子。”由此可見，勾踐伐吴在十五年，而謀伐吴之事當在十四年，此文之“勾踐十五年”當作“勾踐十四年”，徐説未皜。

〔2〕天虐：天災，天神降下的災禍。當時的人認爲國之存亡、君之禍福取決於天神的意志，如7.2所載文種、范蠡之言説：天道福祐文王，因而否極泰來；而越王之危，也是“天道之數”。5.27所載文種之書曰：“昔天以越賜吴，吴不肯受，是天所反。”《韓非子·内儲説下》載范蠡、文種之言曰：“昔天以越與吴，吴不受，今天反夫差，亦天禍也。”此文所謂“天虐之誅”，即指“天以越與吴”的“天禍”。

〔3〕徐天祜曰：“音税，下同。”〇覺按：“説”讀爲shuì（税），表示遊説的意思，但《國語·越語上》“句踐説於國人”韋昭注：“説，解也。”則“説”仍讀爲shuō。兩説均通。

〔4〕天氣：天命氣數，上天安排的運數。

〔5〕見（xiàn現）：同“現”。

〔6〕大國：作狀語，表示“向大國”。《國語·越語上》作：“寡人不知其力之不足也，而又與大國執讎。”與此文不同。

〔7〕暴（pù曝）：同“曝”，曬。

〔8〕《國語·越語上》“宦士三百人於吴”韋昭注：“將三百人以入事吴，若宦豎然。”《國語·越語下》“與范蠡入宦於吴”韋昭注：“宦，爲臣隸也。”

〔9〕見8.1注〔11〕與8.6注〔7〕。

〔10〕約：邀請。《國語·越語上》作“致”。其：指越國而言，作者誤解了《國語》而改爲“吴國”，反與下文不連貫了，參見注〔12〕。昆：兄。

〔11〕若水：《國語·越語上》作“若水之歸下也”，義更顯豁。

〔12〕將（qiāng羌）：願，請。蕃：大德本作“爲藩輔”，“爲藩輔”的意思是“作護衛的屏障與輔佐的幫手”。作者既誤解《國語》之文而將上文之“其”改爲“吴國”，則《國語》之“蕃”字也就不通了，於是又改爲“藩輔”，並加“爲”字。殊不知如此一改，既與此句“二三子夫婦”不相協調，而且與此下所述也不能貫通，所以今仍根據《國語》改回。蕃（fán凡）：繁殖，生息。

〔13〕《國語·越語上》韋昭注：“禮：‘三十而娶，二十而嫁。’今不待禮者，務育民也。”

〔14〕徐天祜曰：“免者，免身脱也，謂生子。”〇覺按：“免”通“娩”。

〔15〕貺（kuàng况）：賜予。犬：《國語·越語上》韋昭注：“犬，陽畜，知擇人。”

〔16〕徐天祜曰：“犬，陽畜；豚，陰畜。”〇覺按：《國語·越語上》韋昭注：“豚，主内，陰類也。”

〔17〕《國語·越語上》韋昭注：“人生三者亦希耳。”可見所謂“生子三人”是指生下三胞胎。

〔18〕以：《廣雅·釋詁三》：“以，與也。”《國語·越語上》這句作“公與之母”。

〔19〕養：《公羊傳·宣公十二年》“廝役扈養死者數百人”何休注：“炊亨者曰養。”即炊事員。

〔20〕《國語·越語上》作“三年釋其政”，韋昭注：“禮：父爲適（覺按：“適”通“嫡”）子喪三年。”政（zhēng征）：通“征”。《荀子·王制篇》“相地而衰政”楊倞注：“政，或讀爲‘征’。”《周禮·地官·小司徒》“施其職而平其政”鄭玄注：“政，税也。”由於父親要爲長子守喪三年，所以免除其三年賦税。

〔21〕疹（chèn趁）：通“疢”，病。病：《廣雅·釋詁四》：“病，苦也。”即困苦。

〔22〕徐天祜曰：“平聲。”

〔23〕徐天祜曰：“上聲。”

〔24〕簡：《國語・吴語》"夫申胥華登簡服吴國之士於甲兵"韋昭注："簡，習也。"即練習、鍛煉的意思。 鋭：使精鋭，磨煉。

〔25〕《國語・越語上》作"載稻與脂於舟以行"，可知此所謂"載"，是指裝在船上。

〔26〕餔（bù 部）：通"哺"，給人吃東西。 啜（chuò 輟）：吃。這裏用作使動詞。

〔27〕《國語・越語上》"必問其名"韋昭注："爲後將用之。"

〔28〕《國語・越語上》作："非其身之所種則不食，非其夫人之所織則不衣。"義更顯豁。

〔29〕七：當作"十"。古文"七"作"十"、"十"作"丨"，故易誤。勾踐五年入吴，至此已十年。《國語・越語上》作"十"，可證此文之誤。

〔30〕畜：通"蓄"。《國語・越語上》"民俱有三年之食"韋昭注："古者三年耕，必餘一年之食。"

〔31〕塞（sài 賽）：酬報。

〔32〕疲：當作"罷"。蓋古代"罷"通"疲"，後人遂誤將此"罷"字改成了"疲"。《國語・吴語》作"今罷師而不戒以忘我"，《莊子・盜跖》："罷兵休卒。"皆可爲證。

〔33〕以：通"已"。 以忘於我：即下文所説的"無伐我之心"。

〔34〕當：當作"嘗"（嘗），形近而誤。《國語・吴語》此句作"日臣嘗卜於天"，是其證。《國語・吴語》開始記夫差二年伐越時，文種曾向勾踐獻謀曰："吾以卜之於天，天若棄吴，必許吾成而不吾足也（覺按：意爲"必答應和我講和而不重視我"），將必寬然有伯（覺按：稱霸也）諸侯之心焉。既罷（覺按：通"疲"）弊其民，而天奪之食，安受其燼（覺按：餘也），乃無有命矣。"所以此文説"臣嘗卜之於天"。本書未載夫差二年文種之言，此"嘗"字便不可通，因而被誤改爲"當"。

〔35〕赤米：薛正興曰："赤米，謂儲久而色赤之米。《國語・吴語》：'今吴民既罷，而大荒薦饑，市無赤米，而囷簏空虚。'韋昭注：'赤米，米之奸者。'《漢書・賈捐之傳》：'太倉之粟，紅腐而不可食。'顔師古注：'粟久腐壞，則色紅赤也。'《文選・左思〈吴都賦〉》：'觀海陵之倉，紅粟流衍。'李周翰注：'紅粟，謂儲久而色赤也。'《抱樸子・詰鮑》：'官倉之米，至腐赤不可勝計。'《北史・高謙之傳》：'腐紅粟於太倉，藏朽貫於天府。'《説文》米部：'粠，陳臭米。'段玉裁注：'《賈傳》"紅腐"，即粠之假借字。'《廣韵》平聲東韵：'粠，陳赤米也。'《集韵》平聲東韵：'粠，《説文》"陳臭米"，一曰赤米。'"

〔36〕徐天祐曰："蒲，水草。蠃，蚌蛤之屬。"〇孔燕曰："'蒲蠃'當作一詞，意爲蚌蛤一類的動物。《廣雅・釋魚》：'蜌、蛤，蒲盧也。'王念孫《廣雅疏證》：'蒲盧之轉聲爲蒲蠃。《吴語》"其民必移就蒲蠃於東海之濱。"蒲蠃，即蒲盧也。韋昭注云："蠃，蚌蛤之屬"，是也。'《漢語大詞典》：'蒲蠃，蚌蛤之屬。'正舉此例爲證，甚是。王引之《經義述聞・國語下》：'蒲蠃，即蒲盧。蛤屬也。'"〇覺按：寒：寒酸，貧困。 就：《廣雅・釋詁二》："就，歸也。" 蒲蠃（luó 羅）：《國語・吴語》"其民必移就蒲蠃於東海之濱"韋昭注："蒲，深蒲也。蠃，蚌蛤之屬。"徐注蓋本於韋昭注，王引之則以"韋注分蒲蠃爲二物"爲非，其説見《廣雅疏證・釋魚》與《經義述聞・國語下》，兩處文字類同，《廣雅疏證》之文爲："韋昭注云'蠃，蚌蛤之屬'，是也；其云'蒲，深蒲也'，則非。深蒲與蠃，於文既爲不類，且深蒲所在皆有，不必海濱。若蚌蛤之屬，則海濱爲多，故《説文》云：'蛤有三，皆生於海'也。"韋昭所謂的深蒲即菖蒲，是一種水草，生於水邊，根入藥，亦名白菖。古代菖蒲與蚌蛤都被用作食物，《韓非子・難四》："屈到嗜芰，文王嗜菖蒲菹（覺按：菖蒲做的醃菜），非正味也，而二賢尚之，所味不必美。"《韓非子・五蠹》："民食果蓏蜯蛤，腥臊惡臭而傷害腹胃。"由此看來，韋昭之説也通。只是《韓非子》

所説，都是内陸的情況。此云“東海之濵”，則當從王引之之説，但王説尚未精審。因爲蛤生於海，蚌則未必生於海，内陸也有河蚌，所以此文之“蒲蠃”當指牡蠣、蛤蜊之類，即《廣雅·釋魚》所説的蜌、蛤之類，而並非泛指蚌蛤之屬。此文説“就蒲蠃於東海之濵”，是指没有糧食而去海邊取食牡蠣、蛤蜊之類以充飢。

〔37〕夫：當作“天”，形近而誤。《國語·吴語》作“天占既兆”，是其證。 占：根據龜甲兆紋進行推測。 兆：徵兆，占卜時龜甲被燒灼後形成的用來判斷吉凶的裂紋，這裏用作動詞，是顯現出徵兆的意思，故《國語》韋昭注云：“兆，見也。”

〔38〕《國語·吴語》作“人事又見，我蔑卜筮矣”，與此文不同，似可從。 見（xiàn 現）：同“現”。 卜：占卜。古代占卜，先在龜底板上鑽鑿槽穴，然後用荆木燒灼使龜板發生爆裂，龜甲發出的爆裂之聲即是“卜”之字音，爆裂産生的裂紋即是“卜”或“兆”之字形，根據這兆紋來預測吉凶就是占卜，或簡稱爲“卜”。 筮（shì 市）：算卦。古代算卦，先反復在四十九根蓍（shī 詩）草中隨意抽取，每次抽取後數一下，如果是奇數，即畫一横“—”爲陽爻；如果是偶數，即畫二短横“--”爲陰爻。抽取三次即得三爻，便可組成八卦中的卦象；抽取六次可得六爻，便可組成六十四卦中的卦象。根據所得卦象來預測吉凶就是算卦，古代稱之爲“筮”。古人用卜筮來推斷吉凶，大事用卜，小事用筮（參見《禮記·曲禮上》“假爾泰筮有常”鄭玄注）。

〔39〕“會”字下當有“奪”，形近而脱。《國語·吴語》作“王若今起師以會，奪之利”，可證。 會：交戰。 之：是“奪”的賓語，也可解爲“其”。

〔40〕此下與《國語·吴語》所載不同。《國語·吴語》載文種倡議伐吴，此文則載文種反對伐吴，未知孰是。

〔41〕難：以……爲難，即“不能”的意思。《詩經·小雅·桑扈》“不戢不難”孔穎達疏：“難者，戒懼之辭。”參見10.14注〔22〕。

〔42〕徐天祜曰：“去聲。”〇覺按：詮：《淮南子·詮言訓》篇題高誘注：“詮，就也。”即靠近的意思。 間（jiàn 見）：空子，漏洞。指疏忽之時。

〔43〕徐天祜曰：“去聲。”

〔44〕有：如果，參見《古書虚字集釋》卷二。 成：和解，講和。

【義疏】

勾踐十五年（前482），謀劃攻打吴國，對大夫文種説：“我采用了先生的計策，因而免除了上天降下的懲罰，回到了祖國。我已經真心誠意地向國内的人解説過了，國内的人都很高興。但您從前説過：‘等有了天賜良機就馬上來告訴您。’現在是否有應驗了呢？”

文種説：“吴國之所以强大，是因爲有了伍子胥。現在伍子胥因爲忠誠地勸諫吴王而死了，這是上天安排的運數預先顯示出吴國要滅亡的徵兆啊。請您全心全意地去説服國内的人。”

越王説：“您先聽一下我勸説國民的話：‘我過去不知道自己的力量還不够用來向大國報仇，因而使廣大民衆戰死而尸骨在原野中日曬夜露，這便是我的罪過啊。我一定誠懇地改變自己的策略。’于是我就埋葬戰死者，慰問傷病員，哀悼有喪事的人，祝賀有喜事的人，歡送前往外國的人，迎接來到越國的人，除掉民衆的禍害。然後我謙卑地去服侍夫差，一起到吴國去做奴僕的人有三百個。吴國封給了我方圓幾百里的土地，我便請來了我國的父母兄弟，並向他們發誓說：‘我聽説古代的賢明君主，四面八方的民衆就像江河之水向下流動那樣來投奔他。我没有能力治理政事，請讓我率領諸位夫妻來繁衍生息吧。’于是我命令壯年人不准娶年老的妻子，老年人不准娶年輕的婦女。女子十七歲還没有出嫁，她的父母就有罪；男子二十歲還没有娶妻，他的父母就有罪。將要分娩的孕婦要報告給我，我將派醫生守護她。如果同時生下兩個男孩，就賜給她一壺酒、一條狗；如果同時生下兩個女孩，就賜給她一壺酒、一頭小猪。如果一胎生下三個孩子，我就給她配備奶媽；如果同時生下兩個孩子，我就給她提供一個做菜做飯的保姆。當家的長子死了，在其父親爲他守喪的三年中免除我對他們的税收；小兒子死了，在其父親爲他守喪的三個月中免除我對他們的税收；我一定痛哭流涕地去埋葬他，就像對我的兒子一樣。我讓孤兒、寡婦以及生病、貧困的人將他們的孩子交給國家。想要做官而爲國出力的，我就丈量宅地房舍分給他們，又讓他們穿上華美榮耀的官服　使他們的食物豐盛充足，並用道義來磨煉他們。外地的賢士前來投奔的，一定在朝廷上接見他而以禮相待。我還用船裝着米飯和菜羹到國内巡行，國内那些無家可歸的小孩在流浪時碰上我，我就給他們吃飯吃羹，把我的愛心奉獻給他們，並詢問他們的名字以備以後選用。不是我自己種出來的糧食做的飯，我就不吃；不是我夫人織出來的布做的衣服，我就不穿。十年没有向國内的民衆收租，國内的民衆每家都有了三年的存糧。男的走到一起都快樂地唱起歌來，女的走到一起都會心地笑了。現在國内的父老兄弟每天都向我請求説：‘從前夫差在各國諸侯面前侮辱了我們的國君，我們國君經常被天下人所耻笑。現在越國已經富足，大王又節約儉省，可以讓我們去報仇雪耻了。’我拒絶他們説：‘從前我受到屈辱，不是諸位的罪過。像我這種人，怎麽敢煩勞我國的人民去報我的舊仇呢？’父老兄弟又再次請求説：‘越國四境之内，都是我們國君的兒子。兒子爲父親復仇，臣子爲君主報怨，哪敢有不竭盡全力的呢？請讓我們再去打仗，以此來除掉君主的舊仇。’我高興地答應了他們。”

大夫文種説：“我當時看到吴王在齊國、晋國已達到了目的，以爲會接着插足我們的領土，使他的軍隊逼近我們的國境。但現在他却不調動軍隊而休養士兵，一年了還不對我用兵，已經把我們忘了。但我們可不能因此而懈怠啊。我曾經向上天給他占過卜。現在吴國的民衆已經在軍隊中被搞得疲憊不堪、在戰鬥中被拖得困苦萬分，市場上連變質發紅的陳米都没有囤積，國家的米倉中空空蕩蕩，他的民衆一定會有遷移的念頭，寒酸地到東海岸邊去取食牡蠣、蛤蜊之類。我向上天的占卜早就顯現出了徵兆，現在人世上的事情又早就從占卜中顯示了出來。大王如果起兵，認爲可以和吴國交戰而從他們那裏撈到好處，從而去侵犯吴國的邊疆，這種事現在還不可以去幹啊！吴王雖然没有進攻我們的念頭，但也不能惹他發怒，不如在他疏忽的時候去靠近他，以此來摸清他的心思。”

越王説：“我並不願意懷有攻打吴國的心思，但國内的人請求作戰已經三年啦，我不得不順從民衆的願望。現在却聽到大夫種勸告説這件事有困難。”

越國的父老兄弟又勸告説：“吴國可以去攻打了。如果打赢了，就可以滅掉他們的國家；如果打不赢，也可以困住他們的軍隊。吴國如果要講和，大王就和他們訂立盟約。這樣，大王的功業名望就會在諸侯各國傳揚。”

越王説：“好。”于是就大規模地集合群臣而命令他們説：“如果還有敢來勸阻我攻打吴國的，嚴懲不貸。”

范蠡、文種交談説：“我們的勸説已經不合用了，然而我們還是聽從君主的命令。”

【輯證】

句踐説於國人曰：“寡人不知其力之不足也，而又與大國執讎，以暴露百姓之骨於中原，此則寡人之罪也。寡人請更。”於是葬死者，問傷者，養生者，弔有憂，賀有喜，送往者，迎來者，去民之所惡，補民之不足。然後卑事夫差，宦士三百人於吴，其身親爲夫差前馬。句踐之地，南至於句無，北至於禦兒，東至於鄞，西至於姑蔑，廣運百里。乃致其父母昆弟而誓之曰：“寡人聞，古之賢君，四方之民歸之，若水之歸下也。今寡人不能，將帥二三子夫婦以蕃。”令壯者無取老婦，令老者無取壯妻。女子十七不嫁，其父母有罪；丈夫二十不娶，其父母有罪。將免者以告，公令醫守之。生丈夫，二壺酒，一犬；生女子，二壺酒，一豚。生三人，公與之母；生二人，公與之餼。當室者死，三年釋其政；支子死，三月釋其政。必哭泣葬埋之，如其子。令孤子、寡婦、疾疹、貧病者，納宦其子。其達士，絜其居，美其服，飽其食，而摩厲之於義。四方之士來者，必廟禮之。句踐載稻與脂於舟以行，國之孺子之遊者，無不餔也，無不歠也，必問其名。非其身之所種則不食，非其夫人之所織則不衣，十年不收於國，民俱有三年之食。國之父兄請曰：“昔者夫差恥吾君於諸侯之國，今越國亦節矣，請報之。”句踐辭曰：“昔者之戰也，非二三子之罪也，寡人之罪也。如寡人者，安與知恥？請姑無庸戰。”父兄又請曰：“越四封之内，親吾君也，猶父母也。子而思報父母之仇，臣而思報君之讎，其有敢不盡力者乎？請復戰。”（《國語·越語上》P.634）

吴王夫差還自黄池，息民不戒。越大夫種乃唱謀曰：“吾謂吴王將遂涉吾地，今罷師而不戒以忘我，我不可以怠。日臣嘗卜於天，今吴民既罷，而大荒薦饑，市無赤米，而囷鹿空虚，其民必移就蒲蠃於東海之濱。天占既兆，人事又見，我蔑卜筮矣。王若今起師以會，奪之利，無使夫悛。夫吴之邊鄙遠者，罷而未至，吴王將恥不戰，必不須至之會也，而以中國之師與我戰。若事幸而從我，我遂踐其地，其至者亦將不能之會也已，吾用禦兒臨之。吴王若愠而又戰，奔遂可出。若不戰而結成，王安厚取名而去之。”越王曰：“善哉！”乃大戒師，將伐吴。（《國語·吴語》P.618）

《吴越春秋》曰：“勾踐：‘載飯與羹以遊國中，行子戲之遇孤，孤即餔而啜之。’”（《太平御覽》卷第八百五十 P.3801）

顧校：（卷首）吴越春秋勾踐（越王）伐吴外傳第十　　往宦（官）士三百人於吴　　而簡鋭之凡（義）四方之士來者

蔣校：往宦（宋本“官”）士三百人於吴　　凡（宋本“義”）四方之士

10.2

越王會軍列士而大誡衆，而誓之曰〔1〕：“寡人聞古之賢君，不患其衆不足，而患其志行●之少恥也●〔2〕。今夫差衣水犀甲者十有三萬人●【1】〔3〕，不患其志行之少恥也，而患其衆之不足。今寡人將助天威〔4〕。吾不欲匹夫之小勇也〔5〕。吾欲士卒進則思賞，退則避刑〔6〕。”於是越民父勉其子、兄勸其弟，曰：“吴可伐也。”

【校記】

【1】三：大德本壞作“二”，據鄺本改。

【注釋】

〔1〕誓：出征前告誡將士。此文既説“大誡衆”，又説“誓之”，文重義複，實爲贅辭，“而大誡衆”四字宜删。《國語·越語上》這兩句作“乃致其衆而誓之曰”。

〔2〕徐天祜於“行”下注曰：“去聲。”又曰：“《國語》註：‘少恥，謂進不念功，臨難苟免。’”

〔3〕徐天祜曰：“徼外有山犀，有水犀。水犀之皮有珠甲，山犀則無。吴以水犀皮飾甲也。《周禮》：‘犀甲壽百年。’”〇覺按：徐説本於《國語·越語上》韋昭注。所謂“徼外”即境外，指國外。水犀是犀牛的一種，因生活在水中而得名。　水犀甲：水犀皮做的鎧甲。有：通“又”。

〔4〕助天：《國語·越語上》韋昭注：“言夫差天所不與，故曰助天。”　威：即《韓非子·解老》“理相奪予，威德是也”之“威”，指刑罰，此文用作動詞，指實施處罰。或者，“威”爲“滅”之形譌，其下又脱“之”字，《國語·越語上》作“今寡人將助天滅之”，是其證。

〔5〕《國語·越語上》“吾不欲匹夫之勇也”韋昭注：“匹夫，輕儳要功徼利者。”即指輕率莽撞衹圖眼前利益的人。　匹夫之小勇：指没有頭腦而衹憑個人血氣的勇敢。

〔6〕《國語·越語上》作：“欲其旅（覺按：俱也）進旅退也。進則思賞，退則思刑，如此則有常賞。進不用命（覺按：意爲不服從命令而離伍獨進），退則無恥（覺按：意爲無恥辱之心而不畏刑戮），如此則有常刑。”文義更周詳。

【義疏】

越王集合軍隊，使戰士們都排成了隊列而鄭重地告誡大家，向他們發表誓言説："我聽説古代的賢明君主，不擔心他的軍隊人數不够，而是擔心他們的志嚮操守中缺少耻辱感。現在夫差擁有穿着水犀皮鎧甲的士兵十三萬人，却不擔憂他們的志嚮操守中缺少耻辱感，而擔憂他的士兵數量不够。現在我將輔助上天懲罰夫差。我不要那種微不足道的匹夫之勇。我要戰士們前進時就想到受賞的條例而服從命令，後退時就想到要避免刑罰而不擅自潰逃。"于是越國人從上到下父親勉勵自己的兒子、兄長勉勵自己的弟弟，説："吴國可以攻打了。"

【輯證】

句踐既許之，乃致其衆而誓之曰："寡人聞古之賢君，不患其衆之不足也，而患其志行之少恥也。今夫差衣水犀之甲者億有三千，不患其志行之少恥也，而患其衆之不足也。今寡人將助天滅之。吾不欲匹夫之勇也，欲其旅進旅退也。進則思賞，退則思刑，如此則有常賞。進不用命，退則無恥，如此則有常刑。"果行，國人皆勸，父勉其子，兄勉其弟，婦勉其夫，曰："孰是君也，而可無死乎？"是故敗吴於囿，又敗之於没，又郊敗之。（《國語·越語上》P.637）

顧校：而患其志（下多"不"）行之少恥也

蔣校：而患其志（宋本下有"不"字）行之少恥也

10.3

越王復召范蠡，謂曰："吴已殺子胥，道●諛者衆〔1〕，吾國之民又勸孤伐吴，其可伐乎？"范蠡曰："未可。須明年之春，然後可耳。"王曰："何也？"范蠡曰："臣觀吴王北會諸侯於黄池，精兵從王，國中空虚，老弱在後，太子留守〔2〕。兵始出境未遠，聞越掩其空虚〔3〕，兵還不難也。不如來春。"

【注釋】

〔1〕徐天祜曰："'道'當作'導'。"〇覺按："道"（dào 到）通"導"，《史記·越王句踐世家》作"導"。導諛：阿諛，曲意逢迎。

〔2〕太子：名友，見《左傳·哀公十三年》及本書 5.21。

〔3〕掩：襲取，參見 3.1 注〔3〕、4.14 注〔8〕。

【義疏】

越王又召見范蠡，對他説："吴王已經殺掉了伍子胥，阿諛奉承的馬屁精很多，我國的民衆又勸我攻打吴國，該可以去攻打了嗎？"范蠡説："還不可以。要等到明年的春天，然後纔可以。"越王説："爲什麽呢？"范蠡説："我看吴王到北方黄池與諸侯會盟，精鋭的部隊都跟隨着吴王，國内實力空虚，年老體弱的留在後方，太子留下來守衛國都。但現在吴王的軍隊纔出境不遠，如果聽説越國趁他國内空虚去襲擊他，他的軍隊回來是並不困難的。因此，不如到明年春天。”

【輯證】

四年，王召范蠡而問焉，曰：“先人就世，不穀即位。吾年既少，未有恆常，出則禽荒，入則酒荒。吾百姓之不圖，唯舟與車。上天降禍於越，委制於吴。吴人之那不穀，亦又甚焉。吾欲與子謀之，其可乎？”對曰：“未可也。蠡聞之：‘上帝不考，時反是守，彊索者不祥。得時不成，反受其殃。失德滅名，流走死亡。’有奪，有予，有不予，王無蚤圖。夫吴，君王之吴也，王若蚤圖之，其事又將未可知也。”王曰：“諾。”又一年，王召范蠡而問焉，曰：“吾與子謀吴，子曰：‘未可也。’今吴王淫於樂而忘其百姓，亂民功，逆天時；信讒喜優，憎輔遠弼，聖人不出，忠臣解骨；皆曲相御，莫適相非，上下相偷。其可乎？”對曰：“人事至矣，天應未也，王姑待之。”王曰：“諾。”又一年，王召范蠡而問焉，曰：“吾與子謀吴，子曰‘未可也’。今申胥驟諫其王，王怒而殺之，其可乎？”對曰：“逆節萌生。天地未形，而先爲之征，其事是以不成，雜受其刑。王姑待之。”王曰：“諾。”（《國語・越語下》P.648）（覺按：韋昭注：“四年，反國四年，魯哀九年。”韋説以爲“反國四年”是，但依錢塘之説，應爲魯哀公十年。）

居三年，句踐召范蠡曰：“吴已殺子胥，導諛者衆，可乎？”對曰：“未可。”（《史記・越王句踐世家》P.2092）

10.4

其夏六月丙子〔1〕，勾踐復問，范蠡曰：“可伐矣。”乃發習流二千人、俊士四萬、君子六千、諸御千人●〔2〕，以乙酉與吴戰〔3〕。丙戌〔4〕，遂虜殺太子。丁亥〔5〕，入吴，焚姑胥臺。吴告急於夫差。夫差方會諸侯於黄池，恐天下聞之，即密不令洩。已盟黄池，乃使人請成於越。勾踐自度未能滅，乃與吴平〔6〕。

【注釋】

〔1〕此文之干支紀日同於《左傳・哀公十三年》。　六月丙子：即魯哀公十三年（勾踐十五年，公元前482年）六月十一日。

〔2〕徐天祜曰：“《史記》‘俊士’作‘教士’。《索隱》曰：‘《虞書》云：“流宥五刑。”習流，謂流放之罪人，使之習戰。教士，謂常所教練之兵也。君子，謂君所子養有恩惠者。諸御，謂諸理事之官在軍有職掌者。’徐天祜曰：笠澤之戰，越以三軍潛涉，蓋以舟師勝。此所謂習流，是即習水戰之兵。若曰使罪人習戰，越一小國，流放者何至二千人哉？”〇覺按：習：熟悉。　習流：指熟悉水性的水兵。　俊士：才智出衆的士兵，即上文所謂“進則思賞，退則避刑”之士卒。原文可通，可能是作者故意改動的，不必再依從《史記・越王句踐世家》作“教士”。　君子：君所子養，即君主當作兒子來撫養的士兵，當即指10.1所説的“孤餔而啜之，施以愛，問其名”的那些人，也就是國君親自關心培養起來的忠於自己的嫡系部隊。參見10.11注〔6〕。　御：侍從。　諸御：當指各種勤務兵，如馬夫、炊事員等，而非指有執掌之軍官。

〔3〕乙酉：六月二十日。以下可參見5.22、5.23。
〔4〕丙戌：六月二十一日。
〔5〕丁亥：六月二十二日。
〔6〕《左傳》：哀公十三年（前482），“冬，吴及越平”。

【義疏】

這一年的夏季六月丙子日，勾踐又問范蠡，范蠡説：“可以攻打了。”于是勾踐就出動了熟悉水戰的水兵兩千人、才智出衆的戰士四萬人、嫡系部隊六千人、各種勤務兵一千人，在乙酉日與吴軍作戰。丙戌日，便俘虜殺死了太子友。丁亥日，攻入吴國國都，放火焚燒了姑蘇臺。吴國派人向夫差告急。夫差正好在黄池與諸侯會盟，怕天下人都聽到這一消息，就保密而不讓泄露出去。已經在黄池訂立盟約後，纔派人到越國求和。勾踐自己估計還不能滅掉吴國，就和吴國講和了。

【輯證】

至明年春，吴王北會諸侯於黄池，吴國精兵從王，惟獨老弱與太子留守。句踐復問范蠡，蠡曰：“可矣。”乃發習流二千人，教士四萬人，君子六千人，諸御千人，伐吴。吴師敗，遂殺吴太子。吴告急於王，王方會諸侯於黄池，懼天下聞之，乃祕之。吴王已盟黄池，乃使人厚禮以請成越。越自度亦未能滅吴，乃與吴平。（《史記·越王句踐世家》P.2093）

10.5

二十一年七月，越王復悉國中士卒伐吴●〔1〕，會楚使申包胥聘於越〔2〕，越王乃問包胥曰：“吴可伐耶？”申包胥曰：“臣鄙於策謀〔3〕，未足以卜。”

越王曰：“吴爲不道，殘我社稷，夷吾宗廟，以爲平原，使不得血食〔4〕。吾欲與之徼天之中●〔5〕，惟是輿馬、兵革、卒伍既具，無以行之〔6〕。誠聞●於戰〔7〕，何以爲可？”申包胥曰：“臣愚不能知。”

越王固問，包胥乃曰：“夫吴，良國也，傳賢於諸侯。敢問君王之所戰者何〔8〕？”

越王曰：“在孤之側者，飲酒食肉未嘗不分；孤之飲食不致其味〔9〕，聽樂不盡其聲〔10〕；求以報吴，願以此戰。”包胥曰：“善則善矣，未可以戰。”

越王曰：“越國之中，吾博愛以子之，忠惠以養之；吾修令寬刑【1】；施●民所欲【2】，去民所惡●〔11〕；稱其善，掩其惡●〔12〕；求以報吴，願以此戰。”包胥曰：“善則善矣，未可以戰。”

王曰：“越國之中，富者吾安之，貧者吾予之，救其不足，損其有餘[13]，使貧富不失其利，求以報吴，願以此戰。”包胥曰：“善則善矣，未可以戰。”

王曰：“邦國南則距楚[14]，西則薄晉[15]，北則望齊，春秋奉幣、玉帛、子女以貢獻焉未嘗敢絶[16]，求以報吴，願以此戰。”包胥曰：“善哉！無以加斯矣，猶未可戰。夫戰之道，知●爲之始[17]，以仁次之，以勇斷之。君、將●不知[18]，即無權變之謀以别衆寡之數【3】[19]；不仁，則不得與三軍同飢寒之節、齊苦樂之喜；不勇，則不能斷去就之疑、決可否之議。”於是越王曰：“敬從命矣。”

【校記】

【1】修令：大德本作“今修”，據《國語·吴語》改。

【2】施：大德本作“欲”，據《國語·吴語》改。〇徐天祜曰：“《國語》‘欲’作‘施’。”

【3】“謀以别”至10.6“知分而不外王曰”爲大德本一百廿四葉（但抄補者未標葉碼），係抄補之文。

【注釋】

〔1〕徐天祜曰：“按《左傳·哀公十七年》：‘越伐吴，吴禦之笠澤。’實勾踐十九年事，此書不當以爲二十一年也。”〇覺按：徐説是，參見10.11注〔2〕。《史記·吴太伯世家》：“（夫差）二十年（覺按：即勾踐二十一年），越王句踐復伐吴。”此文之“二十一年”，或因此而誤。

〔2〕聘：《禮記·曲禮下》：“諸侯使大夫問於諸侯曰聘。”

〔3〕鄙：《文選·東京賦》“鄙哉予乎”李善注引《廣雅》曰：“鄙，固陋不惠。”即固陋寡聞而不聰明。

〔4〕血食：吃血。指祭祀。古代祭祀時殺牲取血以供神鬼享用，所以稱祭祀爲血食。

〔5〕徐天祜曰：“《國語》作‘衷’。”〇覺按：“之”指代“社稷”“宗廟”。徼（yāo腰）：通“邀”，求，求取。中：通“衷”（《國語·吴語》作“衷”），善，福，參見5.16注〔6〕。“徼衷”即“徼福”，爲古代習語，《左傳·昭公三年》：“徼福於大公、丁公。”

〔6〕《國語·吴語》“無以行之”韋昭注：“行，猶用也。”

〔7〕徐天祜曰：“‘聞’當作‘問’。”〇覺按：《國語·吴語》作“請問戰”，可各從本文，不煩改字。

〔8〕所戰者：《國語·吴語》作“所以與之戰者”，文更詳密。

〔9〕《國語·吴語》“飲食不致味”韋昭注：“致，極也，不極五味之調。”據此，則“其味”指五味，即甜、鹹、酸、苦、辣。 飲食不致其味：飲食不吃遍所有的味道，實與8.6所説的“食不重味”意思類似。

〔10〕不盡其聲：《國語·吴語》“聽樂不盡聲”韋昭注：“不盡五聲之變。” 其聲：指五聲，即宫、商、角、徵、羽。此指各種曲調。

〔11〕徐天祜曰：“烏故切，憎也。”

〔12〕徐天祜曰：“遏各切，不善也。”

〔13〕此指利用徵税的辦法來適當減少豪富者的收入，類似現在徵收所得税、調節税。

〔14〕邦國：《國語·吴語》作“越國”。 南：《國語·吴語》韋昭注：“西、南、北，皆以中國言之。” 則：表示相對關係的連詞，參見《詞詮》卷六。 距：到。

〔15〕薄：靠近，依附。

〔16〕幣：用作禮物的絲織品（參見1.3注〔5〕）。此泛指禮品。 玉帛：泛指財物。

〔17〕徐天祜曰：“音智。”〇覺按：“知”通“智”。下一“知”字同。

〔18〕徐天祜曰：“去聲。”

〔19〕不智，就没有辦法去瞭解軍心的向背，而衹以軍隊人數的多少來衡量戰鬥力，這其實是不能明辨“衆寡之數”，所以説“不知即無權變之謀以别衆寡之數”。《國語·吴語》作：“不智，則不知民之極（覺按：心也），無以詮度（覺按：衡量也）天下之衆寡。”10.2説：“古之賢君，不患其衆不足，而患其志行之少恥也。”皆可明此文之義。

【義疏】

勾踐二十一年（前476）七月，越王又全面調動國内的士兵攻打吴國，正好碰上楚國派申包胥到越國訪問，越王就問申包胥説：“吴國可以攻打嗎？”申包胥説：“我孤陋寡聞而不懂得出謀劃策，不能够用我來預測啊。”

越王説：“吴國施行暴虐，破壞我的土地神和穀神神像，鏟平我祖宗的廟宇，將它們夷爲平地，使他們不能享受祭祀。我想給他們求取上天的福佑，衹是現在兵車戰馬、武器鎧甲、軍隊已經具備了，却還没有辦法使用它們。我真想聽聽有關戰争的事情，如果攻打吴國，用什麽辦法纔行？”申包胥説：“我實在愚昧無知搞不懂。”

越王堅持問他，申包胥纔説：“那吴國，是個善良的國家啊，在諸侯各國都傳頌着他們的賢德。我膽敢問一下大王憑什麽和他們作戰？”

越王説：“在我身邊的人，我喝酒吃肉的時候從來没有不分給他們吃的；我吃飯不吃五味俱全的菜肴，聽音樂不聽五音俱全的曲調；我指望用這種辦法去報復吴國，希望憑藉這些去作戰。”申包胥説：“這些做法好倒是好，但還不可以靠它們去作戰。”

越王説：“越國之内的民衆，我以博大的愛心把他們當作兒子來對待，以忠厚仁愛之心供養他們；我修改法令，放寬刑罰；布施民衆追求的東西，除去民衆憎惡的東西；贊揚他們的善行，掩蓋他們的罪惡；我指望用這種辦法去報復吴國，希望憑藉這些去作戰。”申包胥説：“這些做法好倒是好，但還不可以靠它們去作戰。”

越王説：“在越國之中，富人我讓他們生活安定，窮人我就施捨周濟他們，救助那些缺吃少穿的，減損那些家有餘財的，使窮人富人都不喪失自己的利益，我指望用這種辦法去報復吴國，希望憑藉這些去作戰。”申包胥説：“這些做法好倒是好，但還不可以靠它們去作戰。”

越王説：“我越國對于天下各國，南邊則到楚國和他們結交，西邊則依附晋國，北邊則敬仰齊國，一年四季拿禮品、財物、少女去貢獻給他們從未敢間斷過，我指望用這種辦法去報復吴國，希望憑藉這些去作戰。”申包胥説：“好啊！没有什麽能超過這個了，但還不可以去作戰。戰争的方法，智慧是它的首要因素，其次要靠仁愛，還要靠勇敢來决斷。君主、將領如果没有智慧，就没有通權達變的計謀去明辨士兵數量的多少；如果没有仁愛之心，就不能和全軍將士一起節衣縮食、同甘共苦；如果没有勇敢，就不能决斷是去還是留、是進還是退的疑惑，就不能裁定針鋒相對的兩種意見。”于是越王説：“我恭敬地接受您的指教了。”

【輯證】

楚申包胥使於越，越王句踐問焉，曰：“吴國爲不道，求殘我社稷宗廟，以爲平原，弗使血食。吾欲與之徼天之衷，唯是車馬、兵甲、卒伍既具，無以行之。請問戰奚以而可？”包胥辭曰：“不知。”王固問焉，乃對曰：“夫吴，良國也，能博取於諸侯。敢問君王之所以與之戰者？”王曰：“在孤之側者，觴酒、豆肉、箪食，未嘗敢不分也。飲食不致味，聽樂不盡聲，求以報吴。願以此戰。”包胥曰：“善則善矣，未可以戰也。”王曰：“越國之中，疾者吾問之，死者吾葬之，老其老，慈其幼，長其孤，問其病，求以報吴。願以此戰。”包胥曰：“善則善矣，未可以戰也。”王曰：“越國之中，吾寬民以子之，忠惠以善之。吾修令寬刑，施民所欲，去民所惡，稱其善，掩其惡，求以報吴。願以此戰。”包胥曰：“善則善矣，未可以戰也。”王曰：“越國之中，富者吾安之，貧者吾與之，救其不足，裁其有餘，使貧富皆利之，求以報吴。願以此戰。”包胥曰：“善則善矣，未可以戰也。”王曰：“越國南則楚，西則晋，北則齊，春秋皮幣、玉帛、子女以賓服焉，未嘗敢絶，求以報吴。願以此戰。”包胥曰：“善哉，蔑以加焉，然猶未可以戰也。夫戰，智爲始，仁次之，勇次之。不智，則不知民之極，無以銓度天下之衆寡；不仁，則不能與三軍共饑勞之殃；不勇，則不能斷疑以發大計。”越王曰：“諾。”（《國語·吴語》P.619）

顧校：稱其善掩其惡求以報吴願以此戰（下多“申”）包胥曰　貧者吾予（與）之　使貧富不失其利求以報吴願以此戰（下多“申”）包胥曰　則不能斷（下空三格）去就之疑　於是越王曰（無“曰”）

蔣校：（“稱善掩惡”下）願以此戰（宋本下有“申”字）包胥曰　貧者吾予（宋本“與”）之　（“不失其利”下）願以此戰（宋本下有“申”字）包胥曰　則不能斷（宋本下空三格）去就之疑　於是越王曰（宋本無“曰”字）

10.6

冬十月，越王乃請八大夫●〔1〕，曰：“昔吴爲不道，殘我宗廟，夷我社稷，以爲平原，使不血食。吾欲徼天之中●〔2〕，兵革既具【1】，無所以行之。吾問於申包胥，即已命孤矣【2】〔3〕。敢告諸大夫〔4〕，如何？”

大夫曳庸曰：“審賞則可戰也【3】〔5〕。審其賞，明其信〔6〕，無功不及，有功必加，則士卒不怠。”王曰：“聖哉！”

大夫苦成曰：“審罰則可戰。審罰，則士卒望而畏之，不敢違命。”王曰：“勇哉！”

大夫文種曰：“審物則可戰。審物，則別是非；是非明察，人莫能惑。”王曰：“辨哉！”

大夫范蠡曰：“審備則可戰〔7〕。審備慎守，以待不虞。備設守固，必可應難●〔8〕。”王曰：“慎哉！”

大夫皋如曰：“審聲則可戰。審於聲音，以別清濁。清濁者，謂吾國君名聞於周室，令諸侯不怨於外。”王曰：“得哉〔9〕！”

大夫扶同曰：“廣恩、知分則可戰。廣恩以博施，知分而不外。”王曰【4】：“神哉！”

大夫計硯曰：“候天察地，參應其變，則可戰。天變、地應、人道便利，三者前見，則可。”王曰：“明哉！”

【校記】

【1】具：此處大德本爲壞版，其抄補之文作“具”，但大德本他處皆用“具”而不用“具”，今據鄺本改。

【2】即：此處大德本爲壞版，其抄補之文作“即”，但大德本他處皆用“即”而不用“即”，今據馮本改。

【3】審：此處大德本爲壞版，其抄補之文作“審”，但大德本他處皆用“審”而不用“審”，今據鄺本改。下面九個“審”同此。

【4】從10.5“謀以別”至此“王曰”爲大德本一百廿四葉（但抄補者未標葉碼），係抄補之文。此後無一百廿五葉而接一百廿六葉，在一百廿六葉右上角粘有紙條，上書“此處不缺葉”（蓋抄補者所寫）。

【注釋】

〔1〕徐天祜曰：“《國語》：‘越王乃召（覺按：此處大德本爲壞版，其抄補之文無“召”字，據鄺本補）五大夫問戰，奚以而可？’韋昭解：‘五大夫，舌庸、苦成、大夫種、范蠡、皐如之屬。’按此書，其辭大畧與《國語》同（覺按：此處大德本爲壞版，其抄補之文無“同”字，據鄺本補），而云‘八大夫’則異。詳下文止七人，豈與楚大夫申包胥共爲八大夫耶？”○覺按：下文八大夫雖未全部出場，但也當指越國的八大夫（參見8.7注〔3〕）而不包括申包胥，越王語中說“問於申包胥”，可證。

〔2〕徐天祜曰：“衷。”○覺按：見10.5注〔5〕。

〔3〕《國語·吴語》“既命孤矣”韋昭注：“命，告也。”

〔4〕告：使動用法，使……告。
〔5〕審：慎重地搞清楚，周密地處理好。
〔6〕信：指“信賞”，即“有功必加”。
〔7〕《國語·吴語》“審備則可以戰乎”韋昭注：“備，守禦之備。”
〔8〕徐天祜曰：“去聲。”
〔9〕得：通“德”。

【義疏】

這一年冬季十月，越王請來了八位大夫，説：“從前吴國施行暴虐，破壞我祖宗的廟宇，鏟平我的土地神和穀神神像，將它們夷爲平地，使他們得不到祭祀。我想求取上天的福佑，現在武器裝備已經準備好了，却還没有辦法使用它們。我詢問了申包胥，他已經指教過我了。我大膽地讓各位大夫來説一説，怎麽樣？”

大夫曳庸説：“嚴明獎賞就可以去打仗了。嚴明自己的獎賞，彰明自己的信用，没有功勞的與獎賞不沾邊，有功勞的一定給予獎賞，那麽士兵就不會懈怠懶惰了。”越王説：“通達事理啦！”

大夫苦成説：“嚴明刑罰就可以去打仗了。嚴明刑罰，那麽士兵一看見您就會害怕，不敢違抗您的命令。”越王説：“勇敢啦！”

大夫文種説：“慎重地搞清楚各種事物的内容實質就可以去打仗了。搞清楚了事物的内容實質，那就能使將士分辨是非；是非明白了，别人就不能再使他們迷惑了。”越王説：“能辨析啦！”

大夫范蠡説：“周密地搞好了防禦工事就可以打仗了。周密地搞好了防禦工事、謹慎地加以防守，以此來對付没有預料到的事件。由于防禦工事已經設置，防守又嚴密，就一定可以應付戰禍了。”越王説：“謹慎啦！”

大夫皐如説：“慎重地維護了名聲就可以打仗了。慎重地維護名聲，以此來區别高潔和污濁。所謂區别高潔和污濁，是指我們國君那高潔的名聲傳揚到周王朝，使各國諸侯不在外面怨恨我君。”越王説：“有德行啦！”

大夫扶同説：“擴大自己的恩德、知道自己的職分就可以打仗了。擴大自己的恩德就會廣泛地進行施捨，知道自己的職分就不會越俎代庖。”越王説：“神妙啦！”

大夫計硯説：“觀測天象，考察地理，參考並適應天地的各種變化，就可以去打仗了。天氣是否要變化、地形是否能適應、人類社會的道德規範對所采取的行動是否有利，這三者如果事先能預見到，就可以了。”越王説：“明智啦！”

【輯證】

越王句踐乃召五大夫，曰："吴爲不道，求殘吾社稷宗廟，以爲平原，不使血食。吾欲與之徼天之衷，唯是車馬、兵甲、卒伍既具，無以行之。吾問於王孫包胥，既命孤矣；敢訪諸大夫，問戰奚以而可？句踐願諸大夫言之，皆以情告，無阿孤，孤將以舉大事。"大夫舌庸乃進對曰："審賞則可以戰乎？"王曰："聖。"大夫苦成進對曰："審罰則可以戰乎？"王曰："猛。"大夫種進對曰："審物則可以戰乎？"王曰："辯。"大夫蠡進對曰："審備則可以戰乎？"王曰："巧。"大夫皋如進對曰："審聲則可以戰乎？"王曰："可矣。"（《國語·吴語》P.622）

10.7

於是勾踐乃退齋，而命國人曰："吾將有不虞之議〔1〕，自近及遠，無不聞者。"乃復命有司與國人曰："承命有賞，皆造國門。之期有不從命者，吾將有顯戮〔2〕。"勾踐恐民不信，使以征不義聞於周室，令●諸侯不怨於外〔3〕，令●國中曰〔4〕："五日之内，則吾良人矣；過五日之外，則非吾之民也，又將加之以誅。"

【注釋】

〔1〕議：《廣雅·釋詁四》："議，謀也。"
〔2〕顯戮：明正典刑，處決示衆。《尚書·泰誓下》："功多有厚賞，不迪有顯戮。"
〔3〕徐天祜曰："平聲。"
〔4〕徐天祜曰："去聲。已下'令'字皆同。"

【義疏】

于是勾踐就退朝齋戒，並命令國内的民衆説："我將有出人意料的策劃，從近處到遠處，都將知道我勾踐。"于是又命令官吏和國民説："接受命令的有賞，請都到國都的城門口報到。到了規定的日期還有不服從命令的，我將公開處决示衆。"勾踐怕民衆不相信，就派使者把討伐無道的事報告給了周王朝，使各國諸侯不再在外面怨恨自己，又命令國内的人説："五天之内來報到的，那便是我的良民；超過五天之外的，就不是我的人了，我又將對他們加以懲處。"

【輯證】

王乃命有司大令於國曰："苟任戎者，皆造於國門之外。"王乃命於國曰："國人欲告者來告，告孤不審，將爲戮不利，及五日必審之，過五日，道將不行。"（《國語·吴語》P.622）

10.8

教令既行，乃入命於夫人。王背●屏、夫人向屏而立〔1〕。王曰："自今日之後，内政無出，外政無入〔2〕。各守其職，以盡其信。内中辱者，則是子；境外千里辱者，則是予●也【1】。吾見子於是，已明誡矣【2】。”王出宫，夫人送王，不過屏〔3〕，王因反闔其門，填之以土。夫人去笄，側席而坐〔4〕，安心無容〔5〕，三月不掃。

王出，則復背垣而立〔6〕，大夫向垣而敬。王乃令大夫曰：“食●士不均〔7〕，地壤不修，使孤有辱於國，是子之罪。臨敵不戰，軍士不死，有辱於諸侯，功隳於天下，是孤之責。自今以往，内政無出，外政無入〔8〕。吾固誡子〔9〕。”大夫曰【3】：“敬受命矣。”王乃出，大夫送，不出垣【4】〔10〕，反闔外宫之門，填之以土。大夫側席而坐，不御五味〔11〕，不答所勸。

勾踐有命於夫人、大夫曰〔12〕：“國有守禦！”

【校記】

【1】予：大德本作“子”，據顧校改，《太平御覽》卷一百八十五引文也作“予”。○徐天祜曰：“‘子’當作‘我’。”○覺按：“子”爲“予”之形訛，徐氏得其義而未得其字。

【2】已：大德本作“以爲”，據《太平御覽》卷一百八十五引文改。

【3】大德本無“曰”，據顧校補。下句“敬受命矣”與10.5末句相似，可證此當有“曰”字。

【4】大德本無“不”，據《國語·吴語》補。

【注釋】

〔1〕徐天祜曰：“音倍。下‘背垣’同。”○覺按：屏：照壁，對著門的小牆。《荀子·大略篇》：“天子外屏，諸侯内屏。”（天子的照壁設在門外，諸侯的照壁設在門内。）《國語·吴語》作：“王背屏而立，夫人向屏。”韋昭注：“屏，寢門内屏。王北向，夫人南向。”

〔2〕《國語·吴語》韋昭注：“内政，婦職；外政，國事。”　無：通“毋”。

〔3〕《國語·吴語》韋昭注：“禮：婦人送迎不出門。”

〔4〕《國語·吴語》韋昭注：“笄，簪也。去笄，去飾也。側，猶特也。禮：憂者側席而坐。”

〔5〕安心：指安心思量後宫之事。　無容：因丈夫要外出征戰，所以無心打扮了。《詩經·衛風·伯兮》：“自伯（覺按：指丈夫）之（覺按：到也）東，首如飛蓬。豈無膏沐，誰適爲容（覺按：爲誰打扮）？”其意與此同。

〔6〕垣（yuán 園）：矮牆，此指王宫外朝的圍牆。

〔7〕徐天祜曰：“音飼。”○覺按：食（sì 飼）：通“飼”，給……吃。

〔8〕《國語·吴語》韋昭注：“内，國政；外，軍政。”

〔9〕固：通“故”，故意，特地。

〔10〕不出垣：《國語·吴語》作“不出檐”，韋昭注：“示當守備。”即表示安心在内操辦國事。

〔11〕御：進用。 五味：見10.5注〔9〕。
〔12〕有：通“又”。

【義疏】

命令已經實行了，勾踐就進入後宫命令夫人。越王背對着照壁、夫人面對着照壁而站着。越王説：“從今天以後，後宫的事情不要捅出後宫之門讓别人管，外朝的國事不要帶入後宫之門而讓您插手。各人管好自己的職事，以此來貫徹我們的信用。後宫内有了耻辱的事，就是您的責任；在國外千里之遠的地方有了屈辱的事，就是我的責任。我在這裏見了您，已經明確地告誡您了，千萬不要疏忽。”越王走出後宫，夫人送越王，不走出照壁，越王便轉過身來在外面把門關上，用泥土把門墊住。夫人拔去了頭上的簪子卸了妝，在席邊坐着，静下心來不再打扮容貌，三個月没有掃地。

越王走出後宫，就又背對着外朝的圍墻站着，大夫們面對着圍墻畢恭畢敬。越王就命令大夫們説：“供養賢士不均匀，土地不開墾，使我在國内有了耻辱，這是你們的罪過。面對敵人不戰鬥，戰士不肯拼死，在各國諸侯面前有了耻辱，功業毁于天下，這是我的責任。從今以後，國内的政事不要搞到外面讓我管，對外作戰的事不要帶進宫内讓你們插手。我特地告誡你們。”大夫們説：“我們已經慎重地接受您的命令了。”越王就走出王宫，大夫們送他，不走出圍墻，越王轉過身來在外面把外宫的門關上，用泥土把門墊住。大夫們都在席邊坐着，不進用各種美味佳肴，不再理會其他的勸導。

勾踐又命令夫人、大夫們説：“國家要有防守！”

【輯證】

王乃入命夫人。王背屏而立，夫人向屏。王曰：“自今日以後，内政無出，外政無入。内有辱，是子也；外有辱，是我也。吾見子於此止矣。”王遂出，夫人送王，不出屏，乃闔左闔，填之以土，去笄側席而坐，不掃。王背檐而立，大夫向檐。王命大夫曰：“食土不均，地之不修，内有辱於國，是子也；軍士不死，外有辱，是我也。自今日以後，内政無出，外政無入，吾見子於此止矣。”王遂出，大夫送王不出檐，乃闔左闔，填之以土，側席而坐，不掃。（《國語·吴語》P.623）

《吴越春秋》曰：“越將伐吴，越王命於夫人。王背屏、夫人向屏而立。王曰：‘自今日之後，内政無出，外政無入。各守其職，以盡其信。内中辱者，則是子；境外千里辱者，則是予也。吾見子於是，已明試矣。’王出宫，夫人送王，不過屏，因反闔其門，填之以土。”（《太平御覽》卷第一百八十五 P.900）

顧校：境外千里辱者則是子（予）也　　大夫（下多“曰”）敬受命矣　　不答（荅）所勸

蔣校：境外千里辱者則是子（宋本“予”）也　　大夫（宋本下有“曰”字）敬受命矣　　不答（宋本“荅”）所勸

10.9

乃坐露壇之上，列鼓而鳴之，軍成行陣[1]〔1〕，即斬有罪者三人，以徇於軍，令曰："不從吾令者，如斯矣。"

明日，徙軍於郊，斬有罪者三人，徇之於軍，令曰："不從吾令者，如斯矣。"

王乃令國中不行者，與之訣而告之曰："爾安土守職。吾方往征討我宗廟之讎，以謝於二三子。"令●國人各送其子弟於郊境之上〔2〕，軍士各與父兄昆弟取訣。國人悲哀，皆作離別相去之詞，曰：

躒躁摧長惡兮擢戟馭殳●〔3〕，所離不降兮以泄我王氣蘇〔4〕。
三軍一飛降●兮所向皆殂〔5〕，一士判死兮而當百夫〔6〕。
道祐有德兮吴卒自屠〔7〕，雪我王宿恥兮威振八都〔8〕。
軍伍難更兮勢如貔貙●〔9〕，行行各努力兮於乎於乎！

於是，觀者莫不悽惻。

明日，復徙軍於境上，斬有罪者三人，徇之於軍，曰："有不從令者，如此。"

後三日，復徙軍於檇李[2]，斬有罪者三人，以徇於軍，曰："其淫心匿行●〔10〕、不當敵者，如斯矣。"

【校記】

【1】成行：大德本作"行成"，據顧校改。
【2】檇：大德本作"檇"，據馮本改。

【注釋】

〔1〕行（háng 杭）陣：軍隊行列。

〔2〕徐天祜曰："平聲。"

〔3〕徐天祜曰："殳，音殊，兵器。《詩》：'伯也執殳。'《周禮》：'殳以積竹，八觚，長丈二尺，建於兵車，旅賁以先驅。'（《説文》）積竹，謂削去白，取其青處合之，取其有力。《釋名》：'殳，殊也，長一丈二尺，無刃，有所撞挃於車上，使殊離也。'"〇覺按：礫（lì 立）：跨躍。礫躁：急速前進。摧：《周易·晉》"晉如摧如"孔穎達疏："何氏云：摧，退也。"惡（nǜ 女去聲）：慚愧，羞恥。摧長惡：除去長期的羞恥，等於説"雪舊恥"。擢（zhuó 斫）：拔。殳（shū 殊）：古代的殳用竹之篾青製成，有八個棱角（即所謂"八觚"）而没有金屬的刃口。它豎於兵車上，所以説"馭"。馭殳：指兵車載著殳奔馳。

〔4〕離：通"罹"，遭遇（災難）。氣蘇：氣息。指怨氣。

〔5〕徐天祜曰："去聲。"〇覺按："降"讀 jiàng（匠）表示降臨，與上一"降"字讀 xiáng（詳）表示投降不同。殂（cú 徂）：死亡。指敵人死亡。

〔6〕判（pān 攀）：不顧，豁出去。 百夫：百人。指敵人而言。

〔7〕自屠：自相屠殺，指起義倒戈。《史記·周本紀》載武王伐紂時，“紂師雖衆，皆無戰之心，心欲武王亟入。紂師皆倒兵以戰，以開武王。武王馳之，紂兵皆崩，畔紂”。10.2 説夫差有十三萬兵，但“不患其志行之少恥”，所以其兵將與紂兵一樣會倒戈。

〔8〕八都：八方的大城市。泛指四面八方的城市。

〔9〕徐天祜曰：“貔，猛獸。陸璣曰：‘似虎。或曰似羆。’貙，椿俱切，似狸，能捕獸祭天。陸佃曰：‘虎五指爲貙。’”○覺按：“貔”讀 pí（皮），“貙”讀 chū（初）。更：改變。指改變其前進的方嚮。

〔10〕徐天祜曰：“匿，疑當作‘慝’。行，去聲。”○覺按：淫：邪惡。 匿（tè 特）：通“慝”，邪惡。

【義疏】

于是越王便坐在露天的閱兵壇上，排列了戰鼓而敲響它們，軍隊排成了行列，便殺了三個有罪的人，將他們在軍中示衆，命令説：“不服從我命令的，就像這樣。”

第二天，把軍隊調遷到城郊，又殺了三個有罪的人，將他們在軍中示衆，命令説：“不服從我命令的，就像這樣。”

越王于是叫來國内不出征的人，和他們訣别而對他們説：“你們安心住在本土掌管好各自的職事。我們就要去討伐我國的仇敵，就此和諸位告辭了。”又讓國内的人各自送自己的兒子兄弟到城郊的邊界上，戰士們各自與父親兄弟訣别。國内的人悲痛哀傷，都作了吟唱生離死别互相分手的歌詞，那歌詞是：

急忙前進除舊耻啊拔出戟來車載殳，
遭到灾難不投降啊發泄我王怨和怒。
三軍一旦飛下來啊所到之處無活路，
一個戰士拼死命啊可以抵擋上百夫。
天道保佑有德者啊吴軍士兵自相屠，
洗刷我王舊耻辱啊威震天下各大都。
軍隊難以阻擋住啊來勢凶猛像貔貙，
每行每隊都努力啊哎呀哎呀不會輸！

在這個時候，旁觀的人没有不悲傷的。

第二天，又把部隊調遷到國境邊，殺了三個有罪的人，將他們在軍中示衆，説：“如果有不服從命令的，就像這樣。”

過了三天，又把部隊調遷到檇李，殺了三個有罪的人，將他們在軍中示衆，説：“那些思想不正、行爲惡劣、不能抵抗敵人的，就像這樣。”

【輯證】

王乃之壇，列鼓而行之，至於軍，斬有罪者以徇，曰：“莫如此以環瑱通相問也。”

明日徙舍，斬有罪者以徇，曰：“莫如此不從其伍之令。”明日徙舍，斬有罪者以徇，曰：“莫如此不用王命。”明日徙舍，至於禦兒，斬有罪者以徇，曰：“莫如此淫逸不可禁也。”（《國語·吴語》P.624）

《吴越春秋》曰：“勾踐伐吴，乃命國中與之訣，而國人悲哀，皆作離別之聲。”（《藝文類聚》卷第二十九 P.510）

顧校：軍行成（成行）陣

蔣校：軍行成（宋本作“成行”）陣

10.10

勾踐乃命有司大徇軍[1]，曰：“其有父母無昆弟者，來告我。我有大事，子離父母之養、親老之愛[2]，赴國家之急。子在軍寇之中[3]，父母昆弟有在疾病之地[4]，吾視之如吾父母昆弟之疾病也；其有死亡者，吾葬埋殯送之如吾父母昆弟之有死亡葬埋之矣[5]。”

明日，又徇於軍，曰：“士有疾病、不能隨軍從兵者，吾予其醫藥，給其麋粥，與之同食。”

明日，又徇於軍，曰：“筋力不足以勝●甲兵[6]、志行不足以聽王命者，吾輕其重，和其任[7]。”

明日，旋軍於江南[8]，更陳嚴法，復誅有罪者五人，徇曰：“吾愛士也，雖吾子不能過也●[9]；及其犯誅，自吾子亦不能脱也[10]。”

恐軍士畏法不使，自謂未能得士之死力，道見鼃張腹而怒，將有戰爭之氣[11]，即爲之軾[12]。其士卒有問於王曰：“君何爲敬鼃蟲而爲之軾[13]？”勾踐曰：“吾思士卒之怒久矣，而未有稱●吾意者[14]。今鼃蟲無知之物[15]，見敵而有怒氣，故爲之軾。”於是軍士聞之，莫不懷心樂死，人致其命。

有司、將軍大徇軍中，曰：“隊各自令其部[16]，部各自令其士：‘歸而不歸，處而不處[17]，進而不進，退而不退，左而不左，右而不右，不如令者，斬！’”

【注釋】

〔1〕徇：通“巡”，巡行。

〔2〕親：父母。親老：年老的父母。

〔3〕軍寇：敵軍。

〔4〕上文説“有父母無昆弟”，可知此“父母昆弟”僅指“父母”而言，“昆弟”是連類而及之辭（參見 9.12 注〔10〕）。下三處同。

〔5〕殯：停放靈柩。

〔6〕徐天祜曰："平聲。"〇覺按："勝"表示能承受，古讀平聲，今統讀去聲，見《普通話異讀詞審音表》。

〔7〕和：緩，放寬。

〔8〕江：指松江，參見5.21注〔23〕、10.11注〔1〕。

〔9〕徐天祜曰："即君所子養者。"〇覺按：此"吾子"當即10.1"如吾子也"之"吾子"，徐說迂。

〔10〕吴昌瑩曰："'自'與'雖'對文，'自'實'雖'義也。"（《經詞衍釋》卷八）

〔11〕將：猶"乃"，參見《經傳釋詞》卷八。

〔12〕軾：古代車廂前用作扶手的橫木叫"軾"，低頭伏在軾上表示敬意也稱"軾"。

〔13〕蟲：古代對動物的泛稱。

〔14〕徐天祜曰："去聲。"

〔15〕知（zhì至）：通"智"。

〔16〕隊：是古代軍隊的編制單位，隸屬於"軍"，參見9.11注〔2〕。部：也是古代軍隊的編制單位，隸屬於"隊"。

〔17〕《國語·吴語》"處而不處"韋昭注："處，止也。"

【義疏】

于是勾踐就命令有關官吏大規模地巡行全軍，對他們說："那些有父母而没有兄弟的，請來告訴我。我現在有了這重大的戰事，你們離開了養育你們的父母、寵愛你們的老人，投身于國家的危急之事。如果你們落入敵軍的手中，那麽你們的父母若患了疾病，我就會像我的父母患了疾病那樣看待他們；其中如果有死亡的，我給他們出殯送葬進行掩埋就如同埋葬我死去的父母一樣。"

第二天，又巡行全軍，説："戰士有病而不能跟隨部隊進行戰鬥的，我給他們醫藥，供給他們稀飯，有飯和他們一起吃。"

第二天，又巡行全軍，説："體力不能承受鎧甲和兵器的重量、志嚮操守還不能做到自覺聽從國君命令的，我就减輕他們身負的重量，放寬他們的責任。"

第二天，越王把軍隊轉移到松江南岸，再次頒布了嚴厲的法令，又殺掉了五個有罪的人，巡行説："我愛護戰士，即使是對我的兒子也不能超過這種愛了；但等到犯了死罪，就是我的兒子也不能赦免。"

越王怕戰士衹是畏懼法令而不是心悦誠服地被自己使用，自以爲還没有能真正獲得戰士的拼死之力，于是在路上看見一隻青蛙鼓起了腹部很憤怒，竟然有戰鬥的氣概，就低頭伏在車廂前的橫木上向它表示敬意。他的士兵中有人問他説："國君爲什麽敬重青蛙這種小動物而爲它低頭伏在車廂前的橫木上呢？"勾踐説："我盼望戰士們發怒動氣已經很久了，却還没有符合我心意的人。現在這青蛙衹是一種没有智慧的動物，但看見了仇敵便有了憤怒的氣色，所以我爲它低頭伏在車前的横木上表示敬意。”在這種時候戰士們聽説了這件事，無不抱定决心甘願犧牲，人人都想獻出自己的生命。

有關官吏與將軍大規模地到軍中巡行，説：“每個支隊各自命令自己的分隊，每個分隊各自命令自己的戰士：‘命令你回營而不回營，命令你停止而不停止，叫你前進而不前進，叫你後退而不後退，讓你向左而不向左，讓你向右而不向右，凡是像這樣不服從命令的，就殺頭。’”

【輯證】

王乃命有司大徇於軍，曰：“有父母耆老而無昆弟者，以告。”王親命之曰：“我有大事，子有父母耆老，而子爲我死，子之父母將轉於溝壑，子爲我禮已重矣。子歸，歿而父母之世。後若有事，吾與子圖之。”明日徇於軍，曰：“有兄弟四五人皆在此者，以告。”王親命之曰：“我有大事，子有昆弟四五人皆在此，事若不捷，則是盡也。擇子之所欲歸者一人。”明日徇於軍，曰：“有眩瞀之疾者，以告。”王親命之曰：“我有大事，子有眩瞀之疾，其歸若已。後若有事，吾與子圖之。”明日徇於軍，曰：“筋力不足以勝甲兵，志行不足以聽命者歸，莫告。”明日，遷軍接龢，斬有罪者以徇，曰：“莫如此志行不果。”於是人有致死之心。王乃命有司大徇於軍，曰：“謂二三子歸而不歸，處而不處，進而不進，退而不退，左而不左，右而不右，身斬，妻子鬻。”（《國語·吴語》P.625）

越王問於大夫文種曰：“吾欲伐吴，可乎？”對曰：“可矣。吾賞厚而信，罰嚴而必。君欲知之，何不試焚宫室？”於是遂焚宫室，人莫救之。乃下令曰：“人之救火者死，比死敵之賞；救火而不死者，比勝敵之賞；不救火者，比降北之罪。”人塗其體被濡衣而走火者，左三千人，右三千人。（《韓非子·内儲説上七術》P.561）

越王慮伐吴，欲人之輕死也，出見怒鼃，乃爲之式。從者曰：“奚敬於此？”王曰：“爲其有氣故也。”明年之請以頭獻王者歲十餘人。由此觀之，譽之足以殺人矣。一曰：越王勾踐見怒鼃而式之。御者曰：“何爲式？”王曰：“鼃有氣如此，可無爲式乎？”士人聞之曰：“鼃有氣，王猶爲式，況士人之有勇者乎！”是歲，人有自剄死以其頭獻者。故越王將復吴而試其教：燔臺而鼓之，使民赴火者，賞在火也；臨江而鼓之，使人赴水者，賞在水也；臨戰而使人絶頭刳腹而無顧心者，賞在兵也。（《韓非子·内儲説上七術》P.564）

10.11

於是吴悉兵屯於江北〔1〕，越軍於江南〔2〕。越王中分其師以爲左、右軍，皆被兕甲●〔3〕；又令安廣之人佩石碣之矢〔4〕，張盧生之弩〔5〕，躬率君子之軍六千人以爲中陣〔6〕。

明日將戰於江，乃以黄昏令於左軍銜枚溯江而上五里以須吴兵〔7〕，復令於右軍銜枚踰江十里復須吴兵。於夜半，使左軍、右軍涉江鳴鼓【1】，中水以待吴發。吴師聞之，中大駭〔8〕，相謂曰：“今越軍分爲二師，將以夾攻我衆【2】。”亦即以夜暗中分其師以圍越〔9〕。

越王陰使左、右軍與吴望戰〔10〕，以大鼓相聞〔11〕；潛伏其私卒六千人〔12〕，銜枚不鼓攻吴，吴師大敗●〔13〕。越之左、右軍乃遂伐之，大敗之於囿●〔14〕。又敗之於郊〔15〕，又敗之於津〔16〕。如是三戰三北〔17〕，徑至吴【3】〔18〕，圍吴於西城〔19〕。

吴王大懼【4】，夜遁。越王追奔，攻吴，兵入於江陽松陵●〔20〕，欲入胥門。未至六七里【5】，望吴南城，見伍子胥頭巨若車輪，目若耀電，鬚髮四張，射於十里。越軍大懼，留兵假道。即日夜半，暴風疾雨，雷奔電激〔21〕，飛石揚砂，疾於弓弩。越軍壞敗，松陵却退，兵士僵斃，人衆分解，莫能救止。范蠡、文種乃稽顙肉袒〔22〕，拜謝子胥，願乞假道。子胥乃與種、蠡夢，曰："吾知越之必入吴矣，故求置吾頭於南門，以觀汝之破吴也。惟欲以窮夫差。定汝入我之國〔23〕，吾心又不忍，故爲風雨以還汝軍。然越之伐吴，自是天也，吾安能止哉？越如欲入，更從東門〔24〕，我當爲汝開道貫城，以通汝路。"於是越軍明日更從江出，入海陽〔25〕，於三道之翟水〔26〕，乃穿東南隅以達〔27〕，越軍遂圍吴〔28〕。

【校記】

【1】大德本無"右軍"二字，據《國語·吴語》補。
【2】夾：大德本作"使"，據四庫本改。
【3】徑：大德本作"俓"，據顧校改。
【4】懼：大德本漫爲墨丁，據鄺本改。
【5】未：大德本作"來"，據《太平御覽》卷三百二十九引文改。

【注釋】

〔1〕《國語·吴語》"軍於江北"韋昭注："江，松江，去吴五十里。"參見5.21注〔23〕。

〔2〕軍：駐紮。此即《左傳·哀公十七年》所載的"三月，越子伐吴，吴子禦之笠澤，夾水而陣。"此文之"江"，即《左傳》之"笠澤"。《左傳》所謂"夾水而陣"，即此文所説的吴屯兵江北，越駐兵江南。由此可見，此戰發生在勾踐十九年。參見10.5注〔1〕。

〔3〕徐天祜曰："《爾雅》：'兕似牛。'註：'一角，青色，皮堅厚可制鎧。'鎧即甲也。《周禮》：'兕甲，壽二百年。'"〇覺按：兕（sì寺）：雌性的犀牛。

〔4〕安：《爾雅·釋詁下》："安，定也。"此文指思想情緒穩定而服從命令，與前文所説的"志行不足以聽王命"相反。 廣：《詩經·小雅·六月》"四牡脩廣"毛傳："廣，大也。"此文指身體魁梧，與前文所説的"筋力不足以勝甲兵"相反。《漢語大詞典》"石碣"條以"安廣"爲專有名詞，恐誤。因爲安廣縣爲西漢所置，且在今廣西省横縣西北。石碣之矢：用石頭作箭頭的箭。

〔5〕盧：古國名，在今湖北省襄陽市西南，荆山東北，地處楚國邊上，或産强弩，參見9.12。弩：見9.12注〔3〕。盧生之弩：當指盧國所産之强弩。《漢語大詞典》"石碣"條將"盧生"視爲專有名詞，恐誤。

〔6〕君子：即下文之"私卒"，指國君親自培養的忠於自己的嫡系部隊，參見10.4注〔2〕。此句《國語·吴語》作"以其私卒君子六千人爲中軍"，韋昭注："私卒君子，王所親近有志行者，猶吴所謂賢良、齊所謂士。"中陣：即"中軍"。古代作戰分左、中、右三軍，由主將所在的中軍發號施令。

〔7〕令於左軍：即"令左軍"，"於"是動賓結構之間的助詞，參見9.9注〔23〕。枚：見5.23注〔7〕。

〔8〕中：内心。

〔9〕中分：對半分。《國語·吴語》韋昭注："不知越復有中軍，故中分其師以禦之。"

〔10〕望戰：指望作戰，即公開挑戰。

〔11〕相：指代性副詞，這裏偏指吴軍。聞：使聽見。

〔12〕潛伏：當作"潛涉"，這裏是使動用法，是"使……偷渡"的意思。《國語·吴語》作："越王乃令其中軍銜枚潛涉，不鼓不譟以襲攻之。"《左傳·哀公十七年》也作"潛涉"，皆其證。

〔13〕徐天祜曰："《左傳》載笠澤之戰，夾水而陳，吴之禦越，越之敗吴，大槩與此略同。"

〔14〕徐天祜曰："韋昭曰：'囿，笠澤也。'《史記正義》、《吴地記》皆曰：'笠澤，松江之别名。'"〇覺按：參見5.21注〔23〕。

〔15〕《國語·吴語》"又郊敗之"韋昭注："郊，郭外。"即吴國國都的外城之外。《國語·越語上》"又郊敗之"韋昭注："在哀公二十年十一月，越圍吴。"據此，則此後二戰並非與囿之戰同時。此文依《國語·吴語》而將三戰連記在一處，行文雖然方便，卻不自覺地違背了本書的編年體體例。魯哀公二十年即勾踐二十二年，此文將此戰與囿之戰一概列入勾踐二十一年，顯屬謬誤。

〔16〕津：渡口。此當指吴國外城的水關。

〔17〕三戰：據此文，指囿、郊、津三戰。《國語》之《吴語》及《越語上》均作囿（松江）、没（地名）、郊，與此不同。北：《國語·吴語》"吴師大北"韋昭注："軍敗奔走曰北。北，古之背字。"

〔18〕《國語·吴語》"徑"作"乃"，文較勝，因爲這三戰經歷了三年（見注〔2〕、〔15〕），不宜説"徑"。

〔19〕據《吴郡志》卷八載，越國圍吴時，曾在胥門（見5.9注〔1〕）外築有越城以逼吴。現在蘇州市區西南七公里處有越城遺址（在横山東麓、石湖北岸），相傳是當時的遺迹。

〔20〕徐天祜曰："《吴地記》：'在松江。松陌流溢（覺按："流溢"二字大德本漫爲墨丁，據鄺本改）至此，故名。'"〇覺按：《穀梁傳·僖公二十八年》："水北爲陽，山南爲陽。"江陽：指松江之北。松陵：當即今江蘇省蘇州市吴江區政府駐地松陵鎮，今在吴淞江之南，當時當在松江之北，地勢較高如陵，所以名松陵。不過此文説"入"松陵，與下文的"入海陽"相仿，這"松陵"似當指松江北邊通往胥門的支流。《史記·吴太伯世家》："抉吾眼置之吴東門，以觀越之滅吴也。"《正義》："《吴俗傳》云：'子胥亡後，越從松江北開渠至横山東北，築城伐吴。子胥乃與越軍夢，令從東南入破吴。越王即移向三江口岸，立壇殺白馬祭子胥，杯動酒盡，越乃開渠。子胥作濤，盪羅城東，開入滅吴。至今猶號曰示浦，門曰鱔、鮃。'"此文之松陵，當即《吴俗傳》中所説的至横

山（見4.35注〔9〕）東北的“渠”，亦即《吴郡志》卷十八所説的“越來溪”。《吴地記》：“胥門……西五里有越來溪。”《吴郡圖經續記》卷中：“越來溪在吴縣之境，自太湖過横山至于郡城之西，蓋越王由此水至于吴，故得此名。”今蘇州市西南八公里横山東麓之越溪鎮，即越來溪經過之處。

〔21〕激：水奔射。此指閃電飛射。

〔22〕顙（sǎng嗓）：額。　稽（qǐ起）顙：古時所行跪拜禮之一，拜時前額着地停留一會兒，參見5.6注〔3〕。古代爲父母守喪時跪拜賓客常用此禮以表示悲痛，後來也用於請罪。《漢書·李廣傳》：“若乃免冠徒跣，稽顙請罪，豈朕之指哉？”　肉袒：也是請罪的禮節，參見5.11注〔6〕。

〔23〕定：真的。《助字辨略》卷四：“定，的辭也。”四庫本作“令”，也通，但恐爲抄寫人臆改。

〔24〕東門：指今蘇州市東城靠南的葑門。《史記·伍子胥列傳》“而抉吾眼縣吴東門之上”《正義》：“東門，鱔門，謂鲟門也，今名葑門。鱔音普姑反，鲟音覆浮反。越軍開示浦，子胥濤盪羅城，開此門，有鱔、鲟隨濤入，故以名門。顧野王云：‘鱔魚，一名江豚，欲風則涌也。’”“葑門”之“葑”，今蘇州不讀fēng（封）而讀爲fū（敷），音與“鲟”同，蓋保留了中古之讀音；古無輕唇音，故古讀“鲟”如“鱔”；如此，則“葑”“鲟”“鱔”古音相同或相近。

〔25〕海陽：當即後來的“上壇浦”，在三江口（見5.21注〔23〕）東三里。《史記·伍子胥列傳》“爲立祠於江上”《正義》：“《吴地記》曰：‘越軍於蘇州東南三十里三江口又向下三里，臨江北岸立壇，殺白馬祭子胥，杯動酒盡，後因立廟於此江上。今其側有浦名上壇浦。’”所謂“上壇浦”，當即此文之“海陽”。所以稱“海”，是因爲三江口以東古稱“滬海”（見5.21注〔23〕）；之所以稱“陽”，是因爲它在“滬海”之北（水北爲陽）。

〔26〕三道：指三江口（見5.21注〔23〕）。　翟水：是三江口向西北方嚮通往蘇州葑門的河流，又名示浦，參見注〔24〕、〔20〕。

〔27〕《國語·吴語》作“越師遂入吴國”，則此文所謂“穿東南隅”，是指穿過吴國東南角的城門（古名鱔門，今名葑門）。

〔28〕《國語·吴語》作“圍王臺”，可知此文“圍吴”是指圍吴王。據《左傳》，越圍吴在魯哀公二十年，即勾踐二十二年，此文記於勾踐二十一年，誤。

【義疏】

這時吴國把所有的兵力都駐扎在松江北岸，越軍駐扎在松江南岸。越王把自己的部隊對半分爲左、右二軍，使戰士們都穿上犀牛皮製成的鎧甲；又命令思想堅定、身體魁梧的人佩帶了用石頭作箭頭的箭，拉開了盧國出産的强弩，親自率領了嫡系部隊六千人作爲中軍。

第二天就將在松江展開戰鬥，于是越王就在這前一天的黄昏命令左軍口銜木片悄悄地沿着松江逆流而上五里去守候吴軍，又命令右軍口銜木片悄悄地越過松江行軍十里再去守候吴軍。在半夜，越王讓左軍、右軍渡江敲鼓，在江中等候吴軍出動。吴軍聽見了鼓聲，心中十分害怕，相互議論説：“現在越軍分爲二軍，將以此來夾攻我軍。”吴軍也就在當夜黑暗之中把自己的軍隊對半分成兩支去包圍越軍。越王暗中命令左軍、右軍與吴軍公開挑戰，讓他們大規模地擊鼓使吴軍聽見；而另派自己的嫡系部隊六千人偷渡過江，口銜木片不敲戰鼓偷偷地去攻打吴軍，吴軍大敗。越國的左軍、右軍也就接着攻打吴軍，在松江把吴軍打得大敗。接着，又在吴國國都郊外打敗了吴軍，又在吴國國都外城的水關打敗了吴軍。像這樣三次交戰而吴軍三次敗走，越軍徑直到達吴國國都，在西邊的城墻下包圍了吴國國都。

吴王十分恐懼，就在夜裏偷偷地逃跑了。越王追擊逃兵，攻打吴軍，越軍進入松江北邊的松陵河，想攻進胥門。到胥門還有六七里路，遠望吴國國都南面的城墻，便看見伍子胥的頭大得像車輪一樣，眼睛就像光亮奪目的閃電，胡須頭髮向四面散開，那光亮映射到十里之外。越軍十分害怕，便駐扎軍隊準備借路。當天半夜，暴風驟雨突然而來，雷聲奔騰，閃電飛射，那飛過來的石塊、飄過來的沙子，比弓弩射過來的箭還要迅猛。越國的軍隊被挫敗，松陵之水也後退了，士兵倒斃，衆人離散，没有誰能挽救制止。范蠡、文種便磕頭伏地，袒胸露臂，拜謝子胥，懇求借路。子胥便給了文種、范蠡一個夢，説："我早就知道越軍一定會攻入吴國都城了，所以要求把我的頭放置在南門上，以此來觀看你們攻破吴國國都。但這種做法衹是想用來使夫差困窘。真的你們要進入我的國家了，我又于心不忍，所以製造了暴風驟雨來迫使你們的軍隊回去。然而越國討伐吴國，本來就是上天的安排，我又怎麽能阻止呢？越軍如果想要進城，可以改道走東門，我將會給你們開辟道路、打通城墻，使你們要走的路暢通無阻。"于是越軍第二天便重新從松江出來，進入海陽，又從三江口到翟水，這樣就穿過了吴國國都的東南角而到了吴國都城之内，越軍就包圍了吴王。

【輯證】

三月，越子伐吴。吴子禦之笠澤，夾水而陳。越子爲左右句卒，使夜或左或右，鼓譟而進。吴師分以禦之。越子以三軍潛涉，當吴中軍而鼓之，吴師大亂，遂敗之。（《左傳 · 哀公十七年》P.2179）

（夫差）十八：越敗我。（《史記 · 十二諸侯年表》P.813）

（夫差）十八年，越益彊。越王句踐率兵復伐敗吴師於笠澤。（《史記 · 吴太伯世家》P.1773）

其後四年，越復伐吴。吴士民罷弊，輕鋭盡死於齊、晉。而越大破吴，因而留圍之。（《史記 · 越王句踐世家》P.2093）（覺按：越圍吴在勾踐二十二年，此云"留圍之"，誤。）

於是吴王起師，軍於江北，越王軍於江南。越王乃中分其師以爲左右軍，以其私卒君子六千人爲中軍。明日將舟戰於江，及昏，乃令左軍銜枚泝江五里以須，亦令右軍銜枚踰江五里以須。夜中，乃命左軍、右軍涉江鳴鼓中水以須。吴師聞之，大駭，曰："越人分爲二師，將以夾攻我師。"乃不待旦，亦中分其師，將以禦越。越王乃令其中軍銜枚潛涉，不鼓不譟以襲攻之，吴師大北。越之左軍、右軍乃遂涉而從之，又大敗之於没，又郊敗之，

三戰三北，乃至於吴。越師遂入吴國，圍王臺。（《國語·吴語》P.626）

二十年春，齊人來徵會。夏，會于廩丘，爲鄭故，謀伐晉。鄭人辭諸侯。秋，師還。吴公子慶忌驟諫吴子，曰："不改，必亡。"弗聽。出居于艾，遂適楚。聞越將伐吴，冬，請歸平越，遂歸。欲除不忠者以説于越，吴人殺之。十一月，越圍吴。趙孟降於喪食。楚隆曰："三年之喪，親暱之極也。主又降之，無乃有故乎？"趙孟曰："黄池之役，先主與吴王有質，曰：'好惡同之。'今越圍吴，嗣子不廢舊業而敵之，非晉之所能及也，吾是以爲降。"楚隆曰："若使吴王知之，若何？"趙孟曰："可乎？"隆曰："請嘗之。"乃往，先造于越軍，曰："吴犯間上國多矣，聞君親討焉，諸夏之人莫不欣喜，唯恐君志之不從，請入視之。"許之。告于吴王曰："寡君之老無恤，使陪臣隆敢展謝其不共。黄池之役，君之先臣志父得承齊盟，曰：'好惡同之。'今君在難，無恤不敢憚勞，非晉國之所能及也，使陪臣敢展布之。"王拜稽首曰："寡人不佞，不能事越，以爲大夫憂，拜命之辱。"與之一簞珠，使問趙孟，曰："勾踐將生憂寡人，寡人死之不得矣。"王曰："溺人必笑，吾將有問也，史黯何以得爲君子？"對曰："黯也進不見惡，退無謗言。"王曰："宜哉。"（《左傳·哀公二十年》P.2180）

（夫差）二十一年，遂圍吴。（《史記·吴太伯世家》P.1773）

（楚惠王）十四年：越圍吴，吴怨。（《史記·六國年表》P.832）

又一年，王召范蠡而問焉，曰："吾與子謀吴，子曰'未可也'。今其稻蟹不遺種，其可乎？"對曰："天應至矣，人事未盡也，王姑待之。"王怒曰："道固然乎，妄其欺不穀邪？吾與子言人事，子應我以天時；今天應至矣，子應我以人事。何也？"范蠡對曰："王姑勿怪。夫人事必將與天地相參，然後乃可以成功。今其禍新民恐，其君臣上下，皆知其資財之不足以支長久也，彼將同其力，致其死，猶尚殆。王其且馳騁弋獵，無至禽荒；宫中之樂，無至酒荒；肆與大夫觴飲，無忘國常。彼其上將薄其德，民將盡其力，又使之望而不得食，乃可以致天地之殛。王姑待之。"至於玄月，王召范蠡而問焉，曰："諺有之，曰：'觥飯不及壺飧。'今歲晚矣，子將奈何？"對曰："微君王之言，臣故將謁之。臣聞從時者，猶救火、追亡人也，蹶而趨之，唯恐弗及。"王曰："諾。"遂興師伐吴，至於五湖。吴人聞之，出而挑戰，一日五反。王弗忍，欲許之。范蠡進諫曰："夫謀之廊廟，失之中原，其可乎？王姑勿許也。臣聞之，得時無怠，時不再來，天予不取，反爲之災。贏縮轉化，後將悔之。天節固然，唯謀不遷。"王曰："諾。"弗許。范蠡曰："臣聞古之善用兵者，贏縮以爲常，四時以爲紀，無過天極，究數而止。天道皇皇，日月以爲常，明者以爲法，微者則是行。陽至而陰，陰至而陽；日困而還，月盈而匡。古之善用兵者，因天地之常，與之俱行。後則用陰，先則用陽；近則用柔，遠則用剛。後無陰蔽，先無陽察，用人無藝，往從其所。剛彊以禦，陽節不盡，不死其野。彼來從我，固守勿與。若將與之，必因天地之災，又觀其民之饑飽勞逸以參之。盡其陽節、盈吾陰節而奪之。宜爲人客，剛彊而力疾；陽節不盡，輕而不可取。宜爲人主，安徐而重固；陰節不盡，柔而不可迫。凡陳之道，設右以爲牝，益左以爲牡，蚤晏無失，必順天道，周旋無究。今其來也，剛彊而力疾，王姑待之。"王曰："諾。"弗與戰。（《國語·越語下》P.650）（覺按：韋昭以此"又一年"爲"魯哀十二年"，"玄月""謂魯哀十六年九月"，並説"至十七年三月，越伐吴"。韋説很難圓滿地解説史實，因爲此文顯然是指越圍吴之事而非指魯哀公十七年三月勾踐率兵敗吴師於笠澤之事。《國語》此下緊接"居軍三年，吴師自潰"以及越滅吴之事，韋昭注云："魯哀二十年冬十一月，越圍吴。二十二年冬十一月丁卯，滅吴。"既然如此，則此文所記應爲魯哀公二十年即勾踐二十二年之事，指越國於此年九月興師伐吴，十一月圍吴而不與之戰。）

《吴越春秋》曰："越王追攻吴兵，欲入胥門。未至六里，望吴南城，見伍子頭眉若車輪，目垂光烈，髮鬢四張，耀於十數里。大懼，留兵。即日夜半，暴風疾雨，雷電鳴，沙石飛射，疾於弓弩。越軍壞敗。”（《太平御覽》卷第三百二十九 P.1512）

顧校：俓（徑）至吴　　惟（唯）欲以窮夫差

蔣校：俓（宋本“徑”）至吴　　倠（宋本“唯”）欲以窮夫著

10.12

守一年，吴師累敗●〔1〕，遂棲吴王於姑胥之山〔2〕。

吴使王孫駱●肉袒膝行而前〔3〕，請成於越王，曰：“孤臣夫差敢布腹心〔4〕：異日得罪於會稽〔5〕，夫差不敢逆命，得與君王結成以歸。今君王舉兵而誅孤臣，孤臣惟命是聽〔6〕。意者猶以今日之姑胥，曩日之會稽也〔7〕。若徼天之中●〔8〕，得赦其大辟〔9〕，則吴願長爲臣妾。”

勾踐不忍其言，將許之成。范蠡曰：“會稽之事，天以越賜吴，吴不取；今天以吴賜越，越可逆命乎？且君王早朝晏罷，切齒銘骨，謀之二十餘年，豈不緣一朝之事耶〔10〕？今日得而棄之，其計可乎？‘天與不取，還受其咎。’君何忘會稽之厄乎？”勾踐曰：“吾欲聽子言，不忍對其使者。”范蠡遂鳴鼓而進兵，曰：“王已屬政於執事，使者急去，不時得罪。”吴使涕泣而去。

勾踐憐之，使令入謂吴王曰〔11〕：“吾置君於甬東〔12〕，給君夫婦三百餘家〔13〕，以没王世，可乎？”吴王辭曰：“天降禍於吴國，不在前後。正孤之身，失滅宗廟社稷者〔14〕。吴之土地民臣，越既有之，孤老矣，不能臣王。”遂伏劍自殺●〔15〕。

【注釋】

〔1〕徐天祜曰：“《左傳》：哀公二十年，‘越圍吴’，是爲勾踐二十二年；哀公二十二年，‘越滅吴’，爲勾踐二十四年。蓋首尾三年也。《國語》曰：‘居軍三年，吴師自潰。’《越世家》亦曰：‘留圍之三年，吴師敗。’與《左傳》合。此書繫其事於一（覺按：“一”當作“二”。大德本此一横位於下而上部空白作“＿”，顯然是“二”字之壞缺，與鄭本、馮本、吴本、四庫本等作“一”相比，可見大德本之可貴）十一年，以爲圍守一年而滅吴，誤也。”○覺按：即據本書，5.26也將越滅吴記於夫差二十三年（即勾踐二十四年），而10.11所記圍吴之事，當在勾踐二十二年（見10.11注〔28〕），所以此文“守一年”當作“守三年”。

〔2〕棲：見5.5注〔4〕。姑胥之山：見4.35注〔9〕。5.26作“胥山”，可參見。《史記·越王句踐世家》作“姑蘇之山”，名異實同。

〔3〕徐天祜曰：“《史記》作‘公孫雄’，虞翻曰：‘吴大夫。’《國語》作‘王孫雄’，韋昭曰：‘王孫，姓也。’”○覺按：《史記·越王句踐世家》“王孫駱”作“公孫雄”，

恐誤。膝行：跪地用膝部前行，表示畏服。

〔4〕布：陳述。腹心：指肺腑之言，心裏話。

〔5〕異日：往日。得罪於會稽：指夫差二年（前494）打敗越王而棲之於會稽山。參見5.1注〔1〕。

〔6〕惟命是聽：只要是命令就聽從，即絶對服從。

〔7〕這句的言外之意是：希望與往日棲越王於會稽山時一樣，兩國講和。

〔8〕徐天祐曰："衷。"○覺按："中"通"衷"，見10.5注〔5〕。

〔9〕大辟：死刑。

〔10〕緣：因爲。

〔11〕盧文弨曰："'使令'當作'令使'。"○覺按：盧説可通，但"使令"恐爲複合詞，是使唤的意思。《孟子·梁惠王上》："便嬖不足使令於前與？"是其證。入：當作"人"，《史記·越王句踐世家》這句作"乃使人謂吴王曰"，是其證。

〔12〕甬東：見5.25注〔4〕。

〔13〕《國語·吴語》"夫婦三百"韋昭注："夫婦各三百人以奉之。"

〔14〕盧文弨曰："'者'字疑衍。"○覺按："者"字不衍，此當爲倒裝句，以强調罪過在於自己。

〔15〕徐天祐曰："上卷《夫差傳》亦曰'引劒而伏之死'，《吴世家》云'自剄死'，《越世家》止言'自殺'。按《左傳》：'吴王曰："孤老矣，焉能事君？"乃縊。'丘明，春秋時人，所聞當必不謬。《越絶》曰：'越王與之劒，使自圖之。吴王乃旬日而自殺。'意者勾踐雖與之劒，而夫差自以縊死耶？"

【義疏】

越軍在吴國堅持了三年，吴軍連連失敗，就使吴王被迫躲在姑胥山上。

吴王派王孫駱袒胸露臂、跪着用膝蓋走向前，向越王求和，説："臣夫差大膽地陳述一下肺腑之言：從前在會稽得罪了君王，夫差不敢違反您的命令，能和君王締結了和約而回國。現在君王起兵來討伐臣，臣對您的命令絶對服從。我想君王還是會拿今天的姑胥山，當作往日的會稽山來對待的。如果我得到上天的福佑，能被您赦免我的死刑，那麽吴國君臣願意長期地做您的奴僕。"

勾踐聽了他的話而硬不起心腸了，準備答應他講和。范蠡説："會稽山的戰事，是上天要把越國賜給吴國，但吴國不接受；現在上天把吴國賜給越國，越國可以違背天命嗎？况且大王每天一早就上朝，很晚纔退朝，恨得咬牙切齒、刻骨銘心，圖謀吴王二十多年，難道不是爲了消滅吴國這一天的事情早日發生嗎？今天得到了這個機會却又放弃它，這樣的計策適當嗎？常言道：'上天恩賜不取它，反會遭到天責罰。'國君怎麽忘了會稽的困厄呢？"勾踐説："我是想聽從您的話，但不忍心回絶他的使者。"范蠡就敲響戰鼓而讓戰士前進，説："越王已經把政事托付給我這個辦事的了，請使者趕快離去，如果您不及時離去，我就要得罪您了。"吴國的使者痛哭流涕地走了。

勾踐可憐吴王，就派人去對吴王説："我把您安置在甬江東邊，供給您夫妻倆三百多家，以此來過完大王這一生，行嗎？”吴王拒絶説：“上天既然把灾禍降給了吴國，那就不在乎早一點死還是晚一點死。使我的宗廟和國家滅亡的人，正是我自己。吴國的土地臣民，越國已經占爲己有，我老了，不能再做君王的臣子了。”就用劍自殺了。

【輯證】

冬十一月丁卯，越滅吴。請使吴王居甬東，辭曰：“孤老矣，焉能事君？”乃縊。越人以歸。（《左傳·哀公二十二年》P.2181）

（元王）四年，於越滅吴。（《竹書紀年》卷下 P.113）

（魯哀公）二十二年，越王句踐滅吴王夫差。（《史記·魯周公世家》P.1858）

（楚惠王）十六：越滅吴。（《史記·六國年表》P.833）

（楚惠王）十六年，越滅吴。（《史記·楚世家》P.2060）

居軍三年，吴師自潰。吴王帥其賢良與其重禄以上姑蘇，使王孫雒行成於越，曰：“昔者上天降禍於吴，得罪於會稽。今君王其圖不穀，不穀請復會稽之和。”王弗忍，欲許之。范蠡進諫曰：“臣聞之：‘聖人之功，時爲之庸。得時不成，天有還形。天節不遠，五年復反，小凶則近，大凶則遠。’先人有言曰：‘伐柯者其則不遠。’今君王不斷，其忘會稽之事乎？”王曰：“諾。”不許。使者往而復來，辭愈卑，禮愈尊，王又欲許之。范蠡諫曰：“孰使我蚤朝而晏罷者，非吴乎？與我争三江、五湖之利者，非吴耶？夫十年謀之，一朝而棄之，其可乎？王姑勿許，其事將易冀已。”王曰：“吾欲勿許，而難對其使者，子其對之。”范蠡乃左提鼓，右援枹，以應使者，曰：“昔者上天降禍於越，委制於吴，而吴不受。今將反此義以報此禍，吾王敢無聽天之命而聽君王之命乎？”王孫雒曰：“子范子，先人有言曰：‘無助天爲虐，助天爲虐者不祥。’今吴稻蟹不遺種，子將助天爲虐，不忌其不祥乎？”范蠡曰：“王孫子，昔吾先君固周室之不成子也，故濱於東海之陂，黿鼉魚鱉之與處，而鼃黽之與同渚。余雖靦然而人面哉，吾猶禽獸也，又安知是諓諓者乎？”王孫雒曰：“子范子將助天爲虐，助天爲虐不祥。雒請反辭於王。”范蠡曰：“君王已委制於執事之人矣。子往矣，無使執事之人得罪於子。”使者辭反。范蠡不報於王，擊鼓興師以隨使者，至於姑蘇之宫，不傷越民，遂滅吴。（《國語·越語下》P.655）

吴王懼，使人行成，曰：“昔不穀先委制於越君，君告孤請成，男女服從。孤無奈越之先君何，畏天之不祥，不敢絶祀，許君成，以至於今。今孤不道，得罪於君王，君王以親辱於弊邑。孤敢請成，男女服爲臣御。”越王曰：“昔天以越賜吴，而吴不受；今天以吴賜越，孤敢不聽天之命而聽君之令乎？”乃不許成。因使人告於吴王曰：“天以吴賜越，孤不敢不受。以民生之不長，王其無死！民生於地上，寓也，其與幾何？寡人其達王於甬句東，夫婦三百，唯王所安，以没王年。”夫差辭曰：“天既降禍於吴國，不在前後，當孤之身，寔失宗廟社稷。凡吴土地人民，越既有之矣，孤何以視於天下！”夫差將死，使人説於子胥曰：“使死者無知，則已矣；若其有知，吾何面目以見員也！”遂自殺。（《國語·吴語》P.627）

（越圍吴）三年，吴師敗，越遂復棲吴王於姑蘇之山。吴王使公孫雄肉袒膝行而前，請成越王曰：“孤臣夫差敢布腹心，異日嘗得罪於會稽，夫差不敢逆命，得與君王成以歸。今君王舉玉趾而誅孤臣，孤臣惟命是聽，意者亦欲如會稽之赦孤臣之罪乎？”句踐不忍，欲許之。范蠡曰：“會稽之事，天以越賜吴，吴不取。今天以吴賜越，越其可逆天乎？且夫君王蚤朝晏罷，非爲吴邪？謀之二十二年，一旦而弃之，可乎？且夫天與弗取，反受其咎。‘伐柯者其則不遠’，君忘會稽之戹乎？”句踐曰：“吾欲聽子言，吾不忍其使者。”范蠡乃鼓進兵，曰：“王已屬政於執事，使者去，不者且得罪。”吴使者泣而去。句踐憐之，乃使人謂吴王曰：“吾置王甬東，君百家。”吴王謝曰：“吾老矣，不能事君王！”遂自殺。乃蔽其面，曰：“吾無面以見子胥也！”越王乃葬吴王而誅太宰嚭。（《史記·越王句踐世家》P.2093）

顧校：則吴願（無“願”）長爲臣妾　將許（下多“成”）之成

蔣校：則吴願（宋本無“願”字）長爲臣妾　將許（宋本下有“成”字）之

10.13

勾踐已滅吴，乃以兵北渡江、淮，與齊、晉諸侯會于徐州●〔1〕，致貢於周。周元王使人賜勾踐〔2〕。已受命號〔3〕，去還江南，以淮上地與楚〔4〕，歸吴所侵宋地，與魯泗東方百里。當是之時，越兵横行於江、淮之上，諸侯畢賀●〔5〕，號稱霸王【1】〔6〕。

【校記】

【1】大德本無“號稱霸王”四字，使下節之言無根，今據《史記·越王句踐世家》補。

【注釋】

〔1〕徐天祜曰：“《索隱》曰：‘徐，音舒。徐州，齊邑薛縣是也。其字從人，左氏作“舒”。’《大事記》解題曰：‘徐州，即舒州也。’《史記正義》曰：‘音舒，其字從人。’”〇覺按：齊、晉諸侯：越滅吴在勾踐二十四年（公元前473年），此時齊國諸侯爲齊平公，名鷔，公元前480—公元前456年在位；晉國諸侯爲晉出公，名錯（一作鑿），公元前474—公元前452年在位。徐（shū舒）州：應爲“俆（shū舒）州”之訛。《說文·邑部》作“郐”，釋云：“郐，邾下邑地，从邑余聲。魯東有郐城。”即今山東省滕州市東南之薛城，參見《史記·齊太公世家》“田常執簡公于俆州”《索隱》。越滅吴以後的事，《史記》未載其確實的年份。此文承《史記·越王句踐世家》之文，但將會徐州以及以下的一些事都記於勾踐二十二年（10.5說“二十一年”，10.12說“守一年”，故爲勾踐二十二年），恐誤。據《左傳·哀公二十二年》，越滅吴已是勾踐二十四年的事了。

〔2〕周元王：東周天子，名仁，公元前476—公元前469年在位。賜勾踐：《史記·越王句踐世家》作“周元王使人賜句踐胙”，可知所賜的是“胙”（zuò作），即祭祀用的肉。天子常賜同姓諸侯以胙，以密切其間關係（見5.24注〔18〕）。但對夏、商二王的後代也致胙，以表尊重，故《左傳·僖公二十四年》説：“宋，先代之後也，於周爲客。天子有事，膰焉。”杜預注：“有事，祭宗廟也。膰，祭肉。尊之，故賜以祭胙。”有時爲了對異姓諸侯之有大功者表示尊敬，也致胙，故《左傳·僖公九年》載：“王使宰孔賜齊侯胙。”杜預注：“胙，祭肉。尊之比二王後。”勾踐名爲夏禹的後代，又稱霸一方，所以周元王賜之胙，以表示對他的尊重。

〔3〕號：稱號。《史記·越王句踐世家》作“命爲伯”，可見其稱號爲“越伯”（勾踐伯爵）。

〔4〕《韓非子·説林下》：“越已勝吴，又索卒於荆而攻晉。左史倚相謂荆王曰：‘夫越破吴，豪士死，鋭卒盡，大甲傷。今又索卒以攻晉，示我不病也。不如起師與分吴。’

荆王曰：‘善。’因起師而從越。越王怒，將擊之。大夫種曰：‘不可。吾豪士盡，大甲傷。我與戰，必不剋，不如賂之。’乃割露山之陰五百里以賂之。”該“露山”爲“羅山”之誤，羅山見於《水經注·淮水》，位於今河南省羅山縣西、瀬河之東、淮河之南。此文所謂勾踐“以淮上地與楚”，即《韓非子》所説的越王“割露山之陰五百里以賂之”。

〔5〕徐天祐曰：“《初學記》引《吴越春秋》曰：‘越王平吴後，立賀臺於越。’此書無之，亦闕文也。”

〔6〕《史記·越王句踐世家》“號稱霸王”《索隱》：“越在蠻夷，少康之後，地遠國小，春秋之初未通上國，國史既微，略無世系，故《紀年》稱爲‘於粤子’。據此文，句踐平吴之後，周元王始命爲伯，後遂僭而稱王也。”

【義疏】

勾踐已經消滅了吴國，便帶兵向北渡過長江、淮河，和齊國、晋國的諸侯在徐州會盟，並向周王朝獻上了貢品。周元王派人賜給勾踐祭祀用的肉。勾踐接受了周元王任命的伯爵稱號後，就離開周王朝而回到江南，把淮河邊上的土地給了楚國，把吴國所侵占的宋國土地歸還給了宋國，把泗水東邊方圓百里的土地給了魯國。在這個時候，越國的軍隊在長江、淮河一帶縱横馳騁而没有阻擋，各國諸侯都來祝賀，稱勾踐爲霸王。

【輯證】

句踐已平吴，乃以兵北渡淮，與齊、晉諸侯會於徐州，致貢於周。周元王使人賜句踐胙，命爲伯。句踐已去，渡淮南，以淮上地與楚，歸吴所侵宋地於宋，與魯泗東方百里。當是時，越兵横行於江、淮東，諸侯畢賀，號稱霸王。（《史記·越王句踐世家》P.2095）

越已勝吴，又索卒於荆而攻晉。左史倚相謂荆王曰：“夫越破吴，豪士死，鋭卒盡，大甲傷。今又索卒以攻晉，示我不病也。不如起師與分吴。”荆王曰：“善。”因起師而從越。越王怒，將擊之。大夫種曰：“不可。吾豪士盡，大甲傷。我與戰，必不剋，不如賂之。”乃割露山之陰五百里以賂之。（《韓非子·説林下》P.464）

越破吴，請師於楚以伐晉。楚王與大夫皆懼，將許之。左史倚相曰：“此恐吾攻己，故示我不病。請爲長轂千乘，卒三萬，與分吴地也。”莊王聽之，遂取東國。（《説苑·權謀》P.328）（覺按：此時楚莊王早已故世，見2.2注。此“莊王”當作“荆王”，指楚惠王。）

越滅吴，上征上國，宋、鄭、魯、衛、陳、蔡執玉之君皆入朝。夫唯能下其羣臣，以集其謀故也。（《國語·吴語》P.628）

越王句踐劗髮文身，無皮弁搢笏之服，拘罷拒折之容，然而勝夫差於五湖，南面而霸天下，泗上十二諸侯皆率九夷以朝。（《淮南子·齊俗訓》P.355）

10.14

越王還於吴，當歸而問於范蠡曰：“何子言之其合於天[1]？”范蠡曰：“此素女之道[2]，一言即合[3]。大王之事，王問爲實[4]；《金匱》之要，在於上下[5]。”越王曰：“善哉！吾不稱王[6]，其可悉乎？”蠡曰：“不可。昔吴之稱王，僭天子之號[7]，天變於上，日爲陰蝕。

今君遂僭號不歸[8]，恐天變復見[9]。”

越王不聽【1】，還於吴，置酒文臺。羣臣爲樂●[10]，乃命樂●作伐吴之曲[11]。樂師曰：“臣聞即事作操●[12]，功成作樂。君王崇德，誨化有道之國，誅無義之人，復讎還恥，威加諸侯，受霸王之功。功可象於圖畫[13]，德可刻於金石[14]，聲可託於絃管[15]，名可留於竹帛[16]。臣請引琴而鼓之。”遂作《章暢》[17]，辭曰：“屯乎[18]！今欲伐吴可未耶？——”大夫種、蠡曰：“吴殺忠臣伍子胥，今不伐吴人●何須【2】[19]？”

大夫種進祝酒，其辭曰：

皇天祐助[20]，我王受福。
良臣集謀，我王之德。
宗廟輔政，鬼神承翼[21]。
君不忘臣，臣盡其力。
上天蒼蒼，不可掩塞。
觴酒二升，萬福無極。

於是越王默然無言。大夫種曰：

我王賢仁，懷道抱德。
滅讎破吴，不忘返國。
賞無所悋，羣邪杜塞。
君臣同和，福祐千億。
觴酒二升，萬歲難極[22]！

臺上羣臣大悦而笑，越王面無喜色。范蠡知勾踐愛壤土，不惜羣臣之死，以其謀成國定，必復不須功而返國也[23]，故面有憂色而不悦也。

【校記】

【1】大德本無“不聽”二字，據顧校補。

【2】“不伐”至 10.15“越王陰謀范”爲大德本一百三十三葉，係補刻之版。

【注釋】

〔1〕孫詒讓曰：“‘其’疑‘甚’之誤。”〇覺按：“其”當爲語助詞，但孫説也通。

〔2〕素女：傳説中的神女名，與黄帝同時。傳説她知陰陽天道、擅長音樂、精通房中術。《隋書·經籍志·子部·醫方》著録《素女祕道經》一卷、《素女方》一卷。

〔3〕此句回答上文，“合”指“合於天”。《辭源》“素女”條將“大王之事”與此句連讀，恐不當。

〔4〕徐天祐曰：“‘爲’當作‘焉’。”〇孫詒讓曰：“‘大王之事，王問爲實’二語有誤。徐改‘爲’爲‘焉’而以‘實’屬下讀，於文仍難通。以意推之，疑當作‘玉門爲實’。‘玉門’與‘金匱’，文正相對，皆六壬式書名。（今《道藏·金匱玉衡經》即其遺法。）《句踐入臣外傳》范蠡曰：‘大王安心，事將有意，在《玉門》第一。’又子胥曰：‘且大王初臨政，負《玉門》之第九。’又本篇後文文種曰：‘吾見王時，正犯《玉門》之第八也。’（《金匱》第八，見《夫差内傳》子胥語。）此越王訝蠡言何甚合天，故蠡即以六壬古式爲對。今本‘玉門’譌作‘王問’，遂不可通耳。”〇覺按：實：實際結果。考察 7.9、7.13、10.19、10.20 所載，凡《玉門》相應之事，都必定會成爲現實，所以説“《玉門》爲實”。

〔5〕上下：泛指相對的兩個方面，此指利弊得失。考察 5.12 可知，《金匱》相應的事，有利有弊，所以必須權衡得失，因而此文説“《金匱》之要，在於上下”。

〔6〕不：語助，參見《經傳釋詞》卷十、《古書虛字集釋》卷十。 不稱王：即稱王（參見 10.13 注〔6〕）。

〔7〕僭（jiàn 薦）：越分。 僭號：指超越身份，冒用在上者的名號。如諸侯稱“王”（楚平王）、大夫稱“公”（葉公）之類。“王”是天子纔可以稱用的名號（如周元王），諸侯應稱“公”、“侯”、“伯”等，稱王就是僭號。

〔8〕歸：返回，指返回到不稱王的階段。

〔9〕見（xiàn 現）：同“現”。

〔10〕徐天祐曰：“音洛。”

〔11〕徐天祐曰：“音岳。下同。”〇覺按：“樂”下當有“師”字，下句“樂師”相答，是其證。

〔12〕徐天祐曰：“去聲。”〇覺按：即事：作事。 操：琴曲名。《後漢書·曹褒傳》“歌詩曲操”李賢注引劉向《别録》：“君子因雅琴之適，故從容以致思焉。其道閉塞，悲愁而作者，名其曲曰操，言遇災害不失其操也。”

〔13〕象：圖。此用作動詞，表示繪，畫。

〔14〕金石：鐘鼎碑碣之類，參見 6.5 注〔14〕。

〔15〕絃：琴、瑟之類的絃樂器。 管：笛、簫之類的管樂器。 託於絃管：寄寓於絲竹樂器裏，指譜寫在樂章中。

〔16〕竹帛：竹簡和白絹。古代無紙時，用竹帛作爲書寫材料，所以“竹帛”即指書籍、史册。

〔17〕章：彰明，指表白越王的功勞。 暢：琴曲名。《風俗通義·聲音·琴》：“其道行，和樂而作者，命其曲曰暢。暢者，言其道之美暢，猶不敢自安，不驕不溢，好禮不以，暢其意也。”

〔18〕迍（zhūn 諄）：艱難。

〔19〕徐天祐曰：“‘人’當作‘又’。”〇覺按：何須：等待什麽。這兩句是文種、范蠡的詼諧調笑之語。他們不等樂師唱下去就接著唱了這兩句。“胥”“須”與上“乎”“耶”押韻。“須”古韻屬侯部，其他屬魚部，侯魚旁轉合韻。

〔20〕皇天：見 7.1 注〔6〕。

〔21〕承：通“丞”，輔佐。 翼：輔佐。

〔22〕莫：不能（參見 10.1 注〔40〕）。 萬歲難極：指萬歲仍不能盡越王之壽。 文

種的兩首祝酒詞爲韻文，其韻脚是：福、德、翼、力、塞、極、德、國、塞、億、極。這些字在秦漢時皆屬職部。

〔23〕須：求。此句當作“必復須功而不返國也”。上文文種的祝酒詞説：“滅讎破吴，不忘返國。”勾踐想繼續求功而不想返國，所以聽後面無喜色。這句便是解釋此中原因。現“不”字誤倒在“須”字上，便不能與上下文貫通了。

【義疏】

越王返回吴國，正要回去的時候問范蠡説：“爲什麽您説的話那樣合乎天道？”范蠡説：“這是根據了素女的學説，所以一説出來就能與天道相合。大王的事情，《玉門》所記載的就是它的事實；至于《金匱》的要點，在于權衡其利弊得失。”越王説：“説得好啊！我現在自稱王，那結果您可以詳盡地知道麽？”范蠡説：“您不能稱王。從前吴王自稱王，超越了自己的身份而冒用天子的名號，因而天象在上面發生了變异，太陽被陰影所吞食。現在您就這樣冒用了天子的名號而不去掉，恐怕那上天的變异又要出現了。”

越王不聽從范蠡的話，回到了吴國，在文臺上大擺酒席。群臣要尋歡作樂，越王就吩咐樂師創作討伐吴國的歌曲。樂師説：“我聽説做事的時候就創作堅貞不渝的琴曲，功業建成了就創作歌功頌德的樂曲。大王崇尚德行，教育感化富有道義的國家，懲處不講道義的暴君，報仇雪恨，以牙還牙，威風凛凛地凌駕于諸侯之上，取得了稱霸稱王的功勞。大王的功勞完全可以畫在圖畫上，大王的德行完全可以銘刻在鐘鼎碑碣上，大王的聲譽完全可以譜寫在樂章中，大王的名字完全可以留在史册上。請讓我拿過琴來彈一曲吧。”于是就創作了《明功曲》，那歌詞唱道：“艱難困苦要考慮！今想攻吴可否去？——”大夫文種和范蠡馬上唱道：“吴殺忠臣伍子胥，今不攻吴等何許？”

大夫文種走上前去祝酒，他的祝酒辭説：

天帝玉皇保佑幫忙，我們大王有福能享。
忠臣賢良一起相商，我們大王功德無量。
宗廟祖先幫助執掌，人鬼天神輔佐幫忙。
國君思臣永遠不忘，臣下竭盡自己力量。
悠悠上天其色蒼蒼，不可掩蓋不可埋藏。
一杯美酒已舉兩觴，幸福無限萬壽無疆。

在這個時候，越王默默地一言不發。大夫文種又説：

我們大王賢能慈祥，胸懷道義守德高尚。
消滅仇敵打敗吴王，没有忘記返回故鄉。
獎賞没有吝惜發放，各種邪惡都被嚴防。
君臣同心和睦相幫，幸福降臨萬民同享。

一杯美酒已舉兩觴，幸福無邊萬壽無疆。

臺上群臣十分高興地笑了，而越王臉上却没有一點兒喜悦的神色。范蠡知道勾踐是貪圖土地，而并不顧惜群臣的死亡，因爲他的計謀已獲得成功，國家已經安定，肯定又想去求取大功而不想回國，所以臉上有憂慮的神色而不高興。

【輯證】

《吴越春秋》："樂師謂越王曰：'君王德可刻之於金石，聲可託之於管絃。'"（《文選》卷第十七《文賦》"被金石而德廣"李善注 P.244）

《吴越春秋》："樂師謂越王曰：'君王德可刻金石。'"（《文選》卷第四十二《與楊德祖書》"留金石之功"李善注 P.594）

《吴越春秋》："樂師謂越王曰：'君王德可刻之於金石。'"（《文選》卷第五十《宋書謝靈運傳論》"英辭潤金石"李善注 P.702）

《吴越春秋》："樂師謂越王曰：'君王德可以刻之金石。'"（《文選》卷第五十九《齊故安陸昭王碑文》"鍾石徒刊"李善注 P.824）

《吴越春秋》："樂師曰：'君王之德可刻之扵金石。'"（《文選》卷第六十《祭屈原文》"聲溢金石"李善注 P.837）

《吴越春秋》："樂師曰：'君王之德，可記之於管絃。'"（《文選》卷第六《魏都賦》"而盛德形於管絃"李善注 P.97）

顧校：何子言之其合（"合"字爲空格）於天　越王（下多"不聽"）還於吴　吴殺忠臣伍子胥（下多"我君王聞諸侯"）

蔣校：何子言之其合（宋本作空格）於天　越王（宋本下有"不聽"二字）還於吴　吴殺忠臣伍子胥（宋本下有"我君王聞諸侯"六字）

10.15

范蠡從吴欲去，恐勾踐未返失人臣之義，乃從入越[1]。行謂文種曰："子來去矣[2]！越王必將誅子。"種不然言。蠡復爲書遺種曰[3]："吾聞天有四時，春生冬伐；人有盛衰，泰終必否[4]。知進退存亡而不失其正，惟賢人乎！蠡雖不才，明知進退。高鳥已散，良弓將藏；狡兔已盡，良犬就烹。夫越王爲人，長頸鳥喙，鷹視狼步。可與共患難，而不可共處樂；可與履危，不可與安。子若不去，將害於子，明矣。"文種不信其言。越王陰謀，范蠡議欲去徼倖[5]。

【注釋】

〔1〕《國語·越語下》載范蠡回到五湖時就辭别了越王，與此文不同。

〔2〕來：語助詞，用來加强語勢。

〔3〕遺（wèi 衛）：送給。據《史記·越王句踐世家》載，范蠡給文種此信時已到了

齊國，與此文不同。

〔4〕參見7.2注〔28〕。

〔5〕此下當有脱文。徼倖：同“僥倖”，求利不止而意外獲得成功或免於不幸。

【義疏】

范蠡在吴國的時候就想離開勾踐了，衹是怕勾踐還没有回國而有失做臣子的禮義，于是就跟隨勾踐一起回越國去。走在路上他對文種説：“您該走啦！越王一定會殺害您的。”文種並不認爲他的話是對的。范蠡又寫信給文種説：“我聽説自然界有四季的交替，春天使萬物生長，冬天使萬物凋零；人有興盛和衰微的變化，通達顯貴到了極點就一定會轉向窮困潦倒。通曉進取和退隱、生存和死亡之間的辯證關係而能把握住它的正確原則，大概衹有賢人纔能這樣吧！我范蠡雖然没有才能，也明瞭進取與退隱的原則。高飛的鳥兒已經散落，强勁的好弓就將收藏；狡猾的兔子已經死光，優良的獵狗將被煮湯。那越王的長相秉性，長脖子，鳥嘴巴，眼神像老鷹，走路像狼。這種人可以和他共度患難，却不可和他同享安樂；可以和他一起出入于危險的地方，却不可和他一起處在安全的環境中。您如果不離開他，他就會殺害您，這道理已是很明白的了。”文種還是不相信他的話。越王在暗中謀劃，范蠡則和文種商議要離開越王去碰運氣。

【輯證】

范蠡遂去，自齊遺大夫種書曰：“蜚鳥盡，良弓藏；狡兔死，走狗烹。越王爲人長頸鳥喙，可與共患難，不可與共樂。子何不去？”種見書，稱病不朝。（《史記·越王句踐世家》P.2095）

顧校：長頸鳥啄（喙）

蔣校：長頸鳥啄（宋本“喙”）

10.16

二十四年九月丁未〔1〕，范蠡辭於王曰：“臣聞主憂臣勞，主辱臣死，義一也。今臣事大王，前則無滅未萌之端〔2〕，後則無救已傾之禍。雖然，臣終欲成君霸國，故不辭一死一生〔3〕。臣竊自惟乃使於吴、王之慙辱、蠡所以不死者〔4〕，誠恐讒於太宰嚭、成伍子胥之事〔5〕，故不敢前死，且須臾而生〔6〕。夫恥辱之心，不可以大●〔7〕；流汗之愧〔8〕，不可以忍。幸賴宗廟之神靈、大王之威德，以敗爲成，斯湯、武克夏、商而成王業者。定功雪恥，臣所以當席日久〔9〕。臣請從斯辭矣。”越王惻然，泣下霑衣，言曰：“國之士大夫是子，國之人民是子，使孤寄身託號以俟命矣〔10〕。今子云去，欲將逝矣。

是天之棄越而喪孤也，亦無所恃者矣。孤竊有言：公位乎●〔11〕，分國共之；去乎，妻子受戮。”范蠡曰：“臣聞：‘君子俟時，計不數●謀〔12〕，死不被疑，内不自欺。’臣既逝矣，妻子何法乎？王其勉之〔13〕！臣從此辭。”乃乘扁舟〔14〕，出三江之口【1】〔15〕，入五湖之中【2】〔16〕，人莫知其所適〔17〕。

【校記】

【1】大德本無“之口”二字，據《水經注·卷二十九·沔水》引文補。

【2】大德本無“之中”二字，據《水經注·卷二十九·沔水》引文補。

【注釋】

〔1〕勾踐二十四年（前473）九月丁未爲九月初六。《左傳·哀公二十二年》云：“冬十一月丁卯（覺按：二十七日），越滅吴。”則越滅吴在勾踐二十四年十一月。此文在越滅吴後再記“二十四年九月”，雖與前文不矛盾，恐也爲誤記（參見10.12注〔1〕、10.13注〔1〕）。

〔2〕此兩句應“主憂臣勞”而言，實是反話，是范蠡的自謙之詞。　則：表示對比關係的連詞，參見《詞詮》卷六。　端：開頭，苗頭。也指禍根。

〔3〕不辭一死：指他與勾踐冒險入臣於吴，應“主憂臣勞”而言。　不辭一生：指勾踐棲於會稽山、到吴國當奴僕等受辱之時他没有殉身，應“主辱臣死”而言。《國語·越語下》作：“昔者君王辱於會稽，臣所以不死者，爲此事（指滅吴稱霸之事）也。”可資參考。

〔4〕此句以下應“主辱臣死”而言。　惟：思。　乃：《廣雅·釋詁一》：“乃，往也。”即過去的意思。《漢書·曹參傳》“乃者我使諫君也”顔師古注：“乃者，猶言曩者。”

〔5〕據《左傳·哀公二十四年》，太宰嚭此時爲越國之臣而未死，則此所謂“太宰嚭”應解爲其本人。但是，根據此文語氣及本書5.27所載，此時太宰嚭已死，所以此所謂“太宰嚭”，是指類似太宰嚭那樣的讒佞。

〔6〕須臾：苟延。

〔7〕徐天祜曰：“承上文而言，則‘大’當作‘久’。”〇覺按：作“大”也通。

〔8〕流汗：指當奴僕服勞役。

〔9〕當庭：在位當權。　日久：時間很長。

〔10〕俟（sì寺）命：待命。　寄身託號以俟命：指把君位讓給范蠡而自己爲臣。

〔11〕徐天祜曰：“‘位’當作‘住’。”〇覺按：作“位”也通，表示任職。

〔12〕徐天祜曰：“音朔。”〇覺按：數（shuò朔）：屢次。　數謀：多次謀劃，指猶豫不定，不能當機立斷。

〔13〕《國語·越語下》“君王勉之”韋昭注：“勉王以德。”

〔14〕扁（piān偏）舟：即“偏舟”，小船。《國語·越語下》作“輕舟”。

〔15〕三江之口：見5.21注〔23〕。

〔16〕五湖：見5.21注〔24〕。相傳范蠡入五湖時經過蠡口。《吴郡志》卷八：“蠡口在齊門之北，又有蠡塘，在婁門之東。相傳鴟夷子乘扁舟下五湖潛過此，以出招大夫種，因以名之。”今蘇州市東北九公里處有蠡口鎮。《史記·越王句踐世家》説范蠡“還反國”之後“與其私徒屬乘舟浮海以行”，與此文及《國語·越語下》之記述不同，蓋古代傳説

不同所致。

〔17〕此承襲《國語·越語下》之文。《史記·貨殖列傳》則載其去向，其言云：“范蠡既雪會稽之恥，乃喟然而歎曰：‘計然之策七，越用其五而得意。既已施於國，吾欲用之家。’乃乘扁舟浮於江湖，變名易姓，適齊爲鴟夷子皮，之陶爲朱公。朱公以爲陶天下之中，諸侯四通，貨物所交易也。乃治產積居，與時逐，而不責於人。故善治生者，能擇人而任時。十九年之中，三致千金，再分散與貧交疏昆弟，此所謂富好行其德者也。後年衰老而聽子孫，子孫脩業而息之，遂至巨萬，故言富者皆稱陶朱公。”《史記·越王句踐世家》記其事更詳，可參見。

【義疏】

勾踐二十四年（前473）九月丁未日，范蠡向越王告辭説：“我聽説君主憂慮時臣子就該勞苦，君主受辱時臣子就該殉身，那道理是一樣的。現在我侍奉大王，以前没有消滅過尚未萌生的禍根，後來又没有救援過已經傾瀉成災的禍患。雖然這樣，我還是始終想成就國君稱霸立國的大業，所以既没有推辭一死，又没有放弃一命。但我私下裏一直在思忖從前出使到吴國時大王遭到那樣的耻辱而我仍然没死的原因，我真怕被太宰嚭那樣的奸臣所讒毁而演成伍子胥那樣的事，所以我不但没有膽量在從前殉身，而且至今還能苟延殘喘。那忍受耻辱的思想，是不可以讓它擴大的；被奴役而汗流浹背的羞愧，是不應該忍受的。幸好依靠了祖宗的神明精靈、大王的威勢德行，所以纔將失敗轉變爲成功，這就好像是商湯、周武王戰勝了夏桀、商紂王而成就了稱王大業。大王建立了功業，洗刷了耻辱，這就是我能長期在位當權的原因。請讓我從此告别吧。”越王非常悲痛，眼泪滴濕了衣服，説道：“國内的官吏都認爲您正確，國内的人民都認爲您做得對，就讓我把自己托付給您、把國君的名號交給您而等候您的命令吧。現在您説要離去，想馬上就走。這是上天在抛弃越國而損傷我啊，我也就不再有什麽依靠了。我個人想説句話：您如果在位任職嘛，那我就把國家分一半給您和您共同統治它；如果一定要離開嘛，您的妻子兒女就會被殺掉。”范蠡説：“我聽説：‘君子衹是等待時機，計策從不多次商議，到死也不懷疑自己，心裏從不排解自欺。’既然是我要走，妻子兒女又犯了什麽法呢？大王還是努力行德吧！我就此告辭了。”于是就乘了小船，從三江口出去，進入了太湖，無人知道他到了什麽地方。

【輯證】

反至五湖，范蠡辭於王曰：“君王勉之，臣不復入越國矣。”王曰：“不穀疑子之所謂者何也？”對曰：“臣聞之：‘爲人臣者，君憂臣勞，君辱臣死。’昔者君王辱於會稽，臣所以不死者，爲此事也。今事已濟矣，蠡請從會稽之罰。”王曰：“所不掩子之惡，揚子之美者，使其身無終没於越國。子聽吾言，與子分國；不聽吾言，身死，妻子爲戮。”范蠡對曰：“臣聞命矣。君行制，臣行意。”遂乘輕舟以浮於五湖，莫知其所終極。（《國

語·越語下》P.658)

范蠡事越王句踐，既苦身勠力，與句踐深謀二十餘年，竟滅吴，報會稽之恥，北渡兵於淮以臨齊、晉，號令中國，以尊周室，句踐以霸，而范蠡稱上將軍。還反國，范蠡以爲大名之下，難以久居，且句踐爲人可與同患，難與處安，爲書辭句踐曰："臣聞主憂臣勞，主辱臣死。昔者君王辱於會稽，所以不死，爲此事也。今既以雪恥，臣請從會稽之誅。"句踐曰："孤將與子分國而有之。不然，將加誅于子。"范蠡曰："君行令，臣行意。"乃裝其輕寶珠玉，自與其私徒屬乘舟浮海以行，終不反。於是句踐表會稽山以爲范蠡奉邑。范蠡浮海出齊，變姓名，自謂鴟夷子皮，耕于海畔，苦身戮力，父子治產。居無幾何，致產數十萬。齊人聞其賢，以爲相。范蠡喟然歎曰："居家則致千金，居官則至卿相，此布衣之極也。久受尊名，不祥。"乃歸相印，盡散其財，以分與知友鄉黨，而懷其重寶，閒行以去，止于陶，以爲此天下之中，交易有無之路通，爲生可以致富矣。於是自謂陶朱公。復約要父子耕畜，廢居，候時轉物，逐什一之利。居無何，則致貲累巨萬。天下稱陶朱公。（《史記·越王句踐世家》P.2101）

昔者越王句踐困於會稽之上，乃用范蠡、計然。計然曰："知鬬則修備，時用則知物，二者形則萬貨之情可得而觀已。故歲在金，穰；水，毁；木，饑；火，旱。旱則資舟，水則資車，物之理也。六歲穰，六歲旱，十二歲一大饑。夫糶，二十病農，九十病末。末病則財不出，農病則草不辟矣。上不過八十，下不減三十，則農末俱利，平糶齊物，關市不乏，治國之道也。積著之理，務完物，無息幣。以物相貿，易腐敗而食之貨勿留，無敢居貴。論其有餘不足，則知貴賤。貴上極則反賤，賤下極則反貴。貴出如糞土，賤取如珠玉。財幣欲其行如流水。"修之十年，國富，厚賂戰士，士赴矢石，如渴得飲，遂報彊吴，觀兵中國，稱號"五霸"。范蠡既雪會稽之恥，乃喟然而歎曰："計然之策七，越用其五而得意。既已施於國，吾欲用之家。"乃乘扁舟浮於江湖，變名易姓，適齊爲鴟夷子皮，之陶爲朱公。朱公以爲陶天下之中，諸侯四通，貨物所交易也。乃治產積居，與時逐而不責於人。故善治生者，能擇人而任時。十九年之中三致千金，再分散與貧交疏昆弟。此所謂富好行其德者也。後年衰老而聽子孫，子孫脩業而息之，遂至巨萬。故言富者皆稱陶朱公。（《史記·貨殖列傳》P.3924）

松江自湖東北流逕七十里，江水歧分，謂之三江口，《吴越春秋》稱"范蠡去越，乘舟出三江之口，入五湖之中"者也。（《水經注》卷二十八 P.565）

《吴越春秋》……又曰："范蠡既滅吴，乃乘扁舟，出三江，入五湖，人莫知其所適。"（《太平御覽》卷第七百六十九 P.3411）

《吴越春秋》云："范蠡去越，乘舟出三江之口，入五湖之中。"（《吴郡圖經續記》卷中"水"P.28）

《吴越春秋》云："范蠡去越，出三江之口，入五湖之中。"（《會稽志》卷第四"斗門"V.4-P.23）

顧校：三（二）十四年九月丁未　義（下多"之"）一也　流汗之愧（媿）

蔣校：義（宋本下有"之"字）一也

10.17

范蠡既去，越王愀然變色〔1〕，召大夫種曰："蠡可追乎？"種曰："不及也。"王曰："柰何？"種曰："蠡去時，陰畫六，陽畫三〔2〕。

日前之神[3]，莫能制者。玄武、天空威行[4]，孰敢止者？度天關[5]，涉天梁[6]，後入天一[7]，前翳神光[8]。言之者死，視之者狂。臣願大王勿復追也。蠡終不還矣。”越王乃收其妻子[9]，封百里之地[10]：“有敢侵之者，上天所殃[11]。”於是越王乃使良工鑄金象范蠡之形，置之坐側，朝夕論政。

【注釋】

〔1〕愀（qiǎo 巧）：憂懼的樣子。

〔2〕陰畫六：指八卦中的坤卦☷。陽畫三：指八卦中的乾卦☰。《周易·乾》“元亨利貞”孔穎達疏：“乾卦本以象天，天乃積諸陽氣而成天，故此卦六爻，皆陽畫成卦也。”坤屬陰，象徵地；乾屬陽，象徵天。范蠡畫陰陽之劃，是爲了求得天地的佑助。

〔3〕日前之神：或即後世所謂“日遊神”，是一種凶神，人宜避忌。《元曲選·桃花女破法嫁周公雜劇·第三折》：“今日他出門之時，正與日遊神相觸，便不至死，也要帶傷。”范蠡出遊，故文種以遊神保佑來附會；此神“莫能制者”，喻指范蠡之不能制止。

〔4〕玄武：北方太陰之神。《楚辭·遠遊》“召玄武而奔屬”王逸注：“呼太陰神使承衛也。”洪興祖補注：“説者曰：‘玄武，謂龜蛇。位在北方，故曰玄；身有鱗甲，故曰武。’蔡邕曰：‘北方玄武，介虫之長。’《文選》注云：‘龜與蛇交曰玄武。’”北方之神主水，范蠡乘舟入湖，故文種以水神保佑來附會。水神威行，“孰敢止者”，喻指范蠡出遊無人敢阻止。天空：神名。《黄帝金匱玉衡經》：“天空下賤，主侍帝庭。”則天空神雖下賤，也侍奉於帝庭，所以其行也無人敢阻止。

〔5〕度：越過。天關：《晉書·天文志上》：“東方：角二星爲天關，其間天門也，其内天庭也。”則“天關”指角宿，也就是室女座 α、ζ 兩星。此喻指范蠡經過的關口。

〔6〕涉：古代趟水過河叫涉，而渡水以及走過橋樑也可叫涉，如《楚辭·離騷》：“麾蛟龍使梁津兮，詔西皇使涉予。”（意爲：命蛟龍做成橋樑，令西皇幫我走橋過河。）此文指過橋。天梁：《晉書·天文志上》：“北方：南斗六星，天廟也，丞相太宰之位……南二星魁，天梁也。”則“天梁”即指斗宿五、六兩星，也就是人馬座 ξ、τ 兩星。此喻指范蠡經過的橋樑。《黄帝金匱玉衡經·金匱章·第一經》：“出天門，登天關，涉天梁，見白虎，必憂死喪。”與此文旨意相似。

〔7〕天一：星名，占術中用作神名。《史記·天官書》：“中宫……皆曰紫宫。前列直斗口三星，隨（覺按：據《索隱》，“隨”爲“隋”之誤字，“隋”通“橢”）北端兑，若見若不，曰陰德，或曰天一。”《晉書·天文志上》：“天一星在紫宫門右星南，天帝之神也，主戰鬬，知人吉凶者也。”依此，則天一當指北極座之三、四、五號星。它主戰鬬，所以“言之者死”。此文當以“天一”來喻指范蠡的歸宿處。

〔8〕翳（yì 義）：遮蔽。神光：神異的靈光。一説“神光”是神名。

〔9〕俞樾曰：“據此，則范蠡之去，妻子不從，後世乃有載西子泛五湖之説，非事實矣。”〇覺按：參見 9.8 注〔3〕。

〔10〕《越絶書·外傳記地傳》：“苦竹城者，勾踐伐吴還，封范蠡子也。其僻居，徑六十步。因爲民治田，塘長千五百三十三步。其冢名土山。范蠡苦勤功篤，故封其子於是。去縣十八里。”《水經注·漸江水》：“浙江……又逕會稽山陰縣，有苦竹里，里有舊城，言句踐封范蠡子之邑也。”

〔11〕這兩句是誓告之辭，“有敢”上宜有“曰”字（本書記言時常不用“曰”字，參見1.5、3.4、3.8、3.11、4.4、4.9、4.24、4.25、5.11、10.17、10.19等）。《國語·越語下》：“王命工以良金寫范蠡之狀而朝禮之，浹日而令大夫朝之，環會稽三百里者以爲范蠡地，曰：‘後世子孫，有敢侵蠡之地者，使無終没於越國，皇天后土、四鄉地主正之。’”韋昭注：“此誓告也。”可作參證。這兩句是説：“有膽敢侵害他們的人，就會成爲上天所殘害的對象。”

【義疏】

范蠡走了以後，越王憂懼得變了臉色，召見大夫文種説：“范蠡可以被追回來嗎？”文種説：“已追不上了。”越王説：“爲什麽呢？”文種説：“范蠡離去的時候，畫了陰劃六横、陽劃三横。那個日游神，没有人能制止他。玄武、天空之神威武地行走，誰敢去阻止他們呢？此神越過了天關，走過了天橋，從後面進入天一，而在前面遮蔽了神异的靈光。議論他的就會死亡，注視他的就會發瘋。我請大王不要再去追他了。范蠡終究不會回來了。”越王就收攬了范蠡的妻子兒女，封給她們百里見方的土地，告誡人們説：“如果有誰敢侵害她們，就將受到上天的懲罰。”于是越王就叫能工巧匠仿照范蠡的形象鑄造了一個銅像，把它放在座位邊上，每時每刻都和它討論政事。

【輯證】

昔者，越王勾踐困於會稽，歎曰：“我其不伯乎！”欲殺妻子，角戰以死。蠡對曰：“殆哉！王失計也，愛其所惡。且吴王賢不離，不肖不去，若卑辭以地讓之，天若棄彼，彼必許。”勾踐曉焉，曰：“豈然哉！”遂聽能以勝。越王勾踐即得平吴，春祭三江，秋祭五湖。因以其時，爲之立祠，垂之來世，傳之萬載。鄰邦樂德，以來取足。范蠡内視若盲，反聽若聾，度天關，涉天機，後衽天人，前帶神光。當是時，言之者□，其去甚微甚密，王已失之矣，然終難復見得。於是度兵徐州，致貢周室，元王以之中興，號爲州伯，以爲專勾踐之功，非王室之力。是時越行伯道，沛歸於宋，浮陵以付楚，臨期、開陽復之於魯。中邦侵伐，因斯衰止。（《越絶書·德序外傳記》P.267）

王命工以良金寫范蠡之狀而朝禮之，浹日而令大夫朝之，環會稽三百里者以爲范蠡地，曰：“後世子孫，有敢侵蠡之地者，使無終没於越國，皇天后土、四鄉地主正之。”（《國語·越語下》P.659）

10.18

自是之後，計硯佯狂；大夫曳庸、扶同、皐如之徒，日益踈遠，不親於朝。大夫種内憂不朝，人或讒之於王，曰：“文種棄宰相之位而令君王霸於諸侯〔1〕。今官不加增，位不益封，乃懷怨望之心〔2〕。憤發於内，色變於外，故不朝耳。”異日，種諫曰：“臣所以在朝而晏罷、若身疾作者〔3〕，但爲吴耳。今已滅之，王何憂乎？”越王默然。時魯哀公患三桓〔4〕，欲因諸侯以伐之；三桓亦患哀公之怒，以故君臣作難●〔5〕。哀公奔陘，三桓攻哀公，公奔衛，又奔越●〔6〕。魯國空虚〔7〕，國人悲之，來迎哀公，與之俱歸。勾踐憂文種之不圖【1】，故不爲哀公伐三桓也。

【校記】

【1】"勾踐憂文種"至10.20"玄冥之下妻曰"爲大德本一百三十六葉，係補刻之版。

【注釋】

〔1〕此指讓范蠡當宰相，從而成就了越王的霸業。

〔2〕望：埋怨，責怪。

〔3〕徐天祜曰："'在'當作'蚤'。"〇覺按："蚤""在"形近而誤。"蚤"通"早"。10.12作"早朝晏罷"，《墨子·尚賢中》説"蚤朝晏退"，與此文義同。若：大德本、鄺本、馮本、吴本、四庫本皆作"若"，實當作"苦"，形近而訛。《莊子·至樂》："夫富者，苦身疾作，多積財而不得盡用，其爲形也亦外矣。"是其證。

〔4〕三桓：春秋後期掌握魯國政權的三大貴族，即孟孫氏（一作仲孫氏）、叔孫氏、季孫氏。這三族是魯桓公之子仲慶父（也稱孟氏）、叔牙、季友的後裔，所以稱"三桓"。魯文公死後，三桓勢力日强，分領三軍，實際上掌握了魯國的政權。參見《史記·魯周公世家》及4.3注〔15〕。《左傳·哀公二十四年》："閏月（覺按：閏十月），公如越，得大子適郢。"《左傳·哀公二十五年》："六月，公至自越，季康子、孟武伯逆於五梧。"《史記·魯周公世家》："（哀公）二十七年春，季康子卒。夏，哀公患三桓，將欲因諸侯以劫之；三桓亦患公作難，故君臣多閒。……公欲以越伐三桓。八月，哀公如陘氏。三桓攻公，公奔于衛，去如鄒，遂如越。國人迎哀公復歸，卒于有山氏。"《左傳·哀公二十七年》所記與此類似。由此可見，魯哀公雖兩次赴越而歸，但均在勾踐二十六年以後。此文顯然是承襲了《史記》之文，但將它記於勾踐二十四年（即魯哀公二十二年），顯屬謬誤。參見10.25注〔3〕。

〔5〕徐天祜曰："去聲。"

〔6〕徐天祜曰："哀公二十（覺按：大德本"十"壞爲"丨"，據鄺本改）七年，'公如公孫有陘氏'，'乃遂如越'。《史記》曰：'公如陘氏。三桓攻公，公奔于衛，遂如越。'陘，楚地也。杜預曰：'有陘氏即有山氏。'"〇覺按："陘"爲地名，又名"陘山"（《左傳·僖公四年》"次于陘"，《史記·楚世家》作"至陘山"），其地在今河南省漯河市郾城區東。

〔7〕魯國空虚：與3.11所説的"國空"義同，指國内無君。

【義疏】

從此以後，計硯假裝發瘋了；大夫曳庸、扶同、皋如之類，也一天比一天疏遠，不再親自到朝廷上了。大夫文種心中憂鬱而不上朝，有人在越王面前詆毁他，説："文種放弃了宰相的高位而使大王稱霸諸侯。現在他官職没有進一步加大，爵位也没有進一步封高，于是就懷有怨恨之心。他的憤恨産生于内心，而臉色的改變却在外表，他怕被人看出來，所以纔不上朝啊。"後來，文種勸越王説："我過去之所以很早上朝很晚退朝、熬苦了自己而勤奮工作，衹是爲了吴國而已。現在已經把他們消滅了，大王還擔憂什麽呢？"越王一聲不吭。當時魯哀公因爲三桓强大而擔憂，想依靠别國諸侯來討伐他們；

三桓也擔心哀公發怒，所以君臣之間互相作對。哀公就逃到了陘，三桓攻打哀公，哀公逃到衛國，又轉而逃到越國。魯國没有了君主，國内的人爲此而感到悲哀，就來迎接哀公，和他一起回國。勾踐擔心文種不出謀劃策，所以不爲哀公去討伐三桓。

【輯證】

公患三桓之侈也，欲以諸侯去之。三桓亦患公之妄也，故君臣多間。公游于陵阪，遇孟武伯於孟氏之衢，曰："請有問於子，余及死乎？"對曰："臣無由知之。"三問，卒辭不對。公欲以越伐魯而去三桓。秋八月甲戌，公如公孫有陘氏，因孫於邾，乃遂如越。國人施公孫有山氏。（《左傳·哀公二十七年》P.2183）

（魯哀公二十七年）夏，哀公患三桓，將欲因諸侯以劫之，三桓亦患公作難，故君臣多閒。公游于陵阪，遇孟武伯於街，曰："請問余及死乎？"對曰："不知也。"公欲以越伐三桓。八月，哀公如陘氏。三桓攻公，公奔于衛，去如鄒，遂如越。（《史記·魯周公世家》P.1858）

顧校：大夫曳（洩）庸　　時魯哀公患三桓（桓）　　三桓（桓）亦患哀公之怒　　三桓（桓）攻哀公　　故不爲哀公伐三桓（桓）也

蔣校：大夫曳（宋本"洩"）庸

10.19

二十五年丙午平旦[1]，越王召相國大夫種而問之："吾聞：'知人易，自知難[2]。'其知相國何如人也？"種曰："哀哉！大王知臣勇也，不知臣仁也；知臣忠也，不知臣信也。臣誠數●以損聲色[3]、滅淫樂、奇説怪論，盡言竭忠以犯大王，逆心咈耳必以獲罪[4]。臣非敢愛死不言，言而後死，昔子胥於吴矣。夫差之誅也，謂臣曰[5]：'狡兔死，良犬烹；敵國滅，謀臣亡。'范蠡亦有斯言。何大王問犯《玉門》之第八[6]？臣見王志也。"越王默然不應，大夫亦罷。

【注釋】

〔1〕二十五年丙午：當指該年正月初七。但此記年或有誤，參見10.16注〔1〕、10.18注〔4〕。平旦：見5.12注〔10〕。

〔2〕人：别人，他人。此指敵人一方。自：自己。此指自己一方，所以勾踐接著説不知相國是什麼樣的人。

〔3〕徐天祜曰："音朔。"

〔4〕咈（fú 拂）：違背，抵觸。

〔5〕據本書5.27，下面是夫差給文種信中的話；據《韓非子·内儲説下》，則是太宰嚭給文種信中的話。

〔6〕《玉門》：見7.9注〔4〕。

【義疏】

勾踐二十五年（前472）丙午日清晨，越王召見相國大夫文種而問他："我聽説：'瞭解别人一方容易，瞭解自己一方困難。'我哪能知道您相國是個什麽樣的人呢？"文種説："真使人傷心啊！大王知道我勇敢，却不知道我仁慈；知道我忠貞，却不知道我守信。我的確屢次用減少音樂女色、除掉放蕩作樂等奇談怪論，暢所欲言、竭盡忠誠地來冒犯大王，但違背了您的心意、刺激了您的耳朵就一定會因此而遭罪。我不敢愛惜生命而不説，但説了以後就會死，過去伍子胥在吴國就這樣死了。從前夫差將被我攻殺的時候，對我説：'狡猾的兔子已死光，優良的獵狗也煮湯；敵對的國家已消滅，謀劃的大臣就滅亡。'范蠡也説過這話。爲什麽大王問我的時辰要觸犯《玉門》第八呢？我已從中看到了大王的心意。"越王沉默不答，大夫文種也就作罷了。

10.20

哺其耳以成人惡●〔1〕。其妻曰："君賤一國之相、少王禄乎？臨食不亨●〔2〕，哺以惡，何●〔3〕？妻子在側〔4〕；匹夫之能自致相國，尚何望哉？無乃爲貪乎？何其志忽忽若斯？"種曰："悲哉！子不知也。吾王既免於患難，雪恥於吴，我悉徙宅自投死亡之地。盡九術之謀〔5〕，於彼爲佞，在君爲忠，王不察也，乃曰：'知人易【1】，自知難。'吾答之，又無他語。是凶妖之證也。吾將復入，恐不再還，與子長訣，相求於玄冥之下〔6〕。"妻曰："何以知之？"種曰："吾見王時，正犯《玉門》之第八也。辰剋其日〔7〕，上賊於下，是爲亂醜〔8〕，必害其良。今日剋其辰〔9〕，上賊下止，吾命須臾之間耳。"

【校記】

【1】易：此處大德本爲補刻之版，其文作"昜"，據嘉靖本改。

【注釋】

〔1〕徐天祜曰："大渡。"○盧文弨曰："此有脱文。"○覺按："哺"上當有"歸而"二字。 惡：見7.11注〔2〕。 哺：餵食，引申指填塞。 耳：當指鼎耳。《説文·鼎部》："鼎，三足兩耳，和五味之寶器也。"鼎在古代既用於煮、盛物品，也用作爲宗廟祭祀的禮器，所以其妻責之以"臨食不亨"。鼎爲國之重器，因而又用來喻指宰輔、重臣之位，如《後漢書·陳球傳》："公出自宗室，位登台鼎。"此文即喻指文種的相位，現"哺其耳以成人惡"，也就是污蔑卑視其相國的地位，所以其妻責之以"賤一國之相"。

〔2〕徐天祜曰："'亨'當作'享'。"○覺按：亨（xiǎng享）：同"享"，祭祀，供獻，指把祭品、珍品獻給祖先、神明或天子、侯王。

〔3〕徐天祐曰："句。"

〔4〕在側：在旁邊，謙指（古代妾稱爲"側室"，故此"側"字含有謙稱之意）自己還活著。這句是其妻勸文種顧念妻子兒女而不要造次妄爲。

〔5〕九術：指九種滅吴的方法，見9.4。

〔6〕求：通"逑"，聚。 冥：同"冥"。 玄冥之下：黑暗的地底下，指陰間。

〔7〕辰：指時辰，象徵臣。 日：日期，象徵君。參見3.5注〔16〕。

〔8〕亂醜：當爲占術中的術語，是混亂醜惡的意思。

〔9〕這次文種見勾踐在丙午平旦（見10.19）。此句之"日"指丙午；"時"指平旦，即卯時（見5.12注〔10〕）。"丙午"在五行配火，"卯"在五行配木（見5.12注〔16〕）。火克木，所以説"日剋其辰"。

【義疏】

文種回到相國府後拿成人的大便填在鼎耳中。他的妻子説："郎君鄙視執掌全國大權的相國之位、看不起國君所給的俸禄嗎？到吃飯的時候不但不供獻祭品，反而用大便填在鼎耳中，爲什麽呢？您要想想，您妻子兒女都在您身邊依靠您；而且，一個平民能使自己做到相國，還企求什麽呢？莫非是因爲貪婪吝？否則，爲什麽您的思想昏亂糊塗得像這個樣子？"文種説："真可悲啊！您實在不懂得這種事。我們的國君已經免除了灾難，在吴國洗刷了過去所受的耻辱，這樣，我也就完全把自己的立身之處遷移到了死亡的地方。我獻上了包含有九種辦法的全部謀略，這在吴國一方可以説我是巧言諂媚，但在國君來説應該把這當作忠誠，然而國王並没有明察這一點，竟然説：'瞭解别人一方容易，瞭解自己一方困難。'我回答他，他又没有其他的話。這是不吉利不正常的徵兆啊。我將再次進宫，恐怕不能再回來了，就和您永别了，到陰間再相會吧。"妻子説："憑什麽知道事情會這樣呢？"文種説："我拜見國王的時候，正好觸犯了《玉門》第八。如果這時時辰的干支勝過那日期的干支，那麽君主就會被臣下所戕害，這就是混亂醜惡，那就一定會危害那些好人。現在我拜見國王的時候是日期的干支勝過了那時辰的干支，所以君主會殺害臣子，臣子會止息，我的生命就在片刻之間而已。"

10.21

越王復召相國，謂曰："子有陰謀兵法傾敵取國[1]。九術之策，今用三，已破彊吴；其六尚在子所，願幸以餘術爲孤前王於地下謀吴之前人。"於是種仰天歎曰："嗟乎！吾聞：'大恩不報，大功不還。'其謂斯乎！吾悔不隨范蠡之謀，乃爲越王所戮。吾不食善言，故哺以人惡。"越王遂賜文種屬盧●之劍[2]。種得劍又歎曰："南陽之宰而爲越王之擒〔3〕。”自笑曰：“後百世之末，忠臣必以吾爲喻矣。”遂伏劒而死●〔4〕。

越王葬種於國之西山●〔5〕，樓船之卒三千餘人〔6〕，造鼎足之羡●〔7〕，或入三峯之下〔8〕。葬一年，伍子胥從海上穿山脅而持種去〔9〕，與之俱浮於海【1】。故前潮水潘候者〔10〕，伍子胥也；後重水者，大夫種也。

【校記】

【1】“浮於海”至10.23“生熛風”及徐注之十字爲大德本一百三十八葉，係補刻之版。

【注釋】

〔1〕陰謀：秘密的計謀，指九術。9.4說：“凡此九術，君王閉口無傳。”所以説它是“陰謀”。

〔2〕徐天祜曰：“‘盧’當作‘鏤’。”〇覺按：作“盧”也可，徐説未得古音相通之理，參見5.19注〔1〕。

〔3〕南陽：當作“南郢”。《文選·豪士賦序》“文子懷忠敬而齒劒”李善注：“《吴越春秋》曰：‘文種者，本楚南郢人也。姓文，字少禽。’”是其證。 南郢：即楚都郢，在今湖北省荆州市西北之紀南城，因其地處中國南方，所以又稱“南郢”。參見4.9注〔5〕、4.19注〔3〕。

〔4〕徐天祜曰：“勾踐脱囚虜之辱，苦身勞思，君臣相與謀報吴者二十餘年，卒以越霸。諸臣雖與有力，而種、蠡之功居多。蠡見幾而作，可謂明且哲矣。種之死也，無罪而越王誅之也。無名其辭，乃曰：‘幸以餘術爲孤前王於地下謀吴之前人。’是何言歟？令死者有知，謀之地下何益？如其無知，焉用謀之？夫大功不賞而淫刑以報，此種所以仰天而歎，又自笑也。”

〔5〕徐天祜曰：“即臥龍山，又名種山，一曰重山。《太平御覽》曰：‘種山之名，因大夫種。以語訛成“重”也。’”〇覺按：西山狀若卧龍，故名卧龍山、龍山。因文種葬於此山北麓，故又名種山。後代山陰縣治在其西麓，府治於其東麓，故俗稱府山。其主峰海拔七十八米，在今紹興市區，今已辟爲公園。其東北山腰處有文種墓碑亭，亭内墓碑題“越大夫文種 墓”。參見8.1注〔9〕、8.3注〔3〕。

〔6〕樓船：有疊層的大船，多作爲戰船。《史記·平準書》：“是時越欲與漢用船戰逐，乃大修昆明池，列觀環之，治樓船，高十餘丈，旗幟加其上，甚壯。”

〔7〕徐天祜曰：“《周禮·冢人》‘丘隧’註：‘羡道也。’疏曰：‘天子有隧，諸侯已下有羡道。’《史·衛世家》：‘共伯入釐侯羡。’《索隱》曰：‘羡，音延。延，墓道。又以戰切。’《始皇紀》曰：‘大事畢，閉中羡，下外羡。’上卷《夫差傳》‘羡門’，當亦與此同義。”〇覺按：“羡”音yán（延），“羡門”不在《夫差傳》，參見4.14注〔7〕。鼎足：鼎爲國之重器，有三足，因以鼎足喻三公、宰輔之位。

〔8〕《越絶書·外傳記地傳》作“葬之三蓬下”，未知孰是。

〔9〕山：即指葬文種之山。 山脅：胸的兩側叫“脅”。山脅當指山腰之上、山頭之下的部位，當是文種所葬之處。

〔10〕《説文通訓定聲》：“潘，叚借爲‘瀊’。《廣雅·釋器》：‘潘，瀾也。’”

《水經注·漸江水》："潮水之前揚波者，伍子胥。"文義更爲顯豁。

【義疏】

越王又召見相國，對他説："您有秘計兵法去顛覆敵人奪取他國。那九種方法的計策，現在衹用了三種就已經攻破了强大的吴國，其中的六種還在您那裏没有用過，希望您用這些剩下的方法爲我的前代君王在地下圖謀吴國的祖先。"于是文種抬頭朝天嘆息説："唉！我聽説：'大的恩德是得不到報答的，大的功勞是得不到酬勞的。'這話大概就是説的這種情况吧！我真後悔没有聽從范蠡的計謀，竟然被越王所殺。我不接受范蠡的忠言好話，所以用人糞填在相國府中的鼎耳上來象徵我的昏聵。"越王就賜給文種屬鏤寶劍讓他自殺。文種得到了屬鏤劍又嘆息説："南郢出生的宰相却被越王擒住了。"又譏笑自己説："以後在各個時代的衰亡時期，忠臣一定會拿我作爲比喻的。"于是就用劍自殺了。

越王把文種埋葬在國都西面的山上，送葬時出動了樓船上的士兵三千多人，還建造了檔次很高的墓道，有人説文種埋葬在三峰之下。葬了一年，伍子胥從海上過來鑿通山腰而挾着文種走了，和他一起漂浮在海上。所以前面的潮水涌起波濤而前來迎候的，就是伍子胥；後面那層層重叠而來的波浪，就是大夫文種。

【輯證】

人或讒種且作亂，越王乃賜種劍曰："子教寡人伐吴七術，寡人用其三而敗吴，其四在子，子爲我從先王試之。"種遂自殺。（《史記·越王句踐世家》P.2095）

大夫種輔翼越王句踐，而爲之報怨雪恥，擒夫差之身，開地數千里，然而身伏屬鏤而死。此皆達於治亂之機而未知全性之具者。（《淮南子·氾論訓》P.445）

種山者，勾踐所葬大夫種也。樓船卒二千人，鈞足羨，葬之三蓬下。種將死，自策："後有賢者，百年而至，置我三蓬，自章後世。"勾踐葬之，食傳三賢。（《越絶書·外傳記地傳》P.185）

種山在縣北三里餘，《吴越春秋》云："大夫種所葬之處。"（《太平寰宇記》卷九十六 V.470-P.63）

顧校：故前潮水潘候（候）者

蔣校：潘侯（宋本"候"）者

10.22

越王既已誅忠臣，霸於關東〔1〕，徙都瑯邪【1】〔2〕，起觀●臺〔3〕，周七里，以望東海。死士八千人，戈船三百艘〔4〕。居無幾，射求賢士〔5〕。孔子聞之〔6〕，從弟子奉先王雅琴禮樂奏於越〔7〕。越王乃被唐夷之甲●〔8〕，帶步光之劍，杖屈盧之矛●〔9〕，出死士以三百人爲陣關下。孔子有頃到，越王曰：“唯唯，夫子何以教之？”孔子曰：“丘能述五帝三王之道〔10〕，故奏雅琴以獻之大王●〔11〕。”越王喟然歎曰：“越性脆而愚〔12〕，水行山處，以船爲車，以檝爲馬，往若飄然，去則難從，悦兵敢死，越之常也。夫子何説而欲教之？”孔子不答，因辭而去。

【校記】

【1】徙都：此處大德本爲補刻之版，其文作“從”，據《太平御覽》卷一百六十引文改。

【注釋】

〔1〕關東：指函谷關（戰國時秦國所置關口，在今河南省靈寶市東北宏農澗河畔王垛村）以東之地。此乃漢朝人之稱謂，《春秋》《左傳》《國語》等皆無“關東”之稱。

〔2〕瑯邪：即“琅琊”，見8.3注〔12〕。《竹書紀年》卷下：“貞定王元年癸酉，於越徙都琅琊。”可見越徙都琅琊在周定王元年（魯哀公二十七年，公元前468年），即勾踐二十九年。此文將越徙都琅琊記於勾踐二十五年，顯然有誤。

〔3〕徐天祜曰：“去聲。”〇覺按：《史記·秦始皇本紀》“乃徙黔首三萬户琅邪臺下”《集解》：“《地理志》：‘越王句踐嘗治琅邪縣，起臺館。’”《正義》：“《括地志》云：‘密州諸城縣東南百七十里有琅邪臺，越王句踐觀臺也。臺西北十里有琅邪故城。’”

〔4〕戈船：古代一種戰船。《文選·吴都賦》“戈船掩乎江湖”劉淵林注：“戈船，船下有戈也。”船下安上戈戟，是爲了除去蛟鼉水蟲之害（參見《漢書·武帝紀》“歸義越侯嚴爲戈船將軍”顔師古注）。但是，《西京雜記》卷六則説：“戈船，上建戈矛，四角悉垂幡旄，旍葆麾蓋，照灼涯旄。”未知孰是。

〔5〕射：逐取，追求。

〔6〕這時孔子已死，不可能“聞之”，此下之文不可信（參見注〔11〕）。

〔7〕從：使……跟從，帶領。 雅琴：樂器名。

〔8〕徐天祜曰：“上卷《王僚傳》：‘被棠銕之甲。’”〇覺按：被（pī 披）：通“披”。 唐夷：通“棠銕”，見3.15注〔7〕。有人認爲“唐夷”就是“唐猊”，是古代一種兇猛的野獸，用它的皮製甲，非常堅厚，後來就用“唐夷”作爲甲的代稱。此説已爲某些詞典所吸取，但恐怕並不正確，因爲古書中只有“棠銕之甲”（見3.15）、“暘夷”（見《文選·吴都賦》）、“腸夷之甲”（見《越絶書·外傳記寶劍》）、“賜夷之甲”（見《越絶書·外傳記地傳》）等説法，而無以“唐猊之甲”一語來替代上述説法的例子。至於《越絶書》中的“賜夷”實爲“暘夷”之誤，而“暘夷”“腸夷”“賜夷”古代均讀如“唐夷”而通“棠銕”。

〔9〕徐天祜曰：“《典略》曰：‘周有屈盧之矛。’《説文》：‘矛，酋矛也，建於兵車，長二丈。’《周禮》：‘酋矛，長常（覺按：此處大德本爲補刻之版，“常”字誤作“棠”，今據鄺本改）有四尺。’蓋十六尺爲常，益四尺，則二丈也。”〇覺按：步光、屈盧：見5.7注〔9〕。 杖：通“仗”，執持。

〔10〕五帝：見7.2注〔21〕。 三王：見7.2注〔13〕。

〔11〕徐天祜曰：“越滅吴之明年，大夫種賜劍以死，是爲勾踐二十五年，即魯哀公二十三年也。此書謂已誅忠臣，居無幾，求賢士，孔子聞之，奉雅琴禮樂奏於越，皆是年事也。竊獨以爲不然。昔者夫子將見趙簡子，聞竇鳴犢、舜華之死，臨河而不濟，爲其殺賢大夫

而諱傷其類也，至作爲陬操以哀之。文種非賢大夫歟？使夫子尚在，聞種之死，愚知其不入越也，而況奏雅琴以干時君乎！按《春秋》，哀公十六年夏四月書‘孔丘卒’。由文種之死，上距夫子之卒，已八年矣。謂夫子以是年入越，非也。”

〔12〕脆：“脃”之俗字。《説文·肉部》：“脃，小耎易斷也。从肉，从絶省。”《廣雅·釋詁一》：“脃，弱也。”《老子·七十六章》：“人之生也柔弱，其死也堅强；萬物草木之生也柔脆，其死也枯槁。”《韓非子·解老》：“凡理者，方圓、短長、麤靡、堅脆之分也。”由此可見，古代的“脆”與堅硬强直相對，是“堅”的反義詞；而與“耎”（ruǎn 軟）、“弱”同義，即柔弱的意思。它與現在使用的“脆”字含義不同（今之“脆”與“韌”相對，指堅硬而易折斷破碎）。

【義疏】

越王已經殺了忠臣，就在函谷關以東一帶稱霸諸侯，把國都遷到琅琊，在那裏築起了觀望的高臺，周長七里，憑此來遠望東海。他擁有敢死之士八千人、裝有戈戟的戰船三百艘。過了没多久，他又追求賢德之士。孔子聽到了這個消息，就帶領學生捧着先王時代的雅琴、帶着合禮的雅樂到越國去演奏。越王就穿了用棠溪的優質鐵片製成的鎧甲，佩帶着步光利劍，手執屈盧良矛，派出敢死之士三百人在邊關下排成隊列。孔子一會兒就到了，越王説：“欸欸，先生用什麽來教我？”孔子説：“我孔丘能陳述五帝三王的政治原則，所以將通過演奏雅琴來把這些原則進獻給大王。”越王感慨地嘆息説：“越國人生性脆弱而愚蠢，在江河中來往，在山上居住，在交通中用船代替了車，用船槳代替了馬，前進衝鋒時就像旋風那樣迅猛，但要他們撤離却很難聽從，喜歡戰争勇于犧牲，這是越國人的通性。先生有什麽高見想來教我呢？”孔子没有回答，便告别他離去了。

【輯證】

貞定王元年癸酉，於越徙都琅琊。（《竹書紀年》卷下 P.113）

勾踐伐吴，霸關東，從瑯琊起觀臺，臺周七里，以望東海。死士八千人，戈船三百艘。居無幾，躬求賢聖。孔子從弟子七十人，奉先王雅琴，治禮往奏。勾踐乃身被賜夷之甲，帶步光之劍，杖物盧之矛，出死士三百人，爲陣關下。孔子有頃姚稽到越。越王曰：“唯唯。夫子何以教之？”孔子對曰：“丘能述五帝三王之道，故奉雅琴至大王所。”勾踐喟然嘆曰：“夫越性脆而愚，水行而山處，以船爲車，以楫爲馬，往若飄風，去則難從；鋭兵任死，越之常性也。夫子異，則不可。”於是孔子辭，弟子莫能從乎。（《越絶書·外傳記地傳》P.163）

《吴越春秋》曰：“越王勾踐二十五年，徙都瑯琊，立觀臺，周旋七里，以望東海。”（《太平御覽》卷第一百六十 P.778）

《吴越春秋》亦云：“越王於此起觀臺，周七里，以望東海。”（《會稽志》卷第一“越” V.1-P.3）

顧校：徙瑯邪（琊）

蔣校：徙瑯邪（宋本“琊”）

10.23

越王使人如木客山取允常之喪●[1]〔1〕，欲徙葬琅邪。三穿允常之墓[2]，墓中生熛風●〔2〕，飛砂石以射人，人莫能入●〔3〕。勾踐曰：“吾前君其不徙乎！”遂置而去。

【校記】

【1】【2】允：此處大德本爲補刻之版，其文作“元”，據《北堂書鈔》卷一百六十引文改。

【注釋】

〔1〕徐天祜曰：“木客山，去會稽縣十五里。《越絶》曰：‘木客大冢者，允常冢也。’”〇覺按：喪（sāng 桑）：屍體。

〔2〕徐天祜曰：“熛，火飛貌，風熱如火飛也。”〇覺按：“熛”當通“飄”。《史記·禮書》“卒如熛風”，《荀子·議兵篇》作“卒如飄風”，《商君書·弱民》作“速若飄風”，是其證。飄風：旋風。

〔3〕徐天祜曰：“《水經註》：‘冢中分風，飛砂射人，不得近。’”

【義疏】

越王派人到木客山去取允常的尸體，想把他遷葬到琅琊。鑿了三次纔鑿通了允常的墓室，但墓室中却生出旋風，將沙石飛揚起來射人，没有人能進得去。勾踐説：“我的先君大概不願意遷移吧！”于是就放弃了此事而離開了。

【輯證】

木客大冢者，勾踐父允常冢也。初徙瑯琊，使樓船卒二千八百人伐松柏以爲桴，故曰木客。去縣十五里。一曰勾踐伐善材，文刻獻於吴，故曰木客。（《越絶書·外傳記地傳》P.182）

趙曄《吴越春秋》曰：“越王使人如木洛山取允常之喪，欲徙葬瑯琊。越人三穿允常之墓，墓中生熛風，飛沙石射人，人莫能入。”（《北堂書鈔》卷第一百六十 V.1213—P.147）

顧校：欲徙葬琅邪（耶）

蔣校：欲徙葬琅邪（宋本“耶”）

10.24

勾踐乃使使號令齊、楚、秦、晉皆輔周室，血盟而去〔1〕。秦桓公不如越王之命●〔2〕，勾踐乃選吴越將士，西渡河以攻秦，軍士苦之。會秦怖懼，逆自引咎〔3〕，越乃還軍。軍人悦樂，遂作《河梁之詩》，曰：

渡河梁兮渡河梁，舉兵所伐攻秦王。
孟冬十月多雪霜〔4〕，隆寒道路誠難當〔5〕。
陣兵未濟秦師降，諸侯怖懼皆恐惶。
聲傳海内威遠邦〔6〕，稱霸穆桓齊楚莊〔7〕。
天下安寧壽考長，悲去歸兮河無梁[1]〔8〕。

自越滅吴，中國皆畏之。

【校記】

【1】河：大德本作“何”，據四庫本改。

【注釋】

〔1〕血：指歃血。《史記·秦始皇本紀》“乃徙黔首三萬户琅邪臺下”《正義》引此文作“歃血”可證。歃：見5.23注〔41〕。《禮記·曲禮下》“涖牲曰盟”孔穎達疏：“盟者，殺牲歃血，誓於神也。……盟之爲法，先鑿地爲方坎，殺牲於坎上。割牲左耳，盛以珠盤；又取血，盛以玉敦。用血爲盟書，成乃歃血而讀書。”

〔2〕徐天祜曰：“按《史·年表》，勾踐二十五年是爲秦厲共公六年，此書謂‘秦桓公不如越王之命’，非也。由勾踐二十五年上距秦桓公之卒，蓋一百有六年矣。‘桓公’當作‘厲共公’云。”〇覺按：秦厲共公：公元前476—公元前443年在位。

〔3〕逆：預先。

〔4〕孟冬：冬季的第一個月叫孟冬，即十月。

〔5〕隆：盛。 當：承受。

〔6〕威：威懾，使……害怕。 遠邦：遠方的國家。

〔7〕按時代之先後，此句當作“稱霸齊桓穆楚莊”。 桓：齊桓公。 穆：秦穆公。 楚莊：楚莊王。 桓、穆、莊都是春秋時期的霸主（參見7.2注〔14〕）。此句是説勾踐與他們一樣稱霸諸侯。

〔8〕亡：消除。 河無梁：應“未濟”而言，指臨河而無須再過橋樑（因詩句文字有限而省略了動詞）。 本詩之韻腳：梁、王、霜、當、惶、莊、長、梁，陽部；降，冬部；邦，東部。陽、東、冬三部旁轉通押。

【義疏】

勾踐于是派使者命令齊國、楚國、秦國、晉國都輔佐周朝王室，要歃血結盟纔離去。秦厲共公不服從越王的命令，勾踐就挑選了吴越的將士，向西渡過黄河去攻打秦國，戰士們對此叫苦不迭。正好碰上秦厲共公害怕了，事先主動地承認了錯誤，越國也就把軍隊撤回了。全軍將士都十分高興，就作了一首《河上橋梁之詩》，那詩唱道：

过桥梁啊过桥梁，兴兵讨伐攻秦王。

孟冬十月多雪霜，严寒道路实难当。

阵兵未渡秦军降，诸侯害怕都恐慌。

名传海内震远邦，称霸齐桓穆楚庄。

天下安宁寿命长，悲消回家离桥梁。

自从越国消灭了吴国，中原各国都怕它。

【輯證】

《吴越春秋》云：“越王句踐二十五年，徙都琅邪，立觀臺，以望東海。遂號令秦、晉、

齊、楚，以尊輔周室，歃血盟。”（《史記·秦始皇本紀》“乃徙黔首三萬戶琅邪臺下”《正義》P.310）

10.25

二十六年，越王以邾子無道而執以歸〔1〕，立其太子何〔2〕。冬〔3〕，魯哀公以三桓之逼來奔，越王欲爲伐三桓，以諸侯大夫不用命〔4〕，故不果耳。

【注釋】

〔1〕邾：諸侯國名，又稱“邾婁”（“婁”爲詞尾），“邾婁”合音即爲“鄒”。其國相傳爲顓頊後裔陸終第五子曹安所建立，曹姓。周武王又封其後代挾（一作“俠”）爲附庸，有今山東省費縣、鄒城市（即過去的鄒縣）、滕州市、濟寧市、金鄉縣等地，建都於邾（今山東省曲阜市東南南陬村）。公元前614年，邾文公遷都於繹（今山東省鄒城市東南紀王城）。戰國時被楚國所滅。參見《春秋·隱公元年》“公及邾儀父盟于蔑”疏。邾子：指邾國國君，邾國爲子爵之國，所以其君稱爲邾子。此當指邾隱公，名益。魯哀公八年（前487），邾隱公無道，吴國派太宰嚭討而囚之，使諸大夫立太子革（即邾桓公）以爲政。魯哀公十年（前485），邾隱公自吴逃出奔魯，既而又奔齊。魯哀公二十二年（前473）夏四月，邾隱公自齊奔越，向越王訴説：“吴爲無道，執父立子。”並向越王求助。於是越國送邾隱公回國，太子革反而逃奔越國。魯哀公二十四年（勾踐二十六年，前471），邾隱公又無道，所以越王執之以歸。參見《左傳》及杜預注、孔穎達疏。

〔2〕太子：當作“公子”。《左傳·哀公二十四年》作“立公子何”可證。太子是革而不是何，何是邾隱公的小兒子。杜預注：“何，大子革弟。”

〔3〕冬：指該年的閏十月，見10.18注〔4〕。

〔4〕“侯”字當衍。7.3“以國累諸大夫”，大德本也衍“侯”字，與此同例。諸大夫不用命：當指10.18所説的“計硯佯狂”，“大夫曳庸、扶同、皐如之徒，日益疎遠”等等。

【義疏】

勾踐二十六年（前471），越王因爲邾國國君暴虐無道而把他抓起來帶了回去，擁立邾國的公子何。冬天，魯哀公因爲受三桓的逼迫而逃到越國來，越王想爲他去攻打三桓，因爲各位大夫不盡力服從命令，所以纔没有成爲現實罷了。

【輯證】

二十四年夏……邾子又無道，越人執之以歸，而立公子何。何亦無道。……閏月，公如越，得大子適郢，將妻公，而多與之地。公孫有山使告于季孫。季孫懼，使因大宰嚭而納賂焉，乃止。（《左傳·哀公二十四年》P.2181）

10.26

二十七年冬，勾踐寢疾，將卒●〔1〕，謂太子興夷曰〔2〕：“吾自

禹之後，承允常之德【1】，蒙天靈之祐、神祇之福，從窮越之地〔3〕，籍楚之前鋒〔4〕，以摧吴王之干戈，跨江涉淮，從晉、齊之地〔5〕，功德巍巍。自致於斯【2】，其可不誡乎？夫霸者之後，難以久立，其慎之哉！”遂卒。

【校記】

【1】允：大德本作“元”，今以例改，參見4.15校記【1】。

【2】“致於斯”至10.28“一千九百二十二年”之徐注“此云勾踐至于親歷八”爲大德本一百四十葉，係補刻之版。

【注釋】

〔1〕徐天祜曰：“《通鑑外紀》：‘勾踐三十三年薨。’”〇覺按：《竹書紀年》卷下：貞定王“四年十一月，於越子句踐卒。”貞定王四年，即勾踐三十二年（公元前465年），與《通鑑外紀》所記之年代相近。據《左傳》，魯哀公於二十七年秋奔越，時爲勾踐二十九年，故此文之“二十七年”顯然有誤。

〔2〕太子興夷：典籍所載有歧異。《左傳·哀公二十四年》所記越王太子名“適郢”，《史記·越王句踐世家》記爲“鼫與”，《竹書紀年》卷下作“鹿郢”，《越絶書·外傳記地傳》作“與夷”。

〔3〕從：猶“以”，參見《古書虚字集釋》卷八。

〔4〕籍（jiè借）：通“藉”。“藉”既可表示貢獻，《穀梁傳·哀公十三年》“其藉于成周”范甯注：“藉，謂貢獻。”又可表示憑藉，此文似乎兼有此二義。10.5載越王説：“南則距楚……奉幣、玉帛、子女以貢獻焉未嘗敢絶，求以報吴，願以此戰。”是其證。

〔5〕從：通“縱”，放縱，恣肆。此當即指10.13所載的“與齊、晉諸侯會于徐州”，“横行於江、淮之上”。

【義疏】

二十七年（前470）冬天，勾踐卧病不起，臨死時，對太子興夷説：“我在大禹之後，繼承了允常的德行，受到了上天神靈的保佑和天地之神的賜福，以窮困的越國之地，結交與憑藉了楚國這個先鋒，因而摧毁了吴王的武裝力量，跨過了長江，渡過了淮河，在晉國、齊國的土地上横衝直撞，功業與德行偉大崇高。自從達到了這種地步，難道可以不警惕嗎？那稱霸者的後代，難以長期立于不敗之地，你一定要謹慎啊！”勾踐説完就死了。

【輯證】

越於是果逆謀負約，襲剄夫差，兼吴而拊。事濟功成，范蠡負寳而歸五湖，大夫種繫領謝室，渠如處車裂回泉。自此之後，句踐不樂，憂悲薦至，内崩而死。（《新書·耳痺》P.270）

10.27

興夷即位一年，卒，子翁〔1〕；翁卒，子不揚；不揚卒，子無彊；

無彊卒[1]，子玉；玉卒，子尊；尊卒，子親。自勾踐至于親，共歷八主[2]，皆稱霸〔2〕，積年二百二十四年〔3〕。親衆皆失，而去琅邪，徙於吴矣〔4〕。

【校記】

【1】無彊卒：此處大德本爲補刻之版，其文作“彊卒”，今據馮本補“無”字。

【2】共：此處大德本爲補刻之版，其文作“其”，據四庫本改。徐本作“共”，當爲古本原字，後人不知“共”即“共”之古字，因誤爲“其”。

【注釋】

〔1〕“翁”下承上省去了“即位”。下面的句式同此。

〔2〕《竹書紀年》《史記》所記越國世系與此不同，也並非都稱霸，此文所記與《越絶書》同。今將其有關越國的史事摘録於下，而於《竹書紀年》所記年份另加注公元年份，以供參考。

《竹書紀年》卷下：

元王

“四年（前 473），於越滅吴。”王國維疏證：“《史記·六國表》：元王四年，越滅吴。”

貞定王

“元年癸酉（前 468），於越徙都琅琊。”王國維疏證：“《吴越春秋》六：‘勾踐二十五年，霸於關東，從琅琊起觀臺，周七里，以望東海。’”

“四年（前 465）十一月，於越子句踐卒，是爲菼執。次鹿郢立。”王國維疏證：“《史記·越王勾踐世家》索隱引《紀年》：‘晉出公十年十一月，於粵子句踐卒，是爲菼執。’又引：‘次鹿郢立，六年卒。’”

“十年（前 459），於越子鹿郢卒。不壽立。”王國維疏證：“《史記·越王勾踐世家》索隱引《紀年》：‘句踐卒，次鹿郢立，六年卒。’又云：‘不壽立。’”

“二十年（前 449），於越子不壽見殺，是爲盲姑。次朱句立。”王國維疏證：“《史記·越王勾踐世家》索隱引《紀年》：‘不壽立十年見殺，是爲盲姑。次朱句立。’”

威烈王

十一年（前 415），“於越滅滕。”王國維疏證：“《史記·越王勾踐世家》索隱引《紀年》：‘於粵子朱句三十四年滅滕。’《路史·國名紀》引作‘朱句三十年’。”

“十二年（前 414），於越子朱句伐郯，以郯子鴣歸。”王國維疏證：“《水經·沂水注》引《紀年》：‘晉烈公四年，於越子朱句伐郯，以郯子鴣歸。’《史記》索隱引：‘朱句三十五年滅郯。’”

“十四年（前 412），於越子朱句卒。子翳立。”王國維疏證：“《史記·越王勾踐世家》索隱引《紀年》：‘朱句三十七年卒。’”

安王

“二十三年（前 379），於越遷于吴。”王國維疏證：“《史記·越王勾踐世家》索隱引《紀年》：‘翳三十三年遷於吴。’”

“三十六年（覺按：當作二十六年，公元前 376 年），王陟。”王國維疏證：“《史記·周本紀》：‘安王立二十六年崩。’”

“七月，於越太子諸咎弑其君翳。十月，越人殺諸咎越滑，吴人立孚錯枝爲君。”王國維疏證："《史記·越王勾踐世家》索隱引《紀年》：'翳三十六年七月，太子諸咎弒其君翳。十月，粤殺諸咎越滑，吴人立孚錯枝爲君。'"

烈王

元年（前375），"於越大夫寺區定越亂，立初無余，是爲莽安"。王國維疏證："《史記·越王勾踐世家》索隱引《紀年》：'明年，大夫寺區定粤亂，立無余之。'"

顯王

四年（前365），"於越寺區弟思弒其君莽安。次無顓立"。王國維疏證："《史記·越王勾踐世家》索隱：'無余之十二年，寺區弟思弒其君莽安。次無顓立。'"

十二年（前357），"於越子無顓卒，是爲菼蠋卯。次無疆立"。王國維疏證："《史記·越王勾踐世家》索隱引《紀年》：'無顓八年薨，是爲菼蠋卯。'"

三十四年（前335），"於越子無疆伐楚"。王國維疏證："《史記·越王勾踐世家》：'越遂釋齊而伐楚。'"

"三十六年（前333），楚圍齊于徐州，遂伐於越，殺無疆。"王國維疏證："《史記·六國表》：顯王三十六年，楚'圍齊於徐州'。《越王勾踐世家》：'楚大敗越，殺王無疆，盡取吴故地，至浙江，北破齊於徐州。'"

隱王

三年（前312），"四月，越王使公師隅來獻舟三百、箭五百萬，及犀角、象齒。"王國維疏證："《水經·河水注》：'魏襄王七年四月，越王使公師隅來獻乘舟，始罔及舟三百、箭五百萬、犀角、象齒焉。'"〇覺按："周隱王"即周赧王。據《史記》的《魏世家》及《六國年表》，魏襄王於前334—前319年在位，襄王之子哀王於前318—前296年在位，但據《史記·魏世家》"子哀王立"《集解》及《索隱》所引《世本》，魏襄王生昭王而魏無哀王一代，則魏襄王應該在前318—前296年在位，前312年當周赧王三年、魏襄王七年，與今本《竹書紀年》所記之周赧王紀年、《水經注》引《竹書紀年》所記之魏襄王紀年正相符合。

《史記·越王句踐世家》："句踐卒，子王鼫與立。王鼫與卒，子王不壽立。王不壽卒，子王翁立。王翁卒，子王翳立。王翳卒，子王之侯立。王之侯卒，子王無彊立。王無彊時，越興師北伐齊，西伐楚，與中國爭彊。……楚威王興兵而伐之，大敗越，殺王無彊，盡取故吴地，至浙江，北破齊於徐州。而越以此散，諸族子爭立，或爲王，或爲君，濱於江南海上，服朝於楚。後七世至閩君摇，佐諸侯平秦，漢高帝復以摇爲越王，以奉越後。東越閩君，皆其後也。"

《越絶書·外傳記地傳》："越王夫鐔以上至無餘久遠，世不可紀也。夫鐔子允常，允常子勾踐，大霸，稱王，徙瑯琊都也。勾踐子與夷，時霸；與夷子子翁，時霸；子翁子不揚，時霸；不揚子無疆，時霸，伐楚，威王滅無疆；無疆子之侯，竊自立爲君長；之侯子尊，時君長；尊子親，失衆，楚伐之，走南山。親以上至勾踐，凡八君，都瑯琊，二百二十四歲。無疆以上霸，稱王；之侯以下微弱，稱君長。"

〔3〕二百二十四年：此年數蓋據《越絶書》而來（見注〔2〕），但過於粗疏，容易使人誤解爲勾踐元年（前496）至親爲楚所滅之時共"二百二十四年"。其實，《越絶書》所謂的二百二十四歲，是指勾踐公元前468年徙都瑯琊（見10.22注〔2〕）至親爲楚所滅的時間，而並不包括勾踐整個統治時期。勾踐即位後並没有立即稱霸，其稱霸實在公元前473年滅吴以後，但如果從公元前473年算起，至親前244年爲楚所滅（參見10.28注〔8〕），又不止二百二十四年。

〔4〕據《竹書紀年》，越王翳在周安王二十三年（公元前379年）就已遷於吴（見

注〔2〕）。此文記遷吴之時甚晚，恐誤。

【義疏】

興夷登上君位一年，就去世了，兒子翁即位；翁去世了，兒子不揚即位；不揚去世了，兒子無彊即位；無彊去世了，兒子玉即位；玉去世了，兒子尊即位；尊去世了，兒子親即位。從勾踐到親，一共經歷了八個君主，都稱霸，累計年數爲二百二十四年。到親做越國國君的時候，民衆都散失了，于是他就離開琅琊，遷居于原來的吴國國都。

【輯證】

句踐卒，（《索隱》：“《紀年》云：‘晉出公十年十一月，於粤子句踐卒，是爲菼執。’”）子王鼫與立。（《索隱》：“鼫音石，與音餘。按：《紀年》云：‘於粤子句踐卒，是菼執。次鹿郢立，六年卒。’樂資云：‘越語謂鹿郢爲鼫與也。’”）王鼫與卒，子王不壽立。王不壽卒，（《索隱》：“《紀年》云：‘不壽立十年見殺，是爲盲姑。次朱句立。’”）子王翁立。王翁卒，（《索隱》：“《紀年》：‘於粤子朱句三十四年滅滕，三十五年滅郯，三十七年朱句卒。’”）子王翳立。王翳卒，子王之侯立。（《索隱》：“《紀年》云：‘翳三十三年遷于吴。三十六年七月，太子諸咎弒其君翳。十月，粤殺諸咎粤滑，吴人立子錯枝爲君。明年，大夫寺區定粤亂，立無余之。十二年，寺區弟忠弒其君莽安，次無顓立。無顓八年薨，是爲菼蠋卯。’故《莊子》云：‘越人三弒其君，子搜患之，逃乎丹穴不肯出，越人薰之以艾，乘以王輿。’樂資云：‘號曰無顓。’蓋無顓後乃次無彊也，則王之侯即無余之也。”）王之侯卒，子王無彊立。（《索隱》：“蓋無顓之弟也。”）王無彊時，越興師北伐齊，西伐楚，與中國爭彊。當楚威王之時，越北伐齊，齊威王使人説越王曰：“越不伐楚，大不王，小不伯。圖越之所爲不伐楚者，爲不得晉也。韓、魏固不攻楚。韓之攻楚，覆其軍，殺其將，則葉、陽翟危；魏亦覆其軍，殺其將，則陳、上蔡不安。故二晉之事越也，不至於覆軍殺將，馬汗之力不效。所重於得晉者何也？”越王曰：“所求於晉者，不至頓刃接兵，而況于攻城圍邑乎？願魏以聚大梁之下，願齊之試兵南陽、莒地，以聚常、郯之境，則方城之外不南，淮、泗之閒不東，商、於、析、酈、宗胡之地，夏路以左，不足以備秦，江南、泗上不足以待越矣。則齊、秦、韓、魏得志於楚也，是二晉不戰分地，不耕而穫之。不此之爲，而頓刃於河山之閒以爲齊、秦用，所待者如此其失計，柰何其以此王也！”齊使者曰：“幸也越之不亡也！吾不貴其用智之如目，見豪毛而不見其睫也。今王知晉之失計，而不自知越之過，是目論也。王所待於晉者，非有馬汗之力也，又非可與合軍連和也，將待之以分楚衆也。今楚衆已分，何待於晉？”越王曰：“柰何？”曰：“楚三大夫張九軍，北圍曲沃、於中，以至無假之關者三千七百里，景翠之軍北聚魯、齊、南陽，分有大此者乎？且王之所求者，鬬晉、楚也；晉、楚不鬬，越兵不起，是知二五而不知十也。此時不攻楚，臣以是知越大不王，小不伯。復讎、龐、長沙，楚之粟也；竟澤陵，楚之材也。越窺兵通無假之關，此四邑者不上貢事於郢矣。臣聞之，圖王不王，其敝可以伯。然而不伯者，王道失也。故願大王之轉攻楚也。”於是越遂釋齊而伐楚。楚威王興兵而伐之，大敗越，殺王無彊，盡取故吴地至浙江，北破齊於徐州。而越以此散，諸族子爭立，或爲王，或爲君，濱於江南海上，服朝於楚。（《史記·越王句踐世家》P.2096）（覺按：《史記索隱》所引《紀年》云“十二年，寺區弟忠弒其君莽安”，其“十二年”蓋承翳“三十六年”和“明年”而言，指越亂至此“十二年”，並非指之侯在位十二年，之侯在位實爲十一年。又，據《史記·六國年表》，楚威王於前339—前329年在位，齊威王於前378—前343年在位，齊宣王於前342—前324年在位，楚威王與齊威王不同時，和《史記·越王句踐世家》此文所記事蹟顯然不能圓合，《史記·六國年表》所記齊威王在位年代顯然有誤。據《史記·田敬仲完世家》所記威王在位年代及其《索隱》所云"《紀年》：'梁惠王十三年，當齊桓公十八年，後威王始見。'則桓公十九年而卒"推算，則齊威王當於前356—前321年在位，齊宣王約於前320年—前302年在位。如此，方與《史記·越王句踐世家》此文所記事蹟相合。據此，則楚威王七年殺無彊時爲齊威王二十四年。）

越王翳逃山穴，越人熏而出之，遂不得已。由此觀之，得在時，不在争；治在道，不在聖。（《淮南子·原道訓》P.22）

顧校：子不揚（楊）不揚（楊）卒　　共歷八主（王）

蔣校：子不揚（宋本"楊"，下同）　　共歷八主（宋本"王"）

10.28

自黄帝至少康十世〔1〕，自禹受禪至少康即位六世〔2〕，爲一百四十四年。少康去顓頊即位，四百二十四年。

黄帝——昌意——顓頊——鮌——禹——啓——太康——仲廬〔3〕——相——少康——無余——無玉，去無余十世〔4〕——無皞——夫康——允常【1】——勾踐——興夷——不壽〔5〕——不揚——無彊——魯穆柳有幽公爲名〔6〕，王侯自稱爲君〔7〕——尊——親，失琅邪，爲楚所滅〔8〕。

勾踐至王親，歷八主，格●霸二百二十四年〔9〕。從無余越國始封，至餘善返越國空滅〔10〕，凡一千九百二十二年●〔11〕。

【校記】

【1】允：此處大德本爲補刻之版，其文作"元"，今以例改，參見4.15校記【1】。

【注釋】

〔1〕十世：古代以父子相繼爲一世，黄帝生昌意，昌意生顓頊（見《史記·五帝本紀》），顓頊生鮌，鮌生禹（見6.1注〔3〕），但禹至少康不滿六世（見6.8注〔1〕），所以從黄帝到少康實不足"十世"。此處蓋以一主爲一世。

〔2〕六世：見6.8注〔1〕。

〔3〕仲廬：《史記·夏本紀》作"中康"。

〔4〕無玉：俞樾曰："以《無余外傳》證之，則'無玉'當爲'無壬'。又，其下有'無皞''夫康'兩君，以《無余傳》證之，'無皞'當作'無驛'，'夫康'當作'夫譚'，或傳刻之誤。"〇覺按："無玉"當作"無壬"，古文"壬"作"王"，"玉"作"王"，故"壬"形訛爲"玉"。"無皞"恐不誤。"夫康"當作"夫譚"，《越絶書·外傳記地傳》作"夫鐔"。十世：參見6.9及6.10注〔4〕。

〔5〕不壽：上文記興夷之子爲"翁"，而這裏作"不壽"，作者大概將翁與不壽視爲一人。但據《史記》，不壽是鼫與的兒子、翁的父親（見10.27注〔2〕）。此文恐誤。

〔6〕穆柳：當爲人名，姓穆，名柳，其事不詳，待考。《史記·晉世家》載有“幽公柳”，爲晉君，公元前437—公元前420年在位，雖名“柳”且以“幽公”爲名號，但年代較早，國别不同，恐非此文所指。《史記·魯周公世家》記有魯穆公，前409—前377年在位（見《史記·魯周公世家》“穆公三十三年卒”《集解》），年代雖稍後，但名“顯”而不名“柳”，且以“穆公”爲名號，恐也與此無關。此文或爲上述這兩人之事的雜糅，純爲傳説，非史實。有：猶“以”，參見《古書虚字集釋》卷二。

〔7〕徐天祐據《史記》立説，認爲此文之“王侯”即無彊之父王之侯（參見下注〔11〕、10.27注〔2〕），與此文不甚符合，似不當。此文之“王侯”，當即“王之侯”，亦即10.27之“玉”，但不是無彊之父，而是無彊之子。它與《史記》不一致，不必用《史記》來强解此文。《越絶書》以“之侯”爲無彊之子（見10.27注〔2〕），與此同。又，據《史記·魯周公世家》，魯平公登位時（前314），“六國皆稱王”，可見當時僭稱君王已成風氣，這兩句所説的情況也無非如此。

〔8〕楚滅越的年代有三説：（一）徐廣認爲在楚威王七年（前333）以前。《史記·楚世家》：“（楚威王）七年，齊孟嘗君父田嬰欺楚，楚威王伐齊，敗之於徐州。”《集解》：“徐廣曰：‘時楚已滅越而伐齊也。齊説越，令攻楚，故云齊欺楚。’”（二）楊寬認爲在楚懷王二十三年（前306）或稍前。其《戰國史》第八章“楚懷王滅越”條云：“楚國派了大臣昭滑到越國去活動了五年，到公元前三〇六年（楚懷王二十三年），楚國乘越内亂，把越國滅亡了，把江東建設爲郡。”其注云：“楚的滅越，據《史記·越世家》説，是在楚威王時。但是《越世家》載齊國使者勸越王‘釋齊而伐楚’，是楚懷王十六、七年間事。可證楚的滅越必在楚懷王十七年後。今本《楚世家》楚懷王二十年下載昭雎對楚懷王説：‘王雖東取地於越，不足以刷恥，……韓已得武遂於秦，以河山爲塞，……樗里子必言秦，復與楚之侵地矣。’蘇轍《古史·楚世家》繫這事在楚懷王二十二年，吕祖謙《大事記·解題》卷四記在二十三年，這裏既説‘韓已得武遂於秦’，當以二十三年爲是。從此可知楚的滅越，必在楚懷王二十三年或稍前。《戰國策·楚策一》載范環對楚王説：‘且王嘗用召（昭）滑於越，而納句章，〔唐〕昧之難，越亂，故楚南察瀨胡而野江東，計王功之所以能如此者，越亂而楚治也。’《史記·甘茂列傳》所載略同，惟作‘内行章義之難，越國亂，故楚南塞厲門而郡江東’（《楚策一》的‘楚南察瀨胡而野江東’，當是‘楚南塞厲門而郡江東’之誤）。而《韓非子·内儲説下篇》又作‘前者王使邵（昭）滑之越，五年而能亡越，所以然者，越亂而楚治也’。據《史記·甘茂列傳》，范環對楚懷王説這話是在甘茂由秦出奔齊前，即在楚懷王二十三年。這又可證楚的滅越，必在楚懷王二十三年或稍前。黄以周《儆季雜著·史説》有《史越世家補並辨》一文，對此事有所考證。”（三）《越絶書》説在楚考烈王（前262—前238年在位）時。其《外傳記吴地傳》云：“越王勾踐徙瑯邪，凡二百四十年，楚考烈王并越於瑯邪。後四十餘年，秦并楚。”又《外傳記地傳》云：“允常子勾踐，大霸稱王，徙瑯琊，都也。勾踐子與夷，時霸。與夷子子翁，時霸。子翁子不揚，時霸。不揚子無疆，時霸，伐楚，威王滅無疆。無疆子之侯，竊自立爲君長。之侯子尊，時君長。尊子親，失衆，楚伐之，走南山。親以上至勾踐，凡八君，都瑯琊二百二十四歲。”第一説顯然不當，因爲據《史記·越王句踐世家》，公元前333年楚威王僅殺了越王無彊，衹奪取了浙江之北的故吴之地，越雖然從此服朝於楚但仍然在海邊爲王或爲君（見10.27注〔2〕所引《史記》），可見當時越並未被滅。第二説恐怕也不當，因爲自無彊公元前333年被殺至公元前306年僅二十七年，而根據10.27及此文所記，其間歷經玉、尊、親三代，則平均每一代僅九年，史書未載這一時期越國有什麽變故，所以這種快速的君主更替恐怕不符合事實。再説，《戰國策》的“野江東”和《史記》的“郡江東”，都衹能表明

楚國侵奪了越國的江東之地，即相當於《史記·越王句踐世家》所説的“盡取故吴地至浙江”，並不能説明楚國已同時佔領了浙江以南地區而滅掉了越國。至於《韓非子》，乃子書而非史書，其中的史料當謹慎使用，其所謂“亡越”之“亡”，應當和《韓非子·初見秦》“收亡國”之“亡”同義，是指侵奪其領土，而並不是指滅掉其國家。總之，認爲越滅於楚懷王二十三年或稍前的説法尚缺乏有力的證據。至於第三説，其《外傳記吴地傳》所記“二百四十年”顯然有誤，因爲勾踐徙都瑯邪必在公元前473年滅吴以後，再過二百四十年楚考烈王（公元前262—公元前238年在位）已卒，不可能再滅越，所以其“二百四十年”當從其《外傳記地傳》作“二百二十四年”方能自圓其説。勾踐徙都瑯邪在公元前468年（見10.22注〔2〕），其後二百二十四年楚滅越時爲公元前244年（楚考烈王十九年），距無彊公元前333年被殺之時凡八十九年，歷經三代合乎常理（《説文·卅部》：“三十年爲一世。”可見每一代三十年左右在古代爲常態），故此説似可取資，只是據《竹書紀年》，越王翳已在公元前379年遷都吴（見10.27注〔2〕），則瑯琊在越君親之時可能已經不是越國都城了。另外，蒙文通《越史叢考·越人遷徙考》認爲越滅於秦始皇二十五年（公元前222年），與此文“爲楚所滅”以及《越絶書》的“楚考烈王并越”不合，恐也誤。《史記·秦始皇本紀》雖然記載説：“二十五年……王翦遂定荆江南地，降越君。”但這所謂的“越君”，恐怕衹是楚國的附庸而已。因此，越國應滅於楚而非滅於秦。

〔9〕徐天祜曰：“‘格’當作‘稱’。”○覺按：徐説可通，但作“格”也通。《史記·李斯列傳》“而嚴家無格虜者”《索隱》：“格，彊扞也。”格霸：等於説“稱强稱霸”。

〔10〕餘善：當爲越王親的别名或字。空：指無君。參見10.18注〔7〕。

〔11〕徐天祜曰：“此書載越世次，自勾踐五傳至王無彊，以《世家》考之，則七世矣。無彊，王之侯之子。所謂‘王侯自稱爲君’，或者即王之侯也。《世家》曰（覺按：此處大德本爲補刻之版，“曰”字誤作“四”，今據鄺本改）：‘王無彊時，楚威王興兵大敗越，殺無彊，盡取越地，越以此散。’徐廣曰：‘周顯王四十六年。’今自勾踐卒至越亡，凡（覺按：此處大德本爲補刻之版，“凡”字誤作“几”，今據鄺本改）一百五十三年，《通鑑》書之顯王三十五年，此云：‘勾踐至于親，歷八主，稱霸二百二十四年，親衆皆失，去琅邪，徙於吴，爲楚所滅。’與《史·世家》及《紀年》皆不合。若如《世家》所載，則無彊之死，衆散久矣，非王親時失衆亡國也。又《紀年》曰：‘王翳三十三年，遷于吴。’則越之徙吴已久，亦非王親時也。”

【義疏】

從黄帝到少康爲十代。從禹接受禪讓的帝位到少康即位爲六代，是一百四十四年。少康離顓頊即位爲四百二十四年。

黄帝——昌意——顓項——鯀——禹——啓——太康——仲廬——相——少康——無余——無壬，離無余十代——無曎——夫譚——允常——勾踐——興夷——不壽——不揚——無彊——魯國的穆柳以幽公作爲自己的名號，王之侯自稱爲君——尊——親，丢了琅琊，被楚國所滅。

勾踐到越王親，經歷了八個君主，稱强稱霸共二百二十四年。從無余開始被封在越國，到餘善返回越國而被消滅，總共一千九百二十二年。

【輯證】

禹之父曰鯀，鯀之父曰帝顓頊，顓頊之父曰昌意，昌意之父曰黄帝。（《史記·夏本紀》P.63）

夏后帝啓，禹之子，其母塗山氏之女也。（《史記·夏本紀》P.103）

夏后帝啓崩，子帝太康立。帝太康失國，昆弟五人，須于洛汭，作《五子之歌》。太康崩，弟中康立，是爲帝中康。帝中康時，羲、和湎淫，廢時亂日。胤往征之，作《胤征》。中康崩，子帝相立。帝相崩，子帝少康立。（《史記·夏本紀》P.105）

越王勾踐徙瑯邪，凡二百四十年，楚考烈王并越於瑯邪。後四十餘年，秦并楚。復四十年，漢并秦。到今二百四十二年。勾踐徙瑯邪到建武二十八年，凡五百六十七年。（《越絶書·外傳記吴地傳》P.71）

越王夫鐔以上至無餘，久遠，世不可紀也。夫鐔子允常。允常子勾踐，大霸稱王，徙瑯琊，都也。勾踐子與夷，時霸。與夷子子翁，時霸。子翁子不揚，時霸。不揚子無疆，時霸，伐楚，威王滅無疆。無疆子之侯，竊自立爲君長。之侯子尊，時君長。尊子親，失衆，楚伐之，走南山。親以上至勾踐，凡八君，都瑯琊二百二十四歲。無疆以上，霸，稱王。之侯以下微弱，稱君長。（《越絶書·外傳記地傳》P.165）

顧校： 不揚（楊）　無彊（下不空格）魯穆柳有幽公爲君（名）　格霸二百二十四年（下多“所伐還游江東”）

蔣校： 無彊（宋本接下不空）魯穆　王侯自稱爲君（宋本“名”）　格霸二百二十四年（宋本下有“所伐還游江東”六字）

吴越春秋勾踐伐吴外傳第十

大德十年，歲在丙午，三月音註
越六月，書成刊板，十二月畢工

前文林郎國子監書庫官徐天祜音註

紹興路儒學學録留　堅
紹興路儒學學正陳昺伯
紹興路儒學教授梁　相
正議大夫紹興路總管提調學校官劉克昌

【附録一】

《吴越春秋》佚文

【説明】

趙曄所撰《吴越春秋》共十二卷，今傳十卷是後人删改過的本子。從唐、宋以前的學者所編撰的類書、著作、注釋等所引的《吴越春秋》之文來看，其中不但有許多異文，而且還有不少文字不見於今本。這些佚文雖然較爲零碎雜亂，而且也可能被引者篡改過了，但它們對於瞭解《吴越春秋》原著的面貌還是很有意義的，所以前人曾做過輯佚的工作。

顧廣圻（1766—1835）大概是較早從事這一工作的人，他曾在乾隆年間搜輯了十四條佚文分别附録於《吴越春秋》各卷首尾，後來葉昌熾（1847—1917）曾於丙子（1876）五月將顧廣圻輯録的佚文彙録於九行十七字的明嘉靖刻本書末[①]，並一一注明顧廣圻録於哪一卷。顧廣圻所輯，雖然並非全是佚文，但其初創之功誠不可没，故今將葉昌熾轉録的佚文過録於此。葉昌熾注明的顧廣圻所録卷第，今加括弧以便與顧氏所輯佚文相區别。我另加的注則題以“覺按”以便區分。

貢獻最大、搜羅最廣的當推顧觀光（1799—1862），他所輯的《吴越春秋逸文》有三十二條，附於其所撰的《吴越春秋校勘記》之後，光緒九年（癸未，1883）十月由上海邑令莫祥芝刊於《武陵山人遺書》中。後來王仁俊《經籍佚文》中的《吴越春秋佚文》、徐乃昌《隨庵叢書》中所録的《吴越春秋逸文》，均轉抄自《武陵山人遺書》。爲了不埋没其大功，今過録於此。爲便於閲讀，今另加序號。《武陵山人遺書》本將第 11、12 條誤合爲一條，今分列。顧觀光之原注爲雙行小字，今改爲單行小字而加括弧。凡我另加的注均題以“覺按”，以便與顧氏原注相區别。

王仁俊《經籍佚文》於顧觀光所輯外，又從杜氏《古謡諺》輯録《廣博物志》卷三十四所引“越王還於吴，置酒文臺……今欲伐吴可未邪”一條。此條實非佚文（見本書 10.14），故今不録。

除顧廣圻、顧觀光所輯外，我又在 1992 年撰寫《吴越春秋全譯》時搜

① 此嘉靖本之詳情可參見附録三之介紹。葉昌熾在彙録的佚文之後識云：“右《吴越春秋》佚文，並顧澗薲氏所輯，以意録附每卷首尾，今彙録於後。内朱筆改竄，亦仍顧氏之舊云。丙子五月，鞠常識。”其後鈐有“昌熾私印”陰文印和“鞠常”陽文印。

得10條，新近又搜得1條，今列於後。凡原文中已經補出、注釋中已經録出的文字，在此不再重列。請參閲3.5注釋〔25〕，3.8注釋〔1〕，3.9校記【1】，4.8校記【2】、注釋〔6〕，4.15注釋〔13〕，5.11注釋〔7〕，6.3校記【7】，7.10校記【2】，7.14校記【1】，8.2校記【1】，8.3校記【2】、【5】、【6】、注釋〔25〕，8.5校記【1】，8.6校記【4】，9.11校記【4】，9.12校記【4】。

此外，周生春《吴越春秋輯校彙考》輯有佚文36條，但大都與上述各家所輯相重，僅第4條、第22條、第23條、第26條、第35條爲前人所未輯，而其中第23條原題《吴楚春秋》，故尚有待鑒别。今將此五條過録於後以便讀者研究，其所編序號一仍其舊，其中文字與原籍有異者，則加按語以明之。

【顧廣圻所輯佚文】（見上海圖書館所藏嘉靖本，索書號爲“善793058–59”）

《藝文》八十　《吴越春秋》曰：季札去徐而歸，行道，逢男子五月披裘採薪，於道旁有委金，閑之，曰：“五月披裘採薪，寧是拾金者乎？”（覺按：顧廣圻所輯此文有删改，《藝文類聚》卷八十引文原作：“季札去徐而歸，行道，逢男子五月被裘採薪，於道旁有委金。季札見之，謂薪者曰：‘子來！取此金。’薪者曰：‘君舉止何高、視何下也？五月被裘採薪，寧是拾金者乎？’”）

又八十二（覺按：“八十二”當作“八十三”）　《吴越春秋》曰：延陵季子出游於齊，見路有遺金，有披裘採薪者，季呼薪者取彼地金。薪者曰：“吾當夏五月披裘而薪，豈取金者哉？”（顧録在第一卷首葉）

《御覽》三百四十三　《吴越春秋》曰：越王允常聘歐冶子作名劍五枚，三大二小：一曰純鉤（覺按：《太平御覽》“鉤”作“鈞”），二曰湛盧，三曰豪曹，或曰磐（覺按：《太平御覽》“磐”作“盤”）郢，四曰魚腸，五曰鉅（巨）闕。秦客薛燭善相劍，王取豪曹示之。薛燭曰：“非寶劒也。夫寶劒，五色並見。今豪曹，五色黯然無華，殞其光、亡其神矣。”王復取鉅闕示之。薛燭曰：“非寶劍也。夫寶劍，金錫和同，氣如雲煙。今其光已離矣。”王復取魚腸示之。燭曰：“夫寶劒者，金精從理，至末（覺按：《太平御覽》“末”作“本”）不逆。今魚腸倒本從末，逆理之劍也。服此者臣弑其君、子弑其父。”王取純鉤示之。薛燭矍然而望之，曰：“光乎如屈陽之華，沈沈如芙蓉始生于湖（覺按：《太平御覽》“湖”作“湘”）。觀其文，如列星之芒（行）；觀其光，如水之溢塘；觀其色，涣（涣）如冰將釋見日之光。此純鈎者也？”王曰：“是也。客有買此劍者，（有）市之鄉三十、駿馬千匹、千户之都二，其可與乎？”薛燭曰：“不可。臣聞王之初造此劍，赤堇之山破而出錫，若耶之溪涸而出銅。（吉日良時），雨師灑道，雷公發鼓，蛟龍捧爐，天帝壯炭，太一下觀。於是歐冶因天地之精，悉其技巧，造爲此劍。吉者宜王，凶者可以遺人。凶者尚直萬金，况純鈎者耶？”取湛盧示之。薛燭曰：“善者！銜金鐵之英，吐銀錫之精，奇氣託靈，有逝（覺按：《太平御覽》“逝”作“遊”）出之神。服此劍者，可以折衝伐敵。人君有逆謀，則去之他國。”允常乃以（魚腸）、湛盧、（豪曹）獻吴。吴公子光殺王僚，湛盧（後闔閭爲一女殺生以送死，湛盧之劍惡其無道）去如楚。昭王寤而得，召風胡子問之，曰：“此劍直幾何？”對曰：“赤堇之山已合，若耶之溪深而不測，羣神上天，歐冶已死，雖有傾城量金珠玉，不可與，况駿馬、萬户之都耶（覺按：《太平御覽》“耶”作“乎”）？”（《蓺文》六十、《初學記》廿二同《御覽》。第四卷）

《初學記》廿二又引　趙曄《吴越春秋》曰：越王允常聘歐治子作劍五枚，三大二小，三曰豪曹。秦客薛燭曰（覺按：《初學記》卷二十二無“曰”字）善相劒，王取豪曹示之。薛燭曰：“實非寶劍也。今豪曹，五色黯然无華，已殞其光、亡其神，此劍不登斬而辱，則墮于飲中矣。”王曰：“寡人置劍竹盧上，過而墜之，斷金獸之頸，飲濡其刃，以爲利也。”（第四卷）

《御覽》十二　《吴越春秋》曰：子胥諫吴王，王怒。暮歸，舉衣出宫。宫中羣臣皆曰：“天無霖雨，宫中無泥露，相君舉衣行高，何爲君子？”胥曰：“吾以越諫王，王心迷，不聽吾言。宫中生草棘，霧露沾我衣。”羣臣聞之，莫不悲傷。（第五卷）

《蓺文類聚》八　《吴越春秋》曰：闔閭死，葬於國西北，名虎丘。穿土爲川，積壤爲丘，發五都之士十萬人共治千里，使象摙土，冢地（覺按：《藝文類聚》卷八“地”作“池”）四周，水深丈餘，槨三重，傾水銀爲池，池廣六十步，黄金珠玉爲鳧雁，扁諸之劍、魚腸三千在焉。葬之已三日，金精上揚（覺按：《藝文類聚》卷八“揚”作“楊”）爲白虎，據墳，故曰虎丘。（第五卷）

《初學記》廿四　趙曄《吴越春秋》曰：堯聽四岳之言，用鮌修水。鮌曰：“帝遭天殃，厥黎不康。”乃築城造郭，以爲固國。（第六卷）（覺按：《初學記》卷二十四“修”作“脩”，“殃”作“災”）

《藝文》三十五　《吴越春秋》曰：越王念吴，欲復仇，愁心苦志，中夜抱柱而哭，承之以嘯。羣臣聞之，曰：“君王何愁心之甚也？夫復仇謀敵，非君王之憂，是臣小（覺按：《藝文類聚》卷三十五“小”作“下”）之急務也。”（第八卷）（覺按：此當爲本書 8.5 之異文，非佚文）

《初學記》廿四　趙曄《吴越春秋》曰：范蠡起游臺于怪山，以爲靈臺，仰觀天文，俟日月之變怪。（第八卷）

《蓺文》八十五　《吴越春秋》曰：越王允常使民男女入山採葛，作黄

絲布獻之（覺按：《藝文類聚》卷八十五"之"下尚有"吴王"二字。此文當爲本書 8.6 之異文，非佚文）。"（第八卷）

《太平御覽》四十七　《吴越春秋》曰：濁（覺按：《太平御覽》卷四十七"濁"作"獨"）女山者，諸寡婦女滛泆（覺按：《太平御覽》卷四十七"泆"作"佚"）犯過者，皆輸此山上。越王將伐吴，其士有憂思，令游山上以喜其意。（第九卷）

《會稽三賦》注引《吴越春秋》曰：歐冶子爲越王鑄劍，破赤堇之山而出錫，涸若耶之溪而出銅。（第九卷）

《吴越春秋》：越王有八臣四友，文種、范蠡，計硯最少。（第九卷）

《初學記》廿四　《吴越春秋》曰：越王平吴後，立賀臺于越。（第十卷）

【顧觀光所輯《吴越春秋逸文》】（見《武陵山人遺書·吴越春秋校勘記》）

1．堯聽四嶽之言，用鯀修水。鯀曰："帝遣天灾，厥黎不康。"乃築城造郭，以爲國固。（《初學記》廿四，《御覽》百九十三。〇覺按：《初學記》卷二十四"嶽"作"岳"，"鯀"作"鮌"，"修"作"脩"，"灾"作"災"，"國固"作"固國"。《太平御覽》卷一百九十三"帝"下有"之"，"不"作"及"。）

2．鯀築城以衛君，造郭以居人（《初學記》作"守民"），此城郭之始也。（同上）

3．楚王召風胡子而告之曰："寡人聞吴有干將，越有歐冶。寡人欲因子請此二人作劍，可乎？"風胡子曰："可。"爲（覺按："爲"當作"乃"）往見二人，作劍，一曰龍淵，二曰太阿。（《史記·蘇秦傳·集解》。〇覺按：《史記·蘇秦列傳》"龍淵、太阿"《索隱》云："《吴越春秋》：'楚王令風胡子請吴干將、越歐冶作劍二，其一曰龍泉，二曰太阿。'"此乃司馬貞避唐高祖李淵諱而將"龍淵"改爲"龍泉"。《册府元龜》卷之八百八十六引作："《吴越春秋》曰：'楚王召風胡子而告之曰："寡人聞吴有干將，越有歐冶，寡人欲因子請此二人作劍，可乎？"風胡子曰："可。"乃往鑄劍。二子作劍，一名龍淵，一名太阿。'"）

4．闔閭死（覺按：《吴郡志》卷三十九引無"死"字，卷十六引有"死"字），葬於國西北，名（覺按：《吴郡志》無"名"字）虎邱（覺按：《藝文類聚》卷八"邱"作"丘"，下同）。穿土爲川（《吴郡志》誤作"山"），積壤爲邱，發五郡之士（《藝文》"郡"作"都"）十萬人共治千里，使象揵土，鑿池（《寰宇記》九十一引作"楗土臨湖"。〇覺按：《藝文類聚》卷八"鑿池"作"冢池"）四周，水深丈餘，銅椁三重，澒水銀爲池（《藝文》"澒"作"傾"），池廣六十步，黄金珠玉爲鳧雁，扁渚（覺按：《藝文類聚》卷八、《吴郡志》卷三十九"渚"作"諸"，當據以訂正）之劍、魚腸三千在焉。葬之已（覺按：《吴郡志》卷三十九無"已"）三日，金精上揚（覺按：《藝文類聚》卷八作“楊”）爲白虎，據墳，故曰虎邱。（《藝文》八、《吴郡志》三十九。〇覺按：《北堂書鈔》卷九十二：“《吴越春秋》云：闔閭葬虎丘，會士千萬人，積壤爲高墳，以水銀爲池，黄金珠玉爲鳧鴈，扁諸之劍三千，盤郢、魚腸在焉。已葬，金精上爲白虎。”又卷九十四：“《吴越春秋》云：虎丘者，吴闔閭墓。夜，桐槨三重，金鳧玉鼠、魚腸之劒皆送葬焉。金精上出，化爲白虎，據墳，故曰虎丘。”又，陸廣微《吴地記》也節引此文，參見【張覺所輯佚文】第 4 條。）

5．虎邱者，吴王闔閭墓也。下池廣六十步，深一丈五尺，銅棺三重，中池廣六尺（《御覽》八百十二引“中澒池廣六丈”。〇覺按：《太平御覽》卷八百十二“池”作“地”），金鴈玉鳧、魚腸之劒以送焉（此句又見《書鈔》九十四。〇覺按：《北堂書鈔》所引與此文稍異，參見上條），取土臨海潮千萬人築治之。（《御覽》五百五十八。此即上條之文而引者互有删節，不可强合爲一，故兩存之。〇覺按：《太平御覽》卷五百五十八“邱”作“丘”，“五”下“尺”字作“赤”，“銅棺”作“銅椁”，“魚腸”作“魚膓”而上有“諸膓”，“土”作“士”，“治之”下有“以葬後，金精上地爲白虎，據墳，故以爲虎丘”。）

6．越王既棲會稽，范蠡等曰：“臣竊見會稽之山（覺按：《説郛》“山”作“上”）有魚池，上下二處，水中有三江四瀆之流、九谿六谷（覺按：《説郛》“谷”作“合”）之廣。上池宜於君王，下池宜於臣民。畜魚三年，其利可以致千萬，越國當富盈。”（《藝文》九十六，《御覽》九百三十五，《事類賦注》廿九。〇覺按：《説郛》卷第二也引此文，但稍略。《太平御覽》卷九百三十五、《事類賦注》卷二十九“臣民”作“民臣”。）

7．吴亾後，越浮西施於江，令隨鴟夷以終。（《修文御覽》引，見《繹史》九十六）

8．越王平吴後，立賀臺於越。（《初學記》廿四）

9．文種者，本楚南郢人也（此上依《文選·豪士賦序》注補）。姓文，名種，字子禽（《文選》注“名少禽”。〇覺按：《文選》注引作“字少禽”）。荆平王時爲宛令，之三户之里，范蠡從犬竇蹲而吠之，從吏恐文種慙，令人引衣而障之。文種曰：“無障也。吾聞犬之所吠者人。今吾到此，有聖人之氣，行而求之，來至於此。且人身而犬吠者，謂我是人也。”乃下車拜，蠡不爲禮。（《史記·越世家·正義》）

10．蠡，字少伯，乃楚宛三户人也。（同上）

11．文種，荆平王時爲宛令，不治官職，有若狂顛，惟歎咲也。（《抄本書鈔》七十八。〇覺按：今本《北堂書鈔》卷七十八也引以上二十一字，“咲”作“笑”。）

12．吴王既殺（覺按：《太平御覽》卷四百五十六作“煞”）子胥，問太宰曰：“子胥數以越諫，遂以喪身。從死以來，若有所亾。今欲祠之，何日可也？”

曰："三月癸未可也(《御覽》五百廿六引作"二月癸未"，《書鈔》亦作"二月"。〇覺按：《太平御覽》卷五百二十六無"二月癸未"，《北堂書鈔》卷八十八引作"二月癸未")。"及夫差帥諸羣臣出國東門祀子胥于江水之濱，諸臣竝在，夫差乃言曰："寡人蒙先王之遺恩，爲千乘之主。昔日不聽相國之言，乃用讒佞之辭，至令相國遠投江海(《御覽》五百廿六引作"江濱"。〇覺按：《太平御覽》卷五百二十六"遠投江海"作"遠没江海"，當據以訂正)。自亾以來，濛濛惑惑，如霧蔽日，莫誰與言。"泣下沾矜(覺按：《太平御覽》卷五百二十六"矜"作"衿"，當據以訂正)，哀不自勝。左右羣僚莫不悲傷。忽見樂自觸酒，又言曰："相國！其可畱神，一與寡人相見。"胥即從中出，曰："生時爲人，死時爲神。嚮遠大王，復重祭臣。"諸臣持杯，杯動酒盡，左右羣臣，莫不見之。(《抄本書鈔》八十八，《御覽》四百五十六，又五百廿六參定。〇覺按：今《北堂書鈔》卷八十八引文之刪節與訛誤甚多，《太平御覽》亦不全，此爲顧氏參定之文，"忽見樂自觸酒"以下蓋據《繹史》卷九十六《越滅吴下》校正。)

13．吴王夫差聞孔子與子貢游於吴，出，求觀其形，變服而行，爲或人所戲而傷其指。夫差還，發兵索於國中，欲誅或人。子胥諫曰："臣聞昔上帝之少子，下游青泠之淵，化爲鯉魚，隨流而戲，漁者豫且(覺按：《羣書治要》卷十二引文作"豫沮")射而中之，上訴天帝。天帝曰：'汝方游之時，何衣而行？'少子曰：'我爲鯉魚。'上帝曰：'汝乃白龍也，而變爲魚。漁者射汝，是其宜也，又何怨焉？'今夫大王弃萬乘之服而從匹夫之禮，而爲或人所刑，亦其宜也。"於是吴王默然不言。(《羣書治要》，又《御覽》三百七十節引)

14．吴將伐齊，北霸中國，自廣陵掘江通淮。(《寰宇記》百二十四。〇覺按：《太平御覽》卷一百六十九引作："吴將伐齊，自廣陵掘溝通江、淮。"當據以補"溝"字。)

15．子胥諫吴王，王怒。胥暮歸(此"胥"字依《事類賦注》三補)，舉衣出宫。宫中羣臣皆驚曰："天無霖雨，宫中無泥露，相君舉衣行高，何爲？"子胥曰："吾以越諫王，王心迷，不聽。吾見(覺按：《北堂書鈔》《太平御覽》"吾見"均作"吾言"，從上讀)宫中生草棘，霧露沾我衣。"羣臣聞之，莫不悲傷。(《書鈔》百五十二、《御覽》十二。〇覺按：這是顧氏據《北堂書鈔》《太平御覽》參定之文。《北堂書鈔》之引文甚略，"行高"作"行適"，且不明題《吴越春秋》。《事類賦注》卷三也節引此文。)

16．大夫種善圖始，范蠡善慮終。(《文選·五等論》注)

17．范蠡曰："夫人君，勇者，逆德也；兵者，凶器也；争者，國之末也。"(《文選·陸士衡·樂府詩》注。〇覺按：見《文選》卷二十八陸士衡《飲馬長城窟行》"凶器無兩全"李善注。)

18. 賜以甘菓。（《書鈔》十九）

19. 越臞，陣名。（《白帖》五十四）

20. 海鹽縣淪爲柘（覺按：今《初學記》卷七“柘”作“招”）湖，徙居武原鄉，故越地也。（《初學記》七）

21. 截骨之劒，無削掇之。（《書鈔》百廿二。〇覺按：《北堂書鈔》卷一百二十二引作：“截骨之劍，無削掇之利。”顧氏誤脱“利”字，當訂正。又，此非佚文，見本書7.2，顧氏失考耳。）

22. 練塘里，句踐練冶銅錫之處。（《水經·漸江水注》）

23. 鹿野山，越之麋苑也。（同上）

24. 越王都埤中。（同上）

25. 眉間尺逃楚，入山，道逢一客。客問曰：“子眉間尺乎？”荅曰：“是也。”“吾能爲子報讐。”尺曰：“父無分寸之罪，枉被荼毒。君今惠念，何所用耶？”客曰：“須子之頭，并子之劒。”尺乃與頭。客與王，王大賞之，即以鑊煮其頭，七日七夜不爛。客曰：“此頭不爛者，王親臨之。”王即看之。客於後以劒斬王頭，入鑊中。二頭相齧，客恐尺不勝，自以其（覺按：《太平御覽》卷三百六十四無“其”字）劒擬頭入鑊中。三頭相咬，七日後，一時俱爛，乃分葬汝南宜春縣，并三冢。（《御覽》三百六十四）

26. 季札（覺按：《説郛》“季”字前有“吴”，《太平御覽》卷四百九十一“札”皆作“扎”）去徐而歸，行於道，逢男子五月被裘採薪，於道傍有委金一器。季札見之，忽不入意，顧謂薪者曰：“來（覺按：《説郛》“來”上有“爾”）取此金。”薪者曰：“君舉止何高，視何下也？五月被裘採薪，甯是拾金者乎？”札慚於斯言，下車禮之，曰：“何子衣之鄙而言之雅也？予（覺按：《太平御覽》卷四百九十一作“子”，當據以訂正）姓爲何？”薪者曰：“皮相之士（覺按：《太平御覽》卷四百九十一“皮”上有“君”，當據以補此文），何足以告姓字乎？”季札有慚色。（《御覽》四百九十一，又《藝文》八十節引。《藝文》八十三引：“延陵季子出游於齊，見路有遺金，有披裘採薪者，季子呼薪者取彼地金。薪者曰：‘吾當夏五月披裘而薪，豈取金者哉？’”《御覽》六百九十四畧同。〇覺按：《北堂書鈔》卷第一百二十九：“《吴越春秋》云：延陵季子見路有遺金，謂薪者取金，對曰：‘五月被裘負薪，豈取遺金者哉？’”又，《説郛》卷二《古典録略》録此文，從開頭録至“拾金者乎”。）

27. 吴師入郢，闔閭既妻（覺按：《太平御覽》卷四百九十一“妻”下有“昭王”，當據以補此文）夫人，又及於伯嬴。伯嬴，秦康公之女、平王之夫人、昭王之母也。伯嬴操刃曰：“妾聞：‘天子，天下之表也；公侯，一國之儀也。天子失制則天下亂，諸侯失節則國危。’今夫婦之道，固人倫之始、王教之端也。今吴弃（覺按：《太平御覽》卷四百九十一“弃”作“去”）儀表之行，從亂亾之欲，犯誅絶之事，何以行訓民乎？妾聞：‘生以辱者，不如死以榮者。’使吴王弃儀表，則無以生存，一舉而兩儀辱，妾以死守之，不敢聞（覺按：《太平御覽》卷四百九十一無“聞”）命也。且凡欲近妾者，爲樂也。近妾而死，何樂之有？先殺妾，又何益於君王？”於是吴王慙恥，遂退遷（覺按：《太平御覽》卷四百九十一“遷”作“還”，當據以訂正）舍。（《御覽》四百九十一）（覺按：秦康公於公元前620—公元前609年在位，楚平王於公元前528—公元前516年在位，兩者相差近百年，此文云楚平王夫人爲秦康公之女，實誤。《列女傳·貞順傳·楚平伯嬴》説伯嬴爲“秦穆公之女，楚平王之夫人”，更誤，因爲秦穆公於公元前659—公元前621年在位，其時代更不相及。闔閭入郢在公元前506年，伯嬴即使出生於秦康公去世前夕，至此時也踰百歲，故闔閭妻伯嬴也不合常理。此文雖承襲《列女傳》而有所修正，但仍然令人生疑，故爲後人所刪。《史記·楚世家》載：“平王二年，使費無忌如秦爲太子建取婦。婦好，來，未至，無忌先歸，説平王曰：‘秦女好，可自娶，爲太子更求。’平王聽之，卒自娶秦女，生熊珍。”熊珍即楚昭王。由此可見，楚昭王之母伯嬴在公元前527年爲楚平王所娶時是個年輕美貌的女子。秦哀公於前536—前501年在位，若以年代而論，伯嬴當爲秦哀公之女。）

28．昇（覺按：昇，《武陵山人遺書》本作“昪”，據徐乃昌《隨庵叢書》中所抄録的《吴越春秋逸文》改，《太平御覽》卷五百五十六作“早”）平門外麋湖西城者，麋王城也。與越王遥戰，越王殺麋王。麋王無頭，騎馬還武里，乃死，因留葬武里城中。以午日死，至今武里午日不舉火。（《御覽》五百五十六）

29．獨女山者，諸寡婦女淫泆（覺按：《太平御覽》卷四十七“泆”作“佚”）犯過皆輸此山上。越王將伐吴，其士有憂思者，令遊山上，以喜其意。（《御覽》四十七）

30．婁門外雞陂墟者，吴王牧雞處。（《御覽》八百三十三，又九百十八。○覺按：《太平御覽》卷八百三十三無“陂”，《事類賦注》卷十八無“吴”。）

31．太官舍，春申君所造殿。後殿名逃夏宫，春申子假君宫也。數失火，因塗雌黄，故曰黄堂。（《御覽》九百八十八。按《越絶書》有此文。○覺按：《太平御覽》卷九百八十八“黄堂”下尚有“臨海水”三字。）

32．秦徙大越鳥語之人置替。（《寰宇記》九十三，又引闞駰《十三州志》云：“替，讀爲‘潛’。”）

【張覺所輯佚文】（前10條見貴州人民出版社1993年版《吴越春秋全譯》，第11條爲新近所輯）

1．禹周行宇内，竭洛涸濟，瀝淮於澤。（覺按：《文選》卷第二十七沈休文《新安江水至清淺深見底貽京邑遊好》“清濟涸無津”李善注引。本書6.5有“周行寓内”一句，但無下面兩句。）

2．禹乃登宛委之山，發石，乃得金簡玉字，以水泉之脈（覺按：以上與本書6.3之文略不同）。山中又有一穴，深不見底，謂之禹穴。（覺按：《史記·太史公自序》“探禹穴”《正義》引）

3．啓使歲時祭禹於越，立宗廟南山之上。封少康庶子無餘於越，使祠禹（覺按：以上與本書6.7 ~ 6.8之文略不同）。至句踐遷都山陰，立禹廟爲始祖廟，越亡遂廢也。（覺按：《史記·太史公自序》“實賓南海”《正義》引）

4．闔閭葬虎丘，十萬人治葬。經三日，金精化爲白虎，蹲其上，因號虎丘。秦始皇東巡至虎丘，求吴王寶劍，其虎當墳而踞，始皇以劍擊之，不及，悮（覺按：當作“誤”）中于石，其虎西走二十五里，忽失拎（覺按：當作“於”）今虎疁。（覺按：陸廣微《吴地記》引，上半與顧觀光所輯第4、5條相近。）

5．（常州）周改爲陽羡。（覺按：《太平御覽》卷一百七十引）

6．夏禹廟以梅木爲梁。（覺按：《太平御覽》卷一百八十七引）

7．樂野者，越王所弋獵處也，故曰樂野。（覺按：《太平御覽》卷八百三十二引）

8．山覆釜盎，盎中有金簡玉書，黄帝之遺緘也。（覺按：《事類賦注》卷七引。“緘”當作“讖”，《水經注》卷四十云：“《吴越春秋》稱覆釜山之中有金簡玉字之書，黄帝之遺讖也。”）

9．菜之美者，有駱越之菌、雲夢之萓。（覺按：《事類賦注》卷二十四引）

10．《吴越春秋》、《吴地記》等書云：“闔閭城西有山號硯石山，高三百六十丈，去人烟三里，在吴縣西三十里，上有吴館娃宫、琴臺、響屧廊。山上有西施洞、硯池、翫月池。山頂之池有葵蒓，夏能去熱，秋則去寒。”（覺按：見范成大《吴郡志》卷十五。此條合敘二書，不盡可靠，故今加録其書名。）

11．禹治洪水，至牧德之山，見神人焉，謂禹曰：“勞子之形，役子之慮，以治洪水，無乃怠乎？我有靈寶五符，以役蛟龍水豹。”因授禹，而誡之曰：“事畢可秘於靈山。”禹成功後，藏於洞庭苞山之穴。至吴王闔閭之時，有龍威大人，得符獻之，吴王以示羣臣，皆莫能識，乃令齎符以問孔子，曰：“吴王閑居，有赤烏銜此書以至王所，莫辨其文，故令遠問。”孔子曰：“昔禹治水於牧德之山，遇神人，授以靈寶五符，後藏洞庭之苞山，君王所得，無乃是乎？赤烏之事，某所未聞。”（覺按：《繹史》卷八十六《孔子類記四·多聞》引）

【周生春所輯佚文】（見上海古籍出版社1997年版《吴越春秋輯校彙考》）

4．《吴越春秋》曰：“越王允常聘歐冶子，不能鑄鉛（覺按：《太平御覽》

“鉛”作“鉛”）錫爲干將。”（《太平御覽》卷八百十二）

22.《吴越春秋》載伍子胥之言曰：“吴、越之國，三江環之，民無所移。”（嘉泰《會稽志》卷四《斗門》）

23.《吴楚（越）春秋》曰：“句踐與妻入臣吴。妻奉針縷，北面爲妾。”（《太平御覽》卷八百三十）（覺按：《太平御覽》原題“吴楚春秋”，“越”字乃周生春所注。原文“句踐”作“勾踐”，“面”作“靣”。）

26.《吴越春秋》云：“城南近湖，去湖百餘步。會稽治山陰以來，此城即爲郡城。”（嘉泰《會稽志》卷一《子城》）

35.《吴越春秋》謂：“平王都于固城。”（《太平寰宇記》卷九十）（覺按：《太平寰宇記》原文作：“楚平王祠，即《吴越春秋》謂‘平王都于固城’是也。”）

【附録二】

本書《吴越春秋》原文所據文獻及文字取捨略例

校正勘定《吴越春秋》的原文是《吴越春秋》研究的前提與基礎，所以我首先在《吴越春秋》的原文校勘方面花了不少精力。

現存《吴越春秋》的版本源流很清晰，即明清以後的《吴越春秋》刊本都源自元大德十年丙午（1306）劉克昌支持刊刻的紹興路儒學刻本。北京國家圖書館藏有該本之修補本。如此看來，似乎《吴越春秋》的校勘工作非常簡單——只要使用國家圖書館所藏大德刻本之修補本就可以了。其實不然，這是因爲：一、趙曄所著的《吴越春秋》已被後人删改，所以要正確釐定《吴越春秋》的原文，還得藉助於各種類書、古注與史籍的引文以及古籍異文；二、今存之大德本已有殘缺，其中的補版抄配之處更會産生原印本所没有的錯誤，值得利用後世翻刻本加以校正；三、明清時期的《吴越春秋》刻本或抄本，雖然源自大德刻本，但也經過刻者或抄者的校勘，所以也有值得利用的地方。①

有鑒於此，我的校勘工作也就分爲兩類：一類是以大德刻本之修補本爲底本，參校明清時期主要的翻刻本、抄本和清人校勘記，取其值得利用者來校正原文；另一類是利用各種類書、古注與史籍的引文以及古籍異文來勘正《吴越春秋》的原文。

我用作校勘的《吴越春秋》版本主要有七種。爲了節約篇幅，我在校勘記中使用了簡稱。考慮到明清刻書或抄書時往往會輕易改字，所以我依據這些翻刻本和抄本時採取了謹慎的態度，即儘量少改大德本之文字。同時，對同一處文字的改動，儘量依據較早的版本。現在把我所依據的這七種版本及取資之處列於下，以便讀者瞭解我的校改工作。

●大德本（其中補版抄配處改稱"大德本修補處"）——元大德十年丙午（1306）劉克昌支持刊刻的《吴越春秋》及後人修補處，今用北京圖書館出版社2005年影印本，見《中華再造善本·金元編·史部》。此爲本書原文之底本。

① 明清時期的《吴越春秋》刻本或抄本，雖然有值得利用的地方，但由於都源自大德刻本，所以其訛誤之處就不值得一一説明了。如今一些校本既未全面周詳地説明其文字異同，又不厭其煩地羅列其訛誤之文字，徒耗篇幅，意義不大。

●鄺本——明弘治十四年（1501）鄺璠（字廷瑞）、馮弋所刻《吳越春秋》，今用上海商務印書館1936年縮印本，見《四部叢刊·初編·史部》。引據處：吳越春秋目録，吳越春秋吳太伯傳第一卷末，4.2【1】，4.25【2】，5.5【1】，5.19【1】，5.23【8】，6.3【1】、【2】、【3】、【4】、【6】、【8】、【9】，7.2【2】、【3】、【4】、【5】、【6】、【8】、【9】、【11】，7.5【3】、【5】，7.7【1】，8.2【3】，9.2【1】，9.10【2】，10.1【5】、【6】、【11】，10.2【1】，10.6【1】、【3】，10.11【4】。

●嘉靖本——明嘉靖時刻本，刻書者不詳，今用上海圖書館藏本。引據處：吳越春秋序，3.13【1】，4.7【1】，5.10【1】，7.2【7】，7.4【2】，10.20【1】。

●馮本——明萬曆丙戌（1586）馮念祖所刻《吳越春秋》，今用上海涵芬樓1919年影印本，見《四部叢刊·初編·史部》。引據處：2.1【1】，3.5【1】，4.13【2】，4.17【2】，4.26【1】，5.25【1】，7.5【4】，8.6【1】，10.6【2】，10.9【2】，10.27【1】。

●吳本——明萬曆年間吳琯所刻《古今逸史》中的《吳越春秋》，今用上海商務印書館1937年影印本，見《景印元明善本叢書》中的《景明刻本古今逸史》。引據處：5.12【1】，5.26【3】，7.13【1】。

●四庫本——清乾隆四十六年（1781）抄校的《欽定四庫全書》中的《吳越春秋》，今用臺灣商務印書館1986年影印的《文淵閣四庫全書》第463册。引據處：1.7【1】，3.8【3】，3.14【1】，4.2【3】，4.14【4】，4.33【1】，4.36【1】，5.4【3】，5.11【1】，5.23【3】，6.4【1】，7.2【10】、【12】，7.3【1】，7.4【1】，7.6【1】，8.8【1】，9.7【1】，9.11【3】，10.11【2】，10.24【1】，10.27【2】。

●徐本——清光緒三十二年（1906）徐乃昌據明繙元大德本校刊的《吳越春秋》，在《隨庵叢書》中。引據處：4.22【1】、【2】。

至於這些版本的詳細情況，可參閱附録三。

當然，對大德本中一些在字形上只有點畫之差的俗字（如“被”“袍”的“衤”作“礻”，“涉”作“渉”，“卑”作“卑”，“穀”作“穀”，“轂”作“轂”，“觳”作“觳”之類），今一律改用正字，不再寫入校勘記。這樣處理，並不是説這些文字差異不重要；應該説，它們對於我們研究元代的用字狀況具有非常重要的意義；或者説，它們在文字學的研究方面具有極大的價值。但是，如果從文學、史學等角度去研究《吳越春秋》，這種文字差異就没有什麽價值了；而且，從現在的漢字信息處理與印刷情況來看，處理這些俗字也有較大的困難，把它們寫入校勘記不過是在做一種繁雜而又無多大成效的工作。有鑒於此，我決定放棄過於苛細的校勘法，而採取既注重實效又不失爲精細的校勘方法，在校勘記中對這種只有點畫之差的俗字加以忽略而不出校記。

忽略俗字這一校勘原則貫徹到《吴越春秋》原文的釐定上，則主要體現爲使用通用字。所謂使用通用字，其中包含兩層意思："存古"與"常用"。也就是説，我所校定的《吴越春秋》原文，一方面儘量保留大德本的文字，另一方面也酌情選用上述其他版本中已經使用而現在較爲常用的文字，而不再選用那些現在不常用的文字。例如，一方面依從大德本用"禄"而不用"祿"、用"羣"而不用"群"、用"乘"而不用"乗"，但另一方面則選用了鄺本、馮本、吴本、四庫本所使用的"世"而不選用大德本使用的"丗"。由於儘量保留大德本文字，所以也出現了"强"和"彊"、"面"和"靣"等交相使用的情況。顯然，選用現在常用的"世"字只是爲了便於今用，而並不意味著我不想存古。

爲了使讀者對本書《吴越春秋》原文的文字取捨有所瞭解，給有志於研究元、明、清時代用字狀況和漢字流變情況的學者提供一些線索，現將大德本中被置换而又不列入校勘記的一些文字編成《本書〈吴越春秋〉原文文字取捨舉例》列於後。"←"之前的文字、偏旁、部件是本書原文所選用的，"←"之後的文字、偏旁、部件是本書原文所不選用的異體、俗體。之所以列出一些偏旁與部件，完全是爲了簡便。如果不用這些偏旁與部件來描述這些版本中的用字情況，而一一列出其完整的漢字，則需要在電腦上造更多的俗字，徒增本附録的篇幅。

當然，要圓滿地釐定《吴越春秋》的原文，僅僅依靠上述六種版本顯然是不夠的。所以，我進一步選取了一些文獻作爲彙校的材料。或者説，爲了使本書的原文更加完善，我在確定原文時還酌情依照了清代校勘家的校勘記，類書、古注與史籍的引文以及古籍異文。今將這些文獻列於下，並注明其簡稱、版本情況及本書取資之處，以便讀者查考。

◎顧校——葉昌熾手録在明刻本上的清顧廣圻於乾隆甲寅（1794）所校録的影宋鈔本《吴越春秋》上的文字，今據上海圖書館所藏手寫本。引據處：5.5【2】，5.6【3】，5.7【1】，5.9【1】，6.6【2】，7.2【10】，7.3【2】，8.2【2】，8.7【1】，10.1【7】，10.8【1】、【3】，10.9【1】，10.11【3】，10.14【1】。

◎《水經注》引文——北魏酈道元所撰的《水經注》中所引録的《吴越春秋》之文，據上海古籍出版社1990年出版的點校本。引據處：8.2【1】，9.12【11】，

10.16【1】、【2】。

◎《北堂書鈔》引文——唐虞世南所輯的《北堂書鈔》中所引録的《吴越春秋》之文，據光緒戊子（1888）孔廣陶三十有三萬卷堂校注重刊本。引據處：3.8【4】、【5】，4.3【2】，4.4【1】，4.14【1】，7.5【2】，9.11【1】，9.12【1】，10.23【1】、【2】。

◎《藝文類聚》引文——唐歐陽詢等所輯的《藝文類聚》中所引録的《吴越春秋》之文，據上海古籍出版社1982年新1版校點本。引據處：4.14【6】，8.3【1】、【3】、【5】，9.11【2】、【3】、【4】，9.12【2】。

◎《羣書治要》引文——唐魏徵等所輯的《羣書治要》中所引録的《吴越春秋》之文，據上海商務印書館1936年縮印日本尾張藩刻本（見《四部叢刊·初編·子部》）。引據處：5.21【1】、【2】、【3】、【6】。

◎《初學記》引文——唐徐堅等所輯的《初學記》中所引録的《吴越春秋》之文，據中華書局1962年出版的校點本。引據處：3.8【1】、【2】，6.3【7】,6.4【2】。

◎《文選》注引文——唐李善《文選》注中所引録的《吴越春秋》之文，據中華書局1977年影印嘉慶十四年（1809）胡克家重刻宋淳熙本。引據處：4.3【1】，4.6【1】，4.14【7】，8.3【7】、【8】，8.6【4】，9.4【1】，9.12【5】、【7】。

◎《太平御覽》引文——宋李昉等所編的《太平御覽》中所引録的《吴越春秋》之文，據中華書局1960年出版的影印本。引據處：3.2【1】，3.9【1】、【2】，3.15【2】，4.2【2】，4.4【2】，4.8【1】、【2】，4.11【1】，4.14【5】，4.15【1】、【2】、【3】，4.23【1】，4.24【1】、【2】、【3】、【4】，4.34【1】，5.21【1】、【2】，5.26【1】、【2】，6.3【5】，6.6【1】，7.1【1】，7.5【1】、【6】、【7】，7.10【1】、【2】，7.14【1】，8.3【2】、【4】、【6】、【9】、【10】，8.4【1】，8.5【1】，8.6【2】、【3】，9.8【1】，9.11【5】、【6】、【7】、【8】，9.12【3】、【4】、【6】、【8】、【9】、【10】，10.8【1】、【2】，10.11【5】，10.22【1】。

◎《事類賦注》引文——宋吴淑撰注的《事類賦注》中所引録的《吴越春秋》之文，據臺灣商務印書館1986年版《景印文淵閣四庫全書》第892冊《事類賦》。引據處：4.14【2】、【3】、【4】。

◎《吴郡志》引文——宋范成大所撰的《吴郡志》中所引録的《吴越春秋》之文，據臺灣商務印書館1986年版《景印文淵閣四庫全書》485冊。引據處：4.35【1】、【2】。

◎《會稽志》引文——宋施宿等所撰的《會稽志》中所引録的《吴越春秋》之文，據采鞠軒嘉慶戊辰（公元 1808 年）重鐫的《嘉泰會稽志》。引據處：6.6【2】。

◎《左傳》——據中華書局 1980 年出版的影印本《十三經注疏》。引據處：4.13【1】，4.19【1】、【2】，4.20【1】，4.22【3】，4.30【1】。

◎《國語》——據上海古籍出版社 1982 年 9 月出版的新排點校本。引據處：5.16【1】、【2】、【3】，5.23【1】、【2】、【5】、【6】、【7】、【9】，10.1【2】、【3】、【8】、【9】、【10】，10.5【1】、【2】，10.8【4】，10.11【1】。

◎《吕氏春秋》——據學林出版社 1984 年版《吕氏春秋校釋》。引據處：5.6【1】、【2】。

◎《史記》——據中華書局 2013 年版修訂點校本。引據處：3.7【1】，3.15【1】，5.2【1】，5.4【1】，5.5【3】，10.13【1】。

本書《吴越春秋》原文文字取捨舉例

拔（大德本、鄭本、四庫本）←**抜**（大德本、鄭本、馮本、吴本）

博（鄭本、四庫本）←**愽**（大德本、鄭本、吴本、大德本修補處）、**慱**（鄭本、馮本）、**博**（吴本）

差（包括“嗟”“蹉”的偏旁）（大德本、鄭本、馮本、吴本、四庫本、大德本修補處）←**荖**（大德本、鄭本、馮本、吴本）

諂（四庫本）←**謟**（大德本、鄭本、馮本、吴本）

辭（大德本、鄭本、吴本、四庫本、大德本修補處）←**辭**（大德本修補處）

賜（大德本、鄭本、馮本、吴本、四庫本）←**賜**（大德本、鄭本）

巔（鄭本、四庫本、大德本修補處）←**巓**（大德本、鄭本、吴本）、**巔**（大德本、馮本）

段（包括“鍛”的偏旁）（四庫本）←**叚**（大德本、鄭本）、**叚**（馮本）、**段**（吴本）、**段**（四庫本）

斷（大德本、鄭本、吴本、四庫本）←**断**（馮本、大德本修補處）

凡（大德本、鄭本、馮本、四庫本）←**凣**（大德本、鄭本、馮本、吴本）

高（包括“蒿”“槁”“稾”字的偏旁）（鄭本、馮本、吴本、四庫本）←**髙**（大德本、鄭本、馮本、吴本、四庫本、大德本修補處）

恭（馮本、吴本、四庫本）←恭（大德本、鄺本、馮本）

關（大德本、鄺本、吴本）←關（大德本、鄺本、四庫本）、関（馮本）、關（四庫本）

黑（大德本、鄺本、吴本、四庫本）←黒（大德本、馮本）

魂（大德本、鄺本、馮本、吴本、四庫本）←䰟（大德本、鄺本、馮本、吴本）

晉（大德本、鄺本、馮本、吴本、四庫本、大德本修補處）←晋（大德本、鄺本、馮本）

寇（四庫本）←寇（大德本、鄺本、馮本、吴本、四庫本）、冦（大德本、鄺本、馮本、吴本、四庫本）

賴（吴本、四庫本）←頼（大德本、鄺本、馮本、吴本、四庫本）

卯（四庫本）←夘（大德本、鄺本、馮本）、卯（鄺本、馮本、吴本、四庫本、大德本修補處）

滿（鄺本、吴本）←蒲（大德本）、湍（鄺本）、蒲（鄺本）、満（馮本、吴本）

美（大德本、鄺本、馮本、吴本、四庫本）←美（大德本、鄺本、馮本、四庫本）

滅（鄺本、馮本、吴本、四庫本）←滅（大德本、鄺本、馮本、大德本修補處）

奇（包括“寄”“崎”“騎”“錡”“倚”“漪”的偏旁）（鄺本、吴本）←竒（大德本、鄺本、馮本、吴本、四庫本）

牆（大德本、鄺本、吴本、馮本）←牆（大德本、鄺本）、墻（四庫本）

世（包括“泄”“喋”“葉”的偏旁或部件）（鄺本、馮本、吴本、四庫本、大德本修補處）←丗（大德本、鄺本、馮本、吴本、四庫本、大德本修補處）

收（鄺本、馮本、吴本、大德本修補處）←収収（大德本）、收（鄺本、馮本、吴本、四庫本）

數（馮本、吴本、四庫本）←數（大德本、鄺本）、数（大德本修補處）

雖（大德本、鄺本、馮本、吴本、四庫本、大德本修補處）←錐（大德本、鄺本）

陷（吴本、四庫本）←陥（大德本、鄺本、馮本、吴本）

笑（大德本、吴本、四庫本）←笑（大德本、鄺本、馮本）

戊（大德本、吴本）←戊（大德本、鄺本、馮本、吴本、四庫本）

宜（大德本、鄺本、馮本、吴本、四庫本）←冝（大德本）

幼（鄺本）←幻（大德本、馮本、吴本、四庫本）

臾（鄺本、四庫本）←臾（大德本、馮本、吴本）

寃（鄺本）←寃（大德本、鄺本、馮本、吴本、四庫本）

員（吴本、四庫本）←**貟**（大德本、鄺本、馮本）

争（馮本、大德本修補處）←**爭**（大德本、鄺本、吴本、四庫本）

叀（“搏”“傅”“縛”的偏旁）（大德本、鄺本、馮本、吴本、四庫本）←**尃**（大德本、鄺本、吴本、四庫本）、**尃**（馮本）

今（“貪”的偏旁）（鄺本、馮本、吴本）←**令**（大德本、鄺本、馮本、四庫本）

口（“捐”“損”“隕”“鄖”“圓”“鋭”“説”“脱”“悦”“鄙”“囊”的部件）（鄺本、馮本、吴本、四庫本）←**厶**（大德本、鄺本、馮本、吴本、四庫本、大德本修補處）

【附録三】

《吴越春秋》版本考述及其序跋題識輯録

進行善本彙校是一項既花錢又費力，而結果卻得不到如今學術評價者所推崇的創新性成果的古籍整理工作，但大概是由於我被黄丕烈、顧廣圻等校勘家那種珍視古代善本、忠誠地保護文化遺産的精神所感染的緣故吧，我一直認爲這是一件十分有益於學術界，而尤其有益於傳統文化研究者的基礎性工作。身爲中華兒女，我們不但有責任而且也有義務爲中華文化的傳承作出自己應有的貢獻，所以我早就想從事這項工作了。不過，由於種種原因，一直到 2003 年年底我的《韓非子校疏》獲准列爲 2003 年度全國高等院校古籍整理研究工作委員會直接資助項目後，我才開始投入大量的精力、財力去從事這一工作。

如今，我的《吴越春秋校證注疏》又獲得了項目資助，所以我又將《吴越春秋》的善本進行了彙校。現在這一工作已告一段落，爲了讓廣大讀者瞭解我的這項工作，同時也爲了給學者們提供一些可靠的研究線索與材料，我覺得有必要介紹一下《吴越春秋》的版本情況及其序跋題識。應該説，這些内容對學術研究的開展還是很有用的。

要説明的是，對於所録之序跋題識文字，皆用楷體以與拙文相區别，其中的繁體字、簡體字、異體字、俗字也儘量維持原狀。其文大都没有句讀，今根據我的理解加上標點以便閲讀。所録資料之自注，加用括弧以與正文相區别。我的注，則冠以“覺按”以别之。

第一節　南宋嘉定甲申汪綱刻本

南宋嘉定甲申（1224）汪綱所刻的《吴越春秋》，是現在所知最早的《吴越春秋》刻本，但早已亡佚，連其影鈔本現在也見不到了。清代顧廣圻（1766—

1835）、蔣光煦（1813—1860）曾經見其影鈔本，並作了校勘[①]。他們的校勘成果如今尚存，可供我們瞭解宋刻本的情況。

顧廣圻的校勘成果不易見到，葉昌熾（1847—1917）曾經將其校出的影宋本之異文轉録在九行十七字的明嘉靖刻本上（該本詳情見下文），值得珍視。

在“吴越春秋目録”行下，顧廣圻的校記云：“影宋本九行十八字。”據其所校，可知影宋本之目録無“上”“下”兩字，“卷第 ×”作“第 × 卷”，“吴太伯傳”作“吴王太伯傳”，“勾踐入臣外傳”作“越王勾踐入臣”，“勾踐陰謀外傳”作“越王陰謀外傳”。

葉昌熾在該本正文十卷之後轉録了影宋本上的汪綱之跋[②]。其文如下：

右《吴越春秋》十卷，後漢趙曄所著。予既刻《越絶書》，遂併刻之。蓋二書實相表裏，而曄又爲郡人，其書固宜廣。第訛舛特甚，惜無從可以是正云。嘉定甲申八月望日，新安汪綱書。

嘉定甲申即嘉定十七年（1224）。是年八月，宋寧宗駕崩，宋理宗趙昀即位。汪綱之跋書於該年八月十五，其刻版肯定完工於趙昀即位之後，所以書中之“允常”均避趙昀名諱而改成了“元常”[③]。新安，在今浙江省淳安縣，所以汪綱稱趙曄爲郡人。

在汪綱跋文之後葉昌熾録有顧廣圻乾隆甲寅（1794）的校記，其文如下：

嘉定甲申《吴越春秋》影鈔本也。初閲弟九卷越女劍事，“女即捷末”下多“袁公操其末而刺處女，女應即入之，三入，處女因舉杖擊之”共廿三字，与《御覽》《類聚》《選》注所引合，遂全勘一過。其他佳處似無此過者，然挍諸此本，固勝矣。乾隆甲寅九月十六日顧廣圻記。

① 顧廣圻校本曾爲瞿鏞所藏，瞿氏《鐵琴銅劍樓藏書目録》卷十“載記類”載録“《吴越春秋》十卷（校宋本）”，介紹説：“此明刊本，顧澗薲以影鈔宋本校過。第一卷頗高子‘勾畢’，宋本作‘勾卑’，與《史記·吴世家》合。第九卷越女劍事，‘女即捷末’下宋本多‘袁公操其本而刺處女，女應即入之，三入，處女因舉杖擊之’廿三字，與《文選》注、《太平御覽》、《藝文類聚》所引合，元、明刻本皆遺之。宋本，嘉定中新安汪綱所刻，有跋。每半葉九行，行十八字。（卷首有顧澗薲手校朱記）”蔣光煦校勘後寫成了校勘記，該校勘記收録於蔣氏所輯的《斠補隅録》中，其首題：“吴越春秋（《古今逸史》本，以影宋本及明翻大德本校。宋本每半葉九行，行十八字，無注。蔣光煦校）”

② 周生春從《愛日精廬藏書志》卷十四轉録此文時題“汪綱序”，不當，因爲其中之“右”字即表明其爲跋文而非序文。

③ 周生春認爲北京圖書館所藏元大德十年紹興路儒學刻明修本、明弘治十四年鄺璠刊本、明吴琯《古今逸史》本“允”均作“元”，“係避宋英宗父允讓諱”，恐不當（參見 4.15 校記【1】）。

在顧廣圻校記之後，葉昌熾彙録了顧廣圻從《藝文類聚》《初學記》《太平御覽》等書中所輯出的佚文十四條(參見本書附録一),這説明嘉定甲申之《吴越春秋》刻本已非趙曄原著，與唐至北宋時的傳本相比又有所刊削。

蔣光煦校勘《吴越春秋》後引録的影宋本文字保存於蔣氏所輯的《斠補隅録》中，因其書已經刊刻，所以如今較易見到。

第二節　元大德十年劉克昌刻本（本書簡稱“大德本”）

《吴越春秋》現存的最早刊本是元大德十年丙午（公元1306年）紹興路儒學刻本之修補本。該本原由元代紹興路總管提調學校官劉克昌支持刊刻，由前宋國子監書庫官徐天祜作序[①]，並加考訂音註。該書原爲清代瞿鏞鐵琴銅劍樓所藏[②]，今藏北京國家圖書館（索書號：03662），應該是孤本了[③]。《中華再造善本》叢書將此本收録於《金元編・史部》，由北京圖書館出版社於2005年1月影印了200部，故今流布稍廣。

該本白口，左右雙邊。字體勁秀，頗得趙孟頫書法神韻。开卷首載徐天祜的序，行書，每半葉六行，行十四字。其後目録、正文之行款仿照宋本，即每半葉九行，行十八字。原分上下兩冊，故在第一篇和第六篇的第二行加題“後漢趙曄撰”，其版心也分别刻有“吴越上”“吴越下”。不過，全書所標葉碼則不分上下冊而連續編碼，共一百四十一葉（實際上只有一百四十葉，因爲第一百廿五葉被誤標爲一百廿六，以後又連續標至一百四十一，所

① 徐天祜，字受之，山陰（今浙江省紹興市）人，景定三年（1262）進士，時年尚英妙，爲大州教授，日與諸生講經義，聽者感發。德祐二年（1276），以文林郎國子監書庫官召，不赴，退歸城南，杜門讀書。及文天祥被執以死，徐天祜與王英孫並爲衣冠避亂者所宗。四方學者至越，必進謁。天祜高冠大帶，議論卓卓，見者咸以爲儀刑。參見清萬斯同《宋季忠義録》卷十四（張壽鏞1934年刊《四明叢書》第二集），厲鶚《宋詩紀事》卷六十八（乾隆十一年黄氏琴趣軒刊本），王梓材、馮雲濠《宋元學案補遺》卷六十四（張壽鏞1937年刊《四明叢書》第五集），陸心源《宋史翼》卷三十五（光緒三十二年歸安陸氏刊本），曾廉《元書》卷九十一（宣統三年層漪堂刊本）。以上除《宋詩紀事》外，均誤爲“徐天祐”。《詩經・小雅・信南山》:“受天之祜。”其字“受之”，當名“天祜”，作“祐”者誤。

② 該書在《吴越春秋目録》之下及書末蓋有“鐵琴銅劍樓”陰文印。《鐵琴銅劍樓藏書目録》卷十“載記類”云:“《吴越春秋》十卷（元刊本）:此本卷末有‘大德十年，歲在丙午，三月音注;越六月，書成刊板，十二月畢工’二行，又有‘前文林郎國子監書庫官徐天祜音注’一行，前有天祜序。明弘治間鄺璠所刻，即依此本。”

③ 參見《中國古籍善本書目・史部》卷七，上海古籍出版社1991年版。

以全書沒有第一百廿五葉）[①]，其中除了第四十一葉、六十一葉、七十三葉、一百十四葉、一百十九葉、一百三十三葉、一百三十六葉、一百三十八葉、一百四十葉爲補刻之版，序言第一葉、正文第四十九葉、五十葉、六十四葉、八十二葉、八十六葉、一百十八葉、一百二十葉、一百廿四葉有抄配，基本上都爲元大德時所刻舊版[②]。由於後代所有刻本都源自大德刻本，所以國家圖書館這一藏本雖有補版壞字，印刷不甚精良，而且還有缺葉[③]，但仍然彌足珍貴。至于其修補之处，國家圖書館題"明修"，恐怕只是揣測之詞，因爲其中修補之處筆迹有多種，是否全爲明代人所爲，实難考證。

由於本書以此大德本爲底本，又原封不動地保留了書前的徐天祜序和書末"大德一年歲在丙午三月音註"等七行字，讀者閱覽本書即可見其內容，故不再詳加介紹。要説明的是：據上節所録顧廣圻校記可知，嘉定甲申汪綱刻本第九卷有"袁公操其末而刺處女，女應即入之，三入，處女因舉杖擊之"共廿三字，但大德本無此廿三字。據蔣光煦《斠補隅録》之影宋鈔本校記可知，嘉定甲申汪綱刻本還殘留著一些注釋（參見附録五），但徐天祜在序中説自己所用的底本"無所謂傳註"。徐天祜在序中還説："曄書，越舊嘗鋟梓，歲久不復存。"這"不復存"的越刻本可能就是指的新安汪綱刻本。由此推測，

① 其第一百廿四葉係抄補之文，抄補者未標葉碼，其文爲 10.5"謀以別"至 10.6"知分而不外王曰"。此後緊接第一百廿六葉，抄補者在第一百廿六葉右上角粘有紙條，上書"此處不缺葉"。根據這兩葉的文字銜接程度和徐天祜注所説的"詳下文止七人"來看，此處的確不缺葉，所以大德本實無第一百廿五葉。

② 其中第十三葉、二十葉、廿二葉、三十葉、三十一葉、三十二葉、四十七葉、五十五葉、五十六葉、八十九葉、九十五葉、百四葉、百七葉、百八葉、百廿六葉有補描之處，蓋藏書補抄者所描。

③ 明弘治十四年（1501）吴中鄺璠、馮弋的刻本是大德十年越中劉克昌刻本的重刊本，該本除了徐天祜的序，從"吴越春秋目録"開始，其行款格式完全仿照大德刻本（九行十八字）。弘治刻本之末有《徐氏補註》兩葉，但如今國家圖書館所藏大德刻修補本卻無此《徐氏補註》，這説明國家圖書館藏本已有缺葉。要進一步説明的是，這一情況的合理解釋應該是：鄺本所據底本乃大德本之初印本，而國家圖書館藏本是後來的重印本（其印刷不精良，又有補刻之版和抄配之處也可證明這一點），由於重印時那《徐氏補註》的兩塊雕版已經亡佚，所以也就没有這兩葉了。至於《徐氏補註》（計第一卷 2 條，第四卷 5 條，第五卷 2 條）的刊刻時間，應該在大德十年十一月下旬或十二月，因爲該書於九月開雕，至十一月下旬前五卷已經刻成，所以只能另外補刻兩版。周生春認爲："此九條文字不載于元大德十年刻明修本，而僅見于明弘治年間刊本，當作于大德十年以後。"（見周生春《吴越春秋輯校彙考》，上海古籍出版社 1997 年版，第 329 頁）這種説法實誤。越中徐天祜的補註絶對不會一直留到弘治年間讓吴中人去刊刻。

徐天祐所用的本子應該不是汪綱刻本。不過，其書中之“允常”也避趙昀名諱而改成了“元常”，則徐天祐所用之底本也當刻於公元 1224 年宋理宗趙昀即位之後。

第三節　明刻本

明代有好幾種刻本，現在分别介紹如下。

一、弘治鄺璠、馮弋刻本（本書簡稱“鄺本”）

弘治十四年（1501）鄺璠（字廷瑞）、馮弋的刻本是大德本之外最值得珍視的傳世善本。

該書首載錢福弘治十四年所作之序，其文如下：

重刊《吴越春秋》序

古者列國皆有史官以掌記時事，若孔子因魯史以脩《春秋》者是也。《吴越春秋》乃作於東漢趙曄，後世補亡之書耳。大抵本《國語》、《史記》，而附以所傳聞者爲之。元徐天祐謂其“去古未遠”，又“越人宜知越之故”，“視他書所記二國事爲詳”，得之矣。天祐之所考註亦精當，第謂其“不類漢文”者，其字句間或似小説家。觀《儒林傳》，稱其所著復有所謂《詩細》者，蔡邕讀而嘆息，以爲長於《論衡》。今《論衡》故在也，鄙俚恠誕者不少，則東漢末亦自有此文氣矣。謂其“非全書”，則吴、越顛末亦備矣。《隋、唐·經籍誌》多二卷，意者西施之至吴、范蠡之去越乎？若附會於讖緯夢卜之説，則固當時所尚，而左氏傳《春秋》亦多述焉，不可盡謂其無據也。其大旨，誇越之多賢，以矜其故都；而所編《傳》，乃内吴而外越，則又不可曉矣。自科舉聲律之學興，而古書散佚無留意者，雖好古博雅之士，歷代《經籍志》所載，亦或不能舉其篇目，故有志於集古者，皆在所取也。去年秋，監察御史寧鄉袁公大倫奉

命來按吴，體正而蠹剔，威加而惠流，乃本古觀風之法，訪吴之故於吴邑侯任丘鄺廷瑞。侯素稱稽古尚文，歷舉郡乘所載者以對，公問其所本始，侯辭焉。公乃手出是編授之，侯讀之，曰：“命之矣。古者使於其國，仕於其邦，不能舉其地之故，君子恥焉。吾乃今知吴山川城郭之所名也，吾乃今知封疆因革之所始也，吾乃今知民情土俗之所由也。吾不忍自私，當重梓以行於吴人，俾無忘厥本。”乃屬郡史馮弋等録而刻之。既成，走書屬予序。盖侯第進士時，以予爲知己，而袁公亦吾榜進士之傑也。嗚呼！孟軻氏稱：“入則無法家拂士，出則無敵國外患者，國恒亡，然後知生於憂

患而死於安樂也。”觀二國之興而僨，僨而興，斯昭昭矣。驕畏之殊，興亡所繫；忠讒之判，禍福攸分。可畏哉！予竊怪夫大言無術、自暇以怠人者曰“大數已定，無庸人力”，又曰“天子有道，守在四夷”，此英雄駕馭之言，非臣子思患預防之策也。禹、益儆惕於三苗之師，成、康不忘乎戎兵之詰，其見遠矣。是書所載，若胥之忠，蠡之智，種之謀，包胥之論戰，孫武之論兵，越女之論劍，陳音之論弩，句踐之畏天自苦、臣吴之别辭、伐吴之戒語，五大夫之自效，世亦胡可少哉？所載孔子、子貢事不可據，而其謀則在當時遊説之至高者也。相傳《越絶書》爲子貢撰，抑亦有所本云。噫！書稱軾怒鼃尚足以激士，而况讀其書，論其世，能不少動於衷者，其亦非夫也夫！至於司職方、掌外史，地里所在，必有所因而名，附會以成其説者，多不可辯驗。然與其信乎今，不若傳諸古；與其徵諸遠，不若考乎近。是又今日鄺侯崇信此書之意，而袁公博古之功不可誣也。因附予所欲言爲序。

弘治十四年，歲在辛酉，夏五朔旦。

賜進士及第翰林

國史脩撰儒林郎華亭錢福與謙序

錢福的序之後依次爲：徐天祜的序、《吴越春秋目録》、正文十卷、《徐氏補註》。其中除了徐天祜的序改成了六行十二字（大德本爲六行十四字），從“吴越春秋目録”開始，其行款格式完全仿照大德本（九行十八字）。應該説，該本最能體現大德本的風貌，特别是在今傳大德本尚有缺葉壞字的情况下，該本的校勘價值尤其顯得可貴。如其書末的《徐氏補註》，就可彌補今傳大德本之缺憾。今傳大德本修補之處，也完全可以利用此本來校正因大德本修補者的疏忽而造成的失誤。

當然，該本雖然具有珍貴的校勘價值，但也有如下幾點不足：一是校訂時不很謹慎，如3.5之“詐”，大德本作“許”，明顯是“詐”之壞缺，鄺本卻誤改爲“許”；二是其刊刻時對大德本文字有所改易而使用俗字，如3.5之“恥”被改爲“耻”，4.15之“腸”被改爲“膓”，5.16之“寤”被改爲“寤”，6.6之“商”被改爲“商”，9.9之“抑”被改爲“抑”；三是增加了一些誤字，如4.11之“鑒辨”被誤爲“鑒辯”，4.25之“壃場”被誤爲“壃塲”，5.17之“吴國之亡”被誤爲“吾國之亡”，6.5之“德薄”被誤爲“得薄”，6.6之“水”被誤爲“氷”，7.10之“瘳起”被誤爲“廖起”，8.7之“則利之”被誤爲“則利也”，8.8之“帖伏”被誤爲“帖伏”，9.3之“態”被誤爲“熊”，9.5之“二年”被誤爲“一年”，9.8之“縠”被誤爲“穀”、“妺喜”被誤爲“妹喜”、

“妲己”被誤爲“妲巳”，10.1 之“難動”被誤爲“雝動”，10.4 之“丙戌”被誤爲“丙戍”，10.15 之“喙”被誤爲“啄”，10.20 之“訣”被誤爲“詇”，10.22 之“先王”被誤爲“先生”，10.26 之“神祇”被誤爲“神祗”，等等。

該本現存雖已不多，但上海商務印書館輯印《四部叢刊·初編》時於 1929 年影印了此本，在 1936 年又縮印了此本，上海書店又於 1989 年 3 月重印了此本（裝訂於《四部叢刊·初編》第 51 册），所以該本現在很容易見到。

二、嘉靖刻本（本書簡稱“嘉靖本”）

上海圖書館藏有明代嘉靖時所刻十卷本。這種本子每半葉九行，每行十七字，其刻書年月及刻書者均未標明，上海圖書館蓋根據其字體而論斷其爲嘉靖刻本，今從之。

上海圖書館藏有四部嘉靖本，而其書版實有兩種。

其中一種本子裝訂成四册（索書號：善 776433–36），其刻印不甚精良，和另外三部一對照，可以明顯地看到其文字筆畫之不同。此版很可能是重刻本。該本上有“莫友芝圖書印”“莫繩孫印”“莫友芝印”“吴興劉氏嘉業堂臧書印”等鈐印。該書内容依次爲徐天祜的《吴越春秋序》、《吴越春秋目録》、正文十卷，缺《徐氏補註》。其書首扉葉粘有一紙莫友芝手書題識（其下鈐有“友芝私印”），該題識之論斷雖有失誤，但也可見清代版本學者對《吴越春秋》版本的認識，故今録於此。

《吴越春秋》，元徐天祐（覺按：當作“祜”，下同）註本，大德三年（覺按：當作“十年”）十二月刊，其十卷末題銜云：“前文林郎國子監書庫官徐天祐音註。”考元《百官志》，無“國子監書庫”之名。《萬姓统譜》稱天祐登進士第，“德祐二年，以文林郎、國庫書監召，不赴”云云。德祐爲宋瀛國公年號，知天祐本宋末人，入元不仕，刻音註時追題宋官，故云“前”。前者，谓前朝也。是書又有明萬曆丙戌武林馮念祖卧龍山房翻刻本，亦佳（覺按：馮本實不佳）。此獨原刻（覺按：此非大德原刻），但非初印耳。

另外一種本子之文字筆畫有棱角，可能是初刻本，上海圖書館藏有三部，但均有殘缺或抄補，然其刊版實可互補。

其中一部印得較晚，裝訂成六册（索書號：善 831125–30），其内容依次爲徐天祜的《吴越春秋序》（“吴越春秋序”下有“徐乃昌讀”鈐印）、正文十卷、《徐氏補註》，但缺《吴越春秋目録》。

另一部可能印得最早，裝訂成兩册（索書號：善 18735–6），其内容依次爲徐天祜的《吴越春秋序》（爲抄配）、《吴越春秋目録》、正文十卷（其末銜名爲抄配）、《徐氏補註》（爲抄配）。

還有一部也印得較早，裝訂成兩冊（索書號：善793058–59），原版僅存八卷，其目録中的“卷第九”以下及正文之卷九、卷十均爲抄配。其首葉第一行“吴越春秋序”下鈐有“述古堂”陰文印，可見其原爲述古堂所藏。其内容依次爲徐天祜的《吴越春秋序》、《吴越春秋目録》（最後半葉“卷第九”以下爲抄配）、《徐氏補註》（爲抄配）、正文十卷（卷九、卷十爲抄配）。該書雖經抄配而補全，但其文獻價值顯然不如原刻。該書的重要價值主要在葉昌熾把顧廣圻校影宋鈔本時的校記都轉録於此，從中我們可以窺見影宋鈔本與此本的文字異同。葉昌熾首先在該本扉葉上抄録了顧廣圻輯自《藝文類聚》卷八十、卷八十二（當作“八十三”）有關季札事蹟的佚文兩條，又在該本正文十卷之後轉録了影宋鈔本汪綱之跋和顧廣圻的校記（參見上文），以及顧廣圻所輯佚文十四條（參見附録一）。顧廣圻的校勘成果因此得以保存而流傳，葉昌熾可謂功不可没。

總而言之，嘉靖本只是大德本的翻刻本，莫友芝以爲是大德原版的重印本雖然不當，但此本也的確是值得珍視的善本，所以徐乃昌以之爲“佳刻”而在光緒三十二年（1906）將此本輯入《隨庵叢書》校刊印行（見下文）。不過，總體而言，該本的影響與利用率遠遜於鄺本與馮本。

三、萬曆馮念祖刻本（本書簡稱“馮本”）及鍾惺本

馮念祖在萬曆丙戌（1586）翻刻過《吴越春秋》，十卷。該本現存尚多，上海涵芬樓開始輯印《四部叢刊・初編》時於1919年影印了此本，即使後來發現該本不善而在《四部叢刊・初編》再版時於1929年改印了鄺本，但該本現在還是很容易見到。

該本首載徐天祜的序而仿照嘉靖本加題“吴越春秋序”，每半葉七行，每行十四字；其次爲吴越春秋目録，在目録末葉有“萬曆丙戌之秋武林馮念祖重梓於卧龍山房”之版記；再次爲正文十卷，每半葉八行，每行十七字，書末保留了“大德十年歲在丙午三月音註”等七行字。

該本使用風格靈動的手寫字體，故隨意改字，使用了不少俗字，誤字也比鄺本更多。其中很多誤字源自鄺本，如3.5之“詐”被誤爲“許”，4.11之“鑒辨”被誤爲“鑒辯”，4.25之“壃場”被誤爲“壃埸”，8.7之“則利之”被誤爲“則利也”，8.8之“帖伏”被誤爲“帖伏”，9.3之“態”被誤爲“熊”，9.5之“二年”被誤爲“一年”，9.8之“妺喜”被誤爲“妹喜”、“妲己”被誤爲“妲己”，10.1之“難動”被誤爲“雖動”，10.4之“丙戌”被誤爲“丙戌”，10.15之“喙”被誤爲“啄”，10.26之“神祇”被誤爲“神祗”，等等。由此推測，其所據底本應該是鄺本而非大德本。但該本對鄺本之誤也有所改正，

如5.17之“吴國之亡”被鄺本誤爲“吾國之亡”，6.5之“德薄”被鄺本誤爲“得薄”，6.6之“水”被鄺本誤爲“氷”，7.10之“瘳起”被鄺本誤爲“廖起”，9.8之“縠”被鄺本誤爲“穀”，10.20之“訣”被鄺本誤爲“訣”，10.22之“先王”被鄺本誤爲“先生”，馮本皆已改正。

該本的誤字雖然比鄺本更多，但由於其對以前的版本有所訂正，所以也有值得利用之處。不過，如今有的校本既没有全部説明其文字與大德本之異同，又不厭其煩地羅列其訛誤之字，就没有多大價值了。

應該補充説明的是，上海圖書館藏有這樣一種本子（索書號爲“善794598–601”）：其版刻文字與馮本同，但其中的徐天祜序止於“取節焉可也”，即至馮本所刊徐天祜序文之第二葉倒數第二字爲止，而剜去了其第二葉最後一個“其”字，並删去了後面的一葉多，然後在第三葉則另外刊有“古史氏二酉主人題于留餘艸堂”十三字及“伯敬之印”陽文印和“鍾惺氏”陰文印兩枚牌記。這種現象表明，馮本之書版後來可能爲鍾惺（1547—1624）所得，鍾惺將其中徐天祜的序剜改删削後重印過。由於鍾惺將徐天祜序之後面部分删去了，馮本原有的徐天祜序的最後一句“郡人前進士徐天祐受之序”也蕩然無存，而這種本子對《四庫全書薈要》的編輯及《四庫全書》提要的撰寫都産生了不良的影響，使《四庫全書》提要的作者不知此序爲何人所作而疑雲重重（參見下文），令人遺憾。

四、萬曆吴琯刻《古今逸史》本（本書簡稱“吴本”）

明代除了保留十卷本面貌的翻刻本外，又有人將十卷的《吴越春秋》合併爲六卷，即把前三篇合爲第一卷，第六、第七篇合爲第四卷，第八、第九篇合爲第五卷。其始作俑者，當爲吴琯。他輯校的《古今逸史》中的《吴越春秋》即爲六卷本。他雖然保留了徐天祜在正文中的音註，卻删去了徐天祜的序和目録中的註以及書末的銜名，過去篇題中的“吴越春秋”四字也全被删去，而另在每卷首尾加標“吴越春秋 × 卷”，並在每卷卷首第二行標“漢　趙 曄 撰”，第三行標“明　吴 琯 校”。

該本十行二十字，版面雅觀，但誤字不少，其中很多誤字源自馮本，即鄺本未誤而馮本有誤的文字該本也誤了，如1.1之“研”被誤爲“妍”，1.7之“彊”被誤爲“疆”、“畢子”被誤爲“畢子”，4.3之“乃濡”被誤爲“刀濡”，4.4之“有人”被誤爲“有之”，4.5之“前陳兵”被誤爲“故陳兵”，4.7之“何乃天乎”被誤爲“何乃天子”，5.15之“於國”被誤爲“寡國”，6.5之“寓”被誤爲“寓”、“湣”被誤爲“潛”，6.8之“質朴”被誤爲“質林”，10.16之“二十四”被誤爲“三十四”，等等。但該本對馮本之誤也有所改正，如2.7

之“城”被馮本誤爲“成”，4.7 之“訢”被馮本誤爲“訴”，4.14 馮本脱“於吴市中令萬民隨而觀之還使男女與鶴”十七字，4.22 之“卜”被馮本誤爲“作”，4.25 馮本脱“曰日暮路遠倒行而逆施之於道也申包胥”十七字，5.4 之“弩”被馮本誤爲“努”，吴本皆已改正。

當然，馮本因鄺本而誤之字，吴本也有承襲其誤的，如 3.5 之“詐”被誤爲“許”，4.11 之“鑒辨”被誤爲“鑒辯”，4.25 之“壇場”被誤爲“壇塲”，8.7 之“則利之”被誤爲“則利也”，9.3 之“態”被誤爲“熊”，9.5 之“二年”被誤爲“一年”，9.8 之“妹喜”被誤爲“妺喜”、“妲己”被誤爲“妲巳”，10.1 之“難動”被誤爲“雖動”，10.15 之“喙”被誤爲“啄”，10.26 之“神祇”被誤爲“神祗”，等等。但也有改正的，如 8.8 的“帖伏”、10.4 的“丙戌”之類。

值得注意的是，8.8 的“九年”馮本頂格，而其前一節的“皆有帶甲之勇”正好盡行落底，其分段實際上還是依照鄺本，但吴本之“九年”卻不再提行而緊接“皆有帶甲之勇”。還有 10.16 之“二十四年”被馮本誤爲“三十四年”，但馮本還是頂格的，而其前一節的“徼倖”正好盡行落底，其分段實際上還是依照鄺本，但吴本之“三十四年”卻不再提行而緊接“徼倖”。由此推測，其所據底本應該是馮本而非鄺本或大德本。該本没有標明刻書年月，從其規整的長方形宋體字以及承襲馮本的情況來看，應該刊刻於萬曆十四年（1586）以後。當然，吴琯生於 1546 年，爲隆慶五年（1571）進士，所以此書也不大可能刻於萬曆四十八年（1620）之後，斷定其爲萬曆刻本應該無誤。

吴本也有一些新的誤字，如 5.2 之“進諫”，馮本誤爲“往諫”尚可通，吴本誤爲“聽諫”就完全不通了。當然，儘管其誤字不少，其校訂也還有值得利用之處。

上海商務印書館編輯《萬有文庫》第二集、《叢書集成初編》和《景印元明善本叢書》時於 1937 年影印了《古今逸史》本《吴越春秋》，分别裝訂於《萬有文庫》第二集第 685 冊、《叢書集成初編》第 3696 冊、《景明刻本古今逸史》第 41 冊至 43 冊。北京中華書局 1985 年又重印了《叢書集成初編》，所以現在吴本甚易見到。

五、崇禎何允中刊《漢魏叢書》本

吴琯刻本雖然不足稱善，但對後世影響極大，後來不少翻刻本都分六卷。何允中輯刊的《漢魏叢書》中的《吴越春秋》就是如此。該本與吴本一樣，保留了徐天祜在正文中的音註，删去了徐天祜的序和目録中的註以及書末的銜名，篇題中的“吴越春秋”四字也全被删去。與吴本不同的是，該本九行二十字，僅於卷一第一葉第二行標“漢　趙曄撰　武林錢敬臣閲”。何允中輯刊的《漢魏叢書》比萬曆時程榮校刊的《漢魏叢書》有所增廣，所以清代嘉慶年間（1796—1820）重刊何允中本時題“廣漢魏叢書”，後世就把何允中原刊本也改稱爲《廣漢魏叢書》，以便與程榮的《漢魏叢書》相區别。值得補充説明的是，嘉慶本《廣漢魏叢書》中的《吴越春秋》與何允中所刻《漢魏叢書》中的《吴越春秋》有所差異，其不同之處主要有如下三點：一是在書首加上了徐天祜的《吴越春秋序》；二是“吴越春秋目録”爲十卷（後面的正文仍爲六卷而與何允中刻本相同），且保留了徐天祜在目録中的注，並在目録後加上了他書書末“大德十年”以下七行字；三是在卷一第一葉第二行只標“後漢　趙曄撰”而無“武林錢敬臣閲”字樣。

何允中，仁和人，天啓二年（1622）進士，故其書應該刊於天啓二年之後。天啓僅七年，由此推測，其書應該刊於崇禎年間。雖然《廣漢魏叢書》之首刊有“萬曆壬辰蜡月東海屠隆緯真甫纂”的《漢魏叢書序》，但該序也見於程榮萬曆時校刊的《漢魏叢書》，所以這衹能説明程榮的《漢魏叢書》刻於萬曆壬辰（1592）之後，何允中的《廣漢魏叢書》因爲在程榮本的基礎有所增廣而過録了此序。《中國叢書綜録》將《廣漢魏叢書》著録爲“明萬曆二十年（1592）刊本”①，實爲根據屠隆之序而推導出的誤録，應加糾正。施廷鏞《中國叢書知見録》在何允中所刊《漢魏叢書》下題“明崇禎”刊本②，當無誤。

第四節　清代抄本與刻本

清代版本往往出自明刻本，所以一般來説，其版本價值不如明刻。但是，清人擅長校讎，故有些校本之校訂也有可取之處。清代的抄本與刻本大多是六卷本，現分别介紹如下。

一、康熙汪士漢《祕書廿一種》本

汪士漢於康熙七年（1668）搜羅《古今逸史》殘版輯印的《祕書廿一種》中的《吴越春秋》六卷，其版子即吴琯之版，所以除卷一至卷五的第一葉有所剜改外，其他與《古今逸史》本同。卷一至卷五的第一葉也衹是將“明吴琯校”剜改成“新安汪士漢考校”，其卷六因漏剜而仍然保留了“明吴琯校”。

① 上海圖書館編：《中國叢書綜録》（一），中華書局，1959年，第42頁。

② 見施廷鏞編著：《中國叢書知見録》，北京圖書館出版社，2005年，第一册，第244頁。

該書與《古今逸史》本不同的地方，主要在書前加上了《吴越春秋考》，但該文其實只是抄襲了《隋書·經籍志》中的文字，並無什麽價值。今爲了體現其面貌，故轉録如下：

《吴越春秋》考

馬氏曰：《吴越春秋》，後漢趙曄所作。其屬辭比事，皆不與《春秋》《史記》《漢書》相似，葢率爾而作，非史策之正也。靈、獻之世，天下大亂，史官失其常守。博達之士，愍其廢絶，各記聞見，以備遺亡。是後羣才景暮（覺按：當作"慕"），作者甚衆。又自後漢以來，學者多抄撮舊史，自爲一書，或起自人皇，或斷之近代，亦各其志，而體制不經。又有委巷之説，迂怪妄誕，真虚莫測。然其大抵皆帝王之事，通人君子，必博采廣覽以酌其要，故備而存之，謂之雜史。

康熙七年一陽月朔日新安汪士漢考輯

汪士漢本在嘉慶九年（1804）又重刊過，這種重刊本的版子縮小了許多，是《吴越春秋》線裝本中最小的本子。

由於《古今逸史》本尚存，故汪士漢本可忽略不論。

二、乾隆文淵閣《四庫全書》本（本書簡稱"四庫本"）及摛藻堂本

乾隆時所編《欽定四庫全書》中的《吴越春秋》是抄本。

據《四庫全書總目》，《四庫全書》中的《吴越春秋》爲十卷本，但《四庫全書總目》實際上只是《四庫全書》編纂前供纂修官審查的收書方案，與實際抄録的頗有出入，有些書抄録時根本没有採用纂修官確定的善本，《吴越春秋》的命運就是這樣。抄校於乾隆四十六年（1781）的文淵閣《四庫全書》本《吴越春秋》與抄校於乾隆四十二年（1777）的《摛藻堂四庫全書薈要》本《吴越春秋》一樣，都是六卷本，估計他閣也不會抄有十卷本[①]，《中國叢書綜録》著録"乾隆三十年敕輯"的《四庫全書》時於"載記類"著録"《吴越春秋》十卷"[②]，恐怕是信從《四庫全書總目》而導致的誤録。

文淵閣《四庫全書》爲抄本，今藏臺北故宫博物院，臺灣商務印書館1983年至1986年將文淵閣《四庫全書》影印出版，《吴越春秋》裝訂於《景印文淵閣四庫全書》第463冊。上海古籍出版社又在1987年將臺灣商務印書

① 文津閣《四庫全書》本《吴越春秋》也是六卷本，見商務印書館2005年版《文津閣四庫全書》第158冊。

② 上海圖書館編：《中國叢書綜録》（一），中華書局，1959年，第79、90頁。

館的 16 開影印本縮印成 32 開本出版，故該本流傳甚廣。該本雖爲御製，但誤字卻不少。當然，其中也有不少值得利用的校訂之處。

該本既然是六卷本，所以其編排與《古今逸史》本基本相同，既無徐天祜的序，也無書末的銜名，甚至連目録都删去了。它和《古今逸史》本的不同之處，除了文字的校改，最重要的是在書前加上了提要。不過，該提要與《四庫全書總目》卷六十六所載《吴越春秋》提要以及《摛藻堂四庫全書薈要》中的《吴越春秋》提要相比，有許多不適當的删改，從中可以看出《四庫全書》編纂時所存在的虎頭蛇尾現象。

《四庫全書》中的《吴越春秋》提要是值得參考的研究資料，故今轉録於下。需説明的是，其提要實有兩種：一種是《四庫全書總目》中的提要，現在容易見到的既有臺灣商務印書館 1986 年版《景印文淵閣四庫全書》本（載於第 2 册），又有中華書局 1965 年影印的浙江本，兩者均有個别誤字，今據臺灣商務印書館影印的文淵閣本録於下，再酌情説明中華書局影印本（簡稱"浙江本"）之異文；另一種是《吴越春秋》書前的提要，現在容易見到的既有臺灣商務印書館 1986 年版《景印文淵閣四庫全書》本（載於第 463 册），又有臺北世界書局 1988 年版《景印摛藻堂四庫全書薈要》本（載於第 203 册），相比之下，後者較好，所以現據世界書局影印的摛藻堂本録於下，再酌情説明文淵閣本之異文。

文淵閣本《欽定四庫全書總目》卷六十六所載《吴越春秋》提要：

《吴越春秋》十卷（兵部侍郎紀昀家藏本）

漢趙煜（覺按：此避清聖祖玄燁諱而改）撰。煜，山陰人，見《後漢書·儒林傳》。是書前有舊序，稱"《隋、唐·經籍志》皆云十二卷，今存者十卷，殆非全書"。又云"楊方撰《吴越春秋削繁》五卷，皇甫遵撰《吴越春秋傳》十卷。此二書，今人罕見，獨煜書行於世。《史記》注有徐廣所引《吴越春秋》語，而《索隱》以爲今無此語。他如《文選》注引季札見遺金事，《吴地記》載闔閭時夷亭事，及《水經注》嘗載越事數條，類皆援据《吴越春秋》，今煜本咸無其文"云云。攷證頗爲詳悉，然不著名姓（覺按：元大德劉克昌刻本、弘治鄺璠刻本等均著"郡人前進士徐天祜受之序"，唯有鍾惺將馮本之徐天祜序剜改删削後重印的本子纔不著名姓。由此可見，撰寫此提要者其實衹見到了鍾惺之剜改删削本，故有此言以及下面的疑問和考證。如果我們不明於此，則對此文以及其下之疑問和考證就會感到莫名其妙了。參見上文對馮本的介紹）。《漢魏叢書》所載，合十卷爲六卷，而削去此序併注（覺按：只削去了目録中的注而並未削去正文之注），亦不題撰人，彌失其初。此本爲元大德十年丙午所刊（覺按：撰寫提要者其實只見到了鍾惺剜改之馮本，而非大德本），後有題識云：“前（覺按：浙江本“前”下衍“有”字）文林郎國子監書庫官徐天祜（覺按：此“祐”字蓋據鍾惺剜改之馮本。浙江本作“祜”，當據以訂正。下同）音注。”然後知注中稱“徐天祜曰”者，即注者之自名，非援引他書之語。惟其後又列紹興路儒學學録留堅（覺按：當作“堅”）、學正陳昺伯、教授梁相、正議大夫紹興路總管提調學校官劉克昌四人，不知序出誰手耳。煜所述雖稍傷曼衍，而詞頗豐蔚。其中如伍尚（覺按：當作“子胥”）占甲子之日，“時加於巳”；范蠡占戊寅之日，“時加日出”，有“螣蛇”“青龍”之語；文種占“陰畫六，陽畫三”，有“元（覺按：原文作“玄”，此乃避清聖祖諱而改）武”“天空”“天關”“天梁”“天一”“神光”諸神名；皆非三代卜筮之法，未免多所附會。至於處女試劒、老人化猿、公孫聖三呼三應之類，尤近小説家言，然自是漢、晉間稗官襍記之體，徐天祜以爲“不類漢文”，是以馬、班史法求之，非其倫也。天祜注於事迹異同頗有考證，其中如季孫使越、子期私與吴爲市之類，雖猶有未及詳辨者，而原書失實之處，能糾正者爲多。其旁核衆説，不徇本書，猶有劉孝標注《世説新語》之遺意焉。

《景印摛藻堂四庫全書薈要》第203册所載《吴越春秋》提要：

臣等謹案：《吴越春秋》六卷，漢趙曄（覺按：文淵閣本作“煜”，下同）撰。曄，山陰人，見《後漢書·儒林傳》。是書前舊序稱（覺按：文淵閣本“前舊序稱”作“考”，不當）“《隋、唐·經籍志》皆云十二卷，今存者十卷（覺按：文淵閣本作“十篇”，不當），殆非全書”。又云（覺按：文淵閣本“云”作“有”，不當）“楊方撰《吴越春秋削繁》五卷，皇甫遵撰《吴越春秋傳》十卷。此二書今人罕見，獨曄書行于世。《史記》註有徐廣所引《吴越春秋》語，而《索隱》以爲今無此語。他如《文選》註引季札見遺金事，《吴地記》載闔閭時夷亭事，及《水經注》嘗載越事數條，類皆援据《吴越春秋》，今曄本咸無其文”云云，考證頗爲詳悉，然不著名姓（覺按：撰寫提要者其實只見到了鍾惺剜改本，故有此言，參見我上面的按語及下面對《摛藻堂四庫全書薈要》本的介紹），諸本往往佚之。其註舊亦無撰人，但註中時有徐天祐（覺按：當作“祜”，下同）字。惟此本爲元大德十年丙午所刊，後有題識云：“前文林郎國子監書庫官徐天祐音註。”知出于天祐無疑。惟其後又列紹興路儒學學録留堅（覺按：文淵閣本誤作“聖”）、學正陳昺伯、教授梁相、正議大夫紹興路總管提調學校官劉克昌四人名，不知序（覺按：文淵閣本“序”作“究”，不當）出誰手耳。曄所述多曼衍，如伍尚（覺按：當作“子胥”）占甲子之日，“時加于巳”；范蠡占戊寅之日，“時加日出”，有“螣蛇”“青龍”之語；文種占“陰晝六，陽晝三”，有“玄武”“天空”“天關”“天梁”“天一”“神光”諸神名；皆非三代卜筮之法，其多所附會可知。天祐註于事迹異同多有駁正，然如季孫使越、子期私與吴爲市之類，猶未詳辨也。乾隆四十二年五月，恭校上。

總纂官臣紀昀、臣陸錫熊、臣孫士毅

總校官臣陸費墀

值得補充説明的是，《摛藻堂四庫全書薈要》本《吴越春秋》在此提要前有《吴越春秋目録》（分六卷），在此提要後有《吴越春秋原序》（至“取節焉可也”爲止，故可推知其編校者只看到了鍾惺剜改後重印的本子，參見上文對馮本的介紹）。同時，該書還保留了書末的銜名，但將馮本的“大德十年歲在丙午三月音註”和“越六月書成刊板十二月畢工”兩行字合成了“大德十年歲在丙午三月刊校”一行字。這些地方都與《文淵閣四庫全書》本不同，可見該本内容比《文淵閣四庫全書》本更爲豐富，它爲我們瞭解《四庫全書》本的底本來源及其提要中的疑問提供了重要的線索。

三、乾隆王謨刊《增訂漢魏叢書》本

王謨乾隆五十六年（1791）輯刊的《增訂漢魏叢書》中的《吴越春秋》，分六卷。該本實爲何允中輯刊的《廣漢魏叢書》本的重刻本，故行款格式與《廣漢魏叢書》本全同，不同的只是在卷一第二行改標“漢　趙曄撰　臨川游　桂校”，並在書末另加了王謨的跋。

該本雖然没有什麽校勘價值，但後來翻刻此本的卻很多，如光緒二年（1876）紅杏山房刊本，光緒六年（1880）三餘堂刊本，光緒二十年（1894）藝文書局刊本[①]，宣統三年（1911）上海大通書局石印本、育文書局石印本等，都是其翻刻本。

今將王謨的跋録於下以供參考（原無標題）。

右趙暭（覺按：此避清聖祖玄燁諱而缺末筆）《吴越春秋》六卷。暭字長君，會稽山陰人，通《韓詩》，著有《詩細歷神淵》，見《後漢·儒林傳》。又以會稽越舊都，故述此書以備國史。《隋·志》《通考》本十二卷，今本卷數不合，而其篇目則吴起太伯盡夫差，越起無餘盡句踐，内吴外越，本末悉備。王伯厚謂其屬辭比事皆不與《春秋》《史記》相似，蓋率爾而作，非史策之正，故謂之雜史。然其所采摭吴越軼事，往往可補《春秋》内外傳、

① 該本爲湖南蕻文書局校刊的《漢魏叢書》之一種（別史之四），但僅刊有前三卷，又多誤字，不足觀。

《史記》之闕。徐天祐（覺按：當作"祜"）注亦頗能稽合同異，多所是正。而其所不可解者，則有如玉門之第一、第八、第九與夫《金匱》之第八也。言玉門者，謂當文王與紂之事，句踐事吴亦復如之，則以文王况句踐可也。而范蠡告越王，以"在玉門第一"，有憂無喜；子胥諫吴王，以"負玉門第九"，誡事之敗；至文種將見殺，亦云"吾見王時，正犯玉門之第八"；不知所謂"第一"、"第八"、"第九"者，其即如演《易》篇策之數耶？而其以幹（覺按：當作"干"）支、辰日、生尅爲占，有如後世星禽遁甲之術，豈此三人者又皆精於其術不謀而合耶？若《金匱》爲太公陰謀之書，非有象數可占，而亦以"第八"言之，何也？因讀是書，不得其解，願就有道，一决兹疑。汝上王謨識。

四、光緒徐乃昌刻本（本書簡稱"徐本"）

徐乃昌在光緒三十二年（1906）將明嘉靖翻刻本《吴越春秋》輯入《隨庵叢書》而校刊印行[1]，其"字畫行欵一仍其舊"[2]，故也值得重視。

徐乃昌《隨庵叢書》之扉頁印有篆書"隨弇叢書"四字，其背面印有篆書目録"吴越春秋弟二"等。

《隨庵叢書》書前有繆荃孫光緒戊申年（1908）作的序，該序雖然與《吴越春秋》之研究不甚相關，但其中對待古代善本的態度實應爲今人所繼承，故今録於此，以與同志者共勉。

昔顧澗濱先生慨宋元舊本日漸散佚，以爲將與三代之竹册、六朝之油素，名可得而聞，形不可得而見。徒使後人咨嗟歎息，曾何有毫末之益於藝林哉！何如覆而墨之、勿失其真？是縮今日爲宋元也，是後千百年爲今日也。而寰宇同志更興迭出，或得以相尋而無窮乎？ 國朝老輩於明覆宋元本絶寶愛之，與真宋元等；即 國初乾嘉名刻，近人亦寶愛之，真識澗濱先生此意矣。南陵徐君積餘博學多聞，曾刻積學齋、許齋兩叢書，廣傳 國朝先輩不傳之著作，藝林無不推重。近又得宋元本十種，覆而墨之，名曰"隨庵叢刻"，字畫行欵一仍其舊，宋元面目開卷即是，前人題跋、收藏圖書無不影摹，訂訛釋舛另刻札記，不敢徑改本書，亦墨守澗濱校勘舊例。荃孫亦慨當世號稱藏書家有公其書於天下者，有私其書於一己者。前如納蘭容若之通志堂、黄蕘圃之士禮居，近如黎蒓齋之《古

① 徐乃昌《隨庵徐氏叢書總目》及其《吴越春秋》之跋明確地説其所據底本爲"明覆元大德本"、"明繙元大德本"。《中國叢書綜録》（一）第255頁説他"據元大德本景刊"，誤。

② 此爲繆荃孫《隨庵叢書》序中語。

逸叢書》，舉人間欲絶之迹、海内未見之本，傳之藝苑，播之寰宇，俾又可綿延一二百年不致泯没，而且勘訂譌訛，補綴遺逸，使後人讀此一編，盡美盡善，無所遺憾，所謂守先待後者非耶？苟反是而綈錦爲衣，梅檀作室，以扃鑰爲保守，以鈔校爲多事，同志好友不得一觀，已又無暇題跋校勘以傳諸世，一旦兵火摧燒拉雜，不肖子孫稱斤論銀售諸不解事者，甚至爲外洋捆載以去，使古人一生精力辛苦成書，渺渺千百年於兵燹刼奪之餘僅而獲存，亦稱至幸，奈何徒知寶愛，不知流傳，自非與古人深仇重怨，不應若爾。《論語》代薪，《太元》覆瓿，古今同慨。積餘近刻此書，目之曰"初集"，知後必有續刻。且凡聞君之風者，使之有所效法，均以流傳爲主，庶中國之舊學得以永保，而澗濱先生之宗旨常存天地間，則亦古今人所同幸者哉！光緒戊申正月二十八日江陰繆荃孫序。

繆荃孫序文之後爲《隨庵徐氏叢書總目》，其中第二種題"吴越春秋十卷（明覆元大德本，有札記、逸文）"。

徐乃昌所刊《吴越春秋》之扉頁印有篆書"吴越春秋"四字，其背面印有篆書"南陵徐氏隨弇叢書弟二"。該書前有徐天祜的《吴越春秋序》《吴越春秋目録》。次爲正文，每半葉九行，行十七字。卷十末葉於"大德十年歲在丙午三月音註"等七行字後在倒數第二行有雙行小字之行書版記"鄂省蘭陵街陶子麟餵刊"（當作"鋟刊"，後來重印的單行本無此版記，蓋爲重印者剜去），末行則有印篆書"光緒三十有二年太歲在丙午中春之月南陵徐乃昌校刊并譔札記"。此後有徐天祜的《徐氏補注》、徐乃昌所撰的《吴越春秋札記》及其轉録的《吴越春秋逸文》，最後爲徐乃昌的跋。今將其跋（無題）附録於此以供參考。

《吴越春秋》十卷，明繙元大德本，題曰"後漢趙曄撰"，前有徐天祐（覺按：《隨庵叢書》原刻作"祐"，後有重印本剜改爲"祜"，今依重印本，下同）序，卷十末有"大德十年，歲在丙午，三月音注"、"越六月，書成刊板，十二月畢工"兩行，"前文林郎國子監書庫官徐天祜音注"一行，"正議大夫紹興路總管提調學校官劉克昌"及"儒學梁相"等銜名四行。每葉十八行，行大小十七字，板心分十卷，字樣、欵式、題名均與大德本同，訛字甚少，佳刻也。而與元刻不同者，一字數：元小字二十六七字不等，此大小十七字；一板心：元分上下二册，此分十卷而已。（另有明刻本，每葉十六行，行二十七字，亦有銜名，欵式亦雅。）乃昌得此書，愛其古雅，就交鄂工繙雕，並爲校讐。本書如餘祭、夷昧之年，鄭定公、波太子之事，均異他書，則漢人所見之書，非今日所能强證，徐注亦時時訂之。

今取蔣氏所據宋本（宋本每葉十八行，行十七字，無注。上卷一至卷五，下卷六至卷十。元本彷此）、盧抱經校本、顧尚之《校勘記》、俞曲園《讀吴越春秋》、孫仲容《札迻》，類聚而折衷之。間有己意，亦附列焉。不尚新奇，務求其是，成《札記》一卷、《逸文》一卷。各書所引，互有增損，無關宏恉者不録。此書刻成，較之他刻似乎較勝，願與海内讀書者參之。丙午十二月，東坡生日，南陵徐乃昌識。

徐天祜，字受之，山陰人，景定三年進士。父耜，知惠州。天祜初以父任爲將仕郎，銓試詞賦第一。注歸安尉，地近事煩，試以吏事，衆皆驚服。及第進士，爲大州教授，日與諸生講經義，聽者感發。德祐二年，以國子監書庫官召，不赴。宋亡，退歸城南，杜門讀書。與人交，終始不變。四方學者至越，必進謁。天祜高冠大帶，議論卓卓，見者咸以爲儀型。見《萬姓統譜》。書成於元，故署曰"前"。《四庫提要》稱"其旁核衆説，不徇本書，有劉孝標注《世説》遺意"，誠爲定論。明程榮、何鏜（覺按：當作"明何允中、清王謨"）刻《漢魏叢書》，吴琯刊《古今逸史》，皆削其名。若非元本及鄺璠翻本尚存，不將湮没不彰乎？甚矣，明人刻書之謬也！（《儀顧堂題跋》）

陸氏盛稱明鄺廷瑞本。此本有盧抱經手跋云："乾隆四十九年，歲在甲辰，盧文弨在常州，借莊葆琛家明弘治十四年巡按袁經大倫授吴縣令鄺廷瑞重刻元大德本，十月十八日攜舟中對校，二十二日至攝山校訖。"然則此刻非鄺本也。

在此值得補充説明的是，上海師範大學圖書館藏有徐乃昌校刊本之朱印本，其扉頁印有隸書"吴越春秋十卷"，扉頁背面印有行楷"南陵徐乃昌景寫元大德本上板，道州何維樸題記"。由此可見，徐乃昌校刊本至少有三種印本傳世：《隨庵叢書》本，重印單行本，何維樸題朱印本。

五、光緒徐維則稿本和沈氏抱經樓抄本

除了徐乃昌校刊本之朱印本，上海師範大學圖書館還藏有兩種他處見不到的《吴越春秋》本子：徐維則的稿本和沈氏抱經樓抄本。這兩種本子雖然没有什麽校勘價值，卻也可以看出清末學者對《吴越春秋》的重視程度，故介紹於下。

徐維則之《吴越春秋》稿本爲徐維則所輯《會稽徐氏初學堂羣書輯録》之一種。該本共十卷，裝訂成兩册，封面以隸書題"吴越春秋景元椠本"，上册包括"吴越春秋序"和第一至第五卷，下册依次爲第九卷、第十卷、第六卷至第八卷、"徐氏補注"。該書實爲即將上版刊刻之定稿校樣，故書眉有

校語，如其目録中有校語“上字提高一格”。其書首“吴越春秋序”之版心題“會稽徐氏据元本刻”，但“徐天祜”作“徐天祐”，可見其所據並非元本，而是明刻本，其稿於紅格内以宋體黑字書寫，每半葉十行，每行二十三字，與元刻本大異其趣。其每卷第一葉第二行題“後漢山陰趙曄”，大部份卷末又題有“光緒二十年徐氏鑄學齋據元槧本，會稽徐維則校”。所謂“據元槧本”和封面的“景元槧本”一樣，均爲不實之詞，倒是書末“徐氏補注”後的末行題記反映了其實情，其文云：“光緒二十年二月既望借校明覆元本一過，維則記。”該書校定於光緒二十年（1894），比徐乃昌校刊本的印行時間早了十二年，不知何故未刊行。不過，此本之價值遠不如徐乃昌校刊本，故未刊行也不足惜。

沈氏抱經樓抄本抄於光緒年間，六卷三册，每半葉九行二十字，其版心題“沈氏抱經樓抄藏”，書首無徐天祜的序，書末也無銜名，而其卷一第一葉第二行題“漢　趙曄撰　武林　錢敬臣閲”。由此可見，此本之底本爲何允中所刻的《廣漢魏叢書》本，故乏善可陳。

第五節　現代版本

現代的《吴越春秋》版本，較有價值的是影印本和校注本，現分述如下。

一、翻刻翻印本

鄭國勳 1917 年輯刊的《龍谿精舍叢書》中的《吴越春秋》應該是現代唯一的刻本，十卷。該本扉頁背面的版記題“潮陽鄭氏用元大德本刊”，不可信。該本每半葉九行，行十七字，實爲徐乃昌本之翻刻本。北京中國書店 1982 年又用鄭氏原版重印過，故此本現在容易見到。

上海中華書局1936年據馮念祖本校刊的《吴越春秋》(《四部備要·史部》)應該是現代最早的排印本。該本自稱據《古今逸史》本校刊，實非，但文字與馮念祖本也有不同。馮念祖本與《古今逸史》本雖然易得，但其文字均未善，取以爲底本，實失當。

二、影印本

現代影印的《吴越春秋》，最珍貴的是北京圖書館出版社 2005 年影印的大德本（《中華再造善本·金元編·史部》），其次是上海商務印書館 1929 年影印的弘治鄺璠、馮弋刻本（《四部叢刊·初編·史部》，商務印書館又於 1936 年縮印過，上海書店又於 1989 年重印過），再次是上海涵芬樓 1919 年影印的萬曆丙戌（1586）馮念祖卧龍山房刻本（《四部叢刊·初編·史部》）、上海商務印書館 1937 年影印的萬曆吴琯校《古今逸史》本[①]、臺灣商務印書館 1986 年版《景印文淵閣四庫全書》本、上海古籍出版社 1987 年影印的《文淵閣四庫全書》本、臺北世界書局 1988 年版《景印摛藻堂四庫全書薈要》本。

這些影印本的底本上文已作介紹，故不再贅述。

三、校注本

苗麓校點的《吴越春秋》（江蘇古籍出版社 1986 年版）應該是現代最早的《吴越春秋》校點本[②]。該本以“大德本”爲底本是很有眼光的，而用鄺本、馮本進行校勘也花了不少功夫，可惜的是在校點排印中有不少疏漏，因而與大德本文字出入頗多。1992 年該書出了第 2 版，但疏漏並未得到糾正。1999 年該書列入《江蘇地方文獻叢書》重排出版，由辛正作了訂正[③]，辛正雖然改正了不少訛誤卻仍未徹底，有的地方反而改錯了。如書前徐天祜序中的“蒐”字，苗麓校點本本不誤，辛正改爲“搜”，反與大德本不同了。再如 1.1“棄于阨狹之巷”，苗麓校點本作“棄於阨狹之巷”還只有一字之差，辛正改爲“弃於厄狹之巷”就有三字之差了。如果將此苗麓校點本作爲大德本來使用，就會以訛傳訛，這是使用該本時應加注意的。現在北京圖書館出版社已將大德本納入《中華再造善本》影印出版而較易見到，讀者欲知其失，只要將兩者校對一下便可明瞭，故不再詳述。誠如苗麓在《前言》中所説：“我們所做的工作僅限於校、點兩項”，而“校點中仍可能有錯誤之處”。這些錯誤，實誤人不淺而導致了周生春的失誤。因此，此本參考價值不大，但它一版再版，在《吴越春秋》的傳播方面仍然功不可没。

我的《吴越春秋全譯》（貴州人民出版社 1993 年版）應該是現代流傳最廣、影響最大的《吴越春秋》譯注本。該本初版時印了 28100 册平裝本和 2000 册精裝本，2008 年改版重排又印了 3000 册，臺灣古籍出版社 1996 年又將此書改名爲《吴越春秋》以繁體字印行，岳麓書社又將此書之譯文删去而改名爲《吴越春秋校注》於 2006 年、2007 年印了 10000 册。該書的譯注雖然使全書通俗可讀，但由於用簡體字印刷，又未用大德本作底本，未能體現善本面貌，故未足爲典要。該書寫於 1992 年 5 月至 12 月我待業在家之時。爲了便於讀者瞭解我當時的研究狀況，今將其後記附於此。

---

① 商務印書館 1937 年影印的吴琯本有《萬有文庫》第二集《國學基本叢書》本、《叢書集成初編》本、《景印元明善本叢書十種》本等三種，參見上文對吴琯本的介紹。

② “苗麓”即“繆”“陸”之諧音，其中的“繆”即江蘇古籍出版社編輯繆詠禾先生。

③ “辛正”可能是江蘇古籍出版社編輯薛正興先生。

後　記

僕守貧處窮，曠日離久，每仰勾踐卧薪嚐膽之志，然未聞其飲溲食惡之爲也。今治是書，始驚其忍垢吞辱若此其甚也。然所謂大丈夫之能屈能伸，固若此乎？然則不忍爲卑躬屈膝者，宜乎其入冷宫；不忍爲請命乞恩者，宜乎其不容於世邪？嗟乎！嗟乎！如僕尚何言哉？尚何言哉？文章憎命達，君子固窮乎？

僕乃吴人，雖非出於書香門第，幼少時亦頗得父輩大人之教誨，又曾就學於瀏河中學、蘇州高級中學，頗得吴風之漸染，然不意爲書而有功於故吴也。是書之成，實賴李立樸先生之大力支持，而復旦大學圖書館古籍部吴格、劉一萍老師和上海圖書館古籍組諸君以及張曉東、徐和生諸友熱情爲我提供、複印各種文獻資料，亦成事之前提，在此謹爲致謝。

《吴越春秋》易曉處，自可暢讀無阻，然其訛誤疑難之處亦時見書中，非廣聞博識則不能解。區區不才，雖不憚耗時費日，苦心經營，欲畢校、證、釋、譯之功於一役，以期使拙編成爲《吴越春秋》詮釋研究史上之里程碑，然孤陋寡聞，管窺蠡測，終不敢自以爲是，誠望海内外博雅君子教而正之。

太倉張覺於五角場鐵屋

1992 年 12 月 18 日晨

周生春的《吴越春秋輯校彙考》（上海古籍出版社 1997 年版）應該是現代唯一有專家作序大加讚揚的《吴越春秋》校本。該書前所載倉修良《吴越春秋輯校彙考序》對該書有諸多讚揚，但其讚美之詞大都經不起推敲，不可輕信（參見附録七）。平心而論，該書作者收羅甚廣，所花的精力應該不少，也有所收穫，但錯誤也不少，讀者如果不加注意而把該書當作一個理想的權威版本，必將以訛傳訛，貽誤無窮。

當代還有一些《吴越春秋》整理排印本，因流傳不廣，影響不大，參考價值有限，讀者從圖書館目録中又很容易查到，故今略而不論。

【附録四】

《吴越春秋》研究資料輯録

【説明】

爲了給研究者提供方便，今輯録一些研究資料於此。其輯録的原則和方法是:

收集資料以古代爲主，現代則由於讀者容易見到，故所取不多。

所輯資料以原始資料爲主，各種類書、書目等抄撮文字因没有多少參考價值而所取極少。

各種刻本或校注本上的序跋題識已輯入附録三的，在此不再重複。

爲了節省篇幅，所輯資料多爲節録。其文前後有刪削者，不再注明；其文中有刪削者，則用省略號表示之。

爲了便於讀者進一步查考閲讀，對於所輯資料，均詳細注明出處。

所輯録的文字，皆用楷體以與我的説明文字相區别，其中的繁體字、簡體字、異體字、俗字也儘量維持原狀。其文中自注，原本都用小字，現爲了避免與正文混淆，故不但仍用小字，且加括弧以區别。我的注，則冠以“覺按”以别之。

其文有些没有標點符號，有些有標點符號的也不一定妥當，今均根據我的理解重新加以標點，故其正誤，應由我負責，不宜怪罪前賢；至於其文之分段亦然。

1.【晉・虞預《會稽典録》】（據中華書局1960年版影印本《太平御覽》卷第五百五十六所引）

趙曄，字長君，山陰人也。少爲縣吏，奉檄迎督郵，曄甚恥之，由是委吏。到犍爲，詣博士杜撫受《韓詩》。撫嘉其精力，盡以其道授之。積二十年不還，家人爲之發喪制服。至撫卒，曄經營葬之，然後歸家。

2.【南朝・宋・范曄《後漢書・卷七十九下・儒林列傳第六十九下》】（據中華書局1965年版《後漢書》）

趙曄，字長君，會稽山陰人也。少嘗爲縣吏，奉檄迎督郵，曄恥於廝役，遂弃車馬去。到犍爲資中，詣杜撫受《韓詩》，究竟其術。積二十年，絶問不還，家爲發喪制服。（曄）〔撫〕卒（業）乃歸。州召補從事，不就。舉有道。卒于家。

曄著《吴越春秋》《詩細歷神淵》。蔡邕至會稽，讀《詩細》而歎息，以爲長於《論衡》。邕還京師，傳之，學者咸誦習焉。

3.【北魏・酈道元《水經注・卷四十・漸江水》】（據上海古籍出版社 1990 年版《水經注》）

浙江又東北流至錢塘縣，穀水（覺按：《水經注》卷二十九作“谷水”）入焉。水源西出太末縣，縣是越之西鄙，姑蔑之地也。秦以爲縣，王莽之末理也。吴寶鼎中，分會稽立，隸東陽郡。……穀水又東逕長山縣南，與永康溪水合，縣，即東陽郡治也。縣，漢獻帝分烏傷立；郡，吴寶鼎中分會稽置。城居山之陽，或謂之長仙縣也，言赤松采藥此山，因而居之，故以爲名，後傳呼乖謬，字亦因改。……穀水又東入錢唐縣，而左入浙江，故《地理志》曰“穀水自太末東北至錢唐入浙江”是也。

浙江又東逕靈隱山，山在四山之中，有高崖洞穴，左右有石室三所，又有孤石壁立，大三十圍，其上開散，狀如蓮花。昔有道士，長往不歸，或因以稽留爲山號。山下有錢唐故縣，浙江逕其南，王莽更名之曰泉亭。《地理志》曰：“會稽西部都尉治。”《錢唐記》曰：“防海大塘在縣東一里許，郡議曹華信家議立此塘，以防海水。始開募，有能致一斛土者，即與錢一千。旬日之間，來者雲集，塘未成而不復取。于是載土石者皆棄而去，塘以之成，故改名錢塘焉。”縣南江側有明聖湖，父老傳言，湖有金牛，古見之，神化不測，湖取名焉。縣有武林山，武林水所出也。闞駰云：“山出錢水，東入海。”《吴地記》言，縣惟浙江，今無此水。縣東有定、包諸山皆西臨浙江，水流于兩山之間，江川急濬，兼濤水晝夜再來，來應時刻，常以月晦及望尤大，至二月、八月最高，峨峨二丈有餘。《吴越春秋》以爲子胥、文種之神也。昔子胥亮于吴，而浮尸于江，吴人憐之，立祠于江上，名曰胥山。《吴録》云：“胥山在太湖邊，去江不百里，故曰江上。”文種誠于越，而伏劍于山陰，越人哀之，葬于重山。文種既葬一年，子胥從海上負種俱去，游夫江海。故潮水之前揚波者，伍子胥；後重水者，大夫種。是以枚乘曰：“濤無記焉。然海水上潮，江水逆流，似神而非。”于是處焉。秦始皇三十七年，將遊會稽，至錢唐，臨浙江，所不能渡，故道餘杭之西津也。浙江北合詔息湖，湖本名阼湖，因秦始皇帝巡狩所憩，故有詔息之名也。……

浙江又逕固陵城北，昔范蠡築城于浙江之濱，言可以固守，謂之固陵，今之西陵也。……有西陵湖，亦謂之西城湖。湖西有湖城山，東有夏架山。

湖水上承妖皋溪而下注浙江。又逕會稽山陰縣，有苦竹里，里有舊城，言句踐封范蠡子之邑也。

浙江又東與蘭溪合，湖南有天柱山，湖口有亭，號曰蘭亭，亦曰蘭上里。太守王羲之、謝安兄弟，數往造焉。吴郡太守謝勗封蘭亭侯，蓋取此亭以爲封號也。太守王廙之移亭在水中，晋司空何無忌之臨郡也，起亭于山椒，極高盡眺矣。亭宇雖壞，基陛尚存。

浙江又逕越王允常冢北，冢在木客村。耆彦云："句踐使工人伐榮楯，欲以獻吴，久不得歸，工人憂思，作《木客吟》，後人因以名地。"句踐都琅邪，欲移允常冢，冢中生分風，飛沙射人，人不得近。句踐謂不欲，遂止。

浙江又東北得長湖口，湖廣五里，東西百三十里，沿湖開水門六十九所，下溉田萬頃，北瀉長江。湖南有覆斗山，周五百里，北連鼓吹山，山西枕長溪，溪水下注長湖。山之西嶺有賀臺，越入吴，還而成之，故號曰賀臺矣。又有秦望山，在州城正南，爲衆峯之傑，陟境便見。《史記》云："秦始皇登之以望南海。"自平地以取山頂，七里，懸隥孤危，徑路險絶。《記》云："扳蘿捫葛，然後能升。"山上無甚高木，當由地迥多風所致。山南有嶕峴，峴裏有大城，越王無餘之舊都也，故《吴越春秋》云："句踐語范蠡曰：'先君無餘，國在南山之陽，社稷宗廟在湖之南。'"又有會稽之山，古防山也，亦謂之爲茅山，又曰棟山。《越絶》云："棟猶鎮也。"蓋《周禮》所謂揚州之鎮矣。山形四方，上多金玉，下多玞石。《山海經》曰："夕水出焉，南流注于湖。"《吴越春秋》稱覆釜山之中有金簡玉字之書，黄帝之遺讖也。山下有禹廟，廟有聖姑像。《禮樂緯》云："禹治水畢，天賜神女。"聖姑即其像也。山上有禹冢。昔大禹即位十年，東巡狩，崩于會稽，因而葬之。有鳥來，爲之耘，春拔艸根，秋啄其穢，是以縣官禁民不得妄害此鳥，犯則刑無赦。山東有湮井，去廟七里，深不見底，謂之禹井，云東遊者多探其穴也。秦始皇登會稽山，刻石紀功，尚存山側。孫暢之《述書》云："丞相李斯所篆也。"又有石匱山，石形似匱，上有金簡玉字之書，言夏禹發之，得百川之理也。又有射的山，遠望山的，狀若射侯，故謂射的。射的之西有石室，名之爲射堂。年登否，常占射的，以爲貴賤之準。的明則米賤，的闇則米貴。故諺云："射的白，斛米百；射的玄，斛米千。"北則石帆山，山東北有孤石，高二十餘丈，廣八丈，望之如帆，因以爲名。北臨大湖，水深不測，傳與海通。何次道作郡，常于此水中得烏賊魚。南對精廬，上蔭脩木，下瞰寒泉，西連會稽山，皆一山也。東帶若邪溪，《吴越春秋》所謂歐冶涸而出銅，以成五劍。溪水上承嶕峴麻溪，溪之下孤潭，周數畮，甚清深，有孤石臨潭，乘崖俯視，猿狖驚心，寒木被潭，森沈駭觀。……東有銅牛山，山有銅穴三十許丈，穴中有大樹神廟。山上有冶官，山北湖下有練塘里。《吴越春秋》云“句踐練冶銅錫之處”。采炭于南山，故其間有炭瀆。“句踐臣吴，吴王封句踐於越百里之地，東至炭瀆”是也。縣南九里有侯山，山孤立長湖中。晉車騎將軍孔敬康少時遯世，栖跡此山。湖北有三小山，謂之鹿野山，在縣南六里，按《吴越春秋》，越之麋苑也。山有石室，言越王所游息處矣。縣南湖北有陳音山。楚之善射者曰陳音，越王問以射道，又善其説，乃使簡士習射北郊之外。按《吴越春秋》，音死，葬于國西山上。今陳音山乃在國南五里。湖北有射堂及諸邸舍，連衍相屬，又于湖中築塘，直指南山，北即大越之國，秦改爲山陰縣，會稽郡治也。太史公曰：禹會諸侯計于此，命曰會稽。會稽者，會計也。始以山名，因爲地號。夏后少康封少子杼以奉禹祠爲越，世歷殷、周，至于允常，列于《春秋》。允常卒，句踐稱王，都于會稽。《吴越春秋》所謂“越王都埤中”，在諸暨北界。山陰康樂里有地名邑中者，是越事吴處，故北其門，以東爲右，西爲左，故雙闕在北門外。闕北百步有雷門，門樓兩層，句踐所造，時有越之舊木矣。州郡館宇，屋之大瓦，亦多是越時故物。句踐霸世，徙都瑯邪，後爲楚伐，始還浙東。城東郭外有靈汜，下水甚深，舊傳下有地道，通于震澤。又有句踐所立宗廟，在城東明里中甘滂南。又有玉笥、竹林、雲門、天柱精舍，竝疏山創基，架林裁宇，割澗延流，盡泉石之好，水流逕通。

浙江又北逕山陰縣西。西門外百餘步有怪山，本瑯邪郡之東武縣山也，飛來徙此，壓殺數百家。《吴越春秋》稱：“怪山者，東武海中山也，一名自來山，百姓怪之，號曰怪山。”亦云：“越王無疆爲楚所伐，去瑯邪，止東武，人隨居山下。”遠望此山，其形似龜，故亦有龜山之稱也。越起靈臺于山上，又作三層樓以望雲物，川土明秀，亦爲勝地。故王逸少云：“從山陰道上，猶如鏡中行也。”浙江之上，又有大吴王、小吴王邨，竝是闔閭、夫差伐越所舍處也，今悉民居，然猶存故目。昔越王爲吴所敗，以五千餘衆，栖于稽山，卑身待士，施必及下。《吕氏春秋》曰：“越王之栖于會稽也，有酒投江，民飲其流，而戰氣自倍。”所投即浙江也。許慎、晉灼竝言：“江水至山陰爲浙江。”江之西岸有朱室塢，句踐百里之封，西至朱室，謂此也。

浙江又東北逕重山西，大夫文種之所葬也。山上有白樓亭，亭本在山下，縣令殷朗移置今處。沛國桓儼，避地會稽，聞陳業履行高潔，往候不見，儼後浮海，南入交州，臨去，遺書與業，不因行李，繫白樓亭柱而去。升陟遠望，山湖滿目也。永建中，陽羨周嘉上書，以縣遠，赴會至難，求得分置，遂以浙江西爲吴，以東爲會稽。漢高帝十二年，一吴也，後分爲三，世號三吴，吴興、吴郡、會稽其一焉。

浙江又東逕禦兒鄉。《萬善歷》曰："吴黄武六年正月，獲彭綺。是歲，由拳西鄉有産兒墮地便能語，云：'天方明，河欲清。鼎脚折，金乃生。'因是詔爲語兒鄉。"非也。禦兒之名遠矣，蓋無智之徒，因藉地名，生情穿鑿耳。《國語》曰"句踐之地，北至禦兒"是也，安得引黄武證地哉？韋昭曰："越北鄙在嘉興。"

浙江又東逕柴辟南，舊吴、楚之戰地矣。備候于此，故謂之辟塞，是以《越絶》稱，吴故從由拳、辟塞渡會稽，湊山陰是也。又逕永興縣北，縣在會稽東北百二十里，故餘暨縣也。應劭曰："闔閭弟夫槩之所邑。"王莽之餘衍也。漢末童謡云："天子當興東南三餘之間。"故孫權改曰永興，縣濱浙江。又東合浦陽江，江水導源烏傷縣，東逕諸暨縣，與洩溪合。溪廣數丈，中道有兩高山夾溪，造雲壁立，凡有五洩。下洩懸三十餘丈，廣十丈；中三洩不可得至，登山遠望，乃得見之，懸百餘丈，水勢高急，聲震水外；上洩懸二百餘丈，望若雲垂。此是瀑布，土人號爲洩也。江水又東逕諸暨縣南，縣臨對江流，江南有射堂。縣北帶烏山，故越地也，先名上諸暨，亦曰句無矣。故《國語》曰："句踐之地，南至句無。"王莽之疎虜也。

4.【唐・房玄齡等《晉書・卷六十八・列傳第三十八・賀循（楊方）》】（據中華書局1974年版《晉書》）

楊方，字公回，少好學，有異才。……方在都邑，搢紳之士咸厚遇之，自以地寒，不願久留京華，求補遠郡，欲閑居著述。導從之，上補高梁太守。在郡積年，著《五經鉤沈》，更撰《吴越春秋》，并雜文筆，皆行於世。

5.【唐・魏徵等《隋書・卷三十二・志第二十七・經籍一・經》】（據中華書局1973年版《隋書》）

《韓詩外傳》十卷（梁有《韓詩譜》二卷、《詩神泉》一卷，漢有道徵士趙曄撰，亡。）

6.【唐・魏徵等《隋書・卷三十三・志第二十八・經籍二・史》】（所據同上）

《吴越春秋》十二卷（趙曄撰）

《吴越春秋削繁》五卷（楊方撰）

《吴越春秋》十卷（皇甫遵撰）

《吴越記》六卷

…………

自秦撥去古文，篇籍遺散。漢初，得《戰國策》，蓋戰國遊士記其策謀。其後陸賈作《楚漢春秋》，以述誅鋤秦、項之事。又有《越絶》，相承以爲子貢所作。後漢趙曄，又爲《吴越春秋》。其屬辭比事，皆不與《春秋》《史記》《漢書》相似，蓋率爾而作，非史策之正也。靈、獻之世，天下大亂，史官失其常守。博達之士，愍其廢絶，各記聞見，以備遺亡。是後羣才景慕，作者甚衆。又自後漢已來，學者多鈔撮舊史，自爲一書，或起自人皇，或斷之近代，亦各其志，而體制不經。又有委巷之説，迂怪妄誕，真虚莫測。然其大抵皆帝王之事，通人君子，必博采廣覽以酌其要，故備而存之，謂之雜史。

7.**【後晉·劉昫等《舊唐書·卷四十六·志第二十六·經籍上·乙部史録·雜史》】**（據中華書局 1975 年版《舊唐書》）

《吴越春秋》十二卷（趙曄撰）

《吴越春秋削煩》五卷（楊方撰）

《吴越春秋傳》十卷（皇甫遵撰）

《吴越記》六卷

8.**【宋·王欽若等《册府元龜·卷之五百五十五·國史部·採撰》】**（據中華書局 1960 年版《册府元龜》）

趙畢，會稽人，舉有道，不就，著《吴越春秋》十卷。

趙岐爲太嘗，著《吴越春秋》。

楊方爲高梁太守，撰《吴越春秋》。

9.**【宋·歐陽修、宋祁《唐書·卷五十八·志第四十八·藝文二·乙部史録·雜史類》】**（據中華書局 1975 年版《新唐書》）

趙曄《吴越春秋》十二卷

楊方《吴越春秋削煩》五卷

《吴越記》六卷

…………

皇甫遵《吴越春秋傳》十卷

10.**【宋·王堯臣、王洙、歐陽修等《崇文總目》卷三】**（據臺灣商務印書館 1986 年版《景印文淵閣四庫全書》674 册之《崇文總目》）

《吴越春秋》十卷

《吴越春秋傳》十卷

唐皇甫遵注。初，趙曄爲《吴越春秋》十卷（覺按：《文獻通考·經籍考》引《崇文總目》作“十二卷”）。其後有楊方者，以曄所撰爲煩，又刊削之爲五卷，遵乃合二家之書考定而注之。

11.**【宋·鄭樵《通志·卷六十五·藝文略第三·史類第五·雜史》】**（據商務印書館1935年版《萬有文庫》第二集《通志》）

《吴越春秋》十二卷（趙曄撰）

《吴越春秋削繁》五卷（楊方撰）

《吴越春秋傳》十卷（皇甫遵撰）

《吴越記》六卷

12.**【宋·晁公武《郡齋讀書志·卷二上》】**（據臺灣商務印書館1986年版《景印文淵閣四庫全書》674冊之《郡齋讀書志》）

《吴越春秋》十二卷

右後漢趙曄撰。吴起太伯，盡天差（覺按：當作“夫差”）；越起无余，盡勾踐。内吴外越，本末咸備。

13.**【元·馬端臨《文獻通考·卷一百九十五·經籍考二十二·史》】**（據商務印書館1936年版《萬有文庫》第二集《文獻通考》）

《吴越春秋》十二卷

鼂氏曰：後漢趙曄撰。吴起太伯，盡夫差；越起無餘，盡勾踐。内吴外越，本末咸備。

《吴越春秋傳》十卷

《崇文總目》：唐皇甫遵注。初，趙曄爲《吴越春秋》十二卷。其後有楊方者，以曄所撰爲煩，又刊削之爲五卷，遵乃合二家之書考定而注之。

14.**【元·脱脱等《宋史·卷二百三·志第一百五十六·藝文二·史類·別史類》】**（據中華書局1977年版《宋史》）

趙曄《吴越春秋》十卷

皇甫遵注《吴越春秋》十卷

15.【元·脱脱等《宋史·卷二百四·志第一百五十七·藝文三·史類·霸史類》】（據中華書局 1977 年版《宋史》）

趙曄《吴越春秋》十卷

16.【明·楊慎《丹鉛餘録》卷十四】（據臺灣商務印書館 1986 年版《景印文淵閣四庫全書》855 册之《丹鉛餘録》）

《漢書》：趙曄撰《吴越春秋》。《晉書》：楊方亦撰《吴越春秋》。今世所行，曄耶？方耶？

17.【明·胡應麟《少室山房筆叢·卷五·丹鉛新録一·楊方》】（據廣雅書局光緒二十二年（1896）春二月校刊之《少室山房筆叢》）

案隋、唐諸《志》，楊方所撰名《吴越春秋削繁》，南渡尚存見。《通考》蓋以曄所撰太繁，故芟削之，若劉孝標《九州春秋鈔》之類耳。夫東京、六代文體迥異，即二書並行，豈能惑具眼哉？方所撰又有《五經鉤沈》，亦見諸書目中。

18.【明·陳繼儒《藝林粹言·卷之五·吴越春秋》】（據陳繼儒門人萬歷間所刊《藝林粹言》）

陳仲醇曰：《吴越春秋》載吴越間事為詳，豫於吴門購得之，因採録如左。吴以信讒拒諫而亡，越以親賢聽諫而興，人才之關係國家若此，信可以為萬世人君鑒戒矣。

19.【清·姚際恒《古今僞書考·有兩人共此一書名今傳者不知何人作者》】（據樸社 1933 年版《古今僞書考》）

《吴越春秋》

楊用修曰："《漢書》：趙曄撰《吴越春秋》。《晉書》：楊方亦撰《吴越春秋》。今世所傳，曄耶？方耶？"

20.【余嘉錫《四庫提要辨證·卷七·史部五·載記類》】（據中華書局 1980 年版《四庫提要辨證》）

嘉錫案：吴壽暘《拜經樓題跋記》言其先人曾從元刻補鈔徐天祜序並補注九條云云。今案音注即是天祜所作，則序自宜出於天祜之手，吴氏之説蓋是也（覺按：余嘉錫與《四庫全書》提要的作者都未見到大德本等善本，故只能作此推測之詞）。至於後列之留堅（覺按：大德本“堅”作“聖”）等四人姓名，不過因書刻於郡庠，因而幸附驥尾耳，惡得作此序乎？《提要》於天祐事蹟不詳。考《寶慶續會稽志》卷六進士題名云：“嘉定（覺按：當作“景定”）三年壬戌，方山京榜徐天祐。”《萬姓統譜》卷七云：“徐天祐（祐誤祐。○覺按：當作“天祐”，下同），字受之。父耜，朝奉大夫知惠州。天祐初有慧質，穎悟夙成，以惠州任爲將仕郎，詮試爲詞賦第一。註歸安尉，地近事煩，而尉職猶劇。天祐既試以吏事，衆皆驚服。貴人居邑者，將囑事，出謂人曰：‘吾見尉，自不敢有所請。’中進士第，時年尚英妙，聲華籍藉，爲大州教授，日與諸生講經義，聽者感發。德祐二年，以文林郎、國庫書監召，不赴，退歸城南，杜門讀書，與人交，終不變。四方學者至越，必進謁。天祐高冠大帶，議論卓卓，見者咸以爲儀形。”《宋詩紀事》卷六十八云：“徐天祐，字受之，山陰人，嘉定（覺按：《宋詩紀事》原作“景定”）三年進士，與王修竹齊名。”至於天祐之序，其所考證，實不甚精，今特舉正之於此。案《隋書·經籍志》有《吴越春秋》十二卷，趙曄撰；又有《吴越春秋削繁》五卷，楊方撰；《吴越春秋》十卷，皇甫遵撰。天祐序謂“此二書今人罕見，獨曄書行於世”，蓋因《隋·志》楊及皇甫二書均題“撰”字，遂疑二人别有所撰，與趙書不同也。今考皇甫遵之《吴越春秋》十卷，《唐·志》作《吴越春秋傳》，《通考·經籍考》同，並引《崇文總目》云：“唐皇甫遵注（唐字誤）。初，趙曄爲《吴越春秋》十二卷，其後有楊方者，以曄撰爲煩，又刊削之爲五卷。遵乃合二家之書，考定而注之”云云。愚案：楊方，《晉書》附《賀循傳》後，云：“字方回，會稽人，官至高梁太守，更撰《吴越春秋》，行於世。”《崇文總目》第云“其後有楊方者”，而不言方爲何時人，殆未檢《晉書》歟？《傳》所言“更撰”云者，即指削繁而言，非别撰一書也。皇甫遵之書，名之爲傳，即是書之注，第既合曄與皇甫（覺按：當云“方”）之書，其意必以爲曄書太繁，遵（覺按：當云“方”）書太簡，故合二書斟酌乎繁簡之間以求適乎其中，故較原書少二卷。二人之書即曄書，而云“獨曄書行於世”，誤之甚矣。此書十二卷之本，至宋時尚存，《新唐·志》、《讀書志》、《通考》並著於録。《宋史·藝文志》别史類有此書，已作十卷。考蔣光煦《斠補偶録》（覺按：當作《斠補隅録》），有所校影宋本亦止十卷，則此二卷，當亡於宋末。皇甫遵之書正是十卷，宋本疑即用皇甫之本而去其注，然則當云“獨皇甫遵書行於世”，不當如序所云“獨曄書行於世”也。序又云：“徐廣《史記》注引《吴越春秋》，而《索隱》以爲無其語。”考《吴世家·索隱》云：“徐廣引《吴越春秋》云：‘王僚，夷昧子。’今檢《吴越春秋》，無此語。”序蓋即指此條。考之本書《吴王壽夢傳》云：“吴人立餘昧子州于，號爲吴王僚也。”餘昧即夷昧，徐廣所引，殆即因此二語而檃括之，《索隱》以爲《吴越春秋》無此語，已誤，序從而疑此書，更誤矣。其餘若《文選》注諸書所引，亦當在所佚二卷之内。序乃云“今曄本咸無其文”，若疑其在方、遵書内也者，何其漫無考證哉！《提要》乃稱其考證頗爲詳悉，過矣！余十五歲時，嘗作《吴越春秋辨證》，既悔其少作，原稿又燬，姑撮其大指如此。

21.【黄雲眉《古今僞書考補証·有兩人共此一書名今傳者不知爲何人作者》】（據齊魯書社 1980 年新 1 版《古今僞書考補証》）

眉按：徐天祜曰：“《史記》注有徐廣所引《吴越春秋》語，而《索隱》以爲今無此語；他如《文選》注引季札見遺金事，《吴地記》載闔閭時事、夷亭事，及《水經注》嘗載越事數條，類皆援據《吴越春秋》，今曄本咸無其文。”（《吴越春秋序》）孫志祖曰：“《隋、唐·志》俱云《吴越春秋》十二卷；今本止十卷，則徐氏所舉佚文，或在二卷之中，未可知也。余又考得《文選·豪士賦敘》注引‘文種者，本楚南郢人也，姓文，字少禽’及《太平御覽》吴王祠子胥事，並今本所無，則此書之闕佚者多矣。”（《讀書脞録》）王芑孫曰：“《晉書·楊方傳》：‘更撰《吴越春秋》行於世。’則《吴越春秋》當爲晉楊方所更撰；而世歸趙曄者，獨據《隋·志》及馬貴與《經籍考》耳。今是書參錯小説家言，其文筆不類漢人，或竟出楊方之手。”（《惕甫未定稿》）余謂《晉書》謂楊方“更撰《吴越春秋》”，《隋·志》“楊方《吴越春秋削繁》五卷”，意所謂更撰者，即就趙曄所撰，損益成書。增者少而削者多，故十二卷減爲五卷。其書當名《削繁》，《晉書》蓋簡言之耳。惟其削者多，故諸書所引，今本多不見；惟其削而有增，故今本文筆不類漢人。皇甫遵《吴越春秋傳》，《崇文總目》稱遵合趙曄、楊方二家之書，考定而注之，可證楊方更撰之書，異同必多，非僅削繁而已。然則今世所傳之《吴越春秋》，殆即楊方更撰之本，經後人析五卷爲十卷，而又誤去其“削繁”之名；自宋以後，趙書既失，（《唐·志》二書俱録。《宋·志》不著楊書，但著趙曄《吴越春秋》十卷，則趙書至宋以後始亡。芑孫謂獨據《隋·志》及《通考》，恐非。惟趙書在唐時亦有闕佚，故《索隱》以爲今無此語。）遂以楊書歸之趙曄耳。

【附録五】

《吴越春秋全譯》前言

【説明】

拙著《吴越春秋全譯》於1993年9月由貴州人民出版社出版，其《前言》對《吴越春秋》的有關問題作了概括的論述（其中有關《吴越春秋》作者和流傳的兩節文字又曾合成《〈吴越春秋〉考》一文發表於《中國圖書館學報》1994年第1期），但出版時編輯有所刪削。今將原稿修改後附於此，以供讀者參考。

《吴越春秋》一書，歷敘吴、越兩國的史事，而重在敍述春秋末期吴、越兩國爭霸的歷史故事。該書雖大量取資於《左傳》《國語》《史記》等史籍，但並不拘泥於此，而又採摭摻入了不少佚聞傳説，其中恐怕也不乏作者的想象塑造之辭；同時，它又注意到故事的完整性，注意寫清其來龍去脈。所以，從它記載史事這一點來説，是一部史書；但從它記載的内容與格調來説，又不同於嚴謹的史家之實録。它實是一部介於史家與小説家之間的作品，可謂是後代歷史演義小説的濫觴。因此，它雖然一向被列入史部，但讀起來卻比一般史書更爲生動、更富於情趣，因而更受到讀者的喜愛。不但後代的史籍方志（如《吴郡志》之類）常取資於該書，就是後代的文學作品，如唐代的説唱文學《伍子胥變文》，宋元話本《吴越春秋連像評話》，明代傳奇梁辰魚的《浣紗記》，明清歷史小説馮夢龍、蔡元放編的《東周列國志》，近代的《吴越春秋説唱鼓詞》，現代曹禺創作的話劇《膽劍篇》，蕭軍所著的《吴越春秋史話》等，都或多或少地取材於該書。所以，該書既是一部世所公認的歷史典籍，又是一部膾炙人口的文學名著，在我國的史學史與文學史上都具有很高的地位，是一部學習與研究中國古代文化的人不可不讀的要籍。

一、《吴越春秋》的作者

據史載，趙曄著《吴越春秋》是没有問題的。至於趙曄的生平事蹟，史載甚略。據《後漢書・儒林列傳》可知[①]，趙曄字長君，會稽郡山陰縣（今浙江省紹興市）人。年輕時做過縣裏的小吏，曾讓他去迎接郡裏來的督郵[②]。由於他稟性清高，不願阿諛奉迎，所以棄職不幹，到犍爲郡資中縣（今四川省資中縣）去向當時的經師杜撫學習《韓詩》，潛心於學問，一連二十年也不捎個信回去，家裏的人還以爲他死了。杜撫死了以後他纔回家，州裏召他做官，他仍未就職，後因通曉災異陰陽之術而被選舉爲有道之士[③]，最後卒於家中。他的著作首推《吴越春秋》，但《詩細歷神淵》更爲當時的學者蔡邕所賞識，以爲勝過王充的《論衡》。據《隋書・經籍志・經部》著録，他還著有《韓詩譜》二卷、《詩神泉》一卷，但隋唐時就已亡佚了。

史籍未載其生卒年，所以我們只能根據其事蹟稍加推斷。他年輕時即拋棄縣吏之職不幹而就學於杜撫，當在二十歲左右。在杜撫處二十年而杜撫死，當在四十歲左右。據《後漢書・儒林列傳》，杜撫“建初中（76—83）爲公車令，數月卒官”，算他死於公元 80 年左右，由此上推，趙曄當生於公元 40 年前後。如果進一步推敲，杜撫約在公元 58 年爲驃騎將軍東平王蒼所辟而離

---

① 《後漢書・卷七十九下・儒林列傳》:“趙曄，字長君，會稽山陰人也。少嘗爲縣吏，奉檄迎督郵，曄恥於廝役，遂弃車馬去。到犍爲資中，詣杜撫受《韓詩》，究竟其術。積二十年，絶問不還，家爲發喪制服。（曄）〔撫〕卒（業）乃歸。州召補從事，不就。舉有道。卒于家。曄著《吴越春秋》、《詩細歷神淵》。蔡邕至會稽，讀《詩細》而嘆息，以爲長於《論衡》。邕還京師，傳之，學者咸誦習焉。”

② 督郵是郡守佐吏，主管督察屬縣的違法之事，權任甚重。苗麓在《吴越春秋》（江蘇古籍出版社 1992 年第 2 版）的《前言》中説趙曄“擔任‘督郵’之類的小官”，誤。

③ 據《後漢書・孝安帝紀》載，漢安帝於永初元年三月詔舉賢良方正、有道術之士之後，又於永初二年下詔曰:“昔在帝王，承天理民，莫不據琁機玉衡，以齊七政。朕以不德，遵奉大業，而陰陽差越，變異並見，萬民飢流，羌貊叛戾。夙夜克己，憂心京京。閒令公卿郡國舉賢良方正，遠求博選，開不諱之路，冀得至謀，以鑒不逮，而所對皆循尚浮言，無卓爾異聞。其百僚及郡國吏人，有道術明習灾異陰陽之度琁機之數者，各使指變以聞。二千石長吏明以詔書，博衍幽隱，朕將親覽，待以不次，冀獲嘉謀，以承天誡。”《後漢書・郭陳列傳》也云：“及鄧太后崩，安帝始親朝事……後連有災異，詔舉有道。”由此可見，當時所舉之“有道”，應爲“明習灾異陰陽之度琁機之數者”，而趙曄正是這樣的人才。從《吴越春秋》的占術敘述中即可以看出趙曄是個精通術數的學者。據《後漢書・儒林列傳》，杜撫之師薛漢“世習《韓詩》……尤善説災異讖緯”，則趙曄在這方面的才能可能得益於師承。

開犍爲郡，那麼趙曄到犍爲郡向杜撫學習《韓詩》應該在公元58年之前①，也就是説，他就學於杜撫時應該在十八歲左右，或者，他可能生於公元38年（漢光武帝建武十四年）前後，而在二十歲左右就學於杜撫。據《後漢書》，東漢時選舉有道之士，第一次在漢安帝永初元年（107），第二次在永初五年（111），第三次在漢安帝建光元年（121）②，趙曄被舉有道，應該在這三次之中。由此推測，他可能卒於122年（漢安帝建光二年）前後。總之，其生活於公元38—122年的推測雖然不一定完全正確，但他的成人活動期爲東漢明

① 趙曄就學於杜撫之年代，曹林娣《關於〈吴越春秋〉的作者及成書年代》有考證，其文云："據同書《杜撫傳》，杜撫年輕時受業於薛漢，後歸鄉里教授，有'弟子千餘人'，曄當是這'千餘人'之一員。杜撫後爲驃騎將軍東平王蒼所辟，蒼在明帝即位時，拜爲驃騎將軍，置長史掾史員四十人（見《後漢書·東平王蒼傳》），時在公元五八年頃。杜撫當於此時受辟召。以後撫又辟太尉府，建初中爲公車令，數月卒官，時在公元八〇年頃。趙曄詣撫受《韓詩》當於撫受辟召之前，地點是撫的家鄉犍爲。撫既受辟召，曄當卒業歸。則公元五八年頃曄即歸家。若曄詣撫時年齡在二十五歲左右，積二十年，則可推測曄之生年當在公元十五年頃，比王充早十年多。東晉虞預云：'撫卒，曄乃歸。'（見《御覽》卷五百五十六引《會稽典録》），於杜撫在'鄉里教授'、曄'到犍爲'攻《韓詩》等情事均相悖，不足信。准此，趙曄的主要活動時期應在光武帝、明帝及章帝時代，是東漢前期。"我認爲，趙曄詣撫受《韓詩》在公元58年撫受辟召之前的説法是正確的，因爲《後漢書》明言趙曄是"到犍爲資中詣杜撫受《韓詩》"，故今從之。但曹林娣以下的推論未必正確，因爲古代跟從老師學習，未必如現在那樣校址不變，而完全可能跟隨老師轉移（《後漢書·儒林列傳》載景鸞"少隨師學經，涉七州之地"即其證），所以，杜撫受辟召時趙曄未必就"卒業歸"，則公元58年趙曄未必"即歸家"。再説，學《韓詩》而卒其業也根本不用"積二十年"（《後漢書·儒林列傳》在"積二十年"之前已明言趙曄"詣杜撫受《韓詩》"而"究竟其術"即其證），而杜撫受辟召時趙曄也未必正好卒業，所謂"積二十年"，應該是師生之情誼使趙曄難捨難分所致，而並不是因爲"卒業"的需要，所以《後漢書·儒林列傳》的"曄卒業乃歸"應爲"撫卒乃歸"之誤，《會稽典録》的記載以及中華書局點校本對《後漢書》的校改應該是合理而可信的。既然趙曄歸家未必在公元58年，則推測他生於公元15年的結論也就得重新推敲了。據《後漢書》，東漢第一次選舉"有道"在漢安帝永初元年（公元107年，見下文），如果趙曄生於公元15年，則他"舉有道"時至少爲九十二歲，如此高齡之人被推舉恐怕不符合事實。因此，説"趙曄的主要活動時期應在光武帝、明帝及章帝時代"也就言之過早了。此外，趙曄之《吴越春秋》的成書年代，我認爲應該在漢和帝之時（89—105）或其後，曹林娣認爲在漢明帝之時（58—75），恐怕也不當（見4.31注〔16〕）。

②《後漢書·孝安帝紀》："永初元年……詔公卿内外衆官、郡國守相，舉賢良方正、有道術之士，明政術、達古今、能直言極諫者，各一人。……五年……詔曰：'……思得忠良正直之臣，以輔不逮。其令三公、特進、侯、中二千石、二千石、郡守、諸侯相舉賢良方正、有道術、達於政化能直言極諫之士各一人，及至孝與衆卓異者，并遣詣公車，朕將親覽焉。'……建光元年……令公、卿、特進、侯、中二千石、二千石、郡國守相，舉有道之士各一人。"

帝、章帝、和帝、殤帝、安帝之時（58—125），恐怕是可以肯定的。有人認爲他是“後漢建武年間人”[①]，我認爲並不妥當。

趙曄著《吳越春秋》是没有問題的。但是，流傳至今的《吳越春秋》都題“趙曄撰”卻很成問題，因爲據《隋書·經籍志》《舊唐書·經籍志》《新唐書·藝文志》《郡齋讀書志》等著録，趙曄所撰的《吳越春秋》是十二卷，而現存的《吳越春秋》卻只有十卷，有些本子還將它合爲六卷，可見今傳的《吳越春秋》已不是趙氏的原著了。《隋書》又著録楊方撰《吳越春秋削繁》五卷、皇甫遵撰《吳越春秋》十卷。《唐書》也載楊方撰《吳越春秋削煩》五卷、皇甫遵撰《吳越春秋傳》十卷。這些著作與趙曄之作是否有關呢？《崇文總目》卷三在著録了“《吳越春秋》十卷”與“《吳越春秋傳》十卷”之後加按語説：“唐皇甫遵注[②]。初，趙曄爲《吳越春秋》十卷[③]。其後有楊方者，以曄所撰爲煩，又刊削之爲五卷，遵乃合二家之書考定而注之。”此説若是事實，則趙曄、楊方、皇甫遵三家之作雖不相同，卻也有聯繫。而流傳至今的《吳越春秋》十卷，應該是皇甫遵的考定本。雖然它的原著者是趙曄，但經過楊方的刊削與皇甫遵的訂正，早已不同於原著了。所以，我們也就不能簡單地説“趙曄撰”。這種情況，與《東周列國志》有相似之處。如果説，《東周列國志》的作者被題爲“蔡元放”不太妥當而應題爲“馮夢龍、蔡元放”，那麼《隋書》將十卷本的《吳越春秋》題爲“皇甫遵撰”也就不太妥當而應該改題爲“趙曄、皇甫遵撰”。

據《崇文總目》之説而得出的這一結論是否能成立呢？後人議論紛紜。

馬端臨《文獻通考·經籍考》完全承襲《崇文總目》之説。

徐天祜認爲今傳之十卷本爲趙曄所著，楊方、皇甫遵之書已不傳[④]。

楊慎對傳世的《吳越春秋》之作者表示疑問。其《丹鉛餘録》卷十四説：“《漢書》：趙曄撰《吳越春秋》。《晉書》：楊方亦撰《吳越春秋》。今世所行，曄耶？方耶？”

胡應麟認爲今本爲趙曄之作，而非楊方之作。他在《少室山房筆叢》卷五《丹鉛新録一》中説：“案隋、唐諸《志》，楊方所撰名《吳越春秋削繁》，南渡尚存見。《通考》蓋以曄所撰太繁，故芟削之，若劉孝標《九州春秋鈔》

① 見苗麓校點的《吳越春秋·前言》。

② “唐”字誤，《隋書》已著録皇甫遵之書，則此人當在隋代或更早。

③ “十卷”當作“十二卷”，《文獻通考·經籍考》引《崇文總目》作“十二卷”。

④ 見本書《吳越春秋目録》前所載徐天祜《吳越春秋序》。

之類耳。夫東京、六代文體迥異，即二書並行，豈能惑具眼哉？”

姚際恒《古今僞書考》完全承襲楊慎之説而不加論斷。

余嘉錫《四庫提要辨證》認爲今傳十卷本爲皇甫遵之書[①]。

黄雲眉《古今僞書考補證》認爲今傳十卷本是楊方之作[②]。

今傳《吴越春秋》十卷的作者究竟是誰呢？我認爲應該題爲“趙曄編著、皇甫遵刪定”。

説“趙曄編著”應該是不成問題的，因爲楊方、皇甫遵的《吴越春秋》都不過是在趙著的基礎上加以刪削、考定而成的，所以今本即使最終出於皇甫遵之手，也不能將趙曄排除在作者之外。但另一方面，我們也不能簡單地只題“趙曄撰”，因爲今本實非趙氏原著，它與趙氏原著相比，不但被刪削了，而且也被改動了不少。這從古代類書與注釋的引文中可以得到證實[③]。

我之所以不把楊方當作今本的作者之一，是因爲：《晉書》卷六十八《楊方傳》説他“著《五經鉤沈》，更撰《吴越春秋》”，這所謂“更撰”，不過是改編而已，究其實，也就是《崇文總目》所説的“刊削”。其書在當時可能是以《吴越春秋》爲書名而行世的，所以《晉書》説他更撰《吴越春秋》。由於當時趙曄的十二卷本同樣流行，正如胡應麟所説，這“二書並行”，是不能“惑具眼”的，所以《晉書》即使説楊方撰《吴越春秋》，也不致引起誤解。但到了後代就不一樣了，爲了避免誤會，《隋書》《唐書》的編著者在著録時就不再承襲《晉書》而正其名爲《吴越春秋削繁（煩）》。楊方既然以爲趙書煩而大加芟削，恐怕是不會再作什麼增補的。就是説，他的書不過是趙書的刪節本，其中並没有他的創作成果，所以我們不應該將他視爲《吴越春秋》的作者。有人以爲楊方對趙書有削也有增[④]，恐怕是不符合事實的。《崇文總目》所謂“遵乃合二家之書考定”，恐怕也只是指取趙曄之書，參照楊方的刪削方法加以刪定而已。就是説，楊方之書不過是皇甫遵考定時的一種參考資料，而不是一種原材料。皇甫遵的十卷本，根本不是簡單地將楊方的五卷析爲十卷，再去其“削繁”之名而成的。他的十卷本，應該是一種較趙書爲簡而較楊書爲詳的本子，所以皇甫遵之書一流行，楊方之書便無甚價值而漸漸地失傳了，而絶不是後人將楊方之書改題爲“趙曄撰”。

---

① 見本書附録四。

② 見本書附録四。

③ 參見 4.15 注〔13〕、4.36 注〔3〕。

④ 見本書附録四中的黄雲眉《古今僞書考補証》。

我之所以要把皇甫遵當作今本的删定者而著其名，是因爲今傳之十卷本實即皇甫遵的考定本。它們的卷數相同當然是一個重要的證據。另外，皇甫遵本是一種注本，所以《唐書》將《隋書》的皇甫遵撰《吴越春秋》十卷正名爲《吴越春秋傳》十卷。大概後來的本子删去了他的注，所以又轉題爲“趙曄撰”，但其中卻不免殘留下皇甫遵本的痕迹。顧廣圻、蔣光煦都曾見到過影宋鈔本十卷。蔣光煦雖説它“無注”，但從他的校記中可以看到，宋本還殘留著一些注釋。如卷三：“胥乃貫（‘烏還切’，三字宋本原注）弓執矢。”卷四：“會楚之白喜（宋本有注云：‘上音伯，下音嚭。下文同。’）來奔。”卷六：“化爲黄能（宋本有注云：‘囊來切，鼈三足。’）。”[①]這説明，題爲趙曄撰的宋本十卷，實出自皇甫遵“考定而注之”的本子。《宋史·藝文志》著録了“趙曄《吴越春秋》十卷”、“皇甫遵注《吴越春秋》十卷”兩種本子，其間的區别恐怕衹在於注釋的有無，其原文恐怕是一樣的，即都是皇甫遵考定的十卷本。皇甫遵在考定時，將趙氏的十二卷本删削改動了不少，這一點已爲古代類書及古注的引文所證明。所以，宋以後流傳的十卷本，如果不題“皇甫遵删定”而只題“趙曄撰”，就不能反映出該書作者的真相和全貌。因此，皇甫遵應被視爲今本《吴越春秋》的准作者而著其名。

末了需補充説明的是，古代凡抄撮舊史、删削他書、考訂校注等皆稱“撰”，所以，趙曄抄撮《左傳》《國語》《史記》以及傳聞異説被稱爲“撰”，楊方删削趙書也被稱爲“撰”，皇甫遵考定趙、楊二書而加注也被稱爲“撰”，但真正要確定其作者，是不能不作具體分析的。

二、《吴越春秋》的流傳

《後漢書》卷七十九載趙曄“著《吴越春秋》”，可知該書成於東漢。《晉書》卷六十八載楊方“更撰《吴越春秋》”，可見此書到晉代又有了改編本。據《隋書》《唐書》以及鄭樵《通志》卷六十五的著録，可知在隋、唐、北宋期間，此書有三種傳本，即趙曄的原本十二卷，楊方的删節本五卷，皇甫遵的參定注釋本十卷。晁公武《郡齋讀書志》卷二上著録了“《吴越春秋》十二卷”，並説：“右後漢趙曄撰。吴起太伯，盡夫差；越起无余，盡勾踐。内吴外越，本末咸備。”可見南宋初年趙氏的原著尚存。《藝文類聚》、《初學記》、《文選》注、《史記》注、《太平御覽》等引文有不少不見於今本，也可説明唐、北宋時期趙氏的十二卷本並未亡佚。但陳振孫《直齋書録解題》未著録此書，《宋史》卷二百三也只載“趙曄《吴越春秋》十卷，皇甫遵注《吴越春秋》

① 見蔣光煦《斠補隅録》。

十卷”，由此可以推知，趙曄所著的十二卷本及楊方所芟削的五卷本在宋末元初都已經亡佚[①]，剩下的就只有皇甫遵刪定的十卷本了。清代顧廣圻曾見到過影宋鈔本，並在乾隆甲寅（1794）九月用它校過明刻本；蔣光煦也曾用影宋本校過[②]。從他們的校記中可以知道，宋本是十卷本，九行十八字，文字與明刻本稍異，僅有極少幾條注釋，但這種影宋鈔本現在也早已亡佚了。

《吴越春秋》現存的最早刊本，是元大德十年丙午（1306）紹興路儒學刻本之修補本。該本原由元代紹興路總管提調學校官劉克昌支持刊刻，由前宋國子監書庫官徐天祜作序[③]，並加考訂音註。該書今藏北京國家圖書館，應該是孤本了[④]。由於後代所有刻本都源自大德刻本，所以國家圖書館這一藏本雖有缺葉[⑤]，仍然彌足珍貴。

明代有好幾種刻本，其中最能體現大德本風貌的有弘治十四年（1501）鄺廷瑞、馮弋的刻本，該書共十卷分上、下，每半葉九行，每行十八字。該本現存雖已不多，但上海商務印書館輯印《四部叢刊》時於1929年影印了此本，所以現在也易見到。此外，還有一種明代翻刻十卷本也甚佳。這種本子每半葉九行，每行十七字，其刻書年月及刻書人均未標明，所以莫友芝還以爲是大德原版的重印本[⑥]。其實它只是明刻本。徐乃昌在光緒三十二年（1906）將

① 《文獻通考·經籍考》雖也著録《吴越春秋》十二卷、《吴越春秋傳》十卷，但不過是抄録了《郡齋讀書志》與《崇文總目》，不足徵。

② 見葉昌熾手録在明刻本《吴越春秋》上的顧廣圻校語及跋，蔣光煦《斠補隅録》。

③ 徐天祜，字受之，山陰（今浙江省紹興市）人，景定三年（1262）進士，時年尚英妙，爲大州教授，日與諸生講經義，聽者感發。德祐二年（1276），以文林郎國子監書庫官召，不赴，退歸城南，杜門讀書。及文天祥被執以死，徐天祜與王英孫並爲衣冠避亂者所宗。四方學者至越，必進謁。天祜高冠大帶，議論卓卓，見者咸以爲儀刑。參見清萬斯同《宋季忠義録》卷十四（張壽鏞1934年刊《四明叢書》第二集），厲鶚《宋詩紀事》卷六十八（乾隆十一年黄氏琴趣軒刊本），王梓材、馮雲濠《宋元學案補遺》卷六十四（張壽鏞1937年刊《四明叢書》第五集），陸心源《宋史翼》卷三十五（光緒三十二年歸安陸氏刊本），曾廉《元書》卷九十一（宣統三年層漪堂刊本）。以上除《宋詩紀事》外，均誤爲“徐天祐”。《詩經·小雅·信南山》：“受天之祜。”其字“受之”，當名“天祜”，作“祐”者誤。

④ 參見《中國古籍善本書目·史部》卷七，上海古籍出版社1991年版。

⑤ 明弘治十四年（1501）鄺璠、馮弋的刻本是大德十年劉克昌刻本的重刊本，該本除了徐天祜的序，從“吴越春秋目録”開始，其行款格式完全仿照大德刻本（九行十八字）。弘治刻本之末有《徐氏補註》兩葉，但如今國家圖書館所藏大德刻修補本卻無此《徐氏補註》，這説明國家圖書館藏本已有缺葉。

⑥ 見莫友芝寫在該明刻本上的題識，上海圖書館藏本（索書號：善776433-36）。

它輯入《隨庵叢書》而校刊印行[1]。其"字畫行欵一仍其舊"[2]，所以也可利用。明代萬曆丙戌（1586）馮念祖卧龍山房也翻刻過《吴越春秋》，十卷。該本現存尚多，較易見到，可惜誤字甚多。明代除了保留十卷本面貌的翻刻本外，又有人將十卷合併爲六卷，即將前三篇合爲第一卷，第六、第七篇合爲第四卷，第八、第九篇合爲第五卷。他們雖然保留了徐天祜的注，卻刪去了徐天祜的序以及書末的銜名，文字也多異同。吴琯輯校的《古今逸史》中的《吴越春秋》，何允中輯刊的《廣漢魏叢書》中的《吴越春秋》，都是如此。這兩種六卷本也爲後人所重，後世翻刻影印者不少，其實不足稱善。

清代的版本不少，但大多是六卷本，如：（一）汪士漢康熙七年（1668）搜羅《古今逸史》殘版重加印行的《祕書廿一種》本，其版除卷一至卷五的第一葉有所剜改外，其他與《古今逸史》本同。該書嘉慶九年（1804）又重刊過。（二）于敏中等乾隆三十八年（1773）所輯的《摛藻堂四庫全書薈要》本《吴越春秋》抄校於乾隆四十二年（1777），該本爲鈔本，今藏臺北故宫博物院，但現也有影印本可供利用。（三）乾隆《欽定四庫全書》本，也是鈔本。據《四庫全書總目》，《四庫全書》中的《吴越春秋》爲十卷本，但臺灣商務印書館1986年影印的《文淵閣四庫全書》中的《吴越春秋》卻與《四庫全書薈要》本一樣，是六卷本，不知他閣是否抄有十卷本。文淵閣本抄校於乾隆四十六年（1781），現已影印，流傳甚廣。該本雖爲御制，但誤字卻不少。（四）王謨乾隆五十六年（1791）輯刊的《增訂漢魏叢書》本，該本後來翻刻者甚多，有光緒二年（1876）紅杏山房刊本，光緒六年（1880）三餘堂刊本，光緒二十年（1894）藝文書局刊本，宣統三年（1911）上海大通書局石印本等。除六卷本外，清代也有十卷本傳世，如：（一）徐維則光緒廿年（1894）所輯的《會稽徐氏初學堂羣書輯録》中的《吴越春秋》，該本爲稿本，今藏上海師範大學圖書館。（二）徐乃昌《隨庵徐氏叢書》本（見上文）。

清亡以來的刊本有：（一）鄭國勳1917年輯刊的《龍谿精舍叢書》本，十卷。北京中國書店1982年又用鄭氏原版重印過此本。（二）張元濟等編輯影印的《四部叢刊》本。值得注意的是，《四部叢刊》本有兩種，1919年初次影印的是萬曆馮念祖刻本，不佳；1929年第二次影印的是弘治鄺廷瑞、馮弋刻本，較佳（見上文）。（三）上海商務印書館編印的《叢書集成初編》本，

---

① 徐乃昌《隨庵徐氏叢書總目》以及《吴越春秋》跋明確地説其所據底本爲"明覆元大德本""明繙元大德本"。《中國叢書綜録》説他"據元大德本景刊"，誤。

② 此爲繆荃孫《隨庵叢書》序中語。

該本據《古今逸史》本影印，六卷。（四）上海中華書局1936年據馮念祖本（見上文）排印的《四部備要》本[①]，十卷。（五）上海商務印書館1937年出版的《萬有文庫》第二集《國學基本叢書》本，六卷。（六）上海商務印書館1937年所輯的《景印元明善本叢書十種》本，該書據《古今逸史》本影印，六卷。（七）臺灣商務印書館1986年影印的《文淵閣四庫全書》本，六卷。（八）臺北世界書局1986—1988年影印的《摛藻堂四庫全書薈要》本，六卷。（九）江蘇古籍出版社1986年出版的苗麓點校本[②]，十卷。該本以"大德本"爲底本，較上述各本之底本爲優，但在校點排印中有疏漏，這是很可惜的。

由上所述可知，明代以來《吴越春秋》流布甚廣，但其中好的版本並不多，值得稱道的當推元大德刻修補本及其影印本、鄺廷瑞本及其影印本（《四部叢刊》第二次影印本）、明刻九行十七字本及徐乃昌校刊本。其他的版本，與大德本的差異就比較多了。

前人對《吴越春秋》的注釋工作做得不多，皇甫遵的注本在宋末就已亡佚了，而自徐天祜音註的大德本問世至今已七百多年，還未有過新的精校精注本問世。這也是令人遺憾的。因爲徐註雖然解決了不少疑難，但要讀通全書，僅依靠他的註顯然是遠遠不够的。

三、《吴越春秋》内容概要

《吴越春秋》全書可分爲前後兩部分，前半敍述吴國史事，後半敍述越國史事。

吴國的史事，一直追溯到吴國的開創者太伯的祖先后稷。后稷是帝嚳元妃姜嫄的兒子，姜嫄在野外踩了一個巨人的腳印而懷了他，所以生下來就把他拋棄了。但牛馬、衆鳥都保護他，使他活了下來。他從小善於種植，後來當了農官。他的後代公劉、古公亶父都積德行義，很得民心。古公生太伯、仲雍、季歷，古公知道季歷之子姬昌（周文王）聖賢，於是想把君位傳給小兒子季歷。太伯、仲雍心領神會，便藉口到江南採藥而將君位讓給了季歷，自己在江南創建了吴國，築都城於梅里（今江蘇省無錫市梅村）。吴國傳到壽夢之世，國力始强，不但與中原各國時有交往，而且與楚國頻頻交戰。壽夢有四個兒子：諸樊、餘祭、餘昧、季札。壽夢死時想傳位給賢德的季札，季札推讓不受。於是諸樊、餘祭、餘昧稟承父意，依次相襲（兄傳弟叫襲）

① 該本自稱據《古今逸史》本校刊，實非。不過，馮念祖本與《古今逸史》本均未善，取以爲底本，失當。

② "苗麓"即"繆、陸"之諧音，其中的"繆"即江蘇古籍出版社編輯繆詠禾先生。

而不傳位於兒子，想最後傳給季札，但季札仍推讓逃避。結果吴人便擁立了餘眛之子州于，即吴王僚。諸樊之子公子光對此心懷不滿。這時，楚國的伍子胥一家由於費無忌的讒毁而遭到楚平王的迫害。伍子胥的父、兄被殺，他立志報仇，先逃到宋國，最後投奔吴國。他深知公子光的心事，就進薦專諸，爲公子光刺殺了王僚。於是公子光立爲國君，即吴王闔閭。闔閭任用伍子胥，在今蘇州一帶建造了都城。後來楚國的伯嚭前來投奔，闔閭也任命他爲大夫。由於闔閭擔心王僚之子慶忌復仇，所以伍子胥又進薦要離，設計刺殺了慶忌。伍子胥時刻不忘報仇，便進薦了孫武，並慫恿闔閭伐楚。結果吴軍伐楚，楚軍大敗，楚昭王出逃。吴王攻入楚國國都郢，伍子胥掘楚平王之墓，鞭屍三百以解恨。後來楚臣申包胥到秦國哭庭求救，秦國出兵，打敗了吴兵，子胥等纔回到吴國。這時，原來的太子病死，子胥在夫差的苦求下，便勸闔閭立夫差爲太子。闔閭死後，夫差繼位。他不聽伍子胥的勸告，放下越國，屢次伐齊，雖在艾陵大敗齊軍，但已實力大傷，卻還以此責備伍子胥，賜屬鏤劍令其自裁。子胥死後，夫差即使連年歉收，仍然窮兵黷武，伐齊後與晉國在黄池争當盟主。越國乘虚而入，大敗吴國太子，攻入吴國。夫差回國後，越國又屢敗吴軍。最後夫差逃離國都，被圍困在秦餘杭山（今蘇州市西北之南陽山），向越王求和不成，自殺而國亡。

越國的史事，一直追溯到越國的始祖無余的祖先夏禹。禹是顓頊的孫子、鯀的兒子。鯀的妻子女嬉吞了一顆寶珠而懷了孕，結果生了禹。當時洪水氾濫，鯀受四方諸侯之長的推薦而奉帝堯之命治水，未獲成功而被流放。禹繼承父業，在委宛山求得天書，瞭解了通水之理，於是奔勞海内，治水獲得成功。堯、舜相繼去世後，禹即天子之位，大會四方諸侯於會稽山，死後即葬於此。禹以下六世爲少康帝，他怕禹廟斷了香火，就封其庶子無余於越以祭祀大禹。其後代後來漸漸衰微，結果又有人起來復興越國，傳到允常，便開始强大了。允常之子勾踐，因被吴王夫差打敗而只得求和，並前往吴國當夫差的奴僕。他在范蠡的參謀下，忍垢受辱，最後終於打動了夫差的惻隱之心而被赦回國。回國後他委託范蠡建城作都，自己則卧薪嚐膽，念念不忘復仇。他對外繼續討好吴王，不斷送禮；對内休養生息，以增强國力，並和群臣一起謀劃攻吴之計。大夫文種獻上九術。於是越王尊天事鬼以求其福佑；送吴王大木良材，使其大興土木而耗其國力；將西施、鄭旦獻給吴王以惑亂其心；向吴國借粟，然後還其蒸過之粟，使吴國種而無收。越王自己則積聚糧食以富國，請處女、陳音教授擊劍、射箭之術以强兵。國富兵强之後，越王便廣泛地進行戰争動員，嚴明法令，然後出兵攻吴，屢次打敗吴軍，最後迫使夫差自殺，滅了吴國。

接著又出兵北上，横行於江、淮之間。其後范蠡出走，文種被勾踐賜劍自殺。勾踐遷都琅琊，稱霸於函谷關之東。勾踐死後，傳到越王親，被楚國所滅。

四、《吴越春秋》的文化價值

唐代魏徵等所撰的《隋書·經籍志二》對《吴越春秋》之類的雜史曾有一段很有見地的評述。其言云："自秦撥去古文，篇籍遺散。漢初，得《戰國策》，蓋戰國遊士記其策謀。其後陸賈作《楚漢春秋》……後漢趙曄又爲《吴越春秋》。其屬辭比事，皆不與《春秋》《史記》《漢書》相似，蓋率爾而作，非史策之正也。靈、獻之世，天下大亂，史官失其常守。博達之士，愍其廢絶，各記聞見，以備遺亡。是後羣才景慕，作者甚衆。又自後漢已來，學者多鈔撮舊史，自爲一書，或起自人皇，或斷之近代，亦各其志，而體制不經。又有委巷之説，迂怪妄誕，真虚莫測。然其大抵皆帝王之事，通人君子，必博采廣覽以酌其要，故備而存之，謂之雜史。"這段評述，既涉及了作者的編纂意圖，也涉及了作品的文化價值。概而論之，則《吴越春秋》之所以能流傳近兩千年而不廢，其原因大概就在於：（一）所述爲帝王之事，通人君子，必博采廣覽以酌其要；（二）雖非史策之正，也可備遺亡；（三）有委巷之説，引人入勝。用現代的話説，就在於它具有思想價值、史料價值、文學價值。

（一）《吴越春秋》的思想意義

中國古代的文化是傾向於現實的。綜觀古代聖哲賢智博達之士的著述，可以很明顯地感覺到，它們大多圍繞著一個主題，即治亂興廢與世道人心。特别是先秦兩漢時的典籍，作者最初與最終的目的，往往不在於單純地在學術上創立一家之説，而在於拯救時世，給世主提供歷史的借鑒或理論的指導。作爲史籍名著之一的《吴越春秋》，也無非如此。《隋書》的評説，不但體現了中國古代文化所具有的現實性評判傾向，而且也切中要害地揭示了《吴越春秋》所藴蓄的富有現實意義的思想内涵。

讀過《吴越春秋》的人，恐怕都會被夫差由强而亡、勾踐由弱而勝的歷史事實引入沉思。這其中的歷史教訓是什麽？是因爲夫差昏庸而勾踐明智？夫差暴虐而勾踐仁慈？夫差剛愎自用而勾踐從善如流？夫差聽信讒佞而勾踐依靠忠臣？夫差奢侈淫蕩而勾踐苦心勞身？夫差窮兵黷武而勾踐休養生息？夫差民多怨恨而勾踐深得人心？……這一系列的問題恐怕都會在好學深思者的頭腦中閃現。

當然，具體的問題是複雜的。就説暴虐與仁慈吧。夫差將公孫聖暴屍蒸山；令伍子胥自殺後，還盛以鴟夷之器投之於江；大興土木，使得民疲士苦，人不聊生，道死巷哭；窮兵黷武，敢諫者死……其暴虐之行令人髮指。但對勾踐，他卻頗多仁慈之心，儘管勾踐有殺父之仇，他也曾立志爲父王闔閭復仇，但天以越賜吴，他卻不受；勾踐入臣於吴，伍子胥勸他誅之，他卻很講究仁義之道，不“誅降殺服’；見到勾踐、范蠡在石室中不失君臣之禮，他頗“傷之”，“心不忍見而欲赦之”；子胥反復勸諫，他“不忍復聞”而赦勾踐……其惻隱之心，可謂盡矣。至於勾踐，虐殺文種，與夫差殺子胥又有何異？由此可見，決定興亡成敗的關鍵還不能簡單地用某種品性去解釋，主要地還應該從其政治上的思想水平、洞察力、辨析力、策略原則等方面去分析。

夫差在政治上無疑是幼稚的，他甚至分不清敵我忠讒。他不懂得敵人總歸是敵人，縱敵者必自殃。他没有深湛的政治洞察力，只爲一些表象所迷惑，所以虐殺忠良，放虎歸山。他的滅亡實體現了社會政治領域中的某些必然規律。而勾踐，在政治上顯然成熟得多，他雖一心復仇，即使肝腦塗地也在所不辭，但當自量其力而不足以傷吴時，他便忍垢受辱，委屈求全；等他有了足够的力量，就全力以赴制敵於死地；面對夫差之使的哀求，他也曾有過惻隱之心，但最終還是當機立斷，怒令夫差自殺。從中國的傳統道德觀來説，勾踐可能會受到以怨報德之譏，但無情的歷史卻説明，他是政治上的勝利者。這無疑也體現了社會政治規律的某種必然性。

本書洋溢著一種强烈的復仇精神，勾踐伐吴而殺夫差，子胥謀楚而鞭王屍，都是一種復仇行爲。政治鬥争是你死我活的鬥争，而其成敗又取決於各自的實力、用人、謀略、民心等一系列因素。本書正是以其具體生動的事例，深刻地揭示了豐富的政治規律，所以通人君子博采廣覽以酌其要也就是必然的事了。當然，本書也頌揚了太伯、季札的讓位之德，但那已是過去了的政治觀。吴國的謙讓傳統，早就被公子光謀殺王僚而篡位的政治事實給否定了。

總之，本書所敘述的事蹟言論，雖頗違反傳統的道德觀，卻惟妙惟肖地從歷史事實的演變以及針鋒相對的辯辭中揭示了政治的歷史演進以及諸多富有成效的政治經驗，這也正是其價值之所在。徐天祜説它“可以勸戒萬世”。錢福説：“是書所載，若胥之忠，蠡之智，種之謀，包胥之論戰，孫武之論兵，越女之論劍，陳音之論弩，句踐之畏天自苦、臣吴之别辭、伐吴之戒語，五大夫之自效，世亦胡可少哉？”① 此皆可謂是知音之言。

毋庸諱言，本書的思想觀念也自有其缺陷。作者身處迷信圖讖、陰陽五行觀念盛行的東漢初年，也不可避免地使本書帶上了這種歷史思想的烙印。書中多次出現以卜日、占夢的方式來進行決策的描寫，不管它是否合乎史實，

① 見本書附録三。

從其思想意義上來説，無疑是不足取的。

（二）《吴越春秋》的史學價值

《吴越春秋》作爲一部世所公認的史書，其直接的價值當然應該是它的史料價值。如果我們將它與今傳之《左傳》《國語》《史記》等史籍相對照，就可以明顯地感到，該書對吴、越兩國的史事記載要比他書豐富得多，而且也更具系統性。雖然書中有些記載不一定合乎史實，如其占日之術“皆非三代卜筮之法”，至於“處女試劍、老人化猿、公孫聖三呼三應之類，尤近小説家言”①，但我們絶不能因此而抹殺它的史料價值。本書中很大一部分内容可與《左傳》《國語》《史記》等典籍相印證固不必再加稱説，就是那些《左傳》等未載的事蹟，恐怕也並非都是無稽之談。東漢初年，去古未遠，當時或有許多雜史與傳説可供採録，其中有些材料顯然具有較大的真實性。如《吴太伯傳》載太伯“葬於梅里平墟”，不但可與《皇覽》等記載相印證，更可爲今江蘇省無錫市錫山區東南梅村鎮留存的古迹所證實。還有像《王僚使公子光傳》中載專諸殺王僚之前“從太湖學炙魚”，今江蘇省蘇州市吴中區西南胥口鎮西有炙魚橋，也可相證；該篇又載公子光迎太子建母於鄭，雖與《左傳·昭公二十三年》《史記·吴太伯世家》的記載不同，卻很可能最合乎史實②。至於《闔閭内傳》以下諸篇，其記事十分詳贍，更可用來補充《左傳》等記載的不足，其史料價值也是值得重視的③。這一點其實也早爲前人所肯定與利用。《隋書·經籍志》説它可“備遺亡”，《史記》三家注引用《吴越春秋》之文來疏證《史記》，現代的學者把其中的彈歌作爲探究文學藝術起源的重要史料，即其例。

《吴越春秋》不但具有史料價值，即其體例而言，也頗可稱道。作者將《左傳》的編年體、《國語》的國别體、《史記》的紀傳體熔爲一爐，以其豐富的資料，編著了一部十分系統的以紀傳爲主體、以編年爲頭緒來鋪敘兩國史事的國别史。從體例構思的縝密性、系統性來説，它對我國古代史學的貢獻也是不容忽略的。

當然，作者對體例的構思雖然很好，但在具體的記載中卻往往有年代錯亂的情況，有些事蹟也明顯有違史實④。我們雖然基本上肯定了它的史料價值，

---

① 見本書附録三所録《四庫全書總目》文。

② 參見 3.12 注〔2〕。

③ 參見各篇提要。

④ 詳見書中注釋，此不贅言。

但它畢竟是一部雜史，如果毫無鑒别地採用其中的記述來研究當時的歷史，那顯然也是不適當的。這是我們在利用其中的史料時應加注意的。

（三）《吴越春秋》的文學成就

《吴越春秋》雖是一部史籍，但它的文學成就卻遠遠勝過它的史學成就。它在文學史上的重要地位早已爲世所公認。它作爲後代歷史演義小説的濫觴，在藝術上的成就是多方面的。

首先，作者善於選材與構思。他善於從豐富的史料與傳説中選取最生動的故事情節加以渲染鋪排，同時又充分施展其想象力，加入一些合乎情節發展邏輯但於史無徵的内容，再通過别具匠心的構思，將它們組織成有頭有尾、脈胳分明、前後照應的完整故事。這恐怕是人們視之爲歷史演義的主要原因。例如，在《王僚使公子光傳》中，他便以這種方式詳盡地描寫了伍子胥的身世及其活動。從史書的角度來説，這並不能算是成功之筆，因爲這些事蹟與吴國的歷史並無多大關係，但從文學的角度來説，顯然是成功的。後世很多文學作品，特别是那些描寫伍子胥的説唱文學與小説，之所以從《吴越春秋》中吸取得那麽多，其主要的原因恐怕就在於作者對這一段富有戲劇效果的故事情節作了系統、詳盡、曲折、生動的描繪。其他像越女試劍，袁公變猿，公孫聖三呼三應，伍子胥興風作浪，孔子進見越王之類，“尤近小説家言”[①]，雖無甚史料價值，卻是道地的文學作品，可視爲六朝志怪、佚事小説之權輿。

其次，作者善於刻畫人物，善於從人物的行動、對話、表情、心理等各個方面來展現他們各自的性格特徵。就拿關係到吴國興亡的關鍵人物伍子胥來説，他的亮相是在楚平王派使者誘捕之時，這是一個關係到生死存亡的關鍵時刻。作者緊緊抓住伍子胥與伍尚弟兄二人一去一留這種截然相反的思路與決心，從强烈的對比中一下子就刻畫出了伍子胥深湛的政治洞察力與“能成大事”的政治素養。接著，作者寫他行哭林澤之中，決心“因於諸侯以報讎”，這既顯示了他的富於情感，又深刻地揭示了一個政治家的成熟。因爲只有那些無政治才能的匹夫纔衹能憑個人的私勇去報仇，而政治家是一定能利用他人之力去實現自己的抱負的。接著，作者寫他歷經千辛萬苦而奔吴，充分展示了他的堅定性與韌性，而作者從王僚的眼中來寫他狀貌的非凡，也更有力地塑造了他形神兼美的形象。爲了真正實現自己的願望，他小心謹慎而不急於求成。不但勸王僚不要爲自己用兵於楚，就是闔閭讓他當了行人之後，他仍然不敢造次行事。直到他推薦要離殺了慶忌，又推薦孫武領兵以後，才勸

① 見本書附録三所録《四庫全書總目》文。

吴王伐楚。這充分表現了一個政治上成熟的亡臣所應有的忍耐與謹慎。至於其鞭平王之屍三百與“倒行而逆施”的答語，又合乎情理地表現了他那藴蓄已久、勢如決堤的仇恨迸發。他對漁父與擊綿女的報恩，和他對平王的復仇，從心理邏輯上來説是統一的，所以作者也極力鋪排。他事業上的成功，使他在夫差之時具有了托孤老臣的地位，因而作者通過他出言激切、無所顧忌的一系列言行來顯示其當時的身份，這又是十分成功的。伍子胥的一生，其經歷及性格的變化都具有一種複雜性，作者正是通過各各不同的言行描寫給我們刻畫出了一個栩栩如生、富有立體感的忠臣形象。當然，書中描寫的一系列人物，無論其所花筆墨是多是少，一般説來，都刻畫得相當成功，如深謀遠慮的范蠡、赤膽忠心的文種、阿諛讒佞的白喜、忍辱圖遠的勾踐、剛愎自用的夫差、深沉穩重的闔閭、粗野高傲的壽夢、德高望重的太伯、淡泊無欲的季札、清逸俠義的漁父、善良樸實的擊綿女、智勇雙全的專諸、形弱神强的要離、嚴明必勝的孫武、一心爲國的申包胥、多愁善感的齊女、胸懷狹窄的滕玉、盛氣淩人的椒丘訢、身體力行的夏禹、年輕有爲的計硯、精通劍術的越女、知識淵博的陳音、正直不阿的公孫聖等，都給人以不可磨滅的印象。這些都顯示了作者藝術技巧的高超，也充分體現了本書的演義性特點。

再次，作者善於利用對比、襯托的手法來强化人物性格的個性特徵與故事情節的内涵。如將夫差的天賜不受與越王的天賜而受相對比，將伍子胥與公孫聖的忠誠正直與太宰嚭的阿諛諂媚相對比，用伍尚的愚孝來襯托伍子胥的大孝，用椒丘訢的匹夫之勇與慶忌的武士之勇來映襯要離的義士之勇，用文種被戮的結局來映襯范蠡功成告退的明智等等。這樣，不但突出了人物的個性，而且使故事的情節更富有深厚的義藴。

還有，作者往往能抓住特定的情感，利用環境的描寫、氣氛的渲染，創造出一種情景交融的境界。如寫勾踐入臣吴國“君臣生離”時，用“浙江之上，臨水祖道，軍陣固陵”等設置了一個嚴陣肅殺的背景，顯得嚴峻而淒切，其情景真不亞於荆軻易水之别。而他與范蠡回歸時，同樣至“浙江之上”，卻是“望見大越，山川重秀，天地再清”。這通過越王視覺折射出來的明朗清麗的景色，無疑飽含著他當時重見天日的歡快心情以及對光明前途的無限希望，真是情中有景、景中有情。作者的筆觸雖極簡練，但此情此景卻傳神地表現了出來。再像《勾踐伐吴外傳》寫勾踐勝吴後置酒文臺時群臣作樂之情，那文種、范蠡調侃的兩句詩，不但表現了當時活躍的氣氛，而且也使群臣歡快的心情頓現在讀者面前。如此含而不露卻神情頓現的精彩之筆，從藝術上來説，實已達到了爐火純青的地步。

此外，正如《四庫全書總目》所説，該書“詞頗豐蔚”[①]。作者語彙豐富，句法有散有駢，瀟灑而整練，因而讀上去朗朗上口。作者也十分注重文章的音樂美，不但在祝詞中使用整練的四字句韻文（如 7.1 的文種祝詞），就連某些一般性的言論也追求使用這種形式（如 5.17 的伍子胥之言）。更值得一提的是，本書的韻文形式十分豐富，除四言韻文外，還有楚辭式的歌吟（如 3.8 的漁父之歌、7.5 的越王夫人之歌、10.9 的離别之詞），而尤其重要的是書中還有原始歌謡的記録與好幾首七言詩，它們在中國文學史上都具有相當重要的地位。9.12 所記録的彈歌，早已被文學研究者視爲原始歌謡的典型作品而在中國文學史上大書了一筆[②]。至於本書中的七言詩，如 4.31 的《窮刧之曲》、8.6 的《苦之詩》、10.24 的《河梁之詩》等，其實也不可忽視。有人認爲：“七言詩，在曹丕以前，衹有東漢張衡的《四愁詩》，但第一句夾有‘兮’字，曹丕的《燕歌行》要算是現存最早的完整的七言詩，對七言詩的形成是有貢獻的。”[③] 其實，本書所載七言詩，雖然不能説它們産生於春秋之時[④]，但至少要比張衡、曹丕的時代要早一些，它們在我國詩歌史上的地位無疑也應該給予高度的評價[⑤]。

限於篇幅，衹能將《吳越春秋》的情况略述如上，其中如有謬誤不當之處，尚望海内外方家不吝賜教。

太倉張覺 1992 年 10 月 15 日夜初稿於五角場鐵屋
1992 年 12 月 17 日夜定稿於滬上流水齋
2012 年 10 月 22 日修改於南翔白金院邸
2015 年 12 月 22 日重訂於京郊溪翁山莊

① 見本書附録三所録《四庫全書總目》文。
② 見游國恩等主編的《中國文學史》，人民文学出版社，1963 年，第 16 ～ 17 頁。
③ 見游國恩等主編的《中國文學史》，人民文学出版社，1963 年，第 211 頁。
④ 見 4.31 注〔6〕。
⑤ 參見張覺《七言詩辨源》，載《學術研究》2005 年第 9 期。

【附録六】

《吴越春秋》編年目録

【附録七】

《吴越春秋輯校彙考》指誤

【説明】

上海古籍出版社 1997 年 7 月出版了周生春教授的《吴越春秋輯校彙考》，作者在 1997 年 2 月所寫的“後記”中説：“一九九一年十月，我攜《越絶書研究》一文赴西安參加中國歷史文獻研究會年會，與會的上海古籍出版社江建忠先生在讀完拙作後，因《吴越春秋》多取材於《越絶書》，兩書關係十分密切，而約請我整理《吴越春秋》。考慮到此書作者、成書和版本源流等方面，多年來一直存在若干有待澄清和解決的問題，又鑒於此書自清末以來無一既能充分彙集和汲取前人之研究成果，又經認真整理研究並有所超越，且便於利用足以傳諸後世的善本，再三思考後，我接受了這一約請。自一九九二年五月起，我反覆通讀了今本《吴越春秋》，全面瞭解、把握了前人的研究成果，廣泛網羅、鉤稽散佚，完成了今本《吴越春秋》異文、佚文的輯録工作，在釐清其版本源流的基礎上，運用本校、對校、他校和理校等方法，校訂了今本《吴越春秋》的文字，並針對歷來在其作者、成書和體裁等問題上所存在的争議提出了一己之見。經過前後三年的努力，書之初稿始成。又經過二年多時斷時續的修改、校定，方殺青寫定，遂得敬呈讀者批評指正。”

由此可見，周先生撰寫該書花了十倍於我《吴越春秋全譯》的撰寫時間。但是，智者千慮，或有一失，我 2011 年隨意翻閲該書時，即發現其未提及我的《吴越春秋全譯》（1994 年印行了 3 萬多册）與《〈吴越春秋〉考》（載《中國圖書館學報》1994 年第 1 期），此舉即使欲以表明對拙作的不屑一顧，也難免使其“彙考”顯得有點名不副實而給人以孤陋寡聞之感，而所謂“全面瞭解、把握了前人的研究成果”也就不知從何説起了。隨後再翻閲至該書第 17 頁，竟發現了一些不容忽視的問題。這些問題後整理成短文《〈吴越春秋輯校彙考〉指誤》，發表在南京大學主辦的《古典文獻研究》第十七輯上卷（鳳凰出版社 2014 年 11 月出版）。

此後，我又讀到江建中的《上海古籍版〈吴越春秋輯校彙考〉介紹》（載《古籍整理研究學刊》1997 年第 5 期），其文云：“作者爲《吴越春秋》作版本校比，搜盡海内外佳善之本……真可謂但凡涉及《吴越春秋》者，無不網羅殆盡，靡鮮闕漏，一片精誠，畢盡此中。……作者不惜殫精竭慮，遍檢羣書，

輯得異文八十條、佚文三十六條……並運用多種考證手段（主要是避諱字），極具説服力地論定了趙、楊、皇甫、徐諸人在這部千載奇書中各自的作者地位和複雜的成書過程。……這部《吴越春秋輯校彙考》的出現，將爲當今學人閱讀、使用《吴越春秋》，提供了目前來説是最完備的佳作善本。”

其實，該書收羅頗廣，在《吴越春秋》研究方面的確具有一定的參考價值。但是，常言道：“盛名之下，其實難副。”所以好評太過，對於那些具有獨立思考能力而不輕信人言的讀者來説，其效果往往適得其反。該書雖經倉修良先生所作序言以及編輯江建中的讚揚而被很多人視爲經典[1]**，但“一片精誠”而“搜盡海内外佳善之本”以及爲當今學人提供了“最完備的佳作善本”之類的最高級評語，也引發了我進一步閲讀的興趣，從而進一步發現了該書的不少問題，再回頭看看江建中的上述書評，正是别有一番滋味在心頭。**

爲了使讀者不再輕信作者或書評者的溢美之詞，今將 2014 年所發表的短文修改補充後附録於此，同時也想以此就正於周生春、倉修良、江建中諸位先生。至於《吴越春秋輯校彙考》是否爲“既能充分彙集和汲取前人之研究成果，又經認真整理研究並有所超越，且便於利用足以傳諸後世的善本”，就不是某一個人所能論定的，因而我也不作論斷，請廣大讀者認真閲讀該書後自己去評判吧。

上海古籍出版社 1997 年出版了周生春教授的《吴越春秋輯校彙考》，由於其書名具有較强的考校意味，又由具有權威名聲的出版社出版，加之書首所載序言的讚揚，所以一般人都認爲它是一個理想的權威版本。其實，該書雖然收羅頗廣，有所收穫，但也有不少不容我們忽視的錯誤，讀者如果不加注意，必將以訛傳訛，貽誤無窮。

該書首載倉修良先生 1996 年寫的序，其序分四個方面對該書大加讚揚，但其讚美之詞卻經不起推敲。

首先，倉修良説周生春“對如今流傳的《吴越春秋》版本、作者、成書時代等長期争論懸而未決的問題……都作了詳盡考訂，從而作出了令人比較信服的結論”。

其實，有些問題“長期争論懸而未決”的狀況是歷史造成的，而學者見仁見智有所争論也是正常的，要徹底消除這一現象恐怕是不可能的，周生春至多也只是提出了一家之説而已。更何況與前人的研究結論相比，他在“《吴

---

① 中華書局 2013 年版修訂本《史記》的修訂專家選擇該書作爲參考文獻，即其一例。

越春秋》版本、作者、成書時代等”方面不但没有作出多少“令人比較信服的”新結論，而且還有論述不當之處。如在版本方面將元代大德刻本當作明代翻刻本[①]，在作者方面把注釋者徐天祜都包括了進去，在成書時代方面把流傳年代都算進去而説“其成書過程歷時約一千二百餘年”[②]，這些説法無疑都犯了常識性的錯誤。

如果我們進一步加以考察，還會發現周生春在版本方面缺乏踏實的調查。如其《緒論》第10頁云：“《四庫》文淵閣本《吴越春秋》即是據紀昀家藏元大德本謄録。”這顯然是未見文淵閣本和大德本而任憑臆測所作出的錯誤論斷。因爲大德本是十卷本，文淵閣本是六卷本，所以文淵閣本根本不是據大德本謄録的。《四庫全書總目》所説的“《吴越春秋》十卷（兵部侍郎紀昀家藏本）……此本爲元大德十年丙午所刊”實爲虚言，只要我們進行一番查考就會發現，《四庫全書總目》撰寫者所見到的不過是鍾惺剜改過的馮念祖刻本而非大德本[③]。由此可見，不尋覓第一手資料作踏實的“彙考”而盲目信從他人之説，往往會産生錯誤。

更有甚者，周生春即使有了材料，也會發生誤解而作出錯誤的判斷。如其《緒論》第9頁云：“宋刻《吴越春秋》在清代似尚流傳于世。如江標《宋元本書目行格表》卷上即著録曰：‘宋本《吴越春秋》，行十八字，無注，十卷。’按瞿鏞《鐵琴銅劍樓藏書目録》卷一〇所云：‘宋本，嘉定中新安汪綱所刻，有跋。每半頁九行，行十八字。’陸心源《儀顧堂題跋》卷四則曰，《吴越春秋》有‘宋汪綱刊本，行數、字數與元刻同’，即每頁十八行，每行十八字。”其實，在清代尚流傳于世的衹是《吴越春秋》的影宋鈔本，而根本不是宋刻本。周生春誤讀了他所看到的材料，便得出了這一錯誤的結論。即據周生春所輯録的江標《宋元本書目行格表》，我們就可以看出，其卷上的著録“宋本《吴越春秋》，行十八字，無注。十卷”實取自《蔛補隅録》[④]，該文的“《蔛補隅録》”實爲“宋本《吴越春秋》，行十八字，無注。十卷”的注文，是説明其根據的，所以應從上讀而在其後加句號。周生春未讀懂該文，便將“《蔛補隅録》”從下讀而讀爲“《蔛補隅録》、《儀顧堂跋》有元板”。其實，《蔛補隅録》根本未著録元板，也没有著録宋刻，而只著録了“影宋本”，

---

① 周生春：《吴越春秋輯校彙考·緒論》，上海古籍出版社，1997年，第10～11頁。

② 周生春：《吴越春秋輯校彙考》，上海古籍出版社，1997年，第314頁。

③ 參見本書附録八、附録三。

④ 周生春：《吴越春秋輯校彙考》，上海古籍出版社，1997年，第294頁。

這材料周生春在前一頁就有輯録[①]，只是被他删改過了[②]，不知他怎麼還會搞錯。這根據《斠補隅録》的著録而立說的《宋元本書目行格表》顯然不能作爲清代尚存宋刻本的證據。至於瞿鏞之説，也不能作爲清代尚存宋刻本的證據。即據周生春所輯録的《鐵琴銅劍樓藏書目録》就可知道，瞿鏞所説的“宋本，嘉定中新安汪綱所刻，有跋。每半葉九行，行十八字”乃根據顧廣圻所校的影宋鈔本而言[③]，而並非根據宋刻本而言，不知周生春怎麼會對自己輯録過的《鐵琴銅劍樓藏書目録》中的“校宋本”和“此明刊本，顧澗蘋以影鈔宋本校過”等詞句視而不見。至於陸心源《儀顧堂題跋》，即據周生春所輯，其文雖曰“是書有宋汪綱刊本，行數、字數與元刻同”，但下文接著説“今不得見”[④]，周生春把清代“不得見”的記載當作其書尚存的證據來使用，實在令人匪夷所思。其使用材料時如此隨意地斷章取義，其思維邏輯又如此混亂，想要作出“令人比較信服的結論”恐怕很難。

其次，倉修良説該書“校勘精當”，是“理想的版本”。爲了説明問題，倉修良在序中進一步介紹説：“只要讀了本書就可以發現，其校勘方法就非常細緻，是以中華書局《四部叢刊》影印之明弘治十四年鄺璠所刊《吴越春秋》爲工作底本，而用來對校的本子則有北京圖書館所藏元大德十年紹興路儒學刻明修本、《景印元明善本叢書》影印之明吴琯《古今逸史》本，還參用江蘇古籍出版社一九八六年版苗麓點校本。至於他校方面所做之事則更是大量的，廣徵博引羣書……”之後，還以卷四“與妹季芈，出河、濉之間”爲例，引該書校勘記曰：“芈，北圖本作芊，弘治本、《古今逸史》本作芊，《左傳·定公四年》作芈，據改，下同。”接著，就對這一校勘内容大加讚美。

這種説法問題更大。只要對照一下周生春在該書《凡例》中所説的“本書整理，以中華書局《四部叢刊》影印之明弘治十四年鄺璠所刊《吴越春秋》爲底本（以下簡稱弘治本），與北京圖書館所藏元大德十年紹興路儒學刻明修本（以下簡稱北圖本）、《景印元明善本叢書》影印之明吴琯《古今逸史》本（以下簡稱《古今逸史》本）爲對校本，並參校了江蘇古籍出版社

---

① 周生春：《吴越春秋輯校彙考》，上海古籍出版社，1997 年，第 293 頁。

②《斠補隅録》原文爲“吴越春秋（《古今逸史》本，以影宋本及明翻大德本校。宋本每半葉九行，行十八字，無注。蔣光煦校）”，周生春删改爲：“蔣光煦吴越春秋校：影宋本《吴越春秋》宋本每半葉九行，行十八字，無注。”由此也可見周生春輯録資料時並不嚴謹。

③ 周生春：《吴越春秋輯校彙考》，上海古籍出版社，1997 年，第 290 頁。

④ 周生春：《吴越春秋輯校彙考》，上海古籍出版社，1997 年，第 294 頁。

一九八六年版苗麓點校本（以下簡稱苗麓本）”就可以發現，倉修良其實是爲其所誤而讚其所誤而已。因爲只要稍有版本知識的人可能都知道，《四部叢刊》爲上海商務印書館編輯出版的善本叢書而非“中華書局”所出。如果再稍微翻一下周生春所用的四種版本就可知道，北圖本是其他三種版本的底本或祖本。既然如此，則真正完善的考校之作，就應該以原刻本爲底本，而不應該以翻刻本爲底本；至於當代的翻刻本（苗麓本），就更没有校勘價值了；而羅列各翻刻本的異同，也完全没有必要。當然，從周生春《緒論》中把“北京圖書館所藏元刻明修本”（北圖本）當作“明清以來”的“傳本”而説成“明翻元大德本”來看[①]，他根本没有搞懂“元刻明修本”的真正含義而把元刻本當作明刻本了，所以他没有把北圖本當作工作底本似乎也情有可原。但無論如何，對於缺乏文獻學常識的人所作的考校總有點讓人放心不下。

不出所料，我們進一步查了一下周生春“使用”的校勘材料，就發現其校勘記以及校改過的《吴越春秋》原文實難信賴。

如上述倉修良所讚賞的例子，周生春“使用”的北圖本、中華書局影印《十三經注疏》本《春秋左傳正義》都作“芊”[②]，而根本不作“芉”“芈”，只有苗麓本才作“芉”。由此可見，周生春根本没用第一手資料來校勘。苗麓雖説其書“據大德本排印”[③]，但實際上訛誤很多，是不能把它等同於北圖本的。

又如《吴越春秋輯校彙考》第9頁的標題“徐天祐序”，其校勘記曰：“苗麓本《吴越春秋》在徐天祐所作書序前有‘《吴越春秋》序’一標題。此據北圖本、弘治本和《古今逸史》本。”其實，北圖本、弘治本根本没有“徐天祐序”這一標題，《古今逸史》本根本就没有徐天祐的序。

再翻閲其他的校勘記，更可證實周生春未用北圖本校過，而常常將苗麓本當作北圖本來使用。例如：

該書第17頁校勘記〔一〇〕曰：“云云，北圖本作‘云亡’，此據弘治本、《古今逸史》本。”其實，北圖本也作“云云”而不作“云亡”，衹是苗麓本作“云亡”。

同頁校勘記〔一一〕曰：“于越，弘治本、《古今逸史》本作‘干越’，此據北圖本。”其實，北圖本也作“干越”而不作“于越”，只是苗麓本作

① 周生春：《吴越春秋輯校彙考·緒論》，上海古籍出版社，1997年，第10～11頁。

② 從其《凡例》可知，他所用的北圖本是北京圖書館所藏元大德十年紹興路儒學刻明修本，他所用的《左傳》是中華書局影印的《十三經注疏》本《春秋左傳正義》。

③ 苗麓：《吴越春秋·前言》，江蘇古籍出版社，1992年第2版，第3頁。

“于越”。

同頁校勘記〔一八〕曰：“彊，《古今逸史》本作‘疆’，北圖本作‘强’，此據弘治本。”其實，北圖本也作“彊”而不作“强”，衹是苗麓本作“强”。

第37頁校勘記〔六〕曰：“鄍，北圖本作‘郢’……”其實，北圖本作“鄍”（古無“鄍”字，此顯然爲“鄍”字之訛，可徑改）而不作“郢”，衹是苗麓本作“郢”。

同頁校勘記〔一四〕曰：“鐵，《初學記》卷二十二、《太平御覽》卷三百二、三百五十六所引《吴越春秋》及《越絶外傳記地傳》作‘夷’，弘治本、《古今逸史》本及《吴郡志》卷五十《雜志》所引作‘銕’。銕即夷，同鐵。此據北圖本。”其實，北圖本也作“銕”而不作“鐵”，衹是苗麓本作“鐵”。當然，“銕”乃古“鐵”字，説“銕即夷”也是不得當的。

第49頁校勘記〔二四〕曰：“壯，弘治本作‘勇’，要離認爲椒丘訢不得稱勇士，故據北圖本、《古今逸史》本改。”其實，北圖本也作“勇”而不作“壯”，衹是苗麓本作“壯”。

第71頁校勘記〔四六〕曰：“父，弘治本、《古今逸史》本作‘艾’，此據北圖本。”其實，北圖本也作“艾”而不作“父”，衹是苗麓本作“父”。

第76頁校勘記〔二〕曰：“皆，北圖本、苗麓本作‘背’，誤。《十三經注疏》本《禮記正義》卷九《檀弓》注、《春秋穀梁傳注疏》卷二十哀公十三年注作‘佳’。此據弘治本、《古今逸史》本。”其實，北圖本也作“皆”而不作“背”，衹是苗麓本作“背”。

第84頁校勘記〔一五〕曰：“犲，即豺。北圖本、《古今逸史》本作‘豺’，此據弘治本。”其實，北圖本也作“犲”而不作“豺”，衹是苗麓本作“豺”。

同頁校勘記〔一八〕曰：“草，弘治本、《古今逸史》本作‘革’，此據北圖本及《漢書》卷四十八《賈誼傳》。”其實，北圖本作“革”而不作“草”，衹是苗麓本作“草”。

第90頁校勘記〔二五〕曰：“踬，弘治本、《古今逸史》本、《吴郡志》卷二十《人物》所引《吴越春秋》同，北圖本作‘蹶’。”其實，北圖本也作“踬”而不作“蹶”，衹是苗麓本作“蹶”。

第99頁校勘記〔三九〕曰：“逄，北圖本、《古今逸史》本及《越絶請糴内傳》第六作‘逢’，‘逢’乃‘逄’本字。”其實，北圖本也作“逄”而不作“逢”，衹是苗麓本作“逢”。

同頁校勘記〔四〇〕曰：“陳成恆，北圖本作‘陳恒曰’，《古今逸史》本作‘陳成恒’，此據弘治本、《越絶内傳陳成恆》第九。”其實，北圖本作“陳成恒”而不作“陳恒曰”，祇是苗麓本作“陳恒曰”。

第117頁校勘記〔一六〕曰：“王，北圖本作‘夫’，誤。此據弘治本、《古今逸史》本。”其實，北圖本也作“王”而不作“夫”，祇是苗麓本作“夫”。

第122頁校勘記〔一〕曰：“修，北圖本脱，此據弘治本、《古今逸史》本。”其實，北圖本有“修”字而不脱，祇是苗麓本脱“修”字。

同頁校勘記〔三〕曰：“曾，北圖本、《古今逸史》本作‘會’。盧文弨云：‘會’當作‘曾’。此據弘治本。”其實，北圖本也作“曾”而不作“會”，祇是苗麓本作“會”。

第132頁校勘記〔二〕曰：“臣，弘治本作‘宦’，此據北圖本、《古今逸史》本。”其實，北圖本作“宦”而不作“臣”，祇是苗麓本作“臣”。

第158頁校勘記〔二九〕曰：“逢，北圖本、《古今逸史》本作‘逢’。”其實，北圖本作“逢”而不作“逢”，祇是苗麓本作“逢”。

同頁校勘記〔四三〕曰：“卯，弘治本作‘夘’，《古今逸史》本作‘卯’。此據北圖本。”其實，北圖本也作“夘”而不作“卯”，祇是苗麓本作“卯”。

第166頁校勘記〔八〕曰：“鬥，弘治本作‘鬪’，《古今逸史》本作‘鬭’，此據北圖本。”其實，北圖本作“鬪”而不作“鬥”，祇是苗麓本作“鬥”。

第168頁校勘記〔三〇〕曰：“機，弘治本作‘璣’，誤。此據北圖本、《古今逸史》本及《詩·大雅·韓奕》孔穎達疏所引陸機《疏》改。其《疏》云：貔似虎。或曰似熊。”其實，北圖本也作“璣”而不作“機”，祇是苗麓本作“機”。而且，此“璣”字不誤，不當改作“機”，薛正興《吴越春秋詞語校釋》“陸機”條辯之甚詳①，可參見。

第181頁校勘記〔二七〕曰：“皞，弘治本、《古今逸史》本作‘皞’，此據北圖本。”其實，北圖本也作“皞”而不作“皞”，祇是苗麓本作“皞”。

第182頁校勘記〔三三〕曰：“堅，弘治本作‘堅’，蔣光煦别下齋校本作‘聖’，此據北圖本。”其實，北圖本也作“堅”而不作“堅”，祇是苗麓本作“堅”。

除了北圖本，周生春所校定的《吴越春秋》也有粗疏謬誤之處。如該書第11頁的標題“錢福序”，弘治本原作“重刊吴越春秋序”而不作“錢福序”。至於該序文中的“脩”被改爲“修”、“恠”被改爲“怪”、“矦”被改爲“侯”、“辤”被改爲“辭”、“恥”被改爲“耻”、“鼃”被改爲“蛙”而又没有校勘記，都與其《凡例》中所説的“古今字、異體字”等“依底本，不作修改”的規則相背。又如第27頁校勘記〔八〕曰：“羣臣，北圖本、弘治本、《古今逸史》

① 見江蘇古籍出版社1999年版《吴越春秋》第241頁。

本均無此二字，此據《太平御覽》卷一百七十七所引《吴越春秋》補。”其實，《太平御覽》卷一百七十七所引《吴越春秋》作“與羣臣登焉”，現在周生春把《吴越春秋》正文改爲“羣臣與登焉”（第23頁），顯然爲誤改。再如第41頁校勘記〔九〕曰：“聰，《吴郡志》卷三《城廓》作‘卦’，《藝文類聚》卷六十三、《太平御覽》卷一百九十三所引作‘窗’。”其實，《太平御覽》卷一百九十三之引文作“牕”而不作“窗”，“牕”和“窗”雖然是異體字，但説“《太平御覽》卷一百九十三所引作‘窗’”顯然有失嚴謹。

另外，周生春在《凡例》中説：“他校本有民國十三年上海商務印書館據清蔣氏刊本影印之蔣光煦《涉聞梓舊·斠補隅録·吴越春秋校》所引宋本（以下簡稱宋本）、民國刊本《黄顧遺書》顧廣圻《思適齋題跋》卷二《吴越春秋》、道光六年張氏所刊張金吾《愛日精廬藏書志》卷十四《吴越春秋》、光緒二十四年刊瞿鏞《鐵琴銅劍樓藏書目録》卷一〇《吴越春秋》、文瑞樓石印本江建霞《宋元本書目行格表》卷上宋本《吴越春秋》、光緒二十四年所刊陸心源《儀顧堂題跋》卷四《元板吴越春秋跋》所引宋本及元本。”其實，取前人校記（如蔣光煦所校出的影宋本文字）進行校勘固然不足爲奇，但藏書志、行格表之類一般人至多衹用作研究時的參考資料，周生春用作校勘資料真可謂是創新之舉。不過，他是如何使用《宋元本書目行格表》等來進行“他校”的，我百思不得其解，衹好留待讀者去琢磨了。

還有，其他傳世版本也有值得利用之處。如其第15頁的“太伯祖卒”，《四庫全書》本作“太伯殂卒”即可利用。周生春未加利用，便誤將“太伯祖”當作人名而標點爲“太伯祖”。如此“彙考”，也顯然不够。

上述種種足以説明，周生春其實並未用北圖本認真校過，而常常將苗麓本當作北圖本來使用。其“對校”如此粗疏，其“他校”又未周全而有不可思議之處，倉修良謂之“校勘精當”，實在有點過譽了。

再次，爲倉修良所稱道的是該書所輯的異文、佚文，説他“徵引輯佚之書達數十種之多，約而言之，則是從史書、史注、地志、類書、集注諸類書中，輯出今本所無的《吴越春秋》》佚文”。

其實，該書將異文、佚文彙集在一起，雖然看上去十分豐富，但清代顧廣圻、顧觀光等在輯佚方面的開創之功及其取得的成績，該書卻不加説明。這種做法，顯然不當。如果我們再仔細核查一下就會發現：除去前人所輯的佚文，周生春新發現的佚文至多不過五條①。因此，倉修良把《吴越春秋》的輯佚之

①　參見本書附録一。

功歸於周生春一人，實在有點過譽了；而周生春指責“前人……輯佚不够全面，遺落頗多”[1]，也實在有點過分貶低了前人的輯佚之功。

在此還要指出的是，周生春並未按照自己對《吴越春秋》佚文的認識去進行輯佚而仍然步前人輯佚之老路，所以除了新發現的五條佚文外，並没有什麽值得稱道的地方。他認爲：“自東漢至唐、宋，世間流傳的以《吴越春秋》爲名的著作並非衹有趙曄、楊方和皇甫遵三家，而是至少有七種之多。因此，成書于南北朝至宋初之間的《史記集解》、《水經注》、《世説新語注》、《後漢書補注》、《北堂書鈔》、《藝文類聚》、《羣書治要》、《文選注》、《初學記》、《史記索隱》、《史記正義》、《白孔六帖》、《吴地記》、《太平廣記》、《太平御覽》、《太平寰宇記》和《事類賦注》等書所引《吴越春秋》之文，既可能録自趙曄、楊方和皇甫遵之書，也可能取自其他幾種《吴越春秋》。既然諸書所引《吴越春秋》未必一定出自曄、方、遵三書，那末，我們便不能，僅僅憑藉各書引文來探討此三書與今本的關係。更不能因今本源自以上三書，便將各書所録，[2] 今本所無之引文，一概斷爲遵書原有，[3] 今本脱漏之佚文，並據此來判定皇甫遵所作是怎樣一部著作，和今本是否殘缺不全。”[4]既然如此，則其所輯佚文究竟出自哪一種《吴越春秋》就應該加以辨析，但他並没有對所輯佚文逐條説明其出自哪一種《吴越春秋》，除了“應出自趙曄等人之書”“應分别出自趙曄、楊方或皇甫遵之書”等幾條與前人看法類同的按語之外，衹是在佚文之後加了一些諸如“當録自另一傳本”“應録自不同於今本的傳本”之類的模糊按語。這所謂的“傳本”，如果顧名思義而理解爲趙曄之書在流傳過程中産生的不同版本，那歸根結底還是趙曄之書；如果指他人另撰的《吴越春秋》，則如此模糊的表述實在令人摸不著頭腦。因此，周生春的佚文按語其實並没有什麽意義，而至多衹能表明其上述説法難以貫徹實施罷了。當然，如果我們仔細推敲，就會發現周生春的上述説法其實並不正確。因爲周生春所謂的七種《吴越春秋》，是指衆所周知的東漢趙曄的《吴越春秋》、晉楊方的《吴越春秋削繁》、隋以前皇甫遵的《吴越春秋傳》，陳橋驛指出的東漢張遐的《吴越春秋外紀》、撰人不詳的《吴越春秋》七卷、《吴越春秋次録》

① 周生春：《吴越春秋輯校彙考·緒論》，上海古籍出版社，1997 年，第 16 頁。

② 此逗號當改爲“而”。

③ 此逗號當改爲“而”。

④ 周生春：《吴越春秋輯校彙考》，上海古籍出版社，1997 年，第 335 頁。

一卷，以及周生春考知的東漢趙岐的《吴越春秋》[1]。由此可見，真正以《吴越春秋》爲名的衹有趙曄、無名氏、趙岐之作，而除趙曄之作外，其他兩種早已亡佚於隋、唐之前[2]。既然如此，那麽唐、宋類書及注文中明題引自《吴越春秋》的引文就衹能出自趙曄之作[3]，而不可能出自其他六種著作。如果作進一步的探究，由"撰人不詳"即可推知其作者姓名乃至全書的殘缺，因而該《吴越春秋》七卷很可能是趙曄所撰《吴越春秋》的殘本；至於趙岐的《吴越春秋》，連記載其生平事蹟頗詳的《後漢書·趙岐傳》都無載録，而衹見於錯字甚多（可見其編製粗糙）、語焉不詳（未載録其卷帙）的《冊府元龜》，所以該書是否真有還是個問題，不作進一步考證而貿然將它作爲立論的根據其實並不妥當。如果從這種觀點來看，那麽南北朝至宋初之間的注文、類書等所引《吴越春秋》之文都衹能出自趙曄之作，而不可能出自其他六種著作。

此外，周生春對趙曄所著《吴越春秋》佚文的認定其實也很成問題。他説："從曄書的結構和内容來看。其敘事'吴起太伯，盡夫差。越起无余，盡勾踐。内吴外越，本末咸備'[4]。按其所言，又一一參考諸書所引曄書原文，可知曄書按吴、越二條綫索分别敘述吴、越争霸的歷史。全書結構完整，敘事首尾銜接，本末咸備。書中不應有獨立于吴、越二國争霸歷史以外，專門和大量記述地理、名物的二卷内容，也不應載有勾踐以後之事。在諸書所引《吴越春秋》中，確有不少是今本不載，專記地理名物的内容。但其中《太平御覽》卷五百五十六、卷九百九十八和《太平寰宇記》卷九十、卷九十三所引麋湖西城、太官舍和平王都固城、秦置替四條，即係勾踐以後之事，均不可能出自曄書，而是引自别種《吴越春秋》。今本不載以上數事，是因爲曄書本來即無此内容。至于《太平御覽》卷九百十八、卷一百八十七、卷四十七和《初學記》卷二十四所引雞陂墟、夏禹廟、獨女山、賀臺數條，既可能是曄書本有此内容，後因無法穿插于敘事之中，而被皇甫遵刪去。也可能是曄書原本不載，引自别種《吴越春秋》。亦可能爲後人之注。因此，我們不能因今本不載上述諸事，就在缺乏確鑿證據的情況下，斷言曄書原有專門記載地理、名物的二卷内容，

① 周生春：《吴越春秋輯校彙考》，上海古籍出版社，1997年，第333～335頁。

②《隋書》等無載録，可證其早已亡佚於隋、唐之前。

③ 周生春所羅列的佚文只有一條出自《史記集解》，三條出自《水經注》，其他均出自隋、唐以後之書。

④ 周生春原注："《郡齋讀書志》卷二上《雜史類》。"

更不能因之而斷定今本即殘本。”① 這些説法其實也不得當。因爲《郡齋讀書志》説趙曄之書“越起无余，盡勾踐”乃大略之詞，根本不能用作判定該書内容的根據，今本卷十最後兩節記述“勾踐以後之事”即其明證，所以凡記述“勾踐以後之事”的文字“不可能出自曄書，而是引自別種《吴越春秋》”的説法實是一種誤判。至於“既可能……也可能……亦可能……”云云，也顯然是“在缺乏確鑿證據的情況下”所作的推測之詞，並没有什麽學術價值。

最後，爲倉修良所稱道的是：“全書在校勘、考證的過程中，大量應用避諱學的手段，來解决許多由於某些字的不可理解而難以解决的問題。……不僅解開了不少難以讀通的字句之謎，而且用此手段論證了今本究竟爲誰所作及其著作成書時間。”具體而言，就是周生春從三十五處史書用“先”而今本二十六處改用“前”的統計中“理出了令人信服的結論”。

其實，以“前”代“先”並非“不可理解”，而以“避諱不盡”爲理由來論證此乃避陳霸先之諱，繼而斷定此書爲皇甫遵“撰作于陳朝”②，也不一定“令人信服”。因爲古書中的避諱，並非都是作者所爲，更常見的是抄書、刻書者所爲；而如果避諱，往往不會“不盡”而常常全避，如元、明、清時期流傳的《吴越春秋》，其中的“允常”因避諱而全改爲“元常”即是明證③。

更不能“令人信服”的是，周生春的論證具有極大的隨意性。如他説：“《勾踐歸國外傳》云：‘火消則無熹毛之熱。’僅此一例，即足證今本並非不用‘熱’字。”④ 如果按照這種論證邏輯，則今本明明“用‘先’字九次”⑤，也足證今本並非不用“先”字。但是，周生春爲了維護其“創見”，就以“避諱不盡”爲理由，認定今本乃避陳霸先之諱而“撰作于陳朝”。再説，如果本書避陳霸先之諱，應該既避“先”字，也避“霸”字，但本書顯然不避“霸”字⑥。然而，周生春雖然“反覆通讀了今本《吴越春秋》”⑦，卻對其中的“霸”字

---

① 周生春：《吴越春秋輯校彙考》，上海古籍出版社，1997年，第347～348頁。

② 周生春：《吴越春秋輯校彙考》，上海古籍出版社，1997年，第327頁。

③ 周生春認爲本書“允”作“元”“係避宋英宗父允讓諱”（《吴越春秋輯校彙考》第59頁），其説實誤（參見4.15校記【1】）。

④ 周生春：《吴越春秋輯校彙考》，上海古籍出版社，1997年，第324頁。

⑤ 周生春：《吴越春秋輯校彙考》，上海古籍出版社，1997年，第326頁、第327頁。

⑥《吴越春秋》用“霸”字37次，見本書1.7，3.2，4.2，4.3，4.11，4.12，4.30，4.35，5.5，5.16，5.17，5.19，6.10，7.2，7.4，7.9，8.1，8.2，8.3，8.8，9.3，9.4，9.7，9.9，10.13，10.14，10.16，10.18，10.22，10.24，10.26，10.27，10.28。

⑦ 周生春：《吴越春秋輯校彙考》，上海古籍出版社，1997年，第353頁。

視而不見，好像完全没有讀過本書一樣。這種不實事求是地從材料出發去歸納出結論而根據自己的偏見任意取捨材料的做法怎麽能得出“令人信服的結論”呢?

一則限於篇幅，二則也不想爲該書的錯誤而再浪費讀者的時間和精力，所以我們對其中的問題不再多加論述了。即從上面的論述中我們就可以看到，周生春並未用過北圖本而常以苗麓本爲北圖本，這不能不令人懷疑該書的資料價值，倉修良謂之“校勘精當”顯然失當。至於其研究所得到的結論，也很難“令人信服”，江建中説他“搜盡海内外佳善之本”，謂其論述“極具説服力”，均爲虚言。周生春在《緒論》中説“前人的整理、研究也存在不少問題”①，這話實際上也可用來評論他自己的著作。

總之，《吴越春秋輯校彙考》無甚注釋之功，而其“輯、校、彙考”又如此難以信賴，所以根本不是什麽“理想的版本”和“最完備的佳作善本”。

① 周生春 :《吴越春秋輯校彙考・緒論》，上海古籍出版社，1997 年，第 16 頁。

【附録八】

《四庫提要》難懂之謎破解

【説明】

本文原以“上海圖書館所藏《吴越春秋》善本可解《四庫提要》難懂之謎”爲題發表於《圖書館雜誌》2014年第7期（總第33卷，第279期）。由於其中所録《四庫提要》已見於本書附録三，故今删去以節約篇幅。本文的主要觀點雖然在附録三中也已涉及，但爲了使其觀點得到學界的注意，所以今修改後再附於此以供參考。

摘　要　《四庫提要》説《吴越春秋》“書前有舊序”，“然不著名姓”，於是提要作者通過一番考證，才從書後的“題識”中發現注者爲徐天祜，但他們最終還是“不知序出誰手”。誠然，國家圖書館所藏大德本或上海涵芬樓影印的弘治鄺璠刻本（《四部叢刊》本）之書首序文後都有“郡人前進士徐天祜受之序”一行字，所以該序出於徐天祜之手根本無須考證，四庫館臣怎麼會犯如此低級的錯誤呢？上海圖書館所藏善本即可解開這一謎團，原來四庫館臣並未看到善本，而衹看到了鍾惺之剜改删削本。

關鍵詞　吴越春秋　四庫提要　疑難　解惑

Abstract: *The Imperial catalogers* was ignorant of the preamble author in *Wu Yue Chunqiu.* Why do such simple mistakes happen? Rare book of *Wu Yue Chunqiu* collected in Shanghai Library help to understand the mystery in *the Imperial Catalogers.*

Key words: *Wu Yue Chunqiu, Imperial catalogers,* Difficulty, Disabuse

《吴越春秋》現存的最早刊本是元大德十年丙午（1306）紹興路儒學刻本之修補本，今藏國家圖書館，當然是最珍貴的了，但上海圖書館所藏善本卻也不可小覷，因爲這些善本在研究《吴越春秋》流傳史時具有極其珍貴的文獻價值。

例如，上海圖書館所藏善本可幫助我們讀懂《四庫提要》。我們讀兩種版本的《四庫提要》[1]，首先令人疑惑的是“十卷”“六卷”之别，但這還容易理解。因爲《四庫全書總目》衹是《四庫全書》編纂前供纂修官審查的收書方案，其中的提要據紀昀家藏本而來，所以説“十卷”；但實際抄録時卻根本没有採用纂修官確定的善本，所以與《總目》有出入，《總目》提要中既説“《漢魏叢書》所載，合十卷爲六卷”，那麼後來抄入《四庫全書》的可能是用了《廣漢魏叢書》中的《吴越春秋》，所以後來的提要只能改稱“六卷”。

最令人匪夷所思的是其提要説“是書前有舊序”，“然不著名姓”，於是他們通過一番考證，才從書後的“題識”中發現注者爲徐天祜，但直到結束，他們也“不知序出誰手耳”。

誠然，我們衹要看一下國家圖書館所藏大德本，或上海涵芬樓影印的弘治鄺璠刻本（《四部叢刊》本），都可以看到書首序文之後有“郡人前進士徐天祜受之序”一行字；即使看一下上海涵芬樓影印的萬曆馮念祖刻本（《四部叢刊》初印本），序末也有“郡人前進士徐天祐受之序”一行字。由此可見，該序出於徐天祜之手根本無須考證。四庫館臣怎麼會犯如此低級的錯誤呢?上海圖書館中的一種藏本即可解開這一謎團。

上海圖書館所藏此本之索書號爲“善 794598−601”，其版刻文字與馮念祖刻本同，但其中的徐天祜序卻止於“取莭焉可也”，即至馮本所刊徐天祜序文之第二葉倒數第二字爲止，而剜去了其第二葉最後一個“其”字，並刪去了後面的一葉多，於是徐天祜的序就衹留下前面的考證文字，而没有了後文關於刊刻、音注、作序的説明，連馮本原有的徐天祜序的最後一行“郡人前進士徐天祐受之序”也蕩然無存。《四庫全書》提要的作者不知此序爲何人所作而疑雲重重，其實就是因爲未見其他善本而囿於該本所致。該本僅保留了馮本所刊徐天祜序文之前兩葉而剜去了第二葉最後的“其”字，而在第三葉則另外刊有“古史氏二酉主人題于留餘艸堂”十三字及“伯敬之印”陽文印和“鍾惺氏”陰文印兩枚牌記。這種現象表明，馮本之書版後爲鍾惺（公元 1547—1624 年）所得，鍾惺將其中徐天祜的序剜改刪削後重印過。由於鍾惺將徐序之後面部分刪去了，而《四庫全書薈要》的編輯者及《四庫全書》提要的撰寫者衹見到了鍾惺之剜改刪削本，所以纔産生了種種疑問和考證。如果我們不明於此，則對《四庫提要》中的疑問和考證就會感到莫名其妙了。

---

① 一種是《四庫全書總目》中的提要，另一種是《四庫全書》中《吴越春秋》書前的提要，見本書附録三。

至於《四庫提要》所謂的“此本爲元大德十年丙午所刊”，也顯屬虚言，如果他們真是看到了大德刻本而不是衹見到鍾惺剜改本，怎麽會有此疑問與考證呢?

應該補充説明的是,《摛藻堂四庫全書薈要》中的《吴越春秋》(下簡稱“《薈要》本”)可進一步證明《四庫提要》作者所見到的“紀昀家藏本”《吴越春秋》爲鍾惺剜改後重印的馮本。這可以從以下三個方面來説明:

一、《薈要》本在“提要”前列有《吴越春秋目録》，該目録分六卷，顯然是據下面所抄校的《吴越春秋》而來。《四庫全書總目》之“提要”則説“紀昀家藏本”爲“十卷”,可見其撰寫提要時所依據的並不是《四庫全書》中的《吴越春秋》，而是鍾惺剜改過的馮念祖所刻十卷本。

二、《薈要》本在“提要”後録有《吴越春秋原序》,該序文至“取節焉可也”爲止而無“其言上稽天時”至末。此序當録自“紀昀家藏”的鍾惺剜改本。正因爲撰寫《四庫全書總目》“提要”的作者没有看到馮本中原有的“郡人前進士徐天祜受之序”而衹看到了這剜改後的序文,所以纔説該序“不著名姓”,乃至“不知序出誰手耳”。

三、《文淵閣四庫全書》中的《吴越春秋》無書末題識，而《薈要》本則保留了書末題識，衹是將馮本的七行改成了六行，其中“大德十年歲在丙午三月音註”和“越六月書成刊板十二月畢工”兩行合成了第一行“大德十年歲在丙午三月刊校”,而值得注意的是其第二行的“徐天祐”與第三行的“留堅”和馮本完全相同。由此可見，該題識當録自“紀昀家藏”的鍾惺剜改過的馮本而不可能録自大德本，因爲大德本作“徐天祜”而不作“徐天祐”,《四庫提要》中的“徐天祐”實承馮本而誤，其所謂“此本爲元大德十年丙午所刊”的虚言也因此不攻自破。至於《薈要》本“提要”中的“留堅”,當是最早的《四庫提要》之文而比較忠實於馮本，後來的《四庫全書總目》“提要”作“留堅”,《文淵閣四庫全書》本《吴越春秋》書前的“提要”作“留聖”，均爲後來的抄寫者臆改所致,已經與“紀昀家藏”的鍾惺剜改過的馮本文字有所不同了。

總之,《四庫提要》作者在撰寫《吴越春秋》提要時只見到了“紀昀家藏”的鍾惺剜改過的馮本十卷而未見其他善本，這一事實當無疑義。由此出發來讀《四庫提要》則怡然理順，否則就會覺得不可思議。

【附録九】

先秦吴越世系史事表疏證

【説明】

《吴越春秋》所記史事之年代常有疏誤，我在注釋中對此時有考辨，但由於這些考辨隨文出之而散於各段，難以給人總體的把握。爲了使先秦時期吴國、越國的世系及其史事系統而清晰地呈現於讀者面前，同時也爲了顯示《吴越春秋》在選材與抒寫方面與其他史籍之異同以使讀者對該書的特點有更爲深入的瞭解，今根據《春秋》《左傳》《公羊傳》《穀梁傳》《竹書紀年》《國語》《戰國策》《史記》《越絶書》《吴越春秋》《繹史》等史籍的記載編成此表。由於各書對其年代、世系、名號及史事等記載詳略不一且有牴牾，而古史渺遠又難以考定，故今姑且兼採各種記載而斟酌折中之，以供研究吴、越歷史者參考。

表中黑體所標，爲歷代帝王及吴、越國君之名號；宋體所述，是我折中各典籍而編寫的吴、越世系與史事綱要。爲了做到信而有徵，對表中的吴國、越國史事來源加以疏證：於表中所述史事處上標注釋號，表後一一列出編述的依據。爲了便於讀者查核，疏證中的引文與本書之輯證一樣，均標明其起首文字所在的文獻頁碼（其中的文獻名，爲本書附録十二中破折號之前的書名；其中的頁碼，爲本書附録十二中破折號之後的文獻頁碼）。加括號的文字，是我的注釋和考辨。至於遠古時期的具體年代實難確定，故加問號以表示僅爲推測而已，不必作爲定論。

先秦吴越世系史事表

公元前	帝王名號及史事	吴君世系及史事	越君世系及史事
2580?—	**黄帝有熊氏** 姓公孫，又姓姬，名軒轅，都彭城，在位一百年。	黄帝生玄囂。	黄帝生昌意。

續表

公元前	帝王名號及史事	吴君世系及史事	越君世系及史事
2480?—	**帝少皞金天氏** 黄帝之子（一説即玄囂），都曲阜，在位一百年，或云八十四年。	玄囂生蟜極。	昌意生顓頊。
2380?—	**帝顓頊高陽氏** 黄帝孫，都帝丘，在位七十八年，或云九十八年。（顓頊生窮蟬。）	蟜極生帝嚳。	顓頊生鯀。或云顓頊生駱明，駱明生鯀。
2300?—	**帝嚳高辛氏** 黄帝曾孫，都亳，在位六十三年，或云七十五年。（窮蟬生敬康，敬康生句望。）	帝嚳生帝摯、帝堯、契、棄。棄之母爲有邰氏之女，曰姜嫄，爲帝嚳元妃〔1〕。	鯀生帝禹〔2〕。
2230?—	**帝摯** 帝嚳子，在位九年廢。（句望生蟜牛，蟜牛生瞽叟。）		禹生啓〔3〕。
2220?—	**帝堯陶唐氏** 帝嚳子，姓祁，名放勳，都平陽，在位九十八年，或云一百年。（瞽叟生帝舜。）	棄爲堯后稷（農官），始封邰〔1〕。	鯀治水，未成功〔4〕。
2120?—	**帝舜有虞氏** 黄帝裔孫，姓姚，名重華，字都君，都蒲坂，在位四十八年，或云五十年（其中尧在位时摄政八年）。		禹治水有成〔5〕。

續表

公元前	帝王名號及史事	吴君世系及史事	越君世系及史事
2080?—	**夏后帝禹** 黄帝玄孫,姓姒,名文命,都陽翟,在位八年,或云十年。		禹爲帝。至越,登茅山,會計治國之道,更名茅山爲會稽山[6]。
2070?—	**帝啓** 禹之子,在位十六年,或云二十九年。		禹崩,葬會稽山[6]。禹之子啓爲帝,立禹廟於會稽山[7]。
2050?—	**帝太康** 啓之子。畋於洛水,爲羿所逐,不得返國,在位二十九年,或云四年。		啓之子太康爲帝[8]。
2020?—	**帝仲康**(一作"仲廬") 太康之弟,在位十三年,或云七年。		太康之弟仲康爲帝[8]。
2010?—	**帝相** 仲康之子,在位二十八年。后羿逐之而代其位。		仲康之子相爲帝[8]。
1980?—	有窮后羿逐帝相而代夏政八年。寒浞殺羿自立,又弑帝相。夏統中絶四十年。		
1940?—	**帝少康** 相之子,復夏政,中興,在位二十一年。		**越無余** 帝少康之少子,少康封之於會稽以祀禹,爲越國始祖[8]。

續表

公元前	帝王名號及史事	吴君世系及史事	越君世系及史事
1920?—	**帝杼**（一作“予”） 少康之子，在位十七年，或云二十七年。		
1900?—	**帝槐**（一作“芬”） 杼之子，在位四十四年，或云二十六年。		
1860?—	**帝芒**（一作“荒”） 槐之子，在位五十八年，或云十八年。		
1810?—	**帝泄** 芒之子，在位十六年，或云二十五年。		
1790?—	**帝不降** 泄之子，在位五十九年。		
1730?—	**帝扃** 不降之弟，在位二十一年，或云十八年。	棄的後代后稷（農官）生不窋（棄至不窋約歷十餘世）[9]。	
1710?—	**帝廑** 扃之子，在位二十年，或云八年。		
1690?—	**帝孔甲** 不降之子，在位九年，或云三十一年。	不窋生鞠[9]。	

續表

公元前	帝王名號及史事	吴君世系及史事	越君世系及史事
1670?—	**帝皋** 孔甲之子，在位十一年，或云三年。		
1660?—	**帝發** 皋之子，在位十三年，或云七年。	鞠生公劉[9]。	
1640?—	**帝癸（桀）** 發之子（一説發之弟），在位三十一年，或云五十二年。爲湯所敗。	公劉國於豳（邠），生慶節[9]。	
1600?—	**商王成湯** 契十三世孫，姓子，名履，滅夏而建立商朝，都亳，在位十三年。		
1587?—	**帝外丙** 湯之子，太丁之弟（太子太丁未立而卒），在位二年。	慶節生皇僕[9]。	
1585?—	**帝仲壬** 外丙之弟，在位四年。		
1581?—	**帝太甲（太宗）** 太丁之子，在位十二年。		
1569?—	**帝沃丁** 太甲之子，在位二十九年，或云十九年。	皇僕生差弗[9]。	

續表

公元前	帝王名號及史事	吴君世系及史事	越君世系及史事
1540?—	**帝太庚** 沃丁之弟，在位二十五年，或云五年。		
1520?—	**帝小甲** 太庚之子（一説太庚之弟），在位十七年，或云五十七年。	差弗生毁隃[9]。	
1487?—	**帝雍己** 小甲之弟，在位十二年。		
1475?—	**帝太戊（中宗）** 雍己之弟，在位七十五年。	毁隃生公非（一作“公非辟方”）[10]。	
1400?—	**帝仲丁** 太戊之子，遷都敖，在位十一年，或云九年。	公非生高圉（一作“高圉侯侔”）[10]。	
1390?—	**帝外壬** 仲丁之弟，在位十年，或云十五年。		
1380?—	**帝河亶甲** 外壬之弟，遷都相，在位九年。		
1370?—	**帝祖乙** 河亶甲之子，遷都邢，在位十九年。	祖乙十五年，命邠侯高圉[11]。	

續表

公元前	帝王名號及史事	吴君世系及史事	越君世系及史事
1350?—	**帝祖辛** 祖乙之子，在位十四年，或云十六年。		
1335?—	**帝沃甲** 祖辛之弟，在位二十五年，或云五年。	高圉生亞圉（一作“亞圉雲都”）〔10〕。	
1320?—	**帝祖丁** 祖辛之子，在位九年，或云三十二年。		
1310?—	**帝南庚** 沃甲之子，在位六年，或云二十九年。		
1304?—	**帝陽甲** 祖丁之子，在位四年，或云十七年。		
1300?—	**帝盤庚** 陽甲之弟，遷都亳，在位二十八年。	盤庚十九年，命邠侯亞圉〔12〕。亞圉生公叔祖類（一作“組紺諸盩”）〔13〕。	
1270?—	**帝小辛** 盤庚之弟，在位三年，或云二十一年。		

續表

公元前	帝王名號及史事	吴君世系及史事	越君世系及史事
1260?—	**帝小乙** 小辛之弟，在位十年，或云二十八年。		
1250?—	**帝武丁（高宗）** 小乙之子，在位五十九年。	公叔祖類生古公亶父（太王）〔13〕。	
1191?—	**帝祖庚** 武丁之子，在位七年，或云十一年。	古公亶父自豳（邠）遷於岐，改號周，生太伯、仲雍、季歷（王季）〔14〕。	
1180?—	**帝祖甲** 祖庚之弟，在位十六年，或云三十三年。		
1160?—	**帝廩辛** 祖甲之子，在位六年，或云四年。		
1155?—	**帝庚丁** 廩辛之弟，遷都河北，在位八年，或云三十一年。	季歷生姬昌（周文王）〔14〕。	
1147?—	**帝武乙** 帝庚之子，在位三十五年，或云三年。	**吴太伯、仲雍** 古公亶父之子。到江南開創勾吴國，都梅里，兄弟相繼爲國君〔15〕。	
1112?—	**帝文丁**（一作"太丁"） 武乙之子，在位十三年，或云三年。	（周文王昌生周武王發〔16〕。）	

續表

公元前	帝王名號及史事	吴君世系及史事	越君世系及史事
1100?—	**帝乙** 文丁之子，在位九年，或云三十七年。	**季簡** 仲雍之子[17]。	
1079?—	**帝辛（紂）** 帝乙之子，在位三十三年，或云五十二年，爲周武王所滅。	**叔達** 季簡之子[17]。	
1046?—	**周武王 發** 后稷十五世孫，昌（周文王）之子，姓姬，滅殷而建立周朝，都鎬京，在位六年，或云四年。	**周章** 叔達之子。周武王追封太伯、仲雍之後周章於吴，封周章之弟虞仲於虞，列爲諸侯[17]。	
1042?—	**成王 誦** 武王之子，周公旦攝政，七年致政，共在位三十七年，或云二十二年。		
1018？	成王二十四年		越君朝周[18]。
1015?—	**康王 釗** 成王之子，在位二十六年，或云二十五年。	**熊遂** 周章之子[17]。	
990?—	**昭王 瑕** 康王之子，在位十九年，或云五十一年。	**柯相** 熊遂之子[17]。	
972?—	**穆王 滿** 昭王之子，在位五十五年。	**彊鳩夷** 柯相之子[17]。	

續表

公元前	帝王名號及史事	吴君世系及史事	越君世系及史事
935？	穆王三十七年		周穆王伐越[19]。
918?—	**共王**（一作“恭王”）**緊扈** 穆王之子，在位十二年，或云二十三年。	**餘橋疑吾** 彊鳩夷之子[17]。	
906?—	**懿王 囏**（一作“堅”） 共王之子，在位二十五年，或云八年。		
892?—	**孝王 辟方** 共王之弟，在位九年,或云十五年。	**柯盧**（一作“柯廬”） 餘橋疑吾之子[17]。	
884?—	**夷王 燮** 懿王太子，在位八年,或云十六年。		
877?—	**厲王 胡** 夷王之子，在位三十七年。	**周繇** 柯盧之子[17]。	
841—828	**共和** 召公、周公共同行政。	**屈羽** 周繇之子[17]。	
827—782	**宣王 静** 厲王太子，在位四十六年。	**夷吾** 屈羽之子[17]。	
781—771	**幽王 宫湦** 宣王之子，在位十一年。		

續表

公元前	帝王名號及史事	吴君世系及史事	越君世系及史事
770—720	**平王　宜臼** 幽王太子，在位五十一年。	**禽處** 夷吾之子[17]。	
719—697	**桓王　林** 平王之孫，在位二十三年。	**轉**（一作“專”） 禽處之子[17]。	**無壬** 無余苗裔，離無余三十餘世[20]。
696—682	**莊王　佗** 桓王之子，在位十五年。	**頗高** 轉之子[17]。	
681—677	**釐王　胡齊** 莊王之子，在位五年。		
676—652	**惠王　閬** 釐王之子，在位二十五年。	**句卑**（一作“句畢”） 頗高之子[17]。	**無皞** 無壬之子[21]。
655	惠王二十二年（魯僖公五年，晉獻公二十二年）	冬，晉獻公滅周北虞[17]。	
651—619	**襄王　鄭** 惠王之子，在位三十三年。		
618—613	**頃王　壬臣** 襄王之子，在位六年。	**去齊** 句卑之子[17]。	**夫譚** 無皞之子[21]。
612—607	**匡王　班** 頃王之子，在位六年。		
606—586	**定王　瑜** 匡王之弟，在位二十一年。		

續表

公元前	帝王名號及史事	吴君世系及史事	越君世系及史事
601	定王六年（魯宣公八年，楚莊王十三年）	夏，楚莊王滅舒蓼，盟吴、越而還[22]。	夏，楚莊王滅舒蓼，盟吴、越而還[22]。
585	**簡王 夷**元年 定王之子，在位十四年。	**壽夢 乘**元年 去齊之子。始稱王[17]。朝周，適楚[23]。	
584	二年（魯成公七年，晉景公十六年，楚共王七年）	二年春，伐郯。秋，申公巫臣自晉使吴，令其子狐庸爲吴行人，教吴伐楚。吴入州來。吴始通於中國[24]。	
583	三年（魯成公八年，晉景公十七年）	三年秋，晉景公又使申公巫臣出使吴國[25]。	
582	四年（魯成公九年，晉景公十八年）	四年春，晉、魯等欲與吴國會盟於蒲，吴人不至[26]。	
581	五年（楚共王十年）	五年，伐楚，敗子反[27]。	
576	十年（魯成公十五年）	十年冬，與魯、晉、齊、宋、衛、鄭、邾會於鍾離[28]。	
574	十二年（魯成公十七年，楚共王十七年）	十二年冬，舒庸依靠吴國圍巢、伐駕而爲楚所滅[29]。	
571	**靈王 泄心**元年 簡王之子，在位二十七年。		

續表

公元前	帝王名號及史事	吴君世系及史事	越君世系及史事
570	二年(魯襄公三年，楚共王二十一年，晉悼公四年)	十六年春，楚使子重伐吴，至衡山。吴伐楚，取駕。夏，晉悼公欲與吴修好，派大夫荀會迎壽夢於淮上以期會盟雞澤，壽夢不至[30]。	
569	三年	十七年，壽夢以巫臣子狐庸爲相[31]。	
568	四年(魯襄公五年，晉悼公六年，衛獻公九年)	十八年夏，使大夫壽越至晉，説明不會於雞澤之故，與魯、衛會於善道。秋，壽夢與諸侯盟於戚[32]。	
563	九年(魯襄公十年)	二十三年春，與諸侯會於相[33]。	**允常** 夫譚之子[34]。
561	十一年(魯襄公十二年)	二十五年秋，壽夢卒。長子諸樊攝政。(壽夢有子四人：諸樊、餘祭、夷眛、季札。另有侄子蹶由。)[35]	
560	十二年(魯襄公十三年，楚共王三十一年)	**諸樊　遏**元年 壽夢長子。秋，伐楚，敗。遷都吴[36]。	

續表

公元前	帝王名號及史事	吳君世系及史事	越君世系及史事
559	十三年（魯襄公十四年，楚康王元年）	二年春，與諸侯會於向。楚共王太子出奔吳。諸樊除喪，讓位於季札，季札辭，諸樊正式即位。秋，楚伐吳，吳敗之[37]。	
550	二十二年（魯襄公二十三年，晉平公八年）	十一年春，晉將嫁女於吳[38]。	
549	二十三年（魯襄公二十四年，楚康王十一年）	十二年夏，楚伐吳，無功而還。冬，吳召舒鳩人，舒鳩人叛楚[39]。	
548	二十四年（魯襄公二十五年，楚康王十二年）	十三年秋，楚伐舒鳩，吳救之，敗。冬，諸樊伐楚，門於巢，中箭而卒[40]。	
547	二十五年（魯襄公二十六年，楚康王十三年，秦景公三十年）	**餘祭 句餘**元年 諸樊之弟。夏，楚、秦侵吳，及雩婁，聞吳有備而還[41]。	
545	二十七年（魯襄公二十八年，齊景公三年）	三年冬，齊國慶封奔吳，吳予之朱方[42]。	

續表

公元前	帝王名號及史事	吴君世系及史事	越君世系及史事
544	**景王　貴**元年（魯襄公二十九年，楚郟敖元年） 靈王之子，在位二十五年。	四年夏，吴伐楚，獲俘而以爲閽（守門人），餘祭爲閽所殺。季札奉餘祭之命出使魯、齊、鄭、衛、晉等國[43]。	
543	二年（魯襄公三十年）	**夷昧**（一作“餘眛”）元年[44] 餘祭之弟。	
542	三年（魯襄公三十一年，晉平公十六年）	二年冬，使屈狐庸出使晉國[45]。	
541	四年（魯昭公元年，鄭簡公二十五年）	三年夏，鄭國流放游楚（子南）於吴。秋，莒國展輿出奔吴[46]。	
538	七年（魯昭公四年，楚靈王三年）	六年秋，楚靈王聯合諸侯伐吴朱方，殺慶封。冬，吴伐楚，取棘、櫟、麻三邑，以報朱方之役[47]。	夏，楚靈王會諸侯於申，辱越大夫常壽過[48]。
537	八年（魯昭公五年，楚靈王四年）	七年冬，楚與諸侯及東夷伐吴，吴敗諸鵲岸。吴夷昧使其弟蹶由犒楚師，楚見吴有備，無功而回[49]。	冬，楚靈王伐吴，越大夫常壽過帥師會楚靈王於瑣，隨楚伐吴[49]。
536	九年（魯昭公六年，楚靈王五年）	八年秋，楚伐吴，次於乾谿，敗於房鍾[50]。	

續表

公元前	帝王名號及史事	吴君世系及史事	越君世系及史事
534	十一年（魯昭公八年，楚靈王七年，陳哀公三十五年）	十年	冬，楚師滅陳，執陳公子招，放之於越[51]。
529	十六年（昭公十三年，晉昭公三年，楚靈王十二年）	十五年夏，吴敗楚師於豫章，獲其五帥。秋，晉昭公欲會夷眛於良，夷眛辭。冬，吴滅楚州來[52]。	
527	十八年（魯昭公十五年）	十七年春，夷眛卒。子僚即位。（夷眛有子三人：僚、掩餘、燭庸。）[53]	
526	十九年（魯昭公十六年）	**吴王僚　州于**元年 夷眛之子。	
525	二十年（魯昭公十七年，楚平王四年）	二年冬，王僚使公子光伐楚，戰於長岸[54]。	
522	二十三年（魯昭公二十年，楚平王七年，宋元公十年，鄭定公八年）	五年春，楚太子建、伍子胥先後奔宋，逢宋華氏之亂而兩人奔鄭，鄭因太子建與晉謀襲鄭而殺建，子胥與建之子勝奔吴。冬，宋國華登奔吴[55]。	
521	二十四年（魯昭公二十一年，宋元公十一年）	六年冬，華登以吴師救華氏，敗[56]。	

續表

公元前	帝王名號及史事	吴君世系及史事	越君世系及史事
519	**敬王　丏**元年（魯昭公二十三年，楚平王十年） 景王之子，在位四十三年。	八年秋，吴伐州來，敗楚、頓、胡、沈、蔡、陳、許之師於雞父。冬，吴迎楚故太子建母於郹以歸[57]。	
518	二年（魯昭公二十四年，楚平王十一年）	九年冬，楚平王以舟師窺吴境。吴公子光伐楚，拔巢、鍾離[58]。	冬，越大夫胥犴慰勞周敬王於豫章之汭，越公子倉饋周敬王乘舟，並與大夫壽夢帥師從周敬王[58]。
515	五年（魯昭公二十七年，楚昭王元年，晉頃公十一年）	十二年春，吴使公子掩餘、燭庸以兵圍楚之六、潛，使季札出使晉國。夏，公子光使專諸殺王僚自立，即闔廬（闔廬爲諸樊之子。諸樊有子二人：光、夫槩）。掩餘奔徐，燭庸奔鍾吾。秋，楚子常畏吴闔閭之强而殺讒臣費無極[59]。	
514	六年（魯昭公二十八年，楚昭王二年）	**闔廬　光**元年 春，闔廬以伍子胥爲行人，使之筑都城，又使干將作劍。夏，楚伯嚭奔吴，爲吴大夫[60]。	
513	七年（魯昭公二十九年）	二年，闔廬使要離刺殺王僚之子慶忌[61]。	

續表

公元前	帝王名號及史事	吴君世系及史事	越君世系及史事
512	八年（魯昭公三十年，楚昭王四年）	三年冬，闔廬使徐人執掩餘，使鍾吾人執燭庸，二公子奔楚而被封於舒。吴執鍾吴子，滅徐；又伐楚，拔舒，殺掩餘、燭庸。闔廬葬女滕玉於閶門外[62]。	
511	九年（魯昭公三十一年，楚昭王五年）	四年秋，吴侵楚，伐夷，取潛、六[63]。	
510	十年（魯昭公三十二年）	五年夏，吴始用兵於越，敗之，破檇李[64]。	夏，吴伐越[64]。
508	十二年（魯定公二年，楚昭王八年）	七年秋，楚受吴國之誘而使子常囊瓦伐吴。冬，吴敗楚軍於豫章，取楚之巢而還[65]。	
506	十四年（魯定公四年，蔡昭侯十三年，楚昭王十年，秦哀公三十一年）	九年冬，吴與蔡、唐伐楚，敗楚於柏舉，入郢，楚昭王出亡。吴追捕楚昭王而圍隨，終未得楚昭王。子胥、伯嚭鞭平王之尸以報父讎。楚使申包胥求救於秦[66]。	

續表

公元前	帝王名號及史事	吴君世系及史事	越君世系及史事
505	十五年（魯定公五年，陳懷公元年，楚昭王十一年，秦哀公三十二年）	十年春，闔廬留楚，召陳懷公，懷公以疾謝吴。夏，越入吴。秦因申包胥之求而救楚擊吴，吴師敗。秋九月，闔廬之弟夫槩潛歸吴而自立爲吴王，闔廬還吴擊夫槩。冬十月，昭王復入郢。夫槩戰敗奔楚，楚昭王封之於堂谿，爲堂谿氏。闔廬爲太子聘齊女，齊女思齊而病故，葬於虞山。築姑蘇臺[67]。	春，越聞吴王在郢而國空，乃伐吴。夏，越入吴[67]。
504	十六年（魯定公六年，楚昭王十二年）	十一年夏，吴太子終纍伐楚，敗楚舟師，取番，楚恐而去郢徙鄀[68]。	
502	十八年（魯定公八年，陳懷公四年）	十三年，吴復召陳懷公。懷公至吴。吴怒其前不往，留之，懷公死於吴[69]。	
500	二十年（魯定公十年）	十五年，吴太子終纍卒，立次子夫差爲 太子（闔廬有子三人：終纍、夫差、子山）。姑蘇臺建成[70]。	
497	二十三年（魯定公十三年）	十八年	允常卒，子勾踐立。

續表

公元前	帝王名號及史事	吴君世系及史事	越君世系及史事
496	二十四年（魯定公十四年，楚昭王二十年）	十九年夏，吴伐越，敗於檇李，闔廬受傷而死。吴由此怨越而不伐楚[71]。	**勾踐 菼執**元年 夏，敗吴於檇李[71]。
495	二十五年（魯定公十五年）	**夫差**元年 夫差以伯嚭爲太宰[72]。	二年
494	二十六年（魯哀公元年，蔡昭侯二十五年，陳湣公八年）	二年春，蔡國請求遷都於吴國。吴敗越於夫椒，入越，與越和。秋，吴侵陳，取三邑而去。楚始不畏吴[73]。	三年春，勾踐伐吴，敗於夫椒，棲於會稽，使大夫種賄賂太宰嚭求和而成[73]。
493	二十七年（魯哀公二年，蔡昭侯二十六年）	三年冬，吴師入蔡，助蔡遷於州來[74]。	四年
492	二十八年（魯哀公三年，蔡昭侯二十七年）	四年秋，蔡流放其大夫公孫獵於吴[75]。	五年五月，與夫人、大夫范蠡入臣於吴[76]。
491	二十九年（魯哀公四年，蔡昭侯二十八年）	五年春，蔡昭侯被殺，蔡公孫辰出奔吴[77]。	六年

續表

公元前	帝王名號及史事	吳君世系及史事	越君世系及史事
489	三十一年（魯哀公六年，陳湣公十三年，楚昭王二十七年）	七年春，吳伐陳，陳告急於楚，楚昭王來救，軍於城父，吳師去。夫差赦勾踐歸越，封越百里之地，東至炭瀆，西止周宗，南造於山，北薄於海。夏，吳與魯國大夫叔還會於柤。秋，夫差增封越國，東至勾甬，西至檇李，南至姑末，北至平原，縱橫八百餘里〔78〕。	八年閏三月，勾踐自吳歸越，得吳封地百里。隨後范蠡築城，建飛翼樓，造宫室。秋，楚昭王卒，其妾（勾踐之女）所生之熊章立爲楚王（楚惠王）。越得吳增封，勾踐使大夫種賫葛布十萬、甘蜜九欓、文笥七枚、狐皮五雙、晉竹十廋，以復封禮〔78〕。
488	三十二年（魯哀公七年）	八年夏，與魯哀公會於鄫，命魯以百牢（宴饗用的牲畜，古以十二牢爲最高禮遇）款待，魯被迫遵行。季康子使子貢以周禮責問太宰嚭。秋，魯伐邾，俘邾子益，邾求救於吳，吳從之〔79〕。	九年，拊循士民，休養生息，並與大夫謀伐吳〔80〕。
487	三十三年（魯哀公八年，楚惠王二年）	九年春，吳爲邾伐魯，克武城、東陽，與魯盟乃去。夏，使太宰嚭討邾，囚邾隱公，使諸大夫奉邾太子革爲政。楚子西召太子建之子勝於吳，爲白公〔81〕。	十年，勾踐爲復吳讎而行陰謀九術之一：尊天事鬼，祭山祀水〔82〕。

續表

公元前	帝王名號及史事	吴君世系及史事	越君世系及史事
486	三十四年（魯哀公九年，齊悼公三年，陳湣公十六年）	十年春，齊辭師於吴，吴不從。夏，楚伐陳，陳叛楚而與吴和好。秋，吴城邗，溝通江、淮。增修姑蘇臺。冬，吴通知魯作伐齊準備[83]。	十一年，勾踐行陰謀九術之二：獻神木於吴，使吴大興土木[83]。
485	三十五年（魯哀公十年，齊悼公四年，楚惠王四年，陳湣公十七年）	十一年春，與魯伐齊南邊，齊人弑悼公，夫差哭之。吴從海上攻齊，敗而歸。秋，吴又通知魯作伐齊準備。冬，楚伐陳，吴救陳[84]。	十二年，勾踐行陰謀九術之三：覓得美女西施、鄭旦而訓練之，將於後年獻於夫差[85]。
484	三十六年（魯哀公十一年，齊簡公元年）	十二年，魯子貢出使齊、吴、越、晉，勸吴伐齊。吴將伐齊，伍子胥諫而無用，出使齊國時屬其子於鮑氏。夏，吴伐齊，敗齊師於艾陵。夫差歸，賜子胥屬鏤劍以死[86]。	十三年，魯子貢出使齊、吴、越、晉，與越謀吴。於是勾踐率衆朝吴，鼓勵伐齊，吴王及列士皆得饋賂。越使大夫種至吴借粟，得之[86]。

續表

公元前	帝王名號及史事	吴君世系及史事	越君世系及史事
483	三十七年（魯哀公十二年，衛出公十年）	十三年夏，魯昭公夫人孟子（吴女）卒。吴與魯哀公會於橐皋。秋，吴與衛出公會於鄖[87]。	十四年，獻美女西施、鄭旦於夫差。將精選之粟蒸而還於吴，以使吴國種而無收。教軍士以越女之劍術、陳音之射術。勾踐與范蠡謀伐吴而范蠡以爲時機尚未成熟[88]。
482	三十八年（魯哀公十三年，晉定公三十年）	十四年春，欲伐齊而霸中國，太子友（據《左傳》，夫差有子四人：太子友、公子慶忌、王子姑曹、王子地）諫，夫差不聽而北伐。夏，越趁虚攻入吴，夫差知情後仍堅持會諸侯於黄池。秋，與諸侯盟，夫差與晉定公争爲盟主，之後又使王孫駱向周敬王報功。吴種越粟而無收，大饑，吴大夫申叔儀乞糧於魯。欲伐宋，太宰嚭認爲不能居而歸。冬，吴以厚幣與越求和成[89]。	十五年夏，勾踐伐吴，虜吴太子友，入吴。冬，與吴和[89]。
481	三十九年（魯哀公十四年，宋景公三十六年）	十五年夏，宋司馬牛至吴，爲吴所惡而返回宋國[90]。	十六年

續表

公元前	帝王名號及史事	吴君世系及史事	越君世系及史事
480	四十年（魯哀公十五年，楚惠王九年，陳湣公二十二年）	十六年夏，楚伐吴，陳爲此弔吴[91]。	十七年
479	四十一年（魯哀公十六年，楚惠王十年）	十七年夏，伐慎，爲白公勝所敗[92]。	十八年
478	四十二年（魯哀公十七年）	十八年春，越伐吴，吴敗於笠澤[93]。	十九年春，勾踐率兵敗吴師於笠澤[93]。
476	**元王　仁**元年（魯哀公十九年，楚惠王十三年） 敬王之子，在位八年。	二十年，吴伐楚[94]。	二十一年春，侵楚，以麻痹吴國。夏，楚追越師不及而還[95]。
475	二年（魯哀公二十年，楚惠王十四年）	二十一年秋，公子慶忌（夫差之子）諫而夫差不聽。冬，殺慶忌以悦越。越圍吴[96]。	二十二年冬，伐吴，圍吴。吴求和，越不許[96]。
474	三年（魯哀公二十一年）	二十二年	二十三年夏，越始遣使者訪魯[97]。
473	四年（魯哀公二十二年）	二十三年冬，越破吴。夫差棲於姑蘇山，又逃至秦餘杭山，被越軍圍困而自殺。吴亡，其地盡歸越[98]。	二十四年夏，郲隱公自齊奔越，越歸之，郲太子革奔越。冬，滅吴，回吴慶功[98]。

續表

公元前	帝王名號及史事	越君世系及史事
472	五年（魯哀公二十三年，楚惠王十七年）	**勾踐**二十五年，以兵北渡淮，與齊、晉諸侯會於徐州，致貢於周。周元王使人賜勾踐胙，命爲伯。勾踐渡淮南，以淮上地與楚，歸吴所侵宋地於宋，與魯泗東方百里。越兵横行於江、淮東，號稱霸王。秋，魯始使大夫叔青訪越，越使大夫諸鞅回訪。范蠡離越至齊，化名爲鴟夷子皮（後至陶稱陶朱公，經商致富），自齊寄信給大夫文種，勸種離職，種稱病不朝[99]。
471	六年（魯哀公二十四年）	二十六年夏，邾隱公無道，越執之以歸，立邾太子革之弟公子何。冬，魯哀公至越，與越太子適郢交好[100]。
470	七年（魯哀公二十五年，衛出公後元七年）	二十七年夏，衛出公出奔宋，祝史揮赴越請求援軍伐衛。魯哀公自越回魯[101]。
469	八年（魯哀公二十六年，衛悼公元年）	二十八年夏，越大夫皋如、舌庸與宋、魯率兵送衛出公回國，越軍大敗衛軍。衛出公不敢回國，至越，於次年死於越[102]。
468	**定王　介**元年（魯哀公二十七年） 元王之子，一作“貞定王”，在位二十八年。	二十九年春，勾踐派大夫舌庸訪魯，定邾、魯邊界。魯、越盟於平陽。秋，魯哀公爲三桓所迫而奔越。大夫文種久不朝，有人讒文種將作亂，勾踐賜文種劍，文種自殺，勾踐葬之於西山。勾踐徙都琅邪，稱霸於函谷關之東[103]。
467	二年（秦厲共公十年）	三十年，勾踐使人至木客山取允常屍體以徙葬琅邪，未成。勾踐派使者號令齊、楚、秦、晉皆輔周室，秦厲共公不從命，越攻秦，秦懼而引咎，越還軍[104]。
465	四年	三十二年十一月，勾踐卒。太子適郢（或作“鼫與”“鹿郢”“與夷”“興夷”）繼位[105]。

續表

公元前	帝王名號及史事	越君世系及史事
464	五年	**適郢**元年 勾踐之太子，在位六年而卒[106]。
459	十年	六年，適郢卒。子不壽立[106]。
458	十一年	**不壽 盲姑**元年 適郢之子，在位十年而被殺[106]。
449	二十年（秦厲共公二十八年）	十年，越王迎娶秦厲共公之女[107]。不壽被殺[106]。
448	二十一年	**翁 朱句**元年 不壽之子，在位三十七年而卒[106]。
445	二十四年（楚惠王四十四年）	四年，越不能治江、淮之間，楚東侵，廣地至泗上[108]。
440	**考王 嵬**元年 定王之少子，在位十五年。	九年
425	**威烈王 午**元年 考王之子，在位二十四年。	二十四年
415	十一年	三十四年，越滅滕[106]。
414	十二年	三十五年，越滅郯[106]。
412	十四年	三十七年，翁卒。子翳立[106]。
411	十五年	**翳 不揚**元年 翁之子，曾逃避山穴，不得已而即位[106]。
401	**安王 驕**元年 威烈王之子，在位二十六年。	十一年

續表

公元前	帝王名號及史事	越君世系及史事
379	二十三年	三十三年，遷都於吴[106]。
376	二十六年，安王崩。	三十六年七月，越太子諸咎弑其君翳。十月，越人殺諸咎，吴人立子錯枝爲君[106]。
375	**烈王　喜**元年 安王之子，在位七年。	**之侯**（一作“無余之”）**莽安**元年 越大夫寺區定越亂，立翳之子爲君，稱王之侯[106]。
368	**顯王　扁**元年 烈王之弟，在位四十八年。	八年
365	四年	十一年，越大夫寺區之弟弑其君，立之侯之子無顓[106]。
357	十二年	**無顓　菼蠋卯**八年 無顓卒。弟無彊立[106]。
340	二十九年（魏惠王三十一年）	**無彊**十七年 越派大夫諸發出使魏國，見梁惠王[109]。
335	三十四年（楚威王五年，齊威王二十二年）	二十二年，越興師北伐齊，齊威王使人游説越王，越轉伐楚[106]。
333	三十六年（楚威王七年，齊威王二十四年）	二十四年，楚伐越，大敗越，殺無彊，盡取故吴地至浙江，北破齊於徐州[106]。
332	三十七年	**玉**元年 無彊之子。越從此服朝於楚，其君在位年代不詳[106]。
320	**慎靚王　定**元年 顯王之子，在位六年。	十三年
314	**赧王　延**元年 慎靚王之子，在位五十九年。	十九年

續表

公元前	帝王名號及史事	越君世系及史事
312	三年（魏襄王七年）	二十一年，越使公師隅獻舟、箭、犀角、象齒於魏〔106〕。
311	四年（秦惠文王更元十四年）	二十二年，秦惠文王卒而秦武王立，越王賓從〔110〕。
306	九年（楚懷王二十三年，秦昭王元年）	二十七年，楚侵奪越國江東之地而郡之〔111〕。
305—	十年—	**尊** 玉之子〔106〕。
274—	四十一年—	**親　餘善** 尊之子〔106〕。
256	五十九年（秦昭王五十一年），赧王卒，周亡。	
246	**秦王　政**元年 姓嬴，在位三十七年。	
244	三年（楚考烈王十九年）	親失衆，楚伐之，走南山，越亡〔112〕。

【疏證】

〔1〕見 1.1（可同時參見正文及輯證，下同）。

〔2〕見 6.1。

〔3〕見 6.4。

〔4〕見 6.2。

〔5〕見 6.3、6.5。

〔6〕見 6.6。

〔7〕見 6.7。

〔8〕見 6.8 及其注〔1〕。

〔9〕見 1.1 注〔21〕、〔25〕。

〔10〕見《世本·帝王世本》P.14。

〔11〕《竹書紀年》卷上 P.67：“祖乙……十五年，命邠侯高圉。”

〔12〕《竹書紀年》卷上 P.69：“盤庚……十九年，命邠侯亞圉。”

〔13〕見 1.1 注〔21〕及《世本·帝王世本》P.14。

〔14〕見 1.3、1.4。

〔15〕見 1.5、1.7。

〔16〕見 1.6。

〔17〕見 1.7。

〔18〕《竹書紀年》卷下 P.84："（周成王）二十四年，於越來賓。"

〔19〕《竹書紀年》卷下 P.89："（周穆王）三十七年，大起九師，東至於九江，架黿鼉以爲梁，遂伐越，至於紆。"

〔20〕見 6.9 及其注〔1〕。

〔21〕見 6.10。

〔22〕此事本書不載，具體史證如下：

夏六月……楚人滅舒蓼。（《春秋・宣公八年》P.1873）

楚爲衆舒叛，故伐舒蓼，滅之。楚子疆之，及滑汭。盟吴、越而還。（《左傳・宣公八年》P.1873）

（楚莊王）十三：滅舒蓼。（《史記・十二諸侯年表》P.747）

（楚莊王）十三年，滅舒。（《史記・楚世家》P.2041）

〔23〕見 2.1。

〔24〕見 2.2，其他史證如下：

七年春，王正月，……吴伐郯。……秋，楚公子嬰齊帥師伐鄭。公會晉侯、齊侯、宋公、衛侯、曹伯、莒子、邾子、杞伯救鄭。八月戊辰，同盟于馬陵。公至自會。吴入州來。（《春秋・成公七年》P.1903）

七年春，吴伐郯，郯成。季文子曰："中國不振旅，蠻夷入伐，而莫之或恤，無弔者也夫！《詩》曰：'不弔昊天，亂靡有定。'其此之謂乎！有上不弔，其誰不受亂？吾亡無日矣！"君子曰："知懼如是，斯不亡矣。"……楚圍宋之役，師還，子重請取於申、吕以爲賞田，王許之。申公巫臣曰："不可。此申、吕所以邑也，是以爲賦，以御北方。若取之，是無申、吕也。晉、鄭必至于漢。"王乃止。子重是以怨巫臣。子反欲取夏姬，巫臣止之，遂取以行，子反亦怨之。及共王即位，子重、子反殺巫臣之族子閻、子蕩及清尹弗忌及襄老之子黑要，而分其室。子重取子閻之室，使沈尹與王子罷分子蕩之室，子反取黑要與清尹之室。巫臣自晉遺二子書，曰："爾以讒慝貪惏事君，而多殺不辜。余必使爾罷於奔命以死。"巫臣請使於吴，晉侯許之。吴子壽夢説之，乃通吴于晉。以兩之一卒適吴，舍偏兩之一焉。與其射御，教吴乘車，教之戰陳，教之叛楚。寘其子狐庸焉，使爲行人於吴。吴始伐楚、伐巢、伐徐，子重奔命。馬陵之會，吴入州來，子重自鄭奔命。子重、子反於是乎一歲七奔命。蠻夷屬於楚者，吴盡取之，是以始大通吴於上國。（《左傳・成公七年》P.1903）

〔25〕此事本書不載，具體史證如下：

秋，召桓公來賜公命。晉侯使申公巫臣如吴，假道於莒。（《左傳・成公八年》P.1905）

〔26〕此事本書不載，具體史證如下：

九年春……爲歸汶陽之田故，諸侯貳於晉。晉人懼，會於蒲，以尋馬陵之盟。季文子謂范文子曰："德則不競，尋盟何爲？"范文子曰："勤以撫之，寬以待之，堅疆以御之，明神以要之，柔服而伐貳，德之次也。"是行也，將始會吴，吴人不至。（《左傳・成公九年》P.1905）

〔27〕見 2.3。

〔28〕見 2.1。

〔29〕此事本書不載，具體史證如下：

十有二月丁巳朔，日有食之。邾子貜且卒。晉殺其大夫郤錡、郤犨、郤至。楚人滅舒庸。（《春秋·成公十七年》P.1921）

舒庸人以楚師之敗也，道吴人圍巢，伐駕，圍釐、虺，遂恃吴而不設備。楚公子橐師襲舒庸，滅之。（《左傳·成公十七年》P.1922）

〔30〕見 2.4。

〔31〕見 2.5。

〔32〕此年事本書不載，具體史證如下：

夏，鄭伯使公子發來聘。叔孫豹、鄫世子巫如晉。仲孫蔑、衛孫林父子會吴于善道。秋，大雩。楚殺其大夫公子壬夫。公會晉侯、宋公、陳侯、衛侯、鄭伯、曹伯、莒子、邾子、滕子、薛伯、齊世子光、吴人、鄫人于戚。（《春秋·襄公五年》P.1936）

吴子使壽越如晉，辭不會于雞澤之故，且請聽諸侯之好。晉人將爲之合諸侯，使魯、衛先會吴，且告會期，故孟獻子、孫文子會吴于善道。……九月丙午，盟于戚，會吴，且命戍陳也。（《左傳·襄公五年》P.1936）

〔33〕此事本書不載，具體史證如下：

十年春，公會晉侯、宋公、衛侯、曹伯、莒子、邾子、滕子、薛伯、杞伯、小邾子、齊世子光會吴于柤。（《春秋·襄公十年》P.1946）

十年春，會于柤，會吴子壽夢也。（《左傳·襄公十年》P.1946）

〔34〕見 6.10。

〔35〕見 2.6。蹶由見下面注〔49〕。

〔36〕以上兩事本書不載，具體史證如下：

秋，楚共王卒。子囊謀謚。大夫曰："君有命矣。"子囊曰："君命以共，若之何毁之？赫赫楚國，而君臨之，撫有蠻夷，奄征南海，以屬諸夏，而知其過，可不謂共乎？請謚之'共'。"大夫從之。吴侵楚，養由基奔命，子庚以師繼之。養叔曰："吴乘我喪，謂我不能師也，必易我而不戒。子爲三覆以待我，我請誘之。"子庚從之。戰于庸浦，大敗吴師，獲公子黨。君子以吴爲不弔。（《左傳·襄公十三年》P.1954）

（吴諸樊元年）秋，吴伐楚，楚敗我師。（《史記·吴太伯世家》P.1745）

吴諸樊元年：楚敗我。（《史記·十二諸侯年表》P.767）

（楚共王）三十一：吴伐我，敗之。共王薨。（《史記·十二諸侯年表》P.767）

《世本》曰"諸樊徙吴"也。（《史記·吴太伯世家》"王諸樊元年"《集解》P.1745）

太伯居梅里，在常州無錫縣東南六十里。至十九世孫壽夢居之，號句吴。壽夢卒，諸樊南徙吴。至二十一代孫光，使子胥築闔閭城都之，今蘇州也。（《史記·吴太伯世家》"吴太伯"《正義》P.1740）

〔37〕見 2.7 及其注〔1〕。其他史證如下：

楚康王昭元年：共王太子出奔吴。（《史記·十二諸侯年表》P.768）

〔38〕此事本書不載，具體史證如下：

二十三年春……晉將嫁女于吴，齊侯使析歸父媵之，以藩載欒盈及其士，納諸曲沃。（《左傳·襄公二十三年》P.1976）

〔39〕見 2.7 注〔1〕。

〔40〕參見 2.7 注〔1〕，其他史證如下：

秋七月……舒鳩人卒叛楚，令尹子木伐之，及離城，吴人救之。子木遽以右師先，子彊、息桓、子捷、子駢、子盂帥左師以退。吴人居其間七日。子彊曰："久將墊隘，隘乃禽也。

不如速戰！請以其私卒誘之，簡師，陳以待我。我克則進，奔則亦視之，乃可以免。不然，必爲吴禽。”從之。五人以其私卒先擊吴師。吴師奔，登山以望，見楚師不繼，復逐之，傅諸其軍，簡師會之，吴師大敗。遂圍舒鳩，舒鳩潰。八月，楚滅舒鳩。……十二月，吴子諸樊伐楚，以報舟師之役。門于巢。巢牛臣曰：“吴王勇而輕，若啓之，將親門。我獲射之，必殪。是君也死，彊其少安！”從之。吴子門焉，牛臣隱於短牆以射之，卒。（《左傳·襄公二十五年》P.1985）

吴子謁伐楚，至巢，入其門，門人射吴子。有矢創，反舍而卒。（《穀梁傳·襄公二十五年》P.2431）

（楚康王）十二：吴伐我，以報舟師之役，射殺吴王。（《史記·十二諸侯年表》P.774）

〔41〕見2.8注〔1〕。

〔42〕此事本書不載，具體史證如下：

冬十月，慶封田于萊，陳無宇從。丙辰，文子使召之，請曰：“無宇之母疾病，請歸。”慶季卜之，示之兆，曰：“死。”奉龜而泣，乃使歸。慶嗣聞之，曰：“禍將作矣！”謂子家：“速歸！禍作必於嘗，歸猶可及也。”子家弗聽，亦無悛志。子息曰：“亡矣！幸而獲在吴、越。”陳無宇濟水而戕舟發梁。盧蒲姜謂癸曰：“有事而不告我，必不捷矣。”癸告之。姜曰：“夫子愎，莫之止，將不出，我請止之。”癸曰：“諾。”十一月乙亥，嘗于大公之廟，慶舍涖事。盧蒲姜告之，且止之，弗聽，曰：“誰敢者？”遂如公。麻嬰爲尸，慶奊爲上獻。盧蒲癸、王何執寢戈。慶氏以其甲環公宫。陳氏、鮑氏之圉人爲優。慶氏之馬善驚，士皆釋甲束馬而飲酒，且觀優，至於魚里。欒、高、陳、鮑之徒介慶氏之甲。子尾抽桷擊扉三，盧蒲癸自後刺子之，王何以戈擊之，解其左肩，猶援廟桷，動於甍，以俎、壺投，殺人而後死。遂殺慶繩、麻嬰。公懼，鮑國曰：“羣臣爲君故也。”陳須無以公歸，税服而如内宫。慶封歸，遇告亂者；丁亥，伐西門，弗克；還伐北門，克之；入，伐内宫，弗克；反，陳于嶽，請戰，弗許，遂來奔。獻車於季武子，美澤可以鑑。展莊叔見之，曰：“車甚澤，人必瘁，宜其亡也。”叔孫穆子食慶封，慶封氾祭。穆子不説，使工爲之誦《茅鴟》，亦不知。既而齊人來讓，奔吴。吴句餘予之朱方，聚其族焉而居之，富於其舊。子服惠伯謂叔孫曰：“天殆富淫人，慶封又富矣。”穆子曰：“善人富謂之賞，淫人富謂之殃。天其殃之也，其將聚而殲旃？”（《左傳·襄公二十八年》P.2000）

（吴餘祭）三：齊慶封來奔。（《史記·十二諸侯年表》P.775）

王餘祭三年，齊相慶封有罪，自齊來奔吴。吴予慶封朱方之縣，以爲奉邑，以女妻之，富於在齊。（《史記·吴太伯世家》P.1746）

（齊景公）三：冬，鮑、高、欒氏謀慶封，發兵攻慶封，慶封奔吴。（《史記·十二諸侯年表》P.775）

（齊景公）三年十月，慶封出獵。初，慶封已殺崔杼，益驕，嗜酒好獵，不聽政令。慶舍用政，已有内郤。田文子謂桓子曰：“亂將作。”田、鮑、高、欒氏相與謀慶氏。慶舍發甲圍慶封宫，四家徒共擊破之。慶封還，不得入，奔魯。齊人讓魯，封奔吴。吴與之朱方，聚其族而居之，富於在齊。（《史記·齊太公世家》P.1810）

〔43〕此年事本書不載，具體史證如下：

夏五月，公至自楚。庚午，衛侯衎卒。閽弑吴子餘祭。……吴子使札來聘。（《春秋·襄公二十九年》P.2004）

吴人伐楚，獲俘焉，以爲閽，使守舟。吴子餘祭觀舟，閽以刀弑之。……吴公子札來聘，見叔孫穆子，説之，謂穆子曰：“子其不得死乎？好善而不能擇人。吾聞‘君子務在擇人'。吾子爲魯宗卿，而任其大政，不慎舉，何以堪之？禍必及子。"請觀於周樂。使工爲之歌《周南》《召南》，曰："美哉！始基之矣，猶未也，然勤而不怨矣。"爲之歌《邶》《鄘》《衛》，曰："美哉，淵乎！憂而不困者也。吾聞衛康叔、武公之德如是，是其《衛風》乎？"爲之歌《王》，曰："美哉！思而不懼，其周之東乎？"爲之歌《鄭》，曰："美哉！其細已甚，民弗堪也，是其先亡乎？"爲之歌《齊》，曰："美哉，泱泱乎！大風也哉！表東海者，其大公乎？國未可量也。"爲之歌《豳》，曰："美哉，蕩乎！樂而不淫，其周公之東乎？"爲之歌《秦》，曰："此之謂夏聲。夫能夏則大，大之至也，其周之舊乎？"爲之歌《魏》，曰："美哉，渢渢乎！大而婉，險而易行，以德輔此，則明主也。"爲之歌《唐》，曰："思深哉！其有陶唐氏之遺民乎？不然，何憂之遠也？非令德之後，誰能若是？"爲之歌《陳》，曰："國無主，其能久乎？"自《鄶》以下無譏焉。爲之歌《小雅》，曰："美哉！思而不貳，怨而不言，其周德之衰乎？猶有先王之遺民焉。"爲之歌《大雅》，曰："廣哉，熙熙乎！曲而有直體，其文王之德乎？"爲之歌《頌》，曰："至矣哉！直而不倨，曲而不屈，邇而不偪，遠而不攜，遷而不淫，復而不厭，哀而不愁，樂而不荒，用而不匱，廣而不宣，施而不費，取而不貪，處而不底，行而不流，五聲和，八風平，節有度，守有序，盛德之所同也。"見舞《象箾》、《南籥》者，曰："美哉！猶有憾。"見舞《大武》者，曰："美哉！周之盛也，其若此乎？"見舞《韶濩》者，曰："聖人之弘也，而猶有慙德，聖人之難也。"見舞《大夏》者，曰："美哉！勤而不德。非禹，其誰能脩之？"見舞《韶箾》者，曰："德至矣哉！大矣！如天之無不幬也，如地之無不載也。雖甚盛德，其蔑以加於此矣，觀止矣。若有他樂，吾不敢請已。"其出聘也，通嗣君也。故遂聘于齊，説晏平仲，謂之曰："子速納邑與政。無邑無政，乃免於難。齊國之政將有所歸；未獲所歸，難未歇也。"故晏子因陳桓子以納政與邑，是以免於欒、高之難。聘於鄭，見子產，如舊相識，與之縞帶，子產獻紵衣焉。謂子產曰："鄭之執政侈，難將至矣，政必及子。子爲政，慎之以禮。不然，鄭國將敗。"適衛，説蘧瑗、史狗、史鰌，公子荆、公叔發、公子朝，曰："衛多君子，未有患也。"自衛如晉，將宿於戚。聞鍾聲焉，曰："異哉！吾聞之也：'辯而不德，必加於戮。'夫子獲罪於君以在此，懼猶不足，而又何樂？夫子之在此也，猶燕之巢於幕上。君又在殯，而可以樂乎？"遂去之。文子聞之，終身不聽琴瑟。適晉，説趙文子、韓宣子、魏獻子，曰："晉國其萃於三族乎？"説叔向，將行，謂叔向曰："吾子勉之！君侈而多良，大夫皆富，政將在家。吾子好直，必思自免於難。"（《左傳·襄公二十九年》P.2005）

（吴餘祭）四：守門閽殺餘祭。季札使諸侯。（《史記·十二諸侯年表》P.776）

（吴餘祭）四年，吴使季札聘於魯，請觀周樂。請觀周樂。爲歌《周南》《召南》，曰："美哉！始基之矣，猶未也，然勤而不怨。"歌《邶》《鄘》《衛》，曰："美哉，淵乎！憂而不困者也。吾聞衛康叔、武公之德如是，是其《衛風》乎？"歌《王》，曰："美哉！思而不懼，其周之東乎？"歌《鄭》，曰："其細已甚，民不堪也，是其先亡乎？"歌《齊》，曰："美哉，泱泱乎！大風也哉！表東海者，其太公乎？國未可量也。"歌《豳》，曰："美哉，蕩蕩乎！樂而不淫，其周公之東乎？"歌《秦》，曰："此之謂夏聲。夫能夏則大，大之至也，其周之舊乎？"歌《魏》，曰："美哉，渢渢乎！大而寬，儉而易行，以德輔此，則盟主也。"歌《唐》，曰："思深哉！其有陶唐氏之遺風乎？不然，何憂之遠也？非令德之後，誰能若是！"歌《陳》，曰："國無主，其能久乎？"自《鄶》以下，無譏焉。歌《小雅》，曰："美哉！思而不貳，怨而不言，其周德之衰乎？猶有先王之遺民也。"歌《大雅》，曰："廣哉，熙熙乎！曲而有直體，其文王之德乎？"歌《頌》，曰："至矣哉！直而不倨，曲而不詘，近而不偪，遠而不攜，遷而不淫，復而不厭，哀而不愁，樂而不荒，用而不匱，廣而不宣，施而不費，取而不貪，處而不底，行而不流，五聲和，八風平，節有度，守有序，盛德之所同也。”見舞《象箾》《南籥》者，曰：“美哉！猶有感。”見舞《大武》，曰：“美哉！周之盛也，其若此乎？”見舞《韶護》者，曰：“聖人之弘也，猶有慙德，聖人之難也！”見舞《大夏》，曰：“美哉！勤而不德。非禹，其誰能及之？”見舞《招箾》，曰：“德至矣哉，大矣！如天之無不燾也，如地之無不載也，雖甚盛德，無以加矣。觀止矣，若有他樂，吾不敢觀。”去魯，遂使齊。説晏平仲曰：“子速納邑與政。無邑無政，乃免於難。齊國之政將有所歸；未得所歸，難未息也。”故晏子因陳桓子以納政與邑，是以免於欒、高之難。去齊，使於鄭。見子産，如舊交。謂子産曰：“鄭之執政侈，難將至矣，政必及子。子爲政，慎以禮。不然，鄭國將敗。”去鄭，適衛，説蘧瑗、史狗、史鰌、公子荆、公叔發、公子朝曰：“衛多君子，未有患也。”自衛如晉，將舍於宿，聞鍾聲，曰：“異哉！吾聞之，辯而不德，必加於戮。夫子獲罪於君以在此，懼猶不足，而又可以畔乎？夫子之在此，猶燕之巢于幕也。君在殯而可以樂乎？”遂去之。文子聞之，終身不聽琴瑟。適晉，説趙文子、韓宣子、魏獻子曰：“晉國其萃於三家乎？”將去，謂叔向曰：“吾子勉之！君侈而多良，大夫皆富，政將在三家。吾子直，必思自免於難。”季札之初使，北過徐君。徐君好季札劍，口弗敢言。季札心知之，爲使上國，未獻。還至徐，徐君已死，於是乃解其寶劍，繫之徐君冢樹而去。從者曰：“徐君已死，尚誰予乎？”季子曰：“不然。始吾心已許之，豈以死倍吾心哉！”（《史記·吴太伯世家》P.1747）

（魯襄公）二十九：吴季札來觀周樂，盡知樂之所爲。（《史記·十二諸侯年表》P.776）

（魯襄公）二十九年，吴延陵季子使魯，問周樂，盡知其意，魯人敬焉。（《史記·魯周公世家》P.1851）

（齊景公）四：吴季札來使，與晏嬰歡。（《史記·十二諸侯年表》P.776）

（鄭簡公）二十二：吴季札謂子産曰：“政將歸子，子以禮，幸脱於戹矣。”（《史記·十二諸侯年表》P.776）

（鄭簡公）二十二年，吴使延陵季子於鄭，見子産如舊交，謂子産曰：“鄭之執政者侈，難將至，政將及子。子爲政，必以禮；不然，鄭將敗。”子産厚遇季子。（《史記·鄭世家》P.2125）

（衛獻公後）三年，吴延陵季子使過衛，見蘧伯玉、史鰌，曰：“衛多君子，其國無故。”過宿，孫林父爲擊磬，曰：“不樂，音大悲，使衛亂乃此矣。”（《史記·衛康叔世家》P.1920）

（晉平公）十四：吴季札來，曰：“晉政卒歸韓、魏、趙。”（《史記·十二諸侯年表》P.776）

（晉平公）十四年，吴延陵季子來使，與趙文子、韓宣子、魏獻子語，曰：“晉國之政，卒歸此三家矣。”（《史記·晉世家》P.2017）

延陵季子游於晉，入其境，曰：“嘻！暴哉國乎？”入其都，曰：“嘻！力屈哉國乎？”立其朝，曰：“嘻！亂哉國乎？”從者曰：“夫子之入晉境未久也，何其名之不疑也？”延陵季子曰：“然。吾入其境，田畝荒穢而不休，雜增崇高，吾是以知其國之暴也。吾入其都，新室惡而故室美，新牆卑而故牆高，吾是以知其民力之屈也。吾立其朝，君能視而不下問，其臣善伐而不上諫，吾是以知其國之亂也。”（《説苑·政理》P.168）

延陵季子適齊，於其反也，其長子死於嬴博之間，因葬焉。孔子聞之，曰：“延陵季子，吴之習於禮者也。”使子貢往而觀之。其穿，深不至泉；其斂，以時服；既葬，封壙墳掩坎，其高可隱也；既封，左袒右旋其封，且號者三，言曰：“骨肉歸復于土，命也。若魂氣則無不之也，無不之也！”而遂行。孔子曰：“延陵季子於禮其合矣。”（《説苑·修文》P.493）

〔44〕《史記·吴太伯世家》云：“（餘祭）十七年，王餘祭卒，弟餘眛立。”其實，《史記·十二諸侯年表》已在餘祭四年載“守門閽殺餘祭”，則次年當爲夷昧元年，《吴

太伯世家》及《十二諸侯年表》均以此年爲餘祭五年，自相牴牾，顯然有誤，故繫於此。《史記·吴太伯世家》"七年"《索隱》云："《春秋經》襄二十五年，吴子遏卒；二十九年，閽殺吴子餘祭；昭十五年，吴子夷末卒。是餘祭在位四年，餘眛在位十七年。《系家》倒錯二王之年。"其説甚是。下面凡涉此而《史記》紀年有誤者，不再詳辯之。

〔45〕此事本書不載，具體史證如下：

莒犂比公生去疾及展輿，既立展輿，又廢之。犂比公虐，國人患之。十一月，展輿因國人以攻莒子，弑之，乃立。去疾奔齊，齊出也。展輿，吴出也。書曰："莒人弑其君買朱鉏。"言罪之在也。吴子使屈狐庸聘于晉，通路也。趙文子問焉，曰："延州來季子其果立乎？巢隕諸樊，閽戕戴吴，天似啓之，何如？"對曰："不立。是二王之命也，非啓季子也。若天所啓，其在今嗣君乎？甚德而度，德不失民，度不失事，民親而事有序，其天所啓也。有吴國者，必此君之子孫實終之。季子，守節者也。雖有國，不立。"（《左傳·襄公三十一年》P.2015）

〔46〕此事本書不載，具體史證如下：

秋，莒去疾自齊入于莒，莒展輿出奔吴。（《春秋·昭公元年》P.2019）

鄭徐吾犯之妹美，公孫楚聘之矣，公孫黑又使强委禽焉。犯懼，告子産。子産曰："是國無政，非子之患也。唯所欲與。"犯請於二子，請使女擇焉，皆許之。子皙盛飾入，布幣而出。子南戎服入，左右射，超乘而出。女自房觀之，曰："子皙，信美矣；抑子南，夫也。夫夫婦婦，所謂順也。"適子南氏。子皙怒，既而櫜甲以見子南，欲殺之而取其妻。子南知之，執戈逐之。及衝，擊之以戈。子皙傷而歸，告大夫曰："我好見之，不知其有異志也，故傷。"大夫皆謀之。子産曰："直鈞，幼賤有罪，罪在楚也。"乃執子南而數之，曰："國之大節有五，女皆奸之。畏君之威，聽其政，尊其貴，事其長，養其親，五者所以爲國也。今君在國，女用兵焉，不畏威也。奸國之紀，不聽政也。子皙，上大夫，女，嬖大夫，而弗下之，不尊貴也。幼而不忌，不事長也。兵其從兄，不養親也。君曰：'余不女忍殺，宥女以遠。'勉，速行乎，無重而罪！"五月庚辰，鄭放游楚於吴。將行子南，子産咨於大叔。大叔曰："吉不能亢身，焉能亢宗？彼，國政也，非私難也。子圖鄭國，利則行之，又何疑焉？周公殺管叔而蔡蔡叔，夫豈不愛？王室故也。吉若獲戾，子將行之，何有於諸游？"……莒展輿立，而奪羣公子秩。公子召去疾于齊。秋，齊公子鉏納去疾，展輿奔吴。（《左傳·昭公元年》P.2022）

〔47〕見 2.8。

〔48〕此事本書不載，具體史證如下：

夏，楚子、蔡侯、陳侯、鄭伯、許男、徐子、滕子、頓子、胡子、沈子、小邾子、宋世子佐、淮夷會于申。（《春秋·昭公四年》P.2032）

六月丙午，楚子合諸侯于申。椒舉言於楚子曰："臣聞諸侯無歸，禮以爲歸。今君始得諸侯，其慎禮矣。霸之濟否，在此會也。夏啓有鈞臺之享，商湯有景亳之命，周武有孟津之誓，成有岐陽之蒐，康有酆宫之朝，穆有塗山之會，齊桓有召陵之師，晉文有踐土之盟。君其何用？宋向戌、鄭公孫僑在，諸侯之良也，君其選焉。"王曰："吾用齊桓。"王使問禮於左師與子産。左師曰："小國習之，大國用之，敢不薦聞？"獻公合諸侯之禮六。子産曰："小國共職，敢不薦守？"獻伯、子、男會公之禮六。君子謂合左師善守先代，子産善相小國。王使椒舉侍於後以規過，卒事不規，王問其故，對曰："禮，吾未見者有六焉，又何以規？"宋大子佐後至，王田於武城，久而弗見。椒舉請辭焉。王使往，曰："屬有宗祧之事於武城，寡君將墮幣焉，敢謝後見。"徐子，吴出也，以爲貳焉，故執諸申。（《左

傳·昭公四年》P.2035）

楚子之爲令尹也，殺大司馬薳掩而取其室。及即位，奪薳居田；遷許而質許圍。蔡洧有寵於王，王之滅蔡也，其父死焉，王使與於守而行。申之會，越大夫戮焉。王奪鬭韋龜中犨，又奪成然邑而使爲郊尹。蔓成然故事蔡公，故薳氏之族及薳居、許圍、蔡洧、蔓成然，皆王所不禮也。因羣喪職之族，啓越大夫常壽過作亂，圍固城，克息舟，城而居之。（《左傳·昭公十三年》P.2069）

靈王三年六月，楚使使告晉，欲會諸侯。諸侯皆會楚于申。伍舉曰："昔夏啓有鈞臺之饗，商湯有景亳之命，周武王有盟津之誓，成王有岐陽之蒐，康王有豐宫之朝，穆王有塗山之會，齊桓有召陵之師，晉文有踐土之盟，君其何用？"靈王曰："用桓公。"時鄭子産在焉。於是晉、宋、魯、衛不往。靈王已盟，有驕色。伍舉曰："桀爲有仍之會，有緡叛之。紂爲黎山之會，東夷叛之。幽王爲太室之盟，戎、翟叛之。君其慎終！"……初，靈王會兵於申，僇越大夫常壽過，殺蔡大夫觀起。起子從亡在吴，乃勸吴王伐楚，爲閒越大夫常壽過而作亂，爲吴閒。使矯公子弃疾命召公子比於晉，至蔡，與吴、越兵欲襲蔡。（《史記·楚世家》P.2043）

〔49〕此事本書不載，具體史證如下：

冬，楚子、蔡侯、陳侯、許男、頓子、沈子、徐人、越人伐吴。（《春秋·昭公五年》P.2040）

冬十月，楚子以諸侯及東夷伐吴，以報棘、櫟、麻之役。薳射以繁揚之師會於夏汭。越大夫常壽過帥師會楚子于瑣。聞吴師出，薳啟彊帥師從之，遽不設備，吴人敗諸鵲岸。楚子以馹至於羅汭。吴子使其弟蹶由犒師，楚人執之，將以釁鼓。王使問焉，曰："女卜來吉乎？"對曰："吉。寡君聞君將治兵於敝邑，卜之以守龜，曰：'余亟使人犒師，請行以觀王怒之疾徐，而爲之備，尚克知之。'龜兆告吉，曰：'克可知也。'君若驩焉好逆使臣，滋敝邑休殆而忘其死，亡無日矣。今君奮焉，震電馮怒，虐執使臣，將以釁鼓，則吴知所備矣。敝邑雖羸，若早脩完，其可以息師。難易有備，可謂吉矣。且吴社稷是卜，豈爲一人？使臣獲釁軍鼓，而敝邑知備，以禦不虞，其爲吉孰大焉？國之守龜，其何事不卜？一臧一否，其誰能常之？城濮之兆，其報在邲。今此行也，其庸有報志？"乃弗殺。楚師濟於羅汭，沈尹赤會楚子，次於萊山。薳射帥繁揚之師先入南懷，楚師從之，及汝清。吴不可入，楚子遂觀兵於坻箕之山。是行也，吴早設備，楚無功而還，以蹶由歸。楚子懼吴，使沈尹射待命于巢。薳啟彊待命于雩婁，禮也。（《左傳·昭公五年》P.2043）

荆王伐吴，吴使沮衛蹷融犒於荆師，而將軍曰："縛之，殺以釁鼓。"問之曰："女來，卜乎？"答曰："卜。""卜吉乎？"曰："吉。"荆人曰："今荆將欲女釁鼓，其何也？"答曰："是故其所以吉也。吳使臣來也，固視將軍怒。將軍怒，將深溝高壘；將軍不怒，將懈怠。今也將軍殺臣，則吳必警守矣。且國之卜，非爲一臣卜。夫殺一臣而存一國，其不言吉，何也？且死者無知，則以臣釁鼓無益也；死者有知也，臣將當戰之時，臣使鼓不鳴。"荆人因不殺也。（《韓非子·説林下》P.461）

（楚靈王）四：率諸侯伐吴。（《史記·十二諸侯年表》P.781）

（吴餘祭）十一：楚率諸侯伐我。（《史記·十二諸侯年表》P.781）【覺按：《史記》紀年誤，見注〔44〕。】

（吴餘祭）十一年，楚伐吴，至雩婁。（《史記·吴太伯世家》P.1755）【覺按：《史記》紀年誤，見注〔44〕。】

〔50〕見2.9。

〔51〕此事本書不載，具體史證如下：

冬十月壬午，楚師滅陳，執陳公子招，放之于越。（《春秋·昭公八年》P.2052）

〔52〕此年事本書不載，具體史證如下：

冬十月，葬蔡靈公。公如晉，至河乃復。吳滅州來。（《春秋·昭公十三年》P.2069）

夏……楚師還自徐，吳人敗諸豫章，獲其五帥。……秋，晉侯會吳子于良。水道不可，吳子辭，乃還。……冬……吳滅州來。令尹子期請伐吳，王弗許，曰："吾未撫民人，未事鬼神，未脩守備，未定國家，而可民力，敗不可悔。州來在吳，猶在楚也。子姑待之。"（《左傳·昭公十三年》P.2070）

〔53〕見2.10。至於掩餘、燭庸，可參見3.15、4.12。

〔54〕見3.1。

〔55〕見3.2～3.11。其他史證如下：

宋華、向之亂，公子城、公孫忌、樂舍、司馬彊、向宜、向鄭、楚建、郳甲出奔鄭。其徒與華氏戰于鬼閻，敗子城，子城適晉。華亥與其妻必盥而食所質公子者而後食。公與夫人每日必適華氏，食公子而後歸。華亥患之，欲歸公子。向寧曰："唯不信，故質其子。若又歸之，死無日矣。"公請於華費遂，將攻華氏。對曰："臣不敢愛死，無乃求去憂而滋長乎！臣是以懼，敢不聽命？"公曰："子死亡有命，余不忍其訽。"冬十月，公殺華、向之質而攻之。戊辰，華、向奔陳，華登奔吳。（《左傳·昭公二十年》P.2092）

〔56〕此事本書不載，具體史證如下：

冬十月，華登以吳師救華氏。齊烏枝鳴戍宋。廚人濮曰："《軍志》有之：'先人有奪人之心，後人有待其衰。'盍及其勞且未定也伐諸？若入而固，則華氏衆矣，悔無及也。"從之。丙寅，齊師、宋師敗吳師于鴻口，獲其二帥公子苦雂、偃州員。華登帥其餘以敗宋師。公欲出，廚人濮曰："吾小人，可藉死而不能送亡，君請待之。"乃徇曰："楊徽者，公徒也。"衆從之。公自楊門見之，下而巡之，曰："國亡君死，二三子之恥也，豈專孤之罪也？"齊烏枝鳴曰："用少莫如齊致死，齊致死莫如去備。彼多兵矣，請皆用劍。"從之。華氏北，復即之。廚人濮以裳裹首而荷以走，曰："得華登矣！"遂敗華氏于新里。（《左傳·昭公二十一年》P.2098）

〔57〕見3.12。

〔58〕見3.13。

〔59〕見3.15、4.13。夫槩見4.21、4.27、4.29。

〔60〕見4.1～4.6。

〔61〕見4.7～4.9。

〔62〕見4.12、4.14。

〔63〕見4.16。

〔64〕見4.17。

〔65〕見4.18。

〔66〕見4.19～4.25。

〔67〕見4.26～4.35及4.35注〔9〕。其他史證如下：

（陳）懷公元年，吳破楚，在郢，召陳侯。陳侯欲往，大夫曰："吳新得意；楚王雖亡，與陳有故，不可倍。"懷公乃以疾謝吳。（《史記·陳杞世家》P.1903）

〔68〕見4.36。

〔69〕此事本書不載，具體史證如下：

秋七月戊辰，陳侯柳卒。（《春秋·定公八年》P.2141）

（吴闔閭）十三：陳懷公來，留之，死於吴。（《史記·十二諸侯年表》P.799）

（陳懷公）四：公如吴，吴留之，因死吴。（《史記·十二諸侯年表》P.799）

（陳懷公）四年，吴復召懷公。懷公恐，如吴。吴怒其前不往，留之，因卒吴。陳乃立懷公之子越，是爲湣公。（《史記·陳杞世家》P.1903）

〔70〕見4.35及其注〔9〕。子山見4.22輯證所引《左傳》。

〔71〕此事本書不載，具體史證如下：

五月，於越敗吴于檇李。吴子光卒。（《春秋·定公十四年》P.2150）

夏，衞北宫結來奔，公叔戌之故也。吴伐越，越子勾踐禦之，陳于檇李。句踐患吴之整也，使死士再禽焉，不動。使罪人三行，屬劍於頸，而辭曰："二君有治，臣奸旗鼓，不敏於君之行前，不敢逃刑，敢歸死。"遂自剄也。師屬之目，越子因而伐之，大敗之。靈姑浮以戈擊闔廬，闔廬傷將指，取其一屨。還，卒於陘，去檇李七里。夫差使人立於庭，苟出入，必謂己曰："夫差！而忘越王之殺而父乎？"則對曰："唯！不敢忘。"三年，乃報越。（《左傳·定公十四年》P.2151）

（吴闔閭）十九：伐越，敗我，傷闔閭指，以死。（《史記·十二諸侯年表》P.799）

（吴闔廬）十九年夏，吴伐越，越王句踐迎擊之檇李。越使死士挑戰，三行造吴師，呼，自剄。吴師觀之，越因伐吴，敗之姑蘇，傷吴王闔廬指，軍卻七里。吴王病傷而死。闔廬使立太子夫差，謂曰："爾而忘句踐殺汝父乎？"對曰："不敢！"三年，乃報越。（《史記·吴太伯世家》P.1765）

（越句踐）元年，吴王闔廬聞允常死，乃興師伐越。越王句踐使死士挑戰，三行，至吴陳，呼而自剄。吴師觀之，越因襲擊吴師，吴師敗於檇李，射傷吴王闔廬。闔廬且死，告其子夫差曰："必毋忘越。"（《史記·越王句踐世家》P.2088）

（楚昭王）二十一年，吴王闔閭伐越。越王句踐射傷吴王，遂死。吴由此怨越而不西伐楚。（《史記·楚世家》P.2057）【覺按：即據《史記·十二諸侯年表》，闔閭十九年亦爲楚昭王二十年，此記爲二十一年，誤。】

後五年，伐越。越王句踐迎擊，敗吴於姑蘇，傷闔廬指，軍卻。闔廬病創將死，謂太子夫差曰："爾忘句踐殺爾父乎？"夫差對曰："不敢忘。"是夕，闔廬死。（《史記·伍子胥列傳》P.2634）

〔72〕此事本書不載，具體史證如下：

王夫差元年，以大夫伯嚭爲太宰。習戰射，常以報越爲志。（《史記·吴太伯世家》P.1766）

夫差既立爲王，以伯嚭爲太宰，習戰射。（《史記·伍子胥列傳》P.2634）

〔73〕此年事本書不載，具體史證如下：

元年春，楚子圍蔡，報柏舉也。里而栽，廣丈，高倍。夫屯晝夜九日，如子西之素。蔡人男女以辨，使疆于江、汝之間而還。蔡於是乎請遷于吴。吴王夫差敗越于夫椒，報檇李也。遂入越。越子以甲楯五千保于會稽，使大夫種因吴大宰嚭以行成，吴子將許之。伍員曰："不可。臣聞之：'樹德莫如滋，去疾莫如盡。'昔有過澆殺斟灌以伐斟鄩，滅夏后相，后緡方娠，逃出自竇，歸于有仍，生少康焉，爲仍牧正，惎澆，能戒之。澆使椒求之，逃奔有虞，爲之庖正，以除其害。虞思於是妻之以二姚，而邑諸綸，有田一成，有衆一旅，能布其德，而兆其謀，以收夏衆，撫其官職；使女艾諜澆，使季杼誘豷，遂滅過、戈，復禹之績，祀夏配天，不失舊物。今吴不如過，而越大於少康，或將豐之，不亦難乎？句踐能親而務施，施不失人，親不棄勞，與我同壤而世爲仇讎，於是乎克而弗取，將又存之，違天而長寇讎，後雖悔之，不可食已。姬之衰也，日可俟也。介在蠻夷而長寇仇，以是求伯，必不行矣。"

弗聽。退而告人曰：“越十年生聚，而十年教訓，二十年之外，吴其爲沼乎！”三月，越及吴平。吴入越，不書，吴不告慶，越不告敗也。……吴之入楚也，使召陳懷公。懷公朝國人而問焉，曰：“欲與楚者右，欲與吴者左。陳人從田，無田從黨。”逢滑當公而進，曰：“臣聞國之興也以福，其亡也以禍。今吴未有福，楚未有禍。楚未可棄，吴未可從。而晉，盟主也，若以晉辭吴，若何？”公曰：“國勝君亡，非禍而何？”對曰：“國之有是多矣，何必不復？小國猶復，況大國乎？臣聞國之興也，視民如傷，是其福也。其亡也，以民爲土芥，是其禍也。楚雖無德，亦不艾殺其民。吴日敝於兵，暴骨如莽，而未見德焉。天其或者正訓楚也！禍之適吴，其何日之有？”陳侯從之。及夫差克越，乃脩先君之怨。秋八月，吴侵陳，脩舊怨也。……吴師在陳，楚大夫皆懼，曰：“闔廬惟能用其民，以敗我於柏舉。今聞其嗣又甚焉，將若之何？”子西曰：“二三子恤不相睦，無患吴矣。昔闔廬食不二味，居不重席，室不崇壇，器不彤鏤，宫室不觀，舟車不飾，衣服財用，擇不取費。在國，天有菑癘，親巡孤寡，而共其乏困。在軍，熟食者分，而後敢食；其所嘗者，卒乘與焉。勤恤其民而與之勞逸，是以民不罷勞，死不知曠。吾先大夫子常易之，所以敗我也。今聞夫差，次有臺榭陂池焉，宿有妃嬙嬪御焉；一日之行，所欲必成，玩好必從；珍異是聚，觀樂是務；視民如讎，而用之日新。夫先自敗也已，安能敗我？”（《左傳·哀公元年》P.2154）

越王句踐即位三年而欲伐吴，范蠡進諫曰：“夫國家之事，有持盈，有定傾，有節事。”王曰：“爲三者奈何？”對曰：“持盈者與天，定傾者與人，節事者與地。王不問，蠡不敢言。天道盈而不溢，盛而不驕，勞而不矜其功。夫聖人隨時以行，是謂守時。天時不作，弗爲人客；人事不起，弗爲之始。今君王未盈而溢，未盛而驕，不勞而矜其功，天時不作而先爲人客，人事不起而創爲之始，此逆於天而不和於人。王若行之，將妨於國家，靡王躬身。”王弗聽。范蠡進諫曰：“夫勇者，逆德也；兵者，凶器也；争者，事之末也。陰謀逆德，好用凶器，始於人者，人之所卒也；淫佚之事，上帝之禁也，先行此者，不利。”王曰：“無是貳言也，吾已斷之矣！”果興師而伐吴，戰於五湖，不勝，棲於會稽。王召范蠡而問焉，曰：“吾不用子之言，以至於此，爲之奈何？”范蠡對曰：“君王其忘之乎？持盈者與天，定傾者與人，節事者與地。”王曰：“與人奈何？”對曰：“卑辭尊禮，玩好女樂，尊之以名。如此不已，又身與之市。”王曰：“諾。”乃令大夫種行成於吴，曰：“請士女女於士，大夫女女於大夫，隨之以國家之重器。”吴人不許。大夫種來而復往，曰：“請委管籥屬國家，以身隨之，君王制之。”吴人許諾。（《國語·越語下》P.641）

（句踐）三年，句踐聞吴王夫差日夜勒兵，且以報越，越欲先吴未發往伐之。范蠡諫曰：“不可。臣聞兵者凶器也，戰者逆德也，争者事之末也。陰謀逆德，好用凶器，試身於所末，上帝禁之，行者不利。”越王曰：“吾已决之矣。”遂興師。吴王聞之，悉發精兵擊越，敗之夫椒。越王乃以餘兵五千人保棲於會稽。吴王追而圍之。越王謂范蠡曰：“以不聽子故至於此，爲之柰何？”蠡對曰：“持滿者與天，定傾者與人，節事者以地。卑辭厚禮以遺之，不許，而身與之市。”句踐曰：“諾。”乃令大夫種行成於吴，膝行頓首曰：“君王亡臣句踐使陪臣種敢告下執事：句踐請爲臣，妻爲妾。”吴王將許之。子胥言於吴王曰：“天以越賜吴，勿許也。”種還，以報句踐。句踐欲殺妻子，燔寶器，觸戰以死。種止句踐曰：“夫吴太宰嚭貪，可誘以利，請間行言之。”於是句踐以美女寶器令種間獻吴太宰嚭。嚭受，乃見大夫種於吴王。種頓首言曰：“願大王赦句踐之罪，盡入其寶器。不幸不赦，句踐將盡殺其妻子，燔其寶器，悉五千人觸戰，必有當也。”嚭因説吴王曰：“越以服爲臣，若將赦之，此國之利也。”吴王將許之。子胥進諫曰：“今不滅越，後必悔之。句踐賢君，種、蠡良臣，若反國，將爲亂。”吴王弗聽，卒赦越，罷兵而歸。句踐之困會稽也，喟然嘆曰："吾終於此乎？"種曰："湯繫夏臺，文王囚羑里，晉重耳犇翟，齊小白犇莒，其卒王霸。由是觀之，何遽不爲福乎？"吴既赦越，越王句踐反國，乃苦身焦思，置膽於坐，坐卧即仰膽，飲食亦嘗膽也，曰："女忘會稽之耻邪？"身自耕作，夫人自織，食不加肉，衣不重采，折節下賢人，厚遇賓客，振貧弔死，與百姓同其勞。欲使范蠡治國政，蠡對曰："兵甲之事，種不如蠡；填撫國家，親附百姓，蠡不如種。"於是舉國政屬大夫種，而使范蠡與大夫柘稽行成，爲質於吴。二歲而吴歸蠡。（《史記·越王句踐世家》P.2088）

（夫差）二：伐越。（《史記·十二諸侯年表》P.803）

（夫差）二年，吴王悉精兵以伐越，敗之夫椒，報姑蘇也。越王句踐乃以甲兵五千人棲於會稽，使大夫種因吴太宰嚭而行成，請委國爲臣妾。吴王將許之，伍子胥諫曰："昔有過氏殺斟灌以伐斟尋，滅夏后帝相。帝相之妃后緡方娠，逃於有仍而生少康。少康爲有仍牧正。有過又欲殺少康，少康奔有虞。有虞思夏德，於是妻之以二女而邑之於綸，有田一成，有衆一旅。後遂收夏衆，撫其官職；使人誘之，遂滅有過氏，復禹之績，祀夏配天，不失舊物。今吴不如有過之彊，而句踐大於少康。今不因此而滅之，又將寬之，不亦難乎！且句踐爲人能辛苦，今不滅，後必悔之。"吴王不聽，聽太宰嚭，卒許越平，與盟而罷兵去。（《史記·吴太伯世家》P.1766）

（夫差）二年後伐越，敗越於夫湫。越王句踐乃以餘兵五千人棲於會稽之上，使大夫種厚幣遺吴太宰嚭以請和，求委國爲臣妾。吴王將許之。伍子胥諫曰："越王爲人能辛苦。今王不滅，後必悔之。"吴王不聽，用太宰嚭計，與越平。（《史記·伍子胥列傳》P.2634）

越王句踐棲於會稽之上，乃號令於三軍曰："凡我父兄昆弟及國子姓，有能助寡人謀而退吴者，吾與之共知越國之政。"大夫種進對曰："臣聞之賈人，夏則資皮，冬則資絺，旱則資舟，水則資車，以待乏也。夫雖無四方之憂，然謀臣與爪牙之士，不可不養而擇也。譬如蓑笠，時雨既至必求之。今君王既棲於會稽之上，然後乃求謀臣，無乃後乎？"句踐曰："苟得聞子大夫之言，何後之有？"執其手而與之謀。遂使之行成於吴，曰："寡君句踐乏無所使，使其下臣種，不敢徹聲聞於天王，私於下執事曰：寡君之師徒不足以辱君矣，願以金玉、子女賂君之辱，請句踐女女於王，大夫女女於大夫，士女女於士。越國之寶器畢從，寡君帥越國之衆，以從君之師徒，唯君左右之。若以越國之罪爲不可赦也，將焚宗朝，係妻孥，沈金玉於江，有帶甲五千人將以致死，乃必有偶。是以帶甲萬人事君也，無乃即傷君王之所愛乎？與其殺是人也，寧其得此國也，其孰利乎？"夫差將欲聽與之成，子胥諫曰："不可。夫吴之與越也，仇讎敵戰之國也。三江環之，民無所移，有吴則無越，有越則無吴，將不可改於是矣。員聞之，陸人居陸，水人居水。夫上黨之國，我攻而勝之，吾不能居其地，不能乘其車。夫越國，吾攻而勝之，吾能居其地，吾能乘其舟。此其利也，不可失也已，君必滅之。失此利也，雖悔之，必無及已。"越人飾美女八人納之太宰嚭，曰："子苟赦越國之罪，又有美於此者將進之。"太宰嚭諫曰："嚭聞古之伐國者，服之而已。今已服矣，又何求焉。"夫差與之成而去之。（《國語·越語上》P.631）

吴王夫差起師伐越，越王句踐起師逆之。大夫種乃獻謀曰："夫吴之與越，唯天所授，王其無庸戰。夫申胥、華登簡服吴國之士於甲兵，而未嘗有所挫也。夫一人善射，百夫決拾，勝未可成也。夫謀必素見成事焉，而後履之，不可以授命。王不如設戎，約辭行成，以喜其民，以廣侈吴王之心。吾以卜之於天，天若棄吴，必許吾成而不吾足也，將必寬然有伯諸侯之心焉。既罷弊其民，而天奪之食，安受其燼，乃無有命矣。"越王許諾，乃命諸稽郢行成於吴，曰："寡君句踐使下臣郢不敢顯然布幣行禮，敢私告於下執事曰：昔者越國見禍，得罪於天王。天王親趨玉趾，以心孤句踐，而又宥赦之。君王之於越也，繄起死人而肉白骨也。孤不敢忘天災，其敢忘君王之大賜乎！今句踐申禍無良，草鄙之人，敢忘天王之大德，而思邊垂之小怨，以重得罪於下執事？句踐用帥二三之老，親委重罪，頓顙於邊。今君王不察，盛怒屬兵，將殘伐越國。越國固貢獻之邑也，君王不以鞭箠使之，而辱軍士使寇令焉。句踐請盟：一介嫡女，執箕箒以晐姓於王宫；一介嫡男，奉槃匜以隨諸御；春秋貢獻，不解於王府。天王豈辱裁之？亦征諸侯之禮也。夫諺曰：'狐埋之而狐搰之，是以無成功。'今天王既封植越國，以明聞於天下，而又刈亡之，是天王之無成勞也。雖四方之諸侯，則何實以事吴？敢使下臣盡辭，唯天王秉利度義焉！"吴王夫差乃告諸大夫曰："孤將有大志於齊，吾將許越成，而無拂吾慮。若越既改，吾又何求？若其不改，反行，吾振旅焉。"申胥諫曰："不可許也。夫越非實忠心好吴也，又非懾畏吾兵甲之彊也。大夫種勇而善謀，將還玩吴國於股掌之上以得其志。夫固知君王之蓋威以好勝也，故婉約其辭，以從逸王志，使淫樂於諸夏之國以自傷也。使吾甲兵鈍獘，民人離落而日以憔悴，然後安受吾燼。夫越王好信以愛民，四方歸之，年穀時熟，日長炎炎。及吾猶可以戰也，爲虺弗摧，爲蛇將若何？"吴王曰："大夫奚隆於越，越曾足以爲大虞乎？若無越，則吾何以春秋曜吾軍士？"乃許之成。將盟，越王又使諸稽郢辭曰："以盟爲有益乎？前盟口血未乾，足以結信矣。以盟爲無益乎？君王舍甲兵之威以臨使之，而胡重於鬼神而自輕也？"吴王乃許之，荒成不盟。（《國語·吴語》P.591）

（陳湣公）八：吴伐我。（《史記·十二諸侯年表》P.803）

孔子遂至陳，主於司城貞子家。歲餘，吴王夫差伐陳，取三邑而去。趙鞅伐朝歌。楚圍蔡，蔡遷于吴。吴敗越王句踐會稽。（《史記·孔子世家》P.2316）

（陳）湣公六年，孔子適陳。吴王夫差伐陳，取三邑而去。（《史記·陳杞世家》P.1903）

【覺按：此記夫差伐陳之年與《左傳》及《史記·十二諸侯年表》均不同，誤。】

吴王夫差破越，又將伐陳。楚大夫皆懼，曰："昔闔廬能用其衆，故破我於柏舉。今聞夫差又甚焉。"子西曰："二三子恤不相睦也，無患吴矣。昔闔廬食不貳味，處不重席，擇不取費。在國，天有災，親戚乏困而供之；在軍，食熟者半而後食，其所嘗者，卒乘必與焉。是以民不罷勞，死知不曠。今夫差，次有臺榭陂池焉；宿有妃嬙嬪御焉；一日之行，所欲必成，玩好必從，珍異是聚。夫差先自敗已，焉能敗我？"（《説苑·權謀》P.327）

〔74〕此事本書不載，具體史證如下：

十有一月，蔡遷于州來。蔡殺其大夫公子駟。（《春秋·哀公二年》P.2155）

吴洩庸如蔡納聘，而稍納師。師畢入，衆知之。蔡侯告大夫，殺公子駟以説，哭而遷墓。冬，蔡遷于州來。（《左傳·哀公二年》P.2155）

（蔡昭侯）二十六：畏楚，私召吴人，乞遷于州來，州來近吴。（《史記·十二諸侯年表》P.804）

（蔡昭侯）二十六年，孔子如蔡。楚昭王伐蔡，蔡恐，告急於吴。吴爲蔡遠，約遷以自近，易以相救。昭侯私許，不與大夫計。吴人來救蔡，因遷蔡于州來。（《史記·管蔡世家》P.1887）

〔75〕此事本書不載，具體史證如下：

秋七月丙子，季孫斯卒。蔡人放其大夫公孫獵于吴。（《春秋·哀公三年》P.2157）

〔76〕見 7.1 ~ 7.6。

〔77〕此事本書不載，具體史證如下：

四年春，王二月庚戌，盜殺蔡侯申。蔡公孫辰出奔吴。葬秦惠公。宋人執小邾子。夏，蔡殺其大夫公孫姓、公孫霍。（《春秋·哀公四年》P.2158）

四年春，蔡昭侯將如吴，諸大夫恐其又遷也，承公孫翩逐而射之，入於家人而卒。以兩矢門之，衆莫敢進。文之鍇後至，曰："如牆而進，多而殺二人。"鍇執弓而先，翩射之，

中肘。錯遂殺之。故逐公孫辰，而殺公孫姓、公孫盱。（《左傳·哀公四年》P.2158）

（蔡昭侯）二十八年，昭侯將朝于吴，大夫恐其復遷，乃令賊利殺昭侯；已而誅賊利以解過，而立昭侯子朔，是爲成侯。（《史記·管蔡世家》P.1887）

〔78〕見7.14、8.1 ~ 8.6。其他史證如下：

六年春，城邾瑕。晉趙鞅帥師伐鮮虞。吴伐陳。夏，齊國夏及高張來奔。叔還會吴于柤。秋七月庚寅，楚子軫卒。（《春秋·哀公六年》P.2161）

六年春，晉伐鮮虞，治范氏之亂也。吴伐陳，復脩舊怨也。楚子曰："吾先君與陳有盟，不可以不救。"乃救陳，師于城父。……秋七月，楚子在城父，將救陳。卜戰，不吉；卜退，不吉。王曰："然則死也！再敗楚師，不如死。棄盟逃讎，亦不如死。死一也，其死讎乎！"命公子申爲王，不可；則命公子結，亦不可；則命公子啓，五辭而後許。將戰，王有疾。庚寅，昭王攻大冥，卒于城父。子閭退，曰："君王舍其子而讓，羣臣敢忘君乎？從君之命，順也；立君之子，亦順也。二順不可失也。"與子西、子期謀，潛師閉塗，逆越女之子章，立之而後還。是歲也，有雲如衆赤鳥，夾日以飛三日。楚子使問諸周大史。周大史曰："其當王身乎！若禜之，可移於令尹、司馬。"王曰："除腹心之疾，而寘諸股肱，何益？不穀不有大過，天其夭諸？有罪受罰，又焉移之？"遂弗禜。（《左傳·哀公六年》P.2161）

（夫差）七：伐陳。（《史記·十二諸侯年表》P.806）

（陳湣公）十三：吴伐我，楚來救。（《史記·十二諸侯年表》P.806）

（陳湣公）十三年，吴復來伐陳，陳告急楚，楚昭王來救，軍於城父，吴師去。（《史記·陳杞世家》P.1903）

（楚昭王）二十七：救陳，王死城父。（《史記·十二諸侯年表》P.806）

（楚昭王）二十七年春，吴伐陳，楚昭王救之，軍城父。十月，昭王病於軍中，有赤雲如鳥，夾日而蜚。昭王問周太史，太史曰："是害於楚王，然可移於將相。"將相聞是言，乃請自以身禱於神。昭王曰："將相，孤之股肱也，今移禍，庸去是身乎！"弗聽。卜而河爲祟，大夫請禱河。昭王曰："自吾先王受封，望不過江、漢，而河非所獲罪也。"止不許。孔子在陳，聞是言，曰："楚昭王通大道矣。其不失國，宜哉！"昭王病甚，乃召諸公子大夫曰："孤不佞，再辱楚國之師，今乃得以天壽終，孤之幸也。"讓其弟公子申爲王，不可。又讓次弟公子結，亦不可。乃又讓次弟公子閭，五讓，乃後許爲王。將戰，庚寅，昭王卒於軍中。（《史記·楚世家》P.2058）

〔79〕此年事本書不載，具體史證如下：

夏，公會吴于鄫。秋，公伐邾。八月己酉，入邾，以邾子益來。（《春秋·哀公七年》P.2162）

夏，公會吴于鄫。吴來徵百牢，子服景伯對曰："先王未之有也。"吴人曰："宋百牢我，魯不可以後宋。且魯牢晉大夫過十，吴王百牢，不亦可乎？"景伯曰："晉范鞅貪而棄禮，以大國懼敝邑，故敝邑十一牢之。君若以禮命於諸侯，則有數矣。若亦棄禮，則有淫者矣。周之王也，制禮，上物不過十二，以爲天之大數也。今棄周禮，而曰必百牢，亦唯執事。"吴人弗聽。景伯曰："吴將亡矣，棄天而背本。不與，必棄疾於我。"乃與之。太宰嚭召季康子，康子使子貢辭。大宰嚭曰："國君道長，而大夫不出門，此何禮也？"對曰："豈以爲禮？畏大國也。大國不以禮命於諸侯，苟不以禮，豈可量也？寡君既共命焉，其老豈敢棄其國？大伯端委以治周禮，仲雍嗣之，斷髮文身，臝以爲飾，豈禮也哉？有由然也。"反自鄫，以吴爲無能爲也。季康子欲伐邾，乃饗大夫以謀之。子服景伯曰："小所以事大，信也；大所以保小，仁也。背大國，不信；伐小國，不仁。民保於城，城保於德。失二德者，危，將焉保？"孟孫曰："二三子以爲何如？惡賢而逆之？"對曰："禹合諸侯於塗山，執玉帛者萬國。今其存者，無數十焉。唯大不字小，小不事大也。知必危，何故不言？魯德如邾，而以衆加之，可乎？”不樂而出。秋，伐邾，及范門，猶聞鍾聲。大夫諫，不聽。茅成子請告於吴，不許，曰：“魯擊柝聞於邾，吴二千里，不三月不至，何及於我？且國内豈不足？”成子以茅叛，師遂入邾，處其公宫，衆師晝掠，邾衆保于繹。師宵掠，以邾子益來，獻于亳社，囚諸負瑕。負瑕故有繹。邾茅夷鴻以束帛乘韋自請救於吴，曰：“魯弱晉而遠吴，馮恃其衆，而背君之盟，辟君之執事，以陵我小國。邾非敢自愛也，懼君威之不立。君威之不立，小國之憂也。若夏盟於鄫衍，秋而背之，成求而不違，四方諸侯，其何以事君？且魯賦八百乘，君之貳也；邾賦六百乘，君之私也。以私奉貳，唯君圖之。”吴子從之。（《左傳 · 哀公七年》P.2162）

（魯哀公）七：公會吴王于鄫。吴徵百牢，季康子使子貢謝之。（《史記 · 十二諸侯年表》P.807）

（魯哀公）七年，吴王夫差彊，伐齊，至繒，徵百牢於魯。季康子使子貢説吴王及太宰嚭，以禮詘之。吴王曰：“我文身，不足責禮。”乃止。（《史記 · 魯周公世家》P.1858）

（夫差）八：魯會我鄫。（《史記 · 十二諸侯年表》P.807）

（夫差）七年，吴王夫差聞齊景公死而大臣争寵，新君弱，乃興師北伐齊。子胥諫曰：“越王句踐食不重味，衣不重采，弔死問疾，且欲有所用其衆。此人不死，必爲吴患。今越在腹心疾，而王不先，而務齊，不亦謬乎！”吴王不聽，遂北伐齊，敗齊師於艾陵。至繒，召魯哀公而徵百牢。季康子使子貢以周禮説太宰嚭，乃得止。因留略地於齊魯之南。（《史記 · 吴太伯世家》P.1768）【覺按：據《春秋》《左傳》，艾陵之戰在夫差十二年，吴、魯會鄫在夫差八年，《史記》此文統一記於夫差七年，不但與《春秋》《左傳》不同，而且與其《十二諸侯年表》所記不一致，誤。】

〔80〕見8.8、10.1。

〔81〕此年事本書不載，具體史證如下：

八年春，王正月，宋公入曹，以曹伯陽歸。吴伐我。夏，齊人取讙及闡。歸邾子益于邾。（《春秋 · 哀公八年》P.2163）

吴爲邾故，將伐魯，問於叔孫輒。叔孫輒對曰：“魯有名而無情，伐之，必得志焉。”退而告公山不狃。公山不狃曰：“非禮也。君子違，不適讎國。未臣而有伐之，奔命焉，死之可也。所託也則隱。且夫人之行也，不以所惡廢鄉。今子以小惡而欲覆宗國，不亦難乎？若使子率，子必辭。王將使我。”子張疾之。王問於子洩，對曰：“魯雖無與立，必有與斃；諸侯將救之，未可以得志焉。晉與齊、楚輔之，是四讎也。夫魯，齊、晉之脣，脣亡齒寒，君所知也。不救何爲？”三月，吴伐我，子洩率，故道險，從武城。初，武城人或有因於吴竟田焉，拘鄫人之漚菅者，曰：“何故使吾水滋？”及吴師至，拘者道之，以伐武城，克之。王犯嘗爲之宰，澹臺子羽之父好焉。國人懼，懿子謂景伯：“若之何？”對曰：“吴師來，斯與之戰，何患焉？且召之而至，又何求焉？”吴師克東陽而進，舍於五梧。明日，舍於蠶室。公賓庚、公甲叔子與戰于夷，獲叔子與析朱鉏，獻於王。王曰：“此同車，必使能，國未可望也。”明日，舍于庚宗，遂次於泗上。微虎欲宵攻王舍，私屬徒七百人三踊於幕庭。卒三百人，有若與焉，及稷門之内。或謂季孫曰：“不足以害吴，而多殺國士，不如已也。”乃止之。吴子聞之，一夕三遷。吴人行成，將盟。景伯曰：“楚人圍宋，易子而食，析骸而爨，猶無城下之盟。我未及虧，而有城下之盟，是棄國也。吴輕而遠，不能久，將歸矣，請少待之。”弗從。景伯負載，造於萊門，乃請釋子服何於吴，吴人許之，以王子姑曹當之，而後止。吴人盟而還。……六月，齊侯殺胡姬。齊侯使如吴請師，將以伐我，乃歸邾子。邾子又無道，吴子使大宰子餘討之，囚諸樓臺，栫之以棘。使諸大夫奉大子革以爲政。（《左傳·哀公八年》P.2164）

（夫差）九：伐魯。（《史記·十二諸侯年表》P.807）

（夫差）九年，爲騶伐魯，至，與魯盟乃去。（《史記·吴太伯世家》P.1769）

（魯哀公）八：吴爲邾伐我，至城下，盟而去。（《史記·十二諸侯年表》P.807）

（魯哀公）八年，吴爲鄒伐魯，至城下，盟而去。（《史記·魯周公世家》P.1858）

（楚惠王）二：子西召建子勝於吴，爲白公。（《史記·十二諸侯年表》P.807）

（楚）惠王二年，子西召故平王太子建之子勝於吴，以爲巢大夫，號曰白公。白公好兵而下士，欲報仇。（《史記·楚世家》P.2059）

〔82〕見 9.4 ～ 9.5。

〔83〕見 9.6 及 4.35 注〔9〕。其他史證如下：

九年春，齊侯使公孟綽辭師于吴。吴子曰："昔歲寡人聞命，今又革之，不知所從，將進受命於君。"……夏，楚人伐陳，陳即吴故也。宋公伐鄭。秋，吴城邗，溝通江、淮。……冬，吴子使來儆師伐齊。（《左傳·哀公九年》P.2165）

（夫差）十年，因伐齊而歸。（《史記·吴太伯世家》P.1769）

（楚惠王）三：伐陳，陳與吴故。（《史記·十二諸侯年表》P.808）

（陳湣公）十六：倍楚，與吴成。（《史記·十二諸侯年表》P.808）

（陳湣公）十六年，吴王夫差伐齊，敗之艾陵，使人召陳侯。陳侯恐，如吴。（《史記·陳杞世家》P.1904）【覺按：夫差敗齊於艾陵當在夫差十二年，此文誤。】

〔84〕見 5.1。其他史證如下：

冬，楚公子結帥師伐陳。吴救陳。（《春秋·哀公十年》P.2165）

秋，吴子使來復儆師。冬，楚子期伐陳。吴延州來季子救陳，謂子期曰："二君不務德，而力争諸侯，民何罪焉？我請退，以爲子名，務德而安民。"乃還。（《左傳·哀公十年》P.2165）

荆伐陳，吴救之，軍間三十里。雨十日，夜星。左史倚相謂子期曰："雨十日，甲輯而兵聚。吴人必至，不如備之。"乃爲陳。陳未成也而吴人至，見荆陳而反。左史曰："吴反覆六十里，其君子必休，小人必食。我行三十里擊之，必可敗也。"乃從之，遂破吴軍。（《韓非子·説林下》P.466）

楚莊王伐陳，吴救之，雨十日十夜，晴。左史倚相曰："吴必夜至，甲列壘壞，彼必薄我，何不行列鼓出待之。"吴師至楚，見成陳而還。左史倚相曰："追之。吴行六十里而無功，王罷卒寢。"果擊之，大敗吴師。（《説苑·指武》P.378）【覺按：此時楚莊王早已故世，見 2.2 注。此"楚莊王"當作"楚惠王"。】

（楚惠王）四：伐陳。（《史記·十二諸侯年表》P.808）

〔85〕見 9.8。

〔86〕見 5.1 ～ 5.20，9.9。

〔87〕此事本書不載，具體史證如下：

夏五月甲辰，孟子卒。公會吴于橐皋。秋，公會衛侯、宋皇瑗于鄖。（《春秋·哀公十二年》P.2170）

夏五月甲辰，孟子卒。孟子者何？昭公之夫人也。其稱孟子何？諱娶同姓，蓋吴女也。（《公羊傳·哀公十二年》P.2351）

夏五月，昭夫人孟子卒。昭公娶于吴，故不書姓；死不赴，故不稱夫人；不反哭，故不言葬小君。孔子與弔，適季氏。季氏不絻，放絰而拜。公會吴于橐皋。吴子使大宰嚭請尋盟。

公不欲，使子貢對曰："盟所以周信也，故心以制之，玉帛以奉之，言以結之，明神以要之。寡君以爲苟有盟焉，弗可改也已。若猶可改，日盟何益？今吾子曰：'必尋盟。'若可尋也，亦可寒也。"乃不尋盟。吴徵會于衞。初，衞人殺吴行人且姚而懼，謀於行人子羽。子羽曰："吴方無道，無乃辱吾君，不如止也。"子木曰："吴方無道，國無道，必棄疾於人。吴雖無道，猶足以患衞。往也！長木之斃，無不摽也；國狗之瘈，無不噬也。而況大國乎？"秋，衞侯會吴于鄖。公及衞侯、宋皇瑗盟，而卒辭吴盟。吴人藩衞侯之舍。子服景伯謂子貢曰："夫諸侯之會，事既畢矣，侯伯致禮，地主歸餼，以相辭也。今吴不行禮於衞，而藩其君舍以難之，子盍見大宰？"乃請束錦以行。語及衞故，大宰嚭曰："寡君願事衞君，衞君之來也緩，寡君懼，故將止之。"子貢曰："衞君之來，必謀於其衆。其衆或欲或否，是以緩來。其欲來者，子之黨也；其不欲來者，子之讎也。若執衞君，是墮黨而崇讎也，夫墮子者得其志矣。且合諸侯而執衞君，誰敢不懼？墮黨崇讎，而懼諸侯，或者難以霸乎！"大宰嚭説，乃舍衞侯。衞侯歸，效夷言。子之尚幼，曰："君必不免，其死於夷乎！執焉，而又説其言，從之固矣。"（《左傳·哀公十二年》P.2170）

（夫差）十三：與魯會橐皋。（《史記·十二諸侯年表》P.810）

（魯哀公）十二：與吴會橐皋。（《史記·十二諸侯年表》P.810）

（衞出公）十：公如晉，與吴會橐皋。（《史記·十二諸侯年表》P.810）【覺按：據《左傳》，吴與衞出公會於鄖，非會於橐皋。此文誤。】

（夫差）十三年，吴召魯、衞之君會於橐皋。（《史記·吴太伯世家》P.1771）【覺按：據《左傳》，吴與衞出公會於鄖，非會於橐皋。此文統括言之，不當。】

吴王既誅伍子胥，遂伐齊。齊鮑氏殺其君悼公而立陽生。吴王欲討其賊，不勝而去。其後二年，吴王召魯衞之君會之橐皋。（《史記·伍子胥列傳》P.2638）【覺按：齊鮑氏殺其君悼公而吴討其賊在公元前485年，吴王誅伍子胥在公元前484年，吴與衞出公會於鄖而非會於橐皋。此文記事顛倒錯亂，顯然有誤。】

〔88〕見9.8，9.10～9.12，10.3。

〔89〕見5.21～5.24，10.4，9.10。

〔90〕此事本書不載，具體史證如下：

六月……司馬牛致其邑與珪焉而適齊。向魋出於衞地，公文氏攻之，求夏后氏之璜焉。與之他玉，而奔齊，陳成子使爲次卿。司馬牛又致其邑焉，而適吴。吴人惡之，而反。（《左傳·哀公十四年》P.2174）

〔91〕此事本書不載，具體史證如下：

夏，楚子西、子期伐吴，及桐汭。陳侯使公孫貞子弔焉，及良而卒，將以尸入。吴子使大宰嚭勞，且辭曰："以水潦之不時，無乃廪然隕大夫之尸，以重寡君之憂。寡君敢辭。"上介芊尹蓋對曰："寡君聞楚爲不道，荐伐吴國，滅厥民人。寡君使蓋備使，弔君之下吏。無禄，使人逢天之慼，大命隕隊，絶世于良，廢日共積，一日遷次。今君命逆使人曰：'無以尸造于門。'是我寡君之命委于草莽也。且臣聞之曰：'事死如事生，禮也。'於是乎有朝聘而終、以尸將事之禮，又有朝聘而遭喪之禮。若不以尸將命，是遭喪而還也，無乃不可乎？以禮防民，猶或踰之。今大夫曰'死而棄之'，是棄禮也，其何以爲諸侯主？先民有言曰：'無穢虐士。'備使奉尸將命，苟我寡君之命達于君所，雖隕于深淵，則天命也，非君與涉人之過也。"吴人内之。（《左傳·哀公十五年》P.2174）

〔92〕此事本書不載，具體史證如下：

楚大子建之遇讒也，自城父奔宋；又辟華氏之亂於鄭，鄭人甚善之；又適晉，與晉人謀襲鄭，乃求復焉；鄭人復之如初。晉人使諜於子木，請行而期焉。子木暴虐於其私邑，邑人訴之。鄭人省之，得晉諜焉，遂殺子木。其子曰勝，在吳，子西欲召之，葉公曰："吾聞勝也詐而亂，無乃害乎？"子西曰："吾聞勝也信而勇，不爲不利，舍諸邊竟，使衛藩焉。"葉公曰："周仁之謂信，率義之謂勇。吾聞勝也好復言，而求死士，殆有私乎？復言，非信也；期死，非勇也。子必悔之。"弗從，召之，使處吳竟，爲白公。……吳人伐慎，白公敗之。請以戰備獻，許之，遂作亂。秋七月，殺子西、子期于朝，而劫惠王。（《左傳·哀公十六年》P.2177）

〔93〕見 10.5 ~ 10.11。

〔94〕此事本書不載，具體史證如下：

楚惠王章十三年：吳伐我。（《史記·六國年表》P.831）

（楚惠王）十三年，吳王夫差彊，陵齊、晉，來伐楚。（《史記·楚世家》P.2060）

〔95〕此事本書不載，具體史證如下：

十九年春，越人侵楚，以誤吳也。夏，楚公子慶、公孫寬追越師，至冥，不及，乃還。（《左傳·哀公十九年》P.2179）

（夫差）二十年，越王句踐復伐吳。（《史記·吳太伯世家》P.1773）【覺按：《索隱》曰："哀十九年《左傳》曰：'越人侵楚，以誤吳也。'杜預曰：'誤吳，使不爲備也。'無伐吳事。"《索隱》之説是，《史記》誤，其文當作"越王句踐伐楚以誤吳"。】

〔96〕見 10.11。

〔97〕此事本書不載，具體史證如下：

二十一年夏五月，越人始來。（《左傳·哀公二十一年》P.2180）

（齊平公）七：越人始來。（《史記·六國年表》P.832）【覺按："越人始來"爲《左傳》之文，《史記·六國年表》無魯，故記於齊。】

〔98〕見 5.26 ~ 5.27，10.12，10.14。其他史證如下：

二十二年夏四月，邾隱公自齊奔越，曰："吳爲無道，執父立子。"越人歸之，大子革奔越。（《左傳·哀公二十二年》P.2181）

〔99〕見 10.13，10.15 ~ 10.17。其他史證如下：

秋八月，叔青如越，始使越也。越諸鞅來聘，報叔青也。（《左傳·哀公二十三年》P.2181）

〔100〕見 10.25。

〔101〕此兩事本書不載，具體史證如下：

二十五年夏五月庚辰，衛侯出奔宋。衛侯爲靈臺于藉圃，與諸大夫飲酒焉。褚師聲子韤而登席，公怒，辭曰："臣有疾，異於人。若見之，君將㱿之，是以不敢。"公愈怒，大夫辭之，不可。褚師出，公戟其手，曰："必斷而足。"聞之，褚師與司寇亥乘，曰："今日幸而後亡。"公之入也，奪南氏邑，而奪司寇亥政。公使侍人納公文懿子之車于池。初，衛人翦夏丁氏，以其帑賜彭封彌子。彌子飲公酒，納夏戊之女，嬖，以爲夫人。其弟期，大叔疾之從孫甥也，少畜於公，以爲司徒。夫人寵衰，期得罪。公使三匠久。公使優狡盟拳彌，而甚近信之。故褚師比、公孫彌牟、公文要、司寇亥、司徒期因三匠與拳彌以作亂，皆執利兵，無者執斤。使拳彌入于公宮，而自大子疾之宮譟以攻公。鄄子士請禦之，彌援其手，曰："子則勇矣，將若君何？不見先君乎？君何所不逞欲？且君嘗在外矣，豈必不反？當今不可，衆怒難犯，休而易間也。"乃出。將適蒲，彌曰："晉無信，不可。"將適鄄，彌曰："齊、晉爭我，不可。"將適泠，彌曰："魯不足與，請適城鉏以鉤越，越有君。"乃適城鉏。彌曰："衛盜不可知也，請速，自我始。"乃載寶以歸。公爲支離之卒，因祝史揮以侵衛。衛人病之。懿子知之，見子之，請逐揮。文子曰："無罪。"懿子曰："彼好專利而妄，夫見君之入也，將先道焉。若逐之，必出於南門而適君所。夫越新得諸侯，將必請師焉。"揮在朝，使吏遣諸其室。揮出，信，弗内。五日，乃館諸外里，遂有寵，使如越請師。六月，公至自越。季康子、孟武伯逆於五梧。郭重僕，見二子，曰："惡言多矣，君請盡之。"公宴於五梧，武伯爲祝，惡郭重，曰："何肥也？"季孫曰："請飲彘也。以魯國之密邇仇讎，臣是以不獲從君，克免於大行，又謂重也肥。"公曰："是食言多矣，能無肥乎？"飲酒不樂，公與大夫始有惡。（《左傳·哀公二十五年》P.2181）

（衛出公後元七年）：衛出公飲，大夫不解襪，公怒，即攻公，公奔宋。（《史記·六國年表》P.834）

〔102〕此事本書不載，具體史證如下：

二十六年夏五月，叔孫舒帥師會越皐如、后庸、宋樂茷納衛侯。文子欲納之，懿子曰："君愎而虐，少待之，必毒於民，乃睦於子矣。"師侵外州，大獲。出禦之，大敗。掘褚師定子之墓，焚之于平莊之上。文子使王孫齊私於皐如，曰："子將大滅衛乎，抑納君而已乎？"皐如曰："寡君之命無他，納衛君而已。"文子致衆而問焉，曰："君以蠻夷伐國，國幾亡矣。請納之。"衆曰："勿納。"曰："彌牟亡而有益，請自北門出。"衆曰："勿出。"重賂越人，申開守陴而納公，公不敢入。師還。立悼公，南氏相之，以城鉏與越人。公曰："期則爲此。"令苟有怨於夫人者報之。司徒期聘於越。公攻而奪之幣。期告王，王命取之。期以衆取之。公怒，殺期之甥之爲大子者。遂卒于越。（《左傳·哀公二十六年》P.2182）

（魯哀公）十四：衛出公來奔。（《史記·十二諸侯年表》P.811）

衛出公輒自齊復歸立。初，出公立十二年亡，亡在外四年復入。出公後元年，賞從亡者。立二十一年卒。出公季父黔攻出公子而自立，是爲悼公。（《史記·衛康叔世家》P.1926）【覺按：《索隱》曰："按：出公初立十二年，亡在外四年，復入九年卒，是立二十一年。自即位至卒，凡經二十五年而卒于越。"衛出公十二年爲魯哀公十四年，再經十三年卒，即魯哀公二十七年。】

〔103〕見 10.18 ~ 10.22。其他史證如下：

二十七年春，越子使后庸來聘，且言邾田，封于駘上。二月，盟于平陽，三子皆從。康子病之，言及子贛，曰："若在此，吾不及此夫！"武伯曰："然。何不召？"曰："固將召之。"文子曰："他日請念。"（《左傳·哀公二十七年》P.2183）

〔104〕見 10.23 ~ 10.24。

〔105〕見 10.26 及其注〔2〕。

〔106〕見 10.27 及其注〔2〕。

〔107〕此事本書不載，具體史證如下：

（秦厲共公）二十八：越人來迎女。（《史記·六國年表》P.843）

〔108〕此事本書不載，具體史證如下：

（楚惠王）四十四年，楚滅杞。與秦平。是時越已滅吴，而不能正江、淮北；楚東侵，廣地至泗上。（《史記·楚世家》P.2060）

〔109〕此事本書不載，具體史證如下：

越使諸發執一枝梅遺梁王，梁王之臣曰韓子，顧謂左右曰："惡有以一枝梅乃遺列國之君者乎？請爲二三子慚之。"出謂諸發曰："大王有命：客冠，則以禮見；不冠，則否。"諸發曰："彼越亦天子之封也。不得冀、兖之州，乃處海垂之際，屏外蕃以爲居，而蛟龍又與我争焉，是以剪髮文身，爛然成章，以像龍子者，將避水神也。令（覺按："令"當作“今”)大國其命，冠則見以禮，不冠則否。假令大國之使時過弊邑，弊邑之君亦有命矣，曰：‘客必剪髮文身，然後見之。’於大國何如？意而安之，願假冠以見；意如不安，願無變國俗。”梁王聞之，被衣出，以見諸發，令逐韓子。（《説苑·奉使》P.302）【覺按：魏惠王於公元前370—公元前319年在位（此據《史記·魏世家》“子哀王立”《集解》。若據《史記·六國年表》，則其在位年代爲公元前370—公元前335年）。魏惠王三十一年（公元前340年，一説在魏惠王九年）從安邑（在今山西省夏縣西北）遷都大梁（位於今河南省開封市），因而魏也被稱爲“梁”。越出使梁，應該在此年前後，故列於此。】

越王勾踐使廉稽獻民於荆王。荆王使者曰：“越，夷狄之國也。臣請欺其使者。”荆王曰：“越王，賢人也，其使者亦賢，子其慎之。”使者出見廉稽，曰：“冠則得以俗見，不冠不得見。”廉稽曰：“夫越亦周室之列封也，不得處於大國，而處江海之陂，與魭鱣魚鼈爲伍，文身翦髮而後處焉。今來至上國，必曰冠得俗見，不冠不得見。如此，則上國使適越，亦將劓墨文身翦髮而後得以俗見，可乎？”荆王聞之，披衣出謝。（《韓詩外傳》卷八第一章 P.271）【覺按：勾踐於公元前472年爲周列封，於公元前465年卒，其間之事史書甚著而未見此記載；楚爲荆蠻，非中原冠冕之國，也不當以冠求之於越。由此推測，則此事恐非勾踐之事，而爲《説苑》所記越諸發使梁一事之異文，故附於此。】

〔110〕此事本書不載，具體史證如下：

（秦）惠王卒，子武王立。韓、魏、齊、楚、越皆賓從。（《史記·秦本紀》P.261）

〔111〕此事本書不載，具體史證如下：

楚王謂干象曰：“吾欲以楚扶甘茂而相之秦，可乎？”干象對曰：“不可也。”王曰：“何也？”曰：“甘茂少而事史舉先生。史舉，上蔡之監門也，大不事君，小不事家，以苛刻聞天下，茂事之，順焉。惠王之明，張儀之辨也，茂事之，取十官而免於罪。是茂賢也。”王曰：“相人敵國而相賢，其不可何也？”干象曰：“前時王使邵滑之越，五年而能亡越。所以然者，越亂而楚治也。日者知用之越，今亡之秦，不亦太亟亡乎！”王曰：“然則爲之柰何？”干象對曰：“不如相共立。”王曰：“共立可相，何也？”對曰：“共立少見愛幸，長爲貴卿，被王衣，含杜若，握玉環。以聽於朝，且利以亂秦矣。”（《韓非子·内儲説下六微》P.633）【覺按：此文之“亡越”，《戰國策·楚策一》作“南察瀨胡而野江東”，《史記·樗里子甘茂列傳》作“南塞厲門而郡江東”，可見當時楚國衹是侵奪了越國的江東之地，即相當於《史記·越王句踐世家》所説的“盡取故吴地至浙江”，而不是説楚國已同時佔領了浙江以南地區而滅掉了越國。本文所謂“亡”，與《韓非子·初見秦》“收亡國”之“亡”同義，並不是指滅掉其國家，而是指侵奪其領土。】

楚王問於范環曰：“寡人欲置相於秦，孰可？”對曰：“臣不足以知之。”王曰：“吾相甘茂可乎？”范環對曰：“不可。”王曰：“何也？”曰：“夫史舉，上蔡之監門也。大不如事君，小不如處室，以苛廉聞於世，甘茂事之順焉。故惠王之明，武王之察，張儀之好譖，甘茂事之，取十官而無罪，茂誠賢者也，然而不可相秦。秦之有賢相也，非楚國之利也。且王嘗用滑於越而納句章昧之難，越亂，故楚南察瀨胡而野江東。計王之功所以能如此者，越亂而楚治也。今王以用之於越矣，而忘之於秦，臣以爲王鉅速忘矣。王若欲置相於秦乎，若公孫郝者可。夫公孫郝之於秦王，親也。少與之同衣，長與之同車，被王衣以聽事，真大王之相已。王相之，楚國之大利也。”（《戰國策·楚策一》P.737）

齊使甘茂於楚，楚懷王新與秦合婚而驩。而秦聞甘茂在楚，使人謂楚王曰：“願送甘茂於秦。”楚王問於范蜎曰：“寡人欲置相於秦，孰可？”對曰：“臣不足以識之。”楚王曰：“寡人欲相甘茂，可乎？”對曰：“不可。夫史舉，下蔡之監門也，大不爲事君，小不爲家室，以苟賤不廉聞於世，甘茂事之順焉。故惠王之明，武王之察，張儀之辯，而甘茂事之，取十官而無罪。茂誠賢者也，然不可相於秦。夫秦之有賢相，非楚國之利也。且王前嘗用召滑於越，而內行章義之難，越國亂，故楚南塞厲門而郡江東。計王之功所以能如此者，越國亂而楚治也。今王知用諸越而忘用諸秦，臣以王爲鉅過矣。然則王若欲置相於秦，則莫若向壽者可。夫向壽之於秦王，親也，少與之同衣，長與之同車，以聽事。王必相向壽於秦，則楚國之利也。"於是使使請秦相向壽於秦。秦卒相向壽。而甘茂竟不得復入秦，卒於魏。（《史記·樗里子甘茂列傳》P.2800）【覺按：此文云"楚懷王新與秦合婚而驩"，《史記·六國年表》於楚懷王二十四年載："秦來迎婦。"可見此事發生在楚懷王二十四年，則楚侵奪越江東之地而郡之應該在楚懷王二十三年。】

〔112〕見10.28注〔8〕。

【附録十】

《吳越春秋》人名、族名索引

【説明】

本書原文中有些人名反復出現，如果在注釋中逐一注明，則内容重複而徒耗篇幅，但不一一注釋，又不便讀者閲覽。即使採用參見法，若非贅詞，亦多不周。爲了既節約篇幅，又便利讀者，除了在本書注釋中酌情使用參見法外，今再將其編爲索引附録於此，以爲本書注釋之補充。同時，此舉也是爲了更好地發揮史書的史料價值。

本索引收録《吳越春秋》中的人名、種族名、部落名及其簡稱。至於"郯人""吳人""唐人""秦姬""齊女""齊王"之類所指不明者，則作爲國名處理而收入附録十一。

各名稱以全稱或常用者爲主條，以音序排列。異稱歸併於全稱或常用名稱之下，但也酌情列爲字條（聲母相近的不再列爲字條，以節約篇幅），並採用參見法（標以"→"）。

主條下詳列同一人或同一族的不同名稱及所在的篇、節（以本書原文之編碼爲代號）。其篇節號碼上有"*"者，表示該處有注釋，可參閲。有需要説明的人名、族名，則在括號内加上簡略的提示。

【附録十一】

《吴越春秋》地名、國名、朝代名索引

【説明】

本索引的編制目的、體例與附録十相同，請參見其【説明】，此不再贅述。

K

L

M

N

P

Q

R

S

T

【附録十二】

本書採摭文獻要目

【説明】

爲了節約篇幅及行文方便，本書在引用文獻時往往不注明版本，僅標出作者姓名或文獻簡稱，有時還作了删節或轉述。爲了便於讀者在深入研究時進行查考，現詳列其作者、著作全稱及其版本，有時還稍作必要的説明。當然，本書寫作時所參考的文獻不止於此，但對未加徵引的文獻、引用時不便標名的文獻（如各種集體編著的辭典、地圖等）則從略，以節約本附録的篇幅。

本書的原文及校勘時所據文獻，已在附録二、附録三中作了詳細介紹，在此不再贅録。在序文、前言或其他附録中偶爾引用已詳細注明其出處的，今也大多從略。

本書所用文獻，除了我的個人藏書外，其餘均見於上海財經大學圖書館、復旦大學圖書館、上海圖書館、國家圖書館。讀者如果想作進一步的查考而有資料匱乏之苦，可求助於上述諸館。

1.《周易》及晉韓康伯注、唐孔穎達疏——引自阮元校刻的《十三經注疏》，中華書局 1980 年影印第 1 版。

2.《尚書》及漢孔安國傳、唐孔穎達疏、唐陸德明《釋文》——引自《十三經注疏》，版本同上。

3.《詩經》及漢毛公傳、漢鄭玄箋、唐孔穎達疏、唐陸德明《釋文》——引自《十三經注疏》，版本同上。

4.《周禮》及鄭玄注、陸德明《釋文》——引自《十三經注疏》，版本同上。

5.《儀禮》及鄭玄注——引自《十三經注疏》，版本同上。

6.《禮記》及鄭玄注、孔穎達疏——引自《十三經注疏》，版本同上。

7.《春秋》、《左傳》及杜預的注和《春秋序》、孔穎達疏、陸德明《釋文》、阮元《校勘記》——引自《十三經注疏》，版本同上。

8.《公羊傳》及何休注——引自《十三經注疏》，版本同上。

9.《穀梁傳》及范甯注、阮元《校勘記》——引自《十三經注疏》，版本同上。

10.《論語》及邢昺疏——引自《十三經注疏》，版本同上。

11.《爾雅》及郭璞注、邢昺疏——引自《十三經注疏》，版本同上。

12.《孟子》及趙岐注——引自《十三經注疏》，版本同上。

13.《老子》及王弼注——引自《集唐字老子道德經注》，光緒時所刻《古逸叢書》之六。

14.《晏子春秋》——據中華書局 1962 年版《晏子春秋集釋》。

15.《世本》——據商務印書館 1937 年排印的清茆泮林輯本，見《叢書集成初編》第 3700 冊。

16.《竹書紀年》及王國維疏證——據遼寧教育出版社 1997 年版《今本竹書紀年疏證》。
17.《山海經》及郭璞注——據貴州人民出版社 1991 年版《山海經全譯》。
18.《穆天子傳》及郭璞注——據貴州人民出版社 1997 年版《穆天子傳全譯》。
19.《國語》及韋昭注——引自上海古籍出版社 1978 年版《國語》。
20.《黄帝金匱玉衡經》——據文物出版社等 1988 年影印本《道藏》第 4 冊。
21.《春秋事語》——據文物出版社 1983 年版《馬王堆漢墓帛書〔叁〕》。
22.《逸周書》及孔晁注——據臺灣商務印書館 1986 年版《景印文淵閣四庫全書》第 370 冊。
23.《墨子》及孫詒讓《閒詁》——據中華書局 1986 年版《墨子閒詁》。
24.《商君書》——據知識産權出版社 2012 年版《商君書校疏》。
25.《莊子》及陸德明《釋文》——引自中華書局 1961 年版《莊子集釋》。
26.《管子》及注——引自上海古籍出版社 1989 年影印的浙江書局本《管子》。其注釋者舊題“唐房玄齡”，或以爲注者是唐尹知章。
27.《列子》——據中華書局 1979 年版《列子集釋》。
28.《楚辭》及王逸與其後學注、洪興祖補注——引自中華書局 1983 年版《楚辭補注》。
29.《荀子》及楊倞注——引自中華書局 1988 年版《荀子集解》。
30.《韓非子》——據知識産權出版社 2011 年版《韓非子校疏析論》。
31.《吕氏春秋》及高誘注——引自學林出版社 1984 年版《吕氏春秋校釋》。
32.《戰國策》及高誘注、姚宏注、鮑彪注——引自江蘇古籍出版社 1985 年版《戰國策集注彙考》。
33. 賈誼《新書》——引自人民文學出版社 1996 年版《賈誼集校注》。
34. 韓嬰《韓詩外傳》——據中華書局 1980 年版《韓詩外傳集釋》。
35. 劉安等《淮南子》及高誘注——引自中華書局 1989 年版《淮南鴻烈集解》。
36. 司馬遷《史記》及裴駰《集解》、司馬貞《索隱》、張守節《正義》——據中華書局 2013 年版修訂點校本《史記》。
37. 桓寬《鹽鐵論》——據中華書局 1992 年版《鹽鐵論校注》。
38.《素問》及王冰注——據《重廣補注黄帝内經素問》，上海涵芬樓景印明顧氏翻宋本，見《四部叢刊・初編・子部》。
39. 史游《急就篇》及顔師古注——據商務印書館 1936 年版影印本，見《叢書集成初編》第 1052 冊。
40. 戴德《大戴禮記》及王聘珍《解詁》——據中華書局 1983 年版《大戴禮記解詁》。
41.《小爾雅》——據上海商務印書館 1936 年縮印杭州葉氏藏明翻宋本《孔叢子》，見《四部叢刊・初編・子部》。
42. 劉向《列女傳》——據上海商務印書館 1936 年縮印長沙葉氏觀古堂藏明刊本《古列女傳》，見《四部叢刊・初編・史部》。
43. 劉向《新序》——據上海商務印書館 1936 年縮印明翻宋刊本，見《四部叢刊・初編・子部》。
44. 劉向《説苑》——據中華書局 1987 年版《説苑校證》。
45. 揚雄《方言》及郭璞注、錢繹《箋疏》——據上海古籍出版社 1984 年影印的光緒庚寅（1890）紅蝠山房刻本《方言箋疏》。
46. 桓譚《新論》——據上海中華書局校刊本，見《四部備要・子部》。
47. 王充《論衡》——據中華書局 1979 年版《論衡注釋》。

48. 班固《白虎通》——據中華書局 1994 年版《白虎通疏證》。

49. 班固《漢書》及顔師古注、臣瓚注——據中華書局 1962 年版《漢書》。

50. 袁康、吴平《越絶書》——據貴州人民出版社 1996 年版《越絶書全譯》。

51. 許慎《説文》及徐鉉新附字——據中華書局 1963 年影印的陳昌治同治十二年（1873）刻本《説文解字》。

52. 許慎《五經異義》——據上海古籍出版社 2002 年版《續修四庫全書》第 171 册《五經異義疏證》。

53. 王符《潛夫論》——據上海古籍出版社 1990 年影印的馮舒影抄本。

54. 鄭玄《鄭氏周易注》——據商務印書館 1939 年初版、1959 年補印本，見《叢書集成初編》第 0383 册。

55. 蔡邕《獨斷》——據人民出版社 2012 年版影印本《百川學海》第一册。

56. 應劭《風俗通義》——據天津人民出版社 1980 年版《風俗通義校釋》。

57. 劉熙《釋名》及畢沅注——據上海古籍出版社 1984 年影印的光緒丙申（1896）刻本《釋名疏證補》。

58.《三輔黄圖》——據中華書局 2005 年版《三輔黄圖校釋》。

59. 曹丕《典論・論文》——據中華書局 1977 年影印本《文選》。

60. 張揖《廣雅》——據江蘇古籍出版社 1984 年影印的清嘉慶王氏家刻本《廣雅疏證》。

61.《孔子家語》及王肅注——據上海中華書局校刊本《孔子家語》，見《四部備要・史部》。

62. 皇甫謐《帝王世紀》——據中華書局 1964 年版《帝王世紀輯存》。

63. 陳壽《三國志》——據中華書局 1959 年版點校本。

64. 司馬彪《後漢書志》及劉昭注補——據中華書局 1965 年版《後漢書》。

65. 干寶《搜神記》——據中華書局 1979 年版校注本。

66. 葛洪《西京雜記》——據上海古籍出版社 2012 年版點校本。

67. 常璩《華陽國志》——據臺灣商務印書館 1986 年版《景印文淵閣四庫全書》第 463 册。

68. 陶淵明《癸卯歲始春懷古田舍》——據中華書局 2003 年版《陶淵明集箋注》。

69. 戴凱之《竹譜》——據人民出版社 2012 年版影印本《百川學海》第二册。

70. 范曄《後漢書》及李賢注——據中華書局 1965 年版《後漢書》。

71. 劉義慶《世説新語》及劉孝標注——據中華書局 1984 年版《世説新語校箋》。

72. 沈約《宋書》——據中華書局 1974 年版點校本。

73. 陶弘景《真誥》——據文物出版社等 1988 年影印本《道藏》第 20 册。

74. 劉勰《文心雕龍》——據上海古籍出版社 1980 年版《文心雕龍校證》。

75. 酈道元《水經注》——據上海古籍出版社 1990 年版點校本。

76. 蕭統編《文選》及薛綜注、劉淵林注、李善注——據中華書局 1977 年影印的嘉慶十四年（1809）胡克家重刻宋淳熙本《文選》。

77. 魏收《魏書》——據中華書局 1974 年版點校本。

78. 顔之推《顔氏家訓》——據上海古籍出版社 1980 年版《顔氏家訓集解》。

79. 虞世南《北堂書鈔》——據光緒戊子（公元 1888 年）孔廣陶三十有三萬卷堂校注重刊本，上海古籍出版社 2002 年版《續修四庫全書》第 1212 ～ 1213 册。

80. 歐陽詢等《藝文類聚》——據上海古籍出版社 1982 年新 1 版校點本。

81. 房玄齡等《晉書》——據中華書局 1974 年版點校本。

82. 魏徵等《羣書治要》——據上海商務印書館 1936 年縮印日本尾張藩刻本，見《四部叢刊・初編・子部》。

83. 魏徵等《隋書》——據中華書局 1973 年版點校本。
84. 李延壽《南史》——據中華書局 1975 年版點校本。
85. 劉知幾《史通》——據上海古籍出版社 1978 年版《史通通釋》。
86. 玄應《一切經音義》——據商務印書館 1936 年影印本，見《叢書集成初編》第 0739 ~ 0744 冊。
87. 慧苑《華嚴經音義》——據中華書局 1993 年版《中華大藏經》第五十九冊《新譯大方廣佛華嚴經音義》。
88. 徐堅等輯《初學記》——據中華書局 1962 年版校點本。
89. 杜佑《通典》——據商務印書館 1935 年版《通典》（《萬有文庫》第二集）。
90. 李吉甫《元和郡縣志》——據臺灣商務印書館 1986 年版《景印文淵閣四庫全書》第 468 冊。
91. 白居易原本、宋孔傳續撰《白孔六帖》——據臺灣商務印書館 1986 年版《景印文淵閣四庫全書》第 891 ~ 892 冊。
92. 柳宗元《柳州東亭記》及童宗説等注——據臺灣商務印書館 1986 年版《景印文淵閣四庫全書》第 1076 冊《柳河東集注》。
93. 陸廣微《吴地記》——據臺灣商務印書館 1986 年版《景印文淵閣四庫全書》第 587 冊。
94. 劉昫等《舊唐書》——據中華書局 1975 年版點校本。
95. 丘光庭《兼明書》——據商務印書館 1937 年排印本，見《叢書集成初編》第 0280 冊。
96. 李昉等編《太平廣記》——據中華書局 1961 年新 1 版。
97. 李昉等編《太平御覽》——據中華書局 1960 年版影印本。
98. 樂史《太平寰宇記》——據臺灣商務印書館 1986 年版《景印文淵閣四庫全書》第 469 ~ 470 冊。
99. 吴淑《事類賦注》——據臺灣商務印書館 1986 年版《景印文淵閣四庫全書》第 892 冊《事類賦》。
100. 王欽若等《册府元龜》——據中華書局 1960 年版。
101. 王堯臣等《崇文總目》——據臺灣商務印書館 1986 年版《景印文淵閣四庫全書》第 674 冊。
102. 歐陽修、宋祁等《唐書》——據中華書局 1975 年版《新唐書》。
103. 朱長文《吴郡圖經續記》——據臺灣商務印書館 1986 年版《景印文淵閣四庫全書》第 484 冊。
104. 岳飛《五嶽祠盟題記》——據商務印書館 1937 年排印本《岳忠武王集》，見《叢書集成初編》第 1976 冊。
105. 吴曾《能改齋漫録》——據上海古籍出版社 1979 年新 1 版。
106. 鄭樵《通志》——據商務印書館 1935 年版《通志》（《萬有文庫》第二集）。
107. 洪适《隸釋》——據中華書局 1986 年版《隸釋・隸續》。
108. 韓元吉編《古文苑》——據商務印書館 1937 年影印本，見《叢書集成初編》第 1692 ~ 1695 冊。
109. 晁公武《郡齋讀書志》——據臺灣商務印書館 1986 年版《景印文淵閣四庫全書》第 674 冊。
110. 范成大《吴郡志》——據臺灣商務印書館 1986 年版《景印文淵閣四庫全書》第 485 冊。

111. 朱熹《詩集傳》——據商務印書館1935年影印静嘉堂文庫藏宋本，見《四部叢刊·三編·經部》。

112. 羅泌《路史》——據臺灣商務印書館1986年版《景印文淵閣四庫全書》第383冊。

113. 孫應時等《琴川志》——孫應時纂修，鮑廉、鍾秀實續修，元代盧鎮增修《重修琴川志》，據上海古籍出版社2002年版《續修四庫全書》第698冊。

114. 王象之《輿地紀勝》——據上海古籍出版社2002年版《續修四庫全書》第584冊。

115. 施宿等《會稽志》——據采鞠軒嘉慶戊辰（1808）重鐫的《嘉泰會稽志》。

116. 陳振孫《直齋書録解題》——據臺灣商務印書館1986年版《景印文淵閣四庫全書》第674冊。

117. 徐天祜《吴越春秋》註——據大德本《吴越春秋》。此外，鄺本末載《徐氏補註》九條（第一卷兩條，第四卷五條，第五卷兩條），今亦按照其所列卷次散入各卷之中，題爲“徐天祜補註曰”。

118. 馬端臨《文獻通考》——據商務印書館1936年版《文獻通考》（《萬有文庫》第二集）。

119. 脱脱等《宋史》——據中華書局1977年版。

120. 陶宗儀輯《説郛》所引《吴越春秋》之文——據上海商務印書館1930年再版之《説郛》（一百卷本）卷二《古典録略》。

121. 楊慎《丹鉛餘録》——據臺灣商務印書館1986年版《景印文淵閣四庫全書》第855冊。

122. 楊慎《俗言》——據商務印書館1936年版，見《叢書集成初編》第0336冊。

123. 楊慎《升菴經説》——據商務印書館1936年版，見《叢書集成初編》第0250～0251冊。

124. 李時珍《本草綱目》及其所引陶弘景解——據人民衛生出版社1982年版校點本《本草綱目》下冊。

125. 胡應麟《少室山房筆叢》——據廣雅書局光緒二十二年（1896）校刊本。

126. 臧懋循《元曲選》——據中華書局1958年版。

127. 顧炎武《日知録》——據上海古籍出版社1985年影印之《日知録集釋》。

128. 馬驌《繹史》——據中華書局2002年版點校本。

129. 毛奇齡《經問》——據臺灣商務印書館1986年版《景印文淵閣四庫全書》第191冊。

130. 毛奇齡《四書索解》——據齊魯書社1973年版《四庫全書存目叢書》經部第173冊。

131. 胡渭《禹貢錐指》——據臺灣商務印書館1986年版《景印文淵閣四庫全書》第67冊。

132. 萬斯同《宋季忠義録》——據張壽鏞1934年刊《四明叢書》第二集。

133. 閻若璩《四書釋地續》——據臺灣商務印書館1986年版《景印文淵閣四庫全書》第210冊。

134. 高士奇《春秋地名攷畧》——據臺灣商務印書館1986年版《景印文淵閣四庫全書》第176冊。

135. 姚際恒《古今僞書考》——樸社1933年版。

136. 吕撫《廿四史通俗衍義》——光緒庚寅（1890）仲夏上海廣百宋齋刊本。

137. 劉淇《助字辨略》——中華書局1954年版。

138. 厲鶚《宋詩紀事》——據乾隆十一年（1746）黄氏琴趣軒刊本。

139. 杭世駿《李太白集輯注序》——引自上海古籍出版社2002年版《續修四庫全書》第1426冊《道古堂文集》。

140. 惠棟《春秋左傳補註》——據臺灣商務印書館1986年版《景印文淵閣四庫全書》

第 181 册。

141. 梁玉繩《人表考》——據中華書局 1982 年版《史記漢書諸表訂補十種》。

142. 盧文弨校語——轉引自徐乃昌《吴越春秋札記》，版本見下。

143. 程大中《四書逸箋》——據臺灣商務印書館 1986 年版《景印文淵閣四庫全書》第 210 册。

144. 紀昀等《四庫全書》提要——據臺北世界書局 1988 年版《景印摛藻堂四庫全書薈要》第 203 册及臺灣商務印書館 1986 年版《景印文淵閣四庫全書》第 463 册所載之《吴越春秋》提要。

145.《文津閣四庫全書》——據商務印書館 2005 年版《文津閣四庫全書》第 158 册。

146. 趙翼《陔餘叢考》——據上海古籍出版社 2002 年版《續修四庫全書》第 1151 ~ 1152 册。

147. 錢大昕《淮南天文訓補注·序》——引自上海古籍出版社 2002 年版《續修四庫全書》第 1121 册《淮南天文訓補注》。

148. 段玉裁《説文解字注》——據上海古籍出版社 1981 年影印經韻樓臧版。

149. 錢塘《淮南天文訓補注》——據上海古籍出版社 2002 年版《續修四庫全書》第 1121 册。

150. 永瑢等《四庫全書總目》——據臺灣商務印書館 1986 年版《景印文淵閣四庫全書》第 2 册及中華書局 1965 年影印浙江本。

151. 王念孫《廣雅疏證》——據江蘇古籍出版社 1984 年影印王氏家刻本。

152. 汪中《述學》——據上海涵芬樓 1926 年影印本，見《四部叢刊·初編·集部》。

153. 孫星衍《續古文苑》及苗爲注——據上海古籍出版社 2002 年版《續修四庫全書》第 1609 册。

154. 王引之《疏證》——王念孫《廣雅疏證》卷十（包括《釋草》《釋木》《釋蟲》《釋魚》《釋鳥》《釋獸》《釋嘼》）爲王引之所述，故今題“王引之《疏證》”，據江蘇古籍出版社 1984 年影印王氏家刻本《廣雅疏證》。

155. 王引之《經義述聞》——據江蘇古籍出版社 1985 年影印道光七年（1827）重刊本。

156. 王引之《淮南子·天文訓》校語——引自江蘇古籍出版社 1985 年影印王氏家刻本《讀書雜志》。

157. 王引之《經傳釋詞》——岳麓書社 1985 年版。

158. 顧廣圻校語——葉昌熾轉録於嘉靖本《吴越春秋》上的校記和佚文，上海圖書館藏本（索書號：善 793058-59）。

159. 朱駿聲《説文通訓定聲》——據武漢市古籍書店 1983 年影印臨嘯閣藏版。

160. 王梓材、馮雲濠《宋元學案補遺》——據張壽鏞 1937 年刊《四明叢書》第五集。

161. 顧觀光《吴越春秋校勘記》——據莫祥芝光緒癸未（1883）所刊《武陵山人遺書》。

162. 瞿鏞《鐵琴銅劍樓藏書目録》——據上海古籍出版社 2002 年版《續修四庫全書》第 926 册之影印本。

163. 莫友芝題識——莫友芝寫在《吴越春秋》明刻本上的題識，上海圖書館藏本（索書號爲“善 776433-36”）。

164. 吴昌瑩《經詞衍釋》——中華書局 1956 年版。

165. 蔣光煦《吴越春秋》校語——據蔣廷黻光緒九年（1883）所刊的《斠補隅録》（别下齋校本）。商務印書館 1937 年初版、1959 年補印的排印本《斠補隅録》（見《叢書集成初編》第 0113 册）有誤字，不可用。

166. 成蓉鏡《禹貢班義述》——據廣雅書局光緒十四年（1888）刊本。
167. 俞樾《讀吴越春秋》——據光緒二十五年（1899）刊《春在堂全書》本《曲園雜纂》卷十八。
168. 陸心源《宋史翼》——據光緒三十二年（1906）歸安陸氏刊本。
169. 王先謙《漢書補注》——據中華書局 1983 年版影印本。
170. 孫詒讓《札迻》——據中華書局 1989 年版點校本。
171. 皮錫瑞《鄭志疏證》——光緒已亥（1899）刊本，據上海古籍出版社 2002 年版《續修四庫全書》第 171 册之影印本。
172. 曾廉《元書》——據宣統三年（1911）層漪堂刊本。
173. 王仁俊《經籍佚文》——據上海古籍出版社 2002 年版《續修四庫全書》第 1211 册。
174. 徐乃昌《吴越春秋札記》——據徐乃昌光緒三十二年（1906）校刊本，在《隨庵叢書》中。
175. 章炳麟《膏蘭室札記》——據上海人民出版社 1982 年版《章太炎全集》（一）。
176. 陳垣《史諱舉例》——中華書局 1962 年新 1 版。
177. 余嘉錫《四庫提要辨證》——中華書局 1980 年版。
178. 楊樹達《詞詮》——中華書局 1965 年第 2 版。
179. 吴承洛《中國度量衡史》——商務印書館 1937 年版。
180. 郭沫若《兩周金文辭大系圖録考釋》——科學出版社 1957 年版。
181. 蒙文通《越史叢考》——人民出版社 1983 年版。
182. 黄雲眉《古今僞書考補証》——齊魯書社 1980 年新 1 版。
183. 裴學海《古書虛字集釋》——中華書局 1954 年版。
184. 周法高《中國古代語法・稱代篇》——該書自序於 1959 年，今據大陸複印本，出版年月不詳。
185. 王力主編《古代漢語》——據中華書局 1999 年第 3 版。
186. 游國恩等主編《中國文學史》——人民文学出版社 1963 年版。
187. 楊寬《戰國史》——上海人民出版社 1980 年第 2 版。
188. 楊伯峻《春秋左傳注》——中華書局 1981 年版。
189. 曹林娣《關於〈吴越春秋〉的作者及成書年代》——載《西北大學學報》1982 年第 4 期。
190. 沈起煒《中國歷史大事年表》——上海辭書出版社 1983 年版。
191. 張傳璽主編《中國古代史教學參考手冊》——北京大學出版社 1985 年版。
192.《普通話異讀詞審音表》——據漢語大詞典出版社 2002 年版《現代漢語規範指南》。
193. 姚承祖著、張至剛增編《營造法原》——中國建築工業出版社 1986 年第 2 版。
194. 方詩銘等《對照表》——方詩銘、方小芬編著的《中國史曆日和中西曆日對照表》，上海辭書出版社 1987 年版。
195. 張覺《副詞“相”“見”的指代作用》——載《中文自修》1989 第 5 期。
196. 張覺《古漢語中的謙稱》——載《貴州文史叢刊》1989 年第 4 期。
197. 王衛平《由“句吴”説到干國的歷史與族屬》——載《學術月刊》1990 年第 8 期。
198. 方傑、鍾越寶《紹興越國史迹調查資料簡輯》——載《東南文化》1990 年第 4 期。
199. 苗麓點校《吴越春秋》——江蘇古籍出版社 1992 年第 2 版，1999 年又 1 版。
200. 薛正興《吴越春秋詞語校釋》——據江蘇古籍出版社 1999 年版《吴越春秋》。
201. 周生春《吴越春秋輯校彙考》——上海古籍出版社 1997 年版。

202. 宗福邦、陳世鐃、蕭海波主編《故訓匯纂》——商務印書館 2003 年版。
203. 張籄《七言詩辨源》——載《學術研究》2005 年第 9 期。
204. 施廷鏞編著《中國叢書知見録》——北京圖書館出版社 2005 年版。
205. 孔燕《〈吴越春秋〉校詁》——曲阜師範大學 2009 年碩士學位論文。
206. 陸振岳《"句吳"與"吳"》——載《蘇州大學學報》2015 年第 3 期。

初版後記

寫完本書，距我 1991 年 12 月草創《吳越春秋全譯》樣稿已近二十二年，我真正體會到時光飛逝的含義了。二十二年，猶彈指一揮間，回首往事，思緒萬千，故寫此後記，以略明我的《吳越春秋》研究生涯。

人總是根據自己的欲望去安排自己的生活：有的人入世而爲自己的理想去奮鬥，有的人達到了《老子》第六十四章所説的“欲不欲”境界而順其自然。不過，大體而言，一般人總爲實現自己理想中的生活願景去行動。然而，人究竟怎樣生活著，卻並不完全由自己來安排。人生一輩子，雖然大都有美好的理想，其歷程卻往往不由自主而變幻無常——或順利，或受挫，或得志，或落魄，都不是自己一個人所能左右的。上至帝王君主如夫差、勾踐，下至平民百姓如我之輩，其實都如此。不同的命運衹表現於夫差先得志後落魄，勾踐先落魄後得志，如我之輩還在發展變動之中而已。由此可見，任何一個人，在大千世界中是多麽地微不足道而可憐兮兮！但是，人們往往還是爲了實現自己的欲望去奔波去掙扎，直到其躊躇滿志或無可奈何爲止。這可能就是“鞠躬盡瘁，死而後已”的哲學含義吧。

我研究《吳越春秋》，起始於落魄之時。1989 年我下崗待業在家，面對生活壓力，我該怎麽辦呢？誠如岳麓書社梅季坤先生 1990 年 1 月 17 日來信所説：“從你多次來信，遥想你可能敏於學問而魯於人事，這是讀書人本色。”作爲一介書生，在文人紛紛“下海”而棄文經商，連教授也去賣燒餅的當時，我則書生氣十足，根本捨不得丟掉學術研究而去擺地攤，於是選擇了一條現在看起來簡直不可思議的謀生之道——賣文爲生，説得文雅一點，也可以説是讓自己的學術研究“下海”，即努力把自己的學術研究與社會、市場的需求結合起來。[①] 爲此，我到圖書館看各種雜誌去揣摩編輯的用稿思路而四處投稿，到書店看各種叢書去揣摩各出版社的出版動嚮而八方聯繫。每年寄信三四百封，雖然其中無果者多而有成者少，但也足够支撑著我艱難而順利地度過了那黑暗而冷酷的六年待業時期。

我首先得到的支持來自岳麓書社梅季坤先生，他獲知我的處境後立即伸出了熱情的援助之手，先後幫我出版了《商君書·韓非子》（1990 年版）、《白

① 參見張覺《從古籍譯注看文化“下海”》，載香港《二十一世紀》1996 年 10 月號。

話搜神記》(1991年版)、《白話商君書》(1994年版)。如今翻閲其衆多來信，其古道熱腸躍然紙上，常常使我感激不盡。

更大的支持則來自貴州人民出版社的李立樸、倪臘松先生。1990年我見貴州人民出版社出了《詩經全譯》等書，於是在5月30日投書聯繫寫書事宜。6月底收到該出版社文史編輯室來函，知他們正準備出版《中國歷代名著全譯叢書》，由程千帆先生等任編委，於是我立即寫信給程師求其提攜。經程師熱情推薦及李立樸先生的大力支持，我9月所寫的《韓非子·解老》樣稿獲得通過，於是正式開始撰寫《韓非子全譯》，並於1991年10月13日完稿後寄給了責任編輯倪臘松先生。他見我書稿質量好，又在11月把原先約他人所寫的《商君書全譯》書稿退了而讓我撰寫樣稿。此時我又收到李立樸先生1991年11月19日的信，其中有言云："我的手裏有一擬退書稿《吴越春秋全譯》，不知您有研究没有。"其實，我從來没有讀過《吴越春秋》，但我當時處於飢不擇食的境地，再怎麼困難也在所不辭。於是他在12月6日來信讓我寫樣稿，我就在12月19日至23日寫了《吴太伯傳》中的前4節寄去。樣稿没問題，我們就在1992年3月12日簽了合同。由於我忙於寫《商君書全譯》，所以直到5月28日將該稿寄出後纔投身於《吴越春秋全譯》的撰寫之中。經過半年的努力，該書稿最終於10月15日寫畢，謄清後於12月1日寄給了李立樸先生。該書1993年9月初版，於1994年印了28100冊平裝本和2000冊精裝本，收穫稿酬7520元，極大地改善了我的經濟狀況。

此後，我便忙於撰寫其他著作而不再研究《吴越春秋》了。臺灣古籍出版社1996年8月印行的繁體字譯注本《吴越春秋》、岳麓書社2006年4月版《吴越春秋校注》、貴州人民出版社2008年9月版《吴越春秋全譯》，都不過是1993年版《吴越春秋全譯》的翻版(或改爲繁體字，或刪去譯文，或重新排版)而没有什麼新内容。至於時代文藝出版社2000年版《中華古典名著百部》中的《吴越春秋》，更是一本没有通過我授權的翻印之書。

《吴越春秋全譯》的譯注雖然使全書通俗可讀，但由於用簡體字印刷，又未用大德本作底本，未能體現善本面貌，故未足爲典要，所以我一直想進行修訂。特别當我看到了上海古籍出版社1997年出版的周生春的《吴越春秋輯校彙考》，我更爲迫切地想以大德本爲底本對拙著作一次全面的修改以正視聽。

我的修訂工作於2012年3月正式啓動。同年5月，我申報了2013年度上海市教育委員會科研創新重點項目"吴越春秋校證注疏"而獲得批准(批准號: 13ZS058)。在此，我要對齊滬揚先生等專家的大力支持表示由衷的感謝。

當時我在申請書中所擬的計劃是：在 2013 年 9 月完成全部書稿，争取在 2013 年 12 月出版。因此，我即抓緊時間投身於書稿的撰寫之中。

根據 2012 年的《上海市教育委員會科研創新項目驗收實施細則》第十一條規定，如果在本創新項目的研究基礎上争取到國家社會科學基金項目，驗收結論可爲優秀。於是，我在 2013 年 1 月將本書申報了國家社會科學基金一般項目，又有幸獲得批准（批准號：13BZW092）。所以，我將在本書的基礎上作進一步的研究。

爲了如期完成 2013 年度上海市教育委員會科研創新重點項目，今將此書稿先行出版。我想，該書基本上可滿足一般讀者的閱讀需求，同時也能在一定程度上使讀者不爲《吴越春秋輯校彙考》所誤。如果想進一步研究《吴越春秋》，内容更爲豐富的國家社會科學基金項目成果《吴越春秋校證注疏》會在 2016 年如期面世以供大家參考。

學無止境。我雖然自信本書的錯誤已經不多，但校勘煩雜，難免紕漏，一得之愚，更易失誤，故尚祈讀者不吝指正。

張覺

2013 年 12 月 6 日記於南翔芳林路院邸

2015 年 9 月 10 日改於密雲縣溪翁山莊

增訂本後記

爲了按預定計畫完成 2013 年度上海市教育委員會科研創新重點項目，本書初稿在江宜玲女士的鼎力支持下於 2014 年 1 月由知識産權出版社出版。由於當時我在北京參加封閉會議，未能最終把關，故初版在版式上有所走樣，於是我一回家便進行校改，於 2014 年 3 月推出了第二版。我在初版後記中説："内容更爲豐富的國家社會科學基金項目成果《吴越春秋校證注疏》會在 2016 年如期面世以供大家參考。"現在奉獻給大家的這部增訂本，就是當時預言的成果，遺憾的只是出版日期推遲了，而推遲出版的主要原因有二：一是國家社科基金項目在結項前不可出版。此書稿雖然在 2015 年 9 月 21 日就已殺青而申請結項，但直到 2016 年 8 月 18 日才批准結項，其間恐怕經歷了上海市和全國哲學社會科學規劃辦公室組織的兩次評審。雖然本項目的最終鑒定等級爲良好，但上海市哲學社會科學規劃辦公室所組織的評審結果恐怕是不夠理想的，由此也可見本書問世之艱難。二是該書篇幅在第二版的基礎上增加了百分之五十，不可能在原書的基礎上稍作修改後重印，而必須重新排版，也就是另出一本新書，由於經濟原因，江宜玲女士猶豫了，幾個月一晃而過，所以我 2016 年出版此書的預言也就落空了。但是，已經完成的國家級課題成果束之高閣總使我於心不甘，於是我又聯繫出版界的老朋友請求幫助，給我出版過五種著作的岳麓書社曾德明先生伸出了援助之手，馬美著先生和劉文先生於 2017 年 4 月 18 日光臨寒舍簽了著作權合同，此書的出版纔正式啓動。

這增訂本與第二版最大的不同之處是增加了【輯證】一欄和三個附録（上海市教育委員會科研創新重點項目没有這些内容而有義疏，國家社會科學基金項目則無義疏而增加了這些内容，其中附録七實是我《國家社會科學基金項目申請書》之"課題論證"的擴充版），爲讀者進一步研究《吴越春秋》乃至吴國、越國的歷史提供了更爲豐富的資料。

此外，在校勘、注釋、義疏、附録等方面的修改也不下六百處。在校勘方面，我進一步完善了原文，如 5.6 據《吕氏春秋·順民》增補了十個字，從而使意義不相連屬的原文一下子怡然理順而豁然易解了。在注釋、義疏方面，由於初版大體承用了《吴越春秋全譯》之文，而我撰寫《吴越春秋全譯》時又無暇查閲現代的論文，所以本書初版基本上没有吸取現代的專題研究成果。

如今爲了使國家級的課題成果更上一層樓，所以瀏覽了一些論文。這些論文雖有很多説法與《吴越春秋全譯》相同、相似而不必採摭，有些説法在我看來也未必正確而不足取，但也時有精義可糾正拙著之失誤，故今酌情採入本書。所採各家之説，均標明姓名，其論文詳情可參閲附録十二，在此謹向這些作者致以謝意。當然，遺珠之憾尚難避免，如蒙學者提供其研究心得供我今後修改時參考，將不勝感激。在附録方面，也有不少修改。例如，爲了更準確地介紹大德本的情況，我於 2016 年 6 月 28 日特地去北京國家圖書館善本閲覽室查閲該書（以前因國家圖書館裝修而一直未能如願），承蒙該館工作人員及其領導的熱情支持，我得以一睹大德本真容，從而使我在附録中的介紹更爲完善。稍感遺憾的是，根據如今的出版標準，不准使用舊字形而只能使用新字形，所以此增訂本在體現古代善本字形方面則遜色於第二版。另外，本書義疏改用了繁體字，與第二版使用簡體字相比，也不利於普及。幸好岳麓書社將推出在本書基礎上編寫的簡體字版《吴越春秋》導讀注譯本（《古典名著普及文庫》之一種），相信該書在普及《吴越春秋》方面會有更大的成效。

爲了豐富本書内容，我還於 2014 年去梅村、紹興等吴、越故地進行了考察，將考察所得寫進了注釋。令我終身難忘的是，梅村雖然是我初訪，但無論是到泰伯廟還是到泰伯墓，其工作人員得知我的來意後，不但熱情接待我，還免費讓我進門細加考察；紹興雖然是我第三次造訪（1998 年 5 月、2004 年 12 月我曾到紹興參觀過越國古迹），但我即使向大禹陵等處的工作人員説明了研究時所需要的幫助，還是一無所獲而被當作一名普通遊客給打發了。這截然不同的風俗人情，不但令我想起了“傾蓋如故，白頭如新”的古語，更想起了當年泰伯德讓天下以及夫差惻隱而失國、勾踐無情而稱霸之事，感慨之餘，因成二絶，詩曰：

夫差惻隱失姑蘇，勾踐無情霸五湖。泰伯流風今剩幾？越王臺上笑勾吴。

吴風憨厚不虚名，越俗圖謀唯利營。天若有情天亦老，神州何處覓仁情？

但願泰伯的崇高品德和梅村人的淳樸厚道在我們的社會中得到弘揚而永駐人間！

我在初版後記中曾經説過：“學無止境。”讀者如果將這增訂本跟第二版乃至第一版對照一下，可能會對此言理解得更爲深刻。當然，由於我還有不少書要寫，所以對本書再作如此大規模的修改已無可能，這增訂本基本上可以視爲我研究《吴越春秋》的最終成果了。儘管如此，這增訂本的推出並不意味著《吴越春秋》的研究已達止境，所以我還是重複一句老話：我雖然自信本書的錯誤已經不多，但校勘煩雜，難免紕漏，一得之愚，更易失誤，故尚祈讀者不吝指正。

最後，我要感謝國家社會科學基金項目各評審專家的支持，因爲如果没有他們的支持，我在百忙之中不可能再花那麽多時間去進一步研究《吴越春秋》，這部比第二版内容更爲豐富、更爲翔實、更爲正確的著作也就不可能誕生了。同時，我要感謝曾德明、馬美著、劉文諸位先生在出版方面的鼎力支持以及責任編輯陳文韜先生認真細緻的辛苦付出。我想，讀者如果從這增訂本中獲得了更大的收穫，應當感恩於他們。

張覺

2019 年 11 月 15 日記於南翔芳林路院邸